Erster Teil

Der Aufstieg

Das Kind des Todes

Am 13. April 1519 wurde in Florenz, in dem in der Via Larga gelegenen prächtigen Palast der Medici, ein Mädchen geboren, Katharina Maria Romola Medici, Tochter des Lorenzo de Medici, Herzog von Urbino, eines Enkels Lorenzos des Prächtigen – und der Magdalena von la Tour d'Auvergne, einer französischen Prinzessin.

Der Vater dieses Kindes lag, als es das Licht der Welt erblickte, in einem Nebenzimmer im Sterben; wenige Tage nach der Geburt starb die Mutter an Kindbettfieber. Gab es Hoffnung für das Kind? Der Säugling war der einzige direkte und legitime Nachkomme Lorenzos des Prächtigen. Im August sah es so aus, als könne Katharina nicht überleben. Doch sie überstand die Krankheit. Dies sollte ihre erste, doch weitaus nicht einzige Begegnung mit dem Tod sein.

Unter solch unglücklichen Umständen nahm das Leben der Katharina von Medici seinen Anfang, ein Leben, das zweifellos zu den herausragendsten der modernen französischen Geschichte gehört. Doch ein düsteres Schicksal verfolgte sie, ließ sie den begehrtesten Thron Europas besteigen, bedrängte sie in allen Bereichen, in ihrem Ruhm, in ihrer Liebe, in ihren Kindern, in ihrer Politik und beeinflußt ihr Andenken bis in unsere Tage.

Was ist das Geheimnis dieser von Tragik umwitterten Geburt, das Geheimnis dieses schon in der Wiege von der Mißgunst des Schicksals heimgesuchten Kindes?

Den Schlüssel dazu liefert der Name der Familie und der Stadt, in der es zur Welt kam.

Die Medici oder der goldene Strahl

Gegen Ende des 15. Jahrhunderts stand das Haus der Medici auf dem Höhepunkt seiner Macht und machte seinen Einfluß in allen Hauptstädten Europas geltend, in London, Paris, Brügge, Wien

und Rom. Waffengewalt und Kriegsruhm konnten zwar die Medicis nicht vorweisen, doch verfügten sie in einem unerhörten und nie wieder übertroffenen Maß über die stille und unbesiegliche Macht des Geldes. Könige borgten von den Medici, die Medici finanzierten deren Kriegszüge. Unterderhand lenkten sie auf diese Weise die Politik der gekrönten Häupter. Je nachdem, wem sie ihre Florini (wie die in Florenz geprägten Goldstücke hießen) vorstreckten oder vorenthielten, verhalfen sie dieser oder jener Monarchie zu einer Provinz – oder ließen sie eine verlieren. Florenz brauchte für die Prägung seiner Münzen nicht die Erlaubnis des Kaisers einzuholen, der Florino war die damalige Leitwährung in Europa. Ihm machte sogar das kaiserliche Szepter seine Reverenz. Der Florino aber lag in der Hand der Medici.
Diese Familie war nicht adlig, und mehrere Jahrhunderte lang rühmte sie sich nicht nur ihres bürgerlichen Standes, sondern in ihrer eigenen Stadt Florenz, die schon Republik war, ehe diese Staatsform in Mode kam, paktierten die Medici, das reichste Bankhaus des Abendlandes, vorzugsweise sogar mit dem Volk. Der Adel haßte die Familie um so mehr, als in dieser gleichsam demokratisch regierten Stadt in dem Maße, in dem er selbst an Macht einbüßte, die Macht der republikanischen Medici zunahm, bis sie der eines regierenden Fürstenhauses gleichkam. Mit der gleichen Geschicklichkeit, die sie befähigte, aus jeder Bewegung auf dem internationalen Kapitalmarkt ihren Nutzen zu ziehen, verstanden sie es, von jedem Stimmungswechsel des Volkes zu profitieren. Die Medici wußten dem demokratischen Stolz der Florentiner zu schmeicheln, und niemals versuchten sie dem *minuto popolo*, dem kleinen Volk der Handwerker und Arbeiter, ihren Willen mit Gewalt aufzuzwingen. Sie richteten es vielmehr so ein, daß ihre administrativen Fähigkeiten, ihre Rednergabe, die Feste, die sie so vortrefflich arrangierten und so großzügig finanzierten, allgemein als unabdingbare Voraussetzungen des Wohlstands der Stadt und Garantie der bürgerlichen Freiheit anerkannt wurden. So blieb die nicht usurpierte, sondern von der Masse der Florentiner gewollte Autorität der Medici während langer Jahre des Wohlstands unangefochten, obwohl ihre Herrschaft mitunter ebenso drückend war wie die eines Despoten. Das Wunder, das diese Familie vollbrachte, war, daß sie vom 12. bis zum 17. Jahrhundert der Tradition treu blieb, in Übereinstimmung mit den Wünschen des Volkes zu han-

deln, ohne dabei ihre fabelhafte Geschäftstüchtigkeit einzubüßen. In ihrer Glanzzeit waren die Medici nicht allein die reichste, sondern auch die intelligenteste Familie Europas. Richtig gesehen war ja diese außergewöhnliche Intelligenz die eigentliche Quelle ihres Reichtums. Und als gute Florentiner waren die Medici überdies auch Künstler und Förderer der Künste ohnegleichen. Ihrem Wirken war es zu danken, daß zu ihrer Zeit Florenz nicht allein *das* Zentrum des Geldgeschäfts war, sondern sich ebenso als Hauptstadt der Künste und Wissenschaften hervortat. Das Florenz der Medici war der Inbegriff der Renaissance und des Humanismus, die beide die abendländische Kultur bis auf den heutigen Tag prägen.

Folglich konnten sich, als Katharina geboren wurde, die Medici zwar keines adeligen Stammbaums und schmuckvollen Wappens rühmen, doch an herausragenden Verdiensten und realer Macht konnten sie es mit den Fürsten Italiens und den Monarchen Europas sehr wohl aufnehmen.

Unter diesen Umständen war es an der Zeit, daß sie auch ein ihrer Stellung entsprechendes adliges Wappen erhielten. Ein Familienwappen hatten zwar auch die alten Medici gehabt, nur war damit nicht viel herzumachen. Ihr erster bekannter Vorfahr war angeblich Arzt gewesen – daher ja ihr Name. Tatsächlich war er wohl eher Apotheker gewesen, worauf auch die sieben Pillen ihres Wappens hinwiesen. *Palle*, Kugeln, nannte man diese anfänglich, später *Besants*, eine Bezeichnung für Silberpfennige. Letztere waren adlige heraldische Figuren, während Pillen, selbst wenn Milliarden von Florini sie vergoldeten, ihre Herkunft aus der Apotheke nicht verleugnen konnten.

Die Medici hatten schon früh verständige Bewunderer, unter denen der französische König Ludwig XI. gewiß einer der weitsichtigsten war. Er meinte als erster, daß so bedeutende und überaus nützliche Finanziers sich auf die Dauer nicht mit einem Wappen begnügen könnten, das nur sieben Pillen zeigte. Er fand sich deshalb zu einer erstaunlichen Geste bereit, um aller Welt kundzutun, wie hoch er diese Bankiers schätzte. 1464 nämlich, beim Tod Cosimos de Medici, gewährte der König von Frankreich dessen Sohn Piero (genannt der Gichtige) das Privileg, drei weiße Lilien in seinem Wappen zu führen. Seitdem standen also die Lilien der Kapetinger neben den Pillen des obskuren Stammvaters der Medici.

Welcher Aufstieg für die Medici! Und wie prophetisch war die Vermählung dieser Heroldsfiguren! Lange vor Katharinas Geburt schon kündigte so das Familienwappen des Florentiner Bankhauses jene engere Verbindung zwischen Florenz und Frankreich an, die dann wirklich geknüpft werden und sich erst beim Aussterben des Geschlechts der Mediceer im 18. Jahrhundert lösen sollte. Die Stadt der Lilien aber ist Florenz noch heute.
Die Lilien in ihrem Wappen machten die Medici jedoch nicht hochmütig. Die Könige von Frankreich und England mochten sie als Schiedsrichter in strittigen Fragen der italienischen Politik hinzuziehen – im Verkehr mit ihren Mitbürgern bewahrten sie sich den umgänglichen Ton, der sich Kaufleuten im Verkehr mit ihren Kunden empfiehlt. Das zahlte sich aus, zumal die Florentiner schwierige Kunden waren. Keine Stadt der Welt war wohl so schwer zu regieren wie Florenz. Denn diese sogenannte Republik war in Wirklichkeit eine Plutokratie, in der aber die jeweilige Herrschaft dauernd in Frage gestellt war durch die Gilden, die Organisation der Handwerker und Händler der Stadt. Es gab einundzwanzig davon. Die reichste und mächtigste dieser Gilden war die der Wollarbeiter. Die Florentiner kauften die Wolle in Flandern und in Frankreich, spannen sie, färbten sie und webten Tuch daraus. Nur in Florenz wußte man mit dem aus dem Orient eingeführten Alaun zu färben, und die Färberkunst der Florentiner gab den florentinischen Wollstoffen jene konkurrenzlose Qualität, die ihr eine unumstößliche Marktsitutation innerhalb des Abendlandes verlieh. Die Medici selbst waren an dieser Wollindustrie direkt nie beteiligt, sie kamen zu Geld durch den Geldhandel. Schon im 13. Jahrhundert waren sie Bankiers. So gehörten sie zwar keiner Gilde an, beherrschten diese aber schließlich alle. 1183 hatte Friedrich Barbarossa der Republik die Stadtfreiheit gewährt. Den Medici war damit erlaubt, nach Gutdünken zu exportieren und zu importieren – und dabei ihr merkantiles Genie zu entfalten. Bald gingen ungeheure Geldsummen von allen europäischen Handelsplätzen über die Konten ihrer Bank, mit denen sie in ganz Europa gewinnbringend spekulierten. Auf diesem Wege kamen sie allmählich zu politischer Macht. Die Medici unterwarfen Städte, an denen sie interessiert waren, nicht mit Waffengewalt, um dann die Herrschaft dort in Lehen umzuwandeln – wie es während der Feudalzeit in ganz Europa üblich war; vielmehr schlossen sie mit

den Städten, die ihrer Macht unterlagen, Verträge, die den Florentinern dort Handelsvorteile sicherten. So gewährte Florenz der Nachbarstadt Pisa Finanzhilfe unter der Bedingung, daß die Pisaner, die über einen Hafen verfügten, den Florentinern freien Zugang zum Meer garantierten. Florenz schuf auf diese Weise einen toskanischen Städtebund, der hauptsächlich florentinischen Interessen diente. Das Wohlwollen der Päpste war der Republik gewiß, seitdem sie das Papsttum bei der Verteidigung der Orthodoxie, namentlich im Kampf gegen die Katharer unterstützt hatte. Überdies ließ die Stadt unerhört kostspielige Befestigungsanlagen bauen, die von den wohlhabenden Bürgern der Republik auf den Ratschlag der Medici finanziert werden sollten. Das alles ging unter ständigen Streitereien und Intrigen verfeindeter Familien und Individuen, doch mit dem allgemeinen Einverständnis des Volkes vonstatten. Das Leben in Florenz war stets von fieberhafter Intensität, oft drohte offener Bürgerkrieg, der auch mitunter ausbrach. Im schlimmsten dieser Bürgerkriege bekämpften einander die Parteien der Guelfen und der Ghibellinen. Die Ghibellinen stützten sich auf die Handwerker, die Guelfen auf die großen Familien. Der Parteienhaß riß die durch ihre Kreativität schon zu Recht berühmten Florentiner zu barbarischer Zerstörungswut hin. Es zeigte sich, daß in der florentinischen Seele neben nüchternem Geschäftssinn auch Platz für rasenden Fanatismus war. Florenz war keine fröhliche oder leichtlebige Stadt. Verglichen mit dem tumultartigen öffentlichen Leben etwa in London oder Paris waren zu jener Zeit in Florenz die Sitten eher streng. Grausamkeit war damals sowohl südlich wie nördlich der Alpen gang und gäbe. In London und Paris wurde sie offen praktiziert, doch im Norden genoß das Volk die Grausamkeit nur als ein Vergnügen unter anderen. Die Florentiner schienen geradezu eine Leidenschaft dafür zu haben, und diese kultivierten sie berechnend. Der Haß ging dabei tiefer und weiter als anderswo. Der Hintergrund, auf dem ihre glänzenden wirtschaftlichen und künstlerischen Leistungen hervortreten, ist demgemäß ziemlich dunkel.

Die langwährenden Unruhen vernichteten den Wohlstand der Stadt, ließen aber die Institutionen bestehen und konnten auch den erfinderischen und unternehmerischen Geist nicht aus Florenz vertreiben. Kaum war die Ruhe wiederhergestellt, floß von neuem das Geld nach Florenz, die Republik setzte den unterbrochenen Aufschwung fort. Zu Beginn des 14. Jahrhunderts hatte die Stadt achtzigtausend Einwohner, eine für diese Zeit beachtliche Zahl. In kurzer Zeit wuchs die Bevölkerung aber auf fünfundneunzigtausend an. Freilich hielt sich diese Zahl nicht lange. 1354 kam der Schwarze Tod und tötete vierundfünfzigtausend Menschen allein in Florenz. Erst nach der Einigung Italiens, 1860, zählte Florenz wieder soviel Einwohner wie vor der Pest von 1354. Doch erholte sich die Stadt verhältnismäßig schnell von dem dabei erlittenen Verlust. Ihr wiedergewonnener Wohlstand trieb indessen weder die Florentiner im allgemeinen noch die Mediceer im besonderen zu Eroberungslust. Ihr Geschäftssinn ließ kriegerischen Geist in Florenz gar nicht aufkommen. Die Republik hatte keine Generäle und kein stehendes Heer. Die Florentiner gingen von folgender Berechnung aus: Von der gewinnbringenden Arbeit der Bürger profitiert das Gemeinwesen mehr als von deren Kriegsdienst, so daß es sich empfiehlt, für Letzteren im Bedarfsfall auswärtige Söldner zu verpflichten. Und so verfuhren sie denn auch. Nach Ende der Kampfhandlungen bezahlten sie ihre Söldner und Condottieri und brauchten bis zur nächsten Gelegenheit für Rüstungs- und Militärausgaben nicht aufzukommen.

Im Laufe der Zeit rafften Pest, Bruderzwist und andere unheilvolle Geschehnisse die Mehrzahl der altadeligen Florentiner Familien dahin. Wahrhaft mächtig waren gegen Ende des 14. Jahrhunderts nur noch die Strozzi und die Medici. Daß letztere bei der langsamen Eliminierung des Adels tätig mitgewirkt haben, steht außer Zweifel. Einer der Ihren, Silvestro de Medici, verbündete sich während des Bürgerkriegs mit dem Wollkämmer Michele di Sando und setzte sich an die Spitze des Aufstandes der *ciompi* (der Wollkämmer) gegen die adligen Geschlechter, deren Partei zwar besser bewaffnet war als die des *minuto popolo*, aber in sich zerstritten. Dem Beispiel dieses Silvestro folgend, erlangten die Medici schließlich die Herrschaft in der Stadt.

All diese Geschehnisse zeigen uns, daß die Kunst, Parteien gegeneinander auszuspielen, in der Familie, in die hinein Katharina geboren wurde, schon auf eine lange Tradition zurückblicken konnte. Und dieses Erbe kam der »Schwarzen Königin«, die dreißig Jahre lang über das von Parteienstreit zerrissene Frankreich herrschen sollte, zweifellos zustatten.

Wie die Republik das Fürstengeschlecht der Mediceer umgarnt hat

Der erste Mediceer, der als Staatsmann galt, war Giovanni, mit dem Beinamen de Bicci. Im Jahre 1402 wurde er zum Prior der Gilde der Bankiers gewählt. Sein Mandat, das man ihm dank seiner zuverlässig republikanischen Gesinnung wiederholt erneuerte, führte ihn, als er 1421 zum Gonfaloniere (oder Bannerherrn) gewählt wurde, in das höchste Ehrenamt der Republik.

Die Stadt hatte diese Auszeichnung nicht zu bereuen. 1426 machte sich der steinreiche Giovanni de Bicci um die Einführung einer die wohlhabenden Bürger stärker als bisher belastenden, gerechteren neuen Steuerordnung um das Gemeinwesen verdient. Er widmete sich der öffentlichen Armenpflege und finanzierte den Bau von Kirchen und anderen Kulturdenkmälern. Ihm war es zu verdanken, daß berühmte Bildhauer wie Donatello und Ghiberti Or San Michele mit ihren Skulpturen schmückten, Brunelleschi den Bau der Kathedrale leitete und Masaccio seine herrlichen Fresken in der Brancaccio-Kapelle malte.

Sein Sohn Cosimo, der ihm 1428 nachfolgte, setzte diese segensreiche Mäzenatentätigkeit fort. Cosimo war nicht weniger tüchtig als sein Vater, und ihm standen sogar noch größere Mittel zur Verfügung. 1433 raubte ihm eine Verschwörung des Adels die Macht – aber nur kurzfristig. Schon ein Jahr darauf kehrte er im Triumph in die Stadt zurück und wurde zum Gonfaloniere gewählt, ein Amt, das ihm ein bis dahin unerreichtes Maß an Herrschaft über Florenz erteilte. Unangefochten herrschte Cosimo dreißig Jahre lang, bis zu seinem Tod 1464, über Florenz. Die Zeit seiner Regierung, die richtig besehen eine Diktatur war, wenngleich dabei die demokratische Form stets peinlich gewahrt blieb, war eine Zeit des Friedens und ungeheuren Wohlstands. Cosimo war vielleicht der großzügigste, aufgeklärteste und erfolgreichste Förderer der Künste, den die Welt je gesehen hat. Während seiner Regierungszeit vollendete Brunelleschi die Kuppel des Doms von Florenz. Die Namen der anderen damals in der Stadt tätigen Künstler haben nicht weniger als er Geschichte gemacht: Luca della Robbia, Filippo Lippi, Andrea del Castagno, Domenico Veneziano, Paolo Uccello, Fra Angelico. Von Michelozzo ließ Cosimo sich in der Via Larga den Palast bauen, in dem ein Jahrhundert später Katharina, die letzte seines Geschlechts, geboren wurde. Die Architektur dieses Palastes besitzt wie die der meisten florentinischen Paläste weder Anmut noch Leichtigkeit. Die Paläste der großen Familien – die stets Anschläge rivalisierender Geschlechter oder den Volkszorn zu fürchten hatten – waren eigentlich in erster Linie Festungen. Abweisend wie eine Felswand wirkt die schwere Rustika des Sockelgeschosses des Palazzo Medici. Das erste Obergeschoß ist schon etwas eleganter. Seine Mauern bestehen aus kleineren, geglätteten Steinblöcken und sind von Fenstern durchbrochen. Das zweite Obergeschoß ist freundlich und hell, wird aber von einem schweren Gesims überragt. Der Gesamteindruck des Gebäudes bleibt der einer Festung. Es war ursprünglich quadratisch, an einer seiner Ecken öffnete sich eine Loggia, doch wurde diese zu Beginn des 16. Jahrhunderts, als die Macht der Medici in der Stadt gefährdet war, und der Familiensitz wiederholt Angriffen, ja regelrechten Belagerungen standzuhalten hatte, zugemauert.

Ist aber das Äußere dieses Palastes verschlossen und abweisend, so nimmt doch sein Innenhof mit der eleganten Kolonnade, auf deren Bandgesims antike Kameen aus den mediceischen Sammlungen abgebildet sind, den Besucher aufs freundlichste in Empfang. Wie überall im Mittelmeerraum war auch hier der Innenhof das Herz des Hauses, der Mittelpunkt des häuslichen Lebens. In dem an diesen Hof anschließenden Garten konnte man damals unter anderem Donatellos *David* bewundern.

Bei seinen Finanzgeschäften hatte Cosimo eine ebenso glückliche Hand wie bei der Verwaltung von Florenz. Er vermehrte das schon sehr beachtliche Vermögen der Medici ins Unvorstellbare. Überall in Italien machte sich nun sein politischer Einfluß geltend. Auf seinen Wunsch berief 1439 Papst Eugen IV. das Konzil nach Florenz, das eine Aussöhnung der griechisch-orthodoxen Kirchen mit der römisch-katholischen anstreben sollte. Bei dieser Gelegenheit waren der oströmische Kaiser Johannes Paläologus und der Patriarch von Konstantinopel Gäste der Medici. Cosimo gründete auch die Platonische Akademie und stiftete die Mediceische Bibliothek, eine einzigartige Sammlung griechischer und lateinischer Handschriften, die schnell wuchs, denn Handschriften von verschollenen Werken der antiken Literatur ließ Cosimo überall suchen und ankaufen oder kopieren. Bald wurden auch die gesammelten Schätze durch den Druck im ganzen Abendland veröffentlicht, und in dieser Veröffentlichung der wiedererstandenen antiken Literatur, die zuvor nur eine Handvoll Gelehrter vorbehalten war, liegt vielleicht das größte Verdienst Cosimos um die als »Renaissance« bezeichnete Erneuerung der abendländischen Kultur zu seiner Zeit.

Cosimo starb 1464 in dem Palast an der Via Larga, den Michelozzo erst fünf Jahre zuvor vollendet hatte. Er gilt als der eigentliche Begründer der Dynastie der Mediceer. Die Signoria (oder Herrschaft), nämlich die gewählten Oberhäupter der verschiedenen Zünfte und Gilden, von denen (zumindest theoretisch) in Florenz alle Macht ausging – eifersüchtig um ihre demokratischen Rechte besorgte Bürger – verliehen dem Verstorbenen, obgleich sie unter dessen Regiment kaum Gelegenheit zur Ausübung dieser Rechte gehabt hatten, in Anerkennung seiner Verdienste um das Gemeinwesen den Ehrentitel eines Pater Patriae. Die Stimme des Volkes erkannte also die Mediceer de facto schon als die Fürsten von Florenz an.

Piero, mit dem Beinamen »der Gichtige«, folgte seinem Vater Cosimo im Amt. Die Macht in der Familie war damit bereits erblich. Piero besaß zwar nicht den Geist und politischen Scharfsinn seines Vaters, doch er machte das durch Herzensgüte und Rechtschaffenheit wett. Und er war jedenfalls geschickt genug, sich in der von seinem Vater ererbten Stellung zu halten. Ihm verlieh Ludwig XI. das Privileg, drei Lilien im Wappen zu führen.

Ein ganz besonderer Glücksfall wollte es, daß Piero dem Gichtigen ein genial begabter Sohn nachfolgte, Lorenzo, den man den »Prächtigen« genannt hat. Wie sein Bruder Giuliano und seine beiden Schwestern wuchs Lorenzo in dem von seinem Großvater erbauten Palast der Medici heran. Dort wurde später auch ein unehelicher Sohn Giulianos erzogen. Die Medici waren in dieser Hinsicht keineswegs kleinlich. Die florentinischen Familien dieser Zeit bewahrten noch Züge der römischen *gens*; sie waren noch nicht so weit, wie der strenge Legitimität der Abstammung fordernde französische Adel, man ließ auch Bastarde zur Familie gehören und erkannte sie ohne Bedenken an. Giulio, der uneheliche Sohn Giulianos, war ein echter Medici: 1523 wurde er unter dem Namen Clemens VII. Papst – wir werden später auf ihn zurückkommen.

Florenz erlebte unter der Regierung Lorenzos des Prächtigen eine regelrechte Blütezeit. Nie war die Republik weniger demokratisch, nie war Florenz größer, reicher, berühmter und glücklicher als zu dieser Zeit. Von 1469 bis 1492, solange Lorenzo regierte, war Florenz auf fast allen Gebieten der abendländischen Kultur führend, insbesondere im Bereich der bildenden Künste, doch auch in der Theologie, der Philosophie und der schönen Literatur. Lorenzo war eine apollinische Persönlichkeit; seine Ausstrahlung weckte in denen, die von ihm angezogen wurden, übermenschlich anmutende Schöpferkräfte. Schön war er nicht, schön waren überhaupt die Mediceer nicht, doch Lorenzo war von einer spektakulären, geradezu monumentalen Häßlichkeit, und dennoch lag ganz Europa ihm zu Füßen.
Erst zwanzig Jahre war er alt, als er an die Macht kam. Hochgebildet, war er vertraut mit den Künsten, der antiken und modernen Literatur, kannte sich in der Geschichte aus und verstand sich auf Politik und Finanzen. Sein jüngerer Bruder Giuliano war ebenso glänzend begabt und ebenso beliebt wie er, und die Brüder liebten einander. Selbstverständlich zog ihr Glück den beiden Neider zu, gab es Leute, die sich durch ihren Glanz in den Schatten gestellt fühlten und nicht zögerten, gegen sie zu intrigieren. Die Verschwörung, die das Wunder, das sie vollbracht hatten, fast vernichtet hätte, wurde schließlich von Papst Sixtus IV. angezettelt. 1478 versuchte er, einen seiner Neffen an die Stelle der Mediceer zu setzen. Dazu traf er Anstalten, die Brüder zu beseitigen. Während der Messe im Dom von Florenz stürzten sich gedungene Mörder auf sie. Giuliano erlag seinen Verletzungen, Lorenzo konnte fliehen. Es gelang ihm, die Berufung eines Konzils anzuregen, das den Heiligen Vater exkommunizierte. Zudem verstand er es, dem Papst die Verbündeten, mit deren Hilfe dieser Florenz hatte erobern wollen, abspenstig zu machen und rettete so die Stadt, wie er sein Leben gerettet hatte.
Auf diese Weise konnte das Fest der Künste und des Humanismus in Florenz seinen Fortgang nehmen. Der Glanz der Stadt Lorenzos des Prächtigen glich dem des perikleischen Athen – keine spätere Blütezeit kam dieser gleich. Botticelli malte die *Geburt der Venus*, er malte *Mars und Venus* und den *Frühling*. Dieses, die Schönheit preisende Gemälde insbesondere, feiert die Jugend und den Triumph der Medici-Fürsten. Hier erscheint zum ersten Mal jenes

strahlende, unvergeßliche Lächeln von Florenz, das Botticelli festgehalten hat. Zwei andere Künstler, die damals in Florenz tätig waren, schufen Werke, deren Einfluß bis in unsere Tage reicht: Leonardo da Vinci und Michelangelo. Beide waren bei Florentiner Meistern ausgebildet worden, Leonardo bei Verrocchio, Michelangelo bei Ghirlandaio. Auf den genialen Schüler Ghirlandaios wurde Lorenzo schon früh aufmerksam. Michelangelo schuf die gewaltige Gestalt des David für die Signoria und leitete den Umbau der Stadtmauern. Später sollte er die Mediceer-Gräber in der Sagrestia Nuova schaffen und damit nachdrücklich an der Unsterblichkeit des Ruhms der darin Begrabenen mitwirken. Im Wettstreit mit Leonardo arbeitete er am Palazzo Vecchio. Zu eben dieser Zeit kam aus Urbino, dem Sitz eines Herzogtums, das die wechselvolle Geschichte der Medici stets begleitet hat, der junge Raffael nach Florenz. Lorenzo konnte sich beglückwünschen, die bedeutendsten Künstler seiner Zeit in seinen Diensten zu haben. Er liebte die Kunst. Und zu seinem Glück und dem Glück der Künstler konnte er sich Kunst auch leisten.

Auf dem Gipfel angelangt, strebt er hinab

Piero, der Sohn Lorenzos des Prächtigen, erhielt den Beinamen »der Glücklose«. Warum dieser Sturz vom Gipfel der Ehren in die Verbannung? Piero scheint bei der Verteilung der reichen Begabungen, die das Geschlecht der Medici den Seinen zu vererben hatte, leer ausgegangen zu sein. Freilich hat es das Schicksal ihm auch nicht leicht gemacht: Die französischen Heere Karls VIII., die Italien eroberten, ehe sie dort untergingen, waren im Anmarsch auf Florenz. Dieser Gefahr zu begegnen, wären vielleicht Männer wie Cosimo oder Lorenzo imstande gewesen. Der arme Piero lieferte statt dessen den Eroberern Pisa und verschiedene andere Orte aus in der Hoffnung, sie damit zu beschwichtigen und von der Plünderung von Florenz abzuhalten. Das Volk aber war über diesen Verrat so empört, daß es 1494 die Medici aus der Stadt verjagte. So geriet nur zwei Jahre nach dem Tod Lorenzos des Prächtigen das führerlos gewordene Florenz in die Gewalt eines fanatischen

Mönchs, des Dominikaners Savonarola, der die Stadt in eine theokratische Republik umbilden und mit dem Liberalismus der Mediceer ein Ende machen wollte. Von Zerstörungswut gepackt, ließ Savonarola Kunstwerke, Zeichen weltlicher Lust sowie viele seiner Gegner auf dem Scheiterhaufen verbrennen. Schließlich gewannen jedoch die von dem Borgia-Papst Alexander VI. unterstützen Anhänger der Medici und Verächter des »Narrenregimes« des frommen Reformators die Oberhand in Florenz, wo dann 1498 Savonarola seinerseits verbrannt wurde. Dann belagerte Cesare Borgia, Sohn Alexanders VI., die Stadt. Nur der Tod des Papstes 1503 konnte die Florentiner vor der Unterwerfung retten. Das Schlimmste war damit wohl verhindert, doch ließ deshalb das Unglück von der Stadt noch lange nicht ab.

Solange die Medici aus Florenz verbannt waren, war es dort auch mit Frieden und Wohlstand vorbei. Papst Julius II. beschloß, die Franzosen aus der Toskana zu vertreiben, der Gonfaloniere Soderini hingegen hielt es für klüger, diesen die Treue zu halten. Aus Zorn über diesen »Verräter« entschloß sich der Papst überraschend, die Medici nach Florenz zurückzurufen und dort von neuem an die Macht zu bringen. Dazu mußte freilich erst die Herrschaft Soderinis gebrochen werden. Mit dieser Aufgabe betraute der Papst den Kardinal Giovanni de Medici, einen Sohn Lorenzos des Prächtigen und damit Bruder Pieros des Glücklosen. Der Kardinal konnte sich auf die Truppen des Vizekönigs von Neapel stützen: Soldaten, die das Fürchten lehren konnten. Nach der Eroberung von Prato durch dieses jetzt mediceische Heer hatten die Florentiner Gelegenheit, mit anzusehen, was ihnen bevorstand, wenn sie weiter Widerstand leisteten, und so entschlossen sie sich, Soderini zu vertreiben, dem Papst hunderttausend Florini Tribut zu zahlen und die Medici willkommen zu heißen. So kehrten diese 1512 nach Florenz zurück. Ihr Exil hatte achtzehn Jahre gedauert. Florenz war ruiniert.

Unter der klugen und wohlwollenden Regierung Giulianos de Medici, des dritten Sohnes des Prächtigen, kehrte nun zwar der Frieden nach Florenz zurück, doch der Lorenzo zu verdankende Glanz der vorangegangenen Epoche war für immer erloschen. Es ging jedenfalls sichtlich wieder aufwärts, zweifellos ein Verdienst der Mediceer. Giovanni de Medici wurde als Leo X. Papst, was seinem Bruder Giuliano und den Florentinern erheblich nützen sollte. Der neue Papst gewährte ihnen die Oberhoheit über die Städte Parma, Modena und Piacenza. Leo X. spielte auch mit dem Gedanken, seiner Familie das Herzogtum Urbino zurückzugewinnen; allerdings hätte er dazu erst einen Neffen seines Vorgängers, Julius II., aus Urbino vertreiben müssen. Und wenn schon, er war bereit, den Krieg zu wagen. Doch dem weiseren Giuliano gelang es, seinen Bruder von diesem Vorhaben abzubringen. Statt für Papst und Familie in den Krieg zu ziehen, reiste er 1516 als päpstlicher Gesandter anläßlich der Thronbesteigung des jungen Königs Franz I. nach Frankreich. Dort gelang es dem liebenswürdigen und klugen Giuliano, die Schwester Luise von Savoyens, der Mutter des jungen Königs, zu heiraten, die als Mitgift das Herzogtum Nemours mit in die Ehe brachte. Das war mehr, als der von seinem Bruder geplante Kriegszug nach Urbino hätte einbringen können.

Ein Mediceer hatte also in die Familie des Königs von Frankreich eingeheiratet und ein französisches Herzogtum gewonnen. Die Verbindung zwischen dem französischen Königshaus und den Florentiner Bankiers war nun schon so eng, daß die gute Partie, die der damals noch nicht geborenen Nichte Katharina vorgezeichnet war, schon nicht mehr als undenkbar gelten konnte.

Für Giuliano von Nemours (wie er sich fortan nannte) war mit dem in Frankreich gemachten Gewinn das Spiel zu Ende. Er starb ein Jahr darauf, kinderlos. Allerdings hatte er seit 1511 in Florenz einen unehelichen Sohn, Ippolito, der ihn überlebte. Ihm werden wir in der Nähe seiner jungen Cousine Katharina noch häufig begegnen.

Nichts ist so schwer zu tragen wie ein großes Erbe

Das Blut der Mediceer, das in Katharinas Adern floß, begabte sie zum einen reich, belastete sie jedoch andererseits auch schwer. Der ungewöhnlichen Intelligenz, die sie von ihren Vorfahren erbte, scheinen auch besondere Gefährdungen entsprochen zu haben.

Katharinas Vetter, der Herzog von Nemours, starb jung. Bei ihrer Geburt starben die Eltern, der Vater achtundzwanzig, nur siebzehn Jahre alt die Mutter. Diese starb, wie schon erwähnt, am Kindbettfieber, doch wahrscheinlicher ist es, daß ihr Gemahl Lorenzo, Herzog von Urbino, die junge Magdalena von la Tour d'Auvergne längst schon mit den Leiden angesteckt hatte, die ihn selbst töteten, der Schwindsucht und der in Italien als »die französische«, in Frankreich als »die neapolitanische« bezeichneten Krankheit. Zwar war die Lebenserwartung der Menschen damals lange nicht so hoch wie heute, doch scheinen die Medici des 15. und 16. Jahrhunderts selbst im Vergleich zu ihren Zeitgenossen in besonderem Maße von frühem Tod bedroht gewesen zu sein. Sehr anfällig waren sie für die Tuberkulose, Skrofeln kamen häufig vor und Katharinas Vater litt, wie gesagt, an der Syphilis. Die Geschichte der in der Familie erblichen Krankheiten ist freilich für den Historiker kaum vollständig zu ermitteln, da zur damaligen Zeit bei Eheschließungen zwar sehr auf die Herkunft und das Vermögen der Brautleute geachtet und auf gegenseitige Verträglichkeit überprüft wurde, die physiologischen Anlagen aber eher als Nebensache galten. Doch beweist das Schicksal ihrer Kinder und Enkel, daß das von Katharina in das Haus Valois eingebrachte Erbe die Zukunft Frankreichs nicht nur positiv beeinflußte.

Mit den ererbten Geistesgaben indessen brachte Katharina auch eine ererbte Kultur nach Frankreich: die Kultur der Familie und Stadt, in der sie ihre früheste Bildung erfahren hatte. Kennzeichnend für diese war der scharfe, mitleidlos sachliche Blick auf die Welt und die Gesellschaft sowie die Kunst, sich der Ängste, Wünsche, Schwächen und Stärken der Menschen zu eigenen Zwecken zu bedienen. Wie wir sahen, wurde die Kunst der Diplomatie in Florenz und namentlich in Katharinas Familie seit jeher sehr erfolgreich gepflegt, und so erstaunt es kaum, daß Machiavelli, dessen Hauptwerk, *Il Principe*, die Regeln dieser Kunst festschreibt und erläutert, gebürtiger Florentiner war und das diplomatische und politische Handwerk in Florenz erlernt hatte. Fünfzehn Jahre lang war er Kanzler der Signoria gewesen, hatte dreiundzwanzig Gesandtschaften der Republik im Ausland geführt, wodurch er wiederholt zu Unterhandlungen auch nach Frankreich kam. Allerdings lagen seine Sympathien eher bei Karl V. und dem Reich als bei den französischen Königen, und aus diesem Grund wurde er bei der Rückkehr der Medici im Jahre 1512 aus Florenz verbannt. Dieser erzwungene Rückzug aus der praktischen Politik

gab ihm dann Gelegenheit, sein berühmtes Handbuch für Machthaber zu verfassen. In Florenz wurde alles zur Kunst, selbst die Realpolitik.
So nämlich rät Machiavelli seinem Fürsten: »Man muß wissen, die aufgenommene Rolle gut zu spielen, sich zu verstellen und überzeugend zu täuschen. Die Menschen aber sind so schwach und einfältig, daß, wer sie täuschen will, leicht seinen Zweck erreicht.« Der Fürst soll also täuschen, Täuschung ist ein legitimes Mittel der Politik, Machiavelli erläutert, wie dabei zu verfahren ist. »Der Fürst muß sich bemühen, in den Ruf der Güte, der Milde, der Frömmigkeit, der Treue und Gerechtigkeit zu kommen. Er sollte nach Möglichkeit all diese Tugenden wirklich besitzen, jedoch hinreichend Herr seiner selbst bleiben, sich ihres Gegenteils bedienen zu können, wo sich das empfiehlt. Ich behaupte, daß ein Fürst, zumal ein neuerdings an die Macht gelangter Fürst, nicht ungestraft alle Tugenden des gemeinen Mannes üben kann, da er, um sich an der Macht zu erhalten, oft die Gesetze der Menschlichkeit, der Nächstenliebe, der Treue und der Religion zu verletzen genötigt ist.« Kurzum: »Der Fürst muß wissen, das Gute zu tun, solange ihm das nicht zum Nachteil gereicht, und sich davon abzuwenden, sobald die Umstände das fordern.«
So der Kern der von dem florentinischen Weisen formulierten politischen Prinzipien, die schließlich an allen Höfen und in den Ministerien der ganzen Welt zum Zuge kamen.
Die berechnende Intelligenz, die aus Machiavellis Traktat spricht, die unbefangene Vernunftorientiertheit und rücksichtslose Zielstrebigkeit dieser Intelligenz lagen Katharina zweifellos im Blut. Sie hat dennoch später das Buch mit Gewinn gelesen und die Ratschläge des Verfassers haben sie tief beeindruckt. Als sie dem Sohn des Königs von Frankreich ihr Jawort gab, scheint unter den Dingen, die sie mit in die Ehe brachte, niemand dieses kleine Handbuch bemerkt zu haben, das nur deshalb ein wahres Zauberbuch war, weil die aus ihm sprechende Intelligenz, die Realität, über die es dem verständigen Leser einige Macht versprach, ohne jeden moralischen und religiösen Vorbehalt würdigte.

Weitere Annäherung der Mediceer an den Lilienthron

Nach dem Tod Giulianos wollte dessen Bruder, Papst Leo X., den Fortbestand der Herrschaft seiner Familie in Florenz sichern. Er betraute damit Lorenzo, den Sohn des Glücklosen und einzigen legitimen Erben des älteren Zweigs der Familie. Allerdings war die erbliche Übertragung der Herrschaft in Florenz verfassungswidrig. In früheren Zeiten wäre sie auch nicht gelungen, aber jetzt war der Papst allmächtig, und die von Bürgerkriegen geschwächten und verarmten Florentiner verleugneten ihre republikanischen Überzeugungen immerhin insoweit, als sie sich den Thronerben einfach vorsetzen ließen. Jetzt auch erfüllte Leo X. sich den Wunsch, den sein verstorbener Bruder ihm einige Jahre früher ausgeredet hatte: Er ließ Urbino mit Waffengewalt erobern, vertrieb den Herzog und schenkte das Herzogtum Lorenzo, seinem Neffen, der somit als erster Mediceer den Titel eines Herzogs von Urbino annahm. Mit der Unterstützung des Papstes im Rücken und mit dem Herzogtitel ausgestattet, machte also Lorenzo in Florenz Eindruck. Doch Leo X. hatte noch weitergehende Pläne. Angesichts der politischen Lage aller italienischen Staaten, deren Freiheit stets einerseits vom König, andererseits vom Kaiser bedroht war, beschloß er, Lorenzo unter das Protektorat eines dieser beiden Großen zu stellen. Der mediceischen Tradition folgend, wandte er sich zu diesem Zweck zuerst an den König von Frankreich. Da seinerzeit ein Staatenbündnis nur durch eine Fürstenhochzeit zuverlässig zu bekräftigen war, ersuchte der Papst Franz I. um eine Gattin aus dem Königshaus oder zumindest aus dem französischen Hochadel für seinen Neffen, den Herzog von Urbino. Der König erwiderte darauf postwendend, am 26. September 1517, daß er herzlich gern bereit sei, Lorenzo mit »einer schönen und guten Dame« zu verheiraten. Diese Bereitwilligkeit hatte triftige Gründe: Franz I. wollte sich so die Unterstützung des Papstes bei einem Angriff auf das Königreich Neapel sichern, dessen Krone er in seinen Besitz bringen wollte. Deshalb also hatte er Magdalena von la Tour d'Auvergne als Gattin für Lorenzo ausgewählt, der nicht anders konnte, als das wahrhaft königliche Angebot dankend anzunehmen.

Magdalena stammte von der Seite ihres Vaters aus einem der ältesten und mächtigsten Adelsgeschlechter Frankreichs. Ihre Mutter aber, Johanna von Bourbon-Vendôme, war königlichen Geblüts, ihre Familie ging auf Ludwig den Heiligen zurück. Das ist insofern wichtig, als unsere Katharina von Medici gerade durch diesen genealogischen Zweig ihrer Mutter Magdalena von la Tour d'Auvergne, selbst auch von königlichem Geschlecht war. Johanna von Bourbon war Witwe ihres Verwandten, des Herzogs von Bourbon, des Haupts der kapetingischen Familie der Bourbonen, die ihre Abstammung auf Robert von Clermont, den Sohn Ludwigs des Heiligen, zurückführten. In zweiter Ehe hatte Johanna den Grafen von Auvergne geheiratet, der riesige Lehen in der Auvergne und im Berry, die Grafschaften Castres und Lauragais beherrschte. Er war Nachkomme des Bruders des berühmten Gottfried von Bouillon und Graf von Boulogne. Magdelena war sechzehn Jahre alt, ihre Schwester bereits mit einem Prinzen des schottischen Königshauses, dem Herzog von Albany, verheiratet. Beide Schwestern, früh verwaist, besaßen riesige Vermögen in Ländereien und barem Geld. Lorenzo machte demnach mit dieser Heirat eine ausgezeichnete Partie, sowohl was die damit verbundene Ehre als auch was die Mitgift anging. Die verblichenen Mediceer in ihren Marmorsärgen mögen vor Freude gebebt haben, als sie von dieser Heirat erfuhren, denn bei aller mediceischen Fürstenpracht war doch nicht zu verhehlen, daß Lorenzo, der Erbe des Geschlechts, erst sechs Monate zuvor Herzog von Urbino geworden war – und das unter Umständen, die der französische Hochadel mit Recht einigermaßen zweifelhaft finden konnte. Freilich, Lorenzo war Neffe des Papstes, er regierte Florenz als dessen legitimer Herrscher und – was wohl am meisten zählte – er genoß das Wohlwollen Franz' I. Dieser, der seinerseits mit der Stiftung dieser Ehe ein gutes Geschäft gemacht zu haben meinte (er sah sich schon als König von Neapel), scheute weder Mühe noch Kosten, den Brautleuten eine glänzende Hochzeit auszurichten.

Und da sich Franz I. bekanntlich auf das Feiern von Festen besser verstand als auf diplomatische Verhandlungen, war diese Hochzeit in Amboise auch wirklich prunkvoll inszeniert. Vor der Eheschließung fand noch die Taufe des französischen Kronprinzen Franz statt, und Lorenzo hatte die Ehre, das Kind in Vertretung des Papstes, dem Paten des zukünftigen Königs von Frankreich, über

das Taufbecken zu halten. Lorenzo fiel auch die ehrenvolle Aufgabe zu, die Geschenke Seiner Heiligkeit aus diesem Anlaß zu verteilen. Da gab es Geschmeide, Kunstgegenstände aller Art, und, man staune – ein ganz mit Perlen besetztes Bett!
Auf die Taufe folgte dann die Hochzeit, die zehn Tage lang gefeiert wurde. Da es im Schloß von Amboise keinen Saal gab, der groß genug gewesen wäre, die Menge der geladenen Gäste aufzunehmen, hatte man den Schloßhof in eine riesige Zaubergrotte verwandelt, ihn oben mit einem Zeltdach abgedeckt, und die Wände ringsum mit wunderbaren Tapisserien verhangen. Dort fanden nun in ständiger Folge Bälle und Bankette statt. Der König hatte dem Herzog von Urbino den Platz an seiner Seite bestimmt, Magdalena saß neben Königin Claudia. Köstliche Speisen und edelste Weine wurden in wahrhaft pantagruelischer Fülle aufgetragen – die Zeiten der kalorienbesorgten Nouvelle Cuisine lagen ja diesen Glücklichen noch in ferner Zukunft. Jede Mahlzeit dauerte Stunden. Jedes neue Gericht wurde unter Fanfarenstößen aufgetragen, welche die Unterhaltung übertönten und eine eher kriegerische als galante Stimmung unter den Tafelnden verbreiteten. Insgesamt mochte dieser Aufwand die Florentiner wohl ziemlich barbarisch anmuten, man war ja zu jener Zeit in Frankreich auf den feinen Geschmack noch nicht gekommen und feierte also wie die Helden, die François Rabelais einige Jahre später in seinem berühmten Buch verewigen sollte, ausdauernd, üppig und hemmungslos lustig.
Am Abend des ersten Tages begleitete Königin Claudia Magdalena ins Brautgemach, und am nächsten Morgen begannen die Festlichkeiten von neuem.
Franz I. und sein Hof liebten gewalttätige Spiele und Turniere. Nur in diesen zum reinen Vergnügen ausgefochtenen Reiterkämpfen – und natürlich in den Romanen, die von den Taten Rolands und des Amadis von Gallien berichteten – war ritterliche Kultur damals noch lebendig. Im 16. Jahrhundert wurden die Kriege schon längst nicht mehr von Rittern ausgefochten, doch der Adel gefiel sich darin, es den Helden, von denen man in den Büchern las, wenn schon nicht auf dem Schlachtfeld, so doch wenigstens auf dem Turnierplatz gleichzutun. Die Edelleute, die an diesen Ritterspielen teilnahmen, trugen prächtig geschmiedete, vergoldete und versilberte Rüstungen, phantastische Helme und prunkende Waffen – doch wenn sie derart theatralisch kostümiert ihren Traum

von der heroischen Vergangenheit ihres Standes inszenierten, gab's nicht selten blutende und manchmal tödliche Wunden. Zur Feier der Hochzeit Lorenzo de' Medicis wurde die Belagerung einer Stadt vorgeführt: Die hölzernen Bauten waren von Gräben und Wällen beschirmt, hinter denen echte Kanonen standen, deren Kugeln zwar nicht töten sollten, ihren Mann aber ziemlich unsanft zu Boden schleuderten. Im Eifer des Gefechts beim Sturm auf die Wälle gab es denn bei diesem Theaterkrieg leider auch ein paar echte Tote. Doch scheint das niemand tragisch genommen zu haben.

Der Herzog von Urbino tat bei diesem Kampfspiel sein Bestes, aber sehr eindrucksvoll scheint das nicht gewesen zu sein. Freilich litt er noch an den Folgen einer Verwundung, die ihm während der Belagerung von Urbino ein gegnerischer Hakenbüchsenschütze beigebracht hatte. Etwas Pech hatte er bei der Eroberung seines Herzogtums also doch gehabt. Die offizielle Chronik lobte zwar seine Kühnheit beim Spiel dieser Belagerung zur Feier seiner Hochzeit, doch sind daneben auch Aussagen überliefert, die von seiner Tapferkeit und Ausdauer keine hohe Meinung verraten.

Ungeschmälerte Bewunderung verdienten indessen die Hochzeitsgeschenke, die er für Gattin und Schwiegereltern aus Florenz mitbrachte. Für Magdalena 300 000 Dukaten, Schmuck für den König und die Königin sowie verschiedene Gemälde: Für die Hauskapelle der Königin Raffaels *»Heilige Familie«*, für diejenige des Königs einen *»Sankt Michael, den Drachen erschlagend«* ebenfalls von Raffael. Beide Gemälde sind heute im Besitz des Louvre.

Von Franz I. erhielt Magdalena ein Gnadengehalt von 10 000 Goldstücken jährlich und Lorenzo eine Kompanie Gendarmes sowie die Kette des St.-Michael-Ordens. Um dem Schwiegersohn seine Gewogenheit zu bezeugen, nahm Franz I. diesen auch zu einem Besuch der Bretagne mit, ein Herzogtum, das erst kurz zuvor mit Frankreich verbunden worden war. Der junge Ehemann hatte somit wenig Muße, seiner Frau zu beweisen, daß er in der Tat ihr Mann war.

Bevor das junge Paar nach Italien zurückkehrte, reiste es noch in die Auvergne, wo Lorenzo die Besitzungen seiner Frau inspizierte und mit seiner Schwägerin, der Herzogin von Albany, Einzelheiten der Erbteilung aushandelte. Und so sollte später Katharina von

Medici als Erbin ihrer Mutter Güter in Frankreich besitzen, lange bevor von einer Verbindung zwischen ihr und einem Franzosen die Rede war.

Flitterwochen, Ruhm und Tod

Mit großem Gepränge zogen am 7. September 1518 der Herzog und die Herzogin von Urbino in Florenz ein. Das Glück schien ihnen zuzulächeln – zumindest einige Monate lang. Lorenzo hatte gewonnen, in jeder Hinsicht, soviel war einstweilen sicher. Der Papst beglückwünschte ihn zum Erfolg der Unterhandlungen, die er für Seine Heiligkeit in Frankreich mit Franz I. geführt hatte. Er ließ auch an seiner Zufriedenheit, Florenz in so guten Händen zu wissen, keinen Zweifel. Lorenzos persönliches Ansehen war seit seiner Heirat mit einer Verwandten des französischen Königshauses auch bei seinen Untertanen sehr gewachsen. Zumal die schöne, anmutige und gutherzige junge Frau den Florentinern sehr gefiel. Und der Himmel selbst schien die Verbindung segnen zu wollen, denn die junge Frau war bereits kurz nach der Hochzeit schwanger. Lorenzo konnte auf einen Erben hoffen, was ihn um so mehr gefreut haben wird, als ihm am französischen Hof wohl Gerüchte zu Ohren gekommen waren, die seine Zeugungsfähigkeit wegen der erlittenen Kriegsverletzungen und anderer heimtückischer Verletzungen seiner Männlichkeit wegen in Zweifel zogen.
Das Glück des jungen Paares sollte allerdings nicht von Dauer sein: Sieben Monate nach der Hochzeit erkrankte Lorenzo an einem schweren Fieber. Am Weihnachtsabend ließ er sich in seine Villa in Montughi bringen, wo die Luft besser war als im Stadtpalast der Medici an der Via Larga. Erst im April kehrte er dorthin zurück, um ein letztes Mal den Zug der Heiligen Drei Könige zu betrachten, den auf Anordnung seines Ur-Urgroßvaters Cosimo der brave Benozzo Gozzoli zur höheren Ehre der Familie Medici an die Wände der Hauskapelle gemalt hatte. Als dritten der heiligen Könige hatte Cosimo 1459 seinen damals ungefähr zehnjährigen Enkel malen lassen, Lorenzo, den man einst den Prächtigen nennen sollte, den Großvater des kranken Herzogs von Urbino. Diesem war es jetzt, am 13. April 1519, gerade noch vergönnt, die

eigene neugeborene Tochter zu sehen. Er starb unmittelbar danach, und wenige Tage später starb auch seine junge Frau.
Als einzige direkte Erbin und Urenkelin des legendären prächtigen Lorenzo erregte der verwaiste Säugling augenblicklich die lebhafteste Anteilnahme aller überlebenden Mediceer. Einmütig und umgehend unternahmen sie alles Mögliche, dieses kostbare Kind zu Geld zu machen. Denn die Mediceer wußten aus eigener Erfahrung, daß, wo das nötige Geld vorhanden ist, auch die Macht in Reichweite liegt. Keiner wußte es besser als der Heilige Vater, Leo X., der Großonkel der kleinen Katharina.

Katharina in der Wiege: Trumpfkarte im politischen Spiel des Papstes

Der Tod seines Neffen Lorenzo durchkreuzte die Pläne Leos X. insofern, als diese mit dem König von Frankreich rechneten. Deshalb wandte er sich alsbald an dessen Todfeind, Karl V., den jungen König von Spanien, und schloß ein geheimes Bündnis mit diesem ab. Franz I. war völlig ahnungslos über diese Veränderung der internationalen Lage. Doch das Bündnis Leos X. mit Karl war nur der Anfang der Mißerfolge, die Franz I. in Italien erleiden sollte. Auf dem diplomatischen Parkett war der umgängliche Mann, den man den ritterlichen König nannte, seinen florentinischen und römischen Partnern nicht gewachsen. Der Papst machte ihm weis, er werde bei der anstehenden Kaiserwahl die Kandidatur des Königs von Frankreich unterstützen; gewählt wurde bekanntlich Karl I. von Spanien, als deutscher Kaiser der Fünfte seines Namens.
Im August wurde Katharina krank, was den Papst in äußerste Unruhe versetzte. Kaum war sie wieder gesund, ließ er sich die Kleine nach Rom bringen, um seinen Schatz besser bewachen zu können. Er stellte sie unter die Aufsicht von Kardinal Giulio de Medici, den unehelichen Sohn des Bruders Lorenzos des Prächtigen. Dieser Kardinal, den der Papst zum Schutzengel Katharinas machte, scheint zu himmlischen Dingen wenig Neigung gehabt zu haben, verfolgte aber dafür seine irdischen Interessen mit bedeutendem politischen Talent. Der Papst hatte ihm überdies die Regierung von Florenz anvertraut, vorübergehend jedenfalls, damit die

Stadt in der Familie bliebe; denn der gehörte schließlich auch dieser illegitime Vetter an, der nicht nur die Kardinalswürde erlangt hatte, ohne je zum Priester geweiht worden zu sein, sondern auch die Wahl Leos X. zum Oberhirten der Christenheit bewerkstelligt hatte. Katharina geriet also in die Obhut dieses tüchtigen Mannes. In Wirklichkeit aber kümmerte sich um das Wohl der Kleinen zunächst ihre Großmutter Orsini und nach deren Tod – sie starb 1520 – Katharinas Großtante Lucrezia Salviati sowie eine Urgroßtante, die Schwester Lorenzos des Prächtigen, Clarissa Strozzi, die als »Mann in der Familie« galt.

Franz I. verlor nach dem Tod der Eltern Katharinas keineswegs das Interesse an dem, was in der Familie Medici geschah. Er verlangte, als Vormund der unglücklichen Waisen eingesetzt zu werden. Der Papst aber machte ihm einen Strich durch die Rechnung und dachte nicht daran, dem König von Frankreich ein Unterpfand für die ihm gemachten Versprechungen an die Hand zu geben: Katharina blieb unter päpstlicher Aufsicht in Rom.

Dem enttäuschten französischen König offenbarte Leo X. jetzt zudem noch sein Bündnis mit Karl V. – 1521 war er diesem behilflich, die Franzosen aus Mailand zu vertreiben. Dann gab er die Absicht bekannt, Katharina mit Ippolito zu verheiraten, jenem illegitimen Vetter Seiner Heiligkeit, von dem schon einmal die Rede war, dem unehelichen Sohn des charmanten Herzogs von Nemours. Ippolito war zwar erst zehn Jahre alt, Katharina ganze drei – aber obwohl der Papst derart Miene machte, die Aufgabe, sein Mündel zu verehelichen, nicht auf die lange Bank zu schieben, kam er nicht mehr dazu, sie zu Ende zu führen: Denn noch im gleichen Jahr raffte ihn, erst sechsundvierzig Jahre alt, die Malaria dahin.

Der Interessen Katharinas nahm sich daraufhin ihr Onkel, der Herzog von Albany, an, und die Erziehung der Kleinen besorgte weiterhin, wie schon erwähnt, ihre Großtante Lucrezia Salviati, Gattin des schwerreichen Bankiers.

Lucrezia Salviati scheint eine gute Pflegemutter gewesen zu sein. Katharina wuchs gemeinsam mit zwei Knaben auf, die wie sie, wenn auch gewissermaßen nur am Rande, der Medici-Familie angehörten. Der eine war Ippolito, der illegitime Onkel, den sie hatte heiraten sollen; der andere, Alessandro, wurde als Katharinas Halbbruder, als ein illegitimer Sohn ihres verstorbenen Vaters bezeichnet. Das entsprach sicher nicht den Tatsachen. Alessandro, ganz im Gegensatz zu Ippolito, der wie so viele Mediceer glänzend begabt war, scheint kein großes Licht gewesen zu sein. Auch hatte er eine ziemlich dunkle Hautfarbe, wolliges Haar und wulstige Lippen. Und so wurde erzählt, seine Mutter sei eine Mohrin gewesen. Diese aber habe ihn dem Schutzengel Katharinas, dem Kardinal Giulio geboren.

Die Kindheit Katharinas, die man in Florenz gefällig die *Duchessina*, die »kleine Herzogin« nannte – da ja ihr Vater sehr kurzfristig Herzog von Urbino gewesen war –, fiel in eine Zeit häufiger Kriege, Aufstände, Staatsverbrechen und Machtwechsel. Die Verhältnisse, die sie später in Frankreich vorfand, waren ihr somit von Kindesbeinen an vertraut.

Nach dem Tod Leos X. ging das Amt des Oberhirten der Christenheit den Mediceern verloren. Hadrian VI., der 1521 Nachfolger Leos X. wurde, war ein zuvor in Rom ganz unbekannter Niederländer. Er war jedoch Erzieher und Berater des damaligen spanischen Königs und deutschen Kaisers gewesen, der denn auch seine Wahl durchgesetzt hatte. Hadrian VI. war ein frommer und sehr ehrwürdiger Mann. Die Mediceer und manche andere an der Politik des Heiligen Stuhls Interessierte reagierten entsetzt. Daß eine »Kreatur« des Königs von Spanien auf diesen Stuhl gelangt war, wurde als katastrophale Niederlage der französischen Partei und ihrer florentinischen Verbündeten gewertet. Jeder noch so geringe Zweifel daran wurde denn auch bald ausgeräumt: Hadrian VI. nahm den Mediceern das Herzogtum Urbino und übergab es den Della Rovere, die es zuvor besessen hatten. Verzweifelt zog sich der Kardinal Giulio nach Florenz zurück, unter Mitnahme seines teuersten Besitzes, versteht sich, nämlich der kleinen Katharina. Seine Verbannung aus Rom dauerte indessen weniger lange, als er vielleicht befürchtet hatte – nur zwanzig Monate. Ein glücklicher Zufall (dem vielleicht ein wirksames Gift nachhalf) brachte den flämischen Papst ins Grab. Giulio organisierte das Konklave zur Wahl des neuen Papstes. Wie erwähnt, hatte er ja schon bei der vorletzten Wahl seinen Kandidaten durchgebracht. Immerhin kostete es ihn diesmal sieben Wochen angestrengten Intrigierens, bis bei der letzten Abstimmung zum Nachfolger Hadrians VI. er selbst gewählt wurde. Dies geschah am 19. November 1523. Er nahm den Namen Clemens VII. an.

So war also Katharina Nichte des Papstes geworden, zumindest ließ Giulio sie so nennen. In Wirklichkeit jedoch war sie seine Cousine fünften Grades. Aber unbekümmert um solche Pedanterien war der neue Papst entschlossen, die Geschicke der kleinen Herzogin ohne Herzogtum so zu lenken, daß das Ansehen der Mediceer und in erster Linie seine eigene Macht dabei vermehrt würden. In allen Überlegungen dieses Papstes fanden theologische oder kirchliche Angelegenheiten nur dann Berücksichtigung, wenn sie seine privaten politischen Interessen berührten. Katharina war erst vier Jahre alt, als Clemens VII. mit ihr zu rechnen anfing, doch spielte sie von diesem Augenblick an, ohne freilich eine Ahnung davon zu haben, eine Rolle in der italienischen, ja, der europäischen Politik. Zuerst wandte sich der Papst nach Frankreich, bestärkte den französischen König in seinen trügerischen Hoffnungen auf das Königreich Neapel und das Herzogtum Mailand. Andererseits versicherte er auch Karl V., den Erzfeind Franz I. seines Beistands. In Karl V. begegnete er freilich einem weniger leichtgläubigen Verhandlungspartner. In Brügge und Antwerpen unter Bankiers und Handelsleuten erzogen, war Karl V. kein Träumer. Dabei war er damals schon Herrscher eines Reichs, in dem, wie seine Schmeichler später wahrheitsgetreu sagten, die Sonne nicht unterging. An allen Grenzen Frankreichs lagen Staaten, in denen sein Wort galt. Er – und später König Philipp II. von Spanien, sein Sohn – sollten, solange die »schwarze Königin« lebte, drohend deren Horizont verdüstern. Vor ihr hatte schon Franz I. zeitlebens an allen Grenzen auf Überfälle von seiten des spanischen Königs und Kaisers des Heiligen Römischen Reichs deutscher Nation gefaßt sein müssen.

Frankreich befand sich deshalb eigentlich während des ganzen 16. Jahrhunderts unter Belagerungszustand. Zwar hatte Franz I. 1515 bei Marignano gesiegt. Als dann Karl aber Kaiser und Besitzer des Königreichs Neapel geworden war, schien er unüberwindbar. Clemens VII. hatte Angst vor ihm, aus gutem Grund. Deshalb hielt er es für ratsam, für alle Fälle auch mit dem König von Frankreich einen geheimen Bündnisvertrag abzuschließen, war dieser doch als einziger imstande, dem Kaiser bei einem eventuellen Einmarsch in die päpstlichen Staaten Widerstand zu leisten.

Für das Doppelspiel, das der Papst da mit den beiden verfeindeten Großmächten des europäischen Festlands trieb, suchte er Unterstützung, indem er eine dritte Großmacht in seine Intrigen einbezog, nämlich England. Heinrich VIII., mit dem er ebenfalls Abkommen traf, konnte, als Zünglein an der Waage, der jeweiligen Interessenlage entsprechend, den Ausschlag geben entweder zugunsten des Kaisers (falls der Papst Franz I. loswerden wollte) oder zugunsten Franz I. (wenn der Kaiser zu gefährlich wurde). Für Heinrich VIII. würde im einen wie im anderen Fall ein Vorteil bei dem Handel herausspringen.

Die Lage des Königs von Frankreich im Jahre 1524 war bedenklich. Die Kaiserlichen hatten, wie schon erwähnt, die Franzosen aus Mailand vertrieben. Der Kaiser konnte in Deutschland nach Belieben neue Truppen anwerben. Zudem stand der tüchtigste Heerführer dieser Zeit in seinen Diensten, der Konnetabel von Bourbon, erster französischer Prinz von Geblüt, der eigentliche Sieger von Marignano. Zum Unglück Frankreichs aber stand er jetzt auf der gegnerischen Seite. Wie es zu diesem »Verrat« des Prinzen kam, sollte Katharina später während ihrer Erziehung zur französischen Prinzessin am Hof des Königs von Frankreich erfahren. Wir werden an entsprechender Stelle auf diese Geschichte zurückkommen. In der Lombardei hatte Franz I. genügend Truppen, die Kaiserlichen erneut anzugreifen. Statt dessen verlor er aber kostbare Zeit mit einer monatelangen Belagerung von Pavia. Als er sich endlich zum Angriff entschloß, war es zu spät. Der Konnetabel von Bourbon hatte das kaiserliche Heer durch frische Truppen verstärkt und die Schlacht genial geplant. Die Franzosen kämpften wie die Löwen, doch vergebens. Um den König geschart ließ sich die Blüte des französischen Adels in Stücke hauen. Der König überlebte die Schlacht. Als Gefangener des Kaisers.

Bourbons Rache an dem König, der ihn gedemütigt, entehrt, seiner Ämter und Güter beraubt und zur Flucht ins Ausland getrieben hatte, war schrecklich. Nach der Schlacht von Pavia war Frankreich, ohne König, ohne Heer, dem Sieger auf Gnade und Ungnade ausgeliefert. Und Italien ebenso.

Das traurige Los des ritterlichen Königs – besiegt und in Gefangenschaft

Vor der Schlacht hatte Clemens VII. in der Meinung, das Kriegsglück würde den Franzosen nach Marignano auch in Pavia treu bleiben, diesen einige Unterstützung zukommen lassen, was ein ernster Fehler war, zog er sich doch damit den Zorn des Siegers zu: Um ihn zu strafen, nahm Karl V. dem Papst die Städte Parma, Modena und Piacenza weg. Ähnlich ließ der Kaiser alle italienischen Staaten zahlen, die Franz I. unterstützt hatten. Der Papst mußte sich fügen. In dieser Angelegenheit gelang es ihm nicht, aus Katharina irgendwelchen Nutzen zu ziehen.

Franz I. glaubte fälschlicherweise, daß er bei einer persönlichen Begegnung mit dem Kaiser, seinem gekrönten »Bruder«, ritterlich wie er selbst, die zwischen ihnen bestehenden Differenzen zur beiderseitigen Zufriedenheit würde beseitigen können. Er war sich seiner Sache so sicher, daß er sich freiwillig nach Madrid in die Hände des Siegers begeben wollte. Ein von der kaiserlichen Flotte geleitetes spanisches Schiff nahm ihn an Bord. Eine von der genuesischen verstärkte französische Flotte, der kaiserlichen weitaus überlegen, war zur Stelle, den König im Ernstfall zu befreien. Dieser selbst verwahrte sich aber dagegen, um dem Kaiser gegenüber nicht als wortbrüchig zu gelten. Diese Ritterlichkeit wurde Franz I. in Madrid schlecht gelohnt. Dort angekommen, ließ ihn Karl V. in einen finsteren Keller werfen, wo der gutmütige Franzose das Hassen lernte. Dem großen, athletisch gebauten Mann, der seinen Körper regelmäßig trainierte – beim Ringkampf, bei der Jagd, bei Turnieren, im Krieg und nicht zuletzt in der Liebe – brach die Gefangenschaft fast das Herz. Auch wurde er ernstlich krank, er litt an Durchfall.

Die Krankheit seines Gefangenen beunruhigte den Kaiser, der diesem seine Freiheit natürlich teuer verkaufen wollte. Nach ihm selbst war ja der König von Frankreich der mächtigste, reichste und bestbediente Fürst der Christenheit. Ja, was den letzten Punkt anging, war der König wohl sogar bessergestellt als der Kaiser. Denn dieser herrschte zwar, wie gesagt, über ein Reich, in dem die Sonne nicht unterging, doch es war nicht einheitlich, sondern aus vielen Staaten zusammengestückelt, denen außer der Oberhoheit Karls V. wenig gemeinsam war. Um nur in Europa zu bleiben –

was außer der gemeinsamen Krone verband denn die Niederlande mit Andalusien, Neapel mit Österreich? Frankreich dagegen war schon seit Ludwig XI. eine Nation, und die unterschiedlichsten Provinzen des Reiches wurden von königlichen Beamten regiert. Wenn Franz I. Geld oder Soldaten brauchte, fand er beides bei sich daheim. Demnach war er wohl imstande, einen guten Preis für seine Freiheit zu zahlen. Das Leben seines Gefangenen war dem Kaiser also kostbar. Denn wenn Franz I. im Gefängnis stürbe, wäre Karl V. um den Gewinn, den er aus ihm zu ziehen hoffte, betrogen: Augenblicklich würde ja beim Tod Franz I. in Frankreich ein neuer König auferstehen.

Franz I. hatte zwei Söhne. Franz, der Dauphin, war acht Jahre alt; der jüngere, Heinrich, sieben. Beim Tod des Vaters fiele die Krone an den Dauphin. Bis zu dessen Volljährigkeit würde die Mutter Franz I. die Regentschaft übernehmen, Luise von Savoyen, eine intelligente, willensstarke und in Staatsgeschäften erfahrene Frau, die in ihrer Tochter Margarete von Valois überdies eine tüchtige Helferin hätte. Karl V. war durch seine Spione über diese Verhältnisse bestens unterrichtet. Und angesichts des Schadens, den der Tod seines Gefangenen zur Folge hätte, ließ er sich dazu erweichen, dessen Haft etwas zu erleichtern. Zugleich nannte er dem König Bedingungen für seine Freilassung. Diese waren jedoch so unannehmbar, daß Franz I. sich des alten ritterlichen Prinzips erinnern mußte, demzufolge alle unter Zwang gegebenen Zusagen in keiner Weise bindend waren. Er erklärte sich also schweren Herzens bereit (fürs erste, sagte er sich), auf Mailand und andere italienische Staaten keinen Anspruch mehr zu erheben. Er trat dem Kaiser seine Hoheitsrechte über das Artois und Flandern ab (was den Besitz der Krone nicht schmälerte). Ja, er versprach dem Kaiser sogar Burgund (Burgund könnte ich ihm gar nicht geben, selbst wenn ich's wollte, wird er sich gesagt haben). Und zu allem Übel willigte Franz auch ein, seine beiden Söhne nach seiner eigenen Entlassung als Unterpfand in des Kaisers Hand zu geben: Als notorischer Optimist, meinte er wohl, daß er schon Mittel und Wege finden würde, die Söhne zu befreien.

Als er dem Kaiser Burgund versprach, wußte Franz I. sicher, daß die Einhaltung dieser Zusage gar nicht in seiner Macht stand. Burgund gehörte zur Krone, und hätte der König versucht, das Land zu veräußern, hätten sich alle Stände gegen ihn gestellt, sein Rat, die Parlamente, der gesamte Adel, sogar das Volk. Die legendäre Jungfrau von Orléans hatte unauslöschliche Spuren in Frankreich hinterlassen. Karl V. handelte noch als Feudalherr. Franz I. aber war kein Feudalherr mehr, sondern König einer Nation, die sich gegen ihren König empört hätte, wenn der versucht hätte, ein Stück von ihr abzutrennen. Karl V. begriff das nicht. Er betrachtete Burgund als Familienbesitz. War er denn nicht ein Enkel Karls des Kühnen?

Er begriff nicht, daß der absurde, anachronistische Vertrag von Madrid das Papier nicht wert war, auf dem Franz I. unterschrieb.

Der Kaiser war vielmehr über dessen Unterschrift so erfreut, daß er ihm die Hand seiner Schwester Eleanore von Österreich antrug. Dieser Frau sollte Katharina sieben Jahre später bei ihrer Hochzeit mit dem französischen Prinzen Heinrich als ihrer künftigen Schwiegermutter begegnen: Daher wollen wir auf die Umstände, unter denen die Ehe des französischen Königs mit der Schwester seines Feindes angebahnt wurde, etwas näher eingehen. Eleanore war zur Zeit der Gefangenschaft Franz' I. bereits Witwe des Königs von Portugal, und das Leben, zu dem das strenge spanische Hofzeremoniell sie zwang, war kaum heiterer als das des Eingekerkerten – bis aus eben dessen finsterem Kerker Licht in ihre dunklen Tage fiel. Denn Eleanore machte die Bekanntschaft des Gefangenen und stattete diesem heimliche Besuche ab. Hätte ihr Bruder davon erfahren, die Unglückliche hätte wohl den Rest ihrer Tage hinter Schloß und Riegel in irgendeinem entlegenen Kloster verbringen müssen. Eleanore war keine Schönheit, ziemlich klein, dabei üppig, und die markante Unterlippe der Habsburger war zwar wohl Zeichen ihrer hohen Geburt, kam aber ihrem Gesicht nicht gerade zugute. Daß ein so schöner, stattlicher Ritter wie der Gefangene ihres Bruders in Liebe zu ihr entbrennen könnte, hatte sie wohl in ihren kühnsten Träumen nicht zu hoffen gewagt. Eben das aber geschah. Warum? Für den Eingekerkerten, aller Süße des Lebens beraubt, verkörperte dieses häßliche Entlein die Frau schlechthin. Er huldigte ihr als Vertreterin der gesamten Weiblichkeit. Und da er ein großer Liebhaber war und ein Poet dazu, wähnte sich die gute Eleanore in seinem Kerker so recht im Paradies. Zumal als er ihr eines Nachts in verliebtem Eifer die Ehe versprach und seinem Heiratsantrag noch hinzufügte: »*Vous êtes belle comme un ibis«* – Sie sind schön wie ein Ibis. Zwar war ihr der ägyptische Vogel gänzlich unbekannt, doch zweifelte sie nicht an der Schmeichelhaftigkeit des Vergleichs.

Franz I. andererseits mußte unter diesen Umständen die ihm vom Kaiser bei seiner Entlassung aus der Gefangenschaft angetragene Hand seiner heimlichen Trösterin, das gebot der Anstand, wohl oder übel annehmen; zumal er ja nicht umhin konnte, seine Söhne als Geiseln zu übergeben, wenn er seine Freiheit wiederhaben wollte.

Und so entließ Karl V. den König von Frankreich am 21. Februar 1526 aus dem Kerker. Mehrere Tage lang feierten die beiden Souveräne öffentlich ihre Versöhnung, tafelten gemeinsam, gingen gemeinsam zur heiligen Messe und tauschten brüderliche Küsse. Nur der Segen des braven Clemens VII. fehlte noch zu diesem rührenden Spektakel.

Am 17. März 1526 stand Franz auf dem spanischen Ufer des Bidassoa im Baskenland. Am anderen Ufer machten seine beiden Söhne sich bereit, den Fluß in entgegengesetzter Richtung zu überqueren. Das Boot des Königs und das seiner Söhne legten bei einer kleinen Insel in der Mitte des Grenzflusses an. Vater und Söhne hatten Gelegenheit, einander zu umarmen. Dann nahmen die Spanier die Kinder mit nach Spanien, Franz I. kehrte heim nach Frankreich. Am französischen Ufer hatte ein großes Gefolge von Herren und Damen des Hofs die kleinen Prinzen verabschiedet. Unvergeßlich sollte dem siebenjährigen Heinrich der Kuß im Gedächtnis bleiben, den er bei dieser Gelegenheit von der schönsten Dame des Hofes empfing. Niemand konnte es damals ahnen – aber mit diesem Kuß begann eine lange Geschichte. Denn die fragliche Dame, Diana von Poitiers, Großseneschallin der Normandie, sollte später in Heinrichs Leben eine Hauptrolle spielen – und damit auch im Leben unserer kleinen Katharina.

Die Rache Karls V. an Rom lehrt die kleine Katharina ein für alle Mal das Fürchten

Während sich so in der Ferne Fäden ihres künftigen Schicksals knüpften, hatte die kleine Katharina allen Grund, sich um ihre

nächste Zukunft Sorgen zu machen. Denn die sah gegenwärtig in Florenz recht dunkel aus für sie.
Die Mißwirtschaft des Kardinals Passerini, der im Namen des Papstes in Florenz regierte, empörte die Bürger der Stadt schließlich so sehr, daß sie sich gegen die Mediceer erhoben. Als Ippolito nach Florenz zurückgekehrt war, glaubte man dort allgemein, er würde die Stadt seiner Ahnen regieren und später die Duchessina, die legitime Erbin Lorenzos des Prächtigen, seine Cousine, heiraten. Das hätte den Leuten gefallen. Doch der verschlagene Clemens VII. hatte andere Pläne. Eine Rolle für Ippolito war darin nicht mehr vorgesehen. Katharina liebte diesen Vetter zärtlich und bewunderte ihn. Ippolito war ein echter Medici, liebenswürdig, geschickt, kultiviert. Auch er liebte Katharina, nicht um ihrer Schönheit willen, (denn sie war ja nicht schön), die kleine Cousine bezauberte ihn vielmehr durch ihre Intelligenz, ihren Wissensdurst, ihre Liebe zur Kunst und ihr freundliches und verbindliches Wesen. Aber, wie gesagt, für die Heiratspläne Leos X. hatte Clemens VII. keine Verwendung mehr. Auch er wollte natürlich die Fortdauer der Medici-Herrschaft in Florenz, aber nicht Ippolito sollte regieren, sondern Alessandro Moro – sein eigen Fleisch und Blut. Allerdings hatte sich Alessandro durch seine Skandale sowie die Härte und Verachtung, mit denen er den Florentinern begegnete, bei diesen verhaßt gemacht. Dabei war der Augenblick, es mit dem Volk zu verderben, denkbar schlecht gewählt. In Oberitalien war erneut Krieg ausgebrochen, denn das Regiment Karls V. wurde als unerträglich empfunden. Was immer geeignet war, die Macht des Kaisers zu schmälern, traf auf das Wohlwollen nicht allein des französischen Königs; auch die italienischen Fürsten und sogar der König von England waren, zumindest in diesem Punkt, mit Franz I. durchaus einig. Niemand aber haßte den Kaiser – insgeheim freilich nur – so glühend wie Clemens VII. Er haßte Karl V. so sehr, daß er schließlich, als die Türken in Ungarn einfielen und Wien bedrohten, deren Sieg erhoffte, was für einen Oberhirten der Christenheit ja wohl der Gipfel war!
Als Franz I. nach Paris zurückkehrte, beeilte sich der Papst, sein Bündnis gegen den Kaiser mit ihm zu erneuern. Es gelang ihm, eine geheime Liga gegen Karl V. zustande zu bringen. Heimlich wurde dem Kaiser eine Falle gestellt. Die Gesandten des Heiligen Stuhls sowie diejenigen von Florenz und Venedig suchten gleich-

zeitig den Kaiser auf und unterbreiteten ihm folgenden, höchst ehrenwerten Vorschlag: Alle Staaten der Christenheit sollten im Verein dem Kaiser gegen die Ungläubigen beistehen, die ihn auf dem Mittelmeer und in Ungarn so schwer bedrängten. Selbstverständlich mußte der Kaiser diesen Vorschlag annehmen. Dieser aber hatte, wie sich dann herausstellte, einen Haken: Die christliche Liga verlangte zuvor vom Kaiser den Abzug seiner Truppen aus Italien, den Verzicht auf Burgund und die Freilassung der beiden französischen Prinzen. Karl V. ging darauf nicht ein und wies den Gesandten die Tür. Auf diese Provokation hatten die Verbündeten nur gewartet. Sie fielen in die Lombardei ein, das hieß von neuem Krieg. Karl V. mußte nun an zwei Fronten kämpfen. Die Lage war ernst und sein Zorn schrecklich. Franz I. hätte bei dieser Gelegenheit an ihm Vergeltung üben können. Er versäumte es jedoch. Er verscherzte seine Chance, weil er leichtsinnig war. Anstatt in den Krieg zu ziehen, genoß der König von Frankreich in Paris die Freuden der wiedergewonnenen Freiheit mit seinen Frauen. Der damalige Päpstliche Nuntius berichtete aus der französischen Hauptstadt: »Die angenehmen Dinge löschen alle ernsten Gedanken aus seinem Geist.« Dieser bedauerliche Leichtsinn war die Kehrseite der überwältigenden Lebenskunst des französischen Königs. Statt selbst an die Spitze seines Heers zu treten, überließ er das Kommando Della Rovere – dem echten Herzog von Urbino –, und der glänzte weder durch Mut noch durch strategisches Geschick. Karl V. verfügte bekanntlich über die Dienste des Konnetabels von Bourbon und hatte in Deutschland frische Truppen anwerben lassen. Von Neapel her war inzwischen die gefürchtete spanische Armee im Anmarsch auf Rom. Als der Papst Franz I. um Hilfe anging, schickte dieser ihm 100 000 Dukaten und riet ihm, dafür Schweizer anzuwerben. Dem bedrängten Heiligen Vater nützte das Geld nicht viel. Ihm kam Heinrich VIII. tatkräftig zu Hilfe, indem er die spanischen Niederlande angriff und so eine dritte Front eröffnete. Clemens VII. fand seine Lage gleichwohl militärisch aussichtslos und versuchte, anstatt Schweizer anzuwerben, die Seiten zu wechseln, indem er Karl V. ein Bündnis anbot. Zu spät. Denn inzwischen war dem Kaiser klar, daß kein anderer als der Papst die Verschwörung gegen ihn angestiftet hatte, und Rom war auf Gnade oder Ungnade dem kaiserlichen Zorn ausgeliefert. Von Norden bedrohte das von Bourbon befehligte

Landsknechtheer, von Süden die spanische Infanterie die Ewige Stadt – Clemens VII. versprach in seiner Angst dem Konnetabel von Bourbon ein hohes Lösegeld. Doch dieser lehnte das Angebot ab, da die gebotene Summe nicht gereicht hätte, den Landsknechten den seit Monaten rückständigen Sold zu zahlen. Es drohte nämlich eine Meuterei der Soldaten, und so war des Feldherrn größte Sorge, die Ansprüche seiner Männer zu befriedigen: Er versprach, daß sie sich nach deren Eroberung an der Ewigen Stadt schadlos halten dürften.

Von allen Greueln dieses an Greueln nicht armen Jahrhunderts hat der *sacco di Roma*, die Brandschatzung der Heiligen Stadt durch die Truppen des Kaisers des Heiligen Römischen Reichs, die zeitgenössische Christenheit wahrscheinlich am meisten schockiert. Zum Angriff geblasen wurde am 6. Mai 1527. Die seit langem schon vernachlässigten Befestigungen hielten nicht stand. Die Soldateska fiel regelrecht über die Stadt her, die nur von wenigen Schweizern verteidigt wurde. Der Konnetabel von Bourbon war beim Sturm auf die Mauern gefallen.

»Die Italiener frönten vor allen anderen Lastern der Wollust, machten sich ein Vergnügen daraus, die Frauen vor den Augen ihrer Männer, Töchter, vor den Augen ihrer Eltern zu vergewaltigen. Die Deutschen fraßen und soffen, lagen den lieben langen Tag betrunken in den Palästen herum, in den Klöstern und sogar auf den Altären. Aber durch Grausamkeit zeichneten sich vor allem die Spanier aus«, fand Felipe Picatoste, ein spanischer Historiker, als er die schrecklichen »Vorkommnisse in Rom« schilderte.

Bei der Brandschatzung der Heiligen Stadt wurden weder Lebende noch Reliquien geschont, langbewahrte Kunstschätze wurden haufenweise zerschlagen, zertreten und zerstört.

Dem Papst aber wurde kein Haar gekrümmt. Sieben Monate mußte er allerdings in der Engelsburg ausharren, die als uneinnehmbar galt. Clemens VII. war somit in seinen eigenen Mauern gefangen. Von der Höhe seiner Festung aus konnte er die grausamen Szenen, die sich in der Stadt abspielten, beobachten, die Schreie der Gefolterten drangen bis zu ihm hinauf. Sieben Monate sann er zitternd auf Rache.

Das belagerte Florenz gönnt sich abermals eine Revolution, und Katharina sieht dem Tod ins Gesicht

Die Berichte von den römischen Greueln machten auf die kleine Katharina einen unauslöschlichen Eindruck. Wenn sie später als Königin so häufig bemüht war, es mit niemandem zu verderben, was ihr viele übelnahmen, so zeugten ihre darauf zielenden Manöver meist wahrscheinlich weniger von der Durchtriebenheit, die man dahinter vermutete, als vielmehr von ihrer Angst, ein Unheil (wie jene schrecklichen Vorkommnisse in Rom) heraufzubeschwören. Lehrreich dürften die Nachrichten von diesen Vorkommnissen für die kleine Mediceerin auch gewesen sein, insofern sie demonstrierten, daß der Politik nichts heilig ist: Im Verein hatten ja die lutherischen deutschen Landsknechte und die katholischen spanischen Infanteristen des deutschen Kaisers und Königs von Spanien die Hauptstadt und die Heiligtümer der katholischen Christenheit geschändet.

Katharina sollten in diesem denkwürdigen Jahr noch andere Lektionen erteilt werden. Als nämlich in Florenz ruchbar wurde, daß Rom gebrandschatzt worden war, und Clemens VII. in der Engelsburg belagert wurde, erhob sich das Volk gegen seine derzeitigen Regenten, den unseligen Passerini, der seine Macht ja einzig dem jetzt machtlosen Papst verdankte. Die Florentiner fanden die Zeit gekommen, sich ein für alle Mal der Mediceer und ihrer Stellvertreter zu entledigen. Die Signoria erinnerte sich, daß die Mediceer sich die Macht in der Stadt unrechtmäßig angeeignet hatten und hielt die Wiederherstellung der demokratischen Verfassung für geboten. Also proklamierte sie die Republik. Den Mediceern wurde das Recht, in Florenz zu wohnen, belassen, ja sogar für die nächsten fünf Jahre Steuerfreiheit gewährt. Damit hätte der innere Frieden wiederhergestellt sein sollen, doch das Volk wollte es anders: es hatte Gefallen an der Revolte gefunden. Wieder einmal zogen tagein tagaus Banden plündernder Aufständischer durch die Straßen. Katharinas Tante Clarissa Strozzi, »der Mann in der Familie«, gab die Schuld an diesem Unheil dem unfähigen Passerini, in kaum geringerem Maße allerdings auch Ippolito und Alessandro (Katharinas angeblichem Halbbruder), die ihres Erachtens den Namen der Mediceer in den Schmutz gezogen hatten. Denn hatte nicht Alessandro mit seinen Skandalen das Volk gegen die Familie aufgehetzt, der die Florentiner bisher wegen der von ihr empfangenen Wohltaten immer sehr gewogen waren? Sie jagte also diese beiden aus dem Palast der Mediceer und behielt allein die kleine Katharina dort. Es gelang Passerini und Alessandro nur mit knapper Not, dem florentinischen Pöbel zu entrinnen und sich außerhalb der Stadt in Sicherheit zu bringen, denn kaum hatten sie den Palast durch die Hintertür verlassen, brach die wütende Menge die Vordertür auf. Der Palast wurde geplündert, Katharina und ihre Tante aber wurden von den Aufständischen als Geiseln in Gewahrsam genommen. Katharina schickten sie nach Santa Lucia zu den Dominikanerinnen, die die kleine Mediceerin wie eine Gefangene hielten, denn die Nonnen dieses Klosters waren Parteigängerinnen des neuen Regimes und den Mediceern feindlich gesonnen. Bald suchte, auf den Fersen der Politik, auch die Pest das Kloster heim. In der Stadt rings um Santa Lucia waren schon Tausende gestorben. Die Signoria sah mit Besorgnis das Leben ihrer kostbaren Geisel in Gefahr. Katharina wurde deshalb in die Obhut der Benediktinerinnen gegeben, deren Kloster außerhalb der Stadt gelegen war und somit, wie man hoffte, vielleicht auch außer Reichweite der Pest. Die Überführung des Mädchens fand bei Nacht unter strengster Geheimhaltung statt. Die Benediktinerinnen hießen Katharina freudig und liebevoll willkommen, denn sie waren auf seiten der Mediceer.

So tat wenigstens der Heldin unserer Geschichte die Pest einen Gefallen. Bei den Murate (den Eingemauerten, wie man diese Schwestern nannte) wurde Katharina so verwöhnt, daß sie sich ihres Aufenthalts dort immer gern erinnern sollte. Die Nonnen liebten das Kind um aller guten Eigenschaften willen, die es besaß, rühmten Katharinas Intelligenz, ihre Ernsthaftigkeit, Sanftheit, ihre gewinnenden Manieren. Ja, sie priesen sogar ihre Schönheit, welche die Kleine nun wahrlich nicht besaß. Katharina hatte ein rundes Puppengesicht, sehr weißen, aber stumpfen Teint, dicke Lippen, schwere Lider und die vorstehenden Augen der meisten Mediceer. Äußerlich ähnelte sie ihrer Mutter, der hinreißenden Magdalena von la Tour, nicht im geringsten, hatte aber wohl deren Anmut geerbt. Von dieser lernte Katharina nun guten Gebrauch zu machen, um die Herzen der Menschen zu gewinnen; einen Beweis dafür lieferte sie schon während ihres Aufenthalts bei den Murate:

Obwohl draußen in der Stadt Hungersnot herrschte, mangelte es der kleinen Mediceerin bei den Nonnen an nichts. Die guten Schwestern buken ihr sogar Küchlein in Form des mediceischen Wappens, um ihre treue Verehrung zum Ausdruck zu bringen.
Leider war dieses Glück »im Winkel« für Katharina nicht von langer Dauer. Den Faden, an dem ihr Leben hing, hielt noch immer Clemens VII. in der Hand. Kurz vor Katharinas Eintreffen bei den Benediktinerinnen war der Papst aus der Engelsburg entkommen. In Lumpen gehüllt, einen falschen Bart am Kinn, einen Korb am Arm, einen elenden Schnapp-Sack auf der Schulter und einen Hut mit zerrissener Krempe auf dem Haupt, hatte der Heilige Vater sich aus Rom fortgestohlen und war auf einem Karren nach Orvieto gelangt, wo er fürs erste in Sicherheit war.
Als »Realpolitiker« war der Heilige Vater nicht geneigt, dem Kaiser die Vorkommnisse in Rom nachzutragen. Der Beweis? Folgendes Angebot: Der Kaiser sollte die aufständischen Florentiner züchtigen und die Macht der Mediceer in der Stadt wiederherstellen. Als Anerkennung für den geleisteten Dienst wollte andererseits der Papst Karl V. zum Kaiser und König der Lombardei krönen. Zum Zeichen der so zu begründenden Freundschaft zwischen Habsburgern und Mediceern schlug der Papst überdies vor, seinen illegitimen Sohn Alessandro Moro mit Margarethe von Österreich, einer natürlichen Tochter Karls V., zu verheiraten. Er empfahl Ihrer kaiserlichen Majestät, aufgrund dieser Eheschließung den Schwiegersohn zum Erzherzog von Florenz zu erheben. Im übrigen wollte zu der Unterwerfung von Florenz, natürlich Voraussetzung zum Erfolg dieser schönen Pläne, der Papst selbst auch sein Scherflein beitragen. Um 10 000 Fiorini warb er Landsknechte an, die für die Belagerung der Stadt zur Verfügung stehen sollten.
Das Beispiel zeigt, wie wenig Machiavelli den Staatsmännern seiner Zeit beibringen konnte. Katharina durchschaute die Machenschaften ihres hohen Verwandten freilich erst später. Bei den Nonnen lebte sie einstweilen in jener süßen Geborgenheit, deren sie sich, wie gesagt, zeitlebens sehnsüchtig erinnern sollte. Als sie fünfzig Jahre später dem Kloster Delle Murate aus Frankreich ein Geschenk sandte, schrieb sie dazu: »Der nie erlahmende Eifer, mit dem Ihr Gott dient, die Rechtschaffenheit und Reinheit des Lebens, das ich in meiner Kindheit in Eurem Kloster – wo vielleicht

manche von denen, die mich als kleines Kind gekannt haben, noch leben – erfahren durfte, bewegen mich, Euch meine Dankbarkeit zu bezeigen für die heiligen Gebete, die Ihr ohne Unterlaß für die Seele des Königs, meines Gemahls, und mich selbst darbringt.«
Doch vor der Klosterpforte stand schon die Hölle. Je länger die Belagerung der Stadt dauerte, je verzweifelter die Lage der Florentiner wurde, desto böser wurde das Volk. In Florenz ging das Gerücht, die Mediceer und die Benediktinerinnen des Klosters Delle Murate steckten unter einer Decke, die Nonnen seien mit den Belagerern im Bunde. Wer immer es in die Welt gesetzt hatte, wollte jedenfalls den Tod der Unglücklichen. Die Signoria sann über Maßnahmen nach. Einer der ihr angehörenden Herren schlug vor, Katharina auf die Stadtmauern zu stellen, wo sie zweifellos binnen kurzem von den im Sold ihres Onkels stehenden Belagerern getötet werden würde. Ein anderer regte an, sie in ein Bordell zu stekken und den Soldaten preiszugeben. An der Schuld der Nonnen zweifelte niemand mehr, als ruchbar wurde, daß sie dem Kind Küchlein in Gestalt des Medici-Wappens gebacken hatten. Das sollten sie büßen: Spät in der Nacht des 19. Juli 1530 pochte die Signoria an die Pforte des Klosters. Einige Senatoren waren persönlich erschienen, die Auslieferung Katharinas zu verlangen. Die Nonnen starben fast vor Angst, erreichten aber nach langem Hin und Her einen Aufschub bis zum nächsten Morgen. Katharina, die erst kurz zuvor ihr elftes Lebensjahr vollendet hatte, zeigte Geistesgegenwart: sie ließ sich das Haar abschneiden, nahm den Schleier und sagte: »Sie werden nicht wagen, mich mitzunehmen, man könnte sie ja anklagen, eine Nonne aus dem Kloster entführt zu haben.« Sie hatte damals also noch gewisse Illusionen. Als die Senatoren und ihre Leute sich anderntags von neuem einfanden, weigerte sich Katharina, ihnen zu folgen. »Ich gehöre dem Kloster an und werde es nicht verlassen.« Es nutzte der verkleideten Mediceerin jedoch nichts. Immerhin tat man ihr aber weiter nichts zuleide, als sie zu den Nonnen von Santa Lucia zurückzubringen, die ja als loyal galten.
Bald darauf wurde der Prinz von Oranien, der die Angreifer befehligte, getötet. Seine Truppen waren erschöpft und demoralisiert. Die Belagerten andererseits fanden sich von ihren eigenen Führern verraten, das ausgehungerte Volk war am Ende seiner Kräfte. So war beiden Seiten daran gelegen, ein Ende zu machen. Florenz

kapitulierte. Alessandro Moro übernahm die Macht in der Stadt, und Katharina wurde zu ihren treuen Benediktinerinnen zurückgeschickt. Sie war dem Tod, der Vergewaltigung, der Folterung entgangen. Aber schon begann sie zu lernen, wie es in ihrem blutbefleckten Jahrhundert zu herrschen galt.

Da der schöne Ippolito nicht mehr in Frage kommt, sucht der Papst erneut nach einem Mann für Katharina

Kaum war Florenz befreit, ließ Clemens VII. seine sogenannte Nichte in die Ewige Stadt kommen, die inzwischen von den erlittenen Verwüstungen leidlich wiederhergestellt war.
Katharina fand dort Unterkunft bei ihrer Tante Lucrezia Salviati, einer Schwester Leos X., bei der auch Katharinas Vetter Ippolito wohnte, den Clemens VII. inzwischen zum Kardinal gemacht hatte. Auf diese Weise durchkreuzte der Heilige Vater die politischen Pläne, die der allzu begabte Rivale Alessandros womöglich verfolgte. Suriano, der venezianische Gesandte in Rom, bemerkte jedenfalls eine gewisse Eifersucht des jungen Kardinals auf Alessandro. Seines Erachtens war der junge Mann fähig, die Kardinalswürde in den Wind zu schreiben und die »Duchessina«, die er liebte, und die ihn liebte, zu heiraten. Katharina war zwar erst elf Jahre alt, aber zu dieser Zeit und in Rom war das eben das rechte Alter für die große Leidenschaft. Der Gesandte entwarf in seinem Bericht ein gewiß recht treffendes Porträt des jungen Mädchens: Er erwähnt ihre sanften und anmutigen Manieren, große Liebenswürdigkeit im Umgang, stellt aber fest: »Sie ist klein und mager, und ihre Züge sind nicht fein, auch hat sie vorstehende Augen.« Ein Mailänder berichtete, daß er sie zweimal zu Pferd gesehen habe. Sie scheine eine geschickte Reiterin zu sein. Sie lege keine Schminke auf und sei etwas schwer (dabei dachte er vermutlich an ihre Gesichtszüge, denn, wie wir schon gehört haben, war sie mager). »Alles in allem ein Mädchen, das Frau erst in anderthalb Jahren werden wird.« Diese Bemerkung bezog sich zweifellos auf bestimmte Heiratspläne, die damals schon in Rom für die Kleine geschmiedet wurden. Abschließend attestierte er ihr, wie alle, die

näheren Umgang mit Katharina hatten, »edle Gefühle und sehr viel Geist und Witz für ihr Alter«.
Der Palazzo Salviati (der heutige Palazzo Madama) war außerordentlich prächtig. Seine Kunstsammlungen und Bibliothek waren weithin berühmt. Dort begann Katharina im Verein mit Ippolito die große Welt zu erkunden. Rom mit seinen Palästen, Kirchen und Gärten voller antiker und moderner Kunstwerke, die gewaltige Baustelle des Petersdoms, die gewaltigen Ruinen des Altertums weckten jene Leidenschaft für die bildende Kunst in ihr, der Frankreich so viele großartige Palastbauten verdanken sollte.
Als echter Mediceer begnügte sich jedoch Katharinas Vetter Ippolito (der strenggenommen, obwohl nur acht Jahre älter als sie, ihr illegitimer Onkel war) nicht mit dem Studium und Genuß der schönen Künste, sondern intrigierte in Florenz, um dort eine Volksbewegung auf die Beine zu bringen, die Alessandro verjagen und ihn an dessen Stelle setzen sollte. Doch war seinen Intrigen kein Erfolg beschieden. Die Florentiner waren fürs erste der dauernden Unruhen müde und ließen sich weder für noch gegen die Republik oder die Medici mehr aufhetzen, ihre demokratischen Leidenschaften waren erloschen. Niemand rührte sich, vom Heiligen Vater abgesehen, der Ippolito ermahnte, sich zukünftig aus der florentinischen Politik herauszuhalten. Um ganz sicher zu gehen, schickte er seinen jungen Verwandten als päpstlichen Legaten nach Ungarn.
Als Gemahl für Katharina freilich kam der junge Kirchenfürst nicht mehr in Frage. Immerhin war Katharina auch der Gefahr einer Heirat mit dem verhaßten Alessandro entgangen, denn der war ja von ihrem guten »Onkel« für Margarethe von Österreich vorgesehen. Doch wurde Katharina nach Florenz geschickt, um einstweilen wenigstens durch ihre Anwesenheit in der Stadt die Herrschaft Alessandros zu legitimieren, während der Heilige Vater überlegte, wie sie am gewinnbringendsten unter die Haube zu bringen wäre. Sollte er sie dem Fürsten von Ferrara geben, Hercule d'Este? Oder dem jungen König von Schottland, Jakob V., wie es ihm der Herzog von Albany, Katharinas Onkel und Erzieher des Königs empfahl? Oder lieber dem illegitimen Sohn Heinrichs VIII. von England? Es bestand auch die Möglichkeit, Katharina mit dem rechtmäßigen Herzog von Urbino, Della Rovere, zu verheiraten. Doch hatte sie auf den Titel, den sie damit erworben

hätte, ja ohnehin schon eine Art Gewohnheitsrecht, und überhaupt zielte der Ehrgeiz des Pontifex Maximus höher. Eine glänzende Partie wäre Francesco Sforza, der Herzog von Mailand. Aber war auf diesen Glanz Verlaß? Der Unglückliche wurde ja ständig von zwei Ungeheuern belauert, die ihm beide seinen Besitz neideten, vom französischen König und dem Kaiser. Und Onkel der Gattin eines Fürsten ohne Land wollte Clemens VII. wahrlich nicht werden.
Vorerst war ja glücklicherweise Katharina noch jung, 1530 erst elf Jahre alt. Der Heilige Vater hatte Zeit, noch ein wenig abzuwarten.

Der Friede der Damen oder wie zwei, die einander hassen, gleichwohl einen guten Frieden aushandeln können

Die Gefangenschaft hatte Franz I. nicht im mindesten zur Änderung seiner politischen Ziele bestimmt. Wie vor seinem Mißgeschick strebte er auch weiterhin nach Erweiterung seines Reiches in Italien. Er hielt keines der in Madrid gegebenen Versprechen, nicht einmal das der sanften Eleanore gemachte Eheversprechen. Karl V. mochte ihn einen Meineidigen schimpfen, Franz I. fand das immer noch erträglicher, als dem Kaiser Burgund abzutreten, zumal er sein Gewissen damit beruhigen konnte, daß erpreßte Versprechen ohne Ehrverlust gebrochen werden dürfen. Der Kaiser hatte nach dem Sieg bei Pavia nicht nur Mailand zurückgewonnen, sondern seine Macht über alle italienischen Staaten, auch über das Königreich Neapel, neuerlich gefestigt. Franz I. hoffte dennoch, diesen Zustand zu seinen Gunsten ändern zu können, wobei er auf den Haß der Italiener gegen die Kaiserlichen rechnete. Freilich waren vorerst noch die beiden französischen Prinzen, Franz, der Dauphin, und sein jüngerer Bruder, Heinrich von Orléans, als Geiseln in der Gewalt des Feindes. Und aus Madrid verlautete, daß die beiden Knaben unter der Härte ihrer Gefangenschaft litten. 1529 hatte Luise von Savoyen den Sieur Bordin, Notar zu Paris, nach Madrid entsandt, um diesbezügliche Erkundigungen einzuziehen. Man gestattete ihm nicht, die Prinzen zu besuchen. Die beiden samtenen Mützen, die er ihnen mitgebracht hatte, wurden den Kindern gezeigt und dann konfisziert. Der Vater hatte Bordin

gebeten, die Größe der Prinzen zu messen. Auch das wurde dem Notar verwehrt, weil man angeblich befürchtete, der Franzose beabsichtige irgendeine Zauberei. Dennoch gelang es Bordin schließlich, die Gefangenen heimlich zu besuchen. Sie saßen nebeneinander auf einem aus der Wand gehöhlten steinernen Bänkchen unter dem einzigen schmalen vergitterten Fenster ihres Verlieses. Die französischen Bedienten, die der Vater ihnen mit in die Gefangenschaft gegeben hatte, waren von den Spaniern längst teils als Sklaven verkauft, teils getötet worden. Die Kinder lebten in vollkommener Einsamkeit, hatten die französische Sprache fast vergessen und verstanden von der spanischen nur wenige Wörter. Gelegentlich besuchte die von Franz I. verschmähte Eleanore die kleinen Gefangenen heimlich, brachte ihnen Leckerbissen, redete französisch mit ihnen, sang ihnen Lieder vor. Aber das geschah nur selten, und als Bordin die Kinder besuchte, mußte er mit Bestürzung hören, daß ihre einzige Unterhaltung darin bestand, an die Wände ihres Kerkers zu zeichnen.
Die Entrüstung Franz' I., Luises von Savoyen, des Hofes und des Volkes bei Bekanntwerden der unwürdigen Behandlung der Prinzen von Frankreich durch ihre spanischen Kerkermeister war einmütig. Franz I. forderte Karl V. in aller Form zu einem Duell. Karl V. nahm die Herausforderung an, doch fand das Duell nicht statt. Andererseits hatte der Krieg beide Gegner inzwischen vollkommen erschöpft. Feldschlachten konnte fürs erste keiner von beiden mehr finanzieren. Zudem hatte Karl V. gerade große Schwierigkeiten in Deutschland, wo die lutherisch gesinnten Fürsten sich weigerten, seine kaiserliche Autorität länger anzuerkennen. Der Kaiser brauchte dringend freie Hand, die Ketzerei in Deutschland auszurotten. Es mußte ihm also daran gelegen sein, seinen Krieg mit dem französischen König zu vertagen. Franz I., in seinen religiösen Überzeugungen weniger intolerant als der Kaiser, hielt es keineswegs wie dieser aus Gewissensgründen für seine Pflicht, die Ketzerei auszurotten. Er bestärkte vielmehr die lutherischen deutschen Fürsten in ihrem Widerstand gegen den Kaiser und gewann sogar einige von ihnen als Verbündete. Ja, er ging noch weiter und schloß ein Bündnis mit dem Großtürken ab, dem gefährlichsten Feind des christlichen Abendlandes. Der Türke konnte dem König von Frankreich behilflich sein, sich der zu befürchtenden Anschläge des Kaisers zu erwehren.

Die Einstellung der Feindseligkeiten war also vorerst in beider Interesse. Aber, wie Frieden schließen?
Die beiden Monarchen haßten einander so sehr, daß keiner den Anblick des anderen ertragen konnte. Franz betraute seine Mutter mit dem heiklen Geschäft, einen möglichst vorteilhaften Frieden mit dem Kaiser auszuhandeln, der Kaiser delegierte seine Tante, Margarethe von Österreich, eine Tochter Kaiser Maximilians und seiner Gattin, Maria von Burgund, aus deren ehelicher Verbindung mit dem Hause Österreich die Habsburger ihren Anspruch auf die französische Provinz herleiteten. Als Regentin der Niederlande hatte Margarethe Fähigkeiten bewiesen, die hoffen ließen, daß sie sich der Mutter des französischen Königs, die ja Frankreich während der Gefangenschaft ihres Sohnes allein regiert hatte (und immer noch fällte Franz keine Entscheidung, die sie nicht gebilligt hätte), leidlich gewachsen zeigen würde. In ihrem gegenseitigen Haß konnten sich die beiden Unterhändlerinnen wohl ebensogut miteinander messen wie in ihrer diplomatischen Begabung und politischen Tüchtigkeit. Was Karl V. dem Sohn und den jungen Enkeln Luises von Savoyen angetan hatte, machte für diese die gegnerische Partei vor allem aus Herzensgründen hassenswert. Doch war andererseits auch Margarethes Haß auf die Franzosen persönlich begründet, hatte sie doch seitens des französischen Hofs eine schwere Beleidigung erfahren. Als Verlobte König Karls VIII. war sie nämlich dort einst mit großem Pomp empfangen worden – um dann in den Schlössern an der Loire zwei Jahre vergeblich auf die Hochzeit zu warten. Der Verlobte hatte sich einfach mit Anna von Bretagne vermählt, und sie war zu ihrem Bruder, dem Kaiser, zurückgeschickt worden.
Die beiden Unterhändlerinnen trafen sich in Cambrai. Anfänglich wären sie einander, wie ein Augenzeuge berichtete, mehrmals »fast in die Haare gefahren«. Doch gewann schließlich beider gesunder politischer Verstand die Oberhand über ihre Gefühle, und so konnte am 3. August 1529 in Cambrai der Vertrag unterzeichnet werden, der als der »Damenfrieden« in die Geschichte eingegangen ist.
Die Bedingungen für Franz I. waren hart. Er mußte auf alle seine italienischen Besitzungen und sogar in Frankreich auf das seit den ersten Kapetingern von der französischen Krone beanspruchte Hoheitsrecht über das Artois und Flandern verzichten. Überdies

mußte er sich verpflichten, Heinrich VIII. die enormen Summen zu erstatten, die der englische König dem Kaiser geliehen hatte. Die demütigendste Bedingung, in der er einwilligen mußte, war aber sicher die Entschädigung der Erben des Konnetabel von Bourbon für die von Luise beschlagnahmten Besitzungen und die Begnadigung der als vorgebliche Komplizen des »Verräters« Inhaftierten (unter ihnen Johann von Poitiers, Herr von Saint-Vallier, der Vater Dianas von Poitiers, die in der Geschichte unserer Katharina noch eine wichtige Rolle spielen sollte). Immerhin sollten gegen diese sehr hohe Entschädigung die beschlagnahmten Ländereien und Herrschaften im Besitz der Krone bleiben, was die Macht des Lehnsadels in Frankreich zugunsten der Krone empfindlich schwächte.

Schließlich hatten sich die beiden einander verhaßten Damen auch über die Höhe des Lösegeldes für die kleinen Prinzen geeinigt. Karl V. hatte vier Millionen Goldstücke verlangt. Unter Hinweis auf die lutherischen und die türkischen Verbündeten des französischen Königs, die dem Kaiser nicht nur zu Lande böse zusetzten, sondern ihm auch zur See die Schätze wegnehmen konnten, die er aus Westindien erhielt, gelang es Luise, diese ungeheure Forderung um fast die Hälfte, auf zwei Millionen vierhunderttausend herunterzuhandeln. Zu guter Letzt erinnerte Luise ihren teuren Sohn an das der Schwester des Kaisers zu Madrid gegebene Eheversprechen. Franz I. war auch jetzt wenig geneigt, es zu erfüllen: Anne de Pisseleu, seine ebenso schöne wie herrschsüchtige und intrigante Favoritin, hatte von ihm den Bruch dieses Versprechens verlangt. Seine Mutter belehrte ihn eines Besseren: Wenn er wie vorgehabt Eleanore heiratete, konnte man deren Mitgift von dem für die Prinzen zu zahlenden Lösegeld abziehen. Man würde in dem Fall statt der zugesagten zwei Millionen vierhundert Tausend Goldstücke nur eine Million zweihundert Tausend zahlen. Franz I. schickte sich in seine königliche Pflicht und heiratete, um seinem Land die Summe von einer Million zweihundert Tausend Goldstücken zu ersparen. Schließlich, mag er sich gesagt haben, würde er sich ja ohnehin über kurz oder lang wieder verheiraten müssen, und so wie er Eleanore kannte, hatte er von ihr wenigstens keinen häuslichen Unfrieden zu befürchten: Ein Ibis ist kein Adler.

Unter all diesen für den König von Frankreich mehr oder weniger harten Bedingungen aber verzichtete andererseits Karl V. ein für alle Mal auf Burgund, was doch ein gewisser Trost für Franz I. war. Die einzige, die mit diesem Damenfrieden, bei dem sie keinerlei Mitspracherecht gehabt hatte, ganz zufrieden gewesen sein dürfte, war sicherlich Eleanore. Vier Jahre lang hatte ihr der königliche Bräutigam kein Lebenszeichen gegeben, hatte sie vergeblich auf ein Wort dessen gewartet, der sie schöner als den Ibis gefunden und ihr die Ehe nicht nur in aller Öffentlichkeit, sondern auch unter vier Augen versprochen hatte. Doch als sie nun erfuhr, daß er sie endlich zu heiraten gewillt sei, rief sie aus: »Wenn er mich heiratet, liebt er mich auch!« Sie jedenfalls liebte den edlen Ritter, den sie in seinem Kerker getröstet hatte, aus treuem Herzen. Und daß Liebe blind macht, weiß man ja.

Die Freiheit für vier Tonnen Goldes

Die Nachricht von dem Friedensschluß wurde in Frankreich mit großer Freude aufgenommen. Freilich galt es jetzt, das Lösegeld für die Prinzen aufzubringen. Der Adel brachte ein Zehntel der Summe auf, das übrige mußte der Rest der Nation zahlen, der Bürger und gemeine Mann, dessen ohnehin schon schwere Steuerlast zu diesem Zweck noch verdoppelt wurde.
Sobald der Betrag beisammen war, wurde ein langer Zug mit Gold beladener Maultiere nach Bayonne in Marsch gesetzt. Dort wurden die Ladungen von spanischen Beamten geprüft, die Goldstücke gezählt und gewogen. Ein Teil der Stücke erwies sich als beschabt, also im Wert gemindert und mußte durch vollgewichtige ersetzt werden. Die für diesen Betrugsversuch Verantwortlichen wurden ausfindig gemacht: Franz I. ließ sie aufhängen.
Ebenfalls zugegen bei der Prüfung der Ladungen war ein Beauftragter Heinrichs VIII., der ja nach den Bestimmungen des Vertrages von Cambrai Anspruch auf Ersatz der ihm von Karl V. geschuldeten Summe durch den französischen König hatte. Dieser wurde von Montmorency vertreten, der eine Art Wunder erleben sollte: Im Namen seines Königs verzichtete der englische Beauftragte auf die geschuldeten fünfhunderttausend Goldstücke und gab sogar den Schmuck zurück, den Franz I. ihm als Pfand überlassen hatte. Warum dieser unerklärlich großmütige Verzicht? Hein-

rich VIII. wollte Katharina von Aragonien, seine Gemahlin, verstoßen, um seine Favoritin Anna Boleyn heiraten zu können. Bisher hatte er beim Papst erfolglos um die Anullierung seiner Ehe nachgesucht. Mit Unterstützung Franz' I. hoffte er, Clemens VII. nun zu einem Sinneswandel bewegen zu können. In der Tat sind ja kleine Geschenke im allgemeinen dem Bemühen, bei Verhandlungen zu allseitig befriedigenden Abschlüssen zu gelangen, sehr förderlich. Leider war das jedoch diesmal nicht der Fall, wie noch zu berichten sein wird.

Die sorgfältige Prüfung der vom König von Frankreich aufgebrachten Goldbeträge dauerte vier Monate. Unterdessen hielt sich in Erwartung des Abschlusses der Zählung Franz I. mit seinem Hof in Bordeaux auf.

Die beiden Prinzen – und die Infantin Eleanore – erreichten am 1. Juli 1530 das spanische Ufer des Grenzflusses Bidassoa. Die Söhne des Königs von Frankreich und ihre spanischen Wärter nahmen in einem Boot Platz. Die dem König versprochene Braut und deren Gefolge warteten in einem zweiten Boot am Ufer, während die Prinzen übergesetzt wurden. Die Infantin sollte nach Frankreich erst dann einreisen, wenn die Gesamtheit des Lösegeldes auf spanischem Boden entladen wäre.

Die mit Goldstücken beladenen Boote legten vom französischen Ufer ab, als vom spanischen die Fähre mit den beiden Prinzen abfuhr. Auf der Fasaneninsel – in der Mitte des Flusses gelegen – fand der Austausch der Geiseln gegen das Lösegeld statt, unzeremoniell und in einer Atmosphäre beiderseitigen Mißtrauens. Vier Tonnen Goldes gewann Karl V. bei dem Tausch. Er ließ sich die Niederlage der Franzosen bei Pavia teuer bezahlen. Franz I. erhielt seine Söhne zurück. Und dann setzte Eleanore zu dem Geliebten über. Wie würde sie das Land, den Hof, den König finden? Sie konnte es einstweilen nicht ahnen, wußte nur, daß ihr Bräutigam ein schöner Mann war.

Und dies ist Euer neues Reich, Frau Infantin

Dasselbe Land und denselben Köng sollte auch Katharina von Medici bald entdecken. Der Lehnsadel war seit den Zeiten Lud-

wigs XI. in ständigem Niedergang begriffen. Das Land warf nur für diejenigen Gewinn ab, die es selbst bestellten beziehungsweise durch Tagelöhner bestellen ließen. Die großen Pächter und die bürgerlichen Grundbesitzer bereicherten sich, während der alte Adel, der seine Ländereien ab dem 12. oder 13. Jahrhundert verpachtet hatte, geradezu lächerliche, weil seit dieser Zeit nicht angestiegene Pachtsummen für seinen Besitz erhielt. Zudem drückte in ganz Europa nun das amerikanische Gold und Silber auf die Währungen und ließ diese ständig an Wert verlieren. Viele Adelige hatten den nutzlos gewordenen Grundbesitz bereits verkauft und Dienst beim König angenommen. Dennoch konnte man nicht von einer vollständigen Unterordnung des Adels unter den König sprechen: Die Erinnerung an ihre einstige Größe veranlaßte die großen Herren bei Gelegenheit durchaus noch, sich der Macht des Königs mit Gewalt zu widersetzen.
Die Kirche in Frankreich dagegen unterstand seit der Unterzeichnung des Konkordats von Bologna im Jahre 1516 durch Franz I. und Leo X. dem König. Dieser vergab seither nach Gutdünken die Pfründen der ausgedehnten kirchlichen Besitzungen. Gewöhnlich wurden jüngere Söhne der großen Familien damit versorgt, mitunter auch Bürger, die dem König treu gedient hatten. War es um die königlichen Finanzen schlecht bestellt, so wurden die Kirchengüter ganz gemäß der königlichen Bedürfnisse besteuert. Der Klerus jammerte, beklagte sich in Rom, ohne jedoch damit das Geringste auszurichten. Schließlich zahlte er zähneknirschend. Betroffen war von dieser Besteuerung natürlich nur die hohe Geistlichkeit, Bischöfe und Äbte reicher Abteien. Der niedere Klerus lebte vor allem auf dem Lande, in äußerster Dürftigkeit, fast im Elend. Diese Landpfarrer waren zudem oft beklagenswert ungebildet, und ihre Lebensführung war ihres Priesteramts nicht selten unwürdig. Freilich war man das im frühen 16. Jahrhundert gewöhnt, doch eben damals begannen sich wie in so vielerlei anderer Hinsicht auch die Erwartungen der Menschen an die Inhaber des Priesteramts zu ändern. Gewiß, die kirchlichen Verhältnisse in Frankreich waren damals nicht schlimmer – eher besser – als in der übrigen abendländischen Christenheit. Doch gut war es auch um sie nicht bestellt, und das arme Volk hatte seitens der Kirche weder materiellen noch geistlichen Beistand zu erhoffen. Das freilich hinderte es nicht, Kinder in die Welt zu setzen: sechs, acht, zehn

Kinder pro Familie waren üblich, von denen gerade knapp die Hälfte am Leben blieben. Und die Überlebenden? Sie hatten mit Krieg, Hungersnot, Pest zu kämpfen, die in Windeseile ganze Landstriche entvölkerten. Doch das Volk erholte sich auf wunderbare Weise immer wieder. Ein einige Jahre währender Friede und ein paar gute Ernten, und die Bauern waren wieder zu einigem Wohlstand gekommen. Frankreich war damals das einzige Land, wo auch das einfache Volk sich ab und zu Weißbrot leisten konnte.

Diesen Bühnenhintergrund nahm Eleanore natürlich nicht wahr, als sie das französische Ufer der Bidassona betrat. Ebensowenig Katharina ein paar Jahre später bei ihrer Ankunft in Frankreich. Beide spielten ja ihre Rollen im Rampenlicht, ließen sich blenden von dem Schauspiel, das sie dort erwartete. Sein Name: Die Renaissance, die damals stattfindende umfassende Erneuerung der europäischen Kultur. Diese »Wiedergeburt« hatte anderswo, und zwar in Florenz zwei Jahrhunderte zuvor schon begonnen. Aber Franz I. und sein Hof hatten unzweifelhaft an ihr Teil. Italien faszinierte den König wie seine Mutter und seine Schwester Margarete zunächst durch die unwiderstehliche Schönheit der dort aufgekommenen Kunst. Wirksamer noch als diese wurde bei der allgemeinen Erneuerung das Denken der Humanisten: Es vertraute der menschlichen Vernunft, zögerte nicht, die überlieferten Institutionen, die philosophischen Lehrmeinungen, ja selbst die religiösen Dogmen vor das Gericht der freien menschlichen Vernunft zu stellen. Die Aussichten, die ihm dieses neue Denken eröffnete, versetzten den jungen König in helle Begeisterung. Er war ganze einundzwanzig Jahre alt, als er 1515 bei Marignano siegte! Die französische Jugend vergötterte ihren freimütigen, ritterlichen König. Er gab ihr ein leuchtendes Beispiel, und viele der jungen Leute ließen sich in Pavia für ihn in Stücke hauen.

In der Umgebung des Königs bildete sich ein neuer Typus des Edelmannes, der *Courtisan* oder italienisch gebildete Hofmann. 1528 war in Venedig ein Buch erschienen, das diesem neuen Typus des Edelmannes den Namen gab und die Lebensart beschrieb, die ihn auszuzeichnen hatte: *Il Cortegiano* von Baldassare Castiglione. Der Hofmann hat adliger Geburt zu sein und das Waffenhandwerk als eigentlichen Beruf zu üben. Er sollte jedoch auch die schönen Künste und die Literatur pflegen.

Alles wurde nach italienischem Muster verfeinert: Manieren, Kleidung, Sprache, Waffen, Liebe, Dichtkunst, Musik, Architektur, Möbel und sogar die Kochkunst. Allerdings wurden diese neuen Verfeinerungen im ersten Überschwang ziemlich gewaltsam eingeführt. Die anmutigen neuen Manieren hinderten die schönen Herren und ihre Damen nicht, wenn ihnen der Sinn danach stand, sich die haarsträubendsten Brutalitäten zu leisten.
Doch kennzeichnete diese Zwiespältigkeit nicht allein die zu jener Zeit vielleicht noch nicht gründlich zivilisierten Franzosen: sie war generell bezeichnend für die Menschen dieser Epoche. Denn man muß leider zugeben, daß in der prächtigen Umgebung Franz' I. und Katharinas von Medici ethische Bedenken durch Abwesenheit glänzten. Vom Heiligen Vater bis zum geringsten lutherischen Landsknecht hielt sich jeder für berechtigt, seinem Nächsten anzutun, was immer Schlimmes in seiner Macht stand, sobald dieser seine Pläne irgendwie durchkreuzte. So provozierte ein Massaker das andere; ohne eine Spur des Bedauerns ging man über Leichen.
Auch die dem *Cortegiano* zur Pflicht gemachte Verfeinerung der Liebe war ein Spiel, das man am französischen Hof (wie anderswo) gerne, ja begeistert mitmachte: Man übersetzte für die Angebetete lateinische Verse und italienische Novellen und schmachtete die Hartherzige in Gedichten eigener Komposition zagend und langwierig an. Freilich ließ man sich dadurch den Geschmack an solideren Genüssen keineswegs verderben, und wenn es gar nicht anders ging, verschaffte man sich diese kurzerhand mit einer Vergewaltigung »zwischen Tür und Angel«. Allerdings ahnten die jungen Kavaliere wohl kaum, daß sie sich mit diesen Ritornellen und Sonetten, mit den Plaudereien über Philosophie und Theologie, die die neue Mode bei Hof von ihnen verlangte, auf ein für ihren Stand letztlich doch sehr gefährliches Spiel einließen. Ja, es war nicht mehr als ein Spiel für sie, und sie warteten nur auf eine Gelegenheit, ihrem eigentlichen Beruf, dem Waffenhandwerk, nachzugehen. Diese schönen Herren, die ihre Lehen bereits verloren hatten, ahnten nicht, daß sie am Hof, im Schatten des Königs, ihre Seelen verspielen sollten. Im 17. Jahrhundert waren die stolzen Edelleute, die sich immer vorbehalten hatten, ihre Unabhängigkeit mit der Waffe in der Hand zu beweisen, nurmehr die in Versailles kasernierten Domestiken seiner Majestät.

Franz I., ein überaus intelligenter und ritterlicher König, brauchte geistreiche Männer in seiner Umgebung; er zog überdies auch schon viele Bürgerliche an seinen Hof, Künstler, Gelehrte, Buchdrucker, auch kultivierte, reiche Pächter, Kaufleute und Industrielle, von denen er viele adelte. Kein König vor ihm hatte so viele Bürger geadelt. Darin äußert sich freilich nicht allein die Liberalität des königlichen Humanisten, sondern auch machtpolitische Berechnung. Unmittelbar gewinnbringend für ihn war diese Liberalität schon, da er die Bürger ihre Erhebung in den Adelsstand teuer bezahlen ließ. Auf diese Weise schuf er sich einen neuen, einzig auf den König angewiesenen Hofadel, der bei Gelegenheit als nützlicher Verbündeter der Krone gegen den noch immer widerspenstigen alten Lehnsadel auftreten konnte. Franz I. setzte damit also das von Ludwig XI. ein Jahrhundert zuvor begonnene Werk der Entmachtung des alten Adels fort: Ein umgänglicher König, der zugleich mit eiserner Faust die Interessen der Krone durchzusetzen wußte.
Franz war frohsinnig und prachtliebend, ein König, der das Leben in vollen Zügen genoß und es in Gesellschaft genießen wollte. Auf seinen Schlössern wurden glänzende Feste gefeiert, bei denen die Pracht der aus Italien und Flandern stammenden Gemälde, Tapisserien und Skulpturen wetteiferte mit dem Glanz der Garderoben der schönen Damen und eleganten Herren, die als des Königs Gäste mit ihm tafelten und den Darbietungen seiner Sänger und Tänzer applaudierten. Des Königs Lebenslust erschöpfte sich aber nicht im Genuß von Tafelfreuden und Spektakeln. Er liebte auch Vergnügungen, die körperliche Tüchtigkeit verlangten, sportlichen Wettstreit aller Art, je gewaltsamer, desto besser. Bei einem Kampfspiel mit brennenden Fackeln verbrannte ihm einer seiner Edelleute die Backe so sehr, daß ihn seitdem eine häßliche Narbe entstellte. Um sie zu verbergen, ließ er sich einen Bart wachsen. Und plötzlich trugen alle Herren seines Hofes Bärte.
Die gute Laune des Königs konnte kein Mißgeschick trüben. Wie bei allen physischen Vergnügungen und Kampfspielen, beim Ballspiel, Springen, Ringen, Ringelstechen und Turnier, tat er sich auch auf dem Schlachtfeld, das Schwert in der Faust, durch Kraft und Gewandtheit vor allen hervor. Dabei war er überaus liebenswürdig: Meinungsverschiedenheiten duldete er lachend, ihm gegenüber konte man frei heraussprechen – wenn man sich freilich

auch hüten mußte, an die königliche Autorität zu rühren, die Majestät der Lilien zu beleidigen. Wie viele Menschen seines sanguinischen Temperaments ließ sich Franz I. mitunter zu Zornesausbrüchen hinreißen, deren Folgen manchmal schrecklich waren, auch für ihn selbst. Aber er war nicht nachtragend. »Rache beweist die Schwäche eines Königs, Großmütigkeit seine Kraft«, pflegte er zu sagen.

Der Marschall von Vielleville, ein großer Soldat und untadeliger Ehrenmann, der Franz I. aus jahrelangem vertrauten Umgang kannte, erinnert sich: »Zeitlebens haben wir Franz als den schönsten und größten Mann seines Hofes gekannt und mit so großer Körperkraft begabt, daß er bei Stechen und Turnieren jeden umwarf, der ihm entgegentrat. Wegen dieser Kraft und Geschicklichkeit und seines sehr schönen Sitzes im Sattel schätzten ihn die Fürsten, Herren und Hauptleute seiner Gendarmerie als den ersten Kriegsmann seines Reiches.«

Aus anderen Gründen wußten die Damen seines Hofes den König zu schätzen: Er galt als bester Liebhaber seines Königreichs, als Galan mit unnachahmlichem Charme, Witz und verfeinerter Lebensfreude.

Einer der engsten Vertrauten Franz' I., der allen Vergnügungen des Königs und – wenn es dazu kam – auch dessen Meditationen beiwohnen durfte, war der Kardinal Johann von Lothringen. Die Kardinalswürde war dem jungen Edelmann (er war fünfundzwanzig Jahre alt, als er sie erhielt) als Pfründe zugefallen und verpflichtete ihn in geistlicher Hinsicht zu nichts. Der König liebte ihn sehr, zweifellos weil er sich selbst in dem sehr intelligenten, freisinnigen und freigiebigen Lothringer wiedererkannte. Brantôme rühmte dessen Wohltätigkeit den Armen gegenüber: Stets folgte ihm ein Bedienter mit gefülltem Geldbeutel, aus dem jeder, der ihn um eine milde Gabe bat, reichlich beschenkt wurde. Als er einmal in Rom einem armen Blinden die Hände mit Goldstücken füllte, rief dieser: »Wenn du nicht Christus selber bist, bist du gewiß der Kardinal von Lothringen!«

Doch wußte der Kardinal auch mit Frauen umzugehen. Franz I. ließ sich die galanten Abenteuer seines vier Jahre jüngeren Freundes stets haarklein erzählen. Doch die Namen der Schönen wollte er nicht preisgegeben wissen, und die Geschichten, die er so erfuhr, pflegte er für sich zu behalten. Es gefiel ihm zwar, wenn die Damen um der Liebe willen ihren guten Ruf aufs Spiel setzten. Doch sorgte er, soweit es in seinen Kräften stand, dafür, daß sie ihn nicht verloren. Er war ausnehmend diskret. Von vielem, das zu tun erlaubt sei, pflegte er zu sagen, sei zu reden nicht erlaubt. Gewisse Herren, die sich das nicht gesagt sein ließen und sich mit ihren Eroberungen brüsteten, bekamen den Zorn des Königs empfindlich zu spüren.

Der Kardinal lief diese Gefahr nicht. Denn ebenso wie er freigiebig mit seinem Geld, seiner Intelligenz und seiner Zärtlichkeit war, wußte er mit Auskünften über Dinge, die er nicht an die große Glocke gehängt sehen wollte, zu geizen. All diese Eigenschaften haben seinem König nur gefallen und die künftig so hervorragende Stellung der lothringischen Fürsten am französischen Hof geht auf den Charakter des Kardinals zurück.

Die Schattenseiten der Persönlichkeit Franz' I. sind wohlbekannt. Die Gewohnheit, stets plötzlichen Eingebungen zu folgen, bereitete seinen Bedienten und Beamten nicht selten unangenehme Überraschungen. Nie hielt es ihn lange an einem Ort, stets war er unterwegs von einem Schloß zum anderen, von Stadt zu Stadt. Die Regierungsgeschäfte besorgte er unterwegs, wo sich eben die Notwendigkeit ergab oder er Lust dazu verspürte. So wurde mitunter auf Waldlichtungen Staatsrat gehalten, und mußten bei Gelegenheit die höchsten Staatsbeamten auf Heuböden übernachten. Der König, der meinte, kraft seiner unzweifelhaft brillanten Intelligenz ohne langweiliges Aktenstudium und ohne sich geregelten Arbeitszeiten unterwerfen zu müssen, alle wesentlichen Entscheidungen selbst treffen zu können, regierte so, wie er sich amüsierte: heftig und nicht mit hinreichender Rücksicht auf Verluste. Seine Mätressen und Freunde beschenkte er verschwenderisch mit Schmuck, Landgütern, Abteien. Der Bau seiner Schlösser, seine Förderung der Künste kosteten ihn Unsummen. Und da überdies der ständige Krieg Unsummen noch viel ungeheurer Größenordnung verschlang, war das Staatssäckel immer leer, weshalb gerade der so freigiebige Franz mehr als alle französischen Könige zuvor den gemeinen Mann mit den drückendsten Steuern belastete. Aber Franz war auch der einzige König von Frankreich, der lachen konnte. Sein Lachen war entwaffnend. Die Franzosen lachten mit ihm und zahlten. Sie liebten ihn. Die Nation erkannte sich in seinen Lastern wie in seinen Tugenden: Er war Franzose.

Das also war Eleanores Bräutigam, der zukünftige Schwiegervater Katharinas, so waren das Reich und der Hof, die nun, sieben Jahre vor Katharina, zunächst Eleanore entdecken sollte.

Pracht, Glück und Bitternisse einer königlichen Hochzeit

Der König und sein Hof erwarteten die Infantin und die beiden Prinzen in Mont-de-Marsan. Der Empfang, den ihr Bräutigam ihr bereitete, hat die verliebte Habsburgerin gewiß enttäuscht – dem König war das Wiedersehen mit den Söhnen offenbar wichtiger als das mit seinem Ibis. Erinnerte er sich überhaupt noch, das häßliche Entlein einmal in einen exotischen Vogel verwandelt zu haben? Doch der Hof bereitete der zukünftigen Königin den gebührenden Empfang, wenngleich ihre äußere Erscheinung zweifellos enttäuschte: man hätte lieber einer Göttin als einer unverkennbaren Habsburgerin gehuldigt.
Nichtsdestoweniger hießen die Hofleute Eleanore mit mehr Herzlichkeit willkommen als im Protokoll vorgeschrieben, war man doch allgemein davon überzeugt, daß die eheliche Verbindung des Königs mit einer Schwester des Kaisers den Frieden zwischen den beiden Potentaten auch in Zukunft gewährleisten würde.
Die Bewohner der kleinen Stadt in der Gascogne, in der die Begegnung der Brautleute stattfand, waren ebenfalls dieser Überzeugung. Sie jubelten der guten Eleanore zu, nicht wie einem unbekannten exotischen Vogel, sondern wie der sehnlich erwarteten Friedenstaube. Und so war sie, alles in allem, doch von Herzen glücklich, als ihr am 7. Juli 1530 der geliebte edle Ritter in einer bescheidenen Abteikirche in der Nähe von Mont-de-Marsan die Hand zum Ehebund reichte.
Die Hochzeitsnacht enttäuschte ihre hochgespannten Erwartungen keineswegs. Bekanntlich wurden die Hochzeitsnächte königlicher Paare damals als Ereignisse von öffentlichem Interesse anderntags in allen Einzelheiten bei Hofe besprochen. Der erfolgreiche Ablauf dieser Nacht vom 7. auf den 8. Juli 1530 in Mont-de-Marsan wurde denn auch bald in ganz Frankreich mit größter Befriedigung zur Kenntnis genommen. Das Volk feierte seinen

König, der die Schwester des schrecklichen Kaisers im Hochzeitsbett so tapfer befriedigt hatte, daß fortan auch an den Grenzen des Reiches langer Frieden zu erhoffen war, mit Knittelversen, die die einzelnen Höhepunkte dieser Hochzeitsnacht in aller wünschenswerter Deutlichkeit zur Sprache brachten. Theodor von Beza drückte die aus diesen volkstümlichen Kompositionen sprechenden Gefühle mit vornehmer Zurückhaltung in einem lateinischen Vierzeiler aus:

Erhabene Eleanore, nicht weniger schön
Als die schöne Helene von Troja seid Ihr,
Doch viel bewunderungswürdiger. Denn Krieg
Verursachte sie; Ihr aber bringt Frieden.

Das hoffte man, wie gesagt. Daß Eleanore nicht schön war, sprang jedoch ins Auge. Franz I. hatte zu seiner Hochzeit auch seine Favoritin mitgebracht, die sehr schöne Mademoiselle d'Heilly, Anna von Pisseleu. Diese war in allen Intrigen des Hofes erfahren und eine furchtbare Gegnerin. Sie hörte zu, beobachtete, machte ihre Pläne und wartete geduldig auf die Gelegenheit zu handeln, die sich ihr über kurz oder lang bieten würden. Daß sie sich Eleanore wegen keine Sorgen zu machen brauchte, hatte sie bald erkannt. Von dieser Königin waren keine Schwierigkeiten zu erwarten. Weder der König noch Frankreich würden ihr eine einflußreiche Stellung zugestehen. So konnte Anna es sich leisten, zunächst gute Miene zum bösen Spiel zu machen und abzuwarten. Sie wußte, daß die wahre Königin sie selbst war: Schönheit, Jugend, Intelligenz, Stolz, Hartnäckigkeit und Habgier, sie hatte alles, was eine Frau braucht, um zu herrschen. Nach wie vor war die einzige Rivalin, vor der sie sich in acht nehmen mußte, Luise von Savoyen, die Mutter des Königs. Sie glaubte, diese allmählich für sich gewonnen zu haben. Allerdings gab es noch eine andere, nicht ungefährliche Rivalin: Die ebenfalls in Mont-de-Marsan anwesende Diana von Poitiers, deren Schönheit nach Meinung mancher Experten die ihre noch überstrahlte. Doch wußte sie, daß sie von Dianas Seite beim König nichts zu befürchten hatte. Diana war von unantastbarer Tugend, eine marmorne Göttin, faszinierend, aber eiskalt. Ihre Treue zu ihrem Gemahl Louis de Brézé, dem Großseneschall der Normandie, war über jeden Zweifel erhaben. Der Großseneschall hätte nicht den geringsten Verdacht toleriert. Was

in einem solchen Fall zu tun wäre, das hatte ihm sein eigener Vater demonstriert, als er seine Gemahlin, die Mutter des Großseneschalls also, wegen eines Ehebruchs tötete. Diana hatte kein Interesse daran, das Schicksal ihrer Schwiegermutter zu teilen. Doch ihrer unantastbaren Tugend und marmornen Kälte zum Trotz wußte Franz I. ihre Gesellschaft zu schätzen. Er bewunderte ihre Intelligenz, ihre Diskretion, die Sicherheit ihres politischen Urteils, das ihm ebensoviel bedeutete wie das ihres Gemahls.
Wie dieser – er war ein Enkel Karls VII. und dessen Geliebter Agnes Sorel – gehörte auch Diana dem höchsten Adel an und wußte das bei Gelegenheit auch ganz bewußt zur Geltung zu bringen. Diese Tatsache trägt wesentlich bei zum Verständnis ihres Betragens bei Hof und der Rolle, die sie in der Ehe spielen sollte, die Franz I. und Papst Clemens VII. für Katharina anbahnten. Dianas Vater, Johann von Poitiers, Graf von Saint-Vallier, war Sohn des Aymar von Poitiers und der Johanna von la Tour d'Auvergne. Diese Johanna war die Schwester des Johann von la Tour, Grafen der Auvergne, der 1495 Johanna von Bourbon geheiratet und mit dieser Magdalena von La Tour d'Auvergne zur Tochter gehabt hatte. Wir kennen sie bereits, die spätere Gattin Lorenzos de' Medici, die ihm unsere Katharina gebar. Demnach war Diana von Poitiers eine Art Cousine Katharinas von Medici. Diese Verwandtschaft hat Diana gewiß um so lieber anerkannt, als sie über eine Prinzessin von Bourbon zustande gekommen war. Die Großseneschallin war nämlich nicht wenig stolz auf die Verbindung ihres Onkels mit den Bourbonen, den ersten Prinzen von Geblüt, der Katharinas Mutter entstammte.
Stolz war überhaupt Dianas beherrschender Charakterzug. Um so überraschter mag der kleine Prinz Heinrich gewesen sein, als gerade diese unnahbare Göttin vier Jahre zuvor beim Eintauschen der Heimat gegen einen fremden Kerker, während alle Welt nur seinen älteren Bruder, den Dauphin, bedauerte, sich ihm zugewandt und mit ihrem Kuß ermutigt hatte. Jetzt, bei der Heimkehr der Prinzen, umflatterte der Hof abermals in erster Linie den Dauphin, die neue Königin und den König. Und abermals zeichnete Diana durch ihr Interesse gerade den unbeachteten jüngeren Prinzen aus, der schließlich, wenn auch nicht Dauphin, so doch immerhin Herzog von Orléans und im Fall des Todes seines Bruders Thronerbe war. Entsprang diese Bevorzugung des jüngeren

Prinzen durch die stolze und ehrgeizige Seneschallin also der Berechnung? Oder war sie einfach durch weibliches Mitgefühl für den Benachteiligten erklärbar? Wie dem auch sei, sollten jedenfalls die Folgen der dem Kind bewiesenen Freundlichkeit viel weitreichender sein, als Diana sich's in ihren kühnsten Träumen hätte ausmalen können.

Der Eindruck, den die Zuwendung der so unnahbaren wie anziehenden Diana auf den aus vierjähriger Gefangenschaft heimkehrenden Knaben machte, prägte sich diesem um so unvergeßlicher ein, als er fürs erste fast unfähig war, seinem übervollen Herzen Luft zu machen. Während ihrer langen Einkerkerung hatten die Kinder fast das Reden verlernt, und beiden fiel es schwer, sich wieder an menschliche Gesellschaft zu gewöhnen. Dem Jüngeren ist es zeitlebens nicht ganz gelungen, die schlimmen Erfahrungen jener vier Jahre zu verarbeiten oder zu vergessen. Der Ältere, Franz, der vom Vater nicht nur den Namen, sondern auch die lebhafte Intelligenz und unbändige Lebenslust geerbt hatte, setzte sich über diese Erinnerungen schließlich hinweg. Heinrich entrann ihnen nicht, immer wieder drängten sie sich störend zwischen ihn und die anderen Mensche, lähmten ihm das Vertrauen, das Wort. Beide haßten, was ja nicht Wunder nimmt, zeitlebens ihre Kerkermeister, die Spanier, Karl V. Doch vor allem Heinrich war es, der es zudem dem Vater nie vergessen konnte, seine Freiheit mit der Gefangenschaft der Söhne erkauft zu haben.

Einen Beweis seiner Unversöhnlichkeit gab der Knabe schon in Mont-de-Marsan. Einer der Granden von Spanien, die Eleanore und die Kinder nach Frankreich begleitet hatten, wollte dem König schamlos weismachen, daß seine Söhne in Madrid an nichts Mangel gelitten hätten, nachgerade verwöhnt worden seien. Und schmeichelnd wandte er sich an die Brüder mit der Bitte, dies dem Vater zu bestätigen. Heinrich kehrte ihm statt jeder Antwort den Rücken und ließ, wie man liest, »einen Wind streichen«. Aus dem Hintern dieses Kindes, das fast den Gebrauch der Worte verloren hatte, sprach dieser Wind, wie man sagt, Bände.

Erst in Paris findet, bei Hof, ein jeder seinen Platz

Eleanore wurde in Mont-de-Marsan dem König von Frankreich vermählt, doch zur Königin gekrönt werden sollte sie erst am 15. März 1531 in der Abteikirche von Saint-Denis bei Paris. Auf dem Weg nach Paris durchquerte der Hof gemessenen Schritts – Eleanore wurde in einer Sänfte getragen – einen großen Teil von Frankreich. Aufenthalte gab es in Bordeaux, Angoulême, in Cognac (dem Geburtsort Franz' I.), in Blois und in Saint-Germain. Überall wurde der neuen Gemahlin des Königs mit üppigen Banketten und rauschenden Festen gehuldigt. Am meisten wird sie aber die Huldigungen des Königs genossen haben, die ihr, wie man liest, während dieser Reise allnächtlich zuteil wurden. Eleanore glaubte sich mit ihrem edlen Ritter im siebten Himmel.

In Paris änderte sich alles: Das Wetter wurde schlecht, und ihr Gemahl störte ihren Schlaf nicht mehr. Unter einem grauen und kalten Himmel begann also Eleanores Eingewöhnung in das Hofleben des Königs von Frankreich. Des schlechten Wetters wegen wurde der prächtige offizielle Einzug der neuen Königin in Paris wochenlang hinausgeschoben. Diese spektakuläre Zeremonie sollte dem Volk Gelegenheit geben, der Friedensbringerin zuzujubeln.

Sehenswert war sie zweifellos, als sie endlich stattfand. Eleanore wurde in einer mit Goldbrokat verhängten Sänfte getragen, in kostbare Pelze gehüllt, mit Perlen und Edelsteinen geputzt, die mit Diamanten und Rubinen besetzte Krone auf dem Haupt, mit der sie in Saint-Denis gekrönt worden war. Zu beiden Seiten ihres »Gefährts« ritten die kleinen Prinzen, die sie in ihrem Kerker in Madrid getröstet hatte. Hinter ihr folgte in einer nicht weniger prächtig ausgestatteten Sänfte ihre Schwiegermutter, Luise von Savoyen, die wahre Königin. Die Mauern von Paris waren mit farbenprächtigen Tapisserien behängt, und der glänzende Zug der Sänften, Reiter und Reiterinnen, die Herren in vergoldeten Rüstungen, wehende Federbüsche auf dem Helm, die Damen in perlenbesetzter Stoffülle, auf Zeltern, die mit bestickten Schabrakken kaum weniger prächtig gewandet waren als sie selbst, bewegte sich, allenthalben von Hochrufen und Gesängen willkommen geheißen, langsam durch die Straßen in Richtung der Kathedrale

Notre-Dame. Dort sollte die in Saint-Denis schon zur Königin von Frankreich gekrönte Eleanore zeremoniell auch als Königin von Paris begrüßt werden.
Ehe aber der glänzende Zug in die Kathedrale einzog, lenkte eine Nebenhandlung alle Teilnehmer an dieser Haupt- und Staatsaktion, insbesondere jedoch die neue Königin, von dem vorgesehenen Höhepunkt der Veranstaltung ab. Der Zug überquerte nämlich schon den Vorplatz der Kathedrale, als sich am Fenster eines der umstehenden Häuser der König und Anna von Pisseleu zeigten, eng umschlungen und so augenscheinlich miteinander beschäftigt, daß sie gar nicht zu merken schienen, wie sie da deutlich sichtbar für den Hof und das versammelte Volk von Paris der armen Eleanore »die Schau stahlen«.
Dieses Spektakel war die Genugtuung, die die hochmütige Geliebte für die lange Zurückhaltung in Mont-de-Marsan und während der Rückreise des Hofes nach Paris vom König erwirkt hatte. Erst am Morgen war Eleanore gekrönt worden und jetzt, um zwei Uhr nachmittags, wurde zugleich ihr und ganz Paris demonstriert, daß ihre Herrschaft und ihre Liebe schon nicht mehr zählte. Sie war zum Schattendasein verurteilt. In den Geschichten ihrer Zeit ist ihr Name kaum erwähnt, wer und was sie war, hat auch die Historiker nicht interessiert.
Gegen diese unerhörte Schmach scheinen weder sie selbst noch die Geistlichkeit noch auch das Volk Klage erhoben zu haben. Die einzige Reaktion darauf kam seltsamerweise aus England. Der Gesandte Heinrichs VIII., an dessen Hof ein Skandal den anderen ablöste, berichtete nach London, daß durch das vom König und seiner Geliebten gegebene Schauspiel, »da es eine ziemlich große Vertrautheit dieser beiden Personen verriet«, eklatant die guten Sitten verletzt worden seien. In Anbetracht der Zustände am Hof Heinrichs VIII. wirkt die moralische Entrüstung des Verfassers dieses Berichts wie pure Heuchelei.
Wenn jedoch Anna von Pisseleu auf eine öffentliche Meinung keine Rücksicht zu nehmen brauchte und von der Königin nichts zu fürchten hatte, drohte ihrer Herrschaft über das Herz des Königs doch eine gewisse Gefahr von dessen anderer Favoritin, der Gräfin von Châteaubriant. Zwar hatte diese ihr den ersten Platz räumen müssen, doch hing Franz I. noch immer mit zärtlicher Freundschaft an der Gräfin. Daß er neuerlich für sie entflammte,

war also eine Möglichkeit, mit der Anna rechnen und die sie auszuschließen bemüht sein mußte. Denn sie wollte allein herrschen über den König, den Hof und leider auch über die Politik.
Doch noch am Abend ihres großen Triumphes an jenem Fenster sollte ihr völlig unerwartet eine Demütigung zuteil werden, die die Königin für die Beleidigung rächte, die sie von Anna nachmittags hatte hinnehmen müssen.
An diesem Abend wurde nämlich wie gewöhnlich zum Abschluß derartiger Festlichkeiten ein Turnier abgehalten. Vor den Tribünen, auf denen der König, die Großen des Reiches und die schönen Damen in ihren prächtigsten Kleidern saßen, paradierten auf der Kampfbahn die schönen Herren hoch zu Roß ihre glänzenden Rüstungen und wehenden Helmbüsche. Das herabgelassene Visier verbarg die Gesichter der Ritter; nur ihre Fahnen und die Wappen, die man auf den Fähnchen an ihren Lanzen las, verrieten ihre Identität. Alle Damen waren natürlich mit diesen Farben und Wappen mehr oder weniger vertraut, würdigten eifrig die guten und die schwächeren Seiten der Erscheinungen, die sich da unten ihrer Kritik stellten, und suchten sich Favoriten unter ihnen aus. Die bis an die Zähne bewaffneten Herren auf der Kampfbahn zogen es freilich vor, die Illusion zu bewahren, daß jeder von ihnen aus freien Stücken selbst die Wahl der Dame träfe, für die zu siegen er in den Kampf ritt. Diese Illusion war so ziemlich alles, was damals von der alten Ritterherrlichkeit noch übrig war. Der Adel legte gleichwohl großen Wert auf die traditionellen Turniere, zumal solche Kämpfe gerüsteter Ritter schon seit ziemlich langem nur mehr der Unterhaltung dienten. Das fragliche Turnier wurde vor dem Hôtel Saint-Pol abgehalten, wo sich die Rue Saint-Antoine zu einem Platz ausweitete. Solche offenen Plätze waren zu Beginn des 16. Jahrhunderts in Paris – wie überhaupt in den noch ganz mittelalterlich geprägten Städten jener Zeit – eine Seltenheit.
Das Turnier fand, wie es sich gehörte, zu Ehren der Königin statt, doch sollten bei dieser Gelegenheit auch die jungen Prinzen sich zum ersten Mal in Paris dem Hof zeigen. Sie waren also ebenfalls gerüstet und hoch zu Roß auf der Kampfbahn. Und bei dieser Gelegenheit bewies der elfjährige Heinrich von Orléans untadelig ritterliche Manieren. Er ließ es sich nämlich nicht nehmen, höflich Lanze und Wimpel vor derjenigen zu neigen, die er als seine Dame erkoren hatte. Die getroffene Wahl überraschte viele. Denn Hein-

rich huldigte nicht, wie man hätte erwarten können, der Königin, seiner Großmutter oder irgendeinem jungen Ding – und schon gar nicht der schönsten Frau des Hofes und Favoritin seines Vaters – vielmehr weihte er seine Waffen dem Dienst der stolzen Diana von Poitiers. Diese nahm das Gelübde lächelnd an, wohl auch selbst überrascht, sich von dem Knaben ausgezeichnet zu sehen. Sie konnte ja nicht ahnen, wie ernstlich Heinrich sich ihr versprach, und wie zuverlässig er dieses Versprechen in Zukunft halten sollte. Um den festlichen Tag mit einer Galanterie zu beschließen, sollten die versammelten edlen Ritter in geheimer Abstimmung die schönste der auf des Königs Tribüne versammelten Damen bezeichnen. Über den Ausgang dieser Wahl schienen keine Zweifel zu bestehen, hatte der König sich doch so demonstrativ allen mit seiner gegenwärtigen Favoritin gezeigt. Ganz abgesehen davon war die junge Anna von Pisseleu wirklich eine blendende Schönheit. Mit ungläubigem Entsetzen also hörte schließlich die Favoritin des Königs den Herold ausrufen, daß die Stimmen der anwesenden edlen Herren zu gleichen Teilen für Mademoiselle von Pisseleu und für die Großseneschallin abgegeben worden seien. Sie glaubte, es nach dieser Beleidigung keinen Augenblick länger auf der Tribüne aushalten zu können, sprang auf und wandte sich zum Gehen. Mit gezwungenem Lachen mutmaßte sie, jene Herren, die es gewagt hatten, ihr, der Zwanzigjährigen, ein altes Weib von zweiunddreißig vorzuziehen, könnten wohl nicht ganz bei Trost sein. Doch trotz ihres fortgeschrittenen Alters stand Dianas kühle Schönheit noch in voller Blüte, was Anna natürlich wütend zur Kenntnis nehmen mußte. Mit seinem kindlichen Liebesbeweis für »das alte Weib« aber hatte Heinrich von Orléans nichtsahnend eine Todfeindschaft zwischen den beiden Frauen gestiftet. Diese sollten bald zur Beglückung des Königs, bald zu derjenigen Heinrichs, oft zum Unglück Frankreichs, immer zum Unglück der zukünftigen Gattin Heinrichs, unserer Katharina von Medici, in ihrem Wunsch, den Hof, ja selbst die große Politik nach eigenen Vorstellungen zu lenken, miteinander wetteifern, zwanzig Jahre lang, bis zu Heinrichs Tod, der ihn überdies auf eben dem Turnierplatz überraschen sollte, auf dem er der Großseneschallin zuerst seine Liebe erklärt hatte.

Kaum hat Frankreich die kleinen Prinzen zurückgewonnen, raubt ihm ein Komet deren Großmutter

Die Großmutter ihres Gemahls hätte für Katharina bei ihrer Ankunft am französischen Hof eine nützliche Verbündete und Beraterin werden können, doch sollte Luise von Savoyen die Hochzeit ihres Enkels Heinrich nicht mehr erleben.

In der Nacht vom 6. auf den 7. Juni 1531 glaubte man in Paris das Ende der Welt gekommen. Kürzlich war wieder einmal die Pest ausgebrochen. Und nun erfüllte ein unerhörtes, erschreckendes Leuchten den Himmel. Das Volk lag angesichts dieser Bedrohung in den Straßen auf den Knien und flehte Gott um Gnade an. Man meinte, die Gestalt eines feurigen Drachens am Himmel zu erkennen. Die Astrologen bezeichneten das Phänomen als einen Kometen, was, obgleich eine natürliche Erklärung, keineswegs beruhigend war, denn man wußte, daß Kometen furchtbare Unglücksfälle und Plagen anzukündigen pflegten. Man befürchtete also ein Anwachsen der Pest zur Gewalt des Schwarzen Todes, der vergangene Jahrhunderte gewütet hatte; man befürchtete einen neuen Krieg, den Tod des Königs. Tatsächlich rüstete sich in dieser Nacht der Tod, die Mutter des Königs hinzuraffen, Luise von Savoyen, die so lange die Geschicke des Reichs mit fester Hand gelenkt, den Frieden ausgehandelt, ihre Enkel freigekauft, ihren Sohn, den König, mit der Schwester des Kaisers verheiratet und jahrelang die Ansprüche der königlichen Favoritinnen in Schranken gehalten hatte. Mit ihr raubte der Tod dem Reich seinen mäßigenden, guten Geist. Ihr Tod war die Katastrophe, die der Komet ankündigte.

Luise war aus Paris nach Fontainebleau geflohen, das von der Pest noch verschont geblieben war. Sie war sehr erschöpft. Man tat, was man konnte, ihr die Erscheinung des Kometen zu verheimlichen. Das Bemühen war aber natürlich von vornherein zum Scheitern verurteilt. Eines Nachts sah sie es durch die Ritzen der Fensterläden leuchten und rief ihre Bedienten, denn sie glaubte, es sei ein Feuer ausgebrochen. Man versicherte ihr, es sei der Mond. Der Täuschungsversuch war lächerlich, denn wie aller Welt zu jener Zeit waren die Geschehnisse am Himmel auch ihr bestens vertraut. Sie wußte also genau, daß Mondschein in jener Nacht nicht zu erwarten war. Wohl oder übel mußte man ihr die Fensterläden öffnen, sie betrachtete das flammende Firmament und begriff, was die Stunde geschlagen hatte. »Das ist ein Zeichen«, sagte sie (wie Brantôme berichtet), »das nicht Leuten geringen Standes gilt. Gott läßt dergleichen nur für unsereinen, die Großen dieser Welt, erscheinen. Schließt das Fenster, denn das ist ein Komet, der meinen Tod ankündigt, ich muß mich vorbereiten.«

Vor dieser großen Reise trat sie unverzüglich noch eine kleine hier auf Erden an, was damals in Frankreich durchaus üblich war. Denn bis zur Herrschaft Ludwigs XIV. lebten und starben die Könige von Frankreich, ganz gleich, ob sie gerade in Paris, Fontainebleau oder anderswo Hof hielten, auf Reisen durch ihr Reich. Erst der Sonnenkönig isolierte die Monarchie in Versailles. Die alten Könige waren klüger; sie wußten, daß die Franzosen zwar einem gekrönten und geweihten König zu dienen gewillt waren, wenn dieser sich überall im Reich sehen und sprechen ließ – nicht aber einem unnahbaren Götzen, und sei er noch so großartig.

Luise befahl also, daß man sie in ihr Schloß Romorantin brächte, denn dieser Ort war ihr besonders teuer. Unterwegs dorthin holte der Tod sie ein, in Grez-en-Gâtinais; sie war vierundfünfzig Jahre alt, als sie aus diesem Leben schied.

Der Schmerz erschütterte den König zutiefst. Er liebte seine Mutter von Herzen und wußte überdies, was er an ihr gehabt hatte. Niemand würde ihm je die zärtliche, bewundernde, verständige Liebe der Mutter ersetzen. Sie hatte ihm alle lästigen Regierungsgeschäfte abgenommen, ihm die Mühe erspart, sich persönlich um den ihm verhaßten Papierkram zu kümmern und mit Hilfe ihres Juristen, des Rats Duprat, alle Verwaltungsangelegenheiten in untadelig legalen Formen und im Namen des Königs erledigt. Von jetzt an mußte Franz I. wohl oder übel allein herrschen und regieren.

Ehe wir so von ihr Abschied nehmen, muß allerdings zur Sprache kommen, daß Madame (wie man die Königinmutter einfach zu nennen pflegte) im Namen ihres Sohnes nicht allein die oben gewürdigten weisen Entscheidungen getroffen und ihrem Sohn wie auch Frankreich gut gedient hat, sondern leider auch an dem größten Unglück, das während der Regierungszeit Franz' I. über Frankreich hereinbrach, in hohem Maß verantwortlich ist. Denn der sogenannte »Verrat« Bourbons war bei rechtem Licht besehen ihr Werk.

Was war da geschehen? Der Prinz von Bourbon, überhäuft mit Beweisen der königlichen Gunst, ausgezeichnet mit dem Amt des Konnetabels von Frankreich – dessen Inhaber als Oberbefehlshaber des Heeres an Rang nur dem König selbst nachstand –, war von heute auf morgen nicht nur aus der Gunst des Königs verstoßen und seiner Ämter enthoben worden, sondern man hatte ihn schließlich auch noch seiner Besitzungen beraubt.
Dabei dankte ursprünglich dieser Prinz seine hohe Stellung nicht nur – als erster Prinz von Geblüt, Haupt des Hauses Bourbon – seiner hohen Geburt und seinen überragenden persönlichen Fähigkeiten, sondern überdies der aufrichtigen Liebe des Königs und dessen Mutter. Der Konnetabel galt als der beste Heerführer seiner Zeit in Europa. Franz I. liebte ihn als Waffengefährten und schätzte ihn als zuverlässigen politischen und militärischen Berater. Wenngleich er insgeheim vielleicht darunter litt, daß – wie alle Welt wußte – seinen Sieg bei Marignano eigentlich der Prinz von Bourbon erfochten hatte. Aber wenn er auf den glänzenden Gefährten eifersüchtig war, ließ er sich das jedenfalls nicht anmerken, bis die Mutter ihm dazu Gelegenheit gab. Denn Luise legte dem Prinzen nahe, um ihre Hand anzuhalten. Man munkelte, daß sie, ehe sie ihm diesen Heiratsantrag machte, schon seine Mätresse geworden war. Das Gerücht ist nicht zu beweisen, doch nicht unwahrscheinlich. Beim Tod seiner Gemahlin Suzanne, einer Cousine, der einzigen Tochter des Herzogs von Bourbon und Anna von Beaujeus, der Tochter Ludwigs XI., verblieb der ungeheure Landbesitz, den diese in die Ehe gebracht hatte, im Besitz des Hauses Bourbon. Damit war die ganze Mitte Frankreichs in den Händen dieser Familie. Moulins war ihre Hauptstadt, der Glanz ihres Hofes war kaum geringer als der des königlichen. Die Macht der Bourbonen war seit dem Sturz des Hauses Burgund, der letzte – freilich noch sehr beträchtliche – Rest der einstigen Macht des Lehnsadels. Der Prinz von Bourbon weigerte sich, Luise von Savoyen zu heiraten. Augenblicklich schlug deren Liebe in Haß um. Es war ihr ein leichtes, die schlummernde Eifersucht ihres Sohnes gegen diesen allzu mächtigen und allzu brillanten Vetter zu wecken und, mit Hinweisen auf frühere Rebellionen mächtiger Vasallen gegen die Krone, auch sein Mißtrauen. Um ihm belegen zu können, wie wohlbegründet dieser Argwohn sei, ließ sie die vorläufig fehlenden Beweise für eine Verschwörung unter Führung des Prinzen von

Bourbon einstweilen fälschen. Duprat und eine Legion königlicher Juristen strapazierten die alten Gesetzestexte so lange, bis diese einstimmig aussagten, was der König hören wollte und damit alle gegen den Bourbonen beabsichtigten Maßnahmen im voraus rechtfertigten. Franz I., von der Mutter beraten, demütigte den Prinzen öffentlich, indem er ihm ohne jede Begründung den Oberbefehl über das Heer entzog. Leider hatte er dabei überhaupt nicht bedacht, wie sehr er sich ins eigene Fleisch schnitt, wenn er angesichts eines so gefährlichen Gegners, wie es der Kaiser nach wie vor war, seinen besten Feldherrn sozusagen Spießruten laufen ließ. Aber damit noch nicht genug, ging nun Luise mit Duprats Hilfe daran, dem Mann, der sie verschmäht hatte, auch das Erbe seiner verstorbenen Gemahlin zu entreißen. Seine Güter wurden beschlagnahmt. Der Prinz fand sich plötzlich allein. Die Höflinge mieden ihn wie einen Pestkranken. In seinem Zorn und seiner Verzweiflung entschloß er sich, ins Ausland zu gehen. Er bot seine Dienste dem Kaiser an. Die Folgen davon waren, wie man weiß, unter anderem die Niederlage der Franzosen bei Pavia, die Gefangenschaft erst des Königs selbst, dann der Prinzen in Madrid, der Verlust Italiens, der Niederlande, des Artois, und schließlich die Notwendigkeit, jenes ungeheure Lösegeld aufzubringen, das der Kaiser als Preis für den Frieden, die Freiheit der Prinzen und den Verzicht auf Burgund forderte.
Als Katharina später die Einzelheiten dieser Geschichte erfuhr, wird ihr von den Folgen dieser Ereignisse vor allem die Brandschatzung Roms durch die Truppen des Prinzen von Bourbon im Mai 1527 in den Sinn gekommen sein. Und vielleicht hat sie sich gefragt, ob der Welt diese Greuel nicht erspart geblieben wären, wenn die verstorbene Großmutter ihres Gemahls ihre Rachsucht damals nicht ganz so gründlich befriedigt hätte.
Nach dem glanzvollen Leichenbegräbnis der Königin ließ Anna von Pisseleu durchblicken, daß sie von nun an auch in politischen Angelegenheiten ein gewichtiges Wort mitzureden gedachte.
Vorrangiges politisches Ziel war damals für den König die Festigung der Bindung des Herzogtums Bretagne an die Krone. Dazu stellte er zunächst die zärtliche Verbindung mit seiner früheren Favoritin, der Gräfin von Châteaubriant, wieder her – wovon er sich vielleicht Vergnügen, mit Sicherheit aber Nutzen versprach. Denn er brauchte deren Gatten, den Herzog von Châteaubriant,

den Gouverneur der Bretagne. Von seinem ältesten Sohn, dem Dauphin Franz, begleitet, unternahm er eine Reise in die Bretagne, um sich der Loyalität seiner dortigen Untertanen zu vergewissern, die, wie man hörte, noch sehr bedenklich der verlorenen Unabhängigkeit nachtrauerten. Monsieur de Châteaubriant organisierte diesen Staatsbesuch zur vollkommenen Zufriedenheit des Monarchen. Franz I. zeigte sich in der ihm natürlichen Großzügigkeit erkenntlich, beschenkte das so nützliche Paar mit Juwelen, Geldern und der einen oder anderen schmucken kleinen Herrschaft. Die Bretonen ihrerseits ruinierten sich, dem König einen würdigen Empfang zu bereiten, wie ihr Gouverneur es von ihnen verlangte. Und die Landstände der Bretagne erkannten den Dauphin von Frankreich als Herzog der Bretagne an. Tatsächlich hatte dieser als Erbe seiner Großmutter mütterlicherseits, der Herzogin Anna, Anspruch auf diesen Titel. Die Reise hatte sich also für den König reichlich gelohnt.

Anna von Pisseleu freilich ließ politische Sachzwänge, die den König einer einstigen Favoritin wieder hatten näherbringen können, nicht gelten. Als Franz I. aus der Bretagne zurückkehrte, gab sie ihm das unmißverständlich zu verstehen, verschloß ihm ihre Tür, simulierte Krämpfe, stellte sich sterbend. Der galante und liebenswürdige König hatte, zeitlebens verliebt und mit der Einseitigkeit der Frauen aus langer Erfahrung vertraut, Verständnis für diese Demonstrationen und ertrug sie, ohne sich die gute Laune verderben zu lassen. Zumal er nun von einer Eroberung träumte, die ihm bisher versagt geblieben, auf die zu verzichten er den erlittenen Enttäuschungen zum Trotz aber keineswegs geneigt war: Er träumte von Italien.

Italien ist eine Mesalliance wert

Nach dem Damenfrieden war dem König zwar vorerst die Schwerthand gebunden, nichts hinderte ihn aber, seine Ziele mit diplomatischen Manövern weiter zu verfolgen. Kam er ihnen auf diesem Weg nahe, konnte er, wenn nötig, schließlich auch wieder zum Schwert greifen. Wenn er den Papst als Bundesgenossen gewinnen könnte, meinte er, die Herrschaft über das Königreich

Neapel schon so gut wie sicher gewonnen zu haben. Er verbündete sich also mit dem Papst und erhielt für diese Allianz auch die Unterstützung einer Reihe italienischer Fürsten, die sich in ihrem Haß gegen den Kaiser und die Spanier einig waren. Allerdings war die Macht dieser Verhaßten so gefürchtet, daß weder der Papst noch die übrigen italienischen Alliierten sich gegen sie zu rühren wagten. Allenfalls wollten sie dem König von Frankreich behilflich sein, wenn dieser die Initiative ergriff. Franz I. sann also auf ein Mittel, seine Verbündeten enger an sich zu binden.

Und so kam ihm der Gedanke, seinen zweiten Sohn, den Prinzen Heinrich von Orléans, mit einer italienischen Prinzessin, zudem Nichte des regierenden Papstes, zu verheiraten; keiner anderen als unserer Katharina von Medici. Einen Prinzen aus dem Geschlecht der Kapetinger mit der Tochter ausländischer Bankiers und Kaufleute verehelichen zu wollen, das war 1530 noch ein einigermaßen aberwitziges Projekt. Wenn ein anderer es dem König nahegelegt hätte, hätte er es zweifellos entrüstet zurückgewiesen. Doch fiel es ihm selbst ein, und so brachte er es im Kronrat zur Sprache. Montmorency widersetzte sich dem Plan ziemlich energisch, sah durch eine derart unstandesgemäße Heirat die Ehre des Königshauses und Frankreichs gefährdet. Franz I. nahm das bestürzt zur Kenntnis. Montmorency, Oberhaupt der ersten adeligen Familie Frankreichs, erster Freiherr der Christenheit, dickköpfig, borniert, hart, aber äußerst treuer Diener der Krone, war ein Mann, dessen Rat man nicht in den Wind schlug. Jedenfalls nicht ohne sich in dieser Absicht von einem anderen Getreuen vergleichbaren Gewichts bestätigen zu lassen. Franz I. trug also seinen Plan einem weiteren seiner bewährten Freunde und Ratgeber vor, dem Marschall Ludwig von Brézé, Großseneschall der Normandie, der seinerseits in allen heiklen Fragen sehr verständig von seiner Gattin beraten wurde, der uns bereits bekannten Diana von Poitiers. Von diesen beiden nun hörte der König genau, was er hören wollte. Die Großseneschallin versicherte dem Monarchen sogar eifrig, Katharina sei keineswegs so niedriger Geburt, wie es der bürgerliche Name ihrer Familie vermuten lasse: Ihre Mutter sei schließlich eine Cousine Dianas und Tochter der Johanna von Bourbon gewesen. In seinem Plan, mittels einer vielleicht nicht ganz standesgemäßen Verheiratung seines Zweiten einen Fuß in Italiens Tür zu bekommen, somit aufs schönste bestärkt, nahm Franz I. unverzüglich dessen Ausführung in Angriff.

Ehe wir ihm dabei folgen, wollen wir jedoch noch einen Blick auf die Geschichte der Dame werfen, die ihn, wie wir sahen, mit so guten Argumenten dazu ermutigte. Denn diese Diana von Poitiers sollte ja im zukünftigen Leben unserer Katharina als einzige Geliebte ihres Mannes überhaupt eine Hauptrolle spielen.

Dianas Vater, der Herr von Saint-Vallier, hatte das Pech, Freund und Vertrauter des Konnetabels von Bourbon zu sein. Als dieser an den Hof Karls V., des Todfeindes Franz I., floh und in dessen Dienst trat, wurde dem entrüsteten König berichtet, daß Saint-Vallier in die Absicht des Verräters eingeweiht gewesen sei. Augenblicklich ließ ihn der König als Komplizen des Verräters zum Tode verurteilen. Diana und ihr Gemahl, Ludwig von Brézé, taten, was in ihren Kräften stand, um dieses Urteil umzustoßen. Vergebens. Doch als die Todesstrafe an dem Verurteilten vollstreckt werden sollte, sein Kopf schon auf dem Richtblock lag, begnadigte ihn der König. Allerdings sollte Dianas Vater nur die Todesstrafe erspart bleiben. Denn der Staat behielt seine schon beschlagnahmten Besitzungen ein, und er selbst blieb weiter in Haft: Dem trotzigen Hochadel zur Warnung. An die vierzig Jahre nach diesem Vorfall kam das Gerücht auf, Diana habe sich damals dem König hingegeben, um ihn zur Begnadigung ihres Vaters zu bewegen. So wenigstens liest man's in dem berühmten Tagebuch eines Bürgers von Paris und in Brantômes *»Leben der Galanten Damen«* seiner Zeit: »Habe auch von einem großen Herrn erzählen hören, der, zur Enthauptung verurteilt, schon auf dem Schafott war, als seine Begnadigung verkündet wurde, welche seine Tochter, die von ausnehmender Schönheit war, für ihn erlangt hatte. Da er nun vom Schafott herabstieg, sagte er aber nichts außer: › Gotte rette den braven Hintern meiner Tochter, die mich so tüchtig errettet hat.‹«
So Brantôme. Aber wahr ist an der hübschen Geschichte nur, daß der Herr von Saint-Vallier im letzten Augenblick begnadigt wurde. Alle zeitgenössischen Zeugnisse sprechen von der über jeden Zweifel erhabenen ehelichen Treue Dianas. Später hat man ihr siebzehn Liebesbriefe an den König zugeschrieben, die in der Tat ein Liebesverhältnis zwischen den beiden verraten würden, wenn sie wirklich von ihrer Hand wären. Doch konnte nachgewiesen werden, daß nicht sie, sondern die Gräfin von Châteaubriant die

Verfasserin dieser Briefe war. Zweifel an der Tugend der Großseneschallin sind in dieser Hinsicht nicht gerechtfertigt. Von ihren überlieferten Abweichungen vom Pfade der Tugend bei späterer Gelegenheit wird hier noch viel zu reden sein.
Inzwischen stellte sich heraus, daß auch nachdem Diana und ihr Gemahl den König in seinem Heiratsplan für den Prinzen Heinrich bestärkt hatten, Franz I. bei dessen Durchführung nicht so schnell vorankam, wie er gehofft hatte. Zunächst beeilte er sich, dem Kronrat und dem Hof zu versichern, daß die Mediceerin niemals Aussicht hatte, Königin von Frankreich zu werden. Der Dauphin erfreute sich ja bester Gesundheit. Eines Tages würde er, mit einer Königstochter verheiratet, den Thron besteigen. Die italienische Bankierstochter würde sich mit dem Rang der Herzogin von Orléans begnügen müssen. Man fand aber im Kronrat und an seinem Hof auch diese Aussicht nicht unbedingt akzeptabel. Und im Ausland wollte dem Gerücht über diese Eheschließung niemand Glauben schenken. Am wenigsten der Kaiser. Dies wenigstens kam Franz I. zugute: So konnte er seine Eheanbahnungsverhandlungen mit dem Papst ungestört in aller Ruhe fortsetzen.

Geschäft ist Geschäft

Die Illusionen des Königs, erklärbar durch seine große Leidenschaft für Italien, überlagerten nicht selten seine gewöhnlich sehr scharfsinnige und durchdringende Intelligenz. Er bildete sich ein, der Papst müsse sich durch seinen Plan so geschmeichelt fühlen, daß er ihm Katharina ohne weiteres als Braut für seinen Sohn gäbe. Im übrigen meinte ja auch er gewisse Rechte auf diese sogenannte Nichte Clemens' VII. zu haben. War Katharina denn nicht die Tochter einer französischen Prinzessin, die er einem Mediceer zur Frau gegeben hatte? Keiner der Herren, die der Papst bisher als Bräutigam für Katharina in Erwägung gezogen hatte, hätte mit dem Prestige des Prinzen von Orléans mithalten können. Franz also erwartete von seiten des Papstes keinen Widerstand gegen seinen Plan, ja, er sah sich bereits als Schwiegervater der Mediceerin an der Spitze eines Bündnisses italienischer Fürsten die Kaiserlichen aus Italien vertreiben. Zunächst würde er Mailand zurückerobern, dann sollte Neapel ihm schon zufallen. Heinrich VIII. würde ihm beistehen; das hatte er ihm für den Fall versprochen, daß es Franz I. gelang, den Papst zur Einwilligung in die Scheidung des Königs von England zu bewegen. Und die lutherischen deutschen Fürsten sowie der Großtürke würden ihm die Flanken dekken . . . Soweit Franz' Träume.

1530 sandte er den Herzog von Albany mit dem Heiratsantrag zum Papst nach Rom. Wenn Seine Heiligkeit geschmeichelt war, so wußte sie das gut zu verbergen. Unter tausend höflichen Wendungen bat sich der Oberhirte der Christenheit einige Bedenkzeit zur Erwägung dieses so überraschenden und durchaus unverdient ehrenvollen Angebots aus. Der Herzog kehrte von seiner Gesandtschaftsreise zurück, ohne seinem Herrn mehr als das berichten zu können. Die zögernde Haltung des Papstes war vor allem durch Furcht begründet. Denn was, wenn diese Heirat den Kaiser abermals gegen ihn aufbrachte? Seit der Brandschatzung Roms durch die kaiserlichen Truppen vor drei Jahren tat man in Italien alles, den Kaiser zu besänftigen.

Franz I. mußte sich also gedulden. Seine Geduld währte ein ganzes Jahr.

Dann, 1531, schickte er einen neuen Unterhändler nach Rom: Gabriel de Gramont, Bischof von Tarbes. Dieser war bereits autorisiert, einen Ehevertrag zur Diskussion zu stellen. Diesmal ließ sich der Heilige Vater auf Verhandlungen ein. Gleichwohl mußte angesichts der Tatsache, daß die zu Verlobenden jeder erst zwölf Jahre alt waren, die Hochzeit auch im Falle einer sofortigen Einigung noch um wenig aufgeschoben werden. Nichtsdestotrotz aber wünschte Franz I. die zukünftige Schwiegertochter möglichst bald am französischen Hof zu sehen. In dem Vertragsentwurf, den der Bischof von Tarbes dem Papst vorlegte, waren die beträchtlichen Güter aufgeführt, die der König den beiden Verlobten übertragen wollte. Dem Papst sollte überlassen bleiben, die Höhe der Mitgift der Braut zu bestimmen. Als Ausgleich für die von ihm zur Verfügung gestellten Ländereien bat sich der König die Städte Reggio, Livorno, Modena, Parma und Piacenza aus sowie das Herzogtum Urbino. Franz I. hatte dieses Angebot am 24. April 1531 auf seinem Schloß Anet unterzeichnet. Die Frage war, ob auch der Papst den Vertrag unterzeichnen würde.

Clemens VII. schien den Entwurf bei der ersten Lektüre im wesentlichen akzeptabel zu finden. Dann freilich begann er dennoch zu feilschen. Als Mitgift schlug er hunderttausend Goldstücke vor. Das war reichlich wenig, wenn man bedachte, daß seine sogenannte Nichte schließlich in die Familie des französischen Königs einheiraten sollte. Zudem wurde dem Bischof von Tarbes klar gemacht, daß die Güter, die Katharina in Florenz besaß und die sie mit in die Ehe gebracht hätte, auf diese Summe angerechnet würden. Somit würde der Papst von den versprochenen hunderttausend Goldstücken einen guten Teil für sich behalten können.
Des weiteren weigerte sich der Papst, Katharina schon vor dem geplanten Hochzeitstermin nach Frankreich zu schicken. Diese sollte in Nizza im Jahre 1533 stattfinden. Franz I. bestand jedoch auf seinem Wunsch. Der Papst beharrte bei seiner Weigerung. Dies beunruhigte den König, denn er wußte, daß Clemens VII. mit Alessandro Sforza in Verhandlungen stand. Noch wesentlich mehr hätte ihn freilich beunruhigt, wenn er gewußt hätte, daß der Papst zur gleichen Zeit auch über ein Bündnis mit Karl V. verhandelte, denn für das Jahr 1533, in dem Heinrich und Katharina den Ehebund schließen sollten, war ja auch die Hochzeit zwischen Alessandro Moro und Margarethe von Österreich, der natürlichen Tochter des Kaisers, vorgesehen. Alessandro sollte somit durch seinen Schwiegervater zum souveränen Herzog von Florenz und der Toskana erhoben werden.
Als der Kaiser von der Unterzeichnung des Ehevertrages der Katharina von Medici erfuhr, war er so zornig, daß er aus Wut umgehend eine seiner Nichten, eine dänische Prinzessin, mit Sforza, dem Herzog von Mailand, verheiratete. Damit signalisierte Karl V., daß er Einmischungen in die inneren Angelegenheiten dieses Herzogtums keineswegs dulden würde. Der Papst mochte Franz I. die Herrschaft in Mailand so fest versprechen, wie er lustig war. Das gleiche galt im übrigen für alle Zusagen, die er dem französischen König in jenem Ehevertrag gemacht hatte. Denn die Städte und Staaten, die sich Franz I. vom Papst hatte abtreten lassen, gehörten diesem gar nicht. Er wäre auch außerstande gewesen, sie zu erobern – außer, vielleicht, mit den Heeren Franz' I. So mußte denn der französische König erkennen, daß auf seinen Bündnispartner den Papst, kein Verlaß war.

Die jungverlobte Katharina macht sich reisefertig

Während diese Verhandlungen, von denen sie freilich nichts ahnte, zur Reife gediehen, befand sich Katharina, die unmittelbar Betroffene, in Florenz. Es ging ihr ausnehmend gut: Die schlimmen Tage der Belagerung waren vergessen, die Mediceer wieder an der Macht, Katharina stand im Mittelpunkt der rauschenden Feste, mit denen die Stadt den wiedererlangten Frieden feierte. Sie gefiel sich in der Rolle der kleinen Prinzessin, in der ihr das Volk von Florenz umso herzlicher huldigte, als es den Herzog Alessandro verabscheute.

Gleich nach der Unterzeichnung des Ehevertrages wurde die Aussteuer für die Prinzessin zusammengestellt. In Mantua wurde Gold- und Silberbrokat für ihre Prachtgewänder gewebt, dafür mußten gesponnene Seide sowie mehrere Pfund Gold und Silber beschafft werden. Auch Bettlaken ließ man weben aus schwarzer und scharlachroter Seide. Nicht weniger kostbar als diese Stoffe waren die Truhen, in denen das Ganze aufbewahrt werden sollte. Um alle diese Pracht bezahlen zu können, tat Katharinas sogenannter Vetter, der Herzog, ein regelrechtes Wunderwerk: Er erlegte den Florentinern eine Sondersteuer auf, die für die Wiederherstellung der beschädigten Stadtmauern verwendet werden sollte. Tatsächlich jedoch verschwand ein Großteil davon bei den Ausgaben für Katharinas Aussteuer – und im Privatsäckel Alessandros. Die Stadtmauern wurden einstweilen so gelassen, wie sie waren.

Das Feilschen des Papstes um die Mitgift und die Langwierigkeit der Verhandlungen verdrossen den König ein wenig. Er fand, daß man ihm die Tochter des reichsten Bankhauses der Welt ziemlich kläglich ausgestattet schicken wollte. Zusätzlich zu den hunderttausend Goldstücken der Mitgift sollte Katharina doch wenigstens noch dreißigtausend als Entschädigung für das väterliche Erbe, das sie in Florenz zurückließ, mitbringen. Der Papst konnte sich dieser Forderung zwar nicht verweigern, erreichte aber, daß er diese zusätzliche Summe erst nach der Eheschließung in Raten abzahlen müsse. Katharinas zukünftiger Schwiegervater war großzügiger: Sie erhielt von ihm das Schloß Gien und eine Pension von zehntausend Livres. Ihr zukünftiger Gemahl sollte zusätzlich zu seinem

Herzogtum Orléans jährliche Einkünfte von fünfzigtausend Livres beziehen.
Immerhin schmückte der Papst die Braut mit Juwelen von großer Schönheit und Kostbarkeit: Sie erhielt ein goldenes Geschmeide, das mit großen Rubinen und Diamanten besetzt war, einen bewundernswert großen und reinen, einzeln gefaßten Diamanten, ein weiteres Geschmeide aus Smaragden und unerhört großen Perlen, darunter eine ungewöhnlich birnenförmige, die als eine der schönsten überhaupt gerühmt wurde sowie ein oder mehrere Perlenhalsbänder von auserlesener Schönheit.[1)] Der Wert dieser Juwelen ist nicht genau zu schätzen, aber zweifellos verdoppelte er die Mitgift der italienischen Bankierstochter. Da diese zugleich auch Tochter einer französischen Prinzessin war, besaß sie zudem als persönliches Erbe ausgedehnte Ländereien in der Auvergne.
Im übrigen versprach der Papst dem König zusätzlich zu den genannten Juwelen noch drei Steine von unschätzbarer Kostbarkeit. Sie trugen die Namen Neapel, Genua und Mailand. Meinte er damit die Städte? Oder handelte es sich wirklich um Edelsteine? Franz I. wird geglaubt haben, was ihm am liebsten gewesen wäre. Merkwürdigerweise nennt das Verzeichnis der Kronjuwelen Frankreichs tatsächlich einen Diamanten mit dem Namen »Spitze von Mailand«, eine Perle mit der Bezeichnung »Ei von Neapel« und einen weiteren Diamanten namens »Tafel von Genua«. Man hat in diesen die von Clemens VII. versprochenen Kostbarkeiten erkennen wollen. Doch ist inzwischen erwiesen, daß sich die fraglichen Steine schon vor jener Zeit im Schatz der Krone von Frankreich befanden. Der Papst wird also wohl doch bestrebt gewesen sein, den König mit der Aussicht auf den Besitz der Städte zu blenden. Franz I. jedenfalls hat weder die Edelsteine noch die Städte vom Papst erhalten.
Katharina sollte sich am 10. August in La Spezia einschiffen, um rechtzeitig zur Hochzeit in Nizza einzutreffen. Doch auf der Reise von Paris nach Nizza wurde Franz I. in Lyon schwerkrank. Im Juli erfuhr man in Florenz davon. Es galt also abzuwarten. Mitte August wartete man noch immer. Hinsichtlich des Gesundheitszu-

1) Diese Perlen schenkte Katharina dreißig Jahre später der Braut ihres Sohnes Franz II., Maria Stuart. Als diese nach dem frühen Tod ihres Gemahls nach Schottland zurückkehrte, nahm sie die Perlen mit. Da Elisabeth I. von England nach der Enthauptung ihrer Rivalin sich deren Schmuck aneignete, befindet sich das Collier vermutlich noch heute, zur Zeit Elisabeths II., im englischen Kronschatz.

stands des Königs gab es nichts Neues. Es hieß nun aber, daß der Herzog von Savoyen, ein Protégé Karls V., sich inzwischen weigerte, den französischen König und den Papst in seiner Grafschaft und Stadt Nizza zu empfangen. Das Gerücht wurde bald bestätigt. Der Herzog entsprach mit dieser Weigerung nur dem Wunsch des übellaunigen Kaisers. Also entschloß man sich kurzerhand, die Hochzeit nicht in Nizza, sondern in Marseille zu feiern.

Endlich traf dann Ende August der Herzog von Albany mit der Nachricht von der Genesung des Königs in Florenz ein. Er brachte der Braut auch ein Geschenk ihres künftigen Schwiegervaters mit: ein Schmuckkästchen voll Juwelen, die im Vertrag nicht vorgesehen waren und ganz der Großzügigkeit Franz' I. entsprangen. Nachdem sie den Notabilitäten ihres »Fürstentums«, das sie nun für immer verließ, eine Reihe von rauschenden Festen und üppigen Banketts gegeben hatte, machte sich Katharina also am 1. September 1533 auf den Weg zur Küste. In La Spezia verabschiedete sie ihr Vetter Alessandro, inzwischen Herzog von Toskana, Souverän eines erblichen Fürstentums.[1] Ihr Onkel, der Herzog von Albany, und ein glänzendes Gefolge französischer Ritter begleiteten die Braut auf das Flaggschiff der Flotte, die gekommen war, sie nach Frankreich zu holen. Am 6. September lief diese Flotte mit gutem Wind aus, und so langte Katharina schon anderntags in Villefranche an. Seine Heiligkeit ließ einen ganzen Monat auf sich warten. Der Herzog von Albany war in Begleitung des Grafen von Tende, Admiral des östlichen Mittelmeers, nach La Spezia zurückgekehrt, um auch den Papst dort zu empfangen und nach Frankreich zu begleiten. Doch der Papst zog sehr gemächlich, nahm überall Aufenthalt und traf also mit besagter Verspätung in La Spezia ein, wo ihn eine höchst sehenswerte Flotte erwartete, die Schiffe über die Toppen geflaggt und mit rotem, goldenem und violettem Damast ausstaffiert. Zu seinem Schutz begleiteten den Oberhirten der Christenheit und dessen Gefolge von Kirchenfürsten an Bord zwei Kompanien Infanterie in prächtigen bunten Uniformen sowie eine Abteilung Lanzenreiter. Zur weiteren Bereicherung des

1) Alessandro regierte, bis er 1537 von seinem Vetter Lorenzaccio ermordet wurde. Das Fürstentum ging nach seinem Tod an Cosimi I., Sohn des sogenannten Giovanni Delle Bande Nere, der Maria Salviati, eine Enkelin des Magnifico geheiratet und somit die beiden Linien des Hauses Medici miteinander vereinigt hatte. Maria war eine Schwester von Katharinas Vater. Maria von Medici, die Gemahlin Heinrichs IV. und Großmutter Ludwigs XIV., stammte aus dieser jüngeren Linie der Mediceer, die als Großherzöge der Toskana herrschten, bis das Geschlecht 1743 erlosch.

bunten Treibens, mit dem diese Kompanien die Decks der päpstlichen Galeeren erfüllten, trugen nicht wenig die mit Turbanen und Federbüschen aufgeputzten Magyaren bei, die den Kardinal Ippolito als persönliches Gefolge begleiteten.
Als die päpstliche Flotte auslief, schossen die spanischen Galeeren und diejenigen der Malteserritter Salut für das Altarsakrament, das in der ersten und für den Heiligen Vater, der in der zweiten Galeere reiste, die die Hafenausfahrt passierte. Bei schönem Wetter traf die Flotte am 11. Oktober in Villefranche ein, wo Katharina ihren »Onkel« erwartete, und gemeinsam setzten sie dann die Reise fort nach Marseille. Sobald die päpstliche Flotte von der Stadt aus sichtbar wurde, liefen zu ihrer Begrüßung Schwärme von Schiffen und Booten aus, in den Farben des Papstes beflaggt, mit Musikanten und jubelnden Menschen gefüllt. Vom Château d'If in der Hafeneinfahrt donnerten die Kanonen. Und dreihundert Rohre schossen Salut, als die Schiffe des Papstes und der Braut des Prinzen Heinrich in den Hafen einliefen. Montmorency, der höchste Würdenträger des Reichs, hieß den Oberhirten der Christenheit willkommen und begleitete ihn zum sogenannten »Garten des Königs« bei der Abtei Saint-Victor, wo er übernachten sollte, um anderntags ein eigens für seinen Besuch auf der Place Neuve errichtetes hölzernes Schlößchen zu beziehen. Dieses Schlößchen war, obwohl improvisiert, doch sehr geräumig und mit Tapisserien und Möbeln aus verschiedenen Schlössern Franz' I. wahrhaft königlich eingerichtet. Die Architekten hatten überdies dafür gesorgt, daß man zwischen dem für den hohen Gast improvisierten Palast und dem alten Schloß der Grafen von Provence, wo Franz I. residierte, hin und her gehen konnte, ohne sich etwaigen Unbilden des Himmels auszusetzen. Dazu hatten sie die Straße zwischen beiden Bauten mit einem Gerüst überbrückt, das eine geräumige Galerie trug. Die beiden Souveräne konnten sich ihrer nach Belieben als Audienzsaal oder als eines neutralen Bodens für bilaterale Verhandlungen bedienen.
Den französischen Hof Seiner Heiligkeit bildeten der Kardinallegat Duprat, die Kardinäle von Bourbon, von Lothringen und von Gramont.
Franz hielt seinen feierlichen Einzug in Marseille einen Tag nach der Ankunft der italienischen und päpstlichen Flotte, am 13. Oktober. Königin Eleanore, die Prinzen, ein Gefolge vornehmster

Herren und Damen sowie Abteilungen aller Heereseinheiten in blendendem Putz begleiteten den Monarchen und entzückten mit ihrer Pracht das jubelnde Volk.
Nach Austausch der den Umständen angemessenen Höflichkeiten gingen die beiden Souveräne gleich daran, die auf die Hochzeit folgenden gemeinsamen Unternehmungen zu besprechen: Schon im nächsten Jahr würden Franz und sein treuer Verbündeter gemeinsam Mailand erobern. Mit päpstlichem Segen würde darauf Heinrich von Orléans als Herzog von Mailand eingesetzt werden. Anschließend würden König und Papst sich des Herzogtums Urbino bemächtigen, was weiter keine Schwierigkeiten machen sollte. Franz hätte damals sicher nicht im Traum für möglich gehalten, daß sein vermeintlicher Bundesgenosse seine Zukunftsvorstellungen insgeheim gar nicht teilte. Der Papst nämlich war in Marseille, um seine sogenannte Nichte mit einem französischen Prinzen zu verheiraten und dabei ein gutes Geschäft zu machen. Im übrigen aber wollte er alles daransetzen, den Zorn Karls V. nicht herauszufordern, sich den mächtigen Kaiser womöglich gar geneigt zu machen. Und zu diesem Zweck hatte er schon in Marseille angefangen, den Verbündeten, der auf seine Unterstützung gegen den Kaiser rechnete, an Karl V. zu verraten.

Eine schöne Hochzeit, trotz allem

Kurz bevor sie sich ewig banden, hatten die jungen Leute Gelegenheit, einen ersten prüfenden Blick aufeinander zu werfen. Katharina soll Heinrich schön gefunden und sich sofort in ihn verliebt haben. Warum auch nicht? Sonderlich anmutig war der Prinz zwar nicht, er war groß und schon damals ziemlich massig –, dafür aber sehr stark und gut gebaut. Er seinerseits scheint von der Braut auf den ersten Blick enttäuscht gewesen zu sein: klein fand er sie, mager, das Gesicht rund, gewöhnlich, mit vorstehenden Augen und dicken Lippen. Nicht im mindesten ähnlich sah die kleine Italienerin der schönsten Frau der Welt, der Großseneschallin. Dennoch, und obwohl die bezaubernde Diana seit einem Jahr Witwe und also frei war, mußte er das häßliche Entlein heiraten, weil sein Vater

in Italien Schwierigkeiten mit dem Hause Österreich hatte. Es ist dem jungen Mann nicht zu verdenken, daß er sich diesem Sachzwang nur widerwillig fügte.
Aber sich zu weigern, kam nicht in Frage, denn daß Fürstenhochzeiten nicht als Herzensangelegenheiten, sondern als Aspekte der Staatsräson arrangiert wurden, wußte er so gut wie alle Beteiligten. Und als prächtiges Schauspiel ließ die von Franz I. angeordnete Hochzeit nichts zu wünschen übrig. Am 23. Oktober zeigte sich die Braut in einem Kleid aus Goldbrokat, auf einem Zelter, dessen Schabracke von Silberbrokat war. Ehrendamen in Gewändern aus Brokat und Goldgewebe gaben ihr das Geleit. Der Braut voraus gingen in Samt und Seide sechs Pagen, die sechs ebenso kostbar gewandete Pferde am Zügel führten. Das Volk von Marseille war sprachlos angesichts dieses Spektakels. Dergleichen hatte man dort noch nie gesehen. Katharina begab sich zunächst zur offiziellen Vorstellung in die Gemächer des Papstes. Sie warf sich dort vor ihrem sogenannten Onkel auf die Knie und küßte ihm den seidenen Schuh. Franz I. zog sie in die Höhe, küßte sie und ließ sie von Heinrich, ihrem Verlobten, küssen und danach von dessen Bruder, dem jüngsten seiner Söhne, dem Grafen von Angoulême. Dann machte Katharina der Königin Eleanore ihre Reverenz, und endlich begab man sich mit großem Pomp zu Tisch. Papst und König speisten allein an einer eigens für sie gedeckten Tafel. Ein Konzert und ein italienisches Schauspiel unterhielten die Gäste, während Heere von Bedienten immer neue Platten und Schüsseln auftrugen.
Noch war der Ehevertrag nicht unterzeichnet. Dies sollte am Montag, dem 27. Oktober, geschehen. Doch am Sonntag, am Vorabend des großen Ereignisses, versammelte man sich abermals zu einem stundenlangen Gastmahl.
Endlich war es soweit: Sobald die Unterschriften geleistet waren, nahm der Heilige Vater Heinrich von Orléans bei der Hand und führte ihn auf die über die Straße errichtete Galerie, wo ihnen als Vertreter des Königs Montmorency entgegenkam, der seinerseits Katharina bei der Hand führte. Die jungen Brautleute wechselten ihre Ehegelübde vor dem Kardinal von Bourbon. Heinrich von Orléans küßte Katharina, und dann spielte die Musik zum Tanz auf.
Doch auch das war noch Vorspiel. Am nächsten Morgen segnete der Papst das junge Paar während der Hochzeitsmesse. Auch mit

Goldbrokat und Hermelinpelzen ausstaffiert, eine goldene Krone über dem runden Gesicht, fand Heinrich seine Anvermählte nicht hübscher als auf den ersten Blick. Aber die Frage, ob seine junge Frau dem Prinzen gefiel oder nicht, beunruhigte niemanden, außer vielleicht die Betroffene selbst. Die Hochzeitsgäste hatten Besseres zu tun: sie amüsierten sich. Ein drittes Bankett fand statt, ein Ballett italienischer Masken trat auf, an dem sowohl der König als auch dessen Freund, der Kardinal von Lothringen und der Kardinal Ippolito dei Medici teilnahmen. Alle drei gaben bei dieser Gelegenheit eine glänzende Figur ab, jeder auf seine Weise. Doch Franz, in weißem Satin mit Lilienmuster, war so unzweifelhaft der König des Festes, wie er der König von Frankreich war. Wenn ihm die drohende Prophezeihung eines Florentiner Wahrsagers bei Katharinas Geburt – nämlich: »Sie wird die Ursache großen Unglücks sein« – bekannt war, hat sie ihm jedenfalls bei der Hochzeit seines Sohnes nicht zu denken gegeben. Er war bei dieser Gelegenheit entschieden fröhlicher als der Bräutigam. Und wenn seine Gedanken aus dem gegenwärtigen Vergnügen in die Zukunft abschweiften, dann gewiß nur bis zu den ihm verheißenen Herzogtümern Mailand und Urbino.

Zur schicklichen Zeit zog der Papst sich aus dem fröhlichen Treiben zurück. Die Brautleute sollten einander zum ersten Mal im Ehebett allein begegnen. Königin Eleanore führte Katharina in das Schlafzimmer, wo sich dann auch Heinrich einfand. Das Bett, das der König ihnen hatte herrichten lassen, war so kostbar ausgestattet, daß, wie es heißt, nicht weniger als 60 000 Goldstücke (was ungefähr dem Preis eines Flugzeugträgers im Jahre 1980 entsprach) allein für dieses Möbel aufgewendet worden waren. Freilich konnte auch dieser kostbare Rahmen den Reiz der Braut für den mißvergnügten Bräutigam nicht erhöhen. Heinrich wäre wohl am liebsten einfach schlafen gegangen, was um so verständlicher ist, als beide Brautleute ja eigentlich noch Kinder waren, jeder erst ganze vierzehn Jahre alt. Doch forderte natürlich die Staatsräson den umgehenden Vollzug der Ehe. Franz kam, um sich mit eigenen Augen davon zu überzeugen, daß sein Sohn seiner Pflicht nachkäme. Katharina lag stumm und steif, wie man es ihr geraten hatte, neben ihrem Gemahl, der seinerseits keine Anstalten machte, sie aufzuregen. Da, plötzlich, öffnete sich die Tür des Schlafgemachs, und die väterliche Stimme ermahnte den Bräutigam: *»Allons, mon fils.«* Dies berichtete seinem Hof der Gesandte Don Antonio Sacco, der überdies gehört hatte, daß der König die beiden nicht nur im Bett liegen sehen, sondern ihnen auch beim Lanzenstechen zusehen wollte – und daß sich bei besagtem Stechen beide wacker gehalten hätten.

Es heißt auch, daß der Papst sich, obgleich er das Hochzeitsgemach nicht persönlich aufsuchte, über die Ereignisse dort auf dem laufenden halten ließ und also wohl nicht lange nach dem König, gewiß auch mit keiner minderen Befriedigung erfuhr, wie wacker die jungen Eheleute ihre Aufgabe erfüllten.

Was deren eigene Gefühle dabei betrifft, darf man wohl vermuten, daß wenigstens Katharina nicht enttäuscht war – denn sie hat ihrem Gatten ja seit dieser Nacht bis zu ihrem Tode eine nie erwiderte und dennoch unerschütterliche Liebe bewahrt.

Während so der Bräutigam bei seiner Braut lag, wie es das Gesetz befahl, amüsierten sich die Hochzeitsgäste ohne sonderliche Rücksicht auf Zucht und Ordnung. Auf dem Höhepunkt des Festes gefiel es einer (vermutlich wegen ihres Unterhaltungswerts dazu geladenen) berühmten Kurtisane aus Marseille, alle Hüllen fallenzulassen, ihre Brüste in mit Wein gefüllte Pokale zu tauchen und sie ringsum den Herren zum Abschlecken anzubieten. Die anwesenden Damen folgten entzückt ihrem Beispiel und becircten damit die Herren dermaßen, daß junge und ältere Kavaliere mitten auf dem Tanzboden über sie herfielen und ihre Lust an ihnen büßten, was sie sich anscheinend gern gefallen ließen.

Schon früh am Morgen erschien dann auch der Papst im Schlafzimmer des jungen Paares, um sich zu vergewissern, daß er über den Verlauf der Hochzeitsnacht richtig unterrichtet worden war. Angeblich genügte ihm die mündliche Bestätigung des Gehörten durch die beiden Brautleute nicht, und er bestand darauf, sich über den ordnungsgemäßen Verlauf der Nacht nicht nur mit eigenen Augen, sondern überdies noch mit prüfenden Fingern Gewißheit zu verschaffen. Und daran war ihm sehr viel gelegen: Franz I. sollte schließlich keinen Vorwand haben, von dem gerade abgeschlossenen Geschäft zurückzutreten, wenn er über kurz oder lang merkte, daß der kleinen Mediceerin keineswegs, wie er jetzt noch hoffte, Mailand, Urbino und so weiter sozusagen auf den Fersen folgen würden. Wirklich schwerfallen, einen solchen Vorwand zu finden, würde es natürlich erst dann, wenn Katharina schwanger

wäre. Um auch das vielleicht noch bewerkstelligt zu sehen, blieb der Papst während des ganzen folgenden Monats in Marseille und gab allabendlich den jungen Eheleuten, nachdem sie sich zu Bett begeben hatten, seinen hoffentlich fruchtbaren Segen.
Da der Heilige Vater noch in Marseille verweilte, tat dies auch der Hof und nahm die Gelegenheit wahr, das süße Leben im sonnigen Süden ein wenig länger zu genießen. Die jungen Leute unternahmen Bootspartien an der Küste entlang, und auf dem weißen Sand verschwiegener Buchten spielten die in der antiken Poesie belesenen Herren und Damen Faune, Satyr oder Nymphe und huldigten alle miteinander im schönsten Einvernehmen Aphrodite.
Franz I. waltete seines königlichen Amtes. Morgens legte er Hunderten von an Skrofeln leidenden Untertanen die unfehlbar heilende Hand auf: »Sei geheilt, der König berührt dich.« Die Pflicht, die er nüchtern und stehend erfüllen mußte, nahm ihn täglich mehrere Stunden lang in Anspruch. Die Fähigkeit, durch die bloße Berührung Skrofeln zu heilen, war von altersher eine ausschließlich den Königen von Frankreich verliehene Gnade. Zu der heilenden Berührung der königlichen Hand erhielt jeder Hilfesuchende ein Geldstück. Nachdem er sich auf diese Weise gewissenhaft dem Wohl des Volkes gewidmet hatte, suchte der König Entspannung: so zum Beispiel bei der Jagd auf Thunfische, die man zu diesem Zweck in einem der Becken des alten Hafens hielt. Nicht selten harpunierte er riesige Exemplare, zur Freude der Fischer, der Seiler auf der nahen Canebière und der vielen Schaulustigen, die ja nur gekommen waren, um den König zu sehen.
Einzig das junge Paar nahm an all diesen mehr oder weniger öffentlichen Vergnügungen, an Bootsfahrten, Fischerstechen und dergleichen nicht teil. Katharina war glücklich, verliebt, zufrieden mit dem, was Heinrich ihr zugestand und verspürte gar kein Bedürfnis nach Zerstreuung. Heinrich dagegen kam zwar seinen Pflichten Katharina gegenüber nach, zog sich aber nach deren Erledigung stets in seine Träumereien zurück, bei denen er sich besser aufgehoben fühlte als bei den Menschen. So hatte auch er kein Verlangen nach größerer Gesellschaft: wie Katharina zufrieden war, mit ihm allein zu sein, genügten ihm allein seine Träume.
Zu seinem Mißvergnügen mußte der Papst abreisen, ohne die sogenannte Nichte geschwängert zu sehen. Ehe er sich am 20. November 1533 einschiffte, ernannte er vier französische Kardinäle.

Einer von diesen vieren, Odet de Châtillon, Bruder Gaspards de Coligny, sollte noch viel von sich reden machen. Er wird auch uns noch beschäftigen. Den guten Leuten von Marseille schenkte Seine Heiligkeit zum Abschied verschiedene Heiligenreliquien. Seinem Geschäftspartner und Verbündeten aber ein Stück Einhorn, das bekanntlich Schutz gegen Gift bot, und von dem der Papst, wie er andeutete, außerdem hoffen wollte, daß es Franz I. gegen das Gift der lutherischen Irrlehre schützen möchte, die damals auch in Frankreich schon bedenklich viele Anhänger hatte, was den König einstweilen beunruhigend wenig zu beunruhigen schien.

Am 11. Dezember 1533 war Clemens VII. wieder in Rom. Dort bestellte er umgehend Andreossi, den Gesandten Karls V., zu sich. Diesem gegenüber verriet und widerrief er zugleich sein Bündnis mit Franz I. Dieser seinerseits erhob nun gerade im Vertrauen auf dieses Bündnis öffentlich Anspruch auf Mailand und Urbino für seinen Sohn Heinrich. Wieder einmal war er auf seine hochfliegenden Träume hereingefallen, was er zwar vorerst noch nicht wußte, doch nur allzu bald erfahren sollte.

Reisen bildet

Während sie nun mit ihrem Gemahl und dem französischen Hof im Gefolge des Königs das Rhônetal aufwärts nach Paris unterwegs war, hatte Katharina schon einige Gelegenheit, sich mit den Verhältnissen, die sie nun erwarteten, vertraut zu machen. Zunächst einmal erfuhr sie, wie Franz I. sein Reich seit nun schon zwei Jahren auf Reisen, d.h. ohne feste Residenz, regierte. Seit 1531 nämlich war der König durch die Provinzen unterwegs und erwies sich seinen Untertanen erkenntlich für die Unterstützung, die sie ihm gewährt hatten, indem sie mehr oder weniger gutwillig, jedenfalls aber ohne zu murren, die enorme Summe aufbrachten, die er dem Kaiser hatte zahlen müssen. Die königliche Reisegesellschaft, mehrere tausend Personen, Pferde, Wagen und Sänften für die Damen, hatte die Normandie und die Bretagne durchzogen, das Artois, die Picardie, dann die Champagne, hatte sich von dort nach Süden gewandt, die Landschaft um Lyon herum, das Berry, die Auvergne und das Languedoc besucht, ehe sie zur Hochzeit des Prinzen Heinrich und der Nichte des Papstes in Marseille eingetroffen war.

Nun also, auf dem Rückweg nach Norden, lernte Katharina die Rolle zu spielen, die sie in dem Schauspiel, das der dankbare König dem entzückten Volk mit seinem persönlichen Erscheinen bot, zu übernehmen hatte. Sie begriff sehr schnell, was von ihr erwartet wurde, und trat mit Goldbrokat, Pelzen und Perlen ausstaffiert stets so pünktlich und überzeugend an der Seite des Monarchen als Gräfin von Orléans auf, daß man hätte glauben können, die Rolle sei ihr auf den Leib geschrieben. Dabei hielt sie Augen und Ohren offen und ließ sich keine der Einzelheiten des feierlichen Einzugs in die Städte, des Ablaufs der Parade und der Begrüßung der Würdenträger entgehen, achtete auf den Ton und den Stil der Ansprachen, immer bestrebt, ihre Vorstellung vom Aufbau der französischen Gesellschaft zu vervollkommnen. Vertreter aller Stände defilierten vor dem König, jeder in der Tracht seines Standes und seiner Zunft, Adel, Geistlichkeit und Bürger – Juristen, Kaufleute, Handwerker. Jeder hatte seinen Platz, und alle miteinander bildeten ein Ganzes: Das Königreich Frankreich. Diese alle Verschiedenheit umschließende Einigkeit beeindruckte die junge Italienerin, die aus ihrer Heimat nur Zwietracht aller mit allen kannte.

Einen ersten warnenden Hinweis darauf, daß auch die Einheit Frankreichs nicht unzerstörbar war, erhielt sie in Lyon. Dort traf nämlich die den König sehr erzürnende Nachricht ein, daß kein geringerer als deren Rektor die Universität Paris mit einer Rede zu Allerheiligen über die notwendige Reform der Kirche und die zweifelhafte Gültigkeit einiger ihrer Dogmen in Aufruhr versetzt hatte. Der Urheber dieses Ärgernisses hieß Nicolas Cop und war zu seiner anstößigen Rede von einem gewissen Jean Calvin animiert worden, der nicht lange danach in ganz Europa berühmt und berüchtigt werden sollte.

Auf die Nachricht von den Unruhen an der Sorbonne, die ihn, wie gesagt, sehr aufbrachte, ließ der König dem für die Universität zuständigen Pariser Parlamentsgericht umgehend die Bullen zustellen, in denen der Papst ihn ermahnte, dem Fortschritt der lutherischen Häresie in seinem Reich baldmöglichst Einhalt zu gebieten und, wenn nötig, dazu ein Inquisitionsgericht zu schaffen. Er selbst hatte diese Bullen bei der Hochzeit seines Sohnes zugleich mit dem

erwähnten symbolischen Einhorn vom Papst erhalten. Sie waren nun dazu angetan, die Gelehrten daran zu erinnern, daß man sie mit Gewalt zur Räson bringen konnte, wenn sie nicht freiwillig Vernunft annahmen.
Katharina wurde sich bei dieser Gelegenheit darüber klar, daß der gewöhnlich so leutselige König gegen Unruhestifter mit Entschiedenheit vorging.
Fürs erste schienen nun die Unruhen an der Sorbonne besänftigt, und in aller Gemächlichkeit setzte der Hof seinen Zug nach Norden fort. Am 9. Februar 1534 zog er in Paris ein. Die Reise von Marseille nach Paris hatte also bei aller Langsamkeit doch nur drei Monate gedauert. Katharina hatte diese Zeit sehr zu nutzen gewußt.

Katharina weiß in ihrer neuen Umgebung Zurückhaltung zu üben und macht deshalb Fortschritte

Der Duchessina fehlte es trotz ihrer Jugend keineswegs ganz an Kenntnis der Politik und der Sitten an Fürstenhöfen. In Florenz und namentlich in Rom hatte es ihr an Gelegenheit nicht gefehlt, sich in dieser Hinsicht zu bilden. Im Gegensatz zu der armen Eleanore, die von nichts eine Ahnung hatte, kannte sich die kleine Italienerin schon bei ihrer Ankunft auf französischem Boden in der großen Welt aus.
Das hieß aber nicht, daß sie, was die Verhältnisse in Frankreich anging, auch nach der dreimonatigen Bildungsreise im Gefolge des Königs nicht noch viel zu lernen gehabt hätte. In Paris war sie Ausländerin, und das ließ man sie fühlen. Sie mußte also bemüht sein, die Nation, in die ihr Schicksal sie versetzt hatte, nicht nur kennenzulernen, sondern auch von der eigenen Liebenswürdigkeit – oder wenigstens Harmlosigkeit – zu überzeugen.
Von Anfang an sah es ganz so aus, als sollte letzteres nur schwer möglich sein. »Monsieur von Orléans hat Madame Katharina von Medici geheiratet«, berichtete der venezianische Gesandte, »und das mißfällt der ganzen Nation. Man glaubt, daß Papst Clemens dem König gegenüber sein Wort nicht gehalten hat . . .« Der vene-

zianische Gesandte war wie gewöhnlich gut unterrichtet. Dem Adel mißfiel, daß man ihm eine Prinzessin von so verächtlich geringer Herkunft vor die Nase setzte; das Volk mißtraute der Ausländerin, die, wie man sich erzählte, mit ihrem Anhang von italienischen Zauberern und Beutelschneidern schon Anstalten machte, die guten französischen Sitten zu verderben.

Aber, mag sich angesichts dieser allgemeinen Feindseligkeit die Prinzessin gesagt haben, aller Anfang ist schwer, *petit à petit l'oiseau fait son nid* (wie die Franzosen selbst sagten, ein Hälmchen zum anderen fügend, baut der Vogel sein Nest) und ließ sich also nicht einschüchtern.

Sie war auch für die Aufgabe, ihre neue, feindselige Umgebung für sich zu gewinnen, nicht schlecht gerüstet. Sie war intelligent und anpassungsfähig. In dem kirchlichen Milieu, in dem sie aufgewachsen war, hatte sie Selbstbeherrschung, Zurückhaltung, die Kunst des Schmeichelns gelernt. In letzterer, die sie nicht allein der genossenen Erziehung, sondern auch großer angeborener Begabung verdankte, war sie schon damals Meisterin. Wenn sie den Fehler gemacht hätte, ihren Rang als zweite Prinzessin von Geblüt hervorzukehren, hätte man sie zermalmt. Statt dessen aber gab sie sich demütig und bescheiden, lächelte und teilte Schmeicheleien aus.

Wenn sie nur schön gewesen wäre! Doch immerhin machte sie die ihrem Äußeren fehlenden Reize größtenteils durch den Zauber ihrer Unterhaltung wett. Ohne damit zu prahlen, wußte sie ihre vielseitige Bildung zur Geltung zu bringen, ein Gebiet, auf dem sie nicht allein den übrigen Damen des französischen Hofes, sondern auch den Herren eine Menge voraus hatte. Denn Katharina hatte in Florenz und Rom nicht allein ihren Geschmack in Sachen Musik, Dichtkunst, Malerei, Skulptur und Architektur im Umgang mit den besten Werken und Meistern dieser Künste gebildet, sie trieb auch gelehrte Studien, las Griechisch und Latein. Ihre philologischen Studien setzte sie in Frankreich fort – Frucht derselben war unter anderem eine Übersetzung des Horaz. Und auch die geographischen, astrologischen, physikalischen und mathematischen Kenntnisse, die sie aus Italien mitbrachte, waren denjenigen der Damen des französischen Hofes weit überlegen. Selbst die Schwester des Königs, die berühmte Margarete von Angoulême – später Königin von Navarra –, eine der geistreichsten Personen ihrer Zeit, war nur literarisch gebildet. Ihre angeheiratete italienische Nichte machte nicht weniger durch ihre Intelligenz und ihre vielseitigen Kenntnisse als durch ihr sanftes Wesen Eindruck auf Margarete.

So feierte denn auch der Dichter Ronsard nicht Katharinas Schönheit, sondern ihr Wissen:

Quelle dame a la pratique
De tant de mathématique?
Quelle princesse entend mieux
Du grand monde la peinture
Les chemins de la nature
Et la musique des cieux?

Ja: Welche Dame wußte so viel von Astrologie?

Katharina sprach fließend Französisch, wenn sie auch zeitlebens den italienischen Akzent bewahrte, der insofern ihrem Bestreben, den Franzosen gefällig zu sein, widersprach, als er den Mißtrauischen ja stets ihre verdächtige Herkunft aus dem Land der Zauberer und Beutelschneider in Erinnerung rief. Auffällig ist auch, daß sie sich nie je bemüht zu haben scheint, die französische Orthographie zu meistern: Sie schrieb Französisch, wie ihr italienisches Ohr es hörte, ihre Briefe zu entziffern, erfordert größte Mühe.

Diese Nachlässigkeit in wichtigen Nebensachen erklärt sich vielleicht aus Katharinas Erkenntnis, daß, was immer sie auch täte, ihre Situation am französischen Hof stets gefährdet bleiben würde. Jede Intrige, eine Laune des Königs, die Machenschaften einer Favoritin, eines Prinzen, einer der großen Familien des Reichs, ja selbst eines fremden Souveräns, konnten sie zu Fall bringen. An Beispielen derartiger Unglücksfälle war ja kein Mangel. In London am Hofe Heinrichs VIII. wurden die Gemahlinnen des Königs verstoßen oder enthauptet, in Florenz Alessandro Moro von seinem Vetter Lorenzaccio ermordet. Und in Paris? Katharina hatte sich inzwischen die Einzelheiten der Absetzung und Enteignung des Konnetabels von Bourbon erzählen lassen. Was in anderen Fällen mit Dolch und Gift erledigt wurde, hatte der französische König hier seine Rechtsgelehrten mit treffend ausgewählten Zitaten aus alten Gesetzestexten zuwege bringen lassen.

Katharina hatte also Grund, sich zu fürchten, und sie fürchtete sich. Sie hatte es ja schon früh gelernt, das Fürchten. Sie hatte Hal-

tung bewahrt, als die aufgeregten Florentiner in den Mediceer-Palast einbrachen, als die Feinde ihrer Familie von den Nonnen ihre Auslieferung forderten, aber gleichwohl hatte sie dabei das Fürchten gelernt. Und da es ihr an guten Gründen dazu nie fehlen sollte, sollte sie sich bis an ihr Lebensende fürchten.
Doch bewahrte sie auch jetzt und später Haltung. Da ihre Sterne sie einmal in ihre gegenwärtige, gefährliche, aber schließlich auch höchst ehrenvolle Stellung versetzt hatten (von den Sternen reden wir hier, nicht von Gott, weil sich Katharina selbst von ihnen beeinflußt und disponiert glaubte), hielt sie es für ihre Pflicht, sich dieser Stellung würdig zu erweisen. Und so verwandte sie ihre Willenskraft und Geistesgaben ziemlich konzentriert darauf, sich den Franzosen, dem König der Franzosen und natürlich ihrem Gemahl und Herrn gefällig zu machen. Der italienische Akzent bewies nur, daß niemand aus seiner Haut kann. Denn Katharinas Bemühen, sich in die Heimat ihres Mannes einzuleben, war ganz ehrlich: Einst sollte diese verachtete, niedrig geborene Ausländerin den Trägern großer französischer Namen, ja selbst Prinzen von Geblüt, beibringen müssen, was die Treue zur Krone und zu ihrem Vaterland von ihnen forderte.

Clemens VII. spielt Franz seinen letzten bösen Streich

Es soll nicht verschwiegen werden, daß Katharinas »guter Onkel«, der Papst, ihr die Aufgabe, das Vertrauen der Franzosen zu gewinnen, nicht eben erleichterte. Wie schon erwähnt, verriet ja der Heilige Vater, kaum nach Rom zurückgekehrt, den König von Frankreich, seinen Verbündeten, an den Kaiser, indem er dem kaiserlichen Gesandten Franz' Pläne zur Eroberung von Mailand und Urbino offenbarte. Er selbst erinnerte sich natürlich nicht, je an diesen Projekten beteiligt gewesen zu sein. Vielmehr habe er stets ausschließlich die Interessen und das Wohl des Kaisers im Auge gehabt, was ja auch daraus hervorginge, daß er diesen jetzt nicht nur vor dem drohenden Einfall der Franzosen ins Mailändische warnen konnte, sondern überdies vor einem großen Angriff der Türken auf die Mittelmeerküsten seines Reiches. Natürlich hatten sich die Türken zu diesem Angriff auf Anregung des französischen Königs entschlossen, und der Gesandte Karls V. in Rom wird keine Mühe gehabt haben, die den Warnungen Clemens' VII. zugrunde liegenden Informationen in Zusammenhang zu bringen. Doch was er sich dabei dachte, und wie der Kaiser seinen Brief aufnahm, konnte dem Papst schon bald darauf egal sein. Denn kurz nachdem so die Katze aus dem Sack war, am 25. September 1534, starb er.

Die auf die Mesalliance seines Sohnes Heinrich gebauten italienischen Luftschlösser des französischen Königs fielen unter diesen Umständen in sich zusammen. Der Papst hatte, als ihn der Tod ereilte, noch nicht einmal Katharinas Mitgift bezahlt. Und der König konnte sich so nicht länger der Erkenntnis verschließen, daß der Verstorbene und sein eigener blinder Eifer ihn zum Besten gehabt hatten.

Heinrich war kaum weniger enttäuscht: von den italienischen Besitzungen, die sein Vater ihm verheißen, war einzig die häßliche Frau, mit der er ihn verheiratet hatte, kein schöner Traum gewesen. Nachdem er die Hoffnung auf Mailand und Urbino hatte fallenlassen müssen, wurde er vielleicht noch ein wenig stiller und melancholischer, als er es vordem schon war. Was hatte er als Prinz von Orléans jetzt noch für Aussichten? Dem Vater auf den Thron folgen würde der Dauphin, Heinrichs älterer Bruder Franz, nicht er.

Michelet behauptet, Heinrich hätte sich damals angeekelt von seiner Gattin abgewandt, »wie von einem aus dem Grabe Italiens geborenen Wurm«. Der große, romantische Historiker ließ sich zu diesem poetischen Bild von seinem Haß gegen die Mediceerin hinreißen. Nicht selten malt der Haß treffende Bilder, aber in diesem Falle wurde er seinem Gegenstand nicht gerecht. Heinrich litt schweigend, tat aber weiterhin gewissenhaft seine ehelichen Pflichten. Zwar ohne einstweilen etwas zu bewirken, doch nicht, weil er es an gutem Willen hätte fehlen lassen. *»J'ai eu la fille toute nue«*: Mag er sich enttäuscht gedacht haben. Überliefert ist das Wort aber nicht von ihm, sondern von seinem Vater: »Ganz nackt habe ich das Mädchen gekriegt.« So Franz I. im Rückblick auf diese Phase seiner italienischen Träume. Eine ernüchternde Bilanz, doch hat keine Bilanz den heiteren König je lange ernüchtert.

Katharina wird in die königliche Familie aufgenommen

Ganz erstaunt war Katharina bei ihrer Ankunft über den Luxus, der am Hofe Franz' I. herrschte. Noch überraschender jedoch fand sie die große Zahl schöner, gebildeter und unabhängiger Frauen, die diese ganze Pracht ausmachten. Der König unterhielt sie als Hof- und Kammerdamen der Prinzessinnen von Geblüt. Doch bestand ihre eigentliche Aufgabe darin, am Hofe anwesend zu sein, schön und kostbar gekleidet. Der Aufwand des Hofes verschlang Unsummen: Jährlich eine Million fünfhunderttausend Taler. In diesem Betrag sind die Kosten für den Bau und die Unterhaltung der Schlösser enthalten sowie der Sold der schottischen, schweizerischen und französischen Garden. Der Vergleich der einzelnen Posten zeigt jedoch, daß die für derart nützliche Zwecke bestimmten Gelder nur einen verblüffend kleinen Teil des Budgets ausmachten. So waren für die Bauten des Königs und deren Erhaltung nur jährlich hunderttausend Taler bestimmt. Für alle Leibwachen des Königs aber, mehrere tausend Mann, zudem stets aufs beste ausgerüstet und bewaffnet, waren nicht mehr als zweihunderttausend Taler jährlich vorgesehen. Dagegen beliefen sich die jährlichen Ausgaben für Schmuck und Jagd schon auf hunderttausend Taler, die für Bankette, Bälle und andere Festlichkeiten sowie die Pensionen der Damen insgesamt auf das Doppelte des königlichen Militärhaushalts, nämlich vierhunderttausend Taler. Kein Wunder also, daß Franz I. die schönsten Augen und die schönsten Decolletés Europas um sich scharen konnte, er ließ es sich ja einiges kosten. Und nicht zu vergessen – Franz hat eine Menge Schlösser, die schönsten seiner Zeit, gebaut. Katharina mag ihn als junge Prinzessin von Orléans gelegentlich auf die Baustelle des Château de Madrid im Bois de Boulogne begleitet haben, das noch bei seinem Tode im Bau war und unvollendet blieb – bis dreißig Jahre später sie selbst es fertigstellen ließ. Im Bau waren damals ebenfalls das Jagdschloß Villers-Cotterêts sowie die berühmten Schlösser Chambord und Fontainebleau. Letztere gelten zu Recht als Meisterwerke der französischen Renaissance, obwohl sie nach italienischen Mustern und im wesentlichen sogar von italienischen Künstlern geschaffen wurden. Es ist, als hätte hier der König kraft seiner Begeisterung die Errungenschaften Italiens in Frankreich naturalisiert, indem er es fertigbrachte, daß italienische Künstler nach italienischen Mustern eine unverkennbar französische Kunst schufen.

Katharina wird den König wegen dieser Begeisterung für die Künste ihrer Heimat um so lieber verehrt haben, als sie dafür auch persönlichere Gründe hatte. Denn auch nach der enttäuschenden Einsicht, daß er sich vom Heiligen Vater »*la fille toute nue*« hatte andrehen lassen, stand Franz I. der aller erhofften Zugaben baren Schwiegertochter, mit der er jetzt vorliebnehmen mußte, wohlwollend gegenüber. Das sicherte Katharina wenigstens die Freundschaft der Prinzen und Prinzessinnen von Geblüt und bot ihr Rückhalt gegen die Feindseligkeit des geringeren Adels.

Franz I., der zeitlebens von Frauen umschwärmt war, wußte zweifellos die schmeichelhafte Bewunderung durch seine intelligente kleine Schwiegertochter zu schätzen. »Sie ist gehorsam, das ist ihre Stärke«, schrieb der venezianische Gesandte. Sie ließ sich keine Gelegenheit entgehen, dem König ihre gänzliche Ergebenheit zu demonstrieren und suchte stets dessen Nähe. »Bei allen ehrenhaften Übungen war sie dabei«, sagt Brantôme, »so beim Tanzen, wo sie sehr anmutige und majestätische Figur machte, doch liebte sie auch die Jagd vorzüglich.« Auch der König war ein guter Tänzer und liebte die Jagd leidenschaftlich. Und daß sie bei beidem so tapfer mithielt, machte ihm seine kluge Anbeterin nur noch sympathischer. Um ihm auch bei den wildesten und gefährlichsten Hetzjagden folgen zu können, erfand Katharina eine neue Manier, zu Pferde zu sitzen, wenigstens führte sie diese am französischen Hof ein: Während nämlich bisher die französischen Damen zur Seite gewandt, beide Füße nebeneinander auf ein Fußbänkchen gestellt, sittsam in Sesseln auf den Rücken ihrer Reittiere gesessen hatten, ließ Katharina sich ihres satteln, schwang frisch ein Bein über den Sattelknopf und ritt als Amazone.

Diese unerhörte Neuerung befähigte sie nicht nur, dem König durch dick und dünn zu folgen, sie kam ihr auch insofern zustatten, als sie im Amazonensitz ein wenig vom Besten, das sie hatte, zeigen konnte: ihre wirklich hübschen Beine.

Da den König die neue Mode entzückte, machten die Damen des Hofes das Beispiel der Prinzessin von Orléans schnellstens nach, was manch weitreichende Folge haben sollte. Da die Damen nämlich nun als Amazonen ritten, konnten sie nicht nur eine wie die andere mehr Bein zeigen, als bisher in der Öffentlichkeit schicklich war, nicht selten offenbarte auch der ihre Röcke in die Höhe blasende Wind das, was diese gewöhnlich verbargen, und das war damals alles. Um sich nicht weiter derart wider Willen bloßgestellt zu sehen, zogen die französischen Damen fortan Hosen unter die Röcke, Unterhosen. Diese Neuerung beunruhigte stark. Weniger die jungen Herren, die mit den Damen den Hirsch hetzten, als vielmehr die Tugendhüter. Die Hose galt als wesentlich männliches Kleidungsstück, und wenn nun Frauen Hosen anhatten, maßten sie sich damit sozusagen eine männliche Eigenschaft an, was, sagten die Tugendhüter, nicht geduldet werden konnte, wollte man nicht eines schönen Morgens in einer verkehrten Welt erwachen, in der die Frauen die Hosen anhatten. Der Humanist Henri Estienne – oder, lateinisch Henricus Stephanus – war hinsichtlich dieser grenzüberschreitenden Unterhosen liberaler. Er würdigte deren Nützlichkeit, »da dieselben«, wie er sagte, »den Hintern sauberhalten und sowohl gegen Staub als auch Kälte schützen«. Andererseits, gab er den Tadlern zu bedenken, dienten die anstößigen weiblichen Unterhosen schließlich auch der Tugend. Sie schützten nämlich die Damen auch »gegen unzüchtige junge Leute, welche nun, wenn sie ihnen unter die Röcke greifen, ihnen doch auf keine Weise mehr ans Fleisch können«. Dabei räumte er freilich ein, daß die Damen mit der Usurpation der männlichen Beinkleider ihrer Tugend nur soweit dienen konnten, wie diese reichte, und diesbezüglich machte sich der gelehrte Humanist keine Illusionen. Denn schon war ihm aufgefallen, daß die Frauen sich diese Hosen aus so prächtigen Stoffen machen ließen, daß sie eher taugten, »die Unzüchtigen zu reizen, als die Frauen gegen deren Schamlosigkeit zu verteidigen«. Ein prophetischer Blick in die Zukunft der Reizwäsche! Rückblickend ist zu sagen, daß dies Katharinas erster Beitrag zur französischen Kultur war. Sie sollte jedoch noch manches andere, wesentlich Folgenreicheres dazu beisteuern.

Katharina war, wie wir sahen, keine Liebesheirat eingegangen. Die politischen Berechnungen des französischen Königs und des Papstes hatten sie vielmehr in das Bett eines Mannes geführt, den sie gar nicht kannte.
Dennoch liebte sie ihn seit ihrer Hochzeitsnacht in Marseille. Dabei war, wie angedeutet, ihr Leben an Heinrichs Seite schon anfangs keineswegs leicht. Heinrich kehrte ihr wohl zwar nicht angewidert den Rücken, aber daß er sich sehr liebevoll um sie gekümmert hätte, kann man ebensowenig sagen. Er war überhaupt nicht sonderlich gesellig. Kraft und Geschicklichkeit erfordernde Leibesübungen waren seine auffälligste Leidenschaft, und dabei tat er sich hervor wie sein Vater: Er sprang mehr als sieben Meter weit, hatte also das Zeug zu einem Hochleistungssportler, hätte es das damals schon gegeben. Diese Vorliebe läßt aber nicht darauf schließen, daß Heinrich ungebildet war. Er las ungeheuer viel. Aber die Lektüre machte ihn nicht gesprächig und gesellig, sondern zu schwärmerischer, einsamer Träumerei geneigt. Ohne allerdings deshalb auf die Befriedigung der Triebe seiner kräftigen Jugend zu verzichten – wobei er sich nicht auf die eheliche Pflicht beschränkte: er übte auch die von den Helden seiner Ritterromane gepflegte platonische Liebe, vergötterte demütig eine unerreichbare Dame. Die Identität dieser Dame war für niemanden bei Hofe ein Geheimnis, denn er trug ja, wie es sich für einen dienenden Ritter ziemte, ihre Farben, schwarz und weiß, die Farben Dianas seit ihrer Witwenschaft. Katharina ließ sich diesen Kult schweigend gefallen, obgleich er ihr mit Sicherheit nicht gefiel. Immerhin dachte einstweilen die Göttin noch nicht daran, ihren Anbeter zu erhören, und dieser schien das auch nicht zu erwarten.
Unproblematischer als das Verhältnis zu ihrem geliebten Gemahl waren Katharinas Beziehungen zu ihren Schwägern, dem Dauphin Franz und Karl, dem jüngsten der drei Königssöhne. Mit ihnen war sie bald gut Freund. Karl, der nicht wie die beiden älteren einen Teil seiner Kindheit im Kerker hatte verbringen müssen, war der heiterste der Brüder, Franz der gebildetste; er trieb gelehrte Studien und war ein beachtlicher Latinist.
Doch die engste Freundschaft innerhalb der königlichen Familie verband Katharina mit der Schwester des Königs und Tante ihres

Mannes, Margarete – die seit ihrer Ehe mit Johann von Albret Königin von Navarra war. Margarete war zwei Jahre älter als ihr Bruder Franz und diesem sowohl äußerlich wie innerlich ungewöhnlich ähnlich. Auch liebte sie ihn abgöttisch, jedenfalls schrieb sie ihm einmal: »Ich war die Eure schon, ehe Ihr geboren wurdet. Neben Euch zählen weder mein Mann noch mein Kind.«
Wie ihr Bruder liebte Margarete Italien und die moderne italienische Kultur. Noch heute viel gelesen wird eine dem Dekameron des Boccaccio nachgebildete Novellensammlung, die sie um 1542 begann und unvollendet hinterließ: Das *»Heptameron«.*
Margarete war ein fröhlicher Charakter, freigeistig und zugleich zum Mystischen geneigt, außerdem überaus großzügig und entgegenkommend. Der Dichter Clément Marot, dessen Übersetzungen der Psalmen 1543 mit einer Vorrede von Johann Calvin als ketzerisch verurteilt wurden, war zeitweilig Margaretes Sekretär. Und seine Übertragungen der Psalmen begeisterten nicht nur sie, sondern den ganzen Hof. Man begann alsbald, sie zu vertonen – sowohl Heinrich als auch Katharina versuchten sich an dieser Aufgabe. Heinrich wählte dazu die Verse

Bien heureux est quiconque
Sert Dieu volontiers –

Glücklich derjenige, der Gott gern dient – während Katharina den Hof singen lehrte:

Vers l'Eternel des opprimés le Père
Je m'en irai –

Zum Ewigen, der Unterdrückten Vater, werde ich gehen. Niemand scheint sich bei diesem Gesang etwas Böses gedacht zu haben, obwohl draußen im Lande die Reformierten schon Marots französische Psalmen als Schlachtlieder gegen die Hure Babylon, nämlich die römische Kirche, anstimmten. Franz I. war katholisch, aber nicht streng, und liberal war auch die königliche Familie. Namentlich der italienischen Prinzessin von Orléans lag alles sektiererische Dogmatisieren gänzlich fern. Mochte auch der französische Nachdichter der Psalmen Häretiker sein, weshalb sollte deshalb ein Katholik diese französischen Psalmen nicht singen? Schließlich sang man doch auch die Oden des Horaz, ohne befürchten zu müssen, deshalb heidnischer Sympathien beargwöhnt zu werden – oder nicht? Katharina jedenfalls sang sowohl Marots verdächtige Psalmen als auch Horazens unverdächtige Oden – beides übrigens im Verein mit ihrem Gemahl und dessen Schwester, die ebenfalls Margarete hieß.

Dieses Beispiel zeigt uns, daß Katharina, obwohl sie nach mehrjähriger Ehe ihrem Mann noch immer keine Kinder geboren hatte, bei der königlichen Familie gleichwohl erstaunlich wohlgelitten war. Matteo Dandolo, der venezianische Gesandte, berichtete sogar, ». . . sie ist so beliebt, daß sich jeder Blut abzapfen lassen würde, wenn ihr dadurch nur zu einem Sohn verholfen werden könnte.« Doch Katharinas erste Schwangerschaft ließ weiter auf sich warten.

Weil die königliche Familie sie mochte, waren Katharina schließlich auch verschiedene andere hochgestellte Personen gewogen. Unter diesen ist an erster Stelle Montmorency zu nennen, zunächst Generalfeldzeugmeister, seit 1538 Konnetabel von Frankreich. Von seiner hartnäckigen Prinzipienstrenge haben wir schon erfahren, als er dem König den Plan auszureden versuchte, seinen zweiten Sohn mit einer Mediceerin zu verheiraten. Nun, da geschehen war, was er nicht hatte verhindern können, begegnete er der seines Erachtens nicht hinreichend wohlgeborenen Prinzessin von Orléans recht freundlich, was ihm gewiß um so leichter fiel, als Katharina ihren beachtlichen Charme darauf verwandte, ihn für sich zu gewinnen. Gute Freundschaft hielt sie auch mit zwei Neffen des Konnetabels, die von diesem gefördert wurden. Der eine war jener Odet de Châtillon, den Clemens VII. 1533 in Marseille zum Kardinal ernannte, womit Katharinas sogenannter Onkel (wie wir noch sehen werden) einmal mehr seine unübertreffliche Begabung, Schaden anzurichten und Katastrophen vorzubereiten, unter Beweis stellte. Der zweite, Odets Bruder, war Gaspard de Coligny, der spätere Admiral von Frankreich, eine der Schlüsselfiguren der blutigen Haupt- und Staatsaktion, in der Katharina von Medici die Rolle ihres Lebens spielen sollte. Doch lag dieses Drama einstweilen noch in der Zukunft, und Katharina hielt, wie gesagt, mit den beiden jungen Leuten (Gaspard war genauso alt wie sie, Odet drei Jahre älter) gute Freundschaft.

Die Aufgabe, sich mit den mächstigsten Angehörigen des Hofes ihres Schwiegervaters einigermaßen gutzustellen, wurde Katharina nicht gerade durch den Umstand erleichtert, daß diese sich in zwei verfeindeten Parteien gegenüberstanden. Es lag auf der Hand, daß sie um das Wohlwollen der mächtigen Favoritin des Königs, der hochmütigen Anna von Pisseleu, kämpfen mußte. Sie hatte schon während der Reise von Marseille nach Paris als Jungvermählte Gelegenheit gehabt, sich von der besonderen Gunst zu überzeugen, in der Anna bei Franz I. stand. Das Weihnachtsfest feierte der Hof auf Schloß Blois. Der König bedachte die Damen mit Geschenken und belohnte seine treuen Ritter mit Ländereien und Herrschaften. Die Königin erhielt italienischen Schmuck. Anna von Pisseleu aber zur allgemeinen Überraschung einen Gemahl. Damit verhielt es sich so: Der Mann, dem der König seine Geliebte zur Frau gab, Johann von Brosse, war Sohn des edlen und mächtigen Herzogs von Penthièrre, der das Unglück gehabt hatte, auf den Konnetabel von Bourbon zu setzen. Zwar war er im Zuge der Verfolgung von dessen Anhängern mit dem Leben davongekommen, aber Luise von Savoyen hatte dafür gesorgt, daß er alle seine Güter und Titel verlor, was ihm buchstäblich das Herz gebrochen hatte, jedenfalls war er bald darauf gestorben. Sein Sohn, jener Johann von Brosse, fristete ein kümmerliches Leben. Da erbarmte sich nun Franz I. dieses Mannes, der von seinesgleichen wie ein Aussätziger gemieden wurde, machte ihn zum Herzog von Etampes und Chevreuse, gab ihm seine Güter zurück und versicherte ihn des königlichen Wohlwollens. Der neue Herzog warf sich dankbar dem König zu Füßen, der ihm gnädig wieder aufhalf und ihm riet, sich für die empfangenen Wohltaten lieber bei seiner Braut, Mademoiselle Anne de Pisseleu, zu bedanken. Johann von Brosse gehorchte, denn was kann man einem so gnädigen König abschlagen? Er willigte auch in den Zusatz zum Ehevertrag ein, der bestimmte, daß der Herzog sich sofort nach der Hochzeit allein auf sein Schloß Etampes zurückzuziehen habe. Freigiebig wie er war, gestattete Franz I. ihm immerhin eine Nacht im Bett seiner Gattin zwecks Vollzugs der Ehe, die Hochzeitsnacht.

Seitdem hatte es die Herzogin von Etampes verstanden, den Geliebten noch zu manch weiterem Gunstbeweis zu bewegen. Dabei war sie ihm nicht einmal treu, wovon sich Franz, als er eines Tages überraschend die Gemächer der Herzogin betrat, mit eigenen Augen überzeugen konnte: Er fand die Geliebte mit Christian de Nançay im Bett. Geistesgegenwärtig spielte er eine kleine Szene,

die gut in eine der lustigeren Novellen seiner Frau Schwester gepaßt hätte, er zürnte nämlich dem galanten jungen Mann, als hätte er die Identität seiner Gespielin – die verschämt das Gesicht in den Kissen barg – nicht erkannt: »Sie, mein Herr, der Sie es gewagt haben, hier einzudringen, um mit einer der Mägde von Madame von Etampes Unzucht zu treiben, werden Gelegenheit haben, Ihre Frechheit im Gefängnis zu bereuen.« Und damit verließ er das Schlafzimmer. Nançay brauchte seine Frechheit nicht lange im Gefängnis zu bereuen. Madame d'Etampes, die wußte, daß sie nichts zu befürchten hatte, ließ ihn binnen kurzem befreien.
Überhaupt machte sie von der Schwäche, die der König für sie hatte, schamlos Gebrauch. Ihre Habgier war unersättlich und uneigennützig wenigstens insofern, als sie Hab und Gut nicht allein für sich, sondern auch für ihre Familie begehrte, wo es an die zwei Dutzend Brüder und Schwestern zu versorgen gab. Der König verheiratete einen Teil mit Söhnen und Töchtern der ersten Familien des Reichs, den Rest mit der Kirche, stattete sie als Bischöfe, Äbte oder Äbtissinnen mit fetten Pfründen aus.
Das Volk sah seinem heiteren König vieles nach, aber als ihm einst neue Steuerlasten aufgebürdet worden waren, ohne daß, soweit zu sehen, der Staatshaushalt damit in Ordnung gebracht worden wäre, muckten die Pariser auf und wollten dem Monarchen eine Lektion erteilen. Unmittelbarer Anlaß dieser Demonstration war die Entlassung von eintausendzweihundert Gendarmen, die für die Sicherheit der Stadt zuständig waren. Die aus einem Baumstamm gefertigte naturgetreue, wenngleich ungeheuer große Nachbildung eines erigierten männlichen Glieds wurde auf einem Wagen durch die Straßen gezogen. Darauf schlugen die Demonstranten mit Peitschen ein und sangen dazu, welcher Jammer es sei, daß der König noch auf seine alten Tage zum Schaden der Finanzen so sehr der Wollust fröne. Zwei Begleiter dieses Demonstrationszuges nahmen Zwiegespräche auf, die ungefähr so gingen:
»Wem gehört denn dieser arme Schwanz, den Ihr da peitscht, und was hat er Euch getan?«
»Das ist der Schwanz des Königs. Er hat die Hiebe verdient und sogar noch Schlimmeres.«
»Und was hat er gemacht, hat er seine Cousine geritten?«
»Schlimmeres.«
»Hat er seine Schwester geritten?«

»Viel Schlimmeres.«
So ging das noch eine Weile weiter, bis endlich der wahre Sachverhalt ans Licht kam.
»Aber was hat er denn nun verbrochen?«
»Tausendzweihundert Gendarmen hat er geritten.«
Das Volk amüsierte sich königlich, der König weniger. Dennoch ließ er die Demonstranten die Majestätsbeleidigung nicht büßen. Überhaupt bestrafte er dergleichen Kundgebungen der öffentlichen Meinung nie, verbot sie auch nicht.[1)]
Wenn auch die Herzogin von Etampes von einer öffentlichen Meinung nichts zu fürchten hatte und sich auch des königlichen Wohlwollens sicher sein konnte, begegnete sie jedoch bei Hofe der Feindschaft einer Gegnerin, die geringzuschätzen sie sich gleichwohl nicht leisten konnte. Diese Gegnerin war die tugendhafte Angebetete des Gatten Katharinas, die verwitwete Diana von Poitiers. Diese ihrerseits war der Herzogin von Etampes spätestens seit dem Augenblick verhaßt, da die Hälfte der Herren des Hofes es gewagt hatten, sie schöner als die Favoritin des Königs zu finden. Dieser Haß stieg noch, als sogar der König Diana Beweise seiner Wertschätzung lieferte und Prinz Heinrich das alte Weib (Diana war ja neun Jahre älter als Anna) offenkundig anschwärmte.
Jede der beiden Damen, die da am Hofe Franz' I. miteinander im Krieg lagen, hatten ihre Parteigänger und Verbündete. Die Lage Katharinas war deswegen so besonders schwierig, weil sie meinte, sich's mit keiner der beiden Todfeindinnen verderben zu dürfen. Denn konnte sie wissen, welche der beiden schließlich den Sieg davontragen würde?
Katharina bemühte sich um so intensiver, das Wohlwollen der Herzogin von Etampes zu gewinnen, als sie durch ihren Mann ja unvermeidlich der Partei Dianas angehörte. Dieser Partei zuzurechnen waren auch Montmorency und seine beiden Neffen sowie, als besondere Freunde Dianas aus dem lothringischen Fürstentum der Guisen, der Herzog von Aumale, Dianas späterer

1) Bemerkenswert ist in diesem Zusammenhang allerdings, daß der liberale König Trunkenheit in der Öffentlichkeit bei seinen Untertanen nicht zu dulden gewillt war: 1536 erließ er eine Verordnung, die vorsah, daß »wer immer betrunken angetroffen wird, soll bei Wasser und Brot ins Gefängnis«. Die Haftdauer war nicht festgesetzt. Im Wiederholungsfall sollte Trunkenheit in der Öffentlichkeit mit Peitschen- oder Stockhieben bestraft werden. Wurde der Delinquent abermals rückfällig, war eine öffentliche Auspeitschung angesagt. Beim dritten Mal sollte ihm zusätzlich zu einer abermaligen Auspeitschung ein Ohr abgeschnitten werden, zum Zeichen seiner Schande. Unverbesserliche Alkoholiker waren zu verbannen.

Schwiegersohn, sowie der Herzog von Guise (später auch »le Balafré« oder »Narbengesicht« genannt). Er sollte als Heerführer eines Tages den Châtillon-Colignys (den Neffen Montmorencys, mit denen die Guisen, wie gesagt, jetzt noch verbündet waren) schwer zu schaffen machen. Schließlich gehörte dazu auch der Kardinal von Lothringen, dessen politische Geschicklichkeit den Ruhm verdiente, den sie genoß. Wohl oder übel mußte auch Eleanore, die Königin, mit der Partei Dianas sympathisieren, denn bei aller Sanftmütigkeit brachte sie's doch nicht übers Herz, die Sache der Favoritin ihres Mannes zu favorisieren.
Andererseits wurde diese unterstützt von des Königs Schwester, Margarete von Navarra, dem Admiral von Brion und verschiedenen anderen Herren, denen sich am Ende auch die Châtillon-Colignys anschlossen. Letztere weniger aus persönlicher Neigung zur Herzogin von Etampes, als vielmehr wegen deren Unterstützung der Reformation. So sammelten sich auf der Seite der Herzogin von Etampes die Symphatisanten der lutherischen Häresie, während in Dianas Lager die Verteidiger der katholischen Orthodoxie standen. Damit hatten sich die beiden Parteien formiert, deren Kampf bald darauf ganz Frankreich zerfleischen sollte.
Katharina war, wie gesagt, der Meinung, es mit keiner der beiden Damen verderben zu dürfen. So machte sie der Geliebten des Königs ebenso den Hof wie der Angebeteten ihres Mannes, obwohl sie Diana verständlicherweise auf den Tod haßte. Die Favoritin des Königs nahm die Huldigungen der kleinen Prinzessin gnädig entgegen – während Diana Katharina bei aller Herablassung fühlen ließ, daß sie die unterwürfige Dienstwilligkeit einer so bedeutenden Person für eine Selbstverständlichkeit hielt. Diana ließ bei dieser Gelegenheit ihrem Stolz den Vortritt vor ihrer Intelligenz – Katharina machte es genau umgekehrt. Daß ihr Stolz sich aber neben jedem anderen sehen lassen konnte, sollte sich noch früh genug zeigen.
Inzwischen mußte die Prinzessin von Orléans auch zu der ersten Familie von Geblüt, den Bourbonen, ein möglichst gutes Verhältnis finden. Im Augenblick standen diese der königlichen Familie ziemlich fern. Seitdem der Konnetabel zum Kaiser übergegangen war, verdächtigte Franz I. dessen ganze Sippe hochverräterischer und rebellischer Gesinnung. Keinem Bourbonen vertraute er irgendein Amt oder Kommando an, ja nicht einmal mehr der ihr bei

Hofe gebührende Vorrang wurde der Sippschaft des Verräters ohne weiteres zugestanden. Dieses Mißtrauen und diese Demütigungen ließen bittere Früchte reifen, die Katharina einst ernten sollte. Das gegenwärtige Oberhaupt der Familie war Anton von Bourbon, da die ältere Linie mit dem Konnetabel erloschen war. Anton von Bourbon-Vendôme, Sohn des Grafen von la Marche, stammte in gerader Linie von Robert von Clermont, dem Sohn König Ludwigs des Heiligen ab. Er heiratete Johanna von Albret, die Tochter Margarete von Navarras, und wurde durch diese Ehe König von Navarra. Beider Sohn Heinrich folgte ihm auf den Thron von Navarra und wurde bekanntlich dann als Heinrich IV. König von Frankreich. Doch das lag einstweilen in ferner, auch für Katharinas Astrologen noch unsichtbarer Zukunft. Ebenso waren die Rollen, die Anton von Bourbon und dessen beide Brüder, der etwas verwachsene und sonderbare Prinz von Condé und der Kardinal Bourbon, bei den bevorstehenden Bürgerkriegen spielen sollten, vielleicht schon geschrieben, aber noch für niemanden zu lesen.

Unheimliches Vorkommnis in der Provinz

Eines Tages kam überraschend die Nachricht vom Tod einer einstigen Favoritin des Königs, der entzückenden Gräfin von Châteaubriant. Katharina hatte deren Bekanntschaft nie gemacht. Als sie in Paris eintraf, lebte die Gräfin ja bereits seit längerer Zeit mit ihrem Mann auf den Gütern in der Bretagne, die zum großen Teil der Freigiebigkeit des Königs seinen Favoritinnen gegenüber zu verdanken waren. Dennoch traf diese Todesnachricht den König tief. Er bewahrte allen Damen, die einmal seine Gunst genossen hatten, ein liebevolles Andenken, hatte sich wohl auch hin und wieder gern an seiner alten Flamme gewärmt. Alt aber war die Gräfin eigentlich noch nicht, als sie starb, nur ganze zweiundvierzig Jahre. In Erinnerung an die Zärtlichkeiten und die zärtlichen Verse, die er früher mit ihr gewechselt hatte, dichtete der trauernde Hinterbliebene ihr jetzt ein *Tombeau*, einen Grabgesang, der in der Feststellung gipfelte:

L'âme est en haut, du beau corps c'en est fait
Icy dessous

Die Seele in der Höhe ist, doch hin der schöne Leib, hinnieden. So Franz I. Daß auch der Witwer den Hingang dieses schönen Leibes ähnlich betrauerte, ist nicht bezeugt. Der Graf hatte noch kurz vor dem Tod seiner Gattin vom König eine ungewöhnliche Gunst erwirkt: Falls diese vor ihm stürbe, sollten alle Güter, die der König ihr geschenkt hatte, ihm, als ihrem rechtmäßigen Erben, zufallen. Er war also beim Tod der Gräfin fein raus. Hatte er sie nicht vielleicht sogar ermordet, um sich jetzt, da er sein Schäfchen ins Trokkene gebracht hatte, für die Hörner, die sie ihm mit dem heiteren König aufgesetzt hatte, an ihr zu rächen?

Dies nämlich wußte man bald bei Hofe zu erzählen, und zwar sehr detailliert. Die Einzelheiten des Hergangs, von dem das Gerücht wissen wollte, waren haarsträubend. Die Leute erzählten, daß der Graf die Unglückliche zunächst in eine ganz schwarz ausgeschlagene Kammer gesperrt und sie dort monatelang gefangen gehalten hatte. Endlich habe eines Tages ihr Gemahl, begleitet von mehreren maskierten und mit langen Messern bewaffneten Männern, dieses Gefängnis betreten, hieß es weiter. Die Männer hätten die Gefangene ergriffen und ihr an Armen und Beinen die Adern durchsäbelt. Vor den Augen ihres tiefbefriedigten Gemahls sei sie dann wie eine abgestochene Sau verblutet.

Der König konnte ein derartiges Gerücht natürlich nicht auf sich beruhen lassen. Er befahl eine Untersuchung der Angelegenheit, mit deren Leitung er Montmorency betraute. Montmorency kehrte aus der Bretagne mit der beruhigenden Erkenntnis zurück, daß die Gräfin von Châteaubriant eines natürlichen Todes gestorben war. Damit war das Gerücht erledigt. Wenn auch etwas später die Nachricht, daß Herr von Châteaubriant aus unbekannten Gründen alle seine Neffen enterbt und den prinzipientreuen Montmorency als Alleinerben eingesetzt hatte, unverbesserlich mißtrauischen Leuten abermals zu denken gab.

Katharina bleibt trotz des Wohlwollens der königlichen Familie den Franzosen als Ausländerin unheimlich und umgibt sich mit unheimlichen Landsleuten

Trotz des Wohlwollens, das ihr die königliche Familie bewies, hatte Katharina allen Grund, sich über ihre Zukunft in Frankreich Sorgen zu machen. Vielleicht neigte sie nach den Erfahrungen aus ihrer frühen Kindheit dazu, gelegentlich Gefahren auch dort zu wittern, wo keine drohten. Aber es entsprach durchaus den Tatsachen, daß sie sich in zweierlei Hinsicht mit der Zeit bei Hofe und beim Volk zunehmend unbliebt machte. Einerseits nämlich verging ein Jahr ums andere, ohne daß sie dem Königshaus Nachkommen gebar und sich damit ihres französischen Titels wert erwies. Andererseits zog sie immer mehr von ihren kein Vertrauen erweckenden, widerwärtig unfranzösischen Landsleuten an den Hof Franz' I.

Ihre Unfruchtbarkeit wurde natürlich auch in der königlichen Familie beklagt, doch der König und seine Schwester dachten nicht daran, ihr selbst die Schuld daran zu geben. Sie bedauerten sie vielmehr und ermutigten sie, die Hoffnung nicht sinken zu lassen. Der Hof und das Volk aber reagierten auf die Unfruchtbarkeit der Prinzessin von Orléans geradezu beleidigt. Was fiel dieser Ausländerin ein, dem Prinzen die Nachkommen zu verweigern, auf die Frankreich ein gutes Recht hatte. Schon war bei Hof die Möglichkeit der Verstoßung der unfruchtbaren Gattin zur Sprache gekommen – halb im Scherz vielleicht nur, aber, wo es um ihre Zukunft ging, verstand Katharina keinen Spaß. Zumal derjenige, der diese Möglichkeit erwähnt hatte – mehr oder weniger scherzhaft, wie gesagt – dem König sehr nahestand: Es war kein anderer als der Kardinal von Lothringen. Katharina sollte ihm das nie verzeihen und sie in ihrer Voreingenommenheit gegen seine Familie, die Guisen, die ihr wegen ihres Einvernehmens mit Diana von Poitiers halbwegs verhaßt war, nur noch bestärken.

Auch sie selbst zog ja einen Teil des Hasses, mit dem Hof und Volk sie bedachten, durch die Auswahl ihrer Vertrauten auf sich. Denn um in der Fremde die Heimat nicht ganz missen zu müssen, umgab sie sich in Frankreich mit Italienern. Unter den Gefährten der ersten Zeit war ihr Strozzi – ein Verwandter – am liebsten, doch bald rief der Papst diesen nach Rom zurück. Statt seiner kamen dann seine drei Söhne an Katharinas Hof und erregten den Neid der französischen Edelleute, als gleich bei ihrer Ankunft jeder von ihnen das Kommando über eine Kompanie Hakenbüchsenschützen erhielt. Gern hätte Katharina den »Bräutigam« ihrer Kindheit, ihren lieben Ippolito, bei sich gehabt, aber den hatte beider gemeinsamer Vetter, der Tyrann von Florenz, der scheußliche Alessandro, schon 1535 vergiftet. Den Franzosen wäre das ungeheuer theatralische Auftreten des Kardinals sicher zur Bestätigung ihrer Vorurteile gegen die hergelaufene Florentinerin ganz recht gewesen.

Weniger Aufsehen erregend, doch statt dessen ebenso intelligent wie intrigant, diente der Prinzessin von Orléans der Bankier Gondi. Seine Frau, zunächst Hofdame Katharinas, wurde später Gouvernante jener königlichen Prinzen, an die vorerst noch nicht zu denken war. Der Sohn der Gondis aber erlangte als Marschall von Retz Ruhm in Frankreich; und ihr Urenkel, der Kardinal von Retz, bewies sowohl in seinem Handeln als auch in seinen berühmten *Denkwürdigkeiten* sein eminentes Talent für politische Intrigen, das die Gondis ihren französischen Nachkommen mitgeben konnten. Enger Vertrauter Katharinas war auch ein jüngerer Bruder des Herzogs von Mantua, Birago. Durch seine Ergebenheit und Geschicklichkeit erlangte er später als Kanzler – unter dem französisch naturalisierten Namen de Birague – das höchste Staatsamt. Auch Ludovico Gonzaga faßte in Frankreich so gut Fuß, daß seine Nachkommen als Herzöge von Nevers im Lande blieben. Verständlicherweise erregte Katharinas Begünstigung dieser Ausländer Neid. Leider aber nicht nur Neid, sondern auch das Mißtrauen und den Haß der französischen Protestanten, die da aus dem Stammland der großen Hure Babylon Verstärkung für die papistische Partei eintreffen sahen. Tatsächlich befanden sich während der Vorkommnisse der berüchtigten Bartholomäusnacht des Jahres 1572 all diese Italiener in der Umgebung der Königin. Selbstverständlich nahm man an, daß sie sich von ihnen hatte beraten lassen.

Beraten ließ sie sich zweifellos von ihren Astrologen, den beiden Brüdern Cosimo und Lorenzo Ruggieri. Was diese in den Sternen lasen, wurde von ihr immer mitbedacht. Von Kindheit an setzte sie großes Vertrauen in die Kraft der geheimen Wissenschaften. Schon

Katharinas Vater hatte dem Vater Cosimos und Lorenzos ebenso gläubig vertraut wie sie den Söhnen. Zwar hatte der ältere Ruggieri als Arzt Lorenzos weder dessen Tod noch den seiner Gattin, als beide noch in der Blüte ihrer Jugend standen, zu verhindern gewußt, doch das schmälerte nicht im geringsten Katharinas Vertrauen in die Kunst der Ärzte, die mit der Alchemie, der Kabala und der Astrologie praktizierten. Für das Volk waren Katharinas Astrologen weiter nichts als Zauberer und Hexer, die ihre übernatürlichen Fähigkeiten dem verdankten, dem sie ihre Seelen verkauft hatten – was natürlich tief in Herz und Gesinnung der verdächtigen Italienerin blicken ließ. »Der ältere Ruggieri war im Hause Medici so hochgeachtet, daß die Herzöge Cosimo und Lorenzo Paten seiner beiden Söhne wurden. Gemeinsam mit dem berühmten Mathematicus Basile stellte er als Mathematicus, Astrologe und Arzt des Hauses (drei Berufe, die damals nicht säuberlich voneinander geschieden wurden) der neugeborenen Katharina die Nativität«, schrieb Balzac in seinem Essay über Katharina von Medici. Das Vertrauen in die Geheimwissenschaft der Sterndeuter war damals nicht nur in der ganzen Christenheit weit verbreitet, der Glaube an die daraus zu ziehenden magischen Kräfte lag überdies bei den Mediceern sozusagen in der Familie. Wohl nicht zufällig verehrte Katharina als wahre Schutzheilige ihrer Familie die drei Weisen aus dem Morgenland. In deren Gefolge konnte sie in der Kapelle des Mediceer-Palastes in der Via Larga als kleines Mädchen ihre Ahnen sehen – auf dem Bild, das Benozzo Gozzoli im Jahre 1459 gemalt hat. Die Weisen aus dem Morgenland, die drei Magier, hatte bekanntlich ein Stern zur Krippe nach Bethlehem geführt. Katharina als Adeptin der geheimen Wissenschaften wußte, daß, wer die Kunst dieser Magier verstand, auch anderen nützlichen Geheimnissen der Schöpfung und des Schöpfers beikommen konnte, so wie jene aus dem fernen Morgenland damals zur Kenntnis des Evangeliums gelangt waren. Die Mediceerin hatte gelernt, daß die geheime Wissenschaft der Alten durch das Evangelium weder aufgehoben noch geächtet, daß natürliche Magie praktische Anwendung der Naturwissenschaften war.

Katharinas Neidern bei Hof und dem Volk von Paris waren solche Subtilitäten natürlich zu hoch. Nach dem Urteil dieser Mißtrauischen und Einfältigen waren Katharinas italienische Astrologen und Alchimisten Leute, die mit dem Teufel paktiert hatten, Zauberer und Giftmischer.

Giftmischer. Diese Verdächtigung lag nahe. Denn als Giftmischer waren damals die Italiener in der ganzen Christenheit berüchtigt. Zu Recht? Jedenfalls nicht ganz zu Unrecht.

Natürliche Magie war zweifellos in böser Absicht anwendbar. Und leider wurden Katharina solche Absichten von ihren Feinden unterstellt, so hartnäckig, daß sie selbst als Giftmischerin in die Geschichte eingegangen ist. Obwohl, wie hier gleich festgestellt werden soll, niemand beweisen kann, daß sie je versucht hätte, ihre politischen Gegner mit Gift zu beseitigen, was damals nicht nur in der italienischen Politik vorkommen konnte.

Katharina hatte absolutes Vertrauen in die Ruggieris und doch sollte sie das, was diese ihr über ihre Zukunft prophezeiten, einfach unglaublich finden: Einer der Brüder versicherte der seit Jahren unfruchtbaren Frau des zweiten Sohnes des französischen Königs eines Tages, für den, der lesen könne, stehe in den Sternen ganz unzweideutig geschrieben: daß sie eines Tages Königin von Frankreich und Mutter zahlreicher Kinder sein würde. Nichts hätte Katharina ja lieber geglaubt. Aber wie sollte das zugehen, im Jahre 1537, als man ihr diese Zukunft verhieß? Franz, der Dauphin, nur ein Jahr älter als ihr Gemahl, war neunzehn Jahre alt und erfreute sich bester Gesundheit. Und bisher hatte von allen der natürlichen Magie bekannten Mitteln, mit denen Katharina ihre Unfruchtbarkeit zu kurieren suchte, keines angeschlagen. Inzwischen wissen wir jedoch, daß Katharina, jedenfalls was diese Prophezeiung angeht, allen Grund hatte, ihren Magiern zu vertrauen, auch wenn diese als Giftmischer in Frankreich verschrien waren.

Positiver läßt sich der Einfluß bestimmen, den die von Katharina aus ihrer Heimat mitgebrachten Kochkünstler auf den französischen Geschmack nahmen. In diesem Zusammenhang ist daran zu erinnern, daß, wie auf so vielen Gebieten der modernen höheren Kultur und feinen Sitte, auch in der Gastronomie die Italiener den Franzosen den Weg wiesen. Katharina fand sie jedoch hierin nicht mehr ganz unwissend, denn schon 1505 war ein Werk, das gewisse Anfangsgründe *De honesta voluptate et valetudine*, des anständigen Genusses und der gesunden Lebensweise lehrte, auch in Frankreich veröffentlicht worden. Der Verfasser nannte sich Platinus von Cremona, und hinter diesem Pseudonym verbarg sich ein hoher Beamter des päpstlichen Hofes, nämlich Bartolommeo Sacchi. Aber schon die Tischsitten, die dieser empfahl, muteten damals in Frankreich noch reichlich exotisch an: So riet er, sich vor dem Essen die Hände zu waschen, sich nicht ins Tischtuch zu schneuzen und sich zum Essen statt der Finger einer Gabel zu bedienen. Wie sollte einem das Essen schmecken, wenn so viele Fisematenten zu machen waren?, mögen die Landsleute und Zeitgenossen Gargantuas (dessen Geschichte 1532 zu erscheinen begann) sich widerwillig gefragt haben. Da bekanntlich feine Lebensart aus Büchern nicht allein zu lernen ist, lehrten erst die von Katharina mitgebrachten Italiener den französischen Adel, daß die Beherzigung von Sacchis Empfehlungen die Freuden der Tafel nicht zwangsläufig minderte, sondern diese sogar vermehren konnten, da, was nach den Regeln einer Kunst genossen, bewußter genossen wird. Der berühmte Koch Raymond Olivier spricht von der durch Katharinas italienische Köche in der französischen Küche eingeführten Neuerungen schlicht als von der »Revolution des Jahres 1533«. Es dauerte freilich eine Zeitlang, bis die von den Italienern zur Wissenschaft erhobene Gastronomie die Franzosen nicht mehr befremdete. Noch Montaigne erinnerte sich in seinem Essay *De la Vanité des Paroles,* (Von der Eitelkeit der Wörter) [I, 51], verwundert an eine Unterhaltung mit einem ehemaligen Küchenmeister des Kardinals Caraffa, in welcher dieser ihm von seiner Tätigkeit berichtete: »Er hielt mir einen Vortrag über diese Maul-Wissenschaft mit so ernster Miene und auf so gelehrte Manier, als spräche er von irgendeinem theologischen Dogma.« Gleichwohl haben die Franzosen von den Neuerungen, die die florentinische Prinzessin von Orléans ihnen aus der Heimat mitbrachte, auf die Dauer keine dankbarer angenommen als eben die von Montaigne bespöttelte *science de gueule* oder Maul-Wissenschaft.

Abermals träumt man von italienischen Eroberungen; während schon in Frankreich die Scheiterhaufen lodern, an denen sich der Bürgerkrieg entzünden wird

Während dieser Jahre, da die ihrem Gemahl und Schwiegervater »ganz nackt«, nämlich ohne die versprochene Mitgift gelieferte Florentinerin, bemüht war, sich am französischen Hof einzurichten, geschah natürlich noch vieles andere in der Welt, das auch sie schließlich anging, recht nahe sogar.

Wie schon oben erwähnt, hatte der Tod Papst Clemens' VII. die italienischen Pläne Franz' I. zunächst gehemmt. Dennoch dachte der König nicht daran, diesen Plänen deshalb endgültig zu entsagen. Er begann also ein Heer aufzustellen. Da die Staatskasse leer war, konnte er keine Söldner anwerben. Er beschloß deshalb, seine Untertanen zum Kriegsdienst einzuziehen und verordnete also am 24. Juli 1534 die Wehrpflicht. Damit machte er aus der Not eine Tugend, jedenfalls hätte das zweifellos der zwei Jahre zuvor verstorbene Machiavelli gefunden. Denn als Hauptursache der ohnmächtigen Ausgeliefertheit der italienischen Staaten an die Fremden sah er die Gewohnheit der italienischen Fürsten und Republiken, ihre Kriege von fremden Söldnern ausfechten zu lassen.

Wenn Franz I. derart einen Rat, den Machiavelli dem *Principe* oder Fürsten gab, befolgte, enttäuschte er durch eine andere seiner Kriegsvorbereitungen die Hoffnungen, die die Hofleute in ihn setzten. Denn diese waren sich darin einig, daß es für einen christlichen Fürsten keine edlere, ruhmreichere und nützlichere Unternehmung geben könne, als die Ungläubigen zu bekriegen und zu besiegen. Ein solcher Sieg wäre ja Voraussetzung für die Bekehrung der Anhänger der Irrlehren Mohammeds zum wahren Glauben und würde selbst den Besiegten zum Heil gereichen. Jetzt, da der französische König auf die Unterstützung, die der verstorbene Papst Clemens VII. ihm versprochen hatte, nicht mehr rechnen konnte, sah er sich anderswo nach Feinden des Kaisers um, die ihm bei seinem Unternehmen behilflich sein könnten. Er suchte dafür nicht nur den Beistand der protestantischen deutschen Fürsten, sondern schloß auch ein Bündnis mit dem zu Wasser und zu Lande stärksten Feind Karls V., dem Großtürken nämlich.

Unterdessen kam es in der Nacht vom 17. zum 18. Oktober 1534 in Frankreich zu Demonstrationen, die ernstere Folgen haben sollten, als zunächst abzusehen war: Zu der sogenannten *»Affaire des Placards«*, der Geschichte mit den Anschlägen. In dieser Nacht nämlich wurden in verschiedenen Städten Frankreichs öffentlich Plakate angeschlagen, die gegen die Kirche hetzten und namentlich die katholische Messe als Greuel bezeichneten. Sogar an der Tür des königlichen Schlafgemachs im Schloß zu Amboise klebte am Morgen des 18. Oktober eines dieser Plakate, was einer Majestätsbeleidigung gleichkam. Obwohl diese Frechheit den König sehr erboste, hätte er sich den verantwortlichen Eiferern gegenüber vermutlich doch zur Nachsicht bequemt, wenn nicht während der nächsten Tage offenbar geworden wäre, daß die anstößigen Plakate in der gleichen Nacht in mehreren Städten angeschlagen worden waren. Das zeigte nämlich, daß die Reformierten bereits im ganzen Lande eine organisierte Partei bildeten, und organisierte Parteien, die die öffentliche Ordnung störten, konnte der König nicht dulden.

Die Beilegung dieses Konflikts wurde nicht durch die Tatsache erleichtert, daß die beiden verfeindeten Schönheiten des königlichen Hofs darin Partei waren. Die Großseneschallin Diana verbreitete das Gerücht, daß den Anschlag an der königlichen Schlafzimmertür zweifellos niemand anderer als Anna von Pisseleu zu verantworten habe. Unwahrscheinlich war das nicht. Denn die Geliebte des Königs sympathisierte mit den Protestanten, und es scheint, als hätte sie den König schließlich davon überzeugt, daß ernsthaftere Störungen der öffentlichen Ordnung von ihren Gesinnungsgenossen nicht zu befürchten und diese nur in rein religiöser Absicht organisiert seien. Indessen half den Ketzern die eventuelle königliche Nachsicht nichts, denn schon schritten die kirchlichen Gerichte und das Parlamentsgericht mit der ganzen Strenge des Gesetzes zumindest gegen die Schuldigen ein, die zu belangen sie sich trauten. Verschiedene wurden zum Tode verurteilt und lebendig verbrannt.

Das war Franz insofern peinlich, als es sein Bündnis mit den lutherischen deutschen Fürsten gefährdete, von dem er sich für seine gegen den Kaiser zielenden italienischen Pläne so viel versprach. Er ließ diesen also ausrichten, die Betreffenden seien nicht wegen ihres Glaubens verurteilt und hingerichtet worden, sondern als

Majestätsbeleidiger. Und für die drakonische Bestrafung von Majestätsbeleidigung durfte von jedem regierenden Fürsten Verständnis erwartet werden, und dies traf auch auf die deutschen evangelischen Fürsten zu.
Fürs erste das Weite zu suchen, als man in Paris die ketzerischen Plakatwerber verbrannte, hielt aber der Dichter charmanter Preisgedichte sowie nicht weniger charmanter Satiren auf hochgestellte Damen – der nachmalige Übersetzer der später bei Hofe gesungenen Psalmen, Clément Marot – für ratsam. Er hatte behördlicher Zweifel an seiner Rechtgläubigkeit wegen schon früher Ärger gehabt. Damals, 1526, war er an Richter geraten, die ihn trotz seiner Beteuerungen tadelloser Rechtgläubigkeit ketzerischer Sympathien überführt sahen (er habe demonstrativ das Fastengebot der Kirche mißachtet, fand man) und ihn ins Gefängnis steckten. Zwar hatte er dort nicht allzu lange schmachten müssen – weder nach dieser ersten Verhaftung noch als er einige Jahre später ein weiteres Mal wegen des gleichen Verdachts eingekerkert wurde, hatten ihn seine königlichen Gönner im Stich gelassen. Dennoch mochte es ihm nach solchen Erfahrungen geraten scheinen, das Weite zu suchen, wenn der König es jetzt zuließ, daß Ketzer auf dem Scheiterhaufen verbrannt wurden.
Marots Werdegang war insofern charakteristisch, als der Zug der Zeit dahin ging, jeden Zweifler oder Eklektiker der einen oder anderen der beiden immer unversöhnlicher einander gegenüberstehenden Parteien zuzuordnen. Die beiden feindlichen Parteien waren inzwischen ja auch am Hofe Franz' I. repräsentiert. Marot als Anhänger der die Protestanten protegierenden Madame d'Etampes mußte mithin nicht nur die Richter des Parlaments, sondern auch Diana fürchten. Und er war gut beraten, sich in Sicherheit zu bringen, denn er war kaum weg, als sein Name auf einer Liste von Angeklagten erschien, die aufgefordert wurden, sich binnen drei Tagen dem Gericht zu stellen, widrigenfalls sie in Abwesenheit zur Verbannung, Enteignung ihrer Güter oder zum Feuertod verurteilt wurden. Es mag keines besonderen Hinweises bedurft haben, die Richter auf die fragwürdige Gesinnung des Dichters aufmerksam zu machen. Sollte das aber der Fall gewesen sein, könnte sehr wohl die Feindin der königlichen Favoritin, Diana, dafür gesorgt haben. Denn fürs erste geneigt, den Dichter für das Opfer einer Hofintrige zu halten, war zweifellos Katharina, die überzeugt von

der Unerschütterlichkeit der päpstlichen Macht, die Umtriebe der deutschen und französischen Protestanten nicht sonderlich ernstnahm. Sie war von den Machenschaften der beiden großen Damen viel unmittelbarer betroffen als von den Bestrebungen der gegen die Römische Kirche aufbegehrenden Intellektuellen und anderen Unzufriedenen. So lag für sie wenigstens anfänglich das Mißverständnis nahe, daß die ganze Glaubensspaltung irgendwie hätte vermieden werden können, wenn nicht jede der beiden »Tigerinnen« eine Partei gebraucht hätte.

Tatsächlich suchte schon seit Jahren die jetzige Madame d'Etampes – unterstützt von Margarete, die mit vielen Anliegen der Protestanten sympathisierte – deren Bruder, den König, für die Idee der Reformation zu gewinnen. So führten sie ihn einmal in die Kirche Saint-Eustache, als dort (was erstaunlicherweise zugelassen wurde) ein Lutheraner predigte. Doch dessen eigens zu dem Zweck verfaßte Predigt, den König aus seiner katholischen Selbstzufriedenheit aufzurütteln, verfehlte ihre Wirkung, weil der Priester in seinem Übereifer des Guten zuviel tat, sich in seinen Argumenten verhedderte, schrie, und die Kanzel mit Faustschlägen traktierte. Das mißfiel Franz dermaßen, daß er die Kirche verließ, verärgert, daß man ihm ein so klägliches Spektakel zugemutet hatte. Ebensowenig wußte ein lutherischer Theologe ihn zu überzeugen, den die Damen zum Vortrag der lutherischen Argumente gegen die Messe in die Gemächer des Königs eingeladen hatten. Franz I. erwies sich bei dieser Gelegenheit in theologischen Fragen überraschend bewandert und widersprach dem Häretiker so scharfsinnig und überzeugend, daß dieser sich geschlagen geben mußte und beschämt das Feld räumte – angeblich zog er aus dieser Niederlage sogar die Konsequenz, in den Schoß der katholischen Kirche zurückzukehren.

Diana von Poitiers andererseits war entschlossen, dem König klarzumachen, welch tödliche Gefahr von den Lehren der Ketzer nicht allein der Papst-Kirche, sondern auch der Monarchie drohte. Mit der Aufgabe, den König von der Notwendigkeit zu überzeugen, die von der Favoritin favorisierte Ketzerei im Keime zu erstikken, betraute sie den von Franz hochgeschätzten Montmorency. Der König lauschte seinen Darlegungen mit aller Achtung und Freundschaft, die er für ihn fühlte, stutzte aber dennoch, als dieser ihm schließlich riet:

»Sire, die Ketzer müssen verbrannt werden.«
»Niemals«, erwiderte der König.
Aber diese Unterhaltung lag, als die Geschichte mit den Plakaten passierte, schon einige Jahre zurück.
Seitdem hatte Franz I. die Gerichte ermächtigt, die Häresie, wo sie Unruhen provozierte, als gesetzlos zu verurteilen. So gab es nun für die Verfolgung der Protestanten durch die weltlichen Gerichte eine gesetzliche Grundlage. Diese ermöglichte es auch, daß nach der Plakat-Affäre die Scheiterhaufen brannten.
Als Anna erfuhr, daß ihr Geliebter es gewagt hatte, die Religionspartei, der sie sich verbunden fühlte, mit gerichtlicher Verfolgung zu bedrohen, führte sie ihm einen Tobsuchtsanfall vor, bei dem sie immerhin ihr Taschentuch mit den Zähnen zerriß. Wenn es nach ihr gegangen wäre, hätte sie die katholische Partei mit Stumpf und Stiel ausgerottet. Es hätte sie jedenfalls gewiß tief befriedigt, den allzu schönen Kopf Dianas unter dem Beil des Scharfrichters fallen zu sehen. Diana dagegen nahm die königliche Verordnung, die den weltlichen Gerichten ein Mittel an die Hand gab, die Häretiker zu verfolgen, mit Vergnügen zur Kenntnis. Wenn es vielleicht auch zuviel der Hoffnung war, daß kraft dieser Verordnung das Pariser Parlamentsgericht eines schönen Tages auch die häretische Favoritin auf den Scheiterhaufen schicken möchte.
Das war denn natürlich auch nicht geschehen. Doch die skizzierten Umstände machten jedenfalls verständlich, weshalb Katharina in den Scheiterhaufen nach der Affäre der Plakate den Sieg Dianas und Annas Niederlage auflodern sah.

Weshalb aber brannten diese Scheiterhaufen?

In der gesamten abendländischen Christenheit war am Ende des 15. Jahrhunderts die Überzeugung verbreitet, daß die Kirche einer Reform bedürfe. Rom aber schien diesem Bedürfnis nicht entsprechen zu wollen. Deshalb wurde die Erneuerung des Christentums außerhalb der Kirche und gegen diese in Angriff genommen. Als Papst Paul III. 1538 endlich das allgemeine Konzil einberief, das die notwendigen Reformen beschließen sollte, ließ dessen erste Sit-

zung noch ganze sieben Jahre auf sich warten. Erst am 13. September 1545 wurde das Konzil zu Trient eröffnet. Da aber wirkte Luther schon dreißig Jahre gegen Rom, hatte die meisten deutschen Fürsten auf seiner Seite und seinen Einfluß auch in der französischen königlichen Familie geltend gemacht.
Allerdings sollte sich mit den auf dem Konzil zu Trient gefaßten Beschlüssen die Kirche in der Folge von innen selbst erneuern. Aber als das Konzil im Jahre 1563 zu Ende ging, bestanden schon in vielen Ländern evangelische Landeskirchen, war die bis heute andauernde Glaubensspaltung schon vollzogen.
Ermöglicht hatte diese Spaltung der schwer beschädigte, wenn nicht ruinöse Zustand der Kirche zu Beginn des 16. Jahrhunderts. Genau zu der Zeit, als Papst Julius II. den Plan faßte, in Rom an Stelle der früheren bescheidenen Peterskirche als Kathedralkirche der Christenheit einen großartigen Neubau auszuführen. Dieser Bau sollte aus Spenden finanziert werden, die sich für die Spender auch persönlich lohnen sollten, denn er versprach ihnen dafür einen Ablaß der im Fegefeuer zu verbüßenden zeitlichen Sündenstrafen.
»Niemand glaubt, was zu Rom für eine Büberei und gräuliche Sünde und Schande gehen; man kanns keinem bereden, daß so große Bosheit da ist, er sehe, höre und erfahre es denn. Daher sagt man: Ist irgendeine Hölle, so muß Rom darauf gebaut sein; denn da gehen alle Sünden in Schwang.« So hat Martin Luther, der in Geschäften seines Ordens 1510 nach Rom kam und etwas länger als ein Jahr dort zubrachte, der Heiligen Stadt in späteren Jahren des öfteren gedacht.
Doch man brauchte nicht bis nach Rom zu gehen, um zu der Einsicht zu gelangen, daß beim geistlichen Stande vieles im argen lag. Überall in der Christenheit, nicht zuletzt auch in Frankreich, war das offenkundig. Die Pfarrverweser waren entsetzlich arm und unwissend. Manche konnten kaum lesen und hatten von den Sakramenten die verschwommensten und falschesten Begriffe. Viele Gemeinden waren ohne Pfarrer, es gab Städte, wo schon seit so langem kein Geistlicher mehr gesehen ward, daß das Christentum dort in Vergessenheit zu geraten begann. Da dem Konkordat zufolge die höhere Geistlichkeit mit ihren Ämtern vom König – d.h. nicht nach geistlichen, sondern vielmehr nach politischen Kriterien – betraut wurde, tat sie wenig dazu, den erbärmlichen Zustand

des niederen Klerus zu bessern. Die adligen Prälaten, die ihre Pfründe als Lohn für der Krone erwiesene Dienste oder als Beweise der Gunst des Königs empfangen hatten, kümmerten sich um ihre Diözesen oft nur insofern, als sie die ihnen daraus zufließenden Einkünfte wahrnahmen. Die gestatteten es ihnen, ein standesgemäßes Leben bei Hof zu führen. Skandalöse Zustände herrschten auch in vielen Klöstern. Von der Unsittlichkeit der Mönche und Nonnen hat Luther ausführlich berichtet.

In der Tat hatten die offenkundigen Laster der Mönche und der Geistlichkeit – insbesondere deren ärgerliche Unkeuschheit, da Mönche manches Mädchen entjungferten und manche gute Frau zum Ehebruch verführten, Kirchenfürsten ihre Konkubinen nicht vor der Welt zu verbergen suchten sowie der anstößige Handel, den sie mit den Gnadenmitteln der Kirche trieben – lange niemanden an den von der Kirche verkündeten Glaubenswahrheiten irre gemacht. Zwar tadelte man das unzüchtige Leben der Priester und deren Gewinnsucht, aber an dem Nutzen des Meßopfers, das sie so gewinnbringend verschacherten, an der Fähigkeit des Papstes, armen Seelen den Aufenthalt im Fegefeuer zu verkürzen, zweifelte man nicht. Selbst Luther will daran noch nicht gezweifelt haben, als er in Rom war: »Ich war auch so ein toller Heiliger, lief durch alle Kirchen und Klüfte, glaubte alles, was daselbst erlogen und erstunken ist. Ich habe wohl auch eine Messe oder zehn zu Rom gehalten, und es war mir dazumal schier leid, daß mein Vater und Mutter noch lebten, denn ich hätte sie gern aus dem Fegefeuer erlöset mit meinen Messen und anderen mehr trefflichen Werken und Gebeten«, erzählte er später.

Aber dann, am Vorabend des Allerheiligenfestes des Jahres 1517, stellte er jene 95 Thesen über die Kraft des Ablasses zur Diskussion, an denen sich der Streit entzündete, der plötzlich weitverbreitetes Mißtrauen auch gegen gewisse Lehren der Kirche offenbarte: »Die predigen Menschentand, die da sagen, daß, sobald der Groschen, in den Kasten geworfen, klinge, die Seele aus dem Fegefeuer springe«, sagte die 27. dieser Thesen.

»Ein Prediger, der verkündet, daß eine Seele, die im Fegefeuer zurückgehalten wird, in demselben Augenblick auffliege, in welchem das vollständig vollbracht ist, wofür vollkommener Ablaß gewährt wird, wie z.B., wenn das Geldstück in den Kasten geworfen ist, der predigt nicht Menschentand, sondern die lautere katholische

Wahrheit«, sagte der Generalprior der Dominikaner, Sylvester Prierias, der in Rom Luthers Thesen entgegentrat. Und was Luthers so eingängige Formulierung dieser Wahrheit betraf, sagte er: »Ein Prediger, der so lehrt (sobald das Geld im Kasten klingt, die Seele aus dem Fegefeuer springt), ist nicht tadelnswerter als ein Koch, der einem überdrüssigen Magen die Speisen durch Zusatz von Gewürzen pikant macht.«

Aber viele pflichteten Luthers Thesen bei, vor allem denjenigen, die Ehre und Würde des Papstes in Frage stellten. Inzwischen wurde ja längst nicht mehr nur die Befugnis und Befähigung des Papstes bestritten, aus sozusagen eigener Machtvollkommenheit auf das Los der Verstorbenen Einfluß zu nehmen, sondern die Autorität des Papstes überhaupt – und mit ihr diejenige des ganzen geistlichen Standes angezweifelt.

Die Legitimation eines besonderen geistlichen Standes hatte Luther 1520 in der Schrift *»An den christlichen Adel deutscher Nation«* angefochten: »Denn alle Christen sind wahrhaft geistlichen Standes ... drum sollte ein Priesterstand nichts anderes sein in der Christenheit als ein Amtmann: solange er im Amt ist, geht er vor, wird er abgesetzt, ist er ein Bauer oder Bürger wie jeder andere.« Mithin verwarf Luther auch die Vorschrift des Zölibats, die ja nur deshalb eingeführt wurde, um dem ärgerniserregend unsittlichen Lebenswandel der Priester vorzubeugen. Es sollte Priestern freistehen zu heiraten oder nicht. Er selbst, der ehemalige Mönch, vermählte sich am 13. Juni 1525 mit einer ehemaligen Nonne.

In der ebenfalls 1520 veröffentlichten Schrift *»Von der babylonischen Gefangenschaft der Kirche«* kritisierte Luther die römische Lehre von den Sakramenten und griff damit die Kirche in ihrem innersten Wesen an. Zunächst bestritt er von den sieben Sakramenten vieren den sakramentalen Charakter: Weder die Firmung noch die Ehe oder die letzte Ölung lassen sich aus der Heiligen Schrift als Sakramente begründen, die Priesterweihe erst recht nicht, da die Bibel einen Unterschied zwischen Priestern und Laien nicht kennt. Von den drei übrigen läßt Luther nur das Sakrament der Taufe, so wie es in der Römischen Kirche gespendet wird, gelten. Denn die Buße ist als Erneuerung des inneren Lebens ohne jedes äußere Zeichen und also strenggenommen kein Sakrament. Und das Sakrament des heiligen Abendmahls ist, wie er sagt, »durch römische Tyrannei und Anmaßung in ein dreifaches Ge-

fängnis gesperrt worden«. Dieses dreifache Gefängnis sah er in den Lehren von der Kelchentziehung, der Brotverwandlung (Transsubstantiation) und vom Meßopfer. Den beiden letzteren Lehren zufolge verwandeln sich während der Meßfeier, durch die Hand des amtierenden Priesters, doch wesentlich von Christus selbst dargebracht, Brot und Wein in dessen Leib und Blut. So wiederholt sich bei jeder heiligen Messe das erlösende Opfer Christi. Und für die Gläubigen zeitigt jede heilige Messe dieselbe Frucht wie das Kreuzopfer: sie wendet ihnen die von Christus am Kreuze erworbenen Verdienste, Gnaden und Genugtuungen zu.
Eben das leugnete Luther, und damit griff er, wie gesagt, das Wesentliche des katholischen Gottesdienstes an. Statt der Messe ließ er nur die Kommunion, das heilige Abendmahl, als Sakrament gelten. Zwar war auch nach seiner Überzeugung Christus selbst in den von den Gläubigen genossenen Brot und Wein wirklich anwesend, aber nur im Augenblick des gläubigen Genusses des Gedächtnismahls. Wie überhaupt nach Luthers Lehre der sündige Mensch allein auf eine Rechtfertigung durch den Glauben hoffen konnte – zum Glauben aber nur kraft der Gnade Gottes, nie aus eigenem guten Willen fähig, da der Wille des sündigen Menschen nicht frei war. Gute Werke, wie sie die Römische Kirche empfahl, brachten einen, der nicht glaubte, seiner Erlösung keinen Schritt näher. Teuflischer Betrug war es deshalb, wenn die Römische Kirche den Christen weismachte, daß, wer eine Messe bezahlte, damit einen besonderen Anspruch auf die Verdienste Christi erwarb.
Eben dieser Meinung waren offensichtlich die Leute, die in der Nacht vom 17. auf den 18. Oktober 1534 eines ihrer Plakate gegen die Messe sogar an die Schlafzimmertür Franz' I. im Palast zu Amboise zu kleben wagten.
»Der Papst und all sein Ungeziefer von Kardinälen, Bischöfen, Priestern, Mönchen und andern heuchlerischen Messelesern, und wer ihnen beistimmt, sind falsche Propheten, verdammungswürdige Betrüger und verabscheuungswürdiger als der Teufel«, las man da. »Durch die Messe aber«, erfuhr man weiter, »wird jede Kenntnis Jesu Christi ausgelöscht, die Predigt des Evangeliums verworfen und gehindert, die Zeit ausgefüllt mit Geläute, Geheul, Geplärr, leeren Zeremonien, Lichteranzünden, Beräucherungen, Mummereien und ähnlichen Zaubereien, wodurch die arme Welt, Schafe wie Böcke, elendiglich betrogen, hingehalten und irrege-

führt und durch diese reißenden Wölfe gefressen, ausgesaugt und verschlungen wird . . .«
Zum Schluß aber die zuversichtliche Erklärung, daß damit nun Schluß gemacht werden soll:
»Kurz, die Wahrheit vertreibt sie, die Wahrheit bedrängt sie, die Wahrheit verfolgt sie, die Wahrheit erschreckt sie, und durch sie wird in Bälde ihr Reich vernichtet werden auf immer.«
Die unmittelbaren Folgen, die diese Zuversicht für die französischen Protestanten nach sich zog, haben wir weiter oben schon angedeutet. Hier noch einige sprechende Details: Parlament, Stadtvertretung und Universität hielten Sühneprozessionen. Am 24. Oktober ließ der Hof durch zwei Trompeter an den Straßenkreuzungen verkünden, wer die Lutheraner anzeige, welche die Plakate angeheftet hätten, erhalte hundert Taler Belohnung, wer sie verheimliche, werde mit dem Feuertod bestraft. Inzwischen wurden überall Haussuchungen gehalten, häretische Bücher beschlagnahmt, am 10. November wurden die ersten Todesurteile gefällt. Fast täglich brannte in den folgenden Monaten irgendwo in Paris ein Scheiterhaufen. Am 21. Januar 1535 fand auf Anordnung des Königs in Paris eine große Sühneprozession statt mit dem Heiligsten Sakrament und allen Reliquien seiner Hauptstadt, »wie man sie dort nicht geschaut hatte seit dem Tage ihrer Gründung«. Nach dieser Prozession und einem feierlichen Pontifikalamt in der Kathedrale von Notre-Dame hielt, bei einem Mittagessen im bischöflichen Palast, der König vor den Vertretern des Klerus, der Universität, der Stadt und des Parlaments eine Rede, in der er seine Absicht bekräftigte, »die Lästerer von niedrigem Stand und noch niedrigerer Bildung«, die sich unterstanden, das heilige Altarsakrament, das alle Gnaden in sich enthalte, mit dummen Schmähschriften zu beschimpfen, unnachsichtig zu verfolgen und Irrlehren gänzlich auszurotten.
Seine Zuhörer bei dieser Gelegenheit wußten jedoch sehr wohl, daß die Anhänger der häretischen neuen Lehren in Paris und anderswo in Frankreich in Wirklichkeit keineswegs alle niedrigsten Standes oder niedrigster Bildung waren.
Die Unruhen, von denen der König ein Jahr vor Erscheinen der Plakate gegen die Messe in Lyon benachrichtigt wurde, hatte ja, wie erwähnt, kein geringerer als der damalige Rektor der Pariser Universität provoziert. In Paris wie an anderen Universitäten hat-

ten die Humanisten ein der Kritik an kirchlichen Dogmen und Institutionen sehr günstiges Klima geschaffen. Und als am 10. Oktober 1533 der junge Bakkalaureus der Medizin, Nicolas Cop vom Barbara-Kolleg zum Rektor der Universität gewählt wurde, schien es, als sollten in dem Streit zwischen den Konservativen und den Anhängern der neuen Richtung die letzteren die Oberhand behalten.

Zu den Studierenden an der Sorbonne gehörten damals jedoch auch die sieben jungen Leute, die wenige Monate vor dem Erscheinen der protestantischen Plakate, am 15. August 1534, in der Märtyrerkapelle auf dem Montmartre die Gelübde getan hatten, mit denen später die Gesellschaft Jesu, der Jesuitenorden, gegründet wurde, der an der Verteidigung, Stärkung und Erneuerung der katholischen Kirche so tatkräftig mitwirken sollte. Der Stifter dieser Gemeinschaft, Ignatius von Loyola, ermahnte seine Gefährten schon damals ausdrücklich zum absoluten Gehorsam gegen die Kirche. Doch Loyola warnt auch: Zwar sei es gewiß, daß niemand erlöst werden könne, ohne von Gott dazu prädestiniert, vorherbestimmt zu sein, ohne den Glauben und ohne die Gnade – doch müsse man sich hüten, davon so zu reden, daß jemand entmutigt werden könnte, gute Werke anzupacken, »die von geistlichem Nutzen für seine Seele und verdienstlich für das ewige Leben wären«. Deshalb rät er sich selbst und seinen Gefährten: »Man rühme also ruhig den Glauben und die Gnade, soviel einem mit Gottes Hilfe erreichlich ist; doch sei es in einer Form, die nicht zur Geringschätzung der Werke und des freien Willens verführt, insonderheit in den jetzigen so gefährlichen Zeiten.«

Und auf Tätigkeit in diesen gefährlichen Zeiten brannten die Gefährten. Im zweiten Kapitel der *Summa Instituti*, mit der sie 1539 in Rom Papst Paul III. die Grundsätze einer Konstitution des Ordens darlegten, um dessen Anerkennung sie baten, heißt es:

»Alle Gefährten seien eingedenk . . . daß diese Gesellschaft in ihrer Gesamtheit und jeder einzelne in freiem Gehorsam unter unserem heiligsten Herrn Paul III. und seinen Nachfolgern Gott Kriegsdienst leistet und so der Befehlsgewalt des Statthalters Christi und seiner göttlichen Amtsgewalt untersteht, daß er ihm nicht nur jenen Gehorsam zu erweisen hat, den ihm alle Kleriker schulden, sondern daß wir durch das Band eines Gelübdes verpflichtet sind, alles, was Seine Heiligkeit befiehlt, zum Fortschritt der Seelen und zur Ausbreitung des Glaubens . . . auf der Stelle auszuführen, soweit es an uns liegt, sei es nun, daß es uns zu den Türken oder zur Neuen Welt oder zu den Lutheranern oder zu irgendwelchen anderen Ungläubigen oder Gläubigen schickt.«

1540 erhielt die *Compañia de Jesus*, des Fähnlein Jesu, wie Ignatius die von ihm angeführte Gemeinschaft nannte, die Anerkennung durch den Befehlshaber, dem es in unbedingtem Gehorsam zu dienen versprach. Paul III. genehmigte die Konstitution des neuen Ordens. 1000 Mitglieder hatte dieser, als Ignatius 1556 starb. Rund fünfzig Jahre später befehligte der General der Compañia bereits 10 000 Streiter für Jesus und die Braut Christi, die heilige Mutter, die Kirche.

Aber zurück zu jener Rede, in der am 21. Januar 1535 König Franz I. zu Paris so feierlich versprach, die lutherische Irrlehre in seinem Reich mit Stumpf und Stiel auszurotten, ja seine eigenen Kinder, wenn sie dieser verfluchten Lehre verfielen, Gott als Schlachtopfer darzubringen. Mit diesem Versprechen räumte er immerhin die Möglichkeit ein, daß nicht nur »Lästerer von niederem Stand« der fraglichen Lehre anhingen. Tatsächlich hatte diese ja schon damals Anhänger nicht allein beim Klerus – 1525 bereits war sogar der Bischof von Meaux wegen Begünstigung der Häretiker gemaßregelt worden – sondern auch beim hohen Adel, ja, wie wir wissen, sogar im Schlafzimmer des Königs.

Und bald sollten die Großen des Reiches ihre Meinungsverschiedenheiten, was die Art der Anwesenheit Christi bei der Eucharistie und das richtige Verhältnis zwischen Glaube, Gnade und guten Werken anging, mit Waffengewalt auf dem Schlachtfeld auszutragen beginnen und die Franzosen sich in blutigen Bürgerkriegen für oder wider den freien Willen, die Verdienstlichkeit der guten Werke, der Totengebete und der Heiligenverehrung gegenseitig zerfleischen. Wie wir sehen werden, wirkten, von der Religion abgesehen, auch an diesen Kriegen alle Leidenschaften mit, die im Krieg stets, bei Bürgerkriegen aber ganz besonders, fürchterlich zum Zuge kommen, nämlich Machtlüsternheit und Ruhmsucht, Neid, Habgier, Mordlust und Rachsucht, um nur einige zu nennen; aber der rechte Glaube war den Gegnern immerhin so wichtig, daß er auch von denjenigen, die hauptsächlich um anderen Besitz kämpften, als Vorwand in Anspruch genommen wurde.

Von den Greueln, die sich da zusammenbrauten, schien Franz I. nichts zu ahnen. Am 29. Januar 1535 erließ er ein Dekret: wer einen Lutheraner verberge, werde als solcher bestraft; wer ihn ausliefere, erhalte ein Viertel der beschlagnahmten Habe.
Ein Jahr später, am ersten April 1536, widmete Johann Calvin, der bei Beginn der neuen Verfolgung der Lutheraner rechtzeitig das Land verlassen hatte, dem König aus Basel die erste Ausgabe seiner Christenlehre, der *Institutio Religionis Christianae* mit einem Vorwort, in dem er seine Glaubensgenossen gegen den ihnen gemachten Vorwurf umstürzlerischer und staatsfeindlicher Absichten verteidigte: »Natürlich sinnen wir auf Beseitigung der Könige, wir, bei denen nie ein aufrührerisches Wort gehört wurde, deren Leben stets als ruhig und schlicht bekannt war«, heißt es da ironisch. Und weiter, nicht ironisch: »Haben wir doch durch Gottes Gnade nicht so kärgliche Fortschritte gemacht, daß unser Leben unsern Verleumdern nicht zum Vorbild in Keuschheit, Bescheidenheit und jeglicher Tugend dienen könnte!« Daß dereinst die Feinde der Krone sich auf Calvins *»Unterweisung in der christlichen Religion«* berufen würden, hat im Frühjahr 1536 gewiß dieser selbst nicht geahnt. Franz I. ließ es sich ohne Zweifel nicht träumen, denn gerade damals hieß sein Traum wieder einmal: die Eroberung Italiens.

Montmorency ruiniert die Provence und Karl V., wofür er mit dem Amt des Konnetabels belohnt wird

Um die Kosten eines Kriegszugs nach Italien bestreiten zu können, befahl Franz I. am 12. Februar 1536 die Beschlagnahme eines Drittels der Kirchengüter und der Hälfte der Güter der Bischöfe und Erzbischöfe. Wie schon bei früheren Gelegenheiten, wenn er die Staatskasse durch solche Maßnahmen aufgefüllt hatte, rührten ihn die Klagen der Geschröpften, deren Anrufungen des Vatikans nicht im mindesten: In das Recht des Königs, von Groß und Klein die ihm erforderlichen Abgaben zu erheben, wollte er sich nicht hereinreden lassen. Katharina, voller Bewunderung für die so demonstrierte Machtvollkommenheit des Monarchen, ließ sich die Rücksichtslosigkeit ihres Schwiegervaters gegen die Geistlichkeit

eine Lehre sein für die Zukunft, in der sie, wenn den Sternen zu glauben war, dem Thron näherstehen würde als es vorerst schien. Noch im August 1535 hatten in Brüssel Eleanore, die Gemahlin Franz I., und ihre Schwester Maria von Ungarn, die Regentin der Niederlande, Eleanore als Abgesandte des französischen Königs, Maria als Vertreterin des Kaisers, über eine weitere Annäherung der beiden verfeindeten Häuser durch eine weitere Eheschließung verhandelt. Eleanore hatte den Auftrag zu sondieren, ob ihr Bruder gesonnen sei, einem der Söhne ihres Gemahls das Herzogtum Mailand zu geben. Doch das lag Karl V. fern. Die Verhandlungen der beiden Schwestern brachten Franz I. nicht, wie er vielleicht gehofft hatte, auf friedlichem Weg ans Ziel seiner Wünsche, und so befahl er den Einfall nach Savoyen und Piemont.
Heinrich zog in den Krieg und durfte hoffen, sich Mailand endlich doch noch zu erobern: seitdem kürzlich der bisherige Herzog, Sforza, gestorben war, betrachtete er sich schon als dessen sozusagen legitimen Nachfolger. Befehligt wurde das königliche Heer vom Marschall von Brion, einem Freund der Schwester und der Geliebten des Königs, der wie diese beiden mit den Protestanten sympathisierte. Heinrich aber trug die Farben seiner Angebeteten ins Feld, einer, wie wir wissen, Verteidigerin katholischer Rechtgläubigkeit – schwarz und weiß. Wenn dies dem General auch vielleicht nicht angenehm war, so sollte es sich bald ändern, denn der zögernde Brion wurde von dem ungeduldigen König seines Kommandos enthoben und Montmorency an dessen Stelle gesetzt. Montmorency aber gehörte zur Partei Dianas, deren Macht beim König Katharina durch diese Ernennung wieder einmal bewiesen sah.
Die Reaktion des Kaisers auf den Einfall französischer Truppen in Piemont ließ nicht lange auf sich warten. Von Italien aus fielen die den Franzosen zahlenmäßig überlegenen Kaiserlichen in die Provence ein. Dem König fehlte es an zum Widerstand ausreichenden Kräften. Da er die Truppen Karls V. im Felde nicht schlagen konnte, praktizierte Montmorency die Strategie der verbrannten Erde. Das Verfahren kam zweifellos dem Temperament des Mannes entgegen, der seinem König geraten hatte, alle Ketzer zu verbrennen, doch bot sich unter den Umständen auch kaum ein anderes an. Franzosen verbrannten also französische Städte und Dörfer, verwüsteten französische Ernten und vergifteten französische Brun-

nen. Die Kaiserlichen, bald dezimiert von Hunger und Durchfall, drangen zwar bis Marseille vor, mußten aber schließlich abziehen, geschlagen, ohne je Gelegenheit gehabt zu haben, eine Schlacht zu schlagen. Freilich, die Provence war verwüstet.
Montmorency aber behauptete mit seinem vorbildlich ausgerüsteten und wohlgenährten Heer von 30 000 Schweizer Söldnern unangefochten ein vorzüglich befestigtes Lager bei Avignon und genoß seinen Sieg, den er mit so hohen Opfern der Bevölkerung jenes gesegneten Landstrichs erkauft hatte. Sein dankbarer König belohnte ihn mit dem höchst ehrenvollen Amt des Konnetabels, das ihn zum Oberbefehlshaber aller königlichen Heere machte. Heinrichs unermeßliche Bewunderung sollte aus diesem strengen und unbeugsamen Mann einen der einflußreichsten Frankreichs machen – da nämlich ein von niemandem (außer anscheinend von Katharinas Sterndeutern) vorhergesehenes tragisches Ereignis den zweiten Sohn des Königs, Katharinas Gemahl, zum Dauphin und Thronfolger werden ließ.

Ein Todesfall, der vielleicht in den Sternen geschrieben stand

Am 10. August 1536 starb vollkommen überraschend in Tournon der Lieblingssohn des Königs, sein vom Gesetz designierter Nachfolger, der Dauphin Franz. Nach einem hitzigen Schlagballspiel mit seinem Sekretär Montecuculli trank er hastig eine große Menge eisgekühlten Wassers, erkrankte und war anderntags tot. Die von sieben Ärzten vorgenommene Autopsie ergab ganz sicher, daß der Prinz eines natürlichen Todes gestorben war. Der König hatte diesen Sohn besonders geliebt, wenngleich er ihn immer zu verschlossen und zurückhaltend gefunden hatte. Besonders beunruhigt hatte ihn, daß der junge Mann mit siebzehn noch keine Geliebte hatte. Als er dann erfuhr, daß Franz ein leidenschaftliches Verhältnis mit Mademoiselle l'Estrange begonnen habe, beruhigte ihn das nicht wenig. Es ist nicht unwahrscheinlich, daß der Dauphin sich jene Lungenentzündung, die ihn mit achtzehn ins Grab brachte, zugezogen hat, weil er sich nicht nur beim Ballspiel, sondern auch in der Liebe zuviel zumutete. Aber das sind natürlich

müßige Spekulationen. Nicht müßig blieb nach der Veröffentlichung des Autopsiebefunds das Gerücht, das die Natürlichkeit dieses Todes nicht wahrhaben wollte und den Sekretär des Prinzen verdächtigte, ihn vergiftet zu haben. Denn es blieb nicht bei dem Gerücht, Montecuculli wurde dieses Verbrechens angeklagt. Gegen ihn sprach, daß er dem Prinzen das eisgekühlte Wasser gereicht hatte. War er nicht vielleicht seinem einstigen Herrn, Karl V. treuer geblieben, als man ahnte?
Wie sich's nun auch immer in Wirklichkeit verhielt (alle dem Historiker zugänglichen Indizien sprechen für seine Unschuld), auf der Folter gestand der unglückliche Montecuculli alles, was man von ihm hören wollte: nicht allein die Vergiftung des Prinzen, sonder überdies die Absicht, auch den König selbst zu vergiften. In öffentlicher Verhandlung zu Lyon wurde er zur Strafe der Königsmörder verurteilt und dann auf einem Platz der Stadt von Pferden gevierteilt. Die Menge bemächtigte sich der blutenden Viertel und zerfetzte diese, bis es nichts mehr zu zerfetzen gab. Die Schwester des Königs, Verfasserin des *»Spiegels der Sündigen Seele«*, wohnte dem Spektakel bei.
Doch auch nachdem ein Schuldiger dingfest gemacht und abgeurteilt worden war, bestand das Gerücht über die unnatürlichen Umstände des Todes des Prinzen Franz weiter. Denn hatte man bisher zweifelsfrei erfahren, zu welchem Zweck, in wessen Auftrag und mit wessen Hilfe Montecuculli den Prinzen vergiftet hatte? Franz I. wollte von all diesen Fragen nichts hören. Er wollte nicht einmal glauben, daß der Mörder im Auftrag des Kaisers gehandelt habe, geschweige denn, das, was nun erzählt wurde: Daß das Gift ein italienisches Erzeugnis sei, und zwar hätten es die Giftmischer der italienischen Prinzessin von Orléans hergestellt und dem unglücklichen Prinzen in Katharinas Auftrag verabreicht, da doch beim Tod des Dauphins niemand so viel zu gewinnen hatte wie sie. Franz I. wies jedoch alle Verdächtigungen seiner Schwiegertochter entschieden zurück. Aber bei anderen blieben sie haften und vertieften das Mißtrauen gegen die ohnedies verdächtige Italienierin. Schließlich war ja nicht zu leugnen, daß sich ihr beim Tod des Dauphins die glänzendsten Aussichten eröffnet hatten.

Doch was er für Katharina mit sich bringen soll, steht noch immer in den Sternen

Am 1. Januar 1537, bei der Hochzeit ihrer jungen Schwägerin Magdalena mit König Jakob V. von Schottland in der Kathedrale Notre-Dame (zwei Monate später sollte die junge Braut in Schottland an der Schwindsucht sterben), saß Katharina als Gemahlin des Thronfolgers neben Königin Eleanore. Daß sie sich auf diesem ehrenvollen Platz dem Hof in ungetrübter Freude gezeigt hätte, ist indessen wenig wahrscheinlich. Denn obwohl sie da einen Rang gleich hinter der Königin selbst einnahm, Anspruch auf fast schon königliche Ehren hatte, war ihr doch nur allzu schmerzlich bewußt, daß sie schon bald vielleicht auf nichts mehr Anspruch haben würde. Denn sie war noch immer kinderlos. Und die Kinderlosigkeit einer Dauphine war unverzeihlicher als die Unfruchtbarkeit einer Prinzessin von Orléans. Wenn sie kinderlos blieb, mußte sie damit rechnen, spätestens bei der Thronbesteigung ihres Gemahls verstoßen und für den Rest ihrer Tage in ein Kloster verbannt zu werden.

Diese Gefahr wurde im Laufe des Jahres noch erhöht durch ein Ereignis am Rande des erneut ausgebrochenen Krieges zwischen König und Kaiser um Italien. Der Dauphin Heinrich verfehlte zwar auch bei diesem Feldzug das Ziel seiner kriegerischen Anstrengungen – Mailand eroberte er nicht –, doch machte er in Italien nebenher eine Eroberung, deren Konsequenzen für die königliche Familie und die Dynastie von höchstem Interesse war. Ein junges Mädchen aus Moncalieri namens Philippa Ducci, das er nach Art der Krieger genommen zu haben scheint, ohne sich ihrer Einwilligung durch lange Verhandlungen zu vergewissern, fand sich nämlich durch den Husarenstreich des Prinzen geschwängert – weniger zu ihrer eigenen Überraschung vermutlich als zu der des Prinzen und seiner Familie. Man nahm die werdende Mutter umgehend in Verwahrung und erwartete gespannt deren Niederkunft. Neun Monate, nachdem sie die schmeichelhafte Aufmerksamkeit des Prinzen erregt hatte, gebar sie ein Mädchen. Daraufhin steckte man sie in ein Kloster, und keine geringere als Diana von Poitiers nahm sich ihres Kindes an. In der Taufe gab sie dem Mädchen ihren eigenen Namen, Diana, und ließ es als königliche Prinzessin erziehen. Später legitimierte Heinrich dann auch diese Tochter, und sie

wurde als Diana von Frankreich schließlich mit Ercole Farnese, dem Herzog von Castro, verheiratet.
Überraschend war ihre Geburt für Franz I. und dessen Vertraute, weil an Heinrichs Zeugungsfähigkeit bis zu diesem Ereignis berechtigte Zweifel bestanden hatten. Der Prinz war nämlich mit jener angeborenen Mißbildung der Harnröhre behaftet, die die Ärzte als Hypospadie bezeichnen. Am Liebesgenuß hinderte diese den Prinzen nicht, aber der Verdacht, daß sie seine Zeugungsfähigkeit beeinträchtigen könnte, lag nahe, und solange an dieser Zweifel bestanden, konnte niemand die Schuld an der Unfruchtbarkeit seiner Ehe Katharina allein aufbürden. Die Geburt der Tochter Philippa Duccis schien nun zu beweisen, daß die Dauphine es allein sich selbst zuzuschreiben hatte, daß sie noch immer nicht Mutter war. Unter diesen Umständen schien die Verstoßung der unfruchtbaren Gattin des Thronfolgers durch die unwiderleglichste Staatsräson geboten. Das sah auch Katharina ein, und sie glaubte sich verloren.
Zumal auch der Hof sie schon aufgegeben hatte. Brantôme erwähnt, daß damals viele Personen dem König und dem Dauphin zuredeten, Katharina zu verstoßen, *»car il y a besoin d'avoir de la lignée en France«*, da Frankreich Thronerben brauche. Zunächst vertrat diese Meinung auch Diana von Poitiers. Sie empfahl als Nachfolgerin der kleinen Italienerin im Ehebett ihres Anbeters eine Tochter des Herzogs von Guise in Betracht zu ziehen, Luise von Lothringen, deren Schwester Marie jüngst den nach so kurzer erster Ehe erst kürzlich verwitweten König von Schottland, Jakob V., geheiratet hatte. Diese Verbindung schien ihren eigenen Interessen am förderlichsten, weil sie, von dem zukünftigen König vergöttert, hoffen durfte, durch ihre Beziehungen zu den Guisen auch eine diesem Geschlecht entsprossene Königin nach ihren Wünschen manipulieren zu können. Bei einigem Nachdenken kamen ihr dann aber Zweifel an dieser Rechnung. Die kleine Italienerin war sich ihrer Ohnmacht bewußt, und deshalb erfreulich gefügig. Die Guisen aber waren große Herren und, wie Diana selbst, würden sie wenig geneigt sein, eine Beute, die sie selbst verzehren konnten, mit jemandem zu teilen. Diana entschloß sich also nach reiflicher Überlegung, fürs erste weiterhin Katharina zu unterstützen.
Auf diese Weise trat Diana der Gattin ihres Anbeters als Verbündete zur Seite. Katharina, die sich bei ihrer gegenwärtigen Lage ihre

Verbündeten nicht aussuchen konnte, verbarg ihren Haß und zeigte sich bemüht, der Großseneschallin dankbar zu Diensten zu sein. So berichtete sie dieser wunschgemäß, was bei den Sitzungen des Kronrats verhandelt und entschieden wurde, insoweit sie davon Kenntnis erhielt: Wegen des Hasses, den Madame d'Etampes gegen sie hegte, konnte sich nämlich Diana im Kronrat nicht zeigen, während als Dauphine Katharina dort Zutritt hatte.
Madame d'Etampes andererseits hatte kaum erfahren, daß Diana der Verstoßung Katharinas das Wort redete, als sie schon deren Partei ergriff. Das lag für sie freilich um so näher, als sie keine Ursache hatte, eine Änderung der bestehenden Verhältnisse zu wünschen. Sie kannte die Großseneschallin, Marquise von Brézé, Tochter des Grafen von Saint-Vallier und so weiter, Dianas Adelstitel waren zahlreich und zumeist altehrwürdig – und traute ihr durchaus zu, selbst die Nachfolge der kleinen Italienerin antreten zu wollen. In dem Fall hätte sie selbst, das lag auf der Hand, nichts zu lachen gehabt. Und der Fall konnte bald eintreten. Franz I. kränkelte und alterte in letzter Zeit erschreckend schnell.
Seit ihrer Ankunft in Frankeich war Katharina von diesen beiden »Mächten« abhängig. Jetzt brachten es die Umstände mit sich, daß, zumindest für den Augenblick, die verfeindeten Damen sie beide unterstützten. Doch war ihr bewußt, daß sich diese günstige Situation jederzeit ändern konnte. Zuverlässige Unterstützung konnte sie nur von einem erhoffen, vom König, ihrem Schwiegervater. Sie warf sich Franz I. zu Füßen. Auf diesen Augenblick lief ihr ganzes bisheriges Leben hinaus; von der Entscheidung, die sie in diesem Augenblick herausforderte, hing ihre ganze Zukunft ab. Eine Klosterzelle? Oder der Thron von Frankreich? Sie wußte, daß der König sie schätzte und sogar liebte, und sie rief sein Urteil in so offenbarer und herzzerreißender Schicksalsergebenheit an, daß die Staatsräson von königlicher Großmut aus dem Feld geschlagen wurde. Demütig bekannte Katharina ihren Unwert, erklärte sich von vornherein bereit, sich geduldig jedem Schicksal zu fügen, das der König ihr bestimmen wolle, sei es in einem Kloster oder in einer untergeordneten Stellung bei Hof, wo sie in aller Demut der königlichen Familie noch in irgendeiner Form dienen könne. Franz I. richtete sie auf, umarmte sie und sprach: »Tochter, Gott hat gewollt, daß Sie meine Schwiegertochter würden und die Gattin des Dauphins, und ich will es nicht anders haben.« Mit die-

sen Worten verheiratete er sie gewissermaßen zum zweiten Mal. In Marseille hatte er sie mit dem Prinzen von Orléans verheiratet; jetzt aber mit dem Dauphin, dem zukünftigen König von Frankreich. Er sagte ihr, sie solle sich weiter anstrengen, Kinder zu bekommen: Eines Tages würde sie gewiß welche haben. Möglicherweise war er zu dieser Zeit der einzige, der ahnte, was in der kleinen Italienerin steckte. Er hatte beobachtet, wie die junge Frau es verstanden hatte, sich in der überwiegend feindseligen Atmosphäre des Hofes zu behaupten. Wie sie Beleidigungen ertragen hatte, ohne sich anmerken zu lassen, daß sie darunter litt, und mitunter Menschen für sich gewonnen hatte, die ihr keineswegs wohlwollten. Ihn dürfte nicht zuletzt deshalb interessiert haben, dem Sohn diese Frau zu erhalten, weil er ihr politisches Geschick (das sie ja auch in dieser Szene bewiesen hatte) weit höher einschätzte als das des Thronfolgers. Madame d'Etampes war Zeugin der folgenschweren Entscheidung des Königs. Auch für sie hatte ja viel davon abgehangen. Wenn der König die Verstoßung Katharinas verfügt hätte – was hätte bei der Thronbesteigung des Dauphins aus ihr werden sollen? Als Königin wäre Katharina imstande, ihr gegen die Wut der Angebeteten des neuen Königs einigen Schutz zu gewähren.

Inzwischen mußte sich freilich Katharina weiterhin anstrengen, schwanger zu werden, möglichst sogar einen Sohn zu gebären. Hatten ihr nicht ihre Sterndeuter dieses Kind versprochen?

Katharina wird von der glänzenden Diana gedemütigt

Der platonische Minnedienst des Dauphins endete im Laufe des Jahres 1538 – so nimmt man an, denn wenngleich nicht zu bezweifeln ist, daß ihn seine Angebetete irgendwann nach seiner Erhöhung zum Thronfolger erhörte, ist das Datum dieses folgenschweren Ereignisses nicht mit Sicherheit zu bestimmen. Beide, die Witwe des Großseneschalls der Normandie und der Prinz, der ihr Sohn hätte gewesen sein können, waren, was die Natur ihrer Freundschaft betraf, sehr diskret. Noch 1546 berichtete Marino Cavalli nach Venedig: »Dieser Fürst ist achtundzwanzig Jahre alt,

von kräftiger Konstitution und etwas melancholischen Gemüts ... Frauen ist er kaum geneigt. Die seinige genügt ihm. Unterhaltung findet er im Umgang mit Madame, der Seneschallin der Normandie, die achtundvierzig Jahre alt ist. Er empfindet wahre Liebe für diese, man glaubt aber, daß da keine Unzucht beigemischt sei und sich's verhält wie zwischen Mutter und Sohn. Man sagt, daß diese Dame es unternommen hat, den Herrn Dauphin zu belehren, zu berichtigen und zu beraten und ihn zu allen Handlungen anzuhalten, die seiner würdig sind. Und in der Tat gelingt ihr das aufs trefflichste. War er früher spöttisch und eitel und wenig verliebt in seine Frau, ist er jetzt ein ganz anderer Mensch geworden.«
Diese seine Frau andererseits bekennt in einem viele Jahre später (am 25. April 1584) geschriebenen Brief, daß sie das Verhältnis ihres verstorbenen Gemahls mit jener längst gleichfalls verstorbenen Dame nicht leicht ertragen hatte: »Er war König, und dennoch habe ich immer zu verstehen gegeben, wie sehr ich dieses Verhältnis bedauerte. Denn noch niemals hat eine Frau, die ihren Mann liebte, dessen Hure geliebt.«
Für die untadelige Diana war mit der Hingabe an den so jugendlichen Anbeter ein gewisses Risiko verbunden, das sie zweifellos erwogen haben wird, ehe sie handelte. Ihre marmorne Tugend war ja unverzichtbarer Bestandteil ihrer Identität mit der keuschen Jägerin, deren Name sie führte, der Göttin der Mondsichel, als welcher die Dichter ihr huldigten. Und, von aller Mythologie einmal abgesehen, mochte sie es wohl auch als demütigend empfinden, sich in ein Verhältnis zu begeben, in dem Katharina sie im stillen als die Hure ihres Mannes ansehen konnte. Laut sagen durfte Katharina das allerdings einstweilen nicht, denn Diana, eine Poitiers, hatte auf königlichen Rang weit besseren Anspruch als sie, die florentinische Krämerstochter. Doch wird vermutlich Heinrich, nunmehr Dauphin und also fast schon König, jetzt so nachdrücklich auf Erhörung seines Flehens bestanden haben, daß Diana fürchten mußte, ihre Macht über ihn zu verlieren, wenn sie ihm nicht entgegenkam. Nicht unwahrscheinlich ist denn auch die Vermutung, daß Montmorency, ihr Verbündeter und Ratgeber des Prinzen, der Großseneschallin gut zugeredet hat, ihrem Herzen den erforderlichen Stoß zu geben. Nur so könne sie ihren Anbeter auch für die Zeit nach seinem Regierungsantritt auf ihre Interessen und die ihrer Verbündeten festlegen.

So diskret aber der Dauphin und die Großseneschallin waren, und so wenig sie sich zunächst eine Veränderung ihres Verhältnisses anmerken ließen – wurde diese Veränderung dennoch bald ruchbar. Madame d'Etampes ließ nichts unversucht, ihre Rivalin, die, wie sie sehr wohl spürte, als Geliebte des Dauphins an Macht noch gewonnen hatte, in den Augen Frankreichs herabzusetzen. In ihrem Auftrag wohl verfaßte der Dichter Voulté lateinische Verse, in denen die Göttin wie folgt geschmäht wurde –

Empto quae faciem colore pinguis
Quae ornas dentibus os tuum paratis
Quae celas capitis nives redempto
Crine . . .

Und so weiter: Du, die du dein Gesicht mit gekauften Farben bemalst, du, die du mit falschen Zähnen deinen Mund schmückst, du, die du den Schnee auf deinem Haupt unter geborgtem Haar verbirgst . . .

Bei Leuten, die die Großseneschallin kannten, richteten solche Verleumdungen nichts aus, denn von dem Schmähgedicht war kein Wort wahr. Die Großseneschallin, achtunddreißig, höchstens neununddreißig Jahre alt, als die Verse 1538 erschienen, hatte sich die Reize ihrer Erscheinung sehr unversehrt zu bewahren gewußt, übrigens ohne von den Zaubermitteln Gebrauch machen zu müssen, über die sie angeblich verfügte. Sie vollbrachte dieses Wunder, wie es scheint, allein kraft ihrer ausgezeichneten Konstitution und der sorgfältigen und verständigen Pflege, die sie dieser angedeihen ließ. Sie bewies ihre Identität mit der keuschen Jägerin, für die sie gehalten sein wollte, nämlich auch im Wald und auf der Heide. Sie pflegte schon um fünf Uhr früh aufzustehen und nahm, gleichviel ob sommers oder winters, ein kaltes Bad. Dann schwang sie sich in den Sattel und ritt aus. Bei ihrer Rückkehr gegen zehn Uhr vormittags genoß sie eine kleine Stärkung und schlief oder las bis mittags. Nach dem Essen ließ sie sich ankleiden und empfing Besuch oder machte selbst Besuche. Das Abendessen nahm sie um acht Uhr abends ein und begab sich gleich danach zur Ruhe – außer an den Abenden, an denen Bälle bei Hof stattfanden. Sie verschmähte Schminke und Puder.

Man sagte damals, eine schöne Frau müsse dreißig Schönheiten vereinen, drei weiße, drei schwarze, drei rote, drei lange, drei kur-

ze, drei breite, drei schmale, drei dicke, drei dünne und drei kleine. Diana kam diesem Ideal näher als die meisten sterblichen Schönheiten. Sie hatte die *tres cosas blancas* (die Vorschrift war spanisch, weil anscheinend die Spanier das Ideal zuerst erkannt hatten), die drei weißen Punkte, aufzuweisen, die erforderlich waren: weiße Haut, weiße Zähne, weiße Hände. Katharinas Haut war fettig und gelblich, und ihre Hände, obwohl schön gebildet, waren nicht weiß zu nennen. Auch die drei roten Punkte, rote Lippen, rote Wangen, rote Nägel, hatte Diana. Gelblich waren Katharinas Wangen und die Lippen zwar rot, aber wulstig und beim besten Willen nicht schön zu nennen. Schwarze Augen, Augenbrauen und Wimpern wie Diana hatte zwar auch Katharina, aber obwohl schwarz und von Geist blitzend, konnte man ihre etwas vorstehenden Augen im Sinne der Vorschrift schwerlich schön finden. Vorschriftsmäßig klein waren Dianas Brüste, Nase und Kopf. Katharinas Nase war dick, ihr Kopf groß und rund. Auch an dem Schönheitsideal ihrer Umgebung gemessen, hielt Heinrichs Gattin den Vergleich mit seiner Angebeteten nicht aus. Dabei muß man zugeben, daß auch Diana nicht eigentlich sehr schön von Gesicht war. Ihr Mund war eine Spur verkniffen, und der Gesamteindruck, den die regelmäßigen Züge machten, nicht sonderlich anziehend. Selbst ihr Anbeter begnügte sich bei Gelegenheit, dieses Gesicht als *»honnête«*, ehrbar, anständig, gediegen zu qualifizieren. Als vollkommen galt aber allgemein der Körper der schönen Jägerin, alle Frauen bewunderten ihre Eleganz und bemühten sich, ihre Bewegungen und Manieren nachzuahmen – was die Erbitterung ihrer Rivalin, der Favoritin des Königs, verständlicherweise vervielfachte.
War es aber auch eigentlich lächerlich, wenn die puppengesichtige Anna die göttliche Diana als »die Älteste der Alten, die Widerwärtigste und Verbrauchteste« schmähte, so war Diana über solche Beleidigungen doch nicht so weit erhaben, daß sie nicht versucht hätte, sich dafür zu rächen. Da sie und ihre Anhänger der ketzerisch geneigten Favoritin Franz I. und deren Verbündeten als Verteidiger der Rechtgläubigkeit gegenüberstanden, beschuldigten sie Anna, den König mit dem jungen Verseschmied Theodor von Beza zu betrügen. Dieser war zwar damals noch mehr Lebemann als Reformator, aber dennoch schon als Anhänger der Protestanten bekannt. Hätte der König auf diese – in munteren Versen und pikanten Anekdötchen ausgestreuten – Beschuldigungen gehört und

die Geliebte wie den jungen Mann sein Mißvergnügen fühlen lassen, dann hätten Diana und ihre Partei sich schmeicheln können, zugleich die verhaßte Madame d'Etampes und die Ketzerei getroffen zu haben. Aber die dichterischen Anstrengungen predigten beim König tauben Ohren.

Niemand hielt es für nötig, herabsetzende Gerüchte über Katharina in Umlauf zu bringen, denn deren gänzliche Unbedeutendheit forderte dergleichen nicht heraus. Sie schickte sich bescheiden in die gegebenen Verhältnisse, und niemand scheint sich wegen der Gefühle, die sie dabei hegte, irgendwelche Sorgen gemacht zu haben. Ganz Frankreich und alle Höfe Europas wußten um das Glück des Dauphins und um die Erhebung Dianas. Katharina weigerte sich, in dem Verhältnis der beiden etwas anderes als die ehrenhafteste, keuscheste Freundschaft zu vermuten, und erwies sich der Geliebten ihres Mannes bei jeder Gelegenheit dankbar für diese Freundschaft. Wie sie zu verstehen gab, war diese für sie selbst nicht weniger von Gewinn als für den Dauphin. Charakteristisch ist die Deutung, die sie dem Monogramm gab, das sich Heinrich damals zulegte. Es handelte sich dabei um ein aus einem D und einem spiegelverkehrten D zusammengesetztes und durch einen die Senkrechten der beiden Buchstaben in der Mitte verbindenden waagerechten Strich, der die entgegengesetzten Bögen in ein H einschloß DƆ. Lesbar war dieses Zeichen, und so las man es auch, als zwei Mondsicheln, die Rücken an Rücken im Initial des Namens des Dauphins beschlossen waren. Daß aber die Mondsichel das Emblem der göttlichen Jägerin Diana ist, war jedem mythologisch einigermaßen Gebildeten wohlbekannt. Indessen war der Bogen des spiegelverkehrten D natürlich auch als C zu lesen und derjenige des D als spiegelverkehrtes C. Und so entschloß sich Katharina, die fraglichen Bögen zu lesen: Als ihr eigenes Initial, in das des geliebten Gatten eingeschrieben. Heinrich ließ dieses Zeichen nicht nur in seinen eigenen Schlössern anbringen, sondern unmißverständlich auch in denen seiner Geliebten. Auch Briefe, in denen er sich über diesem Zeichen als denjenigen bezeichnet, »der Sie mehr liebt als sich selbst und Sie bittet, stets dessen zu gedenken, der niemals eine andere als Sie geliebt hat«, waren an Diana gerichtet und nicht an Katharina.

Katharina jedoch blieb bei ihrer Umkehrung der zweifellos intendierten Bedeutung. Vierzig Jahre später ließ sie das Zeichen an dem

Grabdenkmal aushauen, das sie für ihren Gatten und sich selbst in Saint-Denis errichten ließ. Inzwischen konnte es ihr niemand mehr streitig machen. Sie hatte Diana enteignet, kraft ihrer Ausdauer aus einer Demütigung einen Triumph gemacht.

Wunderbar in ihr Gegenteil verkehrte Unfruchtbarkeit

Wie schon früher erwähnt, fehlte es Katharina nicht an Zuversicht in die Wissenschaft der Sterndeuter, Alchimisten und Ärzte, bei denen sie Rat und Hilfe suchte, seitdem offenbar war, daß bei ihrem ehelichen Verkehr mit dem Gemahl irgend etwas die Empfängnis verhütete. Gerade nach der Erhöhung ihres Gemahls zum Dauphin und dessen Erhöhung durch Diana wurde ihr noch viel unmittelbarer und quälender bewußt, daß es für sie persönlich höchste Zeit war, ihre Tauglichkeit für die Rolle der Gattin des Dauphins und zukünftigen Königs durch die Geburt eines Kindes zu beweisen. Keine Medizin, der ihre Ärzte zutrauten, ihr diesen wunderbaren Beweis zu ermöglichen, war ihr zu bitter. Einer verschrieb ihr ein Pflaster, das im wesentlichen aus pürierten Regenwürmern, geriebenem Hirschhorn und frischem Kuhdung bestand, mit in Stutenmilch gelöstem Singrün parfümiert und auf die Scheide zu applizieren war. Katharina applizierte das Pflaster wie geheißen, doch tat es keine Wirkung. Wie gesagt, hütete sie sich, auf Maultieren zu reiten, um nicht etwa von deren angeborener und substantieller Unfruchtbarkeit in der eigenen, vermutlich nur akzidentiellen bestärkt zu werden. Andererseits zögerte sie keinen Augenblick, auf Rezept eines Arztes, der hoffen mochte, daß dadurch die Unfruchtbarkeit ins Gegenteil verkehrt wurde, in großen Zügen frischen Maultierurin zu trinken. So ging das jahrelang, Katharina ließ sich's nicht verdrießen, aber derartige Pflaster und Tränke taten die erhoffte Wirkung ebensowenig wie die mit Gebeten und Zauberformeln beschriebenen Amulette, die sie allzeit am Leib trug.

Schließlich wurde, gewissermaßen als Retter in der Not, Jean Fernel, der Leibarzt Franz' I., hinzugezogen. Ehe er eine Kur verschrieb, unterzog dieser die Fortpflanzungsorgane beider Eheleute einer gründlichen Untersuchung. Dabei fand er nicht allein die hier bereits zur Sprache gekommene Mißbildung des prinzlichen Gliedes zeugungshinderlich, sondern auch eine Krümmung der Gebärmutter der Prinzessin empfängniswidrig. Die Ursachen der Unfruchtbarkeit des Paares waren damit erkannt. Fernel empfahl nun bestimmte Übungen, die geeignet sein könnten, trotz der geringen Tauglichkeit der Werkzeuge das ersehnte Werk zustande zu bringen. Und da nicht nur Katharina eine geduldige Patientin, sondern auch Heinrich ein zwar nicht sonderlich liebevoller, aber pflichtbewußter Gatte war – zudem bei allen Leibesübungen ungemein tüchtig –, waren beider Bemühungen schließlich von Erfolg gekrönt. Im Mai 1543 war die Dauphine schwanger. Papst Paul III. erhielt die Nachricht im August. Der Nuntius, der sie ihm überbrachte, präzisierte eine Schwangerschaft im dritten Monat. Ganz Frankreich, alle Stände, jubilierten: Der Fortbestand der Dynastie war damit gesichert. Vollkommen war die Zufriedenheit, als Katharina am 19. Januar 1544 in Fontainebleau einen Sohn gebar. Margarete von Navarra sprach die Gefühle der königlichen Familie in Versen aus:

Ein Sohn! Ein Sohn! Oh holdes Wort
Das wir vor allen anderen Gott zu danken haben.
Oh glücklicher Sohn! Glücklichen Vaters Lust,
Zufriedener Mutter höchstes Gut!
Glücklich' Vertrau'n, das nach langem Warten
Die Frucht gab dem bestellten Garten.

Der Großvater des Neugeborenen hatte der Geburt beigewohnt und »alles, was mit dem Kind herauskam«, sorgfältig in Augenschein gezogen, weil dies nach damaliger Überzeugung Schlüsse auf die Zukunft des Kindes zuließ. Die Schlüsse, die die Nachgeburt nahelegte, waren erfreulich, und diese erfreuliche Prognose wurde auch durch die Sterndeuter bestätigt. Dabei zog der König nicht allein die an seinem Hofe Praktizierenden zu Rate, sondern bat auch den Papst, von seinen Astrologen Nativitäten für den neugeborenen französischen Prinzen erstellen zu lassen. Alle Befragten stimmten mehr oder weniger darin überein, dem Knaben – der den Namen seines Großvaters väterlicherseits erhielt – eine kräftige Konstitution und viele Brüder und Schwestern zu versprechen. Was die Konstitution des kleinen Franz anging, strafte die

Zukunft die Sterndeuter und Nachgeburtsbeschauer Lügen. Hinsichtlich der Brüder und Schwestern gab sie ihnen recht. Denn wie sich zeigen sollte, hatten entweder die ärztliche Kunst des Jean Fernel oder eine andere, noch verborgene Ursache die zehnjährige Unfruchtbarkeit Katharinas in deren genaues Gegenteil verkehrt. In den auf die Geburt ihres ersten Sohnes folgenden elf Jahren sollte sie nämlich ihrem Gatten und Frankreich zehn Kinder gebären, von denen sieben am Leben blieben. Schon fünfzehn Monate nach ihrem ersten Sohn brachte die Dauphine am 2. April 1545 ihre erste Tochter, Elisabeth, eine zukünftige Königin von Spanien, zur Welt. Am 12. November 1547 wurde Claudia geboren. Claudia wurde dem Herzog von Lothringen vermählt. Ludwig, Katharinas viertes Kind, erblickte das Licht der Welt am 3. Februar 1549 – verließ aber dieselbe schon wieder im Oktober des gleichen Jahres. Ihm folgte am 27. Juni 1550 Karl-Maximilian, der zukünftige König Karl IX. von Frankreich. Eduard-Alexander wurde am 19. September 1551 geboren und bestieg als Heinrich III. den französischen Thron. Seine jüngere Schwester Margarete, geboren am 14. Mai 1553, wurde berühmt als Gemahlin Heinrichs von Navarra, der als Heinrich IV. nach ihrem Bruder auch die Krone von Frankreich trug. Herkules kam am 18. März 1555 zur Welt. Er war winzig. Bei der Firmung erhielt er den Namen Franz, und als Franz, Herzog von Alençon, kennt ihn die Geschichte.

Katharinas letzte Geburt am 24. Juni 1556 war schwer und unglücklich. Sie trug Zwillinge, zwei Mädchen, die Johanna und Viktoria genannt wurden. Viktoria lag sechs Stunden tot im Mutterleib und mußte zerstückelt ans Licht geholt werden, »um die Mutter zu retten«; Johanna starb einige Wochen nach der Geburt. Katharina überlebte beide, wenn auch nur mit Mühe und Not. Diese beiden Letztgeborenen Katharinas sollten die letzten ihres Geschlechts sein, denn mit den Kindern der florentinischen Krämerstochter erlosch das Haus Valois.

Wunderbare Symbiose zu dritt

Katharinas Verdienst an diesem üppigen Nachwuchs des Königshauses liegt auf der Hand; unleugbar ist aber auch der wertvolle

Beitrag, den Heinrich, ihr Gemahl, dazu leistete. Daß überdies Diana sich um die so ausdauernde Fruchtbarkeit der Gattin ihres Anbeters verdient gemacht hat, ist indessen weniger selbstverständlich. Denn wenn Katharina nun ihrem Mann fast alljährlich ein Kind gebar, dann, weil dessen Geliebte ihn zur Erfüllung seiner ehelichen und dynastischen Pflichten ermahnte. Heinrich, der, wie wir wissen, seine Frau reizlos fand, hätte diese vielleicht vernachlässigt, wenn Diana absolute Treue von ihm gefordert hätte. Mit der Zeit hatte er seine Frau um ihrer geistigen Qualitäten willen zwar zu schätzen gelernt, empfand sogar eine gewisse Freundschaft für sie – aber als Frau ließ sie ihn kalt, in ihr Bett zog ihn nichts – außer das Bewußtsein seiner dynastischen Pflichten. Denn obwohl seine Frau ihn leidenschaftlich liebte, liebte er bekanntlich eine andere. Diese andere ihrerseits war aber nicht einmal eifersüchtig auf die legitime Gattin ihres Geliebten. Sie war nämlich klug genug, zu erkennen, daß sie unter den gegebenen Umständen – als Geliebte des Dauphin – eben diese Gattin brauchte, um auf ihre Rechnung zu kommen. So gab sie sich denn als ergebene Freundin Katharinas, und Heinrich nahm diese vorgespiegelte Freundschaft bequemlichkeitshalber natürlich nur allzu gern für bare Münze. Wenn er Katharina von Diana erzählte, war diese stets *»notre grande amie«*, unsere große Freundin. Und als er schließlich seiner Frau jeden Umgang mit Madame d'Etampes verbot, bezeichnete er diese als *»cette femme qui veut nuire à notre grande amie«*, diese Frau, die unserer großen Freundin schaden will.

Diese große Freundin bewies ihre vorgespiegelte Freundschaft für Katharina, wie gesagt, indem sie deren Mann zur Erfüllung seiner ehelichen Pflichten anhielt. Von alledem würde man bei der stets bewahrten Diskretion der drei Hauptbeteiligten natürlich nichts wissen, wenn Bedienstete ebenso diskret wären wie in diesem Fall die Herrschaften, und wenn die seltsame Symbiose der drei nicht jahrelang unzertrennlich fortbestanden hätte – insbesondere seit 1547 Heinrich die Nachfolge seines Vaters als König von Frankreich angetreten hatte. So aber fanden die Intimitäten des königlichen Haushalts schließlich Eingang in die Berichte einiger wohlunterrichteter italienischer Gesandter. »Die Königin konnte zu Beginn ihrer Herrschaft eine derartige Liebe und derartige Gunst des Königs für die Herzogin (nämlich Diana) nicht ertragen«, berichtete etwa 1552 Lorenzo Contarini seiner Regierung. »Doch inzwischen (etwa fünf Jahre später) hat sie sich auf die dringenden Bitten des Königs damit abgefunden und erträgt das Verhältnis geduldig. Die Königin verkehrt sogar ständig mit der Herzogin, die ihrerseits ihr beim König die besten Dienste leistet, und sie ist es, die ihn ermahnt, bei der Königin zu schlafen.« Diana hat aber nicht nur aller Wahrscheinlichkeit nach bei dem Arrangement von Katharinas Schwangerschaften – die ja auch insofern wünschenswert waren, als sie die legitime Nebenbuhlerin beschäftigten – ihre Hand im Spiel gehabt; sie nahm auch die Erziehung von Katharinas Kindern in die Hand. Selbst bei der Taufe ihres Erstgeborenen in Fontainebleau, als der ganze Hof sie mit großem Pomp durch die königliche Galerie in die Trinitarier-Kapelle begleitete, wußte die mit Goldbrokat und Juwelen aufgeputzte Katharina, daß, dieses glänzenden Staats ungeachtet, sie selbst eigentlich nur Statistin war. Die Hauptperson bei dem Spektakel war nicht sie, sondern der Thronerbe. Die Aufgabe, ihren Sohn zum Thronerben heranzuziehen, übernahm jedoch die »große Freundin« der Eltern. Und so verfügten Heinrich und Diana auch über die Erziehung aller weiteren Kinder Katharinas, ohne die Mutter dabei zu Rate zu ziehen. Sie teilten ihnen nach Gutdünken Ammen zu, später gaben sie ihnen, wie es Mode war, italienische Lehrer. Als Gouvernante der Prinzen beriefen sie Madame d'Humières.

Mit ihr hatte Diana eine ausgezeichnete Wahl getroffen. Madame d'Humières blickte auf lange Erfahrung zurück, sie hatte selbst schon zwölf Kinder geboren und großgezogen. Dennoch muß es für Katharina bitter gewesen sein, daß man sie nicht einmal die auf die Erziehung ihrer Kinder bezogenen Entscheidungen selbst treffen ließ.

Diese Symbiose zu dritt sollte sich wunderbarerweise bis zu Heinrichs Tod, zwanzig Jahre lang, bewähren. Was sie erhielt, war zweifellos die Liebe einerseits Katharinas zu Heinrich, andererseits Heinrichs zu Diana. Gleichwohl hätte gerade diese Liebe früher oder später die Symbiose gefährdet, wenn nicht die beiden Frauen die Konsequenzen ihrer unverträglichen Gefühle und Begierden so intelligent abzuschätzen verstanden hätten. Diana brauchte sich dabei die wenigste Gewalt anzutun. Sie war die Stärkere, konnte befehlen. Katharina mußte nachgeben und so tun, als fügte sie sich gern. Ihr Mann ließ sich von ihr versprechen, daß sie bei jeder Gelegenheit die Partei der großen Freundin ergreifen würde. Katharina war klug genug, das nicht nur zu versprechen, sondern auch zu praktizieren. Niemand sah ihr an, daß sie sich ihr Teil dabei dachte – und geduldig auf die Gelegenheit wartete, der anderen heimzuzahlen, was sie jetzt so demütig von ihr hinnahm.

Wiederholt mißlungene Eheanbahnung

Inzwischen war das europäische Gleichgewicht wesentlich labiler als die soeben gewürdigte Symbiose. Die Rivalität mit Karl V. ließ Franz I. zwar keine Ruhe, doch er fühlte sich allmählich zu schwach, um weiterzukämpfen. So gab der König 1538 in Compiègne der Regentin der Niederlande, Maria von Ungarn, die Zusicherung, daß die flämischen Rebellen ebensowenig wie die Mailändischen gegen das Regiment der spanischen Habsburger auf seine Unterstützung rechnen könnten. Das war nun freilich nicht so zu verstehen, als hätte Franz damit dem Wunsch nach der Herrschaft in Mailand ein für alle mal entsagt; er glaubte aber damals, seine Aussichten, durch Verhandlungen in Besitz des Herzogtums zu kommen, seien besser, als sein Glück im Krieg zu versuchen. Die Schlacht bei Marignano, sein größter kriegerischer Erfolg, am 13. September 1515 hatte er einen Tag nach seinem einundzwanzigsten Geburtstag geschlagen. Jetzt war er zwar noch keineswegs alt, aber nicht mehr der Jüngste, zudem leidend. Zwischen den Beinen, am Damm, war ihm ein Geschwür aufgebrochen, das unaufhörlich eiterte und nicht heilen wollte. Er war also friedlich gesonnen: Als 1540 Karl V. seinen Gesandten Granvelle anfragen ließ, ob der König ihm gestatte, aus Spanien in die Niederlande durch Frankreich zu reisen – gab Franz I. die erbetene Einwilligung. Karl V. hatte es eilig, in die Niederlande zu kommen, weil die dortigen Unruhen seine Anwesenheit erforderten. Weshalb begünstigte Franz, indem er dem Kaiser gestattete, durch Frankreich auf dem schnellsten Weg nach Flandern zu reisen, die Niederwerfung des Aufstandes der Bürger von Gent? Eigentlich hätte doch vielmehr der Erfolg dieses Aufstandes gegen die spanische Herrschaft in seinem Interesse gelegen, zumal die Genter nicht nur um französische Unterstützung gebeten, sondern auch für den Fall

ihrer Befreiung die Absicht erklärt hatten, den französischen König als ihren Souverän anzuerkennen. Wenn Franz dem Kaiser in dieser Angelegenheit gefällig sein wollte, hatte Karls Gesandter angedeutet, werde der Kaiser sicherlich geneigt sein, eine für Franz befriedigende Regelung über das Herzogtum Mailand mit ihm zu arrangieren. Mailand reizte den italophilen König mehr als Gent. Und wenngleich er die Unverbindlichkeit dieser Zusicherung nicht verkannt haben kann, hieß er doch den Kaiser in Frankreich willkommen, bewirtete, feierte und geleitete ihn, als käme da nicht sein Erzfeind, sonder sein teuerster Verbündeter. Karl ließ das Gepränge, mit dem er geleitet wurde, ziemlich mißtrauisch und ungeduldig über sich ergehen. Er soll auch wenig Vergnügen gehabt haben an dem Spaß, mit dem ihm in Fontainebleau der jüngste der königlichen Prinzen, Karl von Orléans, überraschte. Der muntere Knabe, Liebling seines Vaters, sehr vielversprechend begabt, sprang nämlich unversehens hinter dem Kaiser aufs Pferd, umarmte diesen und rief dabei: »Sire, Sie sind mein Gefangener.«
Erschreckt haben wird dieser Fauxpas auch Madame d'Etampes, die Favoritin des Königs und Todfeindin der Favoritin des Dauphins. Denn anscheinend war der Kaiser zur Festigung seiner unbestimmten Versprechungen hinsichtlich einer für Franz I. zufriedenstellenden Regelung über Mailand inzwischen gewillt, gerade diesem Prinzen von Orléans seine Tochter oder Nichte zur Frau, und dieser Mailand als Mitgift zu geben. Dies aber wäre Madame d'Etampes höchst willkommen gewesen. Denn da sie wußte, daß sie nach dem Tod des Königs vom Dauphin nichts Gutes zu erwarten und allen Grund hatte, bei dessen Regierungsantritt von Diana das Schlimmste zu befürchten, setzten sie und ihre Partei all ihre Hoffnungen in den Prinzen von Orléans, den sie sich natürlich so mächtig wie nur möglich wünschten. Als Herzog von Mailand und vielleicht sogar Regent der Niederlande aber hätte der Prinz über so viel eigene Macht geboten, dem Dauphin Schwierigkeiten, ja womöglich mit Unterstützung seines Schwiegervaters Karl V. sogar die Krone streitig zu machen. Zumal, wenn die Dauphine, wie man 1540 ja noch hoffen konnte, unfruchtbar blieb, und der Prinz von Orléans mit der Tochter oder Nichte des Kaisers bald Erben für Frankreich zeugte.
Nach der Ankunft des Kaisers in Flandern schien es jedoch, als denke Karl V. nicht mehr daran, sich dem französischen König für

den erwiesenen Gefallen erkenntlich zu zeigen. Sollte also die erbrachte Vorleistung nicht im geringsten zur Minderung der Spannungen zwischen den beiden verfeindeten Großmächten der katholischen Christenheit gedient haben? Das freilich muß nicht nur die Zukunftshoffnungen der Herzogin von Etampes, sondern auch die ihrer erbittertsten Feindin, nämlich Dianas von Poitiers enttäuscht haben. Denn während Anna mit den Protestanten sympathisierte, fühlten sich Diana und deren Anhänger zur Verteidigung des christlichen Abendlandes gegen dessen innere und äußere Feinde berufen. Sie tadelten die Bündnisse des Königs mit Türken und Lutheranern und arbeiteten auf die Einheit der Christenheit hin. Insbesondere Montmorency war – schon um die Ketzerei zu unterdrücken – ernstlich um Frieden mit dem Kaiser bemüht. Und wie er anscheinend seinem König zugeredet hatte, dem Kaiser den Zug durch Frankreich zu gestatten, nahm er, gleich nachdem Karl V. den Aufstand der Genter niedergeworfen hatte, wieder Bündnisverhandlungen mit diesem auf. Diese Verhandlungen hatten das schon früher projektierte Ehebündnis zwischen den verfeindeten Häusern Habsburg und Valois zum Gegenstand.
Die Zugeständnisse, die Montmorency bei diesen neuen Verhandlungen vom Kaiser erlangte, konnten sich, wie er meinte, sehen lassen. Karl V. erklärte sich bereit, dem Prinzen Karl von Orléans seine Tochter Maria zur Frau zu geben – mit einer sehr ansehnlichen Apanage, die fast alle ehemaligen Provinzen Karls des Kühnen umfaßte: Die Niederlande, die Freigrafschaft Hochburgund, Geldern. Der König seinerseits sollte sich freilich um des lieben Friedens willen verpflichten, Savoyen und das Piemont zu räumen und die besetzten Gebiete ihren legitimen Fürsten zurückzugeben. Montmorency war der Meinung, daß sich dieses Opfer lohne – zumal die fraglichen Gebiete eines Tages ohnehin würden geräumt werden müssen. Franz I. aber teilte diese Ansicht nicht. Er war vielmehr erbost darüber, daß der Konnetabel ihm zumutete, ausdrücklich auf seine italienischen Ansprüche zu verzichten. Und es scheint, als hätte Madame d'Etampes diesen Zorn nach Kräften geschürt, weil sie hier eine Gelegenheit sah, dem Konnetabel für die Zukunft jeden Einfluß auf den König zu nehmen und damit die Partei ihrer Feindin ihrer vielleicht stärksten Stütze zu berauben. Montmorency fiel in Ungnade. Offenbar wurde das bei der Hochzeit der kleinen Johanna von Albret mit dem Herzog von Kleve am

14. Juli 1541. Johanna war die Tochter Johann Albrets, des Königs von Navarra und seiner Frau Margarete, der Verfasserin des *»Spiegels der sündigen Seele«*. Diese Hochzeit seiner Nichte mit dem Herzog von Kleve hatte Franz I. gegen den erklärten Willen, nicht nur der an ihrem Hochzeitstag erst dreizehnjährigen Braut, sondern auch gegen den der Brautmutter, seiner Schwester also, angeordnet. Der König wollte sich auf diese Weise für seinen nächsten Waffengang gegen den Kaiser der Unterstützung dieses mächtigen deutschen Fürsten vergewissern. Herzog Wilhelm von Jülich-Kleve war Protestant, und daß Margarete in vieler Hinsicht mit den Protestanten sympathisierte, wurde schon erwähnt. Ihre Tochter aber war, so scheint es, schon im zarten Alter eine entschiedene Parteigängerin Calvins, der in eben diesem Jahr 1541 seinen Genfer Gottesstaat zu erbauen begann. So liest man, daß sie einmal eine von ihrer Mutter angefertigte Stickerei mit der Darstellung einer Messe – die bewies, daß Margarete in ihrer Parteinahme für die Protestanten nicht direkt fanatisch war – entrüstet zensierte, indem sie die Köpfe der die Messe zelebrierenden Priester umstickte, bis Köpfe von Füchsen daraus wurden. Es ist also nicht anzunehmen, daß es die Religion des ketzerischen Bräutigams war, die Johanna und ihre Mutter gegen ihn erregte. Andererseits hatte ja auch der König diesen Schwiegerneffen nicht wegen seiner Religion bevorzugt, sondern aus Gründen der Staatsräson, die er freilich, wenn sie ihm solche Bündnisse mit Ketzern nahelegte, schlecht verstand, wenigstens nach Meinung der katholischen Partei an seinem Hof, insbesondere des Konnetabels Montmorency. Als nun Johanna an jenem 14. Juni 1541 zum Altar schreiten sollte, um mit dem deutschen Herzog vermählt zu werden, gab sie vor, unter der Last des Hermelinmantels, der Juwelen und der Krone, die man ihr aufgebürdet hatte, zusammenzubrechen. Der König befahl dem Konnetabel, die Kleine auf den Arm zu nehmen und zum Altar zu tragen. Montmorency gehorchte und erkannte sofort, daß, nachdem der König ihn so vor aller Welt als Lakaien behandelt hatte, seines Bleibens am Hof nicht länger war. Er nahm seinen Abschied und zog sich nach Chantilly zurück. Franz I. schloß ein paar Tage nach der Hochzeit ein Schutz- und Trutzbündnis mit dem deutschen Herzog ab. Karl antwortete mit der Übertragung des Herzogtums Mailand auf seinen Sohn Philipp.

Niemand scheint an dieser konfliktträchtigen Situation mehr Vergnügen gehabt zu haben als die Herzogin von Etampes, die durch die Ungnade Montmorencys die feindliche Partei empfindlich geschwächt sah. Der unverdiente Entzug der königlichen Gunst erbitterte den Konnetabel selbst vielleicht nicht einmal so sehr wie seinen jugendlichen Bewunderer, den Dauphin. Heinrich verbot seiner Gemahlin, in Zukunft auch nur noch ein Wort mit der Geliebten seines Vaters zu wechseln, hatte er sie doch im Verdacht, dem König die Demütigung seines Mentors empfohlen zu haben. Seine ohnehin nie sehr herzlichen Gefühle für den Vater scheinen nach dieser Erfahrung noch kälter geworden, nun dem Haß ziemlich nahe gekommen zu sein. Dieser Zustand am Hof des französischen Königs dauerte noch an, als ein Jahr nach der geschilderten Hochzeit offener Krieg ausbrach.
Franz I. glaubte sich zum Bruch des 1538 in Nizza für die Frist von zehn Jahren abgeschlossenen Waffenstillstands berechtigt, weil am 3. Juli 1541 zwei französische Gesandte bei Pavia von spanischen Soldaten erschlagen wurden. Als er am 10. Juli 1542 die Feindseligkeiten in Lothringen eröffnete, konnte er sich schmeicheln, gründliche Vorkehrungen getroffen zu haben, die Gunst des Kriegsglücks für sich zu gewinnen. Fünf Armeen hatte er aufgestellt, und die Könige von Dänemark und Schottland, sowie der Herzog von Jülich-Kleve und verschiedene andere deutsche protestantische Fürsten hatten ihm Hilfe zugesagt. Überdies rückten die Türken gegen Wien vor, und ihre Flotte brandschatzte die Küsten Italiens. Der Kaiser aber war erst kürzlich (im November 1541) von einer Expedition gegen Algier zurückgekehrt, bei der er große Verluste erlitten hatte. Nichtsdestoweniger lächelte auch bei dieser letzten Gelegenheit das Kriegsglück dem König nicht. Die Rheinarmee war dem Kommando des jungen Karl von Orléans unterstellt. Im Süden befehligte Heinrich. Der Dauphin belagerte Perpignan bis er, unfähig, die stark verteidigte Stadt einzunehmen, nicht eben mit Ruhm bedeckt, abziehen mußte. Vorher noch war sein jüngerer Bruder Heinrich, inzwischen unzweideutig verhaßt, zu ihm gestoßen, der auf die Nachricht, der Dauphin belagere in Perpignan den Kaiser, in Luxemburg alles stehen und liegen ließ, um den zu erwartenden glorreichen Sieg – bei dem man allen Ernstes hoffen konnte, den Kaiser gefangenzunehmen – nicht dem Älteren allein zu überlassen.

Heinrichs Unfähigkeit, den Widerstand der Verteidiger von Perpignan zu brechen, wurde durch ein wenig später sich verbreitendes Gerücht entschuldigt: angeblich waren seine Pläne den Kaiserlichen verraten worden, von der Favoritin des Königs, und zwar in der Absicht, dem Dauphin zu schaden. Wie auch immer es sich damit verhielt, sicher ist wohl allein die Annahme, daß keine andere als Diana von Poitiers dieses Gerede in Umlauf setzte.
Das Bedürfnis nach solchen Gerüchten sollte im weiteren Verlauf des Krieges noch zunehmen und wurde, wie wir sehen werden, auch befriedigt. Keiner rechtfertigenden Gerüchte bedurften inzwischen die Triumphe der türkischen Flotte, die der Admiral Chaireddin Barbarossa befehligte. »Barbarossa war absoluter Herr in Toulon. Er ließ dort ein großes Haus in eine Moschee umwandeln«, bemerkt Voltaire dazu in seinem *Essai sur les Mœurs.*
Aber nun griff Heinrich VIII. von England, ehemals Verbündeter Franz' I., auf seiten des Kaisers in den Krieg ein. Es galt also nicht mehr nur, dem Vormarsch der Kaiserlichen in der Champagne Einhalt zu gebieten – zugleich waren die Bretagne und die Normandie gegen die Engländer zu verteidigen. Das für Katharina so vielversprechende Jahr 1543 – sie war zum ersten Mal schwanger – schien auf eine für Frankreich sehr düstere Zukunft hinauszulaufen. Im April des folgenden Jahres erreichte zwar der junge Graf von Enghien, der zukünftige Prinz von Condé, einen glänzenden Sieg bei Cerisoles in Savoyen – doch erwiesen sich die dadurch geweckten Hoffnungen auf eine Wendung des Kriegsglücks als trügerisch. Saint-Dizier, von den Kaiserlichen belagert, kapitulierte, während der Graf von Enghien Entsatz heranführte, weil der Kommandant der Festung einen Kapitulationsbefehl seines Königs erhalten zu haben glaubte. Der Befehl war gefälscht – die Kaiserlichen hatten den französischen Code entschlüsselt. Aber hatten sie ihn wirklich entschlüsselt, oder hatte ihnen nicht vielmehr jemand den Schlüssel geliefert? Man glaubte schnell die Wahrheit zu wissen – ein gewisser Longueval, ein Geliebter der Herzogin von Etampes, hatte sich dieses schmählichen Verrats schuldig gemacht. Inzwischen waren die Engländer in Calais gelandet, und Heinrich VIII. hatte Karl V. versprochen, zusammen mit dem kaiserlichen Heer das seinige gegen Paris zu führen. Hilfe war nirgends in Sicht. Schon hatte der Kaiser die mit Franz I. verbündeten deutschen Fürsten bezwungen, auch der Herzog von Jülich-Kleve

hatte sich unterworfen, was freilich der Schwester des Königs nicht unwillkommen war, gab es ihr doch Gelegenheit, die Ehe ihrer Tochter anullieren zu lassen. Aber das war unter den Umständen ein schwacher Trost. Von außen bestürmt und von innen verraten, schien dem unglücklichen Frankreich ein schlimmes Schicksal verhängt. Und nichts schien Paris vor dem Unheil bewahren zu können, das siebzehn Jahre zuvor über Rom hereingebrochen war, als sich dort die kaiserliche Soldateska für ihre Mühen schadlos hielt.

Der König, schwer krank, ließ sich in die Hauptstadt bringen, um mit seiner Anwesenheit den Parisern Mut zu machen. Die Gerüchte, daß die Siege der Kaiserlichen Verrätern in seiner eigenen Nähe zuzuschreiben seien, beunruhigten ihn, und so ordnete er eine Untersuchung an, die aber, weil sich ihr Diana und Anna mit gleichem Eifer widmeten, im Sande verlief. Verschiedene Verhaftungen, die vorgenommen wurden, führten zu nichts. Die von Diana ausgestreuten Verdächtigungen Annas blieben unbestätigt. Und dann, die Kaiserlichen standen schon vor Meaux, wurde doch unversehens Frieden geschlossen. Wie die Bedingungen des am 16. September 1544 in Crépy-en-Valois unterzeichneten Friedensvertrages, sind auch die Umstände, unter denen er zustande kam, von den daran Beteiligten unterschiedlich beurteilt worden. Brach im kaiserlichen Heer eine Meuterei aus, so daß es für den Dauphin ein leichtes gewesen wäre, die zerstrittenen, marodierenden Haufen vernichtend zu schlagen, wenn nicht eben, gedrängt von seiner Mätresse, der leidende König diesen Schlag durch die schnelle Einwilligung in einen für Frankreich unheilvollen Frieden verhindert hätte? Darf man, nach dem Urteil eines italienischen Zeitgenossen, in dem Marsch des Kaisers eine bloße Demonstration sehen? Als die Kaiserlichen bei Château Thierry aus dem Marnetal nach Norden abschwenkten und Soissons brandschatzten, obwohl die Stadt laut einem kaiserlichen Versprechen geschont werden sollte, schienen sie ziemlich außer Rand und Band zu sein. Andererseits soll nach Fürsprache eines von Königin Eleanore an ihren Bruder abgesandten Mönchs, Franz I. schon nach der Kapitulation von Saint-Dizier in Verhandlungen mit dem Kaiser getreten sein: soviel zu den Umständen, unter denen am 16. September 1544 in Crépy-en-Valois Frieden geschlossen wurde. Franz I. widerrief sein Bündnis mit den Türken und verzichtete auf

das Eingehen neuer Bündnisse, zumal mit den Protestanten. Er verzichtete auf seine Ansprüche auf Flandern, das Artois und das Charolais, Provinzen aus dem umstrittenen Erbe Karls des Kühnen, während der Kaiser seinen Verzicht auf Burgund bestätigte. Franz versprach darüber hinaus, seine Truppen aus Savoyen und Piemont abzuziehen: Dies aber erst nach der Hochzeit seines Sohnes Karl von Orléans mit einer Tochter der Nichte des Kaisers. Denn Hauptgegenstand des Friedensvertrages von Crépy-en-Artois war die Hochzeit, von der Franz noch nichts hatte wissen wollen, als Montmorency sie ihm ans Herz legte. Seiner Tochter versprach Karl V. die Niederlande und die Freigrafschaft Hochburgund als Mitgift, seiner Nichte aber Mailand. Allerdings aber sollten diese Gebiete im Rahmen des Reiches verbleiben; und von Franz verlangte der Kaiser, daß er seinem Sohn die Herzogtümer Orléans, Bourbon, Angoulême und Chatellerault als Apanage gäbe.
Karl von Orléans wäre – falls die geplante Heirat unter diesen Bedingungen zustande gekommen wäre – als Lehnsmann des Kaisers und auf Kosten seines Bruders oder Frankreichs ein mächtiger Herr geworden, der selbständig hätte Politik machen können – auch gegen seinen Bruder und Frankreich. Als zum letzten Mal von dieser Heirat die Rede gewesen war, hatten, wie erwähnt, Montmorency – und mit ihm Diana, Heinrich und ihrer beider Partei, das Projekt unterstützt und gemeint, damit die Einigung der Christen zu fördern. Erreicht hatten sie alle miteinander, daß Montmorency in Ungnade gefallen und abermals Krieg ausgebrochen war. Nach dem Frieden von Crépy-en-Artois waren die Fronten verkehrt. Anna, die ursprünglich gegen die Hochzeit war, trat nun dafür ein. Diana und der Dauphin aber waren jetzt dagegen. Am 12. Dezember 1544 gab der Dauphin feierlich, wenn auch vorerst noch geheim, seinen Protest gegen die mit dem Vertrag vorgesehene Abtretung französischen Kronlandes zu Protokoll: Als Zeugen unterzeichneten das Dokument die Prinzen von Vendôme und Enghien. Und obwohl das rebellische Dokument geheim blieb, kam es bald darauf zum gänzlichen Bruch zwischen dem König und dem Dauphin. Vermutlich von Diana beraten, weigerte sich Heinrich seit Beginn des Jahres 1545, am geheimen Rat teilzunehmen, damit man später, wie er sagte, für die Fehler seines Vaters nicht ihn verantwortlich machen könne. Was dessen

Pläne für seinen jüngeren Bruder Karl anging, so hätten freilich Diana und er sich keine Sorgen zu machen brauchen. Der junge Mann starb eine Woche vor dem ersten Jahrestag des Vertrages von Crépy-en-Artois, am 8. September 1545. Schnell hieß es, daß Diana von Poitiers diesen für ihre Partei so opportunen Tod angeordnet habe. *»Sans doute la duchesse d'Etampes autorisa le bruit«*, vermutete Dreux du Radier – »zweifellos hat sich die Herzogin von Etampes für dieses Gerücht verbürgt«.

Katharina verliert einen väterlichen Freund, Frankreich einen großen König

Obwohl es am Zerwürfnis zwischen Franz I. und seinem Sohn Heinrich nichts zu deuteln gab, blieb das Verhältnis zwischen dem italophilen König und seiner italienischen Schwiegertochter ungetrübt. Von ihr wußte er sich dankbar geliebt, und mit ihr wußte er sich einig in jenem Kunstsinn, der ihn nie (leider im Gegensatz zu seinem politischen Ehrgeiz) irregeführt hatte. Denn von all seinen Unternehmungen waren allein die der Förderung der Künste zugedachten niemals auf Enttäuschungen hinausgelaufen. Das »französische Italien«, das er sich in Fontainebleau geschaffen hatte, erwies sich nicht als Fata Morgana. In Paris hatte er jüngst ein Rathaus im neuen italienischen Stil errichten lassen (es schmückte die Stadt, bis es während der Kommune 1871 ein Raub der Flammen wurde). 1546 beauftragte er den genialen Pierre Lescot, die Modernisierung des mittelalterlichen Stadtpalastes der französischen Könige, des Louvre, in Angriff zu nehmen. Seinem Leiden trotzend, inspizierte er beglückt die Baustellen seiner neuen Schlösser Chambord, Villers-Cotterêts, Saint-Germain-en-Laye. Einige seiner Künstler waren italienisch gebildete Franzosen wie Pierre Lescot; wie der Architekt Philibert de l'Orme, der Bildhauer Jean Goujon, der gemeinsam mit Lescot die bezaubernde Fontaine des Innocents schuf. Dennoch waren die Schöpfer des französischen Italien noch überwiegend gebürtige Italiener. 1516 war Leonardo da Vinci dem Ruf des jungen Königs nach Frankreich gefolgt. Dort, im Schlößchen Cloux bei Amboise, war er 1519 gestorben. Die Schilderung, die Vasari von den Umständen seines

Todes gibt – ». . . der König hielt ihm das Haupt, um ihm eine Hilfe und Gunst zur Erleichterung seines Übels zu erweisen; da erkannte sein göttlicher Geist, es könne ihm größere Ehre nicht widerfahren, und er verschied in den Armen des Königs . . .« – entspricht zwar nicht den Tatsachen, ist aber *ben trovata,* denn allerdings war Franz I. ein verständig bewundernder Mäzen, der liebevoll für seine Künstler sorgte.
Auch Benvenuto Cellini stand in des Königs Diensten. Als er im Frühjahr 1540 in Paris anlangte, fand er allerdings die Verhältnisse am Hof Franz' I. nicht ungefährlicher als diejenigen, denen er in Rom entflohen war. Denn da die beiden verfeindeten Favoritinnen (wie später Montesquieu sehr treffend bemerkte) *»s'enviaient jusqu'à leurs vices«* – einander selbst ihre Laster noch neideten, neideten sie einander selbstverständlich auch ihre Künstler. Cellini, der sich der Gunst der Favoritin des Dauphins erfreute, wurde natürlich daraufhin von der Favoritin des Königs, *Madama di Tampes* (wie er schreibt), bald mit ihrem Haß verfolgt. Diese machte ihn beim König schlecht, wo sie konnte, überredete ihn mit täuschenden Argumenten, ehrenvolle Aufträge, die er Benvenuto zugedacht hatte, statt dessen dem von ihr protegierten Primaticcio zu geben, und zettelte tausend Dinge an, die Benvenuto schaden sollten: »Der gute König, der recht wohl einsah, woher die Sache kam, antwortete nicht – Madame d'Etampes aber wußte nachher ihren Willen auf die Weise durchzusetzen, wie es den Weibern bei den Männern gelingt, und ihr Plan ging durch; denn sie benutzte eine verliebte Stimmung des Königs, der er manchmal unterworfen war, und Madame erhielt, was sie verlangte.« Und so fort. Benvenuto hatte also, trotz der hohen Achtung des Königs für ihn und seine Kunst, in Paris und *Fontana Biliò* (wie er schreibt) keinen leichten Stand. Freilich stand er hier wie überall seinen Mann. So hatte er im Auftrag des Königs eine große Figur des Blitze schleudernden Jupiter geschaffen, ganz von Silber auf vergoldetem Sokkel. Angewiesen, diese zur Besichtigung in der großen Galerie des Schlosses von *Fontana Biliò* oder Fontainebleau aufzustellen, erkannte er, als er aus Paris dort anlangte, auf den ersten Blick, weshalb *Madama di Tampes* gerade diesen Ausstellungsort vorgeschlagen hatte. Sie hatte nämlich ihren Günstling Primaticcio gebeten, die Abgüsse der schönsten und bedeutendsten Altertümer, die, gerade als Benvenutos Jupiter fertig wurde, aus Rom eintrafen, eben-

falls dort aufzustellen: »Als ich diese große Vorbereitung sah und erkannte, daß sie mit Fleiß gemacht sei, dachte ich bei mir selbst: Das ist, als wenn man durch die Piken laufen müßte: nun helfe mir Gott.«

Cellinis Vertrauen wurde belohnt. Madame d'Etampes hielt zwar den König bis zum Einbruch der Nacht auf, entweder um zu verhindern, daß er sich Benvenutos Werk überhaupt ansähe; oder um ihm dies bei künstlichem Licht unter den ungünstigsten Bedingungen zu zeigen.

»Wie aber Gott Denjenigen beisteht, welche an ihn glauben, geschah das Gegentheil ganz. Denn als es Nacht wurde, zündete ich die Kerze an, die Jupiter in der Hand hielt, und weil sie etwas über den Kopf erhoben stand, fielen die Lichter von oben und gaben der Statue ein schöneres Aussehen, als sie bei Tage nicht würde gehabt haben.«

Endlich erschien der König in der Galerie. Er war nicht nur von seiner Favoritin, sondern auch vom Dauphin (die Besichtigung Jupiters fand nach Benvenutos Erzählung also vor dem vollkommenen Bruch zwischen Vater und Sohn statt), der Dauphine, also unserer Katharina, sowie von vielen großen Herren begleitet, denen Madame d'Etampes eingeschärft hatte, schlecht von Benvenutos Arbeit zu sprechen. Franz I. sagte jedoch gleich, er habe nie was Schöneres als diesen Jupiter gesehen, und auch die Herren, die die Statue schlecht machen sollten, konnten ihn nicht genug loben. Vergeblich wies Benvenutos Feindin auf die Abgüsse des Laokoon und des Apolls von Belvedere hin, »in welchen«, sagte sie, »die wahre Kraft dieser Kunst besteht, und nicht in solchen modernen Aufschneidereien«. Denn der König fand, daß Benvenutos Werk beim Vergleich mit den antiken Arbeiten noch gewinne. Da wies *Madama di Tampes* wütend auf einen Schleier hin, den Benvenuto mit viel Anmut dem Jupiter umgelegt hatte, damit er majestätischer aussehen sollte, und sagte, damit habe er doch offenbar Fehler seiner Arbeit verbergen wollen. »Ich faßte ihn darauf an, indem ich ihn von unten aufhub, die schönsten Zeugungslieder entdeckte und, indem sie ein wenig Verdruß zeigte, ihn ganz zerriß«, erzählt Benvenuto. »Nun dachte sie, ich habe ihr das zum Verdruß gethan; der König aber merkte meinen Ärger, und daß ich, von der Leidenschaft hingerissen, anfangen wollte zu reden. Da sagte der weise König in seiner Sprache diese verständigen Worte: Benventuto, ich schneide dir das Wort im Munde ab, und du sollst tausendmal mehr Belohnung erhalten, als du erwarten kannst. Da ich nicht reden konnte, machte ich die leidenschaftlichsten Bewegungen, und sie brummte immer auf eine verdrießliche Weise. Da ging der König, geschwinder, als er es sonst gethan hätte, weg und sagte laut, um mir Muth zu machen, daß er aus Italien den vollkommensten Mann gezogen habe, der jemals zu solchen Künsten geboren worden sei.«

Da aber Benvenuto die Fähigkeiten des leidenden und deshalb häufig indisponierten Königs, seinen unverändert guten Willen auch weiterhin durchzusetzen, schließlich ernsthaft zu bezweifeln begann, entschloß er sich 1545, nach Italien zurückzukehren. Auf dem Heimweg gerieten er und seine Leute bei Lyon in ein Gewitter, das sich so schrecklich anließ, *»che io da per me giudicavo che fussi il di del Giudizio«*, wie er sagt, »daß ich dachte, das Jüngste Gericht sei nahe.« Dann begann es zu hageln, Schloßen, größer als dicke Zitronen. Benvenuto und seine Gefährten sangen ein *Miserere* und riefen Jesus um Hilfe an. Als sie nach Ende des Hagelschlags voller Wunden und Beulen die Reise fortsetzten, fanden sie ein Stück weiter alle Bäume zerschmettert, Vieh und Hirten erschlagen. »Da sahen wir, wie wohlfeil wir noch davon gekommen waren, und daß unser Gebet und unser Miserere wirksamer gewesen war als alles, was wir zu unserer Rettung hätten tun können.«

Nicht allzuweit südlich von dem Ort, wo Benvenuto und seine Gefährten an diesem Tag Gott für ihre glückliche Errettung dankten, wurden ungefähr zur gleichen Zeit mit Einwilligung des toleranten und humanen Königs an die viertausend arme Gebirgler massakriert, Männer, Frauen und Kinder. Diese Leute waren Waldenser, fromm nach dem Vorbild eines reichen Kaufmanns aus Lyon, der eines Tages, während der Hungersnot des Jahres 1176, seine Habe an die Armen verteilte und die Wiederherstellung der apostolischen Reinheit der Kirche durch freiwillige Armut zu predigen begann. Sie hatten mit der römischen Kirche ausdrücklich nie gebrochen, obwohl sie die Fegefeuerlehre, den Ablaß und die Seelenmessen verwarfen. Da sie in sehr abgelegenen Gegenden siedelten, hatten sie ihre dogmatischen Absonderlichkeiten schon lange ungestört für sich behalten können. Bis in den dreißiger Jahren des 16. Jahrhunderts die Lutheraner auf sie aufmerksam wurden – und auf deren Spuren die Gerichtsbarkeit. 1540 verurteilte

das Parlament von Aix-en-Provence neunzehn Bewohner der Ortschaft Merindol als Ketzer zum Feuertod. Auf Einspruch des Bischofs von Carpentras wurde die Vollstreckung des Urteils ausgesetzt. Franz I. begnadigte die Verurteilten für den Fall, daß sie ihre Irrtümer widerriefen. Die Waldenser blieben dem Glauben ihrer Väter treu. 1545 gestattete auf Antrag des damaligen Präsidenten des Parlaments von Aix-en-Provence, des Barons von Oppède, der König die Vollstreckung des fünf Jahre zuvor gefällten Urteils. Dem widersetzten sich aber die Waldenser. Der Gerichtspräsident von Oppède und der Staatsanwalt Guérin forderten Truppen an, und so wurden schließlich nicht bloß neunzehn Bürger von Merindol, sondern 22 Dörfer verbrannt und, wie gesagt, an die 4000 Menschen niedergemetzelt.
Als Franz I. erfuhr, was er da bewilligt hatte, soll er entsetzt gewesen sein. Auf dem Sterbebett soll er angeblich seinen Sohn ermahnt haben, diese Barbarei zu richten; und daß nach dessen Regierungsantritt wirklich einige der durch den Eifer des Parlaments von Aix geschädigten Grundherren beim Pariser Parlament Klage gegen den Präsidenten von Oppède, einen weiteren Präsidenten, zwei Gerichtsräte und den Staatsanwalt Guérin erhoben. Fünf Jahre nach den Ereignissen, 1550, wurde der Prozeß eröffnet. Nach fünfzig Sitzungen des Gerichts wurden alle Angeklagten freigesprochen, mit Ausnahme des Staatsanwalts Guérin, der am 13. Februar 1552 enthauptet wurde.
Einstweilen lebte Franz I. noch, bis zum 31. März 1547, und genoß sogar in den Pausen seines Leidens (denn ab und zu sank das Fieber, und der Abzeß schien zu heilen), wie zu glücklicheren Zeiten die Freuden der Jagd und der Liebe. Beim Frönen der Liebeslust scheint er sich ja irgendwann das Leiden zugezogen zu haben, an dem er starb; allerdings nicht erst, nachdem der von seinem galanten König zum Hahnrei gemachte bürgerliche Gemahl der schönen Eisenschmiedin seine Frau damit infizierte, in der Absicht, sich an ihrem Liebhaber zu rächen. Luise von Savoyen, die Mutter des Königs, hatte schon dreißig Jahre vor seinem Tod ein *»mal à la part secrète de la nature«* erwähnt, ein »Übel am geheimen Teil der Natur«.
Franz I. war nicht darauf gefaßt, den Jüngsten Tag in naher Zukunft zu erleben; aber als im Februar 1547 die Ärzte sein schreckliches Geschwür so verfault fanden, daß sie die Hoffnung, ihren Pa-

tienten noch heilen zu können, fallen ließen – muß er zu ahnen begonnen haben, daß sein letztes Stündlein nicht mehr lange auf sich warten lassen würde. Erst am 29. März allerdings gestand er sich diese Ahnung ein. Er empfahl seiner Mätresse, umgehend das Schloß Rambouillet, in dem er krank lag, zu verlassen. Anna soll eine große Szene gemacht, sich zu Boden geworfen und gerufen haben, »Erde, verschlinge mich«. Da die Erde diesem Wunsch nicht entsprach, reiste sie schnell ab und begab sich auf ihr Schloß in Limours. Der König empfing die Sterbesakramente und hatte eine letzte Unterredung mit seinem Sohn. Er bat ihn, sich gegenüber Madame d'Etampes nach seinem Tod ritterlich zu verhalten und ermahnte ihn, sich nie, wie er selbst es leider des öfteren praktiziert hatte, nach dem Willen einer Dame zu richten. Franz bedauerte auch, die arme Königin Eleanore schlechter behandelt zu haben, als sie's verdiente, sowie gelegentlich aus geringfügigem Anlaß Krieg angefangen zu haben. Darüber hinaus warnte er den Dauphin vor dem Adelsgeschlecht, dessen ehrgeizige und tüchtige Söhne Dianas vertrauteste Freunde und damit Bundesgenossen Heinrichs waren: »Hüten Sie sich vor dem Haus Guise. Die Guisen werden Ihre Kinder bis auf die Weste ausplündern und Ihre armen Untertanen bis aufs Hemd.«
Katharina sollte in Zukunft noch oft Gelegenheit haben, sich dieser Warnung zu erinnern.
Ihr selbst freilich eröffnete der Tod des Königs noch lange nicht die Freiheit, seine Empfehlungen und Warnungen zu beherzigen. Sie spielte weiter ihre Nebenrolle. Denn die Hauptrolle neben ihrem Gemahl, dem neuen König, war nicht ihr, der Königin, sondern Diana von Poitiers vorbehalten. Nur war zweifellos sie die Hauptleidtragende beim Tod des alten Königs. Der geistreiche, ritterliche und großmütige, wenn auch leider sträflich leichtsinnige Freund Italiens und der modernen italienischen Kultur hatte sie einer Freundschaft gewürdigt, deren sie sich zeitlebens dankbar erinnerte. Ihm verdankte sie auch den großartigen Begriff des Königtums und der Unantastbarkeit der königlichen Macht. Bis zu ihrem letzten Atemzug sollte sie hartnäckig bestrebt bleiben, diese Macht gegen jeden Angriff zu verteidigen und ungeschmälert zu bewahren.

Zweiter Teil

Der Thron von Frankreich

Soll Katharina auch als Königin Statistin bleiben?

Nach dem Tod des Königs warteten dringende Geschäfte auf Erledigung: zunächst Familienangelegenheiten. Insbesondere mußte entschieden werden, was mit der betrübtesten Hinterbliebenen Franz' I., der unglücklichen Madame d'Etampes zu geschehen hatte. Diese saß in ihrem Schloß Limours und erwartete zitternd, in einem finsteren Keller vielleicht erwürgt zu werden. Das hätte nämlich sie selbst im umgekehrten Fall mit ihrer Rivalin getan. Aber Diana hatte Besseres zu tun, als sich so aufwendig an einer Feindin zu rächen, die ihr nie wieder gefährlich werden konnte. Jetzt bestand für sie die Gelegenheit, sich Geld und Macht zu verschaffen, und die Rivalin, mit der sie dabei zu rechnen hatte, war Katharina. Viel war von der nicht zu befürchten – einstweilen sprach nichts für eine Revision des in den letzten Jahren praktizierten *modus vivendi.* Zwar galt es wie bisher darauf zu achten, daß Katharina die ihr zugeteilte Rolle willig spielte – sie war jetzt schließlich von Rechts wegen Mutter des Dauphins und mehrerer königlicher Prinzen sowie Gattin des Königs – aber soweit man wußte, hatte sich die florentinische Kaufmannstochter ein für alle Mal in ihr Schicksal ergeben. Freilich hätte sich Diana in dieser Situation vielleicht fragen sollen, was sie eigentlich von der Gattin ihres königlichen Verehrers wußte. Viel war das nämlich nicht: Katharina war ganz offensichtlich gebildet, anpassungsfähig, fügsam und ihrem Mann in anbetender Liebe zugetan. Das aber genügte Diana. Weder ihr selbst, noch den großen Herren ihres Anhangs, kam die Überlegung in den Sinn, ob die so bescheidene kleine Frau ihnen nicht Eigenschaften verheimlichte, mit denen man rechtzeitig hätte rechnen müssen. Dianas Adelsdünkel, ihr maßloser Ehrgeiz, ihre Habgier machten sie blind für die Anzeichen von diplomatischer Klugheit und intelligentem Mut, die sie andernfalls in Katharinas schwarzen, feuchten Augen hätte lesen können. Vorerst genügte es Diana, die Königin so zu nehmen, wie sie sich gab.

Wie schon bemerkt, hat Diana auch bei ihrer Abrechnung mit Madame d'Etampes berücksichtigt, daß diese einstige Größe nicht mehr zählte. Dennoch aber scheint sie auf diese größeres Augenmerk zu legen als auf Katharina. Denn wenn sie so vergleichsweise

schonend mit der plötzlich ihrer Macht unterstehenden Feindin verfuhr, mag sie dabei auch der Gedanke an die eigene ungewisse Zukunft geleitet haben. Wenn nämlich eines Tages Heinrich das zustieß, was gerade seinem Vater zugestoßen war – was hatte dann sie von der zur Regentschaft gelangenden Königin zu erwarten? Es lag also durchaus in ihrem Interesse, für diese Eventualität keinen Präzedenzfall zu schaffen.
Dabei wünschte der Hof, daß die einstige Favoritin ihr früheres Glück jetzt mit dem schlimmsten Unglück würde büßen müssen. Madame d'Etampes' Tage seien gezählt, sagte man, all ihre Güter würden sicherlich an die Krone fallen. Ganz abgesehen von den Wünschen des Hofes, bot das Verhalten der Geliebten Franz' I. ja auch gesetzliche Handhaben, sie aufs strengste anzufassen: War es doch allgemein bekannt, daß sie mit den Lutheranern sympathisierte, die Ketzer begünstigt hatte und höchstwahrscheinlich selbst Ketzerin war. Das Parlament wäre zweifellos einer Anregung, die Verwicklung der Dame in die staatsfeindlichen Umtriebe der Lutheraner zu untersuchen, gern nachgekommen. Aber diese Anregung unterblieb, Madame d'Etampes konnte in den vier Wänden ihres Schlosses Limours ungestört den Papst und die Messe verfluchen.
Katharina nahm, wie alles, was in ihrer Umgebung geschah, sehr aufmerksam zur Kenntnis, wie man mit der ihres Beschützers beraubten Herzogin umging. Von besonderem Interesse für sie mag dabei gewesen sein, daß Heinrich II. die ihm von Madame d'Etampes unaufgefordert zurückgegebenen Kronjuwelen nicht etwa ihr, sondern seiner geliebten Diana aushändigte: Darin war er also ganz der Vater. Weiter wird sie zweifellos interessiert haben, welches Schicksal Heinrich und Diana der Favoritin ihres Schwiegervaters zugedacht hatten. Vollstreckt wurde es jedoch nicht von ihnen, sondern vom Herzog von Etampes, der beim Tod des königlichen Beschützers seine Rechte als Gatte beanspruchte: Nachdem ihm die Herzogin jahrelang nicht nur ihre Gesellschaft, sondern auch die ihm vom König zugedachten ansehnlichen Pensionen vorenthalten hatte, nötigte er sie jetzt, herauszurücken, was ihm als ihrem Ehemann von Rechts wegen zustand: nämlich die ihm vorenthaltenen Gelder sowie den gesamten Grundbesitz, den sie im Lauf ihrer Jahre in des Königs Bett zusammengescharrt hatte, Dourdan, Chevreuse und Limours. Ihre Gesellschaft ließ er ihr, da er auf diese offensichtlich keinen Wert legte. Bis zum Tod

ihres Mannes achtzehn Jahre später, konnte sie so in den Mauern des düsteren Schlosses von La Hardouinaye ungestört ihren glänzenden Erinnerungen nachhängen. Diana hätte ihr nichts Schlimmeres antun können.

Wie Katharina bei Gelegenheit mit Diana abzurechnen gedachte, war ihr Geheimnis. Ein Versuch von seiten Dianas, dies herauszubekommen, wäre wohl hoffnungslos gewesen, denn Katharina wußte zu schweigen.

Freunde, die sie vielleicht ein wenig besser kannten als Dianas stolzer Anhang, hatte Katharina nur wenige. Die meisten von ihnen waren Italiener. Mit Montmorency allerdings, der beim Tod Franz' I. aus der Verbannung zurückgerufen wurde und nun seinen Einfluß mehr denn je geltend machen konnte, stand Katharina von jeher auf gutem Fuß. Er mochte zwar um des lieben Friedens willen Heinrich behilflich gewesen sein, von Diana zu erhalten, wonach er sich verzehrte – aber er hatte stets auch Katharina die freundschaftlichste Gesinnung bewiesen. So hatte auch er ihr zum Beispiel Mittel empfohlen, die geeignet sein mochten, ihren Schoß für den königlichen Samen fruchtbar zu machen, wofür sie ihm während ihrer ersten Schwangerschaft brieflich dankte: sie nannte ihn ihren »lieben Gevatter«.

Während seiner Abwesenheit hatte sie sich auch mit einem der Neffen Montmorencys angefreundet. Der junge Mann wußte die Intelligenz und Bildung der Dauphine zu schätzen, und sie unterhielt sich gern und auch recht freimütig mit ihm. Er hieß Coligny, und das damals begonnene Gespräch der beiden sollte erst der Tod beenden. Erwähnenswert ist weiterhin, daß Katharina während der letzten Lebensjahre des alten Königs die bedingungslose Ergebenheit des Herrn von Tavannes, Gaspard de Saulx, gewonnen hatte. Dieser Gaspard de Saulx war ein berühmter Haudegen, Veteran der italienischen Feldzüge, dessen Häßlichkeit, Zynismus und Mut gleichermaßen von allen am Hof bewundert wurden. Gaspard de Saulx bot sich eines Tages an, der Hure des Mannes seiner verehrten Herrin die Nase abzuschneiden und ihr dieselbe zu Füßen zu legen. Katharina hatte Mühe, ihm das noble Projekt auszureden. Gleichwohl dankte sie ihm die Ergebenheit, von der es zeugte. Während der Bartholomäusnacht waren nur fünf Getreue bei Katharina und unter diesen, als einziger Franzose, der Herr von Tavannes.

Diana überwacht die Umverteilung der Macht und wird durch ein Gottesurteil blamiert

So wenig unter den nach dem Tod des alten Königs gegebenen Umständen Katharina und ihre Getreuen zur Veränderung ihrer Lage hätten ausrichten können, so eifrig waren schon Wochen und Monate vor der Krönung des jungen Königs seine und Dianas Anhänger mit der Verbesserung der ihren beschäftigt.
Der Kardinal von Tournon und der Marschall von Annebault, beide Günstlinge Franz' I., wurden unverzüglich ihrer Staatsämter enthoben. Diana besetzte den Rat des Königs gänzlich neu mit ihr verpflichteten Anhängern und Verwandten. Montmorency und der König berieten zwar stundenlang unter vier Augen über die Neubesetzung der Ämter und Ehrenstellen, aber über alles Wesentliche hatten sich schon zuvor Diana und der Konnetabel geeinigt. An erster Stelle waren die mächtigsten Verbündeten Dianas, die Guisen, zu berücksichtigen, die ja auch aus eigener Kraft ihre Wünsche geltend machen konnten: Franz Graf von Aumale und sein Bruder Karl von Lothringen, Erzbischof von Reims. Letzterer wurde schon kurz nach Heinrichs Regierungsantritt, gerade zwanzig Jahre alt, zum Kardinal ernannt. Erzbischof war er damals freilich schon seit elf Jahren, und den roten Hut mußte man ihm jetzt geben, denn binnen kurzem sollte er ja in der Kathedrale von Reims Heinrich II. zum König weihen.
Franz von Aumale wurde zum Herzog und Gouverneur sowohl der Normandie als auch der Bretagne ernannt. Obwohl Lothringer und damit damals noch Ausländer, wurde er auf Betreiben Dianas im Rang Anton von Bourbon, dem König von Navarra und erstem Prinzen von Geblüt, gleichgestellt. Zu dieser unerhörten Begünstigung des Guisen überredete Diana den König nicht nur in der Absicht, sich ihre mächtigen Verbündeten zu verpflichten, sondern auch weil sie die Bourbonen damit demütigen konnte. Damit entfachte sie einen Haß zwischen diesen beiden Familien, den in der Folge jede Gelegenheit zur politischen und religiösen Gegnerschaft nähren sollte. Sie machte die Bourbonen zu Feinden des Hauses Valois, was Katharina eines Tages teuer zu stehen kommen sollte.
Gut bedient wurde bei der Umverteilung der Macht auch der besondere Günstling des Königs, Jacques d'Albon de Saint-André:

Er wurde zum Marschall erhoben und mit der Regierung von Lyon, der Auvergne und des Bourbonnais betraut. Die vom Klerus erhobene Steuer in Höhe von 600 000 Livres brauchte er nur mit den beiden anderen großen Favoriten zu teilen.
Den Löwenanteil an Macht und Reichtum freilich sicherten sich Diana und Montmorency selbst.
Montmorency, Konnetabel, Generalfeldzeugmeister, und damit Oberbefehlshaber des Heeres, überdies Gouverneur (d.h. fast Vize-König) des Languedoc, erhielt als Entschädigung für die ihm während der Zeit seiner Verbannung entgangenen Einkünfte die Summe von 100 000 Talern. Seine Ämter sicherten ihm jährlich Einkünfte in Höhe von 25 000 Talern. Seine Familie ließ er nicht leer ausgehen; namentlich die drei glänzend begabten Brüder Châtillon, Söhne seiner Schwester, wurden großzügig von ihm bedacht. Der älteste, Odet, Kardinal von Châtillon, Erzbischof, erhielt eine Menge Kirchengüter, sowie die Bischofs- und Pairswürde von Beauvais. Wir werden später sehen, wozu und wem die Einkünfte aus diesen Kirchengütern dienen sollten. Gaspard de Coligny, Odets jüngerer Bruder, Katharinas guter Freund, wurde zum Generaloberst der Infanterie ernannt.
Diana wußte dafür zu sorgen, daß sie dem göttlichen Rang entsprechend, den ihr der König zuerkannte, vor allen Sterblichen ausgezeichnet wurde. Daß sie die von Madame d'Etampes zurückgegebenen Juwelen erhielt, wurde schon erwähnt. Aber das waren vergleichsweise Kinkerlitzchen. Wer sie nicht schon in dieser Eigenschaft kannte, lernte Madame de Brézé spätestens jetzt als Geschäftsfrau kennen. Die Abgaben, die jeder Amtsinhaber bei Regierungsantritt eines neuen Königs an den Kronschatz abzuführen hatte, strich sie ein. Die Summe war nicht zu verachten: 300000 Taler. Sie sorgte dafür, daß eine Steuer auf die Kirchenglocken im Lande gelegt und die Einnahmen aus dieser Steuer ihr überschrieben wurden. Rabelais bemerkte dazu, dem König habe es gefallen, alle Glocken des Reiches seiner Stute um den Hals zu hängen. Damit aber nicht genug, übereignete der König seiner Geliebten nicht allein alle sogenannten *terres vagues*, Ländereien, deren Eigentümer nicht festzustellen waren, und die von Rechts wegen dem Staat zufielen, sondern darüber hinaus auch den enteigneten Besitz verurteilter Juden und Häretiker. Mit der Überwachung ihrer Geschäfte nahm Diana es sehr genau: jeden Morgen ließ sie

sich von einem der Schatzmeister des Königs über den Stand ihrer Einkünfte aus diesen verschiedenen Quellen Bericht erstatten. Schließlich ließ sie sich von ihrem Anbeter noch ein Juwel von besonderem Glanz, das Schloß Chenonceaux, schenken. Dieser Schenkung standen zwar nicht unerhebliche Rechtshindernisse entgegen – das Schloß war unveräußerliches Krongut –, aber wo ein Wille ist, ist bekanntlich auch ein Weg. Und so erhielt die Großseneschallin 1555 auch die Rechtstitel zu dem Schloß, das sie freilich gleich bei Heinrichs Regierungsantritt in Besitz genommen hatte. Etwas länger mußte sie sich gedulden, Gräfin von Valentinois zu werden; erst seit dem 23. September 1558 sollte ihr dieser höchst ehrenvolle Titel zustehen und natürlich auch der nicht zu verachtende Besitz, zu dem er sie berechtigte. Sie erhielt mit diesem Titel nämlich nicht allein den einstigen Besitz ihres Vaters, die Grafschaft von Saint-Vallier zurück, sondern überdies die beträchtlichen Lehen des Valentinois und des Diois. Deswegen gab es zwar Beschwerden beim König: Die zur Dauphine gehörenden Lehen konnten von Rechts wegen nur einem Prinzen von Geblüt übertragen werden. Aber die Beschwerdeführer richteten nichts aus. Die Lehen blieben im Besitz der Gräfin von Valentinois beziehungsweise Stute des Königs.

Dianas Einfluß auf Heinrich war grenzenlos. Gemeinsam mit Montmorency und den Guisen hatte sie den Kronrat in der Hand. Wenn er sie aufsuchte, besprach Heinrich zuerst die Staatsgeschäfte mit ihr. Die ausländischen Gesandten, die doch aus der Vergangenheit in dieser Hinsicht nicht ohne Erfahrung waren, staunten über die Sorglosigkeit, mit der Heinrich seiner Göttin auch in Regierungsdingen freie Hand ließ. »Man sieht seine Majestät mit nichts anderem beschäftigt, als der Seneschallin zu hofieren«, schrieb Alvaretto seinem Herzog nach Ferrara, »nach dem Mittagessen wie abends nach dem Nachtmahl, derart sie täglich mindestens acht Stunden miteinander zubringen und selbst wenn er einmal die Königin in ihren Gemächern besucht, schickt er nach der anderen derart nun jedermann klagt, und findet, daß er es schlimmer treibt als der gewesene König.« Tatsächlich hatte Franz I. seine Geliebte nie in die Gemächer der Königin kommen lassen, wenn er sich einmal dort aufhielt.

Für Katharina war all das freilich nur insofern neu, als sie's jetzt als Königin dulden mußte. Sie nahm es hin, daß sich nach dem Regierungsantritt ihres Gatten für sie nicht viel veränderte. Sie erhielt zum Unterhalt ihres Hofes eine Apanage von 200 000 Livres jährlich – verglichen mit den Einkünften ihrer Rivalin eine sehr bescheidene Summe – und erlangte eine Gunst für ihre Vettern, die Strozzi, die als *fuo rusciti*, Exilanten, an ihrem Hof lebten. Aus Gegnerschaft zu ihrem Vetter Cosimo de Medici, der, von Karl V. zum Erzherzog der Toskana erhoben, dort ein monarchisches Regiment führte, hatten diese ihre Vaterstadt verlassen. Die Strozzi, Bankiers, sannen darauf, den Tyrannen Cosimo zu stürzen und Florenz wieder zur Republik zu machen. Katharina hatte zwar stets mit ihren Bestrebungen sympathisiert, bisher aber wenig zu deren Unterstützung tun können. Jetzt versprach Heinrich, in Zukunft finanziell zum Freiheitskampf des florentinischen Volkes beizutragen. Wenngleich er mit dieser Zusage auch seiner Frau einen Gefallen tat, wird er aber dabei vermutlich weniger Katharinas Wünsche als die Träume seines Vaters im Sinn gehabt haben. Sollte es wegen Italien erneut zum Krieg kommen?

Fürs erste – noch ehe Heinrich gekrönt wurde – stand jedoch nur ein Duell auf dem Programm. Mit diesem Zweikampf sollte – auf eine Manier, die damals eigentlich schon längst der Vergangenheit und der Unterhaltungsliteratur angehörte – ein Ehrenstreit zwischen den beiden Parteien, die sich während der letzten Regierungsjahre Franz' I. an dessen Hof so erbittert befehdet hatten, durch die Waffen entschieden werden. Diana hatte es so eingerichtet, daß nach menschlichem Ermessen das geplante Spektakel auf einen öffentlichen Triumph für sie und eine vernichtende Demütigung für ihre ehemalige Rivalin und deren Anhang hinauslaufen mußte.

Die Herausforderung zu diesem Kampf hatte noch zu Lebzeiten Franz' I. stattgefunden. Eine Schwester der Herzogin von Etampes war mit einem jungen Mann verheiratet, der sich, obwohl nicht sonderlich bemittelt, stets sehr aufwendig und luxuriös herausputzte. Es mag gemunkelt worden sein, daß er die Gunst seiner mächtigen und vermögenden Schwägerin genoß und seinen aufsehenerregenden Kleiderstaat deren Erkenntlichkeit verdankte. Eines Tages, von dem Dauphin in beleidigendem Ton gefragt, wie er sich eigentlich diese Garderobe leisten könne, erwiderte der junge Mann eingeschüchtert, daß seine Stiefmutter ihm etwas zukommen lasse. Der Dauphin, der hierin sicherlich seiner Göttin gefällig sein wollte, behauptete das nun so zu verstehen, als hätte der Baron von Jarnac (so hieß der junge Stutzer) ihm ein blutschänderisches Verhältnis mit seiner Stiefmutter gestanden und ließ sich's nicht nehmen, das bei Hof zu erzählen. Als dem Baron das zu Ohren kam, mußte er, obwohl nichts weniger als ein Held, wohl oder übel erklären, wer so rede, sei ein unverschämter Lügner. Nun konnte zwar ein Fürst und königlicher Prinz sich mit einem einfachen Edelmann nicht schlagen, aber ein anderer konnte für ihn eintreten. Und so erklärte Franz von Vivonne, Herr von La Châtaignerie, ihm habe der Baron von Jarnac das beschämende Geständnis gemacht, und zwar hundertmal, wofür er mit der Waffe in der Hand einzustehen sich nicht scheue. Das brauchte er auch nicht, denn er war ein tüchtiger Haudegen und Schlagetot, der andere aber, wie gesagt, ein junger Stutzer.

Franz I. hatte das Duell verboten. Nun, da er tot war, verlangte Diana, daß es unverzüglich stattfände. Und so geschah es am 10. Juli 1547 im Wald von Saint-Germain. Der Kampf wurde wie ein Turnier öffentlich ausgetragen, vor allem Volk und unter den Augen des Königs und seines Hofes; so war es in alten Zeiten üblich gewesen. Auf der Tribüne saß der König zwischen seinen beiden Königinnen. Die falsche sonnte sich in der Bewunderung der Menge und genoß sichtlich die Vorfreude auf den ihr bevorstehenden Triumph in vollen Zügen. Die echte ließ sich, wie gewöhnlich, Gefühle nicht anmerken. Was dann geschah, war wie ein Wunder. Der schwächliche junge Stutzer hieb nach kurzem Schlagabtausch mit einem zuvor in Frankreich nicht gesehenen, und als *coup de Jarnac*, Jarnacs Hieb, sprichwörtlich gewordenen Schlag, seinem herkulischen Gegner die Fesseln durch. La Châtaignerie stürzte wie ein gefällter Baum und war erledigt. Es dauerte peinlich lange, ehe Diana und der König ihren Augen trauten. Es war in der Tat wie ein Wunder. Freilich wußte keiner der Beteiligten, daß der junge Baron in den Wochen vor dem Kampf Unterricht bei einem berühmten italienischen Fechtmeister genommen hatte, auf Empfehlung von Katharinas Vetter Strozzi. So war denn der berühmte Coup de Jarnac gewissermaßen ein Triumph italienischer Hinterlist. Diana und Heinrich blieb nun nichts anderes übrig, als das Gottesurteil, das sie selbst herausgefordert hatten, anzunehmen.

Vierzehn Tage nach dieser Blamage im Wald von Saint-Germain, am 25. Juli 1547, wurde Heinrich II. mit großem, ja, nach Meinung vieler, nie gesehenem Pomp in der Kathedrale von Reims gekrönt. Die ganze Stadt war festlich geschmückt, Tapisserien und mit Blumen bestickte weiße Tücher verbargen die Werktagsgesichter der Häuser, in den Straßen Triumphbögen, Girlanden, bunt flatternde Wimpel wohin man blickte. Diese Pracht verschlang die Einkünfte eines ganzen Jahres, war aber nach Meinung der Verantwortlichen noch das Mindeste, was die Gelegenheit forderte, und das Volk genoß sie.

Um acht Uhr morgens ritt der junge König, in weiße Seide gekleidet, auf einem mit weißer Schabracke bedeckten Schimmel durch das Stadttor. Der Gouverneur und die Honoratioren, die ihn dort erwarteten, lenkten seine Aufmerksamkeit auf ein seltsames Gebilde, das zu seinem Empfang bereitstand. Es handelte sich um einen strahlenbekränzten, goldenen großen Ball, das Ding sollte also wohl die Sonne darstellen. Der König bewunderte, wie sich's schickte, die zu seiner Begrüßung angetretene Sonne, die noch ein Übriges tat, da sich nun in ihrer Mitte ein Türchen öffnete, aus dem ein Herz zum Vorschein kam und sich, künstlich an einem Seilzug bewegt, dem Monarchen präsentierte. Die Menge applaudierte. Da öffnete sich das Herz, und es zeigte sich in seinem Inneren eine Nymphe, ein entzückendes nacktes Mädchen. Das mythologisch-erotische Spektakel genügte den Ansprüchen der damals neuesten antiken Mode, die von Dichtern und Gelehrten gleichermaßen eifrig in Sonetten und Abhandlungen gepflegt wurde. König und Volk waren von der holden Erscheinung denn auch erwartungsgemäß hingerissen. Diese ihrerseits zwitscherte eine Huldigungsadresse an Heinrich II. und überreichte ihm die Schlüssel der Stadt. Dann trat sie in die Nische im Herzen der Sonne, und dieses rückte wieder an die vorgesehene Stelle. Nun aber, da sie ihr Herz wieder hatte, verwandelte sich die Sonne plötzlich in eine Lilie. Die guten Leute, denen dieses Wunderwerk geboten wurde, glaubten sich im siebenten Himmel.

Überall mit Blumen beworfen und mit vielstimmigem Jubel willkommen geheißen, zogen dann der König und sein Gefolge durch die Straßen der Stadt. Auf einem Platz war ein künstliches Gebirge

errichtet, auf dessen mit Samt bedeckten Felsvorsprüngen Männer in Fellhosen, Bocksfüße an den eigenen Füßen, nackten Mädchen fröhliche Weisen auf Hirtenflöten bliesen. Dabei handelte sich's, wie jedenfalls Leute, die bei Hof verkehrten, erkannten, um von Satyrn überraschte Nymphen. Der König war entzückt, aber auch Diana wußte die Darbietung zu schätzen. Freilich entbehrte diese auch jedes derb sinnlich-volkstümlichen Aspekts, der einer Dame, die wie sie in der Öffentlichkeit Unnahbarkeit als Voraussetzung aller Reize ihres Geschlechts kultivierte, im mindesten hätte anstößig sein können. Was man da sah, waren die kultivierten allegorischen Nymphen und Satyrn der Philologen und Poeten.
Viel anstößiger in jeder denkbaren Hinsicht war, was sich dann in der Kathedrale ereignete, obwohl zu den dort stattfindenden Krönungsfeierlichkeiten bocksfüßige und barbusige Statisterie selbstverständlich nicht zugelassen war. Wie ein Erzengel in Brokat, blau, mit goldenen Lilien bestickt, schritt der König zum Altar. Aber die Brust seines Gewandes schmückte das schon erwähnte, höchst zweideutige Monogramm, aus zwei Rücken an Rücken in ein H gestellten Buchstaben, die man von links nach rechts als ein D und seine Spiegelung, oder von rechts nach links als ein C und dessen Umkehrung lesen konnte. Da aber bei Christenmenschen bekanntlich von links nach rechts gelesen wird, lag die erste, überaus anstößige Leseart zweifellos näher, um so mehr, als Diana unter den Teilnehmern an der Zeremonie einen der ersten Plätze einnahm, während man Katharina, die im sechsten Monat schwanger war (ihre Tochter Claudia sollte am 12. November 1547 zur Welt kommen), auf eine Tribüne plaziert hatte. Wenn der König seine ehebrecherische Leidenschaft damit offen bekannte und zur Schau stellte, selbst in diesem feierlichsten Augenblick seiner Salbung und Krönung, bei irgend jemandem Anstoß erregte, so ließ sich das niemand anmerken. Das analphabetische Volk vor der Kirchentür ahnte vermutlich nichts Böses. Die Großen des Reiches dagegen lasen in der Schrift auf der Brust des Königs die Adresse, an die sie sich zu wenden hatten, wenn sie bei ihm zu Ämtern, Würden und überhaupt neuen Einnahmequellen kommen wollten.
Die feierliche Salbung und Krönung des Königs nahm der erst jüngst ernannte junge Kardinal von Lothringen vor, der ja wie seine ganze Familie fest mit Diana verbündet sowie stolz, ehrgeizig

und skrupellos genug war, auch im Angesicht Gottes seine weltlichen Interessen nicht aus den Augen zu verlieren. Die Heiligkeit der Ehe im allgemeinen gehörte ebensowenig dazu wie die speziellen Interessen Katharinas. Katharina gebar Frankreich Prinzen. Einfluß auf die Staatsgeschäfte hatte sie nicht. Die aber waren es, was den Kardinal Erzbischof Herzog Karl interessierte: Deshalb konnte es ihm nur recht sein, wenn der König keinen Zweifel ließ an der Ergebenheit, mit der er Diana, der Verbündeten Karls und seiner ganzen Familie, den Guisen, diente. Anstoß erregt hat also Heinrich mit seiner Demonstration ganz zweifellos nur bei einer einzigen Frau, seiner eigenen, die er dadurch unmittelbar beleidigt hatte. Wie üblich ließ sich Katharina auch davon nichts anmerken.

Häuslicher Alltag des gesalbten Königs zwischen seiner Gemahlin und seiner Göttin

Auch im Alltag wußte die von Kindesbeinen dazu erzogene Mediceerin natürlich ihre wahren Gefühle zu verbergen. Diese Fähigkeit war ja Voraussetzung der langen Symbiose des Herrscherpaares mit der Nebenbuhlerin Katharinas. Dennoch wurde die Geduld der Königin zweifellos bei mancher Gelegenheit auf eine harte Probe gestellt. Wenn Katharina nach dem Abendessen gelegentlich ihrem Gemahl und der gemeinsamen teuren Freundin Gesellschaft leistete, und schließlich der um die Gesundheit seiner Gattin besorgte König diese ins Bett schickte, gehorchte Katharina zwar ohne Widerworte, aber wie von Zeugen berichtet, gab sie auf dem Weg in ihr Schlafzimmer nicht selten wenigstens den Möbeln wütende Fußtritte.

Nachdem sie weg war, blieben die Liebenden oft nicht allein, doch vor Vertrauten, insbesondere vor Montmorency und den Guisen, hat sich das in der Öffentlichkeit stets um Wahrung des Scheins einer rein platonischen Freundschaft bemühte Paar mitunter von Gefühlswallungen überwältigen lassen. Es kam schon einmal vor, daß Diana ihrem hingerissenen Anbeter vor diesen Zeugen gewisse, einem Ideal gegenüber eigentlich nicht statthafte Freiheiten erlaubte. Im Kreise ihrer Getreuen scheuten sich der König und seine Göttin nicht, sich als verliebtes Pärchen zu geben. Der König,

schrieb Saint-Mauris, der Gesandte Karls V., verbringt die Abende stets bei der Herzogin des Valentinois. Zunächst erstattete er ihr Bericht über die während des Tages verhandelten politischen Geschäfte. Dann aber »setzt er sich ihr auf den Schoß mit einer Zither in der Hand, auf welcher er spielt, und fragt häufig den Konnetabel, wenn dieser dabei ist, oder Aumale (den Herzog von Aumale, Franz von Guise), ob seine besagte Dame nicht schön ist? Wobei er hin und wieder ihre Brüste berührt, und sie hingerissen ansieht wie ein Mann, der nicht fassen kann, daß ausgerechnet er ihre Freundschaft genießt«. Und Diana ließ ihn, dem Bericht an Karl V. zufolge, gewähren, klagte nur kokett *»que désormais elle sera ridée«*, wenn Heinrich so weitermachte, würde sie bald Falten haben.
Noch besser als der kaiserliche Gesandte war Alvaretto, der Gesandte des Herzogs von Ferrara, über das Betragen Heinrichs und Dianas in ihrer Intimsphäre unterrichtet: Sie gaben dem Bett so gewaltige Stöße, daß dieses schwankte, und sie fast zu Boden gestürzt wären. Die Herzogin sagte mit lauter Stimme: »Sire, springen Sie doch nicht so hart mit meinem Bette um, Sie werden's noch kaputt machen«, erfuhr man in Ferrara.
Höchstwahrscheinlich werden solche Einzelheiten auch Katharina nicht verborgen geblieben sein, die, wenn auch kein Wort über ihre Lippen drang, nicht die Frau war, in Unkenntnis der Tatsachen zu schweigen.
Ob sie sich wohl die Kenntnis der fraglichen Tatsachen verschafft hat, wie in einem dem ihren verdächtig ähnlichen Fall die Königin, von der viele Jahre später, 1584, Pierre de Bourdeille, Seigneur de Brantôme, in der zweiten seiner Abhandlungen über die Galanten Damen seiner Zeit berichtete? Bestimmt wurde das jedenfalls bei Hof erzählt, denn Brantôme schrieb auf, was er hatte sagen hören. Und da zum häuslichen Alltag unserer Helden auch gehörte, was bei Hof erzählt wurde, sei die Geschichte hier wiedergegeben. Brantôme erzählt sie im Zusammenhang einer Erörterung der Frage, was in der Liebe die größere Befriedigung verschaffe: der Tastsinn, das Gesicht oder das Wort?
»Ein König dieser Welt liebte seinerzeit eine sehr schöne, ehrenhafte und große Dame, die verwitwet war, so sehr, daß man ihn von ihr bezaubert glaubte: Denn nur wenig kümmerte er sich um andere, sogar um seine eigene Frau nur ab und zu, denn diese Dame erntete stets die schönsten Blumen aus seinem Garten; was die

Königin sehr verdroß, denn sie glaubte sich ebenso schön und angenehm und nützlich und dergleichen leckerer Bissen wert, deren sie sehr begierig war. Da sie sich nun deswegen bei einer ihr Vertrauen genießenden großen Damen beschwert hatte, verschwor sie sich mit dieser herauszufinden, was an der Sache sei, nämlich durch ein Loch dem Spiel zuzuschauen, welches ihr Gatte und die Dame spielten. Deshalb ließ sie mehrere Löcher über dem Zimmer besagter Dame machen, um alles zu sehen und das Leben, das die beiden führen würden: setzten sich dann auch zu so betanem Schauspiel; aber was sie sahen, war durchaus sehr schön, denn sie erblickten eine sehr schöne Frau, weiß, zart und sehr frisch, halb im Hemd, halb nackt, welche ihrem Geliebten Zärtlichkeiten, Liebkosungen und Schäkereien im Überflusse antat, die ihr der Geliebte mit dem Gleichen vergalt, derart, daß sie aus dem Bette stiegen und sich im Hemde auf dem Bettvorleger liegend erlustigten, um die Wärme des Bettes zu vermeiden und besser der Kühle zu genießen; denn es war während der größten Hitze . . .
Da nun diese Fürstin all das gesehen und wahrgenommen hatte, begann sie aus Verdruß zu weinen, ächzen, seufzen und sich zu betrüben, denn es schien ihr, wie sie auch sagte, daß ihr ihr Mann dergleichen nie täte und keine solchen Tollheiten machte, wie sie ihn bei der anderen hatte machen sehen . . .
Die andere Dame, die bei ihr war, unternahm es, sie zu trösten und ihr vorzuhalten, daß sie keine Ursache habe, sich derart zu betrüben, denn, da sie einmal neugierig gewesen, dergleichen Sachen zu sehen, hätte sie weniger zu sehen nicht erwarten dürfen. Die Fürstin erwiderte darauf nur: ›Ach, leider ja! Ich wollte etwas sehen, das ich nicht hätte sehen wollen dürfen, da mir nun der Anblick wehtut!‹ Doch nachdem sie sich getröstet und ein Herz gefaßt, machte sie sich deshalb weiter keine Sorgen mehr und setzte, so oft sie konnte, diese kurzweiligen Beobachtungen fort und verwandelte sie schließlich in Gelegenheiten zur Belustigung und vielleicht auch noch was anderem.« So Brantôme. Und zumindest insofern glich ja unsere Katharina der Königin, von der er hat erzählen hören, als auch sie immer vernünftig genug war, aus den gegebenen Verhältnissen das Beste zu machen.
Wie schon berichtet, sorgte Diana für das Vergnügen des Königs, nicht ohne ihn zur gelegentlichen Erfüllung seiner ehelichen Pflichten anzuhalten, und übernahm ihrerseits dann auch gern die

Pflicht, die Erziehung der bei diesen Gelegenheiten gezeugten Königskinder zu überwachen. Monsieur d'Humières und dessen Gattin, denen Diana – nicht die Königin – die Aufsicht über die königliche Kinderstube anvertraute, empfahlen sich für dieses Amt vor allem durch Monsieur d'Humières' enge Verwandtschaft mit der Favoritin und die zuverlässige Ergebenheit, auf welche Diana bei diesem *Gouverneur des Enfants de France* (so sein offizieller Titel) rechnen konnte. Als die Kinder dann alt genug waren, bei Hofe eingeführt und mit dessen Sitten und Gebräuchen vertraut gemacht zu werden, nahm Diana selbst sich dieser Aufgabe an. Gerechterweise muß eingeräumt werden, daß mit den Sitten und Gebräuchen des Hofes auch niemand vertrauter war als sie, daß, was sich hinsichtlich des Protokolls und der Rangabstufungen von Titeln, Begrüßungen, Plätzen, Schmuck gehörte, niemand die Enfants de France besser hätte belehren können als Diana. Denn niemandem lagen diese Regeln mehr am Herzen als ihr, und niemand wachte eifersüchtiger als sie über ihre strenge Beachtung. So lernten die jungen Prinzen beispielsweise, daß ein Fürst, wenn er sich von einer Menschenmenge umgeben sieht, die Lippen spitzen »und eine Art Pfeifen hören lassen muß«. Wie das zu verstehen sein sollte, ist aus der historischen Distanz eindeutig nicht mehr festzustellen, es scheint aber auf einen bei aller körperlichen Nähe unüberbrückbaren Wesensabstand zwischen dem Fürsten und seinen Untertanen hinzuweisen. Andere Zeiten, andere Sitten, mag man da denken, und damit die gespitzten Lippen der französischen Prinzen auf sich beruhen lassen. Doch waren diese, wie vieles andere vornehme Gebaren, das Diana Katharinas Kindern beibrachte, nicht eigentlich französisch und zu der fraglichen Zeit am französischen Hof noch ziemlich neu.

Wenngleich Katharina einstweilen auf die Politik des Königs keinen Einfluß hatte und nicht einmal berechtigt schien, die Erziehung ihrer Kinder zu lenken, hatte sie keine Schwierigkeiten, die von ihrem Schwiegervater begonnene Italienisierung der Sitten des französischen Hofes fortzusetzen, da sie dazu ja nur die ohnehin herrschende Mode zu unterstützen brauchte. Wer mit der Mode gehen wollte, nahm sich an den vornehmen Italienern in der engeren Umgebung der Königin ein Beispiel. Die Manieren, die sie einführte, waren alles andere als volkstümlich oder ungezwungen und trugen nicht wenig dazu bei, den französischen Hofedelmann dem gemeinen Mann (mit dem er früher viel mehr gemein hatte) auch äußerlich unübersehbar zu entfremden. Wenn ein Mann von Stand einen Höhergestellten seiner ehrfürchtigen Aufmerksamkeit unmißverständlich versichern wollte, war nun folgende Vorschrift zu beherzigen: »Man stellt einen Fuß auf den anderen und steht mehr oder weniger nur auf einem Bein, wie ein Storch.« Wenn zwei Herren einander begegneten, mußten sie mit einer leichten Dehnung und Bewegung des Körpers nur das rechte Knie beugen, sodann war die Mütze abzunehmen, und zwar mit der rechten Hand, unten zu halten galt es die Kopfbedeckung aber links, während die rechte Hand mit den Handschuhen unten auf dem Bauche zu liegen hatte. Ein Herr war des weiteren mit einer Umarmung zu begrüßen, nahm dieser einen höheren Rang ein als man selbst, galt es, ihn unter dem Arm zu umarmen, und zwar desto niedriger, je höhergestellt der zu Begrüßende war. Einem Gleichgestellten legte man einen Arm über, den anderen unter die Schulter ... Und so weiter. Da war viel zu lernen, und wer bei Hofe glänzen wollte, lernte diese neuesten Moden mit Feuereifer. Ein Jahrhundert später sah man die gekünstelten Manieren bei den »Präziösen« zur höchsten Vollkommenheit kultiviert und auch von der besseren bürgerlichen Gesellschaft schon imitiert: Molière war nicht der einzige, der sich darüber lustig machte. Auch Madame de Sévigné mokierte sich über *»La France devenue italienne«*, das italienisch gewordene Frankreich. Aber bis in die letzten Tage des Ancien Régime beherrschte den französischen Hof der Typus des gekünstelt auf seiner Vornehmheit bestehenden Stutzers.

Demgegenüber war das Leben des französischen Königs zur Zeit Heinrichs II. noch recht einfach geregelt. Über seinen Tagesablauf sind folgende Einzelheiten überliefert: Der König kleidet sich an, sobald er sich von seinem Lager erhoben hat. Der ranghöchste der anwesenden Herren reicht ihm das Hemd. Die Bedienten bringen, eins nach dem anderen, die für diesen Tag vorgesehenen Kleidungsstücke. Der Haushofmeister kommt und bittet den König um die Schlüssel, die Seine Majestät in seinem Nachtkasten verwahrt hat. Denn während der Nacht mußten alle Türen des Schlosses verschlossen sein. Dann werden in strenger Rangfolge, einer nach dem anderen, die im Vorzimmer wartenden Herren vorgelassen. Während er sich ankleidet, spricht der König so bereits mit diesem und jenem. Dann verrichtet er sein Gebet in dem

Betstuhl, der zu diesem Zweck jeden Morgen in sein Schlafzimmer gestellt wird.
Die Höflinge ziehen sich dann zurück, und beim König verbleiben nur die fünf Angehörigen des engsten Rats, die wichtigsten Personen im Staat. Die laufenden Geschäfte werden erörtert, der König entscheidet, was zu tun ist.
Um zehn Uhr versammelt sich der Hof, um die Messe zu hören. Um elf speist der König. Der Boden des Saals, wo der Tisch gedeckt ist, ist mit duftenden Kräutern bestreut. Die Tischbestecke werden dem König von seinem Vorschneider unter einer silbernen Glocke gebracht. Bei Tisch versammeln sich die führenden Persönlichkeiten des Hofs. Dann werden von einer langen Prozession von Küchenjungen die Schüsseln aufgetragen, der königliche Mundkoch, der Hofbäcker und der königliche Mundschenk führen den Aufzug an und überwachen das Servieren. Der Küchenmeister serviert die Fleischgerichte, von denen stets viele unterschiedliche auf den Tisch kommen, alle mit kostbaren Gewürzen scharf gewürzt. Die Tischwäsche ist mit Honigklee-Wasser parfümiert, das Tischtuch mit Nelken und Zuckersternen bestreut. Auf silbernen Tellern steht Konfekt bereit. Bekanntlich machten sich Katharina und ihr italienisches Gefolge unleugbar auch um die Verfeinerung der französischen Küche und der französischen Tischsitten verdient. In Italien bediente man sich bereits der Gabel zum Essen, als Katharina nach Frankreich kam. Zwar fand diese italienische Mode dort schließlich Zuspruch, aber der König, mit dem Katharina verheiratet war, widersetzte sich noch dieser neumodischen Ziererei; und ißt nach gutem alten gallischen Brauch mit den Händen, nimmt nur wenn erforderlich das Messer zur Hilfe und mitunter einen Löffel. Fingerschalen stehen bereit, die während des Essens allzu fettig gewordenen Hände zu waschen, als Handtuch dient allen Tischgenossen das Tischtuch, das in langen Falten herabhängt.
Nach dem Essen pflegt der König in einer Fensternische des Speisesaals die eine oder andere Audienz zu gewähren, Gesandte in dringenden Geschäften zu hören, Boten abzufertigen. Dann schwingt er sich in den Sattel und reitet auf die Jagd bis zum Abend. Der Abend gehört Diana, und das sprach sich mit der Zeit auch bei den Untertanen Heinrichs II. herum. Sie scheinen diesen Zeitvertreib ihres Monarchen nicht durchweg gebilligt zu haben, wie ein

Liedchen bezeugt, das der Volksmund davon sang. Es lautete ungefähr so:

Trotz ihres großen Alters
Ist heute abend in Blois
Diana auf der Jagd
Einen König zu erlegen.
Ach Kathrinchen!
Welcher Jammer!
Nachts wird die unweise Göttin,
Die Alte, Halali blasen im Bette
Ach Kathrinchen!
Welcher Jammer!

Wie das Volk der Göttin und der Gemahlin des Königs huldigte. Und wie die Göttin und die Gemahlin, jede für sich, residierten.

Die Symbiose des Königspaares mit der »Großen Freundin« konnte nicht Privatsache der unmittelbar Betroffenen bleiben, sondern mußte sich, zumal nach Heinrichs Regierungsantritt, notgedrungen auch im großen Rahmen öffentlicher Zeremonien entfalten.

1548 begleiteten Diana und Katharina den König nach Turin, um den Bürgern dieser Stadt Gelegenheit zu geben, der neuen Herrschaft zuzujubeln (Heinrich II. hatte Turin soeben dem Herzog von Savoyen weggenommen). Auf dem Rückweg nach Paris wurde der königlichen Reisegesellschaft am 23. September in Lyon ein triumphaler Empfang bereitet. Die reiche Stadt hatte sich das gebotene Spektakel was kosten lassen, und die zahlreich dort ansässigen Künstler hatten, miteinander wetteifernd, eine ganz märchenhafte Festdekoration geschaffen. Wer immer das Programm dieser Dekoration entworfen hatte, wußte, was dem König lieb und angenehm war: überall, auf Wimpeln, Bannern und Wandbehängen, an Obelisken und Triumphbögen sah man das königliche Wappen, begleitet von dem zweideutigen Monogramm, das der König selbst publik gemacht hatte. Zu seiner Begrüßung erschien in Lyon überdies eine bildschöne Dame, die

keine andere als die göttliche Jägerin Diana darstellte und als solche einen gefangenen Löwen an der Leine führte. Diese Leine, aus schwarzer und weißer Seide geflochten, bekannte also wie um jedwedem Mißverständnis vorzubeugen, die Farben der Favoritin. Fraglich war nur, ob der Löwe als Sinnbild der Stadt Lyon gedacht war (deren Name ja zugleich die französische Bezeichnung des Königs der Tiere ist) oder ein Symbol für den französischen König darstellen sollte? Denn den Löwen mit den königlichen Lilien zu schmücken, hatte man denn doch nicht gewagt. Man wiederholte aber am nächsten Tag beim offiziellen Einzug der Königin das Spektakel. Zwar schmückte nun deren Wappen Banner und Wandbehänge, aber die Leine, an der die Göttin der Jagd den gezähmten Löwen führte, zeigte auch bei dieser Wiederholung der Vorstellung unverkennbar die Farben der Favoritin.
Diana war den Bürgern von Lyon für die ihr erwiesene Huldigung dankbar, Katharina ließ sie sich gefallen, ohne zu klagen. Um das Wohlwollen der Königin bemühten sich indessen die zahlreich in Lyon anwesenden Italiener, Emigranten, die sich von der Unterstützung ihrer politischen Bestrebungen durch die italienische Königin von Frankreich französische Waffenhilfe bei der Durchsetzung ihrer Ziele versprachen. Denn was hätten sie ohne diese Hilfe gegen den Kaiser – oder selbst nur gegen den Papst – vermocht? Katharina sympathisierte insbesondere mit den Bestrebungen der florentinischen Fuorusciti – die den vom Kaiser in Florenz eingesetzten Erbherzog vertreiben wollten – und deutete an, daß ihnen vielleicht zu helfen sei. Tatsächlich hatte sie schon einen Plan zu diesem Zweck. Sie hoffte bei dessen Durchführung in keiner anderen als ihrer verhaßten Rivalin eine Verbündete zu finden, der Frau, die den König am schwarz-weißen Bande führte.
Ehe aber in Frankreich erneut italienische Eroberungen in Angriff genommen werden konnten, waren die Aufständischen zu züchtigen, die sich im Westen des Reiches, im Poitou, in Saintonge und Guyenne gegen die (auf Dianas Rat erfolgte) Erhöhung der Salzsteuer empört hatten. Der König ließ das durch seine Vertrauten Montmorency und Aumale besorgen. Aumale stellte im Poitou die Ordnung fast ohne Blutvergießen wieder her, wußte den Gegner durch bloße Einschüchterung zur Unterwerfung zu bewegen. Montmorency dagegen griff in Bordeaux hart durch und suchte die Untertanen seines Königs und Herrn Gehorsam zu leh-

ren, indem er die Rebellen reihenweise aufhängen, verbrennen, rädern und vierteilen ließ. Leider sollte sich zeigen, daß die Zukunft nicht den Methoden des jungen Guisen, sondern denen des alten Montmorency gehörte. Denn das Verfahren des Konnetabels in Bordeaux erscheint im Rückblick wie eine Probe der Szenarien, bei denen das unglückliche Frankreich während der Religionskriege verwüstet wurde.
Seitdem der König seine Göttin (am 8. Oktober 1548, nicht lange nach dem triumphalen Einzug in Lyon) zur Herzogin von Valentinois erhoben hatte, war Diana souveräne Fürstin und durfte die Steuern eigener Untertanen aus eigener Machtvollkommenheit erhöhen. Zur Königin von Frankreich fehlte ihr nur die Krönung. Diese freilich sollte denn doch nicht ihr, sondern Katharina zuteil werden.
Es geschah in Saint-Denis am 10. Juni 1549. Die Zeremonie war zwar nicht annähernd so prächtig wie die der Krönung Heinrichs in Reims, aber auch in Saint-Denis nahm Diana unübersehbar den Ehrenplatz ein. Die Anwesenden hatten Gelegenheit zu konstatieren, daß Frankreich gehalten war, einer Königin in zwei Personen zu huldigen. So trugen beide Damen den königlichen Hermelin, jenen Pelz, der außer dem König nur Herzögen aus königlichem Geschlecht, Prinzen von Geblüt, zustand. Die schon durch jene Mäntel bezeichnete skandalöse Gleichstellung der Favoritin mit der Königin wurde vollends offenbar, als man sah, wie Dianas Tochter, die Herzogin von Mayenne, der Königin die ihr während der endlosen Zeremonie zu schwer gewordene Krone abnehmen und diese, als sei das die natürlichste Sache der Welt, zu Füßen ihrer Mutter abstellen sah. Es hätte nur noch gefehlt, daß sie sie ihr aufgesetzt hätte. Diana hätte sie gewiß nicht zu schwer gefunden. Katharina, die ja hatte erleichtert werden wollen, tat so, als sei ihr die vielsagende Gebärde der Tochter ihrer Rivalin entgangen.
Sechs Tage später, am 16. Juni 1549, hielten der König und die Königin Einzug in Paris. Für diese Gelegenheit hatten die bedeutendsten Künstler Werke geschaffen, die noch heute berühmt sind: Gemälde von Jean Cousin, Skulpturen von Jean Goujon, Inschriften, deren Devisen aus der Feder Ronsards stammten. Bemerkenswert waren diese Festlichkeiten, weil in Paris kein Personenkult getrieben wurde: Man sah nicht einmal das Bild des regierenden Fürsten, nur das seines verstorbenen Vaters. Die Künstler huldigten dem

Andenken des großen Förderers der Künste gleichsam als dem des Inbegriffs der Monarchie.
Doch andernorts folgten Künstler und Bürger dem Beispiel der Stadt Lyon und schmeichelten dem regierenden Fürsten, indem sie noch vor dessen Gemahlin seine Geliebte feierten. So gestaltete sich auch der Einzug der Souveräne in Rouen am 1. Oktober des Jahres 1550 zu einem Triumph für Diana, obwohl diese drei Schritte hinter der Königin ging.
Diana sorgte im übrigen dafür, daß die Pracht ihrer eigenen Residenzen die Wohnungen der Königin vergleichsweise bescheiden anmuten ließ. Katharina bewohnte in Paris – da der Louvre umgebaut wurde und zu diesem Zweck halb abgerissen worden war – gewöhnlich das alte Palais des Tournelles. Es gefiel ihr dort. Der König gestattete ihr, mit Hilfe seines Architekten Philibert de l'Orme den Palast um verschiedene, ihren besonderen Bedürfnissen Rechnung tragende Anbauten zu erweitern. So ließ sie sich im Garten einen Brunnen anlegen, der von den Quellen zu Belleville gespeist wurde, Ställe für ihre Pferde bauen – Pferde waren ihr Luxus – sowie einen großen Speise- und Tanzsaal. Denn Katharina tanzte gerne. Neu errichten ließ sie sich von dem gleichen hervorragenden Architekten nur ein Landhaus bei Monceaux-en-Brie. Weitere Gelegenheiten, die Baukunst zu fördern, für die sie eine von Florenz und Rom erhellte Leidenschaft hegte, erhielt sie einstweilen nicht.
Diana dagegen, unabhängiger als ihre gekrönte Rivalin, hatte gleich nach Heinrichs Regierungsantritt 1546 begonnen, das ihr von ihrem verstorbenen Mann hinterlassene Schloß Anet zu einem Meisterwerk der modernen Architektur umbauen zu lassen. Diana hatte Kunstsinn, und ihre Wünsche inspirierten Philibert de l'Orme zu einer der schönsten Leistungen der Baukunst der damaligen Zeit. Von dem alten Schloß blieben nur die Grundmauern erhalten. Das neue war der angemessene Rahmen für eine Göttin und symbolisierte auch die erhabene Stellung seiner Besitzerin in vielen bezeichnenden Einzelheiten des plastischen und gemalten Dekors. Allenthalben sah man dort die verschlungenen Initialen Heinrichs und Dianas, was an diesem Ort freilich insofern nur recht und billig war, als Heinrich für die Baukosten aufkam, so daß man Dianas private Residenz sehr wohl wie Chambord oder Blois als Krongut hätte ansehen können. Diana freilich hätte sich

das verbeten, denn aus ihrer Sicht machte das H dort keine Ansprüche geltend, sondern huldigte vielmehr ergeben dem doppelten, geraden und spiegelverkehrten D. Heute noch ist in Anet Diana, die göttliche Jägerin, im Verein mit ihrer edlen Beute, dem königlichen Hirsch, zu sehen. Der Gefangene scheint ebenso am Ziel seiner Wünsche zu sein wie seine Jägerin.

Katharina macht sich Sorgen, Diana gefährliche Politik

Die wirkliche Diana freilich war nicht wie die vom Künstler imaginierte imstande, auf ihren Lorbeern auszuruhen. Stets hatte sie neue, große Geschäfte im Sinn, vorzugsweise hohe Politik, mit der sie allerdings weniger bestrebt war, das Wohl des Staates zu fördern, als vielmehr ihr Vermögen und die Macht ihres Hauses zu mehren. Wie schon angedeutet, stützte sie ihre Herrschaft – denn im Namen Heinrichs herrschte in der Tat sie – auf die Guisen und auf Montmorency. Damit war sie auf zwei Verbündete angewiesen. Sie beschloß, sich des weniger zuverlässigen der beider zu entledigen, um weniger Rücksichten nehmen zu müssen. Der weniger zuverlässige ihrer Verbündeten aber war zweifellos der Konnetabel. Unglücklicherweise war dieser direkt kaum angreifbar, weil der König wie in all seinen Herzensneigungen so treu und beständig an dem alten Mann hing. Montmorency wußte das natürlich und war sich seiner Macht so sicher, daß er sich dem König gegenüber die erstaunlichsten und ihm bei Hof allgemein verübelten Freiheiten herausnahm. Eines Tages, als der König seinen alten Freund in Ecouen besuchte, bat Montmorency den Monarchen in aller Einfachheit, sich in seiner Gegenwart die Füße waschen zu dürfen. Da den König diese Zumutung nicht zu verdrießen schien, nahm also der Konnetabel sein Fußbad in königlicher Gesellschaft. Die übrigen Anwesenden fanden das ein starkes Stück. »Der Konnetabel hat gerade noch davon abgesehen, ins Zimmer zu pissen«, berichtete der stets wohlinformierte ferraresische Gesandte Alvaretto.

Niemand neidete dem Konnetabel seine Sonderstellung aber eifersüchtiger als die Guisen. Sie spürten, daß, solange Montmorency an der Seite des Königs gelitten wurde, ihre Hoffnungen, sich in Heinrichs Gunst an die erste Stelle zu setzen, zum Scheitern verurteilt waren. Sie beschlossen also, dafür zu sorgen, daß der König diesen väterlichen Freund in Ungnade fallen ließe. Ihre Wünsche in dieser Hinsicht stimmten folglich mit denen Dianas vollkommen überein.

Sowohl Dianas Absichten als auch die der Guisen gingen allerdings über diesen unmittelbar nächsten Gegenstand weit hinaus. Denn beide wollten nichts Geringeres, als sich dem Königshaus so zu verbinden, daß sie sich des Lilienwappens und eines Tages vielleicht sogar der Krone bemächtigen könnten. Franz I. hatte den Sohn noch auf dem Sterbebett vor der maßlosen Machtgier der Guisen gewarnt. Heinrich schien das vergessen zu haben. Katharina erinnerte sich dieser Warnung sehr genau, als sie jetzt, sozusagen aus der Kulisse, den Machenschaften der Guisen zusah.

Die Guisen sollten im Laufe der nächsten vierzig Jahre im Leben Katharinas und ihrer Söhne eine wichtige Rolle spielen und bestimmend bald zum Guten, bald zum Bösen auf den Gang der Ereignisse in Frankreich einwirken. Wie aber erklärt sich die außerordentliche Machtstellung dieses Herzogsgeschlechts?

Ihr Ahnherr, Claudius von Lothringen, erster Herzog von Guise (1490–1550), hatte Antoinette von Bourbon geheiratet und sich somit bereits, gewissermaßen am Rande, mit dem französischen Königshaus verbunden. Der Bruder des Herzogs, der glänzende Kardinal Johann von Lothringen, war eng mit Franz I. befreundet gewesen, und in Rom allmächtig. Für den weiteren Aufstieg der Familie sorgte nun Diana. So erreichte sie, daß der junge Kardinal Karl von Lothringen zum Chef des geheimen Rats ernannt wurde. Künftig hatte demnach sie selbst durch diesen Vertreter den Vorsitz in diesem Gremium inne und konnte den Konnetabel nötigen, sich zu fügen. Als 1549 Papst Paul III. starb, sah sie eine Gelegenheit, die Machtstellung ihrer Verbündeten weiter auszubauen. Dazu hätte ihr gelingen müssen, die Wahl des Kardinals Johann von Lothringen zum Nachfolger Pauls III. durchzusetzen. Ihre Agenten in Rom waren in dieser Sache so geschickt und eifrig tätig, daß sie ihren Kandidaten vielleicht durchgesetzt hätte, wenn nicht Montmorency, der alte Fuchs, der sehr wohl merkte, was da gespielt wurde, den französischen Kardinälen ausdrücklich verboten hätte, für den Lothringer zu stimmen; der denn auch nicht gewählt

wurde und, vielleicht weil er die Enttäuschung nicht verwinden konnte, bald nach der Wahl starb.
Diana ließ sich durch diesen Mißerfolg jedoch nicht entmutigen. Die Hoffnungen, die sie in den alten lothringischen Kardinal gesetzt hatte, übertrug sie schnell auf dessen Neffen, den jungen Kardinal Karl von Lothringen, der mit ihrer Hilfe bald der mächtigste Kirchenfürst in Frankreich wurde. Man urteile selbst: Karl von Lothringen war schließlich Erzbischof nicht allein von Reims, sondern auch von Lyon, von Narbonne, Bischof von Valence, von Albi, von Agen, von Lucon und Nantes, ganz zu schweigen von den ungeheuren Einkünften, die ihm aus zahllosen Abteien zuflossen. Sein Vermögen war geradezu unermeßlich, aber seine Macht nicht weniger. Es stand zu fürchten, daß er sie eines Tages sehr wohl gegen den König aufbieten könnte, dem er sie letztlich verdankte.
Der mit Katharina gleichaltrige ältere Bruder des Kardinals, der Herzog Franz von Guise, heiratete die Tochter des Herzogs Ercole d'Este von Ferrara, Modena und Reggio. Auch diese Verbindung hatte Diana angebahnt. Die Tochter des Herzogs von Ferrara war in dynastischer Hinsicht eine bessere Partie als jede Mediceerin, denn ihre Mutter, Renée von Frankreich, war die zweite Tochter König Ludwigs XII. und Schwester der Königin Claudia, der ersten Gattin Franz' I., mithin also eine Tante Heinrichs II. Franz von Guise wurde durch diese Verbindung dem regierenden König von Frankreich verschwägert. Übrigens heiratete der Guise damit gleichfalls in das Haus Borgia ein, denn die Großmutter väterlicherseits der Braut war keine andere als die berühmte Lukrezia Borgia. Am 31. Dezember 1550 wurde diesem Paar der älteste Sohn geboren, Heinrich. Er erbte nicht nur den väterlichen Titel, sondern erwarb sich mit einer Verwundung auf dem Schlachtfeld auch den Beinamen seines Vaters, *Le Balafré*, Narbengesicht: Wie von seinem Vater wird auch von ihm hier noch viel die Rede sein.
Kurz nach der prächtigen Hochzeit des Herzogs von Guise mit der Enkelin eines französischen Königs, nämlich Ludwigs XII., fand in absichtlich bescheidenem Rahmen die zweite Hochzeit der Tochter Margaretes von Navarra statt. Deren erste Ehe mit dem Herzog von Kleve hatte ja bekanntlich nicht einmal gehalten, was sich Franz I. davon versprochen hatte, und war nach dem unglücklichen Ausgang seiner letzten kriegerischen Auseinandersetzungen

mit dem Kaiser annulliert worden. Im Gegensatz zu ihrer ersten Ehe mit dem deutschen Verbündeten des französischen Königs war Johanna von Albrets zweite eine Liebesheirat. Die Königin von Navarra soll enttäuscht gewesen sein, daß ihre Tochter nicht lieber auf eine Gelegenheit gewartet hatte, sich von einem regierenden Fürsten heimführen zu lassen. Zwar war der Bräutigam, Anton von Bourbon-Vendôme, das Oberhaupt des Hauses Bourbon, doch Heinrich und Diana machten aus ihrer Geringschätzung der Bourbonen keinen Hehl. Seitdem Franz I. die ganze Familie den Verrat ihres vor Rom gefallenen Haupts, des Konnetabels von Bourbon, hatte büßen lassen, schien dieses Haus keine Zukunft mehr zu haben. Gleichwohl fiel ihm nun durch Antons Heirat mit Johanna das Königreich Navarra zu. Und wie man weiß, sollte Heinrich, der Sohn der beiden, einmal nicht nur das Königreich Navarra erben, sondern als Heinrich IV. auch auf den Thron von Frankreich gelangen. Während der älteste Sohn des Herzogs von Guise, Urenkel also König Ludwigs XII., es nicht weiter als bis zu dem zweifelhaften Ehrentitel eines »Königs der Barrikaden« bringen sollte, ehe er am 23. Dezember 1588 durch Mörderhand fiel. Fast zweiundzwanzig Jahre später erst sollte das gleiche Schicksal den glücklicheren anderen Heinrich ereilen.

Doch all das lag einstweilen in ferner Zukunft, und noch war die von Diana gestiftete Verbindung der Guisen mit dem Hause Valois nur vielversprechend zu nennen. Die Guisen hatten auch anderwärts günstige Verbindungen geknüpft: die Schwester des Herzogs und des Kardinals, Maria von Lothringen, hatte 1538 Jakob V. Stuart, den König von Schottland, geheiratet. 1542 bereits war sie verwitwet und in sehr bedrängter Lage, zumal die Protestanten kürzlich ihren wichtigsten Verbündeten, den Kardinal Beatown, hatten ermorden lassen. Der englische Hof sah eine glänzende Gelegenheit, Schottland und England in einer einzigen Monarchie zu vereinigen. Es genügte unter den gegebenen Umständen, die Witwe König Jakobs zu beseitigen, sich der Thronerbin Maria Stuart zu bemächtigen und diese mit dem jungen König von England, Eduard VI. zu verheiraten. Die Engländer trafen schon Vorbereitungen, in Schottland einzumarschieren, was die Witwe des Königs kaum hätte verhindern können. Im Verein mit Diana überredeten daraufhin die beiden Brüder der bedrängten Dame und Onkel der kleinen Prinzessin den französischen König, den Engländern zuvorzukommen: Ein französisches Expeditionskorps fuhr nach Schottland, die Braut des Dauphins dort abzuholen. Zwar war damals, im Sommer 1548, die schottische Thronerbin erst fünf Jahre alt, doch zählte ja auch der französische Thronerbe Franz damals erst vier. Der Anschlag gelang, im Triumph kehrten die Brautwerber mit der Witwe des Königs und der kleinen Maria Stuart aus Schottland an den französischen Hof zurück. Inzwischen sah es so aus, als sollte das als Braut des Dauphins vorgesehene Mädchen bald auch Ansprüche auf den englischen Thron geltend machen können. Denn König Eduard VI., mit dem die Engländer sie hatten verheiraten wollen, lag im Sterben, und so würde der englische Thron bald vakant sein, da der verstorbene König Heinrich VIII. seine beiden Töchter Maria und Elisabeth enterbt hatte: Als Enkelin einer Schwester Heinrichs VIII. hätte deshalb sehr bald die kleine Verlobte des Dauphins auch Königin von England werden können. Ihre Aussichten berechtigten also ihre Onkel, die Guisen, und Diana zu den schönsten Hoffnungen. Katharina übrigens war nicht gefragt worden, ob ihr die für ihren ältesten Sohn vorgesehene Braut recht sei.

Die Königin und die Favoritin zürnen gemeinsam einer schönen Schottin, Montmorency und dem König

Als Erzieherin der jungen schottischen Prinzessin war eine Dame an den französischen Hof gekommen, deren üppige Reize die Symbiose des Königs, seiner Gattin und seiner Göttin vorübergehend erheblich störten. Denn Heinrich war für die Reize dieser Lady Fleming, einer natürlichen Tochter Jakobs IV. (des schottischen Großvaters der kleinen Maria) bei aller Liebe zu Diana nicht blind. Und als die Göttin nach einem Sturz vom Pferd im Sommer 1550 mit gebrochenem Bein in Anet zu Bett lag und sich für eine Zeitlang Heinrichs Besuche verbeten hatte, scheint der alte Montmorency, dem die Lust nach einer Abwechslung, die die reizvolle Schottin bei seinem Herrn erregt hatte, nicht verborgen geblieben war, sich als Kuppler betätigt und dafür gesorgt zu haben, daß Heinrich Gelegenheit erhielt, die fragliche Lust zu stillen.

Offensichtlich leitete den Konnetabel bei dieser Kuppelei außer dem naheliegenden Wunsch, seinem Herrn einen Gefallen zu tun, auch weitergehende politische Berechnung. Sollte es nicht möglich sein, die inzwischen schließlich doch schon fünfzigjährige Göttin durch eine appetitliche und zwanzig Jahre jüngere Sterbliche aus der Gunst des Königs verdrängen zu lassen? Montmorency hatte ja inzwischen allen Grund, den Einfluß der Favoritin und ihrer lothringischen Freunde auf den Monarchen zu fürchten.

So entnimmt man den Berichten des venezianischen Gesandten Contarini und des ferraresischen Gesandten Alvaretto, daß eines Tages Ende Juli Karl, der Kardinal von Lothringen, durch seine Spione unterrichtet wurde, wie sich allnächtlich in Saint-Germain der Konnetabel Montmorency in die Gemächer der kleinen Maria Stuart schleiche. Was mochte er da zu suchen haben? Der Kardinal, dem schließlich sehr daran gelegen war, seine schottische Nichte eines Tages als Königin von Frankreich zu sehen, alarmierte seine Brüder, und in der folgenden Nacht legten sich die Guisen in der Nähe des Zimmers der zukünftigen Dauphine auf die Lauer, um ihren Freund, den Lustgreis, auf frischer Tat zu ertappen und zur Rechenschaft zu ziehen. Entsetzt sahen sie dann aber den Konnetabel nicht allein das fragliche Zimmer betreten, sondern in Begleitung des Königs. Es bedurfte also weiterer Nachforschungen. Diese enthüllten ihnen, was den König im Appartement Maria Stuarts interessierte. Inzwischen war auch die eilends von den Vorgängen in Kenntnis gesetzte Diana zur Stelle – nicht auf Krücken, ihr Bein war wieder heil. Die Göttin selbst also erwartete im Verein mit den Guisen ihren von seinem Konnetabel gefolgten königlichen Anbeter vor der Tür, als er endlich um zwei Uhr früh die Gemächer der schottischen Prinzessin verließ. Die Szene hätte in das Libretto einer komischen Oper gepaßt, wenn es damals schon komische Opern gegeben hätte, unter den gegebenen Umständen hätten sie aber leicht auf das Ende einer jener Tragödien hinauslaufen können, bei denen der Vorhang erst fällt, wenn alle Protagonisten gefallen sind. Bei dieser Gelegenheit sah man die stets so stolze Göttin außer sich. Der König war so kleinlaut wie sie laut. Dankbar ließ er sich endlich von der Zürnenden an die Leine nehmen und nach Anet entführen, um dort seine Verfehlung tätig zu bereuen.

Die Hoffnungen, mit denen vermutlich Montmorency dieses Techtelmechtel angestiftet hatte, wurden enttäuscht – ebenso wie diejenigen, mit denen vielleicht Katharina ihm dabei zugesehen hatte. Denn Heinrichs Abenteuer mit der natürlichen Tochter eines schottischen Königs festigte letztlich die Herrschaft Dianas über ihn nur noch, anstatt sie zu erschüttern. Montmorency konnte sich glücklich schätzen, daß der Herr, auf dessen Dankbarkeit er gerechnet hatte, ihn nicht mit Schimpf und Schande davonjagte. Die schöne Schottin aber, Lady Fleming, scheint als letzte der Beteiligten begriffen zu haben, daß der Traum aus war. Allerdings hatte Heinrich sie geschwängert, womit sie ein gewisses Recht auf seine Erkenntlichkeit erworben zu haben glaubte. Als sie sich jedoch mit dieser Schwangerschaft brüstete, brachte sie schließlich auch die Königin gegen sich auf – und sie veranlaßte, daß Heinrichs Gattin mit seiner Göttin gemeinsame Sache machte. Diana verlangte von ihm, er möge der Unverschämten umgehend befehlen, mit ihrem Balg nach Schottland zurückzukehren. Was denn auch geschah. Den Balg freilich, einen Sohn, erkannte Heinrich an, und so erhielt dieser den Namen Heinrich von Valois, den er später, nach Frankreich zurückgekehrt, gegen den Titel Heinrich von Angoulême eintauschte.
Katharina aber machte nicht nur gegen die schottische Abenteuerin gemeinsame Sache mit ihrer Rivalin, sondern auch gegen ihren alten Freund und Gevatter (wie sie ihn zu nennen pflegte) Montmorency. Wie Diana war sie nämlich bestrebt, den König zu überreden, wieder Krieg gegen Karl V. in Italien anzufangen, während Montmorency sich solchen Projekten nach Kräften widersetzte. Zum ersten Mal eröffnete sich hier für Katharina die Gelegenheit, die königliche Politik in ihrem Sinne zu lenken – wenn auch nur, weil der fragliche Sinn zugleich der ihrer göttlichen Rivalin war.

Da seine beiden Frauen Krieg beschlossen haben, führt Heinrich Krieg

Schon seit langem stand unter den Ratgebern Heinrichs II. Montmorency mit der Überzeugung allein, daß es mit dem Kaiser nach Möglichkeit Frieden zu halten gelte. Zu einer auf Ausgleich mit

dem Kaiser bedachten Politik bestimmten ihn einerseits die Furcht, daß der nächste Krieg gegen diesen mächtigen Gegner schlimmer ausgehen könnte als die bisherigen; andererseits die Sorge um die von außen durch die Türken und von innen durch die lutherischen Häretiker bedrohte Christenheit. Wenn sich nämlich die beiden stärksten Mächte der katholischen Christenheit gegenseitig zerfleischten, spielten sie offensichtlich ihren gemeinsamen inneren und äußeren Feinden in die Hand. Kein vernünftiger Staatsmann, fand er, könne das wünschen.
Dem König leuchteten die Gründe seines alten Freundes zwar ein, aber Diana und Katharina wollten Krieg. Als Kriegsschauplatz empfahl sich wie von jeher für Auseinandersetzungen zwischen dem französischen König und dem Kaiser Italien, wo dem Sieger auch die reichste Beute winkte. Diana erinnerte sich, daß die Saint-Vallier und die Herren von Valentinois alte Rechte auf das Marquisat Cortona hatten. Die würde sie im Falle eines französischen Sieges geltend machten, nicht allerdings, um Marquise von Cortona zu werden, sondern um die wertvolle Markgrafschaft dem Papst zu verkaufen. Auch der politische Ehrgeiz der Göttin zielte vorzüglich auf Geld. Die Guisen ihrerseits konnten darauf verweisen, daß einst das Haus Lothringen in Neapel und Sizilien geherrscht hatte, und waren also auch in Hinsicht auf Italien mit ihrer Freundin und Verbündeten einig: Verjagen wir die Kaiserlichen und nehmen uns ihre Kronen. Diana fiel die Aufgabe zu, den König für das Unternehmen zu begeistern. Das war nicht ganz einfach, denn, wie schon gesagt, riet Montmorency zum Frieden mit dem Kaiser, und die Gründe des alten Staatsmannes leuchteten seinem jungen Verehrer ein. Andererseits betete Heinrich seine Göttin an und war, seitdem er als Knabe dessen Gefangener in Madrid gewesen, zu unvernünftigem Haß gegen den Kaiser geneigt. Und da Diana ihn bei seiner Liebe wie auch bei seinem Haß zu nehmen wußte, gelang es ihr, ihn für ihre Kriegspläne zu gewinnen.
Schon die herausfordernde Begründung, mit der er Karl V. zu seiner Krönung in Reims einlud, zeigte Heinrich offensichtlich gewillt, sich in seiner Außenpolitik nicht von Montmorencys mäßigendem Rat zügeln zu lassen. Denn da gebot er Karl, in Reims zu erscheinen und, als Graf von Flandern, ihm, dem König von Frankreich, die schuldige Ehre zu erweisen. Karl V. hatte wissen

lassen, daß er allenfalls an der Spitze eines Heeres von 50 000 Mann zu erwarten sei.
Vorerst blieb gleichwohl alles ruhig, bis auf Heinrichs beide Frauen, die keine Ruhe gaben. Denn auch Katharina wollte ja Krieg, wenn auch aus anderen Gründen als ihre Rivalin. Denn Katharina interessierten bei den Auseinandersetzungen zwischen den beiden Großmächten damals noch im wesentlichen die Belange ihrer Vaterstadt Florenz. Wenn sie ihren Gemahl drängte, in Italien die Kaiserlichen anzugreifen, kam es ihr dabei vor allem darauf an, daß Heinrich auf der von ihr begünstigten Seite in einen Familienstreit unter Mediceern eingriff: Der Großherzog von Toskana, Cosimo de Medici, dessen Sturz sie ebenso wünschte wie die florentinischen *Fuorusciti* und namentlich ihre Vettern, die Strozzi, war ebenfalls ein entfernter Vetter von ihr, Sohn des berühmten Condottiere Giovanni delle Bande Nere (der dem jüngeren Zweig der Familie entstammte) und einer Enkelin jenes Piero de Medici, der auch Katharinas Großvater war. Dieser Cosimo de Medici hatte sein Herzogtum vom Kaiser erhalten und daher, abweichend von der traditionellen Orientierung mediceischer Außenpolitik, gegen den König von Frankreich und für den Kaiser Partei ergriffen. Zudem unterdrückte er nach Meinung Katharinas und der Strozzi die Florentiner, hatte alle alten Freiheiten abgeschafft und regierte wie ein Tyrann. Die Strozzi jedenfalls hatte er um ihr Florentiner Bankgeschäft gebracht und Katharina das Erbe vorenthalten, das ihr beim Tod des von Lorenzaccio ermordeten Alessandro hätte zufallen sollen, insbesondere das Herzogtum Urbino, dessen Herren die Mediceer freilich nie anders als dem Titel nach gewesen waren, den sie im übrigen usurpiert hatten. Heinrich hätte das fragliche Herzogtum bei seiner Eheschließung mit Katharina erhalten sollen. Obwohl das noch nicht geschehen war, legte er es im Februar 1549 seinem zweiten Sohn Ludwig in die Wiege, der allerdings schon im Oktober des gleichen Jahres starb und es ebenfalls nie erhielt.
Verpflichtet das den Vater nicht, das nicht Vererbte wenigstens zu erwerben, um es zu besitzen? So begab sich denn auch Heinrich, von seinen beiden Frauen dazu angehalten, auf den Spuren seines Vaters in italienische Abenteuer. Katharinas Vettern versprachen ihm, was sein Herz begehrte: Nicht nur Urbino, sondern auch die großherzogliche Krone von Toskana, deren rechtmäßige Erbin

Katharina sei. Daß die beredsamen Brüder den König zu bezaubern verstanden, beweist schon die Tatsache, daß von den 74 Ehrengehältern, die die Krone gewährte, 73 Italienern gezahlt wurden. Unaufhaltsam rückten die Strozzi in die verschiedensten einflußreichen Positionen vor. Leo, ein Malteserritter, wurde zum Generalkapitän der Galeeren und Oberkommandierender der königlichen Levante-Flotte ernannt. Ein anderer, Roberto Strozzi, machte sich als Finanzier unentbehrlich. Seine Banken in Lyon, Rom und vor allem in Venedig – die Stadt war noch immer ein Hauptumschlagplatz des Orienthandels – liehen dem König die benötigten Mittel, wie sie schon Clemens VII. die Mitgift Katharinas geliehen hatten. Der Bankier verstand es überdies, durch großzügige Spenden auch die Räte des Königs für sich einzunehmen. Auf Katharinas Rat machte er sich durch besondere Freigiebigkeit sogar den Konnetabel Montmorency geneigt, der indessen seine politischen Ziele entschieden ablehnte: Unter anderem schenkte er ihm die von Michelangelo für das Grabmal Papst Julius' II. geschaffenen Skulpturen zweier Sklaven, die man heute im Louvre-Museum bewundern kann.
Lorenzo Strozzi wurde zum Bischof von Béziers ernannt und war Abt der reichen Abtei Saint-Victor zu Marseille. 1557 erhielt er zudem den Kardinalshut. Keiner aber erlangte so viel Ansehen und erregte so viel Aufsehen wie der berühmte Piero Strozzi, mit dem Katharina gegenseitige Zuneigung, gemeinsame Herkunft und ähnliche Begabung verband. Beider Großvater war Lorenzo der Prächtige. Beide waren überaus intelligent, wissenschaftlich und literarisch hochgebildet. Piero hatte darüber hinaus sehr großes Talent, seine Vorzüge ins rechte Licht zu rücken. Seine Verwegenheit und sein unverhohlener Hochmut hätten den Hof und besonders den König, der Prahlhänse haßte, eigentlich gegen ihn einnehmen müssen, doch war das keineswegs der Fall. Der König fand vielmehr den kleinen Mann, der seine Beinkleider ausstopfte, um Muskeln vorzutäuschen, die er nicht hatte, und durch hohe Absätze und hohe Hüte seine Statur zu vergrößern trachtete, dabei im Verfolgen seiner Ziele zugleich rücksichtslos und furchtlos war, durchaus so unwiderstehlich, wie er sich gab. Am Tag seiner Krönung verlieh Heinrich ihm (wie übrigens auch Coligny, dem Neffen Montmorencys) die Kette des Sankt Michael-Ordens.

Abgesehen von diesen exilierten Florentinern hatte Heinrich italienische Verbündete auch in Italien, jedenfalls zu Beginn seiner Regierung. Denn sein Bündnis mit dem Herzog von Parma und Piacenza, Ottavio Farnese, einem Sohn Papst Pauls III., hielt nicht, was es versprach, als Ottavio sich unter den Schutz des Kaisers stellte, der ihm wohl zuverlässiger schien. Er enttäuschte damit nicht nur den französischen König, sondern auch seinen Vater anscheinend so sehr, daß dieser kurz darauf vermutlich vor Kummer gestorben ist. Von den vergeblichen Bemühungen Dianas und ihrer Freunde, einem Guisen als Nachfolger des Verstorbenen auf den Papstthron zu helfen, war hier schon die Rede. Statt des Kardinals Johann von Lothringen wurde ein Parteigänger des Kaisers gewählt, der als Papst den Namen Julius III. annahm. Dieser neue Papst erhob alsbald Anspruch auf das Herzogtum Piacenza, angeblich um es dem Kirchenstaat einzuverleiben, tatsächlich jedoch im Interesse des Kaisers. Dieser Anspruch war eine Herausforderung des französischen Königs, insofern dieser sich zum Schutz farnesischer Interessen verpflichtet hatte. Dennoch zögerte Heinrich selbst hier noch, ein französisches Heer nach Italien zu schikken, sehr zum Mißvergnügen der Strozzi. Durch Geld, zwölftausend Goldtaler, für die Söldner angeworben werden konnten, suchte er sie zu beschwichtigen. Indessen gebärdete sich Papst Julius III. so hochfahrend, daß Heinrich ihm schließlich androhte, dem Beispiel Heinrichs VIII. von England zu folgen, mit dem Vatikan zu brechen und eine unabhängige gallikanische Kirche zu gründen. Zugleich ließ er in ganz Frankreich die für Rom bestimmten Kirchensteuern beschlagnahmen und stellte ein Heer von 10 000 Mann auf, um notfalls sofort in die päpstlichen Staaten einfallen zu können.
Der Papst begriff, daß er sich zu weit vorgewagt hatte. Am 12. Oktober 1551 entsandte er einen Legaten nach Paris, der beauftragt war, den König – sowie auch, in gesondertem Schreiben, dessen Gattin – des päpstlichen Friedenswillens zu versichern.
Unterdessen ließen sich in Italien, trotz der mit französischem Geld angeworbenen Söldner, die sich dort für ihre Ideale schlugen, die Strozzi und ihre republikanischen Gesinnungsgenossen von den Kaiserlichen jämmerlich schlagen. Katharinas Sache wurde dabei nicht eben ehrenvoll vertreten. Leo, wegen Unfähigkeit oder auf Grund einer Kabale seines Kommandos enthoben, ermordete

zu haben, und flüchtete mit zwei königlichen Galeeren, verfolgt von dem Admiral de Tende, von Marseille nach Malta. Montmorency, dessen Schwager der Admiral war, ließ sich die Gelegenheit nicht entgehen, die Eitelkeit derartiger italienischer Abenteuer anzuprangern, die Unzuverlässigkeit der Strozzi zu beklagen und den unglücklichen Leo sogar des Verrats zu bezichtigen. Katharina tat dieser Tadel in der Seele weh, wovon sie sich aber, wie gewöhnlich, nichts anmerken ließ, zumal sie gegen den Tadel vernünftigerweise wenig einwenden konnte. So verlangte sie zunächst sogar den Tod des Verräters. Dann aber riet sie gleich zur Milde. »Er hat es nicht böse gemeint«, sagte sie sinngemäß in einem Brief an den Konnetabel – *»il ne l'a point faict par meschanceté«*. Es ist bezeichnend für ihren politischen Instinkt, daß sie ausgerechnet den Konnetabel, der den Krieg in Italien nicht gewollt und den zweifelhaften Helden Leo sogar des Verrats bezichtigt hatte, zu überzeugen versuchte, daß Leos Verhalten beim König zwar nicht zu rechtfertigen, aber doch entschuldbar sei. Unter den gegebenen Umständen hätte Mißtrauen gegen die Strozzi den König womöglich veranlaßt, seine italienischen Kriegspläne zu verwerfen. Und Katharina war nicht nur den Strozzi gewogen, sie wollte auch wie diese, wie die Guisen und Diana den Krieg. Und den gab es.

Katharina wird zwar als Regentin eingesetzt, erhält aber keine Gelegenheit zu regieren

Zunächst war der Widerstand Montmorencys zu beugen. Dieser Aufgabe nahm sich Diana an, die der Haß ebensowenig blind machte wie die Liebe. Sie machte den störrischen Konnetabel gefügig, indem sie ihn durch den König auf ganz außergewöhnliche Weise auszeichnen ließ: Montmorency wurde zum Herzog ernannt. Damit wurde dieser bisher Prinzen (oder Ausländern, wie den Lothringern) vorbehaltene Titel zum ersten Mal einem Edelmann verliehen. Vom Augenblick dieser Erhebung an widersetzte sich der Konnetabel, obwohl er seine Überzeugung nicht änderte, der Politik der Kriegspartei nicht mehr offen. Er ließ sich sogar nötigen, Kriegsvorbereitungen zu treffen und in einer Rede vor dem

Parlament von Paris am 12. Februar 1552 die Unvermeidlichkeit des Krieges gegen den Kaiser zu behaupten. Wenig später wurden die Feindseligkeiten eröffnet.
Der König beschloß, sich persönlich an die Front zu begeben. Er überraschte den Hof, indem er für die Zeit seiner Abwesenheit die Regierung seiner Gattin übertrug. Bei rechtem Licht besehen zeigte sich allerdings, daß die Katharina anvertraute Regierungsgewalt keineswegs unbeschränkt sein sollte. Das Dekret, das sie als Regentin einsetzte, mußte vom Rat gebilligt und vom Parlament bestätigt werden. Bertrand, der Siegelbewahrer, der im Rat die Interessen Dianas vertrat, erreichte, daß er der Königin als Mitregent beigegeben wurde, was in der Praxis darauf hinauslief, daß Katharina nur im Einvernehmen mit Diana regieren konnte. Da ihr überdies als »Tutoren der Königin« noch der Kardinal von Bourbon und der Marschall von Annebault zur Seite gestellt wurden, konnte sie von der ihr delegierten Regierungsvollmacht nicht allzuviel wahrnehmen.
Im März 1552 zog der König ins Feld. Seine diplomatische Vorbereitung der Kampagne trug schon ihre Früchte. Die seit den Tagen Franz' I. mit Frankreich verbündeten Türken waren wieder einmal in Ungarn eingefallen. Die protestantischen deutschen Fürsten machten gemeinsame Sache mit dem französischen König, der versprochen hatte, ihre Ansprüche gegen den Kaiser zu verteidigen. In einem zwei Monate zuvor, am 15. Januar 1552 zu Chambord unterzeichneten Vertrag, hatten sie Heinrich zum »Verteidiger der deutschen Freiheiten und unterdrückten Fürsten« ernannt und ihm das Recht eingeräumt, die Bistümer Metz, Toul und Verdun zu besetzen. Die drei Bistümer gehörten damals noch zum Reich, obgleich ihre Bewohner nicht deutscher Nation waren, sondern nach Sprache und Sitten Franzosen. Der Feldzug an den Rhein, den Heinrich deshalb jetzt als ersten unternahm, war, aus der historischen Distanz beurteilt, für Frankreich lohnender als alle Italienzüge der französischen Könige. Obwohl den Zeitgenossen diese Einsicht fehlte, scheinen die Franzosen doch mit ziemlicher Begeisterung und in hellen Haufen zu den Fahnen geströmt zu sein, als es hieß, es ginge diesmal an den Rhein.
Katharina und der Hof folgten dem Heer in einiger Entfernung. In Joinville erkrankte die Königin so schwer, daß um ihr Leben gefürchtet werden mußte. Niemand war deswegen besorgter als

Diana. Denn starb die Königin, ging das zauberhafte Dreieck in die Brüche, das Dianas glänzende Stellung garantierte. Die ungekrönt regierende Favoritin nahm ja Rechte wahr, auf welche die legitime Gattin des Königs verzichtete: Mit Katharina wäre sozusagen Dianas Rentenanspruch gestorben. Besorgt zeigte sich indessen auch der König. Gemeinsam mit der Geliebten wachte er am Krankenlager der Gattin, die Solidarität der drei aufeinander Angewiesenen war nie deutlicher als in jenen Tagen und wurde allgemein staunend gewürdigt. Katharina, die zwar selbst diese Solidarität stets schweigend erwies, doch selten, wenn überhaupt, Nutznießerin derselben war, empfand über die zärtliche Fürsorge ihres Mannes ein solches Glück, daß sie bald genas, und im April war sie ganz wiederhergestellt. Durch die erhaltenen Beweise der Zuneigung des Königs gestärkt, verlangte sie nun das Dokument zu sehen, das sie zur Regentin des Reiches einsetzte. Als sie entdeckte, wie eng ihre Kompetenzen durch die oben erwähnten Klauseln eingeschränkt waren, ließ sie zum ersten Mal ihrer lange unterdrückten Leidenschaft für Politik die Zügel schießen. Die Vollmachten, die Luise von Savoyen während der Gefangenschaft Franz' I. genossen hatte, sollten als Regentin auch ihr zustehen, erklärte sie und weigerte sich, den Herrn Siegelbewahrer als Teilhaber an der Macht anzuerkennen. Sie widersetzte sich deshalb der Veröffentlichung der betreffenden Verfügung.
Erstmals verursachte sie durch diesen Widerstand eine Art Skandal. Montmorency, der ihr auf ihr Verlangen den Text der Verfügung widerwillig vorgelegt hatte, reagierte, wie es seinem Charakter entsprach, mit der Erklärung: Die Verfügung werde genau, wie sie ergangen sei, auch veröffentlicht. Katharina untersagte ihm das. Daraufhin schrieb ihr der König, der nach ihrer Genesung an die Front zurückgekehrt war, daß er die Veröffentlichung des Dekrets in der gegebenen Form wünsche. Dem ausdrücklichen Wunsch des Königs fühgte sie sich. Sie merkte, daß sie zu weit gegangen war und kehrte eilends zurück zu der Bescheidenheit, die man an ihr schätzte. »Ich bitte Sie, mein lieber Gevatter, mich hinfort stets und in Allem besonders hinzuweisen auf das, was ich zu tun habe«, schrieb sie an Montmorency. Nichtsdestoweniger machte sie von den beschränkten Befugnissen, die ihr die königliche Verfügung zugestand, sehr ernstlich Gebrauch. So unternahm sie es, die Versorgung des Heeres mit Nachschub an Verpflegung, Munition

und Kriegsmaterial zu organisieren, anscheinend nicht zur gänzlichen Zufriedenheit der kämpfenden Truppe, jedenfalls schrieb ihr der König: »Meine Freundin, Sie schreiben mir, daß Sie uns von dort aus mit Nachschub versorgen, ich muß Ihnen aber melden, daß hier nichts von den angekündigten Lebensmitteln eingetroffen ist.« Montmorency ermahnte sie, alle Anordnungen zuvor mit ihm abzusprechen. Montmorency war inzwischen selbst beim Heer. Katharina ließ sich ermahnen und ermahnte den Gevatter ihrerseits, stets über die Sicherheit des Königs zu wachen und ihn von den Gefahren des Krieges fernzuhalten: »Ich spreche da ganz als Frau«, schrieb sie.

Während der Abwesenheit des Königs im Jahre 1554 zeigte sie sich stets nur im schwarzen Staat und ließ, wo immer sie sich befand, mit großem Pomp Bittgottesdienste für den König und sein Heer feiern. Sie brachte damit die Franzosen auf den Geschmack an solch spektakulären Andachtsübungen. Heinrich III., ihr Sohn, sollte später den Parisern noch weit großartigere Gelegenheiten geben, diesem florentinisch verfeinerten Geschmack zu frönen.

Ernste Lage an der lothringischen Grenze

1552 bemächtigte sich Heinrich II. der drei Bistümer, ohne auf nennenswerten Widerstand zu stoßen. Die »Rheinreise« (*»voyage au Rhin«* wurde dieser Feldzug nämlich allgemein genannt, obwohl die französischen Truppen dabei den Fluß gar nicht erreichten) ging erfreulich planmäßig vonstatten. Am 10. April 1552 zog, begleitet von dem mißlaunigen Montmorency, der mit dem Kaiser ja lieber Frieden gehalten hätte, der Herzog von Guise in Metz ein. Damit war man freilich noch nicht am Ziel. Glücklicherweise vertraute der König das Kommando in der besetzten Stadt einem tüchtigen Soldaten an, dem jungen Franz von Guise. Karl V. war nämlich mit einem starken Heer im Anzug. Er hatte nicht die Absicht, dem französischen König kampflos zu überlassen, was dieser sich so mühelos angeeignet hatte: »Hier können mir die Franzosen den Weg aus Oberdeutschland in die Niederlande abschneiden«, erklärte er, »von hier aus können sie jederzeit Thionville und Luxemburg bedrohen und den Verkehr zwischen der Freigrafschaft Burgund und den Niederlanden lahmlegen.« So lag ihm sehr daran, die Franzosen aus Metz hinauszuwerfen, und er hatte es eilig damit, denn schon hatte Franz von Guise begonnen, die vordem schlecht befestigte Stadt in eine für jede Belagerung gerüstete Festung zu verwandeln.

Am 20. November ließ der Kaiser sein gewaltiges Heer vor den Mauern von Metz aufmarschieren. Die Artillerie begann, die baufälligen Außenwerke zu beschießen und legte diese binnen kurzem in Trümmer. Als aber die Angreifer in die geschossenen Breschen drängten, empfing sie vernichtendes Feuer von den Erdwällen, die Franz von Guise hinter den alten Mauern hatte auffüllen lassen. Der Angriff wurde abgewehrt. Die französische Besatzung, vom einfachsten Soldaten bis zu den Prinzen, schleppte Erde in Säcken herbei, die Breschen zu schließen. Jede Bresche, die die kaiserliche Artillerie schoß, wurde somit binnen kurzem wieder geschlossen. So ging das über einen Monat, und in der Stadt fragte man sich mit einiger Sorge, wie lange es noch so weitergehen könne. Die Lage war ernst, aber am Tag nach Weihnachten entdeckten die Belagerten, daß sie nicht so hoffnungslos gewesen war, wie mancher sie angesichts der zahlenmäßigen Überlegenheit der Angreifer gefunden hatte. Regen, Schnee, Typhus und Hunger hatten sich als Verbündete der Eingeschlossenen bewiesen. Der Kaiser, selbst krank, hob die Belagerung auf. Von den schweren Verlusten, die sein Heer erlitten hatte, zeugten das haufenweise zurückgelassene Kriegsmaterial und die auf dem hartgefrorenen Boden unbeerdigt liegengebliebenen Toten.

Dieser Sieg der Franzosen erregte nicht nur in Frankreich ungeheures Aufsehen. Verdientermaßen wurde er dem Verteidiger der Festung, Franz von Guise, angerechnet, dessen Ruhm vom Tag dieses Sieges an denjenigen des Konnetabels überflügelte.

Andererseits kann man sagen, daß mit der Niederlage vor Metz die Herrschaft Karls V. zu Ende ging. Ein Urgroßvater des Kaisers, Karl der Kühne, dem er sich in vieler Hinsicht ähnlich glaubte, hatte seine ehrgeizigen Pläne vor den Mauern von Nancy scheitern sehen. In Lothringen war den Unternehmungen auch seines Erben kein Glück beschieden. 1556 dankte Karl V. zugunsten seines Sohnes Philipp ab und zog sich in das Kloster Yuste nach Estremadura (im äußersten Westen Spaniens) zurück, wo er zwei Jahre später starb.

Philipp erbte mit der Krone Spaniens den größten Teil der kaiserlichen Macht. Er hatte jedoch auch den Ehrgeiz und den unbeugsamen Willen seines Vaters geerbt. So war Philipp II. für Heinrich II. und Katharina ein nicht weniger entschlossener und gefährlicher Gegner als sein Vater Karl V.

Katharina nährt ihres Gatten Lust auf italienische Eroberungen: wobei sie verliert, und Frankreich auch

Katharina und Diana wurden nicht müde, dem König einzureden, wieviel in Italien für ihn auf dem Spiel stehe, und daß es also angebracht sei, den Krieg in Italien nachdrücklicher als bisher zu führen. Bisher hatte sich Heinrich II. darauf beschränkt, die Söldner der Strozzi zu bezahlen. Es war höchste Zeit, ein Übriges zu tun. Prinz Philipp war in Italien und machte Miene, die französische Einmischung dort ein für allemal durch irgendeinen entscheidenden Schlag zu beenden. Die Strozzi, mit denen Katharina den König inzwischen versöhnt hatte, sicherten sich einflußreiche Funktionen bei der Operation, mit der Heinrich II. schließlich diesem Schlag zuvorkommen wollte. Leo, noch kürzlich wegen seiner Flucht nach Malta des Hochverrats verdächtig, erhielt den Oberbefehl über die Flotte, die das königliche Heer nach Italien schaffen sollte. Piero Strozzi, Katharinas Liebling, erhielt die Ernennung zum Generalstatthalter der Toskana – zum Vizekönig könnte man sagen, denn es hieß, Heinrich II. beabsichtige, als Herrscher über Florenz seinen zweiten Sohn zu inthronisieren. Nichts war natürlich vorerst ungewisser als die Zukunft, aber das schien niemanden zu kümmern. Wieder einmal brachte es die italienische Fata Morgana fertig, die Sinne der Franzosen zu betören.

Zu Katharinas nicht geringer Freude meldete Piero dem König die Besetzung Sienas und kündigte einen Zug auf Florenz an, dem Cosimo de Medici, der Tyrann, ganz zweifellos nicht werde standhalten können. Tatsächlich wurden dann von den Kaiserlichen die Strozzi aus Siena vertrieben. Sie flohen nach Korsika und waren immerhin dort stark genug, die Genueser zu vertreiben und die Insel für den französischen König in Besitz zu nehmen.

Katharina war an dem Erfolg dieses Feldzugs so viel gelegen, daß sie mit Erlaubnis ihres Gemahls die von der Mutter ererbten Besitzungen in der Auvergne dafür verpfändete. Sie brachte damit 100000 Taler auf, und der König fügte zu dieser Summe noch einmal mehr als das Doppelte hinzu. Da die nun sehr wohlgerüstete französische Flotte zudem noch im Bunde mit der des Bey von Algier an seinem Horizont auftauchte, suchte der eingeschüchterte Großherzog Cosimo, sich mit Heinrich II. zu verständigen. Er bot ihm seine Tochter als Frau für einen der königlichen Prinzen an. Doch das Anerbieten wurde abgelehnt.
Und so nahm denn der erste italienische Feldzug Heinrichs II. seinen Lauf, der leider nur allzusehr dem glich, den die meisten bisherigen Züge der Franzosen nach Italien genommen hatten. Leo fiel im Kampf: Piero erhielt keine Gelegenheit, seinen Anspruch auf das Amt des Generalstatthalters der Toskana geltend zu machen, denn am 2. August 1554 wurde er bei Marciano schwer verletzt, sein Heer aber von den Kaiserlichen unter Prinz Philipp vernichtend geschlagen.
Katharina nahm sich diesen Fehlschlag sehr zu Herzen. Auf Befehl des Königs hatte man versucht, ihn vor ihr geheimzuhalten, denn als die Unglücksnachricht aus Italien eintraf, war sie krank und überdies wieder einmal schwanger (mit Herkules, ihrem letzten Sohn). Als sie dann doch davon Kenntnis erhielt, schien sie bei dem Gedanken an die Verletzung ihres Vetters Piero fast mehr zu leiden als am Scheitern des Versuchs, den Tyrannen aus Florenz zu vertreiben. Denn das, mag sie gedacht haben, war durch den Mißerfolg nur aufgeschoben, nicht aufgehoben. Der König mußte ihr versprechen, sich niemals aus Italien zurückzuziehen. Er gab das Versprechen, anscheinend weniger in der Absicht, es zu halten, als fürs erste seine Frau zu trösten. Der Krieg an den französischen Grenzen zog nämlich immer mehr sein Interesse von italienischen Intrigen ab. Siena leistete noch eine Zeitlang Widerstand, als die Bewohner aber endlich merkten, daß sie keinerlei Hilfe mehr zu erwarten hatten, ergaben sie sich. Der König verlor so seinen letzten italienischen Verbündeten, und Katharina mußte ihre letzte Hoffnung fallen lassen.
Schon bald aber durften Katharina und ihre Freunde erneut optimistisch sein. Nach dem kurzen Pontifikat Marcellus' II. wurde 1555 der Kardinalbischof von Ostia, Giovanni Pietro Caraffa, zum

Papst gewählt. Wie die meisten Päpste jener Zeit, hatte auch der strenge Paul IV. Neffen, und einer von diesen, der zwar zum Kardinal erhoben wurde, doch dabei der Condottiere und Glücksritter blieb, der er war, ergriff bald offen Partei gegen Cosimo de Medici und den Kaiser. Für die Franzosen kam dieser unverhoffte Bundesgenosse zu spät. Heinrich hatte Italien satt, zumal inzwischen die Kaiserlichen in Nordfrankreich eingefallen waren. Alle Bitten Katharinas und der Strozzi, die auf einen neuen Italienzug drängten, fruchteten nichts. Endlich nötigte aber das Vorgehen der Spanier in Italien den französischen König zu einem Sinneswandel. Die Spanier kaperten nämlich die französischen Galeeren. Daraufhin verbündete sich wohl oder übel Heinrich II. mit Paul IV. gegen den Kaiser und König von Spanien. Der Papst, der auf diese Weise die spanische Vorherrschaft in Italien zu beenden hoffte, versprach Heinrich, einen seiner Söhne zum König von Neapel zu machen, einen anderen zum Herzog von Mailand. Abermals ließ sich mit diesem Bündnis ein französischer König auf italienische Verwicklungen ein, bei denen für Frankreich nichts Gutes herauskam.

Eine Katastrophe wurde durch den am 5. Februar 1556 zu Vaucelles geschlossenen Frieden mit knapper Not vermieden. Heinrich II. verpflichtete sich, alle Feindseligkeiten einzustellen und dafür zu sorgen, daß auch seine Verbündeten Frieden hielten. Aus Frankreich hatten die italienischen Gegner des Kaisers und Spaniens demnach nichts mehr zu hoffen. Auch der Papst verriet deren Sache, denn auch er machte seinen Frieden mit Karl V.

Katharina ließ sich allerdings durch diesen erneuten Mißerfolg nicht entmutigen. Im Bewußtsein, daß auch der Papst in den Frieden nur eingewilligt hatte, weil ihm unter den gegebenen Umständen nichts anderes übrig blieb, ließ sie ihm mitteilen, daß er in einer veränderten Lage auch in Zukunft auf ihre Unterstützung gegen Spanien rechnen könne. Paul IV. entsandte daraufhin umgehend den oben erwähnten Neffen mit kostbaren Geschenken als Legaten an den französischen Hof. Der Kardinal Caraffa überzeugte den König, daß Seine Heiligkeit nur auf eine Gelegenheit warte, die Feindseligkeiten gegen die Kaiserlichen erneut zu eröffnen. Er konnte Heinrich II. darauf hinweisen, daß der Heilige Vater bereits in dieser Absicht die Fürsten Colonna exkommuni-

ziert habe, die bekanntlich von jeher freie Lehnsmänner des Kaisers und Feinde des französischen Königs gewesen seien.
Katharina fand all das sehr ermutigend. Montmorency wollte aber nichts davon hören. Der König eigentlich auch nicht, konnte schließlich dem italienischen Zauber und Charme aber doch nicht ganz widerstehen. So wurde Monsieur de Rambouillet nach Rom entsandt, dem Papst zu versichern, daß er im Fall eines Angriffs auf den Kirchenstaat mit französischem Beistand rechnen könne. Der päpstliche Legat wurde gebeten, das überlebende der beiden Mädchen, die Katharina am 24. Juni 1556 zur Welt gebracht hatte, zu taufen und zwar auf den Namen Victoria. Victorias Zwillingsschwester Johanna war schon vor der Geburt gestorben und hatte stückweise aus dem Mutterleib geholt werden müssen. Victoria war Katharinas zehntes und letztes Kind. Sie starb wenige Wochen, nachdem sie von dem päpstlichen Legaten das Sakrament der Taufe empfangen und so Gelegenheit zu einer Demonstration der andauernden Verbundenheit des allerchristlichen Königs mit dem Heiligen Vater gegeben hatte.
Unterdessen erfuhr man, daß der Herzog von Alba, Vizekönig von Neapel, in den Kirchenstaat eingefallen war. Katharina, die nach der schrecklichen Geburt der Zwillinge dem Tode nahe war, fand dennoch die Kraft, ihren Gemahl zu ermahnen, ein neues Heer nach Italien zu schicken und dem Papst beizustehen.
Der König versprach's ihr, beeilte sich aber nicht, das Versprechen zu halten. Schließlich erhielt der Herzog von Guise, der sich bei den Kämpfen im Osten Frankreichs an den Grenzen zum Reich ausgezeichnet hatte, den Oberbefehl über ein französisches Interventionsheer. In Italien blieben dem Franzosen Erfolge nicht versagt, aber keiner erwies sich als entscheidend: Der Herzog von Guise mußte seine Entscheidungen mit zu vielen anderen Heerführern abstimmen, ganz zu schweigen davon, daß sich die intriganten Strozzi in alles einmischten. Piero kehrte, stolz auf Siege, die er nicht davongetragen hatte, nach Frankreich zurück, um seiner lieben Cousine davon Meldung zu machen. Katharina schloß ihn in die Arme. Freudestrahlend genoß sie die Aussicht auf einen Sieg, der sich leider als bloße Illusion erweisen sollte. Für Frankreich wäre es vorteilhafter gewesen, wenn sich die Strozzi in Italien ohne französische Gesellschaft hätten schlagen lassen. Der Herzog von Guise wäre besser bei der königlichen Armee an der nieder-

ländischen Grenze geblieben. Heinrich II. war – wie überhaupt in italienischen Angelegenheiten – von seiner klugen Gattin schlecht beraten, als er auf Katharinas Bitten den Herzog nach Italien abkommandierte. Denn auf diese Weise beraubte er sich seines besten Heerführers, gerade als die Kaiserlichen sich anschickten, in die Picardie und Champagne einzufallen – unter Führung des Herzogs Philibert von Savoyen, einem Feldherrn, der seine Kunst verstand wie kaum einer.

Philipp II. zerreißt Katharinas italienisches Traumgespinst und nötigt den König, den Boden der Tatsachen zur Kenntnis zu nehmen

Während Franz von Guise und sein vorzügliches Heer ihre Zeit und Kraft in Italien verschwendeten, war an der Ostgrenze der Konnetabel, nun ohne Rivale, bestrebt, durch einen glänzenden Sieg unmißverständlich zu zeigen, daß noch immer nur er selbst Frankreich vor feindlichen Invasionen zu schützen imstande war. Nach dem Einfall der Kaiserlichen in die Provence hatte er sich dort in einem festen Lager verschanzt. Von da aus hatte er zu aller Bewunderung die Welt seiner Gegner aus den Angeln gehoben. Diesmal entwich er den Angreifern nach Saint-Quentin. Saint-Quentin aber lag auf dem flachen Land, ohne natürlichen Schutz und, von baufälligen Stadtmauern abgesehen, unbefestigt. Der geniale Philibert von Savoyen begriff, daß sich ihm Montmorency mit diesem Rückzug ausgeliefert hatte und nahm unverzüglich die Belagerung der Stadt in Angriff. Tatsächlich war die eingeschlossene königliche Armee verloren, und am 10. August – am Fest des hl. Lorenz – 1557 kapitulierte sie. Dieser erste Sieg des jungen Königs Philipp II. von Spanien begründete dessen Ruhm in ganz Europa. Für die Franzosen war die von Montmorency verschuldete Niederlage von Saint-Quentin ähnlich schwer wie einst die Franz' I. bei Pavia, ja, womöglich noch schwerer, denn in Saint-Quentin standen die Spanier sozusagen vor den Toren von Paris. Das französische Heer war vernichtet, jeder Mann, der die Belagerung unversehrt überlebt hatte, in Gefangenschaft. Montmorency selbst und seine vier Söhne, der Marschall von Saint-André, Prinz Karl von Bourbon und der Herzog von Longueville lagen zu Gent gefangen. Montmorencys Neffe Coligny hielt noch siebzehn Tage über die Kapitulation von Saint-Quentin hinaus den Spaniern stand und gab Heinrich II. die Möglichkeit, den Herzog von Guise und dessen Heer aus Italien zurückzurufen.

Zum Dank für den ihm am Festtag dieses Heiligen gewährten Sieg ließ Philipp II. dem hl. Lorenz zu Ehren in Kastilien ein Kloster errichten, in dem er einst sterben sollte, San Lorenzo del Escorial. Unmittelbar nach dem Sieg, an den diese Bauten heute noch erinnern, hätte ihn der Heilige vielleicht der Undankbarkeit bezichtigen können, denn der König von Spanien machte nicht den besten Gebrauch von dem ihm gewährten Vorteil. Statt das Heer Philiberts von Savoyen auf Paris marschieren zu lassen, ließ er es nämlich die Städte Nordfrankreichs brandschatzen. Freilich ließ er das aber wohl nur notgedrungen zu, denn obwohl auch in seinem Reich wie in dem seines kaiserlichen Vaters die Sonne nie unterging und in der Neuen Welt silberne Berge beleuchtete, die er sein eigen nennen konnte, war Philipp II. wie Karl V. ständig in Geldverlegenheiten. Eben deshalb konnte er damals seinen Soldaten den schuldigen Sold nicht zahlen und mußte ihnen wohl oder übel gestatten, sich an den nordfranzösischen Bürgern und Bauern schadlos zu halten.

Als der Herzog von Guise mit seinen Truppen aus Italien zurückkehrte, bildete er aus diesen und den inzwischen vom König neu ausgehobenen Truppen ein Heer, das die in Saint-Quentin vernichtete Armee ersetzen sollte. Der König ernannte den Herzog zum Generalstatthalter des Reiches, was der Regentschaft Katharinas nicht viel Gewicht ließ. Philipp andererseits, überzeugt, die Franzosen vernichtend geschlagen zu haben, entließ in Brüssel den größten Teil seiner Truppen.

Guise machte nicht den Fehler, die Spanier in den Niederlanden anzugreifen. Statt dessen wendete er sich gegen die in diesem Augenblick mit ihnen verbündeten Engländer und belagerte Calais. Die seit 1351 von den Engländern stark befestigte Stadt galt als uneinnehmbar. Guise nahm sie ein und entriß damit den Engländern ihre letzte Besitzung auf dem Festland: Am 4. Januar 1558 wurde Calais französisch. Im Sommer des gleichen Jahres, am 20. Juni 1558, eroberte der Herzog von Guise auch Thionville zurück, wobei der großspurige, aber nichtsdestoweniger wirklich tapfere Piero Strozzi den Tod fand.

Nach der Niederlage des Konnetabels in Saint-Quentin waren die Pariser ängstlich auf die Eroberung ihrer Stadt durch die spanische und deutsche Soldateska gefaßt gewesen. Nachdem er diese Gefahr von ihnen abgewendet hatte, wurde verständlicherweise der Sieger von Metz, Calais und Thionville, Franz von Guise, insbesondere in der Hauptstadt des Reiches als Held auch vom einfachen Volk verehrt. Die Leute bewunderten nicht nur seine militärische Tüchtigkeit, sie liebten ihn um der Freundlichkeit und Großmut willen, die er bei vielen Gelegenheiten bewies, und vertrauten dem keinerlei häretischer Neigungen verdächtigen Fürsten als Verteidiger des katholischen Glaubens. Denn die große Mehrheit der einfachen Leute mißtraute den Häretikern, die der römischen Kirche den Gehorsam aufkündigten und ihre Religion evangelisch nannten.

Freilich hatte Franz von Guise das Land nicht ganz allein aus der Gefahr gerettet, die nach der Niederlage von Saint-Quentin nicht nur den Parisern, sondern ganz Frankreich drohte. Auch der König und die Königin trugen, jeder auf seine Weise, das ihre zur Wiederherstellung der französischen Macht und des französischen Ansehens bei. Und letzten Endes halfen die Franzosen natürlich alle miteinander sich selbst: Indem sie nämlich anstandslos die hohen Kosten der nach Saint-Quentin erforderlichen Wiederaufrüstung bestritten. Die Zahlungsfähigkeit der Franzosen war geeignet, die Regenten anderer Völker mit Neid zu erfüllen. Man erinnere sich der Unsummen, die Franz I. für seine Kriege, für sein Lösegeld, für seine Bauten, seine Künstler, seine Frauen benötigte: Und daß er immer wieder erhielt, was er brauchte. Nach der Niederlage von Saint-Quentin folgte Heinrich II. dem Beispiel seines Vaters: Er forderte eine Unsumme – und umgehend wurde die Unsumme aufgebracht. Dabei machte Katharina sich nützlicher als bei der Organisation des Nachschubs hinter der Front. In tiefer Trauer begab sie sich mit einigen ihrer Damen, unter denen sich auch Margarete, die Schwester des Königs, befand, in das Rathaus der Stadt Paris; wie die Königin selbst stellten sich dort die Damen ihres Gefolges in schwarzem Staat als vom Unglück getroffene Frauen dar. Und die Königin schien zu vergessen, daß Königinnen fordern und gebieten – sie redete, wie ihre mediceischen Ahnen in

Florenz zum Volk geredet hatten, wenn sie dieses auf die Seite der mediceischen Partei ziehen wollten, gewissermaßen also wie eine republikanische Politikerin. In klagenden Tönen beschwor sie die ihnen allen gemeinsam, dem König, dem Edelmann, dem Bürger und dem Bauern gleichermaßen drohende Gefahr, der nur mit vereinten Kräften standzuhalten sei; sie vergoß dabei Tränen eines hilflosen Weibes. Die reichen Bürger von Paris ließen sich von diesem ungewohnten Appell an ihre edleren Gefühle nicht nur zu Tränen rühren, sondern versprachen der Frau Regentin, ohne lange zu feilschen, die Gelder, die der König von ihnen verlangte. Katharina hatte eine erste Probe ihrer staatsmännischen Fähigkeiten gegeben.

Mit der aufgebrachten Summe konnte der König umgehend 10000 Mann ausrüsten. Die gleichzeitig tagenden Generalstände verpflichteten sich zu weiteren außerordentlichen Abgaben. Die neue Armee, die Heinrich nun aufstellte, konnte sich sehen lassen. In Calais zeigte Franz von Guise, was mit ihr auszurichten war.

Philipp II. blieb unterdessen natürlich nicht müßig. Die rasch organisierte neue Armee stellte das Gleichgewicht der Kräfte wieder her, und so bestand auf beiden Seiten Grund, dem nächsten Treffen Franz' von Guise mit Philibert von Savoyen einigermaßen sorgenvoll entgegenzusehen. Deshalb zögerten denn auch beide Seiten, die Feindseligkeiten von neuem zu eröffnen. Montmorency riet aber jetzt, da er in Gent kriegsgefangen war, dringlich zum Frieden. Philipp II. und Heinrich II. mußten sich eingestehen, daß ihre Rüstungen bereits so viel Geld verschlungen hatten, daß nun zum Kriegführen kaum noch welches da war. Und da überdies in Deutschland und den Niederlanden, aber auch in Frankreich, noch einer anderen drohenden Gefahr zu begegnen war, die Evangelischen, Protestanten oder Reformierten nämlich zunehmend die öffentliche Ordnung störten, schlossen die Könige von Frankreich und von Spanien am 2. April 1559 in Cateau-Cambrésis miteinander Frieden.

Dieser Frieden wurde in Frankreich von einem Teil des Hofes und der Armee sehr schlecht aufgenommen. Insbesondere die Guisen waren überzeugt, daß Philipp II., der ihres Erachtens aus dem Konflikt geschwächter hervorgegangen war als Heinrich II., mit weniger Zugeständnissen hätte zufrieden sein müssen, als Heinrich ihm gemacht hatte. Tatsächlich verzichtete Heinrich in Cateau-Cambrésis auf seine italienischen Eroberungen Savoyen und Piemont und gab seine Alliierten ihrem Schicksal preis. Katharina war untröstlich. Dieser Frieden machte insbesondere ihre politischen Bemühungen zunichte. Dennoch war Heinrichs Verzicht auf seine italienischen Ansprüche vernünftig. Seit nunmehr vierzig Jahren hatten Ludwig XII., Franz I. und er selbst in Italien Krieg geführt. Und was war dabei herausgekommen? Welche Gebiete hatte die Krone dabei auf Dauer gewonnen? Nicht eines. Weder die Grafschaft Nizza noch Savoyen. Die französischen Könige hatten sich an Träumen von der Herrschaft in Neapel berauscht ... von der Herrschaft in Florenz ... aber jetzt zeigte sich, daß die störrische Realität sich von Träumen nicht einwickeln ließ. In Italien war für die Franzosen nichts zu holen. Oder doch nichts, das nicht vielleicht auch ohne kriegerische Rüstungen, Feldzüge, Blutvergießen erhältlich gewesen wäre. Denn in der Tat bereicherte Italien während jener vierzig Jahre Frankreich auf ungeahnte Weise: Aber die durch die Begegnung mit der reichen italienischen Kultur angeregte französische Renaissance der Künste und Wissenschaften stand doch auf einem andere Blatt als dem, auf welchem in Cateau–Chambrésis abgerechnet wurde. Und so brauchte denn auf diesen Gewinn der französische König dort auch nicht zu verzichten.

Franz von Guise widersetzte sich dem Abschluß des Friedensvertrages am heftigsten und hätte Heinrich fast dazu überredet, seine Unterschrift zu verweigern. Schließlich setzte sich aber doch der alte Konnetabel gegen den jungen Heißsporn durch, und zwar mit Hilfe Dianas. In Anerkennung ihrer Unterstützung in dieser Angelegenheit versprach er ihr, einen seiner Söhne mit Mademoiselle de Bouillon, einer Enkelin Dianas, zu verheiraten. Diana machte ihren Einfluß in der von Montmorency gewünschten Richtung aber nicht allein diesem zuliebe geltend, sie war nämlich noch von anderer Seite darum gebeten worden. »Diese Pflicht« (auf den Abschluß eines Friedens hinzuwirken) »ist insbesondere zwingend für diejenigen, welche über Einfluß auf die Fürsten oder deren Gunst verfügen«, hatte ihr kein Geringerer als der Heilige Vater selbst geschrieben. Als die Demarche des Papstes ruchbar wurde, veranlaßte sie kritische Kommentare in der Öffentlichkeit. »Der Heilige Vater erkennt also den klebrigen Beruf der Huren als gut und ehrbar an«, schrieb ein Pamphletist.

Diana focht das nicht an. Der Frieden wurde geschlossen, ihre Enkelin machte eine gute Partie, und sie hatte sich des Wohlwollens des Oberhirten der Christenheit versichert.
Der vergebliche Widerstand, den sie in dieser Angelegenheit der Geliebten ihres Gemahls geleistet hatte, lohnte sich für Katharina, insofern sie damit die Guisen für sich einnahm. Und bald sollte sich zeigen, daß diese Annäherung sowohl in Katharinas, als auch im Interesse des Guisen lag. Katharina hat das vermutlich geahnt, wenn nicht gewußt. Versicherten ihr nicht ihre Astrologen, daß schon in Kürze Diana genötigt sein werde, von der Bühne der Geschichte abzutreten? Und sahen diese Sterndeuter nicht andererseits für die Guisen eine große Zukunft? Dazu war man inzwischen freilich nicht mehr auf die Sterne angewiesen. Denn die große Zukunft der Guisen lag seit der Heirat ihrer Nichte, der Königin von Schottland, Maria Stuart, mit dem Dauphin Franz am 24. April 1558 sozusagen auf der Hand: Denn ihre Nichte hatten sie in der Hand, und eines Tage würde diese auch Königin von Frankreich sein. Woher die Guisen wußten, daß es in ihrem Interesse lag, sich von ihrer bisherigen Verbündeten zu trennen und für die Zukunft mit der Königin zu paktieren, die gegenwärtig noch in ihrem eigenen Hause nur eine Aschenbrödelrolle spielte, ist weniger leicht zu sagen. Wie auch immer, Tatsache ist, daß sie die Konsequenzen daraus zogen und von nun an mit Katharina gemeinsame Sache machten.
Inzwischen festigten sich die Bande, die sie mit dem Königshaus verknüpften, aufs erfreulichste, da Heinrich II. seine Tochter Claudia dem Herzog Karl von Lothringen zur Frau gab. Diese Verbindung gewann allerdings dem Sieger von Metz und Calais die königliche Gunst nicht zurück, die ihm wegen seines Widerstands gegen den Friedensvertrag von Cateau-Cambrésis entzogen worden war; zumal der Konnetabel, Heinrichs alter Mentor, ebenso wie Diana, seine alte Liebe (der er freilich ihre bald sechzig Jahre nicht nur, weil er sie liebte, nicht ansah) im Verein bestrebt waren, den jungen Helden zu diskreditieren. Denn war der Frieden mit Spanien etwa nicht wünschenswert? Und versprach er nicht dauerhaft zu sein, da doch Philipp II. der Prinzessin Elisabeth, Heinrichs und Katharinas ältester Tochter die Hand zum Ehebund reichen wollte?
Denn außer der Hochzeit Claudias mit dem Herzog von Lothringen sollten, gewissermaßen als Beweis der Zuverlässigkeit des ab-

geschlossenen Friedens und Ausdruck der allseitigen Zufriedenheit darüber, zwei weitere Hochzeiten gefeiert werden: die der Prinzessin Margarete, der Schwester des französischen Königs, mit dem Herzog von Savoyen; und, wie gesagt, die der Prinzessin Elisabeth mit dem spanischen König.

Der König reitet zur Feier eines unsicheren Friedens in die Stechbahn und findet dort den Tod

Der Hof und Paris mögen hinsichtlich der Dauerhaftigkeit des mit diesen Hochzeiten besiegelten Friedens ihre Zweifel gehabt haben – Verwandtschaft der Fürstenhäuser hatte ja in der Vergangenheit Kriege nie verhindert –, aber die Freude auf die spektakulären Festlichkeiten hätten solche Zweifel den Leuten eigentlich nicht verderben sollen. Ob denn auch Grund zum Feiern sei, fragten sie gewöhnlich nicht, wenn die Monarchen geruhten, ihnen Feste zu geben. Bemerkenswert ist deshalb, daß bei dieser Gelegenheit, im Juni 1559, das Volk zum Feiern wenig aufgelegt schien und den ihm bescherten Frieden so undankbar hinnahm wie die Guisen und Katharina. Allein der König widmete sich den Festvorbereitungen mit großem Eifer und kümmerte sich persönlich um alle Einzelheiten der Inszenierung des Theaters seines Todes.

Er glänzte ja bei allen militärischen Leibesübungen und namentlich bei Turnieren. Diese ritterlichen Lanzenbrechen, prächtige Parodien des Krieges und fast ebenso brutal und gefährlich wie echte Kampfhandlungen, wurden damals in Paris in der Rue Saint-Antoine abgehalten. Sie war die breiteste Straße der alten Stadt und glich bei einer Länge von 150 Metern und einer Breite von 25 bis 30 Metern eher einem langgestreckten Platz. Der König und die Königin residierten in jenen Tagen ganz in der Nähe der Rue Saint-Antoine, in dem alten Palais des Tournelles, das seinen Namen den Tournelles oder kleinen Türmchen verdankte, mit denen seine Umfassungsmauer besetzt war. Für das Turnier riß man das Pflaster von der als Kampfbahn vorgesehenen Straße und streute Sand. Die Stechbahnen, auf denen die Kämpfer gegeneinander anrennen sollten – mit so weitem Anlauf wie möglich, damit das Treffen desto heftiger und der Gegner desto leichter aus dem Sattel zu werfen wäre – wurden durch Barrieren in Höhe des Widerrists der Pferde voneinander getrennt. An den Stechbahnen wurden prächtig geschmückte Tribünen errichtet, auf denen die Damen und Herren des Hofes den ihrer jeweiligen Stellung entsprechenden Ehrenplatz finden sollten. Inmitten der königlichen Tribüne würden die Gemahlin und die Geliebte des Königs, die offizielle und die wahre Königin, thronen, Katharina und Diana, umgeben von der reich mit Brokat, Gold, Federn, Perlen und Diamanten aufgeputzten Elite der Hofgesellschaft. Die hölzernen Tribünen wurden übrigens unmittelbar an die Wände der die Straße säumenden Häuser gebaut und nahmen diesen Licht und Luft weg. Deren Bewohner waren folglich genötigt, auf die Dächer zu steigen, wenn sie etwas sehen wollten.

Die Turniere sollten nach den beiden königlichen Trauungen stattfinden. Bei der ersten wurden Elisabeth und Philipp II. einander angetraut. Seine Majestät, der König von Spanien, war zu diesem Zweck zwar nicht persönlich erschienen, da, wie er wissen ließ, einem König von Spanien nicht zugemutet werden könne, seine Frau abzuholen, und es vielmehr Brauch sei, ihm dieselbe zu bringen. Philipp also wartete in Brüssel auf Elisabeth – doch hatte er als seine Stellvertreter bei der Hochzeitszeremonie den Herzog von Alba, den Prinzen von Oranien und den Grafen Egmont geschickt. So fand, gleichwohl in Abwesenheit des Bräutigams, die Hochzeit am 28. Juni in der Kathedrale Notre-Dame zu Paris statt. Der ganze Hof in seinem schönsten Staat wohnte der Zeremonie bei. Auch die beiden Brüder Châtillon, Coligny und d'Andelot, waren in der Kirche, was, wie man sehen wird, keineswegs selbstverständlich war. Erst einige Tage zuvor war auf Anordnung des Königs d'Andelot verhaftet worden, weil Grund zu dem Verdacht bestand, daß er im Einvernehmen mit lutherischen deutschen Fürsten bemüht sei, die Pariser Reformierten zum Aufstand anzustiften. Beide Brüder waren in hohem Maße der Häresie verdächtig und hatten, bei der Hochzeit in der Kirche zu erscheinen, nur gegen das Versprechen eingewilligt, daß auch verschiedene andere verhaftete Reformierte, unter ihnen mehrere Angehörige des Parlaments von Paris, namentlich der Rat Anne Du Bourg, auf freien Fuß gesetzt würden. D'Andelot und Coligny, Neffen Montmorencys, gehörten schließlich einer der ersten Familien Frankreichs an. Heinrich II. hatte sich, wenn auch widerwillig, ihrem Begehren

gebeugt, was beweist, wieviel sich die Anhänger der Reformation in Frankreich neuerdings herausnehmen konnten.
Nach der religiösen Trauung wurde die Hochzeit gleich vollzogen, und zwar, in Abwesenheit des Bräutigams, durch die folgende kleine Zeremonie: Die vierzehnjährige Elisabeth legte sich auf ein Bett und entblößte das rechte Bein; neben sie legte sich mit nacktem linken der Herzog von Alba. Angesichts der Berührung der Epidermen, derjenigen der Braut nämlich mit der des Stellvertreters des Bräutigams, wurde die Hochzeit als vollzogen erklärt. Damit war Elisabeth Isabella von Spanien.
Die zweite Trauung wurde nicht gleich anschließend vorgenommen, obwohl Emmanuel Philibert von Savoyen, der Bräutigam des ältlichen Blaustrumpfs Margarete, in Fleisch und Blut zugegen war. Immerhin wurde der Ehevertrag unterzeichnet, und so konnten, wie vorgesehen, noch am gleichen Tag, Mittwoch, den 28. Juni 1559, die Turniere beginnen.
Das spektakuläre Lanzenbrechen wurde nun doch von Hof und Volk mit Spannung und Vergnügen erwartet, einzig Katharina hatte keinen Teil an der allgemeinen freudigen Aufregung. Sie ängstigte sich. Denn sie konnte nicht vergessen, was ihr der in Frankreich unter dem Namen Lucas Gaurie bekannte italienische Astrologe Simeoni einige Jahre zuvor – 1552 – prophezeit hatte: Daß nämlich ihr Gemahl bei einem Zweikampf ums Leben kommen würde, und zwar durch eine Verletzung, die ihn vorher blind machen würde, dies etwa im Alter von vierzig Jahren. Heinrich II. war vierzig Jahre und vier Monate alt, als er das Pflaster von der Rue Saint-Antoine reißen ließ, um Lanzenbrechen dort abzuhalten. Und die Prophezeiung Simeonis war nicht die einzige beängstigende, an die Katharina sich bei dieser Gelegenheit zwangsläufig erinnerte. Seit 1556 veröffentlichte ein neuer Astrologe, der noch heute von manchen Leuten sorgenvoll gelesene Nostradamus, prophetische Vierzeiler, von denen einer sagte:

Der junge Löwe wird den alten überwinden
Auf dem Schlachtfeld im Zweikampf
Im goldenen Käfig ihm die Augen ausstechen
Zwei Klassen eine, dann sterben, grausamen Tod.

Schließlich hatte auch Katharina selbst den Tod ihres Gemahls geträumt – was freilich angesichts der Ängste, die ihr während ihrer wachen Stunden keinen Augenblick Ruhe ließen, kein Wunder war, aber ihr dennoch als Bestätigung ihrer Befürchtungen durch eine höhere Macht erschien. Wer mochte der junge Löwe sein, von der des Nostradamus *Centuria* sprach? Wir wissen nicht, wie Katharina diesen Hinweis des Propheten aus Salon in der Provence zu deuten geneigt war – sicher ist, daß sie in dem alten Löwen ihren Mann bedroht sah.

Der Zweikampf, den Katharina so ängstlich erwartete, fand am 30. Juni 1559 statt. Es war sehr heiß an diesem Tag. Der König ritt in die Stechbahn und grüßte die Damen auf der Tribüne. Er trug einen schwarz-weißen Federbusch, sein Pferd desgleichen: die Farben seiner Dame. Und seine Dame saß auf der Tribüne an dem für sie vorgesehenen Ehrenplatz, wie sie einst vor nun schon über fünfundzwanzig Jahren auf der Tribüne gesessen hatte, als sich Heinrich, ein Knabe noch, zum ersten Mal mit ihren Farben auf dem Kampfplatz zeigte.

Der erste Gegner, mit dem er es an diesem Tag zu tun haben sollte, war sein zukünftiger Schwager, der Herzog von Savoyen. »Halten Sie sich gut fest«, sagte er scherzend, »denn ich will Sie wohl, ungeachtet unserer Familienbande und Verbrüderung, aus dem Sattel heben.« Tatsächlich hob er den Herzog von Savoyen aus dem Sattel. Hochbefriedigt trat er darauf gegen den Herzog von Guise an. Dieser hielt dem Angriff des Königs stand. Dann schlug es Mittag. Die Kämpfer in ihren schweren Rüstungen litten unter der Hitze. Heinrich wollte zwar umgehend zum nächsten Treffen kommen, aber der Schweiß blendete ihn, er mußte sich den Helm abnehmen und das Gesicht trocknen lassen. Katharina, die, wie sich nach dem Gesagten denken läßt, bei jedem Treffen Todesängste litt, bat ihn, eine Pause zu machen. Aber für Katharinas Bitten war der König taub, und die göttliche Diana harrte stumm des nächsten Treffens. Katharina bestand auf ihren Bitten, beschwor den König, sich und den Herren ein wenig Ruhe zu gönnen, doch Heinrich ließ sich dadurch nur die Galanterie entreißen: »Aber nur für Sie kämpfe ich doch!« – und forderte den Hauptmann seiner schottischen Leibwache, den Grafen von Lorge, Gabriel von Montgomery, zum Kampf. Dieser versuchte, die gefährliche Auszeichnung abzulehnen, vielleicht, weil er sich eines Kriegsspiels erinnerte, bei dem König Franz I. von einem geschleuderten Feuerbrand so unglücklich ins Gesicht getroffen wurde, daß er um ein Haar dabei zu Tode gekommen wäre. Der Mann, der damals den König so unglücklich getroffen hatte, war nämlich der Vater dessen, den jetzt der König zum Kampf forderte. Heinrich bestand auf seiner Forderung, ließ keine Entschuldigungen gelten. Die Ritter nahmen Aufstellung. Die Trompeten schmetterten. Die Ritter ließen ihre Pferde gegeneinander rennen, die Lanzen krachten. Aber beide blieben im Sattel. Damit hätte der Kampf zu Ende sein sollen. Der König forderte ein zweites Treffen. Der Marschall Vielleville bat ihn aufzuhören. »Sire, ich schwöre beim lebendigen Gott, daß ich seit drei Nächten ein Unglück träume, das Ihnen heute zustoßen soll. Dieser letzte Tag des Monats Juni meint es nicht gut mit Ihnen.« Auch Montgomery bat den König, auf die Fortsetzung des Kampfes zu verzichten. Heinrich ließ nicht mit sich reden, die Waffen sollten sprechen.

Zum zweiten Mal rannten die gepanzerten Ritter gegeneinander. Montgomerys Lanze brach, die lange Spitze des zersplitterten Schafts riß das Visier des königlichen Helms auf, stach dem König ein Auge aus und drang ihm ins Gehirn. Der König stürzte nicht vom Pferd, sondern fiel vornüber seinem Pferd um den Hals, so daß der schwarz-weiße Federbusch seines Helms sich mit dem auf dem Kopf des Pferdes vereinte. Ein Entsetzensschrei erhob sich aus den Tribünen.

Die Schildknappen fingen den König in den Armen auf, als er aus dem Sattel glitt, sie hörten ihn murmeln: »Ich bin tot.« Man nahm ihm den Helm ab, aus dem das Blut troff. Katharina war ohnmächtig geworden. Die Göttin Diana sah scheinbar ungerührt, nämlich ohne eine Miene zu verziehen, zu, wie man den unversehens aller Kraft beraubten Körper ihres Geliebten auf einer Bahre davontrug. Sie muß gewußt haben, daß für ihn das Leben vorbei war, und für sie zumindest die Zeit der Herrschaft.

Man trug den noch schwach atmenden Verletzten in das nahegelegene Palais des Tournelles. Er war bei Bewußtsein und bestand sogar darauf, die Treppen auf eigenen Füßen hinaufzugehen.

An seinem Bett weinte Katharina. Aber Montmorency machte seinem bekümmerten Herzen am hörbarsten Luft. Er und der Herzog von Guise wuschen Gesicht und Hände des Königs mit Essig. Der junge Dauphin Franz erwachte schreckensbleich aus einer langen Ohnmacht. Der arme Junge fürchtete sich vor den Aufgaben, die er beim Tod des Vaters auf sich zukommen sah. Die strah-

lende, jugendliche Schönheit Maria Stuarts, seiner Gemahlin, verdunkelte nicht das Entsetzen, das man in dieser Stunde unverkennbar auch in ihren Zügen las.
Noch wollte man nicht hinnehmen, daß es um ihn getan war, hoffte, ihn noch zu retten.
Die Leibärzte des Königs ließen den berühmten Ambroise Paré rufen, der seit 1536 seine Kunst auf allen Schlachtfeldern der französischen Könige geübt und bei der Behandlung auch verzweifelt scheinender Wunden die schönsten Erfolge erzielt hatte. Wenn nämlich Franz von Guise als »Narbengesicht« Feldherrenruhm erwerben konnte, hatte er die Gelegenheit dazu unmittelbar jenem Wundarzt zu verdanken, der ihm 1545 bei der Belagerung von Boulogne die mit einem Teil des Schafts in seinem Gesicht steckengebliebene Lanzenspitze herauszuoperieren und die gräßliche Wunde zu heilen gewußt hatte. Natürlich war die Wunde *»par la grâce de Dieu«* geheilt, wie der große Arzt selbst bescheiden erklärte, aber der Geheilte wird gewußt haben, daß diese Gnade Gottes ihm durch die Kunst seines Wundarztes erwiesen worden war.
Während man nun auf ihn wartete, untersuchten die Leibärzte die Verletzung, zogen die darin steckengebliebenen langen Holzsplitter heraus, womit sie dem bisher stumm leidenden Patienten Schmerzensschreie entrissen, und legten Eiweiß auf die Wunde. Endlich kam Ambroise Paré. Er untersuchte die Wunde, ließ sich dann die Lanze zeigen, die sie verursacht hatte, und unterrichtete sich über alle Umstände des Unfalls. Dann erklärte er der Königin, daß er einige frische Leichen brauche, um Versuche anzustellen: Vier zum Tode verurteile Häftlinge wurden in aller Eile hingerichtet, und an ihren Leichen stellte Ambroise Paré die fraglichen Versuche an. Es galt, eine Wunde zu verursachen, die der des Königs möglichst genau glich, um anhand dieser eine möglichst genaue Diagnose zu stellen. Ambroise Paré stellte seine Diagnose: Des Königs Aussicht, eine solche Verletzung zu überleben, sei verzweifelt gering. Freilich ließ er nichts unversucht. Aber schließlich konnte er dem Patienten nicht helfen, ebensowenig wie der berühmte Anatom Andreas Vesalius, den Philipp II. aus Brüssel an das Bett seines sterbenden Schwiegervaters schickte. Der Lanzenstich des »kleinen Löwen« tötete Heinrich II., obwohl zwei der größten Ärzte seines Jahrhunderts taten, was sie konnten, seine

Wunden zu heilen; da letztlich, wie Ambroise Paré selbst vielleicht gesagt hätte, zur ärztlichen Kunst die Gnade Gottes kommen muß.
Heinrichs Sterben zog sich zehn Tag lang hin. Zeitweilig war er bei Bewußtsein und bestand dann darauf, Regierungsgeschäfte zu erledigen. So diktierte er einen Brief an den Papst, in dem er diesem mitteilte, daß er mehrere Angehörige des Parlaments als Rebellen und Häretiker habe verhaften lassen. Die Zunahme des Anhangs der lutherischen Häresie während der letzten Jahre ängstigte ihn schon seit einiger Zeit, und hätte er länger gelebt, er hätte die Ausrottung der Ketzerei in Frankreich vermutlich mit großer Härte versucht. Doch dazu blieb ihm nun keine Zeit mehr: Nur, daß trotz seines Zustands die Trauung seiner Schwester mit dem Herzog von Savoyen unverzüglich vorzunehmen sei, konnte er noch anordnen. So wurde diese Ehe ohne die mindeste Pracht, fast geheim, geschlossen, in einer kleinen Kirche – Saint-Paul – um Mitternacht. Eine traurige Hochzeit, auf die des Königs Schwester (sechsunddreißigjährig, eine alte Jungfer nach damaligen Begriffen) so viele Jahre hatte warten müssen! Tränen, aber keine Freudentränen. Katharina war bei der Zeremonie nicht anwesend. Heinrich war vermutlich, als sie stattfand, schon tot, obwohl sein Tod erst am nächsten Morgen bekanntgegeben wurde: am 10. Juli 1559.
Daß der König höchstens noch einige Tage zu leben hätte, war in der Umgebung der Königin spätestens am achten Tag nach der Verletzung jedem klar. Katharina hatte Diana verboten, Heinrichs Zimmer zu betreten, was ihr um so leichter gefallen sein mag, als der Sterbende nicht den Wunsch äußerte, seine große Freundin noch einmal zu sehen. Diana, die ebensogut wie ihre Rivalin wußte, was die Stunde geschlagen hatte, ließ sich Katharinas Worte gesagt sein und zeigte sich nicht einmal mehr bei Hof. Unmittelbar nach der Bekanntgabe seines Todes wurde Heinrich in Saint-Denis zu Grabe getragen. Das gab der Vermutung Nahrung, Katharina habe den Tod des Königs einige Tage lang verheimlicht, um Zeit zu gewinnen, ihre Regentschaft vorzubereiten. Auch bei der Trauerfeier zeigte Diana sich nicht.
Statt dessen schrieb sie an die Königin. In dem Schreiben, das die Gattin des Verstorbenen von dessen Göttin erhielt, bat die Ehebrecherin die Witwe demütig um Vergebung des ihr angetanen Un-

rechts. Diana wußte, was sie zu erwarten hatte. Sie, an Katharinas Stelle, hätte sich grausam gerächt. Unter den Umständen blieb ihr nichts anderes übrig als gänzliche Unterwerfung, in der Hoffnung, die Rachegelüste der anderen wenigstens etwas zu besänftigen. Dementsprechend erhielt Katharina mit dem besagten Schreiben auch ein Kästchen, das die Diana von Heinrich überlassenen Kronjuwelen enthielt.

Katharina handelte nicht, wie Diana an ihrer Stelle gehandelt hätte. Sie ließ der Rivalin das Leben und den ganzen, nicht ohne Hilfe ihres königlichen Anbeters angehäuften Besitz, mit Ausnahme des unzweifelhaft widerrechtlich dem Eigentum der Krone entfremdeten Schlosses Chenonceaux. Doch selbst dafür gab sie ihr eine Entschädigung, den Besitz Chaumont, und bemerkte dazu: »Sie war schließlich das Entzücken meines teuren Gemahls, ich schäme mich, ihr Chenonceaux wegzunehmen und gebe ihr Chaumont.«

Die Rachsucht und die Unversöhnlichkeit, die der schwarzen Königin von einigen ihrer Historiker nachgesagt werden, waren ihrem Charakter in Wirklichkeit gänzlich fremd. Waren ihre Feinde stärker als sie, beugte sie sich ihnen und war bemüht, sie zu besänftigen. Wendete sich das Blatt, versuchte sie durch Schonung der Besiegten die ehemaligen Feinde auf ihre Seite zu ziehen – für die Zukunft, von der man ja nie, trotz aller Sterndeuterei, wissen konnte, was sie verbarg. Und so ließ sie jetzt gegen die nach dem Tod des Königs völlig entmachtete Diana Milde walten. Haß erlaubte sie sich nicht, denn sie war intelligent genug zu wissen, daß der Haß ein schlechter Ratgeber ist und daß der Politiker, der sich schlechte Ratgeber leistet, seinen Beruf verfehlt hat. Und zur Politik fühlte sie sich berufen.

Also durfte Diana auf ihrem prächtigen Schloß Anet, wo alles sie an ihre Glanzzeit erinnerte, einen unbelästigten Lebensabend verbringen. Dort starb sie am 25. April 1566.

Montgomery, der zunächst gegen den ausdrücklichen Wunsch des Königs ins Gefängnis geworfen worden war, kam bald wieder frei. Verständlicherweise erwartete er aber für die Zukunft von der Witwe des Getöteten kein sonderliches Wohlwollen und zog es vor, des weiteren sein Glück lieber in England zu versuchen. Später kehrte er von dort zurück und schlug sich tapfer als Anführer protestantischer Rebellen gegen den König und die Kirche, bis er ergriffen und 1574 auf der Place de Grève hin-

gerichtet wurde, nicht als Königsmörder, sondern als Aufständischer.
Katharina trauerte bis zu ihrem eigenen Tod um ihren Gatten. Vom Tag seines Todes an sah man sie nie wieder anders als in Schwarz, und diese Witwentrauer, die sie nie ablegte, hat sie zu der »schwarzen Königin« gemacht, als die sie in die Geschichte eingegangen ist, wenngleich sich freilich auch Verleumder fanden, die wissen wollten, daß die Farbe ihrer Kleider nur diejenige ihrer Seele wiedergab.
Das Palais des Tournelles, wo Heinrich gestorben war, ließ sie später abreißen, weshalb Victor Hugo, der jahrelang ein Haus an der Stelle des Palais angelegten Place des Vosges bewohnte, zu sagen pflegte, diesen zauberhaften Platz habe eigentlich der unglückliche Lanzenstich Montgomerys geschaffen. Wenn es nur nach ihr gegangen wäre, hätte Katharina sicherlich auch die Rue Saint-Antoine, ja das ganze Stadtviertel, in dem sie liegt, abreißen lassen. Sie selbst richtete sich im Louvre ein. Wie es damals Sitte war, wählte sie sich ein Emblem ihrer Witwenschaft. Es war eine zerbrochene Lanze mit der Devise: *Lacrymae hinc, hinc dolor* – was jeden an die Waffe erinnerte, die ihre Tränen, ihren Schmerz verursacht hatte.
Keine Gefühlsäußerung, die man von ihr kennt, war gewiß aufrichtiger als diese. Die leidenschaftliche Liebe, die sie für den Toten empfand, wandte sie jetzt ihren Kindern zu, in deren Adern ja dessen königliches Blut floß. Für die Zukunft sah sie demnach ihre einzige Aufgabe darin, diesen, Heinrichs Kindern, die Krone und das Reich ungeschmälert zu erhalten. Und bis zu ihrem Tod hat sie dieser einzigen Aufgabe mit leidenschaftlicher Ausschließlichkeit hartnäckig und unermüdlich gedient.

Dritter Teil

Königin ihrer Söhne, der Könige

Die Lilienkrone, eine Dornenkrone

Katharina wußte, daß ihr beim Regierungsantritt des jungen Königs Franz II. schwere Zeiten bevorstanden. Um so schmerzlicher empfand sie es zweifellos, daß sie gerade zu Beginn dieser Zeit der Trauer um den verlorenen Gatten und der schweren Verantwortung für das Wohl nicht allein des jungen Königs, sondern Frankreichs, von ihrer bisher vielleicht nächsten Vertrauten und besten Freundin verlassen wurde, ihrer Schwägerin Margarete, die nun ihrem Gemahl nach Savoyen folgte. Margarete, die stets Katharinas Partei gegen Diana ergriffen hatte (sie war übrigens nicht allein Tante, sondern auch Patin des jungen Königs), sympathisierte mit den Vorstellungen und Bestrebungen der Reformierten, allerdings ohne deswegen die Autorität der römisch-katholischen Kirche ein für allemal zu bestreiten. Katharinas Schwägerin war der Meinung, von den Protestanten sei viel zu lernen, weshalb es falsch sei, sie zu verfolgen. Von ihrer Cousine, der Königin von Navarra, hätte sie freilich lernen können, daß gewisse Protestanten, alle echten Protestanten vielleicht, weder toleriert werden noch tolerieren, sondern ihre Lehren durchsetzen wollten, aber Margarete riet ihrer königlichen Schwägerin, ehe sie von ihr Abschied nahm, eindringlich, in Zukunft gegen die Protestanten toleranter zu verfahren, als ihr Gemahl es getan hatte. Sie beschwor Katharina, die Verfolgungen einzustellen, die Gefangenen freizulassen und zu amnestieren. Insbesondere empfahl sie ihren persönlichen Berater, der sie zwar nach Savoyen begleiten, aber bald wieder nach Frankreich zurückkehren würde, dem Wohlwollen der Königin. Die Empfehlung blieb nicht ohne Wirkung. Michel de L'Hospital konnte auf Katharinas Wohlwollen rechnen. Daß seine Frau und seine Tochter sich zur Lehre Calvins bekannten, störte die Königin angesichts der vielen Tugenden und Fähigkeiten des Beraters ihrer Schwägerin überhaupt nicht.

Das mag überraschen, wenn man bedenkt, daß sie bei Beginn ihrer Witwenschaft die sichersten und festesten Verbündeten in den Guisen hatte, die ja ihre eigenen Interessen wahrnahmen, wenn sie treu zur Krone und zur katholischen Kirche standen. Obgleich sie sich auf die Guisen stützte, suchte sie dennoch auch Verständigung mit protestantischen Fürsten und wünschte die Einstellung der von ihrem Mann angeordneten Verfolgungen. Wem wollte diese undurchsichtige Florentinerin mit ihrem zweideutigen Gebaren dienen oder schaden, mochte man sich da fragen.

Tatsache war auch, daß sie ihren italienischen Freunden und Bedienten, allesamt Katholiken, die Treue hielt und ihnen jetzt bewies, daß sie treue Dienste zu schätzen wußte. Den Gondi eröffnete sie Möglichkeiten, ihre Talente voll und ganz zu entfalten. Madame de Gondi war Französin, eine geborene de Pierrevive, doch für Geldgeschäfte nicht weniger begabt als der italienische Bankier, den sie geheiratet hatte, mit einem Wort: ein Finanzgenie. Katharina, die in dieser Hinsicht selbst begabt genug war, das Genie anderer nach Wert zu schätzen, vertraute Madame de Gondi die Verwaltung ihres riesigen Vermögens an. Um ihr eine der Wichtigkeit dieser Tätigkeit entsprechende Stellung bei Hof zu sichern, ernannte sie ihre Vermögensverwalterin zugleich zur Gouvernante des jungen Karl-Maximilian, des zukünftigen Königs Karl IX. Selbstverständlich florierten unter diesen Umständen die Geschäfte der Gondi. Ihr Sohn, Albert von Gondi, erbte Vermögen, Fähigkeiten und Kredit seiner Eltern und ging als Marschall von Retz in die Geschichte Frankreichs ein.

Eine tüchtige Vermögensverwalterin konnte der Königin zwar die Sorge für ihren persönlichen Besitz abnehmen, nicht aber die Probleme, die ihr aus den beim Tod ihres Mannes gegebenen politischen Verhältnissen erwuchsen. Gegen den bisherigen Brauch verwitweter französischer Königinnen, die ersten vierzig Tage nach dem Tod des Königs trauernd in dessen Sterbezimmer zu verbringen, verließ Katharina gleich nach Heinrichs Beerdigung das Palais des Tournelles und nahm im Louvre Wohnung. Der Herzog von Guise und die übrigen Lothringer folgten ihr dorthin, beziehungsweise führten sie eigentlich den König, die Königin und die Königinmutter in den Louvre. Ihre Verwandtschaft mit der jungen Königin Maria Stuart gab den Guisen großen Einfluß auf den seiner Frau gehorsam ergebenen König. Katharina ließ sie gewähren, denn insofern sie dem König dienten, dienten sie ja ihr, aber sie traute ihnen dennoch nicht.

Der Louvre, noch immer im Umbau, halb Ruine, halb Neubau, war nicht sonderlich wohnlich, die Räume, in denen sie sich dort

aufhielt, hatte sie ganz in Schwarz ausstatten lassen, die Decke schwarz streichen, die Wände und sogar die Fenster schwarz verhängen lassen, »damit das Licht weder der Sonne noch des Mondes eindringen könne«. Doch gab sie sich nicht der brütenden Melancholie hin, zu der diese Umgebung einlud. Statt dessen ließ sie sich Bericht über die Staatsfinanzen und die Wirtschaftslage erstatten. Aber auch da konnte man, wie sich zeigte, eigentlich nur schwarzsehen. Die Verschuldung der Krone betrug das Fünffache des jährlichen Steueraufkommens. In manchen Provinzen verließen die Bauern das Land; ihre Ernte reichte nicht einmal aus, auch nur die von ihnen geforderten Abgaben zu entrichten. Die unbezahlten Beamten suchten sich an den armen Steuerpflichtigen schadlos zu halten. Selbst der von direkten Steuern befreite kleine Landadel war steuerpflichtig gemacht worden – insofern man ihn genötigt hatte, dem Staat zu leihen. Dies stürzte große Teile dieses Standes ins Elend. Denn von ihren verhungerten Bauern hatten die verarmten Edelleute keine Einkünfte zu erwarten, und Handel treiben oder sonst einer gewinnbringenden Tätigkeit nachgehen durften sie nicht, ohne die Vorrechte ihres Standes zu verlieren. Durfte man sich also wundern, wenn dieser Adel die Gelegenheit wahrnahm, Kriegsdienst bei protestantischen und aufständischen großen Herren zu nehmen? Das Kriegshandwerk war schließlich von jeher der eigentliche Beruf des Adels – und die Quelle seiner Einkünfte. Der fürchterliche Bürgerkrieg, der sich vorbereitete, als Franz II. die Regierung übernahm, fand in den kleinen Landedelleuten eine nahezu unerschöpfliche Reservearmee.
Katharina ahnte, was sich da zusammenbraute, und wußte, daß Franz II., der König, weder gefaßt darauf war, noch imstande, dem nahenden Unheil zu begegnen, daß an seiner Stelle die streitenden Parteien regieren würden, wenn sie es nicht tat. Franz II. war bei seinem Regierungsantritt fünfzehn Jahre alt, nach geltendem kapetingischen Recht zwar volljährig, doch wie er selbst sehr wohl wußte, den Aufgaben, die sich ihm stellten, keineswegs gewachsen: ein schwächlicher, häßlicher, kränklicher Knabe. Wucherungen in der Nasenhöhle – aller Wahrscheinlichkeit nach Symptome einer Tuberkulose – zwangen ihn, stets durch den Mund zu atmen, der Schleim aus Nase und Rachen fand Ausgang durch einen Abszeß im Ohr. Dabei war er höchst reizbar, neigte zu heftigem Zorn und fand das größte Vergnügen bei wilden Hetzjagden. Seine Frau

liebte er blind und leidenschaftlich, aber die unvollkommen ausgebildeten Genitalien erlaubten ihm nicht, die Ehe mit ihr zu vollziehen. Maria Stuart war zwei Jahre älter und intelligenter als er. Die beiden waren zusammen aufgewachsen, hatten von Kindheit auf gewußt, daß sie einander versprochen waren, und auf gewisse Weise erwiderte wohl auch Maria Stuart die Liebe ihres jungen Gemahls. Aber sie war hochmütig. Katharina bewies die ihr eigene kluge Zurückhaltung, indem sie der jungen Königin in der Öffentlichkeit überall den Vortritt ließ und ihr die schönsten Perlen der Welt schenkte, die sie selbst einst mit in die Ehe gebracht hatte. Ob diese Zuneigung echt war, mag dahingestellt sein, Katharina ließ sich ja stets weniger von ihren Gefühlen als von ihrer Einsicht leiten, und die empfahl ihr, gegenüber der jungen Königin die Rolle der mütterlichen Freundin zu spielen; selbst wenn sie sich mehr als böse Schwiegermutter fühlte, zumindest in dem Augenblick, als sie sich hinter ihrem Rücken einmal von dem hochmütigen jungen Ding »die florentinische Krämerin« genannt hörte.
Der König liebte seine Mutter und verehrte sie (wie übrigens mehr oder weniger auch seine jüngeren Geschwister). Jetzt, als Witwe, da sie nicht nur ihren Gemahl verloren hatte, sondern auch Diana losgeworden war, konnte sich Katharina, mit einundvierzig Jahren, ungehindert ganz ihren Mutterpflichten widmen, der Fürsorge für ihre Kinder – und der Sorge um die Macht. Was letztlich auf das gleiche hinauslief, da ja ihren Söhnen die Macht zustand. Zu ihrem Unglück wußten ihre Söhne mit dieser Macht, alles in allem, wenig anzufangen. Wie weder die Geburt noch die Erziehung der Söhne Heinrichs II. der Mutter leicht gemacht worden war, fiel es diesen, einem nach dem anderen, als die Reihe an ihm kam, schwer, seinen Mann zu stehen. Sie alle waren kränklich, keiner von ihnen hatte die robuste Vitalität des Vaters und Großvaters geerbt, alle miteinander wiesen diese letzten Sprossen des Geschlechts der Valois Entartungserscheinungen auf, in denen sich das unselige Erbe der Eltern Katharinas offenbarte. Dieser aber waren ihre Kinder darum nicht weniger teuer. Sie liebte sie so, wie sie nun einmal waren.
Gleich bei seinem Regierungsantritt setzte, wie es Brauch war, Franz II. der Königinwitwe ihr Leibgedinge aus. Er gab ihr die Schlösser Villers-Cotterêts und Monceaux, die beide in seiner Grafschaft Meaux lagen. Dazu das reiche Herzogtum Alençon,

eine Pension von 72000 Livres, die Zinsen ihrer Mitgift in Höhe von 8600 Talern, die Einkünfte der Güter von Dombes und Forez ... und anderes mehr. Sie war damit reicher, als sie je zu Lebzeiten ihres Gemahls gewesen war. Allerdings war ja auch Heinrichs Sohn nicht genötigt, die finanziellen Ansprüche einer Diana von Poitiers zu befriedigen.

Katharina muß ein von Haß zerrissenes Gemeinwesen regieren

Zur Regierung berufen fand sich Katharina auf ausdrücklichen Wunsch ihres Sohnes, des Königs. Dies geht aus der Formel hervor, mit der Franz II. seine Dekrete einleitete: »Da es so der Königin, meiner Mutter und Dame beliebt, auch ich einverstanden bin mit ihrem Belieben, gefällt es mir, und ordne ich also an ...« und so weiter.
Seine rechte Hand war nichtsdestoweniger der Herzog von Guise, der damals vierzig Jahre alt, auf der Höhe seines Ruhms und seiner Macht stand, *le Balafré*, das Narbengesicht. Zur Wut der Bourbonen war er inzwischen zum Generalstatthalter des Königreichs ernannt worden.
Der Bruder des Herzogs, der glänzende Kardinal Karl von Lothringen, hatte nach Heinrich II. nun auch dessen Sohn Franz II. gekrönt. Dieser ehemalige Bundesgenosse Dianas besaß keine der soldatischen Tugenden des »Narbengesichts«, war aber ein unvergleichlich tüchtiger Verwalter, Diplomat und Politiker. Wie kein anderer verstand er sich auf die komplizierten Mechanismen der Staatsverwaltung. Und so war nur ihm die Fähigkeit zuzutrauen, den sterbenskranken Haushalt zu sanieren. Zu diesem Zweck verlangte er zunächst den Frieden. Nun, es war Frieden geschlossen worden. Auch die verlangten Vollmachten bewilligte Katharina ihm – allerdings nur unter ihrer Aufsicht. Sie selbst behielt sich das Recht vor, über seine Vorschläge zu entscheiden. Der kleine König hatte zuletzt nur noch seine Unterschrift unter das jeweils Beschlossene zu setzen. Katharina wußte das Geschick des Kardinals zu schätzen, wenn sie ihn auch im Grunde ihres Herzens verabscheute, denn natürlich hatte sie ihm seine einstige

Kumpanei mit ihrer Rivalin nicht vergessen. Mit seinen rücksichtslosen Maßnahmen zur Sanierung der Staatsfinanzen machte der tüchtige Kardinal dann allerdings nicht nur sich selbst, sondern auch ihr ein Heer von erbitterten neuen Feinden. So unterdrückte er die königlichen Subventionen zahlreicher Dienste, die seines Erachtens einer Stütze nicht bedurften. Die Zahlung der Gehälter der Richter wurde eingestellt, da vorausgesetzt werden durfte, daß deren Bemühungen schon durch ihre Kläger hinreichend gelohnt wurden. Überdies entließ Karl von Lothringen einen Teil des königlichen Heeres – wobei er insofern schlecht beraten war, als die auf die Straße gesetzten Soldaten bald darauf zu den Fahnen der reformierten Rebellen gegen die Krone eilen sollten – und unterdrückte alle von Heinrich II. ausgesetzten Ehrengehälter.

Die Feindschaft, die der Kardinal mit diesen Maßnahmen sich und der Königin zuzog, war nicht konfessionell beschränkt, sondern kam den geschröpften Katholiken ebenso von Herzen wie den geschröpften Protestanten. Den Kardinal focht der Zorn der Steuerpflichtigen und der um ihre Einnahmen gebrachten Opfer seiner Sparmaßnahmen nicht an, er lachte nur über die giftigen und beleidigenden Reden und Schriften, in denen sich deren ohnmächtiger Haß Luft machte. Und anstatt sich durch die aufgebrachte öffentliche Meinung zur Zurücknahme dieser oder jener Anordnung bewegen zu lassen, schrieb er im Namen des Königs den Bankiers, Seine Majestät geruhe, den Zinsfuß von sechzehn auf acht Prozent herabzusetzen.

Auf dem Gebiet der Staatsverwaltung war er ebenso mutig, um nicht zu sagen verwegen, wie sein Bruder auf dem Schlachtfeld. Und es dürfte, würdigt man beider Verdienste, nicht leicht festzustellen sein, welcher von beiden mehr Neid und Haß herausforderte, der Kriegsmann oder der Federfuchser. Tatsache ist, daß die Feinde des einen auch die des anderen, und daß die Feinde der Guisen sehr zahlreich waren – und bewaffnet.

Das also waren die Verbündeten Katharinas und des Throns. Die Frage, ob sie ihr in jeder Hinsicht recht waren, erübrigte sich, da keine anderen zur Wahl standen, und sie Unterstützung brauchte. Immerhin zeigte sie, daß sie nicht geneigt war, ihre Verbündeten ganz unbehelligt jede Politik machen zu lassen, zu der sie etwa Lust hatten.

Dazu erhielt sie Gelegenheit, als nicht lange, nachdem mit dem Vertrag von Cateau-Cambrésis der französische Traum von Italien und bald darauf auch der letzte König, der ihn geträumt hatte, in die Grube gefahren waren, ein neuer Traum den Hof zu begeistern begann, jedenfalls die Herren, die dem jungen König und seiner Gemahlin am nächsten standen, eben die Guisen. Es war der Traum von Schottland. Damit hatte es folgende Bewandtnis: Die königlichen Legisten hatten auf Anweisung der Guisen unanfechtbar nachgewiesen, daß Franz II. für seine Frau als einzige Erbin König Jakobs V. von Schottland Anspruch auf den Thron der Stuarts hatte. Überdies konnte er auch Anspruch erheben auf den Thron von England, da bekanntlich und jedenfalls nachweislich die regierende Königin Elisabeth diesen Thron usurpiert hatte, denn ihr Vater Heinrich VIII. hatte sie ja ausdrücklich von der Thronfolge ausgeschlossen und enterbt. In Kenntnis dieser Rechtslage begann man die Wände der königlichen Residenzen bereits mit Darstellungen der vereinigten Wappen Frankreichs, Schottlands und Englands zu schmücken. Es galt jetzt nur noch, die beanspruchten Territorien in Besitz zu nehmen. Da die Engländer Schottland angriffen, fand man bald einen Vorwand, eine französische Expedition unter Leitung des Herzogs von Elbœuf (eines lothringischen Fürsten) dorthin zu entsenden, die beauftragt war, zunächst die Engländer aus Schottland zu vertreiben und es für die rechtmäßigen Erben zu sichern.
Katharina mißbilligte das schottische Abenteuer. Die Ausrüstung eines Heeres zur Eroberung des von ihr beanspruchten Herzogtums Urbino hätte sie vielleicht mit Vergnügen unterstützt. Aber Schottland! Die darauf gerichteten Hoffnungen der Guisen für Franz II., Maria, ihre Nichte, und sich selbst gingen denn auch nicht in Erfüllung. Der am 8. Juli 1560 unterzeichnete Vertrag von Edinburgh enthielt den Verzicht Maria Stuarts und Franz' II. auf die Krone von England. Katharina war mit diesem Ergebnis sehr zufrieden, die Guisen überhaupt nicht. Sie hatten sich von der Vereinigung der drei Königreiche die Macht versprochen, das Haus Österreich ein für allemal in seine Schranken zu weisen, denn der habsburgische Imperialismus bedrohte auch nach der Abdankung Karls V., der zugleich König von Spanien und deutscher Kaiser gewesen war, Frankreich, die Niederlande und England. So weigerten sich denn auch die Guisen und Maria, die in dem Vertrag von

Edinburgh ausgesprochene Verzichterklärung anzuerkennen. Doch bekanntlich entschied in dieser Angelegenheit die Geschichte zuletzt wie Katharina, gegen die Guisen und Maria Stuart.

In anderer Hinsicht war Katharina übrigens durchaus einer Meinung mit ihren Verbündeten. So fand auch sie, daß Montmorency entmachtet werden müsse. Der Vertrag von Cateau-Cambrésis und die Niederlage von Saint-Quentin schienen ja zu beweisen, daß dem Mann auf seine alten Tage mit der Macht nicht mehr zu trauen war. Die Guisen, die das geltend machten, waren tatsächlich wohl weniger von der Sorge um das Gemeinwohl als vielmehr von dem Wunsch geleitet, sich eines mächtigen Rivalen zu entledigen. Jedenfalls bedeutete schließlich eines Tages der junge König, wie man es ihm eingeschärft hatte, dem alten Herrn, er möge das königliche Siegel herausgeben, das er kraft seines Amtes als Gouverneur des königlichen Haushalts in Besitz habe, ebenso die Schlüssel aller der Krone gehörenden Schlösser. Man nahm ihm also das Amt des Gouverneurs des königlichen Haushalts – wagte aber nicht, ihm das mit einer weit größeren Machtfülle ausgestattete Amt des Konnetabels zu nehmen. Man beleidigte ihn, ohne ihm die Macht zu nehmen, sich zu rächen. Das Verfahren war charakteristisch für die von Katharina praktizierte Spielart des Machiavellismus, denn stets versuchte sie, beides zugleich zu tun, zu nehmen und zu geben, zu ärgern und zu besänftigen. In diesem Fall ging sie so weit, einem Sohn Montmorencys den Titel eines Marschalls von Frankreich anzubieten, als der Konnetabel vom Amt des Gouverneurs des königlichen Haushalts enthoben wurde. Die Montmorencys dankten ihr das nicht. Coligny, Admiral von Frankreich, d'Andelot, General der Infanterie und der Kardinal von Châtillon kochten vor Haß. Alle drei standen ja, wie man weiß, die Brüder Châtillon auf seiten der Reformierten. Die Verbindungen der mächtigen Sippe Montmorency-Châtillon zu dieser Partei waren noch gefestigt worden durch die Heirat des Prinzen von Condé, eines Bruders des Königs von Navarra, Anton von Bourbon, des anerkannten Anführers der Hugenotten, mit der Tochter der Gräfin von Roye, einer Schwester Colignys und Nichte Montmorencys. Bemerkenswert ist indessen die Tatsache, daß der Konnetabel selbst und seine Söhne überzeugte Anhänger der anderen Partei, also treue Katholiken blieben. Dies zeigt, daß das Familienbündnis nicht auf die religiösen Überzeugungen der Beteiligten gegründet war. Was diese Familien verband, war vielmehr einerseits eine Blutsverwandtschaft von alters her, andererseits das, was wir heute als »Klasseninteresse« bezeichnen würden. Die Montmorencys, Bourbonen, Châtillons – und viele andere, die wir im Lauf dieser Geschichte als deren Parteigänger noch kennenlernen werden – hatten unter den Regierungen Ludwigs XI., Ludwigs XII. und Franz' I. viel von ihrer Macht und ihren angestammten Privilegien eingebüßt. Jetzt sahen sie eine günstige Gelegenheit, ihre einstige Autorität, ihre emanzipierten Vasallen und verlorenen Privilegien zurückzugewinnen – auf Kosten der Krone. Der schwache Knabe, der sie trug, und seine Mutter, die beim Volk und beim Adel gleichermaßen unbeliebte Ausländerin, würden ja kaum imstande sein, die Interessen des Reichs erfolgreich zu verteidigen. Aber war Katharina wirklich so unbeliebt? Sie konnte nicht beliebt sein, wenn man den Gerüchten glaubte, die über ihren Charakter und ihre Machenschaften umliefen – Geschichten von italienischen Giftmischern und Zauberern, die angeblich alle Hände voll zu tun hatten, die schmutzigen Geschäfte der Königin zu erledigen. Diese Geschichten wurden von den Feinden der Krone ganz gezielt in Umlauf gesetzt und leisteten leider viel von dem, was sich ihre Erfinder von ihnen versprachen, denn sie machten zweifellos die Italienerin dem gemeinen Mann in Frankreich unheimlich. Katharina und ihre Verbündeten, deren Interesse sich zwar im wesentlichen mit dem der Gegner der Krone deckte, die aber den erwünschten Machtzuwachs im Dienste und mit Hilfe der Krone leichter zu gewinnen dachten als im Verein mit anderen gegen die Krone operierenden, wußten, was sie von dieser Propaganda zu halten hatten, und daß es den großen Feudalherren, die für die Reform und gegen die katholische Kirche Partei ergriffen, dabei nicht selten nur vordergründig um kirchliche Angelegenheiten ging. Und sie nahmen die Bedrohung, die der Krone aus der konfessionellen Spaltung des Reiches erwuchs, deshalb nur um so ernster. Es ist sehr fraglich, ob ein Präventivschlag gegen die mit einer Rebellion drohenden Feudalherren den Bürgerkrieg hätte verhindern können. Sicher ist nur, daß Katharina Präventivschläge nicht auszuteilen verstand, und daß sie durch ihre stets Vermittlung suchende, einlenkende Politik den Gegnern eine Schwäche zu verraten schien, die diese zum Schlimmsten ermutigte.

Seit dem sogenannten Verrat des Konnetabel von Bourbon war Franz I. und dem Beispiel seines Vaters folgend, Heinrich II. ja stets bemüht gewesen, die Bourbonen von allen Staatsämtern fernzuhalten. Katharina hatte ihre eigenen Gründe, die Fortsetzung dieser Politik zu wünschen, war aber nicht imstande, sie so unnachgiebig zu praktizieren, wie es ihr lieb gewesen wäre. Denn sie wußte, wie gering der Herrschaftsanspruch einer florentinischen Krämerstochter von den anderen großen Adelsgeschlechtern Frankreichs im Verein mit den Bourbonen geschätzt wurde. Sie wußte, daß sie nur regieren konnte, indem sie die miteinander rivalisierenden großen Familien geschickt gegeneinander ausspielte und dafür sorgte, daß keine von ihnen zu mächtig wurde. Denn solange diese Herren sich gegenseitig bekämpften, mag sie gedacht haben, konnte ihr Sohn regieren.

Sie beteiligte also die Bourbonen an der Regierung Franz' II. Allerdings verhinderte sie geschickt, daß sie entscheidenden Einfluß darauf nehmen konnten. Drei Bourbonen bot sie einen Sitz im Conseil Privé, im Geheimen Rat des Königs an: dem ältesten, Anton, König von Navarra; dessen Bruder Ludwig, dem Prinzen von Condé; und dem Herzog von Montpensier, der einem anderen Zweig der Familie angehörte. Doch dann sorgte sie dafür, daß diesen Herren im Rat dreißig andere gegenübersaßen, von denen ihnen keiner sonderlich gewogen war. Wenn sie den Guisen in diesem Gremium eine beherrschende Stellung einräumte, war das nicht nur deshalb in ihrem Interesse, weil diese einstweilen ihre engsten Verbündeten waren. Denn die Guisen waren zwar sehr mächtig und hatten dem Königreich in der jüngsten Vergangenheit weit glänzendere Dienste geleistet als die Bourbonen; doch konnten sie trotz ihrer Verbindungen zur königlichen Familie niemals Anspruch auf den Thron erheben – während dazu die Bourbonen, Prinzen von Geblüt, sehr wohl das Recht hatten. Nach überliefertem Brauch der französischen Monarchie hätte deshalb beim Tod Heinrichs II. Anton von Bourbon zum Generalstatthalter ernannt werden sollen. Katharina war es eine Genugtuung, statt seiner den Herzog von Guise in diesem Amt zu sehen, denn die Furcht, daß die Bourbonen beabsichtigen könnten, die Abdankung ihres kränklichen Sohns zu erzwingen, um einen der Ihren auf den Thron zu bringen, verließ sie nie. Und weil sie die Bourbonen fürchtete, handelte sie stets so, daß diese sich von ihr gehaßt glauben durften und sie ebenfalls haßten. Die unversöhnliche Gegnerschaft, die von Anfang an zwischen Katharina und den Prinzen von Geblüt bestand, ist einer der Schlüssel zum Verständnis des Bürgerkriegs, der bald ausbrechen sollte.

Doch wer waren diese Bourbonen, deren Ambitionen Katharina mit so gutem Grund fürchtete?

Anton, der erste Prinz von Geblüt, war ein ziemlich leichtfertiger, wetterwendischer Charakter, der bald ja, bald nein sagte, oder noch lieber beides zugleich. Er liebte es, sich in Szene zu setzen, war tapfer, aber kurzsichtig und unüberlegt, wenig diskret, nicht der Mann, Verschwörungen anzuzetteln. Einer seiner Zeitgenossen äußerte von ihm die Meinung: »Zu großen Unternehmungen ist er schnell bereit, aber man fürchtet, daß er nicht die seinen hohen Zielen angemessenen Kräfte hat.« Seine Frau und sein Bruder werden sich gehütet haben, ihn von ihren Anschlägen und Absichten in Kenntnis zu setzen, denn er scheint nach allem, was man von ihm liest, ein rechtes Klatschweib und wahrer Prahlhans gewesen zu sein. Dazu paßte auch seine äußere Erscheinung, die großspurig und auffällig war, üppiges und wildes rotes Haar, mit bunten Edelsteinen besetzte Ohrringe. Der Spitzname »Wachtel«, unter dem er bekannt war, wies darauf hin, daß wie die Wachtel mit den Jahreszeiten ihr Gefieder wechselt, er seine Meinung zu wechseln pflegte. Aus dem gleichen Grund nannte man ihn auch unmetaphorisch den »Wechsler«. Ein solcher Mann allein hätte die Krone nicht gefährdet. Katharina hätte sich wohl zutrauen können, ihn nach Wunsch zu lenken. Zu der Zeit, von der hier die Rede ist, führte ihn seine Frau Johanna von Albret am Gängelband.

Ganz anderer Art war sein Brúder Ludwig von Condé, ein verwachsener, aber grundsolider, den härtesten Prüfungen gewachsener Mann. Bucklig und häßlich wie die Nacht, aber wie sein Bruder (und nur in dieser Hinsicht ähnelten sich die beiden) ein großer Frauenheld; mutig in Kenntnis der Gefahr, geschickt und energisch, dabei hartnäckig. Lügen, Heucheln, Verheimlichen, den Gegner täuschen – darauf verstand er sich nicht schlechter als Katharina. Seiner Grausamkeit hatte sie aber nichts Entsprechendes entgegenzusetzen. Er war der wirkliche Feind, der gefährlichste Feind des Throns der Valois. Katharina wußte das und fürchtete ihn, wie er es verdiente.

Fürs erste hatte sie beide Brüder vom Hof entfernt, indem sie sie mit schmeichelhaften Missionen von untergeordneter politischer Bedeutung betraute. Anton war in Spanien, wo er den Auftrag hatte, Philipp II. seine Gattin Elisabeth zu überbringen. Der König von Spanien hatte ja aus Prestigegründen verschmäht, sie persönlich in ihrer Heimat abzuholen. Condé war in Brüssel, um über einige strittige Klauseln des Vertrages von Cateau-Cambrésis zu verhandeln. Eines nicht allzu fernen Tages würden sie freilich ihren Platz im Geheimen Rat Franz' II. einnehmen, und man würde ihnen sehr aufmerksam auf die Finger sehen müssen, namentlich dem jüngeren Bourbonen.
Unter den überaus zahlreichen Mitgliedern dieses Rats waren Katharina selbst und Maria Stuart, außerdem der Herzog von Savoyen und der Herzog von Lothringen, weil ihre Frauen Töchter von französischen Königen waren – obwohl die Anwesenheit eines Mannes wie Philibert von Savoyen, der noch kürzlich als Verbündeter des spanischen Königs gegen Frankreich gekämpft hatte, im Geheimen Rat der französischen Regierung überraschen mag. Weiter saß in diesem Rat der ehemalige Berater von Katharinas Schwägerin Margarete, Michel de L'Hospital, verschiedene Legisten, die sich der Wertschätzung der Königin erfreuten, Monluc, der Bischof von Valence, ein bedeutender Diplomat, sowie noch einige andere, von denen nicht bekannt war, daß sie Verbindungen zur Partei der Reformierten hatten. Angesichts dieser Versammlung bemerkten die Bourbonen mit einiger Erbitterung, daß also die Stimmen der Prinzen von Geblüt augenscheinlich nicht mehr zählen sollten als die irgendeines Justizbeamten.
Für Katharina zählte, die Wahrheit zu sagen, der ganze Rat nicht. Sie ließ ein Jahr verstreichen, ehe sie ihn zusammenrief. Und dann, um die Bedeutung dieses Ereignisses noch weiter herabzusetzen, berief sie gleichzeitig die Versammlung der Ritter des St. Michael-Ordens ein. Die Versammlung, die auf diese Weise zusammenkam, glich mehr der einer Bürgerschaft als dem Treffen eines Geheimen Rats. Madame Catherine machte Politik, wie man einst in der Republik Florenz Politik gemacht hatte. Letztlich war das Zusammentreten dieses Rats ein Jahrmarkt der Eitelkeiten auf Kosten des Stolzes der Bourbonen. Dieser Stolz wurde dabei so geringgeschätzt, daß Katharina sich nicht zu vergessen scheute, für Anton, den König von Navarra, eine angemessene Wohnung bereitzustel-

len. Nachdem ihm Katharina eine Audienz gewährt hatte, blieb dem König nichts anderes übrig, als wieder abzureisen. Daß er keine angenehmen Erinnerungen an die Begegnung mit der Königinmutter und seinen Aufenthalt am Hof mitnahm, war unter den Umständen kein Wunder. Es lag ja auf der Hand, daß die Berufung in den Geheimen Rat des Königs keine sonderliche Ehre hatte sein sollen. Tatsächlich regierten die Guisen und Katharina hinter Türen, die dem Geheimen Rat verschlossen waren, im Verein mit ausgewählten Verwaltungsbeamten. Die *Robins* – wie diese Beamten nach ihrer Standestracht, der schwarzen Robe, spaßeshalber genannt wurden, Schwarzdrosseln – begannen schon damals jenen Amtsadel zu konstitutieren, der in der Folge eine wesentliche Stütze der absoluten Monarchie werden sollte. Ihre zuverlässige Treue zur Krone sollten diese Leute schon bald beweisen dürfen. Denn schon im März 1560 wurde in Amboise die Monarchie vor eine erste bedrohliche Herausforderung gestellt.

Der sogenannte »Tumult von Amboise«, ein Gemetzel

Die Gelegenheit zu einem Staatsstreich war dem machtlüsternen alten Hochadel günstig, nicht allein wegen der offenkundigen Schwäche des von Mutter und Onkel gelenkten Königs, sondern auch, weil die Verschwörer sich der Unterstützung durch die Reformierten sicher sein konnten. Die hatten mit Erbitterung zur Kenntnis nehmen müssen, daß Katharina an den von Heinrich II. gegen sie verfügten Maßnahmen festhielt. Der Parlamentsgerichtsrat Anne Du Bourg war auf der Place de Grève in Paris als Ketzer verbrannt worden. Die Hoffnung, daß man nach dem Tod Heinrichs II. von der Vollstreckung des Urteils absehen würde, war enttäuscht worden. So hätte der Plan der Verschwörer, sich der Person des Königs zu bemächtigen und die Guisen in einem Handstreich zu ermorden oder zu verhaften, um sie dann vor Gericht zu bringen und wegen Majestätsbeleidigung, Machtanmaßung, Beraubung des Staatsschatzes verurteilen und hinrichten zu lassen, sehr wohl gelingen können.

Katharina spürte die drohende Gefahr, ohne von der Verschwörung zu wissen. So suchte sie den Haß der Reformierten zu besänftigen und verlangte von den Guisen die Amnestierung aller aus religiösen Gründen verhafteten Protestanten, mit Ausnahme derjenigen, die sich des bewaffneten Aufstands schuldig gemacht hatten. Sie hoffte, auf diese Weise die aufrichtigen Evangelischen für die Krone zu gewinnen und die Solidarität der Gläubigen mit denen zu verhindern, die den Glauben vorschoben, um ihre Rebellion gegen die königliche Autorität zu legitmieren. Doch kam ihr Versöhnungsangebot zu spät, der Staatsstreich war schon geplant.

Organisiert hatte die Verschwörung, deren Häupter natürlich die Bourbonen waren (diskret unterstützt von Montmorency und dessen Neffen), ein Edelmann aus dem Périgord mit Namen La Renaudie. Renaudie hatte persönliche Gründe, die Vorstellung, die Guisen durch ein königliches Gericht verurteilt zu sehen, unter seine Wunschträume aufzunehmen. Er selbst war in Dijon als Urkundenfälscher verurteilt worden und gab daran den Guisen die Schuld. Doch hatte er neben solchen persönlichen Wunschträumen auch prinzipielle Ziele. Er kehrte soeben aus Genf zurück, wo er sich mit Calvin über die politische und administrative Reorganisation des Staates nach der Einführung der reformierten Religion als Staatsreligion beraten hatte. Zunächst war selbstverständlich der König zur Annahme dieser Religion zu bewegen, was indessen, wie man hoffte, ein leichtes sein würde, wenn man Gelegenheit erhielte, ihn ungestört über die Vorzüge der reformierten vor der papistischen Religion aufzuklären. Dazu mußte man sich aber zuvor seiner Person bemächtigen. Darauf sollten die Generalstände einberufen und durch diese die Aufteilung Frankreichs in autonome Kantone nach dem Muster der Schweiz beschlossen werden. »Es ist eine große Narrheit, daß das Land von einem Souverän regiert werden sollte«, sagte Renaudie. Wenigstens im Périgord wollte er regieren.

Zuvor war jedoch die Machtergreifung zu organisieren. Im Januar 1560 sammelte La Renaudie in der Gegend von Nantes eine bewaffnete Mannschaft, die er aus staatsverdrossenen Evangelischen der Normandie, der Bretagne und der Gascogne rekrutierte. Von Nantes zog diese Truppe dann getrennt auf verschiedenen Wegen, um kein Aufsehen zu erregen, nach Tours. Dort, scheint es, erhielten die französischen Evangelischen den Namen, unter dem sie bald Geschichte machen sollten. Denn Hugenotten scheint man

sie nach einem ihrer in jener Stadt, nahe der Porte de Hugues, dem Hugo-Tor, gelegenen Versammlungshäusern genannt zu haben. Doch war nicht Tours jetzt das Ziel der bewaffneten Schar La Renaudies, sondern Blois, wo der Hof sich aufhielt. Auf Blois also rückten, der Loire entlang, nun die Rebellen vor.
Die Guisen ahnten, daß ihnen in Blois Gefahr drohte. Stadt und Schloß Blois waren schlecht befestigt, der Herzog ordnete deshalb den Umzug des Hofes nach Amboise an, wo man zwar weniger angenehm untergebracht war, aber eher imstande, einen Angriff abzuwehren. Franz von Guise (das Narbengesicht) und La Renaudie waren so verschieden voneinander wie ein verwegener und stolzer Abenteurer von einem großen Heerführer. In romantischen historischen Romanen triumphieren gewöhnlich die verwegenen und stolzen Abenteurer. Die wirkliche Geschichte geht aber oft anders aus, und selbst der so wunderbar begabte Michelet hat den Tatsachen keinen Triumph La Renaudies abgewinnen können.
Dabei war das Unternehmen der Verschwörer keineswegs von vornherein aussichtslos. La Renaudie verfügte, als er vor Amboise anlangte, über nicht gering zu schätzende Waffengewalt. Außer Hugenotten waren auch Lutheraner aus Holland und Württemberg zu seinen Fahnen geeilt. Königin Elisabeth von England, durch Anton von Bourbon über die Pläne der Verschwörer unterrichtet, hatte sich zwar nicht so weit kompromittiert, ihnen englische Truppen zu schicken, doch nicht gezögert, eine stattliche Summe Geldes in das Unternehmen zu investieren, weshalb ihr später nachgesagt wurde, es überhaupt erst angeregt zu haben. Das aber war nicht der Fall, sie war gebeten worden, sich daran zu beteiligen. Wie leider auch die andere Seite später immer wieder auswärtige Mächte aufforderte, sich zu ihren Gunsten an dem nun beginnenden Bürgerkrieg zu beteiligen.
Das englische Geld brachte den Verschwörern kein Glück. Denn die geheime Verabredung der Verschwörer mit Elisabeth wurde in England nicht sorgfältig genug geheimgehalten. Die von Elisabeth verfolgten englischen Katholiken bekamen Wind davon und warnten den Kardinal von Lothringen. Ihre Warnung wurde bald durch den Bischof von Arras bestätigt, dem ein befreundeter deutscher Fürst geraten hatte, sich auf einen Umsturzversuch gefaßt zu machen. Doch wen es im Auge zu halten galt, erfuhr man erst, als

La Renaudie einem protestantischen Pariser Advokaten prahlerisch haarklein erzählte, was sich alles bald einschneidend ändern würde. Denn Pierre d'Avenelle, der Empfänger dieser Offenbarung, war Protestant, aber königstreu. Und so ließ er den Kardinal wissen, was La Renaudie im Schilde führte. Amboise wurde daraufhin sofort in Belagerungszustand versetzt. Die Stadttore wurden zugemauert und Spähtrupps in die Wälder der Umgebung ausgesandt. La Renaudie merkte nicht, daß man ihn bereits beobachtete und setzte in aller Ruhe sein geplantes Umzingelungsmanöver fort, um ganz sicherzugehen, daß aus der aufgestellten Falle kein Entkommen wäre.
Katharina mag unterdessen in der Kapelle des Schlosses Amboise, wo zweiundvierzig Jahre zuvor Lorenzo von Medici, ihr Vater, der Prinzessin Magdalena von la Tour d'Auvergne, ihrer Mutter, die Hand zum Ehebund gereicht hatte, über die seltsame Gesellschaft meditiert haben, mit der sie jetzt in Amboise eingeschlossen war. Was konnten sich unter den gegebenen Umständen die Lothringer und der Prinz von Condé oder Coligny – die beide ebenfalls anwesend waren – wohl zu sagen haben? Die beiden Häupter der Verschwörung wußten, daß La Renaudies Plan bekannt und mithin zum Scheitern verurteilt war. Aber sie konnten nichts tun, ihn zu warnen. Der Prinz von Condé durfte sich persönlich über jeden Verdacht erhaben glauben. Denn wer wußte denn, daß La Renaudie sein Mann war? Aber hatte ihn nicht, vielleicht doch, weil sie ihm nicht recht traute, die Königinmutter just in diesem Augenblick zum Hauptmann der königlichen Leibwache ernennen lassen? Als solcher durfte er nämlich die königlichen Gemächer nicht verlassen, stand also praktisch unter Stubenarrest.
Coligny hatte noch nicht öffentlich bekannt, daß er sich während seiner Gefangenschaft nach der Schlacht von Saint-Quentin zur reformierten Religion bekehrt hatte. Doch wußte man schon, welcher Seite er zuneigte. Unter diesen Umständen hatte er es – wie auch Condé – für das klügste gehalten, den als Besänftigung gedachten Erlaß mit zu unterzeichnen, der den Reformierten zwar freie, nicht jedoch öffentliche Religionsausübung zubilligte. Überdies stellte er fest, daß die neue Religion im Prinzip schon deshalb verwerflich sei, weil die loyalen Untertanen eines katholischen Königs gehalten seien, als gute Katholiken zu leben. Unter anderen als den gegebenen Umständen hätten die beiden sich zweifellos

geweigert, ihre Unterschrift unter eine derartige Erklärung zu setzen.
Die Patrouillengänger ergriffen in den Wäldern um Amboise Scharen armer Bauern, die erklärten, mit dem König sprechen zu wollen und sich auf die Bibel beriefen. Franz II. tat ihnen den Gefallen, richtete aus einem Fenster des Schlosses das Wort an sie, ließ ihnen ein paar Groschen geben und riet ihnen, wieder nach Hause zu gehen. Sie verrieten ihm, daß hinter ihnen drein ein großer Heerhaufen von mehreren tausend Edelleuten, ebenfalls in der Absicht ihn zu sprechen, nach Amboise unterwegs gewesen sei, als man sie ergriff.
In einem nahegelegenen Schloß verhaftete königliches Militär den Baron von Castelnau und eine Schar von Protestanten, beschlagnahmte bei diesen auch Waffen und Munition. Castelnau war ein Verwandter Colignys. Hatte man in ihm das Haupt der Verschwörung gefaßt? Der Kardinal glaubte das anfänglich, wurde aber bald eines Besseren belehrt. Vor der Stadt langten Heerhaufen an, die gleich Anstalten machten, die Befestigungsanlagen zu stürmen. Der Angriff wurde abgewehrt. Am folgenden Tag war auch das Gros der Streitkräfte La Renaudies zur Stelle, die Stadt umzingelt. La Renaudie verlangte den König zu sprechen. Der König war nicht zu sprechen. Der Prinz von Condé, den er daraufhin zu sehen wünschte, war durch sein Amt daran gehindert, diesem Wunsch zu entsprechen. Daraufhin griff La Renaudie an. Auch dieser zweite, massivere Angriff wurde abgewehrt. Erstaunt mußte La Renaudie zur Kenntnis nehmen, daß sein Angriff in der Stadt niemanden überraschte. Er zog sich zurück. Aber inzwischen waren im weiten Kreis um Amboise königliche Truppen zusammengezogen. Bald also machten die Rebellen die weitere überraschende Entdeckung, daß in die Falle, die sie hatten stellen wollen, sie selbst gegangen waren. Le Renaudie wurde im Handgemenge getötet.
Seine Leiche ließ man vierteilen und die Stücke auf der Brücke über die Loire zur Schau stellen mit einer Inschrift, die ihn als »La Renaudie, Haupt der Rebellen« bezeichnete, nicht ganz zutreffend, denn er war ja bestenfalls nur eines der Häupter dieser Hydra gewesen. Unterdessen machten die königlichen Soldaten Jagd auf noch verbleibende Anhänger der Rebellion. Ein starkes Kontingent aus dem Süden wurde von dem Herzog von Aumale abgefan-

gen und restlos vernichtet. Die Anführer nahm man gefangen, soweit man ihrer lebendigen Leibes habhaft wurde, und brachte sie nach Amboise.
Die Hinrichtung der Aufrührer war ein großartiges Spektakel im Geschmack der Zeit. Die kleinen Leute ersäufte man in der Loire, aber was irgend Rang und Namen hatte, wurde für dieses Spektakel im Schloßhof von Amboise aufbewahrt. Man errichtete dort Tribünen, auf denen sich die beste Gesellschaft des Loire-Tales drängte, denn zu dem blutigen Schauspiel kamen in Scharen die Würdenträger aller Städte von Nantes bis Orléans. Doch sollte das Exempel auch dem Volk statuiert werden, das, zu ebener Erde, auf Bäumen und Dächern dicht gedrängt, denn auch bemüht war, sich nichts davon entgehen zu lassen.
Auf der königlichen Tribüne saß todbleich Franz II. zwischen Maria Stuart, seiner Frau, und seiner Mutter. Neben Maria Stuart saß andererseits Condé, und neben diesem der zehnjährige Bruder des Königs, Karl von Orléans. Bei dem beängstigenden Gesundheitszustand des Königs könnte der Knabe bald genötigt sein, dessen Nachfolge anzutreten. Schon deshalb schien wohl seine Anwesenheit bei diesem Staatsakt erforderlich, wenn auch zu befürchten war, daß ihn das blutige Schauspiel gefährlich erregte, denn Blutvergießen wirkte, wie man schon bei der Jagd hatte beobachten können, ganz eigen auf den Jungen.
Ehe aber Blut floß, gab es noch eine Szene, die den kleinen Karl nicht sonderlich beeindruckt haben mag, aber dem größten Teil des übrigen Publikums den Atem verschlug. Die zweiundfünfzig zum Tode verurteilten Rebellen verneigten sich vor dem Prinzen von Condé: nahmen mit dieser Verneigung Abschied von ihrem Anführer. Dieser nahm den Gruß entgegen, ohne eine Miene zu verziehen. Er wußte, daß ihn keiner der Verschwörer verraten hatte und verraten würde. Gewiß, man verdächtigte ihn. Man hatte sogar seine Papiere beschlagnahmt. Doch konnte man ihm nichts nachweisen, und er leugnete alles. War er nicht bei Hof geblieben, obwohl er leicht hätte entfliehen können? Bewies dies nicht seine Unschuld? Für den Augenblick konnte man ihm nichts anhaben – Coligny ebensowenig.
Der Herzog von Guise präsentierte sich zu Pferde vor der königlichen Tribüne. Trompetengeschmetter. Das Schauspiel konnte beginnen. Der erste Verurteilte stieg auf das Blutgerüst. Die übrigen

stimmten einen Psalm an, und diesen Gesang vernahm man, immer schwächer werdend, da das Henkerschwert einem Sänger nach dem anderen das Wort im Munde abschnitt, solange die Hinrichtungen dauerten. Zuletzt sang Castelnau angesichts der abgeschlagenen Köpfe und kopflosen Leiber seiner Gefährten allein. Stimmen erhoben sich im Publikum, die um Gnade für ihn baten. Der König verweigerte diese. Also rollte auch des braven Castelnaus Kopf vom Blutgerüst, und Condé wandte sich zu dem hinter ihm auf der königlichen Tribüne sitzenden Päpstlichen Nuntius und bemerkte: »Sie können dem Papst sagen, Monsignore, daß, wenn französische Edelleute eine Verschwörung anzuzetteln wissen, sie auch zu sterben wissen.« Bemerkenswert ist in diesem Zusammenhang, daß er die Verurteilten nicht als Hugenotten, sondern als Edelleute bezeichnete; zeigt das doch, daß er in der gescheiterten Verschwörung weniger ein protestantisches als vielmehr ein adliges Unternehmen sah.
Man kann sich fragen, weshalb Katharina diese Schlächterei zuließ. Mit roher Gewalt zu regieren, war ja eigentlich nicht ihre Sache. Nach Instinkt und Erziehung neigte sie dazu, politische Konflikte, wo irgend möglich, auf elegantere Weise als durch Blutvergießen zu lösen. Wenn sie diesmal die Guisen – die die Anordnungen zu dem Gemetzel getroffen hatten – gewähren ließ, so vielleicht, weil die Rebellen sich ihres Erachtens gegen das Heiligste vergangen hatten, das sie kannte, die Krone ihres Sohnes. Nicht die Ketzerei der Anhänger des unglücklichen La Renaudie schien ihr todwürdig, wohl aber deren Rebellion gegen die königliche Autorität. Und so hielt sie es wohl für richtig, daß ein für alle Mal die Todwürdigkeit jedes Versuchs, diese Autorität anzutasten, mit Strömen von Blut demonstriert würde.
Maria Stuart war die einzige, die sich Abscheu vor dem wirklich abscheulichen Spektakel anmerken ließ. Katharina mahnte sie mit strengem Blick, sich zu beherrschen, offensichtlich sehr ungehalten angesichts dieser Schwiegertochter, die sich ihrer königlichen Pflicht nicht gewachsen zeigte.
Die Hugenotten verwerteten das Gemetzel von Amboise publizistisch sehr geschickt, indem sie Bilder und Beschreibungen der Hinrichtungen als Darstellung eines Martyriums für den reinen Glauben erläuterten. Die so erläuterten Bilder und Berichte beeindruckten nicht nur die ohnedies schon zur reformierten Religion

Geneigten, sondern gewannen ihr auch neue Anhänger – und erregten bei manchem treuen Katholiken den Verdacht: ob die Regierung Frankreichs bei den Guisen und Katharina nicht vielleicht in den falschen Händen liege?

Katharina gießt lindernden Balsam in die unheilbaren Wunden, die sie geschlagen hat

Unmittelbar nach der blutigen Unterdrückung der Verschwörung beeilte sich Katharina, die Reformierten, insofern diese nur die ungehinderte Ausübung ihrer reformierten Religion verlangten, ihres weitestmöglichen Entgegenkommens zu versichern. Deshalb ging sie gern auf den Vorschlag ihres »Gevatters« – wie sie diesen in Erinnerung an ihre alte Freundschaft mit dem Neffen Montmorencys noch immer nannte –, des Admirals Coligny nämlich, ein, die Frage mit einer Versammlung von Notabeln zu beraten. Das Treffen fand am 21. August 1560 in Fontainebleau statt. Auch die Fürsten nahmen an den Gesprächen teil – außer den prominentesten Vertretern der reformierten Partei, Anton von Navarra und Condé. Diese lehnten die Einladung nach Fontainebleau ab. Condé hatte nicht ganz unbegründete Befürchtungen, dort unbequemen Fragen zu begegnen. Überdies bereiteten die Brüder schon Unternehmungen vor, die, wie sie hofften, derartige Gespräche überflüssig machen würden. Montmorency erschien, aber nicht mit dem Manuskript einer Rede, sondern an der Spitze eines Heeres von tausend Reitern. Nichts hätte die Gefährdung der königlichen Autorität unter den gegebenen Umständen unmißverständlicher demonstrieren können: Welcher Große des Reiches hätte eine derartige Unverschämtheit gegen Franz I. gewagt?
Eine wichtige Rolle bei diesen Gesprächen hatte Katharina dem späteren Kanzler Michel de L'Hospital zugedacht. Katharina hielt ihn für fähig, die Lothringer einerseits und die Partei der Prinzen, der Montmorencys und Châtillon-Colignys andererseits in der Waage zu halten. Nach den Vorkommnissen in Amboise hätte sie liebend gern die Guisen geopfert, wenn sie dadurch den Haß ihrer Feinde hätte besänftigen können. Doch sah sie ein, daß sie in dem

Fall der Gewalt der zu allem entschlossenen reformierten Partei hilflos ausgeliefert gewesen wäre. So hielt sie weiter zu den Guisen, um die Krone zu halten.
Gleich bei der Eröffnung der Gespräche griff Coligny die Guisen lebhaft an. Der Herzog erwiderte ihm: »Sie sprechen nur für sich selbst, Sie sind von niemandem bevollmächtigt.« Er selbst, als Generalstatthalter des Königreichs, konnte sich auf königliche Vollmachten berufen und gab mit seiner Erwiderung zu verstehen, daß er keine andere Autorisierung als legitim anzuerkennen gewillt sei. Coligny gab gleichwohl zurück: Er könnte zehntausend Unterschriften beibringen, die die sofortige Einstellung der Verfolgung der Hugenotten forderten. Guise erklärte seinerseits, unbeeindruckt, daß er wohl hunderttausend vorlegen könnte, die deren Fortsetzung forderten. Tatsächlich wäre der Volksentscheid, der da so merkwürdig anachronistisch angerufen wurde, für die Evangelischen ungünstig ausgegangen, sogar ungünstiger, als der Herzog von Guise voraussetzte. Denn obwohl die Zahl der Anhänger der reformierten Religion seit 1555 erheblich zugenommen hatte – so sehr, daß Heinrich II. die Maßnahmen zur Unterdrückung der Ketzerei während der letzten Jahre seines Lebens erheblich verschärft hatte –, bildeten diese doch noch immer eine zahlenmäßig sehr schwache Minderheit. Dem gewöhnlich wohlunterrichteten venezianischen Gesandten zufolge gab es unter den 16 Millionen Einwohnern Frankreichs damals nur 400 000 Protestanten. In der Folge wuchs diese Zahl zwar noch um einiges an, doch überschritt der Anteil der Protestanten an der Bevölkerung des Königreichs nie 5 Prozent.
Indessen wären Frankreich die blutigen Auseinandersetzungen, die 1560 noch kaum begonnen hatten, erspart geblieben, wenn das Kräfteverhältnis zwischen den beiden Religionsparteien diesem Zahlenverhältnis entsprochen hätte. Denn auf seiten der Minderheit standen die Prinzen von Geblüt, der hohe und ein großer Teil des Landadels, namentlich im Süden, doch auch anderswo, in der Normandie, im Poitou, im Angoumois, im Saintonge. Diese Leute hatten Vasallen und Geld, diese zu bewaffnen. Außerdem waren die Evangelischen von der Gerechtigkeit ihrer Sache weit leidenschaftlicher überzeugt als die Verteidiger des Status quo und die schweigende (und größtenteils ahnungslose) Mehrheit, auf die sie sich, wie es der Herzog von Guise in Fontainebleau tat, berufen

konnten. Der Herzog von Guise wußte das natürlich sehr wohl. Er wußte auch, daß seinen Gegnern achtunggebietende Streitkräfte zur Verfügung standen, die sich den Königlichen überlegen erweisen könnten.

Ein Zeuge des rhetorischen Schlagabtauschs zwischen Guise und Coligny hat geschrieben: »Dies ist ein gewisses Vorzeichen dafür, daß die beiden eines Tages zwei feindlichen Parteien angehören werden, die noch nicht gebildet sind.« Wirklich existierten ja zu dieser Zeit die Bürgerkriegsparteien, deren Umrisse sich freilich schon vor Jahren abzuzeichnen begonnen hatten, noch nicht als solche – wenn sie einander auch schon bald auf dem Schlachtfeld gegenüberstehen sollten.

Katharina, die das ahnte, suchte es wo irgend möglich zu vermeiden. So nahm sie jede Gelegenheit zu Verhandlungen mit den Reformierten wahr, wenn nötig auch hinter dem Rücken der Guisen. Sie haßte die Hugenotten keineswegs als Ketzer. Diese waren denn auch darüber unterrichtet, daß die Königinmutter nicht nur eine Bibel, sondern auch Schriften Luthers in französischer Übersetzung besaß, die sie nicht nur selbst las, sondern auch ihre Bedienten lesen ließ. Religiöser Fanatismus war Katharina fremd. Sie fürchtete nur die politischen Ambitionen der Reformierten, oder besser, deren adliger Wortführer.

Der Herzog und der Kardinal spürten, daß die Königinmutter in der Frage der richtigen Behandlung der Ketzer inzwischen zu einer anderen Meinung neigte als sie. Angesichts der somit drohenden Meinungsverschiedenheiten im katholischen Lager und mit Rücksicht auf die noch sehr ungenügenden eigenen Kriegsrüstungen entschlossen sie sich, fürs erste gute Miene zum bösen Spiel zu machen und akzeptierten die Vorschläge Colignys. Zwar blieben sie bei der Weigerung, den Reformierten den Bau eigener Gotteshäuser zu gestatten – doch sollte diesen in Zukunft erlaubt sein, im Verborgenen ihren Predigern zu lauschen, insoweit sie damit nur ihr Seelenheil fördern wollten und sich nicht zu staatsfeindlichen Umtrieben begeistern ließen. Weiterhin stimmten sie einer Einberufung der Generalstände zu und sogar der Einsetzung einer Kommission von Würdenträgern zur Untersuchung der in der Kirche bestehenden Mißstände. Diese unerwarteten Zugeständnisse machten eine Einigung der Verhandlungspartner möglich, und die Versammlung in Fontainebleau löste sich auf, nachdem die Einberufung der Generalstände nach Orléans am 10. Dezember 1560 beschlossen worden war.

Doch wenig später schon bereuten die Guisen ihre Nachgiebigkeit. Auf der Straße in das Béarn fingen ihre Leute einen Boten Condés ab, bei dem Briefe an den Prinzen gefunden wurden, aus denen die Existenz einer neuen und noch weit umfassenderen Verschwörung, als man in Amboise hatte zerschlagen können, unmißverständlich hervorging. Geplant war seitens der Verschwörer zunächst die Ergreifung der Macht in Lyon, in Tours und Orléans und die Ermordung der Guisen. Unverzüglich beriefen der Herzog und sein Bruder, der Kardinal, um ein Uhr früh eine Sitzung des kleinen Rates ein, in dem, unterstützt von Michel de L'Hospital, Katharina den Vorsitz hatte. Auf ihr Verlangen wurde der Vidame von Chartres verhaftet, der eben aus Genf zurückkehrte, begleitet von Theodor von Beza. Letzterer, inzwischen ein treuer und kluger Berater Calvins, entging der Verhaftung und entkam nach Navarra, rechtzeitig um den im wahren Glauben wankend gewordenen Anton von Bourbon wieder darin zu festigen.

Ein anderes Vorkommnis soll um diese Zeit den Zorn der Lothringer gegen die Ketzer zur Weißglut entfacht haben, ein schlechter Streich nämlich, mit dem ihre Gegner zwar nicht ihr Leben gefährdeten, sie aber lächerlich machten. Der Papst, durch seinen Nuntius von der glücklichen Unterdrückung der Verschwörung von Amboise unterrichtet, sandte mit einem Schreiben, in dem er dem König, der Regentin und den Guisen seine Befriedigung über die Abwendung der drohenden Gefahr einer Machtübernahme durch die Häretiker aussprach, ein kostbares Gemälde als Geschenk an den Hof von Frankreich, eine Jungfrau mit Kind von Michelangelo. Das Meisterwerk wurde einem Kaufmann untadeligen Rufs zur Beförderung anvertraut, von dem freilich nicht bekannt war, daß er insgeheim die römische Hure Babylon verabscheute und auf seiten der wahren Gläubigen stand. Dieser hätte nun, so heißt es, ein Gemälde gleicher Größe, jedoch sehr anderen Inhalts anfertigen lassen und Michelangelos Muttergottes gegen das von ihm in Auftrag gegebene Werk ausgetauscht. Als die Bilderkiste mit dem Brief des Papstes bei Hof abgeliefert worden sei, hätten sich die Adressaten des Schreibens und andere Würdenträger, unter ihnen der Kardinal von Tournon und der Herzog von Montpensier, versammelt, um zu hören und zu sehen, was da Schönes aus Rom ge-

kommen sei. Zunächst hätte der Kardinal die Botschaft des Papstes verlesen, die von allen mit großer Befriedigung aufgenommen worden sei. Dann sei die Bilderkiste geöffnet worden. Was aber dabei zum Vorschein gekommen, sei zum Entsetzen aller nicht die erwartete Muttergottes gewesen, sondern vielmehr habe die Tafel den Kardinal von Lothringen, Maria Stuart, Katharina und die Herzogin von Guise splitterfasernackt und einander wollüstig umschlingend zur Schau gestellt. Der Kardinal habe fuchsteufelswild das Bild sofort verbrennen lassen und, sagt unser Gewährsmann, »zweifelte nicht daran, daß diesen Streich die Hugenotten ihm gespielt hatten. Und hat diesen derselbe viele von den Übeln zugezogen, die sie seitdem betroffen haben«. Unser Gewährsmann nennt sich Eusèbe Philadelphe (der fromme Bruderliebende) und veröffentlichte seine heiße Story mit einer Verspätung von etlichen Jahren, 1574. So unwahrscheinlich es ist, zeigt doch jedenfalls das von jenem frommen Bruder liebenden Journalisten veröffentlichte Bild recht wahrheitsgetreu, was die Häretiker von ihren rechtgläubigen Feinden hielten.
So herrschte denn auch bei der Eröffnung der Generalstände im Dezember 1560 nicht die versöhnliche, kompromißbereite Stimmung, die Katharina und Michel de L'Hospital herzustellen bemüht gewesen waren.
Anton von Bourbon und sein Bruder Condé weigerten sich anfänglich sogar, in Orléans zu erscheinen. Ihre Gemahlinnen Johanna von Albret und Eleanore von Roye (die viel fanatischere Anhängerinnen der neuen Religion waren als ihre Männer) hatten ihnen dringend davon abgeraten, sich in diese kaum getarnte Falle zu begeben. Ihr Mißtrauen war nicht unbegründet, denn hätten die Guisen ihnen eine ähnliche Gelegenheit gegeben, sie hätten nicht gezögert, diese verhaften und köpfen oder sonstwie ein für alle Mal beseitigen zu lassen. Andererseits riskierten die Brüder, verbannt zu werden, wenn sie auf ihrer Weigerung beharrten, was ihnen einstweilen doch noch zu gefährlich erschien. Das Beispiel ihres Onkels, des Konnetabels von Bourbon, mahnte da zur Vorsicht.
Des weiteren hatte kürzlich Philipp II. spanische Truppen an den Grenzen des Béarn aufmarschieren lassen. Anton forderte von Spanien im Namen seiner Frau die spanische Hälfte des alten Königreichs Navarra. Wenn ihm aber der spanische König durch diese Truppenkonzentration an den Grenzen seines kleinen Staates so

massiv zu verstehen gab, daß er sich diese Forderung aus dem Kopf schlagen könne, tat er damit auch Katharina einen Gefallen. Sie hatte nämlich Philipp II. durch seine Frau, ihre Tochter Elisabeth, bitten lassen, womöglich auch seinerseits die Bourbonen zu größerer Bescheidenheit zu ermahnen.

Damit nicht genug, war auch der Versuch der Protestanten, sich der Stadt Lyon zu bemächtigen, gescheitert, denn die Guisen hatten präventiv zugeschlagen und den Versuch im Ansatz unterdrückt.

Aus all diesen Gründen geruhten also endlich die Bourbonen, doch in Orléans zu erscheinen. Den Guisen war es zu verhindern gelungen, daß sie ein eigenes Heer mitbrächten. Es gab zu ihrem Empfang keine besondere Zeremonie. Sie waren bei der Versammlung Edelleute unter anderen, von denen sie sich hier und da auch schlechte Scherze auf ihre Kosten anhören mußten. Der Empfang durch den König war noch schlechter. Ohne ihnen die geringste Achtung zu erweisen, machte Franz II. ihnen nur Vorwürfe und fragte namentlich den Prinzen von Condé, welche Rolle er denn nun bei den Vorkommnissen in Amboise wirklich gespielt habe? Der König spielte da mit dem Feuer, das seine Mutter zu ersticken suchte. Katharina wurde es bei dieser Szene angst und bange: Wenn die Guisen den König in dieser Gesinnung bestärkten, war es um die Bourbonen getan, das Gleichgewicht, das zu erhalten sie so besorgt war, vernichtet. Sie entschloß sich also, um das zu verhüten, vorübergehend die Bourbonen zu unterstützen. Diese sollten bald dringend jeder Unterstützung bedürfen, denn in der Tat ließen die Guisen den Prinzen von Condé verhaften und vor Gericht stellen, wo er trotz standhaften Leugnens der Verschwörung und des Hochverrats schuldig gesprochen und zum Tode verurteilt wurde. Nicht so prompt freilich, wie es die Guisen wünschten, denn Katharina gab den Richtern unter der Hand zu verstehen, daß sie das Urteil so lange wie irgend möglich hinauszögern sollten. Die Richter folgten dieser Empfehlung um so lieber, als der König sich auf der Jagd erkältet hatte und schwer krank im Bett lag. Dennoch schien Katharinas Bemühen, ihrem Todfeind in der Hoffnung auf eine zukünftige Versöhnung aus der Schlinge zu helfen, zum Scheitern verurteilt, denn der Kardinal von Guise durchschaute die von ihr angeregte Verzögerungstaktik des Gerichts und erzielte durch persönliche Rücksprache mit den Rich-

tern eine Beschleunigung des Verfahrens und den Schuldspruch. Die Hinrichtung sollte am Tag der Eröffnung der Generalstände, am 10. Dezember, stattfinden.
Sie fand nicht statt. Statt des verurteilten Rebellen starb der König. Man hatte schon seit einigen Tagen darauf gefaßt sein müssen. Und am 5. Dezember gab in der Tat der Arme unter schrecklichen Qualen den Geist auf. Die Qualen verursachte ihm der Abszeß am Gehirn, der sein Tod war, da er weder durch das Ohr noch durch den Mund Ausgang fand. Ambroise Paré hatte trepanieren wollen. Katharina hatte sich dieser Absicht widersetzt. Man hat behauptet, daß ihr der Tod Franz' II. ganz willkommen war, weil sie hoffte, auf diese Weise mit Maria Stuart auch deren Onkel, die Guisen, loszuwerden. Aber diese Verleumdung entbehrt jeder Grundlage. Nichts berechtigt uns zu glauben, daß Katharina jemals einem ihrer Kinder den Tod gewünscht hätte.
Während der Agonie Franz' II. war der Zutritt zum königlichen Zimmer niemandem gestattet außer der Königin, den Lothringern und der Königinmutter. Wie in allen kritischen Stunden ihres Lebens rief auch jetzt Katharina ihre Astrologen an. Sie ließ sie nach Chaumont kommen. Dort beobachtete nicht nur Ruggieri die Sterne von der Höhe des Schloßturmes. Es gab vielmehr eine Konsultation einiger der hervorragendsten Sterndeuter ihrer Zeit. Neben den uns schon bekannten waren in Chaumont anwesend der Franzose Ogier Ferrier und der Italiener Simeoni, den man in Frankreich Luc de Gaurie nannte, ein Mann, der in seinem Fach so tüchtig war, daß der Papst ihm in Anerkennung seiner Verdienste eine Diözese verliehen hatte. Anwesend war ebenfalls der aus Salon herbeigerufene Nostradamus.
Aus den Akten dieses futurologischen Kongresses ist folgendes überliefert: In einem schwarzausgeschlagenen Zimmer wurde ein Kreis auf den Boden gezeichnet, in den die Königin treten mußte, um von dort aus einen an der Wand hängenden Spiegel zu fixieren. In die vier Ecken waren die vier Namen Gottes mit hebräischen Buchstaben geschrieben. Nostradamus, der die Kabala kannte (er war getaufter Jude), sang verschiedene sehr ausführliche Beschwörungsformeln, und Katharina sah aus der Dunkelheit des Spiegels Nebel aufsteigen, die sich zu dem Bild ihres im Todeskampf liegenden Sohnes Franz verdichteten. Nun befand sich da ein Rad, heißt es, ohne nähere Angabe, so daß fraglich ist, ob es sich handfest

irgendwo im Raum oder nur als Bild in dem bewußten Spiegel drehte. Wie auch immer, jedenfalls drehte es sich einmal um sich selbst. Oder drehte sich das Bild des Königs einmal um den Raum? Die Akten sind, wie gesagt, hierin nicht eindeutig. Doch besteht Übereinstimmung über die Bedeutung der Umdrehungen. Jede volle Umdrehung bedeutete ein Regierungsjahr. Das Rad drehte sich einmal – vor einem Jahr und vier Monaten aber war Franz II. dem Vater auf den Thron gefolgt. Da das Rad sich nicht weiterdrehte, war also seine Regierungszeit abgelaufen.
Dann verschwand das Bild des Sterbenden aus dem Spiegel, und an seiner Stelle erschien das des Prinzen Karl von Orléans. Vierzehn Umdrehungen des Rades zählte man, dem jüngeren Bruder des Sterbenden standen also vierzehn Regierungsjahre bevor. Denn nach der vierzehnten Umdrehung trat der noch jüngere Heinrich an den zuvor von Karl eingenommenen Platz im Spiegel, und das Rad begann sich abermals zu drehen: fünfzehn Mal. Als auch Heinrichs Bild verschwand, erwartete Katharina das ihres jüngsten Sohnes, des damals fünfjährigen Herzogs von Alençon. Doch erschien statt dessen das Bild eines anderen, etwas älteren Knaben, des damals noch nicht ganz siebenjährigen Heinrichs von Navarra. Katharina stand bei diesem Anblick wie vom Donner gerührt und schrie »nein! nein!« während das Rad (oder Bild) zweiundzwanzig Umdrehungen machte. Sollten also endlich doch die verhaßten Bourbonen ihrer Brut das Erbe rauben? Ob sie selbst das noch erleben müßte? mag sie sich gefragt haben. Jedenfalls liest man, daß sie nach der letzten entsetzlichen Offenbarung des Spiegels Nostradamus bat, diesen nach der Stunde ihres eigenen Todes zu befragen. Doch zu dieser Frage verweigerte der Spiegel die Aussage. Immerhin verfügten die Astrologen anscheinend über Informationen, die es ihnen geraten scheinen ließen, die Königin vor Saint-Germain zu warnen. Die Königin soll die Warnung so ernst genommen haben, daß sie von diesem Tag an das ihr bisher recht liebe, ganz in der Nähe von Paris gelegene Schloß nicht mehr gern aufsuchte. Sie soll von der Unfehlbarkeit der Prognosen des Rades so überzeugt gewesen sein, daß sie ihrem zum König von Polen gewählten Liebling Heinrich 1573 bei seiner Abreise dorthin prophezeiht hätte: »Sie werden bald zurückkehren.« Was ja heißt, daß sie mit Karls nahe bevorstehendem Tod und der damit fälligen Erhöhung Heinrichs zum König von Frankreich rechnete. Die Be-

merkung veranlaßte Mutmaßungen, daß sie beschlossen habe, Karl mit Gift aus dem Weg zu räumen, um Heinrich den Thron zu geben. Karl IX., dem die Bemerkung und die daran geknüpften Vermutungen hinterbracht wurden, nahm die Verdächtigung seiner Mutter nicht auf die leichte Schulter (heißt es), wurde vielmehr von rasendem Haß gegen den abwesenden Bruder erfüllt und hätte sich blutig für das ihm wahrscheinlich zugedachte Unheil gerächt, wenn ihn nicht zuvor, der Prognose des Rades entsprechend, der Sensenmann geholt hätte. So blieb an der vom Schicksal verfolgten schicksalsgläubigen Katharina auch in diesem Fall wieder einmal der Verdacht hängen, dem Schicksal, das einen der Ihren traf, auf die Sprünge geholfen zu haben. Unglückliche Frau!

Trauriges Ergebnis der Bemühungen Katharinas zur Versöhnung der Unversöhnlichen

Franz II. ließ eine junge Witwe zurück. Zwei Königinwitwen in der Nähe des Throns mußten früher oder später in Kompetenzstreitigkeiten geraten, weshalb Katharina, ganz abgesehen von ihren Gefühlen für die Schwiegertochter, die sie ja einmal verächtlich als »Krämerin« bezeichnet hatte, keinen Wert auf ihren Verbleib bei Hofe legte, im Gegenteil. Vierzig Tage lang trauerte Maria Stuart weißgekleidet im Sterbezimmer ihres Gemahls vorschriftsmäßig um den Verblichenen, dann zog sie sich nach Lothringen zurück, um dort bessere Zeiten abzuwarten. Doch als sie wieder an den Hof zurückkehrte, bedeutete ihr Katharina, daß ihre Anwesenheit in ihrem von den Engländern bedrohten Reich Schottland dringend erforderlich sei, was einer Ausweisung aus Frankreich gleichkam. Maria Stuart betraute ihren lothringischen Onkel mit der Verwaltung ihrer französischen Güter, wurde unzeremoniell verabschiedet und kehrte verzweifelt in ein Reich zurück, das ihr in Wirklichkeit schon nicht mehr gehörte. Richtig gesehen hatte ja Katharina, wie Königin Elisabeth von England schließlich bewies, die ungeliebte Schwiegertochter in den Tod geschickt.

Durch den Tod Franz' II. waren die Machtverhältnisse in Frankreich erneut in Bewegung geraten. Regierung und Politik waren

damals ja einzig durch die Person des Königs bestimmt. Die Macht der Guisen gründete sich nur darauf, daß sie über den Willen ihrer Nichte, der Königin, verfügten und auf das blinde Vertrauen Franz' II. Nach dessen Tod – durch den auch ihre Nichte jede Einflußmöglichkeit verlor – wurden die noch jüngst nahezu allmächtigen Lothringer wieder große Herren wie andere ihres Standes. Doch so viel ihr an einer Verständigung mit den Bourbonen gelegen war, durfte Katharina nicht riskieren, es deshalb mit den Guisen zu verderben, wenngleich sie deren Einfluß auf ihre Politik zu beschränken wünschte. Denn die Guisen waren schließlich auch ohne Rückhalt beim Thron nicht weniger mächtig als die Bourbonen und zudem bei dem katholischen Pariser Volk weit beliebter.
Inzwischen gelang es ihr, schon Tage nach dem Tod ihres Sohnes eine Verständigung mit den Bourbonen zu erzielen, was in der Tat vordringlich erforderlich war. Nach dem salischen Gesetz nämlich hätte der König von Navarra, Anton von Bourbon, als erster Prinz von Geblüt wegen der Minderjährigkeit des Thronerben Anspruch auf die Regentschaft erheben können. Es gelang ihr, diesen zum Verzicht darauf zu bewegen, indem sie den zum Tod verurteilten Prinzen von Condé aus der Haft entließ und ihm eine Revision seines Prozesses versprach. Anton lieferte ihr als Zeichen seines Verzichts das königliche Siegel aus. Um nicht die Bestimmungen des kapetingischen Gesetzes zu verletzen, verzichtete sie ihrerseits darauf, sich »Regentin« nennen zu lassen und begnügte sich mit dem sinngemäß das gleiche sagenden Titel einer *Gouvernante de France*. Da Anton bereit war, sich das gefallen zu lassen, sollte er seinerseits zum Generalstatthalter des Königreichs ernannt werden. Dabei wurde vereinbart, daß er nur die bereits von der Königin gewürdigten Berichte der Provinzgouverneure zur Einsicht erhalten und Meinungen dazu nur auf deren Wunsch äußern würde. All das wurde im kleinsten Kreise verhandelt – Katharina zog nur einige ihrer treuen Legisten hinzu, die für die rechtliche Unanfechtbarkeit der getroffenen Vereinbarungen zu sorgen hatten.
Den mit einer Verspätung von nur vier Tagen am 14. Dezember 1560 zu Orléans eröffneten Generalständen wurden diese Vereinbarungen nicht bekannt gegeben. Der venezianische Gesandte beurteilte deren Ergebnis, auch ohne es zu kennen, ganz richtig: »In der Regierung wird die Königinmutter als diejenige geachtet, deren

Willen in allen Angelegenheiten den Ausschlag gibt . . . derart die Autorität von Ihrer Majestät ungeschmälert bewahrt wird und es im Rat kein anderes Haupt als nur sie allein geben wird.«
Als die Guisen erfuhren, was Katharina mit Anton von Bourbon verabredet und daß sie diesem die Generalstatthalterschaft versprochen hatte, zogen sie sich von den Staatsgeschäften zurück – behielten aber ihre Ämter und warteten wachsam die weitere Entwicklung ab.
Der alte Montmorency dagegen sah unter diesen Umständen eine Gelegenheit, im Verein mit seinen Neffen, den Brüdern Châtillon-Coligny, Andelot und dem Kardinal, an die Macht zurückzukehren. Ein Teil des Adels unterstützte ihn und die Seinen. Eine nicht weniger starke Adelspartei aber hielt zu den Lothringern. Immer deutlicher nahm das drohende Gespenst des Bürgerkriegs Gestalt an.
So also sahen die Verhältnisse aus, als die florentinische Krämerstochter die Macht übernahm – mehr Macht als je zuvor eine Königin von Frankreich gehabt hatte: selbst Blanca von Kastilien, die berühmteste, stolzeste und herrschsüchtigste Königin der bisherigen französischen Geschichte, hatte nie die Vollmachten, Privilegien und Ehren beansprucht, die jetzt Katharina sich zuteilen ließ. Freilich war die Machtfülle der *Gouvernante de France* dennoch von vielen Seiten gefährdet. Auf den Generalständen zu Orléans wurden die Fronten, die das Land zerrissen, sichtbar – aber bei der Abschlußsitzung war eine Versöhnung der verfeindeten Lager nicht in Sicht. Michel de L'Hospital mahnte in zu Herzen gehenden Worten zur Toleranz. Die Geistlichkeit sträubte sich gegen die Zumutung, Ketzer zu dulden. Die Reformierten ihrerseits ließen es an Unduldsamkeit ebensowenig fehlen.
Der Klerus wies die Überlegung, den königlichen Schatz, der leer war und zusätzlicher Einkünfte dringend bedurfte, durch ein »Geschenk« zu mehren, kategorisch zurück. Beim Adel und dem Dritten Stand hatte Katharina nicht mehr Erfolg: Letzterer widersetzte sich jeder Steuererhöhung und scheute sich nicht einmal, der Königin zu raten, Einsparungen beim Aufwand des Hofes vorzunehmen und Ehrengehälter zu kürzen. Einige nützliche Reformen immerhin wurden beschlossen, namentlich was das Rechtswesen und die Kirche anging. Die Ausbildung des Klerus sollte verbessert und die Disziplin der hohen und der niederen Geistlichkeit geprüft

werden. Ordensgelübde sollten zukünftig Männer erst nach der Vollendung des fünfundzwanzigsten, Frauen erst nach vollendetem zwanzigsten Lebensjahr ablegen dürfen. Selbstverständlich versöhnten solche Maßnahmen zur Abschaffung allgemein beklagter Mißstände die Evangelischen nicht mit dem Papismus (was freilich auch niemand erwartet hatte).

Beunruhigender noch als die enttäuschende Weigerung der Stände, der Krone finanziell unter die Arme zu greifen, war jedoch für Katharina die Reaktion der Abgeordneten – namentlich des Adels – auf die Entdeckung der zwischen ihr und den Bourbonen getroffenen Vereinbarungen. Diese wurden zwar, wie gesagt, nicht veröffentlicht, ihr Resultat aber konnte naturgemäß nicht verborgen bleiben. Man forderte, daß, wie es das alte kapetingische Recht vorsah, Anton von Bourbon die Regentschaft übernähme. Katharina verdächtigte ihn, diese Forderung selbst angeregt zu haben, was er bestritt: Sicherheitshalber ließ sie ihn nun jedoch eine formelle Verzichtserklärung auf die Regentschaft unterzeichnen. Auch seinen Bruder, den Prinzen von Condé, konnte sie zur Unterzeichnung einer solchen Erklärung bewegen. Für dessen Entgegenkommen erwies sie sich erkenntlich, indem sie dafür sorgte, daß er wieder bei Hof erscheinen konnte, denn nach Abschluß des Revisionsverfahrens wurde das in Orléans gefällte Urteil zurückgenommen und der Prinz am 13. Juni 1561 durch das Parlament von Paris von den Anklagen freigesprochen. Sie hielt auch Anton von Bourbon gegenüber ihr Versprechen und ernannte ihn zum Generalstatthalter des Königreichs.

Schließlich traf Katharina vor Auflösung der Generalstände noch eine Anordnung zugunsten der Reformierten: Die Parlamente wurden angewiesen, alle nur wegen religiöser Delikte eingekerkerten Personen freizulassen.

Dieses Entgegenkommen wurde von den Häuptern der reformierten Partei als Zeichen der Schwäche gedeutet und als Ermutigung zu herausfordernden Demonstrationen ihres Bekenntnisses. Die dadurch verursachten Unruhen hatten überdies schon vor der Auflösung der Generalstände begonnen. Freilich war die Unzufriedenheit, die sich in solchen Unruhen Luft machte, auch nicht nur durch die Behinderung der Reformierten bei der Ausübung ihrer reformierten Religion begründet. Während der letzten zehn Jahre war die Kaufkraft des Geldes um die Hälfte oder sogar

etwas mehr gesunken – und die Ursache dieser Inflation, der ungeheuer vermehrte Zufluß von Edelmetallen aus der spanischen Neuen Welt, entzog sich der Beeinflussung durch Calvin oder den französischen König. Am meisten litten unter dieser Geldentwertung der Adel und die Bauern, denn ihre Pacht war mit einem bestimmten Nennwert unveränderlich festgesetzt. So gingen viele Landedelleute in der Gascogne und im Languedoc unter dem Vorwand, für die Verbreitung der reformierten Religion zu kämpfen, tatsächlich auf Raub aus, überfielen nämlich die Güter ihrer katholischen Nachbarn nicht nur, um diese zu bekehren, sondern auch, um sie womöglich auszuplündern. Bei diesem Treiben wurden in Montpellier, Montauban und Agen sechzig Kirchen zerstört, tausendzweihundert Menschen getötet. Bekehrte sich der Gutsherr, schlachtete man seine etwa halsstarrigen katholischen Pächter ab, zeigte sich aber auch der Gutsherr unbelehrbar, tötete man diesen zuerst, wie das im Agenais dem Baron von Fumel geschah.
Doch als sie spürten, daß sie Rückhalt bei den Mächtigen hatten, wurden auch in Paris die Hugenotten frech, zögerten jedenfalls nicht länger, ihren Glauben öffentlich und mitunter sehr provozierend zu bekennen. In Saint-Méry versammelten sie sich während der Messe in großer Zahl vor der Kirche und fingen an, so laut zu singen, daß drinnen der Priester sein eigenes Wort nicht verstehen, noch die Gläubigen es hören konnten. Der Pfarrer ließ die Glocken läuten, um die Sänger zum Schweigen zu bringen. Wütend drangen diese daraufhin in die Kirche ein, schlugen die Gläubigen und zerschlugen, was zu zerschlagen war. Die Nachricht von diesem Aufruhr verbreitete sich geschwind genug durch die Stadt, daß ein Heer von Neugierigen dann mitansehen konnte, wie die Ordnungskräfte Unruhestifter und Beunruhigte gleichermaßen festnahmen. Diese zum Himmel schreiende Ungerechtigkeit reizte nun die aufgebrachte Menge dazu, überall nach Protestanten Ausschau zu halten, die man dieses Unrecht büßen lassen könnte. Schließlich mußte das Parlament einberufen werden. Der Hauptmann der Scharwache, dessen zumindest seltsames Verfahren den Aufruhr ausgelöst hatte, wurde verhaftet, und noch ehe sein Fall zur Verhandlung kam, wurden die belästigten Gläubigen und der Pfarrer freigelassen. Mit dem Hauptmann der Scharwache machte man dann kurzen Prozeß. Er wurde zum Tode verurteilt und gehängt. Der Frieden war damit fürs erste wiederhergestellt. Man

hätte sich natürlich fragen können, weshalb der Mann ohne Zögern auch die offenkundig von den Protestanten überfallenen Besucher der Kirche und den Pfarrer hatte einsperren lassen, man wird aber weise darauf verzichtet haben, diese Frage zur Sprache zu bringen, weil man die Antwort kannte. Der Gouverneur von Paris nämlich, das heißt der Vorgesetzte des Hauptmanns der Scharwache, war der Prinz von La Roche-sur-Yon, ein Bourbone, Vetter des Königs Anton von Navarra und des Prinzen von Condé, Calvinist wie dieser, doch seit Katharinas neuem Einvernehmen mit den Bourbonen ein Mann, den es möglichst nicht zu belästigen galt. Er blieb denn auch unbelästigt, doch die in der Mehrheit, der überwiegenden Mehrheit, katholische Bevölkerung von Paris wurde zunehmend geneigt, der Königinmutter jede Verfügung zugunsten der Ketzer sehr übelzunehmen.
Bei der Auflösung der Generalstände fand sich Katharina von diesen bevollmächtigt oder vielmehr angewiesen, das dem Staatsschatz fehlende Geld nun nach der Weigerung der Stände, es durch Steuererhöhungen aufzubringen, von denen zurückzufordern, die während der Regierungszeit ihres verstorbenen Gatten dem Staatsschatz große Summen für private Zwecke entnommen hatten, von Herrschaften also wie den Montmorencys, den Lothringern, dem Marschall von Albon und selbstverständlich Diana von Poitiers. So unbestreitbar tugendhaft sie daherkam, diese Empfehlung der Generalstände dürfte Katharina wenig Freude gemacht haben, denn es war vorauszusehen, daß die Bedrohung ihres mehr oder weniger unrecht gedeihenden Guts die miteinander verfeindeten Familien animieren würden sich zur Verteidigung ihres Geldes gegen die Krone zu verbünden.
Während der Fastenzeit des folgenden Jahres 1561 kam ein Bündnis, wie Katharina es befürchtet hatte, zustande, übrigens nicht ganz ohne ihr Zutun. Denn wie es ihre Art war, suchte sie auch bei dieser Gelegenheit ihren Feinden gefällig zu sein und lud als Fastenprediger den Bischof von Valence ein, einen Bruder des berühmten Marschalls von Monluc, dessen Solidarität aber der Religionspartei gehörte, die jener bekämpfte. Brantôme jedenfalls sagt, daß man den Bischof von Monluc allgemein für einen verkappten Lutheraner oder Calvinisten hielt. So brachte denn auch die von diesem Wolf im Schafspelz gehaltene Fastenpredigt den streng und glühend katholischen Montmorency so in Wallung, daß er empört

die königliche Kapelle verließ und sich mit seiner Gattin in die Schloßküche hinab begab, wo ein braver Jakobiner von untadeliger Orthodoxie den Dienstboten predigte – und nicht nur diesen, denn auch die Guisen und den Marschall von Albon trafen die Montmorencys da unten an. Die zufällige Begegnung machte den Herren bewußt, daß sie durch die gegenwärtige Politik der Regentin in einer Vielzahl von gemeinsamen Interessen bedroht waren, und so schlossen sie eine Art Bündnis in der erklärten Absicht, die Ketzerei zu bekämpfen. Sie gaben also Philipp II. recht, der dem französischen Hof vorgeworfen hatte, die Anführer der Hugenotten auf sehr bedenkliche Weise zu begünstigen.
Darüber hinaus beschlossen sie, die von den Generalständen angeregte Untersuchung der Modalitäten des Erwerbs der während der Regierungszeiten Heinrichs II. und Franz' II. erworbenen Vermögen zu unterdrücken; somit war ihr Bündnis geeignet, außer dem Wohl der Religion und der Nation im allgemeinen auch dem Schutz ihrer Privatinteressen zu nützen. Katharina nahm das Bündnis der drei Mächte mit ziemlicher Sorge zur Kenntnis. Und so mag sie sich gefragt haben, ob sie mit ihrem den Reformierten erwiesenen Entgegenkommen nicht doch schon zu weit gegangen sei? Sie hatte den Prinzen von Condé gerettet, sie lieh den Empfehlungen Colignys die geneigteste Aufmerksamkeit, hatte Michel de l'Hospital zum Kanzler von Frankreich ernannt, einen Mann, der die Toleranz predigte, eine Duldsamkeit, die ausschließlich der Partei des Prinzen von Condé zugute kam. Nicht allein ihr Schwiegersohn, der König von Spanien, auch Philibert von Savoyen, der Gemahl ihrer Schwägerin Margarete, beobachtete diese Nachgiebigkeit gegenüber der Ketzerei mit zunehmender Besorgnis.
Katharina schätzte Philibert von Savoyen nicht zuletzt um der guten Freundschaft willen, die ihr Margarete, ihre tolerante Schwägerin, stets bewiesen hatte. Doch Philibert war unter den gegebenen Umständen geneigt, sich mit Philipp II. zu verbünden, um im Verein mit ihm den Fortschritt der Häresie in Frankreich aufzuhalten. Briefe Margaretes und Katharinas waren von dem Marschall von Tavannes abgefangen worden. Dieser treue Diener der Monarchie und treue Katholik war überzeugt, daß die Königin – der er durchaus wohl wollte – auf dem falschen Weg sei. »Die Königin hat sich entschieden, die Hugenotten zu begünstigen und erhofft gegen das Triumvirat (Guise, Albon, Montmorency) ihr Heil von diesen«,

schrieb er sorgenvoll. Katharina versuchte, den Herzog von Savoyen zu beruhigen. Unglücklicherweise ließ dieser sich jedoch nicht mit schönen Worten abspeisen und blieb Verbündeter des schrecklichen Königs von Spanien, dessen bisher nur machtpolitisch begründeter Haß gegen Frankreich nun zusätzlich durch die dort florierende Ketzerei genährt wurde. »Die Zugeständnisse, zu denen die Königinmutter genötigt gewesen ist, werden große Folgen haben, unsere Kirche wird sich nach allen Seiten ausbreiten«, meinte damals Johann Calvin.

Da eben das von Philipp II. befürchtet wurde, machte der spanische König ernstlich Miene, in Navarra und dem Béarn einzumarschieren – denn dort hatte Johanna von Albret eine Hochburg des neuen Glaubens geschaffen, eine Zufluchtsstätte für die anderwärts verfolgten Häretiker und einen Stützpunkt, von dem aus häretische Propaganda wirksam verbreitet werden konnte. Theodor von Beza, ein sehr geistvoller, hochkultivierter und zudem politisch begabter naher Vertrauter Calvins diente der Königin von Navarra als Berater und dank beider Bemühungen war schon ein großer Teil der Bevölkerung des südwestlichen Frankreich zu dem neuen Glauben übergetreten. Auf dem Boden ihrer Staaten gab es dank Johannas Fürsorge sogar neben diesem Glauben keinen anderen mehr. Nicht gewillt, sich mit halben Erfolgen zufrieden zu geben, hatte sie die katholische Religion verboten.

Katharina wußte, was sie von der Königin von Navarra zu halten hatte. Ihr war klar, daß die neue Religion in Johanna von Albret eine Vorkämpferin hatte, von welcher der Ruhe im Staat mehr Gefahr drohte als von ihrem Gemahl, dem König Anton von Bourbon. Dessen besorgniserregende Lauheit im reformierten Glauben konnte in der Tat nicht einmal durch den Zuspruch des beredten Theodor von Beza angefeuert werden und schließlich (zu Beginn des Jahres 1562) mußte die reformierte Partei ihn ganz verloren geben. Er hat sich »ganz Venus unterworfen«, schrieb Johann Calvin an einen Freund, »die Matrone, die in diesen Künsten bewandert ist, hat in ihrem Harem zur Hand gehabt, was die Seele unseres Mannes in ihre Netze zu verstricken fähig war«. Die Matrone, die der Reformierte meinte, war unsere Katharina, und was diese angeblich eingesetzt hatte, die Seele des Königs von Navarra zu umgarnen, war eine ihrer Ehrenjungfern namens Louise de la Béraudière, deren Reizen die enttäuschten Reformierten gerne die

Schuld am Rückfall des Königs von Navarra in die papistische Umnachtung ganz oder teilweise zuschrieben. Doch die Mehrzahl der Anhänger des Genfer Reformators war, wie die Gattin dieses Abtrünnigen, fester im Glauben als Anton von Bourbon, nicht so leicht zu umgarnen und der eigenen Gerechtigkeit so gewiß, daß sie keinesfalls gewillt war, einen anderen Glauben als den ihren zu tolerieren, wo sie die Macht hatte, Andersgläubigkeit zu verbieten.

Prädestination scheidet die Geister

Das Klima, in dem Katharina 1561 beschloß, durch ein Religionsgespräch zwischen den beiden feindlichen Parteien die Wiederherstellung nationaler Eintracht zu fördern, war diesem Unternehmen abträglich. Nicht zuletzt deshalb, weil die Hugenotten von der Gerechtigkeit ihrer Sache so durchdrungen und mithin, obwohl noch eine kleine Minderheit, so siegesgewiß waren. Zwar hatte die katholische Kirche seit der inzwischen vierzig Jahre zurückliegenden ersten Herausforderung des Papstes durch Martin Luther zur Festigung ihrer angefochtenen Autorität schon manches geleistet, doch das seit 1545 tagende Konzil von Trient, das diese Autorität schließlich erneuern sollte, tagte noch immer – erst am 4. Dezember 1563 fand dessen letzte Sitzung statt.
Calvin lehrte bekanntlich, anders als Luther, die vollkommene Prädestination, nämlich Vorherbestimmung des Menschen zur ewigen Seligkeit oder ewigen Verdammnis. Ein zur ewigen Verdammnis Bestimmter konnte, wie ernstlich er auch bestrebt sein mochte, gottgefällig zu wandeln, kein anderes Ziel zu erreichen hoffen, als die Hölle – ebenso wie einem zur ewigen Seligkeit Berufenen das Paradies sicher war, gleichviel mit welchen Sünden er sich auf seiner Erdenbahn befleckte: Der gute Wille oder das böse Tun und Denken des Menschen waren gegen Gottes Willen vollkommen ohnmächtig. Diese Lehre wäre zweifellos entmutigend gewesen, hätten nicht die reformierten Theologen die Gläubigen darauf hinweisen können, daß »ein lebhaftes Gefühl«, zum Heil bestimmt zu sein, mit einiger Wahrscheinlichkeit als Indiz eben dieser Bestimmung gelten dürfe. Der zum Heil Berufene aber werde sich dieser Berufung unvermeidlich durch seinen Lebens-

wandel würdig zu erweisen trachten. Da nun jeder Reformierte allein schon durch den Schritt, der ihn aus den heidnischen Greueln der Papstkirche zum wahren Glauben gebracht hatte, ein gewisses »lebhaftes Gefühl« seiner Auserwähltheit in sich verspürte, waren sich die Bekenner des neuen Glaubens zumeist nicht ohne einen gewissen Stolz bewußt, von Gott für die ewige Seligkeit auserwählt zu sein.

Drei Monate vor dem Colloquium zu Poissy, mit dem Katharina hoffte, die nationale Eintracht wiederherstellen zu können, am 15. Mai 1561, weihte der Kardinal von Guise, Erzbischof von Reims, zum dritten Mal einen französischen König. Und in dem Augenblick, als er dem Knaben die Krone aufsetzte, richtete er eine Warnung an ihn, die seiner Mutter, der Regentin, zu denken geben sollte: »Wer immer Ihrer Majestät riete, die Religion zu wechseln«, sagte er nämlich, »würde Ihnen damit unvermeidlich die Krone vom Haupt reißen.«

Einen protestantischen König würde das katholische Frankreich niemals dulden, sollte Katharina sich damit gesagt sein lassen. Die Befürchtung des Kardinals, des katholischen Adels und Volkes, daß es den Reformierten gelingen könnte, den König zu bekehren, war angesichts der damaligen Verhältnisse am französischen Hof keineswegs unbegründet. Katharina ließ die Calvinisten dort in aller Freiheit predigen, Coligny und Condé waren auf ihre Weise bemüht, die königliche Familie für den neuen Glauben zu gewinnen und machten dabei so gute Fortschritte, daß damals Theodor von Beza und Calvin in ihrer Korrespondenz von Katharina als von »unserer Königin« sprachen. Coligny, den der junge König Karl IX. »Vater« nannte, hatte durch sein zugleich Achtung gebietendes und liebenswürdiges Wesen verstanden, den König und seine noch jüngeren Brüder, Heinrich, den Herzog von Anjou und Franz von Alençon, so sehr für sich und seine Meinungen einzunehmen, daß die Prinzen nur aus Furcht vor ihrer Mutter noch zögerten, sich zu dem neuen Glauben zu bekennen. Heinrich, der intelligenteste der drei, war so von den Überzeugungen des bewunderten Admirals durchdrungen, daß er sich weigerte, zur Messe zu gehen und sogar seine kleine Schwester Margarete mit Gewalt zu bekehren versuchte. Wenigstens erinnerte diese sich später bei Abfassung ihrer *Mémoires*, daß der Bruder ihr einmal ein Gebetbuch aus den Händen riß, das ihr der Kardinal von Tournon geschenkt hatte, und daß, als sie sich dem widersetzte, der Bruder ihr weismachte, er handle auf Befehl der Mutter, wenn sie sich also nicht fügen, sondern im Papismus beharren wolle, werde er es ihr berichten und sie verhauen lassen.

Die Hugenotten draußen im Lande – ungefähr eine Million inzwischen, ihre Zahl hatte sich seit dem Tod Heinrichs II. mehr als verdoppelt – gaben den katholischen Brüdern und Schwestern ihre Mißbilligung des papistischen Aberglaubens nicht weniger drastisch zu verstehen, wovon wir einige Beispiele schon oben angeführt haben. Und so wuchs überall im Land der Haß. Der Haß der Katholiken auf die frechen Gotteslästerer, die Muttergottesbilder zerschlugen, Hostien in den Schmutz traten (in Orléans taten fanatische Frauen ihre Verachtung des gleisnerisch als Leib Christi ausgegebenen Brots kund, indem sie bei der Verwüstung der Kirche Saint-Euverte in die Ziborien pißten). Der Haß der Protestanten, die sich auf dem Scheiterhaufen verbrannter Märtyrer erinnerten und ihre Gegner zur ewigen Verdammnis bestimmt wußten.

Das Colloquium von Poissy versöhnt weder die Heilslehren noch deren Verkünder miteinander

So waren also die Aussichten auf eine wie auch immer geartete Verständigung der beiden Parteien über einen modus vivendi nicht sonderlich günstig, als am 27. August 1561 die Generalstände von neuem zusammentraten.

Die Laien, Adel und Dritter Stand hatten zuvor in Pontoise getagt, die Geistlichkeit im Kloster der Dominikaner in Poissy. Als die Stände sich jetzt in Saint-Germain-en-Laye versammelten, lehnten die Laien, unter deren Abgeordneten viele Reformierte waren, abermals Subsidien des Staatshaushaltes ihrerseits kategorisch ab und empfahlen, die dem königlichen Schatz fehlenden Summen von der Geistlichkeit zu erheben. Angesichts der gegen sie vereinigten Front der anderen Stände und in der Gewißheit, daß die Königin geneigt war, deren Empfehlung zu folgen, gab die Geistlichkeit klein bei und erklärte sich einverstanden.

Bei dem von der Königin angeregten Religionsgespräch mit den Predigern der Hugenotten aber zeigten sich die Vertreter der römi-

schen Kirche weniger nachgiebig, als zu erwarten war. Katharina scheint geglaubt zu haben, man könne, um des lieben Friedens willen, auch in dogmatischen Fragen Kompromisse schließen. Zu diesem Irrtum verleitete sie ihr offenbar sehr geringes Verständnis für den Sinn dogmatischer Differenzen. »Mir scheint, daß die Königin das Wort ›Dogma‹ nicht versteht, und ich fürchte, daß sie Dogmen, Riten und Mißbräuche für einerlei Sachen hält«, berichtete der venezianische Gesandte Suriano. »Daher kommen vielerlei Mißverständnisse in die Diskussionen und vielleicht auch in die Meinungen.«
Weil sie meinte, daß man schließlich über alles mit sich reden lassen könne, prinzipiell bereit sein müsse, um des lieben Friedens willen über alles hinwegzusehen, unternahm sie es in Saint-Germain-en-Laye sogar, den Herzog von Guise und den Prinzen von Condé miteinander zu versöhnen, die nicht nur verschiedenen Religionsparteien angehörten, sondern einander auch persönlich auf den Tod haßten. Sie hatte dem Prinzen von Condé die Verschwörung von Amboise verziehen, weil sie hoffte, die Reformierten mit der Krone auszusöhnen. Aber der Herzog von Guise hatte ganz entgegengesetzte Absichten, und zum Verzeihen war er ebensowenig geneigt wie der haßerfüllte Prinz, den er noch kürzlich hatte zum Tode verurteilen lassen. Immerhin gelang es der Königin, die beiden zu überreden, ihr eine Versöhnung vorzuspielen, ja einander freundschaftlich zu umarmen. Sie täuschte sich aber, wenn sie glaubte, daß mit dieser Komödie etwas gewonnen sei.
Ebenso täuschte sie sich, wenn sie erwartete, daß bei dem Religionsgespräch, das am 9. September 1561 im Refektorium des Dominikanerklosters zu Poissy eröffnet wurde, Katholiken und Calvinisten ihre Meinungsverschiedenheiten beilegen oder sich bereiterklären würden, zukünftig ihre verschiedenen Meinungen gegenseitig zu dulden.
Als Vertreter der römischen Kirche hatte sie sechs Kardinäle zu diesem Colloquium berufen, Männer sehr unterschiedlichen Charakters und unterschiedlicher Denkungsart – die sie denn auch aus ganz verschiedenen Gründen ausgewählt hatte: Den Kardinal von Bourbon, weil er ein alter Freund und wie sie selbst bemüht war, womöglich zu einer Verständigung mit dem Gegner zu kommen; den Kardinal von Tournon, weil er dem Hause Valois so zuverlässig ergeben war; den Kardinal von Châtillon, weil er zwar noch

Prälat der römischen Kirche, aber Calvinist war und von ihm wenigstens deshalb keine Einwendungen zu erwarten waren, wie weit immer sich auch Katharina entschloß, Coligny entgegenzukommen; durch seine Geschmeidigkeit empfahl sich ihr der Kardinal von Armagnac; die beiden Lothringer, den Kardinal von Guise und seinen Bruder, den Kardinal von Lothringen, hatte sie schon deshalb notgedrungen in die Versammlung berufen müssen, um die etwaigen daraus hervorgehenden Kompromisse auch bei der katholischen Partei zur Anerkennung zu bringen.

Für die Calvinisten führte der Koadjutor des Genfer Reformators, Theodor von Beza, eine Delegation von zwölf Predigern an, sämtlich durch ihre gediegene Bildung, ihre Beredsamkeit, Schlagfertigkeit und Unnachgiebigkeit ausgezeichnete Männer, die gemeinsam mit ihrem Anführer – der ihnen noch die ausgezeichnete Vertrautheit mit höfischen Sitten und lange Bekanntschaft mit der Königin und deren engster Umgebung voraus hatte – eine undurchdringliche Front präsentierten.

Der ersten Begegnung der streitenden Parteien präsidierte Katharina auf einer am Ende des Refektoriums aufgeschlagenen Tribüne. Wie gewöhnlich in ihre schwarzen Witwenschleier gehüllt, thronte da vor einer mit den königlichen Lilien gemusterten Tapisserie die inzwischen stark beleibte Königinmutter neben dem elfjährigen König. Ebenfalls anwesend auf der königlichen Tribüne war der zehnjährige Herzog von Anjou, Heinrich, und die achtjährige Margarete von Valois sowie Johanna von Albret und ihr in der Treue zu ihrem Glauben – und zu ihr selbst – schon zumindest schwankende Anton von Bourbon, ihr Gatte. Zur Rechten und Linken der königlichen Tribüne saßen in großem Staat die Prälaten und Doktoren der Kirche, während die reformierten Prediger der königlichen Tribüne gegenüber hinter einer Barriere standen.

Der äußeren Bescheidenheit ihres Auftretens entsprach aber, wie sich gleich zeigte, bei diesen Männern im schlichten schwarzen Wams keinerlei Beschränkung ihres Anspruchs auf den Besitz der Wahrheit. Und gleich zu Anfang der Gespräche räumte Theodor von Beza alle Zweifel darüber aus, indem er die katholische Eucharistie heftig angriff, mit Argumenten und in einem Ton, die jede Möglichkeit eines Gesprächs zwischen Reformierten und Katholiken von vornherein auszuschließen schienen. Nach Ende der Sitzung gefragt, ob er das auch tatsächlich beabsichtigte, ließ er mit sich reden und die Realpräsenz des Leibes und Blutes Christi beim Sakrament unangefochten, wie er sagte, nur daß sich's dabei um eine consubstanzielle Präsenz handle, nicht, wie die katholische Kirche lehrt, um das Ergebnis einer Transsubstantiation. Man ließ ihn reden, wollte aber schon nichts mehr hören. Der Schaden war angerichtet. Acht Tage später, nachdem sich die Gemüter etwas beruhigt hatten, traten die Gegner zur Fortsetzung des Colloquiums erneut zusammen. Diesmal ergriff der Kardinal von Lothringen das Wort. Er lieferte eine glänzende Verteidigung der von den Protestanten angefochtenen Dogmen von der Realpräsenz angefangen über das Meßopfer bis zur Heiligenverehrung – und rechtfertigte auch die heilige Autorität der Kirche in allen strittigen Fragen des Dogmas, ihr Lehramt. Dabei berief er sich auf die schismatische Kirche des Ostens (die sich selbst als die orthodoxe bezeichnet): Von der Eucharistie lehre diese das gleiche wie die römische. Er hatte sogar den Herzog von Württemberg gebeten, lutherische Pastoren zu dem Colloquium zu schicken, die wenigstens in der Frage der Realpräsenz ja ebenfalls der katholischen Lehre recht gäben, wie er sagte. Diese waren zwar nicht rechtzeitig eingetroffen (sie kamen erst nach Ende des Colloquiums), aber ein gedrucktes Exemplar der Augsburger Konfession lag dem Kardinal vor. Die calvinistischen Prediger jedoch wollten die Augsburger Konfession nicht hören.

Tatsächlich kam es bei dem Colloquium von Poissy weder zu einer Versöhnung der abweichenden Lehren noch zu der gegenseitigen Wertschätzung ihrer Vertreter. Wie hatte Katharina das auch erwarten können? Der venezianische Gesandte, der ihr Verständnis für religiöse Dogmen bezweifelte, hat damit die Ursache ihres Irrtums wohl zutreffend genannt. Die Veranstaltung zog ihr, ganz abgesehen davon, daß sie in ihrer unmittelbaren Umgebung den Haß der Gegner neu anfachte, auch den Zorn Papst Pius' IV. zu. Er konnte das Ganze nicht anders denn als Anmaßung der Regentin verstehen, die sich herausnahm, eine Art Konzil zu berufen, das Vollmacht hätte, das katholische Dogma mit einer häretischen Lehre abzustimmen; wozu selbstverständlich allenfalls ein vom Heiligen Vater selbst einberufenes ökumenisches Konzil befugt gewesen wäre.

Insofern tat Katharinas Herausforderung vielleicht doch eine nützliche Wirkung, wenn sie den Papst anspornte, die Fortsetzung

des Konzils von Trient zu betreiben, das wirklich im Januar 1562 seine Sitzungen wieder aufnahm. Inzwischen ließ er Katharina durch seinen Legaten, den Kardinal von Este, ermahnen, alle etwa bei dem Colloquium getroffenen Entscheidungen zurückzustellen und über die Rechtsstellung der Häretiker in ihrem Reich nicht eher zu befinden, als bis die Entscheidungen des Konzils über deren verschiedene Irrtümer vorlägen. Katharina ließ daraufhin die theologischen Debatten des Colloquiums abbrechen, aber hinsichtlich der Rechtsstellung ihrer häretischen Untertanen war sie nicht geneigt, sich Vorschriften machen zu lassen.
Im Gefolge des Kardinallegaten befand sich auch ein zurückhaltend auftretender spanischer Geistlicher namens Diego Lainez. Dieser war mächtiger, als er sich den Anschein gab, nämlich General der Gesellschaft Jesu und als solcher Nachfolger ihres Gründers, des 1622 heilig gesprochenen Ignatius von Loyola. Seit der Anerkennung der Statuten des neuen Ordens durch Papst Paul III. im Jahre 1543 war dessen Einfluß auf den Stuhl – dem er ja anders als die älteren Orden direkt unterstellt war – ständig gewachsen. Und die vielseitige Wirksamkeit seiner Angehörigen erregte bereits die Bewunderung der ganzen katholischen Welt – und auch schon einiges Mißtrauen. In Frankreich war dieser Orden bisher noch nicht zugelassen. Der gallikanische Klerus legte großen Wert auf seine Unabhängigkeit von Rom in allen außerdogmatischen Entscheidungen und war deshalb zunächst wenig geneigt, einen seiner Verfassung nach dem Papst allein und direkt verantwortlichen neuen Orden in Frankreich zu dulden. Inzwischen lagen aber die hervorragenden Fähigkeiten der Jesuiten bei der Auseinandersetzung mit den Häretikern so klar zutage, daß die französischen Kardinäle, angesichts des Vordringens der Feinde der Kirche in die beste Gesellschaft und der ständigen Zunahme ihres Einflusses auf den Hof und die Königin selbst, sich der Unterstützung der guten Sache durch die schlagkräftige *Compañia de Jesus* nicht länger enthalten wollten. Die zu Poissy versammelten Prälaten stimmten also der Niederlassung der Jesuiten auch in Frankreich zu, wobei sie diesen freilich verschiedene Auflagen machten: Sie sollten sich in Frankreich der Autorität der Bischöfe unterstellen, waren gehalten, die Rechte und Einrichtungen der Pfarrer und Universitäten zu respektieren; sollten also als einfache Priester der gallikanischen

Hierarchie verpflichtet sein. Der General des Ordens nahm diese Bedingungen an.
Dann redete er Katharina ins Gewissen, ohne florentinische Umschweife, sondern geradezu: Er war kompromißloser Gegner jedes wie auch immer gearteten Paktierens mit den Feinden der katholischen apostolischen und römischen Kirche. Und so fand er für die Vergünstigungen, mit denen die Königin anscheinend nichts anderes im Sinn habe, als die Machenschaften ihrer eigenen schlimmsten Feinde zu fördern, so harte Worte, daß Katharina schließlich heiße Tränen weinte. Aber dennoch fruchteten, auch so bewässert, die Ermahnungen des Paters Lainez nichts, wie man sehen wird, und Katharina beharrte bei dem illusorischen und großartigen Vorsatz, ihre Untertanen verschiedener Konfession miteinander zu versöhnen.
Sie setzte also ihr Getändel mit Theodor von Beza fort, zumal Michel de l'Hospital sie darin bestärkte, auf dessen Weisheit sie große Stücke hielt. Die ultimativen Aufforderungen ihres Schwiegersohns, des spanischen Königs, endlich Ordnung in Frankreich zu schaffen, beunruhigten sie zwar ein wenig, doch eine erstaunlich feste Zuversicht ließ sie immer wieder hoffen, daß es ihr mit Hilfe ihrer Tochter Elisabeth schon gelingen würde, den zu hartem Durchgreifen drängenden Philipp II. zu besänftigen. Unterdessen machte sie Theodor von Beza die ermutigendsten Versprechungen für die Hugenotten, gewährte ihnen immer weitergehende Erleichterungen bei der Ausübung ihrer Religion, aber Theodor von Beza forderte mehr, ein königliches Edikt in aller Form. Sie versprach es ihm. Die Formulierungen eines solchen Edikts mußten allerdings, wie sie sagte, sorgfältig erwogen werden, galt es doch, das den Reformierten dadurch in der Sache bewiesene Entgegenkommen so auszudrücken, daß bei der anderen Partei möglichst wenig Anstoß erregt wurde. Theodor von Beza glaubte sich zu den kühnsten Hoffnungen berechtigt. Weshalb sollte er dem Versprechen mißtrauen? Gestattete sie nicht ihren Kindern – auch dem König – französisch zu beten? Hatte man nicht sie, die Königinmutter, sich in aller Öffentlichkeit bei der Aufführung einer Posse ergötzen sehen, in welcher der kleine König Karl IX. die Rolle eines grotesken Bischofs spielte und die papistische Hierarchie lächerlich machte? Das versprochene Edikt schien den Reformierten nicht nur staatliche Duldung zu versprechen – es hatte viel-

mehr sogar den Anschein, als plane die Königinmutter selbst zur reformierten Partei überzugehen.

Schlimme Folgen einer vereitelten Entführung

Die Guisen verließen den Hof: Sie hatten die fragliche Posse nicht goutiert. Sie gingen nicht ohne Hintergedanken. Denn sie fürchteten jetzt so sehr, daß Coligny und Beza sich schließlich nicht nur des Geistes, sondern auch der Person Karls IX. bemächtigen könnten, und es ihnen gelingen würde, die in Reims geweihte kapetingische Monarchie in eine calvinistische zu verwandeln, mit der geistlichen Hauptstadt Genf – daß sie auf die ausnehmend unglückliche Idee kamen, eine Geisel aus der königlichen Familie zu nehmen, nämlich Heinrich von Anjou, den Bruder des Königs. Der Herzog von Nemours, Jakob von Savoyen, ein Freund der Lothringer, übernahm es, den Knaben zu überreden, ihn nach Lothringen zu begleiten. Katharinas hübscher Liebling war nicht leicht zu überreden, denn er war ja schon für die Ideen Colignys gewonnen. Nichtsdestoweniger erwiderte er, bei einer heimlichen Unterredung geradeheraus gefragt, ob er Calvinist sei, mit einigem Feuer: »Ich habe die Religion meiner Mutter.« Unter den gegebenen Umständen war nicht ganz sicher, um welche Religion es sich dabei handelte, eins aber war der Antwort zweifelsfrei zu entnehmen: Heinrich liebte seine Mutter und wollte vor allem ihr gehorsam sein. Nemours wies ihn warnend auf die Verschwörung hin, die von den Reformierten gegen die Krone und die königliche Familie gesponnen würde: »Man wird Sie töten!« sagte er. In diesem Augenblick bemerkte er hinter einer Tapisserie zwei Hofdamen, die dort mucksmäuschenstill lauschten. Nemours brach daraufhin sofort die Unterhaltung ab und beschränkte sich darauf, den Prinzen noch einmal zu bitten, sich in dieser Sache vielleicht von seinem alten Vertrauten und Spielkameraden, dem anderen Heinrich, raten zu lassen, dem Sohn des Herzogs von Guise. Mit diesem war wirklich Katharinas Sohn seit früher Kindheit befreundet. Und tatsächlich redete denn der junge Lothringer dem Freund zu, ihm nun, da seine Familie den Hof verließ, nach Lothringen zu folgen. In glühenden Farben schilderte er dem Freund das lustige Leben,

das sie beide dort führen würden, wo ihm übrigens auch zweifellos mehr Ehre würde erwiesen werden als am Hof, wo er immer im Schatten seines Bruders, des Königs, stand. In Lothringen würde man ihn als den zukünftigen König behandeln – und dort wäre er auch vor den Anschlägen der Reformierten in Sicherheit. Diese verlockenden Aussichten verfehlten ihre Wirkung auf den Knaben nicht, und er willigte in das Abenteuer ein. Die Entführung sollte am 31. Oktober 1561 stattfinden. Am gleichen Tag wollten die lothringischen Fürsten auch ihr Lager abbrechen. Der Herzog von Guise, das Familienoberhaupt, ritt an der Spitze einer Truppe von sechshundert Kürassieren in kriegsmäßiger Rüstung und jener vorbildlichen Ordnung, die alle von den Guisen geführten Truppen auszeichnete. Katharina beobachtete den Abzug der Guisen und ihres Heeres, behielt aber auch ihren Sohn im Auge. Wußte sie, was geplant war? Hatten die Damen, die den Herzog von Nemours hinter einer Tapisserie verborgen belauschten, sie gewarnt?
Jetzt sah sie, daß sich Nemours zu dem Knaben hinabbeugte und ihm etwas ins Ohr sagte. Gleich rief sie Heinrich zu sich und fragte ihn, was ihm der Herzog zu sagen gehabt habe. »Er hat mir gesagt: Vergessen Sie nicht, was ich Ihnen gesagt habe«, sagte Heinrich, und dann sagte er ihr, was nicht zu vergessen er ermahnt worden war.
Von diesem Augenblick an betrachtete Katharina die Guisen – ungeachtet aller Dienste, die sie der Krone und Frankreich geleistet hatten und noch in Zukunft leisten sollten – stets als ihre Feinde. Sie hatten gewagt, die Hand nach ihrem angebeteten Kind auszustrecken! Gleichwohl wird sie vielleicht sogar schon damals im ersten Zorn gespürt haben, daß die gereizte Mutterliebe sie zu einer sehr bedenklichen, ja mehr als fragwürdigen, großes Unheil zumindest herausfordernden Politik hinriß. Denn wenn sie sich mit den Guisen verfeindete, lieferte sie sich und ihren Sohn, den König, ganz dem Einfluß Colignys und des gefährlichen Condé aus. Doch teilte sie damit nur das Schicksal der Mehrzahl ihrer Zeitgenossen, die nie so berechnend waren, als daß ihnen nicht gelegentlich die eigenen erregten Leidenschaften einen Strich durch die Rechnung gemacht hätten. Also kam Katharina den Reformierten näher, als ihr lieb war.
Und in seinem kindlichen Eifer sorgte Karl IX., der König, dafür, daß sie sich noch mehr mit den Reformierten kompromittierte. Da

der stark unter dem Einfluß Colignys stehende Knabe sich sehr zu diesen hingezogen fühlte, schenkte sie ihm eines Tages die von Clément Marot übersetzten und in Verse gebrachten Psalmen. Diese enthielten nun zwar an sich nichts irgendwie Subversives oder Häretisches, doch da die Hugenotten sie mit Vorliebe sangen und auch den Dichter zu den Ihren rechneten, riet sie dem Sohn, das Buch niemandem zu zeigen. Der Knabe aber hatte nichts Eiligeres zu tun, als es herausfordernd seinem Erzieher vorzuhalten. Dieser konfiszierte das verdächtige Buch und schickte es Montmorency. Der Konnetabel war als guter Katholik entrüstet, daß die Königinmutter sich nicht schämte, dem König eine derartige Lektüre zu geben. Er machte ihr deswegen bittere Vorwürfe. Aus Trotz entließ Katharina den katholischen Erzieher und ersetzte ihn durch einen Hugenotten. War sie da gut beraten? Machiavelli hätte das bestritten. Was hatte sie von einer solchen Provokation? Anscheinend tat sie mit dieser Berufung zweien ihrer Ehrendamen einen Gefallen, fanatischen Calvinistinnen, der Gräfin von Roye (Schwiegermutter des Prinzen von Condé) und Madame de Crussol. Aber was denen gefiel, mußte einer Menge anderer Leute mißfallen.

Und was ging unterdessen in der Seele des jungen Königs vor? Versuchte sein neuer Erzieher, ihn behutsam in calvinistischen Überzeugungen zu festigen? Verlangte nun Coligny noch mehr Befugnisse von dem Knaben, als die Mutter ihm schon bewilligt hatte? Plötzlich widersetzte Karl IX. sich. Zuvor hatte er sich geweigert, zur Messe zu gehen. Nun begann er diese häufig und mit Eifer zu hören. Er empfing Coligny nicht mehr in seinen Privatgemächern und redete ihn nicht mehr mit »Vater« an. Schließlich demonstrierte er seinen Sinneswandel offensiv. Eines Tages nämlich erschien er vor der Tür der Gemächer, die Johanna von Albret damals in Saint-Germain bewohnte. Er klopfte. Niemand antwortete. Da er in dem Schloß schließlich im eigenen Haus war, trat er darauf ohne weiteres ein. Drinnen lauschte eine reformierte Gemeinde einer Predigt Theodors von Beza. »Daß Sie's wissen«, sagte der junge König, »wenn Sie so weitermachen, werden Sie eines Tages alle verbannt, für Ihre Sünden verbrannt.«

Auch das konnte seiner Mutter, die noch immer hoffte, zwischen den Parteien lavieren zu können, ja nun keineswegs lieb sein. Wollte der Knabe ihr es denn mit allen verderben? Mehr Freude machte ihr, auch mit seinen religiösen Gesinnungen, ihr Liebling Heinrich, der fanatischer Calvinist geworden war. Immerhin schien doch der Eifer dieses Prinzen der Krone die Loyalität der hugenottischen Fürsten und großen Herren zu gewinnen. Was Heinrichs reformierten Glaubenseifer aber so hell angefacht hatte, war der Haß, den er plötzlich für die Guisen empfand und dem er – wie übrigens seine Mutter, mit der er auch in jeder anderen Hinsicht übereinstimmte – bis an sein Lebensende treu bleiben sollte. Dieser Haß des sehr intelligenten und empfindsamen Kindes erklärt sich vermutlich aus der Enttäuschung, die sein innig geliebter Freund Heinrich von Guise ihm bereitet hatte, als er sich zu den Machenschaften hergab, die seine Entführung bezweckten.

Religionskrieg in den Familien

Auch bei den Bourbonen stiftete die Glaubensspaltung Zwietracht. Heinrich von Navarra, 1553 geboren, inzwischen neun Jahre alt, war von Johanna von Albret, seiner Mutter, streng calvinistisch und zu glühendem Haß gegen den Papismus erzogen worden. Inzwischen war nun sein wankelmütiger Vater, Anton von Bourbon, in den Papismus zurückgefallen und hätte es gerne gesehen, wenn der Sohn ihm gefolgt wäre. Doch der Einfluß der Mutter auf Heinrich war weit stärker, wie überhaupt Johanna von Albret eine sehr starke Persönlichkeit war und aus ihrer Verachtung für den Gemahl keinen Hehl machte. Als Johanna sich wegen der Last, die ihr mit diesem abscheulichen Eheherren aufgebürdet war, bei Johann Calvin beklagte, schrieb der Reformator ihr tröstend, er bete zu »Jenem, in dem und durch den alle Dinge zum Segen gereichen können«, daß er den Betreffenden recht bald in die Ewigkeit abberufen möge. Andererseits hätte Katharina es gern gesehen, wenn der Herr recht bald die Königin von Navarra zu sich genommen hätte, denn gern hätte sie den Witwer mit der Witwe ihres Sohnes, Maria Stuart, verheiratet.
Eines Tages, als der Hof sich in Saint-Germain aufhielt, schickte sich die Königin von Navarra an, mit ihrem Sohn eine Sänfte zu besteigen. Da packte ihr Gemahl sie beim Arm und verbot ihr, den protestantischen Gottesdienst zu besuchen, der das Ziel des ge-

planten Ausflugs war. Sie weigerte sich heftig, diesem Befehl zu gehorchen. Und ihr Sohn schrie den Vater an: »Und auch mich wird Gott selbst nicht dazu bringen, zur Messe zu gehen!« Anton von Bourbon erwiderte: »Wenn Sie das machen, enterbe ich Sie, und Sie werden niemals König von Navarra.« Dazu bedachte er den aufsässigen Sprößling mit einer heftigen Ohrfeige und beauftragte den Erzieher des Prinzen, ihn ausführlicher und nach allen Regeln der Kunst zu züchtigen. Es ist kaum zu bezweifeln, daß der fragliche Erzieher, ein italienischer Jesuit, den erhaltenen Auftrag gewissenhaft und mit Eifer ausführte.
Ungeachtet ihres Kokettierens mit den Calvinisten zu dieser Zeit, wünschte Katharina, wie gesagt, der Königin von Navarra die Pest an den Hals. Dies aber nicht, weil Johanna von Albret Calvinistin, sondern weil sie ihr unerträglich war. Die Abneigung war übrigens gegenseitig. Johanna mißtraute der verschlagenen Italienerin und gab jeder ihrer Handlungen die schlimmste mögliche Deutung. Weit entfernt davon, der Königinmutter ihre konziliante Haltung gegen die Anhänger des Genfer Reformators zu danken, witterte sie in jedem Zugeständnis, das diese den Reformierten machte, irgendeine Falle. So verdarb es Katharina mit den Guisen und der katholischen Partei, ohne auf der anderen Seite Freunde zu finden. Sie wußte natürlich, daß die Königin von Navarra ihre Gefühle erwiderte. Und wenn sie auch zu der Zeit, von der wir hier sprechen, bemüht war, aus politischen Gründen auf freundschaftlichem Fuß zu verkehren, auch mit Johanna von Albret, gab es doch Augenblicke, wo ihr das sichtlich schwerfiel. Katharina war den Freuden der Tafel sehr zugetan, aß gern gut und viel, was man ihr denn auch in ihren mittleren Jahren sehr wohl ansah, zu ihrem Leidwesen nur insofern ihr mitunter das eigene Gewicht beschwerlich war, besonders nach dem Essen, da ihr diese Leibesfülle dann nicht selten Atemnot verursachte. Die Königin von Navarra andererseits war, wie man sich eine Frau dieses Charakters gerne vorstellt, ganz feuriger Eifer und eiserner Wille in einer sterblichen Hülle von Haut und Knochen (sie starb wenige Jahre später an Schwindsucht). Eines Tages nun saßen die beiden ungleichen Königinnen nach dem Essen zusammen, und in der Angelegenheit, die sie erörterten, setzte Johanna ihrer beleibten und von den überreichlich genossenen Speisen zusätzlich beschwerten Feindin zu wie eine Wespe. Schließlich ließ Katharina sich anmerken, daß ihr nicht

ganz wohl in ihrer Haut sei. Mit heuchlerischer Besorgtheit um ihr Wohl fragte die Königin von Navarra, ob sie nicht vielleicht doch von jenen Melonen ein paar zuviel verzehrt habe? Worauf Katharina erwiderte: »Nicht von den Früchten des Gartens ist mir übel, sondern von denen des Geistes.«

Katharinas Toleranzedikt und das Massaker von Wassy

Am 17. Januar 1562 erließ Katharina das Edikt, das sie den Reformierten versprochen hatte. Dieses Toleranzedikt, zu dem ihr auch Michel de l'Hospital riet, gestand den Hugenotten das Recht auf die Ausübung ihres Kultus zu – freilich innerhalb gewisser Grenzen. So, um jede Provokation zu vermeiden, verfügte die Königin, daß ihnen der Bau von Gotteshäusern in den Städten auch weiterhin verwehrt bleiben sollte. Das Edikt stellte eine Zukunft in Aussicht, da der innere Frieden wiederhergestellt sein würde durch eine staatliche Autorität, die von den Bürgern kein Bekenntnis zu einer bestimmten Religion, sondern nur die friedliche Duldung anderer Bekenntnisse forderte. »Es handelt sich hier nicht darum, festzustellen, welche die bessere Religion ist, sondern um die möglichst zufriedenstellende Einrichtung des Staats«, las man da. Und weiter: »Man wird Bürger sein können, ohne Christ zu sein, ja selbst im Zustand der Exkommunikation.« So schrieb nicht etwa ein Abgeordneter des Konvents von 1793, sondern, wie gesagt, Katharina von Medici am 17. Januar 1562. Doch war sie mit solchen Vorstellungen ihrer Zeit entschieden zu weit voraus. Denn war die Zukunft, die sie da ankündigte, willkommen? Das Parlament von Paris weigerte sich zunächst, das Edikt zu veröffentlichen, wurde jedoch einen Monat später, am 14. Februar 1562, von Katharina dazu genötigt. Chantonnay, der Gesandte des spanischen Königs, beeilte sich, der Königin dessen tiefste Mißbilligung zum Ausdruck zu bringen. Die Calvinisten andererseits waren keineswegs zufrieden, nur geduldet zu sein. Auch mit diesem Toleranzedikt bewies Katharina, daß ihr zum Verständnis der Bedingungen, mit denen sie zu rechnen hatte, der Sinn für die Unvermeidlichkeit des Ausschließlichkeitsanspruchs, mit dem die verfeindeten Religionsparteien ihre Lehren vortrugen, das Wissen um die wesentliche Kompromißlosigkeit von Dogmatikern fehlte. Allem Anschein nach vor allem deshalb, weil sie an dem Ringen um Glaubensgewißheit, um die Sorge, einen guten Gott zu finden, die in jenen Jahren nicht allein die Protestanten, sondern auch viele, die der alten Kirche die Treue hielten, umtrieb, persönlich nicht beteiligt war. Ihr Katholizismus war durchaus weltlich, ein System von Riten und Mißbräuchen.

Eben deshalb machte sie sich Illusionen über den von ihrem Toleranzedikt zu erwartenden Effekt, wie aus einem Brief hervorgeht, in dem sie das Edikt verteidigte: »Was Sie mir aber von dem Unheil schreiben, das man uns aus der Verschiedenheit der Religionen in diesem Königreiche prophezeit«, schrieb sie an Philipp II., »so glaube ich wirklich, daß es Leute gibt, die sehr betrübt sein werden, so viel Frieden mit anzusehen, wie hier gestiftet wird, und daß wir so weise waren, die Unruhen zu beenden, die so lange gedauert haben.«

Tatsächlich fingen die Unruhen gerade erst an. Doch da sie auch hinsichtlich der Absichten ihres Schwiegersohns alle Ursache hatte, sich Sorgen zu machen, tat sie, was in ihrer Macht stand, diesen davon zu überzeugen, daß sie mit ihrer scheinbaren Begünstigung der Häretiker in ihrem Staat nur Gefahr von dessen katholischer Substanz abwende. Philipp ließ sich nicht täuschen. Die katholische Substanz ihres Staates auch nicht. Denn deren Wächter sahen diese durch Katharinas Toleranzedikt entschieden gefährdet. Nur unter Druck fand sich bekanntlich im Februar das Parlament von Paris bereit, das fragliche Edikt zu veröffentlichen – wobei es dessen Gültigkeit noch ausdrücklich bis zur Volljährigkeit des Königs beschränkte. Damit mußte die Königin sich begnügen, und so verließ sie endlich Paris, um in Fontainebleau, wo alles sie an ihre florentinische Heimat, ihren bewunderten Schwiegervater und ihren geliebten Mann erinnerte, Erholung zu suchen. Sie war dort noch nicht eingetroffen, als die Schreckensnachricht sie erreichte.

Wie war es zu dem Gemetzel in Wassy gekommen? Ein Vorsatz dazu ist keiner der beiden Parteien nachzuweisen. Es scheint, als sei der Hauptschuldige der blinde Haß beider Parteien gegeneinander gewesen, den Katharinas Toleranzedikt nicht etwa besänftigt, sondern vielmehr noch aufgestachelt hatte. Schon hatten beide Parteien Rückhalt im Ausland gesucht. Condé, der überzeugt war, daß die katholische Partei und die Guisen sich mit den seiner Seite

gemachten Konzessionen niemals abfinden würden, rief Elisabeth von England um Hilfe an. Diese war gegen angemessene Entschädigung stets gern bereit, die Hugenotten zu unterstützen. So fanden also deswegen Verhandlungen am englischen Hof statt. Die Guisen andererseits reisten im Februar 1562 ins Elsaß. Dort trafen sie sich mit dem Herzog von Württemberg und ersuchten ihn um militärische Unterstützung für den Fall eines Angriffs der Hugenotten gegen das königliche und katholische Heer. Der Herzog, obwohl selbst Lutheraner, war gern bereit, die erbetene Hilfe zu gewähren, da sie sich für ihn zu lohnen versprach. Und ganz abgesehen davon, daß dem spanischen König die Verteidigung der Rechtgläubigkeit gewiß am Herzen lag, hätte schließlich auch diesem Machtgewinn gewinkt, wenn seine Truppen in Frankreich einmarschierten, dort die Ordnung wiederherzustellen, wozu er sie in Bereitschaft hielt.
All das mag andeuten, in welchem Mißkredit Katharinas Regierung zur Stunde des Massakers von Wassy bei den auswärtigen Höfen stand.
Auf der Rückreise aus Zabern besuchte der Herzog von Guise – das »Narbengesicht« – in Joinville seine Mutter und ritt dann weiter nach Wassy, wo er auf eigenem Grund und Boden war, denn das Land dort gehörte seiner Familie. Man schrieb den 7. März 1562, Sonntag, der Herzog wollte also in Wassy die Messe hören. Eben hatten sich die verhältnismäßig zahlreichen protestantischen Einwohner des Städtchens in einer ganz in der Nähe der Kirche stehenden Scheune versammelt, um dort ihren Gottesdienst zu halten. Damit verstießen sie insofern gegen die Bestimmungen des Toleranzedikts, als dieses ausdrücklich das protestantische Predigen in den Städten verbot, damit Provokationen vermieden würden. Soviel ist sicher, was jedoch aus dieser Situation folgte, wurde von den gegnerischen Parteien unterschiedlich dargestellt. Die Katholiken behaupteten, daß die Hugenotten, die sie in ihrer Scheune in Ruhe gelassen, sich vor der Kirche zusammengerottet und so laut zu singen angefangen hätten, daß schließlich der Herzog sie habe bitten lassen, still zu schweigen und die heilige Messe nicht zu stören; womit er in Anbetracht seines Standes und der Tatsache, daß er in Wassy Gutsherr war, unbestreitbar sehr viel Geduld bewiesen hätte. Die Sänger draußen hätten seiner Bitte aber nicht entsprochen. Da sei endlich, gefolgt von seinen Leuten, der Herzog

selbst vor die Kirchentür getreten und habe die Hugenotten zornig aufgefordert, in ihre Scheune zurückzukehren. Die Hugenotten hätten diese Aufforderung mit einem Hagel von Flüchen und Steinen erwidert. Einer der Steine habe dem Herzog die Narbe im Gesicht wieder aufgerissen. Als sie aber das Blut ihres Herrn fließen sahen, hätten sich die Leute des Herzogs außer sich vor Zorn mit der blanken Waffe auf die Hugenotten gestürzt.
Es gab zwischen fünfzig und sechzig Tote und mindestens hundert Verletzte. Das steht einigermaßen fest, denn die Protestanten ihrerseits sprachen von sechzig Toten und zweihundert Verletzten. Freilich war es nach ihrer Darstellung zu diesem Ergebnis anders gekommen, als die Katholiken behaupteten. Angefangen hatten den Streit demnach die Leute des Herzogs, die mit Gewehrschüssen, Gerangel und Schlägen die Predigt gestört hätten. Da sich nun die Protestanten verteidigt hätten, hätten die anderen vom Leder gezogen.
Die Partei Condés verlor keine Minute, das Gemetzel propagandistisch auszuschlachten. Kein anderer als der Herzog von Guise selbst habe das Blutvergießen gewollt und angeordnet, ließen die Reformierten wissen. Der Herzog verteidigte sich. Er sei tatsächlich durch einen Steinwurf verletzt worden, auf seinem eigenen Grund und Boden gesteinigt worden von Hugenotten, die sich demnach allein selbst zuzuschreiben hatten, was ihnen passiert war.
Wie immer aber es unmittelbar dazu kam, bewies jedenfalls das Massaker von Wassy, daß Katharinas auf Toleranz zielende Politik gescheitert war. An jenem Sonntag, dem 7. März 1562, war in Frankreich der Bürgerkrieg ausgebrochen.

Katharina enttäuscht die von den Calvinisten in sie gesetzten Hoffnungen

In Paris wurde der Herzog von Guise als Held empfangen. Die ganze Stadt jubelte ihm zu. Dabei war das unselige Vorkommnis zu Wassy ein Ruhmestitel, auf den er gern verzichtet hätte. Der Herzog war ein intelligenter, gebildeter, großdenkender Mann, ein tapferer Soldat und genialer Feldherr, aber kein Menschenschlächter oder Blutsäufer. Die Ereignisse, in die sein Jahrhundert ihn verwickelte, waren aber so beschaffen, daß die richtende Nachwelt ihn allerdings verschiedener Verbrechen gegen die Menschlichkeit anklagen kann – wie jeden, der damals Macht ausgeübt hat.

Die Pariser seiner Zeit feierten, wie gesagt, *»l'inconvénient advenu à ceux de Wassy«*, das er, wie er noch auf dem Totenbett beteuerte, nicht gewollt hatte, als Triumph der katholischen Waffen. Prinz Ludwig von Condé begriff angesichts dieses Überschwangs, daß er und seine Partei keine Aussicht hatten, sich in Paris durchzusetzen. Dabei war Ludwig aus anderem Holz geschnitzt als sein wankelmütiger Bruder. Er plante schon, diesem den Rang des ersten Prinzen von Geblüt absprechen zu lassen, um nach dem erstrebten Sieg der Hugenotten über die Königlichen die papistischen und degenerierten Valois samt ihrer teuflischen Mutter zum Tempel hinauszujagen und selbst den Thron von Frankreich zu besteigen, wo er dann als Ludwig XIII. regiert hätte.

Angesichts des Jubels der Pariser beim Einzug des Schlächters von Wassy aber begriff er, daß er bei seinen großen Plänen nicht auf die Hilfe der Bevölkerung der Hauptstadt rechnen durfte. Inzwischen sah er aber die Möglichkeit, sich der Person des jungen Königs zu bemächtigen. Fontainebleau, wo dieser sich mit seiner Mutter gegenwärtig aufhielt, war schwer zu verteidigen. Weshalb sollte dort nicht gelingen, was in Amboise mißlungen war?

Sein Wunsch, sich der Personen des Königs und der Königinmutter zu bemächtigen, war um so verständlicher, als sich nach den Geschehnissen von Wassy bei der Regentin, die Beza und Calvin schon zuversichtlich als *»notre reine«*, die Königin der reformierten Partei nämlich, angesehen hatten, ein Sinneswandel zeigte, der besagte Partei böse überraschte. Einen Monat, nachdem sie mit ihrem Toleranzedikt, mit weitgehenden Konzessionen an die Reformierten, die Masse der katholischen Untertanen an der eigenen Rechtgläubigkeit hatte zweifeln lassen, ohne sich sonderlich zu bemühen, solche Zweifel zu zerstreuen, begann sie demonstrativ, die alte Kirche ihrer Treue zu versichern. So forderte sie von den Damen ihres Hofes für die Zukunft regelmäßigen Besuch der Messe und nahm öffentlich die heilige Kommunion. Wie erwähnt, hatte sich der König schon vorher wieder zum Glauben seiner Väter bekehrt. Jetzt verlangte die Mutter das auch von ihrem Liebling

Heinrich, dem leidenschaftlichen Bewunderer Colignys und Jünger Calvins.
Von letzteren fand denn auch nicht allein der Prinz von Condé die neuesten religiösen Direktiven der Königinmutter besorgniserregend. Theodor von Beza forderte öffentliche Bestrafung der Schuldigen an dem Blutbad von Wassy. Katharina verhielt sich diesen Forderungen gegenüber, wie es ihr die Umstände empfahlen – hinhaltend. Wer hätte denn daran denken können, den Herzog von Guise mitten in Paris zu verhaften? Der König selbst hätte damit einen Volksaufstand erregt, der sich schnell aufs Ganze ausgebreitet und ihn höchstwahrscheinlich vom Thron gestürzt hätte.
So ernannte sie einstweilen den Kardinal von Bourbon, einen unverdächtig rechtgläubigen Kirchenfürsten, der aber zugleich als Bruder des Königs von Navarra und des Prinzen von Condé einigen Anspruch auf das Vertrauen der anderen Seite hatte, zum neuen Gouverneur von Paris. Der bat weise die Häupter beider Parteien, die Stadt zu verlassen. Condé entsprach diesem Wunsch, weil er merkte, daß er in Paris nichts zu hoffen hatte. Den Herzog von Guise aber forderten der Konnetabel von Montmorency und das Volk auf, in der Stadt zu bleiben und diese für den König zu hüten.
Condé wurde draußen vor der Stadt von einem protestantischen Heer schon erwartet. Er zog nach Meaux, wo an der Spitze eines zweiten Heers Coligny ihn erwartete. Man war bereit zum Angriff auf die königlichen Truppen.
Katharina, ihren diplomatischen Grundsätzen getreu, schrieb dem Prinzen treuherzig: »Ich sehe so viele Dinge, die mir mißfallen, daß, hätte ich nicht Gottvertrauen und die Gewißheit, daß Sie mir helfen werden, dieses Reich zu bewahren und den Dienst des Königs, meines Sohnes . . .« Die Gewißheit, die sie da zu haben vorgab, wäre unter den Umständen nur verblendet zu nennen gewesen. Katharina war aber wohl nicht so dumm, sich einzubilden, daß sie wirklich auf die Hilfe des Prinzen rechnen könne, dem König, ihrem Sohn, den Gehorsam seiner Untertanen zu bewahren – sie meinte wohl nur, es könne ja nichts schaden, sich dumm zu stellen.
Als der Herzog von Guise erfuhr, daß die Hugenotten zwischen Paris und Fontainebleau Truppen zusammenzogen, eilte er nach Fontainebleau und beschwor die Königinmutter, auf dem schnell-

sten Weg mit dem König nach Paris zurückzukehren, wo er sich für ihre Sicherheit verbürgen könne. Katharina weigerte sich. Sie wollte nicht offen ins Lager der Feinde der Reformierten übergehen, sondern meinte, noch Verhandlungsspielraum zu haben. Schließlich ließ sie sich eine Eskorte von tausend Bewaffneten aufnötigen, die sie vor einem Handstreich seitens der Reformierten schützen sollten, allerdings nur äußerst widerwillig, so als wäre es ihr lieber, wenn der Prinz von Condé dem Herzog von Guise zuvorgekommen wäre. Vielleicht glaubte sie, daß Condé es denn doch nicht wagen würde, so wie Guise es befürchtete, Gewalt gegen die königliche Autorität anzuwenden.
Condé hatte achttausend Mann. Theodor von Beza unterstützte ihn, aber auf eine offene Feldschlacht waren beider Truppen noch nicht gerüstet. Als sich zeigte, daß der Herzog von Guise den beabsichtigten Handstreich gegen Fontainebleau vereitelt hatte, zog Condé sich nach Orléans zurück, nahm die Stadt ein und machte sie zur provisorischen Hauptstadt des calvinistischen Frankreich. Beza, der wußte, daß es der Propaganda des Gegners möglichst mit der eigenen zuvorzukommen galt – veröffentlichte umgehend eine Erklärung, die den Prinzen von Condé als loyalen Untertanen des Königs hinstellte, der sich bei all seinen Maßnahmen streng dem geltenden Recht verpflichtet wisse, während Guise sich gegen den König erhoben und ihn, ebenso wie die Königinmutter mit Waffengewalt entführt habe. Diese Information ließ er allen auswärtigen Höfen zugehen. Wer den Hugenotten gewogen war, wie Elisabeth von England, ließ sich das gern gesagt sein, und gab der guten Sache jener Legitimisten nun um so lieber seine Unterstützung. Aus Basel und Genf flossen große Summen in Condés Kriegskasse. Auch Männer eilten zu seinen Fahnen, von denen manche für die wahre Religion kämpfen wollten, andere hofften, fette Beute zu machen, andere beides, denn beide Ziele schlossen einander ja nicht gegenseitig aus.

Katharina ergreift Partei, wenn auch schweren Herzens

Katharina begriff schließlich, daß für den Augenblick ihr Heil allerdings bei den ihr nicht mehr sonderlich lieben Guisen lag, und so ergriff sie jetzt vorbehaltlos Partei für die katholische Seite. Dringend erforderlich war fürs erste die Aufstellung eines königlichen Heers, das imstande wäre, den Heeren Condés und Colignys standzuhalten und zu diesem Zweck brauchte sie Geld. Denn wie gewöhnlich war der königliche Schatz leer. Die Guisen wußten Hilfe zu schaffen, auch diesmal. Binnen kurzem warben sie 28 000 Mann Infanterie an und 6 000 Reiter. Damit waren die Königlichen den Reformierten zahlenmäßig leicht überlegen, was indessen von den letzteren durch die oft bessere Qualität ihrer Mannschaften ausgeglichen wurde. Eindeutig überlegen war nur die Artillerie der Königlichen, was sich insbesondere bei Belagerungen zu deren Gunsten auswirkte. Während die Guisen aufrüsteten, war Katharina nicht müßig. Als außerordentlicher Beitrag zu den Kosten wurde von den Großen des Reichs die Summe von 300 000 Talern erhoben. Finanzielle Unterstützung ihrer Verteidigungsanstrengungen erbat sie auch vom Papst, der ihr angesichts ihres nun unbezweifelbar guten Willens, die Häresie aufs Haupt zu schlagen, auch eine Kleinigkeit zukommen ließ, ebenso wie die Staaten Florenz und Venedig. Mit dem erhaltenen Geld ließ sie deutsche und schweizerische Landsknechte anwerben. Der König von Spanien schickte kein Geld, sondern 10 000 Mann Infanterie. Infanterie und eine Abteilung Kavallerie schickte auch der Herzog von Savoyen.

Doch wenngleich sie derart aufrüstete, ließ Katharina nichts unversucht, den Frieden zu wahren. Vom Kriegführen verstand sie ja nichts, Verhandlungsführung vielmehr war die Kunst, die sie, nicht zuletzt, weil sie diese souverän beherrschte, der martialischen entschieden vorzog. Sie schickte also Unterhändler nach Orléans zu Condé und Beza, einen nach dem anderen. Keiner erreichte etwas. Schließlich schickte sie den berühmten und geschickten Monluc, der zwar Bischof von Valence war, sich aber für diese diplomatische Mission anbot, weil sogar die Reformierten selbst willens waren, ihn als einen der Ihren anzuerkennen. Und so wäre es ihr endlich doch fast gelungen, den Prinzen von Condé friedlich zu stimmen. Zu diesem Zweck suchte sie ihn persönlich auf, wozu nicht wenig Mut gehörte, denn sie gab sich damit in seine Macht. Wie unter Mitgliedern der königlichen Familie üblich, begrüßten sie einander mit einem Kuß auf den Mund. Katharina versprach ihm das Blaue vom Himmel herunter und noch einiges

mehr. Als Gegenleistung verlangte sie nur, daß er Frieden hielte. Unzweifelhaft war bei dieser wie eigentlich jeder Gelegenheit diese Königin bereit, für den Frieden erhebliche Opfer zu bringen. Dabei ist sie von ihren Feinden der Nachwelt als grausame Tigerin überliefert worden.
Condé, der während seiner Unterredung mit ihr meinte, mehr erlangt zu haben, als er durch einen Krieg, dessen Ausgang schließlich doch zumindest ungewiß war, zu gewinnen hoffen konnte, erklärte sich bereit, um der Entspannung willen, Frankreich zu verlassen. Doch Coligny und die Krautjunker seines Anhangs, die den Gesang der florentinischen Sirene nicht vernommen hatten, aber dessen verführerische Macht kannten, widersetzten sich dieser Absicht. Sie wollten lieber ihr Glück in der Schlacht versuchen, als sich auf die gleisnerischen Verheißungen dieser Ausländerin und Kreatur des Vatikans zu verlassen.
Tatsächlich war der Frieden in Frankreich nicht mehr zu retten, der Bürgerkrieg schon ausgebrochen, wenn einstweilen auch, während beide Parteien aufrüsteten, die Waffen ruhten. Doch war diese Waffenruhe keineswegs vollkommen. Am 12. April 1563 massakrierten die Bürger von Sens ihre reformierten Mitbürger. Andererseits würgte ein reformierter Mob in der Abtei Saint-Jean die Mönche und warf ihre Leichen in den Fluß Yonne. Einige von diesen wurden später in Paris aus der Seine gefischt, was dem Haß der Pariser auf die Ketzer neue Nahrung gab. In Tours ertränkte man Hugenotten in der Loire. In Angers hängte man Hugenotten auf. Im Delphinat andererseits setzte der Baron von Adrets seine blutigen und grausamen missionarischen Anstrengungen zur Bekehrung halsstarriger Papisten fort.
Einige wichtige Städte fielen den Protestanten in die Hände: La Rochelle, Poitiers, Le Havre, Dieppe und Caen, Städte an der Westküste, einige von ihnen Hafenstädte, über die später englische Unterstützung der reformierten Sache ins Land kam. Aus England kehrte nun auch der inzwischen zum Calvinismus bekehrte Sieger des Turniers zurück, bei dem Heinrich II. das Leben verloren hatte, Montgomery. Nun schien sich ihm in Frankreich wieder eine Zukunft zu eröffnen: Wenn nach dem Sieg die Güter der Kirche und des katholischen Adels neu zu verteilen waren, konnte ein tapferer und intelligenter Heerführer hoffen, reichlich belohnt zu werden. Und tapfer und intelligent war Montgomery. Bei der Ein-

nahme von Bourges plünderte seine Soldateska die Kathedrale, zerschlug die Statuen und kostümierte sich mit Meßgewändern. In Orléans verwüstete man Gräber, zerschlug in Cléry das Grabmal Ludwigs XI. In Vendôme schlug man die Grabmäler der Könige von Navarra in Stücke, unter den Augen Johanna von Albrets, der Königin von Navarra, die sich an dem Spektakel weidete. Die Franzosen schienen den Verstand verloren zu haben.
Das sah nun auch Katharina ein. Sie wollte nichtsdestoweniger noch einmal mit Condé verhandeln. Dieser zeigte sich indessen zu Verhandlungen nicht mehr geneigt. Als die Königin bei ihm erschien, erklärte ihr der kleine Bucklige hochmütig, er schmeichle sich, jetzt den königlichen und katholischen Streitkräften die Stirn bieten zu können. Empört erwiderte ihm Katharina: »Da Sie sich auf Ihre Kräfte verlassen wollen, werden wir Sie die unseren fühlen lassen.«

Die erste Schlacht des Bürgerkriegs

Bisher hatten sich die Kampfhandlungen auf Gemetzel unter Zivilisten beschränkt. Die eine Seite zerschlug bunte Kirchenfenster und Heiligenbilder, massakrierte Priester und harmlose Papisten, während die andere Seite ganz ebenso harmlose Prediger und Psalmensänger ersäufte, hängte oder in Stücke hieb und sich für ihre Mühe an der Hinterlassenschaft der gezüchtigten Ketzer schadlos hielt. Nach der Herausforderung der Königin durch Condé trat die königliche Armee auf den Plan. Es gelang ihr eben noch, Blois zu besetzen und sich dort zu verschanzen. Unterdessen nahmen die Calvinisten Beaugency. Doch litt unter dem nun ausbrechenden offenen Krieg der Süden des Landes am meisten. In Guyenne verwüstete Durfort, Herr von Duras, an der Spitze eines von Johanna von Albret besoldeten Heeres mit Feuer und Schwert seine eigene Provinz und das Périgord. Unter den Mauern von Périgueux wurde er endlich vernichtend geschlagen von Blaise Monluc (dem Bruder des Bischofs), dem dabei die von Philipp II. zur Verfügung gestellte spanische Infanterie behilflich war. Die Reste des geschlagenen protestantischen Heers wurden von La Rochefoucauld gesammelt und zur Eroberung und Ergänzung auf

dessen Güter im Angoumois geschickt. Der Herr von La Rochefoucauld, ein großer Herr, gehorchte Condé und Châtillon. Hieß es nicht, die calvinistische Partei sei diejenige des Hochadels?
In der Provence bemächtigte sich der Baron von Adrets des päpstlichen Avignon, während die Katholiken das calvinistisch besetzte Orange zurückeroberten. Fast im gesamten Languedoc herrschte der Calvinismus gewissermaßen in der Nachfolge der dort zwar schon vor Jahrhunderten blutig unterdrückten, aber bei den Urenkeln ihrer ehemaligen Anhänger noch immer unvergessenen katharischen Häresie. Toulouse allerdings blieb katholisch und königstreu. In Burgund gelang es dem alten und treuen Marschall von Tavannes, ein Heer von sechstausend calvinistischen Schweizern, die das Land brandschatzten, aus Dijon und Mâcon zu vertreiben. Im August eroberte die königliche Armee Bourges zurück.
Doch zeigte sich nun eine neue Gefahr. Katharina erfuhr, daß der Vidame von Chartres und Montgomery in Hampton Court im Namen des Prinzen von Condé eine Vereinbarung mit Elisabeth von England ausgehandelt hatten. Condé hatte sich bei den Verhandlungen als Staatsoberhaupt aufgeführt, und so hatte ihn die Königin von England auch gelten lassen. Sie verpflichtete sich, dem aufständischen Prinzen sechstausend Mann zur Verfügung zu stellen und Geld, mit dem er zusätzliche deutsche Söldner anwerben könnte – als Gegenleistung forderte sie nur die Abtretung von Le Havre, Dieppe, Rouen und – natürlich – Calais an England.
Coligny seinerseits verhandelte im Osten. Beza und Andelot begaben sich nach Heidelberg, wo ein Landsknechtsheer für sie aufgestellt wurde. Die deutschen Fürsten, die das ›Menschenmaterial‹ dafür aufbrachten, gaben Kredit und begnügten sich mit dem Versprechen, sie sollten Gelegenheit erhalten, sich durch Kriegsbeute für den gehabten Aufwand zu entschädigen. Coligny versprach ihnen gewissermaßen als Prämie sogar die Möglichkeit zur Plünderung von Paris.
Katharina aber verhandelte weiter mit ihren Feinden. Sollte es nicht doch noch möglich sein, mit dem Prinzen von Condé zu einer Verständigung zu kommen? Condé nahm jede neue Einladung zur Fortsetzung der Verhandlungen an. Je länger er den Ausbruch der Feindseligkeiten hinauszögern konnte, desto besser für die Reformierten, die noch Truppen aus England und Deutsch-

land erwarteten. Deshalb ließ Condé sich gern wiederholt zu Verhandlungen einladen – zu denen dann auch zu erscheinen er wiederholt versäumte, bis er sich schließlich am 9. Juni tatsächlich noch einmal mit der Königinmutter traf. Zu diesem Treffen, das auf freiem Felde stattfand, kam er so mißtrauisch, daß er sich weigerte, vom Pferd zu steigen. Er fürchtete einen Hinterhalt. Da brach ein Gewitter los. Condé weigerte sich, in einem nahen Schuppen Zuflucht zu suchen. Hatte nicht vielleicht Ruggieri, dieser Hexenmeister der Königin, das Gewitter eigens zu dem Zweck erregt, ihn den in jenem Schuppen lauernden Mördern ins Messer zu treiben? Die Königin und der Prinz waren jeder mit einer Eskorte von hundert Reitern erschienen. Katharinas Leute waren rot uniformiert, die des Prinzen weiß, von Kopf bis Fuß. Mit diesem Weiß bekannten sie ihre calvinistische Gesinnung, aber damals wußte Katharina das noch nicht und fragte deshalb den Prinzen von Condé: »Warum sehen Ihre Leute aus wie Müller, *mon cousin*?« »Um zu zeigen, daß sie Ihre Esel schlagen können, Madame«, soll der Prinz erwidert haben.

Womit er jedenfalls zu verstehen gegeben hatte, daß von ihm keinerlei Nachgiebigkeit erwartet werden durfte. Tatsächlich hatte Coligny ihm geraten, der Königin in keinem Punkt nachzugeben, denn inzwischen waren die Reformierten überzeugt, den Katholiken ihren Willen wenn nötig auch mit Waffengewalt aufzwingen zu können. Und Condé folgte Colignys Rat.

Unterdessen fraternisierten die Begleitmannschaften, denn fast jeder erkannte unter denen der anderen Seite den und jenen alten Freund oder Verwandten. Einer der calvinistischen Herren, die den Prinzen von Condé eskortierten, erinnerte sich später: »Ich hatte wohl ein Dutzend Freunde auf der anderen Seite, deren jeder mir lieb wie ein Bruder war, also daß, nachdem jeder seinen Hauptmann um Erlaubnis gebeten, die beiden Linien, die rote und die weiße, sich mischten und es, als sie sich wieder trennten, nicht ohne viel Tränen abging.«

Einige Tage später bot Condé der Königin an, sich mit seinem Heer zurückzuziehen, wenn sie die Guisen, Montmorency und den Marschall von Saint-André auf ihre Güter schicken wolle. Sie akzeptierte dieses Angebot. Die Triumvirn zogen ab, kopflos blieb das königliche Heer zurück. Coligny nahm die Gelegenheit eines nächtlichen Überraschungsangriffs auf den Hof wahr. Welches

Wunder rettete Katharina? Colignys Truppen verirrten sich unterwegs im dunklen Wald. Katharina schrieb an ihre Tochter: »Alles, was auf der einen wie der anderen Seite geschieht, entspringt einzig der Begierde zu herrschen und mir unter dem Vorwand der Religion zu rauben, was ich an Macht habe ... da ist weder Heiligkeit noch Religion, sondern einzig Leidenschaft, Rachsucht und Haß bei jedem.« Bemerkenswert ist, daß sie auch nach dem bösen Streich, den er ihr gespielt hat, Coligny hier nicht schlimmer zu finden scheint als »die anderen«, nämlich die Triumvirn, ihre Verbündeten.

Um der befürchteten englischen Invasion zu begegnen, zog, von Montmorency geführt, der größte Teil des königlichen Heers in die Normandie, etwas zu spät, denn schon hielten die von Montgomery befehligten anglo-calvinistischen Truppen Rouen.

Bei der Belagerung von Rouen bewies die friedliebende Königin, daß sie, wenn es denn sein mußte, auch im Krieg ihren Mann stehen konnte. Täglich begab sie sich zum Kriegsrat auf das Fort Sainte Catherine, von dem aus die königliche Artillerie die Stadt beschoß, wie Brantôme erzählt: »Oft habe ich sie im Laufgraben gesehen. Ringsumher fielen die Kanonenkugeln und Büchsenschüsse wie Regen, sie aber kümmerte das nicht. Und wenn der Herr Konnetabel oder Monsieur de Guise ihr vorstellten, daß ihr ein Unglück zustoßen könnte, lachte sie nur und sagte, weshalb solle sie sich mehr schonen als jene, da sie doch Mut so gut hätte wie sie, wenngleich nicht die Kraft, die ihr Geschlecht ihr verweigere; denn, was die Mühe anginge, die ertrüge sie sehr gut, zu Fuß ebensowohl wie zu Pferde.« Anton von Bourbon wurde durch einen Hakenbüchsenschuß tödlich verwundet, angeblich im Augenblick, da er die Hosen herunterließ, um den Verteidigern der Stadt zum Hohn den nackten Hintern zu zeigen. Andererseits soll er auf seinem Sterbelager den geistlichen Beistand nicht nur eines Priesters, sondern auch eines calvinistischen Prädikanten in Anspruch genommen haben. Die Einnahme von Rouen am 20. Oktober 1562 erlebte er noch. Seine Gattin interessierte die Nachricht von seinem Tod nur insofern, als deswegen Heinrich von Navarra, beider Sohn, der sich zuletzt beim Vater aufgehalten hatte, zu ihr zurückkehrte. Die Zeugen der Abreise des Prinzen zu seiner Mutter sagen, daß er ziemlich schweren Herzens vom Hof und Lager des französischen Königs schied und dem Wiedersehen mit dem

abgelegenen Béarn und seiner fanatischen Mutter ziemlich widerwillig entgegenging.
Katharinas Freude über die Wiedereroberung von Rouen wurde nur durch die Nachricht getrübt, daß Montgomery übers Wasser aus der belagerten Stadt entkommen war: Denn gern hätte sie mit dem Mann eine lange Rechnung beglichen. Zunächst hielt sie ihn für verantwortlich für das Bündnis der Calvinisten mit Elisabeth von England. Sodann hatte er seit seiner Rückkehr nach Frankreich dort wie der General einer feindlichen Macht operiert. Und schließlich gab sie ihm die Schuld am Tod ihres geliebten Gemahls. Diese letzte Beschuldigung traf zwar nicht zu – der Mörder Heinrichs II. war Montgomery zweifellos nicht –, doch wog sie bei Katharina wahrscheinlich am schwersten. Und in dem Bewußtsein, von der Witwe des Königs schuldlos gehaßt zu werden, hat man vielleicht ein Motiv für die Verbrechen, deren sich dann Montgomery wirklich schuldig gemacht hatte.
Das Heer Condés war dem königlichen in die Normandie gefolgt, um sich mit den englischen Truppen zu vereinigen, die Le Havre besetzt hielten. Dieses Heer – angeführt von zwei der besten Feldherren ihrer Zeit, dem Prinzen und dem Admiral von Coligny – war inzwischen, wie man hatte befürchten müssen, durch schweizerische und deutsche Landsknechte verstärkt, zu einer äußerst bedrohlichen Streitmacht angewachsen. Es galt also, die beabsichtigte Vereinigung dieses Heers mit dem englischen Expeditionskorps fast um jeden Preis zu verhindern.
Und so schnitten am 10. Dezember 1562 königliche Truppen dem Heer der Rebellen bei Dreux den Weg ab. Es kam zur Schlacht, der ersten offenen Feldschlacht dieses Bürgerkriegs. Montmorency befehligte die Königlichen, doch hatte sich das Kommando über einen großen Teil der Reiterei der Herzog von Guise, das »Narbengesicht«, vorbehalten. Einer der Überlebenden auf der Seite der Hugenotten erinnerte sich später seiner Empfindungen: »Jeder dachte bei sich, daß die Männer, die er auf sich zukommen sah, seine eigenen Kameraden, Verwandten und Freunde waren, und daß es in einer Stunde nötig sein würde, einander zu töten, was einigen Schrecken vor dem Faktum einflößte, ohne indessen den Mut zu mindern.« Sicherlich empfanden, wie La Noue an dieser Stelle ja impliziert, die Männer auf der gegnerischen Seite mehr oder weniger wie er und seine Glaubensgenossen. In der Tat

dämpfte der Schrecken vor der Notwendigkeit, Verwandte und Freunde zu erschlagen, den Kampfesmut der Gegner nicht, weder auf der einen noch auf der anderen Seite.
Der von Coligny geführte Angriff der hugenottischen Reiterei war schrecklich. Die Front der Königlichen wich zurück, zwar hielt sie noch zusammen, doch war zu befürchten, daß der Feind sie beim nächsten oder übernächsten Ansturm zerreißen würde. Der Herzog von Guise, der seine Kavallerie in einem Wald versteckt hatte und nun die Hugenotten in der Flanke angriff, rettete den Tag für die Königlichen. Abermals verdankte die Krone ihm den Sieg. Ein anderer der Triumvirn, der Marschall von Saint-André, fand in dieser Schlacht den Tod. Der Prinz von Condé geriet in Gefangenschaft. Coligny sammelte in aller Hast die Reste seines geschlagenen Heeres und zog sich nach Orléans zurück, wo er hoffte, neue Kräfte für die Fortsetzung des Krieges zu sammeln. Der Herzog von Guise durchschaute diese Absicht und nahm die Verfolgung der abziehenden Rebellen auf, um sie zu vernichten, ehe sie ihre »Hauptstadt« erreichten. Doch sollte daraus nichts werden.

Die Ermordung des Herzogs von Guise hatte die Morde der Bartholomäus-Nacht zur Folge

Seit seinem Sieg bei Dreux war Franz von Guise dem Admiral Coligny womöglich noch verhaßter als zuvor. Wie aber war es zu diesem verzehrenden Haß gekommen? In ihrer Jugend, am Hof, waren die beiden sich in allem einig gewesen. Alles verband sie. Während der letzten Jahre Franz' I. und der ersten Heinrichs II. waren sie, wie Brantôme schreibt, unzertrennliche Freunde. »Freunde, und dergestalt einander ergeben, daß sie gewöhnlich die gleiche Leibfarbe trugen, die gleichen Kleider, und sich stets Seite an Seite zu den Turnieren, Scheinkämpfen, Ringelstechen und Maskeraden einfanden und größere Tollheiten und Extravaganzen verübten als alle anderen.« Damals hatte Katharina für beide die gleiche Freundschaft empfunden, und sie beide gleichermaßen wegen ihrer Heiterkeit, ihres Mutes und überlegenen Geistes bewundert.

Militärische Rivalität begann dann die Freunde einander zu entfremden. Coligny und Guise führten in Boulogne gemeinsam, Coligny die Infanterie, Guise die Kavallerie. Coligny litt darunter, daß er, obgleich nicht weniger tapfer und tüchtig als der Freund, weniger Ansehen als dieser genoß. Beide waren gleichermaßen stark, aber Guise hatte eine zugleich würdige und mitreißende Art des Umgangs, einen gewissen Humor, die Gabe, im rechten Augenblick zu lächeln, was ihm die Herzen seiner Leute gewann. Diese Wesenszüge fehlten Coligny. Dessen Starrköpfigkeit und finstere Miene, der verletzende Ton, den er bei den Diskussionen, die er gerne provozierte, nicht selten anschlug, brachten ihm wenig Freunde ein. Diese Unterschiede des Temperaments entfremdeten die Freunde in der Folge einander immer mehr. Alles bot ihnen nach Boulogne nur noch Gelegenheit zu Reibereien, meist aus eifersüchtiger Sorge, von dem anderen in den Schatten gestellt zu werden. Bei einem Duell zwischen zwei Offizieren kam es zwischen den ehedem unzertrennlichen Freunden zum ersten offenen Streit. Guise, der in diesem Augenblick vor Boulogne den Oberbefehl führte, wollte dabei Schiedsrichter sein. Coligny, von Heinrich II. zum Generalstatthalter ernannt, verwehrte ihm das Recht dazu unter Berufung auf ein soeben von ihm ausgearbeitetes und mit Billigung des Königs unter seinem Namen veröffentlichtes neues Militärreglement. Aus diesem Reglement sprach ganz der Geist Colignys, sorgfältig bemüht, noch die kleinsten Einzelheiten ein für allemal zu ordnen. Guise war großzügiger, orientierte sich weniger an abstrakten Prinzipien, geschweige denn an Paragraphen, als vielmehr an seinem Gefühl für das, was ihm Ehre machte – und die Ehre, die ihm seines Erachtens zustand. Diana von Poitiers, damals noch seine Verbündete, vertrat seinen Standpunkt in der Streitfrage beim König. Nichtsdestoweniger entschied dieser für das Reglement und für Coligny.

Und so ging es leider weiter. Kurz nach der Einnahme von Metz, die dem Herzog von Guise allgemeine Bewunderung eintrug, erlaubte sich Coligny zu insinuieren, daß diesen Sieg, mit der freilich sehr verdienstlichen Unterstützung durch Monsieur de Guise, eigentlich und bei Lichte besehen ja doch wohl er selbst erfochten habe. »Wollen Sie mir also die Ehre nehmen?« fragte daraufhin Guise erbittert den ehemaligen Freund.

Als Coligny nach der Niederlage von Saint-Quentin aus der Gefangenschaft zurückkehrte, gesellte er sich zur Partei seines Neffen Condé. Während seiner Gefangenschaft bei den Kaiserlichen hatte er sich zum Calvinismus bekehrt, was er aber erst später öffentlich bekannte. Man hat die Frage aufgeworfen, ob die Motive dieser Bekehrung religiöser oder politischer Natur gewesen seien. Es wird wohl nicht auszuschließen sein, daß er neben den zweifellos vorhandenen religiösen auch politische Gründe hatte. Denn er wählte damit ja die Partei der Feinde seines Rivalen. Der Herzog von Guise aber konnte diese Bekehrung nicht anders denn als Apostasie verstehen. Er war frommer Katholik. Daß der einstige Freund zur Partei der Feinde der Kirche übergegangen war, konnte er ihm nicht verzeihen. Und so trat an die Stelle der zerbrochenen Freundschaft der erbittertste gegenseitige Haß.

Während seines kläglichen Rückzugs auf Orléans sann Coligny auf Rache. Er ließ einen der Spione rufen, die er im Heer seines Feindes unterhielt, einen jungen Mann, gerade zwanzig Jahre alt, kümmerliche Erscheinung, »kleinwüchsig und gelbgesichtig«, Poltrot de Méré war sein Name. Angeblich war er ein Vetter La Renaudies, des unglücklichen Anführers der Verschwörung von Amboise. Coligny gab ihm den Auftrag, den Herzog von Guise zu ermorden, der inzwischen Anstalten traf, die Rebellen aus Orléans zu vertreiben, um Coligny den Rückzug dorthin unmöglich zu machen. Der Angriff auf die Stadt war für den 18. Februar 1563 angesetzt. Am Vorabend inspizierte Guise zu Pferde die Befestigungen und die Stellungen seiner Truppen. Anschließend wollte er in sein Lager zurückkehren, Poltrot de Méré und ein Page ritten voraus. Poltrot hatte bemerkt, daß der Herzog an diesem Tag versäumt hatte, sein Kettenhemd anzulegen, »was er nie zuvor getan hatte«. Poltrot ritt vom Wege ab, versteckte sich in einem Gebüsch und, nachdem der Herzog vorbeigekommen war, ohne ihn zu bemerken, arkebusierte er ihn von hinten, schoß ihm, heißt das, in den Rücken. Auf den Tod verwundet stürzte der Sieger von Calais, Metz und Thionville aus dem Sattel. Poltrot gab seinem Pferd – Coligny hatte ihn mit einem guten Roß versorgt – die Sporen und suchte das Weite. Er war schon über alle Berge, als der Page mit Hilfe zu dem gestürzten Herzog zurückkehrte. Guise atmete noch.

Der Hof befand sich in Blois und erwartete dort die Einnahme von Orléans. Katharina, zutiefst bestürzt, ordnete umgehend Nachforschungen nach dem Mörder an und forderte dessen exemplarische Bestrafung. Zweitausend Taler Belohnung setzte sie aus für Hinweise auf den Verbleib des Täters, das Doppelte für seine Verhaftung. Ihr war klar, daß, wenn der Gegner so hoch zielte, er wohl leicht geneigt sein konnte, bald noch höher zu zielen. Höher als der Herzog von Guise standen nur sie selbst und der König.
Während der Herzog in der Obhut der königlichen Chirurgen einige Aussicht zu haben schien, seine schreckliche Verwundung zu überleben, schrieb Katharina an die Herzogin: »Obwohl man mir versichert, daß die Verletzung nicht tödlich ist, bin ich so verstört, daß ich nicht weiß, was ich tun soll. Ich will aber alle Gunst und alle Macht, die ich in dieser Welt habe, daran wenden, ihn zu rächen und bin sicher, daß Gott mir alles, was ich zu diesem Ende tun werde, vergeben wird.«
Sie verließ Blois und eilte nach Orléans zu dem Verletzten. Erstaunlicherweise hatte man bei ihrer Ankunft den Attentäter schon verhaftet. Poltrot hatte sich auf der Flucht verirrt und war von seinen Verfolgern, den Leuten des Herzogs, eingeholt worden. Katharina verhörte ihn selbst. Irgendwelcher Nachdruck war nicht erforderlich, ihn zum Reden zu bringen, der Elende gestand alles freiwillig. Sein Mut hatte nur dazu ausgereicht, den Herzog in den Rücken zu schießen wie ein Stück Wild. Katharina schrieb an Margarete, Herzogin von Savoyen, ihre Schwägerin und Freundin: »Er hat mir vollkommen freiwillig, und ohne sich bitten zu lassen, gestanden, daß der Admiral ihm hundert Taler gegeben hat, diese Untat zu begehen, und daß er sie nicht tun wollte, daß aber Beza und ein anderer Prediger ihn überredet und ihm versichert hätten, daß er, wenn er sie übernähme, geradewegs in den Himmel käme. Da er das gehört, hätte er sich denn entschlossen, den Plan auszuführen. Er hat mir überdies gesagt, daß es nötig sei, mit der größten Sorgfalt meine Kinder zu bewachen, sowie auch auf meine Person sehr acht zu haben, weil der Admiral mich unendlich hasse. Da haben Sie, Madame, diesen Ehrenmann, der sagt, daß er alles nur um der rechten Religion willen tut und uns alle umbringen will. Ich bin darauf gefaßt, daß er während dieses Krieges es schließlich noch so weit bringen wird, meine Kinder zu töten und meine besten Männer auszumerzen.«

Von Krieg hatte Katharina bisher nicht gesprochen. Und die dem Leben ihrer Kinder drohten, hatten von dieser leidenschaftlichen Mutter ihrerseits alle Ursache, das Schlimmste zu befürchten.

Coligny leugnete rundheraus jede Verwicklung in das Attentat, ließ es sich andererseits aber nicht nehmen, öffentlich Gott zu danken, als der Herzog schließlich doch seiner Wunde erlag. »Dieser Tod«, soll er erklärt haben, »ist die größte Gunst, die diesem Königreich und der Kirche Gottes und insbesondere mir und meinem ganzen Hause gewährt werden konnte.« Man kann sich denken, welchen Haß dieses Bekenntnis bei der katholischen Partei entfachte, und insbesondere in Paris.

Was den Mann anging, dem er für diese Gunst verpflichtet war, gab er »mit seiner gewöhnlichen Freimütigkeit« zu (wie einer seiner Historiker sagt), daß er sich seiner als Spion bedient hatte. Er räumte schließlich sogar ein, daß der junge Mann ihm seinen Plan, den Herzog zu ermorden, offenbart habe, und daß er nichts getan habe, ihn davon abzubringen. Keineswegs aber habe er ihm den Auftrag zu dem Mord gegeben. Und die hundert Taler? Damit habe er nur die Spitzeldienste des jungen Mannes bezahlt. Das kostenlose Pferd? Er ließ sich einen effizienten Nachrichtendienst gern etwas kosten. Coligny leugnete seine Schuld an der Ermordung des Herzogs von Guise ganz offensichtlich, ohne jedoch irgend jemanden von seiner Unschuld überzeugen zu wollen.

Entgegen den Hoffnungen seiner Ärzte überlebte der Herzog von Guise den auf ihn verübten Anschlag wie gesagt nicht lange: sechs Tage nur, nicht einmal eine Woche. Noch kurz vor seinem Tod beklagte er das gegen seinen Willen geschehene Massaker von Wassy und den Bruderkrieg, der Frankreich seitdem zerriß. Er ermahnte auch den König, möglichst bald den Frieden im Innern wiederherzustellen und alle Franzosen gegen die fremden Heere zu vereinen, die ins Königreich eingedrungen waren. Das waren, wie Katharina sehr wohl verstand, nicht nur fromme Wünsche eines Sterbenden, sondern Konsequenzen aus politischer Einsicht, die ihr da empfohlen wurden. Und sie ließ sie sich gern empfehlen, weil die eigene Einsicht ihr das gleiche nahelegte.

Verhandeln wir, es wird schon irgendwas dabei herauskommen

Die Engländer besetzten, wie gesagt, Le Havre. Mit ihrer Hilfe eroberte Montgomery weitere Städte der Normandie. Im Osten plünderten die Deutschen die Champagne, so gründlich, daß es auch Coligny, der sie gerufen hatte, unbehaglich wurde, zumal sie behaupteten, ihre Beute nicht ausreichend zu finden, zusätzlich Geld forderten und drohten, wenn sie keins erhielten, sich an den Gütern der Châtillons schadlos zu halten. Coligny war unverschämt genug, bei Condés Verhandlungen mit Katharina die Forderung einzuflechten, daß die Krone für die Soldansprüche dieser Truppen aufkommen solle, um sie zum Abzug zu bewegen. In Anbetracht der Tatsache, daß die Leute behaupteten, bei dem Bemühen, Katharinas Sohn vom Thron zu stoßen, den Anspruch auf Sold erworben zu haben, glaubte diese, ihnen nichts schuldig zu sein, und da sie sich deshalb weigerte zu zahlen, wurde die Champagne weiter geplündert.
So war Katharinas Lage beim Tod des Herzogs von Guise ziemlich verzweifelt. »Es hat Gott gefallen, mich und mit mir dieses arme Land hart zu schlagen. Er hat den Elendsten der Sterblichen benutzt, um mir einen Mann zu nehmen, der sich hoch über allen anderen hielt und ganz dem Dienste des Königs ergeben war.« Nun, da sie ihn los war, schien sie zu vergessen, daß sie ihn wie einen schlechten Ratgeber in Ungnade auf seine Güter geschickt, daß sie sich ihm wie einem Feind widersetzt hatte, als er sie nötigte, Fontainebleau zu verlassen; daß sie dem Prinzen von Condé damals sogar geschrieben hatte, der Herzog habe sie entführt (das Schreiben hatte inzwischen die Runde der mit den Reformierten sympathisierenden europäischen Höfe gemacht). So schrieb sie weiter: »Monsieur de Guise war der größte Feldherr dieses Königreichs, einer der größten und tüchtigsten Minister, die je im Dienste des Königs standen. Die Perversität dieser Tat, einer der unglücklichsten je in Frankreich begangenen, kommt nun zu dem Unheil, das die Söldner angerichtet haben. Ich weiß nicht, wie es weitergehen soll ohne Monsieur de Guise, denn der Konnetabel liegt in Orléans gefangen, und wir haben für die Führung unseres Heers niemanden mehr als den Marschall von Bussac, aber der ist nicht imstande. Dennoch muß ich ihn in dem Glauben lassen, er

wäre es. Unterdessen muß ich kommandieren und die Rolle des Feldherrn spielen.«

Und sie spielte die ihr aufgezwungene Rolle gut. Ihr Mut, ihr Optimismus, ihr Glaube an ihre Sterne machten sie über die Widerwärtigkeiten ihrer gegenwärtigen Situation erhaben. Wer hätte gedacht, daß die kleine Medici, vierzehnjährig mit einem Prinzen verheiratet, dem sie anfangs bestenfalls gleichgültig war, dann geduldig die Bedingungen ihrer Ehe still und bescheiden ertragend, die Geringschätzung der Großen Frankreichs und der Geliebten ihres Mannes – wer hätte gedacht, daß dieses Aschenbrödel eines Tages als Feldherr des bedrohten und zerrissenen Königreichs seinen Mann stehen würde?

Auch als Feldherr wollte sie aber wie als Königin vor allem den Frieden – worin sie sich mit der großen Mehrheit ihrer Untertanen einig wissen durfte, wie ihr, als der Sprecher dieser schweigenden Mehrheit, der Dichter Ronsard versicherte. Sie knüpfte also erneut Verbindungen mit dem Gegner an. Montmorency war Gefangener der Calvinisten. Diese schickten ihn der Königin aber zurück in der Absicht, eine Unterredung des katholischen Führers mit ihrem Anführer Condé zu vermitteln, der sich bei den Königlichen in Gefangenschaft befand. Katharina wollte sich der beiden Männer als Sprecher bedienen, der eine sollte ihren Willen der katholischen Seite mitteilen, der andere der calvinistischen Partei ihre Bedingungen erläutern. Condé war überzeugt, daß er sie nachgiebig finden würde, denn anstatt überhaupt mit ihm zu reden, hätte sie ihn ja ohne weiteres als Rebellen enthaupten lassen können. Er willigte also in eine Begegnung ein, die am 7. März 1563 auf der Ile aux Bœufs, Ochseninsel, in der Loire bei Orléans gelegen, stattfand. Die Verhandlungen eröffnete der calvinistische Führer mit der Forderung nach der vollkommenen und unbeschränkten Anwendung des nach den Gesprächen zu Poissy im Januar 1562 zu Saint-Germain bestätigten Toleranzedikts. Katharina hätte ihrem Gefangenen das Wort verbieten können, doch weigerte sie sich nur, dieser Forderung zu entsprechen (wie die Calvinisten das Edikt auslegten, lag inzwischen ja leider auf der Hand), ohne es zum Abbruch des Gesprächs kommen zu lassen. Condé nahm ihren Widerstand zur Kenntnis und beharrte nicht auf seiner Maximalforderung, da es ihm zunächst ja hauptsächlich darauf ankam, seine Freiheit wiederzuerlangen. Konnte er ihr in seiner gegenwärtigen Lage nicht zugestehen, was immer sie verlangte? Wenn er erst wieder frei war und sein Heer hinter sich hatte, konnte ihn doch niemand zwingen, sich an Vereinbarungen zu halten, denen er als Gefangener zugestimmt hatte. Katharina machte den Protestanten ein neues Versöhnungsangebot mit einem einige Tage nach der Konferenz auf der Rinderinsel in Amboise unterzeichneten neuen Toleranzedikt. Die ihnen mit diesem Edikt gestatteten Freiheiten gingen zwar nicht so weit wie die weitgehend mißbrauchten, die das Edikt von Poissy gewährt hatte, aber die Freiheit ihrer Untertanen, sich zu der neuen Religion zu bekennen, bestätigte Katharina am 12. März 1563 in Amboise. Die Einschränkungen der Versammlungsfreiheit, durch die sich das neue Edikt von dem früheren hauptsächlich unterschied – nur Herren mit eigener Gerichtsbarkeit sollten zukünftig in ihren Häusern reformierte Gottesdienste abhalten können und auch nur für die eigenen Familien, und Vasallen, Bauern und Bürgern würde für ihre Gottesdienste in jedem Amtsbezirk nur ein einziges Versammlungshaus gestattet, und in Paris sowie in der ganzen Grafschaft der Stadt war der reformierte Kultus zukünftig überhaupt verboten – waren erkennbar nur in der Absicht verfügt worden, Vorkommnisse wie das Massaker von Wassy in Zukunft möglichst zu vermeiden. Freilich fiel auch auf, daß einzig die großen Herren mit eigener Gerichtsbarkeit sich nach den Bestimmungen des neuen Edikts noch fast unbeschränkter Religionsfreiheit erfreuten, was die einfachen Leute in der schon weit verbreiteten Meinung bestärkte, daß der Calvinismus eine Religion für den Hochadel sei.

Condé versprach im Namen seiner Partei, die Bedingungen des Edikts von Amboise zu respektieren, und erlangte die Freiheit wieder. Coligny und Calvin nahmen die der Hure Babylon gemachten Zugständnisse sehr mißvergnügt zur Kenntnis. Coligny warf Condé vor, er habe mit einem Federstrich mehr Gotteshäuser der wahren Gläubigen zerstört als alle Katholiken bisher zusammen und die Bekehrung des einfachen Volkes zum wahren Glauben schwer behindert, hätte also der Königinmutter keineswegs so weit entgegenkommen dürfen. Calvin nannte den Prinzen einen »Elenden, der in seiner Eitelkeit Gott verraten hat.«

Tatsächlich sollte der Prinz nicht lange nach der Verkündung des Edikts von Amboise jedenfalls seine calvinistischen Freunde und seine Bundesgenossin, die Königin von England, verraten, wobei ihm Katharina und eine ihrer Hofdamen, die reizende Mademoiselle de Limeuil, behilflich waren.

Katharinas magische Künste

Da mit dem Edikt von Amboise ein Rahmen gegeben war, innerhalb dessen der Frieden im Land wiederhergestellt werden konnte, war nun Katharinas vordringlichste Aufgabe, die von den streitenden Parteien gerufenen fremden Truppen wieder loszuwerden, und zwar nicht allein diejenigen, die der Krone hatten zu Hilfe kommen wollen, sondern auch die Parteigänger der Hugenotten. Eine von Katharinas Hofdamen, die ihr zu solchen Zwecken gehorsam zur Verfügung standen, Mademoiselle de Limeuil, wußte die Neigung des den Reizen der Frauen sehr geneigten Prinzen von Condé hinreichend zu fesseln, um ihn davon zu überzeugen, daß er's seiner Ehre und Frankreich schuldig sei, dem König zu dienen und der königlichen Armee dabei zu helfen, die Normandie von Plünderern zu säubern, die Engländer zum Abzug zu zwingen und Le Havre zurückzuerobern.
Wenn diese Anregungen bei dem Prinzen nicht auf taube Ohren stießen, verdankte Katharina das freilich nicht ausschließlich den Reizen ihrer Agentin, sondern auch den Umständen, unter die sich Condé nach dem Edikt von Amboise versetzt sah. Seine Freiheit hatte er wieder, aber bei den Calvinisten war er wegen seiner Zustimmung zu den Bedingungen des Edikts scheel angesehen. Andererseits war sein Bruder Anton, der ehemalige Generalstatthalter, gefallen, Guise ermordet – die ersten Plätze waren neu zu besetzen. Katharina wußte seinen Stolz herauszufordern, seinen ungeheuren Ehrgeiz anzustacheln. Sie ernannte ihn als Nachfolger seines Bruders zum Generalstatthalter des Reiches. Condé erklärte sich bereit, das Kommando über das calvinistische Heer in der Normandie zu übernehmen, dieses mit dem königlichen zu vereinen und so mit den vereinten Kräften der Franzosen beider Konfessionen die Engländer aus dem Land zu vertreiben. Der Königin war mit diesem Sinneswandel ihres neuen Generalstatthalters sehr geholfen, denn Coligny und sein Bruder d'Andelot, die derzeit noch in der Normandie kommandierten, versperrten den könig-

lichen Truppen den Weg und weigerten sich, die Truppen ihrer Verbündeten Elisabeth anzugreifen: Calais und Le Havre nämlich hatten sie selbst ihr für die Unterstützung der hugenottischen Sache durch Geld und Truppen versprochen, und sie wollten sich an ihre Abmachung halten. Der Sinneswandel des Prinzen zugunsten der Sache nationaler Einheit allein hätte der Königin freilich wenig genutzt, wenn dieser auf seine calvinistischen Religionsgenossen keinerlei Einfluß mehr gehabt hätte. Dem war aber, wie Katharina richtig vermutet hatte, nicht so. Als erster Prinz von Geblüt genoß Condé beim Adel – und der Adel gab im Heer der Calvinisten den Ton an – unter den Streitern für den wahren Glauben ein Prestige, das Coligny nicht hatte. Zudem konnte er geltend machen, daß er zwar vielleicht einem für die Calvinisten ungünstigen Edikt zugestimmt, doch keineswegs, wie verleumderisch behauptet wurde, die evangelische Religion verraten hatte. Und so gelang es ihm, das Heer der Rebellen mit dem königlichen zu vereinen.

Nun hatten aber diejenigen, die noch immer hofften, die Interessen, denen er verbunden gewesen war, mit Gewalt durchzusetzen, in der Tat einigen Grund, von Verrat zu reden. Agrippa d'Aubigné gibt die Diagnose: »Die Königinmutter und Mademoiselle de Limeuil hatten sich des Geistes des Prinzen vollkommen bemächtigt.«

Als sie den buckligen Weiberhelden mit ihren Reizen fesselte, scheint wirklich Mademoiselle de Limeuil, wie diese Diagnose insinuiert, nur gewissermaßen als verlängerter Arm der Königinmutter gehandelt zu haben. Doch dann geschah, was die Königinmutter nicht angeordnet hatte: Ihre Ehrenjungfer verliebte sich in den Prinzen, den sie hatte an der Nase herumführen sollen. Und es kam so weit, daß sie von ihm schwanger wurde. Da Katharina »Schwellung des Bauchs« bei den Damen ihres Gefolges nicht nur sehr ungern sah, sondern auch mit strengen Strafen ahndete, verbarg Mademoiselle de Limeuil ihre Schwangerschaft, so lange sie irgend konnte. Doch bei einer feierlichen Hofaudienz während der Anwesenheit der Königin in Lyon im Mai 1564 wurde die Schöne ohnmächtig und gab ihr süßes Geheimnis preis. Denn man hatte eben noch Zeit genug, sie aus dem Audienzsaal zu tragen. Kaum war die Tür hinter ihr zugemacht, als sie auch schon ein Knäblein gebar. Der Hof war teils moralisch entrüstet, teils unmoralisch amüsiert. Katharina war angesichts dieses Beweises der frechen Insubordination ihrer Ehrenjungfer außer sich vor Zorn. Sie verfügte die Sicherheitsverwahrung der Kindsmutter in dem Kloster von Auxonne. Da hätten, wenn es nach Katharina gegangen wäre, die Welt und die Geschichte sie vergessen; indessen erwies sich's einige Monate später als erforderlich, sie zu reaktivieren. Die Protestanten setzten dem wankelmütigen Prinzen derart zu, daß Katharina fürchten mußte, er könnte sich abermals zur Rebellion aufhetzen lassen. Und so gab sie ihm sicherheitshalber die Geliebte zurück, deren Fehltritt schließlich doch kein Akt der Rebellion gegen die Krone, eher Folge eines Übereifers in deren Dienst gewesen war. Die entehrte Ehrenjungfer würde es sich somit zweifellos eine Ehre sein lassen, ihren Verehrer bei der Stange zu halten. Was sie denn auch tat.

Condé wohnte damals in dem Château de Vallery, das ihm bei ihrem Tod eine dankbare frühere Geliebte, die Marschallin von Saint-André vermacht hatte. Hier nun suchten die Hugenotten ihn auf, tadelten seinen Wandel und ermahnten ihn, auf den rechten Weg zurückzukehren, sich bereitzuhalten für die nächste Schlacht gegen die Heere der Katholischen. Calvin persönlich fand sich in Vallery ein, um den irrenden Prinzen zurechtzuweisen. Zu Calvins Pech war dort aber kurz vor ihm Mademoiselle de Limeuil eingetroffen, und damit dem Sinne des Prinzen unmittelbar gegenwärtig, während ihm der Reformator den Teufel an die Wand malte. So daß Condé sich nicht einmal von Calvin selbst einschüchtern ließ, sondern ihm bedeutete, er solle sich nicht in Sachen mischen, die ihn nichts angingen. Wo aber der Reformator persönlich versagt hatte, richteten dann auch Coligny und andere nichts aus. Mademoiselle de Limeuil erwies sich des von Katharina erneut in sie gesetzten Vertrauens als würdig.

Doch Coligny ließ nicht locker. Condé blieb hartnäckig. Er war jetzt Witwer, seine Gattin Eléanore de Roye, durch die er mit den Châtillons verschwägert war, hatte ihn in die Freiheit entlassen, sich wieder zu verheiraten. Er dachte nicht daran, Mademoiselle de Limeuil zu heiraten, andererseits, weshalb sollte er auf ihre Gesellschaft verzichten, solange eine, seinen Ansprüchen genügende, neue Braut, eine ihm ebenbürtige Prinzessin nämlich, womöglich reformierten Bekenntnisses, nicht einmal in Aussicht war? Das hatte er einmal fallen lassen. Coligny ließ sich das gesagt sein und

schloß daraus, daß die Leidenschaft des Prinzen für Katharinas Agentin zu erkalten begann; daß er außerdem für die Sache des reformierten Glaubens, dem er noch immer anzuhängen beteuerte, in der Tat nicht auf Dauer verloren schien. Worauf er sich nach einer geeigneten Braut für den Prinzen umsah. Die Prinzessin von Longueville, jung, reich, liebenswürdig und überdies calvinistisch, genügte den Ansprüchen des Prinzen. Condé heiratete sie, verliebte sich in sie und verabschiedete Mademoiselle de Limeuil, nachdem er sich alle Geschenke, die er ihr gemacht, als sie ihn noch fesselte, hatte zurückgeben lassen. Die Liebe der Verabschiedeten schlug, wie das Leben so spielt, in Haß um.
Katharina nahm sich ihrer nun sozusagen doppelt entehrten Ehrenjungfer in Anerkennung der Dienste, die sie der Krone trotz allem geleistet hatte, hilfreich an und verheiratete sie mit einem Florentiner Bankier namens Sardini. Und damit verschwand deren Name nun wirklich aus der Geschichte.
Nicht so der des Bräutigams der Prinzessin von Longueville; der, nun ganz der calvinistischen Partei zurückgewonnen, von neuem ein bedrohlicher Gegner der Krone wurde.

Katharina saniert den Staatshaushalt und setzt die Engländer vor die Tür

Doch zurück zu der hoffnungsvolleren Situation, die sich abzeichnete, als der Prinz sich bereit erklärte, dafür zu sorgen, daß in Zukunft auch das Heer der Calvinisten treu der Krone diente, und das Edikt von Amboise zu leisten versprach, was die Bezeichnung »*Edit de pacification*«, unter der es veröffentlicht wurde, ihm aufgab, nämlich die Befriedung des Landes.
Sowohl zur Wiederherstellung der Ordnung im Staat, als auch zur Wiederherstellung der Sicherheit seiner Grenzen, war außer dem in dieser Situation anscheinend ziemlich allgemein gegebenen guten Willen viel Geld erforderlich.
Katharina folgte jetzt der bei der Ständeversammlung zu Pontoise von den Vertretern des Dritten Standes gemachten Anregung, das Defizit des Staatshaushalts durch die Einziehung von Kirchengütern auszugleichen. Ihr darauf gerichtetes Edikt ordnete aber so

umfangreiche Beschlagnahmungen an, daß das Parlament sich zunächt weigerte, es zu ratifizieren. Doch hatte dieser Widerstand nur kurzfristig aufschiebende Wirkung. Katharina drohte den Juristen. Letzthin blieb ihnen also nichts anderes übrig, als sich zu fügen. Der Wille des Königs wurde durchgesetzt.
Die Beschlagnahmungen lohnten sich für die Krone: Drei Millionen zweihunderttausend Livres Tournois kamen in die Kasse. Der Papst nahm die Beschwerden der französischen Geistlichkeit zur Kenntnis. Das in Trient tagende Konzil monierte die Illegalität der Enteignung, die die französische Kirche erlitt: Vergeblich, denn in Frankreich war der König auch Herr der Kirche – jedenfalls ihres weltlichen Besitzes.
Katharina konnte nun anfangen, die Staatsschulden abzutragen. Den Herzog von Savoyen fand sie ab, ohne bares Geld hergeben zu müssen. Statt dessen lieferte sie ihm einige der wenigen Frankreich in Italien noch verbliebenen Besitzungen aus. Nur drei feste Plätze behielt sie, unter diesen Pignerol. Wenn er nicht bereits über seine irdischen Illusionen erhaben gewesen wäre, hätte sich bei dieser Gelegenheit Franz I. wohl im Grabe herumgedreht.
Schwieriger als mit diesem Verbündeten wurde Katharina die Abrechnung mit der Verbündeten ihrer Gegner, der Königin von England. Als sie erfuhr, daß Condé zur Partei der Königinmutter übergegangen war, forderte Elisabeth Calais, das ihr die Hugenotten vertraglich zugesichert hatten, und weigerte sich, Le Havre herauszugeben. Die Hugenotten drangen in sie, von ihrer Forderung zurückzutreten. Vergeblich. Elisabeth warf ihnen erbittert ihre Undankbarkeit und Vertragsbrüchigkeit vor. Das erleichterte ihnen die Besinnung auf ihre Pflichten dem Vaterland gegenüber, die ihnen der just zu dieser Zeit zum Heer zurückkehrende Condé in Erinnerung rief. Und so einigten sich französische Katholiken und französische Protestanten darauf, gemeinsam die Engländer aus Frankreich zu vertreiben.
Zuvor aber mußte Katharina der ungeheuren Erregung Rechnung tragen, in die ihre treuen katholischen Untertanen durch die Ermordung des Herzogs von Guise versetzt worden waren, namentlich in der Hauptstadt. Und so erhielt im März 1563 das Volk von Paris Gelegenheit, dem Leichenbegängnis seines toten Helden und der Vierteilung von dessen Mörder zuzuschauen. Das Leichenbegängnis des Herzogs von Guise war eines Königs würdig. Aller

Augen waren auf Heinrich, den dreizehnjährigen Sohn des Toten, den neuen Herzog von Guise gerichtet, der an der Spitze des Trauerzuges ging. Der Knabe war dem Vater wie aus dem Gesicht geschnitten, fand man. Seine Haltung war würdig, was er empfand, merkte man ihm nicht an. Aber viele werden geahnt haben, was Katharina zweifellos wußte: Einige Tage zuvor hatte dieser jetzt so gefaßte Knabe weinend in den Armen seines Onkels, des Herzogs von Aumale, gelegen und beteuert: »Gott verfluche mich, wenn ich Coligny am Leben lasse.« Und der Onkel hatte darauf erwidert: »Bei Gott, ich hätte Sie getötet, wenn ich Sie anderen Sinnes gefunden hätte.« Das Volk, das den neuen Herzog jetzt an der Spitze des Trauerzuges gehen sah, teilte die Gefühle der beiden. Und wenn sich während des Leichenbegängnisses für den Ermordeten irgend jemand als Hugenotte zu erkennen gegeben hätte, er hätte damit rechnen müssen, als Märtyrer zu sterben, denn liebend gerne hätte das Volk bei dieser Gelegenheit Calvinisten in Stücke gerissen.

In Stücke gerissen wurde in aller Form, einen Tag, ehe man den toten Helden zu Grabe trug, auf der Place de Grève in Paris der Elende, der ihn getötet hatte, Poltrot de Méré. Dieser selbst scheint bis zuletzt in der Illusion befangen gewesen zu sein, daß die über ihn verhängte Strafe nicht vollstreckt werden würde, denn anscheinend hatte man ihm weisgemacht, daß, wenn er seine Beschuldigung Colignys widerriefe, dessen Freunde ihn aus dem Gefängnis befreien würden. Tatsächlich widerrief er das Geständnis, im Auftrag Colignys gehandelt zu haben. War nicht der Gouverneur von Paris ein Vetter Colignys und vielleicht insgeheim Calvinist? Der Unselige scheint sich somit bis zur Stunde seiner Hinrichtung in Sicherheit gewiegt zu haben. Als er endlich begriff, was die Stunde geschlagen hatte, kam er auf sein ursprüngliches Geständnis zurück und beschuldigte bis zum letzten Atemzug Coligny, ihn zu diesem Verbrechen angestiftet zu haben.

Katharina hatte sich verpflichtet, die Ermordung des Herzogs mit der ganzen Strenge des Gesetzes zu ahnden. Der Verdacht gegen Coligny, den Mörder angestiftet zu haben, war zu schwer, als daß man ihn hätte auf sich beruhen lassen können.

Die Guisen verlangten, daß Coligny sich dem Parlament stelle. Coligny dachte aber nicht daran, diesem Verlangen nachzukommen. Denn er fühlte sich über die Autorität auch des höchsten

Gerichts im Staate erhaben. Katharina ließ ihm sagen, daß er einstweilen auf seinen Gütern bleiben solle, und zwar durch den soeben von ihr zum Generalstatthalter des Reiches ernannten Prinzen von Condé: Ehre, wem Ehre gebührt.
Dann wandte sie sich der inzwischen drängendsten Aufgabe zu, nämlich der Vertreibung der Engländer aus Le Havre.
Am 23. Juli 1563 kapitulierte die englische Besatzung, vernünftigerweise, denn sie erhielt freien Abzug. 6000 Engländer konnten sich ungehindert einschiffen und in die Heimat zurückkehren. Im April 1564 unterzeichnete Elisabeth einen Friedensvertrag. Dessen Bedingungen gewährten ihr eine ansehnliche finanzielle Entschädigung für den Verzicht auf ihre Ansprüche aus dem mit den Hugenotten abgeschlossenen Vertrag; sie machte also, da sie nie besessen hatte, worauf sie verzichtete – Calais nämlich – kein übles Geschäft damit. Auch Katharina konnte mit dem an dieser Front erzielten Frieden recht zufrieden sein, denn die Rückeroberung von Le Havre durch die vereinigten Streitkräfte der Krone und der Calvinisten hatte die Sache der nationalen Einigung zweifellos gefördert. Unter dem Jubel der Bevölkerung und der calvinistischen wie der katholischen Soldaten war der junge König Karl IX. an der Seite seiner Mutter in die von der fremden Besatzung befreite Stadt eingezogen.

Befriedung führt nicht unbedingt zum Frieden

In der Begeisterung angesichts des Sieges über den auswärtigen Feind und die scheinbar so gut vorangehende Versöhnung der Franzosen ließ Katharina am 17. August 1563 Karl IX. durch das Parlament von Rouen für volljährig erklären. Das Parlament von Paris protestierte und wies ohne Umschweife darauf hin, daß die Ehre derartiger Erklärungen von Rechts wegen allein ihm zustand; und daß, abgesehen davon, nach geltendem Recht der kaum dreizehnjährige König vorerst auch in Paris nicht hätte für volljährig erklärt werden dürfen. Katharina ließ den Richtern sagen, daß schon in der Vergangenheit, wenn die Lage im Reich es geraten scheinen ließ, ausnahmsweise Könige, die das vorgeschriebene Alter noch nicht erreicht hatten, für volljährig erklärt worden seien. Und daß ihr Verfahren durch diese Präzedenzfälle legitimiert sei, auch wenn diese dem Parlament von Paris anscheinend entfallen seien. Sie sollte das letzte Wort haben.

Dem nun mit seiner ganzen Souveränität ausgestatteten jungen König standen zur Seite einerseits der Kardinal von Châtillon (den Protestanten zuliebe), andererseits (den Katholiken zuliebe) der Kardinal von Guise. Derart unterstützt, erklärte er in seiner Thronrede, daß er nicht gewillt sei, den ihm bisher bewiesenen Ungehorsam weiter zu dulden. Und legte dann die gerade erlangten Vollmachten in die Hände seiner Mutter, welcher er, wie er sagte, die Regierungsgewalt auch in Zukunft noch anvertrauen wolle. Nach dieser Regierungserklärung stieg er vom Thron und trat, seine Kopfbedeckung in der Hand, barhäuptig vor Madame Catherine, die ihm als ihrem König die Reverenz machte, ehe sie ihn als ihren Sohn küßte. Er versicherte sie seiner Liebe und wiederholte feierlich, daß er sich auch in Zukunft ganz von ihrem überlegenen Urteil leiten lassen wolle, daß sie also wie bisher, ja noch unbeschränkter als bisher, die Regierung führen werde.

Dann zeigte sich Karl IX. dem Volk. Er berührte die Skrofeln der Unglücklichen, die der heilkräftigen Berührung der gesegneten Hand des Königs von Frankreich harrten. Einige der von Karl IX. berührten Skrofulösen genasen – was sein Königtum bestätigte. Gleichwohl trat er seine Regierung nicht annähernd mit solcher Prachtentfaltung an wie sein Vater oder Großvater.

Da er nunmehr – de iure jedenfalls – der oberste Gerichtsherr des Landes war, richtete die Familie Guise die Bitte um schleunige Aburteilung Colignys an ihn. Die Guisen trugen dieses Anliegen beim Regierungsantritt Karls IX. zwar nicht zum ersten Mal vor, aber zweifellos besonders eindrucksvoll. Nach der Messe traten alle Mitglieder der lothringischen Fürstenfamilie in tiefer Trauer an den jungen König heran und fielen vor ihm auf die Knie. Man wird sich diese Phalanx schwarzgekleideter Hilfeflehender kaum einschüchternd genug vorstellen können, die tiefverschleierten Frauen neben den Männern, deren Blicke kaum Zweifel daran ließen, daß ihr Verlangen Gewicht hatte. Diese Leute waren die, nach der königlichen, gewichtigste Familie im Land. Neben den Guisen waren sogar die Bourbonen vergleichsweise provinziell, sogar bäurisch. Nur, daß diese den glänzenden, reichen, mächtigen und intelligenten Lothringern die kapetingische Abstammung voraus hatten und damit, trotz allem, Anspruch auf den ersten Rang.

Trotz ihres Kniefalls vor ihm, hatte der junge König einiges von den Guisen zu fürchten. Seit dem Tod des Herzogs war das Oberhaupt der Familie dessen Mutter, Antoinette von Bourbon. Sie war so fanatisch, daß sie einen ihrer Vasallen hängen ließ, als sie erfuhr, daß er unter dem Prinzen von Condé gedient hatte. Ihr eiserner Wille beherrschte Kinder und Kindeskinder und machte ihnen die Rache zur heiligsten Pflicht. Bei dieser Gelegenheit begleiteten sie ihre Schwiegertochter, die Witwe des Ermordeten, Anna von Este, die Brüder des Herzogs, der Kardinal von Guise und der Herzog von Aumale, sowie dessen Kinder Heinrich und Katharina. Heinrich von Guise, der neue Herzog, ehemaliger Spielkamerad Heinrichs von Anjou – und Heinrichs von Navarra – war dem nur wenig älteren König noch der vertrauteste unter den großen Persönlichkeiten, die da knieten – aber ein Freund? Heinrich von Guise war ein schöner Knabe, der bezaubernd sein konnte, wenn er wollte. Herrschsüchtig und stolz, war er allerdings bei den ihn bewundernden Prinzen aus den Häusern Valois und Bourbon auch gefürchtet. Heinrich von Anjou, der jüngere Bruder des Königs und Katharinas Liebling, haßte ihn, seitdem der Guise ihn hatte überreden wollen, ihn nach Lothringen zu begleiten. Margarete von Valois – Schwester des Königs und Heinrichs von Anjou –, die spätere Reine Margot, Gattin Heinrichs von Navarra, schwärmte, als ihr die Augen für männliche Reize aufgingen (noch war das ein paar Jährchen hin), zuerst für Heinrich von Guise.

Ihn unter den Knieenden zu seinen Füßen zu sehen, war für den kleinen König nicht im mindesten beruhigend. Karl IX. begann zu weinen. Aber bei diesen Tränen ließ er's nicht bewenden. Er machte den Bittstellern auch Versprechungen. Er versprach die Einberufung eines außerordentlichen Gerichts, das zur Hälfte aus Mitgliedern des Parlaments bestehen sollte (dies den Guisen zuliebe), zur anderen (um dem Stolz der Familie Châtillon-Coligny zu genügen) aus Angehörigen des Kronrats. Selbstverständlich machte er diese Zusage nicht aus dem Stegreif, sondern sagte, was die Mutter ihm zu sagen aufgetragen hatte, denn der so dramatische Auftritt der Bittsteller war immerhin angekündigt. Handelte es sich dabei doch tatsächlich um ein der Krone in aller Öffentlichkeit gestelltes Ultimatum.

Erwartungsgemäß weigerte Coligny sich, zu erscheinen. Karl IX. ließ ihn nicht zwangsweise vorführen. Und der Gehorsam, auf den er, wie in seiner Thronrede angekündigt, in Zukunft unter allen Umständen bestehen wollte? Der junge König bewies Geduld, räumte sich zur Urteilsfindung in der strittigen Sache eine dreijährige Frist ein. Dieser Aufschub war ganz im Sinne seiner Mutter, obwohl er ihn aus eigenem Ermessen verfügt haben soll, wenigstens begrüßte Katharina ihn in einem ihrer Briefe mit der Bemerkung: »Der König, mein Sohn, hat aus eigenem Ermessen und ohne dazu gedrängt worden zu sein, eine so weise Entscheidung getroffen, daß sein ganzer Kronrat ihn dazu beglückwünscht hat.« Ob nun wirklich aus eigenem Ermessen Karls IX. getroffen oder nicht, im Sinne seiner Mutter war die fragliche Entscheidung zweifellos, aber war sie auch weise? Insofern sie den Calvinisten keinen Anlaß bot, umgehend von neuem zu den Waffen zu greifen, und so einem Bruch des prekären Friedens von dieser Seite vorbeugte, gewiß. Andererseits stieß sie unvermeidlich die Guisen vor den Kopf und mußte beim Volk von Paris, überhaupt bei der katholischen Mehrheit der Bevölkerung, den Eindruck erwecken, als scheue sich der König aus Angst vor dem Verbrecher, Gerechtigkeit walten zu lassen.

Bald darauf wurde Katharina krank. Sie verweigerte dieser Tatsache allerdings ihre Anerkennung, aß gut und reichlich, wie sie es gewöhnt war, und erholte sich wirklich binnen kurzem so weit, daß sie sich um ihre tausenderlei Geschäfte kümmern konnte. So ließ sie jetzt ihrem Entwurf eines Friedensvertrages mit Königin Elisabeth von England gewisse wirtschaftliche Klauseln hinzufügen: Der Handel zwischen Frankreich und England sollte zukünftig frei sein, die Einfuhrsteuer abgeschafft werden – was zweifellos den Handel beleben und der Entwicklung eines gedeihlichen Verhältnisses zwischen den beiden Staaten nutzen würde. Ebenfalls um diese Zeit verfügte sie, daß zukünftig das Jahr am ersten Januar beginnen sollte, anstatt wie bisher zu Ostern. Denn es lag auf der Hand, daß ein bürgerliches Jahr, das anstatt mit einem beweglichen Fest, d.h. jedes Mal mit einem anderen Datum anzufangen, stets mit dem gleichen Datum begann, die bürgerlichen und Staatsgeschäfte erheblich vereinfachen würde.

Wie prekär der im Innern herrschende Frieden tatsächlich war, konnte inzwischen jeder den überall umlaufenden Nachrichten und Gerüchten von immer neuen Mordtaten entnehmen. Im Juni 1563 entkam die Königinmutter selbst nur mit knapper Not einem Mordanschlag. Statt ihrer töteten aber dann Mörder einen ihrer treuesten und vertrautesten Bedienten, Chaury. Diesen Chaury, einen tüchtigen und tapferen Soldaten, hatte Monluc der Königin empfohlen, er hatte die *Enseignes de la Garde*, jene Leibwache für den König aufgestellt, aus der später das französische Garderegiment hervorgehen sollte. Unter den Mördern, denen er zum Opfer fiel, erkannte man Leibwächter Colignys und dessen Freund Mouvans, Hauptmann einer Abteilung gaskonischer Hugenotten. Katharina scheute sich dennoch, direkt gegen die Hugenotten einzuschreiten. Mit Vergeltungsmaßnahmen würde sie nur neue Repressalien herausfordern. Und den eigentlich Verantwortlichen konnte sie, wie sie wußte, nichts anhaben. Die Herren waren ihr zu stark. Leute, die sich allzu hartnäckig anstrengten, Gerechtigkeit walten zu lassen, waren ihres Lebens nicht sicher. Ein Edelmann im Vendôme bot dem dafür zuständigen königlichen Beamten, einem gewissen Miron, seine Hilfe bei der Verhaftung von Mördern an. An den Falschen war er aber mit diesem Anerbieten geraten, wie sich zeigte, als er selbst von den Leuten, die vor Gericht zu bringen er mithelfen wollte, ermordet wurde – nachdem der perfide Miron diesen einen Tip gegeben hatte. Andererseits wurde die neue Prinzessin von Condé (die zweite Gattin des Prinzen), als sie in ihrer Kutsche Paris verließ, von papistischem Pöbel angegriffen. Dabei kam ihr Leibwächter ums Leben, ein Hugenotte namens Couppé. Selbstverständlich schlachteten die Hugenotten diesen Toten für Propagandazwecke aus. Der Prinz erklärte das Vorkommnis, ohne zu zögern, als gescheiterten Versuch der Guisen, seine Frau ermorden zu lassen. Katharina brachte eine Aussprache der Guisen mit dem Prinzen zuwege, bei der sie ihr Bestes tat, beide Seiten mit süßen Worten zu besänftigen. Der Kardinal von Lothringen drohte angesichts der ungerechtfertigten, verlogenen Beschuldigungen, die sich die Hugenotten gegen die Familie erlaubten, umgehend den Hof und Paris zu verlassen. Katharina bat ihn um Geduld, erreichte, daß er blieb und redete weiter allen Beteiligten gut zu. Und so gelang es ihr schließlich, daß unter ihren Augen zum Zeichen der Aussöhnung, der Kardinal von Lothringen, der Prinz von Condé und der Herzog von Nemours brüderliche Küsse tauschten, worauf sie sich leider mehr eingebildet zu haben scheint, als diese Küsse wert waren. Sie schrieb danach nämlich an die Herzogin von Savoyen, ihre alte Freundin, es sei ihr gelungen, diese Großen miteinander auszusöhnen, *»rapoynter ces grands«*, also daß nun auch *»le demeurant«* – der Rest, nämlich das Volk, Ruhe hielte.

Nichtsdestoweniger war sie sich eines Schwunds ihrer Autorität bewußt. Unter den gegebenen Umständen eine über den streitenden Parteien stehende königliche Autorität ungeschmälert zu bewahren, war eine Aufgabe, die keinem Herrscher leicht gefallen wäre. Katharina aber wurde diese Aufgabe zusätzlich dadurch erschwert, daß sie als Vertreterin und Protagonistin der königlichen Autorität den Verleumdungen ihrer Feinde aus beiden streitenden Parteien Angriffsflächen bot, wie sie einladender kaum zu denken waren. War sie nicht ein unzuverlässiges, zu prinzipienfestem Handeln von Natur aus unfähiges Weib? War sie nicht Ausländerin, sogar aus Italien, jener Heimat der schwarzen Kunst und Giftmischerei? Wie sollten da die Protestanten bezweifeln, daß sie im Sinn hatte, Frankreich an Philipp II. von Spanien zu verschachern; oder die Katholiken, daß sie eine Marionette Calvins war. Zumal sie ja offensichtlich nicht geneigt war, den König selbständig regieren zu lassen. Natürlich war Katharina auf diese Verleumdung und Anschuldigungen gefaßt, namentlich auch die letzte, die schwerer als die beiden ersten ins Gewicht fiel, da sie nicht unwiderlegbar war, und sie tat, was sie konnte, sie zu entkräften. Aber wenngleich sie stets Wert auf die Feststellung legte, daß der König diese oder jene Entscheidung aus freien Stücken und nach eigenem Ermessen getroffen habe, täuschten doch ihre diesbezüglichen Erklärungen niemanden. Nicht zuletzt deshalb, weil der König selbst keinen Wert auf Selbständigkeit legte und in allem dem Willen seiner Mutter zu entsprechen wünschte.

Zu verübeln war ihm das nicht, denn während seine Mutter ganz zweifellos zu regieren verstand, war Karl IX. dafür weder sonderlich begabt noch alt genug dazu; im übrigen ein guter Junge, der die Waffen und die Pferde liebte, Ausschweifungen verabscheute, fromm und rein. Wie bei allen Kindern Katharinas war auch seine Gesundheit nicht sonderlich robust, aber, obwohl mager und blutarm, war er doch gut gewachsen und ziemlich groß, seine leuchtenden Augen gefielen. Die Italiener in seiner Umgebung, die die Weissagungen von Chaumont kannten, hatten keine Mühe zu glauben, daß dieser König, so wie es jene Prophezeiungen vorsahen, nicht mehr lange zu regieren hätte. Zwar liebte der Knabe die ritterlichen Leibesübungen, aber er kam leicht außer Atem und hielt Anstrengungen nicht lange durch. Auf Wunsch seiner Mutter lernte er Latein, und er sprach wie alle Mitglieder der königlichen Familie fließend italienisch. Auch hatte er Neigung zur bildenden Kunst und dilettierte als Maler. Aber wie all seinen Geschwistern steckte auch ihm die Schwindsucht in der Brust. In dem Maß, in dem sein Leiden fortschritt und seine Kräfte abnahmen, wurde er reizbarer und gewalttätiger. Schließlich verfiel er nicht selten in Raserei, erlitt wahre Tobsuchtsanfälle, die seine Mutter natürlich in höchstem Maße beunruhigten. Kein Wunder also, daß sie ihm Entscheidungen, wo immer möglich, abnahm. Er verehrte denn auch seine Mutter gläubig, wußte sehr wohl, daß er nur durch sie König war. Und wenn er auch in Zukunft das eine oder andere Mal versuchte, ihr Joch abzuschütteln, kehrte er doch immer schleunigst wieder darunter zurück. Katharina tat, was in ihrer Macht stand, dieses Verhältnis zu verschleiern und der Welt ihren Sohn als selbständig regierenden Monarchen hinzustellen. Zu diesem Zweck empfahl sie ihm, für die Klagen und Bitten seiner Untertanen stets ein offenes Ohr zu haben. »Tragen Sie Sorge, stets mit ihnen zu sprechen, wenn Sie bei ihnen vorstellig werden. So habe ich's Ihren Vater und Ihren Großvater tun sehen, und wenn nichts anderes mehr zu besprechen war, haben sie sich sogar über deren eigene Familienangelegenheiten mit den Leuten unterhalten.« Der Rat war gut, nur scheint die Königinmutter vergessen zu haben, daß die königliche Leutseligkeit Franz I. die eines Königs war, der über eine reale Macht verfügte, die ihr selbst, ebenso wie ihrem Sohn, leider fehlte.

Wie Katharina sich bemühte, ihren Sohn mit dem Prestige und der Autorität Franz' I. auszustatten

In der Tat war der Königinmutter nur allzu schmerzlich bewußt, daß ihr Sohn, obgleich von Gottes Gnaden König, die königliche Autorität nicht entfernt im gleichen Maße besaß wie sein großer Großvater. Und so faßte sie den Plan, mit dem König alle Provinzen des Reiches zu besuchen, um Karl IX. Gelegenheit zu geben, sich als huldreicher Monarch seinem Volk zu zeigen und die Volkstümlichkeit zu verdienen, die Franz I. genossen hatte. Auf diesem Weg hoffte sie zugleich die Bande zu festigen, die die so beklagenswert verfeindeten Parteien im Lande miteinander und mit der Krone der Valois verknüpften. Sie griff mit dem Plan dieser Rundreise auf das alte Prinzip der kapetingischen Monarchie zurück, das die Einheit Frankreichs begründet hatte: Der König muß seinen Untertanen stets zugänglich sein. Das Band der kapetingischen Monarchie war eine persönliche Bindung der Untertanen an den König.

Katharina wollte also dem Beispiel ihres Schwiegervaters folgen. Zu dessen Zeit war die Hauptstadt des Reiches, der Regierungssitz, stets nur der Ort gewesen, an dem sich der König gerade aufhielt: In Reims, in Dijon, in Orléans, in Marseille – als er dort die Hochzeit seines Sohnes mit Katharina gefeiert hatte – und – als er selbst sich dort mit der Schwester Karls V. vermählte – in Mont-de-Marsan. »Zwei Dinge sind notwendig, will man in Frieden mit den Franzosen leben und daß sie ihren König lieben: man muß sie unterhalten und mit Leibesübungen beschäftigen«, pflegte er zu sagen. Franz I. unterhielt die Franzosen mit zahllosen prachtvollen Spektakeln und beschäftigte den stets zur Aufsässigkeit neigenden Adel mit Leibesübungen – Jagden, Turnieren, Scheinkämpfen und Feldzügen, vorzugsweise in Italien. Und da er sich bei all diesen Spektakeln, Scheinkämpfen und Feldzügen immer selbst am rühmlichsten, nämlich am lustigsten und am tapfersten hervortat, dachten die Franzosen nicht daran, sich von ihrem König betrogen zu fühlen, und liebten ihn. Just in dieser wesentlichen Hinsicht war Katharina leider außerstande, seinem Beispiel zu folgen. Heiterkeit und Lebensfreude, wie Franz I. sie bei all seinen öffentlichen Auftritten so herzgewinnend bewies, waren Katharina nicht gegeben, worunter nicht nur sie selbst, sondern auch ihr guter Ruf bei der Nachwelt schwer gelitten hat. Angesichts ihres Werdegangs mag es verständlich sein, daß Leichtsinn ihr schwerfiel – aber daß sie in den meisten Dingen keinen Spaß verstand, keinen Humor hatte, machte es ihr schwerer, sich als Königin der Franzosen zu behaupten. Es hatte es ihr schon schwerer gemacht, sich unter Umständen, unter denen einem in der Tat das Lachen vergehen konnte, in Frankreich einzuleben. Zweifellos hat ihr die Unfähigkeit, sich einmal auch unbeschwert zu amüsieren und andere zum Lachen zu bringen, bei den Franzosen, die diese Fähigkeit mehr als andere zu schätzen wissen, sehr geschadet. Das Volk hätte ihr die Verbrechen, die ihre Verleumder ihr nachsagten, vielleicht gerne nachgesehen, wenn sie nicht unbestreitbar eine Spaßverderberin gewesen wäre.

Sie war freilich zu klug, um nicht zu merken, daß ihr dieser Ruf schadete, und so tat sie, was sie konnte, ihr, man darf wohl sagen *Image* in dieser Hinsicht aufzubessern. Doch die Leute merkten, daß mit den Festen, die sie zu diesem Zweck gab, die Königinmutter nur sie unterhalten wollte, und nahmen ihr übel, daß sie sich selbst dabei nicht amüsierte. Dabei ließ die Prachtentfaltung des Hofes unter ihrer Regierung eigentlich nichts zu wünschen übrig, denn den Repräsentationspflichten der Monarchie widmete sie sich mit großem Ernst – nur ärgerte eben dieser Ernst die Leute. Im übrigen konnten sie aber an der außerordentlichen Schönheit, dem Glanz und der vortrefflichen Demonstrationen königlicher Pracht, die auch die Gesandten der auswärtigen Mächte gebührend beeindruckte, nichts auszusetzen finden. Der Hof der Königinmutter war denn auch nach dem Urteil Brantômes *»un vrai paradis et école de toute honnêteté et vertu et l'ornement de la France«*, »ein wahres Paradies und Schule aller feinen Lebensart und eine Zierde Frankreichs«. Freilich machte sich auch bei der Beurteilung dieses im Grunde allen willkommenen Aufwands der Parteienstandpunkt geltend. Die moralische Überlegenheit über die verderbten Papisten beanspruchenden Hugenotten gaben vor, jenes wahre Paradies als Sündenpfuhl zu verdammen, ziemlich heuchlerisch, wenn man bedenkt, daß der Anführer ihrer Partei, der Prinz von Condé, ebenso wie sein zumindest zeitweilig der reformierten Partei angehörender Bruder Anton und in seiner Jugend auch der nachmalige Berater Calvins, Theodor von Beza, die Freuden dieses Paradieses in vollen Zügen genossen oder genossen hatten. Freilich meinte Antons Kummer gewöhnte Gattin, Johanna von Albret, daß »dort nicht die Männer die Frauen bitten, sondern die Frauen die Männer«: Aber nicht an dieser angeblichen Umkehrung der Geschlechterrollen krankte Frankreich damals, Johanna verallgemeinerte wohl nur unzulässig die Erfahrung ihres Gemahls mit Katharinas Ehrenjungfer, der schönen Rouhet, die bei der Rückkehr des Königs von Navarra in den Schoß der heiligen römischen und apostolischen Kirche die Hand im Spiel gehabt haben soll. Wahr ist allerdings, daß seit den Tagen Franz' I. am französischen Hof schöne, gebildete und natürlich vornehme Frauen eine wichtige Rolle spielten – die unter Katharinas Regie noch wichtiger wurde. Die dreihundert Ehrenjungfern und Hofdamen der Königinmutter widmeten sich der Aufgabe, dem Adel der Nation die Grundzüge feiner Lebensart einzuprägen und Madame Catherines politische Pläne ausführen zu helfen, natürlich unter deren ständiger strenger Kontrolle.

Die Führung des Haushalts der Königin war dementsprechend eine sehr verantwortungsvolle Aufgabe. Daß Katharina sich den Haushalt von einer Frau, der schon erwähnten Gattin ihres Landsmanns Gondi, führen ließ – anstatt, wie bisher üblich, einen Mann in das ehrenvolle und lukrative Amt des königlichen Hausmeisters zu berufen –, gab denn auch zu vielerlei Gerüchten und Verleumdungen Anlaß. Selbstverständlich fiel bei der Verwaltung des beträchtlichen Etats dieses Haushalts auch für die damit betraute Geschäftsfrau allerlei ab, doch war das üblich, alle königlichen Beamten machten sich für ihre Mühen aus den Summen, die ihnen von Amts wegen durch die Hände gingen, selbst bezahlt. Und die Summen, die durch Madame Gondis Hände gingen, waren beträchtlich. Katharina hatte mehrere Hundert Bediente ständig um sich, Tausende von Menschen standen bereit, ihr zu dienen, wenn man das Personal der verschiedenen Residenzen zusammennimmt und dabei die einfachen Dienstboten, Türhüter, Wachen, Lakaien und Kammerdiener mitzählt – das vielköpfige Küchenpersonal, die Stallknechte, die Hofgeistlichen, Sekretäre und so fort. Den Unterhalt insbesondere ihrer Küche und ihrer Ställe ließ Katharina sich eine Menge kosten, denn sie wußte, daß ein gelungenes Festessen weniger kostete als eine gewonnene Schlacht und unter Umständen ihren politischen Absichten nicht weniger förderlich sein konnte. Und ganz abgesehen von ihrer Nützlichkeit als Verkehrsmittel liebte Katharina Pferde – was allerdings die armen Tiere nicht selten teuer zu stehen kam, denn das mit den Jahren stark zunehmende Gewicht der Königin erschöpfte nicht wenige feurige Rosse zu Tode. Nach ihrem vierzigsten Lebensjahr sah Katharina deshalb weniger auf das Feuer als vielmehr auf die Ausdauer ihrer Reittiere und fügte, wenn sie ein Pferd bestellte, stets hinzu, »aber ein starkes muß es sein«.

Man darf sich nach allem den königlichen Haushalt nun aber nicht etwa als einen von buntem Gewühl erfüllten Markt vorstellen, vielmehr war alle Welt darin aufgehoben wie in einer Kaserne. Alle Bedienungen waren streng hierarchisch organisiert, in gegenseitiger Eifersucht wurde über die Vorrechte gewacht, die eigenen, die es zu verteidigen, die fremden, die es zu neiden galt. Das ging nicht ohne Reibungen und sogar gewaltsame Zusammenstöße, doch mit eiserner Faust stellten nach solchen Vorkommnissen die Intendanten gewöhnlich schnell die Ordnung wieder her, die schließlich Voraussetzung der Prachtentfaltung ist. Übrigens muß, wenn wir hier Katharinas Haushalt als königlich bezeichnen, bedacht werden, daß sich der Aufwand der königlichen Familie nicht auf ihn allein beschränkte. Der König hatte, seitdem er für volljährig erklärt worden war, seinen eigenen Haushalt neben dem seiner Mutter. Der dreizehnjährige Heinrich von Anjou und seine jüngeren Geschwister hatten im Rahmen des Haushalts ihrer Mutter aber ebenfalls Anspruch auf einen eigenen Haushalt mit entsprechendem Aufwand.

Am Hof Katharinas von Medici hielt man noch – wie an allen Höfen ihrer Zeit – auf viele Zeremonien, Bräuche und Belustigungen, die man heute gerne der Renaissance nur als Überbleibsel aus dem Mittelalter konzediert. So hielt Katharina für ihre Kinder stets Narren und Zwerge, an deren Possen übrigens auch sie selbst sich vergnügte, ja man kann sogar vermuten, daß der Umgang mit diesem beseelten Spielzeug ihre liebste Zerstreuung war. Verschiedene Zwerginnen waren ihrem persönlichen Gefolge attachiert, und so findet man in Madame Claudes Haushaltsbuch die von *Folle en pied* (Toll zu Fuß), die von *La More* (der Mohrin) und *La Turque* (der Türkin) verursachten Kosten zu den Ausgaben der Königinmutter gerechnet. Gewisse Zwerge genossen das lächerliche Vorrecht, wie richtige Ritter den Degen zu führen. Alle miteinander hatten auch die Zwerge ihren eigenen Haushalt mit sämtlichen Bediensteten, die Leute aus gutem Hause zustanden und einem Haushaltsvorstand, dem Herrn von Bezons, dem stets sein Kaplan folgte, ebenso kleinwüchsig wie er. Eigens zu diesem Zweck bestallte Hauslehrer bildeten den Geist der kleinen Leute, Leibapotheker wachten über ihr leibliches Wohl, und eigens zu ihrem Dienst berufene Schneider kleideten sie so stattlich und prächtig, wie es bei Hof Mode war. Katharina kümmerte sich persönlich mit mütterlicher Fürsorge um diesen winzigen Staat in ihrem Staate, der ihr zweifellos mehr Freude und weniger Sorgen machte als jener, sie überschüttete ihre treuen und witzigen Zwerge mit Geschenken, gab ihnen einen Taler jedesmal, wenn sie zur Beichte gingen, verheiratete sie, stattete die Mädchen mit anständiger Mitgift aus und so fort. Bei Hoffesten sah man ihre schwarzverschleierte, massige Gestalt stets von ihren kleinsten, papageienbunt ausstaffierten und munter wimmelnden Höflingen umgeben. Übrigens zählten auch ein Papagei und eine Äffin zu Katharinas ständigem Gefolge. Und natürlich hatte sie eine Menagerie. Ihr Vetter, der Großherzog der Toskana, Cosimo, hatte ihr ein paar Löwen geschickt, die in Amboise eine neue Heimat fanden. Außerdem besaß sie eine Anzahl mehr oder weniger zahmer Bären. Etliche begleiteten sie, an einem durch die Nase gezogenen Ring geführt, auf ihren Reisen.

Enttäuschung durch das Resultat des Konzils von Trient und Ein wahrhaft königliches Fest in Fontainebleau

Vor der Abreise des Hofes zum Besuch der Provinzen beschloß Katharina, den Großen Frankreichs in Fontainebleau ein Fest zu geben. Damit wollte sie ihnen beweisen, daß sie sich auf dergleichen nicht schlechter verstünde als Franz I., an den in Fontainebleau (diesem französischen Italien!) ja alles erinnerte.
Am 24. Januar 1564 reiste sie mit dem König aus Paris dorthin ab. Das Wetter und der Zustand der Straßen waren der Jahreszeit entsprechend, nämlich kalt, naß und schlammig, doch war man darauf ja gefaßt und nicht zimperlich. Also kam unter diesen Umständen die von ihrem ungeheuren Troß gefolgte königliche Reisegesellschaft auch nur rumpelnd, quietschend, quatschend und tropfend voran.
Am ersten Tag kam sie nur bis Saint-Maur, nicht weit, aber dort konnte Katharina ihr ganzes Gefolge in einem kleinen Schloß versammeln, das sie erst kürzlich erworben hatte. Dieses Schloß von Saint-Maur lag inmitten eines riesigen Schloßbezirks, war aber da-

mals noch sehr bescheiden und wenig komfortabel – später ließ sie es vergrößern und verschönern. Hier erstattete ihr der Kardinal von Guise, der Leiter der französischen Delegation beim Konzil zu Trient, Bericht über die Ergebnisse, zu denen die Konzilsväter nun zum Schluß ihrer Beratungen gelangt waren. Da von diesen Ergebnissen für die Lösung der religiösen Frage in Frankreich zumindest Ansätze zu erhoffen waren, berief Katharina beim Eintreffen des Kardinals sogleich den Kronrat ein.

Doch fand sie – und in dieser Meinung stimmten mehrere ihrer Räte ihr zu – die in Trient gefaßten Beschlüsse ziemlich enttäuschend. Der Kardinal selbst war unzufrieden mit dem, was er auf dem Konzil erreicht hatte. Es war ihm nicht gelungen, die römischen Theologen, die, blind der päpstlichen Autorität ergeben, keine Klausel des gültigen Dogmas der Kirche preisgeben wollten, von der Notwendigkeit von Reformen zu überzeugen, die weit genug gehen würden, die Einheit der Kirche so weit wiederherzustellen, daß, wenn schon nicht die radikaleren Calvinisten, wenigstens die Lutheraner ihr zurückgewonnen werden könnten. Das war umso bedauerlicher, als die deutschen Konzilsväter für die Vorschläge des Kardinals durchaus Interesse bezeugt hatten. Eine Wiedervereinigung der deutschen evangelischen Landeskirchen mit der römisch-katholischen hätte einerseits einen Streitpunkt zwischen dem katholischen Frankreich und den protestantischen deutschen Staaten beseitigt, andererseits die Calvinisten im Inneren isoliert. Zu diesem Zweck war der Kardinal – sowie mehrere französische Bischöfe – bereit gewesen, den Evangelischen in verschiedenen Punkten entgegenzukommen, etwa, zu dulden, daß bei den Gottesdiensten in den Landessprachen gebetet und gesungen würde. In der Frage der Eucharistie stand die Lehre Luthers derjenigen der katholischen Kirche nahe genug, daß der Kardinal hatte hoffen dürfen, mit den Lutheranern darin zu einer für beide Seiten akzeptablen Einigung kommen zu können. Doch wie gesagt, hatte auf dem Konzil der Widerstand des römisch-spanischen Blocks die dahingehenden Absichten des Kardinals von Guise vereitelt. Der Häresie dürfe man weder nachgeben noch ihr entgegenkommen, auch wo sie mächtig sei. Notgedrungen hatte der Kardinal wie alle Entscheidungen des Konzils also auch diese angenommen. Als er nun dessen Ergebnisse insgesamt den Vertretern des französischen Klerus vortrug, regte sich dort Widerstand. Aus diesem

sprach aber weniger Enttäuschung über das Scheitern der ökumenischen Bestrebungen des Kardinals von Guise, als vor allem das immer wache Mißtrauen der gallikanischen Geistlichkeit gegen Rom. Die gallikanische Kirche ließ sich zwar gefallen, daß in Rom das Dogma definiert wurde, betrachtete jedoch schon die von Rom angeordnete Neuorganisation der Geistlichkeit als unzulässige Einmischung in ihre inneren Angelegenheiten.
Katharina stand in dieser Angelegenheit auf seiten der französischen Kirche. Sie bestritt dem Papst sogar das Recht, die der Häresie verdächtigen Bischöfe (wie den ihr als Ratgeber und Diplomat so teuren Bischof von Valence, Monluc) zur Rechenschaft zu ziehen. Ihr Kanzler Michel de L'Hospital andererseits warf dem Kardinal im Kronrat vor, sich nicht zu einer hinreichend toleranten Haltung gegen die französischen Hugenotten verstehen zu wollen. Denn L'Hospital seinerseits unterstützte und inspirierte sogar Maßnahmen, die von erheblichem Wohlwollen der Regierung für die Hugenotten zeugten. Die Guisen hielten den Kanzler für einen Verräter, denn er war noch jüngst einer ihrer eifrigsten Parteigänger gewesen, ein Vasall des Hauses Lothringen gewissermaßen. Inzwischen aber war er ihren Feinden, den Hugenotten, so gewogen, daß er eigenmächtig, ohne den Kronrat oder die Königin zu befragen, den reformierten Pastoren gestattet hatte, Gottesdienste und Versammlungen auch in den Städten abzuhalten. Damit hatte er sich in Widerspruch zu dem Edikt von Amboise gesetzt. Das Parlament weigerte sich denn auch, die Verfügung des Kanzlers zu veröffentlichen. Der Kronrat – in dem Katharina übrigens den Vorsitz ihrem Liebling, dem dreizehnjährigen Heinrich von Anjou, anvertraut hatte – hob jetzt, nachdem er den Antrag des Kardinals von Guise, die Beschlüsse des Konzils von Trient unter die Gesetze des Königreichs aufzunehmen, abgelehnt hatte, auch die ungebührlich hugenottenfreundliche Entscheidung des Kanzlers auf.
Nach Erledigung dieser Staatsgeschäfte in Saint-Maur ging die Reise weiter nach Fontainebleau.
Dort richteten auf Katharinas Wunsch der Konnetabel Montmorency und der Kardinal von Guise die ersten der Festlichkeiten aus, die aus Anlaß der Abreise des Königs in die Provinzen den Glanz des französischen Hofes mit allem Eklat offenbaren sollten. Das von Montmorency gegebene Diner war eindrucksvoll und

schwer. Das Fest des Kardinals von Guise, der sich auf die Veranstaltung von Banketten und Maskenbällen ebenso vortrefflich verstand wie auf Theologie, antike Literatur und Diplomatie, war eine Pracht, man hätte sich in die Zeiten der Madame d'Etampes zurückversetzt glauben können. Katharina präsidierte diesen Festlichkeiten, wie man sie kannte: das fette, gelbe Gesicht von einer weißen Borte gesäumt, kostbare Perlen auf dem schwarzen Samt ihres voluminösen Witwenstaates.

Dann gab sie selbst ein Gastmahl sowie eine Komödie in der Großen Galerie des Schlosses und schließlich einen Ball, auf dem die dreihundert jungen Göttinnen ihres Gefolges in Gold- und Silberbrokat glänzten und ein wahrhaft bezauberndes Schauspiel gaben, desgleichen man auf der ganzen Welt vergeblich gesucht hätte.

Gastgeber des vierten Festes war Heinrich von Anjou. Damit trat der Knabe seine Karriere als Bruder des Königs an und stellte, zumindest in den Augen seiner verliebten Mutter, Karl schon beim ersten Auftritt in dieser Rolle in den Schatten. Nach dem Essen gab es Turniere, Lanzenbrechen und Scheingefechte, bei denen man Marschälle von Frankreich gegen eine Festung aus Pappe anrennen sah, die von jungen Edelleuten zu Fuß verteidigt wurde. Um dem Spektakel mehr Reiz zu geben, hatten sich die Teilnehmer auf italienische Manier maskiert. Bei der Einnahme der Festung flohen leicht bekleidete Nymphen und Göttinnen daraus, um sich dann, von den Eroberern verfolgt, aufs gefälligste erobern zu lassen.

Während des Lanzenbrechens, mit dem die Festlichkeiten traditionsgemäß schlossen, bemerkte man überrascht, daß diese Schaukämpfe gerüsteter Ritter nicht mehr die frühere Begeisterung erregten. Die Sitten wandelten sich, an dieser altertümlichen Vergnügung schien man den Geschmack verloren zu haben. Die Erinnerung an Montgomerys unglücklichen Lanzenstoß mochte freilich hier an der unpassend gedämpften Stimmung des Publikums mitwirken. Katharinas Miene jedenfalls gab allen Anwesenden unmißverständlich kund, daß ihr das Spektakel im Grunde zuwider war und erinnerte jeden daran, daß sie allen Grund dazu hatte. Und so trat sie am Ende dieser Festlichkeiten in Fontainebleau noch einmal ganz unverhohlen so auf, wie man sie kannte – als Spaßverderberin.

Werbefeldzug der florentinischen Krämerstochter für Monarchie und nationale Einheit Frankreichs

Kein anderes Staatsoberhaupt hat jemals, weder vorher noch nachher, Frankreich so eingehend, ausdauernd, schwerfällig, langwierig und so eindrucksvoll für das Volk bereist wie Katharina: Angesichts der damaligen Verhältnisse, des Zustands der Straßen, der immer wieder ausbrechenden Unruhen, während dessen unbeschäftigte Söldnerhaufen das flache Land unsicher machten, scheint es fast unbegreiflich, daß die pompöse Werbekampagne für Monarchie und nationale Einheit nicht nur überhaupt stattfinden, sondern auch reüssieren konnte. Aber so geschah es. Gewisse kleine und manche größeren Städte wurden nur bei dieser einzigen Gelegenheit mit dem Besuch eines Monarchen beehrt. Zwei Jahre lang war der königliche Haushalt auf Achse, wurde Frankreich sozusagen aus dem Koffer regiert, wurden weitreichende politische Entscheidungen in niedrigen Gaststuben, in der rüttelnden Kutsche oder der schwankenden Sänfte getroffen. Unterwegs von einem Ort zum anderen oder in Nestern, die zuvor so große Welt nur vom Hörensagen gekannt hatten, wurden die Botschafter auswärtiger Mächte empfangen, beriet der Kronrat, erließ die Regentin Verfügungen.

Am 13. März 1564 setzte sich der königliche Reisezug in Bewegung. Alle Großen des Hofes folgten der Regentin und dem König, außer Coligny und den Guisen, denen der König geboten hatte, die Entscheidung ihres Prozesses auf ihren Gütern abzuwarten. Damit ihnen aber die Zeit nicht lang würde, hatte Katharina diese Häupter der feindlichen Parteien gebeten, für die Ordnung im Lande zu sorgen. Dazu waren sie ja zumindest insofern berufen, als sie Anstifter der jüngsten Unruhen gewesen waren.

Die Königinmutter reiste in einer mit grünem Samt ausgeschlagenen Kutsche von den Dimensionen eines Wohnzimmers – wo ihr häufig ihre drei Kinder Gesellschaft leisteten – sechsspännig. Wenn dieses tonnenschwere Gefährt einmal umstürzte, was bei dem Zustand der Straßen, über die man reiste, sehr wohl trotz aller Vorsicht vorkommen konnte, waren fünfzig Arbeiter erforderlich, es wieder aufzurichten.

Hinter der Kutsche der Königin folgte die des Prinzen von Condé als des Generalstatthalters von Frankreich.

Doch die Königin reiste nicht immer in ihrer Kutsche. Es standen ihr auch zwei von je vier Pferden getragenen Sänften zur Verfügung. Wenn die Witterung es zuließ, nahm sie, halb liegend, in einer von diesen Platz und gab darin auch Audienzen unter freiem Himmel. Das Reisen in solchen Sänften hatte gegenüber der Fahrt im Wagen für den Reisenden den Vorteil, ihm die Stöße und Püffe der Schlaglöcher zu ersparen – andererseits verursachte das ständige Schaukeln Reisenden, die dafür anfällig waren, unfehlbar Seekrankheit. Um sich auf zuträglichere Weise Bewegung zu machen, ließ denn die Königin nicht selten auch eins ihrer sechs prächtigen Pferde satteln. Hinter der königlichen Reisegesellschaft folgte das Gepäck der Königin in unzähligen, mit goldenen Nägeln beschlagenen schwarzen Lederkoffern, teils auf Karren, teils Maultieren auf den Rücken geschnallt. Da war alles, was die Königin benötigen mochte, greifbar: Ihr Bett, in Stücke zerlegt, konnte leicht überall aufgeschlagen werden, ihre seidene Wäsche, ihre monumentale Garderobe, die silbernen Waschschüsseln und Wasserkannen für ihren persönlichen Gebrauch waren ebenso da wie das goldene und silberne Geschirr für die Festessen, die sie den Honoratioren der kleinen Städte zu geben hatte. Ja sogar die Kostüme und Dekorationen des Hoftheates führte sie mit und zusammenklappbare Triumphbögen, die den königlichen Einzug feierlich gestalten konnten auch an Orten, wo man, weil es an Geld fehlte oder man zu ungeschickt war, versäumt hatte, dem Monarchen aus eigener Initiative welche zu errichten. So darf man sich den königlichen Reisezug wohl unter dem Bild eines Wanderzirkusses vorstellen – um so mehr, als Katharina sich auch von einem Teil ihrer Menagerie begleiten ließ.

Zu dem Gefolge gehörte auch viel einfaches Volk. Hunderte von Pferdeknechten, Stallburschen, Kutschern, Hufschmieden, um nur einen Teil der Arbeitskräfte zu nennen, die unmittelbar den Transport der Reisegesellschaft besorgten. Die Königin hatte unterwegs nicht weniger als fünf Ärzte, fünf Mundschenke und fünf Köche zu ihrer Verfügung, Musiker, die ihr bei Tisch aufspielten und so weiter. Den Begleitschutz des königlichen Reisezuges leistete eine vom Prinzen von Condé befehligte ansehnliche Streitmacht: vier Kompanien Infanterie, eine Kompanie leichte Reiter und ein Regiment französischer Garden unter Befehl von Katharinas Vetter Strozzi. Der Reisekostenabrechnung des königlichen

Haushalts ist zu entnehmen, daß allein das königliche Gefolge über nicht weniger als achttausend Pferde verfügte – die man jedes einzeln und namentlich aufgeführt findet, daneben den Betrag, der für seinen Unterhalt aufgewendet wurde. Will man sich jedoch ein einigermaßen entsprechendes Bild von der Länge und dem Umfang dieser Kavalkade machen, muß man sich zu den Pferden des Königs noch die der königlichen Räte denken, sowie die der Botschafter auswärtiger Mächte, die den spektakulären Umzug begleiteten, um ihren Souveränen zu berichten. Da hieße es, Frankreich sei durch Bürgerkrieg ruiniert, doch siehe – der König von Frankreich zeigt sich seinem jubelnden Volk in einer Pracht, die sich kein anderer Souverän der Welt leisten könnte: So ungefähr hätten sie nach Katharinas Willen berichten sollen.
Tatsächlich kam den Bewohnern der von der königlichen Reisegesellschaft besuchten Orte diese Ehre natürlich teuer zu stehen – nach der Abreise des hohen Besuchs waren sie auf mindestens fünf Jahre ruiniert. Dennoch mochten viele meinen, sie seien trotzdem auf ihre Kosten gekommen. Denn nun hatten sie mit eigenen Augen eine Pracht bewundert, die sie zuvor nur aus ihren Träumen kannten. Katharina hat zweifellos richtig gerechnet, wenn sie bei Antritt dieser Reise darauf hoffte, dem durch den Streit der Adels- und Religionsparteien verunsicherten Volk durch die Demonstration der Macht des Königtums das Vertrauen in die Monarchie wiederzugeben, sich für ihre Kinder der Loyalität des Volkes zu versichern. Ohne Volksreden zu halten oder Salven abfeuern zu lassen und, vor allem, ohne Blutvergießen, stellte sie die königliche Macht und Majestät durch die Pracht dieser Reisegesellschaft zur Schau, mit der ganzen Selbstsicherheit dessen, der die legitime und geheiligte Autorität verkörpert.
Der junge König seinerseits entdeckte umgekehrt im Laufe dieser zweijährigen Reise die Vielfalt, Schönheit und Schätze seines Reiches. Er hatte ja zuvor niemals Berge, große Flüsse, das Meer gesehen. Und er entdeckte die Nation, die Völker, deren König er war, in der bunten Vielfalt ihrer Eigentümlichkeiten, Trachten, Sitten und Gebräuche, gleich nur in ihrer Treuepflicht gegen den König, der die Pflicht hatte, ihre sonstigen Verschiedenheiten gelten zu lassen und alle gleichermaßen zu beschirmen.
Trotz des abenteuerlichen Charakters der Reise Karls IX. durch seine Provinzen, war sie von seiner Mutter sorgfältig geplant. Nur

war von vornherein klar, daß nicht alle Punkte des umfangreichen Programms, das Katharina vorgesehen hatte, wirklich auch eingehalten werden konnten. So wünschte Katharina während des Aufenthalts der königlichen Reisegesellschaft in den Pyrenäen eine Unterredung mit Philipp II., dem König von Spanien. Im Vertrauen auf ihr diplomatisches Geschick hoffte sie, bei einer persönlichen Begegnung mit ihrem schwierigen und gefährlichen Nachbarn und Schwiegersohn familiäre Harmonie und gutnachbarliche Beziehungen herstellen zu können. Mit diesem Wunsch bekanntgemacht, hatte der spanische König seinerseits guten Willen gezeigt, indem er seinen Botschafter in Paris, den Katharina sehr feindlich gesonnenen Chantonnay, gegen den Herrn Francès de Alava auswechselte, der die Anweisung hatte, die nach Philipps Meinung überempfindliche Königinmutter und den König des Wohlwollens seines Herrn zu versichern. In die von Katharina erbetene Unterredung auf den Pyrenäen allerdings willigte er einstweilen nicht ein. Ehe er sich dazu entschiede, wünschte er zu erfahren, worüber die Königinmutter bei dieser Gelegenheit mit ihm reden wollte, ließ er wissen. Jedenfalls werde er aber seiner lieben Gattin nicht das Vergnügen rauben, in der Nähe der spanischen Grenze ihre Mutter zu begrüßen. So weit waren die Verhandlungen über diesen Programmpunkt bei Katharinas Abreise gediehen, aber da einstweilen die Pyrenäen noch in weiter Ferne lagen, konnte sich bis zu ihrer Ankunft dort ja noch vieles ereignen.
Katharina wollte sich zunächst nach Lothringen begeben, um dort ihre mit dem Herzog von Lothringen verheiratete Tochter Claudia wiederzusehen. Claudia erwartete ihr erstes Kind, was die werdende Großmutter gern aus der Nähe gesehen hätte. Andererseits hoffte sie, in Lothringen den neuen Kaiser zu treffen, Maximilian II., und Gelegenheit zu erhalten, mit der Anbahnung verschiedener ehelicher Verbindungen dem zwischenstaatlichen Frieden zu dienen: Einerseits wollte sie für Karl IX., ihren Sohn, um die Hand der ältesten Tochter des Kaisers anhalten, andererseits dem Kaiser als Braut für den Erzherzog Rudolf, seinen Erben, ihre jüngste Tochter, Margarete von Valois, empfehlen.
Unterwegs also nach Lothringen besuchte der Hof zunächst die Stadt Sens, wo er am 14. März 1564 eintraf. Die Stimmung dort war zunächst gefährlich reizbar, denn es war noch kein Jahr vergangen, seitdem man dort Protestanten massakriert hatte. Den-

noch ging der königliche Auftritt ohne ärgerliche Zwischenfälle, allerdings auch ohne Begeisterungsstürme zu entfesseln, programmgemäß über die Bühne, und am 17. März ging die Reise weiter.

In Troyes, wo der nächste Halt eingelegt wurde, war der Empfang schon herzlicher. Schon vor der Stadt tanzten der königlichen Reisegesellschaft Satyrn und Waldmenschen entgegen, bunten Federputz auf den Köpfen, begleitet von Ziegen, Eseln und einem hölzernen Einhorn. Vermutlich sollten diese Wilden die Bewohner von jenseits des Ozeans neu entdeckten Ländern darstellen, wohin Franz I. Jacques Cartier und der Admiral Coligny französische Kolonisten geschickt hatten, die damals aus Brasilien zwar schon wieder von den Portugiesen vertrieben worden waren, in Florida aber noch aushielten. Augenscheinlich war der Ruhm dieser Unternehmungen bis nach Troyes gedrungen, was ihren Majestäten angenehm war, wie überhaupt der patriotische Eifer, den die Bürger von Troyes mit Triumphbögen, Säulen und schmeichelhaften Devisen zum Empfang des Königs und seiner Frau Mutter bewiesen. Da die Monarchen sich dort während der Karwoche aufhielten, wusch nach altem Brauch am Karfreitag der König zwölf armen Männern die Füße, die Königinmutter zwölf armen Mädchen. Auch berührte Karl IX. die Skrofulösen mit der heilenden Hand des Königs von Frankreich, und fromm feierte die ganze Hofgesellschaft, soweit sie katholisch war, mit den Majestäten Ostern. Die Hugenotten feierten ihr Abendmahl draußen vor der Stadt, wie das zweite Edikt von Amboise es befahl. Katharina fühlte sich in Troyes, wo man sie so herzlich empfangen hatte, so willkommen, daß sie einen ganzen Monat dort zubrachte.

Freilich vertrödelte sie diese Zeit nicht. Denn hier wurde der Friedensvertrag mit Elisabeth von England unterzeichnet, sicherlich nicht ohne Rücksicht auf die Tatsache, daß eben hier während des Hundertjährigen Krieges der schmähliche Vertrag unterzeichnet worden war, der den König von England zugleich zum König von Frankreich machte.

Von Troyes endlich reiste die königliche Gesellschaft weiter nach Lothringen; in Bar-le-Duc konnte Katharina endlich ihre Tochter in die Arme schließen und sich der Geburt ihres ersten Enkels freuen, der das Herzogtum Lothringen erben würde. Sie wurde Patin des Kindes und bei dieser Gelegenheit Gevatterin ihres Soh-

nes Karl IX. und ihres Schwiegersohnes Philipp II., der sich bei der Taufe durch einen Sonderbeauftragten vertreten ließ.
Nach zweitägigem Aufenthalt ging die Reise weiter nach Burgund. Zehn Tage war man auf schlechten Straßen unterwegs, dann legte der Hof eine Rast ein, zu der das Kloster Champmol, wo die Grabmäler der dort zur ewigen Ruhe bestatteten illustren Herzöge von Burgund zu besichtigen waren, treffliche Gelegenheit bot.
Und am 22. Mai 1564 hielt man feierlich Einzug in Dijon, der nahegelegenen Hauptstadt des Herzogtums. Gouverneur oder Statthalter war dort der Marschall von Tavannes, Katharinas alter und zuverlässiger Freund. Er empfing und bewirtete die hohen Gäste in großem Stil. Der gute Mann hatte sich den Geschmack seiner unter den Fahnen Franz' I. verbrachten militärischen Jugend bewahrt, weshalb er zur Unterhaltung des Königs und dessen werter Mutter eine ganze Reihe von Turnieren und Schaukämpfen abhalten ließ. Unter anderem bot er ihnen das Spektakel der Erstürmung einer von vier schweren Geschützen beschossenen Festung. Der Lärm dieser Kannonade war so ohrenbetäubend, daß sich Katharina in die Belagerung von Le Havre zurückversetzt glauben konnte. Doch huldigte Dijon den Monarchen nicht nur mit solchen martialischen Veranstaltungen, es gab dort auch Triumphbögen, Festreden, Geschenke. Unter anderem erhielt dort der König eine Goldschmiedearbeit von unschätzbarem Wert, auf der die Taufe Chlodwigs durch den heiligen Remigius eingraviert war, das Ereignis am Ursprung der fränkischen und französischen Monarchie.
Von Dijon ging es an der Saône entlang weiter bis Chalon. Dort schifften sich Ihre Majestäten mit ihrem Gefolge ein und fuhren auf dem Fluß bis nach Mâcon, wo sie an Land gingen. Hier begegnete man schwierigeren Verhältnissen als in Dijon. Die Stadt war katholisch, aber als die königliche Reisegesellschaft dort eintraf, begegnete sie der Königin von Navarra, die vom Leichenbegängnis des am 27. Mai 1564 verstorbenen Johann Calvin aus Genf zurückkehrte. Johanna von Albret hatte nicht weniger als zwölf reformierte Pastoren in ihrem Gefolge. Katharina wies darauf hin, daß deren Anwesenheit in der Stadt gegen das Edikt von Amboise verstieß und ermahnte sie zugleich, ihren katholischen Untertanen im Béarn die Gewissensfreiheit nicht vorzuenthalten, die die Hugenotten in Frankreich trotz der ihrem Kultus auferlegten Beschrän-

kungen genossen. Johanna versprach, in Zukunft größere Toleranz walten zu lassen. Doch das hinderte ihr hugenottisches Gefolge nicht, die am 3. Juni in Mâcon abgehaltene Prozession anzupöbeln, und sie schritt dagegen auch nicht ein. An der Spitze dieser Prozession ging kein Geringerer als der Kardinal von Bourbon. Alles kündigte einen fürchterlichen Ausbruch des gegenseitigen Religionshasses an, den zu besänftigen Katharina überall bemüht war. Um dem vorzubeugen, sah der König (wie gewöhnlich dem Rat seiner Mutter folgend) fürs erste von Repressalien gegen die Unruhestifter ab, bestellte aber drei Tage nach dem Zwischenfall eine Sühneprozession, der in einiger Entfernung seine Truppen folgten, und bei dieser Gelegenheit hatten die Katholiken die Genugtuung, die Leute der Königin von Navarra das Sakrament, das sie drei Tage zuvor verhöhnt hatten, sehr ehrerbietig grüßen zu sehen. Andererseits ließ man alle Kinder der Stadt je zwei und zwei – ein katholisches neben einem protestantischen – an den Majestäten vorbeidefilieren, um so allem Volk kundzumachen, daß der König der König aller Franzosen sei, ohne Unterschied der Religion. Der spanische Gesandte traute seinen Augen nicht, als er dieses königliche Bekenntnis zur Toleranz erblickte.
Johanna von Albret, die für Toleranz so wenig übrig hatte wie der spanische Gesandte, entschloß sich, unverzüglich nach Navarra zurückzukehren, und Katharina hielt sie nicht auf. Sie vertraute aber ihren Sohn Heinrich dessen Onkel, dem Prinzen von Condé, zur ferneren Erziehung an – wagte es also, den Knaben an Katharinas götzenanbeterischen Hof zurückkehren zu lassen, wenn auch zweifellos nicht ohne mütterliche Sorge. Heinrich dagegen, um die seinem Seelenheil drohenden Gefahren wenig besorgt, war wohl zufrieden, in diesen Pfuhl papistischer Laster zurückzukehren. Seitdem ihn nach dem Tod des Vaters die Mutter zu sich genommen hatte, trauerte er in der langweiligen Provinz der glänzenden Gesellschaft des französischen Hofes nach.
Wie in Mâcon waren der König und die Königinmutter überall bemüht, die Leidenschaften zu besänftigen, die jeweils Stärkeren von Übergriffen abzuhalten, den Schwächeren Demütigungen zu ersparen. Dabei wurde ihre Geduld oft auf eine harte Probe gestellt. Auf seiner Reise nach Süden gelangte der Hof nun in die Gegenden, in denen die Reformation die größten Fortschritte gemacht hatte. Unerhörte Ausschreitungen hatten zwei Jahre zuvor in

Lyon stattgefunden. Die Katholiken waren von den Calvinisten aus der Stadt verjagt worden. Genf war hier ja nicht weit und die protestantische Propaganda äußerst rege. Mit einiger Besorgnis also schiffte Katharina sich in Mâcon nach Lyon ein. Welchen Empfang würde man ihr dort bereiten? Ihr war von einem Plan der Lyoner Calvinisten berichtet worden, bei Ankunft der königlichen Familie zu den Waffen zu greifen, um den König mit seiner Mutter und seinen Geschwistern zu ermorden. Katharina gab nichts auf dieses Gerücht, aber da die Calvinisten immer neue Konzessionen in immer gebieterischerem Ton forderten, hielt sie's auch für angebracht, jede gottesdienstliche oder sonstige calvinistische Versammlung im Umkreis von vier Meilen um den Ort, an dem der König sich jeweils aufhielt, streng zu verbieten.
Im übrigen hatte sie schon vor einem Jahr als ihren Gouverneur einen Mann nach Lyon entsandt, auf dessen Loyalität und Tüchtigkeit sie sich verlassen konnte, den Marschall von Vielleville. Dieser hatte unter den Umständen, die er bei seinem Amtsantritt dort vorfand, als vordringlichsten Auftrag die Wiederherstellung des Rechts für die vertriebenen und beraubten Katholiken gesehen. Das war zum guten Teil schon geschehen, aber die calvinistische Gemeinde der Stadt war nichtsdestoweniger noch immer sehr stark, an Zahl und überdies an Qualität, Organisation und Disziplin. Ein königliches Edikt hatte den Reformierten befohlen, die Kapelle der Franziskaner zu räumen, die sie sich als Versammlungsraum angeeignet hatten. Da die Wirksamkeit dieses Edikts sich auf zahlreiche ähnliche Fälle im ganzen Land erstreckte, hatten die Reformierten zu Lyon sich ihm murrend gefügt. Schließlich wollten auch sie Frieden, was sie mit dem freundlichen Empfang bewiesen, den sie den Majestäten in Lyon zuteil werden ließen. Auch in Lyon fand ein Umzug statt, bei dem je ein katholisches und ein protestantisches Kind Seite an Seite gingen, die Katholiken von den Protestanten nur durch ein kleines Kreuz an der Mütze unterschieden.
Vertreter der verschiedenen ausländischen Kolonien der kosmopolitischen Handelsstadt Lyon huldigten den Majestäten. Unter diesen waren bei weitem die Italiener vorherrschend. Die reichen florentinischen Bankiers hatten ja durch ihre Finanzgeschäfte gute Verbindungen zur französischen Krone. Die Bürger der verschiedenen italienischen Stadtstaaten erkannte man an den Farben, die

sie trugen. Die Florentiner trugen Violett, die Lucchesen und Genuesen Schwarz. Diese waren aber am Schnitt ihrer Kleidung zu unterscheiden, da die Bürger von Lucca Roben trugen, die von Genua aber Wams und Hosen. Roben aus schwarzer Seide trugen die Deutschen. König Karl IX. thronte bei diesem Empfang in grünem Wams, weiße Federn auf der grünen Kappe. Neben seinem Bruder Heinrich von Anjou, der in karminrotem, silberbesticktem Wams prangte, wirkte er ernst, ja traurig. Seit Mâcon sah man in Begleitung der Brüder meist auch deren Vetter, den jungen König Heinrich von Navarra, der, vielleicht schon damals zu Katharinas leichtem Unbehagen, keine Bedenken zu haben schien, sich in jeder Hinsicht zur Familie zu rechnen. Jetzt saß er an der Seite des französischen Königs und des Herzogs von Anjou.
Wie immer, wenn man in Lyon den König willkommen hieß, gab es auch diesmal Triumphbögen, allegorische Säulen, heidnische lebende Bilder und Huldigungsadressen. Und wie zu Lebzeiten ihres Gemahls sah Katharina auch jetzt hier überall neben dem Wappen des Königs das des Hauses Medici. Aber die Mondsichel, die zu Heinrichs Lebzeiten überall und nicht zuletzt hier in Lyon stets aufs schmeichelhafteste berücksichtigt worden war, sah sie, sicherlich nicht ohne einige Befriedigung, nun nirgends mehr. Diana lebte noch, gab aber Katharina keine Ursache mehr, sich ihrer noch groß zu erinnern.
Freilich hatte die Königinmutter jetzt andere Sorgen. In Lyon gab ein Besuch des fürchterlichen Barons von Adrets Anlaß zu einiger Besorgnis. Der Mann erhob Anspruch auf Besitz und Verfügungsgewalt über die calvinistischen Gotteshäuser in der Stadt. Katharina versuchte diesmal nicht, eine gütliche Einigung auszuhandeln. Daß Verhandlungen mit Fanatikern dieses Schlages zwecklos wären, wußte sogar sie. Sie schlug ihm also rundweg aus, was er forderte und traf im Verein mit dem Marschall von Vielleville geeignete Vorkehrungen gegen jeden Versuch des Barons, sich das, was er für sein Recht hielt, mit Gewalt zu verschaffen. Ein Teil der Truppen, die die königliche Reisegesellschaft begleiteten, sollte nach deren Abreise zum Schutz der Stadt in Lyon zurückbleiben. Andere politische Geschäfte, die in Lyon zu erledigen waren, betrafen auswärtige Angelegenheiten. Am 24. Juni 1564 wurde auf dem Altar der Kathedrale Saint-Jean der in Troyes mit dem englischen Botschafter ausgehandelte Friedensvertrag beschworen.

Der Gemahl ihrer lieben Freundin Margarete (Katharina war sehr glücklich, sie in Lyon wiederzusehen) suchte die Königinmutter zu überreden, ihm zuliebe auf Pignerol zu verzichten, eine der letzten Festungen, die Frankreich in Italien besaß. Doch den Wunsch erfüllte Katharina dem Herzog von Savoyen nicht, denn als Kaufmannstochter wußte sie Freundschaft und Geschäft sehr wohl auseinanderzuhalten. Statt dessen ernannte sie ihn ehrenhalber zum Hauptmann einer Kompanie. Damit kam er noch besser weg als Alfonso d'Este, der Herzog von Ferrara, der sich ebenfalls in der Hoffnung, das eine oder andere von ihr zu erhalten, in Lyon eingefunden hatte. Bald nachdem er seine Wünsche vorgetragen hatte, brach jedoch die Pest aus und die königliche Reisegesellschaft suchte spornstreichs das Weite, ohne daß ihm das Geringste gewährt worden wäre. Immerhin kam er mit dem Leben davon, während in Lyon binnen weniger Tage die Pest 25000 Menschen dahinraffte.

Zu Roussillon, am Ufer der Rhône, schlug der Hof sein nächstes Lager auf. Da hier sonst nichts zu tun war, wurde der Kronrat zusammengerufen, und man beschloß eine Reihe von neuen Gesetzen, die in der Mehrzahl der Stärkung des Königtums dienten. In Zukunft, so wurde hier angeordnet, sollten die Städte ihre Bürgermeister und anderen Beamten doppelt wählen: so daß dem König die Wahl bliebe, die eine oder die andere Liste nach seinem Gutdünken zu bestätigen. Niemand redete von Absolutismus, doch auch mit dieser Verordnung kam die französische Monarchie diesem Ziel einen Schritt näher. Das Edikt von Amboise wurde um verschiedene zusätzliche Bestimmungen präzisiert, insbesondere wurden Strafen festgesetzt für Verstöße gegen das Verbot, calvinistische Gottesdienste an nicht autorisierten Orten abzuhalten. Außerdem wurde nun das Urteil des Konzils zu Trient über die Priesterehe in die Gesetzgebung des Königreichs übernommen: Alle von Priestern geschlossenen Ehen wurden annulliert, den Priestern vorgeschrieben, sich von ihren Gattinnen zu trennen, andernfalls sie das Land zu verlassen hätten. Doch wurden in Roussillon nicht nur solche Maßnahmen zur Verteidigung der Orthodoxie beschlossen. Auch den Häretikern sollte nicht streitig gemacht werden dürfen, was das Edikt von Amboise ihnen zubilligte: Die königlichen Beamten wurden angehalten, den reformierten Kultus an den Orten, wo er genehmigt war,

nicht allein zu dulden, sondern auch vor Störungen zu schützen.
Abgesehen von diesen Anstrengungen zur Aufrechterhaltung geordneter Verhältnisse im Land beschäftigten die Königinmutter zu Roussillon wieder einmal Heiratspläne. Es war ja der Prinz von Condé zu verheiraten. Wie schon oben berichtet, vermählte dieser sich schließlich mit Mademoiselle de Longueville, die das Haupt der hugenottischen Partei, der Admiral von Coligny, ihm zuführte. Katharinas also zum Scheitern verurteilter Plan sei hier nur erwähnt, weil er verrät, wieviel ihr darin gelegen war, den Prinzen von Condé an die katholische Partei zu binden. Sie wollte ihn nämlich mit der Witwe des Herzogs von Guise verehelichen. Anna von Este war von königlichem Geblüt, also eine gute Partie. Nichtsdestoweniger mutet Katharinas Projekt ziemlich verwegen an – war nicht der Prinz ein Verbündeter, ja Freund des Mannes, den die verwitwete Herzogin beschuldigte, die Ermordung ihres Gemahls angeordnet zu haben?
Am 16. August setzte der Zug seine Reise nach Süden fort, durchquerte Romans und erreichte schließlich die große Stadt Valence. Deren jüngste Vergangenheit hatte sie zu einem bei den Katholiken im Reich sehr übel berüchtigten Ort gemacht. Zwei Jahre lang hatte der Baron von Adrets in Valence gehaust und von dort aus die katholische Bevölkerung der Umgebung terrorisiert. 1562 war er aus der Stadt vertrieben worden, aber die Wunden, die er ihr geschlagen hatte, waren noch keineswegs verheilt. Dennoch oder vielleicht gerade deshalb, wurden in Valence die Majestäten sehr freundlich empfangen. Katharina hatte man ein Standbild errichtet, das sie als Minerva, die Göttin der Weisheit, darstellte, was schließlich doch wohl als Anerkennung ihrer stets auf Frieden zielenden politischen Bemühungen durch die Bürger der Stadt verstanden werden durfte. Leider zog sich der König in dem schönen, windigen Klima dieses Orts eine lästige Bronchitis zu. In Erwartung seiner Genesung lagerte die königliche Reisegesellschaft sechs Tage lang auf freiem Feld, ehe sie sich wieder auf den Weg machte. Unterdessen trugen ihm und seiner Frau Mutter die Hugenotten von Guyenne die Klage vor, daß die Behörden ihrer Heimat die ihnen aus dem Edikt von Amboise zugebilligten Rechte bestritten. Katharina und ihr Sohn, der König, richteten umgehend eine Ermahnung an Monluc, in Zukunft besser dafür zu sorgen, daß auch

in Bordeaux und der ganzen Provinz Guyenne die Bestimmungen des Edikts von Amboise sowie die kürzlich dazu in Roussillon erlassenen aufs Wort befolgt würden. Der Ton dieser Ermahnung läßt keinen Zweifel daran, daß sie den größten Wert auf die genaue Anwendung ihres »Befriedungs-Edikts« legte.

Der Weg der königlichen Reisegesellschaft führte nun durch Gegenden, wo ihr, und damit dem Frieden im Reich, Gefahren drohten, die Katharina nicht unterschätzen durfte und auch nicht unterschätzte. Das Fürstentum Orange war eine Hochburg der Reformierten. In Montélimar und in Orange hing fast die ganze Bevölkerung dem Calvinismus an und war dem katholischen Königshaus wenig zugetan. Katharinas Gouverneur in Orange, Guillaume de Crussol, hatte zwar seinen Auftrag, den Frieden dort zu wahren, bisher recht und schlecht erfüllen können, aber dieser Frieden hing sozusagen am seidenen Faden. So vermied Katharina in der fraglichen Gegend jede Provokation, die diesen Friedens- und Geduldsfaden hätte zerreißen können. In aller Eile, ohne Aufenthalte, ja ohne auf Begrüßungsfeierlichkeiten zu bestehen, durchquerte die königliche Reisegesellschaft Montélimar und Orange. Wenn die zahlreichen und aggressiven Calvinisten von Orange sich bei einem Aufenthalt der Majestäten in ihrer Stadt irgendwelche Übergriffe hätten zuschulden kommen lassen, hätte die königliche Eskorte gegen sie einschreiten müssen. Mit einem Blutbad freilich wäre niemandem gedient gewesen. Also schonte Katharina die Empfindlichkeiten der Calvinisten von Orange, indem sie auf Ehren verzichtete, die ihr von Rechts wegen zustanden.

Am 23. September langte der Zug in Avignon an, wo man ruhiger atmen konnte. Avignon war ja päpstlich – erst 1791 wurde die Stadt der französischen Republik einverleibt –, der französische König war hier also im Ausland, und zwar, wie man keine Mühe scheute, ihm zu beweisen, im befreundeten Ausland. Der päpstliche Nuntius bereitete den Majestäten einen glänzenden Empfang. Die Straßen waren beflaggt, Triumphbögen und Statuen, die deren unterschiedliche glänzende Tugenden verkörperten, huldigten den hohen Gästen. Nach der Mode der Zeit war auch hier das zur Begrüßung der Majestäten aufgebotene emblematisch-allegorische Personal zwanglos aus Heiligen der Kirche und heidnischen Göttern gemischt, und so sah man Neptun höchstpersönlich allem

Volke und dem staunenden Hof verkünden, wie Karl IX. berufen sei, den Ruhm des Lilienbanners in Übersee zu verbreiten und Afrika wie auch Asien zu unterwerfen. Dies dem armen Jungen, dem bei der Krönung in Reims die Krone zu schwer gewesen war! Vor dem Papstpalast erhob sich eine Pyramide, an deren Spitze eine Wolke haftete, aus der eine hübsche Person auftauchte – DIE WAHRHEIT (der allein selig machenden Kirche), die sich einer anderen hübschen Person in die Arme warf, welche aus einem neben der Pyramide ragenden Berg aus Pappmaché sprang und die DIE GERECHTIGKEIT (des Königs) war. All das erfreute das Volk und die Majestäten, die denn auch gutgelaunt dem stundenlangen Vorbeizug der Mönche aller Klöster und aller Pfarreien der Stadt zuschauten. Am 28. September präsidierte in der Kirche *Notre-Dame-des-Doms* der König der Stiftsversammlung des königlichen Michael-Ordens, die ein höchst glanzvolles Ereignis war, dem zu Ehren die Reisenden ihre prächtigsten Gewänder und Geschmeide aus den großen, schwarzen, goldbeschlagenen Koffern hatten nehmen lassen. Auch die in Avignon wieder zum Hof gestoßenen Herzöge von Savoyen, von Lothringen und von Ferrara wohnten diesem Ereignis mit ihrem Gefolge bei, was dessen Glanz noch erhöhte.
Auch in Avignon freilich waren politische Gespräche zu führen. Katharina ließ den König, ihren Sohn, dem päpstlichen Nuntius sein Bedauern darüber ausdrücken, daß in der päpstlichen Stadt die Reformierten keinerlei Religionsfreiheit genossen. Weshalb wurde nicht auch hier, zum Besten aller, entsprechend den Bestimmungen des Edikts von Amboise verfahren? Karl IX. erklärte sich zum Schirmherrn der Reformierten in Avignon. Der Nuntius wurde genötigt, alle nur wegen ihrer Religion Verurteilten zu amnestieren und denjenigen, deren Eigentum strafweise beschlagnahmt worden war, ihren Besitz zurückzugeben. Des weiteren willigte der Nuntius ein, die unterbrochenen Handelsbeziehungen zwischen Avignon und der Ketzerhochburg Orange in Zukunft wieder zu gestatten. Schon als Kaufmannstochter wußte ja die Mutter Karls IX., daß der Handel die Sitten besänftigt. Andererseits wurde gegen Übergriffe der Calvinisten aus Orange dem päpstlichen Regenten von Avignon der Schutz der königlichen Armee versprochen. Diese Verhandlungen dienten zuletzt auch dem Zweck, dem Nuntius und dem Papst zu bedeuten, daß,

wenngleich Avignon dem Namen nach päpstliches Hoheitsgebiet und für den französischen König mithin Ausland war, der französische König doch de facto hier die Rechte und Pflichten des Souveräns wahrzunehmen gedachte.
Nach drei Wochen eines alles in allem erfreulichen und festlichen Aufenthalts am Ort der einstigen babylonischen Gefangenschaft der Kirche setzte am 16. Oktober der königliche Zirkus seine Wanderung fort. Durch die öde Kieselwüste des Crau nahm der Zug Richtung auf das Städtchen Salon. Der Ort war unbedeutend und zudem damals noch von mehr als der Hälfte seiner Einwohner verlassen, aber den Reisenden deshalb nicht ungefährlicher als das aufsässige Orange, denn dort wütete die Pest. Vom Kommen des Königs unterrichtet, hatten aber die Amtsleute der Stadt tapfer dort ausgehalten und sogar einen Teil ihrer flüchtigen Mitbürger überreden können, zu einem würdigen Empfang der Majestäten zurückzukehren.
Man kann allerdings fragen, weshalb Katharina sich, den König und ihr vielköpfiges Gefolge der entsetzlichen Gefahr aussetzte, die sie dort bedrohte. Die Antwort darauf folgt aus ihrem grenzenlosen Vertrauen in die Prognosen des Futurologen, den sie in Salon besuchen wollte. Denn in keiner der Weissagungen des weisen Nostradamus war je von Salon die Rede gewesen. Sie wußte also, daß ihr dort nichts passieren konnte. Doch andererseits wußte sie, daß ihr der Tod in Saint-Germain drohte, und daß ihr Sohn erst nach dem Konnetabel sterben, dieser aber mindestens neunzig Jahre alt werden würde, von denen er nur gerade achtzig hinter sich hatte. In Salon konnte also weder ihr noch dem König viel Schlimmes passieren. (Wenn auch eine andere Prophezeiung sie beunruhigte, die besagte, daß Karl IX. nach einer Abreise aus Avignon sterben würde. Doch hatte schließlich unleugbar der Konnetabel erst kürzlich das achtzigste Lebensjahr vollendet.)
Und so langte man in Salon an. Nach dem feierlichen Empfang erboten sich die Honoratioren, den Majestäten die Reste der antiken Herrlichkeit ihrer Stadt zu zeigen, doch hatte ja zu ihrem Abstecher in das verpestete Salon nicht archäologische Neugier die Königinmutter gereizt, und so wehrte Karl IX. das Anerbieten der guten Leute mit der schroffen Erklärung ab: »Wir sind hier, um Nostradamus zu besuchen.«

Wie die meisten Überzeugungen seiner Mutter hatte sich der König wohl auch die von der Unfehlbarkeit der Prophezeiungen des berühmten Mannes zu eigen gemacht. So betraten denn die beiden dessen Studierzimmer, wahrscheinlich mit der Scheu von Leuten, die zwar gewiß sind, jemandem zu begegnen, der ihnen die ganze Wahrheit offenbaren kann, aber keineswegs sicher, daß sie diese auch hören wollen.
Katharina wollte hören, daß die Aussage des magischen Spiegels in Chaumont vielleicht doch einer anderen Interpretation zugänglich wäre als der, die ihr, seitdem sie sie vernommen hatte, schlaflose Nächte bereitete. Hieß, was man dort gesehen hatte, wirklich unzweideutig, daß unabwendbar der Thron ihrer Kinder zuletzt dem verfluchten Heinrich von Navarra bestimmt war? Leider ja, soll Nostradamus auf ihre ängstliche Frage geantwortet haben, so stünde es, deutlich lesbar für jeden, der sie zu lesen verstünde, auch in den Sternen. Katharina soll den Weisen ersucht haben, die fragliche Zukunft wenn möglich auch noch auf einem dritten Wege zu erforschen, denn sie wolle ganz sicher gehen. Nostradamus habe sie daraufhin gebeten, den Herzog Heinrich von Anjou rufen zu lassen, er wolle die Disposition der Leberflecken auf dessen Körper studieren, denn auch diese werde über sein Schicksal Auskunft geben. Heinrich ängstigte sich vor dem gichtigen Greis im schwarzen Samtmantel, der ihn, auf einen Stock mit silbernem Knauf gestützt, aus brennenden schwarzen Augen musterte. Als dieser ihn dann aufforderte, sich zu entkleiden, wußte er, daß von dem Alten nichts Gutes zu erwarten war, und gab Fersengeld. Nostradamus ließ ihn laufen. Doch in der Nacht suchte er das Lager des schlafenden Knaben auf. Als dieser erwachte, erklärte der fürchterliche Alte ihm, daß er gekommen sei, ihn zu untersuchen, wie seine Frau Mutter es wünsche, schmerzlos werde die Untersuchung sein und ihm nicht schaden. Der verängstigte Prinz ließ ihn gewähren. Und danach erklärte Nostradamus der Königinmutter, daß der Befund die Aussage des Spiegels bestätige. Die Konfiguration der Leberflecken entspreche vollkommen der Schrift der Sterne, ohne Zweifel also werde König Heinrich von Navarra auf den Thron von Frankreich gelangen.
Sicher ist, daß Katharina sich fortan bemühte, den ihr verhaßten König von Navarra als Gemahl für ihre Tochter Margarete zu gewinnen. Freilich ließen ihre Bemühungen, die Tochter unter die

Haube zu bringen, andere Möglichkeiten keineswegs außer acht. Denn selbst angenommen, daß sie nach jener Unterredung in Salon die große Zukunft kannte, die Heinrich von Navarra erwartete, hatte sie doch keine Ursache, an der großen Zukunft des Prinzen Carlos zu zweifeln, von dem bei der so aufschlußreichen Unterredung, soweit wir wissen, nicht die Rede gewesen war; weshalb man es auch unter den angenommenen Umständen nur vernünftig finden wird, daß sie sich den Erben der Krone von Spanien als Schwiegersohn auch gerne gefallen lassen hätte.

In Aix-en-Provence wütete, als die königliche Reisegesellschaft dort anlangte, nicht die Pest, aber unbehaglich war es auch dort, vielleicht unbehaglicher. Denn hier war nach dem Rechten zu sehen. Das Parlamet von Aix – das sich ja noch zu Lebzeiten Franz' I. der furchtbaren und durch nichts gerechtfertigten Verfolgung der Waldenser des Delphinats schuldig gemacht hatte – hatte sich neuerdings bei der haßerfüllten Verfolgung von Bürgern reformierter Religion so eklatante Rechtsbrüche zuschulden kommen lassen, daß selbst das Parlament von Paris, das niemand heimlicher Sympathien mit den Häretikern bezichtigen konnte, sich genötigt gesehen hatte, dagegen einzuschreiten. Das gesamte Parlament von Aix wurde suspendiert und sollte durch Juristen aus Paris abgelöst werden, was am 24. November 1564 auch wirklich geschah. Der vom König ernannte neue Präsident Morsan eröffnete sofort Verfahren gegen zweitausend Personen, die strafbarer Angriffe gegen Reformierte angeklagt wurden.
Leider honorierten die Calvinisten das königliche Bemühen um Gerechtigkeit auch für sie nicht in der erhofften Weise. Die Anführer der Partei hatten, wie ihr berichtet wurde, in Paris Truppen bewaffnet, schon kurz nach ihrer Abreise. Sie werde keine neuen Unruhen dulden, gleich von wem diese ausgingen, hatte Katharina am 17. April an Coligny geschrieben, sondern mit allen Mitteln gegen die Unruhestifter einschreiten ohne Ansehen der Religion, Person noch andere Rücksicht als allein derjenigen auf die Bewahrung der Ruhe im Staat.
Katharinas Bemühen, beiden Religionsparteien im Staat Gerechtigkeit zuteil werden zu lassen, ist ihr auch von der Nachwelt selten hoch angerechnet worden. So hat man häufig das Verdienst an ihrer Politik des Friedens und der Toleranz zu einseitig ihrem

Kanzler Michel de L'Hospital zugeschrieben. Dieser war zweifellos ein durch große Tugenden und Geistesgaben ausgezeichneter Ehrenmann, und in der Tat hätte Katharina keinen Besseren finden können, ihr bei der Durchsetzung der ihr vorschwebenden Ziele beizustehen. Doch schließlich traf sie selbst die Entscheidungen, die stets darauf zielten, den Fanatismus der Katholiken und der Calvinisten gleichermaßen zu zügeln. Michel de L'Hospital auf sich gestellt, hätte vielleicht weniger Gerechtigkeit walten lassen, denn er neigte dazu, die Calvinisten zu begünstigen, weshalb er auch der katholischen Partei in Frankreich – wie Philipp II. – verdächtig war. Der einstweilen in Frankreich noch herrschende Frieden war also im wesentlichen doch Katharinas Werk.
Am 27. Oktober 1564 langten die Majestäten, aus Aix kommend, in Brignoles an, wo man hätte meinen können, über die von Parteienhaß zerrissene Welt hinaus in ein jenseitiges Elysium gelangt zu sein. Hier tanzten junge Mädchen in anmutiger Tracht leichtfüßig und ausgelassen für den König, die Königinmutter und ihr Gefolge, und wie diese bezaubernden Nymphen lächelte hier die ganze Natur. Man wandelte unter Palmen und sah im dunklen Laub die Goldorangen glühen, damals noch eine Neuheit, denn erst 1548 hatten die Portugiesen die ersten Setzlinge dieses Baums aus China nach Europa mitgebracht, doch war er in der schon zuvor gesegneten Provence schnell heimisch geworden. Die Reisenden genossen den Süden, einige Tage lang ungestört von Politik, in vollen Zügen, man ist versucht zu sagen, daß sie Urlaub machten, zumal sie drei Tage später, zu Allerheiligen, tatsächlich am Meeresstrand lagerten. Auch für Katharina dürfte der Anblick dieses Meeres, über das vor dreißig Jahren die päpstlichen Galeeren sie nach Marseille geführt hatten, tief bewegend gewesen sein. In Hyères erwarb sie ein Grundstück mit Seeblick, um dort zu bauen – sie kam nicht dazu, aber das hat die Nachwelt nachgeholt.
Am 6. November wurden die Majestäten in Marseille von der königstreu und gut katholisch gesinnten Bevölkerung begeistert willkommen geheißen. Selbst der Botschafter Philipps II. war voll Bewunderung angesichts des Überschwangs, mit dem hier die Krone und die Kirche gefeiert wurden. Der König besuchte in großem Staat die Messe. Da das Protokoll seinem Vetter Heinrich von Navarra das zur Pflicht machte, begleitete dieser ihn zur Kirche, versuchte aber, aufgrund der Ermahnungen seiner streng refor-

mierten Mutter, seine Anwesenheit bei der Messe zu vermeiden, indem er unter der Kirchentür stehen blieb. König Karl IX. aber riß dem navarresischen Amtskollegen den Hut ab – ihn ärgerte dessen negative Frömmelei, und Geduld gehörte nicht zu seinen Stärken – und schmiß die calvinistische Kopfbedeckung in die Kirche. So mußte denn auch der Ketzer wohl oder übel dem Altarsakrament Ehre erweisen. Andererseits hatte der Herr Francès de Alava in Marseille aber Gelegenheit, sich auch über das Benehmen des allerchristlichsten Königs zu entrüsten. Bei heiterem Himmel und glatter See wurde nämlich vor Marseille eine Seeschlacht veranstaltet. Den Sieg dabei mußte natürlich die vom König befehligte Flotte erfechten, weshalb der König und seine Mannschaften sich als Türken kostümierten, vermutlich um der größeren Wahrscheinlichkeit des Scheingefechts willen. Der spanische Botschafter war gleichwohl zutiefst entrüstet. Der französische König und seine Hofleute als Ungläubige brüsteten sich mit dem Triumph über eine christliche Galeere! Der Botschafter Philipps II. wünschte, das abominable Schauspiel wäre seinen beleidigten Augen erspart geblieben.

In Arles fand sich die Reisegesellschaft von der Hochwasser führenden Rhône an der Weiterreise gehindert. Fast einen Monat lang lagerte sie also dort am Ufer des Flusses. Die Fürsten und ihr Gefolge bewunderten hier die mutigen Bewohner dieser Gegend, die mit bloßen Händen gegen wilde Stiere antraten und diese niederrangen. Katharina machte sich allmählich Sorgen wegen des Empfangs, den man ihr im Languedoc bereiten würde, wo die Reise nun hingehen sollte. Ihr Befriedungsedikt hatte in dieser Provinz, die von jeher jede Gelegenheit wahrgenommen hatte, gegenüber der königlichen Autorität ihre alte Eigenständigkeit herauszukehren, leider wenig Frieden gestiftet. Das Parlament dort wollte, wie sie erfahren hatte, von Toleranz nichts wissen. Sie würde also dort ihren Willen durchsetzen und die Behörden zwingen müssen, die Koexistenz der beiden Bekenntnisse unter der königlichen Autorität zu gewährleisten.

Endlich ging das Hochwasser der Rhône so weit zurück, daß es bei Tarascon schon möglich wurde, den Fluß zu überqueren. In Tarascon, am provenzalischen Ufer des Flusses, war der reformierte Kultus verboten, wenn man auch den Hugenotten dort gestattete, ihre Kinder zu taufen und ihre Toten zu begraben, was aber nachts zu geschehen hatte. In Beaucaire dagegen, auf der anderen Seite des Flusses wie in der ganzen dort angrenzenden Gegend, die schon zum Languedoc gehörte, empfingen die sehr selbstsicheren Reformierten die königliche und katholische Reisegesellschaft mit Geschrei und Schmähungen. Man ließ die Leute schreien.

Überrascht war man dagegen, in der überwiegend protestantischen Stadt Nîmes sehr herzlich empfangen zu werden. Die Stadt hatte keine Kosten gescheut, sich für die Majestäten würdig herauszuputzen, und die Spektakel, mit denen sie ihre Gäste belustigte, waren sehenswert, insbesondere ein Berg, der sich spaltete und ein gewaltiges Krokodil entließ, das auf den zwölf Beinen der sechs darin verborgenen Männer eine allgemein bejubelte Platzrunde machte. Klagen hatten die Reformierten von Nîmes allerdings auch. Der König hörte sie an und versprach, Abhilfe zu schaffen. Umgehend ernannte er einen Beamten, der die Aufgabe hatte, den vom Gouverneur des Languedoc verfolgten Reformierten zu ihrem Recht zu verhelfen. Und so reiste über Aigues-Mortes der Hof weiter nach Montpellier, wo er am 17. Dezember 1564 eintraf.

Erst ein Jahr vorher hatten die Truppen des Gouverneurs die Stadt dem König und die der alten Kirche treu gebliebenen Bewohner die Religionsfreiheit zurückerobert. Denn jahrelang hatten hier die Calvinisten die Oberhand gehabt, die Kirchen verwüstet und für den katholischen Gottesdienst geschlossen und jeden, der trotzdem nicht auf die heilige Messe verzichten wollte, drangsaliert. So empfing dieser Teil der Bevölkerung die königlichen Gäste jetzt mit dankbarem Jubel. In Montpellier feierten die Majestäten und ihr Hof mit diesen Leuten sehr festlich die Geburt des Herrn. Die Behörden organisierten großartige Prozessionen, an denen jeder Bewohner der Stadt unter Androhung hoher Geldstrafen bei Verstoß gegen die Anordnung teilnehmen mußte. Ganz offensichtlich war die Begeisterung über die Wiederherstellung der Macht der allein seligmachenden Kirche in Montpellier nicht einhellig.

Katharina scheint den Aufenthalt dort nicht sehr behaglich gefunden zu haben, schon gleich nach Weihnachten reiste man weiter und kam am 4. Januar 1565 nach Béziers.

Unbehaglich war es auch dort. An der Oberfläche zwar herrschte Ruhe, aber daß es unter dieser glatten Oberfläche brodelte, war an vielen Indizien abzulesen. War es provinzielle Beschränktheit oder schlaue Bosheit, die den Bürgern von Béziers die Idee eingab, die Königinmutter mit einem Spektakel zu unterhalten, bei dem man eine leichtgeschürzte Diana, ihre emblematische Mondsichel an der Stirn, von Satyrn verfolgt in ein Gehölz fliehen sah? Nicht nur boshaft, sondern geradezu frech war es jedenfalls, wenn die Leute von Béziers dem König die Vertreibung der königstreuen katholischen Truppen aus ihrer Stadt durch das protestantische Heer – die sich während des vergangenen Bürgerkriegs wirklich ereignet hatte – in einem Freilichtspiel als großartigen Sieg hinstellten.

Ehe es zu den unter diesen Umständen naheliegenden Zwischenfällen kam, die leicht fürchterliche Konsequenzen hätten haben können, war der Hof bereits nach Narbonne unterwegs. Dort erfreuten sich, wie es schien, die Kirche und das Königtum noch allgemeiner Hochachtung. Katharina fühlte sich in Narbonne so sicher, daß sie, nachdem man in der Hauptkirche die Ankunft der Heiligen Drei Könige an der Krippe gefeiert hatte, mit ihrem Gefolge zu einer kleinen Seereise an die Küste Kataloniens aufbrach. Unter anderen begleiteten sie bei diesem Abstecher der Kardinal von Bourbon, der Hauptmann ihrer Leibwache, nämlich ihr Vetter Strozzi, sowie der Gouverneur von Bordeaux, François de Peyrusse des Cars, der dem Hof nach Narbonne entgegengereist war. In Salce, einem kleinen Hafen, der damals dem spanischen König gehörte, ging Katharina an Land und bewunderte die Orangen-, Apfelsinen- oder Pomeranzenbäume im Garten des Gouverneurs. Dabei gedachte sie ihrer fernen Tochter Elisabeth, denn, wie sie an Monsieur de Saint-Sulpice, ihren Botschafter in Madrid, schrieb, war es ihr in Salce ein Vergnügen gewesen, wenn sie schon die liebe Tochter nicht bei sich haben konnte, so doch wenigstens auf deren Boden zu wandeln.

Weniger erfreuliche Assoziationen hatte der Boden der Gegenden, über die anschließend auf der französischen Seite der Pyrenänen die Reise zu Lande weiterging. In Carcassonne, wo man am 12. Januar 1565 eintraf, lagen noch die Greuel in der Luft, die sich im vergangenen Jahr dort ereignet hatten. Der Henker der Stadt hatte mehrere Reformierte lebendigen Leibes geschunden und, damit nicht genug, hatte er, wie man liest, auch die Leber eines von diesen gegessen »und einen armen Mann, den er haßte, quicklebendig entzweigesägt«. In Carcassonne begann es zu schneien. Katharina fand Muße zum Lesen, vertiefte sich in Handschriften des vergangenen Jahrhunderts, die man in Carcassonne bewahrte. Unterdessen lieferten der Herzog von Anjou und die Könige von Navarra und von Frankreich einander Schneeballschlachten. Der französische König pflegte die Erinnerung daran später als die beste zu bezeichnen, die ihm von dieser ganzen Reise geblieben sei. Seine kleine Schwester Margarete dagegen schrieb in Erinnerung an diesen Winter später in ihren Memoiren: »Das eisige Wetter hat alle Flüsse Frankreichs zufrieren lassen und desgleichen Herz und Hirn der Menschen.« Daraus aber spricht zweifellos spätere Einsicht. Solche Betrachtungen anzustellen, hatte damals allenfalls ihre Mutter Anlaß, der man einen neuen besorgniserregenden Vorfall aus Paris meldete, während sie in Carcassonne auf milderes Wetter wartete. Der Gouverneur von Paris, Montmorency, Sohn des Konnetabels, ein ehrenwerter Mann und treuer Diener der Krone, hatte in seinem Eifer, der königlichen Anordnung, die streng den Aufenthalt von Bewaffneten in der Stadt verbot, ohne Ansehen der Person Geltung zu verschaffen, den Arkebusieren des Kardinals von Lothringen die Genehmigung verweigert, ihren Herrn durchs Stadttor zu begleiten. Dabei war er im Unrecht, denn seit der Ermordung des Herzogs von Guise, seines Bruders, hatte der Kardinal eine schriftliche Sondergenehmigung der Königin, sich überall von einer bewaffneten Leibwache begleiten zu lassen. Da dieser aber anscheinend, in seinem Stolz verletzt, nicht daran dachte, dem Gouverneur diese Sondergenehmigung vorzuweisen, andererseits aber auch keine Miene machte, sich abweisen zu lassen, hatte der Gouverneur seinen Leuten den Angriff auf den Kardinal und seine Arkebusiere befohlen, die schließlich in die Flucht geschlagen wurden. Am 8. Januar hatte sich das zugetragen.

Der Fall war höchst beunruhigend, weil die beiden mächtigen Familien, die dabei aneinander gerieten, beide der katholischen Partei angehörten. Freilich hatten schon bei anderen Gelegenheiten die Montmorencys die Reformierten begünstigt, nicht weil sie zu deren Religion geneigt hätten, sondern weil die Anführer dieser Partei – die Châtillon-Colignys – zur Familie gehörten. Indessen ergriffen die Reformierten in dem gegenwärtigen Streit für keine Seite Partei. Der stets unberechenbare Prinz von Condé allerdings unterstützte die Montmorencys. Katharina, die einen Streit zwischen zwei so mächtigen Herren nicht schlichten konnte, begnügte sich damit, nunmehr den Guisen ebenso wie den Montmorencys einerseits und den Colignys sowie den übrigen Anführern der Hugenotten andererseits zu verbieten, in Paris bewaffnet aufzutreten. Den Guisen mußte das natürlich als Entscheidung für ihre Gegner erscheinen, und so wurde auch den ausländischen Höfen darüber berichtet.

Trotz des strengen Winters wollte die Königin nicht auf einen Besuch beim Herrn von Ferrals verzichten. Dabei war in der eisigen Einöde der Montagne Noire, des schwarzen Berges, wo dessen Gut lag, außer ihm selbst, ein verdienstlicher Mann, der Katharina später als Botschafter dienen sollte, nichts sonderlich Merkwürdiges zu sehen. Das schien ihm selbst bewußt zu sein, und so hatte er sich für seine königlichen Gäste folgende Überraschung ausgedacht: Nicht einmal im großen Saal seines Hauses sollten sie vor den Unbilden der auf dem schwarzen Berg herrschenden Witterung sicher sein, wie sie entdeckten, als die Decke des Saales barst und Hagel und Regen hinein ließ: Aber als weitere Überraschung folgte dann die Entdeckung, daß der Hagel Zuckerwerk und der Regen Rosenwasser war.

Am 1. Februar 1565 langte die königliche Reisegesellschaft in Toulouse an. Obwohl das Parlament und die überwiegende Mehrheit der Bevölkerung hier katholisch geblieben waren, hatte doch drei Jahre zuvor die eifernde und von einigen der Notabeln der Stadt unterstützte protestantische Minderheit Straßenkämpfe provoziert, deren Opfer auf beiden Seiten keineswegs vergessen waren. Anfangs hatten die aufständischen Protestanten die Oberhand, doch schließlich war Monluc mit Truppen gekommen, die Ordnung wiederherzustellen. Und nachdem die Majestäten mit dem gewöhnlichen Pomp in der Stadt empfangen worden – die Notabeln aufmarschiert, die Zünfte angetreten und anmutige junge Bürgerstöchter als Nymphen angetanzt waren –, präsentierte Blaise de Monluc die Rechnung für seine siegreiche Intervention zugunsten der königlichen Autorität im tolosanischen Bürgerkrieg und bat um Erstattung seiner Unkosten.

In Toulouse teilte der Gesandte Philipps II. Katharina mit, daß der spanische König seiner Gattin eine Begegnung mit der Königinmutter von Frankreich, ihrer Mutter, zu ermöglichen gedenke. Katharina weinte Freudentränen. In Toulouse erfuhr sie aber andererseits auch, daß Coligny mit sechshundert Mann Kavallerie in

Paris eingezogen war – was sie ebenso wie den König bestürzte und erzürnte: Glaubten die Protestanten an die königliche Verordnung, die den Aufenthalt von Bewaffneten in der Hauptstadt verbot, nicht gebunden zu sein?

Der König, dem diese Nachricht überbracht wurde, als eben die Protestanten von Toulouse im Begriff waren, mit neuen Forderungen an ihn heranzutreten, ließ die Bittsteller wegschicken, ohne sie anzuhören. Unterdessen mußte sich das Parlament eine Haßtirade gegen die Papisten anhören, die die Herren Richter wie den Hof entrüstete. Ein neuer Aufstand schien sich anzukündigen. Katharina gab den neuerlich von den Protestanten erhobenen Forderungen in keinem Punkt nach und bestand auf strikter Befolgung der geltenden Gesetze. Sie hoffte, mit dieser Unnachgiebigkeit nicht zuletzt auch ihren Schwiegersohn, den spanischen König, milder zu stimmen. Dieser hatte zwar nämlich die Einladung nach Bayonne, wo sie mit ihm zu sprechen und so die zwischen ihnen bestehenden Meinungsverschiedenheiten auszuräumen wünschte, einstweilen noch nicht angenommen, aber was nicht war, konnte ja noch werden, und Katharina hoffte immer das Beste.

So ließ sie sich in Toulouse die sorgfältige Vorbereitung ihres Treffens mit dem spanischen König, das sie als den politischen Höhepunkt der Reise in Aussicht nahm, sehr angelegen sein, nahm zur Deckung der erwarteten Kosten dieser Haupt- und Staatsaktion große Summen bei verschiedenen florentinischen Banken auf und kaufte schon kostbare Geschenke für die Herren des Gefolges ihres Herrn Schwiegersohns.

In Toulouse demonstrierten die Majestäten ihre Treue zur römischen apostolischen und katholischen Kirche durch ihre Teilnahme an der Prozession, bei der die Reliquien des in der Hauptstadt des Languedoc besonders verehrten Heiligen Serninus mitgeführt wurden. Und in der Sankt-Serninus-Basilika in Toulouse wurden auch der König und dessen Bruder Heinrich von dem Kardinal von Armagnac konfirmiert. Bei dieser Gelegenheit wurden die Vornamen geändert, die dem jüngeren bei der Taufe etwas voreilig mit auf den Lebensweg gegeben worden waren. Heinrich von Anjou und Orléans nahm jetzt erst offiziell diesen Namen an und legte den ihm bisher anhängenden Doppelnamen Eduard-Alexander ab. Da ihm den Namen Eduard sein Großvater zu Ehren seines

damaligen Verbündeten, des Königs von England, gegeben hatte, nahm der englische Gesandte die Abschaffung des Namens mit Befremden zur Kenntnis, das er selbstverständlich auch zum Ausdruck brachte.
Fast zwei Monate brachte der Hof in Toulouse zu. Am 1. April 1565 sahen die Reisenden Bordeaux vor sich liegen, wo sie offiziell jedoch erst am 9. des Monats, freilich mit besonderem Prunk, empfangen wurden. Sie hielten ihren Einzug zu Schiff. Die Bürger von Bordeaux, die in alle Weltteile Handel trieben, ließen aller Herren Länder zur Begrüßung des Landesherrn und seiner Frau Mutter antreten, Araber, Ägypter, Afrikaner und westindische Indianer vertraten da ihre exotischen Vaterländer, jeder in seiner Nationaltracht oder natürlichen Nacktheit, singend und tanzend, wie's der verschiedenen Völker Art war.
Der Begrüßungsrede des Parlamentspräsidenten Monsieur de Lagebaston, der in sehr dankenswerter Weise die letztendliche Verfügungsgewalt des Königs nicht allein in politischen, sondern auch in religiösen Streitfragen betonte, lauschte Katharina mit um so größerem Wohlgefallen, als dieser Herr ihrem geliebten verstorbenen Schwiegervater wie aus dem Gesicht geschnitten war. Das war übrigens wohl kein Zufall, denn Monsieur de Lagebaston galt als Bastard Franz' I.
Durch die öden, unwirtlichen Heiden der Gascogne zog der Hof dann nach Süden. In Mont-de-Marsan wartete man über eine Woche ziemlich beunruhigt auf Nachrichten aus Spanien. Denn statt einer Bestätigung der Zusage, daß er seiner Gemahlin eine Begegnung mit der Mutter ermöglichen werde oder gar einer Annahme der an ihn selbst gerichteten Einladung, hatte man bisher nur unbestätigte Berichte erhalten, die wissen wollten, daß zu dem Treffen in Bayonne weder Philipp II. noch Elisabeth erscheinen würden. Ohne darüber Gewißheit erlangt zu haben, reiste Katharina schließlich weiter ihrem Hof voraus nach Bayonne, um dort incognito die für den Empfang der spanischen Gäste getroffenen Vorbereitungen zu inspizieren. Der Hof folgte ihr am 24. Mai 1565.
Da König Philipp II. noch immer nichts hatte von sich hören lassen, mußte inzwischen angenommen werden, daß er nicht beabsichtigte, dorthin zu kommen. Immerhin durfte Katharina annehmen, daß er seiner Frau, wie versprochen, das Wiedersehen mit der Mutter gestatten würde. Alle vorbereiteten Feste würden

also zu Ehren Elisabeths stattfinden. Diese Annahme wurde endlich bestätigt, als der spanische Gesandte mitteilte, sein Herr wünsche unter den gegebenen Umständen keine persönlichen Verhandlungen mit der Königinmutter. Zu den Umständen, die Philipp bei dieser Ablehnung der Einladung nach Bayonne voraussetzte, gehörte, daß auch die Erzketzerin Johanna von Albret in Bayonne anwesend sein würde. Katharina dementierte die dem spanischen König darüber zugegangenen Berichte zwar alsbald energisch – »Hält man mich für eine Verrückte?« fragte sie –, und tatsächlich war die Königinmutter von Navarra nicht nach Bayonne eingeladen; doch zu hören, daß seine Schwiegermutter in Bayonne auch einen Gesandten des Großtürken erwartete, dürfte für den spanischen König kaum minder verdrießlich gewesen sein, und das entspricht leider den Tatsachen. Tatsache war auch, daß der türkische Gesandte mit einem Gefolge von hundertundfünfzig Mann nach Bayonne unterwegs war, um ein Geschäft abzuschließen: Dieser wollte nämlich mit dem französischen König ein Abkommen treffen, das der türkischen Kriegsflotte gestatten würde, die Häfen Toulon und Marseille als Stützpunkte zu benutzen, von denen aus sie die spanische Flotte angreifen und vor dieser Zuflucht nehmen könnten. Nicht im gleichen Maße beunruhigend, vielleicht aber nicht weniger ärgerlich waren Berichte, denen zufolge die Königinmutter in Dieppe eine Flotte ausrüsten ließ, die der französischen Niederlassung in Florida – auf Boden, über den die spanische Krone Autorität beanspruchte – Verstärkung bringen sollte; um so ärgerlicher als es hieß, daß die Franzosen, die Miene machten, sich auf spanischem Gebiet festzusetzen, *»todos eran luteranos de la nueva religión«*, alle lutherische Ketzer seien. Philipp II. hatte also einige Ursache, seine Schwiegermutter als Komplizin der Häresie und Verbündete der Heerscharen des falschen Propheten Mohammed zu mißtrauen.

Dennoch gestattete er der Königin Elisabeth schließlich, nach Bayonne zu reisen. Katharina hatte schon zuvor ihren Sohn Heinrich der Schwester nach Vitoria auf spanisches Gebiet entgegengeschickt, so daß beide zusammen am 14. Juni das Ufer des Flusses Bidassoa erreichten, der die Grenze zwischen Spanien und Frankreich bildete.

»Da Ihre Majestäten hatten sagen hören«, liest man bei einem Zeugen dieses Wiedersehens, »daß die Königin von Spanien unterwegs sei, den Fluß zu überqueren, der im Süden die beiden Königreiche voneinander scheidet, speisten sie sehr früh und machten sich auf zu besagtem Fluß, in dessen Nähe, an die zwei Meilen von Saint-Jean-de-Luz, sie Lauben aus grünen Zweigen machen ließen. Da erwarteten sie dann etwa zwei Stunden lang die Ankunft der Königin bei so furchtbarer Hitze, daß fünf oder sechs Soldaten in ihren Rüstungen erstickten und zu Tode kamen. Endlich ward man des Hofes der erwarteten Königin gewahr. Da ward die Königinmutter von großer Freude ergriffen, sie überquerte den Fluß und bekam also diejenige zu Gesicht, die wiederzusehen sie seit so langem schon wünschte. Nachdem sie einander begrüßt und umarmt hatten, nahmen beide Königinnen in dem Schiffe Platz und grüßten von dort den König, der sie am anderen Ufer erwartete. Und als das Schiff dort anlegte, kam seine Majestät mit den Fürsten seines Hauses an Bord und grüßte die Königin, ohne Küsse mit ihr zu tauschen. Und die Truppen ließen eine Kanonade hören, die so wild lärmte, daß die Spanier deswegen baß erstaunt waren. Nach Beendigung dieser Zeremonien aber stiegen alle zu Pferd und begaben sich nach Saint-Jean-de-Luz, um dort zu übernachten.«

Die in Bayonne entfaltete Pracht beeindruckte die spanischen Gäste, ohne sie aber so weit zu blenden, daß sie die zwischen ihnen und ihrer Gastgeberin bestehenden Meinungsverschiedenheiten vergessen hätten.
Oder:
Außer Spesen nichts gewesen.

Der Aufenthalt der spanischen Königin und ihres Gefolges auf französischem Boden dauerte vom 15. Juni bis zum 2. Juli. Die Vergnügungen, Feste und Schauspiele, die während dieser Zeit in ständiger Folge Gastgeber und Gäste, König Karl IX. und seinen Hof, Königin Elisabeth und ihr Gefolge, den Herzog von Alba und die übrigen Granden unterhielten, waren nicht nur nach Meinung der guten Leute von Bayonne das Glänzendste, Herrlichste und Prächtigste, was man sich nur irgend wünschen konnte. Diese Lustbarkeiten waren kaum weniger kostspielig als ein Krieg, obgleich sie freilich weniger Menschenleben kosteten. Leider brachten sie der Veranstalterin aber auch nichts ein, außer der etwas neidischen Bewunderung der Spanier, für die sie sich nichts kaufen konnte.

Wiewohl die Bewunderung echt war. Die französischen und die spanischen Majestäten machten eine Wasserpartie auf dem Adour zu dem Inselchen Aiguemeau (heute Lahonce oder Roll) in einem Staat, desgleichen selbst die weltläufigsten Höflinge nicht auf Ehre und Gewissen hätten behaupten können, je anderswo gesehen zu haben. Ein Vermögen wurde da verpulvert für ein wenige Stunden dauerndes Schauspiel. Katharina wollte demonstrieren, daß der französische König noch lange nicht durch aufständische und häretische Untertanen so ruiniert war, wie man in Madrid glauben wollte. Unterwegs erblickten die Passagiere der Lustflotte einen Walfisch, den Fischer von ihren Booten aus angriffen, wie sie's auf hoher See zu tun pflegten, mit Harpunen, obwohl das Seeungeheuer künstlich war; eine ebenso künstliche riesige Meeresschildkröte, beritten von sechs Tritonen, die den Vorüberfahrenden muntere Weisen auf ihren Muschelhörnern bliesen; Sirenen, die Karl, Elisabeth, Philipp und Katharina mit süßen Stimmen priesen als *l'ornement de l'univers*, Zierden des Universums – auf der Insel dann Satyrn, Nymphen, ein Bankett, ein Ballett, Feuerwerk auf dem Wasser während der Heimfahrt.

Der Ausflug nach Aiguemeau war zweifellos einer der Höhepunkte der Festlichkeiten zu Ehren des spanischen Staatsbesuchs, aber keineswegs der einzige. Täglich gab es Banketts, Konzerte, Sängerwettstreite, Lanzenbrechen und, als ganz neuartige Unterhaltung, einmal eine französische Komödie, deren Aufführung das Publikum von zehn Uhr abends bis vier Uhr morgens in Atem hielt. Der Verfasser einer, noch im gleichen Jahr in Paris gedruckten Beschreibung dieser Festlichkeiten versicherte, die Spanier und andere Ausländer seien diesmal durch die Wahrheit genötigt worden, anzuerkennen und einzugestehen, daß in Hinsicht auf Pracht, Staat, Prunk und Großartigkeit Frankreich hier alle anderen Nationen und sich selbst übertroffen habe.

Nichtsdestoweniger richtete die Königinmutter mit ihrem bewunderungswürdigen Aufwand an Unterhaltung bei den politisch maßgebenden unter ihren spanischen Gästen nicht aus, was sie sich davon versprochen hatte. Und das hatte sie sich selbst zuzuschreiben. Denn in dem Bemühen, sich nach allen Seiten Spiel-

raum zu wahren, gab sie diesmal der spanischen Seite Anlaß zu begründetem Mißtrauen.
So verließ sie ihre spanischen Gäste, um den Gesandten Suleimans des Prächtigen und dessen ungläubiges Gefolge höchst ehrenvoll am Stadttor willkommen zu heißen. Quartier gemacht hatte sie den Türken in der Abtei Saint-Bernard, wohin sie sich dann zu Verhandlungen mit dem Gesandten begab, dessen Wünsche sie sehr wohlwollend anhörte. Dies alles, während andererseits als Gesandter Philipps II. der Herzog von Alba ihr Gast war. Wie hoffte sie, bei diesem Verhalten das Vertrauen ihres ohnedies schon mißtrauischen Schwiegersohns zu gewinnen? Aber nicht selten hat sie sich mit ihrer Neigung zur Schaukelpolitik und zum doppelten Spiel, dem Versuch, ihre Verhandlungspartner einen gegen den anderen – Verbündete gegen Feinde, aber auch Feinde gegen Verbündete – auszuspielen, schließlich selbst ihre Verbündeten zu Feinden gemacht. Und dieses ständige Lavieren, diese Abneigung, sich je auf etwas festzulegen, hat ihr schließlich auch bei den Historikern den Ruf der Treulosigkeit und Hinterhältigkeit eingebracht. Das ist nur insofern ungerecht, als dabei nicht berücksichtigt ist, daß, was Katharina zu ihrem unaufhörlichen Intrigenspiel trieb, nicht allein angeborene Neigung und Begabung dazu waren, sondern auch die Hoffnung, dadurch den Ausbruch von Gewalt vermeiden oder wenigstens hinauszögern zu können. Freilich täuschte diese Hoffnung sie nicht viel seltener, als ihr Intrigenspiel ihre Verhandlungspartner täuschte.
Der Herzog von Alba war nicht der Mann, sich von der listigen Florentinerin an der Nase herumführen zu lassen, und so begannen Katharinas Verhandlungen mit ihm nicht sehr vielversprechend. Doch focht das die Königinmutter nicht an. Wie wir schon bemerkt haben, war sie eine leidenschaftliche Mutter und Ehestifterin. Und so brachte sie mit dem Herzog von Alba sogleich die Rede auf ihre Heiratspläne für ihre Kinder, schickte sich an, in liebenswürdiger Konfusion zugleich deren Eheglück zu arrangieren und die zwischen Frankreich und Spanien bestehenden politischen Gegensätze aufzuheben. Wie immer, wenn sie sich an den Spieltisch setzte, hatte sie auch diesmal sozusagen verschiedene Karten im Ärmel. Die Trümpfe, mit denen sie hoffte, Philipp II. gefügig machen zu können, waren folgende: Bei der Begegnung in Lothringen hatte Kaiser Maximilian II. sich schließlich bereit erklärt,

den Erzherzog Rudolf mit Margarete von Valois und die Erzherzogin Elisabeth mit Karl IX. zu verheiraten. Diesen Erfolg verdankte sie dem Kardinal von Lothringen – wie sie den Guisen ja schon vieles verdankte, so ungern sie es zugab, weil die Guisen mächtiger waren, als ihr lieb sein konnte. Nun jedoch wollte sie Philipp II. antragen, seinen Sohn Don Carlos, den Thronerben, mit Margarete von Valois und mit Heinrich von Anjou Philipps Schwester, die Königinwitwe von Portugal, Dona Maria, zu verheiraten. Auch für ihren Sohn, den König, für Karl IX. hatte sie übrigens neben der ihm vom Kaiser zugesagten Ehehälfte noch eine andere vorgesehen. Für ihn nämlich hatte sie, außer beim Kaiser um die Hand der Erzherzogin Elisabeth auch bei der noch immer ledigen Königin Elisabeth von England um deren Hand angehalten – unbekümmert um die Tatsache, daß die dreißigjährige Königin Elisabeth schon seiner allzu großen Jugend wegen kaum geneigt sein konnte, den fünfzehnjährigen Freier in Betracht zu ziehen. Immerhin meinte sie, mit dem Hinweis auf die darüber eröffneten Verhandlungen, Philipp II. unter Druck setzen zu können. Diese Verhandlungen sollten nämlich Aussicht auf ein Bündnis zwischen Frankreich und England eröffnen, das Philipp II. sehr unbehaglich werden konnte, zumal die Niederlande nur auf eine Gelegenheit warteten, mit Hilfe ihrer englischen und französischen Nachbarn das spanische Joch abzuschütteln. Dem gleichen Zweck wie ihr Heiratsantrag bei Elisabeth von England sollten schließlich auch ihre Verhandlungen mit dem Gesandten des Großtürken gerade unter der Nase des Herzogs von Alba und damit unter der ihres Schwiegersohns dienen. Die Anwesenheit des türkischen Gesandten in Bayonne bewies, daß sie Alternativen hatte: Wenn Philipp ihren Heiratsplänen nicht zustimmte, konnten im Verein die französischen und die türkischen Flotten der spanischen übel mitspielen.
Selbstverständlich äußerte sie diese Drohungen nicht ausdrücklich. Vielmehr brachte sie ihre Wünsche sehr anmutig als Anliegen des mütterlichen Herzens vor und erwähnte die bereits bestehenden anderen Möglichkeiten, ihre Kinder zu verheiraten, nur nebenher, um zu zeigen, wieviel ihr daran gelegen sei, diese mit dem spanischen Königshaus zu verbinden; da sie um dieser Verbindungen willen den jungen Leuten nur allzu gern die durchaus bestehenden Aussichten auf die Throne von Österreich und Eng-

land zerstören wollte. Im übrigen werde sich, sagte sie weiter, durch die von ihr beabsichtigte festere Verbindung des französischen Königshauses mit der spanischen königlichen Familie, auch Gelegenheit ergeben, die in Frankreich noch offene religiöse Frage zu erledigen. Der Herzog von Alba fragte, wie sie sich das vorstelle? Katharina hütete sich, die geplanten Maßnahmen bekannt zu geben, und schwor nur, sie werde auf eine Weise dafür sorgen, die alle Welt zufriedenstellen würde.

Dem Herzog von Alba waren dergleichen liebenswürdige und unverbindliche Erklärungen ein Greuel. Katharina mochte denken, ihn zu bezaubern, er aber dachte nur, daß die Dame der Erörterung des einzigen Problems aus dem Weg ging, das unter den Umständen zu erörtern war: Nämlich wie auf dem schnellsten Weg die Häresie in Frankreich ausgerottet werden und für die Zukunft die Unterstützung der Rebellion in den Niederlanden durch französische *Luteranos* verhindert werden konnte.

Katharina sagte: »Verheiraten wir erst die Kinder, und dann können wir die religiöse Frage erledigen.« Philipp II. erwiderte: »Kümmern Sie sich erst einmal darum, die Ketzer loszuwerden, die Ihr Königreich bedrücken, dann können wir vielleicht von Hochzeiten reden.«

Der Herzog von Alba stellte Katharina diese Forderung seines Herrn in einer Form, die einem Ultimatum ziemlich ähnlich sah, das heißt, auf die ihr widerwärtigste Weise. Philipp verlangte, daß sie innerhalb eines Monats alle reformierten Geistlichen des Landes verwiese. Sodann, daß sie umgehend alle der Häresie verdächtigen königlichen Beamten ihrer Ämter enthöbe. Sie hörte den Herzog an, ohne etwas zu erwidern. Alba zog sich zurück und erwartete ihre Antwort. Da diese Antwort auf sich warten ließ, bat er abermals um eine Audienz. Abermals hörte die Königinmutter ihn an. Er schilderte ihr in allen Einzelheiten die Übel, die ihr Königreich plagten. Da er diese so gut kenne, erwiderte sie, möge er ihr doch auch sagen, wie die fraglichen Übel zu heilen seien. Der Herzog von Alba sagte es ihr. Vor allem müsse sie auf ihre Politik des ständigen Verhandelns, auf den Versuch, die Ketzer durch Zugeständnisse zu beschwichtigen, verzichten. Auf diese Weise bestärke sie diese nur in ihren Irrtümern und gewinne keineswegs deren Loyalität, im Gegenteil. Sie fragte, ob sie statt dessen Waffengewalt gegen die Reformierten anwenden solle? für diese *ultima*

ratio regis sei der Augenblick noch nicht gekommen, sagte er, wollte aber die Möglichkeit, von ihr Gebrauch zu machen, für die Zukunft keineswegs ausgeschlossen wissen. Inzwischen sei es jedenfalls dringend erforderlich, daß der König alle Prediger der teuflischen Sekte aus dem Lande wiese.
Wiederum ließ sie sich auf keine Diskussion ein, versuchte den Herzog nicht konzilianter zu stimmen, wohl weil sie einsah, daß sie sich die Mühe sparen konnte; doch wechselte sie, um sich in der strittigen Frage einerseits nicht festlegen zu müssen, andererseits um einen offenen Bruch zu vermeiden, das Thema und schlug ihm ein Bündnis Frankreichs mit Österreich und Spanien vor. Dies freilich stand nicht zur Debatte. Der Herzog war so wenig entgegenkommend, sie darauf hinzuweisen, an ein derartiges Bündnis sei unter den gegebenen Umständen nicht zu denken.
Und damit waren die Verhandlungen zwischen Katharina und dem Gesandten Philipps II. gescheitert. Von den geplanten und erhofften Hochzeiten war danach nicht mehr die Rede. Katharina hätte dem Herzog liebend gern eine weitere Audienz gewährt, um weiter zu verhandeln, neue Versprechungen zu machen (die sie freilich zu nichts verpflichten durften), doch daß dieser sich von weiteren Unterredungen mit ihr nichts mehr versprach, erfuhr sie dann zu ihrem Schmerz aus dem Munde ihrer geliebten Elisabeth. Diese teilte ihr die Ablehnung der ihrem Gemahl von Katharina für ihre Geschwister gemachten Heiratsanträge offiziell als Königin Isabella von Spanien mit. Und für die Königin von Spanien war diese Ablehnung dadurch vollkommen gerechtfertigt, daß der spanische König, ihr Herr und lieber Gemahl, sie ausgesprochen hatte. Für Isabella von Spanien waren die Wünsche ihrer Mutter also diejenigen der Regentin eines fremden Staates. Katharina liebte ihre Tochter zu sehr, um jetzt in der Stunde der Trennung nicht zu wünschen, sich von ihr als Tochter und nicht als Königin von Spanien zu verabschieden. Doch wollte sie andererseits nicht darauf verzichten, den hochmütigen Gästen, die ihr hatten vorschreiben wollen, wie sie ihr Haus in Ordnung zu halten habe, vor Augen zu führen, daß sie Herrin im eigenen Hause war. Und so rief sie zur Verabschiedung der Spanier den Großen Rat zusammen.
Karl IX., der König, präsidierte, ihm zur Seite seine Mutter, die Königin von Spanien, der Herzog von Anjou, der Herzog von

Alba, Don Juan Manrique, der Herzog von Montpensier, die Kardinäle von Guise und von Bourbon sowie der ehrwürdige Montmorency, Konnetabel von Frankreich. Letzterer gehörte, wie man weiß, zu den sogenannten Politikern *(politiques)*, das heißt, dem gemäßigten Flügel der katholischen Partei, der die Toleranz und die Koexistenz der Religionen befürwortete. Während der Sitzung des Großen Rats, auf der die Spanier verabschiedet wurden, ergriff er das Wort, um die Politik der Königin gegenüber den Reformierten zu rechtfertigen. Auf diese Weise wurde dem Herzog von Alba zu verstehen gegeben, daß man sich in Frankeich keine Vorschriften vom spanischen König machen lassen und die Politik der Toleranz fortsetzen wolle. Beim Abschied flossen dann dennoch die Tränen, jedenfalls die der Königinmutter und des Königs – denn der spanischen Königin schien die Trennung von Mutter und Bruder weniger nahe zu gehen als diesen der Abschied von der Tochter und Schwester.
Karl IX. begleitete Isabella bis nach Saint-Jean-de-Luz, Katharina bis nach Irun, Heinrich leistete der großen Schwester noch eine weitere Tagesreise nach Spanien hinein Gesellschaft. Und dann war der Höhepunkt der königlichen Reise durch Frankreich überschritten, in politischer Hinsicht eine Antiklimax, wie rückblickend festgestellt werden mußte. Denn Spanien und Frankreich waren einander nicht näher gekommen.

Während die Reisegesellschaft langsam nach Norden zurückkehrt, überstürzen sich die Ereignisse

Wie Katharina auf der Rückreise des Hofes nach Norden sehr bald entdecken sollte, hatte sie damit, daß sie sich durch ihre standhafte Weigerung, auf dessen Forderungen einzugehen, den spanischen König vollkommen entfremdet, die Reformierten im eigenen Land aber auch nicht geneigter gemacht. Während nämlich Philipp II. überzeugt war, daß die Königinmutter sich zur Komplizin der Häresie machte, mit den Türken im Bunde gegen ihn stand und womöglich den Aufstand der Niederländer gegen Spanien unterstützte, waren in alledem die Calvinisten vom Gegenteil überzeugt. Und so wurde in den Gotteshäusern und Versammlungen

der Reformierten lauthals beklagt, wie die teuflische Italienerin in Bayonne mit dem König von Spanien verabredet hatte, das evangelische Volk Gottes mit Stumpf und Stiel auszurotten.
Die Heere Philipps II. sollten zu diesem Zweck den königlichen französischen Beistand leisten. Das entsprach ja durchaus nicht den Tatsachen der Verhandlungen in Bayonne, doch ließen sich die Protestanten von dem Verdacht nicht abbringen, und nach den Ereignissen der Bartholomäusnacht des Jahres 1572 behaupteten gewisse Calvinisten, daß diese schon seit der Begegnung Katharinas mit dem Herzog von Alba in Bayonne beschlossene Sache gewesen seien.
Doch in Wahrheit hatte die listenreiche Florentinerin es in Bayonne mit dem Bemühen, es womöglich allen Seiten recht zu machen, nur mit allen Seiten verdorben. Ihr Schwiegersohn war ihr seitdem so gram, daß er in seiner Eigenschaft als Familienoberhaupt des Hauses Habsburg tat, was er konnte, die Verlobung Karls IX. mit der Erzherzogin von Österreich zu verhindern. Und die Protestanten rüsteten insgeheim zum Krieg gegen die Regierung, die, wie sie meinten, ihre Ausrottung beschlossen hatte. Angesichts dieser Verhältnisse kann man sich fragen, welcher Herrscher die ihr gestellten Aufgaben besser oder auch nur weniger schlecht bewältigt hätte als unsere Katharina.
Da sie, schon als sie in Bayonne die Rückreise nach Norden antrat, alle Ursache hatte, von der Zukunft zu befürchten, was sie so gern vermieden hätte, empfing sie die Abgeordneten der schweizerischen Kantone in Mont-de-Marsan sehr zuvorkommend und erneuerte gern das Bündnis der Krone mit dem Schweizer Bund. Hatte doch die Schweiz schon in der Vergangenheit die von französischen Königen bei vielen Gelegenheiten dringend benötigten tapferen und zuverlässigen Soldaten gestellt.
Daß seit den Verhandlungen in Bayonne der Frieden mit Spanien nicht, wie sie gehofft hatte, sicherer begründet, sondern entschieden unsicherer war als zuvor, mußte zwar Besorgnis erregen – aber viel besorgniserregender war die durch das Mißtrauen der Protestanten erneuerte Gefahr eines Bürgerkrieges.
Zu Nerac in der Gascogne bewirtete Johanna von Albret auf einem hübschen, wenngleich ungemütlichen Schloß, das sie dort besaß, die königliche Reisegesellschaft. Katharina predigte jedoch tauben Ohren, als sie die Schloßherrin bat, ihren katholischen Untertanen

in Navarra die Religionsfreiheit zu gewähren, die die Calvinisten in Frankreich immerhin genossen.

Ehe die Reisenden dann in das Angoumois weiterzogen, das Stammland von Katharinas verehrtem Schwiegervater, machten sie einen Abstecher in das Périgord, das schwer unter dem vergangenen Bürgerkrieg gelitten hatte, und besuchten die Stadt Bergerac. Dort ereignete sich nichts sonderlich Bemerkenswertes, wir wollen aber eben deshalb die königlichen Besucher dorthin begleiten, denn ähnlich wie hier sah es in den Provinzen vielerorts aus, und wie hier waren die Leute auch anderwärts gesinnt.

Bergerac war die Hochburg des Calvinismus im Périgord. La Renaudie, der Anführer der Verschwörer, die sich in Amboise des Königs hatten bemächtigen wollen, stammte aus der Gegend. Schon 1540 hatten Mönche der drei Klöster der Stadt, Jakobiner, Franziskaner und Karmeliter die Reformation gepredigt und damit einen Aufruhr entfacht, bei dem das Kloster Saint-Martin zerstört wurde, an dessen Stelle später ein reformiertes Gotteshaus gebaut worden war. 1561 hatte von hier aus der berüchtigte Durfort Duras Schrecken unter der dem alten Glauben treu gebliebenen Bevölkerung der Umgebung verbreitet. Im Oktober 1562 erst hatten in der Schlacht von Vergt Monluc und Montpensier den hugenottischen Rebellen geschlagen, vernichtend, denn außer ihm selbst waren bei der Gelegenheit fünftausend Protestanten umgekommen. Viel Gras war über diese Greuel also noch nicht gewachsen, als die königliche Reisegesellschaft in der Gegend eintraf.

Nach einer viertägigen Rast auf dem schönen Landgut Langon überquerte, wie Abel Jonan, der Historiograph Karls IX. berichtet, der König die Dordogne »auf einer mit schöner weißer Leinwand bedeckten Brücke und hielt Einzug, speiste auch zu Mittag und zu Abend in Bergerac, welches ein schönes und gutes Städtchen und die erste Stadt im Périgord ist.« Der Syndikus der Gemeinde, Jean de Volpilliac, berichtet: »Als der König, Karl IX., am 8. August 1565 in gegenwärtige Stadt einzog, errichtete man ihm eine Kapelle aus grünen Zweigen am Anfang der Magdalenenvorstadt. Der Herr Statthalter Poynet hielt eine Ansprache, und der König begab sich in die Kapelle, begleitet von der Königinmutter, von Monsieur d'Orléans (nämlich Heinrich von Anjou, der ja zugleich Herzog von Orléans war), vom Prinzen von Navarra, dem Konnetabel und anderen Prinzen und Herren.«

Auch hier paradierten die Kinder für die Majestäten. Ihre Kleider waren von blauem Satin und mit roter und weißer Seide besetzt, sie trugen Hirtenstäbe und sangen das Lob des Königs. Unklar ist, ob in ihren Reihen kleine Reformierte mit kleinen Papisten fraternisierten. Wahrscheinlich war das nicht der Fall. Zünfte und Gewerbe paradierten ebenfalls für die Majestäten, die Bootsleute an der Spitze des Zuges, denn sie besorgten den Verkehr auf der Dordogne, der damals bedeutend war. Ein Triumphbogen, den der Chronist allerdings nur schlicht als »*grand portail*« bezeichnet, erregte die Bewunderung, ja das entzückte Staunen, zwar nicht der Gäste, die schon ganz andere Pracht gesehen, wohl aber der Bürger von Bergerac, die nicht weniger als zweihundert Livres dafür ausgegeben hatten. »*La fontaine Peyre pissa du vin tant que le roy passa*«, liest man, ein Brunnen pißte also Wein, so lange, bis der König wieder weg war. Nach dem Mittagessen spielten der König und sein Gefolge Schlagball im Garten des Karmeliterklosters. Doch tat er auch etwas für die Zukunft der höheren Bildung in Bergerac, denn er setzte der dortigen Lateinschule eine jährliche Rente aus und sammelte auch bei seinem Gefolge, namentlich bei den Edelleuten, die in der Gegend daheim waren, Zuschüsse zum Unterhalt der Schule. Am großzügigsten spendete der größte Fürst unter ihnen, Heinrich von Navarra, nachmals IV. von Frankreich, der zweihundert Livres jährlich zeichnete. Nach alledem übernachtete die königliche Gesellschaft auch in Bergerac. Der Königinmutter hatte man ein Zimmer im Hause eines der ersten Bürger der Stadt, des Arztes Daix, hergerichtet. Doch erwies sich die Treppe, über welche dieses zu erreichen war, als zu eng für die Leibesfülle unserer Heldin. Man riß kurzentschlossen die Treppe ab und ersetzte sie durch eine Leiter, auf welcher dann, nicht ohne fremde Hilfe und eigene Mühe, die Königinmutter in das ihr zugedachte Schlafgemach gelangte.

Soviel von Bergerac, wo sich, wie gesagt, nichts sonderlich Bemerkenswertes ereignete.

Angoulême war ein für die Reisenden unvergleichlich bedeutenderer Ort. Hier betrat Karl IX. die Grafschaft seines Urgroßvaters, des Hauptes der Linie der Valois. Er betete dort am Grabe seines Ahnherrn, das einige Jahre zuvor von den Calvinisten geschändet worden war. Sie hatten die Leiche ausgegraben, ihr den Kopf abgerissen und die Hände abgehackt. Noch immer waren die Angehörigen der neuen Religion in dieser Gegend mächtig und versäumten denn auch nicht, dem König mit Forderungen nach vermehrten Rechten mit einem Nachdruck zuzusetzen, der diesem sehr mißfiel und seine Mutter beunruhigte. Sie benachrichtigte deshalb ihren Feldherrn Monluc, der die militärische Bedeckung des Hofes verstärkte.

In Jarnac war es ruhiger, obwohl hier gleichfalls die reformierte Partei die Oberhand hatte. Zu der neuen Religion bekannte sich nämlich auch der Grundherr des Orts, der berühmte Jarnac, Baron von Chabot. Der brave Mann versicherte aber die Majestäten seiner festen Treue zur Krone und seiner gänzlichen Unterwerfung unter die Bestimmungen des Edikts von Amboise. Katharina, die solcher Gesetzestreue bei ihren Untertanen leider nur allzu selten begegnete, war gerührt. Dennoch bedurfte es gewisser Verhandlungen mit den übrigen Edelleuten der Provinz von Angoulême, damit diese wenigstens während der Anwesenheit des Königs Frieden hielten.

In Brouage bewunderte der König einen neuen Hafen, der hier dem Handel mit der Neuen Welt dienen sollte, wo erst kürzlich an der Küste von Florida der Admiral Coligny eine französische Kolonie hatte gründen lassen, die man dem Monarchen zu Ehren Carolina genannt hatte, und für die man sich eine große Zukunft versprach. Zwar wußte es, als Karl IX. die Hafenanlagen von Brouage besichtigte – und sich dort an dem Spektakel einer ihm zu Ehren veranstalteten Schein-Seeschlacht ergötzte – in Frankreich noch niemand, aber die große Zukunft jener karolingischen Kolonie in der Neuen Welt gehörte an jenem Tag schon der Vergangenheit an.

Die Majestäten fanden die der neuen Religion anhängende Bevölkerung des Orts von dem hohen Besuch nicht sonderlich begeistert, trotz ihrer Bemühungen, Interesse für die Stadt zu zeigen.

Umso angenehmer überraschte sie der freundliche Empfang, der ihnen am Geburtsort Franz I., in Cognac, zuteil wurde. Katharina schrieb von dort aus an die Herzogin von Guise, daß in jener Stadt »alles tanzt, Hugenotten und Papisten miteinander, so wohl, daß, wenn es Gott gefiele, daß man gleichermaßen weise auch andernorts wäre, wir unsere Ruhe hätten.« Doch war man andernorts so weise eben leider nicht.

Katharina erhielt hier einen Brief Philipps II., der ihr neuerlich vorwarf, die Häretiker zu begünstigen und nur gegen die Verteidiger der katholischen Kirche einzuschreiten, namentlich habe sie, so las sie da, »dem Hause Lothringen große Unbill zugefügt.« Offenbar hatte man dem spanischen König von dem Tumult berichtet, den der Gouverneur von Paris verursacht hatte, als er sich unterstand, der bewaffneten Eskorte des Kardinals von Lothringen den Einzug in die Stadt zu verbieten. Aber was ging die dem Kardinal allenfalls widerfahrene Unbill den spanischen König an? Hatte der Lothringer sich etwa im Ausland beschwert? Katharina ließ den Kardinal rufen. Dieser beteuerte seine Unschuld an der unverschämten Einmischung des spanischen Königs in französische innere Angelegenheiten nicht nur, er konnte sie auch beweisen. Denn auch an ihn hatte Philipp II. geschrieben, um ihm vorzuwerfen, daß er die Begünstigung der Häretiker durch die Königinmutter dulde, anstatt sich ihrer Politik tatkräftig zu widersetzen, die doch bestrebt sei, seine Familie zu demütigen. Der Kardinal zeigte dieses Schreiben jetzt der zornigen Katharina und bekräftigte seine unverbrüchliche Treue zum König, den er selbst gekrönt und geweiht habe, und dem er nie im Leben den Gehorsam verweigern wolle. Das Mißtrauen Katharinas gegen die Guisen war nicht immer gerechtfertigt. Freilich nahm der Kardinal, nachdem er die Königinmutter seiner Königstreue versichert hatte, Gelegenheit, auch die Grenzen dieser Treue zu bestimmen. Diese Grenzen setzte ihm die nicht weniger heilige Treue, die er der katholischen Kirche zu halten verpflichtet war, wie er erklärte. Seinem König wolle er also gehorchen, solange er diesen bestrebt finde, »die katholische Religion zu unterstützen und die neue abzuschaffen.« Anderenfalls wolle er seine Mißbilligung der Handlungsweise des Monarchen so laut hinausschreien, »daß alle Könige der Welt davon reden hören sollen.« Unter diesen aber war, wie Katharina sehr wohl verstand, Philipp II. von Spanien derjenige, auf den es dabei hauptsächlich ankam.

In La Rochelle, wo die Hugenotten entschieden die Oberhand hatten, jubelte man zwar den Majestäten nicht gerade zu, bereitete ihnen aber erfreulicherweise doch einen sehr würdigen Empfang. So traten dabei verschleierte junge heidnische Göttinnen auf, die das Lob des Königs und seiner Mutter sangen. Freilich zeigte sich, daß der katholische Kultus in La Rochelle nicht, wie es das Edikt von Amboise verlangte, geduldet wurde. Karl IX. forderte, daß während seiner Anwesenheit in der Stadt regelmäßig die Messe gefeiert würde – und daß dies nach seiner Abreise weiterhin geschähe. Der Widerstand der Hugenotten gegen diese Anordnung war so deutlich, daß der König einen reformierten Prediger und einige der widerspenstigsten Bürger aus der Stadt verbannte, um die Beachtung des Edikts von Amboise auch in Zukunft zu gewährleisten.

Von La Rochelle begab sich der Hof nach Niort und von dort aus besuchte er die Schlösser verschiedener großer Herren des Poitou und der Vendée. Dann ging es weiter nach Nantes. Überall suchte Katharina, ihrer Politik der Toleranz und der Befriedung Freunde zu gewinnen. In Nantes ordnete sie an, daß reformierte Gottesdienste dort in Zukunft unbehindert sollten stattfinden können. In Rennes wies sie den Gouverneur zurecht, der sich von seinem Eifer für den katholischen Glauben zu Ungerechtigkeiten und Mißhandlungen hatte hinreißen lassen. An anderen Orten sorgte sie dafür, daß von den Reformierten geschlossene katholische Kirchen wieder für den Gottesdienst freigegeben wurden.

Vollkommene Harmonie herrschte in Angers, wo es keine Calvinisten gab. Gemächlich zog der Hof durch Anjou, dessen Adel, durchweg königstreu und dienstwillig, keine Mühe scheute, den Gästen Behagen zu schaffen. Hier machten die Majestäten ihre Aufwartung oder vielmehr erwiesen die Ehre ihres Besuchs dem Dichter Pierre de Ronsard, der so trefflich den Ruhm des Königs, der Königin, der Krone, der Schönheit, der Jugend und der Liebe sang. In Saint-Cosme war weder Glaubenseifer noch Haß, noch drängten sich einem dort die Schreckensbilder vergangener oder vielleicht zukünftiger Massaker auf: Diese Priorei in der Nähe von Tours, wo der Dichter wohnte, war ein Hort, schien es, des Friedens, der Freundschaft und der Poesie.

Ende November rüstete sich die Hauptstadt der Touraine, den König, die Königin und die Blüte des französischen Adels würdig willkommen zu heißen. Die Valois hatten ja sehr viel für die Provinz getan. Die reichen Seidenweber von Tours ließen sich die Veranstaltungen zur Unterhaltung der königlichen Gäste etwas kosten. Was diese aber mehr als die Pracht der Aufmärsche und Umzüge entzückte, war die offensichtlich zwischen den Bekennern des alten und des neuen Glaubens herrschende Eintracht und allgemeine Königstreue. Bei der Abreise aus Tours teilte sich die königliche Reisegesellschaft. Ein Teil begleitete Katharina nach Chenonceaux, auf das Schloß, das ihr umso teurer war, als sie es ihrer alten Rivalin Diana wieder hatte abnehmen können. Ein zweiter Teil reiste weiter nach Blois, während ein dritter Amboise aufsuchte. Ende Dezember vereinigten die drei Teile sich wieder in Blois und zogen im Verein von dort nach Moulins. Jene alte Hauptstadt der Herzöge von Bourbon sollte nun drei Monate lang die Hauptstadt der Valois und Frankreichs sein.

Hier erst erfuhren der König, seine Mutter und der ganze Hof mit einhelliger Empörung von der Vernichtung der französischen Kolonie Carolina in La Florida oder, wie man sie in Frankreich zu nennen pflegte, der Terre des Bretons.

Organisiert worden war diese Vernichtungsaktion von den Spaniern. Und mit dem so weiter geschürten Haß gegen Spanien wuchs das Ansehen Colignys. So, daß Philipp II. mit seinem Vernichtungsschlag gegen die Häretiker in Florida deren Einfluß am französischen Hof nur vermehrt hatte.

Zu Moulins, im Februar 1566, erließ Katharina eine Sammlung von Verordnungen – sechsundachtzig an der Zahl –, die sämtlich die Autorität des Königs so festigen und erweitern sollten, daß dieser imstande sein würde, über den Parteien zu regieren. Da wurde den Parlamenten ihr Einspruchsrecht gegen königliche Edikte auf eine Reihe von außergewöhnlichen und selten zu gewärtigenden Fällen beschränkt. Die Gerichtsbarkeit der Städte und Grundherren wurde, ungeachtet der von diesen genossenen Privilegien, zugunsten der königlichen Gerichte zwar nicht abgeschafft, aber erheblich beschnitten. Da die Gouverneure namentlich der entlegeneren Provinzen während der vergangenen Unruhen, sich die allein der Krone zustehende Befugnis, Gnaden und Ämter zu verleihen, angemaßt hatten und auf dem besten Weg waren, daraus ein Gewohnheitsrecht zu machen, wurden ihnen solche Kompetenzüberschreitungen für die Zukunft ausdrücklich untersagt, wie ihnen auch verboten wurde, Steuern zu erheben und Druck auf die Gerichte auszuüben. Während Katharina aber so den Gouverneuren in Erinnerung rief, daß sie Beamte der Krone waren, hütete sie sich, die traditionellen Freiheiten der Städte und Provinzen anzutasten, d.h. die Sitten, Gebräuche und Sprachen des Königreichs zu vereinheitlichen. Denn Zweck ihrer Verordnungen war die

Stärkung der Zentralgewalt, nicht die vollkommene Zentralisierung des Staates, die im folgenden Jahrhundert von der erstarkten Zentralgewalt in Angriff genommen und ein weiteres Jahrhundert später - nach der Revolution - zu Ende geführt wurde.
Nichstdestoweniger war Katharina mit diesen Verordnungen auf dem Weg zum Absolutismus. Sie wollte damit das Werk ihrer Vorgänger Ludwig XI. und Franz I. fortsetzen. Die gegebenen Umstände freilich machten es ihr schwer, ihre Pläne in der Praxis zu realisieren.
Die noch immer sehr große Macht des Hochadels und die Unsicherheit, die die Rivalität und Feindschaft dieser großen Familien mit sich brachte, bereiteten dem König Schwierigkeiten, über den Parteien zu regieren. Sorgenvoll gedachte die Königinmutter der Feindschaft zwischen den Montmorencys und den Guisen. Sie beschloß zu tun, was ihre diplomatischen Künste vermochten, sie zu versöhnen. Zuvor allerdings war ein den Frieden noch erheblich gefährdender Streit zu schlichten. Wie berichtet, hatte Karl IX. in Rouen sich drei Jahre Frist ausbedungen, über die von den Guisen gegen Coligny erhobene Anklage, dieser habe den Mörder des Herzogs Franz von Guise angestiftet, zu befinden. Die drei Jahre waren verstrichen, die Parteien erwarteten nun das Urteil des Königs. Am 29. Januar 1566 trat der Kronrat zusammen und fällte das Urteil, das zu fällen er in Rouen nicht gewagt hatte, und der König bestätigte es: Coligny wurde von der Anklage freigesprochen. Dies zweifellos, weil derzeit der Admiral in Gunst stand, und die königliche Gunst schon an und für sich jeden früheren Verdacht gegen ihn hinfällig machte. Überdies standen die protestantischen Heere hinter dem Admiral und dem Prinzen von Condé, und es empfahl sich, die mächtige Partei der Reformierten nicht herauszufordern, nicht einmal, um sich der Loyalität der Guisen zu versichern. Katharina entschied sich für die stärkere Partei in der Hoffnung, so einen erneuten Ausbruch des Bürgerkriegs verhindern zu können. Sie begünstigte den Admiral, weil das der Sache des Friedens dienlich zu sein schien. Glaubte sie wirklich an seine Unschuld? Selbst die Historiker sind hinsichtlich der Schuld des Haupts der protestantischen Partei an dem von Poltrot de Méré verübten Meuchelmord geteilter Meinung. Doch hatte der ehrenwerte Mann ja unmittelbar nach der Tat mit schöner Offenherzigkeit bekannt, daß sie ihm sehr gelegen kam. Daß Katharina sich

unter diesen Umständen nicht damit begnügte, ihn freisprechen zu lassen, sondern es sich angelegen sein ließ, die Todfeinde zu einer Versöhnung zu überreden, ist also verständlich. Der Freispruch diente dem Frieden ja nur, wenn die Kläger ihn annahmen. Erstaunlich ist aber, daß es ihrer Überredungskunst gelang, das Wunder dieser Versöhnung zu vollbringen. Denn sie erreichte es, daß Coligny und die Guisen einander in des Königs, ihrer, des Kanzlers und anderer großer Herren Gegenwart umarmten. Leider war die rührende Vorstellung nur schlechtes Theater, und weder Coligny noch die Guisen verziehen ihr jemals, daß sie sich dazu hatte überreden lassen, übrigens mit Ausnahme des jungen Herzogs Heinrich von Guise, der sich entrüstet geweigert hatte, die Komödie mitzuspielen. Was die Ehrenerklärung des Kronrats für Coligny betrifft, so beschuldigten die Guisen den Kanzler Michel de L'Hospital, dessen Sympathien für die reformierte Partei ja kein Geheimnis waren, die Abstimmung in diesem Sinne gelenkt zu haben. Unter seiner Autorität sei der Rat eigentlich stimmlos, erklärten sie, und werde nur einberufen, um den allmächtigen Kanzler »regieren zu hören«. Doch insofern das der Fall war, hörte man natürlich im Kronrat aus dem Munde des Kanzlers Madame Catherine regieren. Immerhin war es auch für diese eine beachtliche Leistung, die mächtigen und höchst intelligenten lothringischen Fürsten in der angedeuteten Weise auszumanövrieren. Gegen den angeblich allmächtigen Kanzler aber sollte sie schon in naher Zukunft mit Hilfe eben dieser Mißvergnügten operieren.

Vor der Rückkehr an den Ausgangsort und Beendigung ihrer grandiosen Rundreise wünschte Katharina noch die Auvergne zu sehen, wo sie ja aus dem Erbe ihrer Mutter große Güter besaß. So besuchte man Vichy und den Mont-Dore, den Besitz der Königinmutter in Vic-le-Comte und die Städte Clermont und Ferrand. Gemächlich zog man dann weiter, den Vorfrühling genießend und mit der freudigen Aussicht auf das nahe Ende der alles in allem doch sehr strapaziösen Reise. Bei La Charité überquerte der Reisezug die Loire und feierte dort Ostern. Dann ging es weiter über Auxerre nach Sens, am 21. April 1566 konnte Katharina in dem ihr sehr lieben Schloß Monceaux-en-Brie übernachten, und nach einigen Tagen Aufenthalt dort wurde das letzte Stück der langen Reise angetreten. Am 30. April kam man in Saint-Maur an, von wo aus

die königliche Reisegesellschaft zwei Jahre und vier Monate zuvor aufgebrochen war.
Diese Reise war vielleicht Katharinas bemerkenswerteste politische Leistung. Kein französischer Souverän hatte je wirkungsvoller für die Monarchie geworben als diese Ausländerin. Aber wie weit ging diese Wirkung? Die Meinungen der Historiker darüber sind geteilt. Jedenfalls wird man aber sagen müssen, daß Katharina das Hauptziel, das sie auf dieser Reise verfolgte, die Herstellung des inneren Friedens, leider nicht erreicht hat. Wenn es auch an manchen Orten gelang, die Gemüter während der Zeit der Anwesenheit ihrer glänzenden Reisegesellschaft von den Religionsstreitigkeiten abzulenken, brachen diese doch für gewöhnlich kaum, daß sie den Rücken gekehrt hatten, gleich wieder aus.
Was in Pamiers geschah, muß leider als typisch gelten. Katharina war kaum nach Paris zurückgekehrt, als ihr gemeldet wurde, daß sich in den Straßen dieser Stadt die Anhänger der feindlichen Religionsparteien gegenseitig massakrierten. Die Protestanten hatten am 5. Juni 1566 die Klöster gestürmt, Mönche und Priester getötet und alle Anhänger des alten Glaubens aus der Stadt gejagt. Die unglücklichen Flüchtlinge versteckten sich im Gebirge. Dieses Massaker war das schwerste seit der Veröffentlichung des Edikts von Amboise. Zornentbrannt schrieb Katharina an Montmorency-Damville, den Gouverneur des Languedoc, und befahl ihm, die Reformierten von Pamiers, die sich grausamer als Goten oder Türken aufgeführt hätten, mit aller Strenge zur Rechenschaft zu ziehen. Königliche Truppen besetzten die Stadt, aber deren Hauptmann, Sarlabou mit Namen, fand, daß die Anstifter des Gemetzels rechtzeitig das Weite gesucht hatten. Immerhin wurden vierundzwanzig Männer, die sich bei der Ausrottung der Papisten besonders hervorgetan hatten, verhaftet. Es gelang ihnen, aus der Haft zu entkommen. Die Leute wußten sich zu helfen. Allerdings blieb Sarlabou ihnen auf den Fersen, und ein Jahr später fing er sie wieder ein und mit ihnen ihren Anführer, einen reformierten Prediger namens Tachard. Das Parlament von Toulouse verurteilte sie zum Tode, und nach ihrer Hinrichtung wurden sie von ihren Glaubensgenossen als Märtyrer gefeiert.
Katharina ließ hierbei den Papst und Philipp II. wissen, daß ihre Politik bezwecke, die Protestanten durch ein gewisses Entgegenkommen von der Gewaltanwendung abzuhalten, sie sei aber kei-

neswegs, wie ihr vorgeworfen werde, den Protestanten zu Willen. Man darf bezweifeln, daß der Papst und der spanische König das durch die Anordnung, gegen die Mörder von Pamiers einzuschreiten, schon hinreichend bewiesen sahen.

Kleine Freuden

Die Königinmutter war kein heiteres Gemüt, ganz abgesehen davon, daß sie ja auch nicht viel zu lachen hatte. Dennoch scheint sie insgeheim die kleinen Freuden zu schätzen gewußt zu haben, die auf ihre trauernde Seele wie Balsam wirkten.

Der Göttin, unter deren Macht sie so lange, bittere Jahre gelitten hatte, hatte sie, als sie selbst an die Macht kam, gewissermaßen den Rückzug ins Privatleben gestattet. Doch hatte sie im Jahre 1564 ihrer einstigen Peinigerin in Erinnerung gerufen, daß es unverändert in ihrer Macht stand, ihr dieses Privatleben, wenn sie wollte, sehr unbehaglich zu machen. Anlaß dafür war der Prozeß, den sie Franz Allaman, Herrn von Guépréau machen ließ: Dem sauberen Edelmann konnte nachgewiesen werden, daß er während der Regierungszeit Heinrichs II. Einkünfte aus der Salzsteuer veruntreut hatte, und zwar unter Mitwirkung der Herzogin des Valentinois. Die Herzogin des Valentinois, Diana von Poitiers, war eigentlich die Hauptangeklagte in diesem Prozeß. Das muß ihr umso beängstigender bewußt gewesen sein, als sie nicht dazu vorgeladen wurde, obwohl dabei ganz unzweideutig herauskam, daß die Unterschlagungen des Herren Guépréau auf ihre Anordnung geschehen waren und sie bereichert hatten. Nachdem das Gericht den Angeklagten zum Verlust seines Besitzes und zum Tode verurteilt hatte, kam denn auch, wie sie während des ganzen Prozesses hatte fürchten müssen, die Reihe an Diana. Konnte sie von Glück sagen, weil sie nur dazu verurteilt wurde, die unterschlagenen Summen dem Staatsschatz zu erstatten? Bitter genug wird auch das für sie gewesen sein, denn sie hing am Geld vielleicht mehr als am Leben. Zuletzt freilich kam der Herr von Guépréau mit einer empfindlichen Geldstrafe davon. Aber nicht etwa, weil Katharina aus Gerechtigkeitsliebe darauf verzichtet hätte, mit seiner Hinrichtung der eigentlich Schuldigen ein Exempel dessen zu statuieren, worauf auch sie jederzeit gefaßt sein müsse – sondern, weil die Göttin,

wenngleich gestürzt, schließlich doch noch nicht ganz machtlos war. Der Hauptschuldigen selbst nämlich wurde sogar die Geldstrafe erlassen. Noch immer hatte ja Diana gute Verbindungen. Eine ihrer Töchter war mit dem Herzog von Aumale verheiratet, einem Bruder des ermordeten Herzogs Franz von Guise und der Kardinäle von Guise und Lothringen. Überdies hatte der ungeheure Reichtum, den sie während der Jahre ihrer Herrschaft über den Landesherrn angehäuft hatte, ihr die Möglichkeit gegeben, sich eine Menge einflußreicher Leute zu verpflichten. So daß es Katharina, zumal in Anbetracht der noch immer sehr besorgniserregenden Unsicherheit des inneren Friedens, wohl das Weiseste schien, den Lauf der Gerechtigkeit zu zügeln, so leid ihr das in diesem Fall getan haben mag.
Als sie nun aber von ihrer großen Reise durch Frankreich zurückkehrte, erfuhr sie, daß die keinerlei politische Rücksichten kennende Natur die der Gerechtigkeit Entgangene eingeholt hatte. Diana von Poitiers, Großseneschallin der Normandie, Marquise von Brézé und Herzogin des Valentinois war, so wurde ihr gemeldet, am 25. April 1566 gestorben.
Nicht lange vor ihrem Tod hatte noch der junge Brantôme ihr seine Aufwartung gemacht. Ahnte sie, daß jener den Eindruck, den er von ihr empfinge, der Nachwelt überliefern würde? Jedenfalls hätte sie wohl zufrieden sein können mit dem Eindruck, den sie bei ihm machte. Denn der spätere Erzähler des Lebens der edlen und galanten Damen seiner Zeit sollte sich erinnern: »Ich sah diese Dame sechs Monate vor ihrem Tode noch so schön, daß ich nicht wüßte, welches Herz von Stein nicht von ihr bewegt worden wäre . . . Sie war sehr weiß, dabei ganz ungeschminkt, man sagt allerdings, daß sie allmorgendlich gewisse Brühen brauchte aus trinkbarem Gold und anderen Drogen, die ich nicht, wie die guten Ärzte und subtilen Apotheker, zu nennen weiß. Ich glaube, daß wenn diese Dame noch hundert Jahre gelebt hätte, sie doch niemals gealtert wäre, weder im Gesicht, so wohlgebildet war dieses, noch am Leibe, welcher, verborgen und versteckt, so gut gewachsen und so schön geübt war. Ein Jammer ist's, daß diese schönen Leiber die Erde deckt.«
So Brantôme. Katharina wird der endlich vom Erdboden Verschlungenen allenfalls gewünscht haben, daß ihr die Erde leicht sei, aber nicht einmal das ist sehr wahrscheinlich.

Ein anderes Ereignis, das um diese Zeit der Königinmutter zur Erheiterung gedient haben mag, war die Wiederverehelichung der Witwe des ermordeten Herzogs von Guise. Zumindest waren die Umstände dieser Eheschließung wohl geeignet, auch den griesgrämigsten Beobachter zu vergnügen.

Wie man sich erinnern wird, hatte Katharina zeitweilig mit dem Gedanken gespielt, die Witwe des Ermordeten mit dem Prinzen von Condé zu verheiraten, der den des Mordes Verdächtigen zumindest nahe stand. Stattdessen heiratete nun die Herzogin den Herzog von Nemours aus dem Hause Savoyen. Dieser war ein schöner Mann, sehr galant und bei den Damen sehr beliebt. Kaum wurde also seine Heiratsabsicht bekannt, als die sehr hochmächtige Frau von La Garnache, Françoise de Rohan, die Weheklag' der getäuschten Jungfer anstimmte, zu ihrem Beistand alle der neuen Religion anhängenden großen Herrn des Hofes hinter sich versammelte, und sich auch der Unterstützung ihrer Klage durch Johanna von Albret, ihre Cousine, versicherte. Der Herzog von Nemours (ein Papist) habe sie verführt, klagte sie, habe ihr die Ehe versprochen und sie dann verlassen. Was immer zwischen den beiden sich abgespielt haben mag, spricht doch alles dafür, daß es in beiderseitigem Einvernehmen und um des Vergnügens aller Beteiligten willen geschehen war. Nichtsdestoweniger gestatteten es der Klägerin ihr hoher Adel und Rang in der Gesellschaft der Calvinisten, von einem Notar die Anklage wegen gebrochenen Eheversprechens gegen den Herzog von Nemours an der Kirchentür anschlagen zu lassen. Damit aber noch nicht zufrieden, forderte sie durch ihren Sachwalter den Kopf des Ungetreuen, der ihr nicht allein das Eheversprechen gebrochen, sondern auch Gewalt angetan habe. Und wo? Gerade im Zimmer der Königin. Und geschwängert hatte er sie bei der Gelegenheit auch noch. Da die unzureichende Begründung dieser Klagen auf der Hand lag, machte sich die Dame damit nur lächerlich, amüsierte den ganzen Hof und auch Katharina, die solchen Geschichten freilich stets in dem Bewußtsein folgte, daß unversehens daraus Staatsangelegenheiten werden konnten.

Da waren bei der Rückkehr des Hofes von seiner großen Tournee zunächst die Finanzen. Das Defizit war beängstigend. Katharina griff dahin, wo bisher in der Not noch immer was zu holen gewesen war. Aber die von der Kirche erhobenen Sonderabgaben glichen diesmal das Defizit nicht aus. Die Schulden des Staatsschatzes überstiegen noch immer um eine Million achthunderttausend Livres die erwarteten Einnahmen. Katharina rief die Bischöfe zusammen und ersuchte sie um ein weiteres Opfer. Diesem aber widersetzte sich die Geistlichkeit.

Zu dieser Zeit genoß die ganze Gunst Katharinas und des Hofes die sogenannte »gemäßigte Partei« um die Montmorencys, die den Guisen feindlich gesonnen und für eine Verständigung mit den Calvinisten waren. Coligny war bei Hof sehr wohlgelitten, sein Rat galt bei Karl IX., dessen Bewunderung für den Admiral ungemessen war. Der spanische Gesandte mißbilligte das natürlich zutiefst. Er schrieb seinem König, daß die unerhörte Gunst, die gegenwärtig Coligny genieße, für die Religion im allgemeinen und Spanien im besonderen höchst bedrohlich sei. Tatsächlich war Coligny kein Freund Spaniens, aber seitdem die von ihm nach Florida entsandten Hugenotten von Spaniern massakriert worden waren, haßten sogar die erzkatholischen Pariser Spanien, als dort die Witwen und Waisen der in Florida Umgekommenen einen anklagenden Umzug veranstalteten. In der Tat wollten Coligny und die Calvinisten den Krieg gegen Spanien. Mit seinen Maßnahmen gegen die französische Kolonie Carolina hatte der spanische König die Aussichten der französischen Reformierten, diesen Glaubenskrieg als vaterländisch-französischen mit Hilfe der französischen Katholiken zu führen, entschieden verbessert. Wenn Katharina glaubte, diese Aussichten fördern zu müssen, indem sie Coligny und den Prinzen von Condé begünstigte, sollte sie bald eines Besseren belehrt werden.

Angesicht der Gunst, in der neuerdings das Oberhaupt der reformierten Partei beim Hofe stand, hatten die Guisen sich zurückgezogen. Das mußte bedenklich stimmen, denn diese Leute zogen sich damit noch lange nicht aus der Politik zurück. Die ihnen von der Königin zugemutete Versöhnung mit Coligny hatte nur bewirkt, daß sie diesen jetzt noch immer haßten – und Katharina übelnahmen, daß sie sich von ihr hatten überreden lassen, bei der von ihnen jetzt als demütigend empfundenen Komödie mitzuspielen. Auch manches andere, das Katharina sich von den Feinden der Guisen bieten ließ, erbitterte diese. Weshalb ließ sie den Kardinal von Châtillon, den Bruder Colignys, unangefochten gewähren? Der Mann war erklärter Häretiker, hatte sich mit Isabelle de Hauteville verheiratet, überdies, wie seine Brüder, an einer bewaffneten Rebellion gegen den König teilgenommen – blieb aber dennoch unangefochten auf dem Posten eines Kardinals der römisch-katholischen Kirche und kam weiter in den Genuß kirchlicher Pfründe, mit deren Hilfe er nun nach Belieben die Zerstörung der Kirche finanzieren konnte. Er war nicht der einzige Kirchenfürst, dem der König sein Amt ließ, obwohl er der Kirche die Treue gebrochen hatte. Verschiedene Bischöfe, deren häretische Überzeugung ebensowenig geheim war wie die des Kardinals von Châtillon – wenn sie sich vielleicht auch eine Spur weniger flamboyant dazu bekannten –, blieben wie er ungestört im Besitz ihrer Bistümer und Pfründen. Die römische Kurie hatte sie zwar verurteilt und abgesetzt, aber die Exekutierung ihres Urteils durch den allerchristlichsten König bisher nicht durchsetzen können. Nach dem Konkordat unterstand die französische Geistlichkeit allein der Autorität des Königs. Traditionell war der gallikanische Klerus seinerseits eifrig auf die Wahrung der relativen Unabhängigkeit gegenüber dem Papst bedacht, die damit einherging, wenn auch als Oberhaupt der französischen Kirche der König einigermaßen beliebig Kirchengüter beschlagnahmen konnte, falls das Defizit des Staatshaushalts das erforderlich machte. Doch wenn jetzt Katharina häretische Prälaten protegierte, die Philipp II. längst auf den Scheiterhaufen geschickt hätte, forderte sie damit nicht allein die Mißbilligung Spaniens und des Papstes heraus, sondern, und das scheint sie nicht hinreichend beachtet zu haben, auch den Haß vieler katholischer Franzosen, die durch ihre Duldung und Begünstigung häretischer Prälaten die Kirche und sich selbst verraten fanden. Natürlich war ihre Lage prekär – aber wenn sie glaubte, durch solche Eingeständnisse Coligny zu versöhnen, was keineswegs der Fall war –, hätte sie sich an den fünf Fingern einer Hand abzählen können, was sie das bei der anderen Seite kosten mußte.

Die Katholiken hatten angesichts der Fortschritte, welche die neue Religion in der letzten Zeit sowohl innerhalb als auch außerhalb

Frankreichs gemacht hatte, zur Besorgnis einigen Grund. Der Versuch der Spanier, die Ausbreitung der neuen Religion in den Niederlanden mit Gewalt zu verhindern, führte zum Ausbruch des Aufstands der freiheitsliebenden Niederländer gegen die spanische Herrschaft. Dabei verband sich der katholische Graf Egmont mit den Häuptern der protestantischen Partei, dem Prinzen von Oranien und dessen Bruder Wilhelm von Nassau. Denn was diesem Aufstand seine besondere Kraft verlieh, war die lange Tradition städtischer Freiheit, die den aufständischen Protestanten den Rücken stärkte und gegen die spanische Gewaltherrschaft selbst Mitbürger, die dem alten Glauben treu bleiben wollten, reizte, gemeinsame Sache mit ihnen zu machen. Dennoch war der Aufstand, der am 15. August 1566 in Antwerpen begann, von Anfang an nicht nur antispanisch, sondern auch antikatholisch. Die Aufständischen verwüsteten die Kathedrale, zerstörten Kunstschätze von unschätzbarem Wert, weil sie nichts als Heiligenbilder, und massakrierten eine Menge Menschen, weil sie nichts als Katholiken in ihnen sehen konnten, da denn ja Aufstände den Fanatismus begünstigten und der Fanatismus verblendet. Als die Vorkommnisse Philipp II. gemeldet wurden, schwor er: »Bei der Seele meines Vaters, das wird sie teuer zu stehen kommen.« Es sollte die Niederländer teuer zu stehen kommen, auf die Dauer allerdings auch die Spanier.

Katharina konnten diese Vorgänge natürlich nicht gleichgültig sein. Coligny und seine Partei begrüßten selbstverständlich den Aufstand, nicht so sehr, weil sie den Niederländern ihre Freiheit wünschten, sondern weil sie sich, wenn nicht für Frankreich, so doch für die calvinistische Partei in Frankreich viel davon versprachen. Alles schien gegenwärtig die Sache der Reformierten zu begünstigen, selbst die Zumutungen der Spanier. Als der Herzog von Alba Katharina zu ersuchen wagte, spanischen Truppen den Durchzug nach Flandern über französisches Gebiet zu gestatten, schrieb sie, auf des Herzogs abweisende Haltung bei dem Treffen in Bayonne anspielend, es wundere sie, daß einer, der sich so kalt gezeigt, als sie sein Entgegenkommen wünschte, nun, da er ihres brauche, hoffe, sie anders zu finden. Die Ablehnung vergiftete jedoch das Verhältnis zwischen Madrid und Paris nicht mehr, als es schon vordem vergiftet war. Was den spanischen König anging, so hatte es Katharina mit dem ohnehin verdorben.

Die spanischen Truppen zogen also aus Italien durch die Freigrafschaft Burgund, Lothringen und Luxemburg nach Flandern. Diese Truppen, deren Grausamkeit berüchtigt war, versetzten selbst deutsche Fürsten, die gewagt hatten, dem Kaiser zu trotzen, so in Schrecken, daß sie ihnen freien Durchzug gewährten, um nicht zu riskieren, von ihnen gebrandschatzt zu werden.
Auch Katharina war die Konzentration der Truppen ihres Schwiegersohns an den nördlichen Grenzen Frankreichs unheimlich. Sie berief eine außerordentliche Sitzung des Kronrats nach Saint-Germain ein: Die Aufstellung eines Heeres von 6000 Schweizern und 10000 Mann französischer Infanterie wurde beschlossen. Coligny stimmte dem zu, in der Hoffnung, daß diese Truppen Philipp II. in den Niederlanden angreifen würden. Katharina und der König inspizierten persönlich die Garnisonen der festen Plätze an der Grenze. Doch verhielt sich die Königinmutter bei alledem streng neutral und ließ sich von den Kriegstreibern der Partei Colignys nicht dazu bewegen, die Spanier zu provozieren oder gar in die Niederlande einzufallen. Der Prinz von Condé namentlich forderte Krieg. Aber Krieg mit Spanien? Davon wollte Katharina nichts wissen. Für diese Scheu hatte sie gute Gründe, doch brachte sie mit ihrem Widerstand nicht nur die Protestanten, sondern auch einen Teil der nach Kriegsruhm dürstenden Jugend des katholischen Adels, schließlich sogar ihren Sohn, den König, gegen sich auf. Denn Coligny redete dem jungen Mann ein, hier endlich habe er Gelegenheit, sich von seiner Mutter zu emanzipieren und an der Spitze seines Heeres der große siegreiche König zu werden, den sein Volk ersehnte. Und der brave junge Mann, der nichts sehnlicher wünschte, denn als Held sich zu bewähren, begriff nicht, daß sein Ratgeber hier nicht so sehr zu einem Triumph über Spanien als vielmehr über Katharina, die Valois und die französischen Katholiken Gelegenheit sah.
Doch schließlich beugte er sich auch diesmal den Wünschen seiner Mutter – und diese rettete also für den Augenblick den Frieden, allerdings ohne hinreichend zu bedenken, daß sie mit ihrer Weigerung, sich in einen Krieg mit Spanien treiben zu lassen, die Unzufriedenheit, Quelle des Bürgerkriegs, sehr heftig gereizt hatte.
Die Châtillon-Coligny und Condé fügten sich dem ihnen verordneten Frieden in der Hoffnung auf eine baldige Änderung der Verhältnisse. Solange diese diabolische Florentinerin den König in der

Hand hatte, konnten sie, wie sie selbst einsahen, nicht hoffen, die Herren im Hause zu werden. Und doch, was, außer der Königinmutter, hinderte sie daran? Karl IX. war Wachs in den Händen Colignys, und schließlich, davon war Coligny überzeugt, würde er seinen Krieg bekommen. Der kleine Condé war ebenso haßerfüllt und feuereifrig wie Coligny, aber ungeschickter. Da im Moment also alle nur noch an den nächsten Krieg dachten, war aller Ehrgeiz militärisch. Wer würde das Oberkommando über das französische königliche Heer erhalten? Freilich, einstweilen führte es noch Montmorency, doch der Konnetabel, obgleich noch rüstig, war schließlich doch schon fünfundsiebzig Jahre alt, ein alter Mann. Da die Herren Châtillon, deren Überlegungen uns hier beschäftigen, den nächsten Krieg als heiligen Krieg für die Durchsetzung der neuen Religion und Befreiung der niederländischen Glaubensgenossen planten, hielten sie es für selbstverständlich, daß auch das vom König bezahlte katholische Heer von einem der Häupter der protestantischen Partei befehligt würde. Berufen zu diesem Kommando fühlte sich sehr unzweideutig der Prinz von Condé, nicht zuletzt von seiner neuen Gattin, die, nicht weniger ehrgeizig als calvinistisch, ihre zahlreichen Verbindungen spielen ließ, bemüht, aus ihrem eher kleinwüchsigen Gemahl einen großen Feldherrn zu machen. Doch ach! Weder Coligny noch Condé erlangten die Ernennung zum Generalstatthalter. In ihrer Enttäuschung begannen sie, ihre nächste Operation gegen einen Feind zu planen, der ihnen näher stand als der König von Spanien – den König von Frankreich: Der – oder richtiger, dessen Mutter – ihnen als Generalstatthalter des Königreichs und Oberbefehlshaber des Heeres einen sechzehnjährigen Knaben vor die Nase gesetzt hatte. Tatsächlich – Katharina betraute mit diesem hohen Amt den Herzog von Anjou, ihren Liebling! Und da dieser somit die Bühne betrat, auf der sich die zukünftigen Haupt- und Staatsaktionen abspielen sollten, empfiehlt es sich, die nähere Bekanntschaft des Knaben zu machen, zumal dieser im Leben seiner Mutter zweifellos eine Schlüsselrolle spielte.

Schon im frühen Knabenalter bezauberte Heinrich den Hof wie seine Mutter durch sein ungemein charmantes Wesen. Seine Schönheit schien eher die eines Kunstwerks als eines lebendigen Menschen, hätte Schöpfung eines der großen Künstler der Heimatstadt seiner Mutter gewesen sein können. In seinen schwarzen Augen lag ein süßer, sanfter Glanz, aus dem jedoch, unter den mädchenhaft gesenkten Wimpern, ganz unverhofft blitzende Intelligenz das Gegenüber traf. Seine sehr weiße und reine Haut, die Feinheit seiner Züge, die Anmut seiner Gebärden und Eleganz seiner Manieren machten ihn unverkennbar zu einer Ausnahmeerscheinung, die den ganzen Hof faszinierte. Kein Wunder also, daß die jungen Höflinge ihn bald nachzuahmen begannen, ja aufs lächerlichste nachzuäffen. Denn obgleich es natürlich in gewissem Sinn eine tiefernste Sache war, dem Bruder des Königs und Lieblingssohn der allmächtigen Königinmutter nachzueifern, wie er sich räusperte, spuckte und so weiter, machten sich die armen Jünglinge damit dennoch lächerlich, weil sie weder so anmutig noch so intelligent wie ihr Idol, sozusagen als Gänse einen Schwan zu imitieren suchten: Der Vergleich ist angebracht, zumindest insofern Heinrich allen als ein Wesen besonderer Art erschien, als Gast aus einer bezaubernden Fremde.

So waren auch ganz merklich Heinrichs Geistesgaben anderer Art als das, was man in Frankreich hauptsächlich gewohnt war. Was die Gallier ihres Erachtens vor anderen Völkern auszeichnet, ist der *bon sens*, der gesunde Menschenverstand, eine Neigung zu vernünftiger Überlegung interessierender Angelegenheiten bis zu dem Punkt, wo die Überlegung Selbstzweck und langweilig wird. Heinrich von Anjou war ein subtiler Geist, er räsonierte nicht, schien unfähig zu vernünftiger Überlegung, konnte aber auf einen Blick eine Situation oder Person bis auf den Grund durchschauen und ohne Umschweife mit einem Satz zum Wesentlichen einer Angelegenheit kommen. Freilich besaß er auch die Schattenseiten einer solchen Natur. Denn wenn ihn die plötzlichen Eingebungen, denen er stets folgte, häufig mit einem Schritt zum Ziel führten, leiteten sie ihn nicht selten auch in die Irre, und überhaupt machte ihn die Impulsivität seines Denkens und Handelns wankelmütig.

Die höchst ungewöhnliche Erziehung, die Katharina dem kränklichen Kind hatte angedeihen lassen, hatte dessen Charakter in seinen Schwächen, wenn man so sagen darf, noch bestärkt. Heinrich wuchs nicht, wie die Prinzen dieser Zeit gewöhnlich, an der frischen Luft, im Wald und auf der Heide, bei der Jagd und bei kriegerischen Leibesübungen auf, sondern in Samt und Seide, umgeben von Frauen, die ihm in all seinen Launen schmeichelten und ihn früh an ihre Zärtlichkeiten gewöhnten. Die Gesandten auswärtiger Höfe beobachteten das mit Befremden und berichteten mißbilligend darüber, denn daß der Bruder des Königs lernt, feine Stoffe und den Duft kostbarer Essenzen zu schätzen, schien ihn nicht hinreichend auf die großen Aufgaben vorzubereiten, die er eines Tages würde bewältigen müssen.

In der Tat wurde nämlich auch die Erziehung seines Geistes vernachlässigt. Hätten sich seine Mutter und seine Gouvernante besser darum gekümmert, er hätte mit Leichtigkeit eine gründliche und umfassende Bildung erworben, denn er lernte gern und ohne Mühe. Aber stattdessen schmeichelten, wie gesagt, die Damen nur den Launen des Märchenprinzen. Mit der glänzenden Leichtigkeit seiner Rede blendete er zunächst jeden, der ihm begegnet – er schien alles irgend Wissenswerte zu wissen. Aber obgleich seine angeborene Intelligenz ihn befähigte, auf den ersten Blick diesen Eindruck zu erwecken, enttäuschte er bei näherer Bekanntschaft. Denn ein nicht zu unterschätzender Teil des Wissenswerten muß gelernt werden – und Heinrich hatte, als er die Frauengemächer verließ, wenig gelernt.

Er gefiel sich – kein Wunder – ausnehmend in der Gesellschaft der ihn anhimmelnden Frauen, was zweifellos seine schon angeborene Neigung zu weiblichen Interessen und Beschäftigungen bestärkte. Er spielte mit den Damen seines Haushalts wie mit Puppen, liebte es, sie zu putzen und ihnen selbst ihre prächtigen Kleider anzulegen. Andererseits fühlte er sich von Kind auf unwiderstehlich von Männern angezogen, bewunderte an ihnen, was ihm selbst fehlte, die Kraft, ja die Gewaltsamkeit. Keineswegs unempfindlich für den Reiz des Moralischen, schwärmte er auch für seinen zeitweiligen Lehrer, den berühmten Humanisten Amyot. Aber der Einfluß dieses Mannes, der seinen Zögling für die Tugenden antiker Helden und Fürsten zu begeistern suchte, wurde leider neutralisiert durch den anderer Lehrer, die, statt ihren Schüler zu belehren, ihm nur beibrachten, sich selbst zu akzeptieren. Der schlimmste unter ihnen war Heinrichs Gouverneur Villequier, der es bewußt darauf anlegte, sich seinem Schüler unentbehrlich zu machen, indem er den jungen Mann lehrte, den Lastern zu frönen, zu denen er neigte. Und ehe dieser selbst wußte, daß es das war, was er wollte, hatte Villequier dafür gesorgt, daß der Prinz stets von einem Gefolge ausgesucht athletischer und ergebener junger Höflinge umgeben war. Ja, der scharfsichtige Villequier kannte den Heinrich selbst noch kaum bewußten Geschmack so gut, daß er als Hauptmann seiner Eskorte einen Herrn einsetzte, der alles verkörperte, wofür der Knabe schwärmte: Ludwig von Bérenger, Herrn von Guast, im Delphinat, einen berühmten Raufbold mit kupferner Mähne, großzügig und hochmütig, ausschweifend, abenteuerlustig, aber tapfer, einen Mann, dem alle Damen des Hofes zu Füßen lagen: Wie denn auch Heinrich diesen Herrn von Guast zeitlebens voll Ergebenheit bewunderte und Villequiers Berechnung damit bestätigte.

Andererseits bewahrte der Herzog von Anjou seit seiner Kindheit seinem Leibarzt Miron eine treue Freundschaft. Miron diente ihm nicht nur als Leibarzt, sondern auch als Berater und unter den vielen bösen Geistern, die den Märchenprinzen umschwärmten, erwies sich dieser als sein guter Geist. Er war freilich auch ein guter Arzt und einen solchen brauchte Heinrich eigentlich ständig, denn er war schon als Kind kränklich und blieb zeitlebens leidend. So hatte er am Arm ein ständig eiterndes Geschwür, das man nicht zu heilen versuchte, in der Meinung, jener Eiterfluß würde den Kranken vor einer allgemeinen Entzündung bewahren. Außerdem hatte er eine Fistel am Auge, die aus heutiger Sicht als Symptom einer angeborenen Tuberkulose zu deuten ist. Katharinas Liebling war also nur mit einigen Vorbehalten auch Liebling der Götter zu nennen. Dennoch wurde Heinrich schließlich, seiner Schwächlichkeit ungeachtet, ein guter Reiter und Degenfechter.

Heinrich war frommer Katholik. Wie seine ganze Natur war freilich auch sein Glaube nicht einfach. Seine Frömmigkeit schien in vieler Hinsicht abergläubisch bedingt, war andererseits so theatralisch, daß sie selbst bei seinen Glaubensgenossen ein gewisses Mißtrauen erregte. Die Franzosen hätten ihm seine Andacht lieber geglaubt, wenn sie etwas zurückhaltender gewesen wäre. Doch hat der Historiker keinen Grund, deshalb deren Echtheit zu bezweifeln. Wenn Heinrich von Anjou derart theatralisch betete und

Buße tat, gehorchte er nur seiner Natur, die ihn in allem zu gekünsteltem und übertriebenem Ausdruck drängte.
Wie Heinrich also vermutlich wirklich fromm war, war er trotz seiner Leidenschaft für das prächtige martialische Kostüm auch wirklich tapfer.
Als seine Mutter ihn zum Generalstatthalter des Reiches ernannte, hatte sie ihn zuvor bereits als ersten Fürsten Frankreichs nach dem König und, für den Fall, daß dieser ohne männliche Erben stürbe, als Thronfolger anerkennen lassen. Am 14. Juli 1566 hatte sie das Parlament von Paris die Schenkungen, mit denen der König seinen Bruder bedachte, zu Protokoll nehmen lassen. Heinrich nahm den ihm als Bruder des Königs zustehenden Titel des Herzogs von Orléans an, doch nannte man ihn weiterhin gewöhnlich den Herzog von Anjou, denn das Herzogtum Anjou war sein bedeutendster Besitz, von dem allerdings Saumur abgetrennt wurde. Zusätzlich zu diesem Herzogtum erhielt er nun aber die Freiherrschaft von Baugé, das reiche Herzogtum von Bourbonnais, die Grafschaften Montferrand und Montfort-L'Amaury, die Herrschaft von Usson. Diese Herrschaften konnten in ihrer Eigenschaft als Kronbesitz zwar nicht veräußert werden, doch waren die Einkünfte, die der Herzog von Anjou daraus bekam, so beträchtlich, daß sie ihm erlaubten, einen wahrhaft königlichen Aufwand zu treiben. Eben das sollte er denn auch nach dem Wunsch seiner Mutter, und es fiel ihm keineswegs schwer, denn er war dazu zugleich hervorragend begabt und brachte selbst die größte Neigung zur Prachtentfaltung mit.
War dieser von seiner Mutter so abgöttisch geliebte Märchenprinz aber imstande, als Generalstatthalter des Reiches das Oberkommando des Heeres zu übernehmen? Dazu fehlten ihm ganz offensichtlich die Reife, die Erfahrung, ja selbst die physische Kraft. Gleichviel, die bewundernde Mutter stellte ihn auf den Posten. Und Villequier, der Herr von Guast und ihr Anhang von guten Klingen frohlockten: Sie waren gewiß, daß sie aus dem Amt schon etwas würden zu machen wissen. Condé fand sich mit der Zurücksetzung, die er bei dieser Gelegenheit erlebte, wie schon angedeutet, nicht willig ab. Eine Zeitlang versuchte er den Platz, an den die Königinmutter ihren Lieblingssohn gesetzt hatte, durch Intrigen doch noch an sich zu bringen. Heinrich, von seinen Mentoren darüber unterrichtet, sagte daraufhin während eines Festes in

Saint-Germain in aller Öffentlichkeit zu dem Prinzen: »Lassen Sie sich gesagt sein, daß ich Sie genauso klein machen kann, wie Sie groß tun.« Der auf den Tod beleidigte Condé zog sich zurück. »Mir bleibt also nichts, als Ihnen Platz zu machen, und das mache ich gern«, sagte er und begab sich zähneknirschend auf seine Güter in Vallery, um dort auf Rache zu sinnen, deren Maß dann, wie man sehen wird, demjenigen der erlittenen Demütigung gerecht wurde.

Die calvinistischen Feudalherren versuchen einen Staatsstreich

Während Katharina weiterhin lavierend politisierte in der Hoffnung, den gereizten Protestanten mit süßen Worten die Waffen aus den Händen reden zu können, trafen hinter ihrem Rücken Coligny und Condé kaltblütig Vorbereitungen für eine Fortsetzung des Bürgerkriegs. Inzwischen bedauerten sie, die Königin zur Anwerbung der Schweizer überredet zu haben, denn jetzt bildeten diese Söldner eine königliche Streitmacht, die bei dem von ihnen geplanten Aufstand unfehlbar gegen sie eingesetzt werden würde. Sie versuchten also, die Entlassung dieser Söldner durchzusetzen. Katharina weigerte sich. So wandten sie sich, in der Hoffnung, er würde sie in ihrer Absicht unterstützen, an ihren Onkel, den Konnetabel. Doch dieser urteilte nur, »die Leute haben ihren Sold gekriegt, jetzt muß man sie auch verwenden.« Auch Karl IX. hing an seinen Schweizern. Mit offenbarem Vergnügen nahm er eine prächtige Parade dieser Söldner ab. »Er soll doch auch was haben für sein Geld«, sagte seine Mutter.

Nichtsdestotrotz brüteten Condé und Coligny weiter über ihrem Plan einer Machtergreifung. Andelot, der Bruder des Admirals, hatte den Plan ausgearbeitet. Die Streitkräfte der Protestanten waren zwar überall im Reich zerstreut, doch in ständiger Bereitschaft, sich an jeden beliebigen Sammelpunkt zu begeben. Die Disziplin dieser Truppen war vorzüglich. Gegenwärtig waren sie den Königlichen nicht nur qualitativ, sondern sogar zahlenmäßig überlegen. Katharina hatte abgerüstet, weil sie den Frieden wollte und damit rechnete, das Gewollte auch zu erhalten.

So genossen die Königinmutter und ihr Hof im September 1567 den schönen Herbst auf Schloß Monceaux mit Gastmählern, wie Katharina sie liebte, und Jagden in den Wäldern der Umgebung. Zwar wurde eine beunruhigende Konzentration von Bewaffneten nicht weit von Monceaux – in Châtillon-sur-Loing, das Coligny gehörte – der Königinmutter gemeldet, doch weckte diese Meldung ihr sonst selten schlummerndes Mißtrauen diesmal nicht. Sie hatte sich solche Mühe gegeben, Coligny davon zu überzeugen, daß sie ihm gewogen sei. Nun sah sie seine Freundschaft für sie als sicher an und wollte nicht glauben, er könne etwas gegen den König im Schilde führen. Tatsächlich hatte aber die geplante Operation der protestantischen Feudalherren zur Ergreifung der Macht im Staate schon begonnen. Ihr erstes Ziel war die Verhaftung des Königs, der Königinmutter, des Herzogs von Anjou und des Kardinals von Lothringen. Auf diese Weise wären die katholische Partei und die Monarchie ihrer Häupter beraubt gewesen, politisch und, je nachdem wie die Operation verlief, vielleicht auch physisch. Damit hätten die Protagonisten der neuen Religion dem spanischen König, der den Grafen Egmont und Horn, ein Freund Colignys und Calvinist wie er, die Köpfe hatte abschlagen lassen, seine Tyrannei höchst dialektisch heimgezahlt. Als nächstes planten Condé und Coligny, die Schweizer zu vernichten und zusätzlich zu denen, die sie bereits besetzt hielten, die Städte Lyon, Toulouse und Troyes in ihre Gewalt zu bringen. Dann sollte der Prinz von Condé die Macht übernehmen. Anstatt Statthalter des Königs zu werden, wie er es noch kürzlich gewünscht hatte, würde er dann fast König sein.
Die Aufständischen hatten sich in Rosay-en-Brie verabredet, einem Ort ganz in der Nähe des Schlosses, wo derzeit Katharina und der Hof nichtsahnend den schönen Herbst genossen. Die protestantischen Kavaliere fanden sich in kleinen Gruppen von zweien oder dreien bei diesem Treffpunkt ein, erregten aber dennoch den Argwohn eines Beobachters, der die merkwürdige Versammlung auf dem Lande der Königinmutter meldete.
Vorsichtshalber entsandte sie einen Kundschafter nach Châtillon, um zu erfahren, was der Admiral dort triebe. Doch Colignys Spionageabwehr war besser als Katharinas Spionage, jedenfalls bei dieser Gelegenheit, denn als ihr Kundschafter in Châtillon eintraf, fand er den Admiral im Bauernkittel auf einem seiner Weinberge in

den Reben. Diese unwahrscheinliche Kostümierung und Beschäftigung hätte zu jeder anderen Zeit zwangsläufig Katharinas Mißtrauen erregt. Jetzt zuckte sie nur die Achseln und schrieb: »Es sind etliche unbegründete Gerüchte umgelaufen, daß die Anhänger der neuen Religion irgendwelche Unruhen vorhätten. Aber, Gott sei Dank, haben wir es hier so friedlich, wie wir's nur irgend wünschen könnten.«

Indessen wollten die in diesem Brief abgetanen Gerüchte nicht verstummen. Man meldete ihr bewaffnete Reiterei in einem nahegelegenen Wald, in dem der König auf Jagd zu gehen pflegte. Noch immer wollten die Königinmutter und ihre Räte das nicht sonderlich bedenklich finden. Einige Leute bei Hof freilich begannen, sich vor einer Verschwörung zu ängstigen. Doch der Kanzler L'Hospital, der den Reformierten nichts Böses zuzutrauen geneigt war, ließ die Erfinder solcher verleumderischen Gerüchte seine Mißbilligung fühlen. Endlich aber informierte ein Kurier des Herzogs von Alba unsere Katharina hinsichtlich aller Einzelheiten der geplanten Verschwörung. Der Herzog in Brüssel hatte besser über die Machenschaften in Katharinas nächster Nähe Bescheid gewußt als die listenreiche Mediceerin selbst. Bei dieser Gelegenheit zeigte sie sich des Ruhms der perfekten Intrigantin, den sie bei den Historikern genießt, nicht vollkommen würdig.

Die demütigende Einsicht, daß sie sich hatte zum Besten halten lassen, auch die Enttäuschung über das nun offenkundige Scheitern ihrer Politik, lähmten die Königinmutter zunächst. Und unterdessen begannen Meldungen von verschiedenen Orten die Informationen, die sie von dem Spanier erhalten hatte, zu bestätigen. Nacheinander fielen Montereau, Lagny, Péronne und Melun den Rebellen in die Hände. Der Bürgerkrieg, den zu vermeiden sie sich jahrelang bemüht hatte, war ausgebrochen.

Katharina schüttelte ihre Lähmung ab. Ihr Widerstandsgeist erwachte wieder. Es galt zu retten, was zu retten war. Vor allem, das begriff sie nun, mußten der König, sie selbst und der Hof sich schleunigst irgendwohin in Sicherheit bringen, wo sie nicht fast wehrlos jedem Angriff ihrer Feinde ausgeliefert waren. Gesagt, getan, man suchte Zuflucht hinter den Mauern von Meaux. Letztlich war sich, so fand man dort, der König aber nur in Paris, der katholischen Hauptstadt, der Loyalität der Bevölkerung vollkommen sicher. Unsicher jedoch war der Weg von Meaux bis zur Porte de

Saint-Denis. Ohne ausreichende militärische Begleitung empfahl es sich nicht, die Reise zu wagen. Sobald sie erkannt hatte, was sich gegen sie zusammenbraute, hatte Katharina zu ihrem Schutz die in Château-Thierry kantonierten Schweizer angefordert. Leider ließ die Ankunft dieser Schutzmacht beängstigend lange auf sich warten. Katharina hatte nun reichlich Zeit, verspätet zu bedauern, daß sie es bei ihrem Eifer, die Protestanten für den Thron zu gewinnen, so sträflich vernachlässigt hatte, sich der Loyalität der Katholiken zu vergewissern. Alles stand gegenwärtig auf dem Spiel. Wenn den Protestanten ihr Staatsstreich gelang, wurde Frankreich ein protestantischer Staat unter dem »Protektorat« Englands und der deutschen Fürsten. Mißlang der Aufstand, waren die Verschwörer bloßgestellt und als machthungrige Abenteurer diskreditiert.

Fürs erste kam es darauf an, Paris zu erreichen. Die schlimmste Gefahr drohte der kleinen königlichen Reisegesellschaft von der Reiterei der Hugenotten.

Erst um vier Uhr früh am 23. September 1567 erreichte der König Paris. Nie wäre er dort angekommen, wenn ihn nicht die Piken der Schweizer beschützt hätten. Hätte Katharina, wie Coligny verräterisch gefordert hatte, diese Söldner entlassen, wäre die Monarchie verloren gewesen.

Ob sie noch zu retten war, wußte man freilich auch bei der Ankunft in Paris noch nicht mit Sicherheit. Das Heer der Protestanten lagerte bei Saint-Denis, und nachdem sie die dortige Kapelle des Schutzpatrons niedergebrannt hatten, machten diese Miene, die Hauptstadt auszuhungern. Katharina verleugnete auch in dieser bedrohlichen Lage nicht ihre Natur. Kaum hatte sie sich nämlich nach der Ankunft ein wenig frisch gemacht, fing sie an, mit dem Feind zu verhandeln. L'Hospital und der Marschall Vielleville suchten in ihrem Auftrag in Saint-Denis den Prinzen von Condé auf und erkundigten sich nach dessen Bedingungen. An der Wiederherstellung des Friedens war der Königinmutter so viel gelegen, daß sie von vornherein den Rebellen eine vollkommene Amnestie anbot. Condé jedoch dachte nicht daran, von seinem hohen Roß zu steigen und sich mit einer Amnestie abspeisen zu lassen: Er forderte die vollkommene Freiheit des Bekenntnisses und Kultus für die neue Religion im ganzen Reich. Demagogisch forderte er zugleich eine Senkung der Steuern, die der Staat sich, wenn der Krieg vermieden würde, sehr wohl leisten könne. Weiter verlangte

er die Einberufung der Generalstände und die Entfernung aller Italiener aus der Regierung. Die Königinmutter wurde zwar nicht ausdrücklich dazugezählt, aber der Verdacht lag zweifellos nahe, daß auch sie selbst sich zu diesen rechnen müsse. Als Entschädigung für seine Bemühungen zum Besten des Vaterlandes forderte schließlich der patriotische Prinz die Städte Metz, Le Havre und Calais. Die letzten beiden hätten sich im Bedarfsfall ja der Königin von England als Brückenköpfe sehr lukrativ vermieten lassen.
Freilich nahm Katharina keine dieser Forderungen an und tat nur alles, um mit den Rebellen im Gespräch zu bleiben, denn es galt vor allem, Zeit zu gewinnen und Geld aufzutreiben – was jedoch auch Zeit brauchte –, um ein Heer gegen die Rebellen auf die Beine stellen zu können. Da auch die Zeit, die zu gewinnen sie hoffen konnte, sehr knapp bemessen sein würde, wandte sie sich um Hilfe an Philipp II., der ihr umgehend 2000 Mann Kavallerie schickte. Natürlich hätte sie gern darauf verzichtet, sie konnte sie aber gegenwärtig nur allzugut gebrauchen. Geld erhielt sie von ihrem Vetter Cosimo de' Medici, dem Herzog von Toskana, sowie von dem Herzog von Savoyen und vom Papst. Letzterer verlangte eine Sicherheit. Sie bot ihm die Hälfte der Einkünfte aus den Kirchengütern in Frankreich. Der Papst nahm das Angebot an.
Während Condé mit den Abgesandten Katharinas verhandelte, in der Meinung, die Königinmutter und den König sicher in der Falle zu haben und mit der Zeit gefügig machen zu können, war Karl IX. nicht müßig. Er betrieb die Vereinigung der ihm gegenwärtig zur Verfügung stehenden Streitkräfte, der Reste der königlichen Armee also, der Söldnerscharen Strozzis und des königstreu gebliebenen katholischen Adels. Die religiösen Streitigkeiten seiner Untertanen hatten den jungen König – seit er sich von den Reformierten abgewandt und für den alten Glauben entschieden hatte – nicht mehr leidenschaftlich beschäftigt. Jetzt aber trieb ihn, wenn nicht katholischer Glaubenseifer, so doch jedenfalls verletzter Stolz – denn er verzieh den Calvinisten nicht, daß sie ihn gezwungen hatten, schneller als ihm lieb war, von Meaux nach Paris zu marschieren, um das »infame Unternehmen«, wie er den versuchten Staatsstreich nannte, zum Scheitern zu bringen. Um seiner Mutter zu helfen, Zeit zu gewinnen, ließ er nach einem halbvergessenen alten Brauch Condé, Coligny und d'Andelot aus Saint-Denis durch einen königlichen Herold vor seinen Thron laden, wo

sie ohne Waffen zur festgesetzten Zeit zu erscheinen hätten, wenn sie nicht der Rebellion schuldig gesprochen werden wollten. Die Rebellen ließen sich auf die zeitraubenden Formalitäten ein, weil sie natürlich auch jetzt noch den Anspruch erhoben, nur zum Besten des Königs und der Monarchie zu handeln. Unterdessen verstärkte der König sein Heer, das dem der Calvinisten schließlich zahlenmäßig überlegen, allerdings schlechter organisiert und schlechter geführt war als das gegnerische. Die Hugenotten andererseits erwarteten zu ihrer Unterstützung deutsches Fußvolk. Hätte sich diese Infanterie mit der hugenottischen Kavallerie vereinigt, die Rebellen wären unschlagbar gewesen. Doch der Herzog von Guise hielt den Vormarsch der deutschen Truppen in der Champagne auf; ebenso wie Monluc die Hugenotten aus der Gascogne in Aquitanien festhielt.
Am 10. November 1567 machten, angeführt von dem ehrwürdigen und inzwischen ziemlich hochbetagten Konnetabel von Montmorency, die königlichen Truppen einen Ausfall auf Saint-Denis. Die von Condé geleitete tüchtige Gegenwehr hätte den Sieg fast den Hugenotten zufallen lassen – denn die Männer der Bürgerwehren, die Montmorency ins erste Glied gestellt hatte, waren zwar sicherlich überzeugte Katholiken, die jetzt die Calvinisten überdies haßten, weil diese sie auszuhungern versuchten, aber gute Soldaten waren sie nicht. Doch trotz anfänglicher Rückschläge setzten die Königlichen ihren Druck auf den Feind fort, und am Abend zog dieser sich aus Saint-Denis zurück. Der Konnetabel allerdings wurde bei diesem Gefecht tödlich verwundet. Trotz seines Alters hatte er sich wie die Helden der Vorzeit selbst immer da gezeigt, wo der Kampf am heißesten tobte. Und dann war es geschehen, daß ihm das Pferd unter dem Leib totgeschossen wurde, und er sich rings von Feinden umgeben sah. Er war offensichtlich verloren und wollte sich ritterlich gefangen geben. Doch da erkannte ihn ein persönlicher Feind unter seinen Feinden, ein Schotte namens Robert Stuart. Montmorency sagte: »Ich bin der Konnetabel.« »Eben deshalb töte ich Sie«, sagte der Schotte. Der Konnetabel starb zwei Tage später an der Verletzung, die ihm der Schotte beibrachte. Der Sieg der Königlichen war nicht so glänzend, wie sie sich ihn gewünscht haben mochten, aber immerhin hatten die Hugenotten die Blockade von Paris aufgehoben. In Montereau vereinigten sich die inzwischen von La Rochefoucauld

aus der Gascogne und dem Angoumois herangeführten Scharen, bald darauf auch das vom Pfalzgrafen Kasimir entsandte Fußvolk mit dem Heer der Rebellen. Gegen diese Streitmacht konnte an der Spitze des buntscheckigen königlichen Heers Heinrich von Anjou wenig ausrichten. Aufgrund der Jugend und Unerfahrenheit des Generalstatthalters von Frankreich stellte man ihm die Herzöge von Nemours und von Montpensier zur Seite, die gute Katholiken und Royalisten, aber keine sonderlichen Krieger waren, was leider auch auf den dritten Feldherrn zutraf, der zur Unterstützung des jungen Generalstatthalters bestellt wurde – der Intendant der Finanzen Artus de Cossé verstand leider von Strategie genauso wenig wie von Finanzen.

In Anbetracht der Qualitäten dieser Feldherrn hatten die Katholiken zu der militärischen Führung, die ihre Sache vertrat, wenig Zutrauen; Illusionen in dieser Hinsicht machte sich übrigens auch Katharina nicht, die sich freilich von dem Versuch, politische Probleme mit Waffengewalt zu lösen, prinzipiell nichts versprach. Weshalb sie auch gleich nach dem Gefecht bei Saint-Denis die Verhandlungen mit dem Gegner wieder aufnahm. Condé schickte ihr Téligny (einen Schwiegersohn Colignys) und Gastines. Katharina erklärte sich zu Konzessionen bereit, die bei näherem Hinsehen dem Verhandlungspartner weniger zugestanden, als dieser auf den ersten Blick hatte meinen dürfen, und da sich die protestantische Seite das Angebot der Königinmutter zweimal überlegte, führten die Verhandlungen fürs erste zu nichts.

Inzwischen rieten der Herzog von Alba und der Papst der Königinmutter, Condé, Coligny und die übrigen Führer der Rebellion lieber köpfen zu lassen, als ihnen Geschenke anzubieten. Katharina nahm den Rat weder an noch lehnte sie ihn rundheraus ab, erwog ihn vielmehr sorgfältig.

Philipp II., der über ihre Angelegenheiten zweifellos hervorragend unterrichtet war, ließ Katharina durch seinen Gesandten sagen, daß die militärische Führung des königlichen Heers nichts tauge, und sie gut daran täte, Tavannes an die Spitze ihrer Truppen zu berufen. Dieser Rat war gut. Tavannes war ein in vielen Kriegen erprobter Heerführer, außerdem ein treuer Freund Katharinas, seine Autorität hätte auch der Generalstatthalter, Katharinas Liebling, zweifellos anerkannt. Katharina räumte das ein. Indem sie sich aber den Spaniern gegenüber den Anschein gab, ihrem Rat folgen und den Krieg gegen die Hugenotten mit aller Entschiedenheit führen zu wollen, stand sie andererseits mit den Hugenotten schon wieder in Friedensverhandlungen. Im Januar 1568 begab sie sich persönlich nach Chalon, angeblich, um das Oberkommando des königlichen Heeres neu zu besetzen. Tatsächlich berief sie Tavannes, wie Philipp ihr geraten hatte. Doch der eigentliche Grund ihrer Reise nach Chalon war ein Treffen mit dem exkommunizierten Kardinal Odet de Châtillon, dem Bruder Colignys. Sie zögerte nicht, diesen höchst zweifelhaften Bundesgenossen als Gevatter zu titulieren und hatte sogar die Stirn, in seiner Begleitung nach Paris zurückzukehren. Wie man sieht, war sie nicht nachtragend gegen Leute, die das »infame Unternehmen« ausgebrütet und ins Werk gesetzt hatten. Das Volk von Paris war weniger nachsichtig. Als bekannt wurde, daß die Königin mit diesem »Gevatter« in die Hauptstadt zurückkehrte, flammte der Volkszorn auf. Da hatte man sich drückende Steuern gefallen lassen, Sonderabgaben herausgerückt, alles, damit endlich die Protestanten, die die Stadt auszuhungern versuchten, zum Teufel gejagt würden – und hier kam eines der Häupter der rebellischen Sekte als Ehrengast der Königin sozusagen. In der Rue Saint-Denis empfingen die Pariser Katharina mit einer Katzenmusik, drohten ihre Sänfte umzustürzen und mußten mit Stockhieben auseinandergetrieben werden. Nie war Katharina in der Hauptstadt unbeliebter gewesen.

Gleichwohl setzte sie ihre Verhandlungen mit dem ketzerischen Kardinal fort, brachte den Gast aber außerhalb der Stadt in Vincennes unter, wo sie seine Sicherheit eher garantieren konnte. Der päpstliche Nuntius forderte die Verhaftung des in Rom Verurteilten. Katharina dachte nicht daran, sich ihres, wie sie sagte, »wertvollen Gesprächspartners« zu berauben.

Unterdessen verschlechterte sich von Tag zu Tag die Disziplin im königlichen Heer, was Katharinas Verhandlungspartnern natürlich nicht verborgen blieb. Jeder der Offiziere glaubte, über die seinem Kommando unterstellten Truppen nach Gutdünken verfügen zu können. Einige von ihnen schienen geneigt, zum Feind überzugehen. Während die deutschen Landsknechte noch durch die Champagne marschierten, um sich unterwegs mit dem Heer des Prinzen von Condé zu vereinigen, hätten die Königlichen sie sehr wohl zur Schlacht zwingen und vielleicht schlagen können. Doch gerade im kritischen Moment hatten zwei Kommandeure der königlichen Truppen, Monsieur de Méru, ein Sohn Montmorencys, und Monsieur de Martigues, einen Ehrenhandel untereinander auszutragen, was so streng nach den Regeln und bis zur ritterlichen Versöhnung der Gegner so zeitraubend war, daß sich, als das Ganze zu Ende war, die Deutschen schon dem Gros der hugenottischen Streitmacht angeschlossen hatten. Das alles war, wie gesagt, Katharinas Verhandlungspartnern sehr wohl bewußt, und dementsprechend steigerte, während die Verhandlungen sich in die Länge zogen, Condé seine Forderungen, anstatt sie zu mäßigen. Katharina scheint ihren diplomatischen Fähigkeiten selbst so sehr vertraut zu haben, daß sie wieder einmal außer acht ließ, daß nur wer für den Krieg gerüstet ist, hinreichend mächtig ist, einen guten Frieden auszuhandeln. Den Schaden trug das Volk, die Bewohner der Landstriche, die, während der Krieg stagnierte und der Frieden auf sich warten ließ, von den Truppen beider Seiten gebrandschatzt wurden. Endlich schrieb Karl IX.: »Angesichts des Zustands, in welchem sich dieses arme Königreich befindet, und des großen Elends, das der Krieg mit sich bringt, müssen Sie ihnen (nämlich den Hugenotten) gewähren, was sie fordern.« Dieser, dem König höchstwahrscheinlich von seiner Mutter diktierte Brief kam einer Kapitulation vor der Rebellion gleich, aber Katharina scheint gemeint zu haben, daß auch damit der Frieden nicht zu teuer erkauft wäre.

So wurde am 22. März 1568 in Longjumeau Frieden geschlossen, wenn man den damit erreichten Zustand Frieden nennen will. Gewissen Historikern zufolge machten bei diesem Frieden die Protestanten ein miserables Geschäft. Das allerdings wäre schon deshalb erstaunlich, weil sie ja über die Friedensbedingungen aus einer Position der Stärke hatten verhandeln können. Unzweifelhaft aber waren die Bedingungen des Friedens von Longjumeau der königlichen Autorität abträglich. Den Rebellen blieb alles erhalten, was sie zuvor genommen hatten, einschließlich der von ihnen besetzten Festungen. Sie gingen nicht allein gänzlich straflos aus, sondern erlangten sogar, daß der König die Kosten ihrer Rebellion übernahm. Denn Karl IX. erklärte sich bereit, die Landsknechte und die deutschen Fürsten abzufinden, die Condé ins Land gerufen hatte, um ihn mit deren Hilfe zu stürzen. Im Gegenzug gestatteten Condé, Coligny, Andelot und der häretische Kardinal Odet von Châtillon dem französischen König, auch

in Zukunft eine Armee zu unterhalten und seine Krone zu behalten, womit sie sich, bei Lichte besehen, nicht viel vergaben. Andererseits kann man sagen, daß sich die Rebellen, die bei dem Versuch gescheitert waren, sich verräterisch der Person des Königs und der Königinmutter zu bemächtigen, beim Volk blamiert hatten. In seiner großen Mehrheit katholisch und königstreu, wurde dieses durch die Ereignisse des Winters 1567–1568 zu der Einsicht gedrängt, daß es den großen Herren, die die Rebellion angezettelt hatten, vielleicht weniger um die Durchsetzung der neuen Religion als vielmehr um die Erweiterung ihres Machtbereichs gegangen war.
Daß der Friedensschluß das Volk nicht friedlich stimmte, zeigte sich denn auch, als in verschiedenen Städten die erbitterten Katholiken ihre reformierten Mitbürger massakrierten. Woraufhin in Städten, wo sie selbst die Oberhand hatten, namentlich im Tal der Loire, die Reformierten ihre katholischen Mitbürger massakrierten und folterten: In Orléans schnitten sie einem Kanonikus die Haut in Streifen vom Leibe, rieben Salz und Essig in die Wunden und ließen ihn acht Tage lang verenden.
Von den festen Plätzen, die die Reformierten in ihrer Hand hatten, war der bedeutendste La Rochelle. Aus La Rochelle segelten hugenottische Korsaren, die die Galeonen Philipps II. überfielen: Die Beute aus diesen Kaperfahrten floß in die Kriegskasse der protestantischen Partei. Hugenottische Korsaren scheuten sich denn auch nicht, auf seiten der aufständischen Niederländer in deren Kampf mit Spanien einzugreifen. Daß die derart von Franzosen angegriffenen Spanier früher oder später Frankreich diese Angriffe heimzahlen würden, war zu befürchten. Deshalb ließ Katharina eine Truppe französischer Hugenotten, die ihren flandrischen Glaubensgenossen zu Hilfe eilen wollten, verhaften und auf die Galeeren schicken. Ihre anfängliche Nachgiebigkeit gegen die Hugenotten nötigte sie schließlich doch zu repressiven Maßnahmen, die sich vielleicht erübrigt hätten, wenn sie von vornherein mehr Festigkeit gezeigt hätte. Wenn sich Katharina angesichts dieser Konsequenzen ihres Friedenswillens nun aber zu einer unnachgiebigeren Haltung gegenüber den Ansprüchen der Parteigänger der neuen Religion entschloß, hatten zu dieser Entscheidung der Prinz von Condé und Coligny mehr beigetragen als Philipp II.

Der hinkende und wacklige Frieden nimmt seinen Lauf

Da einer der Unterhändler von Longjumeau hinkte, während ein anderer den Namen *Malassis* führte, was soviel wie *schlechtgesetzt* oder *wacklig eingerichtet* bedeutet, nannten die Leute diesen Frieden nicht unzutreffend den hinkenden und wackligen. Aber hinkend und wacklig, wie er daherkam, kostete er Katharina eine Menge Geld, das sie nicht hatte. Die Bürger von Paris, erzürnt zu erfahren, wozu die Summen, die sie dem König zur Niederwerfung der Rebellion vorgestreckt hatten, letzthin verwendet worden waren, weigerten sich, abermals auszuhelfen. Eine zwangsweise erhobene Steuervorauszahlung erbrachte endlich den Betrag, der erforderlich war, den Abzug der deutschen Landsknechte aus der Champagne zu erkaufen. Am 1. Mai 1568 berief Katharina den Kronrat ein, es mußte dringend ein Mittel gefunden werden, weiteren Massakern in den Provinzen vorzubeugen. Heftige Leibschmerzen und hohes Fieber hinderten sie aber dann, an der Sitzung teilzunehmen. Wie gewöhnlich war hinsichtlich der zu ergreifenden Maßnahmen jeder Angehörige des Rats anderer Meinung. Ohne den Beistand seiner Mutter war Karl IX. nicht imstande, sich für eine dieser Meinungen zu entscheiden. So konnte man sich nur darauf einigen, königliche Beamte zu den Provinzgouverneuren zu schicken, die diesen eine Verstärkung der Ordnungskräfte und entschiedenes Einschreiten gegen jedwede Übergriffe anraten sollten.

Unterdessen spuckte Katharina Blut, blutete aus der Nase, hatte nun auch Brustweh und immer noch hohes Fieber. Der König rief in seiner Angst die Kardinäle von Lothringen und Bourbon zu Hilfe. Was sollte er tun, wenn seine Mutter stürbe? Da er ohne sie nicht zu regieren wußte, ließ er die Kardinäle regieren.

Doch als man sie schon verloren gab, erholte sich die Königinmutter, und kaum war sie wieder einigermaßen bei Kräften, nahm sie die Regierung wieder in die Hand. Mit dem ersten Brief, den sie nach ihrer Genesung schrieb, dankte sie dem Admiral Coligny für einen Beitrag, den er zur Befriedigung der Ansprüche der in der Champagne liegenden deutschen Landsknechte geleistet hatte. Indem sie das Haupt der Hugenotten an ihrem Versuch, die von den Hugenotten ins Land gerufenen fremden Truppen wieder loszuwerden, gutwillig beteiligte, wollte sie Zeichen setzen für den Anfang einer neuen, ersprießlichen Zusammenarbeit. Dabei berechtigten sie weder ihre vergangenen Erfahrungen, noch was ihre Astrologen in den Sternen lasen (und zwar stand darin, daß dem Königshaus äußerst gefährliche Zeiten bevorstanden) zu derart optimistischen Erwartungen. Aber, soeben von schwerer Krankheit genesen, war sie geneigt, in jeder Hinsicht und für alle das Beste zu hoffen. So gratulierte sie denn auch der Königin von England zu dem Entschluß, Maria Stuart vor dem Zorn ihrer aufständischen protestantischen Untertanen in Sicherheit zu bringen, obwohl sie eigentlich wissen mußte, wer Maria Stuarts protestantische Untertanen zum Aufstand angestiftet hatte, und daß die dem Haß der Schotten Entronnene in England nichts Gutes zu erwarten hatte.

Ihren bisherigen Erfahrungen und der Vorausschau ihrer Astrologen entsprechend, straften auch die Ereignisse in Katharinas näherer Umgebung ihre Zuversicht, daß nun bessere Zeiten bevorstünden, Lügen. Die in der Champagne liegenden deutschen Landsknechte waren mit dem ihnen gezahlten Sold nicht zufrieden und weigerten sich, abzuziehen. Condé verschanzte sich auf seinem Besitz Noyers, während Coligny zu Châtillon Laufgräben ausheben ließ und die Mauern seines Schlosses verstärkte. Die großen Feudalherren genossen eine Unabhängigkeit, die ihre Großväter nur noch aus alten Sagen gekannt hatten.

Die Hugenotten stellten ein neues Heer auf, das nach Flandern marschierte, als ihm königliche Truppen den Weg abschnitten. Nachdem die Hugenotten den Königlichen unterlegen waren, ließ der königliche Marschall von Cossé dem Anführer der Hugenotten, Herrn von Coqueville, auch den Kopf abschlagen, den er mit seinen Komplimenten der Königinmutter zusandte. Katharina, inzwischen schon von der Erkenntnis geleitet, daß es dem Lande und also letztlich auch den Hugenotten selbst schade, wenn man sie allzu nachgiebig gewähren ließ, war auch geneigt, dieses Geschenk als gutes Omen zu nehmen. Der Kopf des Prinzen von Condé freilich wäre ihr noch lieber gewesen. Aber schließlich konnte ja vielleicht auch der noch beschafft werden. Sie gab ihrem alten und treuen Freund, dem Marschall von Tavannes, den Auftrag, Condé zu verhaften und unterstellte zu diesem Zweck mehrere Offiziere, die ihr besonderes Vertrauen genossen, seinem Befehl.

Doch dann erkrankte der König schwer, und das Unternehmen wurde fürs erste abgesagt. Erst am 17. August konnte Karl IX., sehr geschwächt, wieder das Bett verlassen. Unmittelbar darauf erkrankte seine Mutter von neuem. Der König und die Königinmutter residierten in diesem Sommer sicherheitshalber außerhalb von Paris in Boulogne. Das von Franz I. als Lustschlößchen erbaute Château de Madrid, das sie dort bewohnten, war entsprechend den Bedürfnissen der neuen Zeit zur Festung ausgebaut worden. Zu ihrem Schutz standen sechstausend Schweizer Landsknechte bereit. Ganz offensichtlich traute, obgleich sie das Gegenteil bekundete, auch Katharina ihrem so teuer bezahlten Frieden nicht.

Kaum war sie nach ihrer erneuten Erkrankung wieder auf den Beinen, mußte sie der Tatsache ins Gesicht sehen, daß sie, wenn sie Frieden wollte, zum Krieg rüsten mußte. Auch die nun in Angriff genommene Stärkung der königlichen Armee freilich mußte bezahlt werden. Das Steueraufkommen blieb hinter den Erwartungen zurück, verschiedene Provinzen, die unter dem Krieg besonders gelitten hatten, zahlten überhaupt nicht. Katharina schröpfte, wie immer, wenn das nötige Geld anders nicht zu haben war, die Kirchengüter. Der Papst bewilligte ihr eine Unterstützung unter der Bedingung, daß die zur Verfügung gestellten Mittel ausschließlich zur Finanzierung des Kampfes gegen die Häresie verwendet würden. Michel de L'Hospital weigerte sich, diesen Vertrag für den König zu unterzeichnen, und bezeichnete die gestellte Bedingung als Provokation: Womit er ziemlich offen für die Rebellen Partei ergriff und sozusagen den Ast absägte, auf dem er saß.

Unterdessen war den katholischen Bürgern von Paris und verschiedener anderer großer Städte wie auch der Geistlichkeit die von den Truppen der Hugenotten ausgehende Gefahr – sie beherrschten ja bereits verschiedene Reichsgebiete – so bewußt geworden, daß sie jetzt willig zur Aufrüstung des königlichen Heeres weitere finanzielle Opfer brachten. Katharina leistete zu den erforderlichen Rüstungsausgaben einen persönlichen Beitrag, indem sie ihre Juwelen versetzte, und verbesserte das Steueraufkommen durch die Einführung einer neuen indirekten Steuer auf den Wein. Da diese Verbrauchersteuer den Franzosen den Geschmack am Wein nicht verdarb, zahlte sich deren Einführung für die Krone aufs erfreulichste aus.

Die verspätet versuchte Verhaftung und Entführung des Prinzen von Condé schlug fehl. Die Spione des Prinzen beobachteten verdächtige Ansammlungen von Bewaffneten in der Nähe von Noyers. Schließlich ging ihnen ein Kurier in die Falle, bei dem sie eine Botschaft fanden, die besagte: »Das Tier ist ins Netz gegangen, die Jagd bereit.« Da der Klartext dieser Botschaft nicht allzu schwer zu ergründen war, brachte sich der Prinz mit Sack und Pack, Kind und Kegel, Mann und Maus in Sicherheit nach Rochelle. Unterwegs dorthin schloß Coligny sich seinem Zuge an. Alle Reformierten, die frei ihren Glauben zu bekennen und ungehindert Gott zu dienen wünschten, wurden eingeladen, mit ihnen in jenes gelobte Land zu ziehen. Coligny beschrieb der Königinmutter diesen Zug der Reformierten nach Rochelle in einem Brief mit schöner Selbstgerechtigkeit als neuen Auszug aus Ägypten. Wie der Frieden, der von Tag zu Tag weiter in die Binsen ging, hinkte natürlich der Vergleich: Da jenes Volk Israel, das von Moses aus Ägypten durchs Schilfmeer geführt wurde, im Vergleich zu dem auserwählten Volk, das da jetzt nach Rochelle zog, doch ein ziemlich erbärmlicher Haufen gewesen war, keine Kardinäle, Admiräle, Prinzen, die riesige Güter, Festungen und sogar Armeen besaßen.

Wenn der Prinz von Condé sich der Verhaftung entziehen und ungehindert nach Rochelle ziehen konnte, verdankte er das einerseits zweifellos seiner hohen Geburt, andererseits der damit natürlich in Beziehung stehenden Tatsache, daß die Königinmutter Tavannes den Auftrag, ihr den Prinzen zu bringen, nur mündlich gegeben hatte. Tavannes wußte, daß in Frankreich, außer im Krieg, königliches Blut als heilig galt, und solches floß nun einmal in den Adern des Prinzen. Er wußte auch, wie gerne Katharina verhandelte und die Bündnisse wechselte. Und daß es ihn eines Tages teuer zu stehen kommen konnte, einen Prinzen von Geblüt entführt und vielleicht ans Messer geliefert zu haben. So daß er's für vernünftiger hielt, diesem einen Tip zu geben.

Auch die eigenen Kinder machen Katharina mehr Sorgen als Freude

Katharina liebte alle ihre Kinder – ihren Heinrich aber mehr als die anderen. Diese unverkennbare Vorliebe der Mutter für den Jüngeren erregte bei Karl IX. eine Eifersucht, die, als Heinrich mit den Jahren auch politische Macht erlangte, immer heftiger wurde. Die Generalstatthalterschaft, mit der Katharina Heinrich ausgezeichnet hatte, neidete der König dem kleinen Bruder bitterlich, und dieser Neid auf den überall bevorzugten Heinrich vergiftete zunehmend Gemüt und Charakter Karls IX. Sehr ausgeglichenen Temperaments war Karl niemals gewesen. Schon früh versetzten seine unbeherrschten Wutausbrüche die Umgebung in Angst und Schrekken. Wenn die Wut ihn blendete, war er zu allem fähig, und da einem König so leicht keiner in den Arm fällt, waren diese Angst und dieser Schrecken sehr berechtigt. Tiere zu töten und aufzuschlitzen und mit beiden Händen in ihren blutigen Eingeweiden zu wühlen, war für ihn bei der Jagd das Hauptvergnügen. Die Lust, die er beim Töten empfand, war ihm selbst unheimlich, der Trieb zur Grausamkeit quälte zuerst ihn selbst, und er machte heroische Anstrengungen, ihn zu unterdrücken. So ritt er durch den Wald, bis er vor Erschöpfung aus dem Sattel glitt, schlug auf den Amboß, bis keine Kraft mehr in ihm war und blies stundenlang klagend das Waldhorn, daß alle Mauern des Palastes davon erzitterten – bis ihm der Atem ausging und er, um Blut zu spucken, genötigt war, das Instrument abzusetzen. Aber wenn es ihm mit solchen Übungen auch gelang, die ihn bedrängenden Dämonen zeitweilig zu verjagen, machten sich doch diese immer wieder an ihn heran. Und dann schlug er plötzlich mit der Peitsche nach seinen Höflingen. Mehrmals sah man ihn auch nachts in der Stadt harmlose Passanten niederschlagen. Andererseits liebte er die Poesie. In Ronsard verehrte er den Meister dieser Kunst. Ihm widmete er die Verse –

Tous deux également nous portons des couronnes
Mais roi, je la reçus; poète, tu la donnes.
Ta lyre, qui ravit par de si doux accords,
Te soumet les esprits dont je n'ai que les corps.
Elle amollit les cœurs et soumet la beauté
Je puis donner la mort, toi l'immortalité.

Eine zweifellos von echtem Empfinden gespeiste und ihres Gegenstands nicht unwürdige Huldigung an die Kunst:

Kronen tragen wir beide
Doch als König empfing ich sie; du gibst sie als Dichter.
Deine Leier, die mit so süßen Akkorden entzückt
Unterwirft dir die Geister, deren Leiber allein ich habe.
Sie erreicht die Herzen und unterwirft die Schönheit.
Den Tod geben könnte ich, du aber Unsterblichkeit.

Karl liebte auch die Musik und komponierte Jagdfanfaren. Die *»Abhhandlung über das königliche Waidwerk«*, die er seinem Sekretär Villeroy diktierte, war bei seinem frühen Tod unvollendet. Doch die Widmung, die er dem Fragment vorangestellt hat, verrät, wie die an Ronsard gerichteten Verse, königliche Bescheidenheit. Denn, so redet er da den einfachen Jagdverwalter an, der ihn das königliche Waidwerk gelehrt hatte: »Ich würde mir allzu undankbar vorkommen und dächte, großer Vermessenheit schuldig erfunden zu werden, wenn ich in diesem kleinen Traktat, in welchem ich die Hirschjagd abhandeln will . . . nicht gestände und bekennte, daß ich das Wenige, das ich davon weiß, von Ihnen gelernt habe.«

Seltsam fand man bei Hof, daß der junge König sich nicht für Frauen zu interessieren schien. Als 1567 die Herzogin von Montpensier den Siebzehnjährigen deswegen neckte, erwiderte er ihr hitzig, »wenn er sich eines Tages auf galante Abenteuer einließe, würde er allen Damen so zu schaffen machen, daß sie noch bereuen würden, diesen schlafenden Löwen geweckt zu haben.« Einstweilen war das aber noch leere Prahlerei, zumal die Damen des Hofes sich alle Mühe gegeben hatten, den schlafenden Leu zu wecken.

Doch wenngleich die Hugenotten, durch solche Geschichten ermutigt, dem ihnen wenig lieben König ohne viel Federlesens sodomitische Neigungen nachsagten, bewies doch Karl IX., als er 1569 in Orléans Marie Touchet begegnete, seiner Umgebung und der Nachwelt, daß er durchaus ein Herz für Frauen hatte. Zu der mit ihm gleichaltrigen hübschen Tochter des Justizamtsverwesers von Orléans entbrannte er auf den ersten Blick in Liebe und war so glücklich, seine Liebe erwidert zu finden.

Der König wollte nun nie mehr fern von ihr sein und bat seine Schwester Margarete, die junge Dame unter ihre Kammerfrauen aufzunehmen. Die schöne Marie wußte die Bestie zu besänftigen, die Karl quälte. In ihrer Nähe trieb ihn nichts zur Grausamkeit. Eines Tages reichte er ihr einen Zettel, auf den er geschrieben hatte *»Je charme tout«*, das heißt, alles bezaubere ich. Da sie ihn fragend ansah, erklärte er ihr, schon die Buchstaben ihres Namens sagten ihm, daß sie alles zu bannen wisse, und zeigte ihr, wie der zitierte Satz ein Anagramm ihres Namens »Marie Touchet« war.

Die Königinmutter ließ den König gewähren. Gewöhnlich mischte sie sich in das Liebesleben ihrer Söhne nicht ein – eine Ausnahme machte sie nur später im Falle ihres Lieblings Heinrich –, wenn kein Grund bestand, irgendwelche politisch relevanten Konsequenzen daraus zu befürchten. Marie Touchet schien zu derartigen Befürchtungen keinen Anlaß zu bieten. Sie war bescheiden, interessierte sich nicht für Politik und tat nichts, ihren Karl und seine Mutter zu entzweien. Katharina hatte also alle Ursache, ihren Sohn zu der getroffenen Wahl zu beglückwünschen. Allerdings hing Marie Touchet der neuen Religion an. Und wenngleich sie sich nicht für Politik interessierte, war ihr doch viel daran gelegen, den König zu größtem Wohlwollen gegen ihre Glaubensgenossen zu bewegen. Und so wirkte sie zweifellos bei der erneuten Annäherung zwischen Karl IX. und dem Admiral Coligny mit – entzog also, ohne ihn mit dieser entzweien zu wollen, den König doch fast unmerklich dem bisher allein bestimmenden Einfluß seiner Mutter.

Je älter ihre Söhne wurden, desto deutlicher zeigte sich, daß es auch in ihrem eigenen Hause gänzlich an der Eintracht fehlte, die in Frankreich zu stiften sie so unermüdlich bemüht war. Denn wenn auch alle drei überlebenden Söhne Katharinas die Mutter liebten, haßten sie doch einander.

Heinrich von Anjou haßte den König, fürchtete aber auch seine Brutalität und wagte sich nirgends hin, wo er nicht des mütterlichen Schutzes sicher war. Karl andererseits haßte Heinrich, weil die Mutter ihn unter allen Umständen und gegen jeden in Schutz nehmen würde, weil Heinrich mehr als er selbst geliebt wurde, beliebter und auch liebenswürdiger war als er. Als Karl bemerkte, daß die katholische Partei für Heinrich schwärmte, nahm Karl IX. für die Hugenotten Partei, die seine Geliebte ihm schmackhaft zu machen suchte. So schloß er sich mit Coligny ein, um sich von ihm die Lage erläutern und ratsame Entscheidungen nahelegen zu lassen. Er machte auch Rohan und La Rochefoucauld zu seinen Freunden und unterredete sich wieder gern mit seiner einstigen Amme, auf deren Urteil er jetzt umso mehr gab, als auch sie der neuen Religion anhing und nicht für seinen Bruder schwärmte. Was diesem freilich gleichgültig blieb, ja, Heinrich, ziemlich herausfordernd, machte keinen Hehl aus seiner Geringschätzung der Leute, mit denen Karl sich umgab.

Wie die gemeinsame Liebe zu ihrer Mutter, steigerte auch die gemeinsame Liebe zu ihrer jüngeren Schwester Margarete nur den gegenseitigen Haß der Brüder.

Katharinas jüngste Tochter war zweifellos am besten gelungen. Doch in den Augen ihrer Mutter zählte Margarete nicht – außer natürlich, insofern auch sie für das Arrangement einer nützlichen Ehe zur Verfügung stand. Margarete verlebte ihre Kinderjahre größtenteils auf Schloß Amboise, wo sie als Spielgefährten nur ihren traurigen Bruder Herkules hatte, der diesen mythologisch so schwer belastenden Namen erst bei seiner Firmung los wurde und nun Franz von Alençon hieß. Als sie 1568 bei Hof erschien, war Margarete fünfzehn Jahre alt, eine bezaubernde Erscheinung: fröhlich, liebenswürdig, hochgebildet, von strahlender Schönheit und – was fast als Wunder gelten kann – blendender Gesundheit. Nur in Gegenwart ihrer Mutter sah man sie verschlossen und in sich gekehrt, denn die Mutter flößte ihr lähmende Angst ein. Katharina ihrerseits schien die Tochter selten zur Kenntnis zu nehmen, und wandte sich nur an sie, um ihr förmliche Ermahnungen zu erteilen oder sie mit strengen Blicken zu tadeln. Karl und Heinrich aber waren von der ihnen bisher fast unbekannten Schwester entzückt, und sie liebte beide, jeden auf andere Weise freilich, Heinrich aber unverkennbar leidenschaftlicher als Karl. Immerhin fand auch Karl – der Freundschaft, zumal weibliche, damals noch kaum kennengelernt hatte (erst im folgenden Jahr macht er ja die Bekanntschaft von Marie Touchet) – in der leichtsinnigen, warmherzigen kleinen Schwester eine geliebte Vertraute. Umso bitterer war die Entdeckung für ihn, daß Margarete dem verhaßten Heinrich nicht nur schwesterliche Freundschaft erwies, sondern mit ganzem Herzen verfallen war. Das jedenfalls machte sein eifersüchtiger Argwohn ihm weis. War der Blick, mit dem sie das Auge des widrigen Stutzers suchte, kaum daß dieser irgendwo auftauchte, nicht verliebt?

Ohne Zweifel war Heinrich für Margarete eine Offenbarung, ohne Zweifel weckte er die schlummernde Sinnlichkeit des Mädchens, war sozusagen der erste Mann in ihrem Leben, obgleich er in vieler Hinsicht ganz ebenso Mädchen war wie sie selbst. Er lehrte sie tanzen, lehrte sie die Hofetikette, machte sie mit der neuesten Mode bekannt, richtete ihr mit gepflegten Händen das Haar, putzte sie mit Perlen und Federn, ließ sie Kleider anprobieren, die er selbst für sie aussuchte, ja legte diese wohl sogar selbst an, um ihr zu zeigen, wie man sie bei Hofe tragen müsse.

Man hat später Margarete des doppelten Inzests bezichtigt, mithin impliziert, daß auch Karl mehr von ihr gehabt hätte als die Freundschaft, mit der er wohl zufrieden gewesen wäre, hätte er sie nicht in den Bruder verliebt gesehen.

Die Spiele dieser großen, schrecklichen Kinder waren jedenfalls keineswegs unschuldig. Als sie später mit Heinrich von Navarra verheiratet war, unternahm es ihr Bruder Heinrich, als Heinrich II., inzwischen Vorgänger ihres Gemahls auf dem französischen Thron, die kleine Schwester wegen ihres skandalösen Lebenswandels zu maßregeln. »Er will mir vorwerfen, wie ich mir die Zeit vertreibe?« soll sie entrüstet gerufen haben. »Das ist gut! Weiß er denn nicht mehr, daß er als erster den Fuß in den Steigbügel gesetzt hat?«

Auch die königliche Familie, die Katharina zu regieren hatte, gab Anlaß zu nicht geringen Sorgen. Einmal, es war 1569, vertraute sie ihre Sorgen dem liebenswürdigen und verständigen venezianischen Gesandten Correro an. Sie berichtete ihm von ihren Entdeckungen bei der Lektüre einer alten Handschrift, die sie während ihres Aufenthalts im Januar 1565 in Carcassonne gelesen hatte. Es handelte sich um eine Geschichte der Regentschaft Blancas von Kastilien während der Minorität ihres Sohnes Ludwigs IX., der 1226 als Elfjähriger seinem Vater auf den Thron folgte. Der Adel hatte die Waffen ergriffen gegen die Regentin, die unzufriedenen und machtlüsternen großen Herren hatte sich mit den katharischen Häretikern verbündet und auch, ganz wie neuerdings Condé und Coligny, ausländische Herrscher zu Hilfe gerufen, namentlich den König von Aragonien. Der Stadt Toulouse hatten sie sich bemächtigt, und Blanca war genötigt gewesen, Frieden mit ihnen zu schließen. Fürs erste hatte sie verloren, doch hatte sie ihrem Sohn die Möglichkeit bewahrt, die Scharte auszuwetzen. Und wirklich

hatte Ludwig der Heilige von dieser Möglichkeit dann ja trefflich Gebrauch gemacht. Die Ähnlichkeit der Verhältnisse dieser Vorgängerin mit ihren eigenen hatte Katharina stark beeindruckt. Correro schreibt: »Sie zeigte mir, wie alle diese Einzelheiten sie an ihre eigene Lage gemahnten; Witwe, Ausländerin, ohne einen Menschen, dem sie vertrauen konnte, mit einem elfjährigen Sohn. Auch gegen sie hatten die großen Herren sich erhoben unter dem Vorwand der Religion, tatsächlich aber gegen ihre Regierung, und die Königin von England und die Deutschen um Hilfe angerufen ... Und ihr war der Frieden zu verdanken, den auch sie zugunsten der Hugenotten unterzeichnet hatte, aber in der Hoffnung, mit der Zeit zu gewinnen, was mit Gewalt und großem Blutvergießen nicht zu haben war.« Correro sagte der Königinmutter, das Beispiel der Blanca von Kastilien lasse ja für die Zukunft hoffen, denn wenn wirklich die gegenwärtige Geschichte jene vergangene wiederhole, werde sie den Triumph des Königs noch erleben. Dies erfreute Katharina sehr, sie bat den Gesandten aber, über diese Unterhaltung Stillschweigen zu wahren, denn, sagte sie: »Ich möchte nicht, daß jemand anders davon hört, daß ich diese Chronik gelesen habe, denn sonst sagen die Leute noch, ich ahmte Blanca von Kastilien nach, die schließlich Spanierin war.«
Die Bemerkung läßt erkennen, daß sie noch immer darunter litt, im Reich ihres Sohnes als Ausländerin zu gelten, ganz abgesehen davon, daß sie sich nicht vorwerfen lassen wollte, dem Beispiel ausgerechnet einer Spanierin zu folgen. Denn gerade eben brachte sie die Arroganz ihrer reformierten Untertanen wieder einmal in größte Schwierigkeiten mit dem spanischen König.

Untergang des übel aufgesetzten Friedens in Feuersbrünsten und Blutbädern

Während die Protestanten sich in La Rochelle sammelten und die Befestigungen dieser Stadt verstärkten, erkrankte Karl IX. von neuem schwer. Eine dem Geschwür an seinem Arm ungeschickt applizierte und vielleicht infizierte Lanzette verursachte eine Blutvergiftung, an der der König fast gestorben wäre. Tatsächlich gab die Kunst der Ärzte ihn schon verloren. In allen Kirchen von Paris wurden Messen gefeiert und Gebete für die Genesung des Sterbenden gesprochen. Und wirklich, Karl IX. überlebte. Katharina mußte sich eben zu dieser Zeit schweren Herzens entschließen, gegen ihre zu diplomatischen Kompromissen neigende Natur in nächster Zeit kompromißlos zu handeln.

In Longjumeau hatte sie Zeit zu gewinnen gesucht und deshalb große Zugeständnisse gemacht. Jetzt konnte sie dem Gegner nichts weiteres mehr zugestehen, wenn sie ihm die Macht nicht ganz und restlos überlassen wollte. Ohnedies war im internationalen Rahmen die Macht des Gegners inzwischen gewachsen. Der Sturz der katholischen Königin von Schottland, Maria Stuart, gab den Protestanten und der protestantischen Königin von England, Elisabeth, die Vorherrschaft über beide Königreiche Großbritanniens. Coligny war überzeugt, daß Elisabeth nun ihm helfen würde, in Frankreich durchzusetzen, was auf ihrer Insel bereits erreicht war. Durch diese Zuversicht gestärkt, richtete er neue Forderungen an den König. Karl IX., noch kürzlich Coligny sehr gewogen, fand, daß er diesmal entschieden zu weit gegangen sei: »Heute wollen sie uns gleichgestellt sein, morgen schon vielleicht unsere Herren und uns aus dem Reich vertreiben!« rief er zornig. Und, aus dem Zimmer stürmend: »Der Herzog von Alba hat recht! All diese Köpfe sind viel zu stark!« In diesem Zustand betrat er das Kabinett seiner Mutter. Sie beruhigte ihn. In der Sache war sie ganz seiner Meinung, nur behielt sie diese noch für sich.

In Saint-Maur, wohin sie sich zurückgezogen hatte, hatte sie eine Proklamation aufgesetzt, die nur der Unterschrift des Königs noch bedurfte. Vom Tag der Veröffentlichung dieser Proklamation datiert der Ausbruch des dritten Bürgerkrieges während der Regentschaft Katharinas. Die Schrecken und Greuel dieses Krieges ließen diejenigen der bisherigen vergleichsweise harmlos erscheinen.

Mit dieser Proklamation bedauerte nämlich der König die den Hugenotten in der Vergangenheit gemachten Konzessionen, da diese ihren Zweck, die Rebellion zu beschwichtigen, offensichtlich verfehlt hatten: Denn die Reformierten hatten rastlos weiter Unruhe gestiftet. Der König verlangte deshalb jetzt von ihnen die Herausgabe aller in ihrer Gewalt befindlichen festen Plätze, namentlich von La Rochelle und Montauban, sowie einer Anzahl kleinerer Orte in Südfrankreich und dem Delphinat, welche die Hugenotten der königlichen Autorität entrissen hatten.

»Ihr verdammtes Unternehmen will in diesem Königreiche ein anderes souveränes Fürstentum aufrichten, um unser von Gott eingesetztes abzuschaffen und durch dergleichen künstliche Veranstaltungen unsere guten Untertanen von uns zu trennen ...«, heißt es von den Absichten der Reformierten in dieser Proklamation. Weiter werden darin die gottesdienstlichen Veranstaltungen der Reformierten als Vorwand bezeichnet, hinter dem auf Umsturz gesonnen werde. Denn auf den Versammlungen, die diese als Predigttreffen oder Abendmahlsgemeinschaften ausgäben, würden tatsächlich Steuern erhoben, Männer angeworben und staatsfeindliche Umtriebe vorbereitet.

Mit dieser Begründung verfügte der König die Ausweisung aller reformierten Prediger aus Frankreich, binnen vierzehn Tagen hatten diese das Staatsgebiet zu verlassen. Die Veranstaltung reformierter Gottesdienste wurde verboten, Zuwiderhandlungen sollten mit Haft und Einziehung des Besitzes der Schuldigen bestraft werden. Andererseits begnadigte der König alle Rebellen, die binnen einer Woche die Waffen niederlegten. Das Festhalten am reformierten Glaubensbekenntnis sollte diesen erlaubt bleiben.

Später wurden diese Bestimmungen durch weitere verschärft: Alle Justiz- und Finanzbeamten, die sich zu der neuen Religion bekannten, wurden ihrer Ämter enthoben. Kirchengüter und Pfründen, deren Inhaber von der katholischen Religion abgefallen waren, wurden eingezogen. Der Kanzler de L'Hospital trat daraufhin zurück. Die Zeit der Konzessionen und der Toleranz war zu Ende. Nun begann allen Ernstes der Krieg.

Die in La Rochelle versammelten Calvinisten machten den Anfang. Sie stürmten Angoulême und massakrierten dort nicht nur die Priester, sondern auch Frauen und Kinder. Die Besatzung von Pons, dieses schreckliche Exempel vor Augen, ergab sich gegen die Zusicherung, daß ihr Leben verschont werden würde. Die Sieger hielten das gegebene Versprechen nicht. Auch die Bewohner der Dörfer in der Umgebung von Bourges wurden niedergemetzelt. In Aurillac wurden die Gerichtsbeamten gefoltert und gehängt. Die Korsaren von La Rochelle kaperten sieben portugiesische Schiffe, auf denen neunundsechzig Missionare nach Brasilien unterwegs waren: sämtlich wurden diese ersäuft.

Die Ausschreitungen der calvinistischen Truppen weckten bei den Glaubensgenossen der Opfer selbstverständlich bitteren Haß gegen die neue Religion überhaupt. Selbst die Häupter der reformierten Kirche bedauerten, was da im Namen des reinen Evangeliums geschah. Theodor von Beza schrieb: »Zweifellos ist es gerecht und notwendig, zu den Waffen zu greifen, wenn die Verteidigung das erfordert. Doch sind die Waffen so übel gebraucht worden, daß wir zu Gott beten müssen, er möge uns lehren, sie auf heilige Weise zu führen. Möge seine Kirche eine Versammlung von Märtyrern sein und nicht eine Zuflucht von Räubern und Mördern.«
Der brave und ritterliche La Noue aber schrieb: »In dem ersten Krieg haben wir gefochten wie die Engel, im zweiten wie Menschen, im dritten aber wie Teufel.«
»Im Namen des Himmels haben die Hugenotten auf Erden die Hölle herbeigeführt«, hieß es denn auch auf der anderen Seite. Greuel, wie sie nun berichtet wurden, daß etwa Coligny Mönche zwang, ihre eigenen Klosterbrüder aufzuhängen, oder die Landsknechte Wilhelms von Oranien sich Halsketten aus abgeschnittenen Ohren machten und mit den blutigen Schienbeinen gemeuchelter Nonnen die Trommel schlugen, hatte man vor 1568 nur aus dem Delphinat, wo der Baron von Adrets wütete, vernommen. Jetzt wurde überall das Schlimmste gang und gäbe. Natürlich zahlten es die Katholiken den Hugenotten mit gleicher Münze heim, was auch Papst Pius V. beklagte. Gegen die Ausschreitungen der Protestanten rief er die Justiz des Königs an und forderte von Heinrich von Anjou (dem Generalstatthalter) »die schlimmsten Strafen des Gesetzes« für die von diesen begangenen Verbrechen. Doch rief er auch die Katholiken auf, sich bei der Vergeltung erduldeter Greuel nicht selbst ähnlicher Greuel schuldig zu machen. Aber in der Praxis fruchteten die Ermahnungen der geistlichen Führer – Bezas auf der einen, Pius V. auf der anderen Seite – wenig.
Ein englischer Reisender schilderte die damaligen Zustände in Frankreich in den schwärzesten Farben: »Beklagenswert ist«, schrieb er, »das Schicksal Frankreichs. Die Elendsten haben alles verloren, die Wichtigsten sind ihres Lebens nicht mehr sicher . . . Jeder badet im Blute der andern und macht sich die Verachtung der Religion, der Gerechtigkeit und aller heiligen Bande der göttlichen und menschlichen Institutionen zur alltäglichen Gewohn-

heit . . . Und zu allen diesen Übeln kommt noch eine unglaubliche Hartnäckigkeit einer Seite gegen die andere, also daß jeder mit Bosheit und Wut sein Herz verhärtet, jeder die gänzliche Ausrottung des anderen betreibt.«

Wie noch, ehe die erste Schlacht des neuen Krieges geschlagen wurde, ein Schicksalsschlag die Königinmutter traf

Ende September 1568 wurden in einer Bittprozession die Reliquien des heiligen Dynoysius durch die Straßen von Paris geführt. Der König legte Krone und Zepter vor ihnen nieder, um damit den Schutzpatron um mächtigen Beistand für das königliche Heer anzuflehen. Heinrich, der neue Generalstatthalter, war schon unterwegs in das Poitou und das Angoumois, wo die Hauptstreitmacht der Protestanten stand. Bis nach Etampes hatte, wie die Kardinäle von Bourbon und Guise, Katharina ihren Liebling begleitet, um ihm noch im Abschied zu raten, sich vor den Intrigen in seiner Umgebung nicht weniger sorgfältig zu hüten wie vor den Anschlägen des erklärten Feindes.
Am 19. Oktober war sie wieder in Paris und nahm dort an einer Sitzung des Großen Rates teil. Während der Sitzung teilte ihr der König mit, daß aus Madrid die Nachricht vom Tode der Königin von Spanien gekommen sei. Dem ganzen Hof war diese Nachricht schon seit dem Vortag bekannt, aber niemand hatte gewagt, die Königinmutter zu verständigen. Jetzt mußte es sein.
Katharina nahm die Hiobsbotschaft auf, ohne ein Wort zu sagen. In die schwarzen Trauerschleier gehüllt, die sie seit dem Tod ihres Gemahls auf jeden weiteren Schicksalsschlag gefaßt zeigten, verließ sie den Rat und zog sich in ihre Privatkapelle zurück. Keiner wagte sich vom Fleck zu rühren, während da drinnen die ihrer geliebten Tochter beraubte Mutter mit ihrem Kummer und Gott allein war. Eine Stunde später kehrte sie in die Ratssitzung zurück: »Messieurs«, sagte sie, »Gott hat mir alle Hoffnungen in dieser Welt genommen, doch ich werde meine Tränen trocknen und mich einzig der Verteidigung des Königs, meines Sohnes, und derjenigen Gottes widmen. Die Hugenotten werden nicht versäu-

men, sich zu freuen und anzunehmen, daß dieser Tod unsere Freundschaftsbande mit Spanien zerschneidet. Zweifellos wird König Philipp sich wieder verehelichen. Ich habe nur den einen Wunsch, daß meine Tochter Margarete den Platz ihrer Schwester einnehmen möge.«

Wie man sieht, war Katharinas Standhaftigkeit unerschüttert. Obwohl nicht zu bezweifeln ist, daß dieser Schicksalsschlag sie sehr traf. Mütterliche Besorgtheit um die Gesundheit der Tochter ist aus vielen ihrer Briefe an Elisabeth zu lesen. Namentlich erregte ihre Besorgnis, was ihr von Elisabeths zunehmender Leibesfülle berichtet wurde, die deren Schwangerschaften von Mal zu Mal gefährlicher behinderte. So schrieb sie an den Schwiegersohn, doch darauf zu achten, daß seine Gemahlin sich mit zwei täglichen Mahlzeiten begnügte und zwischen den Mahlzeiten nichts anderes als höchstens Brot äße. Offensichtlich aber hatte Elisabeth den guten Appetit ihrer Mutter, und trotz mütterlicher Ermahnungen hatte ihre Leibesfülle zugenommen. Nun war sie an den Folgen einer Fehlgeburt im vierten Monat der Schwangerschaft gestorben. Andererseits sollte Katharinas verwitweter Schwiegersohn ihr den Wunsch nicht erfüllen, sich mit der Schwester der Verstorbenen neu zu vermählen.

Am 24. Oktober wurde in der Kathedrale Notre-Dame in Paris der Trauergottesdienst für die Königin von Spanien gefeiert. Gegen den Brauch, der dem König vorschrieb, sich von Trauerfeiern und Begräbnissen fernzuhalten, nahm neben seiner Mutter auch Karl IX. daran teil. Und der Anblick des trauernden Königs in der Kirche machte jedem die Ungewißheit der unmittelbaren Zukunft umso quälender bewußt.

Daß von dem neu ausgebrochenen Krieg Schlimmeres zu befürchten war, als von den vorherigen, war von Anfang an deutlich. Beide Parteien waren ja diesmal besser gerüstet als je zuvor. In der Picardie stand der Marschall von Cossé in Erwartung der ihm vom Herzog von Alba zugesagten Truppen. An der lothringischen Grenze hatten der Herzog von Aumale Stellung bezogen, um die vom Herzog von Zweibrücken und der englischen Königin den Hugenotten zu Hilfe geschickten Landsknechte aufzuhalten. Zur Verstärkung seines Heers hatte Katharina sechstausend Söldner anwerben lassen. Unterdessen stand die Hauptstreitmacht der Hugenotten südlich der Loire. Die königliche Armee, zwar befeh-

ligt von Heinrich von Anjou, in Wirklichkeit aber geführt von dem kriegserfahrenen Marschall von Tavannes, war schon bis auf wenige Meilen an diejenige Colignys herangerückt.
Katharina ließ sich mit dem Hof in Orléans nieder. Beide Seiten waren diesmal besser gerüstet. Die Beteiligung des Auslands an den französischen Streitigkeiten war stärker als je zuvor. Diesmal ging es ums Ganze, um den Bestand des Reiches und der Monarchie. Wenn ihre Partei bei dem bevorstehenden Kampf unterlag, war zu befürchten, daß die großen Herren, die sich unter dem Vorwand der Religion gegen den König erhoben hatten, das Reich zerstückelten, um einen in Frankreich schon seit Jahrhunderten überholten Zustand adliger Souveränität wiederherzustellen.
Katharina wandte ihren scharfen Geist und ihre ganze Hartnäckigkeit an die Aufgabe, diesen für ihre Familie und Frankreich gleichermaßen verderblichen Ausgang des Bürgerkriegs zu verhindern.
Wieder brachten die Städte und an erster Stelle Paris den größten Teil des zur Kriegsführung dringend benötigten Geldes auf. Der Papst lieh abermals gegen eine Hypothek auf französischen Kirchenbesitz, Cosimo de Medici, Katharinas Vetter, nahm den Schmuck seiner Cousine als Pfand, und zwar unter Wert, denn weshalb hätte er auf die Gelegenheit, ein gutes Geschäft zu machen, verzichten sollen?
Der Winter kam früh mit starkem Frost. Am 22. Dezember bei Loudun wichen die feindlichen Heere der Schlacht aus, weil sich auf dem vereisten Boden weder Reiterei noch Fußvolk auf den Beinen halten konnten. Im Osten gelang es dem Prinzen von Oranien, Verstärkung für die Hugenotten bis in die Champagne zu führen. Wenn es ihm gelang, sich mit dem Heer des Prinzen von Condé zu vereinigen, war das Gleichgewicht der Kräfte zwischen den Königlichen und den Rebellen zugunsten der letzteren verändert. Schon wurden in Katharinas Umgebung Stimmen laut, die zu Friedensverhandlungen rieten, ehe es zu diesem drohenden Machtzuwachs der Hugenotten käme. Doch diesmal weigerte sich Katharina zu verhandeln, jetzt war sie mit dem Kardinal von Guise verbündet, hatte mit ihrer früheren beschwichtigenden Politik gebrochen, wollte, da es denn sein mußte, den Krieg. Mit dem Prinzen von Nassau-Oranien nahm sie Anfang Januar 1569 von Chalon aus dennoch Verhandlungen auf. Denn es schien ihr der

Mühe wert, zu erfahren, ob dieser in der Absicht unterwegs sei, seinen hugenottischen Glaubensgenossen in Frankreich beizustehen oder vielmehr den Truppen des Herzogs von Alba in den Niederlanden zu entgehen. Für den Fall, daß er den Weg durch Frankreich nur als den für ihn sichersten nach Deutschland eingeschlagen hätte, sei der König bereit, ließ sie ihn wissen, die Versorgung seiner Truppen während des Durchzugs zu gewährleisten. Der dringend um Geld und Lebensmittel verlegene Fürst nahm Katharinas Angebot dankend an, und so wurde sie diesen potentiellen Gegner los, indem sie ihm den Abzug bezahlte. Daß damit ein großer Teil der ihr vom Papst zur Bekämpfung der Häresie geliehenen Summen in die Kasse eines Feindes der Kirche und des spanischen Königs floß, verärgerte zwar den Vatikan und den spanischen Botschafter, focht aber Katharina nicht an. Sie jedenfalls kam auf ihre Kosten, wenn sie auf diese Weise einen Feind weniger zu schlagen hatte.
Aus der Champagne reiste sie nach Metz, um sich zu vergewissern, daß sich der Prinz von Nassau-Oranien an die getroffene Abmachung hielte und um von der Herzogin von Lothringen zu erfahren, ob der Kaiser geneigt sei, ihrem Sohn Karl IX. seine jüngere Tochter, die Erzherzogin Elisabeth, zur Frau zu geben. Da Untätigkeit ihr unerträglich war, kümmerte sie sich in Metz überdies um vieles andere, inspizierte den Zustand der Befestigungsanlagen, die sie verstärken ließ, und besuchte die Krankenhäuser. Bei einem dieser Besuche hat sie sich anscheinend mit dem seltsamen Fieber infiziert, an dem sie plötzlich am 4. März auf den Tod erkrankte. Die Krankheit fesselte sie lange ans Bett und beschränkte bis Anfang Mai ihre Bewegungsfreiheit. Aber schon kurz nachdem jene Krankheit die Königinmutter niedergeworfen hatte, am 12. März bei Jarnac, gerieten die feindlichen Armeen aneinander. Im Laufe des Gefechts stürzte der von Coligny aus der Vorhut zurückgerufene Prinz von Condé verwundet vom Pferd, ein Edelmann des Herzogs von Anjou, Montesquiou, tötete den Wehrlosen mit einem Pistolenschuß ins Auge. Montesquiou hatte gesehen, wie dem ähnlich wehrlosen Montmorency in Saint-Denis der Todesstoß versetzt wurde, und er handelte danach im Eifer des Gefechts. Abscheulicher als seine Tat aber ist, was dann Heinrich von Anjou mit der Leiche des gefallenen Condé anstellen ließ. Diese wurde nämlich auf einen Esel gebunden und zwei Tage lang

zum Gaudium der Soldateska im Lager der Königlichen umhergeführt.
Bei Jarnac siegten die Königlichen, aber sie schlugen die Hugenotten keineswegs vernichtend. Coligny konnte sich mit dem größten Teil seiner Truppen und seiner gesamten Artillerie zurückziehen. Er verschanzte sich in Cognac und blockierte dort die Straße nach La Rochelle, was ihm umso leichter fiel, als die Bevölkerung der Gegend auf seiner Seite war.
Nichtsdestoweniger machte der Sieg der königlichen Truppen ihren jungen Feldherrn Heinrich von Anjou über die Grenzen Frankreichs hinaus berühmt, nicht zuletzt wohl, weil dieser Sieg alle Welt überraschte. So zuversichtlich hatten die protestantischen Pamphletisten die militärische Überlegenheit ihrer Partei behauptet, daß selbst die Katholiken mittlerweile diese Überlegenheit schon als Tatsache hinnahmen. Heinrich von Anjou hatte sich in der Schlacht tatsächlich ausgezeichnet, aber noch geschickter eignete er sich anschließend den Feldherrenruhm an, den eigentlich der Marschall von Tavannes verdient hatte. Der ließ ihn gewähren, ohne sich seine Erbitterung anmerken zu lassen. Dennoch mag er bedauert haben, daß weder die Königinmutter, seine alte Freundin, noch der König es für nötig hielten, ihm für den Dienst zu danken, den er der Krone geleistet hatte.
Die Königinmutter freilich war zu dieser Zeit noch dem Tode nahe, wo ihr fernlag, was sich draußen in der Welt ereignete. Gleichwohl soll sie, wie ihre Tochter Margarete in ihren Memoiren versichert, durch ihr Fieber hellsichtig gemacht, in der Nacht vor der Schlacht von Jarnac deren Ausgang vorausgesehen haben: »An ihrem Bette saßen der König Karl, mein Bruder, meine Schwester und mein Bruder von Lothringen, verschiedene Mitglieder des Rates und viele Damen und Prinzessinnen, die, an ihrem Leben verzeifelnd, nicht von ihrer Seite wichen, als sie, in ihren Phantasien fortfahrend, ausrief, als sähe sie die Schlacht von Jarnac: Seht ihr, wie sie fliehen! Mein Sohn hat den Sieg! Ha! Mein Gott, hebt meinen Sohn auf, er liegt am Boden. Seht, seht, in dieser Hecke ist der Prinz von Condé, tot.« Erst mehrere Tage später traf die Siegesnachricht ein, zu nächtlicher Stunde. Der Bote, Monsieur de Cossé, beeilte sich, der Königinmutter die gute Botschaft unverzüglich selbst zu überbringen, zweifellos in der Hoffnung auf einen entsprechend guten Botenlohn. Doch die Königinmutter

fuhr ihn an: »Ach, und deshalb reißen Sie mich aus dem Schlaf? Das wußte ich doch längst, habe ich's doch selbst mit angesehen!« Das Erlebnis bestärkte sie noch in ihrem Glauben an Vorzeichen und die Möglichkeit, die Zukunft in den Sternen zu lesen. Man erinnerte sich jetzt der *Centurie*, in welcher der zwei Jahre zuvor verstorbene Nostradamus zweifellos das Ende des Prinzen von Condé vorhergesagt hatte:

Der Bucklige wird vom Rat erwählt
Auf Erden kein größ'res Scheusal je erschien
Der Schlag das Auge treffen will
Der Verräter als treu dem König gelten.

Katharina mußte es demnach scheinen, als bewegte sie sich durch tausend aus dem Hinterhalt drohende Gefahren, häufig, wie unvorhergesehene Umstände es erforderten, die Richtung wechselnd, dennoch auf einem von vornherein festgesetzten Weg auf ein Ziel zu, dem sie von Anfang an bestimmt war. Gleichwohl verführte sie dieser Fatalismus nicht einen einzigen Augenblick zur Passivität. Die Astrologen hatten zweifellos recht, wenn sie ihr voraussagten, daß den Thron ihrer Söhne schließlich Heinrich von Navarra besteigen, die Bourbonen die Nachfolge des Hauses Valois antreten würden. Dennoch tat sie, was in ihren Kräften stand, um das Eintreffen des angekündigten Ereignisses zu verhindern.
Heinrich von Navarra selbst scheint hinsichtlich der Ankündigungen von Astrologen eine eher abwartende Haltung eingenommen zu haben. Von ihm ist die Bemerkung überliefert: »Mit ihren Lügen treffen diese Leute auch manchmal die Wahrheit.«

Da sich im Großen nichts bewegt, führt Madame Catherine Kleinkrieg

Während Katharina sich langsam erholte, machte sie tausend Pläne. Am liebsten wäre ihr gewesen, wenn Heinrich von Anjou die Protestanten verfolgt, Coligny vernichtend geschlagen und La Rochelle erobert hätte: Dann erst wäre ja wirklich von einem entscheidenden Sieg der Königlichen zu reden gewesen. Aber daran

war nicht zu denken. Heinrich lag vor Cognac fest und hätte vor La Rochelle, das Coligny zu einer uneinnehmbaren Festung ausgebaut hatte, noch viel aussichtsloser festgelegen.
So sann sie denn auf andere Wege, an den Feind heranzukommen. Konnte man nicht die Häupter der Rebellen durch Meuchelmörder beseitigen lassen? Als der spanische Gesandte sie auf diese Möglichkeit hinwies, gestand sie, daß sie das schon seit dem erneuten Ausbruch des Bürgerkriegs erwäge. Und setzte endlich eine Prämie von 50000 Talern auf den Kopf des Admirals Coligny, 30000 auf diejenigen d'Andelots und La Rochefoucaulds.
Dieses Verfahren war damals in keiner Weise ungewöhnlich und von Katharinas Seite sogar legal. Denn waren die Männer, die sie ermordet wissen wollte, nicht todwürdige Rebellen? Was die Wahl ihrer politischen Mittel angeht, ist unserer Heldin noch ganz anderes nachgesagt worden. Ein langes Register geheimer Schandtaten schreibt ihr beispielsweise die *»Wunderbare Rede von Leben, Taten und Betragen der Königin Katharina von Medici«* zu, ein zeitgenössisches protestantisches Pamphlet, wie es viele gab. Da las man etwa, daß sie seit ihrer Witwenschaft dem Kardinal von Lothringen schon sieben Kinder geboren hätte, aber das unzüchtige Verhältnis zu einem Prälaten der römisch-katholischen Kirche, das bei dieser Information vorausgesetzt wurde, gehörte noch zu den harmlosesten Verfehlungen, die *»ceux de la Religion«*, die von der Religion (der neuen nämlich) ihr zutrauten. Denn ganz abgesehen davon, daß ihr noch neben diesem Verhältnis die unnatürlichsten Laster und die wildesten Ausschweifungen zugeschrieben wurden, wußte man ja, daß ihre florentinischen Giftmischer immer neue, immer perfidere Mordmethoden für sie erfanden, etwa die vergifteten Handschuhe, von denen in den Flugschriften der Zeit viel zu lesen ist.
Beweise gibt es für die Mehrzahl dieser Unterstellungen nicht. Ausschweifender Liebesgenuß in der oder jener Richtung war zwar an ihrem Hof üblich, sie selbst scheint aber dazu nicht geneigt gewesen zu sein und sich jedenfalls nicht die Zeit dafür genommen zu haben. Und aus den zahlreichen Berichten über die von ihr unternommenen heimtückischen Mordanschläge spricht die Phantasie ihrer Verfasser deutlicher als der Erfindungsgeist von Katharinas italienischen Giftmischern und Zauberern.

Dennoch muß eingeräumt werden, daß sie gegen ihre Feinde aus gutem Grund auch die Hilfe der Zauberer in Anspruch nahm. Es heißt, daß einer ihrer italienischen Spezialisten für solche Operationen sich anheischig machte, Coligny, Condé und andere Führer der Rebellen zu beseitigen, und zwar durch Verletzungen ihrer Konterfeis. Da, wie er wußte, der Erfolg der Operation zum Teil von der Qualität des Bildes abhing, an der sie vorgenommen wurde, ließ man unter beträchtlichen Kosten einen Bildgießer aus Deutschland kommen, der dem Zauberer kleine Standbilder Colignys, Andelots und Condés in Bronze goß. Doch ließ dann der Erfolg der den Figuren zugefügten Verwundungen ziemlich lange auf sich warten. Immerhin meinte man, nachdem endlich bei Jarnac der Prinz von Condé gefallen war, am Bein seiner Figurine eine Spur zu entdecken, die (obwohl der Figurine nur versehentlich zugefügt) den Huftritt hätte provoziert haben können, der den Prinzen lähmte, ehe Montesquiou ihm mit einer Kugel ins Auge das Lebenslicht ausblies.

Nach Condé starb dann auch Andelot. Ihm hatte Katharina Gift geben lassen. Dies wenigstens meinte der englische Gesandte, der keinen Hehl aus seiner Ansicht machte. Der häretische Kardinal von Châtillon, der sich zu dieser Zeit in England aufhielt, behauptete sogar, das Ergebnis der an der Leiche seines Bruders praktizierten Autopsie habe eindeutig gezeigt, daß er an einer Vergiftung gestorben sei. Da er aber in Wahrheit von einem solchen Ergebnis nicht die mindeste Kenntnis hatte, spricht mehr für die in Katharinas Umgebung geäußerte Vermutung. Dort meinte man, die Manipulationen an dem Konterfei des Verstorbenen hätten wohl bewirkt, daß sich die Wunden, mit denen er aus der Schlacht entkommen war, von neuem geöffnet und ihn hätten sterben lassen. Daß Katharinas Zauberer und Giftmischer dem Admiral Coligny bereits ein auf dessen qualvolles Ende hinauslaufendes Leiden angehext hätten – schon sei, hieß es, davon sein ganzer Körper unheimlich angeschwollen – war eine damals selbst bei Colignys Gefolgsleuten so verbreitete Überzeugung, daß der Admiral, um seine unbeschädigte Gesundheit zu demonstrieren, sich in einer Sänfte im Lager unter seinen Getreuen herumtragen lassen mußte. Da tatsächlich der Admiral nicht bereit schien, sterben zu wollen, soll der Zauberer erklärt haben, die Konstellationen dieser hochgestellten Persönlichkeit gingen augenscheinlich über seinen Horizont, der Mann sei auf dem bisher verfolgten Weg also wohl nicht zu fassen. Er soll danach einen neuen Weg zu dem gewünschten Ziel empfohlen und sich dabei so verirrt haben, daß zuletzt jede Spur von ihm verloren ging.

Der Krieg auf dem Schlachtfeld und einige Manöver hinter den Kulissen

Die in der Freigrafschaft Burgund zusammengezogenen Truppen Wolfgangs, des Herzogs von Zweibrücken, fielen planmäßig in Burgund ein und zogen, überall Verwüstungen hinterlassend, zur Loire ins Landesinnere weiter. Katharina, noch leidend, aber mit bereits wieder erwachenden Lebensgeistern, konnte, begleitet von ihrem Rat, Metz am 14. April 1569 verlassen und reiste über Verdun nach Saint-Maur, wo sie sich in ihrem Landhaus vollends erholen wollte. Wieder einmal sah allerdings die nächste Zukunft sehr bedrohlich aus. Coligny zog dem Herzog von Zweibrücken entgegen, der bei La Charité die Loire überquert hatte. Sobald die beiden Heere sich vereinigt häten, würden sie gemeinsam stärker sein als das des Herzogs von Anjou. Zwar waren zu diesem inzwischen die Truppen des Herzogs von Aumale gestoßen, dennoch aber war die Überlegenheit, mit der die Hugenotten in Kürze würden rechnen können, beängstigend.

Katharina hielt ihre Anwesenheit beim Heer für erforderlich. Von ihrer langen Krankheit geschwächt, folgte sie diesem gleichwohl zu Pferde bis ins Limousin. Am 6. Juni nahm sie in La Souterraine eine Parade der königlichen Truppen ab. Eine Zeitlang zogen die beiden feindlichen Armeen nebeneinander her auf Limoges zu, jede Berührung sorgfältig vermeidend. Katharina hätte gern gesehen, wenn das königliche Heer das der Hugenotten angegriffen hätte, ehe dies durch die Truppen des Herzogs von Zweibrücken verstärkt wäre. Doch im entscheidenden Augenblick weigerten sich ihre Söldner, weiter vorzurücken, ehe für ihre Verpflegung gesorgt sei – wieder einmal vereitelten Schwierigkeiten beim Nachschub eine vielversprechende Operation. Kurz darauf stieß denn auch die Reiterei des Herzogs Wolfgang zu den Truppen des

Admirals. Wenige Tage später aber hatte Katharina Gelegenheit, in einem Brief an Karl IX. dem Schöpfer dafür zu danken, daß er sie noch vor der Schlacht eines gefährlichen Gegners entledigt hatte. Denn plötzlich war der Herzog am Schlagfluß gestorben, womöglich beschleunigt durch den in Burgund reichlich geraubten und dann täglich im Überfluß genossenen Wein, selbst wenn die Winzer diesen nicht (wie erzählt wurde) vergiftet hatten.

Doch merkte Katharina bald, daß ihre Feinde diesen Verlust verschmerzen konnten. Coligny übernahm das Oberkommando des vereinigten Heeres, der Sohn des Prinzen von Condé und Heinrich von Navarra führten die Truppen ins Gefecht: Die Begegnung fand südlich von Limoges statt, wo die beiden Heere in der bergigen Gegend eine ganze Zeitlang vergeblich ein geeignetes Schlachtfeld suchten. Den Königlichen gereichte diese Hinauszögerung der Schlacht zum Vorteil, denn unterdessen erhielten sie Verstärkung aus Italien und den Niederlanden. Katharina war schon auf der Rückreise nach Orléans, als es am 25. Juni bei La Roche-l'Abeille endlich zu den ersten Feindseligkeiten kam. In Wirklichkeit war, gemessen an der Spannung, mit der man sie erwartet hatte, diese Schlacht nicht der Rede, ja kaum wert, als Schlacht überhaupt bezeichnet zu werden, denn schon nach kurzem Geplänkel trennten sich die Gegner, als es heftig zu regnen begann. Den Vorteil davon hatte Coligny, denn soweit die unklare Lage ein Urteil zuließ, war man der Meinung, daß bei längerer Dauer des Kampfes die Königlichen die Oberhand behalten hätten.

Während derart sein kleiner Bruder eine Gelegenheit zur Mehrung seines Kriegsruhms versäumte, machte der König in Orléans die Eroberung der rosigen und blonden Marie Touchet, die ihn fürs erste wunschlos glücklich machte und jedes Interesse an Waffentaten verlieren ließ.

Noch einsamer als gewöhnlich mußte also Katharina die Angelegenheiten des Staates besorgen, als sie nach kurzem Aufenthalt in Orléans nach Paris weiterreiste, um dort weiteres Geld für die Bezahlung neuer Waffentaten aufzutreiben und Ränke zu spinnen. Im Juli 1569 schickte sie einen Deutschen zu Coligny, der den Auftrag hatte, den feindlichen Feldherrn zu vergiften. Einen Monat später war der Deutsche von der Reise zurück, doch Coligny noch gesund und munter. Indessen wurde bei einem seiner Bedienten

ein verdächtiges weißes Pulver entdeckt, mit dem er schließlich gestand, einen Anschlag auf das Leben des Admirals vorgehabt zu haben: Das Pulver und den Auftrag, es an Coligny zu verwenden, habe er von dem Hauptmann der Leibwache des Herzogs von Anjou erhalten. Der Mann wurde hingerichtet, und Coligny war abermals einem Mordanschlag entgangen.
Inzwischen sorgte Katharina für die zukünftige vollständige Rechtfertigung solcher Anschläge. Der Admiral wurde wegen Majestätsbeleidigung zum Verlust all seiner Güter und zum Tod durch den Strang verurteilt. Eine Puppe, die ihn darstellte, wurde auch hingerichtet, und um der größeren Öffentlichkeit des Urteils willen wurden mehrere solcher Puppen an verschiedenen Galgen in Paris aufgehängt. Der Prozeß gegen den Admiral war übrigens dann doch das Werk König Karls IX., der damals auch 50000 Taler Prämie auf den Kopf des Rebellen setzte. Es war noch nicht lange her, daß der König den Verurteilten »Vater« genannt hatte – und bald sollte ja auch Marie Touchet ihren Geliebten dem Haupt ihrer Religionspartei wieder gewogener machen.
Allerdings rührte auch die Verurteilung zum Tode den Admiral kaum. Nachdem er Châtellerault genommen hatte, rückte er auf Poitiers vor. Die strategisch äußerst wichtige Stadt war schlecht befestigt, die Garnison schwach. Daß sie dem 25000 Mann starken Heer der Hugenotten lange standhalten würde, war nicht zu erwarten. Da der Verlust dieser Stadt für die königliche Sache aber einer Katastrophe gleichgekommen wäre, galt es, ihre Verteidigung zu verstärken. Dankbar hieß Poitiers deshalb 4000 Mann spanische Truppen aus den Niederlanden willkommen.
Das Kommando der Garnison von Poitiers übernahm der junge Heinrich von Guise. Dieser hatte sich, wie berichtet, geweigert, die von Katharina in Moulins inszenierte Komödie einer Versöhnung der Guisen mit dem mutmaßlichen Anstifter des Mörders Poltrot de Méré mitzuspielen und brannte darauf, den ermordeten Vater zu rächen. Er war jetzt neunzehn Jahre alt, aber hatte schon als Sechzehnjähriger im österreichischen Heer gegen die Türken Suleimans des Prächtigen gefochten und das Kriegshandwerk von der Pike auf gelernt. Überdies liebte er es und war begabt dafür, wie für vieles andere, denn er war kein roher Haudegen, vielmehr ein geistreicher und hochgebildeter junger Fürst, der nicht nur in der Schlacht eine gute Klinge führte, sondern auch bei Hof nie um ein

treffendes Wort verlegen war, dabei liebenswürdig und schön, ein Liebling der Frauen, andererseits stolz und ehrgeizig, ein höchst gefährlicher Feind seiner Feinde.
Die Truppen seines Feindes schossen eine Bresche in die Stadtmauer und bauten eine Schiffbrücke über den Fluß, der den Fuß der Mauern umspülte. Schon konnten sie sich versprechen, in die belagerte Stadt einzudringen, die Garnison zu massakrieren, die Bürger auszuplündern und Poitiers zur hugenottischen Festung auszubauen.
Doch Heinrich von Guise machte diese Hoffnungen zunichte. Da über dem Bau der Schiffbrücke die Nacht hereingebrochen war und der Feind den Sturmangriff auf den nächsten Morgen verschob, erhielt er Gelegenheit zu einem verwegenen Ausfall, bei dem er die Schiffbrücke zerstören und den Fluß aufstauen ließ, so daß er das Lager der Hugenotten überschwemmte. Die Stadt wurde erfolgreich in eine von Süßwasser umflossene Insel verwandelt und Heinrich ließ Coligny spottend wissen, als Admiral der Ozean-Flotte könne er seines Erachtens amtliche Befugnisse nicht geltend machen. Dennoch hätte Poitiers gegen die Übermacht der Belagerer nicht lange gehalten werden können, wenn nicht auf Bitte des Herzogs von Guise der Herzog von Anjou Châtellerault angegriffen und Coligny damit genötigt hätte, die Belagerung von Poitiers aufzuheben, um der Garnison von Châtellerault zu Hilfe zu eilen.
Nun begünstigte das Kriegsglück die Königlichen. Coligny wandte sich nach Süden, um sich mit dem Heer Montgomerys zu vereinigen, das siegreich aus Navarra zurückkehrte. Während nämlich Johanna von Albret ihre Residenz nach La Rochelle verlegt hatte, von wo aus sie die politischen und militärischen Operationen gegen den König leitete, hatte Katharina Navarra durch Truppen des französischen Königs besetzen lassen. Daraufhin wies Johanna von Albret Montgomery an, die Papisten aus ihrem Reich zu vertreiben. Die in Navarra liegende Besatzung war nicht sehr stark und wurde denn auch geschlagen. Dabei aber verfuhr der Sieger mit einer Grausamkeit, die damals weithin Aufsehen erregte. Als nämlich Montgomery am 18. August 1569 Orthez einnahm, kapitulierte der Graf von Terrède gegen das Versprechen, daß das Leben der Besatzung verschont werden sollte. Vier Tage später zog Montgomery siegreich in Pau ein. Zur Feier dieses Sieges ließ

er sich die Gefangenen von Orthez kommen und Mann für Mann kaltblütig abschlachten. Das geschah am Festtag des heiligen Bartholomäus, weshalb dieses Massaker dann eine Zeitlang als das Sankt-Bartholomäus-Massaker berüchtigt war.
Der von Tavannes beratene Herzog von Anjou ließ Coligny nicht die Zeit, sich mit Montgomery zu vereinigen. Am 24. September 1569 standen die Hugenotten bei Moncontour, die Königlichen in einiger Entfernung nördlich dieser Stadt. Tavannes drängte den Herzog von Anjou, einen Überraschungsangriff zu wagen. Die Überraschung gelang, und nach anfänglichem, heftigem Widerstand mußten die Hugenotten sich unter großen Verlusten zurückziehen, die Schweizer des Königs vernichteten einen großen Teil der deutschen Hilfsvölker der Hugenotten. Weit unzweideutiger als zu Jarnac war in Moncontour der Sieg den Königlichen zugefallen. Auch bei dieser Gelegenheit dachte niemand daran, dem wackeren Tavannes zu danken, aber Katharina entging nicht, daß der Tag der Schlacht von Moncontour – nämlich der 3. Oktober – der Todestag ihrer Tochter Elisabeth war. Das überzeugte sie davon, daß sie diesen Sieg deren Fürsprache im Himmel zu verdanken hätte. Der Kriegsruhm Heinrichs von Anjou jedoch verbreitete sich nun in Frankreich und an allen Höfen Europas.
Coligny zog weiter nach Süden, wo er Verstärkung zu finden hoffte. Am 30. November erhielt er in der Festung Montauban Besuch, den ihm Katharina geschickt hatte. Doch tötete deren Agent, ein gewisser Maurevert, zwar einen der Offiziere des Admirals, diesen selbst aber verfehlte seine Kugel. Glück hatte er nur, insofern er den Leibwachen des Überfallenen entkam und lebend an den Hof zurückkehrte, wo ihm seinen Mißerfolg niemand zu verübeln schien.
Karl IX., der den kleinen Bruder um den, wie er meinte, leicht gewonnenen Kriegsruhm glühend beneidete, hatte sich inzwischen zur Armee begeben und das Kommando eines Teils seiner Truppen persönlich übernommen. Doch wurde ihm bei dem Versuch, die von den Hugenotten besetzten Städte des Angoumois zu erstürmen, der ersehnte Triumph seiner Waffen nicht zuteil, da die fraglichen Städte, eine wie die andere, seinem Ansturm widerstanden.
Im Februar 1570 war nichtsdestoweniger die Lage für die Königlichen im allgemeinen so günstig, daß Katharina meinte, sich er-

neute Friedensverhandlungen leisten zu können. Doch obwohl sie den Hugenotten sogar gewisse Konzessionen vorschlug, würdigte Coligny sie keiner anderen Antwort, als nun den Krieg auch in das bisher verhältnismäßig ruhige Languedoc zu tragen. Dann zog er das Rhônetal hinauf nach Norden. Nirgends begegnete er militärischem Widerstand. Seine Niederlagen und die verschiedenen Attentate, denen er mit knapper Not entgangen war, hatten seine fanatische Entschlossenheit, dem Volk Gottes durchs Rote Meer voranzuziehen, in keiner Weise beirren können. Seine Soldaten massakrierten rechts und links des Weges die wehrlose Bevölkerung. Er ließ den König und die Königinmutter wissen, unter welchen Bedingungen er bereit wäre, Frieden zu schließen: Gänzliche Freiheit des Kultus im ganzen Reich, Wiedererstattung der enteigneten Güter, überdies Abtretung der Städte Calais und Bordeaux an die Hugenotten. Als Karl IX. diese unverschämten Forderungen aus dem Munde des Herrn von Téligny, Colignys Schwiegersohn, vernahm, überwältigte ihn einer seiner unberechenbaren Wutausbrüche. Mit gezücktem Dolch stürzte er sich auf Téligny, dem es schlecht ergangen wäre, wenn man den Rasenden nicht zurückgehalten hätte.

Katharina, die, sobald die Verhandlungen begannen, in ihr ureigenstes Element zurückkehrte, ließ sich durch deren diesmal nicht sonderlich vielversprechenden Anfang nicht entmutigen und unterbreitete Coligny ein Gegenangebot: Statt der geforderten Städte sollten die Hugenotten La Rochelle, Montauban und Sancerre behalten dürfen.

Coligny ging nicht darauf ein. Er war in Saint-Etienne erkrankt, aber das hinderte ihn nicht, den Krieg fortzusetzen. Zumal die Verheerungen, die seine Truppen bei ihrem Zug nach Norden allenthalben anrichteten, obgleich sie auf keinerlei Widerstand stießen, seinen Forderungen einen Nachdruck verliehen, der ihn für den Augenblick wenig kostete.

Tatsächlich drang Colignys Heer bis nach Charité-sur-Loire vor, und in Paris mußte man sich auf eine Belagerung gefaßt machen. Der Marschall von Tavannes und die Guisen widersetzten sich gleichwohl der Neigung der Königinmutter, Frieden zu schließen. Nach dem Sieg bei Moncontour hatten sie eine Fortsetzung des Bewegungskrieges empfohlen, wo die Möglichkeit bestanden hätte, die Hugenotten in offener Feldschlacht so entscheidend zu schlagen, daß man sie zur bedingungslosen Kapitulation hätte zwingen können. Stattdessen aber hatte der König Städte belagert, die sich nicht ergaben, was Coligny genutzt hatte, durch die Vereinigung der Reste seines geschlagenen Heeres mit den Truppen Montgomerys und Anwerbung neuer Truppen im Languedoc neue Kraft zu schöpfen. Und während Katharina die Zeit zu Friedensverhandlungen schon reif wähnte, eroberten im Poitou die Hugenotten, einen nach dem anderen, die ihnen dort entrissenen Stützpunkte zurück. So daß der Sieg bei Moncontour den Königlichen letzten Endes gar nichts nützte.

Katharina bemühte sich dennoch weiter, Coligny für einen Friedensvertrag zu gewinnen. Und zwar nicht nur, weil sie ein Ende des Blutvergießens wünschte, sondern auch (vielleicht), weil sie überzeugt sein durfte, mit einem baldigen Frieden in Frankreich den spanischen König zu verdrießen. Dieser nämlich hatte sie jüngst wieder sehr verärgert durch den Widerstand, mit der er ihre dynastische Kuppelei behindert hatte.

Nicht allein nämlich, daß er sich geweigert hatte, die jüngere Schwester seiner verstorbenen Gattin als deren Nachfolgerin zu ehelichen, hatte er sich auch der Verheiratung Margaretes mit dem König Sebastian von Portugal, die Katharina nach seiner Weigerung ersatzweise anbahnen wollte, erfolgreich widersetzt. Übel nahm Katharina Philipp II. außerdem, daß nun er selbst die ältere der Erzherzoginnen von Österreich zur Frau erhielt, also daß für ihren Karl nur die jüngere übrigblieb. Daß es ihm zweifellos nicht passen würde, wenn sie sich erneut mit den Hugenotten arrangierte, war für sie gewiß Grund genug, sich so bald wie möglich tatsächlich mit diesen zu arrangieren.

So traf am 29. Juli als Unterhändler Colignys abermals dessen Schwiegersohn Téligny in Saint-Germain ein. Am 8. August wurde der sogenannte Frieden von Saint-Germain unterzeichnet. Abermals wurde den Hugenotten Gewissensfreiheit und, innerhalb gewisser Grenzen, mit bestimmten Auflagen, auch die Ausübung ihrer Religion gestattet. Zukünftig sollten – eine neue Konzession – den Bekennern der neuen Religion die Universitäten offenstehen. Die Herrschaft über die festen Plätze La Rochelle, Montauban, La Charité und Cognac wurde ihnen für eine Frist von zwei Jahren zugestanden. Da die genannten Städte bei Abschluß des Friedens bereits von den Hugenotten beherrscht wurden, handelte es sich bei dieser Konzession nur um eine Anerkennung des Status quo. Dennoch konnten Coligny und die Seinen mit diesem Frieden zufrieden sein – denn abgesehen davon, daß er eine Generalamnestie für die Rebellen mit sich brachte, verfügte er auch die Erstattung aller beschlagnahmten Besitzungen, ja sogar die Wiedereinsetzung der zu den Reformierten übergegangenen Kardinäle und Bischöfe, die so von neuem in den Genuß ihrer Pfründe kamen.

In der Kathedrale Notre-Dame zu Paris wurde am 15. August 1570 ein Te Deum zum Dank für den von seiten des Königs und der Katholiken ziemlich teuer erkauften Frieden gesungen. Zuvor waren die Puppen, die Coligny sowie die übrigen in Abwesenheit zum Tode verurteilten Rebellen darstellten, von den Galgen der Hauptstadt entfernt worden: Zukünftig sollten diese Herren bei Hofe ja wieder wohlgelitten sein.

Katharina hatte der Friedensvertrag von Saint-Germain immerhin insofern genutzt, als sie ihre Tochter Margarete unter die Haube bringen konnte. Nachdem die Könige von Spanien und Portugal deren Hand verschmäht hatten, sollte Katharinas jüngste Tochter nun dem jungen König Heinrich von Navarra angetraut werden. In Anbetracht der großen Zukunft dieses Bräutigams, die der weise Nostradamus ja angeblich Katharina offenbart hatte, konnte sie zweifellos über diese Ehe sehr zufrieden sein, zumal sie wohl nicht damit rechnete, ihre jüngste Tochter weniger gehorsam und gefügig zu finden als ihre Söhne.

Katharina beendet eine Liebesgeschichte, die, wie sie meint, Geschichte zu machen droht

Besorgniserregender Eigensinn der Tochter sollte schon sehr bald die Mutter schrecken. Die entzückende Margarete liebte die Liebe und begnügte sich nicht lange mit der ihrer Brüder, erwiderte auch die des Herzogs von Anjou nicht ausschließlich. Dieser scheint ihr das sehr übel genommen zu haben und außer sich vor Zorn gewesen zu sein, als ihm einer seiner Lieblinge, der flamboyante Du Guast von einer heimlichen Liebschaft seiner Schwester mit dem Herzog von Guise berichtete. Kein »Nebenbuhler« hätte die Eifersucht Anjous heftiger reizen können. Denn durch seine glänzenden Fähigkeiten, die Bewunderung, die er beim Hof und beim katholischen Adel überhaupt, die Beliebtheit, die er allenthalben genoß, drohte der Lothringer dem Königssohn schon längst den Rang abzulaufen – wenn das auch, streng genommen, unmöglich war, weil der Guise zwar aus sehr edlem Geschlecht, aber schließlich doch kein Prinz von Geblüt war. Trotzdem scheint im ersten Schrecken Heinrich von Anjou seinen Namensvetter von Guise schon neben sich auf den Stufen des Throns sitzen gesehen zu haben. Daß Margarete in ihrer Verliebtheit zu den tollsten Streichen imstande wäre, der Ehrgeiz des Guisen aber grenzenlos war, hatte er, abgesehen von seinen persönlichen, ausgezeichnete familienpoltische Gründe, für schleunigen Abbruch der Beziehungen dieser beiden zu sorgen.

Du Guast, der in seinem Auftrag den Verliebten nun nachspionierte, weckte ihn eines Morgens um fünf. In einer entlegenen Kammer an dem und jenem Korridor, berichtete er, sei jetzt Gelegenheit, die Sünder auf frischer Tat zu ertappen. Heinrich begab sich augenblicklich zu seiner Mutter. Die ließ in rasendem Zorn, weil sie, obgleich aus tiefem Schlaf gerissen, sofort ihre politisch so vielversprechenden Heiratspläne für Margarete in ernster Gefahr sah, sofort den König rufen.

Kaum war der im Nachthemd herbeigeeilt, und hatte gehört, weshalb man seine Ruhe gestört, als sich einer seiner berüchtigten Wutanfälle seiner bemächtigte. Sein jüngerer Bruder hielt es daraufhin für das Klügste, von der Bildfläche zu verschwinden. Die Königinmutter und der König ließen Margarete holen. Dieser nützte es nichts, daß sie unschuldig tat (ihr Liebhaber hatte gerade noch rechtzeitig durch ein Fenster fliehen können) – der König stürzte sich auf sie wie ein Rasender, warf sie zu Boden und prügelte sie grün und blau, wobei ihm die Mutter zur Hand ging.

Nichtsdestoweniger war, als die Höflinge zum Lever der Königinmutter in deren Schlafzimmer erschienen, nicht zu merken, was sich da noch kürzlich abgespielt hatte. Spuren von Gewaltanwendung zeigten weder der Raum noch die malträtierte Margarete, vielmehr präsentierten Tochter und Mutter sich mit lächelnden Mienen als ein Herz und eine Seele.

Die Entdeckung der Liebschaft des Herzogs mit der Königstochter bot auch für die Guisen Grund zu einiger Besorgnis. Heinrich war aus dem Fenster seiner Geliebten in den Sattel seines Pferdes gesprungen und in gestrecktem Galopp nach Reims zu seinem Onkel, dem Kardinal, geflohen, der noch immer der Kopf der Familie war. Der Kardinal kannte die Verhältnisse am Hof, den König, die Königinmutter und deren Pläne, den Haß Heinrichs von Anjou auf seinen Neffen und überhaupt auf das Haus Lothringen nur allzu gut. So war er wenig geneigt, die Gefahr zu unterschätzen, in die der junge Herzog mit seiner unvorsichtigen Liebschaft die ganze Familie gebracht hatte. Er ahnte, daß man im Königshaus an die unvorsichtige Liebschaft nicht glauben, sondern darin einen wohlberechneten Versuch der Lothringer sehen würde, sich durch eine Ehe mit den Valois zu verbinden, in das regierende Haus einzudringen, die Regierung zu übernehmen, mit einem Wort, einen Staatsstreich zu versuchen. In der Tat hatte Heinrich von Guise das Zeug zu einem Regenten, die Geistlichkeit, und überhaupt die katholische Partei, erwartete die Rettung der Kirche viel eher von ihm als von den blassen und wankelmütigen Sprößlingen Katharinas. Aber gerade deshalb war deren Grausamkeit zu fürchten, denn da ihnen die Beliebtheit der Guisen kein Geheimnis sein konnte, hatten sie allen Grund, sich für die eigenen Minderwertigkeitsgefühle an den glänzenden Lothringern zu rächen, wie der Kardinal sehr wohl wußte. Im übrigen hatte er sich selbst der Mitwirkung an einer Verschwörung, wie die Valois sie hinter der Liebesgeschichte des Herzogs mit Margarete wittern würden, höchst verdächtig gemacht. Hatte er sich nicht dem Frieden von Saint-Germain und namentlich auch dem Plan, Margarete einem protestantischen Fürsten zur Frau zu geben, nach Kräften widersetzt?

Katharina zweifelte denn auch wirklich nicht daran, daß er seinen Neffen Heinrich ermutigt habe, Margarete zu verführen. Dennoch war natürlich ihre Befürchtung, Heinrich von Guise könnte imstande sein, den französischen Thron nicht nur zu begehren, sondern auch zu besteigen, ganz unbegründet. Aus dieser Befürchtung spricht nur die Unsicherheit der Valois, der seit Jahren nur durch Katharinas Geschicklichkeit an der Macht erhaltenen königlichen Familie, deren Erschöpfung sich in so vielen Zügen der Angehörigen ihrer jüngsten Generation offenbarte. Diese Unsicherheit ließ sie schon überall Gespenster sehen. Denn die Lothringer konnten unmöglich Katharinas Kindern den Thron streitig machen, starben nämlich die Söhne wirklich einer nach dem anderen in jugendlichem Alter, ohne männliche Erben zu hinterlassen, nun, dann würde ihnen von Rechts wegen Heinrich von Navarra auf den Thron folgen als legitimer Nachfolger Ludwigs des Heiligen. Die lothringischen Prinzen mochten sich der Abstammung von Karl dem Großen rühmen, das gab ihnen allerdings nicht die geringste Möglichkeit, einen Anspruch gegen einen Erben der Kapetinger durchzusetzen. Katharina und ihre Söhne wußten das natürlich, aber andererseits, wer konnte wirklich wissen, was die Zukunft bringen würde? Und so fürchteten sie, als Margaretes und Heinrichs Techtelmechtel entdeckt wurde, eine Palastrevolution der Guisen.

In Anbetracht des Ernstes der damit gegebenen Lage schrieb der Kardinal an seine Schwägerin, Heinrichs Mutter: »Ihr Sohn ist hier in tiefen Schwierigkeiten, aus denen wir ihn gemeinsam zu ziehen versuchen müssen.« Dann empfahl er dem Neffen, sich auf eine baldige Hochzeit gefaßt zu machen, denn nur durch seine umgehende Verehelichung mit einer anderen könne er den Verdacht, den er durch sein Verhältnis mit Margarete in der königlichen Familie erregt habe, überzeugend widerlegen.

Und so ließ denn die Hochzeit des Herzogs Heinrich von Guise nicht lange auf sich warten. Die Braut, die man ihm aussuchte, war eine Witwe, Katharina von Kleve, deren Patentante übrigens passenderweise keine andere als die Königinmutter war. Weniger passend mochte es scheinen, daß ihr verstorbener Mann ein reformierter Fürst gewesen war, doch liest man, daß sie in ihren religiösen Neigungen nicht einseitig sektiererisch, sondern eher eklektisch gewesen sei. So wird behauptet, daß sie sich in ihrem Stundenbuch neben den Gebeten Andachtsbilder habe malen lassen, wo man den Gekreuzigten jedesmal mit den Zügen eines anderen ihrer zahlreichen Liebhaber abgebildet sah. Im übrigen war sie von umgänglichem und liebenswürdigem Wesen.

Die Hochzeit fand am 3. Oktober 1570 im Hotel Guise zu Paris statt und war ein glanzvolles Ereignis, das erste der großen Feste, die auf den Frieden von Saint-Germain folgten. Die Freude Heinrichs von Guise an der bei dieser Gelegenheit entfalteten Pracht wird freilich nicht ganz ungetrübt gewesen sein, und auch Margarete wird auf der Hochzeit ihres Geliebten nicht ganz leichten Herzens getanzt haben. Heinrich von Anjou, heißt es, habe dem

Bräutigam ins Ohr geflüstert: »Wenn Sie in Zukunft noch einen Blick auf meine Schwester werfen, jage ich Ihnen ein Messer zwischen die Rippen.«
Katharina soll das Fest sehr genossen und es bis zu später Stunde durch ihre Anwesenheit ausgezeichnet haben. Auch die Guisen zeigten sich mit diesem Ausgang der Liebesgeschichte alles in allem sehr zufrieden. Nichtsdestoweniger haßten alle Hauptbeteiligten an der somit beigelegten Liebes- und Streitsache bis zu ihrem letzten Atemzug einander wie die Pest und auf den Tod.
Wie schon angedeutet, war die Hochzeit des Herzogs von Guise nur das erste einer Reihe von glanzvollen Festen, die auf den Frieden von Saint-Germain in Paris und bei Hof gefeiert wurden. Obwohl die Bilanz des Krieges schreckenerregend war. Katharina lieh Geld, wo immer sie etwas erhalten konnte, verkaufte, diesmal mit Einwilligung des Papstes, einen Teil der Kirchengüter. Auf diese Weise beschaffte sie sich die Mittel, ihre Söldner abzufinden und zu entlassen, sowie ihren drängendsten Gläubigern die schuldigen Zinsen zu zahlen. Das erschöpfte die beschafften Mittel, und es blieb ein ungeheures Defizit. Angesichts dieser trostlosen Finanzlage aber verfuhr Katharina, wie es ihr der alte Brauch der Valois und einige Neigung nahelegten: Unsummen verschwendete sie, um jedem Zweifel daran vorzubeugen, daß der Hof der Valois der prächtigste der Christenheit und die dort gefeierten Feste die glänzendsten der Welt waren.

Sind sensationelle Hochzeiten politisch nützlich?

Den Protestanten war die Aussicht auf die Verehelichung des Königs Heinrich von Navarra mit Margarete, der Schwester König Karls IX., sehr angenehm. Diese Verbindung konnte der Sache der Reform nur nützlich sein, erlangte doch damit der erste Fürst der reformierten Partei Einfluß auf die Familie des französischen Königs. Andererseits war aus dem gleichen Grund das Projekt dem König von Spanien und dem Papst äußerst zuwider. Sie sahen damit ihren Verdacht bestätigt, daß Katharina sich mit den Häretikern zu arrangieren trachtete. Nicht weniger beunruhigend waren für diese beiden die Pläne zu einer weiteren Hochzeit, mit denen Katharina damals schwanger ging. In Wirklichkeit hatten ihr die Protestanten die Möglichkeit der fraglichen Hochzeit eingeredet: War nicht die Königin Elisabeth von England noch frei? Gewiß, die jungfräuliche Elisabeth konnte längst als alte Jungfer gelten, siebenunddreißig Jahre war sie alt, während Heinrich von Anjou, dem Katharina sie als Braut zudachte, erst ganze neunzehn zählte. Auch war Elisabeth natürlich protestantisch, Heinrich glühender Katholik, ganz zu schweigen von den gegensätzlichen Interessen Englands und Frankreichs. Katharina, geblendet anscheinend von der Hoffnung, einen weiteren Thron der gespaltenen Christenheit sozusagen in Familienbesitz bringen zu können, sah in alledem keinen ernstlichen Hinderungsgrund für das Projekt. Zwei in London exilierte, prominente Hugenotten, der Vidame von Chartres und der Kardinal von Châtillon, wußten es ihr durchaus plausibel zu machen.

Auch Katharina versprach sich, neben der Befriedigung ihres mütterlichen Ehrgeizes, von der projektierten Verbindung politischen Nutzen. Lag es nicht auch im Interesse Frankreichs, im Bunde mit England die Vormachtstellung des spanischen Königs und des Hauses Habsburg zu erschüttern? Heinrich von Anjou würde dann vielleicht in den befreiten Niederlanden herrschen, und nach Vertreibung der Spanier aus Italien mochte das Herzogtum Mailand wohl ihrem Jüngsten, dem Herzog von Alençon, zuteil werden. Selbstverständlich waren das alles eitle Träume, aber seltsamerweise ließ sich Katharina, obwohl sie das wußte, eine Zeitlang von ihnen täuschen.

Umso lieber, als anfangs auch die Königin Elisabeth sie in diesen Illusionen bestärkte. Sie empfing Katharinas Gesandten in dieser Angelegenheit, Monsieur Mothe-Fénelon, sehr huldvoll, nicht ohne sich freilich einigermaßen zu zieren, da sie wußte, in welcher Angelegenheit er kam. La Mothe-Fénelon hatte ihr Katharinas Heiratsantrag nämlich zuvor schon durch ihren damals meistbegünstigten Günstling Leicester vortragen lassen. Zwar sei sie wohl schon sehr alt für jenen jungen Fürsten, sagte sie, wollte den Antrag aber dennoch nicht ohne weiteres von der Hand weisen, denn sie sei sich der Pflicht bewußt, dem Throne Englands Erben zu gebären. Freilich, setzte sie listig hinzu, an Freiern, die ihr Reich zu freien begehrten, ohne an ihrer Person sonderlich Interesse zu nehmen, sei ja kein Mangel. Da widersprach nun der Herr La Mothe-Fénelon der implizierten Verdächtigung der Beweggründe des Fürsten, als dessen Brautwerber er auftrat, und schwor, daß der Herzog von Anjou vorzüglich nur ihre Person zur Frau begehre.

Damit freilich verpfändete er das Wort eines Mannes, der bisher noch gar nicht nach seiner Meinung zu der projektierten Transaktion gefragt worden war. Als dies, da das Geschäft schon fast perfekt zu sein schien, geschah, erlebte man die unangenehme Überraschung, den jungen Mann dem Plan entschieden abgeneigt zu finden. Was er nämlich von der für ihn in Aussicht genommenen Braut wisse, sagte er sinngemäß, ekle ihn durchweg an, mit anderen Worten, er verabscheue diese Hure. Katharina konnte den trotzköpfigen Widerstand ihres Lieblings gegen die gute Partie, die sie für ihn arrangiert zu haben meinte, nicht verstehen (wie sie ihrem Gesandten klagend anvertraute). Da sie uns als ausgezeichnete Menschenkennerin überliefert ist, muß wohl angenommen werden, daß in diesem Fall die Liebe sie blind machte. Die Tatsache, daß ihr Liebling überhaupt den Frauen bisher wenig Neigung gezeigt hatte – abgesehen von der bedenklichen zu seiner Schwester – schien Katharina nicht im geringsten zu beunruhigen. Das heißt, sie soll sogar versucht haben, den Appetit des Jünglings auf das schöne Geschlecht zu wecken, indem sie ihn etwa bei einem Bankett von lauter hübschen, nackten Mädchen bedienen ließ; daß ihn deren Reize anscheinend ganz kalt ließen, soll sie zwar bedauerlich, doch weiter nicht bedenklich gefunden haben. Andererseits wird sie, ohne sich das selbst ausdrücklich einzugestehen, die wahren Neigungen ihres Lieblings doch recht gut erkannt haben. Jedenfalls wachte sie mit eifersüchtigem Interesse über der Gesellschaft junger Herren, in der Heinrich sich am wohlsten fühlte. Wurde einer von diesen ihrem Jungen zu wichtig, mußte er auf ihren Haß gefaßt sein. Dem Spanier Lignerolles allerdings scheint sie nicht viel Interesse entgegengebracht zu haben. Der verführte den Herzog von Anjou nicht zu sodomitischen Ausschweifungen, sondern zu erschöpfenden Andachtsübungen. Lignerolles nötigte seinen Anbeter nämlich, drei Messen täglich zu hören, so streng zu fasten und sich zu kasteien, daß bald der ohnedies nicht sonderlich kräftig konstituierte Prinz nur noch ein Schatten seiner selbst war. Katharina mißbilligte das aus tiefster Seele.

»Sein Gesicht ist so blaß geworden, ich hätte lieber, daß er Hugenotte würde, als daß er seine Gesundheit so gefährdet«, sagte sie zornig. »Lieber, daß er Hugenotte würde!« Nach katholischen Begriffen hieß das, daß sie ihn sich lieber selbst zur ewigen Verdammnis verurteilen, als jemanden seinen Teint in Gefahr bringen sähe, was ja zweifellos als starkes Stück genommen werden mußte. Natürlich wollte sie nur sagen, wie leidenschaftlich sie jeden haßte, der den Teint ihres Lieblings in Gefahr brachte. Lignerolles wurde denn auch prompt verdächtigt, ein spanischer Spion zu sein und seinen unheilvollen Einfluß auf den Herzog genützt zu haben, diesen gegen die von seiner Mutter geplante gute Partie einzunehmen. Etwas später fand man Lignerolles ermordet in einer dunklen Gasse unweit des Louvre. Der Mörder wurde nie gesucht und nie gefunden, aber jeder wußte, wer ihn beauftragt hatte.
Die Ermordung Lignerolles war die erste, deren Katharina sich zweifellos schuldig gemacht hat, ein Verbrechen aus Leidenschaft. Mit Sicherheit verantwortlich zu machen ist sie nur für eine weitere Mordtat, die jedoch politisch motiviert sein sollte. Aber auf diese werden wir noch zu sprechen kommen.

Politisch nützliche, aber nicht sehr sensationelle Hochzeit

Am 23. November 1570 zog die Erzherzogin Elisabeth von Österreich in Mézières ein. Sie kam mit einem stattlichen Gefolge deutscher Edelleute, wie von Katharina mit dem Kaiser ausgehandelt, um König Karl IX. angetraut zu werden. Mehrere Tage lang feierte man in der kleinen Stadt an der Grenze die Ankunft der Braut des Königs mit kostspieligen, glänzenden Festen. Der Kaiser gab später zu erkennen, daß er den getriebenen Aufwand zu schätzen wisse.
Die junge Erzherzogin war eine sanfte Taube. Karl IX., der die Ankunft seiner Verlobten in Mézières incognito, aus der Menge heraus, beobachtete, fand sie schön, schöner noch als das Bild, das ihm zuvor zugesandt worden war. Wirklich scheint die Tochter des Kaisers von einer frischen und unschuldigen Grazie gewesen zu sein, die man an Fürstenhöfen selten sah. Karls Geliebte, Marie

Touchet, die in Amboise zurückgelassen worden war, glaubte sich verstoßen und verloren und weinte sich die Augen aus. »Sie wird mir nicht viel Kopfzerbrechen machen«, soll angesichts der unschuldigen Miene seiner Zukünftigen Karl aber auch gesagt haben. Und als der anderen das hinterbracht wurde, schöpfte diese wieder Hoffnung.

Die Hochzeit wurde am 26. November 1570 in der Kirche Notre-Dame zu Mézières gefeiert. Nie zuvor hatten diese Kirche noch die guten Leute von Mézières solche Pracht gesehen. Zum ersten Mal seit Beginn ihrer Witwenschaft legte Katharina bei dieser Gelegenheit ihre schwarzen Schleier ab und erschien in Brokat und Goldgewebe, mit Perlen und Diamanten geschmückt.

Elisabeth, das gute Mädchen, genoß diese Pracht und noch mehr die auf ihren Ehrentag folgende Hochzeitsnacht. Während der nächsten Tage sah man sie so verliebt in ihren Gemahl, daß sie sich nicht scheute, diesen vor allen Leuten auf den Mund zu küssen, was die abgebrühten Herren und Damen des Hofes wie auch die Geschwister des Bräutigams reichlich belustigte.

Nach Ablauf der Flitterwochen holte Karl IX. Marie Touchet aus Orléans und brachte sie wieder am Hof in seiner Nähe unter. Beim ersten Anblick der Gattin ihres Geliebten soll sie gesagt haben: »Die Deutsche macht mir keine Angst.« Tatsächlich blieb Maries Herrschaft über das Herz des Königs unerschüttert.

Karl IX. gab seiner jungen Frau anfänglich manches Rätsel auf. Wie wir wissen, beneidete er heftig seinen glänzenderen, beliebteren jüngeren Bruder, der bei Hof den Ton angab und der Arbiter Elegantiarum war. Eines Tages nun erschien dieser mit Ohrringen, von denen riesige Perlen baumelten. Um ihn seine Verachtung spüren zu lassen und ihn lächerlich zu machen, befahl der König fünfzig von seinen Bedienten, sich die Ohren durchbohren zu lassen und identische Ohrringe zu tragen.

Katharina nahm sich ihrer neuen Schwiegertochter mit mütterlicher Fürsorge an, wozu sie der Hilfe der Gräfin von Marck bedurfte, da Elisabeth noch wenig Französisch verstand. Das gute Mädchen, Karls junge Frau, war ihr dankbar und dankbar auch ihrem Gemahl für die Freundlichkeiten, die er ihr erwies, meist in der Öffentlichkeit jetzt, denn unter vier Augen sah sie ihn nach den ersten Tagen ihrer Ehe nicht mehr oft. Die Tage nämlich verbrachte er größtenteils auf Hetzjagden im Wald, die Nächte meist bei

Marie Touchet. Aber Elisabeth war sanften Gemüts. Sie war auch fromm, betete viel und hörte zweimal täglich die Messe. Als sie einmal in der Sainte Chapelle die großen Damen des Hofes heiter plaudernd und unter Gelächter zur Kommunion gehen sah, war sie entsetzt.

Der offizielle Einzug der jungen Königin in die Hauptstadt wurde mit einem Pomp gefeiert, mit dem Katharina nach allgemeinem Urteil alles bisher Dagewesene übertraf. Je größer die Gefahren wurden, die den Bestand der Monarchie bedrohten, desto aufwendiger repräsentierte die Königinmutter. Mit den Summen, die das Spektakel des Einzugs der jungen Königin verschlang, hätte Katharina ein Söldnerheer anwerben können. Aber das Spektakel war wie gesagt auch sehenswürdig. Ronsard verfaßte die Preisgedichte und die an den Monumenten angebrachten Devisen. Die Triumphbögen und allegorischen Statuen waren Werke der bedeutendsten Künstler. Man feierte die Vereinigung Frankreichs mit Germanien. Die allgemeine Begeisterung rechtfertigte den Aufwand und verschleierte die Tatsache, daß ein nicht unbeträchtlicher Teil Frankreichs die Vereinigung nicht mitfeierte. Die Häupter der Hugenotten nämlich hatten es vorgezogen, hinter den Mauern von La Rochelle in Sicherheit zu bleiben.

Am 10. März, bei einer feierlichen Sitzung des Parlaments, dankte Karl IX. seiner Mutter dafür, daß sie ihn in allen Angelegenheiten stets sicher geführt hatte.

»Nach Gott ist die Königin, meine Mutter, diejenige, der ich am meisten verpflichtet bin. Ihre Liebe zu mir und zu meinem Volke, ihre unermüdliche Fürsorge, ihr Eifer, ihre Umsicht haben die Geschäfte dieses Staates während der Zeit, da mein Alter mir noch nicht gestattete, sie auf mich zu nehmen, so wohl geführt, daß alle Stürme des Bürgerkriegs mir mein Reich nicht haben schmälern können.«

Die dem König von eben dieser fürsorglichen Mutter diktierte Rede sollte nicht nur den Herren Richtern des Parlaments, sondern dem ganzen Reich und namentlich auch den Hugenotten klarmachen, daß weiterhin die Königinmutter die politischen Entscheidungen des Königs bestimmen würde.

Karl IX. träumt von Kriegsruhm, seine Mutter von guten Partien

Tatsächlich ließ dieser schon bald viel von seinem bisherigen Gehorsam vermissen. Auf manche Vorschläge seiner fürsorglichen Mutter ging er gar nicht mehr ein. Er erzürnte sich mitunter auch gegen sie. Zwar verweigerte er seine Zustimmung zu ihren Anweisungen noch nicht ausdrücklich, aber hinter ihrem Rücken komplottierte er bereits gegen Katharinas nach allen Seiten beschwichtigende Politik. Karl IX. wollte jetzt seinerseits glänzen, und der Krieg schien ihm die besten Möglichkeiten zu bieten, sich zugleich von dem Gängelband, an dem ihn die Mutter noch immer führte, zu befreien und sich als ruhmwürdiger großer König auszuzeichnen. Es fehlte ihm nicht an Ratgebern, die ihn in diesen Neigungen unterstützten, denn von einem Krieg versprach so mancher sich Nutzen.

Eben zu dieser Zeit erschien ein außerordentlicher Gesandter des Großherzogs von Toskana, Cosimo de Medici, bei Karl IX. Der Großherzog hatte Grund, gegen den spanischen König und gegen den Kaiser zu klagen. Beide weigerten sich, den ihm vom Papst verliehenen Titel und die Erblichkeit seines Großherzogtums anzuerkennen. Cosimo, dem Papst Pius V. neuerliche Unterstützung zugesagt hatte, suchte bei den protestantischen Fürsten und sogar bei den französischen Protestanten Verbündete gegen Kaiser Maximilian II. und König Philipp II. Eine wahre *bella combinazione*! Er wollte tatsächlich, daß die Protestanten ihre Haut zu Markte trügen für einen Fürsten, der vom Wohlwollen des Papstes abhängig war. Cosimo suchte denn auch Verbündete nicht nur bei den Protestanten, die ja schon aus ideologischen Gründen Feinde seiner Feinde waren. Nachdem sein Sonderbeauftragter Fregoso in La Rochelle das Interesse Colignys für die Pläne zu einer konzertierten Aktion gegen die Habsburger geweckt hatte, begab jener sich nämlich nach Paris, um auch Karl IX. Gelegenheit zu geben, dem Bündnis beizutreten. Nach Lage der Dinge mußte ihm sogar an dessen Beitritt außerordentlich viel gelegen sein, denn lächerlich, wie ein Krieg des Großherzogs von Toskana gegen die beiden habsburgischen Weltmächte zunächst anmuten mußte, hätte doch auch für diese die Sache ein ernsteres Gesicht angenommen, wenn der französische König für den Unzufriedenen Partei ergriffen hätte. Freilich wäre für Karl IX. selbst die Sache weitaus ernster gewesen, denn der hätte die gefährliche Ehre gehabt, es ziemlich allein mit den beiden Riesen aufzunehmen und sie zu schlagen oder, was viel wahrscheinlicher war, von ihnen geschlagen zu werden.

Den Protestanten, die dabei ja weniger riskiert hätten, war jedoch am Ausgang des geplanten Völkerringens weit weniger gelegen als an der damit mit Sicherheit einhergehenden Schwächung der spanischen Macht in den Niederlanden. Aber der beredte Fregoso wußte auch dem französischen König das geplante Blutvergießen schmackhaft zu machen und ihm das Risiko, dabei selbst zu verbluten, als recht gering zu veranschlagen. Spanien, sagte er, sei längst erschöpft, da es an zu vielen Fronten seine Kräfte verzetteln müsse, in Andalusien gegen die Morisken, auf dem Mittelmeer gegen die Türken, auf dem Atlantischen Ozean gegen die englischen und französischen Korsaren, in den Niederlanden schließlich gegen die Niederländer. Schließe sich Karl IX. einem Bündnis gegen Spanien an, würde Philipp II. mit Sicherheit dann noch mehr Zulauf von vielen anderen Feinden des tyrannischen Habsburgers haben. Der Sieg sei den Verbündeten damit so gut wie sicher.

Karl IX. lauschte diesem Sirenengesang mit offenen Ohren und war dementsprechend betört. Die gegenwärtig noch spanischen Niederlande, die von Spanien beherrschten italienischen Fürstentümer, schon sah er sie seinem Reiche einverleibt, zumal Fregoso bereit war, sie ihm schriftlich zu versprechen. Die Gutgläubigkeit, die er bei dieser Gelegenheit bewies, war freilich nicht viel erstaunlicher als diejenige, die seine Mutter noch immer davon träumen ließ, Heinrich, ihren Liebling, mit der Königin von England zu verheiraten – wenn auch Gutgläubigkeit bei diesem Traum weniger schlimme Folgen zu haben drohte als bei dem Kriegsplan.

Karl, der das immerhin geahnt zu haben scheint, ermahnte denn auch Fregoso, einstweilen Stillschweigen darüber zu wahren, daß er sich auf das ihm vorgeschlagene Unternehmen einlassen wolle: »Die Königinmutter ist zu ängstlich«, fügte er seiner Bitte um vertrauliche Behandlung der Angelegenheit hinzu. Doch der venezianische Gesandte setzte sich über den Wunsch des schwachen Königs hinweg und machte den absurden Plan alsbald publik.

Tatsächlich war der Plan ja so absurd, daß selbst Cosimo, der ihn ausgeheckt hatte, es mit der Angst zu tun bekam, als ihm gemeldet wurde, der französische König sei darauf eingegangen. Er wollte angesichts der Gefahr, die, wenn er Krieg anfing, schließlich auch er selber lief, wenigstens wissen, ob er sich auf das Wort des Königs auch wirklich verlassen könne und fragte deshalb bei der Königinmutter an, denn er wußte, daß von Frankreich gegen deren Willen nichts zu erwarten war. Katharina bestätigte denn zunächst auch seine Befürchtungen, indem sie ihn wissen ließ, daß sie von der fraglichen Angelegenheit nichts wisse und auch nichts wissen wolle.

Nun verstärkten die von Cosimo schon gewonnenen Verbündeten ihr Werben um den König. Als Abgesandter der deutschen, französischen und flämischen protestantischen Fürsten, die bei Cosimos Plan auf ihre Rechnung zu kommen hofften, besuchte der Prinz von Oranien inkognito König Karl IX. auf Schloß Lumigny. Mit Sicherheit, versicherte der Prinz dem König, sei auf den baldigen Beitritt Englands zu der Koalition gegen Spanien zu rechnen, denn jüngst habe ja die Königinmutter auch die Verhandlungen wegen der Verheiratung des Herzogs von Anjou mit Königin Elisabeth von England wieder aufgenommen und die Aussichten auf einen erfolgreichen Abschluß dieses Heiratsprojekts seien durchaus positiv.

Dieses Argument überzeugte Karl IX. In der Tat hatte ja, unbeirrt durch den unvernünftigen Trotz ihres Lieblings, Katharina die Verhandlungen mit Elisabeth wieder aufgenommen, und ein Bündnis mit England schien in Sicht. Denn Elisabeth hatte das ihr übersandte Bildnis des Herzogs mit unverkennbar verliebten Blikken betrachtet, wie man hörte, und schien nun ernstlich geneigt, ihre so lange gehütete Jungfernschaft aufzugeben.

Doch täuschte der Anschein wohl, denn bald darauf erklärte sie, da sie natürlich keinen katholischen Fürsten heiraten könne, müsse sich Heinrich zum Glauben der Kirche von England bekennen. Heinrich weigerte sich jedoch auf das Entschiedenste, dies zu tun. Der König, sein Bruder, sah durch diese Weigerung seine ehrgeizigen Pläne vernichtet. In einem seiner gefürchteten rasenden Wutausbrüche beschuldigte er den Jüngeren, für sein Verbleiben in der katholischen Partei von der Kirche ein Vermögen kassiert zu haben. »Das ist nämlich, was Sie Ihr Gewissen nennen!« schrie er.

Tatsächlich war jedoch Heinrich von Anjou zutiefst katholisch, wenn ihm auch bei dieser Gelegenheit sein Gewissen zweifellos sehr gelegen kam, da es ihm befahl, auf einen Ehebund zu verzichten, zu dem er sich nur äußerst widerwillig bereiterklärt hatte. Katharina beklagte das Scheitern ihrer Pläne mit bitteren Tränen. Den geliebten Sohn ließ sie ihre Enttäuschung jedoch nicht anmerken, zumal sie auch ihn in Tränen sah: Heinrich grämte sich wegen der Beleidigungen, die er von dem König, seinem Bruder, hatte hinnehmen müssen. Die Tränen ihres Lieblings jedoch verschleierten nur ungenügend seine Freude, dem Joch der Ehe mit der Londoner Amazone entronnen zu sein.
Inzwischen wandelte sich Katharinas Meinung zu den Plänen ihres Vetters in Florenz. Wenn er denn unbedingt Krieg anfangen wolle, bedeutete sie dem Großherzog, solle er sich zuvor davon überzeugen, daß er sich auf den ihm vom Papst versprochenen Beistand wirklich verlassen könne. Denn in dem Fall sei sie willens, seine Sache – und damit auch die des Heiligen Vaters – zu unterstützen (ohne freilich die mindeste Absicht damit zu verbinden, Frankreich in den projektierten Krieg zu verwickeln). Nachdem sie damit einen Beweis ihrer päpstlichen Gesinnung gegeben hatte, trat sie alsbald mit der Bitte an den Papst, einen Dispens für die geplante Verehelichung ihrer Tochter Margarete mit dem protestantischen König Heinrich von Navarra zu erhalten. Auch bat sie den Heiligen Vater, ihre Absicht, den häretischen Admiral Coligny wieder an ihren Hof zu ziehen, nicht mißverstehen zu wollen. Dieses Bemühen um eine Verständigung mit den Häretikern sei einzig durch die Notwendigkeit veranlaßt, sich für die ja auch vom Papst gewünschte Auseinandersetzung mit dem spanischen König, der Ruhe im eigenen Hause und der Unterstützung durch die Franzosen aller Parteien zu vergewissern.
In Wirklichkeit hatte sie nicht die mindeste Lust, für den Papst oder sonstwen einen Krieg mit Spanien auch nur zu riskieren, aber an der Heirat ihrer Margarete mit Heinrich von Navarra, dem ersten Prinzen von Geblüt und ersten Fürsten der reformierten Partei, war ihr sehr viel gelegen. Sie glaubte, der Frieden mit den Reformierten sei auf diesem Weg noch am ehesten zu erwirken, vorausgesetzt, die Reformierten waren für den Frieden überhaupt zu gewinnen, da ihnen ja offensichtlich an dem Krieg gegen Spanien genauso viel gelegen war wie ihr an der fraglichen Heirat und

am Frieden. Waren diese unterschiedlichen Interessen miteinander in Übereinstimmung zu bringen? Für Katharina war nichts a priori miteinander unvereinbar, und so suchte sie auch diesmal, wie stets, einen für beide Seiten akzeptablen Kompromiß auszuhandeln.

Am 12. September 1671 kehrte Coligny an den Hof zurück, wo man ihn als einen lang entbehrten alten Freund willkommen hieß. Der Admiral seinerseits befleißigte sich eines vernünftigen Mißtrauens gegen die Gesellschaft, in die er sich dort begab, denn seine Anhänger und er selbst hatten ja gute Gründe, einen Anschlag gegen sein Leben zu fürchten. Schließlich hatte er es trotz erheblicher Bedenken gewagt, die Einladung Katharinas, seiner gefährlichen Gevatterin, anzunehmen, weil er am Hofe hoffen konnte, seinen einstigen Einfluß auf den König zum Vorteil seiner Partei neuerlich geltend zu machen. Und so langte er also am 12. September 1571 in Blois an, wo der Hof sich damals aufhielt.

Der Admiral war damals fünfzig Jahre alt und stand auf dem Höhepunkt seiner Macht und seines Ruhmes. Er hätte dem Thron und der Kirche schwer zu schaffen machen, nach Gutdünken den Bürgerkrieg neuerlich anfachen, von besetzten Provinzen Tribut erheben können, ohne La Rochelle zu verlassen, wo er etabliert hatte, was, bei Lichte besehen, nur als Gegenregierung zu der des Königs und der Königinmutter zu bezeichnen war. Sein hauptsächlich aus dem hugenottischen Adel rekrutiertes Heer vergötterte ihn. An Geld fehlte es ihm nicht. Die Korsaren von La Rochelle kaperten immer wieder Galeonen, auf denen Gold und Silber aus der Neuen Welt in Hülle und Fülle zu holen waren. Bezahlt gemacht hatte sich auch während des letzten Krieges die Plünderung katholischer Städte. Doch sein internationaler Ruhm, von tüchtigen Propagandisten verbreitet, wußte nicht nur von den militärischen Leistungen, sondern auch von den überragend politischen Fähigkeiten des Admirals. Diesem Ruhm aber verdankte er politischen Einfluß auch außerhalb Frankreichs, in Deutschland, England und den Niederlanden, wo er überall Verbündete hatte. Die Hugenotten und ausländischen Protestanten verehrten ihn, außerhalb des eigenen Lagers haßte, aber fürchtete man ihn auch. Sein Stolz ließ ihn zwar niemandem liebenswürdig erscheinen, doch Achtung wagte keiner ihm zu verweigern. Man sprach gern von seiner Ehrenhaftigkeit, die freilich nur für seine Parteigänger

über jeden Zweifel erhaben war, selbst seine Gegner aber mußten zugeben, daß er auf seinen politischen und religiösen Überzeugungen unbeugsam beharrte. Sein Wesen war deshalb dem Katharinas so fremd wie möglich. Während sie sich nach jedem Wind zu drehen schien, wußte man bei ihm immer, woran man war. Colignys Stärke in der Auseinandersetzung mit der gewandten, listenreichen, stets verbindlichen Florentinerin lag in der Strenge und Beständigkeit seiner Haltung, die übrigens vielen Franzosen, sogar vielen katholischen Franzosen, sympathischer war als die chamäleonhafte Anpassungsfähigkeit der Königinmutter. Coligny war ein Führer, ein Staatsmann und Feldherr, der niemanden im Zweifel an seinen Zielen ließ. Allerdings machten sich, von seinen erklärten religionspolitischen Zielen abgesehen, in seinen Handlungen – und in seiner Handlungsweise – auch die Interessen und der maßlose Stolz des alten Feudaladels geltend, dem er angehörte. In dieser Hinsicht unterschied er sich von seinen bittersten Feinden, den Guisen, gar nicht so wesentlich, wie es den Anschein haben mag, wenn man nur ihrer beider erklärte Ziele in Betracht zieht. Freilich gab es Unterschiede im Wesen, denn die Guisen waren im Gegensatz zu ihm, der hochfahrend war, glänzende und liebenswürdige Leute, die es nicht für unter ihrer Würde hielten, sich bei anderen beliebt zu machen.
Bei seinem unausgesetzten und beständigen Kampf gegen die königliche Macht hatte bisher Coligny nie den Sieg davongetragen, was ihn ohne Zweifel verbitterte. Und so hat er sich wohl den größten Teil seines großen Nachruhms durch seinen Tod verdient. Denn da er für seine Sache das Martyrium erlitt, fand er die Nachwelt geneigt, von den Fehlern abzusehen, die sie einem Sieger zweifellos angekreidet hätte.

Man träumt, berechnet, lügt und sinnt auf Mord

Nach Blois kam Coligny weniger, weil seine alte Freundin, die Königinmutter, ihn dorthin eingeladen hatte, und er von deren gutem Willen sich viel versprochen hätte, als vielmehr, weil Ludwig von Nassau, Prinz von Oranien, ihm geraten hatte, seinen Einfluß auf den König geltend zu machen, um diesen zuverlässig in das Bündnis Cosimos und der protestantischen Fürsten gegen Spanien zu verwickeln. Der Prinz von Oranien hatte in diesem Zusammenhang übrigens angedeutet, daß der König ihm und Cosimo versprochen habe, er wolle, wenn es zu diesem Krieg gegen Spanien käme, Heinrich von Anjou zur Strafe für seine Weigerung, Elisabeth von England zu heiraten, absetzen und das Oberkommando über das königliche Heer Coligny geben. Somit würde Coligny eine teils aus calvinistischen Edelleuten, teils aus regulären königlichen Truppen sowie aus den Truppenkontingenten Elisabeths von England und der deutschen protestantischen Fürsten zusammengesetzte mächtige Streitmacht gegen Spanien und den Papismus ins Feld führen. Unter diesen Umständen konnte der Kampf nur auf einen Sieg der französischen Reformierten hinauslaufen. Nach dem Sieg der Alliierten über die Spanier verstünde sich die Machtübernahme durch die Reformierten in Frankreich ja von selbst. So träumten Coligny und die Seinen, wovon sie natürlich Katharina nichts verrieten. Doch da man vor ihr nichts lange geheimhalten konnte, war sie auch diesmal bald über Träume und Pläne der anderen unterrichtet.

Zunächst meinte sie freilich, ihren häretischen Gast schon bei seiner Ankunft am Hofe eingewickelt zu haben. Coligny schien das herzliche Willkommen, das Katharina dem, der noch gestern ihr Feind gewesen, entbot, für bare Münze zu nehmen und spielte die ihm zugedachte Rolle in der Komödie des Wiedersehens zweier alter Freunde, die Katharina bei dieser Gelegenheit inszenierte, als hätte er keine Ahnung, daß das Stück nicht die Wirklichkeit selbst war. Wie Bruder und Schwester umarmten sich die beiden, und Katharina sagte: »Wir kennen uns doch zu lange, um einander zu täuschen.« Er hätte ihr erwidern können: »Daß du mich nicht mehr täuschen kannst, will ich hoffen. Aber vielleicht kann ich dich ja doch nochmal ...« Sicher ist, daß beide diesem unausgesprochenen Gedanken entsprechend handelten.

Der ehrenhafte Coligny hatte übrigens keine Bedenken, sich den von ihm erwarteten Friedenswillen im voraus sehr großzügig vergüten zu lassen. So ließ er sich einen großen Teil der Pfründen seines verstorbenen Bruders, des Kardinals Odet von Châtillon, widerspruchslos übertragen, nahm auch die Summe von 100000 Livres, die ihm für die Wiedereinrichtung seines Schlosses gewährt wurden, gern an und lehnte auch einen Platz im Kronrat nicht ab. Katharina geizte nicht mit Beweisen ihres guten Willens. Gnädig lud sie auch des Admirals erst kürzlich angetraute Gattin an den Hof und befahl die unverzügliche Hinrichtung der Katholiken von Rouen, die sich Gewalttaten gegen die Reformierten in der Normandie hatten zuschulden kommen lassen. In Anbetracht solcher Gunstbeweise konnte ja kein Zweifel darüber bestehen, daß Coligny und seine Partei bei Hofe lieber gesehen waren als die Guisen und die Katholiken.

Nur die junge Königin Elisabeth, die Deutsche, die noch nicht lange im Lande war und von Politik nichts verstand, konnte da nicht folgen. Als man ihr Coligny vorstellte und dieser vor ihr aufs Knie fiel, um ihr die Hand zu küssen, wich sie entsetzt zurück vor dem Häretiker, der so viele Verbrechen gegen die Religion begangen hatte. Sie verstand nicht, weshalb ein solcher Mann an einem doch vorgeblich katholischen Hof in so hohem Ansehen stehen konnte. Aber was die kleine Elisabeth verstand oder nicht, fiel nicht sonderlich ins Gewicht.

Katharina versprach sich von der erneuerten Freundschaft mit dem Admiral vor allem dessen Unterstützung ihrer Heiratspläne für Margarete. Krieg gegen Spanien zu führen, war sie nicht im mindesten geneigt, aber da sie wohl merkte, wieviel Coligny daran gelegen war, suchte sie ihn mit vagen Versprechungen hinzuhalten. Coligny war zwar nicht der Mann, sich mit unbestimmten Versprechungen abspeisen zu lassen – ebensowenig wie Philipp II. –, doch das machte Katharina einstweilen keine Sorgen. Wenn ihre Tochter mit dem König von Navarra verheiratet sei, werde es noch immer früh genug sein, von diesem Krieg gegen Spanien zu reden. Wie sich zeigte, hatte sie gut daran getan, die Sache auf die lange Bank zu schieben, denn nun erschien abermals Fregoso und meldete, der Streit des Großherzogs der Toskana mit dem Kaiser und dem König von Spanien habe sich glücklicherweise erledigt. Weiser, höchst weiser Cosimo! Unter den derart veränderten Umständen empfahl er seiner Cousine, ihren Einfluß auf die häretischen Verbündeten nun dazu zu nützen, diese – namentlich den Admiral Coligny und Johanna von Albret, die Königin von Navarra – womöglich zum wahren Glauben zu bekehren und in den Schoß der heiligen katholischen Kirche zurückzuführen.

Katharina hielt zwar manches andere Bemühen für vordringlicher, aber die mit dieser Veränderung gegebene Lage war ihr ganz recht. Der drohende Krieg war jedenfalls seines Vorwands beraubt und würde sich nach einem anderen umsehen müssen. Und das Glück wollte es, daß wenig später ein Ereignis ganz anderer Art als der friedfertige Sinneswandel Cosimos de' Medici den Kampfeseifer der antispanischen Koalition dämpfte: Der Sieg der von Don Juan de Austria befehligten Flotte über die türkische bei Lepanto. Denn nach diesem glänzenden Sieg schien die dort von den Türken bisher erfolgreich angefochtene Vorherrschaft der Spanier auch auf dem Mittelmeer – wie schon bisher auf dem europäischen Festland – gewährleistet.

Als die Nachricht vom Sieg der christlichen Flotte bei Lepanto eintraf, freute Karl IX. sich der Niederlage der Anhänger des falschen Propheten wie ein Kind. Der venezianische Botschafter sah sich genötigt, ihm anzudeuten, daß es in seinem eigenen Interesse vielleicht klüger wäre, diese Freudenbezeugungen etwas zu mäßigen. Tatsächlich sank ja spätestens bei Lepanto auch Karls IX. verwegener Traum, aus einem Krieg mit Spanien ruhmbedeckt und siegreich in die Geschichte einzugehen. Denn mit der türkischen Flotte war nicht nur Spaniens gefährlichster Feind, sondern auch Frankreichs stärkster Verbündeter auf dem Mittelmeer vernichtet. Der venezianische Botschafter seinerseits hütete sich angesichts der am französischen Hof damals herrschenden rabiat antispanischen Stimmung, den Sieg bei Lepanto (zu dem auch venezianische Schiffe beigetragen hatten) allzu freudig zu begrüßen. Selbst der spanische Botschafter war sehr zurückhaltend im Ausdruck seines Stolzes und seiner Freude. Seitdem Coligny und seine Partei am französischen Hof wieder in so hoher Gunst standen, fühlte er sich dort seines Lebens nicht mehr ganz sicher. Als Karl IX. ihm offiziell seine Glückwünsche zu dem Sieg überbringen lassen wollte, hielt der Unglückliche, dem seitens der Reformierten am Hofe die Verbreitung majestätsbeleidigender Schriften gegen die Königinmutter, ihre Söhne und Ratgeber vorgeworfen und deshalb schon seit einiger Zeit das Leben schwer gemacht wurde, die Delegation mit dem Gratulationsschreiben für ein Mordkommando und floh Hals über Kopf aus seiner Residenz in die Niederlande. Darüber wurde eine Zeitlang schadenfroh gelacht. Doch rückblikkend kann man dem Spanier konzedieren, daß er – wenn er sich in

dem konkreten Fall, der seine Flucht veranlaßte, auch geirrt haben mag – nichtsdestoweniger eine gute Nase bewies für das, was damals am Hofe des französischen Königs in der Luft lag.
Katharina, die zu jener Zeit mit verschiedenen Leiden zu kämpfen hatte, an Hüftweh, Bronchitis und häufigen Verdauungsstörungen litt, verfolgte, anscheinend unbekümmert um das Unheil, das sich in ihrer Umgebung zusammenbraute, inzwischen einen neuen Plan, die Königin Elisabeth von England als Schwiegertochter zu gewinnen. Denn das brauchte ja nicht daran zu scheitern, daß Heinrich von Anjou nicht die Religion wechseln wollte. Katharina hatte ja außer diesem noch einen Sohn, ihren jüngsten, Franz von Alençon. Dieser Knabe war nun zwar ein ziemlich elender Wicht – moralisch ebenso wie physisch kümmerlich – doch trotz alledem nicht weniger wohlgeboren als sein charmanter älterer Bruder. Und schließlich kam es bei dynastischen Ehebünden hauptsächlich darauf an, wie jedenfalls Katharina gemeint zu haben scheint, die sich hinsichtlich der übrigen Qualitäten ihres Jüngsten wohl keine Illusionen machte.
Um die Königin auf den neuen Freier, den sie für sie *in petto* hatte, schonend vorzubereiten, schrieb Katharina ihr, derselbe sei »nicht groß« und daß sein Bart soeben »erst zu sprießen beginne«. Elisabeth (die eigentlich gewußt haben muß, wer ihr da vermittelt werden sollte) bekundete höfliches Interesse. Karl IX. hätte, wie die ganze königliche Familie, den jüngsten Bruder gern nach England verheiratet gesehen. Er haßte Franz, der allerdings irgendwelcher liebenswürdigen Züge auch vollkommen entbehrte. Doch nichtsdestoweniger hatte auch dieser allgemein verabscheute, boshafte Bengel eine befreundete Seele in seiner Schwester Margarete.
Seitdem man ihr Liebesverhältnis mit dem jungen Herzog von Guise zerstört hatte, haßte Margarete ihre Mutter, den König und selbst den einst so geliebten Herzog von Anjou. Und so schloß sie sich an den jüngsten Bruder an, den die Familie verstoßen hatte wie sie. Sie schmeichelte also dem kleinen Scheusal, zeichnete es in aller Öffentlichkeit mit Zärtlichkeiten aus, wie sie früher ihren beiden anderen Brüdern, insbesondere Heinrich von Anjou zuteil geworden waren, so daß bald die Leute auch zwischen Margarete und Franz ein inzestuöses Verhältnis zu wittern anfingen. Sicher ist, daß Franz der Schwester ihre Liebe und Fürsorge mit blinder Ergebenheit dankte, was Margarete bei ihren zahlreichen Intrigen

zustatten kam, denn auf das Lügen, Betrügen und Intrigieren verstand sich Franz wie auf sonst kaum etwas.
Nun also sollte er um die Hand der Königin Elisabeth anhalten. Der englische Gesandte war höflich genug, in der unterschiedlichen Statur der zu Vermählenden keinen Hinderungsgrund sehen zu wollen, und führte sogar einen ermutigenden historischen Präzedenzfall an. Pippin der Kurze beispielsweise war ja nur halb so groß gewesen wie seine Gattin Bertha, die mit »großen Füßen« als Beinamen in die Geschichte eingegangen ist: Dennoch war diesem Paar ein Sohn geboren worden, auf den man noch gegenwärtig mit Recht stolz war, nämlich kein anderer als Karl der Große.
Weniger leicht hinwegzuschmeicheln war der skandalöse Altersunterschied zwischen Elisabeth und Franz, denn während die Braut als Vierzigerin nach damaligen Begriffen schon an der Schwelle des dritten Lebensalters stand, war der Bräutigam mit seinen sechzehn Lenzen gerade dem Kindesalter entwachsen. Um zu zeigen, daß dieses jugendliche Alter ihm kühne Pläne nicht verbot, ließ er die Umworbene wissen, daß er beabsichtige, als Haupt der französischen Protestanten im Bunde mit ihr die Vorherrschaft in Europa zu erringen. Elisabeth gab zu bedenken, daß er sich dazu zunächst einmal von der Papstkirche lösen müsse, aber diese Bedingung zu erfüllen, wäre das von rasendem Ehrgeiz besessene kleine Ungeheuer selbstverständlich gern bereit gewesen.
Da Elisabeth es dennoch nicht sonderlich eilig zu haben schien, unter die Haube zu kommen – denn sie lehnte Katharinas jüngsten Heiratsantrag zwar nicht ab, nahm ihn aber auch nicht an –, stärkte man einstweilen die gutnachbarlichen Beziehungen durch einen Beistandspakt. Sollte der König von Spanien einen der beiden Bündnispartner angreifen, war demnach der andere verpflichtet, dem Angegriffenen zu Hilfe zu eilen. Viel wert war dieses Verteidigungsbündnis nicht, aber Coligny sah darin einen Schritt in der richtigen Richtung, und so war auch Karl IX. damit zufrieden. Der Vertrag enthielt aber neben dem Beistandsversprechen für den Fall eines spanischen Angriffs auch den Handel zwischen Frankreich und England betreffende Artikel, und in diesen bestand für Katharina, die in dem Vertrag die Vorstufe zu einem Ehevertrag zwischen der Königin von England und ihrem Jüngsten sehen wollte, dessen eigentlicher Wert.

Gerade damals wurde der Thron von Polen frei. Nach dem Tode des letzten Jagellonen mußte jetzt der Thronfolger durch die Wahl bestimmt werden, und das Wahlverfahren war außerordentlich kompliziert. Aus diesem Grund ging denn auch zukünftig die Wahl eines neuen Königs in Polen stets mit bitterem Parteienstreit innerhalb des wahlberechtigten polnischen Adels einher, der gewöhnlich mit der Königswahl nicht endete und den polnischen Königen das Regieren zu einer nicht sehr dankbaren Aufgabe machte.
Katharina aber dachte, als sie davon hörte, den freigewordenen Thron sofort Heinrich, ihrem Liebling, zu. Einstweilen war sie in der glücklichen Lage, einem der Fürsten, die auf diese Wahl den größten Einfluß nehmen konnten, dem jüngst verwitweten Siegmund August, eine entzückende neue Gemahlin vermitteln zu können, die sehr edle, schöne und erfahrene Renée de Rieux, Fräulein von Châteauneuf. Sie stammte von den Herzögen de Bretagne ab und war schon Geliebte einer Reihe edler Herren, auch Heinrichs von Anjou, gewesen. Heinrich hatte sie verlassen um einer schwärmerischen Leidenschaft für Maria von Kleve willen. In diese schwärmerische, anscheinend mehr erdachte als erlebte Leidenschaft floh, scheint es, Katharinas Lieblingssohn vor Leidenschaften, die ihm nähergingen und heftiger zusetzten, Gefühle, wie er sie für den verwegenen Du Guast und den frommen Lignerolles empfand. Nichtsdestoweniger war der junge Mann, für den jetzt seine Mutter Anspruch auf den Thron von Polen erhob, nicht annähernd so unfähig wie sein jüngster Bruder, die Pflichten eines Königs zu erfüllen. Die Zeitgenossen sind Heinrich von Anjou meist nicht gerecht geworden, und da sich viele Historiker dem Vorurteil der Zeitgenossen gegen den weibischen Heinrich angeschlossen haben, sei hier schon vorweg bemerkt, daß ihn seine hermaphroditischen Neigungen nicht daran hinderten, politische Ziele intelligent zu verfolgen, wenn es ihm darauf ankam – wie man noch sehen wird.
Einstweilen schickte aber seine Mutter sich erst an, dem jungen Mann seinen ersten Thron zu verschaffen. Da dies durch geschicktes Verhandeln, am rechten Ort eingezahlte Bestechungsgelder und dergleichen friedliche Mittel zu geschehen hatte, war sie aus guten Gründen zuversichtlich, bei der polnischen Königswahl ihren Kandidaten durchzubringen. Mit der Führung der Verhand-

lungen und der Einzahlung der Bestechungsgelder betraute sie ihren besten Diplomaten, Monluc, den Bischof von Valence.
Sie selbst betrieb unterdessen weiter die Vermählung ihrer Margarete mit dem König von Navarra. Widerstände gegen die Verbindung gab es viele. Denn weder der Papst, noch der spanische König, noch das katholische Frankreich wollten diese Ehe – wenn auch der Kardinal von Bourbon dafür war, denn Heinrich war sein Neffe, und das würde er bleiben, wenn er, wie man immerhin hoffen durfte, seinem Irrglauben in Zukunft abschwor. Noch hatte also der Parteigeist den Familiensinn nicht restlos ersetzt.
Waren aber die Katholiken fast durchweg gegen Katharinas Plan, genoß dieser doch nicht etwa deshalb schon die Unterstützung der Protestanten. Insbesondere wollte die Mutter des von Katharina für ihre Tochter Ausersehenen von der ihr zugemuteten Ehe nichts wissen. Johanna von Albret war noch entschieden rigoroser in ihren Überzeugungen als Coligny. Sie nämlich weigerte sich, am Hof von Frankreich zu erscheinen. Katharina wurde durch diese Weigerung zutiefst beunruhigt. Sie meinte, daraus schließen zu müssen, daß trotz aller beruhigenden Zusicherungen ihrerseits die Königin von Navarra am französischen Hof ihr Leben in Gefahr glaubte. Da sie deshalb in all ihren Briefen an die Königin von Navarra die Zusicherungen gänzlicher Gefahrlosigkeit am französischen Hof wiederholte, mokierte sich zuletzt Johanna von Albret: »Entschuldigen Sie, aber ich möchte lachen, da Sie mir eine Furcht nehmen wollen, die ich nie gehabt habe, und ich schon weiß, daß Sie nicht, wie von manchen behauptet wird, kleine Kinder fressen.«
Schließlich erschien sie dann doch bei Hof. Was sie so lange davon ferngehalten hatte, war nicht die Furcht vor königlich besoldeten Mördern, sondern eine Krankheit. Sie war dreiundvierzig Jahre alt, mit eisernem Willen begabt, aber körperlich gebrechlich. Sie litt an Schwindsucht, die man damals weder richtig diagnostizieren noch erfolgversprechend behandeln konnte, hustete also, zitterte vor Fieber und wurde zusehends schwächer, jedenfalls körperlich, denn ihrem Geist und Willen schien die Krankheit nichts anzuhaben. Dennoch dürfte ihr die Reise aus dem Béarn nach Paris nicht leicht gefallen sein: Man hatte ihr einen großen, geschlossenen Reisewagen gebaut, in dem sie wenigstens vor den Unbilden der Witterung einigermaßen sicher zu sein glaubte. In dem mit ge-

teerter Leinwand abgedichteten und gepolsterten Kasten brannte ständig ein Ofen, dessen Rauch durch einen Schornstein abzog, der dem mit acht Pferden bespannten Gefährt das Aussehen einer primitiven Dampflokomotive gegeben haben mag. Drinnen ließ sich, auf Matratzen und Kissen hingelagert, die Königin von Navarra von den Stößen der Räder durchrütteln – und von ihren Beratern beraten: Denn, wenn auch das Fieber sie schüttelte und schlechte Straßen den Wagen rüttelten, ihre politischen Ziele verfolgte sie weiter unverwandt.
Am 15. Februar 1572 traf sie in Chenonceaux ein. Während der dreiwöchigen Reise hatte sich ihr Leiden nicht eben gebessert, in dem Entschluß, der Königinmutter in keinem Punkt nachzugeben, war sie aber nicht wankend geworden. Katharina empfing die Königin von Navarra mit honigsüßen Schmeicheleien, die aber, wie sie bald merken sollte, die beabsichtigte Wirkung gänzlich verfehlten. In der Hoffnung, anderswo ein angenehmeres Verhandlungsklima herstellen zu können, veranlaßte Katharina einen Umzug von Chenonceaux nach Blois. Der ganze Hof begab sich also nach Blois.
Johanna von Albret war, ohne sich bei langen Vorreden aufzuhalten, schon in Chenonceaux zur Sache gekommen. Zwei kritische Fragen wollte sie beantwortet haben: Welcher Religion würden die beiden Gatten angehören? Und würde die Ehe von einem papistischen Priester geweiht werden? Die Mutter Heinrichs von Navarra ließ sich, was die ihrem Sohn angetragene Ehe anging, nicht nur von den Geistlichen ihrer Religion beraten, sondern überdies auch vom englischen Botschafter. Man kann sich fragen, was den diese Heirat angehen mochte? Es konnte nur bedeuten, daß die französischen Protestanten auf die protestantische Königin von England angewiesen waren. Niemand schämte sich damals, seine Freunde zu suchen, wo sie zu finden waren. Katharina hatte auch nichts dagegen, daß die Königin von Navarra bemüht war, sich der Zustimmung der englischen Königin zu der ihrem Sohn angetragenen Ehe versichern wollte – ihr kam es einzig darauf an, daß die Hochzeit recht bald stattfände.
Tatsächlich bequemte sich endlich, wenn auch mit unverhohlenem Widerwillen, am 12. April 1572 Johanna von Albret dazu, in die Ehe ihres Sohnes mit der Schwester des französischen Königs einzuwilligen. Würde der junge Mann dem verderblichen Zauber

dieses papistischen Hofes, an dem er nach seiner Verheiratung leben sollte, auf die Dauer widerstehen können? Würde er, wie leider ja sein Vater, in diesem Sündenpfuhl ersaufen, Calvin verleugnen, der Hure Babylon sich in die Arme werfen? Selbstverständlich versäumte sie nicht, dem Sohn diesbezüglich ins Gewissen zu reden: All dieser Luxus, die willigen Frauen, die Feste und Schauspiele – das alles, ermahnte sie ihn – »ist nur eine Falle, die sie Ihnen stellen, um Sie vom rechten Wege abzubringen und Ihrer Religion zu entfremden, das ist, was sie damit erreichen wollen, und sie verhehlen es auch nicht einmal.« Nichtsdestoweniger war sie dann selbst für den Zauber ihrer anmutigen und intelligenten zukünftigen Schwiegertochter keineswegs unempfänglich, ja der entzükkenden Margarete gelang sogar wider Erwarten die Verführung dieser eifernden Hüterin der reformierten Lehre. Ob die tugendstrenge Königin von Navarra ihren Sohn diesem Mädchen ausgeliefert hätte, hätte sie geahnt, was für ein Charakter sich hinter dem engelsreinen Gesicht Margaretes verbarg? In ihrer Ahnungslosigkeit gab sie ihrem Sohn Empfehlungen, wie er diesem Engel gefällig sein solle: Riet ihm, Kleidung und Haar in Zukunft nach Art des Hofes zu tragen und seine etwas bäurischen Manieren zu verfeinern. Vielleicht hat sie versäumt, ihm überdies zu raten, sich etwas häufiger zu waschen. Denn er soll sehr herzhaft gerochen haben, auch aus dem Mund übrigens, denn für Knoblauch hatte er eine Vorliebe. Nichtsdestoweniger war er zwar durchaus gut zu leiden, doch der schönen und raffinierten Margarete, die die Liebe in den Armen des nicht minder raffinierten und schönen Heinrichs von Guise genossen hatte, mußte dieser Heinrich von Navarra wie ein miserabler Ersatz für den Geliebten, den man ihr geraubt hatte, vorkommen. Kein Wunder also, daß sie alle haßte, die ihr zumuteten, diesen miserablen Ersatz zu heiraten: Nämlich ihre Mutter, ihre Brüder, Karl IX. und den Herzog von Anjou, selbstverständlich auch den Freier selbst, den miserablen, der die Stirn hatte, sich ihr als Ersatz für den Verlorenen anzubieten, wenn er das wohl auch nicht aus freien Stücken tat, sondern in dieser Angelegenheit nur Direktiven befolgte, ebenso wie sie selbst.

Vor der Hochzeit der beiden herrschte am Hofe nicht gerade die sonst in diesen Fällen übliche Hochstimmung. Margarete graute es vor dieser Eheschließung und alle mehr oder weniger indirekt sonst an dem Ereignis Interessierten machten sich Gedanken über

die mutmaßlichen Konsequenzen dieser Verbindung, die eigentlich nur von Katharina wirklich gewünscht wurde.
Dennoch wurde natürlich von allen Beteiligten mehr oder weniger Hochstimmung überzeugend vorgetäuscht, der Hof betäubte seine bösen Ahnungen bei rauschenden Festen, denen die Königinmutter präsidierte und mit vorgetäuschtem Gleichmut zusah: Denn zwar war sie nicht in Feststimmung, doch alles andere als gleichmütig. Schwere Sorgen plagten sie.

Die Königinmutter duldet keinen König neben dem König

Angesichts der Gunst, die Coligny und seine Partei bei Hofe genossen, weigerten sich die Guisen, dort zu erscheinen. Der König war mithin einer einzigen der beiden im Lande einander feindlich gegenüberstehenden Parteien ausgeliefert. Katharina fürchtete die Folgen dieser offenbaren Störung des Gleichgewichts. Wie gerne hätte sie die Führer beider Parteien, die Vertreter des ganzen Landes um den König geschart gesehen! In Moulins war es ihr gelungen, die Guisen und Coligny miteinander zu versöhnen – wenigstens nach außen hin. Sie ließ nichts unversucht, den Schein durch Tatsachen zu erhärten. Weshalb sollten nicht die einen, die zur Messe, wie die anderen, die zur Predigt gingen, gemeinsam dem König und dem gemeinen Wohl dienen? Die Tatsachen jedoch diskreditierten den Schein. Und so lag augenblicklich die Macht im Staat fast ganz in den Händen des Admirals Coligny – denn inzwischen ließ der König sich ganz von diesem leiten und glaubte der Führung seiner Mutter nicht mehr zu bedürfen.
Alles ging im Louvre vonstatten, im Appartement des Königs, der dort von seinem »geistlichen Vater« der Wirklichkeit seines Reiches sorgfältig ferngehalten wurde. Während nämlich in manchen Provinzen Frankreichs die Hugenotten verfolgt und unterdrückt wurden, gab bei Hof Coligny den Ton an. Er hatte sich die Privilegien eines Prinzen von Geblüt angeeignet: Beim König ging er ein und aus, wie es ihm beliebte, jagte dessen katholische Vertraute davon, wenn sie ihn störten, und ließ mit verächtlicher Miene die nach wie vor überwiegend katholische Hofgesellschaft Feste feiern

und tanzen – während er mit Wichtigerem beschäftigt war, der Vorbereitung seines Krieges gegen Spanien nämlich.
Sehr mißvergnügt nahm er zur Kenntnis, daß es dem Herzog von Alba gelungen war, mit Elisabeth von England einen für die spanischen Niederlande sehr günstigen Handelsvertrag abzuschließen. Er hätte wissen müssen, daß Elisabeth die Religion stets zurückstellte, wo geschäftliche Interessen auf dem Spiel standen. Diesen zuliebe befahl die englische Königin sogar der Flotte der gegen Spanien aufständischen Parteigänger des Prinzen von Oranien, ungesäumt die englischen Häfen zu verlassen, wo sie Zuflucht gesucht hatte. Der Zufall wollte es, daß diese Flotte, im März 1572 notgedrungen nach Holland zurücksegelnd, dort Flissinghen ohne spanische Garnison fand, so daß die Rebellen sich dieses Hafens durch einen Handstreich bemächtigen konnten. Karl IX. wurde das Ereignis als der Beginn eines siegreichen Krieges gegen die Spanier gemeldet. Man drängte ihn, nun auch seinerseits die Feindseligkeiten gegen den Herzog von Alba zu eröffnen: Eine ähnlich günstige Gelegenheit werde sich so bald nicht wieder bieten. Ohne sich noch aus anderen Richtungen darüber zu informieren, folgte Karl IX. dem Rat, nun auch seinerseits in den niederländischen Krieg einzugreifen. Er bemühte sich allerdings, das hinter dem Rücken seiner Mutter zu tun. Er erteilte also alle erforderlichen Vollmachten dem Prinzen von Oranien, Ludwig von Nassau, und die von dem tapferen La Noue befehligte Armee der französischen Reformierten besetzte Valenciennes, ohne auf nennenswerten Widerstand zu stoßen, da die Stadt kaum befestigt und der Herzog von Alba auf den überraschenden Angriff nicht gefaßt war. Allerdings bewies er schnell, daß ihm solche Überraschungen auf die Dauer nichts anhaben konnten. Die spanische Armee vertrieb binnen kurzem die Hugenotten wieder aus Valenciennes und belagerte sie dann in Mons, wohin sie sich zurückgezogen hatten. Mit der Nachricht vom Scheitern dieses französischen Überraschungsmanövers in den Niederlanden erfuhr Katharina zugleich, daß ein solches überhaupt stattgefunden hatte – und, was das Schlimmste war, mit der ausdrücklichen Einwilligung ihres Sohnes, des Königs.
Ja, wie sie entsetzt erfuhr, als sie eine Erklärung von ihm forderte, hatte Karl IX. den Protestanten die Anweisung zur Einmischung in den niederländischen Krieg gegen die Spanier sogar schriftlich

gegeben. So daß die Spanier nun mit vollem Recht den Angriff des hugenottischen Heers auf Valenciennes als Kriegserklärung des französischen Königs deuten konnten. Katharina, die zwar die Spanier ebensowenig liebte wie der Admiral, den Frieden aber wesentlich mehr als er, begriff, daß es jetzt vor allem galt, diese Deutung so überzeugend wie nur irgend möglich zu dementieren. So vermochte sie ihren ungehorsamen Sohn zu veranlassen, den Einfall der Hugenotten in die Niederlande nun auch schriftlich zu mißbilligen. Dieses Dokument übergab sie dem Botschafter des Kaisers, den sie ersuchte, den Zorn Philipps II. womöglich zu beschwichtigen.

Coligny andererseits ließ sich die erste Niederlage der Seinen nicht verdrießen. Er meinte, sich der Einwilligung des Königs in alle seine Pläne so sicher sein zu dürfen, daß er ein Heer von viertausend Mann aufstellte und zur Befreiung der in Mons Eingeschlossenen nach Flandern in Marsch setzte. Gleichzeitig mobilisierte er mehrere Abteilungen des königlichen Heers und versetzte sie in Kampfbereitschaft. Katharina hatte aber, auch abgesehen von ihrer prinzipiellen Friedensliebe, ausgezeichnete Gründe, eine Provokation des mächtigen Spanien, wie Coligny sie offensichtlich bezweckte, wenn irgend möglich zu vermeiden. Frankreich war nicht nur im Inneren zerrissen, sondern auch außenpolitisch isoliert. Der Vertrag mit England war noch nicht unterzeichnet, und Elisabeth schien es damit auch nicht eilig zu haben. Welches Interesse sollte sie daran haben, die Franzosen, ob diese nun Protestanten waren oder nicht, bei einem so hirnverbrannten Unternehmen wie diesem Überfall auf die Spanier in den Niederlanden zu unterstützen? Hatte sie nicht jüngst erst einen für beide Seiten vorteilhaften Handelsvertrag mit den spanischen Niederlanden abgeschlossen?

Wie Katharina beurteilte sie die Aussichten Colignys, bei seinem tollen Unternehmen Erfolg zu haben, äußerst skeptisch, das heißt, sie war überzeugt, daß die Sache schiefgehen müsse. Was dann ja auch geschah. Im Juli 1572 wurden die Hugenotten bei Quiévrain vernichtend geschlagen, und aus den bei den Gefangenen gefundenen schriftlichen Marschbefehlen Karls IX. ging für die Spanier zweifelsfrei die Verantwortlichkeit des französischen Königs hervor. Daß Karl IX. somit unwiderruflich kompromittiert war, mag den Admiral ein wenig über die schmerzliche Niederlage der Seinen getröstet haben. Denn er wollte ja den großen Krieg mit Spanien, und wenn die Spanier davon überzeugt werden konnten, daß Karl IX. Krieg gegen sie führte, würde der das wohl oder übel tun müssen – so wie der Admiral es wünschte. Er selbst, der König, hatte ja bekanntlich seinerseits auch Gründe, sich einen großen Krieg zu wünschen. Daher ließ er sich jetzt nicht noch einmal von seiner Mutter dazu überreden, jede Verantwortung für die Vorkommnisse in den Niederlanden zu leugnen, mit dem reformierten Heer zu brechen. Unglücklicherweise setzte Katharina ihre Bemühungen, den Sohn zur Vernunft zu bringen, nicht trotzdem fort, denn als ihr gemeldet wurde, daß ihre Tochter, die Herzogin von Lothringen, auf der Reise zur Hochzeit ihrer Schwester mit dem König von Navarra in Chalôns erkrankt war, eilte sie nach Chalôns und überließ in Paris dem Admiral und seinen Leuten das Feld. Inzwischen wimmelte die Hauptstadt schon von waffentragenden Reformierten, die sich nicht scheuten, die katholische Bevölkerung zu terrorisieren. Der König aber hatte jeden Kontakt mit seinem Volk längst verloren, erhielt Kenntnis nur noch von Dingen, deren Mitteilung Coligny für erforderlich oder nützlich hielt.

Und er tat, was Coligny von ihm verlangte: Er bereitete eine Kriegserklärung gegen Philipp II. vor. Wäre diese von ihrem Adressaten angenommen worden, die Folgen für Frankreich wären schrecklich geworden, binnen kurzem hätte zweifellos eine spanische Besatzung in Paris gelegen. Glücklicherweise wurde Katharina rechtzeitig benachrichtigt, ihre italienischen Vertrauten Gondi und Birague hatten in der Hauptstadt für sie gewacht. Noch am gleichen Tag kehrte sie zurück.

Der König mußte sich von ihr sagen lassen, daß er auf dem besten Wege sei, nicht nur den so mühevoll und unter so großen Opfern wiedererlangten inneren Frieden, sondern überhaupt das Königreich zugrunde zu richten und damit schließlich auch sich selbst und sein Haus zu ruinieren. Was hatte er darauf zu erwidern? Er konnte nur nachplappern, was Coligny ihm weisgemacht hatte. Der spanische König könne unter den gegenwärtigen Umständen einen Krieg nicht gewinnen, sagte er und berief sich auf die ihm vorliegenden Berichte des Herrn Duplessis-Mornay. Duplessis-Mornay war Protestant und hatte die fraglichen Berichte eigens zu dem Zweck verfaßt, den König in den Krieg zu treiben. Da las man natürlich nichts davon, daß die Königin von England, diese mächtige Verbündete des wahren Glaubens, neuerdings bestrebt war, in den Niederlanden zu einem Arrangement mit dem Herzog von Alba zu kommen und die dortige Politik des spanischen Königs nun praktisch unterstützte. Tatsächlich wollte sie in den Niederlanden die Spanier um keinen Preis durch Franzosen abgelöst sehen, und seien diese auch ihre Glaubensbrüder. Der Admiral wußte das nicht, wollte es nicht wissen: Er wollte vielmehr, und zwar um jeden Preis, seinen heiligen Krieg.

Katharina war über die tatsächliche Lage besser unterrichtet als Coligny. Sie machte ihren Sohn auf Gegebenheiten aufmerksam, von denen man ihm nichts gesagt hatte. Flehend, schmeichelnd und drohend wandte sie ihre ja nicht unbeträchtliche Überzeugungskraft ganz an den Versuch, ihren Sohn dem Einfluß des Admirals zu entreißen. Sie erinnerte ihn an den zu Meaux von Coligny gemachten Versuch, sich seiner Person und seines Throns zu bemächtigen. Wie kam er jetzt dazu, sich eben diesem Mann wehrlos auszuliefern? Coligny verfolgte gegenwärtig noch das gleiche Ziel wie damals. Wenn der König sich nicht sofort eines Besseren besann, sondern weiter den Ratschlägen seines Feindes folgte, war es um Frankreich und ihn selbst getan. Die spanischen Heere würden ihn vom Thron jagen, das französische Volk ihn verfluchen als den Schuldigen an seinem Unglück, Verräter seiner Religion und der von den Kapetingern ererbten heiligen Mission. Aber nichts von alledem rührte die Hartnäckigkeit Karls IX. in dieser Stunde. Schließlich drohte sie ihm an, sich nach Florenz zurückzuziehen und ihn seinem Schicksal zu überlassen, wenn er sich von seinem selbstmörderischen Wahn nicht kurieren lassen wolle. Er sagte dazu nur, er wisse schon, was er zu tun habe. Tatsächlich hat er aber eben das zeitlebens nur gewußt, wenn es ihm jemand sagte. Früher hatte er's gewußt, weil er auf seine Mutter hörte. Jetzt hörte er auf Coligny.

Gleichwohl hatte davon Coligny weniger, als er vielleicht meinte. Denn indem er ihm seine Meinungen aufnötigte, isolierte er den König von seinem Volk, das er vorgeblich regierte. Bei der nächsten Sitzung des Kronrats stand Coligny denn auch mit seiner Meinung allein. Alle anderen Kronratsmitglieder weigerten sich, der Kriegserklärung zuzustimmen. Der Marschall von Tavannes, der seine Tapferkeit vor dem Feind niemandem mehr zu beweisen brauchte und, wie jeder wußte, die überstolzen Spanier verabscheute, war entschieden dafür, Frieden zu halten: Coligny erhob sich, bleich vor Zorn, denn gegen die einmütige Ablehnung durch den Kronrat war auch der Wille des Königs machtlos. »Madame«, sagte er, an die Königinmutter gewandt, »nun weigert sich der König, in einen Krieg zu ziehen. Wolle Gott, daß ihn nicht ein anderer überkomme, dem sich zu entziehen er nicht die Macht haben würde.« Und dann, zum König sich wendend: »Ich kann mich dem, was Ihre Majestät gemacht hat, nicht widersetzen. Doch bin ich überzeugt, daß Sie noch Gelegenheit haben werden, es zu bereuen.«

Katharina und die übrigen Angehörigen des Rats waren entsetzt. Von diesem Tag an – dem 10. August 1572 – bestand kein Zweifel mehr daran, daß Coligny zum Äußersten entschlossen war. Da man seinen König daran gehindert hatte, für ihn dem spanischen König den Krieg zu erklären, hatte er seinem König den Krieg erklärt. Katharina wußte, wie ernst die Drohungen ihres alten Freundes zu nehmen waren. Und sie begann von neuem (wie schon während des letzten Bürgerkriegs), mit dem Gedanken zu spielen, den gefährlichen Fanatiker beseitigen zu lassen.

Nach der Hochzeit höchste Zeit, klare Verhältnisse zu schaffen

Inzwischen rüstete sich Paris zu der Hochzeit der Prinzessin Margarete von Valois mit König Heinrich von Navarra. Unter anderen Umständen hätte man die Hochzeit und die damit einhergehenden Festlichkeiten vermutlich verschoben, denn am 3. Juni war die Mutter des Bräutigams verstorben. Die vorgenommene Autopsie ergab, daß eine Entzündung des einzigen Lungenflügels, mit dessen Diensten sie sich schon seit langem hatte begnügen müssen, sie das Leben gekostet hatte. Sie starb mithin in einem fortgeschrittenen Stadium der Lungentuberkulose. Nichtsdestoweniger verbreiteten die Reformierten sofort das Gerücht, die Königin von Navarra sei von Katharina vergiftet worden. Angeblich hatten Handschuhe sie getötet, die einer von Katharinas finsteren Italienern mit einem unfehlbar wirkenden Gift imprägniert hatte. Trotz alledem sollte die Hochzeit Heinrichs von Navarra im gleichen Sommer, wie geplant, stattfinden. Der Bräutigam zog an der Spitze einer Schar von achthundert Trauer, jedoch auch Waffen tragenden Reitern in Paris ein. Abgesehen von diesen langten täglich in kleinen Gruppen reformierte adlige Herren in der Hauptstadt an, meist aus der Gascogne. Überall, in den Tavernen, auf den Straßen begegnete man Parteigenossen Colignys, die sich den eingeschüchterten Parisern gegenüber aufführten, als könnten sie es kaum erwarten, den papistischen Saustall mit einem ordentlichen Blutbad zu reinigen.

Die Bürger und kleinen Leute von Paris gaben die Schuld an den Verhältnissen, unter denen diese Herrschaften sich solche Frechheit leisten konnten, nicht ganz grundlos dem König und der Königinmutter. Aber auch dem Herzog von Anjou, dessen Maskeraden und *mignons* (die jungen Männer in seiner Gesellschaft, A.d.Ü.) um so mehr mißbilligt wurden, als sie ihn offenbar davon abgehalten hatten, irgend etwas dagegen zu tun, daß die häretische Partei sich in aller Stille der durchweg katholischen Hauptstadt bemächtigte und so die Niederlagen bei Jarnac und Moncontour reichlich wettmachten.

Die drückende Hundstagshitze, in der die letzten Vorbereitungen zu der reformiert-katholischen oder katholisch-reformierten Fürstenhochzeit getroffen wurden, entsprach der gedrückten Stimmung, welche die Aussicht auf diese Hochzeit in den Gemütern verbreitete. Der Hof organisierte Bälle, Bankette, Turniere. Coligny zog Truppen an der flandrischen Grenze zusammen, dreitausend Mann. Zugleich kündigte er Wilhelm von Oranien an, daß er später selbst mit zwölftausend Arkebusieren und dreitausend Reitern zu ihm stoßen werde. So sah der Frieden aus, den die Ehe zwischen dem ersten Fürsten der reformierten Partei und der Schwester des Königs stiften sollte. Zumindest in den Augen des Admirals war der Krieg der katholischen und reformierten Franzosen gegen einen gemeinsamen katholischen äußeren Feind die einzige Möglichkeit, den Krieg zwischen katholischen und reformierten Franzosen zu vermeiden. Denn nur auf diesem Weg konnte er ja hoffen, der reformierten Partei in Frankreich die Macht zu verschaffen, ohne dazu auf Franzosen schießen lassen zu müssen.

Die Stadt war dem Ersticken nahe. In der Menge, die dort alle Straßen und Plätze füllte, drängten sich die in Erwartung eines

Umsturzes nach Paris gekommenen Parteigänger Colignys, Schaulustige, die sich in Erwartung des Spektakels der Fürstenhochzeit in großen Scharen von nah und fern in der Hauptstadt eingefunden hatten, und Massen von armen Bauern, die vor einer Hungersnot auf dem Lande dorthin geflohen waren in der Hoffnung, das Lebensnotwendige an Kirchentüren und in Klosterküchen zu erbetteln. Im Überfluß erhältlich waren überall Gerüchte, die aber nur die Ängste und den Haß dieser Unglücklichen nährten. Den Haß gegen die Protestanten und auch gegen die königliche Familie, die ja die Reformierten offensichtlich begünstigte, schürten überall mit fanatischem Eifer predigende Mönche. Sie hatten großen Zulauf nicht nur aus dem elenden Volk, sondern auch aus dem für die Zukunft das Schlimmste befürchtenden Bürgertum. Einzig der junge Herzog Heinrich von Guise schien diesen verängstigten Massen Schutz gegen die von überallher drohenden Mächte der Finsternis zu versprechen. Von ihm erwartete man die Reinigung der Welt von all den Teufeln, die gegenwärtig den armen Christenmenschen das Leben schwermachten.
Unterdessen betrieb Katharina, sozusagen ohne nach rechts oder links zu blicken, die Vorbereitungen zu der Hochzeit, die, wie sie meinte, aller Welt die Versöhnung der Calvinisten mit dem katholischen Königshaus offenbaren würde (obwohl sie hätte wissen müssen, daß die Habsburger in dieser Verbindung eher einen neuen Beweis ihres wesentlich atheistischen Machiavellismus sehen wollten). Freilich war ihr nur allzu quälend bewußt, daß ihr großes Projekt noch an vielen Klippen scheitern konnte. Die Ehe Heinrichs von Navarra und der Margarete von Valois sollte am 18. August in der Kathedrale Notre-Dame geschlossen werden. War es nicht ein Fehler, die höchst umstrittene Zeremonie in der ohnedies längst vergifteten Atmosphäre der Hauptstadt stattfinden zu lassen? Dennoch gelang es Katharina, durch das mit großer Sorgfalt arrangierte Spektakel des Zeremoniells die zum Aufruhr tendierende Menge vor Staunen sprachlos zu machen – wenigstens für den Tag der Hochzeit. Denn schon am folgenden Tag begann sie wieder zu murren, war also nur vorübergehend durch die Pracht des Zeremoniells von ihren Sorgen und Befürchtungen abgelenkt worden. Tatsächlich war diese Eheschließung in mehr als einer Hinsicht von bedenklicher Qualität und nicht einmal von zweifelsfreier Legitimität. So fehlte der päpstliche Dispens, dessen

die Brautleute aufgrund ihrer nahen Blutsverwandtschaft zur Eheschließung eigentlich bedurften. War doch Heinrich ein Enkel Margaretes, der Schwester Franz' I., seiner Braut aber Enkelin dieses letzteren. Ganz abgesehen davon, daß die katholische Braut auch die Ehe mit einem häretischen Bräutigam eigentlich nur mit päpstlichem Dispens hätte schließen dürfen. Katharina entschloß sich, nicht nur ohne die päpstlichen Genehmigungen abzuwarten, heiraten zu lassen; sie gab sogar Anweisung, den päpstlichen Boten in Lyon aufzuhalten für den Fall, daß er nicht die beantragten Genehmigungen, sondern ein Verbot in der Tasche hätte.

Auch der Verlauf der Zeremonie gestattete Zweifel an der Gültigkeit der geschlossenen Ehe. Heinrich von Navarra einerseits, König Karl IX. und dessen Bruder Anjou und Alençon andererseits waren in rosa Satin mit silbernen Stickereien sehr prächtig anzusehen, wie vier Brüder. Aber nur Margarete, die Braut, die bei dieser Gelegenheit in Purpur und Hermelinmantel, mit acht Ellen langer Schleppe und sämtlichen Kronjuwelen beladen auftrat, und deren katholische Familie betraten die Kathedrale. Die Protestanten, Coligny und der Bräutigam, blieben draußen auf dem Vorplatz zurück und waren derart bei der Einsegnung der Ehe durch den papistischen Pfaffen nicht anwesend. »Währenddessen gingen Navarra und ich draußen spazieren«, schrieb noch am gleichen Tage Coligny an seine Frau. Drinnen andererseits war, wie erzählt wird, die Braut so andächtig in Betrachtung ihres unvergessenen Geliebten, des Herzogs Heinrich von Guise, versunken, daß sie versäumte, das von dem amtierenden Priester für den draußen promenierenden Navarra geforderte Jawort zu geben. Ungeduldig versetzte endlich König Karl IX. der geistesabwesenden Schwester einen Faustschlag in den Nacken, woraufhin sie den Blick senkte, was man denn als Einwilligung in die Ehe mit Heinrich von Navarra gelten ließ. So wurde sie Königin von Navarra. Und ging dann als Königin Margot in die Geschichte ein, die Skandalgeschichte zumal.

Die auf dem Vorplatz der Kathedrale promenierenden Protestanten stellten sich taub gegen die herausfordernden Beleidigungen, die ihnen aus der Menge zugerufen wurden. Coligny wußte, daß er binnen kurzem Gelegenheit nehmen würde, dem Pariser Pöbel seine Unverschämtheit zurückzuzahlen. Nach Beendigung der religiösen Zeremonie betraten auch Coligny und der Bräutigam die

Kathedrale – wo sie indessen demonstrativ die Hüte aufbehielten. Der Admiral bemerkte dort die bei Jarnac und bei Moncontour von den Königlichen erbeuteten Fahnen der Reformierten. Lachend sagte er zu dem englischen Gesandten, »daß dieselben binnen kurzem abgerissen und durch andere, die erfreulicher anzusehen, ersetzt werden würden«. Er war sich also in jenen Tagen seines Krieges und seines Sieges vollkommen sicher.
Doch unterdessen waren Katharina und ihr Sohn Heinrich im Verein bemüht, die Pläne des Admirals zu durchkreuzen. Dieser mißtraute ihnen zwar, doch wie sich zeigen sollte, nicht hinreichend. Heinrich von Anjou schrieb diesbezüglich: »Wir erfuhren, daß der Admiral dem König, meinem Bruder, gewisse schlechte Meinungen von uns beigebracht hatte und beschlossen deshalb, uns seiner zu entledigen und zu diesem Ende uns mit Madame de Nemours zu verständigen, der einzigen Person, der wir unsere Absicht anvertrauen konnten wegen des Hasses, den sie gegen ihn hatte.«
In dieser Tagebuchaufzeichnung hat man den frühesten Hinweis auf den Plan, Coligny zu ermorden. Zugleich dokumentiert sie, daß Katharina ihn im Verein mit ihrem Liebling Heinrich ausheckte.
Paris gönnte sich einige Stunden entspannender Zerstreuung. Turniere wurden ausgefochten. Doch dergleichen gewalttätiger Zeitvertreib war damals schon altmodisch. Schon bevorzugte man bei Hof Feuerwerke und Ballett – Darbietungen, an denen sogar der König und seine Brüder mitwirkten. Bei der Hochzeit Margaretes sah man sie als Amazonen verkleidet auf der Bühne gegen die Türken kämpfen und diese besiegen. Der Beifall war um so herzlicher, als die guten Leute, die in den Amazonen den König und seine Brüder erkannten, in den aufs Haupt geschlagenen beturbanten Ungläubigen die Calivinisten zu erkennen meinten.
So meinte es nun zwar wenigstens der König nicht, aber insgeheim waren in diesem Augenblick Katharina und Heinrich schon bemüht, die volkstümliche Deutung des Balletts zu bestätigen. Die Ermordung Colignys wurde mit großer Sorgfalt geplant, denn Katharina wußte, wieviel dabei auf dem Spiel stand. Wenn die Sache nicht glatt über die Bühne ging, konnten die Folgen schrecklich werden für die Monarchie, sie persönlich, ihre Kinder und Frankreich.

Wie Katharina zwei Fliegen mit einer Klappe schlagen wollte

Die Schwierigkeiten des Unternehmens waren beträchtlich. Ein auf Verschwörung gefaßter Politiker, ein von Leibwächtern umgebener Feldherr, der schon manches Attentat überlebt hat, weil er Vorsicht walten zu lassen weiß, ist nicht einfach abzuschießen wie ein Kaninchen. Aber Schwierigkeiten haben Katharina vor der Ausführung von Maßnahmen, die sie für geboten hielt, nie zurückschrecken lassen. Und nun schien ihr die Staatsräson die Beseitigung des Haupts der protestantischen Partei gebieterisch zu fordern. Coligny zu ermorden, war unumgänglich notwendig geworden, weil ihm anders auf keine Weise beizukommen gewesen war. Die Gunstbeweise, Ehrenstellen, Geldsummen, mit denen der Thron ihn zu gewinnen gesucht hatte, hatte ja der Admiral zwar angenommen – doch ohne sich durch diese Geschenke zu der Loyalität bewegen zu lassen, die der König von allen seinen Untertanen fordern mußte. Und da der König leider offenbar unfähig war, aus diesem Tatbestand die erforderlichen Konsequenzen zu ziehen, fiel der Königinmutter die Pflicht zu, an seiner Stelle für ihn – und für die Monarchie – das Nötige zu tun. Unter den gegebenen Umständen aber blieb ihr nichts anderes übrig, als den Rebellen ermorden zu lassen. Durch ein ordentliches Gericht zum Tode verurteilen lassen, hatte sie ihn ja bereits. Das Urteil war zwar wegen des politischen Gewinns, den man sich von dieser Amnestie versprach, aufgehoben worden. Doch war der erhoffte politische Gewinn ausgeblieben, die Amnestie hatte den inneren Frieden nicht gefördert, im Gegenteil – niemand gefährdete diesen jetzt so wie der Begnadigte. Den Rebellen abermals vor Gericht zu stellen, verbot sich, weil er inzwischen den Willen des Königs gewonnen hatte. Das öffentliche Wohl verlangte unter diesen Umständen direktes, hartes Durchgreifen.

Als Katharina sich entschloß, Coligny ermorden zu lassen, handelte sie also nach bestem Wissen und Gewissen. Die Staatskunst ihrer Zeit kam nirgends ohne solche Maßnahmen aus. Alle Staatsoberhäupter der Christenheit des 16. Jahrhunderts sahen sich gelegentlich genötigt, den oder jenen Störenfried durch Mörderhand beruhigen zu lassen. Machiavelli hatte diese Praxis auch theoretisch gerechtfertigt. Im 17. Kapitel seines Buches vom Fürsten handelt er von Grausamkeit und Barmherzigkeit sowie von der Frage, ob es besser für den Fürsten sei, geliebt zu werden als gefürchtet oder umgekehrt. Und erklärt, weshalb ein Fürst, wenn es der Treue und Einigkeit seiner Untertanen dient, vor Grausamkeiten nicht zurückschrecken darf: »Denn wer in einigen wenigen Fällen Exempel statuiert, wird barmherziger sein als jene, welche aus einem Übermaß an Barmherzigkeit Unordnung einreißen lassen, die dann zu Mord und Totschlag führt. Dieselbe nämlich pflegt dem Gemeinwesen im Ganzen zu schaden, während die vom Fürsten statuierten Exempel stets nur Bestimmte treffen.«

Das Exempel, das Katharina zu statuieren beabsichtigte, sollte den Admiral Coligny treffen. Und zwar nach Möglichkeit so, daß die Krone von seinem Tode nur den Nutzen hatte. Das aber war nur für den Fall zu erhoffen, daß es gelang, die Anhänger und Freunde des Opfers von der Unschuld der Krone an seinem Tod zu überzeugen. Deren Verdacht mußte also abgelenkt, das heißt die Schuld von dem geplanten Mord jemand anderem zugeschoben werden. Glücklicherweise kamen dafür ja die Guisen in Frage. Jeder wußte, wie die Guisen das Haupt der protestantischen Partei und den mutmaßlichen Anstifter des Mörders des Herzogs Franz von Guise haßten, und wie sie darauf brannten, an Coligny Rache zu nehmen. Bisher hatte Katharina um des lieben Friedens willen die Guisen nach Kräften daran gehindert, diesen Rachedurst zu stillen. Jetzt gab sie der Herzogin von Nemours, der Witwe des ermordeten Herzogs Franz von Guise, diesbezüglich freie Hand. Die Herzogin von Nemours verlangte nichts anderes. Ihr Sohn, der junge Herzog, würde die Beseitigung des Staatsfeindes mit Vergnügen ins Werk setzen. Katharina versprach den Guisen, daß die Mörder Colignys nicht gefaßt werden sollten, wollte aber die Beseitigung Colignys so organisiert wissen, daß kein Verdacht einer Mitwirkung der Krone und des Königshauses an der Tat aufkommen könne.

Wäre Katharinas Rechnung aufgegangen, so hätte sie zwei Fliegen mit einer Klappe geschlagen. Die Guisen hätten ihr Coligny vom Halse geschafft. Der Zorn und die Rache der Anhänger Colignys hätten dann die Guisen getroffen und deren Macht im Staate, wenn nicht vernichtet, so doch zweifellos geschwächt. Auch diese großmächtigen Herrschaften hätten also in Zukunft der Königinmutter nicht mehr so viel zu schaffen gemacht. Die Politik der Vorherr-

schaft der königlichen Zentralgewalt und der nationalen Einheit, die Katharina stets verfolgt hatte, hätte in diesem Fall auf das Schönste triumphiert.
Der zweite Teil dieser Rechnung blieb lange das Geheimnis Katharinas, ihres Lieblings Anjou, der die Lothringer haßte, und der Legisten, die die geplante Säuberungsaktion juristisch rechtfertigten. Immerhin bedauerte schon nur siebenundsechzig Jahre nach diesen Ereignissen der gelehrte damalige Bibliothekar Richelieus, daß im Zuge der während der Bartholomäusnacht durchgeführten Säuberungen nicht nach den Parteigängern der Châtillons auch die Guisen beseitigt worden seien, da wohl nur deshalb die im Interesse der Monarchie an sich begrüßenswerte Maßnahme letztlich ihren Zweck verfehlt habe.

Die Ausführung blieb hinter dem Plan zurück

Das letzte Turnier zur Feier der Fürstenhochzeit fand am 22. August statt. Der auf den Admiral angesetzte Mörder war schon am Vorabend in Stellung gegangen. Gern hätte der Herzog von Guise seinen Feind persönlich getötet, doch wollte er sich durch einen Meuchelmord nicht entehren. Seine Mutter andererseits, fand er, hätte es nicht entehrt, den mutmaßlichen Mörder ihres Gemahls aus dem Hinterhalt niederzuschießen. Doch weigerte sich die Herzogin von Nemours, nicht irgendwelcher moralischer Skrupel wegen, sondern weil sie sich nicht zutraute, den Admiral mit einer einzigen Kugel niederzustrecken. Man versicherte sich also der Dienste eines professionellen Vollstreckers außergerichtlich gefällter Todesurteile. Die Wahl der Guisen fiel auf Maurevert, der einst schon in Katharinas Auftrag unterwegs gewesen war, Coligny zu ermorden, damals aber versehentlich den falschen Mann umgelegt hatte. Katharina hätte dem Mann diese zweite Chance vermutlich nicht gegeben, aber Maurevert hatte inzwischen bei den Guisen Dienst angenommen, war jetzt also ganz deren Mann, und da Katharina es den Guisen überlassen hatte, die näheren Umstände des von ihr gewünschten Ablebens nach Gutdünken zu organisieren, erhob sie keinen Einspruch gegen die Wahl des Mörders. So wurde also Maurevert am 21. August im Hause eines ehemaligen

Präzeptors des Herzogs von Guise beim Kreuzgang von Saint Germain-l'Auxerrois untergebracht. Einst hatte in diesem Haus sogar die Herzogin von Nemours gewohnt. Das Haus war für den Zweck, den Maurevers verfolgte, sehr günstig gelegen, denn auf seinen Wegen zwischen seiner Wohnung in der Rue de Bethisy und dem Louvre kam Coligny täglich mehrmals dort vorbei. Da das Haus zwei Ausgänge hatte, würde auch nach der Tat der Mörder leicht die Flucht ergreifen können. Daß ein aus diesem Haus schießender Mörder die Guisen fast zwangsläufig implizierte, schien diese nicht zu stören – und konnte Katharina nur recht sein.

Am Morgen des 22. August war zum ersten Mal nach der Hochzeit der Kronrat zusammengetreten. Nach der Sitzung, gegen zehn Uhr, ging Coligny aus dem Louvre nach Hause. Maurevers schoß aus einem Fenster auf ihn eben in dem Augenblick, da der Admiral sich bückte, um einen Schuh zu richten. So tötete diesen die Kugel nicht, sondern verletzte ihn nur am linken Arm und riß ihm einen Finger ab. Coligny kam also mit dem Leben davon. Angeblich hatte er sogar den Attentäter erkannt. Daran kann man zweifeln, doch war es schließlich auch nicht nötig, den Attentäter gesehen zu haben, um zu wissen, wer hinter dem Attentat steckte. Schon das Haus, aus dem geschossen worden war, hätte den Beweis geliefert. Während der Verletzte in seine Wohnung gebracht wurde, verbreitete sich bereits die Nachricht von dem Mordanschlag wie ein Lauffeuer durch Paris. Das Hôtel de Bethisy füllte sich im Handumdrehen mit bis an die Zähne bewaffneten Reformierten und wurde alsbald in Verteidigungszustand gesetzt. Der Mordschütze war entflohen und blieb unauffindbar, hatte aber seine noch rauchende Waffe am Tatort zurückgelassen. Die Arkebuse wurde erkannt. Sie gehörte einem Leibwächter des Herzogs von Anjou. Dieses Indiz wies dummerweise in eine Richtung, von welcher Katharina jeden Verdacht hatte ablenken wollen. Glücklicherweise belasteten aber so viele Indizien die Guisen, daß auf den ersten Blick ganz Paris von deren Verantwortlichkeit für die Tat überzeugt war. Weshalb denn die Hugenotten die Guisen anklagten, Gerechtigkeit und Rache forderten, während das gemeine Volk sie jedoch als Erretter der Stadt und des Reiches feierte. Coligny seinerseits zweifelte gleichfalls nicht an der Schuld der Guisen – vermutete aber ganz richtig, daß der Anschlag nicht ohne einige

Unterstützung seitens der Königinmutter und vielleicht ihres zweiten Sohnes erfolgt war.
Für Katharina war das Scheitern ihres Mordplanes katastrophal. Die politischen Folgen dieses gescheiterten Anschlags drohten nämlich schlimmer zu werden als das Unheil, das er hatte verhindern sollen.
Karl IX. war außer sich und versprach drakonische Bestrafung der Schuldigen. Er spielte eben Schlagball mit Teligny, dem Schwiegersohn des Admirals, und mit Heinrich von Guise, als ihm die Nachricht von dem Anschlag überbracht wurde. Wütend warf er den Schläger weg und fluchte lauthals und gotteslästerlich. Wenn man ihm in diesem Augenblick verraten hätte, daß sein Bruder Heinrich und seine Mutter die eigentlichen Anstifter der Tat waren, er hätte zweifellos den ungeliebten Bruder eigenhändig getötet und die Mutter für den Rest ihrer Tage in irgendein fernes Kloster, vielleicht sogar außer Landes, nach Florenz verbannt.
Katharina wurde bei Tisch durch die Nachricht vom Scheitern ihres Plans überrascht. Sie erhob sich von der Tafel und verließ, ohne ein Wort zu sagen, den Raum, gefolgt von ihrem Sohn Anjou. Die Anwesenden hatten den Eindruck, daß nur das Scheitern des Anschlags sie überraschte und nicht eben angenehm.
Auf Befehl des Königs eilte der berühmte Chirurg Amboise Paré ans Bett des Verletzten. Mühelos zog er die Kugel aus der Wunde in dessen Arm und amputierte den abgerissenen Finger, der nur mit einigen Hautfetzen noch an der Hand hing. Am Nachmittag suchte der König selbst den Admiral auf, der ihn um eine vertrauliche Unterredung hatte bitten lassen. Katharina wußte, daß sie von dieser Unterredung nichts Gutes zu erwarten hatte. Karl IX. wollte, sagte er, den Verletzten trösten, ihn seines gänzlichen Vertrauens versichern und ihm schwören, daß er Gerechtigkeit walten lassen werde, gleichviel, wie hoch der Rang der wahren Schuldigen an dem verbrecherischen Anschlag wäre. Der König ließ auch keinen Zweifel daran, daß er den Anschlag auf den Admiral als eine Beleidigung seiner Person und eine Herausforderung der königlichen Autorität empfand. Katharina und Heinrich von Anjou beschlossen, den König zu begleiten, sich dessen Gefühle und Meinungen demonstrativ zu eigen zu machen, ihrerseits unübersehbare Maßnahmen zur Ergreifung der Schuldigen anzuordnen und ihnen mit fürchterlichen Strafen zu drohen.

Und so vergossen denn Katharina und Heinrich am Bett ihres Opfers reichliche Tränen und versprachen ihm, wie der König, nicht ruhen zu wollen, ehe nicht die Schuldigen an dem fluchwürdigen Verbrechen dieses mit schlimmerem Tod gebüßt hätten. Die Reformierten glaubten weder ihren Augen noch ihren Ohren. Wen täuschte Katharina? Niemanden. Alle Anwesenden haßten sie und verdächtigten sie zumindest der Komplizität, Coligny selbst am meisten. Dieses Attentat überraschte sie im Grunde nicht. Jeder hatte es kommen sehen, und wer es nicht gewünscht hatte, der hatte es gefürchtet. Nun hatte es stattgefunden – und war gescheitert.
Karl IX. umarmte den Verletzten. »Mein Vater«, sagte er, »Sie haben die Verletzung, ich den Schmerz. Ich will mein eigenes Heil einbüßen, wenn ich Sie nicht räche, und das möge man nie vergessen.« Er versicherte dem Admiral, daß überall nach den Schuldigen geforscht werde und daß man in dem Haus, aus dem der Schuß gefallen war, schon zwei Verdächtige verhaftet habe. Coligny erwiderte ihm, der Schuldige sei kein anderer als Monsieur de Guise. Der König wies ihn darauf hin, daß er sich in diesem Punkt zweifellos irre, da im Augenblick des Verbrechens Monsieur de Guise Schlagball mit ihm gespielt habe. Katharina nahm die Gelegenheit wahr, den Verdacht des Admirals zu bestärken. »Der wahre Mörder«, sagte sie, »ist nicht immer der Schütze.« Der Verletzte seinerseits nutzte die Gunst der Stunde, sich noch einmal der Unterstützung des Königs für seine politischen Pläne zu versichern. »Der Krieg in Flandern hat begonnen. Verleugnen Sie ihn nicht. Sire, zwingen Sie uns nicht, gegen den Prinzen von Oranien wortbrüchig zu werden.« Karl IX. versicherte ihm, er werde handeln wie versprochen. Coligny war es zufrieden und bat nun den König um eine kurze Unterredung ohne Zeugen. »Der König ersuchte mich und meine Mutter, sie allein zu lassen«, schrieb Heinrich von Anjou, »und wir zogen uns in die Mitte des Zimmers zurück, während sie einige Worte wechselten.« Lange hielt Katharina das nicht aus, und schließlich ermahnte sie den König mit mütterlicher Autorität: »Wir müssen den Admiral sich ausruhen lassen, mein Sohn.«
Ehe sie das Krankenzimmer verließ, erhielt sie aber noch Gelegenheit zu einer Bemerkung, deren drohender Ton für jeden im nachhinein unüberhörbar gewesen sein dürfte. Ambroise Paré meinte

nämlich, ihr wie eine Trophäe die Kugel reichen zu sollen, die er aus dem Arm Colignys entfernt hatte. Katharina wog die Kugel in der Handfläche und sagte, zu dem Admiral gewandt, bedächtig und anscheinend zutiefst befriedigt: »Es freut mich sehr, daß die Kugel nicht in Ihrem Körper verblieben ist, denn mir ist erinnerlich, daß, als Monsieur de Guise in Orléans getötet wurde, die Ärzte mir sagten, wenn man nur die Kugel hätte herausschneiden können, wäre sie, selbst wenn sie vergiftet gewesen wäre, nicht tödlich gewesen.«

Kaum in den Louvre zurückgekehrt, bedrängte sie den König mit Fragen. Was hatte der Admiral ihm heimlich zu sagen gehabt? wollte sie wissen. Sie ahnte es zwar, wollte aber wissen, inwiefern die Reformierten ihr Mißtrauen gegen sie auf irgendwelche Beweise stützen konnten. Der König wollte nicht mit der Sprache heraus, sie ließ aber nicht locker, und endlich rief er: »Mein Gott, Madame, da Sie's denn wissen wollen, der Admiral hat gesagt, daß in Ihren Händen meine Macht in Stücke ginge, daß alles Unglück für mich und das Reich nur daher rühre. Das ist es, was er gesagt hat.« Und damit verließ er kochend vor Wut gegen sie und fluchend das Zimmer. Katharina hatte verstanden: Der Admiral triumphierte, er war sich des Königs sicher. Katharina fühlte sich verloren.

In seiner Wut war Karl IX. kein angenehmer Gesprächspartner. Der Herzog von Guise suchte ihn auf und bat um Urlaub. Er wollte Paris verlassen. »Gehen Sie, wohin Sie wollen, zum Teufel meinetwegen. Ich werde Sie schon zu finden wissen, wenn ich Sie brauche.« Die Drohung war deutlich, doch in Anbetracht des auf den Guisen lastenden Verdachts hätte er um des Coligny gegebenen Versprechens willen dem Herzog eigentlich nicht gestatten dürfen, die Stadt zu verlassen. Tatsächlich verließ dann Guise Paris am hellen Tage ungehindert, kehrte aber nachts zurück und nahm Quartier im Hotel de Lorraine, dem Stadtpalast seiner Familie, der ebensogut befestigt und bewacht war wie die Wohnung Colignys. Guise war zu gut über die Stimmung der Bevölkerung der Hauptstadt unterrichtet, als daß er unter den gegebenen Umständen hätte das Weite suchen und seine Getreuen im Stich lassen wollen. Überall in den Straßen hörte man Geschrei, überall gab es Zusammenrottungen, Schlägereien. Seit dem Mordanschlag auf Coligny hatten die Krämer ihre Läden verbarrikadiert. Der Handel war tot.

Damit nahm die Hungersnot zu, die Hungernden strichen in Scharen durch die Straßen auf der Suche nach einer Gelegenheit, an irgend jemandem ihre Wut auszulassen und womöglich mit irgend etwas ihre Bäuche zu füllen. Und in den Gängen des Louvre suchten die Herren des Gefolges der protestantischen Fürsten Streit mit den Leibwachen des Königs. Es konnte nicht mehr lange dauern, bis es zu einer schrecklichen Entladung der aufgestauten Spannung kam.
Katharina ließ sich die Angst, mit der sie das erwartete, nicht anmerken. Im Gegenteil, sie spielte den protestantischen Fürsten, Navarra und Condé, die gleiche Komödie vor, die sie schon an Colignys Krankenbett gegeben hatte. Die Frechheit werde den Mörder teuer zu stehen kommen, beteuerte sie, die Schuldigen täuschten sich, wenn sie glaubten . . . und so weiter. Dabei erwartete sie nicht einmal, daß die Protestanten ihr glaubten, hoffte nur, etwas Zeit zu gewinnen, um ihre Verteidigung vorzubereiten, denn bei dem gegenwärtigen Gemütszustand des Königs war das Schlimmste zu befürchten, wenn er erfuhr, daß hinter dem Anschlag auf seinen geistlichen Vater sein leiblicher Bruder und seine leibliche Mutter steckten. Das aber konnte schon bald geschehen, wenn etwa Maurevers gefaßt wurde und redete oder die Guisen, weil sie es aus irgendeinem Grund für nützlich hielten, den Wunsch der Königinmutter, den Admiral aus der Welt geschafft zu sehen, zur Sprache brachten. Um das Schlimmste zu verhüten, mußte die Königinmutter sich von neuem der Herrschaft über den König zu vergewissern suchen, die ihr in letzter Zeit ziemlich entglitten war. Kannte sie nicht ebenso wie die absurde Halsstarrigkeit und Dickköpfigkeit ihres Sohnes auch seine Schwäche? Wußte sie nicht besser als jeder andere, wie sie ihr eigen Fleisch und Blut zu nehmen hatte?
Trotzdem blieb bei der ersten Unterredung, um die sie den König bat, ihren Bemühungen der Erfolg versagt. Koste es, was es wolle, schrie der König, er werde die Schuldigen zur Rechenschaft ziehen. Für die Schuldigen schien er die Guisen zu halten – vielleicht auch seinen Bruder Heinrich. Die Mutter war für ihn offensichtlich über jeden Verdacht erhaben. Katharina wußte aber, daß Coligny hinreichend Autorität hatte, ihrem Sohn diesbezüglich die Augen zu öffnen. Und dem galt es, unbedingt zuvorzukommen.

Sie erschien zu einer zweiten Unterredung mit dem König in Begleitung ihrer treuen und listigen Ratgeber Nevers und Birague sowie der Gondis und des Marschalls von Tavannes. Letzterer war übrigens der einzige Franzose in diesem Kreis. Diese legten Karl Beweise vor für eine Verschwörung Colignys und seiner Anhänger gegen den König, die königliche Familie, ja den Thron der Valois überhaupt. Bouchavannes und Gramont, zwei protestantische Spione, hatten soeben dem Kriegsrat der Verschwörer am Krankenbett Colignys beigewohnt. Weder der Admiral noch dessen Anhänger glaubten den Versicherungen des Königs, Gerechtigkeit walten lassen und die Bestrafung der Schuldigen zu wollen. Vielmehr trafen sie Anstalten, diese Bestrafung nach eigenem Gutdünken selbst vorzunehmen. Die Meldungen der königlichen Spione ließen keinen Zweifel daran, daß sowohl in der Hauptstadt wie in deren näherer Umgebung starke calvinistische Streitkräfte standen, die nur auf das Zeichen zum Losschlagen warteten. Es war geplant, zunächst den König, die Königinmutter, die gesamte königliche Familie zu ermorden, auch König Heinrich von Navarra sollte beseitigt werden, da die Calvinisten seit dessen Heirat mit Margarete von Valois diesen Fürsten schon halb und halb als Verräter an der heiligen Sache, jedenfalls als ganz unzuverlässig ansahen.

So berichteten Katharinas Berater mit ernsten Mienen dem König. Ihres Erachtens waren die schlimmen Pläne der Verschwörer nur dadurch zu durchkreuzen, indem man ihnen ohne lange zu zögern, umgehend, auf der Stelle zuvorkam, einen Präventivschlag gegen sie führte, wozu freilich die Einwilligung Seiner Majestät vonnöten sei. Doch mit seiner üblichen Dickköpfigkeit weigerte Karl IX. sich zu glauben, daß Coligny, sein väterlicher Freund, wirklich vorhätte, was die Berater seiner Mutter dem Admiral unterstellten. Katharina sagte, er solle doch um Himmels willen die Augen nicht länger vor Absichten verschließen, die inzwischen von den Verschwörern selbst schon prahlerisch veröffentlicht würden. Hatte ihr nicht schon am Vortag beim Abendessen Pardaillon, ein protestantischer Edelmann aus der Gascogne, herausfordernd vor dem ganzen Hof erklärt, der Admiral und seine Getreuen würden schon wissen, die erlittene Unbill, die der König offenbar nicht vor Gericht bringen wolle, aus eigener Kraft zu rächen? Daß die Protestanten vorhätten, Paris mit einem Blutbad zu reinigen, läge doch auf der Hand! Aber der König verschloß sich halsstarrig, wie es seine Art war, der ihm nahegelegten Einsicht. Katharina und ihre scharfsinnigen und gewandten Berater mußten ihn zu ihrem Leidwesen unverrichteter Dinge verlassen.

In dem erst kürzlich angelegten Tuilerien-Garten berieten sich die Königinmutter und ihre Vertrauten über die in der gegebenen Situation noch offenen Möglichkeiten, das kommende Unheil abzuwenden. Die Vertrauten, die Katharina enthüllt hatten, was die Protestanten im Schilde führten, beharrten bei ihrer Meinung, daß nur ein rechtzeitig geführter und gründlich treffender Präventivschlag gegen die Verschwörer den Umsturz verhindern könne. Man müsse, ehe der Aufstand losbreche, im Handstreich alle Führer der protestantischen Partei liquidieren; seiner Häupter beraubt würde dann der Aufstand in sich selbst zusammenbrechen. Freilich sei eine derartige Säuberungsaktion nur mit Einwilligung des Königs durchführbar. Ihn von deren Notwendigkeit zu überzeugen, sei also unbedingt erforderlich. Katharina mußte ihren Beratern recht geben. Es galt, die Einwilligung des Königs zu dem Gebot der Stunde, seiner eigenen Erhaltung, zu erzwingen.

Mit diesem Vorsatz kehrten die Königinmutter und ihre Berater aus dem Garten in die Gemächer des Königs zurück. Ein italienischer Freund des protestantischen Spions Bouchavannes, Petrucci mit Namen, unterbreitete Seiner Majestät genaue Zahlen über die Truppenstärke der rings um die Hauptstadt massierten Streitkräfte der Calvinisten, Zahlen, als deren Quelle er die geheimen Papiere des Admirals selbst angab. Der König weigerte sich, dem Zeugnis dieser Zahlen zu glauben. »All das sind Lügen«, schrie er. »Der Admiral liebt mich wie seinen Sohn. Er würde mir niemals etwas Böses tun.« Doch meinten seine Besucher, das Vertrauen Karls IX. in seinen väterlichen Freund schon erschüttert zu sehen. Die Königinmutter rief ihrem Sohn den Hinterhalt in Erinnerung, den Coligny ihm in Meaux gelegt hatte, die Nacht, da nur die Tapferkeit und Treue der Schweizer Landsknechte ihn davor bewahrt hatten, jenem vermeintlichen väterlichen Freund in die Hände zu fallen, der damals, das hatte er selbst doch eingesehen, nichts Gutes gegen ihn im Schilde geführt hatte. »Sie haben vor Scham geweint, damals«, sagte sie. Der König, dem die Erinnerung sichtlich peinlich war, schrie sie an. »Bei Gott, Madame, so schweigen Sie doch!« Aber wie sollte sie schweigen? Von neuem zählte sie die Fülle der

Umstände auf, die unzweideutig darauf hinwiesen, daß schon binnen der nächsten Stunden ein gewaltsamer Umsturz drohte. »Verstehen Sie denn nicht, weshalb der Admiral versucht, uns zu entzweien?« rief sie dem Sohn zu. Tavannes mischte sich in das Gespräch, Seine Majestät könne sich den Admiral recht passend als einen ihn wütend anfallenden Keiler vorstellen, sagte er. Was würde er denn auf der Jagd angesichts eines solchen machen? Würde er still stehen bleiben und sich wie ein Lamm zerreißen lassen? Karl IX. schrie: »Ich habe geschworen, ihn zu retten, ich will nicht, daß man ihn anfaßt. Ich will, daß ihm Gerechtigkeit zuteil wird. Meine Truppen schützen die Stadt, und die Untersuchung wird so lange fortgesetzt, bis die Schuldigen an dem Anschlag auf den Admiral gefaßt sind.« Doch war er sich des vermeintlichen väterlichen Freundes schon in diesem Augenblick wohl selbst nicht mehr sicher, sein Mißtrauen war geweckt. Er setzte sich vermutlich nur noch so heftig für den Admiral ein in der verzweifelten Hoffnung, sich selbst von dessen Freundschaft und Treue zu überzeugen.

Katharina, die ihm das anmerkte, hielt den Augenblick für gekommen, der Selbstsicherheit des Sohnes den Todesstoß zu versetzen. Wen er denn hinter dem Arkebusen-Schützen zu finden gedenke? fragte sie ihn. »Aber Monsieur de Guise natürlich«, sagte er. »Nein«, sagte sie, »denn hinter Monsieur de Guise stecke ich.« Karl IX. war wie vom Schlag gerührt. »Sie?« stotterte er. »Sie? Warum Sie?«

»Weil ich Frankreich einen unfähigen König gegeben habe, der sein Reich an den Rand des Abgrunds gebracht hat, muß ich nun tun, was sich machen läßt, dessen gänzlichen Ruin zu verhindern«, sagte sie.

Der Wutausbruch des Königs bei dieser Eröffnung verschleierte seine ratlose Angst nur unvollkommen, und schließlich fragte er, was denn nun zu tun sei? Gondi sagte, man müsse den Hugenotten ungesäumt zuvorkommen. Andernfalls hätten sie in zwei Tagen die Macht in Paris an sich gerissen und würden ihrerseits alle ihnen mißliebigen Köpfe rollen lassen, seinen eigenen zuerst. Worauf denn der König außer sich schrie: »Also dann tötet sie alle! Tötet sie alle!«

Katharina und ihre Berater durften das als Einwilligung des Königs in die ihm als unumgänglich dargestellte Maßnahme verstehen:

Die Beseitigung der Häupter der protestantischen Verschwörung gegen die Krone, angefangen mit Coligny. An ein allgemeines Massaker der Protestanten dachte niemand. Sogar die Notwendigkeit, neben Coligny die übrigen damals in Paris anwesenden Führer der protestantischen Partei zu töten, hatte sich eigentlich erst als Folge des gescheiterten Attentats auf den Admiral ergeben.
»Wenn die Souveräne nach der Verwundung des Admirals zwei Tage hätten verstreichen lassen, hätte man gegen sie ausgeführt, was sie selbst ausgeführt haben«, schrieb am 24. August der spanische Gesandte Zuñiga aus Paris an seinen Hof. »Da der Arkebusenschuß fehlging, und da der Admiral wußte, woher der Schuß kam, beschlossen sie zu tun, was sie getan haben.« Das scheint im wesentlichen den Tatsachen zu entsprechen. Nur ging der Lauf, den an jenem 24. August 1572, an dem das Fest des heiligen Bartholomäus auf einen Sonntag fiel, die Ereignisse nahmen, dann weit über das von den Souveränen so vernünftig Beschlossene hinaus.

Wie aus der beschlossenen Liquidierung ein Blutbad wurde

Der König selbst hatte also gar nichts beschlossen, sondern nur, durch die Offenbarungen seiner Mutter in die Enge getrieben, geschrien, dann solle man sie eben alle umbringen. Aber wer war das, alle? Wie gesagt, keineswegs alle Bekenner der neuen Religion. Aber wer genau? An der Aufstellung der mit dieser Frage geforderten Liste beteiligte sich Karl IX. nicht. Er lief aus dem Zimmer. Man brauchte ihn dort freilich auch nicht mehr. Man hatte seine Einwilligung, die Legitimation für die vorgesehene Maßnahme, die von Katharina zu Rate gezogenen Kronjuristen verbürgten sich dafür.
Nach dem Abgang des Königs gingen deshalb Katharina und ihre Getreuen in aller Ruhe an die Aufstellung der Liste zu liquidierender Personen. Verschont werden mußten die hugenottischen Prinzen von Geblüt, Heinrich von Navarra und Heinrich von Condé. Das königliche Blut war heilig. Ausnahmslos? Heinrich von Anjou, der damals glühend verliebt war in Maria von Kleve, die Gat-

tin des Prinzen von Condé, hätte die Angebetete zweifellos gern als Witwe gesehen ... doch bei der Aufstellung der Liste führte seine Frau Mutter den Vorsitz und waltete also die Staatsräson. An erster Stelle stand natürlich der Name des Admirals. Ihm folgten diejenigen seines Schwiegersohns Teligny, die der prominenten Hugenotten La Rochefoucauld und Montgomery sowie einige andere. Katharina verlangte die Eliminierung von zehn Männern der aufständischen Partei, an die zwanzig insgesamt beschloß man endlich unschädlich zu machen.
Darauf wurden die Aufgaben bei der Exekution des Beschlusses verteilt. Heinrich von Guise, dessen Onkel, der Herzog von Aumale (Schwiegersohn Dianas) und der Bastard von Angoulême (ein Halbbruder des Königs) sollten die Ehre haben, das Urteil an Coligny zu vollstrecken. Auch jedem anderen der etwa zwanzig zu Liquidierenden sollten der Krone zuverlässig ergebene Edelleute ins Haus geschickt werden. Katharina sah sich schon aller Sorgen ledig. Die Einwilligung des Königs legitimierte das vorgesehene Verfahren – machte die geplante Operation gewissermaßen zu einer Polizeiaktion – und daß der Plan diesmal gelingen würde, daran zu zweifeln sah sie keinen Anlaß.
Einen wesentlichen Faktor jedoch hatte sie bei dem Ganzen nicht in Rechnung gestellt: Paris.
Die Vorkehrungen, die sie traf, um den reibungslosen Verlauf der geplanten Operation zu gewährleisten, belegen es. Sie ließ nämlich den Vorsteher der Kaufmannschaft, Claude Marcel, und dessen Vertreter, Charron, zu sich befehlen und eröffnete ihnen ihren Plan. Die beiden Herren – katholisch, wie die meisten Bürger von Paris und Parteigänger der Guisen – verbürgten sich dafür, daß die Bevölkerung der Stadt die geplante Eliminierung der Häupter der protestantischen Partei nicht nur nicht zu verhindern suchen, sondern begeistert begrüßen würde. Die Königinmutter und ihre Berater gaben daraufhin diesen Beamten, die die städtische Bürgerwehr befehligten, die Anweisung, während der Nacht vom Sonnabend, dem 23. August, auf Sonntag, dem 24. August, die Stadttore zu schließen, die in der Seine liegenden Kähne und Boote anzuketten und vor allen Häusern der Stadt Wachen aufzustellen. Diese Posten sollten mit weißen Armbändern gekennzeichnet, jeder mit einer Fackel versehen werden und alle Passanten kontrollieren. So würden sie einerseits dafür sorgen, daß keiner der

Gesuchten dem ihm verhängten Schicksal entging, andererseits dafür, daß die Bevölkerung ruhig blieb.
Nun erschien auch der König wieder bei den für den Plan Verantwortlichen. Er hatte sich beruhigt und wollte jetzt selbst die Leitung der Operation übernehmen. Kurz vor Mitternacht ließ er noch einmal die Befehlshaber der Bürgerwehr, Charron und Claude Marcel, zu sich kommen und erkundigte sich nach der Lage in der Stadt. Die beiden Beamten versicherten ihm, daß in der Stadt vollkommene Ruhe herrsche. In der Tat schien in dieser erstikkend heißen Sommernacht die ganze Stadt in ahnungslosem Schlaf zu liegen. Im Louvre war einstweilen nur bekannt, was geplant war und auch das nur wenigen: Dem König, der Königinmutter und deren engsten Vertrauten. In den königlichen Gemächern schliefen in jener Nacht nur die junge Königin von Navarra, Margarete, und ihr jüngster Bruder, Alençon, die vorsichtshalber nicht ins Vertrauen gezogen worden waren. Die übrigen Mitglieder der königlichen Familie erwarteten wachend das Signal zum Beginn der Operation. Kurz vor Tagesanbruch sollte es vom Glockenturm des Rathauses ertönen.
Margaretes Memoiren entnimmt man, daß auch sie in jener Nacht nicht ganz sorglos schlafen ging. Wie gewöhnlich wohnte sie dem Zubettgehen ihrer Mutter bei. »Ich saß dort auf einer Truhe mit meiner Schwester, der Herzogin von Lothringen, und dann richtete meine Mutter das Wort an mich, um mich zu Bett zu schicken. Wie ich ihr nun meine Reverenz machte, packte mich meine Schwester beim Ärmel und hielt mich zurück. Sie begann zu weinen und sagte: ›Meine Schwester, Sie dürfen nicht weggehen.‹ Da meine Mutter dies sah, herrschte sie meine Schwester an und befahl ihr, mir nichts zu sagen. Später erfuhr ich, daß meine Schwester gesagt hatte, es sei nicht recht, mich derart wegzuschicken, weil sie sich, im Falle irgend etwas herauskäme, ohne Zweifel an mir rächen würden. Meine Mutter erwiderte, daß wenn es Gott gefiele, mir kein Unglück zustoßen würde, ich aber auf jeden Fall gehen müßte, da man sonst befürchten müsse, ihren Verdacht zu erwecken.« Das Bett der jungen Königin von Navarra war ja zugleich dasjenige eines protestantischen Fürsten, nämlich ihres erst vor wenigen Tagen angetrauten Heinrichs von Navarra. Bei dieser Gelegenheit scheint Katharina lieber das Leben ihrer Tochter als das Scheitern ihres Plans zur Herstellung des inneren Friedens ris-

kiert zu haben. Die Tochter, die jedenfalls selbst diesen Eindruck hatte, vergaß das der Mutter nicht. Die Fortsetzung von Margaretes Bericht zeigt, daß ihre Mutter mit dem Verdacht eines Komplotts gar nicht so Unrecht hatte. Als sie nämlich das Schlafzimmer betrat, in dem ihr Gemahl sie erwartete, »fand ich dort«, sagte sie, »rings um sein Bett dreißig oder vierzig Hugenotten versammelt, die mir unbekannt waren, denn ich war ja erst seit einigen Tagen verheiratet. Während der ganzen Nacht sprachen sie von dem Unfall, der den Admiral betroffen hatte, und beschlossen, gleich bei Tagesanbruch vom König Gerechtigkeit gegen Monsieur von Guise zu fordern und, wenn ihnen diese verweigert würde, sie sich selbst zu verschaffen.«

Einige Reformierte verließen noch kurz vor Mitternacht den Louvre. Die meisten von ihnen wohnten in der Rue Saint-Honoré in der Nähe des Admirals. Andere, unter ihnen Montgomery, logierten im Faubourg Saint-Germain am anderen Ufer der Seine. La Rochefoucauld, der ein enger Vertrauter des Königs war, hatte den Abend in dessen Schlafzimmer verbracht. Angesichts der späten Stunde erhob er sich schließlich, um sich zu verabschieden. Doch Karl IX. suchte ihn zurückzuhalten, um den Freund vor dem Schicksal zu bewahren, das die Mutter und die Staatsräson in Personalunion ihm bestimmt hatten. »Gehen Sie doch nicht Foucauld, plaudern wir weiter bis zum Morgen«, sagte er. Aber La Rochefoucauld erklärte, dazu sei er zu müde, er müsse ins Bett. Der König machte einen letzten Versuch, ihn zu retten. »Bleiben Sie«, sagte er, »Sie können hier bei meinen Kammerdienern schlafen.« Doch La Rochefoucauld lehnte die Einladung dankend ab: »Ach«, sagte er, »deren Füße riechen mir zu schlecht.«

Wie man sieht, war der Mann nicht zu retten.

Während demnach Karl IX. zu dieser Stunde bemerkenswerte Gemütsruhe bewies – entgegen gewisser Schilderungen der Ereignisse jener Nacht, die ihn als mordlustig rasenden Irren darstellten –, kriegten es gegen Mitternacht seine Mutter und sein Bruder Anjou mit der Angst zu tun. Da sie intelligenter waren als der König und mehr von Politik verstanden, wurde diesen beiden zu spät und um so beängstigender klar, was sie damit riskierten. Plötzlich fühlten sie, daß die geplanten Gewalttaten Gewalten zu entfesseln drohten, die sich schließlich auch gegen sie selbst richten konnten. Denn wenn der Haß, der sich bei der Bevölkerung der Hauptstadt und bei den Hungernden, die dort Zuflucht gesucht, aber nicht gefunden hatten, aufgestaut hatte, sich angesichts des Bluts der verhaßten Führer der protestantischen Partei entlud – welches Chaos würde sich dann breitmachen. Sie zitterten angesichts der Folgen, mit denen ihr Unternehmen sie bedrohte. Mißtraute das Volk von Paris, das die Reformierten haßte, nicht auch dem König, der so lange mit diesen paktiert hatte und erst recht der Königinmutter, dieser hinterhältigen Italienerin mit ihrem Anhang von italienischen Zauberern und Giftmischern? Würde es nicht vielleicht die Gelegenheit wahrnehmen, mit den Ketzern auch den ganzen faulen Zauber des verkommenen Hauses Valois wegzufegen – und die Staatsgewalt seinem bewunderten Helden, Guise, dem Erzengel anzuvertrauen?

Kurz nach Mitternacht wollte Katharina deshalb das ihr nun so riskant erscheinende Unternehmen abblasen. Das jedenfalls vertraute später ihr Sohn Heinrich seinem Arzt und Freund Miron an, der Heinrichs Aussagen notiert hat: »Wir betrachteten diese Ereignisse und bedachten die Folgen, die ein so großes Unternehmen zeitigen mochte – Folgen, mit denen wir, die Wahrheit zu sagen, bis zu diesem Augenblick nicht weiter gerechnet hatten, als wir plötzlich einen Pistolenschuß hörten.« Dieser unerklärliche Schuß scheint ihnen wie ein Wink des Himmels die Augen für die Ungeheuerlichkeiten geöffnet zu haben, die herauszufordern sie in Begriff standen. »Keiner wußte, woher er kam, noch ob er jemanden verletzt hatte. Ich weiß aber, daß der Laut uns so tief in die Seele drang, daß er unsere Sinne und unseren Verstand in größten Schrecken versetzte und uns angst machte vor den großen Wirkungen und Zerstörungen, die stattfinden sollten.« Der Schrecken ging tatsächlich so tief, daß sie sofort einen Boten zum Herzog von Guise schickten mit dem Befehl, sich nicht aus dem Hause zu rühren und nichts gegen den Admiral zu unternehmen. Katharina scheint gemeint zu haben, daß sie mit der Ermordung Colignys auch die übrigen vorgesehenen Mordtaten abbestellt hätte.

Doch spielte bei dieser Gelegenheit das von Madame Catherine so häufig angerufene und in Anspruch genommene Schicksal ihr einen Streich: Der Gang der Ereignisse war nicht mehr aufzuhalten. Als der Bote der Königinmutter bei dem Herzog von Guise eintraf, sagte dieser ihm, da sei nichts mehr zu ändern. Coligny war bereits tot, das Massaker hatte begonnen. Weshalb so früh?

Niemand weiß das. Die Glocke des Rathauses hätte das Signal sein sollen. Statt dessen hatte schon anderthalb Stunden früher die Glocke der Kirche Saint-Germain-l'Auxerrois zur Frühmesse geläutet. Die Mörder hatten dieses Läuten für das verabredete Signal genommen und sich auf ihre Opfer gestürzt, just in dem Augenblick, da die Königinmutter sich eines Besseren besonnen hatte.
Das Gemetzel begann im Louvre, wo eine Anzahl Protestanten logierte. Manche wurden in ihren Betten getötet, andere in den Gängen erschlagen. Einige entkamen bis in den Schloßhof, doch am Tor lauerten die Hellebarden ihnen auf und hieben sie in Stücke.
Beim ersten Schlag des Glöckleins von Saint-Germain machten Guise und seine Leute sich auf den Weg in die Rue de Bethisy. Die Wohnung des Admirals wurde von den Garden des Herzogs von Anjou bewacht. Ohne diese Wachen wäre er sicherer gewesen, denn die öffneten Guise und seinen Leuten die Tür. Nur einige protestantische Schweizer, die Heinrich von Navarra zum Schutz Colignys abgeordnet hatte, leisteten Widerstand. Aber nicht lange konnten sie die Barrikaden aus Truhen und anderen Möbeln, die sie in aller Eile am Fuß der Treppe anhäuften, gegen die Eindringlinge verteidigen. Die Mörder drängten in das Zimmer des Admirals, allen voran ein gewisser Jannowitz, ein Böhme, der denn so auch gewöhnlich genannt wurde, nämlich »Behme« (oder wie man in Frankreich schrieb: Besme). Da eben erst der Morgen zu dämmern begonnen hatte, konnte er das Gesicht des im Bett liegenden Mannes nicht genau erkennen. Er fragte ihn also, ob er Coligny sei. »Ich bin es«, erwiderte der Admiral, »aber laßt mich durch die Hand eines Edelmannes sterben und nicht einer Kanaille, wie Sie es sind.« Er vergaß, daß es einem Edelmann nicht angestanden hätte, einen Hilflosen in seinem Bett zu ermorden. Behme machte ihm mit einer Menge weniger geschickter als nachdrücklicher Messerstiche den Garaus. Guise und Aumale erwarteten den Abschluß der Operation einigermaßen ungeduldig unten auf dem Hof. »Behme, bist du endlich fertig?« riefen sie. »Bin fertig«, rief der Mörder. Er warf die Leiche aus dem Fenster, und sie fiel den Lothringern und ihren Leuten vor die Füße. Da das Gesicht des Toten mit Blut besudelt war, stieg Guise vom Pferd, säuberte mit seinem Schnupftuch die entstellten Züge und sagte dann: »Ja, das ist er.« So war denn sein Vater gerächt.

Das Haus wurde geplündert, die Mörder teilten sich die Kleider und andere Habseligkeiten ihres Opfers. Behme hängte sich die Halskette des Admirals um. Die Papiere des Admirals nahmen die Guisen an sich. Diese Papiere lieferten den Beweis, daß der Admiral und seine Partei allerdings weitreichende und staatsfeindliche Ziele verfolgt hatten. Die Monarchie sollte abgeschafft werden, alle Angehörigen des Hauses Valois und sogar Heinrich von Navarra sollten sterben. Frankreich sollte in eine Art Republik umgewandelt werden, an deren Spitze Coligny treten wollte. Hätten sich die katholischen Franzosen mit dieser Regierung abgefunden, sich, wie geplant, mehr oder weniger zwangsweise zur neuen Religion der Hugenotten bekehren lassen? Man darf daran zweifeln. Die wenigsten Menschen dieses Jahrhunderts waren hinsichtlich der Religion so tolerant wie anscheinend Madame Catherine, von der erzählt wird, daß sie, als ihr nach der Schlacht von Dreux irrtümlich gemeldet wurde, daß die Protestanten den Sieg davongetragen hätten (tatsächlich hatten dann ja zuletzt die Königlichen gesiegt), ganz kaltblütig bemerkt habe: »Na schön, dann gehen wir halt in Zukunft zur Predigt anstatt zur Messe.« Freilich hatte die Königinmutter damals zweifellos nicht daran gedacht, daß die siegreichen Protestanten auf den Gedanken kommen könnten, den König abzusetzen und die Regierung zu ändern.

Einstweilen wurden im Louvre die hugenottischen Prinzen von Geblüt mehr oder weniger zwangsweise zum Glauben der römisch-katholischen Kirche bekehrt. Karl IX. nämlich eröffnete seinem Schwager Heinrich von Navarra und dem Prinzen Heinrich von Condé, daß ihr Leben nicht in Gefahr sei, vorausgesetzt, sie bezeugten durch den Besuch der Messe ihre Rückkehr zum wahren Glauben. Die beiden Bourbonen folgten diesem Appell an ihre Vernunft auf unterschiedliche Manier. König Heinrich von Navarra fügte sich der Notwendigkeit, fürs erste seinen Glauben zu verleugnen, mit einer Geschmeidigkeit, die er wohl von seinem Vater Anton von Bourbon, jedenfalls nicht von seiner unbeugsamen Mutter, Johanna von Albret, geerbt haben mochte. Freilich war Heinrich intelligenter als sein Vater und für die Politik nicht weniger begabt als Madame Catherine. Für ihn dürfte es also auf der Hand gelegen haben, daß er unter den gegebenen Umständen stillhalten mußte, um sich Bewegungsfreiheit für die Zukunft zu bewahren, eine Zukunft, die zweifellos von ihm, dem ersten Prinzen von Geblüt, große Dinge erwartete. Sein Vetter, der Prinz von Condé, ein zwanzigjähriger Jüngling, hatte ganz den hochmütigen Stolz seines Vaters, des cholerischen Buckligen, geerbt, und er erklärte dem König deshalb: »Mein Leben und meine Güter sind in Ihre Hand gegeben, machen Sie damit, was Sie wollen, aber die Todesangst macht mich in meinem Glauben nicht wankend.« Auch ihm schenkte jedoch der König das Leben. So begab denn auch er sich in das Unvermeidliche und besuchte mit seinem Vetter die Messe.

So glimpflich kamen nur wenige seiner Glaubensgenossen davon, sehr viel weniger als vorgesehen. La Rochefoucauld wurde in seiner Wohnung vom Bruder des Hofnarren Chicot ermordet. Téligny, der vor seinen Mördern auf die Dächer geflohen war, wurde dort durch einen Büchsenschuß getötet. Montgomery, der auf dem linken Seine-Ufer wohnte, entkam. Zwar verfolgten Guise und seine Leute ihn bis nach Montfort-l'Amaury, doch sein geschwindes spanisches Pferd rettete ihm das Leben und der reformierten Partei einen ihrer Anführer.

Ein weniger namhafter Reformierter rettete sein Leben im Schlafzimmer der jung vermählten Königin von Navarra. Schon von seinen Mördern verwundet, stürzte dieser Mann nämlich flüchtend in das fragliche Zimmer, sah die Königin im Bett, sprang zu ihr und umarmte sie aus Leibeskräften. Als die Verfolger so ihr blutüberströmtes Opfer in Todesangst die bestürzte junge Frau wie der leidenschaftlichste Liebhaber umarmen sahen, ließen sie die Waffen sinken und brachen in Gelächter aus. Dann faßte sich Margarete und wies die Mörder aus dem Zimmer. So kam Leran – so hieß der Verwundete – mit dem Leben davon.

Inzwischen hatten draußen in der Stadt längst die Männer der Bürgerwehr und der Pöbel begonnen, dem Beispiel der Mörder Colignys und der anderen protestantischen Führer zu folgen und die Ausrottung der Protestanten überhaupt in Angriff genommen. Das erste Haus, in das der wütende Pöbel einbrach, war das des Admirals, wo freilich nur dessen Leiche noch zu schänden war. Man riß dem Toten die Kleider vom Leib, spuckte ihn an, schnitt ihm die Genitalien, einen Arm, den Kopf ab, schleppte den blutenden Rest durch die Straßen, warf ihn in die Seine, fischte ihn wieder heraus und so weiter. Was nach alledem noch übrig war, wurde schließlich an den Füßen zu Montfaucon an den Galgen gehängt.

Der durch die Leiche des ermordeten Generals gereizte Blutdurst fand in der ganzen Stadt lebende Opfer. Greuel füllten bald alle Straßen, Häuser, Zimmer. Das Volk ließ die seit so langem angestaute Wut in mörderischer Raserei an sich selbst aus. Der Vorsteher der Kaufmannschaft, Marcel und sein Stellvertreter Charron hatten denen, die die Beseitigung Colignys und einiger anderer Häupter der reformierten Partei wünschten, nicht zuviel versprochen. Die guten Bürger von Paris dachten nicht daran, den Mördern in den Arm zu fallen. Vielmehr brannte jeder darauf, bei der großen Säuberung selbst mit Hand anzulegen. Das Ergebnis war das grauenhafte Blutbad, das die Nacht vom 23. auf den 24. August, die Bartholomäusnacht, bis auf den heutigen Tag berüchtigt macht.
Anfänglich war der Pöbel es wohl zufrieden, Hugenotten zu massakrieren oder Leute, die ihm wie Hugenotten vorkamen. Aber die einmal entfesselte Mordlust dachte nicht daran, sich anderer Opfer zu enthalten. Der eine ermordete einen Nachbarn, der ihn geärgert hatte oder etwas besaß, was die Begehrlichkeit reizte. Dieser einen Richter, der bei einem Rechtsstreit der gegnerischen Partei Recht gegeben hatte. Jener einen Unverschämten, einen lästigen Ehemann, eine ungetreue Ehefrau oder einen Verwandten, den er endlich beerben wollte. Denn natürlich kam bei der Befriedigung des Blutdursts und der Rachsucht auch die Habgier nicht zu kurz.
Die königlichen Garden und die Garden des Herzogs von Anjou, die Befehl hatten, den Aufruhr zu stillen, den Ausschreitungen Einhalt zu gebieten, ließen sich von dem allgemeinen Blutrausch hinreißen und sahen zu, daß auch für sie was dabei abfiel. Niemand fragte nach der Religion der reichen Bürger, deren Häuser, der Goldschmiede und Juweliere, deren Läden aufgebrochen und geplündert wurden. Weshalb mußte der Philosoph Petrus Ramus sterben, noch jüngst Professor am Collège Royal? Er war Calvinist, aber der Kollege, der ihn von der Rotte Messerhelden, die er anführte, abschlachten ließ, haßte den Antiaristoteliker. Aufgehetzte Studenten mißhandelten dann die Leiche dieses Mannes.
Die Seine war verstopft von Leichen. Der Marschall von Tavannes, der weder sonderlich zart besaitet war noch irgendwelcher Sympathien für die Reformierten verdächtig ist, wird also wohl

gesehen haben, was man in seinen Erinnerungen liest: »In den Gassen, die zur Seine herunter gehen, fließen Bäche von Blut, als wenn es stark geregnet hätte.« Und man wird ihm glauben dürfen, wenn er sagt: »Blut und Tod machen sich in den Straßen auf so grauenhafte Weise breit, daß Seine Majestät im Louvre sich der Angst kaum erwehren kann.« Das Zeugnis ist vielsagend, denn die Tapferkeit und selbst Verwegenheit Karls IX. wird von allen Zeitgenossen gerühmt. Angesichts der entfesselten Wut des Volkes zitterte auch er.

Hat also in der Bartholomäusnacht des Jahres 1572 Karl IX. in rasender Mordlust aus einem Fenster des Louvre auf Vorüberflüchtende geschossen? Man zeigt noch heute das Fenster, aus dem er schoß. Zwar war der Teil des Louvre, in dem das fragliche Fenster sich befindet, zur Zeit Karls IX. noch gar nicht erbaut, aber was beweist das? Niemand als Gott allein hat je alles gewußt, was in jener Nacht wirklich geschah. Und auch was in jener Nacht nicht geschah, wird deshalb nie jemand ganz genau wissen.

Eine Nacht, die am anderen Morgen noch lange nicht zu Ende war

Drei Tage und drei Nächte dauerten die Ausschreitungen in Paris an. Am Montag verbreitete sich die Nachricht von einem Wunder durch die Stadt. Ein Weißdornbusch am Fuße einer Statue der heiligen Jungfrau auf dem Friedhof der Unschuldigen, der seit Jahren verdorrt zu sein schien, hatte sich plötzlich – und zu dieser ungewöhnlichen Jahreszeit – mit Blüten bedeckt. Man deutete dieses Zeichen als Offenbarung des göttlichen Willens, als Ermahnung, von der Mordbrennerei abzulassen, als Ruf zur Besinnung auf das Gebot der Nächstenliebe. Aber mit dieser Deutung konkurrierte eine andere, die das Zeichen als Ausdruck göttlichen Wohlgefallens an der rigorosen Vertilgung der Ketzerei verstanden wissen wollte. Und auch diese Deutung, die die Mordbrenner weiter ermutigte, fand leider den Beifall eines Teils der Geistlichkeit. Einig waren sich alle nur darin, das wunderbare Phänomen hoch bedeutend zu finden. In allen Kirchen wurden die Glocken geläutet, Prozessionen machten sich von überall her auf den Weg zu dem

wunderbar blühenden Busch, während noch überall Mörder und Plünderer schwärmten. Der Busch und die Statue auf dem Friedhof der Unschuldigen mußten von Militär geschützt werden, da sie andernfalls von den nach wundertätigen Reliquien Begierigen in Stücke gerissen worden wären. Die katholische Religion sollte wieder aufblühen, sagte man, endlich sollte, dem wahren Glauben wiedergewonnen, das Königreich den lang entbehrten Frieden finden. Begleitet von seiner Mutter und seinen Brüdern suchte auch der König den Friedhof der Unschuldigen auf und dankte Gott für das erhaltene Zeichen, das er persönlich wohl hatte als Friedenszeichen nehmen wollen. In seinem Beisein ließ man Kranke bei dem wunderbaren und zweifellos wundertätigen Busch Heilung suchen. Einige sollen wirklich wunderbar genesen sein. Wenn aber der König gehofft hatte, daß jene wunderbare Blüte das Blutvergießen im Handumdrehen beenden würde, sollte seine Hoffnung enttäuscht werden. Das Morden ging weiter, drei Nächte und drei Tage lang.
Die Nachricht von dem Gemetzel in Paris verbreitete sich in Windeseile bis in die entferntesten Provinzen und ermutigte zur Nachahmung. Der König wies die Provinzgouverneure an, dafür zu sorgen, daß »niemand zu den Waffen greife. Jedermann vielmehr ruhig zu Hause bleibe«. Im übrigen befahl er den Gouverneuren, hinsichtlich der neuen Religion weiterhin die geltenden Verordnungen zu befolgen und Tätigkeiten, »welche Seine Majestät sehr bekümmern würden«, zu unterbinden.
Doch wurden die frommen Wünsche des Königs nirgends beherzigt. Karl IX. hatte nicht die Autorität seines Großvaters. Die Gouverneure gehorchten seinen Anordnungen nur, insoweit es ihnen paßte und insoweit sie dazu imstande waren. Denn nicht immer reichte ihre eigene Autorität aus, die Autorität des Königs in ihren Provinzen durchzusetzen. Immerhin machte Karl IX. seine Autorität geltend, eine Fortsetzung des Blutbades der Pariser Bartholomäusnacht in den Provinzen zu verhindern. Daß er diese im Gegenteil befohlen habe – wie man bei manchen Geschichtsschreibern lesen kann – entspricht nicht den Tatsachen. Nur, verhindern konnte er sie nicht. In den Provinzen setzten die in Paris eingeläuteten Massaker sich drei Monate lang fort, worauf sehr richtig Michelet hinweist mit der Bemerkung: »Daß man sich nicht täusche: Die Bartholomäusnacht hat ein Vierteljahr gedauert.« Diese

monatelange Nacht war nicht in allen französischen Provinzen gleich finster. So blieben die östlichen Gebiete des Reiches, die Champagne und Burgund, in denen die Truppen der Guisen standen, von mörderischen Ausschreitungen fast ganz verschont, obwohl natürlich die Feinde der Lothringer das Gegenteil behaupteten. Am schlimmsten ging es in den Provinzen zu, wo die Autoritäten schwach oder der Bevölkerung verhaßt waren. Verschont blieb so auch die untere Normandie, wo Matignon ein strenges Regiment führte. In Meaux andererseits, das der Königinmutter gehörte, in Troyes, in Bourges, in Angers, in Lyon vor allem, aber auch in Toulouse und Bordeaux, war das Gemetzel und die Mordbrennerei nicht weniger grauenhaft als in Paris. Dort beglich man alte Rechnungen mit protestantischen Grundherren und deren Truppen, unter deren Brandschatzungen man früher gelitten hatte. Im Delphinat, in der Provence und in der Auvergne, gut regierten Provinzen (in denen freilich auch die Reformierten stark waren), blieb die Ruhe mehr oder weniger erhalten.
Eine Bilanz dieser langen Nacht ist schwer zu erstellen. Selbstverständlich findet man schon bald nach den Ereignissen Zahlen Ermordeter genannt. Es überrascht nicht, zu hören, daß gewöhnlich die protestantischen Autoren die Zahl der Opfer höher ansetzen als die katholischen. Erstaunlich ist jedoch, daß bei der Schätzung der Zahl der Opfer katholischen Volksempfindens niemand so hoch gegriffen hat wie ein Erzbischof von Paris, Péréfixe, der ein Jahrhundert später, unter Ludwig XIV. wirkte. Er allein spricht von 100000 Toten! Der Wahrheit näher werden vermutlich die in englischen Archiven aufbewahrten Berichte protestantisch gesinnter Zeugen kommen, zumal deren Zahlenangaben übereinstimmen mit denen Papyre Massons, dem offiziellen Geschichtsschreiber Karls IX., der Zugang zu seitdem verschwundenen Quellen hatte. Demnach wären in Paris 2000, in den Provinzen etwa 10000 Menschen getötet worden. Andere, nicht weniger glaubwürdige Autoren sprechen von insgesamt etwa 15000 Opfern. Bemerkenswert ist, daß in den protestantischen Quellen von den 2000 und 2500 Opfern der Ausschreitungen in Paris nur 787 namhaft gemacht werden. Dabei pflegten doch die reformierten Pastoren über die Mitglieder ihrer Gemeinden sehr genau Buch zu führen, und die veröffentlichten Listen der Märtyrer verschweigen auch nicht die Namen der einfachsten Leute.

Wer also waren die namenlosen Opfer der Greuel jener langen Bartholomäusnacht, die Mehrzahl der Getöteten? Es hat fast den Anschein, als wären sie vielleicht keine Protestanten gewesen.

Natürliche Logik der Verwandlung einer florentinischen Kaufmannstochter in ein Ebenbild Jesabels, da sie (wie zuvor jene, 1. Könige 18, 4) »die Propheten des Herrn ausrottete«

Angesichts der Leichenhaufen in den blutüberströmten Straßen von Paris scheint weder Mitleid noch Bedauern oder gar Reue die Seele unserer Heldin bewegt zu haben, nur sorgenvolle Berechnung der zu erwartenden politischen Konsequenzen des unordentlichen Ausgangs ihres Versuchs, die Ordnung des Staates zu sichern. Denn die Folgen dieses Versuchs kündigten der königlichen Autorität nur neue Gefahren an.

Gewiß, von der protestantischen Partei war für den Augenblick nichts Bedrohliches zu gewärtigen. Coligny war tot, und die beiden vordem calvinistischen Bourbonen gingen jetzt unter ihrer Aufsicht zur Messe, auch von diesen glaubte sie also nichts mehr befürchten zu müssen.

Um so gefährlicher erschienen ihr jetzt die Guisen. Die Stimme des Volkes feierte den Herzog Heinrich von Guise als den Erlöser der Rechtgläubigkeit von der Bedrückung durch die ketzerischen großen Herren, denen der König und die Königinmutter feige – oder weil sie insgeheim mit ihnen sympathisierten – so schändlich bei jeder Gelegenheit nachgegeben hatten. Der Pöbel, der in Paris gewütet hatte, hätte dem Fürsten, in dem er seinen Anführer erblickte, sollte er einen Staatsstreich versuchen, nur allzugern zum Sieg verholfen. Und sollte diese Gewißheit den ehrgeizigen Herzog nicht reizen, den Versuch zu wagen?

Die andere Gefahr, die während der fürchterlichen, langen Bartholomäusnacht dem Hause der Königinmutter erwachsen war, drohte von den Grenzen des Reiches. Katharina wußte sehr wohl, daß die Erhebung in Paris aller Welt die Schwäche der königlichen Macht offenbaren und dem Ansehen der Krone folglich schweren

Schaden zufügen mußte. Was zwangsläufig die Eroberungslust ihrer mächtigen Nachbarn reizen würde.
Aber während sich diese Bedrohung der Grenzen des Reiches gegenwärtig noch nur dem politischen Weitblick der Königinmutter offenbarte, brannte ihr die innenpolitische Gefahr unter den Nägeln. Es war offensichtlich dringend erforderlich, die durch das Blutvergießen so beängstigend genährte Macht der Guisen zu schwächen. Aber wie? Katharinas Furcht vor einem Staatsstreich der Lothringer erklärt sich nicht nur aus den damals gegebenen Umständen, sondern auch aus der Geschichte ihrer Beziehungen zu den Guisen. Stets hatte sie ja die Guisen gehaßt, mehr als die Châtillon-Colignys. Diese bedrohten die königliche Macht von der anderen Seite. Nicht nur, weil sie den Guisen zu viel verdankte, weil diese ihr ihre große Macht im Staate immer wieder dadurch bewiesen hatten, daß sie in kritischen Situationen der Monarchie zu Hilfe geeilt waren. Sie hatte ja auch eine ganze Reihe persönlicher Gründe, diese unentbehrlichen Leute zu hassen. Waren sie nicht einst die engsten Verbündeten der Diana von Poitiers gewesen? Einer von ihnen, der Kardinal von Lothringen, hatte sich, als noch Katharinas dauernde Unfruchtbarkeit zu befürchten war, nicht gescheut, die Möglichkeit ihrer Verstoßung zur Sprache zu bringen. Ein anderer dieser Lothringer, der Herzog von Aumale, hatte Dianas Tochter geheiratet. Und mit einer ihrer Nichten hatten sie Katharinas ältesten Sohn verheiratet – und wären durch diese Hintertür schon damals fast an die Macht gelangt. »Diese Krämerstochter«, hatte die Königinmutter sich damals von der hochmütigen Schwiegertochter nennen hören. All das war unvergessen und unverzeihlich. Bisher war es Katharina gelungen, die Guisen in Schach zu halten. Aber jetzt, da beim Untergang der Châtillon-Colignys, ihrer natürlichen Feinde, dem Gewicht ihrer Macht sich kein Gegengewicht mehr widersetzte? Heinrich von Guise war das Idol von Paris, während Katharinas Sohn, Karl IX., sich von Gewissensbissen geplagt und von den Gespenstern der Erschlagenen verfolgt im Louvre versteckte.
Doch als Heinrich von Guise, nachdem er bei der Verfolgung Montgomerys viel Zeit verloren hatte, endlich nach Paris zurückkehrte, bestätigte er Katharinas schlimmste Befürchtungen nicht. Man jubelte ihm zu, er hätte alles wagen können, aber er tat nichts. Die Gefolgschaft, die sich ihm da anbot, war ihm nicht weniger

unheimlich als der Königinmutter. Den Tod Colignys – den er für den Mörder seines Vaters hielt –, die Eliminierung von dessen führenden Parteigenossen hatte er allerdings gewollt. Aber das allgemeine Gemetzel der Bartholomäusnacht hatte ihn entsetzt. Bei manchen Historikern liest man zwar, daß er sich persönlich dabei hervorgetan hätte – doch gehen solche Berichte nachweislich auf Verleumdungen seiner Gegner zurück. Es gibt vielmehr glaubwürdige Zeugnisse dafür, daß er tat, was in seiner Macht stand, den Mordlustigen Einhalt zu gebieten, und in seinem befestigten Stadtpalast über hundert flüchtenden Hugenotten Zuflucht gewährte. Und als er jetzt nach Paris zurückkehrte, machte er keine Anstalten, die Macht zu ergreifen, die das begeisterte Volk ihm ziemlich unmißverständlich anbot.

Manche Historiker haben in den Ereignissen der Religionskriege und insbesondere in denen der blutigen Tage des August 1572 Vorzeichen der Ereignisse des Jahres 1793 erkennen wollen. Und zweifellos machte die Raserei des Volkes während der langen Bartholomäusnacht des Jahres 1572 den Großen des Reiches bewußt, daß ihre Autorität ebensowenig wie die des Königs unerschütterlich war, daß Unordnung möglich war, die alle Autorität zerstören würde.

Dennoch hätte an Stelle des Herzogs Katharina vielleicht nicht gezögert, sich der ihm gebotenen Gelegenheit zu bedienen. Und so überraschte es sie, daß er seine Chance vertat. Sie hatte ihn für gewalttätiger, ehrgeiziger, verwegener und berechnender gehalten, als er sich zeigte. Er hatte zwar alle Qualitäten, die sie ihm zuschrieb, doch nicht in dem Maße, das sie voraussetzte. Er überlegte, anstatt zu handeln. Und verpaßte so die ihm gebotene Gelegenheit. Die gegenwärtige Lage des Reiches schien ihm so schlimm, daß er es für weiser hielt, bessere Tage abzuwarten. Als dann die besseren Tage kamen, hatte den Nutzen davon aber, wie wir sehen werden, Katharina und die Monarchie. Denn es gelang unserer Heldin, sich die Macht zu bewahren gegen das Volk, dem sie verhaßt war, gegen das katholische Paris, das ihr nicht vergaß, wie sie jahrelang die Ketzer begünstigt und noch jüngst ihre Tochter mit einem häretischen Prinzen verheiratet hatte.

Die Leistung war umso bedeutender, als die Monarchie jetzt ganz und ausschließlich auf die Unterstützung durch die katholische Partei angewiesen war. Denn wenn Katharina anfänglich vielleicht meinte, daß die von ihr befohlenen Maßnahmen gegen einige Störer der öffentlichen Ordnung doch immerhin ihren Zweck erfüllt und mit den Führern der protestantischen Partei diese selbst aus der Politik eliminiert hätten, so mußte sie doch bald erkennen, daß sie sich getäuscht hatte. Denn einerseits hatte das Massaker der Bartholomäusnacht ja keineswegs die ganze Führungsschicht der protestantischen Partei liquidiert. Nach dem mißlungenen Attentat auf Coligny hatten vielmehr die meisten prominenten Hugenotten, die ja insgeheim den Zusicherungen des Königs, daß keine Wiederholung des Versuchs zu fürchten sei und alles Nötige getan werde, die Schuldigen zur Rechenschaft zu ziehen, nicht trauten, es vorgezogen, sich außerhalb der Stadt in Sicherheit zu bringen. Andererseits zeigte sich in der Folge, daß Katharina sich geirrt hatte, als sie meinte, mit dem Kopf der hugenottischen Partei die Hugenotten überhaupt sich vom Halse schaffen zu können. Sie hatte schon bei dem Anschlag auf Coligny versäumt, die straffe Organisation der reformierten Gemeinden in Rechnung zu stellen, nicht bedacht, daß den Heerführern der Hugenotten nicht Söldner sondern Glaubensgenossen ins Feld folgten, von denen keineswegs zu erwarten war, daß sie sich beim Tod des Feldherrn in alle Winde zerstreuten. Was dann ja auch nach dem Tode Colignys durchaus nicht geschah. Die Hugenotten räumten nicht das Feld. Und seit den Vorkommnissen der Bartholomäusnacht durften sie überzeugt sein, daß der König sich ganz auf die Seite ihrer Feinde geschlagen und mithin jedes Recht auf ihre Loyalität verloren hatte. So war seit der Bartholomäusnacht die jahrelang, zugleich nachgiebig und beharrlich verfolgte Politik der nationalen Versöhnung, die Katharina weder von Spanien noch vom Papst sich je hatte ausreden lassen, bei denen, denen sie damit hatte entgegenkommen wollen, ein für allemal diskreditiert. Angesichts der blutigen Tatsachen jener Nacht mußten den Hugenotten alle früher von der Königinmutter gemachten Zugeständnisse wie Täuschungsmanöver vorkommen. Und so ist es nicht verwunderlich, daß niemand glauben wollte, Katharina habe die blutigen Tatsachen nicht von langer Hand geplant.

Doch hat die neuere Forschung Dokumente ans Licht gebracht, die den fraglichen Gang der Ereignisse so bezeugen, wie oben skizziert: keineswegs einem von langer Hand vorbereiteten Plan folgend, sondern Hals über Kopf, von einem Zufall zum anderen.

Um die Ohnmacht der königlichen Autorität zu verschleiern und damit das Blut all dieser Leute nicht ganz umsonst vergossen sei, ließ Katharina ihre Gesandten in Rom und Madrid versichern, daß sie in der Tat (wie die Hugenotten ihr unterstellten) die Ausrottung der Ketzerei ebenso wie die dazu ergriffenen Maßnahmen seit langem geplant habe.

In Rom hat man die Nachricht von der Ausrottung der französischen Ketzerei mit großer Freude aufgenommen und eine Zeitlang Karl IX. als Vorkämpfer des wahren Glaubens gefeiert. Gregor VIII. ließ ein Te Deum singen, erklärte, diese Nachricht sei ihm lieber als fünfzig Siege von Lepanto und ließ eine Gedenkmünze prägen, die die *Ugonotorium strages*, Niedermetzelung der Hugenotten, verherrlichte. Ebenso in Madrid. Als Philipp II. die erste Nachricht von den Pariser Ereignissen erhielt, zeigte er, wie der französische Gesandte Jean de Vivonne am 12. September 1572 nach Paris berichtete, *»contre son naturel et coustume tant d'allegrie qu'il l'a faict plus manifeste que de toutes les bonnes advantures et fortunes qui lui vindrent jamais«*, eine vollkommen uncharakteristische Heiterkeit, und zwar unverhohlener, als er es je bei einem glücklichen Zufall getan hatte. Als er den Gesandten darauf huldvoll zu sich beschied, »il se prist à rire«, lachte er, wie man in dessen Bericht vom 19. September liest, sogar, was ihn noch nie jemand in der Öffentlichkeit hatte tun sehen, und lobte »bald die Mutter, einen solchen Sohn zu haben, bald den Sohn, eine solche Mutter zu haben«.

Indessen unterrichteten aus Paris die päpstlichen und spanischen Gesandten ihre Herren, daß die Pariser Ereignisse – und deren Fortsetzungen in den Provinzen – keineswegs so sorgfältig geplant waren, wie die Gesandten des französischen Königs ihnen weismachen wollten – und jedenfalls nicht zu dem Zweck, die Ketzerei in Frankreich auszurotten. »Der Tod des Admirals war reiflich erwogen«, schrieb der spanische Botschafter Zuñiga, »die Ermordung der Hugenotten geschah aus plötzlichem Entschluß. Auch hat die Wut der Soldaten und des Pöbels die vorgesehene Zahl der Opfer ungeheuer vermehrt.« Ebenso schrieb schon am 24. August der Nuntius Salviati an den Staatssekretär Papst Gregors VIII.: »Wenn der auf ihn abgefeuerte Arkebusenschuß den Admiral getötet hätte, wäre es zweifellos nicht zu einem so großen Gemetzel gekommen.«

So war an den um die Zukunft der katholischen Christenheit besorgten Höfen Katharinas Rolle einer Vorkämpferin gegen die Ketzerei bald ausgespielt. Zumal auch bekannt wurde, daß sie selbst unmittelbar nach den Ereignissen zunächst erklärt hatte, bei dem ganzen Aufruhr habe es sich eigentlich nur um eine Auseinandersetzung zwischen den Guisen und den Châtillon-Colignys gehandelt, um dann – als der Herzog von Guise, der nicht als alleiniger Veranstalter des Blutbades dastehen wollte, gegen diese Darstellung protestierte – einzuräumen, daß sie genötigt gewesen sei, die Vernichtung der Hugenotten anzuordnen, weil diese nachweislich einen Staatsstreich geplant hätten. Und bei dieser Darstellung blieb sie dann. Zwei prominente Hugenotten, die dem Massaker entgangen waren, die Herren Briquemault und Cavaignes, wurden vor Gericht gestellt und, als der Beteiligung an der angeblich niedergeschlagenen Verschwörung überführt, zum Tode verurteilt und hingerichtet. Die Hugenotten fanden durch diese Widersprüche ihre Überzeugung bestätigt, daß die Königinmutter und der König planmäßig die gänzliche Ausrottung des reformierten Glaubens betrieben hätten und weiterhin betreiben würden. Der Papst und der spanische König, die Katharina gerade davon gerne überzeugt hätte, kamen von ihrer anfänglichen Begeisterung über die vermeintliche Neuorientierung der französischen Politik schnell zurück.

Das mußte Katharina erfahren, als sie in Madrid eine Belohnung für den Dienst anmahnte, den sie der Sache der katholischen Christenheit und insbesondere dem spanischen Interesse geleistet hatte. Sie verlangte nämlich Phlipps II. Tochter, ihre Enkelin, die Infantin Isabella, als Frau für Heinrich von Anjou, ihren Sohn. Doch ihr Schwiegersohn, dem das Lachen inzwischen wieder vergangen war, wies diese Brautwerbung ab. Fünf Tage nach dem Blutbad im August hatte man Katharina gemeldet, daß der König von Spanien (der zu dieser Zeit freilich noch keine Ahnung hatte, daß seine Schwiegermutter glaubte, ihn zur Dankbarkeit verpflichtet zu haben) ihr als Geschenk ein wunderschönes arabisches Stutenfüllen schicke. Sie hatte alles stehen und liegen lassen, um persönlich dafür zu sorgen, daß das Pferd mit königlichem Ehrengeleit auf dem schnellsten Wege nach Paris gebracht würde. Das entzückende Tier langte zu Katharinas Freude denn auch richtig an und stand nun in den Ställen des Louvre neben den fünf prachtvollen Hengsten, die der Schwiegersohn ihr schon zwei Jahre zuvor geschickt hatte. Wenn sie wollte, konnte sie die Pferde als Lohn für die mit den Gemetzeln der Bartholomäusnacht der katholischen und spanischen Sache angeblich geleisteten Dienste nehmen. Einen anderen Lohn jedenfalls erhielt sie aus Madrid nicht.

Katharina kümmerte sich denn alsbald wieder um die Pflege ihrer Beziehungen zu den protestantischen Fürsten Deutschlands, der Niederlande und Englands. Am 13. September wurde Schomberg, der als Gesandter nach Deutschland ging, von der Königinmutter angewiesen, er wolle doch keineswegs die deutschen Fürsten etwa auf den Gedanken kommen lassen, daß, was dem Admiral und seinen Komplizen getan worden sei, aus Haß gegen die neue Religion oder gar zu deren Ausrottung erfolgte. Es sei ja wirklich nur nötig gewesen, um die verbrecherische Verschwörung, die sie ausgeheckt hatten, zu bestrafen. Die deutschen protestantischen Fürsten zeigten keine Neigung, sich in die inneren Angelegenheiten des Nachbarstaats auch nur so weit einzumischen, diese Erklärung offen anzuzweifeln. In der ersten Audienz nach Eintreffen der Nachricht von den in Frankreich an den Reformierten verübten Greueln empfing Elisabeth von England den französischen Gesandten in Trauerkleidung, mit eisigem Schweigen. La Mothe-Fénelon, der von der Königin, als er erst für Heinrich von Anjou und dann für dessen kümmerlichen kleinen Bruder Alençon um ihre Hand anzuhalten die Ehre gehabt hatte, schon anderes gewohnt war, begriff sofort, daß sie ihm auf diese Weise ihre Mißbilligung der jüngsten Maßnahmen seines Königs zum Ausdruck brachte. Doch hörte sie sich mit unbewegter Miene La Mothe-Fénelons Erläuterung dieser Maßnahmen an, und als der Gesandte sie verließ, meinte er die Gewißheit zu haben, daß man irgendwelche Sanktionen von ihrer Seite fürs erste nicht zu befürchten habe. Als einen Monat nach der Pariser Bluthochzeit Karl IX. und seiner Gemahlin Elisabeth von Österreich eine Tochter geboren wurde, bat namens seines Königs der Gesandte die Königin von England, die Patenschaft des Kindes zu übernehmen. Elisabeth nahm die Einladung an, was Katharina ihrem politischen Verstand hoch anrechnete. Tatsächlich war ja auch Elisabeth Realpolitikerin, die sehr wohl wußte, daß der König schlecht beraten war, der gegen Staatsfeinde, gleichviel auf welche Religion sich diese beriefen, nicht hart durchgriff, sobald er dazu Gelegenheit hatte: Auch sie

machte ja mit den Papisten, die in England die öffentliche Ordnung beunruhigten, kurzen Prozeß.
Sehr ungünstig drohte sich aber die Nachricht vom Holocaust der Reformierten in Frankreich auf die Kandidatur des Herzogs von Anjou bei der polnischen Königswahl auszuwirken, weshalb die Staatsraison Kaiser Maximilian II. empfahl, die blutige Unterdrückung des angeblichen Umsturzversuchs durch seinen Schwiegersohn Karl IX. lebhaft zu mißbilligen. Zwar fühlte sich der Kaiser mit den mutmaßlichen Verschwörern im besonderen und den Protestanten im allgemeinen wohl kaum solidarisch, aber der Adel, der den neuen König zu wählen hatte, war zum großen Teil protestantisch; und neben dem Herzog von Anjou kandidierte bei dieser Wahl auch einer der Söhne Maximilians II., der Erzherzog Albert von Habsburg. Maximilian II. mißbilligte also, in der Hoffnung, seinen Sohn gewählt zu sehen, das französische Verfahren mit den Protestanten und legte den Polen nahe, damit die Toleranz zu vergleichen, die er selbst in seinen eigenen Staaten den Protestanten bewies. Dabei handelte der katholische Kaiser im Lichte derselben Staatsraison, die es der protestantischen Königin von England gestattete, Verständnis für das Vorgehen des Königs von Frankreich zu haben – nur freilich aus einer anderen Interessenlage.
Während aber so an den ausländischen Höfen Katharinas Diplomaten ihr Bestes taten, die französischen Unruhen des Spätsommers 1572 aus der Sicht der französischen Regierung darzustellen, unterblieb jeder Versuch seitens der Regierung, die öffentliche Meinung hinsichtlich der bedauerlichen Vorkommnisse in ihrem Sinne zu beeinflussen. Die durch protestantische Flugschriften und Libellen verbreiteten Schilderungen und Interpretationen der Greuel der Bartholomäusnacht bewegten deshalb die Gemüter konkurrenzlos – nicht allein in Frankreich, sondern auch im benachbarten protestantischen Ausland. Lange hat sich deshalb sogar die Nachwelt Katharinas nur so erinnert, wie sie in diesen Schriften zu finden ist – als abgrundböse Teufelin in Menschengestalt, die mit lächelnder Miene und süßen Worten eiskalt jahrelang auf die Gelegenheit hinarbeitete, das evangelische Volk mit einem Schlag auszurotten.
Katharina scheint sich der politischen Gefahr, die diese Schriften, in denen die Königinmutter dem Volk als entmenschte Bestie hin-

gestellt wurde, der Monarchie ankündigten, nicht einmal bewußt gewesen zu sein.
Von den französischen Protestanten glaubte sie nach den Vorkommnissen des Spätsommers 1572 fürs erste nichts mehr zu befürchten zu haben. War nicht die Mehrzahl der adligen Führer der Sektierer eliminiert? Hatte sie nicht die beiden Prinzen von Geblüt, die an der Spitze der protestantischen Partei den Thron in der Tat hätten bedrohen können, genötigt, der neuen Religion abzuschwören und ihre Partei zu verraten? Am 29. September, gerade einen Monat nach dem Anfang des Gemetzels, wurde in der Kathedrale Notre-Dame zu Paris das Stiftungsfest des St.-Michael-Ordens gefeiert, und dabei wurde Heinrich von Navarra als neuer Ritter des Ordens eingeführt. Er beugte sehr anmutig vor dem Altar das Knie und bekreuzigte sich. Da wies, wie man in Don Diego de Zuñigas Bericht an Philipp II. liest, die Königinmutter die Gesandten der auswärtigen Mächte mit einer Gebärde auf dieses Schauspiel hin, wobei sie plötzlich in Gelächter ausbrach. Richtig gesehen hatte sie, auch was die Gesinnungen des Königs von Navarra anging, zu derartiger Freude nicht die geringste Ursache, was ihr der Schwiegersohn schon in Kürze unzweideutig zu verstehen geben sollte. Wenn sie aber glaubte, die Gesinnungen der einfachen Leute geringschätzen zu können – wie sie es offensichtlich tat –, verrechnete sie sich noch weit folgenschwerer. Gewiß hätte diese Geringschätzung auch der Ratgeber großer Herrschaften (und solcher, die es werden wollten), der göttliche Machiavelli selbst, mißbilligt; und die großen Mediceer, ihre Ahnen, die Machiavellis Einsichten beherzigten, hätten sich im Grabe herumgedreht, wenn sie gesehen hätten, wie wenig da die letzte ihres Geschlechts die Stimmung des *minuto popolo*, der kleinen Leute, berücksichtigte. Katharinas Geringschätzung der Meinungen und Bestrebungen des *minuto popolo*, war ein umso schwererer Fehler, als diese kleinen Leute kein amorphes Publikum waren, das auf negative Informationen über die Königinmutter schlimmstenfalls mit Staatsverdrossenheit reagierte, sondern eine kohärente Religionspartei, die seit den schlimmen Spätsommertagen des Jahres 1572 den König von Frankreich nicht mehr als den ihren anerkannte. Insofern es einen bedeutenden Teil des französischen Volkes dem Staat entfremdete, kann man das Scheitern von Katharinas Politik der nationalen Versöhnung in der Bartholo-

mäusnacht allerdings zur Vorgeschichte der Revolution von 1789 rechnen. Zwar gelang es später Heinrich IV. mit dem Edikt von Nantes, den inneren Frieden einigermaßen wiederherzustellen. Der Frieden hielt, bis er selbst durch den Dolch eines Fanatikers fiel. Unter Ludwig XIII. und Richelieu begannen die Aufstände der unzufriedenen Protestanten von neuem. Und dann fachte die Widerrufung des Toleranzedikts von Nantes durch Ludwig XIV. den seit der Bartholomäusnacht glimmenden Haß gegen das Königtum zu jenem Brand an, dessen Flammen schließlich rund hundert Jahre später so verzehrend aufloderten.

La Rochelle im Lichte eines neuen Sterns

Es blieb zwar unserer Heldin erspart, von diesen Spätfolgen ihrer Fehleinschätzung der nach der Bartholomäusnacht entstandenen Lage noch Kenntnis nehmen zu müssen; doch daß sie den Widerstand der hugenottischen Partei gegen die Krone nicht gebrochen hatte, wie sie meinte, als sie sich angesichts des das Knie beugenden Königs von Navarra ausschütten wollte vor Lachen, erfuhr sie schon bald.

Die mächtige, reiche, gut befestigte Stadt La Rochelle nämlich, schon seit langem eine Hochburg der Hugenotten, kündigte dem französischen König den Gehorsam und rief den Schutz der Königin von England an. Elisabeth von England, erklärten der Bürgermeister und die calvinistischen Pastoren von La Rochelle, sei ihrer Stadt »Souverän und natürliche Fürstin«, da die Rechte der Könige von England auf Aquitanien »von Ewigkeit« wohlbegründet und anerkannt seien. Montgomery, der nach seiner Flucht aus Paris alsbald nach London reiste, erinnerte dort die Köngin an die ihr aus so alten und wohlbegründeten Rechten erwachsenen Pflichten.

Auch in Südfrankreich rebellierten verschiedene, von den Hugenotten regierte Städte gegen die königliche Autorität und nutzten – wie Montauban, Nîmes, Aubenas, aber auch Sancerre – die ihnen seitens des Königs zugestandenen Freiheiten dazu, die königlichen Beamten fortzujagen. Doch der Hauptort der hugenottischen Sezession war La Rochelle. Katharina beschloß, Stadt und Hafen zu blockieren, um so die Aufständischen auszuhungern, falls es

nicht dem mächtigen Belagerungsheer, das sie zu diesem Zwecke einzusetzen plante, schon vorher gelang, die Festung zu stürmen. Doch scheiterte sie mit diesem Plan, und zwar vor allem, weil sie den Widerstandsgeist der Belagerten unterschätzte. Die Pastoren von La Rochelle – und an die fünfzig andere, die aus verschiedenen Gegenden Frankreichs dorthin geflohen waren – wußten mit ihrem heiligen Eifer die Verteidiger zum Kampfe bis zum letzten Atemzug zu begeistern, ihnen vor Augen zu führen, daß die neue Jesabel, deren Heerscharen jetzt das Volk Gottes bedrohten, unfehlbar dem gleichen Ende bestimmt war, das der HERR durch Elia der alten hatte verkünden lassen, als er sprach: »Die Hunde sollen Jesabel fressen an den Mauern Jesreels.« (1. Könige 23). Weil sich seit der Bartholomäusnacht zwar das politische Klima, nicht aber Katharinas politisches Temperament geändert hatte, versuchte sie auch in La Rochelle, ihr Ziel durch Verhandlungen zu erreichen, ehe sie die Waffen sprechen ließ. Die Pastoren von La Rochelle dachten aber nicht daran, mit der Königinmutter zu verhandeln. Dabei hatte sie einen Unterhändler gefunden, von dessen Bemühungen sie sich unter anderen Umständen wohl hätte Erfolg versprechen dürfen, einen königstreuen Mann, der zugleich der neuen Religion zugetan war. Doch daß dieser Monsieur La Noue sich von der götzenanbeterischen Königinmutter als Gouverneur in ihre Stadt schicken ließ, diskreditierte ihn von vornherein bei seinen Glaubensgenossen: »Man verhandelt nicht mit Mördern«, ließen sie den Verräter wissen. Entmutigt kehrte schließlich La Noue in das königliche Lager zurück. Durch den Mißerfolg der Vermittlungsbemühungen La Noues noch immer nicht entmutigt, ernannte Katharina ihm einen Nachfolger. Dieser, Biron, war ein sogenannter »Politiker«, das heißt, kompromißbereiter Katholik, der zum Beweis seines guten Willens anführen konnte, daß er während der Gemetzel einer Menge Protestanten das Leben gerettet hatte. Doch wird es nach dem Gesagten niemanden überraschen zu hören, daß die Pastoren von La Rochelle auch ihn unverrichteter Dinge wegschickten.
Und dann sprachen die Waffen. Weil aber Katharina sich nicht aufs Kriegshandwerk verstand, gelang es ihr auch mit Waffengewalt nicht, die Verteidiger von La Rochelle zur Kapitulation zu zwingen. Während der ganzen Regentschaft Katharinas (die ja praktisch zur Regierungszeit Karls IX. noch andauerte) war die

Organisation des königlichen Heers nur so lange schlagkräftig, wie die Guisen dafür verantwortlich waren. Doch unter den gegebenen Umständen wollte Katharina die Guisen von jeder Verantwortung für Staatsgeschäfte möglichst fernhalten. Und so wurde denn das Heer, das La Rochelle belagerte, von Monsieur geführt, dem Herzog von Anjou, und unter dessen Oberbefehl von seinem ebenso unfähigen wie ehrgeizigen und eitlen kleinen Bruder Alençon; außerdem von den beiden zwangsbekehrten Bourbonen, dem König von Navarra und dem Prinzen von Condé. Es bedarf keiner besonderen Phantasie, sich vorzustellen, daß die beiden letzteren insgeheim eher Möglichkeiten erwogen, zum Feind überzugehen, als ihn zu schlagen. Unter den Offizieren dieses bunt zusammengewürfelten Heers bildeten übrigens verschiedene, sehr einflußreiche Persönlichkeiten, unter ihnen die Montmorencys, bereits eine Fraktion – die der sogenannten Politiker –, die sich von einer Verständigung mit den Protestanten (wenn nötig auf Kosten der Königinmutter und des noch regierenden Königs) mehr versprachen als von der Möglichkeit, diese auszuhungern oder im Sturmangriff zu überwinden. Während andererseits auch der Mordschütze Maurevert, der sich zweier vergeblicher Anschläge auf das Leben Colignys rühmen konnte, den Belagerern von La Rochelle seine Tüchtigkeit zur Verfügung stellte. Die Moral der Armee, die da während des Winters 1572–1573 vor La Rochelle im Felde lag, naß und frierend, ohne nennenswerte Beschäftigung außer der, Gerüchte zu kochen, zu denen die Intrigen ihrer Führer ihr die Zutaten reichlich lieferten, war denkbar schlecht. Der verblaßte Glanz des Ruhms, den Heinrich bei Jarnac und Moncontour erworben hatte, begeisterte vor La Rochelle niemanden dazu, sein Leben in die Schanze zu schlagen. Und das um so weniger, als offensichtlich auch Heinrich, obwohl Oberbefehlshaber, im Lager von La Rochelle nur das Haupt einer von mehreren Parteien war, die da gegeneinander eifriger als gegen die Festung der Hugenotten operierten. Denn was letztere betraf, beschränkte sich die Tätigkeit der Belagerer zwei Monate lang auf Artilleriebeschuß, der, wie man hoffte, die Verteidiger mit der Zeit schon mürbe machen würde. Wenn man sich nicht schon vorher mit den Hugenotten einigte. So jedenfalls hoffte eine der im Belagerungsheer konspirierenden Parteien, die den Bruder des Oberbefehlshabers im Belagerungsheer und damit des Königs, den unbedeutenden jungen

Herzog von Alençon, für ihre Pläne gewonnen hatte. Sie hatten dem von Eifersucht auf seine glücklicheren älteren Brüder verzehrten Siebzehnjährigen weisgemacht, sie wollten ihm Gelegenheit geben, sich auf deren Kosten auszuzeichnen. Wenn nämlich, gaben sie ihm zu verstehen, die angestrebte Einigung mit den Hugenotten zustande kam, würde man Anjou wegjagen und an seiner Stelle ihn an die Spitze der königlichen Armee stellen. Ja, denkbar wäre unter diesen Umständen sogar, daß auch die Hugenotten sich ihn zu ihrem neuen Führer erwählten. Denkbar war das in der Tat, nicht etwa, weil den jungen Franz irgendwelche denen des Admirals Coligny vergleichbare Qualitäten ausgezeichnet hätten – sondern weil Franz von Alençon, obwohl eine kümmerliche Figur, immerhin königlicher Prinz war, mit seiner Führung also wohl imstande, eine umstürzlerische Partei zu legitimieren. Und daß er dazu willens sein könnte, schloß man nicht nur aus den Anzeichen der verzehrenden Eifersucht auf seine älteren Brüder, die er gab; man erinnerte sich auch, daß er bei der Nachricht des Anschlags auf Coligny gerufen hatte: »Das ist Verrat!« Gleichwohl handelte es sich bei denen, die sich Franz von Alençon in der Absicht zum Führer erwählten, hinter dem Rücken des Oberbefehlshabers zu einer Verständigung mit dem Feind zu gelangen, nicht um verkappte Hugenotten, sondern um die vorerwähnten »Politiker«, Leute, die des andauernden Bürgerkriegs müde waren und meinten, es sei höchste Zeit, einen *modus vivendi* mit den Hugenotten auszuhandeln. Man wird diese Meinung nicht anders als löblich finden können, ohne freilich zu vergessen, daß die Bestrebungen Katharinas bis in die Bartholomäusnacht eben dies zum Ziel hatten, und daß danach der Frieden zwar dringender als je zuvor gebraucht wurde, aber schwieriger als je zuvor zu bewerkstelligen schien. Doch der junge Alençon, der sich hauptsächlich deshalb zum Führer der »Politiker« erwählen ließ, weil ihn niemand anders zum Führer haben wollte, war nicht der Mann, diesen schwierigen Frieden auszuhandeln.
Ein anderer hatte zweifellos nicht nur den erforderlichen guten Willen, sondern auch die erforderlichen Qualitäten: La Noue. Aber er war gescheitert wie vor ihm der Kanzler Michel de L'Hospital, der nicht lange, nachdem die Pastoren von La Rochelle den ihnen Frieden anbietenden La Noue entrüstet geohrfeigt hatten, schon auf dem Sterbebett, den König in einem letzten Brief be-

schwor, mit all seinen Untertanen Frieden zu schließen, Toleranz zu üben und Nächstenliebe und mit dem Evangelium als Richtschnur das Reich zum Frieden zu führen. Dann starb er. Mit einiger Überraschung vernahmen viele, die ihn zu Lebzeiten der Häresie verdächtigt hatten, namentlich die Guisen, daß der Kanzler als frommer Katholik gestorben war. Doch richtete er auch mit seiner letzten Mahnung bei den fanatischen Katholiken ebensowenig aus wie La Noue, der fromme Calvinist, mit seinen Erinnerungen an die dem König von allen seinen Untertanen geschuldete Treue bei den fanatischen Calvinisten.

Und so kam der intrigierende und verräterische Alençon zum Zuge, dabei freilich nicht sehr weit. Erstaunlich ist, angesichts des Scharfblicks und des Mißtrauens seiner Mutter, der so leicht keine Intrige verborgen blieb, daß dies überhaupt möglich war. Verließ sich Katharina auf den Oberbefehlshaber des Belagerungsheeres, den Helden von Jarnac und Moncontour, Heinrich, ihren Liebling?

Alençon wurde bei seinem Komplott beraten von seiner Schwester Margarete, der er blind vertraute. Margarete knüpfte die Bande zwischen dem ehrgeizigen Bruder und den wirklichen Führern der Partei, die ihn sozusagen als Galionsfigur verwenden wollte, ihrem Gemahl Heinrich von Navarra, dem Prinzen von Condé und den Montmorencys. Diese Leute hatten in London Beziehungen zu Montgomery aufgenommen, der dort eine Flotte ausrüstete, die den Belagerten in La Rochelle zu Hilfe kommen sollte. Alençon hoffte zuversichtlich, nach dem Scheitern seines Bruders Anjou bei der Belagerung von La Rochelle die Stelle des Generalstatthalters des Königreichs mit Unterstützung der Hugenotten selbst zu erhalten. Und in dieser Absicht ging er so weit, den Belagerten einen Ausfall vorzuschlagen. Mit den von ihm selbst sowie mit den vom König von Navarra und vom Prinzen von Condé befehligten Truppen würde er ihre Partei nehmen und sich gegen die Königlichen wenden. Tatsächlich waren die Soldaten Navarras und Condés zum größten Teil Hugenotten, und daher durchaus geneigt, einem Befehl, die Seiten zu wechseln, mit Freuden zu gehorchen. Dennoch war der Vorschlag Alençons den Pastoren von La Rochelle verdächtig. Sie witterten ein Täuschungsmanöver: Planten bei dem angeregten Ausfall diese Königlichen, statt sich teilweise mit ihnen zu verbünden, nicht vielmehr, mit vereinten

Kräften über die Verteidiger der hugenottischen Festung herzufallen, um sie zu vernichten? Sie fürchteten also verlockt zu werden, der neuen Jesabel die heilige Stadt auf Gnade und Ungnade auszuliefern, und gingen auf den Vorschlag nicht ein.
Dabei stand es in der belagerten Stadt damals schon so schlimm, daß viel Seelenstärke dazu gehörte, einem so verlockenden Angebot zu widerstehen. Das ununterbrochene Bombardement durch die königliche Artillerie, Hunger und Seuchen stellten den Widerstandsgeist der in La Rochelle Eingeschlossenen auf eine schwere Probe. Der Hunger vor allem plagte sie schrecklich. Da die königliche Flotte den Hafen blockierte, erreichten die ihnen aus England geschickten Lebensmittel sie nicht. Schon nährten sich die Belagerten von Sumpfkräutern und Muscheln, weshalb viele an Dysenterie erkrankten und starben. Schon wurden in der Bevölkerung Stimmen laut, die forderten, den hoffnungslos gewordenen Widerstand aufzugeben, wenigstens Verhandlungen aufzunehmen mit den Belagerern. Einige dieser Defätisten ließen die Pastoren von La Rochelle hinrichten. Denn war es nicht ein Verbrechen zu verzweifeln, da Gott geruht hatte, seinem Volk ein Zeichen zu geben, das es so unmißverständlich seiner gnädigen Fürsorge versicherte?
Denn im November 1572 erblickten die Belagerten einen hell leuchtenden, neuen Stern in der Konstellation Kassiopeia. Es war offensichtlich dieser neue Stern nur als göttliches Zeichen zu verstehen, denn er leuchtete sogar am Tage. Die Astrologen versicherten, daß es sich um den gleichen Stern handle, der einst die Heiligen Drei Könige nach Bethlehem geführt hatte. Kündigte er die Wiederkehr Christi, das Ende der Zeiten an?
Die Belagerer erblickten natürlich diesen Stern ebenso wie die Belagerten und deuteten ihn auch in gleicher Weise. Wie den Hugenotten in La Rochelle bestätigte den Katholiken vor La Rochelle der neue Stern am Himmel über der belagerten Festung, daß sie auf der richtigen Seite standen in dem letzten Kampf, der offensichtlich nun begonnen hatte. Der neue Stern stand am Himmel bis ins Jahr 1574. Dann vergilbte sein diamantener Glanz, das gelbe Licht, das ihm blieb, blieb nicht lange, wurde rot und erlosch schließlich. Die Belagerung von La Rochelle war zu diesem Zeitpunkt längst aufgehoben, doch der Kampf dauerte an. Welcher der beiden Seiten der Stern recht gegeben hatte, war also noch immer strittig.

Margot nährt die Hoffnungen ihres kleinen Bruders Franz

Schon acht Monate dauerte die Belagerung, widersetzte sich eine ausgehungerte Stadt der ganzen militärischen Macht des Königreichs, was man teils der Tapferkeit der Verteidiger zugute halten muß, teils der miserablen Führung der Angreifer anlasten darf. Liebend gern hätte Katharina sich mit den Belagerten irgendwie gütlich geeinigt, zumal auch im Languedoc der Bürgerkrieg andauerte. Der Gouverneur Damville-Montmorency ließ dort die Hugenotten mehr oder weniger gewähren, und Katharina konnte daran nichts ändern, denn alle zur Verfügung stehenden Truppen waren vor La Rochelle gebunden.

Als zu dieser Zeit der Herzog von Alençon sie in Paris besuchte, kam er aber nicht mit einem Vorschlag zur gütlichen Einigung mit den Hugenotten, sondern um tränenreich (Tränen standen ihm jederzeit zu Gebote) die Zurücksetzung zu beklagen, die er angeblich seitens seiner Brüder und seiner Mutter vor La Rochelle erduldete. War er nicht ebenso seines Vaters Sohn wie der König und der Herzog von Anjou? Er verlangte deshalb den Oberbefehl über die vor La Rochelle liegende Blockade-Flotte. Das hätte ihm die Möglichkeit gegeben, Montgomerys englischer Flotte den Zugang zum Hafen der belagerten Stadt zu öffnen. Gemeinsam mit Montgomery hätte er dann nach England zurückkehren und von dort aus, unterstützt von der Königin Elisabeth (die seine Brautwerbung ja nie definitiv abgewiesen hatte), seinem Bruder, dem König, und seiner Mutter Bedingungen diktieren können. Von diesen Träumen zwar ahnte Katharina nichts, aber sie mißtraute ihrem Jüngsten und verweigerte ihm die geforderte Beförderung. Er sei für ein derartiges Kommando noch zu jung, sagte sie. Diesen Grund ließ er nicht gelten. War er nicht inzwischen schon achtzehn? Und war Heinrich von Anjou nicht schon als Siebzehnjähriger zum Generalstatthalter des Königreichs ernannt worden? Wo war da die Gerechtigkeit? Katharina blieb fest. Alençon weinte sich deswegen in den Armen seiner Schwester Margarete aus, die ihn zu trösten wußte. Seine Sache sei noch keineswegs verloren, versicherte sie ihm, denn sie war fest entschlossen, ihm die heißbegehrte Stellung des Generalstatthalters zu verschaffen. Sie hätte nämlich die Kompetenzen, die diese potentiell mächtige Stellung

dem kleinen Bruder erteilt hätte, bestens zu nutzen gewußt und brannte auf die Gelegenheit.
Die rührige Margot bediente sich bei der Ausführung ihrer Intrigen zweier Glücksritter namens Molle und Coconas. Bis zur Bartholomäusnacht hauptsächlich als Frauenhelden berühmt, hatten sie sich bei jener Gelegenheit als Mordbuben so ausgezeichnet, daß der Königinmutter, die sie verabscheute, darüber ein besonderer Bericht vorlag. Die beiden waren im übrigen angenehme Gesellschafter, vollendete Hofleute, elegant, geistreich und galant, und deshalb grundsätzlich bei den Damen beliebt. La Molle war ein provenzalischer Edelmann, Graf Boniface de Lérac de La Molle, ein schöner Mann, gebildet, in verschiedenen Künsten dilettierend, namentlich aber in der Kunst der Liebe, und wiewohl er schon vierzig Jahre alt war, hatte ihn um dieser Vorzüge willen Margot als ihren Liebhaber erwählt. Sein Kamerad, der Graf Coconas, war italienischer Herkunft, machte aber seinem Vornamen, Hannibal, alle Ehre, insofern er für den König von Spanien spionierte. Die beiden Männer waren eng befreundet. Margot empfahl sie ihrem Bruder und, um den Freundschaftsbund noch fester zu knüpfen, stiftete sie auch eine Liebschaft des Grafen Coconas mit ihrer Freundin, der Herzogin von Nevers.
Die politischen Ambitionen der Königin von Navarra für ihren kleinen Bruder scheinen weiter als nur auf die Stellung des Generalstatthalters des Reiches gegangen zu sein. Sie träumte wohl davon, ihren älteren Bruder Heinrich von der Thronfolge auszuschließen und den Kleinen die Nachfolge Karls IX. antreten zu lassen. Daß aber diese bald fällig sein würde, war angesichts des rapiden Verfalls der Gesundheit des Königs kaum zu bezweifeln. Seit der Bartholomäusnacht schien Karl IX. mit seinen schwindenden Kräften nur noch den Tod zu suchen, den das geplagte Gewissen ihm als Eingang in die Hölle darstellte. Er betäubte sich auf wilden Jagden, hieb einmal einen Esel mit einem einzigen Schwertstreich in zwei Stücke, erschöpfte sich in den Armen seiner Geliebten Marie Touchet, blies das Waldhorn, bis er Blut spie. Dann lag er tagelang wie gelähmt, von Nachtmahren und Gespenstern bedrängt, und meinte, schon im Höllenfeuer zu brennen. Längst hatte er praktisch abgedankt und ließ seine Mutter regieren, ohne ihr noch dabei hereinzureden. Lange würde, das sah jeder, sein Tod nicht mehr auf sich warten lassen. Der Ordnung nach hätte

ihm dann sein Bruder Heinrich auf den Thron folgen sollen. Margot aber hielt es für möglich, das zu verhindern, den Kleinen an die Macht zu bringen; um auf diese Weise, da dieser Wachs in ihren Händen war, selbst zur Herrschaft zu gelangen. Die Mutter in dem Fall vom Thron fernzuhalten, würde man schon Mittel und Wege finden. Denn wurde es allmählich nicht wirklich Zeit, daß sie sich aus der Welt zurückzöge, um sich in der Stille eines Klosters auf die Ewigkeit vorzubereiten?

Für Heinrich hat die Langeweile vor La Rochelle ein Ende, er wird König von Polen

Unterdessen langweilte sich Heinrich vor der zerschossenen und ausgehungerten, aber dennoch seinen Eroberungsbemühungen noch immer standhaltenden Festung der Hugenotten. Seine Mutter riet ihm, noch einmal zu versuchen, sich auf dem Verhandlungsweg mit den Belagerten zu einigen. La Noue setzte noch einmal sein Leben aufs Spiel bei dem Bemühen, Frieden zu stiften, noch einmal erfolglos. Heinrich befahl noch einmal seine Truppen zum Sturm auf die Stadt. Noch einmal schlugen die Verteidiger die Angreifer zurück. Schon waren zweiundzwanzigtausend Königliche vor den Mauern von La Rochelle gestorben und verdorben, unter ihnen der Marschall Tavannes und der Herzog von Aumale. Heinrich langweilte sich also und hatte bei der Frage, wie das alles denn nun weitergehen solle, schon Ursache zu einiger Besorgnis – sicher war ja leider jetzt schon, daß er bei diesem unersprießlichen Unternehmen keine sonderlich glänzende Figur machte, ganz abgesehen davon, daß er dabei Gefahr lief, zuletzt auch noch ganz ruhmlos ins Gras zu beißen. Da langte am 3. Juni 1573 ein Kurier mit Briefen an, die ihm seine Befreiung aus der verfahrenen Situation vor den Mauern von La Rochelle verkündeten: Heinrich von Anjou war zum König von Polen gewählt worden. Die Unterhändler seiner Mutter waren in Krakau erfolgreicher gewesen als in La Rochelle.

Ihr Gesandter zum polnischen Reichstag, der Bischof von Valence, Monluc, einer ihrer fähigsten Diplomaten, hatte mit allerlei lockenden Versprechungen nicht nur die Angebote der Konkurrenten übertrumpfen können, sondern auch den ungünstigen Eindruck, den die Nachrichten von den peinlichen Vorkommnissen in Paris und anderswo in Frankreich während des Spätsommers 1572 zumindest auf einen Teil der Wahlberechtigten gemacht hatten, zu verwischen gewußt. Monluc versprach den Polen unter anderem, daß Frankreich sich beim Großtürken für polnische Interessen einsetzen werde: einerseits bei dem Verbündeten darauf dringen werde, den seit der türkischen Besetzung Ungarns unterbrochenen Handel Polens mit dem südlichen Nachbarreich wieder aufleben zu lassen; andererseits türkischen Expansionsgelüsten begegnen wolle, sobald diese auf polnische Kosten zu gehen drohten.

Die Wahl eines französischen Prinzen auf den Thron von Polen war ein schwerer Schlag für das Haus Habsburg und somit ein außenpolitischer Erfolg, über den sich Katharina wohl freuen konnte. Optimistisch wie sie war, hoffte die Königinmutter, diesem ersten Streich bald einen zweiten folgen zu lassen, der ihr ganz die Oberhand über den Kaiser geben sollte. Wenn es ihr gelang, wie sie zuversichtlich erwartete, ihren Jüngsten mit Elisabeth von England zu verheiraten, hatte sie Kaiser und Reich eingekreist, und in dieser Erwartung schmeichelte sie sich, schon bald unangreifbar dazustehen – und das, ohne erst Krieg geführt haben zu müssen. Die Wahl ihres Lieblings verschaffte ihr jedoch ganz abgesehen von solchen politischen Erwägungen tiefe Befriedigung ihres mütterlichen Ehrgeizes. Ja, man darf sogar vermuten, daß die dadurch für Frankreich zu erwartenden politischen Vorteile sie im Augenblicke dieses Triumphes weit weniger interessierten als die Gewißheit, ihrem Liebling einen Thron erobert zu haben. Hochbeglückt schrieb sie also an den neuen König von Polen:

»Setzen Sie niemals wieder in Ihre Briefe, daß ich nie einen ergebeneren Diener haben werde, denn ich will, daß Sie ein ergebener Sohn seien und als solcher mich erkennten als die ergebenste Mutter, die Kinder jemals gehabt.«

Nichtsdestoweniger war ihr bewußt, daß es einen schlechten Eindruck machen würde, wenn ihr Liebling die Belagerung von La Rochelle, auf die Nachricht von seiner Erhebung hin alles stehen und liegen lassend, Hals über Kopf verließe. Sie veranlaßte deshalb Karl IX., seinem Bruder etwas zweideutig zu schreiben, daß er den Befehlshaber der Streitkräfte vor La Rochelle beurlaube für den

Fall, daß seine Anwesenheit bei diesen nicht mehr erforderlich sei. Heinrich ließ also in La Rochelle erst alles stehen und liegen, nachdem er ein letztes Mal versucht hatte, die Festung der Hugenotten im Sturmangriff zu nehmen. Auch diesen Angriff schlugen die Verteidiger ab; Heinrich aber wurde dabei durch Hakenbüchsenschüsse am Hals und am Arm verwundet, leicht, doch hinreichend, um das Schlachtfeld als verwundeter Held zu verlassen. Am 26. Juni 1573 reiste er aus dem Heerlager von La Rochelle ab, seiner neuen Bestimmung entgegen. Am 6. Juli wurde die Belagerung aufgehoben.

Katharina lernt die neuen Hugenotten kennen

Noch im gleichen Monat unterzeichnete Karl IX. das Edikt von Boulogne. Abermals wurde hier den Hugenotten die allgemeine Gewissensfreiheit zugestanden und den Städten La Rochelle, Nîmes und Montauban überdies die freie Religionsausübung. Frieden stiftete das in aller Hast ausgehandelte Edikt nicht, bestenfalls einen Waffenstillstand, den die Hugenotten zur Förderung ihrer Sache zu nutzen wußten. Schließlich waren ja, wenn irgendwer, aus diesem vierten Religionskrieg sie siegreich hervorgegangen. Spätestens bei den Verhandlungen über die Einstellung der Feindseligkeiten im Sommer 1573 mußte Katharina zur Kenntnis nehmen, daß die Hugenotten, mit denen sie es nunmehr zu tun hatte, andere waren als diejenigen, mit denen sie bis zu der unglücklichen Bartholomäusnacht des vergangenen Sommers zu verhandeln gewöhnt war. Denn statt der reformierten großen Herren, der adligen hugenottischen Heerführer, bei denen ein gewisses Verständnis für Realpolitik vorausgesetzt werden konnte, traten der Krone nun Vertreter protestantischer Städte, reformierte Pastoren gegenüber. Diese feilschten nicht um königliche Privilegien und Gnadenbeweise, sondern erhoben Forderungen für das Volk Gottes. Zunächst verlangten sie die Bestrafung der Schuldigen an den Gemetzeln des 24. August, die Rehabilitierung der Opfer, die Wiedererstattung des den Hugenotten zerstörten oder geraubten Eigentums, sowie deren Wiedereinsetzung in die ihnen genommenen Ämter und Würden. Doch war das noch nicht alles.

Die Pastoren forderten überdies die Gleichstellung der Reformierten mit den Katholiken in den Schulen und Universitäten sowie den Unterhalt der reformierten Pastoren und Kirchen durch den Staat; schließlich sollte die Besoldung der zur Verteidigung der festen Plätze aufgestellten Hugenotten-Milizen ebenfalls aus der Staatskasse erfolgen. Katharina rief empört, daß der Prinz von Condé, wenn es ihm gelungen wäre, mit seiner deutschen Reiterei Paris einzunehmen, wohl kaum so unverschämte Forderungen zu stellen gewagt hätte wie diese Pastoren. Sie erklärte, niemals werde sie sich solche Zugeständnisse entreißen lassen, war es dann aber, da zumindest fürs erste so etwas wie ein Frieden zustande kam, zufrieden, die unbefriedigten Forderungen der Reformierten auf sich beruhen zu lassen.

Die Hugenotten ihrerseits dachten natürlich nicht daran, ihrem Beispiel zu folgen. Einige Monate später, im Dezember 1573, fand in Millau eine Versammlung der reformierten Pastoren statt, eine zweite tagte dann im Juli des folgenden Jahres. Bei diesen Beratungen einigten sich die politischen Vertreter der Reformierten auf einen Katalog von Forderungen. Für ihre Städte forderten sie Selbstverwaltung. La Rochelle und Montauban wurden unabhängige Stadtrepubliken, die mit den anderen reformierten Gemeinden des Königreichs einen Städtebund bildeten. Eine separatistische Tendenz der reformierten Minderheit des französischen Staatsvolkes war nun nicht mehr zu leugnen. Der sich in dem reformierten Städtebund abzeichnende Staat im Staate drohte die Einheit des kapetingischen Königreichs zu sprengen.

Die Katholiken nahmen das mit um so größerer Sorge zur Kenntnis, als angesichts dieser Bedrohung des Staats der König untätig blieb und die Königinmutter nicht handelte. Da von seiten der Autoritäten nichts geschah, die Ansprüche der protestantischen Liga zu begrenzen, begann sich in Paris und in verschiedenen Provinzstädten eine zum Widerstand gegen die protestantischen entschlossene katholische Liga zu bilden – deren Umriß freilich noch die Bestimmtheit vermissen ließ, auf die sich die Reformierten längst geeinigt hatten. Einstweilen handelte es sich streng genommen nicht einmal um eine Liga, sondern um Gruppen und Grüppchen von Unzufriedenen, die nicht organisiert waren und nach einem Führer noch Ausschau hielten. Doch sollten sie den im Herzog von Guise ja bald finden.

Alles deutete also darauf hin, daß in naher Zukunft der Bürgerkrieg von neuem ausbrechen würde, und wegen der seit Jahren zunehmenden Verbitterung beider Seiten war zu fürchten, daß er diesmal schrecklicher wüten würde als je zuvor. Zu aller Unglück lag unterdessen die Verwaltung des Reiches darnieder, die öffentliche Ordnung war öffentlicher Unordnung gewichen, und das elende Volk wurde nicht nur von ungestraft brandschatzender Soldateska geplagt, sondern überdies von vernichtenden Seuchen.
Dies waren die Umstände, unter denen Katharina für ihren Liebling die Krone von Polen errungen hatte. Der Staatsschatz war leer, aber diese Krone hatte sich die Königinmutter goldene Berge kosten lassen, als die Nachricht von Heinrichs Wahl in Paris eintraf; und bei Eintreffen der so erfreulichen Nachricht war klar, daß die Folgekosten dieses Glücksfalls noch beträchtlich sein würden. Denn schon der Aufwand für die Krönung des Herzogs von Anjou, der von jeher gewöhnt war, für seine Vergnügungen Geld mit vollen Händen auszugeben, versprach das unglückliche Frankreich teuer zu stehen zu kommen.

Kostspieliges polnisches Zwischenspiel einer französischen Tragödie

Wie schon angedeutet, war Heinrichs Wahl zum König von Polen nicht eben leicht zu bewerkstelligen gewesen. Aber Schwierigkeiten, wie sie ihr bei diesem Geschäft begegneten, zu überwinden, verstand Katharina besser als die meisten Machthaber ihrer Zeit. Von den Konkurrenten ihres Sohnes bei der Wahl waren einige verhältnismäßig leicht auszustechen, so der Schwede und der Preuße. Denn da diese Fürsten Lutheraner waren, konnten sie, einer wie der andere, bestenfalls hoffen, die Stimmen der lutheranischen Minderheit des Konvokationsreichstags auf sich zu vereinigen. Wenig Aussicht, gewählt zu werden, hatte auch der mächtigste Bewerber um die polnische Krone, Zar Iwan, den man den Schrecklichen zubenannt hat. Denn die Moskowiter im allgemeinen und dieser Zar im besonderen flößten den Polen solchen Schrecken ein, daß sie kaum geneigt sein würden, sich gerade diesen zum König und Herrn zu erwählen. So blieb als für den französischen Prinzen allerdings gefährlicher Konkurrent der Erzherzog Albert. Wie bereits erwähnt, begünstigte den Erzherzog Albert bei den lutheranischen Wählern und sogar bei manchen katholischen, was aus Wien von den Pariser und französischen Greueln verlautete, bei denen sich der Herzog von Anjou, wie man hörte, ganz außerordentlich hervorgetan hatte. Katharinas Botschafter an den polnischen Konvokationsreichstag, der kurz nach den Greuelmeldungen aus Paris dort eintraf, wußte aber die zugegebenermaßen bedauerlichen Vorgänge ins rechte Licht zu rücken. Doch hätte der kluge Bischof von Valence damit allein wohl seinen Kandidaten nicht durchgebracht, und da er sich dessen bewußt war, riet er dem König, wenn er dem Bruder die Krone von Polen sichern wolle, noch zu einer zusätzlichen finanziellen Anstrengung. Karl IX. aber folgte dem Rat des Bischofs, nicht, weil er seinem Bruder eine Freude machen wollte, sondern weil er es im Gegenteil nicht erwarten konnte, denselben in die fernöstlichen Wüsteneien an der Weichsel zu verbannen und willens war, sich das eine Kleinigkeit kosten zu lassen. Die schönen französischen Goldstücke, die er schickte, gewannen seinem ungeliebten Bruder im Handumdrehen die Herzen der protestantischen wie der katholischen Wähler; zumal Karl IX. versprach, nach Heinrichs Krönung, die in Krakau stattfinden sollte, noch mehr davon zu schicken. Und also wurde Heinrich am 9. Mai 1573 gewählt und zwei Tage später zum König von Polen ausgerufen. Auf Wunsch der lutheranischen Wähler mußte er sich verpflichten, seinen Untertanen Religionsfreiheit zu gewähren.

Bei dieser Gelegenheit sei erwähnt, daß Katharina auf die Idee, ihren Liebling zum König von Polen krönen zu lassen, von einem ihrer Zwerge gebracht worden sein soll, einem gewissen Krassowski, der durch einen Bruder, der in Polen Verwalter eines königlichen Schlosses war, über die Ereignisse in seiner fernen Heimat stets auf dem laufenden gehalten wurde. Als dieser Bruder dem besagten Krassowski, noch im Jahre 1571, geschrieben hatte, lange werde König Siegmund II. kaum noch zu leben haben – und dann ohne Erben sterben –, erzählte das der listige Kleine unserer Heldin mit der Bemerkung, »da wird also bald ein Königreich für das Haus Valois verfügbar«. Man könnte demnach hinsichtlich der Wahl des Herzogs von Anjou zum König von Polen allerdings von einem kleinen Anfang einer großen Veränderung sprechen. Als diese dann drei Jahre später stattgefunden hatte, soll, wie man liest, der kleine Krassowski schon drei Stunden, ehe der Bote Monlucs in Paris eintraf (der noch in der Eile mehrere Pferde totgeritten hatte), vor der Königinmutter sich verneigt und gravitätisch erklärt haben: »Ich grüße die Mutter des Königs von Polen.« Worauf Katharina in Freudentränen ausgebrochen sei, anscheinend also keinen Augenblick daran zweifelnd, daß ihr Zwerg wisse, wovon er rede. Was ja, wie sich drei Stunden später zeigte, auch der Fall gewesen zu sein scheint.

Karl IX. freute sich über die Wahl des Herzogs von Anjou zum König von Polen nicht weniger als die Königinmutter, wenn auch aus anderen Gründen. Daher war er ganz wie sie der Meinung, daß man die polnischen Gesandten, die bald nach Paris kommen würden, um ihren König in Besitz zu nehmen, aufs prächtigste feiern müsse.

Geld für diese Feierlichkeiten war indessen nicht vorhanden. Katharina beschloß, wie schon so oft, wenn sie in dringender Geldnot war, sich das Nötige von der Kirche geben zu lassen. Eben zu dieser Zeit war die Geistlichkeit in Fontainebleau versammelt, was der Königinmutter die Gelegenheit gab, die Bewilligung ihres Antrags gleich hier durchzusetzen. Um ihre Wünsche befriedigen zu können, mußte die Kirche einen Teil ihres Grundbesitzes verkaufen. Katharinas Finanzberater hielten es angesichts der Höhe ihrer Forderungen für nötig, die konsternierten Prälaten an die außergewöhnlichen Dienste zu erinnern, welche die Krone der Kirche in der Bartholomäusnacht geleistet habe. Aber obwohl die Mehrzahl der Versammelten darauf wohl lieber verzichtet hätte, und die Erinnerung an die Massaker zumindest beklagenswerten Geschmack verriet, blieb den Prälaten nichts anderes übrig, als Katharina die Mittel zu bewilligen, damit die Abreise ihres Lieblings nach Polen standesgemäß gefeiert werden konnte.

Als König von Polen hatte Heinrich von Anjou bereits im Château de Madrid Wohnung genommen, wo er die Glückwünsche der auswärtigen Gesandten entgegennahm. Diese Audienz war sein erster Hoheitsakt. Philipp II., der König von Portugal und der Kaiser nahmen die Gelegenheit wahr, den glücklichen Konkurrenten des Erzherzogs Albert zu brüskieren und untersagten ihren Gesandten, ihm zu gratulieren.

Heinrich nahm das verärgert zur Kenntnis, doch auch er selbst freute sich seiner Wahl zum König von Polen bestenfalls nur sehr vorübergehend – als einer Gelegenheit, der langweiligen und demütigend erfolglosen Belagerung von La Rochelle zu entgehen. Denn Frankreich zu verlassen und ans Ende der Welt zu den Barbaren zu gehen, dazu hatte er nicht die geringste Lust. Aber was konnte er machen, da die eifersüchtige Mißgunst seines Bruders, des Königs, und die tyrannische Gunst seiner Mutter sich verbunden hatten, ihn dahin zu schicken? Auch Margot und Alençon wünschten ihn möglichst weit weg vom Hof – dahin, wo der Pfeffer wächst, wenn nicht zum Teufel –, aber das brauchte ihn nicht zu kümmern. Selbst der Haß Karls IX. hätte wohl wenig gegen ihn vermocht, wenn nicht schließlich Heinrichs Mutter darauf verfallen wäre, ihren Liebling just mit einer solchen Verbannung erfreuen zu wollen, wie die mißgünstigen Geschwister sie ihm wünschten. Denn in die Wünsche seiner lieben Mutter mußte Heinrich sich wohl oder übel schicken.
Doch tat er es sehr ungern. Die Vorstellung, Frankreich verlassen zu müssen, war ihm schrecklich und noch schrecklicher der Gedanke, sich von der angebeteten Maria von Kleve zu entfernen. Man staune! Denn die neueste Flamme des reizbaren Lieblings unserer Heldin war in der Tat eine Frau. Die Frau des unerträglichen Jämmerlings Condé. Jedenfalls verabscheute der Anbeter der Maria von Kleve deren Ehegatten, der seinerseits von Heinrich, dem Anbeter seiner Gattin, keine bessere Meinung hatte. Auch ganz abgesehen von dieser persönlichen Abneigung hatten Anjou und Condé freilich Gründe, einander zu hassen. Heinrich von Anjou war ja in letzter Zeit immer entschiedener als Vorkämpfer der katholischen Partei hervorgetreten, während Heinrich von Condé ja bekanntlich erst während der Bartholomäusnacht gewaltsam zum Katholizismus bekehrt worden und seitdem praktisch Gefangener Katharinas, des Königs und Heinrichs von Anjou war. Zudem hatte, wie es scheint, den so gedemütigten Condé schon die Natur nicht sonderlich glänzend ausgestattet. Jedenfalls hielt selbst seine Verwandte und ehemalige Glaubensgenossin Johanna von Albret von der Begabung dieses Prinzen für die Liebe nicht viel. Denn kurz vor seiner Heirat mit Margot hatte sie an ihren Sohn Heinrich von Navarra geschrieben: »Wenn Sie zur Liebe nicht besser taugen als Ihr Cousin Condé,

verzichten Sie lieber ganz darauf.« Wegen ihres Sohnes hätte sie sich, wie man weiß, jede Sorge diesbezüglich sparen können. Heinrich von Anjous Begabung für die Liebe andererseits hätte mütterliche Sorgen zwar gerechtfertigt – aber nicht, wie im Fall des Prinzen von Condé wegen ihrer Dürftigkeit, sondern im Gegenteil wegen ihrer Vielseitigkeit. Daß bei derartiger Verschiedenheit des Temperaments der Konflikt der politischen, religiösen und erotischen Interessen den bittersten Haß provozierte, wunderte niemand.

Wunderlich aber durfte man finden, daß Heinrich von Anjou trotz seiner unzweifelhaft heftigen Leidenschaft für Maria von Kleve keineswegs seinen früheren Neigungen abschwor. Denn zur selben Zeit, als er sich in Verlangen nach Maria verzehrte, ward in die Schar seiner *mignons* (die nach wie vor Du Guast anführte) ein neuer Liebling aufgenommen, der siebzehnjährige Jacques de Lévis, Graf von Quélus. Und es heißt, daß der exaltierte Anbeter Mariens seine glühenden Liebesbriefe an diese mit dem Blut des schönen Grafen von Quélus unterzeichnete.

Reisevorbereitungen

Unterdessen langten schon die Polen, die den so vielseitig Gebundenen als ihren König in Besitz zu nehmen und nach Polen zu entführen trachteten, an der französischen Grenze an. Dort empfing sie am 2. August 1573 Monluc, der den Herren noch aus Krakau, wo er sich für die Wahl des Herzogs von Anjou so überzeugend eingesetzt hatte, in angenehmer Erinnerung war. Stattlich war die polnische Gesandtschaft, kam in zweihundertundfünfzig großen geschlossenen Wagen, jeder mit acht Pferden bespannt, auf deren jedem ein Stallknecht ritt. Am 19. August rollte diese aufsehenerregende Kolonne durch die Porte Saint-Martin, hielt die polnische Gesandtschaft ihren Einzug in Paris. Der Herzog von Guise und die übrigen lothringischen Prinzen, der Vorsteher der Kaufmannschaft und die Schöffen standen zu ihrem Empfang bereit. Zwölfhundert Arkebusiere schossen Salut. Wie die Pariser die Polen anstaunten, staunten die Polen Paris an, was bei dieser Gelegenheit allerdings nicht von Unvertrautheit mit den Errungenschaften der

westlichen Zivilisation zeugte, denn zu Ehren des polnischen Besuchs hatte man die Erscheinung der Stadt ziemlich barbarisch verfremdet. Namentlich hatten die für die Festdekoration Verantwortlichen zur Feier des Tages Häuser und Monumente in schreienden Farben angestrichen, unter denen neben Grün, Gelb und Blau ein Ochsenblutrot vorherrschte, das unangenehme Erinnerungen an die jetzt gerade ein Jahr zurückliegenden Ereignisse wachrief. Doch wenn die Pariser sich dieser Ereignisse erinnerten, ließen sie es sich nicht anmerken. Die Stadt war seltsam ruhig. Um so besser kam dort die polnische Gesandtschaft zur Geltung. Die fremdländische Pracht der über zweihundert Edelleute, die, angeführt vom Bischof von Posen und dem Fürsten Radziwill, aus der Fremde kamen, sich einen französischen König zu holen, war sehenswert. Das schien man in Paris übrigens zuversichtlich erwartet zu haben, denn eine der Devisen, die aus der Festdekoration die Gesandten grüßten, besagte: »Wir bewundern Eure Tracht und Eure Gestalten, oh Polen, schön seid ihr wie Halbgötter.« Die Herren werden natürlich gewußt haben, wie solche Schmeicheleien in antikem Geschmack zu nehmen waren, aber geschmeichelt waren sie vielleicht doch, zumal vielleicht der oder jener sich erklären ließ, daß die Devisen zu ihrer Begrüßung kein geringerer als der berühmte Hellenist Dorat verfaßt hatte. Wirklich brauchten sich ja, wie gesagt, die polnischen Herren des Eindrucks, den ihre Erscheinung auf das Pariser Publikum machte, nicht zu schämen. Man fand diese fremdartig – lange, blonde Bärte trugen die durchweg hochgewachsenen Männer, aber das Nackenhaar kurz – doch unstreitig überwältigend und prächtig: Die in langen steifen Falten fallenden Brokate, die kostbaren Pelze, Kappen mit Federbüschen, die mit Gold- und Silberstickerei verzierten Nagelstiefel, die mit Edelsteinen besetzten Scheiden der türkisch anmutenden Krummsäbel . . .
Eigentlich hätte den neuen König von Polen, so wie wir ihn kennen, der Anblick dieser seiner neuen Untertanen entzücken müssen. Doch da sie kamen, ihn aus Paris zu entführen, hätte er sie lieber nicht gesehen.
Den Empfang der Gesandten im Louvre hatte Katharina, die sich ja auf dergleichen vortrefflich verstand, auch vortrefflich vorbereitet. Zwei Throne waren auf einer Bühne aufgestellt, über dem einen sah man die königliche Krone und die Lilien Frankreichs,

über dem anderen den polnischen Adler. Karl IX. zeigte sich bei dieser Gelegenheit im großen Staat, im Hermelinmantel, das Zepter in der Hand, unleugbar majestätisch. Die polnischen Gäste waren beeindruckt. Der zweite Thron war für den neuen König von Polen bestimmt, doch als die Gesandten den Saal betraten, thronte auf der Bühne nur ein König, der von Frankreich, Karl IX. Draußen in der Stadt war in diesem Augenblick schon mehr zu sehen, denn Katharina hatte zur Erbauung des großen Publikums, das bei der Zeremonie im Louvre nicht anwesend sein konnte, deren Hauptpersonen an Wände und Brücken malen lassen. Auf diesen Gemälden aber erblickte man nicht nur den König von Frankreich, Karl IX. in Majestät, Heinrich als gekrönten König von Polen – sondern neben diesen auch den jüngsten Prinzen von Frankreich, Alençon, der mit der anstehenden Feierlichkeit, strenggenommen, nichts zu tun hatte. Doch erklärten die Bilder, weshalb man ihn in Gesellschaft der beiden Könige gemalt sah, denn über seinem Haupte schwebte ein Engel, um ihm . . . die Krone von England aufzusetzen. Wie man sieht, verschmähte Madame Catherine es nicht grundsätzlich, für ihre Ziele Propaganda auch bei den kleinen Leuten zu machen. Man kann sich freilich fragen, was sie mit Propaganda beim *minuto popolo* gerade für dieses Ziel bewirken wollte, denn von ihm hing es ja zweifellos nicht ab, ob der Königinmutter Jüngster die Königin von England kriegte oder nicht.

Doch zurück in den Louvre, wo nun strengem Hofzeremoniell gemäß der Großkammerherr Heinrich von Guise die polnischen Edelleute dem König von Frankreich vorstellte. Sie verbeugten sich vor Karl IX. und stellten zu seinen Füßen ein rotes Kästchen ab, das die Urkunde enthielt, welche besagte, daß der polnische Reichstag Heinrich von Anjou zum König von Polen gewählt hatte. Sie ersuchten den König von Frankreich, den Herzog von Anjou, der unterdessen unbewegt neben seines Bruders Thron stand, von seiner Wahl zu unterrichten. Karl IX. reichte dem Herzog von Anjou die Urkunde. Und jetzt erst durfte dieser neben dem französischen König auf dem zweiten Thron Platz nehmen. Trommeln wurden gerührt, und Trompeten schmetterten. Jubel. Nur dem neuen König von Polen schien das ganze Trara lästig zu sein.

Wenn der Aufzug und das Betragen der Polen den Hof in mancher Hinsicht befremdete (das ausrasierte Nackenhaar zum Beispiel), so befremdete andererseits die Erscheinung ihres neuen Königs die Polen. Der kleine, schmächtige, äußerst elegante oder vielmehr ohne jede elegante Mäßigung herausgeputzte Stutzer, den sie sich da erwählt hatten, ohne ihn gesehen zu haben – parfümiert, geschminkt, das Haar gekräuselt, violett gepudert, unter einer Kappe, auf welcher kostbare Federbüsche und Trauben von Perlen unschätzbaren Werts bebten –, schien ihnen nicht eben viel Beruf zu königlicher Würde zu haben. In diesem Verdacht stimmten sie, wie der Chronist Pierre de L'Estoile beißend bemerkt, mit dem Volk von Paris gänzlich überein. Doch da sie ihn nun einmal gewählt hatten, mußten sie ihn wohl oder übel mitnehmen.

Peinlich war inzwischen, daß ihr neuer König sie nicht verstand. Daß er polnisch verstünde, hatten sie zwar nicht erwartet, und sie verstanden kein französisch. Doch sprachen sie alle ausgezeichnet lateinisch. Aber Heinrichs einstiger Präzeptor, Amyot, der berühmte Übersetzer der *Vitae Parallelae* Plutarchs, hätte ihnen sagen können, daß ihr neuer König zu der Sprache des Eroberers von Gallien leider nie große Neigung gezeigt hatte. Freilich gab ihnen das jetzt auch Heinrichs Miene zu verstehen. Und so griff bei dieser ersten Unterredung des neuen Königs von Polen mit seinen Untertanen ein sehr unbehagliches Schweigen Raum.

Unmißverständlich bedeutete gleichwohl bei der nächsten Unterredung der Bischof von Posen seinem Monarchen, daß er geruhen möge, sich umgehend reisefertig zu machen, da man ihn spätestens im September in Krakau erwarte, wo seine Anwesenheit zum Schutze des Reichs gegen den moskowitischen Erbfeind dringend erforderlich sei. Wie ein grauenhafter Abgrund gähnte da zu Füßen des unglücklichen Heinrichs die Zukunft, auf die er sich mit der Annahme der unseligen Wahl eingelassen hatte. Der moskowitische Erbfeind! Was ging ihn der moskowitische Erbfeind an? Er hatte andere Sorgen. Er mußte irgendwie den Papst dazu bringen, die Ehe Mariens von Kleve und Heinrichs von Condé zu annullieren, damit er die Angebetete heiraten konnte. Das nämlich allein war es, was ihm im Augenblick am Herzen lag. Nach der Zeremonie (zu welcher übrigens der Bischof von Posen und die übrigen Herren der polnischen Delegation in langen Goldbrokatroben erschienen waren, die ihnen das Aussehen römischer Senatoren gaben, da die fraglichen Gewänder der von antiken Denkmälern bekannten Toga ähnlich sahen) stürzte der von diesem römisch-republikanischen Aufzug ebenso wie von dem beunruhigenden Hinweis auf den moskowitischen Erbfeind sehr unangenehm berührte Fürst ins Kabinett seiner Mutter und warf sich dort schluchzend in ihre Arme. Er beschwor die Mutter unter Tränen, die Polen auf dem schnellsten Wege wieder nach Polen heimzuschicken, aber um Gottes willen ohne ihn, auf den polnischen Thron möge sich setzen, wer wolle, er jedenfalls wolle nicht; schon die Idee, Frankreich, die Mutter, Marie verlassen zu müssen, sei genug, ihm das Herz zu brechen. Katharina, die bekanntlich Heinrich über alles liebte, war in arger Verlegenheit. Konnte man sich leisten, diese mit so großen Mühen und so teurem Geld erkaufte Krone jetzt zurückzuweisen? Von dem diplomatischen Skandal, den das unzweifelhaft verursachen würde, würden Philipp II. und das Haus Österreich profitieren, soviel war mit Sicherheit vorauszusehen. Andererseits war Karl IX. ganz unverkennbar schwer krank, zusehends schwanden seine Kräfte, und so konnte es sehr wohl sein, daß ihr Liebling schon in naher Zukunft hier am Ort Gelegenheit erhalten würde, einen Königsthron zu besteigen und sich derart die ihm so widrige Reise nach Polen wirklich sparen konnte.

Doch galt es, in erster Linie den diplomatischen Skandal zu vermeiden. Auch fand Madame Catherine die Vorteile, welche die Besetzung des Throns von Polen durch einen der Ihren versprach, bedeutend genug, ihrem Liebling das Opfer zuzumuten.

Und darauf nahmen die Feste zu Ehren der polnischen Gäste und ihres nun aus Frankreich zu verabschiedenden neuen Königs ihren Lauf.

Katharina gab eines in dem Tuilerien-Palast, den sie selbst sich hatte erbauen lassen. Er war vom Grundriß bis zur Ausschmückung und Einrichtung der Räume ganz nach ihrem Geschmack und hatte unter ihrer Anleitung Gestalt angenommen. Unter anderen Wunderwerken sah man dort einen riesigen aus Silber gebildeten Felsen, in dessen Spalten göttlich schöne, nackte Nymphen jede eine der französischen Provinzen verkörperten. Orlando, der Musikmeister der Königinmutter, hatte zu dieser Gelegenheit eine sublime und zu Tränen rührende Kantate komponiert, die, von einer Sängerin und einem Kastraten vorgetragen, den Schmerz einer Mutter in so himmlischen Tönen zum Ausdruck brachte, daß niemand, der sie hörte, sich der Tränen des Mitleids und des

Entzückens enthalten konnte. Bei diesem Fest ertönte zum ersten Mal in Frankreich eine Violine – durch deren göttliche Klänge die Gäste sich schier verzaubert wähnten –, auch wurde ein Ballett zur Aufführung gebracht von einer Truppe, die Katharina – wie die Violine – eigens aus Italien hatte kommen lassen.
Einer der polnischen Kurfürsten, Lastir, richtete eine Rede in lateinischer Sprache an König Karl IX. Die junge Königin von Navarra, Margot, erwies sich als die beste Latinistin der königlichen Familie, jedenfalls wurde ihr die Ehre zuteil, die Ansprache ins Französische zu übersetzen und die Erwiderung des Königs lateinisch zu formulieren. Woraufhin der polnische Herr ihr das Kompliment machte, er schätze sie als »den vollkommensten Gegenstand der Welt«, was sie, zu Nutz und Frommen derjenigen unter den Anwesenden, die kein Latein verstanden, ebenfalls übersetzt haben soll.
Dieser Abend war ein Triumph nach Katharinas Herzen. Denn war es ihr nicht gelungen, die mächtigsten und gefährlichsten Herren des Reiches, Freund und Feind, wenn auch noch so vorübergehend, miteinander auszusöhnen oder doch ins Gespräch zu bringen und alle miteinander zu bezaubern durch die Schönheit und Pracht, die sie ihren entzückten Sinnen dargeboten hatte? Und versprach nicht selbst die vorübergehendste Aussöhnung und gemeinsame Bezauberung mehr für die Zukunft als der Sieg des einen über den anderen auf dem Schlachtfeld?
Mit mütterlichem Stolz gedachte Katharina dieser Festlichkeiten zu Ehren ihres Sohnes Heinrich, der zukünftig in Polen herrschen sollte, in einem Schreiben an Elisabeth von England. An Elisabeth schrieb sie jetzt wieder häufig, denn es schien ihr höchste Zeit, daß jene sich entschlösse, ihrem Jüngsten die Hand zum Ehebund zu reichen. Dieser, schrieb sie, sei in letzter Zeit noch gewachsen, auch wachse ihm jetzt der Bart und Schnurrbart und das, schrieb sie, »*arrange beaucoup ses imperfections*«, behebe seine Mängel ganz erheblich. Indessen wolle sie ihr den Freier demnächst persönlich zur Ansicht schicken, denn nichts wünsche sie sehnlicher, als ihren Sohn vereint zu sehen mit »der größten Königin und der kühnsten, welche Menschenaugen je erblickt haben«.
Die Verheiratung ihres Jüngsten nach England lag Katharina nicht allein so am Herzen wegen des Glanzes, den eine solche Verbindung auf das Haus Valois werfen würde – sie glaubte inzwischen

den elenden Knaben in London auch besser aufgehoben als in Frankreich, in Paris, an ihrem Hof. Seit frühester Kindheit hatte der ehemalige Herkules nur Unfug gestiftet, und mit den Jahren waren zwar weder seine Statur noch seine sonstigen Fähigkeiten gewachsen, außer denjenigen, Unruhe zu stiften und zwar ganz erheblich.

Jetzt komplottierte er mit der Partei der »Politiker« und den Protestanten, mit Montmorency, Navarra und Condé, und mit jener neuen Generation von Hugenotten, die bei der Belagerung von La Rochelle eine Probe ihrer Hartnäckigkeit und Tapferkeit gegeben hatten. Dieser Partei, oder besser gesagt Koalition, war an der Verfügbarkeit des an sich sehr unbedeutenden Herzogs von Alençon jetzt mehr denn je gelegen, weil dieser, wenn Karl IX. in Kürze in Abwesenheit des Herzogs von Anjou, der ja eben die Krone von Polen angenommen hatte, starb, mit einiger Aussicht auf Erfolg den französischen Thron beanspruchen konnte. Kürzlich hatte in Genf ein reformierter Rechtsgelehrter, François Hotman, eine Abhandlung veröffentlicht, die eine in dieser Hinsicht aussichtsreiche Rechtslage offenbarte. Diese Schrift gab sich jedenfalls als Nachweis, daß die kapetingische, obgleich sie den Anschein hatte, nicht prinzipiell erblich, im Grunde vielmehr eine Wahlmonarchie war, in der die Verfassung das Recht, den König zu wählen – und notfalls auch abzusetzen – den Generalständen vorbehielt.

Auf diese Argumente glaubten die Parteigänger des Herzogs von Alençon sich wohl berufen zu können, wenn Karl IX. starb, nachdem der in der Erbfolge nächste königliche Prinz die Krone eines fremden Reichs angenommen und sich, wie man wohl behaupten durfte, damit für den Thron von Frankreich disqualifiziert hatte. Katharina, die wohl wußte, daß ihr Jüngster derartige Rosinen im Kopf hatte, beeilte sich, noch vor der Abreise Heinrichs nach Polen wenigstens an der Rechtsauffassung des regierenden Monarchen jeden Zweifel zu beseitigen.

Und so bezeichnete in einer Sitzung des Rats schon am 22. August 1573 (drei Tage nach Ankunft der polnischen Gesandtschaft in Paris) Karl IX. selbst seinen Nachfolger. Wenn er selbst ohne männlichen Erben stürbe, erklärte er, bestimme er als Thronerben seinen Bruder Heinrich von Anjou, den König von Polen, »ungeachtet dieser in dem Fall abwesend sei und außerhalb des Königreichs residiere«.

Und so war nach geltendem Recht dem einstweilen noch ungekrönten König von Polen im Falle des Todes des regierenden Königs von Frankreich die französische Krone jedenfalls gesichert; und hatte Katharina ihrem Liebling schon vor dessen Abreise die Rückkehr in die Heimat rechtlich wenigstens gesichert.

Wie dem König von Polen die Reise nach Polen nicht erspart blieb

Vier Tage, nachdem Karl IX. ihn zu seinem Nachfolger in Frankreich bestimmt hatte, mußte indessen der unglückliche Heinrich sich zu Verhandlungen über die Bedingungen der ihm so herzlich unerwünschten Herrschaft in Polen mit seinen polnischen Wählern bereithalten. Die Abgesandten des Konvokationsreichstages, die Kurfürsten des neuen Königs, traten bei diesen Verhandlungen nicht als dessen Untertanen, sondern eher als seine Obrigkeit auf. Man gab ihm zu verstehen, daß er als König überhaupt erst anerkannt werden sollte, nachdem er sich endlich verpflichtet habe, die ihm von seinen Wählern gestellten Bedingungen anzuerkennen. Und nur solange er in seinen Handlungen dann gegen diese Bedingungen nicht verstieße. Denn seine Untertanen schuldeten ihm, sobald er eine einzige dieser Vereinbarungen bräche, keinerlei Gehorsam mehr. Im übrigen bedürfe in Polen jede Entscheidung des Königs der Bestätigung durch die Adelsversammlung, um rechtskräftig zu werden. Heinrich, dem die Aussicht, von Untertanen, auf die er sowieso liebend gern verzichtet hätte, auch noch derart gegängelt zu werden, sehr übel gefiel, hätte diesen zweifellos empfohlen, ihren Dreck alleine zu machen, hätte nicht seine gute Mutter ihn daran gehindert. Der Bischof von Posen suchte dem sichtlich verdrossenen neuen König die polnische Verfassung schmackhaft zu machen mit der Bemerkung, daß nach derselben »der König ohnmächtig, das Böse, allmächtig jedoch, das Gute zu tun« sei. Ja, aber wer bestimmte nach der polnischen Verfassung was gut sei und was böse? Der Reichstag? Es kam darüber zu einer Kontroverse zwischen Katharina und den Polen, in deren Verlauf dann die Polen auch untereinander zu streiten begannen. Heinrich nahm die Gelegenheit wahr zu erklären, er werde keineswegs

schwören, solange sich nicht wenigstens seine Untertanen einig seien. Einer der adligen Herren bemerkte dazu nur: »*Si non jurabis non regnabis*«, wenn du nicht schwörst, regierst du auch nicht. Im Fortgang der Verhandlungen bekam Heinrich diese Bemerkung jedesmal zu hören, wenn er sich sträubte, eine Bedingung zu akzeptieren. Eine ganze Woche lang wurde derart gefeilscht. Heinrich mußte nacheinander jeden ausgehandelten Artikel einzeln beschwören, dann nach Ende der Verhandlungen noch einmal deren Gesamtheit während eines Gottesdienstes in der Kathedrale Notre-Dame am 10. September 1573. Bei den Verhandlungen hatte er die Unterstützung der besten Rechtsgelehrten seiner Mutter: Cheverny, Morvilliers und natürlich der unentbehrliche Birague standen ihm zur Seite, ebenso wie sein eigener Vertrauter Villequier. Doch schwören mußte er wohl oder übel alleine und würde, leider, unter den beschworenen Bedingungen in Polen auch alleine herrschen müssen.
Er beschwor also, daß in Zukunft zwischen Polen und Frankreich in militärischen und Marineangelegenheiten enge Zusammenarbeit stattfinden und die Handelsbeziehungen zwischen den beiden Reichen verstärkt werden sollten. An den Universitäten der beiden Reiche sollten französische beziehungsweise polnische Scholaren vor anderen ausländischen gewisse Privilegien genießen. Frankreich verpflichtete sich einseitig, Polen alljährlich mit einer gewissen (nicht geringen) Summe Geldes behilflich zu sein. Abgesehen davon wurden die ungeheuren Güter, die der Herzog von Anjou in Frankreich besaß, durch dessen Erhebung auf den Thron von Polen polnische Krongüter. Karl IX., der darauf brannte, den ungeliebten Bruder so schnell wie möglich loszuwerden, hatte noch ein Übriges getan, indem er versprach, den Polen eine Ostseeflotte zu bauen.
Alles in allem waren also die Kosten der Krone, die Heinrichs Gemüt, schon ehe man sie ihm aufsetzte, so schwer belastete, für Frankreich nicht eben gering. Immerhin deutete sich die Möglichkeit an, daß dem neuen König ein Opfer erspart bleiben würde, das zu bringen nur er persönlich gefordert war. Er hatte sich nämlich endlich auch verpflichten sollen, die Schwester des verstorbenen Königs Siegmund August II. – und letzte des Geschlechts der Jagellonen – zur Frau zu nehmen. Dies aber konnte er einstweilen vermeiden, da seine Rechtsberater geltend machen konnten, daß, da

keine Einwilligung der fraglichen Dame zu diesem Ehebund vorliege, von dem König rechtens nicht verlangt werden könne, die Absicht, sie zu heiraten, zu beschwören. Ein weiterer Verhandlungserfolg der Legisten der Königinmutter bei diesen Auseinandersetzungen war eine Klausel in dem Vertrag über die Polen zu leistende finanzielle Unterstützung, derzufolge dieses Geld unmittelbar an den König von Polen und zu dessen freier Verfügung überwiesen werden sollte. Daß auf diesem Wege die fraglichen Gelder jemals in die bodenlose polnische Staatskasse gelangten, war mindestens ebenso unwahrscheinlich wie daß, nachdem ein beeidetes Eheversprechen hatte vermieden werden können, der Liebling unserer Heldin die (dem Vernehmen nach sehr brave, wenn auch nicht mehr ganz junge) jagellonische Prinzessin zum Traualtar führte.
Indessen, nach Polen mußte er, an Polen führte kein Weg vorbei. Eigentlich hatten ja die Abgesandten des Reichstags ihn gleich mitnehmen wollen. Heinrich erlangte einen Aufschub und war es sehr zufrieden, noch ein Weilchen in Paris bleiben zu können, als seine Herren Wähler am 23. September 1573 ohne ihn nach Polen abreisten. Doch leider hatte er ihnen versprechen müssen, am 10. Dezember in Krakau zu sein, rechtzeitig zu seiner Krönung, deren Datum auf den 17. Januar 1574 festgesetzt worden war. Aber konnte nicht bis zu seiner Abreise spätestens ungefähr Mitte November noch viel passieren? Denn es war ja keineswegs auszuschließen, daß noch inzwischen sein Bruder, der König von Frankreich, aus der Zeitlichkeit schied. Andererseits sah es ganz so aus, als sollte demnächst wieder Bürgerkrieg ausbrechen. Die Protestanten wurden in ihren Forderungen immer aggressiver, der Prinz von Oranien unterstützte sie dabei. Kürzlich war aus England kommend Montgomery in der Normandie gelandet. Wenn aber, wie das hoffen ließ, derart bald der Krieg wieder anfing, würde man ihn als Generalstatthalter des Reichs und damit Oberbefehlshaber des Heeres doch zweifellos in Frankreich so dringend brauchen, daß er Polen würde vergessen können.
Während Heinrich so träumte, machte seine Mutter Bilanz. Wie gewöhnlich war diese alles andere als ermutigend. Das sogenannte »*don gratuit*« oder die »Gratisgabe« der Geistlichkeit (so pflegte man die durch die Regierung vom Klerus erpreßten Gelder höflich zu nennen) hatte nicht einmal die Kosten der den Polen gegebenen

Festlichkeiten und Geschenke gedeckt. Und überdies benötigte Katharina jetzt noch beträchtliche Summen, um den freien Durchzug ihres Sohnes durch die Staaten der deutschen Fürsten zu erkaufen. Denn die lutherischen deutschen Fürsten ließen den katholischen neuen König von Polen, der bei ihnen als blutrünstiger Hugenottenschlächter berüchtigt war, ihre Transitvisa teuer bezahlen. Die diesbezüglichen Verhandlungen waren so schwierig gewesen, daß Katharina schon die Möglichkeit ins Auge gefaßt hatte, Heinrich auf dem Seeweg nach Polen zu expedieren, als die Deutschen sich endlich bereiterklärten, ihm die Durchreise zu gestatten. Nun war aber das Geld aufzubringen, das sie ihnen dafür hatte versprechen müssen.
Da eine Gratisdonation der Geistlichkeit nicht gut nach so kurzer Frist schon wieder erhoben werden konnte, lieh der König bei der Stadt Paris und ließ allen Hochwald seines Bruders Anjou verkaufen, nicht unbillig, denn er und seine polnische Krone hatten ja die zu deckenden Kosten verursacht. Zudem erwog er als einmalige Sondersteuer ein Viertel der Einkünfte seiner Untertanen während einer bestimmten Frist für den Staatsschatz einzuziehen, doch schien den Sachverständigen diese Maßnahme schließlich zu grausam, und man behalf sich mit verschiedenen Anleihen.
Als all dies geregelt war, Heinrich aber noch immer keine Miene machte, endlich abzureisen, befahl es ihm Karl IX. mit einem seiner beängstigenden Wutanfälle. Wenn er nicht *stante pede* Vorbereitungen zu seiner sofortigen Abreise treffe, werde er ihn *manu militari* über die Grenze abschieben lassen, schrie der König von Frankreich den König von Polen an. Dann hatte er einen Blutsturz. Durfte man hoffen, daß es schon der letzte wäre? Gern hätten, jeder aus seinen eigenen Gründen, seine Geschwister ihn schon bei dieser Gelegenheit abkratzen sehen.
Doch tat er ihnen den Gefallen nicht. Und da er noch König von Frankreich war, machte sich nun schweren Herzens der König von Polen auf den Weg in sein neues Reich. Gemächlich und von dem ganzen Hof begleitet. In Villers-Cotterêts empfing die Königinmutter eine Delegation hugenottischer Pastoren, die Gelegenheit nahmen, ihr die Liste ihrer nun schon sattsam bekannten exorbitanten Forderungen vorzutragen. Angesichts der gänzlich unkonzilianten Starrsinnigkeit dieser Leute versagten Katharinas diplomatische Talente, sie brach wütend die Audienz ab und woll-

te eben die Weiterreise nach Lothringen befehlen, als ihr einfiel, daß man vergessen hatte, Heinrich mit Geschenken für die lutherischen Fürsten zu versehen, durch deren Länder ihn sein Weg nach Polen führen würde. In aller Eile kehrten also Katharina und Heinrich nach Paris zurück. Katharina lieh sich 500000 Livres, kaufte Schmuck dafür, und dann eilte man zu der wartenden Reisegesellschaft zurück.

In Vitry kam es zu einem zweiten unvorhergesehenen Aufenthalt, von dem aus die Reise in ganz neuer Richtung hätte weitergehen können, wenn . . . es erkrankte dort nämlich Karl IX. an den Blattern. Während der Hof den Ausgang dieser Krankheit abwartete, wußte der Kranke natürlich, was zumindest seine Brüder erwarteten und mit einem abermaligen schrecklichen, für ihn selbst erschöpfenden Wutanfall befahl er Heinrich, die Reise nach Polen sofort allein fortzusetzen. Katharina versicherte ihm, daß seine Anordnungen unverzüglich befolgt werden sollten und organisierte alsbald eine Abschiedsszene, die sich sehen lassen konnte. Alle um das Krankenbett Versammelten vergossen Ströme von Tränen und umarmten einander schluchzend. Alençon gab seinem Abschiedsschmerz besonders ergreifend Ausdruck. Welche Familie! Welches Talent für die Bühne! Wenn Katharina Regie führte, waren diese Kinder imstande, jede beliebige Szene jeder beliebigen Staatsaktion mit Hingabe und vollkommen überzeugend zu spielen.

Und während der totgeweihte König von Frankreich in Vitry zurückblieb, setzte dann weisungsgemäß der König von Polen seine Reise fort. Die Mutter und der Hof begleiteten ihn. In Nancy wurden die Reisenden vom Herzog und der Herzogin von Lothringen, Katharinas lieber Tochter Claudia, sehr herzlich willkommen geheißen. Hier waren die Empfindungen endlich einmal nicht gespielt.

Auch Heinrich gefiel es in Nancy, insbesondere gefiel ihm eine Nichte des Herzogs, die er dort sah. Sie hieß Louise de Vaudémont, war neunzehn Jahre alt, blond, schön, doch von einer so unaufdringlichen Schönheit, daß man sie leicht übersehen konnte. Sie führte in der Familie ihres Onkels das Leben eines Aschenputtels und kam selten in Gesellschaft. Die Sanftheit und Anmut, mit der sie diese offensichtliche Zurücksetzung ertrug, entzückte Heinrich von Anjou. Während des dreitägigen Aufenthalts des Hofes in

Nancy wich er nicht von ihrer Seite. Niemand schenkte dem viel Aufmerksamkeit, da niemand die arme Verwandte des Herzogs sehr bemerkenswert fand. Sie war ja keine königliche Prinzessin, weder sehr vermögend noch verfügte sie über nennenswerte politische Beziehungen. Man bemerkte nicht, daß sie Maria von Kleve bemerkenswert ähnlich sah; Gelegenheit zu dieser Beobachtung nahm man, wie wir sehen werden, erst später.
Vorerst ging nun die Reise nach Polen weiter. Von seiner Mutter und dem französischen Hof verabschiedete sich Heinrich an der Grenze des Herzogtums Lothringen in Blamont am 29. November 1573. Die Jahreszeit war nicht die günstigste für die Reise, die dem neuen König von Polen noch bevorstand, aber Monsieur (wie man den Herzog von Anjou kurz zu nennen gewöhnt war) hatte dabei den Trost der Gesellschaft einiger Getreuer. Mit ihm reiste der Herzog von Nevers (ein gebürtiger Gonzaga, Angehöriger des in Mantua regierenden Geschlechts), der Herzog von Mayenne, der Abbé von Noailles und schließlich auch seine persönlichen Höflinge: Der wie Villequier unentbehrliche Pibrac, Du Guast und vor allem Miron, sein Arzt, sein Mentor, sein Vertrauter und wahrer Freund (der auf alles acht gab). Was hätte er ohne Miron gemacht, da es doch ständig die Fistel in seinem Auge und das unter dem Brokat und Samt seines Ärmels unaufhörlich suppende Geschwür zu betreuen galt? Aber natürlich brauchte er auch das Gefolge, das ihn dazu noch begleitete, ein Troß von fünfhundert Personen.
Am 29. November 1573 in Blamont, wie gesagt, trennte sich dieser Troß von dem des Hofs der Königinmutter. Und Heinrich nahm von seiner Mutter Abschied. Alles spricht dafür, daß die Tränen, die bei dieser Gelegenheit flossen, auch für die Weinenden bitter waren. Denn Meister der Vortäuschung von Gefühlen waren sie zwar beide, die hier voneinander Abschied nahmen, Mutter und Sohn. Aber einander liebten sie anscheinend wirklich.

Katharina sucht die Freundschaft der Freunde ihrer Feinde zu gewinnen

Kaum waren Katharinas Tränen getrocknet, und auch schon vorher, zeigte sich wieder die Realpolitikerin in ihr. Kurz vor Heinrichs Abreise hatte sie eine geheime Unterredung mit dem Prinzen Ludwig von Nassau und dem Herzog Christoph, Sohn des Kurfürsten Johann Kasimir von der Pfalz, mit denen sie Freundschaft schloß.

Der erste, der durch die Nachricht von diesem Freundschaftsbündnis sein Mißtrauen gegen unsere Heldin bestätigt fand, war deren Schwiegersohn, der König von Spanien. Die Unterredung, bei welcher es zustande kam, war nämlich nicht so geheim, als daß nicht spanische Spione davon Wind gekriegt und die Einzelheiten der dabei getroffenen Abmachungen eruiert hätten. Ihnen verdankt auch die Nachwelt Kenntnis der fraglichen Übereinkünfte. Berichten spanischer Spione zufolge eröffnete Katharina den beiden protestantischen Fürsten, daß sie nunmehr entschlossen sei, mit ihrer Hilfe in die spanischen Niederlande einzufallen, so wie es vorlängst der verstorbene Admiral Coligny mit ihnen verabredet habe. Etwaige Zweifel ihrer Gesprächspartner an der Zuverlässigkeit dieser Entscheidung soll die Königinmutter mit klingender Münze zum Schweigen gebracht haben. Sie habe, las der spanische König (mit zweifellos tiefer Entrüstung) dem Prinzen Ludwig von Nassau für die erforderlichen Rüstungen 300000 Taler auf die Hand gezahlt und ihm überdies ein Heer von 10000 Mann versprochen.

Man wird dem Prinzen von Nassau – und dem durch seine Agenten von Katharinas Rüstungshilfe unterrichteten spanischen König – beipflichten müssen in der Meinung, daß die aufgewendete Summe für den Ernst der durch sie unterstützten Absicht spricht. Doch bestätigt einem der Blick auf den weiteren Verlauf der Geschichte den Verdacht, daß es sich bei dieser Absicht nicht um die erklärte handelte. Katharina war fünfzehn Monate nach der Ermordung Colignys nicht geneigter, sich in einen Krieg mit Spanien verwikkeln zu lassen, als in dem Augenblick, da sie die Beseitigung des Politikers anordnete, der darauf brannte, diesen Krieg anzufangen. Was veranlaßte sie also jetzt, diese Neigung vorzutäuschen? Man kann darüber nur Vermutungen wagen. Und da scheint es, als wenn der nächste Zweck, den sie dabei verfolgt hätte, vielleicht die Sorge um das Wohl ihres Lieblings Heinrich gewesen wäre, der sich nun auf seinem Weg nach Polen ja in die Gewalt der deutschen protestantischen Fürsten begeben hatte, durch deren Staaten dieser Weg ihn führte. Gewann sie, und sei es nur vorübergehend, deren Freundschaft, konnte sie ja wohl darauf rechnen, daß das Wohlwollen des Prinzen von Nassau und des Kurfürsten von Pfalz ihren Sohn vor Feindseligkeiten seitens deutscher Lutheraner bewahrte. Andererseits waren vielleicht die 300000 Taler auch im nationalen Interesse nicht schlecht angelegt. Denn die damit geweckten Hoffnungen auf Unterstützung ihres Kampfes gegen den spanischen durch den französischen König mochte die Prinzen von Oranien-Nassau zumindest fürs erste davon abhalten, mit den französischen Hugenotten gemeinsame Sache gegen Karl IX. zu machen. Katharina wußte natürlich, daß sie diese Hoffnung früher oder später würde enttäuschen müssen, aber wie gewöhnlich versuchte sie Zeit zu gewinnen, den Ausbruch der Feindseligkeiten hinauszuzögern. Dies mußte ihr zu jener Stunde mehr als gewöhnlich wünschenswert scheinen, denn sie wußte, daß die Hugenotten, da sie sich neuerdings schmeichelten, einen königlichen Prinzen – den Herzog von Alencon – für ihre Bestrebungen einspannen zu können, nur auf einen Anlaß warteten, sich von neuem zu erheben. Wenn Katharina mit der Ludwig von Nassau gezahlten Summe die protestantischen Prinzen jetzt hindern konnte, einen solchen Anlaß zu provozieren, mochten sich die Umstände im Inneren des Reiches schließlich zugunsten der Krone so wieder ändern, daß die Feindschaft der Oranier nicht mehr zu fürchten wäre. Und um eine solche Änderung bemühte sie sich, nachdem sie hoffte, mit den Verhandlungen an der lothringischen Grenze die dafür erforderliche Zeit gewonnen zu haben.

Schadenzauber verfehlt sein Ziel

Daß, wenn sich nicht sehr bald etwas änderte, der Bürgerkrieg sehr bald von neuem wieder ausbrechen würde – mit oder ohne Anregung von außen –, lag nach der Abreise des Königs von Polen auf der Hand. Und daß es Katharina schwerer als je zuvor gemacht werden sollte, im Reich etwas zu ändern, konnte sie in einer Flut von gegen sich gerichteten Hetzschriften lesen, die sich während der letzten Monate über das ganze Land ergossen hatten, etwa in der schon erwähnten »Wunderbaren Abhandlung über Leben, Taten und Gebarung der Königin Katharina von Medici«. Der

anonyme Verfasser dieser Abhandlung malte den Franzosen ein schauerliches Panorama der offenbaren und verborgenen Sünden und Laster der königlichen Familie und identifizierte als die in alledem wirkende satanische Macht keine andere als unsere Heldin, die, wenn er recht unterrichtet war, sich nicht gescheut hatte, König Karl IX. in ein blutschänderisches Verhältnis zu verstricken, um sich seiner desto unwidersprochener für ihre teuflischen Machenschaften bedienen zu können. Als deren Komplizen bei all ihren Verbrechen machte dieser *Discours Merveilleux* den Herzog von Anjou namhaft, was kein Wunder war, denn der Sieger von Jarnac und Moncontour, Anstifter der Ermordung Colignys und der Gemetzel der Bartholomäusnacht war den Hugenotten nicht weniger verhaßt als seine Mutter. Die Mehrzahl der Flugblätter und Pamphlete, mit denen sie die Franzosen auf die Ursachen aller Leiden und der fürchterlichen Übel, die das Land zugrunde richteten, aufmerksam machten, stimmen darin überein, die Hauptschuld daran der Königinmutter zu geben. Ein *Discours véritable des rages excercées en France*, eine wahrhaftige Abhandlung über die in Frankreich verübten Wütereien, führte jedoch den Nachweis an, daß diese nur möglich gewesen seien, weil Frankreich gegenwärtig von einer Frau regiert werde, noch dazu einer Ausländerin. Das sei aber um so schlimmer, als nach dem salischen Gesetz, das Frauen von der Thronfolge ausschließt, diese Regierung überhaupt verfassungswidrig sei. Und das aus gutem Grund: Denn man sehe die Weisheit des salischen Gesetzes bewiesen nicht nur beim gegebenen Anlaß, da jedes Mal, wenn in der Vergangenheit Frauen in Frankreich an die Macht gelangt seien, dies unfehlbar das Volk ins Elend gestürzt habe; was der Verfasser mit Erinnerungen an die Regentschaften Blancas von Kastilien, Isabeaus von Bayern und schließlich der furchtbaren Merowingerin Brunehaut oder Brunhilde illustrierte; um unserer Heldin das Ende der letzteren zu wünschen (welche 613 von Chlotar von Neustrien gefangen genommen wurde, der sie nach langen Martern durch ein wildes Pferd zu Tode schleifen ließ).
Diese Pressekampagne ließ Katharina, wenngleich nicht ein Ende wie das jener Brunhilde, so doch jedenfalls Schlimmes – und nicht nur für sich – in nächster Zukunft befürchten. Tatsächlich wurde schon in ihrer nächsten Nähe komplottiert, und zwar von dem mutwilligen Herrn von La Molle, das heißt von Margot und

Alençon. Schon wieder ein Komplott? Schon wieder ein Komplott, wieder nach dem Muster derjenigen von Amboise und Meaux und dessen, das Coligny, wie es scheint, angezettelt hatte, als Katharina die Beseitigung des Admirals verfügte. Freilich klaffte zwischen den Fähigkeiten des unternehmungslustigen Herrn von La Molle und denen des beseitigten Admirals ein Abgrund. Doch wäre ja niemand unternehmungslustig, wenn er an Abgründe dächte. Alençon wirkte bei dem Unternehmen mit, weil er dachte, dessen Anführer zu sein, aber da irrte er sich, denn er war ja, wie schon angedeutet, nur ein Strohmann, den die Verschwörer vorschieben wollten. Außer diesem nützlichen Strohmann hatten La Molle und Konsorten sich auch verschiedene Verbündete von Gewicht gesichert, zwei jüngere Söhne des Konnetabels Montmorency, nämlich Méru und Thoré sowie deren Neffen Turenne. Sie hätten nicht gewagt, den älteren Bruder Mérus und Thorés, den Marschall von Montmorency, in das Komplott einzuweihen, denn der Marschall schien, obwohl den Protestanten nicht feindlich gesinnt, entschlossen, dem König die Treue zu wahren. Er war mit diesem übrigens verschwägert, denn er hatte Heinrichs II. illegitime Tochter Diana von Frankreich, eine Halbschwester Karls IX. also, zur Frau. Dessen Schwester Margot andererseits und ihr Gemahl Heinrich von Navarra standen bekanntlich hinter den Verschwörern, ohne sich freilich allzu unvorsichtig zu exponieren, denn die Erinnerung des Gemetzels nach dem Scheitern der Verschwörung von Amboise war jedem eine Mahnung, sich dabei nicht mehr als nötig die Finger schmutzig zu machen. Die Aussicht, mit dem gegenwärtigen Unternehmen zum Ziel zu kommen, schien allerdings ungewöhnlich gut. Der König, durch seine Krankheit fast handlungsunfähig geworden, würde zweifellos in Kürze sterben; Heinrich von Anjou war unterwegs nach Polen; Katharina also vollkommen isoliert. Von ihren vertrauten Beratern abgesehen, hatte sie im ganzen Lande keine Parteigänger und bei niemandem Autorität. Niemals, seitdem in den dunkelsten Jahren des Hundertjährigen Krieges Karl VI. wahnsinnig geworden war, hatte Frankreichs Regierung so darnieder gelegen. Wenn Philipp II. zu dieser Zeit in Frankreich einmarschiert wäre, keine königliche Armee hätte ihm Widerstand leisten können, denn es gab keine. In zwei Monaten hätte er in Paris sein, das Artois, die Picardie und die Champagne sowie im südlichen Frankreich die

Provence und das Languedoc besetzen können. Doch Spanien rührte sich nicht. Alençon griff statt dessen zu den Waffen, nicht aber gegen Spanien, sondern gegen seine Mutter. Geplant war, er sollte das Schloß von Saint-Germain nehmen, wo zu dieser Zeit der König, die Königinmutter und der Hof residierten. Der Handstreich sollte am 23. Februar 1574 stattfinden, auf welchen der Karnevalsdienstag fiel, weshalb das ganze Unternehmen als die Karnevalsverschwörung in die Geschichte eingegangen ist. Die Truppen, die sich des Königs, der Königinmutter und des Hofs bemächtigen sollten, befehligte Chaumont-Vitry, ein Reformierter. Diese Truppen lagen bereits in den das Schloß umgebenden Wäldern versteckt. Den Ablauf des Geschehens dachte man sich ähnlich, wie er dreizehn Jahre zuvor in Amboise geplant gewesen war. Sobald das Schloß in den Händen der Aufständischen war, sollte sich Alençon an die Spitze der reformierten Streitkräfte stellen. Der König und seine Mutter ihrer Macht beraubt und abgesetzt – wenn nicht bei der Besetzung von Saint-Germain getötet –, würden ersetzt werden durch den Herzog von Alençon –, und dieser würde sich für die Protestanten erklären. Der Beifall der sogenannten »Politiker« sowie der Masse der mit den bisherigen Verhältnissen Unzufriedenen würde seine Herrschaft bestätigen und legitimieren. So ungefähr hätte es kommen sollen – wenn die Operation planmäßig verlief.

Indessen scheiterte auch die Karnevalsverschwörung an mangelnder Koordinierung der erforderlichen Maßnahmen. Chaumont-Vitry kam zu früh aus dem Hinterhalt. Da Verstärkung deshalb nicht rechtzeitig zur Stelle war, konnten die königlichen Garden die Angreifer mit Leichtigkeit schlagen. Daraufhin bekam Alençon es mit der Angst zu tun und gab das Spiel verloren. Wieder einmal, wie noch jedesmal, wenn er es versucht hatte, von Kindheit auf, war er unfähig gewesen, seiner schrecklichen Mutter zu trotzen: Also warf er sich ihr auch diesmal zu Füßen, flehte sie um Gnade an, offenbarte ihr, um diese Gnade zu erhalten, all seine trotzigen Pläne und verriet auch seine Komplizen. Wie sich dann aber zeigte, hatte seine vorsichtigere, gewitztere Schwester ihn schon vordem in die Pfanne gehauen, übrigens zu seinem eigenen Besten. Denn Margot hatte das Scheitern des Anschlags auf Saint-Germain rechtzeitig kommen sehen und – um ein Gemetzel wie nach dem Scheitern der Verschwörung von Amboise zu verhindern – ihre Mutter schon kurz bevor Chaumont-Vitry zu früh aus dem Hinterhalt kam, vor dem Anschlag gewarnt. Dadurch möglicherweise besänftigt, unterließ es dann Katharina, ihren Jüngsten, wie sie ihm im ersten Zorn angedroht hatte, für den Rest seiner Tage einmauern zu lassen. Der Verräter mußte freilich, nachdem er der Mutter zu Füßen gelegen, noch die Füße seines Bruders, des Königs, mit seinen Tränen netzen. Karl IX., zu jener Zeit schon am Ende seiner Kräfte – er schien sich buchstäblich auszubluten, denn überall an seinem Körper öffneten sich wunde Stellen – aus denen Blut sickerte, hörte den ihm verhaßten Bruder widerwillig und verächtlich an, ohne ihn einer Antwort zu würdigen, so daß sich endlich Franz durch den Ekel seines Bruders begnadigt fand.

Auch Heinrich von Navarra wurde zu der Königinmutter zitiert. Wie zu erwarten, machte er dort bessere Figur als sein Schwager. Er gab freimütig zu, daß er in dem Komplott ein Mittel gesehen hatte, seine Freiheit wiederzuerlangen – was der natürliche Wunsch jedes Gefangenen sei –, daß er seinerseits aber keine Rebellion gegen den König beabsichtigt habe. Katharina ließ sich diese Erklärung gefallen, nicht weil sie sie für ausreichend gehalten hätte, sondern weil Margot, indem sie ihr das Komplott verraten hatte, sich des Wohlwollens ihrer Mutter auch für ihren Gemahl versichert hatte.

Verziehen wurde auch dem Prinzen von Condé – den man freilich nur *in absentia* hätte köpfen können. Das heißt, man entschloß sich, um dem Prinzen nicht notgedrungen etwas ungestraft durchgehen lassen zu müssen, was man nicht strafen konnte, zu der Annahme, daß er gar nichts Strafbares begangen, an dem Komplott nicht teilgenommen habe. Der Prinz von Condé allerdings, der zum königlichen Statthalter oder Gouverneur in der Picardie ernannt worden war, wartete den Ausgang dieser Überlegungen nicht ab, sondern floh gleich nach dem Scheitern der Verschwörung nach Deutschland. Dort kehrte er zur reformierten Religion zurück und organisierte im Verein mit dem Prinzen Ludwig von Nassau und dem Prinzen von Sedan die Revanche gegen Katharina und die katholische Monarchie.

Die Gefahr war zurückgedrängt, aber nicht beseitigt. Die protestantischen Städte, alle reformierten Gemeinden, um ihre Pastoren geschart, brannten auf eine baldige Auseinandersetzung mit der repressiven Staatsmacht, um so mehr als diese sichtlich, wie der König, nahezu ganz entkräftet schien. Um sich vor Überraschungen wie der in Saint-Germain geplanten in Sicherheit zu bringen, siedelte der Hof nach Vincennes über, einer Festung. Der Umzug war jammervoll. Karl IX., dem jede Bewegung große Schmerzen verursachte, wurde in einer Sänfte getragen. »Warum läßt man mich nicht in Frieden sterben, all das interessiert mich doch gar nicht mehr«, hörte man ihn murmeln.

Hinter den Mauern und Türmen von Vincennes lebten der König, die Königin, der Hof in Gesellschaft zweier privilegierter Gefangener – nämlich des Herzogs von Alençon und des Königs von Navarra – ebenfalls wie Gefangene.

Alarmierende Nachrichten kamen aus der Normandie. Dort war – am 11. März 1574 – Montgomery gelandet, brandschatzte das Land und ermutigte die Hugenotten in den Städten, dem König den Gehorsam aufzukündigen.

Die beiden Spießgesellen des Herzogs von Alençon, La Molle und Coconas, waren Katharina bisher nicht ins Netz gegangen. Auf Milde wie die Prinzen von Geblüt hätten sie in dem Fall nicht rechnen dürfen, weshalb sie nach dem Scheitern der Verschwörung gut beraten gewesen wären, das Weite zu suchen. Doch blieben sie in der Nähe und pflegten trotz der Gefahr, der sie sich damit aussetzten, heimlich noch weiter Umgang mit ihren hochgestellten Geliebten, der Königin von Navarra nämlich und der Herzogin von Nevers. Bei diesen Treffen dachten aber Margot und La Molle nicht nur an sich, sondern machten auch einen Plan zur Befreiung des Herzogs von Alençon und des Königs von Navarra aus Vincennes. Wäre dieser Plan gelungen und hätten Navarra und Alençon die Führung der hugenottischen Erhebung übernommen, Katharinas Bemühungen, die Monarchie der Valois zu retten, wären vielleicht schon zu dieser Stunde endgültig gescheitert. Statt dessen scheiterte aber der Plan zur Befreiung Alençons und des Gemahls der Geliebten des Herrn von La Molle, was nur letzteren – und dessen Kameraden Coconas – die Köpfe kostete. Man liest, daß die Geliebten der beiden, die derart den kürzeren zogen, der Enthauptung auf der Place de Grève in Paris aus einem Fenster zusahen. Die letzten Worte La Molles sollen gewesen sein: »Gott und du, Heilige Jungfrau, erbarme dich meiner Seele und erhalte mich in der Gunst der Königin von Navarra und der Damen.« Weiter liest man, daß der Henker die abgeschlagenen Köpfe La

Molles und Coconas' den Damen, deren Gunst sie genossen hatten, überließ, daß diese untröstlich deren entseelte Lippen küßten und sie hernach noch einige Zeit in Salz aufbewahrten.

Freilich waren, was die Königinmutter sehr wohl wußte, La Molle und Coconas nur Komparsen gewesen, mit deren Beseitigung war also die drohende Gefahr keineswegs abgewendet. Am Hof ging die Angst um. Man glaubte allgemein die Hugenotten mit der Vorbereitung einer Bartholomäusnacht für die Katholiken beschäftigt. Katharina ließ sich durch solche Befürchtungen allerdings nicht einschüchtern, sie allein blieb gelassen angesichts der drohenden Gefahr und traf ihre Vorkehrungen dagegen. So ließ sie wie die beiden Fürsten auch alle großen Herren und Würdenträger, die sie verdächtigte, in das Komplott verwickelt gewesen zu sein, verhaften und in Vincennes internieren, insbesondere auch den Marschall von Montmorency. Damit beging sie einen großen Fehler, denn der Marschall hatte dem Thron die Treue gehalten. Katharina ließ ihn für seine Brüder büßen, aber seine Verhaftung ebenso wie die des Marschalls von Cossé (des Schwiegervaters Mérus, eines der beiden jüngeren an der Verschwörung wirklich beteiligten Brüder Montmorencys) wurde nicht nur von den Protestanten mißbilligt. Denn der Marschall von Montmorency galt als gut katholisch, und man rechnete ihm hoch an, daß er der katholischen und der königlichen Sache gegen seine Brüder treugeblieben war. Zudem nahm Montmorency-Damville, der königliche Statthalter im Languedoc, die ungerechte Behandlung des Marschalls durch die Königinmutter zum Anlaß, sich nunmehr offen für die Hugenotten zu erklären. Montpellier schloß den königlichen Beamten seine Tore, und das ganze Languedoc fiel den Gegnern der Regierung zu.
All das war sehr ernst, aber die Königinmutter wurde, scheint es, durch den Abfall Damvilles und des ganzen Languedoc nicht annähernd so beunruhigt, wie durch eine Entdeckung, die ihre Polizei bei der Durchsuchung der Wohnung La Molles gemacht hatte. Es handelte sich um ein Wachspüppchen von der Art, deren sich, wie sie sehr wohl wußte, ihr Vertrauens-Astrologe und -Alchimist Ruggieri bei seinen magischen Praktiken zu bedienen pflegte. Auf der Stelle ließ sie Ruggieri verhaften und verhören. Was sollte das Püppchen? Alles wies darauf hin, daß Ruggieri

durch dieses Püppchen dem König das Leiden angehext hatte, an dem er starb. La Molle und Ruggieri hatten zwar im Verein beteuert, daß es sich bei der fraglichen Figurine im Gegenteil um das Instrument eines Liebeszaubers gehandelt habe, kraft dessen La Molle sich der Zuneigung der Königin von Navarra habe vergewissern wollen – aber die Königinmutter traute dieser verharmlosenden Erklärung nicht und befahl dem Gericht, »jede Art von geeignetem Druck« auf den Häftling auszuüben, um ihn zum Geständnis der Wahrheit – und dann zum Widerruf der dem König schadenden Verwünschung zu zwingen.
Doch anscheinend war Ruggieri standhaft genug, auch auf der Folter den Mund zu halten. Und so tief Katharina der Verrat dieses Vertrauten verletzte, so sehr fürchtete sie wohl auch noch, als sie ihn auf die Folter spannen ließ, seine magischen Kräfte. Jedenfalls kam der Zauberer, der der Teilnahme an der Verschwörung zur Befreiung der Gefangenen überführt war (er hatte zugegeben, den 8. April als den für das Unternehmen erfolgversprechenden Termin berechnet zu haben), weit glimpflicher davon als seine Genossen. Denn er wurde zwar zu den Galeeren verurteilt, es ist aber nicht erwiesen, daß er die Strafe auch nur angetreten hat. Sicher ist dagegen, daß er bald nach seiner Verurteilung von seiner Herrin in Gnaden wieder aufgenommen wurde. Denn wußte er nicht (wenngleich er sich bei der Ermittlung eines erfolgversprechenden Datums offenkundig verrechnet hatte) das in den Sternen zu lesen, was Katharina brauchte? Nämlich die Gewißheit, daß sie vom Schicksal berufen war, den Thron von Frankreich für ihre Söhne zu bewahren.
Am 25. Mai 1574 nahm bei der Belagerung von Domfront der Marschall von Matignon den Rebellen Montgomery gefangen. Das Ereignis bestätigte die zuversichtlichen Prophezeiungen ihrer Astrologen und Katharinas Zuversicht. Umgehend unterrichtete sie den König davon. Karl IX. sagte: »Ich bin dem Tode schon so nahe, daß all diese menschlichen Sachen mich nicht mehr kümmern. Bestrafen Sie ihn, wie Sie wollen.«
Montgomery wurde auf der Place de Grève in Paris enthauptet. Er machte nach allgemeinem Urteil eine gute Figur auf dem Schafott, nicht ohne dabei, wie es seiner Natur entsprach, die Menge, die da versammelt war, sein Ende anzugaffen, eine gewisse Verachtung spüren zu lassen, hochmütig bis zuletzt. Freute sich Katharina, als

sie seinen Kopf fallen sah, der Rache an dem, der, wenngleich ohne es zu wollen, den Tod ihres geliebten Gemahls verursacht hatte? Verschiedene Chronisten behaupten es, aber einen Beweis dafür bringt keiner bei. Wenn sie sich freute, ließ sie es sich nicht anmerken. Darin, sich nichts anmerken zu lassen, was sie fühlte, hatte sie zu dieser Zeit freilich auch schon lange Übung.

Ein König folgt dem anderen, die Königinmutter behauptet ihre Stellung

Am Pfingstsonntag des Jahres 1574, der auf den 30. Mai fiel, starb endlich Karl IX. im Alter von vierundzwanzig Jahren. Die Hugenotten verbreiteten Schilderungen seines Todeskampfes, in denen man liest, daß er dabei von bösem Gewissen entsetzlich gequält wurde, seine Verbrechen gegen die wahren Christen jammernd bereute, vor den ihn bedrängenden Teufeln bei seiner calvinistischen Amme Schutz suchte – doch scheinen diese erbaulichen Bilder den Tatsachen nicht zu entsprechen. Er scheint vielmehr, nachdem das lange Leiden seine Kräfte verzehrt, ganz friedlich gestorben zu sein. Mit dem letzten Atemzug soll er der Mutter, die seine Hand hielt, zugeflüstert haben: »Ach! Mutter.«

Die Mutter hatte ihn noch, kurz bevor er den letzten Atemzug tat, veranlaßt, ein Dekret zu unterzeichnen, das sie, mit Zustimmung des Herzogs von Alençon, des Königs von Navarra und der Großen des Reichs, als Regentin einsetzte. Kaum war er verschieden, stürzte sie an ihren Schreibtisch und schrieb an Heinrich, den König von Polen, dessen nun der verwaiste Thron von Frankreich harrte. Als allerdings ihr Kurier, Chémerault, am Hof von Polen eintraf, wußte man dort schon Bescheid. Eine Stunde, ehe nach seiner siebzehntägigen Reise zu Tode erschöpft, Chémerault Katharinas Brief zustellte, hatte Heinrich ein Handschreiben des Kaisers erhalten, das ihn von der großen Neuigkeit in Kenntnis setzte.

Sagte aber die Botschaft, die ihm Katharinas erster Kurier überbrachte, nicht viel mehr, als er schon zuvor vom Kaiser erfahren hatte, so las in dem bemerkenswerten Schreiben, in dem die Königinmutter einen Tag später den Herren von Neuvy hinter Chémerault dreingeschickt hatte, der König von Polen Dinge, die ihm nur seine Mutter schreiben konnte:

»Mein Sohn, gestern schickte ich in großer Eile Chémerault mit einer Nachricht zu Ihnen, die für mich sehr traurig ist, die ich schon so viele von meinen Kindern habe sterben sehen«, schrieb da unsere Heldin. »Ich bete zu Gott, daß er mir den Tod schickt, ehe ich dergleichen noch mehr erleben muß, denn ich bin ganz verzweifelt, ein solches Schauspiel gesehen zu haben und die Freundschaft, die er mir bezeugt hat, da er ganz zuletzt nicht von mir lassen wollte und mich bat, in größter Eile nach Ihnen zu schicken, und bat mich, in Erwartung Ihrer Ankunft die Verwaltung des Königreichs zu übernehmen und auf Bestrafung der Gefangenen zu dringen, deren Schuld an allem Elend des Reiches ihm bewußt sei . . . Danach bat er mich, ihn zu umarmen, und wäre ich über diesem fast krepiert. Niemals starb ein Mensch mit mehr Einsicht.«

Denn, der Königinmutter zufolge, hatte der König seinen Bruder Alençon, seinen Schwager Navarra, den Hauptmann der Garden und andere ermahnt, der Regentin zu gehorchen und in Erwartung der Rückkehr des Königs von Polen treu zu dienen, nach deren Regentschaft aber seinem Bruder Heinrich die gleiche Ergebenheit zu beweisen, die sie ihm stets bewiesen hatten. Bei diesen Erläuterungen lenkte die Feder der Königinmutter ganz offensichtlich der Wunsch, die feindlichen Brüder zu versöhnen, denn die Ergebenheit, von der sie den Sterbenden da reden ließ, hatte der von seinen Geschwistern ebensowenig je erfahren, wie Heinrich sie von den Überlebenden zu erwarten hatte. Dessen ungeachtet versicherte die Mutter jetzt sogar, daß der Sterbende oft des geliebten Bruders gedacht, der ihm niemals Kummer gemacht und ihm oft große Dienste erwiesen habe. Vielleicht meinte Katharina, diese fromme Lüge der Pietät schuldig zu sein, denn bei extensiver Auslegung der Maxime *De mortuis* und so weiter mag sich ja wohl empfehlen, den Toten, von denen man nur Gutes sagen soll, nicht nachzusagen, daß sie selbst von anderen schlecht geredet hätten. Daß Karl IX. Heinrich gehaßt hatte wie dieser ihn, war eine Tatsache, von der nunmehr glücklicherweise endlich abgesehen werden konnte, denn Karl war ja tot. »Ich finde keinen anderen Trost«, fuhr Katharina also fort, »als Sie bald hier zu sehen, wie Ihr Königreich dessen bedarf und bei guter Gesundheit, denn wenn ich Sie verlöre, würde ich mich mit Ihnen begraben lassen mein Leben lang, denn dieses Übel könnte ich nicht ertragen. Dies bewegt mich, Sie zu bitten, auf Ihren Weg gut Acht zu haben und meine ich, daß wenn Sie beim Kaiser durchreisten und von da über Italien wäre es wohl das Sicherste für Sie.« Wie man sieht, hielt Katharina es für das Beste, wenn ihr Liebling Leben und Gesundheit nicht noch einmal im lutherischen Deutschland aufs Spiel setzte. Weiter empfahl sie ihm, seine Rückkehr nach Frankreich so bald wie möglich ins Werk zu setzen, doch auch die Polen so schonend wie möglich darauf vorzubereiten. Sie sah da gewisse Schwierigkeiten voraus, allerdings nicht so erhebliche, wie sie Heinrich dann tatsächlich hatte. »Passen Sie auf, daß Sie nicht versuchen, Sie zurückzuhalten, bis sie Ihre Angelegenheiten zu Ihrer Zufriedenheit geregelt haben« – schrieb sie, sie meinte, jedenfalls solle Heinrich sich nicht über Gebühr von seinen polnischen Untertanen aufhalten lassen, denn, schrieb sie, »wir brauchen Sie hier.« Wie aber ›nach Möglichkeit‹ dabei die Gefühle der Polen geschont werden sollten, wünschte Katharina auch die Beleidigung der deutschen lutheranischen Fürsten dadurch, daß ihnen der Sohn auf der Heimreise aus dem Wege ginge, nach Möglichkeit zu vermeiden. Zu diesem Ende empfahl sie ihm: »Schicken Sie irgendeinen Edelmann, diese Fürsten zu besuchen und ihnen zu erklären, wie Sie um Entschuldigung bitten ließen dafür, daß Sie, da Sie sehr in Eile seien, auf einem anderen Wege heimkehren wollen, ihnen aber für die gute Bewirtung, die sie Ihnen bei der Durchreise hätten angedeihen lassen, dankten und sie bäten, daß sie Ihnen so in Freundschaft möchten verbunden bleiben, wie Sie umgekehrt stets ihr Freund bleiben wollten ... Bei alledem sterbe ich vor Verlangen Sie wiederzusehen, denn nichts anderes kann mich trösten ...« Daß ihr Liebling größere Schwierigkeiten haben könnte, aus Polen abzureisen, ohne es mit den Polen zu verderben, als den deutschen Lutheranern aus dem Wege zu gehen, ohne sie zu beleidigen, scheint die Königinmutter nicht haben annehmen wollen. Tatsächlich hatte sie keine Ahnung von den Schwierigkeiten und den Demütigungen, mit denen sich Heinrich während der acht Monate seiner Herrschaft in Polen schon hatte abfinden müssen. Denn an Herrschaft, wie ein König von Frankreich sie ausübte, war bei den damals dort gegebenen Verhältnissen in Polen nicht zu denken. Niemals hatte Heinrich seinen Willen durchgesetzt, keine einzige seiner Anordnungen hatte der Reichstag bestätigt.

Selbst den Aufwand für den königlichen Haushalt hatte man kleinlich beschnitten, das Essen, das auf des Königs Tisch kam, wurde von Tag zu Tag miserabler, seine französischen Bedienten wurden behandelt und untergebracht wie Leibeigene, seine Edelleute kochten vor Wut. Bei den immer häufigeren Auseinandersetzungen mit den Polen drohten sie immer häufiger, von der Waffe Gebrauch zu machen, was leicht einen blutigen Skandal hätte verursachen können, der natürlich die mißlichsten politischen Konsequenzen gehabt hätte für Heinrich, für Katharina und schließlich sogar für Frankreich. Natürlich war die eigentlich Schuldige an der mißlichen und gefährlichen Situation des Königs von Polen unsere Heldin, die, von der Mutterliebe und von dynastischem Ehrgeiz geblendet, die Frage zu bedenken versäumt hatte, ob ihr Liebling denn auch der richtige Mann für den polnischen Thron sei. Denn, daß sie den empfindsamen und empfindlichen, launischen und zu phantastischen Ausschweifungen geneigten Ästheten sterbensunglücklich machte, wenn sie ihn zu den östlichen Barbaren verbannte, die kein Französisch sprachen, sich lange Bärte wachsen ließen und sich mit Vorliebe an Schnaps besoffen, hätte sie eigentlich wissen müssen. Tatsächlich sieht es ganz so aus, als hätte sie davon nichts wissen wollen, auch jetzt noch nicht. Wie elend der arme Junge in Polen gewesen sein mochte, er war jedenfalls dort König, und darauf kam es Katharina an. Und in dem Brief, den wir hier lesen, steht denn auch, daß sie Heinrich zwar von Herzen wiederhaben wollte und in Frankeich brauchte, aber nicht daran dachte, Polen deshalb verloren zu geben. »Wenn Sie irgend jemanden an Ihrer Stelle lassen könnten und Ihnen dieses Königreich Polen verbliebe, oder Ihrem Bruder, würde ich das sehr wünschen, Sie könnten sagen, daß Sie ihnen Ihren Bruder schicken würden oder Ihren eventuellen zweiten Sohn und daß sie sich unterdessen selbst regierten, indem sie sich einen Franzosen erwählten, der ihnen beistünde in allem, das sie täten. Ich glaube, das wäre ihnen ganz recht, denn sie wären selber König.«

Wenn Katharina das wirklich glaubte, zeigt das, daß sie wirklich keine Ahnung von den polnischen Verhältnissen hatte und nicht wußte, wie es Heinrich in Polen ergangen war. Sie hätte sonst dem Unglücklichen, der zunächst mal daran denken mußte, seinen mißvergnügten Untertanen zu entfliehen, nicht zugemutet, den verlassenen Thron für den widerwärtigen kleinen Bruder oder gar seinen eventuellen zweiten Sohn warmzuhalten.

Was sie ihm dann weiter schrieb, beweist aber, daß, wenn sie für polnische Zustände blind war und sich hinsichtlich der dortigen Möglichkeiten ihres Lieblings Illusionen machte, sie ihren Sohn an und für sich recht gut kannte und sah, wie er war: »Lieben Sie Ihre Bedienten und tun Sie ihnen Gutes, aber machen Sie sich um Gottes Ehre deren Zwistigkeiten nicht zu eigen«, riet sie ihm. Nun da Heinrich König war, König von Frankreich, sollte er wissen, daß er nicht mit Du Guast zu lieben, mit Du Guast zu hassen da war. Auch davor, seine Schmeichler verschwenderisch zu belohnen, warnte ihn die Mutter. »Ich bitte Sie, nichts zu geben, ehe Sie nicht hier sind, denn dann erst werden Sie wissen, wer Ihnen gedient hat und wer nicht.« Nach seiner Ankunft in Frankreich würde er das wissen, weil sie vorhatte, ihn darüber zu belehren, das verstand sich von selbst. Warnend machte sie ihn schon einstweilen darauf aufmerksam, daß die Staatskasse leer und fürs erste also ohnedies nicht viel zu vergeben sei. Sie hebe aber alle frei werdenden Pfründen und Ämter für ihn auf, deren Verkauf werde einiges bringen. Überhaupt sei sie bemüht, das Reich so für ihn zu verwahren, daß er es bei seiner Rückkehr »vollständig und in Ruhe« vorfände, damit (schrieb sie) »Sie nur zu tun haben, was Sie zur Beförderung Ihres Ruhms gut dünkt und zur Erlangung einigen Vergnügens nach so vielen Mühen und Kümmernissen«. Sie schrieb dem geliebten Sohn schon als ihrem König und Herrn, der zwar einen guten Rat brauchen mochte, auf alle Fälle aber Schmeicheleien verdiente. »Die Erfahrung, die Sie auf Ihrer Reise erworben haben, ist derart, daß ich gewiß bin, daß nie ein König weiser war als Sie ...« Doch schloß sie als liebende Mutter: »Seit Ihrer Abreise habe ich nichts als Kummer gehabt, derart ich also hoffe, nach Ihrer Wiederkehr nichts als Freude über Freude zu haben und keinerlei Übel noch Ärger mehr und bete zu Gott, es möge so sein auch für Sie, daß ich Sie bei guter Gesundheit wiedersehe und bald –

Aus dem Wald von Vincennes, den letzten Mai 1574

Ihre gute und liebende Mutter, wenn es deren je eine gab

Katharina«

Alles deutete darauf hin, daß die Hoffnung auf Heinrichs baldige Heimkehr und die Gewißheit, dann in völligem Einvernehmen mit ihrem Liebling – also ganz den eigenen Absichten entsprechend – zu regieren, Katharina über den Tod Karls IX. ziemlich bald trösteten. Die unermeßliche Vorfreude auf den Augenblick, da sie Heinrich endlich wiedersehen sollte, um ihn in die Arme zu schließen, zu bewundern, zu beraten und zu lenken, ließ sie nicht mit der Möglichkeit rechnen, daß ihr Liebling vielleicht zwar bewundert, aber nicht gelenkt zu werden wünschte. Mit Heinrichs Heimkehr kam also eine unangenehme Überraschung auf sie zu.

Französischer Abschied des Königs von Polen

Heinrich glaubte, als er diesen zweiten Brief seiner Mutter erhielt, seinerseits ganz hingerissen von Sehnsucht nach ihr, nach Frankreich, nach der glänzenden Herrschaft, die ihn dort erwartete – und nach Maria von Kleve –, es in Krakau keinen Augenblick länger aushalten zu können.

Ihm war klar, daß die Polen ihn nicht ohne weiteres ziehen lassen würden. Er beschloß deshalb, sich auf die Manier aus Polen zu verabschieden, die bei Deutschen und Engländern als die französische bekannt ist. Ohne sich anmerken zu lassen, wie glücklich ihn die Hoffnung machte, sie nie wiedersehen zu müssen, stattete er noch kurz vor seiner Abreise der Letzten des ruhmreichen Geschlechts der Jagellonen einen sie in ihren Ehe-Illusionen bestätigenden Besuch ab. Dann, am Abend der Nacht vom 18. auf den 19. Juni 1574, in der er mit seinen Getreuen – Villequier, Du Guast, Quélus, Pibrac, Miron und dem Abbé von Noailles – die Flucht verabredet hatte, gab er den höheren Würdenträgern des Reichstages ein Festessen. Die Tafel bog sich unter den Platten stark gewürzten Fleisches, Wein und Schnaps flossen in Strömen. Als nach einigen Stunden die Gäste sternhagelvoll unter den Tisch sanken, erwies sich, wie nüchtern der Gastgeber und seine Getreuen geblieben waren. Heinrich verkappte sich mit einer schwarzen Binde ein Auge wie ein Hollywood-Pirat. Er handelte auch wie ein solcher, denn ehe sich die Franzosen durch Nacht und Nebel aus dem Schloß von Krakau französisch empfahlen, leerten sie die an das königliche Bett gekettete eisenbeschlagene Truhe, welche außer Heinrichs persönlichen auch polnische Kronjuwelen enthielt,

stopften sich mit diesen die Schnappsäcke voll und ließen auch mitgehen, was sonst an losen Wertsachen zu finden war, schon, um sich Wegzehrung für die lange Reise zu sichern.
Und dann schwangen sie sich auf die draußen wartenden Pferde und galoppierten durch Nacht und Nebel davon. Ihre Flucht wurde bemerkt, und bald war ihnen tatarische Reiterei auf den Fersen. Der schöne Quélus und Pibrac hatten das Pech, auf Pferden beritten zu sein, deren Kräfte dieser Hetzjagd nicht standhielten. Sie fielen den Verfolgern in die Hände. Kurz vor der österreichischen Grenze überquerten die übrigen einen Bach auf einer hölzernen Brücke. Du Guast und Villequier stiegen ab und demolierten diese. In der Zeit, die der Graf Tenczinski und seine Mannschaft dadurch an dem Bach aufgehalten wurden, erreichten die flüchtigen Franzosen das Staatsgebiet Kaiser Maximilians II., eben als Heinrichs III. Pferd unter ihm zusammenbrach. Graf Tenczinski und die Seinen hätten sich dort ihres flüchtigen Königs, zwar eine Spur außerhalb der Legalität, doch ohne deshalb internationalen Ärger fürchten zu müssen, da ohne Zeugen, ohne weiteres bemächtigen können. Doch der Graf flehte statt dessen seinen König an, freiwillig mit ihm zurückzukehren. Dies tat er, vor dem Monarchen aufs Knie fallend, so hochachtungsvoll, demütig und rührend, daß Heinrich, dessen Begabung fürs Theatralische ja ausgeprägt war, nicht zögerte, sich auf ein Duett mit ihm einzulassen. Da ihn nun niemand mehr zur Rückkehr nach Polen zwingen zu wollen schien, konnte er sich das ja leisten. Von den Bitten des Grafen sichtlich gerührt, schien er in seinem Entschluß wankend zu werden, sagte dann endlich aber: »Ich bin schon zu weit gegangen, um noch zurückkehren zu können. Doch verzichte ich nicht auf den Thron von Polen und gehe nur weg, um bald wieder zu kommen.«
Der Graf von Tenczinski gab vor, dieser Versicherung zu glauben und nahm die Gelegenheit wahr, seinem Souverän unter Tränen ewige Treue zu schwören. Nach altem Brauch bekräftigte er diesen Schwur durch Verzehr eines Tropfens seines eigenen Bluts, nachdem er sich dazu eine Wunde am Arm beigebracht hatte. Heinrich war bewußt, daß er die so ergreifend beschworene Treue durch ein Unterpfand seiner Huld belohnen müsse, hatte aber nichts bei sich, was ihm dazu geeignet schien, außer einer kleinen Spange, die er von seinem Rock löste und dem Vasallen reichte. Alles in allem schien das Spänglein dann aber doch ein der

Feierlichkeit der Szene nicht angemessen kostbares Requisit zu sein, weshalb einer der Mignons des Königs eines der bei der Abreise der Franzosen aus Krakau eingesackten Schmuckstücke herausrücken mußte, und der weinende Graf als zusätzliches Unterpfand der königlichen Huld noch einen superben Diamanten erhielt; unsere Gewährsleute verraten allerdings nicht, ob aus Heinrichs persönlichem Eigentum oder aus dem requirierten polnischen Staatsschatz.

Heinrich III. läßt sich in Wien zujubeln, aber nicht raten

Auf ihrer weiteren Reise begegneten dem flüchtigen König von Polen und den Seinen solche Abenteuer nicht mehr. Wien und der Kaiser bereiteten dem zukünftigen König von Frankreich einen glänzenden Empfang. Hier, wo man gut katholisch fühlte, war Heinrich durch die Siege über die Ketzer bei Jarnac und Moncontour – ja selbst durch die von ihm angestifteten Massaker der Bartholomäusnacht – bestens empfohlen, jedenfalls den einfachen Leuten, die durch volkstümliche Prediger entsprechend informiert waren. Maximilian II., Schwiegervater des verstorbenen Karl IX., nahm gleichwohl die Gelegenheit wahr, dem zukünftigen König von Frankreich Toleranz gegen seine calvinistischen Untertanen als bestes Verfahren zur Herstellung des inneren Friedens zu empfehlen. In den Staaten des Heiligen Römischen Reichs Deutscher Nation mache man mit diesem Verfahren sehr gute Erfahrungen. Katholiken und Lutheraner genössen gleiche Rechte dort, und auch die Lutheraner könnten ihren Gottesdienst überall ungehindert verrichten. Heinrich, der mehr zu Fanatismus und Aberglauben als zur Toleranz und zum Pluralismus neigte, schwieg zu diesen wohlgemeinten Ratschlägen und war auch unempfänglich für die Anregung des Kaisers, die zwischen den Häusern Habsburg und Valois bereits bestehenden Beziehungen weiter zu festigen, was, wie Maximilian II. durchblicken ließ, sehr bequem zu veranstalten sei: Heinrich III. brauche nur Maximilians Tochter Elisabeth, die Witwe Karls IX., zur Frau zu nehmen. Denn den vernünftigen Heiratsvorschlägen seines Gastgebers war der junge

Mann noch unzugänglicher als Ermahnungen zur Toleranz in seiner Religionspolitik: Selbst Vernunftgründe konnten nichts gegen seine Leidenschaft für Maria von Kleve ausrichten.
Konnte also Heinrich den Unterhaltungen mit dem Fürsten, der, nachdem er schon Schwiegervater seines Bruders gewesen war, gern auch seiner geworden wäre, weder Belehrung noch Vergnügen, nichts als nur Langeweile abgewinnen, genoß er doch die Begeisterung, mit der die Wiener Bevölkerung ihn feierte. Bekanntlich konnte Heinrich sehr charmant sein, wenn er wollte, und nach seiner abenteuerlichen Flucht aus Polen sahen die Wiener ihn von seiner besten Seite, nämlich in seiner natürlichen Anmut, die er unter geordneteren Verhältnissen meist derart mit Puder, Schminke, Riechwässern und Schmuck kultivierte, daß sie einfachen Gemütern nicht mehr ganz echt vorkam. Seine Gesundheit war zwar nie sehr robust, aber auch sie war während Heinrichs Aufenthalt in Wien besser als gewöhnlich. Sein Arzt Miron sorgte dafür, daß er vernünftiger aß, als er bei seiner Mutter zu essen gewöhnt war: Jetzt begnügte er sich mit zwei Mahlzeiten täglich und verdünnte seinen Wein mit Wasser. Auch die schöne Jahreszeit bekam ihm sichtlich (er litt sehr unter jenem Winter). Freilich, die Fistel in seinem Auge und sein Geschwür nässten weiter wie gewöhnlich, und auch eine Wunde am Fuß, die er sich vor einiger Zeit zugezogen hatte, wollte nicht heilen. Aber das merkten ihm aus ihrer zujubelnden Entfernung die Wiener natürlich nicht an, und nicht einmal ihn selbst bekümmerte es in jenen Tagen. Vielmehr brannte er darauf, seine Mutter und Marie wieder in die Arme zu schließen, seine Lieben und Frankreich in Besitz zu nehmen – und vorher Italien zu sehen.

In Venedig amüsiert der neue König von Frankreich sich königlich, in Savoyen beweist er königlichen Großmut

Heinrich III. zog nicht, wie sich's seit den Tagen Karls VIII. für den König von Frankreich schickte – sowohl Ludwig XII. und Franz I. wie auch sein Vater, Heinrich II., hatten es so gehalten – an der Spitze eines Kriegsheers in das Land, wo die Zitronen blühen. Frei-

lich zog es ihn wohl auch auf ganz andere Weise dorthin als seine väterlichen und königlichen Ahnen – war doch dieses Land die Heimat seiner mütterlichen und kaufmännischen Vorfahren. Ziel seines Abstechers nach Italien war allerdings nicht Florenz, sondern die Republik Venedig, deren durch den näheren und ferneren Orient bereicherte Pracht Katharinas prachtliebender Liebling zu schauen wünschte. Am liebsten wäre er incognito nach Venedig gereist und hätte sich unbemerkt, ohne dem Dogen oder den Senatoren seine Aufwartung zu machen, durch das bunte Leben dort treiben lassen, aber daran war natürlich nicht zu denken.
Schon zehn Meilen vor der Stadt begann der festliche Empfang. Ein Senator hielt eine vergoldete Kutsche für den Ehrengast bereit. Wie ein Juwel in Goldschmiedearbeit gefaßt, von dreitausend kaum weniger prächtig aufgeputzten Gendarmen eskortiert und von einer zunehmend dichteren, jubelnden Menschenmenge umdrängt, langte er in Mestre an, wo er nicht nur endlich die zauberhafte Stadt in der Lagune liegen sah, sondern aus dem Augenwinkel auch beobachtete, wie einer der venezianischen Edelleute, die ihm das Geleit gaben, einen anderen, mit dem er in Streit geraten war, durch einen wohlapplizierten Schwertstreich niederstreckte. Noch ehe er ankam, lag also schon einer von denen, die für die Feier seiner Ankunft bereitgestanden hatten, in seinem Blute.
Heinrich genoß Venedig in vollen Zügen, angeleitet von Alfons II., Herzog von Ferrara, der sich im Labyrinth der venezianischen Welt und Halbwelt bestens auskannte und keine Gelegenheit versäumte, dem französischen entfernten Vetter gefällig zu sein (der Großvater des Herzogs hatte eine Tochter Ludwigs XII. zur Frau). Wie sich bald zeigte, hatte Alfons den Ehrgeiz, Heinrichs Nachfolge in Polen anzutreten und hoffte, dafür dessen Unterstützung zu erlangen. Aber Heinrich verübelte ihm das nicht, sondern ließ sich von dem Prätendenten auf den Thron, dem entkommen zu sein er sich freute, nichtsdestoweniger gern und willig in die Geheimnisse Venedigs einweihen.
Seine Mutter hatte ihm 30000 Taler schicken lassen, damit er sich standesgemäß und seinem kostspieligen Geschmack gemäß amüsieren könne. Aber das Geld, das ihm über die Banken der Strozzi, Guadagni und Carneschi angewiesen wurde, reichte nicht, denn er lieh sich zusätzlich noch 10000 Taler. Und die Juwelen, die er aus

Polen hatte mitgehen lassen? Das Licht Venedigs löst Gold und Edelsteine seiner rasenden Liebhaber bekanntlich binnen kurzem in farbigen Nebel auf. Heinrichs Mittel waren denn auch binnen zehn Tagen erschöpft. Viel Arbeit scheint er sich aber dabei trotzdem nicht zugemutet zu haben, denn für Moschus gab er auf einen Schlag 1125 Taler aus, dreizehntausend verschenkte er im Handumdrehen. Bei seiner Abreise schuldete er 19000 Taler, auf welche seine Gläubiger dann jahrelang warten mußten.
Aber ja, er kam auf seine Kosten, amüsierte sich königlich. Tag und Nacht folgte immer ein Fest aufs andere, der Doge, die Senatoren und Patrizier und das Volk wetteiferten in ihren Huldigungen an den edlen Gast. Die Glasbläser von Murano ließen es sich eine Ehre sein, diesem, in Gondeln auf dem Kanal unter seinen Fenstern stehend, ihre schwierige Kunst vorzuführen: Heinrich belohnte sie mit einem französischen Adelstitel, wie ihn die französischen Glasbläser schon führten.
Daß Glück so leicht wie Glas bricht, wußte man damals besser als heute, und wird also wohl auch Katharinas Liebling gewußt haben. Aber das hinderte ihn nicht, in Venedig glücklich zu sein, wo er sich – zumal, wenn er an Polen dachte – wohl wie im Paradies hätte vorkommen können, wenn man ihn hätte vergessen lassen, daß anderswo unerledigte Geschäfte seiner harrten.
Aber den Gefallen tat man ihm natürlich nicht. Philibert von Savoyen, ein angeheirateter Onkel (Margarete von Frankreich, seine Gemahlin, war eine Schwester Heinrichs II.), ließ sich die Gelegenheit nicht entgehen, den neuen König von Frankreich auf gewisse Forderungen, die er nächstens an ihn zu richten dachte, schon während der schönen Tage in Venedig schonend vorzubereiten. Philibert von Savoyen war Oberhaupt zwar nur eines kleinen Staates, aber ein großer Staatsmann und als solcher ein gewichtiger Verbündeter Philipps II. Da er nicht nur klug und willensstark, sondern auch von sehr liebenswürdigem Wesen war, fiel es ihm nicht schwer, die Zuneigung seines jungen Neffen zu gewinnen.
Der Doge andererseits hatte als feiner Menschenkenner Heinrichs III. wahre Natur auf den ersten Blick durchschaut und wußte dieser daher geschickt zu schmeicheln. Zwischen zwei Festen nahm er Gelegenheit, ein politisches, ernstes Wort mit seinem Ehrengast zu sprechen, selbstverständlich im heitersten Ton und als erwarte

er nur bestenfalls, den König von Frankreich anzuregen, gelegentlich auch die venezianische Einschätzung der gegenwärtigen weltpolitischen Lage zu berücksichtigen. Als Venedig dem König von Spanien geholfen habe, bei Lepanto die türkische Flotte zu vernichten, habe sich, bei Lichte besehen, die Republik ins eigene Fleisch geschnitten, vertraute der Doge seinem Gast an. Denn den Interessen Venedigs sei mit diesem Sieg, der den König von Spanien zum uneingeschränkten Herrn im Mittelmeer gemacht habe, ja nun ganz zweifellos nicht gedient. Im Gegenteil habe sich Venedig unter den zuvor gegebenen Verhältnissen – als der König von Spanien und der Großtürke einander annähernd gleich mächtig gegenübergestanden hatten – sehr viel besser befunden. Denn wo sie als dritte Macht zu eigenen Unternehmungen freie Hand gehabt habe, müsse nun als zweite die Republik Ordre parieren, was, ganz davon abgesehen, daß es demütigend, auch schlecht sei für die Geschäfte. Sehr verständigerweise hätten deshalb, wie dem Dogen nun weiter einfiel, die letzten Könige von Frankreich mit dem Großtürken paktiert. Denn je mächtiger letzterer sei, desto weniger sei die Übermacht des spanischen Königs zu befürchten – und darauf, daß der König von Spanien nicht zu mächtig werde, nach Möglichkeit hinzuwirken, liege ja im Interesse Venedigs wie auch in dem Frankreichs. Überhaupt seien hinsichtlich des Königs von Spanien die Interessen des französischen Königs wohl weitgehend die gleichen wie die der Republik: Weshalb, so der Doge, bei Auseinandersetzungen mit dem spanischen König der von Frankreich zukünftig stets mit venezianischer Unterstützung rechnen könne. Heinrich ließ sich das gern gesagt sein, ohne sich einstweilen auf etwas anderes als die Vergnügungen einzulassen, die er in Venedig suchte und in so befriedigender Vielfalt fand.
Doch drängte ihn auch die Mutter mit Erinnerungen an den Ernst des Lebens. Die Verhältnisse in Frankreich hatten sich jüngst in besorgniserregendem Maße verschlechtert. Heinrich, der davon verständlicherweise nichts hören wollte, setzte seine Weiterreise erst fort, als sie schlechterdings nicht mehr aufzuschieben war. Und ließ sich nicht nehmen, unterwegs, in Padua, in der Lombardei, das Glück, durch Italien zu reisen und von den Italienern gefeiert zu werden, noch so lange und so ausgiebig wie möglich zu genießen. Immerhin sah er davon ab, Ferrara und Mantua zu besuchen, wiewohl man sich dort schon rüstete, ihn triumphal zu empfangen.

Inzwischen redeten ihm selbst seine Mignons, die sich wegen der Lage in Frankreich Sorgen auch um die eigene Zukunft zu machen anfingen, schon ins Gewissen. Heinrich verzichtete also auf die geplanten Abstecher nach Mantua und Ferrara, aber ohne sich deshalb auch nur eine der Freuden entgehen zu lassen, die sich ihm an dem Weg, den er statt dessen einschlug, nicht weniger entzückend anboten.

In der Lombardei holten zu Heinrichs großer Freude die drei Getreuen ihn ein, die auf der Flucht aus Krakau zurückgeblieben und den Polen in die Hände gefallen waren. Lange hatten diese nicht in polnischer Gefangenschaft schmachten müssen. Bellegarde hatte sogar den in das Futter seines Wamses eingenähten Schmuck seines Herrn gerettet, die anderen beiden, Pibrac und Quélus, zwar nur ihre gute Laune und ihre Ergebenheit, doch lag an diesen Tugenden dem verschwenderischen Heinrich womöglich noch mehr als an wertbeständigen Sachen, und so war er vor Freude schier aus dem Häuschen, als die drei sich wieder bei ihm einfanden. Bellegarde, dem das nicht entging, nahm die Gelegenheit wahr, sich zum Marschall von Frankreich ernennen zu lassen. Heinrich schlug die Ermahnungen seiner Mutter also nicht nur bei dieser Gelegenheit in den Wind.

Denn als die Reisenden dann in Turin bei Philibert von Savoyen einkehrten, hielt dieser die nächste Warnung schon bereit. Villequier (Katharinas Spion in der Umgebung ihres Lieblings) und Du Guast (der durch die verschwenderische Freigebigkeit seines Herrn eigene Interessen gefährdet sah) beeilten sich zwar, die Königinmutter zu warnen, daß der König seinem Gastgeber zuliebe im Begriff stehe, sein Reich zu verkleinern, aber daran hindern konnten sie Heinrich nicht. Auch Katharina konnte, als die Warnung sie endlich erreichte, keine Vorkehrungen gegen das Unglück mehr treffen. Zwar schickte sie sofort den treuen und klugen Cheverny nach Turin mit dem Auftrag, zu retten, was noch zu retten sei, und reiste selbst dem Sohn nach Lyon entgegen, um ihn womöglich vor ferneren Torheiten zu bewahren (freilich auch, weil sie darauf brannte, ihre »lieben Augen« – Heinrichs nämlich – endlich wiederzusehen) – aber das Unglück, vor dem Heinrichs Gefährten sie aus Turin warnten, war, als sie davon Kenntnis bekam, schon geschehen.

Heinrich hatte sich von Philibert von Savoyen und von seiner Tante Margarete, einer bezaubernden und hochgebildeten Dame, die übrigens ja auch eine gute Freundin seiner Mutter war, überreden lassen, die letzten italienischen Besitzungen, die nach dem Frieden von Cateau-Cambrésis Frankreich noch verblieben waren, die Festungen Pignerol, Savigliano und Perugia, dem Herzogtum Savoyen abzutreten. Er hatte der Versuchung, seinen liebenswürdigen Gastgebern königliche Großmut zu beweisen, nicht widerstehen können, als die Tante ihm vor Augen führte, der Verzicht auf diese Festungen sei das beste Mittel, den Frieden zwischen Frankreich und Savoyen zu festigen, da es doch auf der ganzen Welt keine Festung gäbe, die die treue Freundschaft einer Nation für die ihr benachbarte wert sei.

Heinrichs gute Tante Margarete war von der Wahrheit dieser Feststellung zweifellos durchdrungen, nur zog sie, als sie Heinrich empfahl, um ihretwillen die letzten Reste der italienischen Eroberungen seiner Ahnen herauszurücken, vermutlich nicht in Betracht, daß Savoyen dem König von Spanien zur Freundschaft verpflichtet war, der seinerseits dem König von Frankreich keine Freundschaft schuldete.

Wie sie also diese Katastrophe der französischen Außenpolitik vermutlich in der besten Absicht herbeiführen half, mischte sie sich gleich darauf aus den unbezweifelbar edelsten Motiven sehr beunruhigend (für unsere Heldin) in die französische Innenpolitik ein. Sie wollte, zur Wiederherstellung des inneren Friedens, zu einer Verständigung zwischen Katholiken und Protestanten in Frankreich beitragen. Dazu ließ sie den Gouverneur des Languedoc, Damville, nach Turin kommen. Mit diesem Haupt der sogenannten »Politiker« oder »Mißvergnügten«, der auf Vermittlung drängenden dritten Partei, hoffte sie, einen Plan zur Versöhnung der feindlichen Brüder ausarbeiten zu können.

Sie irrte sich diesbezüglich, weil sie nicht wie Katharina wußte, daß Bellegarde, der von Heinrich zum Marschall von Frankreich ernannte Bellegarde, von ihrem Gemahl gekauft war, und deshalb auch keine Ahnung hatte, daß Katharina ihrem inzwischen in Turin eingetroffenen Abgesandten Cheveney befohlen hatte, keiner zwischen dem Herzog und Bellegarde ausgehandelten Vereinbarung zuzustimmen. Was die Abtretung der drei Festungen betrifft, war die leider nicht rückgängig zu machen, Heinrich hatte sein Wort gegeben. Aber als nun Damville in Turin erschien, fand er den von Cheveney instruierten König weder großmütig noch kompromißbereit. So verlangte er die Freilassung seines Bruders, des Gouverneurs von Paris. Vergeblich. Er verlangte die Genehmigung des calvinistischen Kultus auf dem gesamten Staatsgebiet. Vergeblich. Der von Cheverny ermahnte Heinrich war, wie man sieht, in sich gegangen, um fürs erste seiner Mutter zu gehorchen. Das hinderte ihn freilich nicht daran, Damville, dem er alle Forderungen abschlug, mit erlesener Liebenswürdigkeit zu behandeln. Doch das tröstete diesen nicht, erbittert, als Friedensbote gekommen und als Feind empfangen worden zu sein, reiste er endlich, unverrichteter Dinge und zum bewaffneten Aufstand gegen den König entschlossen, ab.

Man hat Heinrich III. – das heißt, die Königinmutter – beschuldigt, mit der bei dieser Gelegenheit bewiesenen Unnachgiebigkeit den bald darauf von neuem ausbrechenden Bürgerkrieg provoziert zu haben. Dieser Krieg wäre jedoch ohnehin, auch wenn sie in Turin nachgegeben hätten, ausgebrochen. Denn als Damville nach Turin abreiste, hatte sich die Partei der »Politiker« schon fest mit den Hugenotten dazu verabredet.

Als Heinrich nach dem Scheitern der Verhandlungen mit Damville sich auf den Weg nach Lyon machte, begleitete ihn Philibert von Savoyen, der nicht ohne Grund fürchtete, daß die Königinmutter und der Rat des Königs nichts unversucht lassen würden, die Schenkung der drei Festungen anzufechten. Der Herzog bestand deshalb darauf, von Heinrich, noch ehe dieser das Land verließ, diese Schenkung oder Abtretung unwiderruflich verbrieft zu erhalten. Ungeachtet aller von der Mutter erhaltenen Ermahnungen gab Heinrich dem Herzog, was dieser begehrte. Er meinte, so auf dem ihm von der liebenswürdigen Tante Margarete gewiesenen Weg die Völkerfreundschaft zu fördern. Hatte sie sich nicht für die Dauer des durch diese Vorleistung gestifteten Friedens verbürgt? Doch kurz nachdem Heinrich dem Herzog die Abtretung durch seine Unterschrift unter ein entsprechendes Dokument bestätigt hatte, starb Margarete plötzlich. Heinrich wußte, daß seine Mutter ihm sagen würde, er habe nur bewiesen, daß er als Politiker noch viel zu lernen habe. Da er wahrscheinlich wenig Neigung hatte, darin bei ihr in die Lehre zu gehen, wird er dem Wiedersehen mit der ihn so leidenschaftlich liebenden Katharina wohl mit ziemlich gemischten Gefühlen entgegengesehen haben.

Die Königinmutter, wie sie leibt und lebt

Als sie im September 1574 ungeduldig Heinrichs Rückkehr erwartete, um zukünftig an der Seite ihres Lieblings, der nun als dritter ihrer Söhne auf den Thron von Frankreich gelangte, die Geschicke des Reiches zu lenken, war Katharina fünfundfünfzig Jahre alt, eine alte Frau nach den Begriffen ihrer Zeit, doch dachte sie nicht daran, sich dem zu fügen. Da sie Heinrich, als sie in Lyon anlangte, noch nicht antraf, machte sie sich gleich wieder auf den Weg und reiste ihm durch das Delphinat weiter in Richtung der savoyischen Grenze entgegen. Nehmen wir die Gelegenheit wahr, sie uns wieder einmal näher anzusehen, uns nach den Lebensumständen der Königin zu dieser Zeit zu erkundigen, denn, abgelenkt von den Haupt- und Staatsaktionen, in die wir Katharina ohne Unterlaß verwickelt sahen, haben wir sie selbst schon seit einer Weile aus den Augen verloren.
Katharina war also, wie gesagt, zu dieser Zeit fünfundfünfzig Jahre alt, stark beleibt, aber ohne durch die Leibesfülle ihre energische Beweglichkeit gehemmt zu sehen. Voller geworden war mit den Jahren auch ihr Gesicht, doch von dem Doppelkinn und den schweren Falten am Hals abgesehen, hatten die Spuren des Alters dessen Ausdruck nicht geändert. Der Blick ihrer Augen war langsam, nachdrücklich, dunkel, der Mund breit und befehlsgewohnt. Doch ihre Stimme hatte sich die einschmeichelnde Sanftheit bewahrt, selbst wenn sie erregt war, schrie oder kreischte Katharina nie. Und ihre Befehle waren derart niemals schneidend. Vielmehr pflegte sie ihre Anordnungen in einem bittenden, überredenden Ton zu erteilen, den der Blick, mit dem sie sich dabei an einen wandte, vollends unwiderstehlich machte. Noch immer ritt sie gern, noch als sie schon über sechzig war, ritt sie noch zur Hetzjagd. Und überhaupt hatte die Jagd noch nichts von dem Reiz für sie verloren, der sie in der Jugend angestachelt hatte, sich zur tüchtigen Jägerin zu bilden. Sie war eine bemerkenswert sichere Schützin mit Feuerwaffen wie mit der Armbrust. Mit der Armbrust

schoß sie Kiesel oder Bleikugeln, eine eigens für sie angefertigte Armbrust ist erhalten geblieben und im Musée de l'Armée in Paris zu sehen, eine Prachtwaffe aus Ebenholz und Damaszenerstahl.

Als Schlemmerin haben wir sie schon kennengelernt, und es wird uns nicht wundern zu erfahren, daß ihr Hang zur Völlerei mit den Jahren nicht geringer wurde. Man erzählte sich diesbezüglich in Paris heroische Geschichten wie die von Pierre de L'Estoile überlieferte: Derzufolge die Königinmutter einmal fast gestorben wäre, weil sie ihren Verdauungsorganen zu viele Artischockenböden und Hahnenkämme sowie -nieren zugemutet hatte.

Aber sie starb nicht, und vielleicht brauchte sie ja die reichlichen Mahlzeiten, um die ständig verausgabten Energien zu erneuern, denn ihr Fleiß und ihre Ausdauer erregten die Bewunderung nicht nur der auswärtigen Botschafter, sondern auch ihrer Vertrauten. Nach einem Festmahl diktierte sie mitunter hintereinander weg zwanzig Briefe die verschiedensten Staatsgeschäfte betreffend. Waren aber einmal keine dringenden Staatsgeschäfte zu besorgen, verschmähte sie auch weibliche Handarbeiten nicht. Wenigstens schreibt Brantôme: »Nach dem Essen pflegte sie sich mit Handarbeiten zu beschäftigen, in denen sie so geschickt war wie nur irgend möglich.« Ihre Geschicklichkeit und Neigung zu dergleichen Arbeiten war so groß, daß sie einen auf den Entwurf von Stickmustern spezialisierten Künstler eigens aus Venedig kommen ließ, der ihr denn auch ein Musterbuch widmete, das er unter dem Titel *Singuliers et nouveaux pour traicts pour toutes sortes d'ouvrages de lingerie*, nämlich »Einzigartige und Neue Zeichnungen für Aller Art Wäsche-Verzierung« in Frankreich veröffentlichte.

Dennoch wünschte diese komplexe Persönlichkeit vor allem, hauptsächlich, ja so vollkommen wie nur irgend möglich nur eines zu verkörpern: die Königin von Frankreich. Seit ihrer Heirat, seit ihrer jugendlichen Schwärmerei für den Schwiegervater, Franz I., diente all ihr Streben, dienten alle ihre Arbeiten und politischen Machenschaften vorzüglich ihrem monarchischen Ideal, dem Kult der Monarchie, des Erbes, das ihren Kindern zuteil werden sollte. Dementsprechend bestand sie auch mit peinlichster Aufmerksamkeit auf der korrekten Inszenierung jeder Einzelheit der königlichen Existenz, unterwarf von dem Augenblick an, da sie zur Regentschaft gelangte, ihren Hof, ihre Kinder und sich selbst dem

strengen Hofzeremoniell mit einer Pünktlichkeit, an der die hochmütige Diana von Poitiers nichts auszusetzen gefunden hätte.
Das Zeremoniell regelte jeden Schritt, jede Gebärde nicht nur der Bedienten des Königs, sondern auch der königlichen Familie und des Königs selbst. Das Aufstehen (das »Lever«) ebenso wie das Schlafengehen (das »Coucher«), die Mahlzeiten, die Reisen des Königs, alles hatte seine jederzeit streng zu beachtende Ordnung. Katharina hielt so sehr auf diese Ordnung, den sichtbaren Ausdruck der königlichen Majestät, daß sie die Räumlichkeiten verschiedener ihrer Residenzen umbauen ließ, um zu gewährleisten, daß diese dem vom Zeremoniell geforderten Ablauf des Lebens des Souveräns, der Fürsten, Würdenträger und Höflinge den angemessenen Rahmen böten.
Der König stand auf einer Bühne, schon wenn er aus dem Bett stieg. Einer der größten Herren des Reiches hatte die Ehre, ihm das Hemd zu reichen, nach vorgeschriebener Ordnung dann jedes weitere Kleidungsstück. War der König angekleidet, wurden die Türen seines Schlafzimmers geöffnet und das Spektakel einem größeren – freilich noch immer sehr gewählten Publikum zugänglich. Nun hatten die Prinzen von Geblüt, die Kammerherrn des Königs, die Maîtres d'hôtel – sämtliche Herren von höchstem Adel – und die Schar der dem König persönlich vertrauten Höflinge Zutritt. Nach kapetingischem Brauch pflegte der König an verschiedene unter diesen das Wort zu richten. Diejenigen, denen etwa diese höchste Gnade nicht zuteil wurde, konnten sich mit der Hoffnung trösten, vielleicht beim nächsten Lever von Seiner Majestät ausgezeichnet zu werden. Inzwischen war es für jeden Höfling schon des Glücks genug, mit eigenen Augen zu sehen und mit eigenen Ohren zu hören, was bei Seiner Majestät Erhebung aus dem Bette vor sich ging. Wer dazu zugelassen war, durfte sich der Spitze der pyramidalen menschlichen Gesellschaft schon sehr nahe fühlen: Über sich erblickte er da nur noch den König und über diesem Gott – erhaben stand er über der ganzen sonstigen Menschheit.
Wenn Seine Majestät, von dem Schwarm seiner Komplimente murmelnden Höflinge gefolgt, sein Schlafzimmer verließ, begab er sich zu einer Sitzung seines engsten Rates. Die Höflinge wußten, daß er dort hinter verschlossenen Türen seines Amtes waltete und seine Allmacht entfaltete, Entscheidungen traf, oder auch densel-

ben auswich. Um zehn Uhr wurden diese weltlichen, wenngleich weltbewegenden Angelegenheiten, soweit nicht schon erledigt, zurückgestellt, denn um zehn hörte der König die Messe. Danach erging er sich ein Weilchen in der frischen Luft, nie lange, denn um elf Uhr wurde ihm das Mittagessen serviert, das er, außer an den Tagen großer Zeremonien, ziemlich hastig zu verspeisen pflegte. Nach dem Essen hatte er Gelegenheit, die Königin und die Königinmutter in ihren Gemächern zu besuchen, wo er freilich selten lange mit den Damen allein blieb, denn bald wurden deren Türen geöffnet und die Höflinge stellten sich ein. Jeder wünschte natürlich mit ihren Majestäten zu sprechen, doch in Erwartung einer Gelegenheit dazu, hielten deren Gäste einander auf dem laufenden, hörte man die neuesten politischen Machenschaften und die jüngsten Schlafzimmergeschichten erörtert. Die Ungezwungenheit der Unterhaltungen bei diesen nachmittäglichen Zusammenkünften erfüllte die ihr zugedachte Funktion im Leben des Hofes nicht weniger pünktlich als die strenge Regelmäßigkeit aller Handlungen des Königs. Katharina wußte – Franz I. hatte es ihr oft genug gesagt, noch ehe sie selbst die Erfahrung machte –, daß die Franzosen nichts so sehr liebten, als sich in allerhöchster Gesellschaft den allerneuesten Klatsch zu erzählen. Der König pflegte zu dieser Stunde bald hier, bald dort zuzuhören, ein huldvolles Wort bald an diesen, bald an jenen zu richten, bis es dann Zeit war, sich »in sein Privatgemach« zurückzuziehen. Lange durfte er dort jedoch nicht verweilen, denn um drei Uhr nachmittags mußte er sich im Freien zeigen, auf die Jagd reiten oder sich (wenn das Wetter schlecht war) beim Schlagballspiel vergnügen, gleichviel ob er dazu nun Lust hatte oder nicht. Bei diesen Zerstreuungen begleitete ihn stets ein auserlesenes Gefolge hoher Herren. Zum Abendessen dann versammelte sich die ganze königliche Familie. Selbstverständlich wurde auch diese Mahlzeit nach strengen Regeln serviert – angefangen von der Prozession der Mundköche mit den zubereiteten Gerichten – und eingenommen, denn auch sie war ja, wie das ganze Leben der Könige öffentliche Darbietung. Nach Einbruch der Dunkelheit war die Öffentlichkeit der Ereignisse im Louvre (wie natürlich auch in jedem anderen Schloß, in dem der König etwa residierte) durch das Licht der Tausende von Wachskerzen gewährleistet, die allabendlich in allen Sälen und Kammern, Gängen und Treppenhäusern anzuzünden waren.

Zum Zubettgehen zog der König sich in derselben Begleitung zurück, die ihm morgens aus dem Bett geholfen hatte. Im Augenblick, da Seine Majestät sich zu Bett begab, hatte im ganzen Schloß alles Leben zu ruhen, war jeder gehalten, zu schlafen oder sich schlafend zu stellen. In den langen Korridoren des Louvre hatten dann nur die Nachtwachen noch etwas zu suchen, nämlich freche Ruhestörer, die sich nicht scheuten, noch herumzugeistern, nachdem Seine Majestät sich zur Ruhe begeben hatte.
Diese Anordnungen waren jedem geläufig, und wie die Nachtwachen auf die ihren achteten, achtete Madame Catherine im allgemeinen streng darauf, daß niemand frevelhaft vom Vorschriftsmäßigen abwich. Denn in ihren Augen kamen auch scheinbar geringfügige Verstöße gegen das Protokoll Majestätsbeleidigungen gleich.
Zur Feier der Erhabenheit der königlichen Majestät entfaltete zu Katharinas Zeit der französische Hof eine unerhörte Pracht, die andere europäische Höfe in den Schatten stellte. Zur Inszenierung ihrer großen Feste nahm die Königinmutter alle Künste in Anspruch, wovon Architekten, Bildhauer, Maler, Komponisten, Musikanten, Sänger, Tänzer und Dichter, ihre Gäste – und alles in allem die europäische Kultur – reichen Gewinn hatten.
Theatralisch wie diese Veranstaltungen waren, mußten alle daran Beteiligten – auch die Gäste –, sich einer strengen Regie fügen, was den braven Galliern, die Katharina regierte, nicht eben leicht fiel. Sie legten sich aber den geforderten Zwang an, weil das glänzende Schauspiel, in dem sie zu figurieren die Ehre hatten, ihrer Eitelkeit schmeichelte. Und wenn sie sich dann zu später Stunde mitunter gehenließen, das Zeremoniell flötenging und die Feier der königlichen Majestät zur Orgie entartete, war Katharina vernünftig genug, über derartige Entgleisungen hinwegzusehen.
Denn wenngleich solche Demonstrationen menschlicher Schwäche nicht eben nach ihrem Geschmack waren, wußte sie doch, daß sich's empfahl, die Menschen hin und wieder aus der strengen Pflicht zu entlassen, ihnen zu gestatten, ihren Schwächen zu leben. Sie wußte ja auch aus den Schwächen, die andere sich gestatteten, ihren Nutzen zu ziehen. Eben damals, 1574, war ihr die Verliebtheit ihres Schwiegersohnes Navarra und ihres Sohnes Alençon in die schöne Charlotte von Sauves äußerst nützlich, da ihr diese Verliebtheit eine ebenso strenge wie zwanglose Überwachung dieser

beiden Staatsgefangenen gestattete. Sie hütete sich deshalb gewöhnlich, die ihr zweifellos mißfälligen Ausschweifungen vieler Herren und auch Damen ihres Hofes ausdrücklich zu mißbilligen. Sie hätte ja anders auch viel zu tun gehabt, insbesondere jetzt, da ihr Liebling als König an den Hof zurückkehrte.
Obwohl von Natur und aus Erfahrung zur Fröhlichkeit wenig geneigt, konnte sie, wenn sie es für nötig hielt und bei der oder jener Gelegenheit auch einfach, weil die Lust sie ankam, sogar lachen. So hatten die Artilleristen des königlichen Heers es für passend gehalten, die größte ihrer Kanonen »Die Königinmutter« zu nennen. Als Katharina das erfuhr, brach sie in Gelächter aus und erklärte, sich geschmeichelt zu fühlen, daß man bei der Artillerie ihre Leibesfülle zu schätzen wisse. Auch bei der Aufführung eines italienischen Schwanks voller derber Späße sah ma sie »aus vollem Halse« lachen, was indessen von den Zeugen der Nachwelt nur deshalb überliefert wurde, weil sie es ungewöhnlich und also bemerkenswert fanden. Dabei hielt sie selbst sich nicht für melancholisch, jedenfalls hielt sie anscheinend ihr fröhliches Gemüt für eine wesentliche Bedingung des ihr zuteil gewordenen Kindersegens, denn, da die Ehe ihres Lieblings Heinrich III. (von der noch zu berichten sein wird) schon seit über zehn Jahren unfruchtbar war, schrieb sie (am 2. Dezember 1586) dem königlichen Paar, sie sollten ja nur fröhlich sein, um recht bald Kinder zu kriegen, *»car voyés combien Dieu m'en a donné pour n'estre poynt menencolyque«* (mit der französischen Orthographie stand sie zeitlebens auf dem Kriegsfuß).
Wenn diese Selbsteinschätzung die meisten ihrer Vertrauten und Zeitgenossen befremdet haben mag, so wird ihr doch immer wache intellektuelle Neugier von allen, die sie kannten, nachgerühmt. Alles Neue und Unerhörte zog sie an. 1558 hatte sie einen Franziskaner zu ihrem Almosenpater ernannt, der sich die königliche Aufmerksamkeit nicht so sehr als Theologe, denn vielmehr als Kosmograph, nämlich Weltbeschreiber, verdient hatte. Dieser André Tevet nämlich war lange im Morgenland gereist und dann in die neue Welt, erst jüngst, im Sommer 1556, aus der Bucht von Rio de Janeiro zurückgekehrt, wo der Malteserritter und Vizeadmiral der Bretagne Villegaignon ein Antarktisches Frankreich gegründet hatte, das allerdings bald an den Streitigkeiten über die wahre Natur des heiligen Abendmahls zugrunde gehen sollte, die

zwischen dem katholischen Gouverneur und verschiedenen an dem Unternehmen beteiligten calvinistischen Geistlichen – nicht lange nach der Abreise des weltläufigen Franziskaners ausgebrochen waren. Tevet berichtete von einem Kraut *Petun*, das wegen seiner vielseitigen Nützlichkeit von den wilden Eingeborenen des Antarktischen Frankreichs hochgeschätzt werde. Man trockne dessen Blätter, rolle diese und entzünde die so erzeugten Rollen von der Stärke und Länge einer Kerze an einem Ende, um am anderen den Rauch des Krauts mit Mund und Nase anzusaugen. Der Rauch reinige, wie man meine, das Hirn von überflüssigen Säften, vertreibe Hunger und Durst, im Übermaß genossen mache er schwindlig wie die Dämpfe eines starken Weins. Frauen gebrauchten ihn nur selten. Zehn Jahre danach hatte Jean Nicot, der 1560 aus Portugal, wo er sich derzeit als französischer Gesandter befand, dem Kardinal von Lothringen Samen eines wunderbaren heilkräftigen indianischen Krauts geschickt.
Katharina schnupfte das Kraut zu Puler zerstoßen, und bald tat das nach ihrem Vorbild, der ganze Hof, so daß endlich auch *»Les Chrestiens qui sont par deça«*, die Christen auf dieser Seite des Meeres die Reize des *petuns* zu schätzen lernten.
Katharina sammelte *singularitez*, Seltsamkeiten, nicht nur jenes Antarktischen Frankreichs. In dem nach ihrem Tode angefertigten Inventar ihres Arbeitszimmers sind unter der Decke aufgehängte Krokodilshäute verzeichnet, ein Chamäleon, Korallenzweige, türkische und persische Teppiche, chinesische Lackarbeiten. Sie besaß überdies eine sehr große Sammlung von Landkarten, Arbeiten der berühmtesten Karthographen ihrer Zeit, auf denen sie die fernen Länder, deren Raritäten ihre Neugier reizten, im Geiste bereisen konnte, das Antarktische Frankreich (ehedem Amerika genannt) ebenso wie Guinea, Ostindien, Kathay und das Reich des Priesters Johannes in Äthiopien, die ganze weite Welt, die erst zu ihren Lebzeiten zur Kenntnis der Abendländer gelangt war.
Katharina konnte ohne Musik, ohne Poesie nicht leben. Ihr Lieblingsdichter war Pierre Ronsard, dem sie eine Pension aussetzte. Viele seiner Sonette wußte sie auswendig. Die *Amours*, Liebesgedichte, Ronsards hatte man vertont, man sang sie allenthalben. Katharina teilte die Freude an diesen Liedern mit ihrem Sohn Karl IX., der Poesie und Musik liebte wie sie, in beiden mit beacht-

lichem Talent dilettierte und, von der Mutter angeregt, eine Akademie der Dicht- und Tonkunst gründete.
Wie Poesie und Musik liebte Katharina auch den Tanz, und will man Brantôme glauben, so tanzte sie »mit Anmut und Majestät«, wobei man freilich in Anbetracht des uns überlieferten Bildes der stark beleibten schwarzen Königin sich diese Qualitäten wohl so vergegenwärtigen sollte, wie sie etwa dem Tanz einer Hummel zugeschrieben werden können.
Nicht abzusprechen ist ihr ein gewisses literarisches Talent, denn davon zeugt ihre ungeheuer umfangreiche Korrespondenz. Man hat Zehntausende von Briefen, in denen ihre Beredsamkeit noch unmittelbar gegenwärtig ist – unmittelbar, wenn es einem gelingt, ihre Orthographie zu entschlüsseln, denn da sie schrieb, wie sie sprach, schrieb sie Französisch mit italienischem Akzent, so daß man ihre Briefe zwar laut lesen muß, um zu hören, was sie sagen wollte, sie es dann aber auch in ihrem ganz eigenen Tonfall sagen hört.
Sie selbst – und ihre Vertrauten mit ihr – waren überzeugt, daß sie die Gabe hatte, die Zukunft zu lesen, insbesondere das ihr bestimmte Unheil kommen zu sehen.
»Viele sind Glaubens, daß Gott die Großen in besonderem Schutz nehme und daß er den Seelen, in welchen er irgendeine nicht gewöhnliche Vortrefflichkeit hervorleuchten macht, durch gute Geister insgeheim die guten oder bösen Begebenheiten, welche ihnen zugedacht sind, verkünden lasse; so wie man bei der Königinmutter, die wohl hierzu gerechnet werden darf, bei verschiedenen Gelegenheiten bemerken konnte. So hat sie die Nacht vor jenem unglücklichen Turniere geträumt, daß der König, mein Vater, ins Auge verwundet wurde, wie auch wirklich geschehen. Da sie erwachte, bat sie ihn zu wiederholten Malen, an diesem Tage nicht zu turnieren und sich bloß mit Zusehen zu vergnügen. Aber das unausweichliche Schicksal gönnte dem Reiche nicht so viel Gutes, daß der König diesem Rat gefolgt hätte. Nie verlor sie eines ihrer Kinder, ohne daß sie nicht eine große Flamme erblickte, wobei sie dann immer gleich ausrief: ›Gott behüte meine Kinder!‹ Aber den Augenblick darauf hörte sie dann immer die betrübende Nachricht, die ihr durch die Flamme schon angezeigt worden.«
So berichtet in ihren (hier in Friedrich Schlegels Übersetzung zitierten Memoiren) Katharinas Tochter Margarete.

Uns mag dieser Bericht in Erinnerung rufen, daß die Königinmutter von Kindheit auf viel Unglück erlebt, manchen Schicksalsschlag hatte hinnehmen müssen und jederzeit alle Ursache hatte, ihrem Glück zu mißtrauen. Wie ihre Tochter hielt sie das Schicksal zwar für unausweichlich, ließ aber gleichwohl nichts unversucht, es womöglich abzuwenden. Dazu ließ sie sich von ihren Zauberkünstlern Talismane anfertigen, deren Materie und Formen ihr als Panzer gegen die Pfeile des mißgünstigen Geschicks dienen sollten. Und Gott? Gewiß, auch gegen den Herrn des Schicksals ließ sie es an der gebotenen Achtung nicht fehlen, wenn wir Brantôme glauben dürfen, der schreibt: »Sie war eine gute Christin und sehr fromm, ging oft zur Beichte und zur Kommunion und versäumte keinen Tag den Gottesdienst, Messe und Vesper, welche sie sehr angenehm gestaltete durch die guten Sänger der Kapelle, deren sie so glücklich war, sich ganz ausgezeichnete zu verschaffen.«

Bauten der Florentinerin in Frankreich

Wie ihr Schwiegervater Franz I. wandte Katharina als Regentin viel Sorgfalt und Verstand an die Bauten, die sie zur höheren Ehre der Monarchie errichten ließ. Sie beauftragte Philibert de l'Orme mit der Errichtung des Schlößchens im Tuilerien-Garten, das nach dessen Tod von dem Architekten Montmorencys (dem Erbauer von dessen Schloß Ecouen) Jean Bullant vollendet wurde. Auch sorgte sie für die Vollendung der schon unter Heinrich II. begonnenen Arbeiten am Bau des Neuen Louvre, des sogenannten Logis du Roi, wo zuerst als Gattin Franz' II. Maria Stuart, dann Elisabeth, die Königin Karls IX. wohnte – beide ihr selbst zu Häupten übrigens, denn im Erdgeschoß des Neuen Louvre wohnte während der Regierungszeit ihrer ersten beiden Söhne die Königinmutter. Der Neue Louvre war seinerzeit der schönste Palast in Europa und der glänzendste Rahmen für Hoffeste, den man je gesehen hatte. Katharina aber machte schon Anstalten, diesen Neubau in einen noch weit größeren Entwurf zu integrieren. Schon hatte sie den Bau einer Galerie auf der alten Stadtmauer aus der Zeit Karls V. entlang der Seine befohlen, die den Louvre mit den Tuilerien verbinden sollte, den Bau jener Ufergalerie, die dann unter Heinrich IV. vollendet wurde. Und zu der Zeit, da Heinrich III. aus Polen zurückkehrte, um den Thron von Frankreich zu besteigen, hatte sie bereits den Bau jener separaten Residenz in Angriff genommen, in der sie während ihrer letzten Lebensjahre residierte, und zwar in der Stadt, in der Nähe der Kirche Saint-Eustache. Es war nicht so weit vom Louvre entfernt, als daß sie dort nicht jederzeit hätte nach dem Rechten sehen können. Sie hatte dafür das Stadthaus des Herrn von Mortiers erworben und nach und nach verschiedene Nachbarhäuser dazu kaufen können, bis das Grundstück, über das sie verfügte, groß genug war, Platz für Haus und Garten einer Königinmutter zu bieten. Dennoch muß man sich das Grundstück, auf dem 1570 mit dem Bau begonnen wurde, ziemlich bescheiden vorstellen, denn in Paris wie in allen alten Städten drängten sich Häuser und Grundstücke, und da zu jener Zeit auch von Staats wegen niemand gegen seinen Willen enteignet werden konnte (das entsprechende Gesetz datiert von 1837), mußte nahezu jeder Quadratmeter Baugrund einem anderen Besitzer abgehandelt werden. Doch 1572 gelang ihr ein Grundstücksgeschäft mit der Kirche, das ihr erlaubte, ihren Bauplan in größerem Stil zu revidieren: Die Kirche verkaufte ihr das ehemalige Hôtel d'Orléans oder Petit-Nesle, ein sehr stattliches Gebäude und Anwesen, das in der Vergangenheit die Königin Blanca von Kastilien, die Herzöge von Anjou, von Valois und schließlich von Orléans besessen und bewohnt hatten. Als Ludwig XII. König von Frankreich wurde, hatte er diesen Besitz seiner Familie den Ordensfrauen, die sich der Betreuung gefallener Mädchen widmeten, geschenkt. Katharina nun verstand es, sich vom Papst die Genehmigung zu verschaffen, die Ordensfrauen und ihre Schützlinge anderswohin umzusiedeln. Als Gründe machte sie geltend, in der Nähe des Louvre, wo es von schottischen, schweizerischen und französischen Garden, von Stallknechten, Lakaien und ausländischen Besuchern, kurz von unternehmungslustigen Männern aller Art wimmelte, seien diese Mädchen unzumutbar großer Versuchung, rückfällig zu werden, ausgesetzt.

Nachdem dann auch auf diesem Grundstück alle Baulichkeiten abgerissen waren (mit Ausnahme der Kapelle der *Filles Repenties*, der Reuigen Mädchen), galt es freilich noch, das Geld für die Ausführung des Bauplans zu beschaffen. Denn natürlich kosteten Katharinas Bauten viel Geld, das Schlößchen, das sie sich in den

Tuileriengärten bauen ließ, war so teuer, daß Ronsard, der im Prinzip gegen staatliche Förderung der schönen Künste nichts einzuwenden haben konnte, es für geboten hielt, die Königinmutter durch ein an den Herrn Moreau (einen ihrer Finanzberater) gerichtetes Gedicht zur Mäßigung zu ermahnen:

Il ne faut plus que la reine bâtisse
Ni que sa chaux nos trésors appetisse
Peintres maçons, engraveurs, entailleurs
Sucent l'épargne avec leur piperies.
Mais que nous sert son lieu des Tuileries?
De rien, Moreau, ce n'est que vanité;
Devant cent ans sera inhabité
Il n'y aura ni fenêtres, ni salle
Le tout entier, corniche ni ovale.

Unnötig ist's, daß mehr noch die Königin baut
Daß weiter ihr Kalk unsere Schätze verzehre
Maler, Maurer, Stecher und Schnitzer
Mit ihren Künsten den Staat aussaugen
Denn wozu dient das Schloß uns bei den Ziegelei'n
Zu nichts, Moreau, 's ist reine Eitelkeit
Wird leer steh'n ehe ein Jahrhundert um ist
Und ohne Fenster, ohne Saal,
Das Kranzgesims dahin und das Oval.

Als »Oval« bezeichnete man eine berühmte Wendeltreppe, die, anscheinend ohne Stütze sich in die Höhe windend, eine Sehenswürdigkeit des Schlößchens der Tuilerien (oder Ziegelei-Gärten) war. 1872 allerdings, während der Kommune, wurde es in Brand gesteckt und von dem Schicksal ereilt, das ihm der Hofdichter in den zitierten, mehr vom Bürgersinn als von der Muse inspirierten Versen schon zu einem viel früheren Termin prophezeit hatte. Katharina ließ sich von dergleichen poetisch-patriotischen Pflichtübungen natürlich nicht anfechten. Und so wurde dann jahrelang gebaut an ihrer neuen Stadtresidenz, dem *Logis de la Reine*, das, obwohl der Plan während der Arbeiten ständig erweitert und verändert wurde, durch die Kunst der Architekten und die Kontinuität der Inspiration unserer Heldin zu schöner Vollendung gedieh. Das Gebäude ging im 17. Jahrhundert in den Besitz des Grafen von

Soissons über (einer jüngeren Linie der Bourbonen) und wäre, da es im 18. Jahrhundert zerstört wurde, heute wohl vergessen, wenn nicht wunderbarerweise die berühmte Horoskop-Säule erhalten geblieben wäre, die Jean Bullant, der Architekt des Tuilerienschlößchens, nach dem Muster der Säulen Marc Aurels und Trajans im Ehrenhof des Logis de la Reine errichtete. Dieses Monument wurde von Katharinas Zeitgenossen kaum weniger angestaunt als später der Eiffel-Turm, doch während letzterer den meisten ästhetisch gebildeten Zeitgenossen des Ingenieurs Eiffel ein Greuel war, wurde die Horoskop-Säule allgemein bewundert. Im 16. Jahrhundert ragte sie über alle Dächer. Heute steht sie eingeengt zwischen modernen Gebäuden, die sie überragen, und man muß schon lange nach ihr suchen, um sie zu finden. Auch von den Reliefs, mit denen der Architekt die Kannelüren der Säule geschmückt hatte, den Lilienkränzen, Füllhörnern, Chiffern, zersprungenen Spiegeln und zerrissenen Liebesschleifen, von denen die Beschreibungen des Monuments reden (sie erinnerten an die Zerstörung des Eheglücks der Königinmutter durch die Lanze Montgomerys), ist heute kaum noch etwas zu erkennen.
Eine Wendeltreppe im Inneren der Säule führt zu einer Plattform hinauf, von der aus man zu der Zeit, da sie errichtet wurde, nicht nur Paris überblickte, sondern auch, von Horizont zu Horizont, den Himmel. Und so hat man sich denn ausgemalt, wie Katharina in Gesellschaft ihrer Astrologen von der Höhe dieser Säule nachts die Schrift der Sterne las, ohne sich von den hundertdreiundvierzig Stufen der engen Wendeltreppe und den sechs Sprossen der steilen Leiter am Ende, welche die stark beleibte Sechzigerin dazu hätte erklimmen müssen, entmutigen zu lassen. Immerhin wären von der Plattform, die diese Säule bekrönt, zu Katharinas Zeiten astronomische Beobachtungen nicht unmöglich gewesen. Doch ist zu vermuten, daß die Aufmerksamkeit derjenigen, die nachts da oben wachten, mehr den Lichtern auf der Erde als denen des Himmels galt, denn zu jener Zeit war in den Städten stets mit verzehrenden Bränden zu rechnen.
Der verschwundene Palast selbst war übrigens nach französischem Geschmack angelegt, zwischen Ehrenhof und Gärten nicht nach italienischem Muster um Innenhöfe herum gebaut. Durch hohe Galerien hatte man drinnen Zugang zu den verschiedenen Appartements. Jedes von ihnen konnte somit eine abgeschlossene

Einheit bilden. Das bei Katharinas Tod aufgestellte Inventar des Logis de la Reine gibt einen Begriff von den Schätzen, mit denen sie sich dort umgab. Von ihrer Sammlung exotischer Raritäten war schon die Rede. Was den Bestand ihrer zweifellos reichen Bibliothek betrifft, die nach ihrem Tod der königlichen - und, soweit diese die Zeitläufe überstand, letztlich der Nationalbibliothek einverleibt wurde -, ist man allerdings leider auf Mutmaßungen angewiesen, denn die Bücher, die sich in ihren Privatgemächern befanden, wurden nur summarisch katalogisiert, was um so bedauerlicher ist, als man weiß, daß sie ihre Bücher wirklich las. Weniger bedeutend als ihre Bibliothek scheint ihre Gemäldesammlung gewesen zu sein. Bemerkenswert war indessen auch sie, denn außer einer großen Anzahl von Familienbildnissen - in der Mehrzahl von der Hand der besten französischen Maler ihrer Zeit -, schmückten neben klassischen und biblischen Historien der italienischen Schule auch zahlreiche flämische Landschaften und Genrebilder die Gemächer des Logis de la Reine. Berühmt aber war schon zu ihren Lebzeiten ihre Sammlung von Bildteppichen, die zum großen Teil eigens für sie, zu ihrem und dem Ruhm ihrer Herrschaft entworfen und geschaffen waren. Der berühmteste dieser Zyklen von Tapisserien, mit dem Titel *Die Feste der Valois*, befindet sich heute in Florenz: Katharina schenkte diese Feste ihrer Enkelin, Christine von Lothringen, einer der letzten ihres Geschlechts, zur Hochzeit mit dem Großherzog der Toskana, Ferdinand von Medici. Wie andere große Bauherren der Geschichte hatte Katharina mehr geplant, als sie ausführen konnte - so wurden in Chenonceaux zwar Gärten angelegt und mit antiken Statuen geschmückt, Weinberge, eine Maulbeerbaumbepflanzung und Seidenraupenzucht, schließlich auch 1581 die entzückende Galerie am Cher - doch das herrliche Schloß, das Philibert de l'Orme für den Ort entwarf, blieb ungebaut. Und von den Bauten, deren Vollendung Katharina sah, ist weniger erhalten geblieben als von ihren wunderbaren Festen, deren Bild man noch auf den erwähnten acht Tapisserien in Florenz hat.
Erhalten sind aber die großartigen Grabdenkmäler, mit denen sie den Ruhm ihres Gemahls (und mithin ihren eigenen) zu verewigen suchte. Kein anderer französischer König erhielt ein Grabmal, das sich nebem dem sehen lassen könnte, das Katharina Heinrich II. (und sich selbst) setzen ließ.

Germain Pilon schuf eine Urne für das Herz des Königs (die nach deren Tod auch dasjenige seiner Witwe aufnehmen sollte). Die Erfindung des Künstlers vertraute das Behältnis drei leichtfüßig tanzenden Nymphen an, die in der Kirche des Klosters der Coelestiner, wo das Herz in Erwartung des jüngsten Tages zunächst verwahrt wurde, leicht hätten befremden können, wenn es nicht glücklicherweise möglich gewesen wäre, sich die jungen Damen als Verkörperungen der Kardinaltugenden Glaube, Liebe und Hoffnung zu erklären. Katharina feierte in diesem Meisterwerk die eheliche und königliche Liebe, die ihr noch schlagendes dem darin bestatteten Herzen so unverbrüchlich verband.
Das Grabmal Heinrichs II. wurde in der Abteikirche Saint-Denis errichtet. Primaticcio hatte es in der von Katharina gewünschten großartigen Manier geplant. Nach dem Tod Primaticcios (der noch von Franz I. nach Fontainebleau berufen worden war), setzten Jean Bullant und schließlich Baptiste Androuet du Cerceau die Arbeiten an der geplanten Grabkapelle fort. Die von einer Kuppel überwölbte Kolonnade maß dreißig Meter im Durchmesser. Unter dieser Kuppel stand das eigentliche, noch erhaltene, Grabdenkmal; die Kapelle drohte im 18. Jahrhundert einzustürzen und mußte deshalb abgerissen werden.
Auf dem Grabmal ausgestreckt liegt der tote König, fast nackt, so meisterhaft realistisch gebildet, daß man beklommen eine Leiche zu sehen meint. Katharina wollte schon zu Lebzeiten wenigstens an dieser Stelle im Tod mit ihrem Gemahl vereint sein, doch als sie dann ihr Bildwerk, das der Künstler weisungsgemäß schuf, sah – ein beängstigend glaubwürdiges Porträt ihres antizipierten Todes – , bereute sie den Auftrag und ließ sich noch einmal porträtieren, von Germain Pilon. Germain Pilon bildete die Königin als reife Frau, etwa in dem Alter, in dem sie beim Tod ihres Gemahls war, die schwellenden Formen, die das halb von der ausgestreckten Gestalt gezogene Tuch freigibt, scheinen noch von schlummerndem Leben erfüllt. Augenscheinlich meinte aber Katharina auch nach Vollendung dieses wahrhaft majestätischen Grabmals noch nicht genug für den Kult ihres toten Gemahls getan zu haben, denn 1583 gab sie Germain Pilon ein zweites in Auftrag: Darauf sieht man Heinrich und Katharina liegend, aber mit offenen Augen und gefalteten Händen, auch in vollem königlichen Staat, die Kronen auf den Häuptern, aus Marmor konterfeit. Der Künstler hat

nicht nur alle Einzelheiten des Kostüms und Schmucks der Majestäten treu der Zukunft überliefert (das Monogramm, von Olivenkränzen umwunden, auf Katharinas offenem Mantel!), sondern auch ihre Gesichter. Von allen erhaltenen Bildnissen Katharinas ist dieses vielleicht das sprechendste, nicht im mindesten geschmeichelt – der fette Hals, die vollen Lippen, die vorstehenden Augen sind nicht beschönigt – aber überzeugend; denn dieser Matrone traut man zu, was man von ihr liest.

Katharina erhält Gelegenheit, ihren Illusionen ins Gesicht zu sehen

Katharina hat eine ihrer wenigen Illusionen mit vielen Herrschern gemein, die sich an die Herrschaft gewöhnt haben. Sie hielt sich nicht nur für unentbehrlich, sondern auch für unersetzlich. Als sie am 5. September 1574 zu Bourgoin den neuen König von Frankreich, Heinrich III., endlich in die Arme schloß, bestärkte sie in dieser Illusion eine andere – die der Mutter, die ihr liebstes Kind für alle Zukunft auf sich angewiesen glaubt. Und so galt jetzt ihre ganze Sorge der Aufgabe, das Reich so zu regieren, daß Heinrich, ungestört von politischen Geschäften, seine künstlerischen und anderen Neigungen kultivieren und von seinem Volk geliebt herrschen könne.

Da sie sich hinsichtlich der anstehenden politischen Geschäfte keine Illusionen machte, wußte sie, daß sie sich da keine leicht zu bewältigende Aufgabe gestellt hatte.

Gefahr drohte dem Thron von zwei Seiten, einerseits von draußen aus dem Lande, andererseits aus nächster Nähe, von der Unzufriedenheit des jüngsten Bruders und der Schwester des Königs – und dem Ehrgeiz des Gemahls dieser Schwester, des Königs Heinrich von Navarra. Margot hätte gern ihrem Bruder Alençon auf den Thron geholfen. Noch ehe Karl IX. starb – nach der Entdeckung der Machenschaften, die La Molle und Coconas den Kopf kosteten –, hatte sie versucht, entweder ihrem Bruder oder ihrem Gemahl zur Flucht aus Vincennes zu verhelfen (wie sie selbst in ihren Memoiren erzählt), weil sie durch die Mißgunst ihrer Feinde bei Hof das Leben der beiden bedroht glaubte. »Ich dachte, wie ich immer mit meiner Kutsche ein- und ausführe, ohne daß die Wachen hineinsahen, noch meinen Frauen ihre Masken abnehmen ließen; ich wollte also einem von den beiden Frauenkleider anziehen und ihn in meinem Wagen mit hinausnehmen; beide konnten nicht mitgehen, sie wurden zu genau bewacht, auch war es hinreichend, daß nur einer frei war, um dem anderen das Leben zu sichern. Aber sie konnten sich nicht darüber einigen, welcher von ihnen zurückbleiben sollte, jeder wollte lieber mit hinausgehen, und darum konnte aus der ganzen Sache nichts werden.«

Katharina, die von der Sache unterrichtet war, sorgte dafür, daß auch weiterhin nichts daraus wurde. Sie überführte in ihrem eigenen Wagen die Herren ins Louvre, wo sie unter noch strengerer Aufsicht als zuvor gehalten wurden. Die Fenster des Appartements, in denen man sie dort unterbrachte, wurden zugemauert, und Schweizer Garden hüteten die Türen.

Leider war der von draußen aus dem Lande drohenden Gefahr mit so einfachen Maßnahmen nicht wirksam zu begegnen. Diese Gefahr drohte gegenwärtig vor allem von der dritten Partei, jener Partei der »Politiker« oder »Mißvergnügten«, mit der Katharinas Gefangene gemeinsame Sache machen wollten. Eines der Häupter dieser Partei war Montmorency-Damville, der königliche Statthalter im Languedoc. In dieser umfangreichsten, auch der Hauptstadt am weitesten entlegenen Provinz, hatte die Neigung, die Herrschaft des französischen Königs womöglich abzuschütteln, seitdem sie dem Reich einverleibt worden war, stets bestanden, und jetzt ermutigten die Montmorencys diese Neigung. Und um auf Kosten des Königs die eigene Macht zu mehren, waren sie gewillt, auch mit den Hugenotten zu paktieren.

In der Normandie herrschte Ruhe, seitdem Montgomery geschlagen und geköpft worden – wenn auch schon abzusehen war, daß diese Ruhe nicht von langer Dauer sein würde. Ruhig war es auch im Norden und im Osten, wo die Guisen für Ordnung sorgten. Doch im Südwesten und im Süden drohte überall von neuem der Bürgerkrieg. In der Gascogne hatte La Noue zwar die Feindseligkeiten noch nicht eröffnet, hielt aber die ganze Provinz in ständiger Kriegsbereitschaft. Das Delphinat, wo das Wort des mächtigen Lesdiguières galt, war von Paris aus nicht mehr zu regieren. Die Pastoren von La Rochelle predigten Aufruhr im Angoumois und im Poitou. Dennoch fand Katharina die Lage nirgends so beängstigend wie im Languedoc. Der Gouverneur Damville war nicht durch eigene Überzeugungen auf eine der beiden Religionsparteien politisch festgelegt. Überhaupt manövrierten die Montmorencys zwischen den Parteien, hielten einmal zum König, verbanden sich dann wieder mit den Hugenotten, je nachdem, auf welcher Seite sie jeweils für sich selbst den Vorteil sahen. In der gegenwärtigen Lage, eigentlich einem Interregnum, denn Heinrich war ja noch nach Frankreich unterwegs, hatte Damville keine sonderlich guten Gründe, auf die Krone zu setzen. Katharina, die Verwalterin der königlichen Macht, war so allgemein verhaßt wie nie zuvor, und der neue König war zumindest bei den Hugenotten kaum weniger verhaßt als seine Mutter. Hatten nicht die beiden im Verein die Gemetzel der Bartholomäusnacht geplant? Die Krone im Stich zu lassen, wurde dem königlichen Gouverneur des Languedoc unter den gegebenen Umständen dadurch erleichtert, daß sich neuerdings jene dritte Partei gebildet hatte, eigentlich eine Fraktion der katholischen und monarchischen, die Partei jener Mißvergnügten, die der Meinung waren, der innere Frieden müsse ohne weiteres Blutvergießen, wenn nötig durch Zugeständnisse an die Hugenotten, wiederhergestellt werden. Bei dieser Partei hatte Damville Rückhalt, und auf sie konnte er sich bei Verhandlungen berufen – gegenüber der Königinmutter ebenso wie gegenüber den Hugenotten. Der Königinmutter hatte er unmißverständlich angedeutet, daß im Falle er mit den Hugenotten gemeinsame Sache machte, das Languedoc sich gegen die königliche Autorität erheben würde. Katharina wußte, daß das keine leere Drohung war. Die Feindseligkeiten, die ihr in den Städten gerade dieser Provinz begegnet waren, als sie diese vor Jahren – im tiefsten Frieden – mit Karl IX. besucht hatte, versprachen nichts Gutes für die nächste Zukunft. Wenn sie auch bei aller Besorgnis nicht glauben wollte, daß der katholische Damville mit seiner Drohung ernst machen, sich wirklich mit den Hugenotten verbünden würde.

Auch was der Prinz von Condé in Sedan mit dem Prinzen von Nassau und den deutschen Fürsten betrieb, würde, so hoffte Katharina, nicht so heiß zu essen sein, wie es anscheinend gekocht wurde. Allem Anschein nach hatten nämlich diese Herren vor, von neuem in Burgund und in die Champagne einzufallen. Zu irgendwelchen abschreckenden Demonstrationen war Katharina nicht imstande – wie denn, da der größte Teil des königlichen

Heers entlassen worden war, und der König sich noch in Venedig amüsierte? –, doch hatte sie getan, was in ihren Kräften stand, viel gute Worte gegeben nämlich und auch etwas Geld, um die potentiellen Angreifer zu besänftigen. La Noue bot sie 70000 Livres an, wenn er sich verpflichten wolle, noch zwei Monate Frieden zu halten. Nur zwei Monate: Juli und August 1574. La Noue hatte Frieden gehalten, und Katharina hatte die Zeit genützt, Schweizer anwerben zu lassen, damit Heinrich, wenn er schon über Feinde herrschen müsse, diesen wenigstens nicht ganz wehrlos ausgeliefert sei.

Als sie in Lyon den Kanonenschuß hörte, der anzeigte, daß der König die Grenze seines Reiches überschritten hatte, hielt es sie nicht länger in der Stadt, sie bestieg ihre Sänfte und ließ sich dem Heimkehrer entgegentragen. Alençon und Heinrich von Navarra ritten ihr voraus (nicht ohne angemessene Eskorte, versteht sich, Katharina dachte nicht daran, die beiden laufen zu lassen), denn es galt dem Brauch zu genügen, der forderte, daß der König bei der Heimkehr in sein Reich von zwei Prinzen von Geblüt zu empfangen sei. Die drei Prinzen trafen sich in Pont-de-Beauvoisin. Heinrich III. fragte als erstes nach seiner Mutter. Alençon sagte ihm, sie sei nicht mehr weit, sei ihm nach Lyon entgegengereist und hätte dort den Kanonenschuß gehört, der von Ort zu Ort ertönt und wiederholt mit Donnerstimme dem ganzen Reiche anzeigen sollte, daß wieder ein König im Lande sei. Heinrich III. verbarg den beiden Prinzen seine Enttäuschung nicht. »Ich wünschte, Sie hätten gewartet, bis ich sie (seine Mutter) zu umarmen Gelegenheit gehabt hätte«, erklärte er ihnen. Heinrich vergaß die Erfordernisse des Protokolls, was seine Mutter sich nicht zuschulden kommen ließ. Es war ihm sichtlich nicht angenehm, ausgerechnet von seinem jüngeren Bruder – dessen glühende Eifersucht er kannte – und von seinem ihm sicherlich nicht lieberen Schwager zuerst begrüßt zu werden. Katharina hatte Alençon eingeschärft, es dem König gegenüber ja nicht an der gebotenen Ehrerbietung fehlen zu lassen, um sein durchaus berechtigtes Mißtrauen nach Möglichkeit zu besänftigen: Und sie hatte ihm klargemacht, daß er durch Trotz seine Lage nur verschlechtern konnte. Alençon hatte sich das gesagt sein lassen und spielte die ihm empfohlene Rolle mit Hingabe. Denn er fiel vor dem Bruder demütig auf die Knie, ehe er ihm als sein gehorsamer Untertan die königliche Hand küßte. Heinrich III. konnte angesichts dieser Hingabe der Versuchung nicht widerstehen, in der großen Szene, die sich da anbot, auch seine Rolle zu spielen, und die Aufführung der beiden riß den König von Navarra so hin, daß er den Brüdern theatralisch sehr wohl gewachsen sein wollte. Und so umarmten die drei einander gegenseitig, tauschten brüderliche Küsse und Freundschaftsschwüre. Und Heinrich III. ließ, dem Thema dieser Szene entsprechend – im Katalog eines Gemäldesalons des vorigen Jahrhunderts hätte man sie vielleicht so beschrieben: *Feindliche Brüder, sich versöhnend in der Vergebung vergangener Verletzungen und die brüderlichste Freundschaft schließend* – Gnade vor Recht ergehen und königliche Großmut walten. Er versprach den beiden Prinzen die Freiheit, ihre beschlagnahmten Güter, ihre Titel und die Wiedereinsetzung in ihre Ämter am Hof und bei der Armee. Alençon und Navarra ließen es an Beteuerungen ihrer Dankbarkeit und Ergebenheit nicht fehlen, bereuten auch ihre vergangenen Verfehlungen, an denen sie allerdings dem verstorbenen König Karl IX., der sie ungerecht behandelt habe, einen großen Teil der Schuld gaben. »Jetzt wünschen wir nichts anderes mehr«, sagte Alençon, »denn als Ihre treuen Untertanen zu leben und zu sterben.«

Margot sah den König erst, als er in Bourgoin der Mutter begegnete. Die Zukunft zu schauen, sei ihr nicht in dem Maße gegeben wie ihrer Mutter, bekennt sie in ihren Memoiren. Dennoch werde auch sie auf böse Zukunft jedesmal durch unverkennbare Vorahnung hingewiesen.

»Diese Erfahrung machte ich wieder bei der Ankunft des Königs von Polen, da die Königinmutter ihm entgegengegangen war. Während sie sich umarmten und sich gegenseitig bewillkommten, überfiel mich, obgleich man im Gedränge vor Hitze fast erstickte, ein solcher Schauder, daß der, welcher mich führte, es bemerkte. Ich hatte viel Mühe, es zu verbergen, als der König, nachdem er die Königinmutter verlassen, zu mir kam und mich begrüßte. Diese Vorbedeutung ging mir tief ans Herz. Es vergingen jedoch noch einige Tage, ehe der König den Haß und den üblen Willen merken ließ, den der arglistige Guast in ihm gegen mich durch den Bericht erregt hatte, daß ich seit dem Tode des Königs und während seiner Abwesenheit die Partei des Herzogs von Alençon genommen und ihm die Zuneigung des Königs, meines Gemahls, zugewendet habe. Da sie nun immer eine Gelegenheit zu erschleichen suchten, um nach der genommenen Abrede den Herzog von Alençon und den König, meinen Gemahl, zu verunreinigen, indem sie erst mich mit meinem Gemahl entzweiten und hernach sie wieder untereinander auf Frau von Sauves eifersüchtig machten, so paßten sie es einmal ab . . .«

Aber folgen wir Margots Erinnerungen hier nicht weiter, sondern kehren noch einmal zu der Szene in Bourgoin zurück, bei der es ihr trotz der erstickenden Hitze kalt den Rücken herunterlief. Der spanische Gesandte fand die Szene ergreifend. Wohl eine Stunde lang lagen mit tränenüberströmten Gesichtern Mutter und Sohn einander in den Armen. Ohne Rücksicht auf das Protokoll war der König auf die Königinmutter zugelaufen, in ihre Arme, und hatte mit weithin vernehmlicher Stimme gesagt: »Madame, meine sehr liebe Mutter, der ich das Leben schulde, jetzt schulde ich Ihnen überdies meine Freiheit und meine Krone.« Erst nach der stundenlangen Umarmung kniete, wie es das Protokoll vorschrieb, Heinrich vor der Königinmutter nieder und küßte ihr die Hände.

Doch der rührende Anschein dieser Szene täuschte ebenso wie der von den Brüdern aufgeführte Akt. Zweifellos war aber Katharinas Wiedersehensfreude nicht nur tief empfunden, sondern echt. Auch Heinrichs Freude wird wohl echt gewesen sein, aber ob die Überzeugungen und Absichten, die er zur Schau stellte, aufrichtig waren, ist zumindest zweifelhaft. Katharina zweifelte zwar nicht an ihm, doch die Augenzeugen empfanden Mißtrauen und tiefes Unbehagen bei dieser Wiedersehensszene.

Denn jetzt, da Heinrich als König heimkehrte, schien es, daß er diese Rolle nicht zu spielen gedachte, wie vorgeschrieben, als Fürst in des Wortes eigentlicher Bedeutung, nämlich Erster Edelmann des Landes, *Primus inter Pares.* Als affektierten jungen Mann kannte man ihn zwar, und so wunderte es niemanden, daß er jetzt die Attitüden majestätischer Huld und Herablassung maßlos übertrieb. Sehr unangenehm berührte aber auch die nicht unmittelbar davon Betroffenen die despotische Willkür, mit der er gleich bei seiner Ankunft diejenigen, die das Unglück hatten, Seiner Majestät nicht genehm zu sein, das spüren ließ. Denn er schien sich für berechtigt zu halten, an allen, die seinem verstorbenen Bruder Karl IX. treu gedient hatten, Rache zu nehmen. Ohne Rücksicht auf ihre Fähigkeiten und Verdienste jagte er die würdigsten Männer aus ihren Ämtern, um sie durch seine Kreaturen zu ersetzen. Jacques-Auguste de Thou, dessen Bücher *Historiarum sui temporis* zu den kostbarsten Zeugnissen gehören, die wir für diese Zeit besitzen, war entsetzt angesichts des Betragens Heinrichs III. bei seiner Rückkehr nach Frankreich. »Was halten Sie von dem neuen König?« fragte er den Generalstatthalter des Königs im Limousin, Simon Dubois. »Nichts Gutes«, erwiderte dieser. »Ich sage das schweren Herzens. Aber die Ereignisse werden mir nur allzusehr recht geben. Und wenngleich, wie bemerkt, der spanische Gesandte die Wiedersehensszene in Bourgoin ergreifend fand, war auch den anderen Gesandten das Gebaren des neuen französischen Königs bei Antritt seiner Herrschaft schon verdächtig. Einer sah Heinrich III. unterwegs nicht nur von Krakau nach Paris, »sondern auch von Sodom nach Gomorrha«.

Den Gerüchten Glauben zu schenken, weigerte sich allerdings Madame Catherine. Von ihr selbst wurden ja, wie sie sehr wohl wußte, ähnliche Schauermärchen erzählt. Sie wollte deshalb, was dem König nachgesagt wurde, für ebenso üble Nachrede halten, aus der nur der Neid der Hofschranzen auf die glänzenden und verführerischen Gaben Heinrichs spräche. Auf die Dauer blieben ihr natürlich die Schattenseiten der blendenden Erscheinung ihres Lieblings nicht verborgen, doch ohne sich diese Beobachtung je offen einzugestehen, tat sie stets, was nur irgend in ihrer Macht stand, Heinrichs Ausschweifungen in Grenzen zu halten und den Schaden, den er anrichtete, soweit wie möglich gutzumachen, schon um ihn selbst vor den bösen Folgen, die er sich damit zuziehen mochte, zu bewahren.

Enttäuschende Tatsachen

Noch am Tage der Begegnung in Bourgoin machten sich der König und der Hof auf den Weg nach Lyon, wo sie am folgenden, dem 6. September 1574, Einzug hielten. Und wenngleich dieser mit all dem Pomp vonstatten ging, für den Katharina persönlich die Anordnungen getroffen hatte, konnte niemand sich des Eindrucks erwehren, daß der neue König dem Volk nicht sonderlich willkommen sei. In der Menschenmenge, die, nicht eben dicht übrigens, die Straßen säumte, kursierten Gerüchte von schändlichen

Lastern des glänzend aufgeputzten jungen Herrchens, das da, ein langhaariges Schoßhündchen herzend, neben seiner schwarz verschleierten massigen Mutter in der mit schwarzem Samt ausgeschlagenen Kutsche fuhr – von Sodom nach Gomorrha? An der Verbreitung dieser Gerüchte mochten auch die Guisen mitgewirkt haben. Denn die Guisen warfen der Krone vor, die katholische Sache schlecht geführt zu haben und erwarteten von dem neuen König nicht, daß er's mit besserem Erfolg zu tun imstande wäre; sie waren deshalb darauf bedacht, die eigene schlechte Meinung von Heinrichs politischen Fähigkeiten zur öffentlichen zu machen und sich selbst als die allein berufenen Verteidiger des wahren Glaubens zu empfehlen. Doch gleichviel in welchem Maße nun das Verdienst daran den Propagandisten der Guisen zukommt, sicher ist, daß schon am Tag seines Einzugs in Lyon die öffentliche Meinung gegen den König war – der Haß seines Volkes hat ja dann diesen König auch bis zu seinem Ende verfolgt.

Katharina, die noch, als sie schließlich selbst die Schwächen ihres Sohnes nicht mehr hätte leugnen können, stets bei der Meinung blieb, daß dessen Stärken so groß seien, daß sie sich's leisten könne, von den fraglichen Schwächen abzusehen, sagte: »Er kann alles, wenn er nur will.« Aber wenngleich dieses Vertrauen in Heinrichs Fähigkeiten nicht ganz unbegründet war, täuschte es, weil die liebende Mutter dabei davon absah, daß Heinrich in seinen Zielen und Absichten sehr schwankend war, und niemals irgend etwas sehr ausdauernd verfolgte.

Die Illusion aber, daß Heinrich bei seinen politischen Entscheidungen dem Rat seiner für die Politik womöglich mehr als er selbst begabten, jedenfalls erfahreneren Mutter folgen, werde nach dem Beispiel seines verstorbenen Bruders – sie hatte Heinrich III. schon beseitigt, ehe er auf der Heimreise aus Krakau die französische Grenze überschritt. Wollte Katharina nicht wahrhaben, daß er wider alle politische Vernunft, jedenfalls durchaus gegen ihren Willen gehandelt hatte, als er dem Herzog von Savoyen so zuvorkommend die letzten französischen Besitzungen in Italien abtrat? Es hat fast den Anschein, als habe sie sich das Gegenteil einreden wollen, um an der ihr so teuren Illusion festhalten zu können. Denn als Heinrichs dem Herzog von Savoyen so verschwenderisch erwiesene Gunst in Frankreich bekannt wurde, hatte der Kanzler De Birague (bekanntlich ein Italiener) den Rat zusammengerufen und diese Schenkung mit allen ihm zu Gebote stehenden Mitteln angefochten. Auch der Herzog von Nevers (ebenfalls ein Italiener aus dem Geschlecht der Gonzagas von Mantua) weigerte sich, als königlicher Gouverneur der weggeschenkten Festungen diese dem Savoyer zu übergeben. Der Widerstand der Staatsmänner erwies sich jedoch als vergeblich, weil die Königinmutter ihn nicht unterstützte. Im Gegenteil beeilte sie sich, dem Herzog von Savoyen die Rechtmäßigkeit der Besitzübertragung zu bestätigen, als handle sich's bei der Transaktion nur um die Ausführung eines von ihr schon lange gehegten Plans. Eigeninitiativen wie die, von der Heinrichs Abtretung der drei französischen festen Plätze in Italien zeugte, hätte sie Karl IX. niemals durchgehen lassen. Hätte er die Interessen des Staates so eklatant verletzt, sie hätte Mittel und Wege gesucht, die schädliche Entscheidung rückgängig zu machen. Wenn sie es im gegebenen Fall nicht tat, wenn sie sich im Gegenteil den Anschein gab, es gut und richtig zu finden, daß Heinrich III. etwas wegschenkte, dessen Erwerb seinen Vater nicht wenig Mühe gekostet hatte, ist das wohl nur durch ihren Wunsch erklärlich, nicht schon zu Beginn seiner Herrschaft von ihrem Liebling enttäuscht worden zu sein.

Enttäuschend für die Mutter wird bald darauf auch die Entdekkung gewesen sein, daß die Freundschaft, die sich ihre Kinder geschworen hatten, als sie einander bei Heinrichs Rückkehr wiedersahen, nur Theater gewesen war und gleich nach der Premiere abgesetzt wurde. Kehren wir hier zu Margots Memoiren zurück, wo wir an der oben zitierten Stelle lesen, wie Heinrich III., als Margot eines Nachmittags in Lyon mit mehreren Damen ausgefahren war, um ein Kloster zu besuchen, eine Gelegenheit ergriff, sie erst bei ihrem Gemahl, dann auch bei ihrer Mutter zu verleumden. Als er nämlich den Wagen seiner Schwester auf einem Platz warten sah, an dem viele Edelleute wohnten und unter diesen einer, dessen Name im Zusammenhang mit der Königin von Navarra schon im Gerede gewesen zu sein scheint, wollte er mit dem König von Navarra wetten, daß seine Frau bei jenem Manne sei und schickte jemanden nachsehen. Der Kundschafter traf zwar die Königin von Navarra im Hause des fraglichen Edelmanns nicht an, sagte aber seinem Herrn zuliebe: »Die Vögel waren drin, sind aber ausgeflogen.« Wenn man der verleumdeten Margot glauben darf, nahm Heinrich von Navarra diese Anschuldigung nicht tragisch. »Der

König, mein Gemahl, zeigte hierbei die Güte und Einsicht, die ihn nie verläßt; er verwünschte im Herzen diese Bosheit und beurteilte sehr richtig, zu welchem Zweck man sie anwenden wollte. Der König eilte, um früher als ich zurückzukommen, damit er der Königinmutter die Erfindung mitteilen und mir eine Beschimpfung bereiten könnte; er behielt auch Zeit genug, es auszuführen, ehe ich kam, und die Königinmutter, halb, weil sie es glaubte, halb, diesem Sohn zu gefallen, den sie vergötterte, sprach heftig mich tadelnd darüber in Gegenwart ihrer Damen. Da ich nun zurückkam, ging ich mit allen, die mich begleitet hatten, auf mein Zimmer, ohne etwas zu ahnen. Sobald der König, mein Gemahl, mich kommen sah, fing er an zu lachen und sagte: ›Gehen Sie zu der Königinmutter, ich bin gewiß, Sie kommen verdrießlich genug zurück‹. Ich fragte, warum und was es gäbe? ›Ich werde Ihnen gewiß nichts davon sagen‹, erwiderte er, ›es sei Ihnen genug, daß ich es nicht glaube, es sind lauter Erfindungen, uns zu entzweien, um dadurch Ihren Bruder von mir zu entfernen.‹«

Margot ging also pflichtschuldig zu ihrer Mutter. »Sobald sie mich erblickte, warf sie Feuer und Flammen und alles, was ein ungemäßigter Zorn nur eingeben kann, gegen mich aus.« Margot trug ihrer Mutter ihr unanfechtbares Alibi vor. »Sie hatte aber kein Ohr für Recht oder Vernunft und wollte gar nichts hören, es sei nun, daß sie von dieser Lüge überzeugt war oder jenem Sohn zu gefallen, den sie aus Neigung, aus Pflicht, von Hoffnung oder von Furcht verleitet, anbetete, und hörte nicht auf zu schreien, zu zanken und zu drohen. Da ich ihr nun sagte, sicher habe mir der König diesen Dienst bereitet, geriet sie noch heftiger in Zorn und bestand darauf, daß einer ihrer Kammerdiener mich im Vorbeigehen dort gesehen hätte ...«

Da aber Margots Alibi sich als unanfechtbar erwies, erklärte ihr die Mutter am folgenden Tag: »Ich weiß jetzt die Wahrheit von allem, und du hast mir freilich nichts anderes als die Wahrheit gesagt. Mein Kammerdiener hat gelogen, er ist ein schlechter Mensch, ich werde ihn fortjagen.« Damit gab sich die Tochter aber nicht zufrieden. Denn sie wußte ja, daß es der König, ihr Bruder, gewesen war, der sie bei ihrem Gemahl und bei der Königinmutter angeschwärzt hatte. »Er war«, sagte sie, »in seinem Kabinett und hörte, wie sie durchaus meine Meinung nicht ändern konnte und wie sie nichts bei mir ausrichtete, er trat also zu uns herein, machte mir eine

Menge Entschuldigungen, wie man ihn mit diesen falschen Beschuldigungen betrogen, und gab mir alle Genugtuung und jede Versicherung der Freundschaft, die ich verlangen konnte.«
Heinrich soll gelegentlich dieser großen Versöhnungsszene die Schwester gebeten haben, sich auch mit dem ihr (wie er sehr wohl wußte) auf den Tod verhaßten Du Guast zu versöhnen. Da der Wunsch des Königs ihr Befehl sein mußte, erklärte Margot sich bereit, den Obersten der Lieblinge ihres Bruders zu empfangen. Doch während dieser sich anschickte, die ihm von seinem König und Herrn vorgeschriebene Szene mit vollendeter Heuchelei zu spielen, ließ angesichts des Verhaßten Katharinas Jüngste sich zu der Erklärung hinreißen, er solle nur ruhig wieder gehen, denn jedenfalls werde sie bis an den Tod seine grausamste Feindin bleiben. Und diese Erklärung war ehrlicher, als die ihr vorher von dem König, ihrem Bruder, gegebene Versicherung seiner Freundschaft. Denn, daß der ihre Kinder entzweiende Haß nicht in Liebe verwandelt war, bemerkte Katharina wohl spätestens, als Margot den Liebling ihres Bruders so undiplomatisch zum Teufel schickte.

Heinrich III. macht Miene, ohne mütterliche Anleitung zu regieren

Heinrich wäre zweifellos am liebsten nach Paris geeilt, wo, wie er bei der Ankunft auf französischem Boden erfahren hatte, die von ihm angebetete Marie von Kleve ihre erste Niederkunft erwartete. Es hatte ihn zutiefst enttäuscht, sie nicht unter denjenigen seiner Untertanen zu finden, die ihm an die Grenze entgegengereist waren. Und es erbitterte ihn jetzt, wegen der neuerlich im Languedoc ausgebrochenen Unruhen in Lyon verweilen zu müssen. Was ging ihn denn das Languedoc an? mag er sich gefragt haben, wenn er an die ferne Angebetete dachte. Viel wichtiger, als das Languedoc zu unterwerfen, war ihm der Traum, die Scheidung Mariens von dem Prinzen von Condé durchzusetzen und die Angebetete zu seiner Frau zu machen. Recht bald zu heiraten, empfahl auch Katharina dem König, freilich hatte sie andere Partien für ihn *in petto*. Heinrichs Schwärmerei für die Frau des Prinzen von Condé nahm sie nicht ernst. Ihres Erachtens war das nur eine kindische Laune. Sie hatte damit zweifellos recht, verrechnete sich aber, weil sie nicht in Rechnung stellte, daß dieser dritte von ihr geborene König von Frankreich die Gebote der Staatsräson viel weniger motivierend fand als den Stachel seiner Launen. Wie aber, von der Mutterliebe getäuscht, Katharina den Charakter des Königs verkannte, verkannte dieser, von seinen Launen geblendet, die Welt, in der das Wünschen allein schon damals auch Königen nichts mehr half. Wie hätte er sonst hoffen können, daß der Papst ihm zuliebe die Ehe des Prinzen von Condé und der schwangeren Marie von Kleve annullieren würde – da doch Rom sich so standhaft geweigert hatte, die Scheidung Heinrichs VIII. zu bewilligen – selbst um den Preis des Schismas?

Die Entschlossenheit, sich das Gleiche wie sein Namensvetter genehmigen zu lassen, verbarg Heinrich III. seiner Mutter immerhin weit genug, sie glauben zu machen, daß er geneigt wäre, eine Prinzessin von Schweden zu heiraten. Katharina nahm alsbald hochbeglückt die Anbahnung dieser Ehe in Angriff, schmeichelte sich wohl auch, auf diesem Weg eigenen Einfluß auf die zukünftigen politischen Entscheidungen des Königs zu gewinnen. Aber wie sie sich hinsichtlich der Ernsthaftigkeit der Neigung ihres Sohns für jene schwedische Prinzessin täuschen ließ, täuschte sie sich überhaupt mit der Hoffnung, der Liebling würde sich schließlich doch noch von ihr lenken lassen.

Zwar war Heinrich III. intelligent genug zu wissen, daß der Rat seiner Mutter hörenswert war, selbst in Fällen, in denen er diesen am liebsten in den Wind schlagen würde; deshalb nahm er ihn denn stets bereitwillig an. Doch daß er sich nicht von ihr lenken lassen wollte, war eigentlich schon zu Beginn seiner Herrschaft klar. Denn unter den Vertrauten, die er zur Führung der Staatsgeschäfte unter seiner Herrschaft zuließ, waren weder Angehörige der großen Familien, noch wurde in den kleinen Kreis derjenigen, auf die er seine Herrschaft stützen zu wollen schien, die bewährten und treuen Ratgeber Madame Catherines vertreten. Vielmehr schien der König nur seinen Lieblingen, jenen engsten, nur ihm ergebenen und nur auf ihn angewiesenen Getreuen, die ihm schon nach Polen gefolgt waren, zuzutrauen, so für ihn zu regieren, wie er es wünschte. Und so wurde bei Regierungsantritt Heinrichs III. der Herr Du Guast einer der mächtigsten Männer im Staat.

Daß aber nunmehr nur nach dem Willen des Königs regiert werden sollte, gab Heinrich seinem Rat unmißverständlich zu verstehen, schon als er diesen zu Lyon zum ersten Mal einberief. Und mindestens insoweit folgte er dem Rat seiner Mutter, die ihn, schon ehe er in Frankreich anlangte, schriftlich ermahnt hatte: »Vor allem aber und von Anfang an müssen Sie zeigen, daß Sie der Herr sind.« Dieser Ermahnung folgte er weitergehend, als sie vorgesehen hatte. Sie hatte ihm empfohlen, sich das Recht vorzubehalten, unabhängig von den Vorschlägen des Rates zu entscheiden. Er nahm sich die Freiheit, auch gegen die Vorschläge seiner Mutter so zu verfahren.

Die Staatssekretäre des Rates hatten sich gegen Ende der Herrschaft Karls IX. mehr oder weniger notgedrungen das Recht genommen, Geschäfte auch ohne ausdrückliche Anweisung seitens des Königs zu erledigen. Dies Recht nahm ihnen Heinrich III., in Zukunft sollte jede Anordnung seiner Unterschrift bedürfen. Der Finanzrat, von Katharina anfänglich neben dem Staatsrat als gefügiges Instrument ihres Willens benützt, war mit der Zeit weitgehend unabhängig geworden, regelte Steuern, Pensionen und Staatsausgaben, ohne für seine Entscheidungen jedesmal die Genehmigung des Königs einzuholen. Heinrich III. schaffte ihn ab. In Zukunft sollte über alle Finanzfragen allmorgendlich in Heinrichs Anwesenheit vom Staatsrat befunden werden. In seiner Nachmittagssitzung sollte der Rat dann die jeweils vorliegenden Eingaben und Anträge begutachten. Im Interesse einer stärkeren Konzentration der Autorität sollten dem Rat in Zukunft nur acht Räte angehören. In diesen, auch in seinen Befugnissen, beschränkten Rat berief Heinrich nun freilich einige alte Getreue seiner Mutter, namentlich Birague, sodann Cheveney, Morvilliers und – als Sekretär des Auswärtigen – den Bischof Monluc, der seine Wahl zum König von Polen organisiert hatte. Die übrigen Ratsmitglieder aber wählte er aus der Schar der Getreuen, auf die er sich schon in Polen gestützt hatte: Neben dem ehrlichen Pibrac berief er Bellièvre, der ihm als gefügiger Oberintendant der Finanzen diente. Auch andere wichtige Staatsämter besetzte er mit seinen Freunden. Als Erster Kammerherr des Königs löste Villequier den Herrn Gondi-Retz ab (der allerdings den Titel weiterführen durfte).

Nachdem er derart seinen Regierungsapparat organisiert hatte, widmete sich Heinrich III. seinen Regierungsgeschäften. Vordringlich war, wie er sich nicht verhehlte, eine befriedigende Erledigung der Frage, wie im Languedoc verfahren werden solle. Sollte man mit Damville und den Hugenotten verhandeln oder die Rebellion niederwerfen? Wie seine Mutter war Heinrich III. nicht geneigt, Damville nachzugeben, und er ließ sich deshalb in dieser Frage in seiner unnachgiebigen Haltung gern von ihr bestärken. Man riet ihm, die beiden so unklug in Haft genommenen Marschälle Montmorency und Cossé zu entlassen. Er weigerte sich. Aus Deutschland kamen der Landgraf von Hessen und der Kurfürst von der Pfalz eigens nach Lyon, um dem neuen französischen König zu empfehlen, seinen Frieden mit seinen reformierten Untertanen zu machen. Dies obwohl der Prinz von Condé, der in Heidelberg Zuflucht gesucht hatte, sie zum Krieg aufhetzte und ihnen für ihren Beistand gegen den katholischen König von Frankreich die unter Heinrich II. an Frankreich gekommenen drei Bistümer Metz, Toul und Verdun versprach. Ganz abgesehen von den enormen Summen Geldes, die er nach seinem Sieg von den besiegten andersgläubigen Landsleuten für die verbündeten ausländischen Glaubensgenossen zu erheben versprach. Dennoch weigerte sich Heinrich III., von seiner Mutter unterstützt, den deutschen Unterhändlern seiner reformierten Untertanen irgendwelche Zugeständnisse zu machen. Die Fürsten zogen unverrichteter Dinge wieder ab. »Der König kann nicht Frieden schließen, weil die Forderungen der Rebellen zu bedeutend sind, und Krieg führen kann er nicht, weil er keinen Pfennig hat.«

Weshalb hätte Katharina unter diesen Umständen lieber Krieg geführt als Frieden geschlossen? Mit der Unnachgiebigkeit, die sie bei dieser Gelegenheit an den Tag legte, verleugnete sie eigentlich ihren Charakter und ihre ganze bisherige Politik. Weshalb? Es sieht leider ganz so aus, als wenn sie auch zu dieser Unnachgiebigkeit die blinde Mutterliebe verführt hätte. Denn sie scheint an das militärische Genie des angeblichen Siegers von Moncontour geglaubt, den *Mignon des Mignons*, Liebling der Lieblinge, für einen unüberwindlichen Feldherrn gehalten zu haben und wollte ihm wohl Gelegenheit geben, sich auf dem Schlachtfeld mit Ruhm zu bedecken. Die arme Verblendete! Heinrich, der sicherlich nach Ruhm dürstete, war keineswegs scharf auf eine Gelegenheit, sich zu blamieren. Er liebte den Krieg nicht, wußte, daß er keine Bega-

bung dafür, übrigens auch kein brauchbares Heer hatte. Die Rebellen wußten das natürlich ebenfalls, wußten sehr wohl, daß bei Jarnac und bei Moncontour der verstorbene tapfere und listige Marschall von Tavannes, nicht der jetzige König sie geschlagen hatte und waren deshalb einem neuen Waffengang längst nicht so abgeneigt wie Heinrich III., der von seiner Mutter für einen zweiten Alexander gehalten wurde.
Weshalb dann, alles in allem, der Krieg unvermeidlich war. Wie gewöhnlich war aber dafür beim König, von dessen persönlicher Begabung einmal ganz abgesehen, nicht einmal das nötige Geld vorhanden. Und wie gewöhnlich sollte die Kirche das Fehlende aufbringen. Schon am 24. August 1574 (dem zweiten Jahrestag der Pariser Vorkommnisse) hatte eine päpstliche Bulle den französischen König ermächtigt, Kirchengüter bis zum Wert von einer Million Livres zu veräußern. Auch diese Summe aber erwies sich als ungenügend. Am 15. Januar 1575 forderte der König die Erhöhung des ihm zu garantierenden Erlöses um eine weitere halbe Million. Er erhielt auch diese. Zusätzlich wurde dem Klerus eine Sondersteuer auferlegt. Auch bat Katharina den Papst um ein persönliches Darlehen. Sie erhielt 30000 Livres, mußte Gregor VIII. als Sicherheit aber ihre Ansprüche auf den Palazzo Madama abtreten (in dem heute der Senat der Republik Italien seinen Sitz hat). Als Zugabe bot der Papst dem König 3000 Mann päpstlicher Infanterie. Heinrich III. erbat sich statt dieser Truppen, deren Zuverlässigkeit ihm nicht über jeden Zweifel erhaben schien, 100000 Taler, für die er Schweizer anwerben ließ.
Damville stellte dem König ein Ultimatum, das diesen anspornen mußte, seine Kriegsvorbereitungen zu beschleunigen. Darin wurde die Krone beschuldigt, die Verbrechen der Bartholomäusnacht angeordnet und die Toleranzedikte verletzt zu haben. Außerdem wurde die sofortige Freilassung sowohl der beiden Marschälle als auch des Königs von Navarra und des Herzogs von Alençon gefordert. Letzterem werde die ihm zustehende Generalstatthalterschaft des Reiches sowie die Bewegungsfreiheit widerrechtlich vorenthalten. Das Manifest brachte zuletzt auch die Entrüstung des Verfassers über das allein von der Krone verschuldete schreiende Elend des Volkes zum Ausdruck. In Wirklichkeit mag das schreiende Elend des Volkes die Leute, deren Truppen bald wieder ganze Provinzen verwüsten sollten, wenig gekümmert

haben, aber Entrüstung darüber war schon in jenen vergangenen Tagen unabdingbare Pflicht aller Parteien.
Damville rief das Volk zu den Waffen. Er sprach als Souverän der Provinz, in die er als Statthalter des Königs geschickt worden war. So maßte er sich das nur dem König zukommende Recht an, die Stände des Languedoc nach Montpellier einzuberufen. Die Stimmung im Lande bestärkte ihn in seinem Trotz. Wieder einmal stürmten Flugblätter und Streitschriften gegen die unhaltbaren Zustände im Staate. Nicht alle, die da den König anprangerten oder zur Einsicht mahnten, waren machtlüsterne Politiker oder verblendete Sektierer. Ein gewisser Innocent Gentillet, Advokat in Toulouse, machte seinem unschuldigen und freundlichen Namen Ehre, indem er eine völlige Umgestaltung des Staates unter Mitwirkung des Volkes, und zwar der Protestanten ebenso wie der Katholiken, verlangte. Die Zeit für seine Forderungen war zwar damals noch nicht gekommen, aber wenn sie derart unzeitgemäß waren, kann man sie doch nicht einfach unvernünftig nennen wie die eines Pamphletisten, der die Vertreibung der heruntergekommenen Valois zugunsten der Guisen forderte, zumal die Lothringer als Nachkommen Karls des Großen auch viel bessere Rechte auf den französischen Thron hatten als diejenigen der Kapetinger. Denn der fragliche Pamphletist gedachte seiner Forderung mit der Erklärung Nachdruck zu verleihen, daß die Guisen zweifellos ausgezeichnete Könige seien sowie »für ganz Frankreich nicht nur Gewissensfreiheit gewähren, sondern auch freie und ungehinderte Religionsausübung für alle garantieren« würden – was in Anbetracht der allgemein bekannten fanatischen Parteilichkeit der Lothringer der Gutgläubigkeit des Volkes denn doch eine Kleinigkeit zuviel zumutete.
Heinrich III. nahm Damvilles Herausforderung an, indem er am 4. November 1574 die Stände nach Avignon einberief – jenseits der Grenzen der aufständischen Provinz. Freilich waren inzwischen auch die Straßen von Lyon nach Avignon keineswegs mehr ganz sicher. So wurde das Heer ins Languedoc geschickt, um den Feind dort zu binden, unter Befehl zunächst des treuen, alten Montpensier, den jedoch, nachdem er hinreichende Proben seiner Unfähigkeit gegeben hatte, der von Heinrich III. aus Gefälligkeit zum Marschall ernannte Bellegarde ablöste. Um der größeren Sicherheit willen wurde am 16. November beschlossen, daß Seine Majestät

und der Hof nach Avignon zu Schiff die Rhône abwärts reisen sollten. Auch diese Bootsfahrt erwies sich aber keineswegs als Lustpartie. »Auf der Reise nach Avignon ward auf der Rhône ein Teil des Gepäcks der Königin Margarete verloren . . .«, lesen wir. »Der Mangel war so groß bei Hof, daß die meisten Pagen des Königs auf der Reise ihre Mäntel versetzten, um sich etwas zu essen zu kaufen; hätte nicht ein Schatzmeister der Königinmutter fünftausend Livres geborgt, so wären alle ihre Damen und Hoffräulein davongelaufen. Man sprach von nichts als dem Teufel Geld, das, wie es damals hieß, gestorben war und dem sie eine Grabschrift in Versen setzten.«

Man war auch nach alledem froh, Avignon zu erreichen, ohne unterwegs auf bewaffneten Widerstand gestoßen zu sein. Ermutigend war auch die Nachricht, daß es dem ins Languedoc eingefallenen königlichen Heer gelungen war, Pézenas zu nehmen, wo eine Tochter Damvilles sich aufhielt. Katharina und ihre Berater beglückwünschten einander schon, zur Festigkeit gegen die Rebellen geraten zu haben. Schon erwartete man zuversichtlich die Unterwerfung Damvilles, rechnete fest mit dem Sieg.

Doch hatte man nicht mit den Gefühlen Seiner Majestät gerechnet.

Die Gefühle Seiner Majestät

Am 30. Oktober 1574 vor der Ratssitzung sah Katharina in Anwesenheit ihres Sohnes die Post durch, wie gewöhnlich, ehe er selbst sie las. Es überraschte ihn, daß sie einen der Briefe, nachdem sie ihn gelesen hatte, anstatt ihn ihm zu reichen, zu dem Haufen der bereits im Rat begutachteten Eingaben warf, als betreffe er eine bereits erledigte Angelegenheit. Der mißtrauische König nahm das abgelegte Schreiben, überflog es, erbleichte und fiel in Ohnmacht: Es stand darin, daß Marie von Kleve im Kindbett gestorben war. Nachdem man sich eine Viertelstunde lang um ihn bemüht hatte, erwachte er aus seiner Ohnmacht. Doch drei Tage lang lag er wie gelähmt und schien seine Umgebung kaum wahrzunehmen.

Katharina ihrerseits fand diese Todesnachricht eher beruhigend als erschütternd. Erst vor einigen Wochen, als sie heimlich einen seiner Briefe an Marie von Kleve abgefangen, hatte sie sich Klarheit

über die ihr verheimlichten Heiratsabsichten ihres Sohnes verschafft. Die Entdeckung, daß er allen Ernstes daran dachte, die auch im Rang tief unter ihm stehende Frau eines anderen zur Königin zu machen, war für Katharina ein schwerer Schlag gewesen. Nicht zuletzt, weil sie fürchtete, daß er als Gemahl der angebeteten Marie der Mutter überhaupt keinen Einfluß mehr auf seine Entscheidungen gewähren würde. Und dieser eifersüchtigen Sorgen schien der Tod der Angebeteten sie ja nun zu entledigen.
Zumal sie wohl glaubte, daß dieser Tod den Sohn zur Vernunft bringen würde, zu der Einsicht, daß seine Verliebtheit in die Verstorbene nur eine tolle Laune gewesen sei. Sie irrte sich. Als Heinrich nach drei Tagen aus dem Dämmerzustand, in den die Todesnachricht ihn versetzt hatte, zu deutlichem Bewußtsein des erlittenen Verlusts kam, tat er untröstlichen Schmerz kund, auf die hemmungsloseste, gewalttätigste und für einen König unschicklichste Weise, denn er gebärdete sich nicht anders als ein Rasender, schrie und weinte, fuchtelte mit den Armen, rannte wohl gar mit dem Kopf an die Wände, kurzum, machte ein Spektakel, das den Hof bestürzte, ohne Mitleid zu erregen. Wollte er vielleicht den Leuten mit der Tiefe seiner Gefühle imponieren? Die Leute stellten sich diese Frage ganz unwillkürlich angesichts dieses theatralischen Leidens. Dabei war der Mann, der da so mißtrauenerregend ausdrucksstark den untröstlichen Hinterbliebenen spielte, vermutlich wirklich untröstlich. Nur riß ihn gleichwohl seine theatralische Begabung dazu hin, auch aus dieser Untröstlichkeit das Beste zu machen.
Seine Mutter scheint das nicht erkannt, nur zuversichtlich darauf gerechnet zu haben, daß ihm über kurz oder lang (wie alles) auch diese Bombenrolle langweilig werden und damit für sie die Gelegenheit kommen würde, ihn an den Ernst des Lebens zu erinnern. Sie ahnte anscheinend nicht, welche Hoffnungen ihr Sohn in seine Liebe zu der Verstorbenen gesetzt hatte, daß er ihr zugetraut, ihn von den tausend Teufeln zu erlösen, die ihn umtrieben – und denen er sich, nun da sie ihn verlassen hatte, rettungslos ausgeliefert fühlte.
Besser als sie, die ihn über alles liebte, scheint sein Beichtvater den König verstanden zu haben, der Pater Auger, ein Jesuit, wie man bei einigen liest, was indessen von anderen bestritten wird, wie überhaupt die meisten Einzelheiten der Laufbahn und des Wir-

kens dieses merkwürdigen Mannes strittig sind, der, im Trüben fischend, jedenfalls die Seele Heinrichs III. zu nehmen gewußt haben soll. Denn anscheinend bestärkte er diesen ihn seiner Neigung zu theatralischem Exhibitionismus und ermutigte ihn, seinen Schmerz zur höheren Ehre Mariens und Gottes auch öffentlich zur Schau zu stellen, sich vor allem Volke zu produzieren. Unstrittig ist, daß Heinrich nun Volltrauer für den ganzen Hof verfügte. Er selbst und sein ganzes Gefolge kleideten sich in schwarzen Samt und schwarze Seide, glitzernd pechschwarze Gagatknöpfe an den Wämsen, Rabenfedern an den Hüten. In allen Kirchen wurden mit dem größten Pomp Trauergottesdienste abgehalten. Der König selbst kümmerte sich um alle Einzelheiten der Zeremonien und des Dekors. Stundenlang saß er bei den Schneidern, die ihm jeden Tag neue, immer extravagantere Trauerkostüme schneidern mußten. Und so erschien er eines Tages ganz in schwarzem Samt, von der Mütze bis zu den Schuhen mit Hunderten von silbernen Totenschädeln bestickt.

Das päpstliche Avignon stand voller Kirchen und Klöster, es gab kaum einen Orden, der dort nicht ein Haus gehabt hätte. Derart konnte der König seine Trauer dort täglich auf einer anderen Bühne zur Schau stellen. Die nächtlichen Bußprozessionen der Bruderschaften der Stadt begeisterten ihn. Gebete murmelnd, hohe Kerzen in den Händen, zogen die Büßer langsam durch die Gassen. Manche geißelten sich. Der König trat den schwarzen Büßern bei. Der Hof ging wie gewöhnlich mit der Mode, selbst Katharina ließ sich, ihrem Sohn zu Gefallen, unter die blauen Büßer aufnehmen.

Zu Weihnachten ordnete Heinrich III. eine allgemeine Prozession aller Bruderschaften an. Während dieser sollten nicht nur von allen Kirchentürmen die Glocken geläutet werden, sondern auch die Artillerie ununterbrochen Salut schießen. Die Anordnung zeugt vom Sinn des Königs für spezielle Effekte. Die Prozession fand wie angeordnet statt. Nackt unter einer Kutte von grobem Sacktuch, das Haupt von einer Kapuze bedeckt, eine Kerze in der Hand, schritt der König an der Spitze des Zuges der Büßer. Seiner Anordnung gemäß ging im gleichen Aufzug sein ganzer Hof hinter ihm drein. Die Nacht war kalt, Schneeflocken tanzten aus dem dunklen Himmel in die Kerzenflammen, doch bald bemächtigte sich, scheint es, die mystische Begeisterung der Büßer so sehr, daß selbst

die Damen und Herren des Hofes, dem Beispiel ihres Königs folgend, ihre Rücken entblößten und sich geißelten bis aufs Blut. Den Kardinal von Lothringen, Katharinas bewährten alten Berater, der sich Peitschenhiebe zwar erspart hatte, an der Prozession aber wohl oder übel hatte teilnehmen müssen (wie übrigens auch der König von Navarra), kostete diese Bußübung das Leben. An der Erkältung, die er sich dabei zuzog, starb er zwei Tage später, am 26. Dezember 1574. Katharina empfand den Verlust dieses Mannes, dem sie viel verdankte, sehr tief, wenn er auch zeitweilig – namentlich während der Kanzlerschaft Michel de L'Hospitals – ihr Gegner gewesen war. »Wir haben einen der größten Männer verloren und einen der ruhmwürdigsten Geister, die Frankreich gesehen hat«, sagte sie.
Heinrich III. wird mit dem Tod des Kardinals das Erlebnis dieser Weihnacht, bei der er alle seine widerstreitenden Neigungen ausleben und, wie es schien, die ihn quälenden fleischlichen Begierden zugleich mit seiner ins Übersinnliche zielenden Sehnsucht hatte befriedigen können, nicht zu teuer bezahlt gefunden haben. Blickt man von seinem Ende zurück auf dieses nächtliche Spektakel in Avignon zu Beginn seiner Herrschaft, offenbart es wohl, was denen, die damals über das exaltierte Gebaren des Königs lachten, verborgen blieb: daß nämlich jene sinistre Maskerade Heinrich III. so tief befriedigte, weil er mit Leib und Seele in den Tod verliebt war, schon damals. Seine Mutter aber, die ihn über alles liebte, erkannte das weder damals, als Heinrich sich geißelnd seinem Hof voran durch die Straßen von Avignon schritt, noch wollte sie es je wahrhaben.

Der glänzendste Redner seines Jahrhunderts überredet, wo man ihm zuhört, aber nicht überall hört man ihm zu

Die erste Sitzung der Stände fand in der Kartäuser-Kirche in Villeneuve-lès-Avignon am 22. Dezember 1574 statt. Heinrich III. gewann mit seiner Rede alle Anwesenden für seine Sache, was keine Kleinigkeit war, denn die Stimmung der Ständevertreter war zunächst eher gegen die Krone. Katharinas Liebling bewies ihr bei dieser Gelegenheit tatsächlich, daß er seine histrionische Begabung auch zu vernünftigen Zwecken verwenden konnte, wenn er wollte. Allem Anschein nach war unter den Staatsmännern seines Jahrhunderts Heinrich III. der glänzendste Redner. Seine zwar oberflächliche, aber umfassende Bildung, seine scharfe und schlagfertige Intelligenz, sein Sinn für den packenden Ausdruck und das schlagende Beispiel im Verein mit seiner wohlmodulierten Stimme und seinen sprechenden Gebärden verfehlten auch diesmal ihre Wirkung nicht. Die Repräsentanten bewilligten ihm alle Steuern, die er forderte.

Unglücklicherweise setzten sich Damville und die Hugenotten der Gefahr, sich von Heinrich überreden zu lassen, gar nicht erst aus. Sie hatten sich nicht weit von Avignon in der kleinen Festung Livron verschanzt, von welcher aus sie gelegentlich Raubzüge in die Grafschaft unternahmen. Leider gelang es den königlichen Truppen nicht, sie in Schach zu halten oder gar ihre Schlupfwinkel einzunehmen. Das war um so bedauerlicher, als die Rebellen von den Mauern dieses Schlupfwinkels den König und seine Mutter mit den gemeinsten Ausdrücken beleidigten, so daß man es bis nach Avignon hören konnte. Auch Saint-Gilles, das Damville kurz darauf besetzte, stand in Rufweite der Stadt Avignon, was den Rebellen ebenfalls neue Gelegenheit zu einer Propagandaoffensive gegen den König und seine Mutter gab, die aufs demütigendste behandelt wurden. Der König versuchte nicht, es ihnen mit gleicher Münze heimzuzahlen. Es war ja klar, daß der Versuch sich nicht gelohnt hätte. Demütigend waren ja nicht die Beleidigungen an sich, die ihm die Rebellen zurufen konnten, demütigend war, daß sie ihm ungestraft überhaupt Beleidigungen zurufen konnten. Unter diesen Umständen nützte ihm seine rhetorische Begabung nichts.

Der König sucht das Weite; Katharina verhandelt

Auf die Katastrophe, die ihr mit dem Krieg im Languedoc drohte, war Katharina nicht gefaßt. Während noch der König sich vorzüglich um seine Trauergarderobe kümmerte, nahm sie Kontakt mit Damville auf. Inzwischen war sie zu großen Zugeständnissen bereit, um nicht alles zu verlieren, um, selbst wenn Städte und einige Provinzen verlorengingen, doch das Wesentliche zu bewahren, die königliche Autorität, die eines Tages imstande sein würde, auch dort, wo jetzt der Krone Ludwigs des Heiligen der Gehorsam verweigert wurde, ihre Rechte wieder zu beanspruchen.

Doch ihr Entgegenkommen stieß bei Damville auf Widerstand. Er wolle sich auf nichts einlassen, sagte er, ohne vorher dazu die Meinung des Prinzen von Condé einzuholen, der eben damals in Deutschland ein Heer aufstellte, um damit in Frankreich einzufallen. Offensichtlich wollte Damville den Sieg der Truppen Condés im Osten abwarten, der seine Macht im Süden unangreifbar stark machen würde. Sollten sich dann die beiden siegreichen aufständischen Heere miteinander vereinigen, würde es um die Herrschaft des Hauses Valois in Frankreich getan sein.

Freilich war den Rebellen daran gelegen, dieses Ziel zu erreichen, ohne die Tatsache bekanntzumachen. Deshalb waren sie sehr darauf bedacht, sich des Herzogs von Alençon zu bemächtigen, des jüngsten der Söhne Katharinas, der ihnen zur Befriedigung seines eigenen maßlosen Ehrgeizes gern als legitimierender Strohmann gedient hätte. Doch den hielt Katharina nach wie vor in sicherem Gewahrsam. Zwar schickte Damville zwei Agenten nach Avignon mit dem Auftrag, dem Herzog zur Flucht zu verhelfen, doch wurden diese von Katharinas Leuten ergriffen, auf die Folter gespannt (wo sie gestanden, was sie vorgehabt hatten) und dann liquidiert.

Damville ließ verschiedene Städte in seiner Provinz befestigen. Er war sich seiner Macht und der Zustimmung der Bevölkerung dazu so sicher, daß er am 10. Januar 1575 die Vertreter der Hugenotten und der »friedlichen Katholiken« versammelte, um mit ihnen über die zukünftige Verfassung des Languedoc zu beraten. Es wurde von dieser Versammlung beschlossen, das Languedoc und einige benachbarte südfranzösische Provinzen zu einem praktisch unabhängigen Staat zu verbinden, der als Republik verwaltet werden sollte. Die Regierung dieser Republik sollte – unmittelbar von dem Prinzen Condé autorisiert – der gegenwärtige königliche Statthalter im Languedoc, eben Damville, übernehmen. Nichts beweist so schlagend wie dieser »Vereinigungspakt« – wie er genannt wurde, obwohl er in Wirklichkeit auf eine Spaltung des Reichs hinauslief –, wie tief seit dem Tode Heinrichs II. die königliche Autorität gesunken war.

Heinrich III. beeilte sich, diesem Pakt zuzustimmen und erklärte sich auch bereit, die Beschwerdebücher anzunehmen, aus denen nur die Weigerung des Languedoc, die königliche Autorität weiter anzuerkennen, erhellen würde. Dann wollte er von der ganzen lästigen Angelegenheit nichts mehr hören. Und um nicht mehr damit belästigt zu werden, beschloß er mutig, das Weite zu suchen. Katharina von sich aus wäre zweifellos geblieben, um weiter mit Damville zu verhandeln und königliche Autorität wenigstens noch mit Worten geltend zu machen, wo sie sich einstweilen mit Taten keinen Gehorsam mehr verschaffen konnte. Da indessen der König die Abreise angeordnet hatte, und der Hof sich auf den Weg nach Paris machte, blieb auch ihr nichts anderes übrig, als dem Feind das Feld zu überlassen.

Heinrich übrigens hatte im Norden etwas vor. Er wollte heiraten, aber nicht den Empfehlungen seiner Mutter folgend, sondern nach seinem eigenen Geschmack. Katharina mußte also zu ihrem tiefen Verdruß zur Kenntnis nehmen, daß Heinrich durch die erschöpfende Trauerarbeit, die er in Avignon geleistet hatte, keineswegs zur Vernunft gekommen war. Denn statt für die Schwedin, die sie noch immer für ihn in Bereitschaft hielt, entschied Heinrich sich für Luise von Vaudémont, die Großnichte der Guisen, deren Bekanntschaft er auf der Reise nach Polen gemacht hatte. Das Mädchen war Katharina als Schwiegertochter aus vielen Gründen nicht willkommen. Sie stammte aus der jüngeren Linie der Lothringer und war deshalb keine ebenbürtige Gattin für den König; zudem war sie von zarter Gesundheit, und ob man von ihr Thronerben erwarten durfte, war zumindest sehr fraglich. Heinrich war Vernunftgründen unzugänglich. Er wollte keine andere zur Frau, sagte er, als »diese schöne und angenehme Prinzessin meines Landes, die ich werde lieben können und der ich vollkommen vertrauen werde«. Und dabei blieb er. Wie es ihre Art war, ergab sich Katharina nicht nur in das Unvermeidliche, sie gab sich überdies den Anschein, daß es vollkommen ihren Wünschen entspreche, ja eigentlich von ihr herbeigeführt worden sei. Bei reiflichem Überlegen schienen auch verschiedene der Einwendungen, die sie gegen diese Verbindung gemacht hatte, hinfällig zu werden. So hatte sie gefürchtet, daß als Königin die Verwandte der Lothringer deren bedrohlichen Ehrgeiz zwangsläufig vorantreiben werde. Doch mit dem Tod des Kardinals von Lothringen hatte der Einfluß der Guisen schon erheblich abgenommen. Überdies schien es Katharina, die die Dienste des Verstorbenen nun, da er tot war, erst recht nach Wert zu schätzen wußte, daß sich überhaupt seit der Bartholomäusnacht die Guisen mehr, als es ihr lieb sein konnte, zurückgehalten hatten. Denn den miteinander verbündeten Protestanten und »Politikern« gegenüber stand sie derart ganz allein. Und so war sie, in Erinnerung an die Dienste, welche die Lothringer der Krone zu Zeiten Heinrichs II. – und auch später noch – geleistet hatten, jetzt geneigt, ihr Mißtrauen gegen das Geschlecht zurückzustellen. Um so mehr, als sie, wie man liest, ein »Zeichen« empfangen hatte, welches ihr bedeutete, daß die Lothringer ihr in Zukunft nützlich sein würden. Dies geschah am Abend des 26. Dezember, an dem Abend, an dem der Kardinal starb. Sie saß beim Essen, als sie plötzlich in einer Ecke des halbdunklen Saals die hell beleuchtete Gestalt des Kardinals erblickte. Sie verschüttete den Wein, den sie der Erscheinung reichen wollte, und sagte zu ihren Tischgenossen: »Der Herr Kardinal ist da hinten, er sieht mich an, er ist tot. Eben ist er an mir vorübergegangen, zurück, hoffe ich, ins Paradies.« Diese Erscheinung schien ihr, reiflich erwogen, zu bedeuten, daß sie für die Zukunft mit der Unterstützung der Lothringer rechnen könne. Und so konnte ihr, bei Lichte besehen, die Verbindung des Königs mit einer Verwandten dieses Geschlechts eigentlich ganz recht sein.

Der Hof machte auf seiner Reise nach Paris mehrere Stationen. Da Siege nicht zu feiern waren, nahm Katharina wenigstens die Gelegenheit wahr, der Provinz mit dem Glanz ihres Hofes zu imponieren. In Lyon erwartete den König eine polnische Gesandtschaft, die sich erkundigen wollte, ob er die Absicht habe, auf den Thron von Polen zurückzukehren. Der König bat die Gesandten liebenswürdig, sich noch ein wenig zu gedulden, denn er werde demnächst heiraten, und sobald ein Erbe für den Thron von Frankreich da sei, wolle er eilends nach Krakau zurückkehren. Zwar sollte er in die Verlegenheit, dieses Versprechen entweder halten oder brechen zu müssen, nie kommen, man darf aber wohl annehmen, daß er es unter allen Umständen vermieden hätte, die Ufer der Weichsel wiederzusehen.

In Burgund wurde der König gewarnt, vor einem Überfall auf der Hut zu sein. Sein Bruder Alençon habe diesen mit den Hugenotten verabredet und sich anheischig gemacht, für seine Freiheit ihnen den König auszuliefern. Der König, so gewarnt, ließ gegen den geplanten Überfall die nötigen Vorkehrungen treffen. Die Warnung soll ihm übrigens Alençons Freund und Schicksalsgefährte, der ebenfalls als Gefangener bei Hof gehaltene Heinrich von Navarra zugespielt haben, der sich von dem Unternehmen nichts versprach und es für das Klügste hielt, es zu vereiteln. So passierte denn auch nichts, nur der Haß zwischen den Brüdern steigerte sich ins Ungemessene. Von jenem Tag an wollten sie einer des anderen Tod, also daß Katharina in Zukunft noch mehr zu tun hatte, die Beziehungen zwischen ihren Lieben heuchlerisch so zu beschönigen, daß deren häßliche Wirklichkeit wenigstens um einen Teil ihrer Wirkung gebracht wurde.

Nach kurzem Aufenthalt in Paris reiste der Hof weiter nach Reims, wo Heinrich III. am 13. Februar 1575 zum König gesalbt und gekrönt und zwei Tage später getraut wurde. Wie man sich wird denken können, spielte Heinrich die ihm bei dem Zeremoniell der Königsweihe zufallende Rolle mit Begeisterung, aber fast wären den Anforderungen dieser Rolle seine Kräfte nicht gewachsen gewesen. Die Zeremonie, die er nüchtern über sich ergehen lassen mußte, dauerte fünf Stunden, während derer er sich nur einmal ein Weilchen flach auf den Bauch legen konnte und sonst knien mußte oder stehen – allerdings auch siebenmal das Kostüm wechseln durfte. Auch bei der Krönung Heinrichs III. amtierte ein Kardinal von Guise, ein Neffe des verstorbenen Kardinals von Lothringen. Als der Kardinalerzbischof und Herzog von Reims ihm die schwere Krone Karls des Großen aufs Haupt setzte, schwankte der König, die Krone verrutschte, verletzte ihn und wäre fast zu Boden gefallen. Man sah eine böse Vorbedeutung darin, und überhaupt verbreitete sich gleich nach der Zeremonie das Gerücht, die Weihe sei ohne Wirkung geblieben, wie durch dieses und andere Zeichen bewiesen sei. Denn auch sei das heilige Salböl trübe gewesen, und der König habe versäumt, die Skrofulösen zu heilen.

Kaum hatte er die Krönungszeremonie überstanden, waren Vorbereitungen für die Hochzeit zu treffen, die den König ebenfalls stark in Anspruch nahmen. Um alle Einzelheiten nicht nur seines eigenen Hochzeitsanzugs, sondern auch der Ausstattung der Braut und seiner näheren Freunde kümmerte er sich nämlich persönlich, was, wenn man bedenkt, daß die Haute Couture jener Zeit sich zur heutigen ähnlich verhält, wie etwa die Malerei der Brüder van Eyck zur Minimal-Art, nicht im Handumdrehen zu erledigen war. Endlich konnte mit stundenlanger Verspätung die Trauung erst am Abend stattfinden, weil, wie man liest, »der König den Tag über mit seinem Anzuge, dem Haarkräuseln der Königin und dem Fälteln ihrer Halskrause beschäftigt war«. Und auch das wurde als böses Vorzeichen ausgelegt.

Die neue Königin hatte alle Tugenden, aber nicht das Talent, den Gatten für die Freuden der ehelichen Vereinigung zu erwärmen. Da sie diesbezüglich anscheinend aber auch nicht insistierte und sich überhaupt zurückhielt, wurde ihr die sanfte Zärtlichkeit zuteil, die man einem schönen Bilde zuwendet, selbst von seiten ihrer Schwiegermutter, die es sehr zufrieden war, die Gattin ihres Sohnes so botmäßig zu finden.

Vierzehn Tage nach der Hochzeit erhielt Katharina eine Nachricht, die sie in tiefste Betrübnis stürzte: ihre Tochter Claudia, Herzogin von Lothringen, war gestorben, erst sechsundzwanzig Jahre alt. An Philipp II., der ihr sein Beileid ausgesprochen hatte (seine verstorbene Frau war ja eine Schwester der Verstorbenen gewesen), schrieb sie: »Ich muß annehmen, daß Gott nicht will, daß mich die Ehren und der Glanz dieser Welt verderben . . . die mich vielleicht die Ehrerbietung versäumen machen könnten, die ich Ihm schulde.«

Während sie in ihrem tiefen Schmerz Trost bei Gott suchte, zerstreute sich Heinrich III. bei tollen Bällen, Jagden und anderen Lustbarkeiten mit seinen kleinen Freunden. Als dies Katharina hinterbracht wurde, erschwerte noch der Schmerz über die Fühllosigkeit und Schamlosigkeit ihres Lieblings das Leid, das sie um den Tod der Tochter trug. Um so mehr, als dieser sich auch als König der Mutter immer spürbarer entfremdete. Denn anstatt sie zur Regierung zuzulassen, tat er nur, was er selbst und seine kleinen Freunde, die *mignons*, für geraten hielten. Denn zwar hatte er einen Rat, in dem sogar einige Vertraute Katharinas saßen, doch sprach sich bald auch in der Stadt herum, daß der König auf den Rat seines Rates wenig gab.

Noch bedrückender vielleicht als die offenbare Abneigung des Königs, sich von ihren erfahrenen Räten und ihrem guten Rat leiten zu lassen, war der Haß, der ihre beiden Söhne entzweite. Wie bemerkt, tat sie ihr Bestes, die häßliche Wirklichkeit dieses Hasses zu verschleiern, was für sie ganz natürlich war, denn, wie wir wissen, waren ja auch in der Politik Verschleierungsmanöver ihre Stärke. Es überrascht aber zu finden, daß sie sich mit diesen Manövern hinsichtlich ihrer Söhne selbst täuschte, die unangenehme Wahrheit nicht nur wie gewöhnlich anderen verbarg, sondern selbst nicht wahrhaben wollte. Offensichtlich überwältigten in diesem Falle ihre mütterlichen Gefühle ihren machiavellistischen Verstand. Jedenfalls scheint sie sich selbst eingeredet zu haben, daß die Brüder nur deshalb miteinander verfeindet waren, weil sie einander nicht genügend kannten, und nötigte deshalb, wann immer es ging, dem einen des anderen Gesellschaft auf, um ihnen Gelegenheit zu geben, sich lieben zu lernen. Und insbesondere den König, der ja der Herr war, ermahnte sie, mit seinem Bruder nicht länger so feindselig wie bisher, sondern vielmehr brüderlich zu verfahren. Natürlich predigte sie tauben Ohren. Denn die Brüder haßten einander ja nicht, wie sie ihnen weismachen wollte, weil sie einander nicht gut genug, sondern weil sie einander nur allzu gut kannten.

Katharinas Kinder sind fast dauernd bereit, einander die Kehle durchzuschneiden

Indessen machte ja nicht nur die eigene Familie der Königinmutter Kummer. Am 11. April 1575 mußte sie von diesem Kummer notgedrungen absehen und sich mit den drohend vorgebrachten Forderungen der Rebellen auseinandersetzen. Deren Delegierte hatten den Prinzen von Condé in Basel aufgesucht und sich mit diesem über die zu wählende Strategie verständigt. Der Katalog von Forderungen, den sie nun vorlegten, enthielt außer den schon früher erhobenen noch zusätzlich die nach umgehender Einberufung der Generalstaaten. Die Erfüllung letzter Forderungen hätte, wie allen Beteiligten klar war, der königlichen Autorität sehr gefährlich werden können. Katharina lehnte keine der Forderungen ausdrücklich ab, bat nur um eine Bedenkzeit und ersuchte die Abgesandten Damvilles, vorerst in das Languedoc zurückzukehren und die einzelnen Punkte ihres Begehrens noch einmal zusammen mit den örtlichen Führern und Pastoren gründlich durchzusehen.

Wieder einmal versuchte sie also Zeit zu gewinnen, Zeit, die unter den gegebenen Umständen besonders kostbar sein mochte, denn sie hatte erfahren, daß Damville schwer erkrankt sei. Sie rechnete mit seinem Tod. Und hoffte, daß sie mit den ihres Führers beraubten und keineswegs ganz miteinander einigen Hinterbliebenen leichteres Spiel haben würde.
Angeblich versuchte sie, die günstige Gelegenheit des vielleicht bevorstehenden Todes von Damville zu benützen, auch die beiden gefangenen Marschälle aus diesem Leben zu expedieren. Von dieser Geschichte, die alsbald sehr detailliert überall zu hören war, ist, soweit wir wissen, kein Wort wahr. Jedenfalls blieben die beiden angeblichen Opfern dieses Mordanschlags bei bester Gesundheit. Wie auch Damville vorerst nicht daran dachte, das Zeitliche zu segnen, so daß seine Abgesandten schon binnen kurzem wieder in Paris vorstellig wurden, fest entschlossen, den König – und insbesondere dessen Mutter – in die Knie zu zwingen.
Inzwischen wurden auch die Spannungen zwischen den Parteien bei Hof und in der königlichen Familie nicht geringer, im Gegenteil. Wie Heinrich III. in seinen *mignons* Leibwachen hatte, die im Bedarfsfall, ohne mit der Wimper zu zucken, bereit waren, die schmutzigsten Arbeiten zu erledigen, hatten Alençon und Margot einen Anhang von jungen Herren, die mit Dolch und Degen nicht weniger geschickt als die Zöglinge Du Guasts umzugehen wußten und genauso skrupellos waren wie jene. Der Hervorragendste von diesen war Bussy d'Amboise. »In Paris«, so erzählt Margot in ihren Memoiren, »kam mein Bruder näher mit Bussy zusammen und achtete ihn so hoch, als seine Tapferkeit es wert war. Mein Bruder und ich waren immer zusammen, und er hatte allen den Seinigen befohlen, mich nicht weniger als ihn zu ehren und mir zu gehorchen; sie gehorchten mit Freuden und waren mir ebenso als ihm zugetan; da nun Bussy viel um meinen Bruder war, so war er auch natürlich bei mir.«
Du Guast, der sich von Margot auf den Tod gehaßt wußte und deren Haß erwiderte, sah in der Intimität der Königin von Navarra mit dem besten Freund ihres Bruders Gelegenheit, deren eheliche Treue in Zweifel zu ziehen. »Durch Frau von Sauves«, erzählt Margot weiter (die ja nicht nur von Margots Bruder Alençon, sondern auch vom König von Navarra, ihrem eigenen Mann, damals leidenschaftlich geliebt wurde), »hatte er sich in die Gunst des Kö-

nigs, meines Gemahls, eingeschlichen und suchte ihn nun zu bereden, daß Bussy mein Liebhaber sei; da er nichts damit ausrichtete, denn die Leute des Königs, meines Gemahls, die mich stets umgaben, waren Zeugnis meines Betragens, das auf keine Weise Anlaß zu einem Argwohn der Art gab, so wandte er sich an den König, der leichter zu überreden war, teils weil er meinem Bruder und mir nicht wohl wollte – unsere Einigkeit war ihm verdächtig und verhaßt –, teils weil er Bussy haßte, der zuerst ihm zugehörte und ihn verlassen hatte, meinem Bruder zu dienen. Diese Eroberung Bussys vergrößerte sowohl den Ruhm meines Bruders als auch den Neid unserer Feinde, denn Bussy war der Erste seiner Zeit an Ruhm, an Tapferkeit, an Verstand und Anmut ...«

Der König eilte denn auch alsbald zur Königinmutter und ersuchte diese, geeignete Schritte gegen die pflicht- und ehrvergessene Tochter, seine Schwester, zu unternehmen. Doch diesmal wollte Katharina der Tochter nicht auf eine bloße Verdächtigung hin, die sich wieder als Verleumdung erweisen mochte, die Leviten lesen. Nach Margot soll sie jedenfalls gesagt haben: »Ich weiß nicht, wer die Anhetzer sein mögen, die Ihnen dergleichen in den Kopf setzen. Meine Tochter ist sehr unglücklich, in dieser schlechten Zeit geboren zu sein. Zu meiner Zeit sprach man frei mit jedermann, und alle rechtlichen Leute im Gefolge des Königs, Ihres Vaters, der Dauphin und der Herzog von Orléans, Ihre Oheime, waren gewöhnlich bei ihrer Tante, der Prinzessin Margarete, oder bei mir im Zimmer, ohne daß je ein Mensch daran zu tadeln fand ... Bussy ist von Stande und der Erste bei Ihrem Bruder, was ist dabei weiter zu denken oder zu reden.«

Da es nicht gelang, Bussy bei Hof unmöglich zu machen, übernahm Du Guast die Aufgabe, ihn um die Ecke zu bringen. Dazu wurde eine Nacht gewählt, in der Bussy »wegen einer Wunde an seinem rechten Arm, die er einige Tage zuvor in dem Gefecht bei St. Phal erhielt, keinen Degen trug«. Da Bussy stets von fünfzehn oder zwanzig Leuten aus dem Gefolge Alençons begleitet wurde, ließ ihm Du Guast, um diesmal ganz sicherzugehen, von etwa zehnmal so viel Soldaten des von ihm befehligten Leibregiments auflauern. Dennoch kamen Bussy und die Seinen heil davon, von einem Edelmann abgesehen, der in jener Nacht ebenso wie Bussy den Arm in einer kolombinefarbenen Schärpe trug. War es nun der

Dunkelheit oder der blinden Wut der Meuchelmörder zuzurechnen, die den Befehl hatten, auf die kolombinefarbene Schärpe zu fallen, der ganze Haufen jedenfalls warf sich auf den armen Edelmann, den sie für Bussy hielten, und er blieb tot auf der Straße liegen. Ein italienischer Edelmann meines Bruders, der dabei war, lief gleich nach dem ersten Angriff zurück ins Louvre, kam ganz blutig in das Schlafzimmer meines Bruders, der schon im Bette war, und schrie: ›Man ermordet Bussy!‹« Nach Margots Bericht konnte die Königinmutter Alençon nur mit Gewalt, ihre Wachen zu Hilfe rufend, daran hindern, sich hinaus ins Getümmel zu stürzen, um den treuen Gefolgsmann zu rächen oder zu retten. Jedenfalls ließ er sich hindern, und bald darauf wurde der seinen Mördern entkommene Bussy sehr nachdrücklich gebeten, sich vom Hof zu entfernen. Der König nützte damit seiner Sache nicht, wie sich zeigte, als sich dann Bussy im Süden den Rebellen zur Verfügung stellte.
Und natürlich besserte sich bei Hof das Klima nach Bussys Verschwinden nicht, im Gegenteil. »Wir sind fast dauernd bereit, uns gegenseitig die Kehle durchzuschneiden«, schrieb der König von Navarra, Margots Gemahl. »Wir tragen Dolche, Kettenhemden und nicht selten auch Brustpanzer unter dem Mantel.«
Schließlich gelang es Margot, die Flucht ihres Bruders vom Hof zu organisieren, einige Tage später sollte der König, ihr Gemahl, diesem nachfolgen. »Sie bedauerten es«, erzählt sie, »mich nicht mitnehmen zu können, doch waren sie insofern ruhig über mich, daß man mir nichts Unangenehmes erzeugen könnte, sobald sie einmal draußen sein würden.«
Die Flucht Alençons schildert sie so: »Auf den Abend, kurz vor dem Nachtessen des Königs, hüllte mein Bruder sich in einen fremden Mantel und ging zu Fuß, in Begleitung eines Menschen, den niemand kannte, bis zu dem Tor St. Honoré. Hier fand er seinen Kammerherrn Simié mit einem Wagen, den er von einer Dame ausgeliehen hatte; in diesem fuhr er bis zu einigen Häusern, eine Viertelstunde von Paris; hier erwarteten ihn Reitpferde, und einige Stunden von dort, an dem vorher bestimmten Ort, fand er zwei- bis dreihundert seiner Leute zu Pferde.«
Alençon erreichte die Stadt Dreux. Dort war er in Sicherheit. Dreux gehörte zu seiner Apanage, nicht einmal der König selbst konnte ihm dort etwas anhaben. Es mag seltsam scheinen, einen Prinzen einerseits aus Gründen der Staatsräson gefangen zu halten

– und ihm andererseits unantastbare Besitztümer zu lassen. Man hat aber in dieser Seltsamkeit nur eine Illustration der Tatsache, daß in jenen schon von Machiavelli belehrten Zeiten schließlich doch noch viele mittelalterliche Rechtszustände andauerten.

Wegen der Flucht Alençons kam es zu einem heftigen Streit zwischen dem König und der Königinmutter. Heinrich III. gab der Mutter die Schuld daran. Hatte sie ihn nicht immer wieder ermahnt, sich über die Warnungen Du Guasts hinwegzusetzen, dem Bruder weniger zu mißtrauen, ihm größere Bewegungsfreiheit zu lassen? Jetzt hatte er die Bescherung.

Er entzog Katharina die Depeschen, das heißt das Recht, die eingehende Staatspost zu öffnen und zuerst zu lesen. Sie behielt ihren Platz im Rat und wurde auch ferner mit der ihr schuldigen Ehrerbietung gehört, war aber fortan nur noch ein Minister unter anderen. Man kann sich denken, wie schwer sie das kränkte.

Heinrich III. hatte übrigens guten Grund, über die gelungene Flucht seines Bruders zu zürnen, wenn er sicherlich auch zu Unrecht der Mutter die Schuld daran gab. Denn Alençon machte Miene, sich an die Spitze derer zu setzen, die den König und die Königinmutter mit Krieg bedrohten. Seiner nicht sehr bedeutenden staatsmännischen oder sonstigen Fähigkeiten wegen hatte man von ihm persönlich zwar wenig zu fürchten, aber er war Bruder des Königs, legitimer Thronerbe und legitimierte in gewissem Sinne die Rebellion also schon durch seine bloße Anwesenheit im Lager der Rebellen. Mit ihm hatten die aufständischen Provinzen einen König, der dem König ebenbürtig war.

Katharina ward es angst. Condé stand mit dem Söldnerheer Johann Kasimirs bereit, in die Champagne und Burgund einzufallen. Dem ganzen Osten des Reiches drohte Verwüstung. Zwei Tage nach der Flucht Alençons spielte sie mit dem Gedanken, ihn verfolgen und mit Gewalt zurückholen zu lassen. Aber schließlich verwarf sie doch den ihrem ganzen Wesen so ungemäßen Plan. Statt dessen wollte lieber sie selbst den Flüchtigen aufsuchen, ihm mütterlich ins Gewissen reden, ihn zum schuldigen Gehorsam mahnen, ihm klarmachen, daß es schließlich doch die gemeinsame Sache sei, die zu verraten er unbedacht und zu seinem eigenen Schaden in Begriff stehe. Mit diesem Vorsatz also reiste sie ab. Zehn Tage war sie unterwegs, ehe sie den Flüchtling in Chambord zu Gesicht bekam. Sie drang in ihn, zu verhindern, daß Condé mit seinen deutschen Reitern in Frankreich einfiele. Um sich dessen zu versichern, war sie zu jedem Zugeständnis bereit. Sie bewilligte feste Plätze, stellte Geld in Aussicht und die sofortige Freilassung der beiden Marschälle. Und ihr in seinem Stolz geschmeichelter Jüngster willigte ein, die Eröffnung der Feindseligkeiten fürs erste zu unterbinden.

Katharina war über diesen Aufschub so erfreut, daß sie glaubte, damit sei das Ende aller Feindseligkeiten in Sicht gekommen und schrieb an Damville, sie erwarte seine Abgesandten zur Unterzeichnung des Friedens – als willige sie von vornherein in alle Bedingungen des Gegners ein.

Condé hatte das Ergebnis dieser Verhandlungen aber nicht abgewartet. Seine Vorhut, befehligt von Damvilles Bruder Thoré-Montmorency, stand schon in Frankreich. Zum Glück für die Sache des Königs waren im Osten die Guisen auf der Hut. Während der Schlacht bei Dormans, am 10. Oktober 1575, in der ein von Heinrich von Guise befehligtes Heer den Vormarsch der Eindringlinge aufhielt, wurde Heinrich an der Wange ganz ähnlich verletzt wie einst sein Vater und erbte mit dieser Verletzung auch dessen Ehrennamen *La Balafré*, Narbengesicht. Wie sich denken läßt, wuchs damit noch das Prestige des glänzenden Lothringers beim katholischen Volk wie andererseits die krankhafte Eifersucht, die der König seit langem gegen diesen Nebenbuhler um die Gunst des Publikums empfand.

Glück hatte Katharina auch, insofern der vereinbarungsgemäß aus der Haft entlassene Marschall von Montmorency sich loyal in den Dienst der Krone stellte und, obwohl Damvilles älterer Bruder und noch kürzlich von der Königinmutter ungerecht verfolgt, nicht anstand, Monsieur (wie Alençon, seit er die Stellung des Dauphin erlangt hatte, genannt wurde) zur Unterstützung des provisorischen Friedens von Champigny zu überreden.

Dieser Frieden, dessen Bedingungen Katharina ausgehandelt hatte, war freilich nicht nur für den König, sondern durchaus auch für dessen ehrgeizigen kleinen Bruder, Monsieur, von Vorteil. Monsieur erhielt nämlich mehrere feste Plätze, darunter Angoulême und La Charité. Der Prinz von Condé bekam Mézières und Johann Kasimir (der Condés Bemühungen ja mit Militärhilfe unterstützt hatte) sollte mit 500000 Livres abgefunden werden. Wenn, alles in allem, die Krone bei diesem Vertrag gleichwohl nicht

schlecht wegkam, verdankte sie das den Guisen, die Katharina doch nach Möglichkeit den Staatsgeschäften fernhalten wollte. Die Parteigänger der Guisen fanden denn auch die den Rebellen vertraglich gemachten Zugeständnisse unannehmbar, was den erlangten Frieden gleich wieder aufs Spiel setzte. Verschiedene Provinzgouverneure weigerten sich, den Protestanten die ihnen zugesicherten festen Plätze und Städte auszuliefern. Der König selbst, Heinrich III., nahm Anstoß an dem Versprechen, das seine Mutter dem Kurfürsten von der Pfalz gemacht hatte: Die fraglichen 500000 Livres zu zahlen, war er nicht gewillt. Und also zerriß der von Katharina so feingesponnene Frieden letztlich am Widerstand ihres Lieblings, der sich weigerte, die Verpflichtungen zu erfüllen, die sie für ihn übernommen hatte.
»Mein Sohn«, schrieb sie ihm, »Sie dauern mich, ich wollte, es kostete mich das Leben und hätte eine Stunde mit Ihnen geredet, selbst wenn Sie mir die kalte Schulter gezeigt, denn ich liebe Sie so sehr, daß ich mein Leben wohl um sechs Jahre verkürzt glaube durch den Schmerz, Sie also bedient zu sehen.«
Die Zeiten, da Karl IX. alles zu unterzeichnen pflegte, was ihm die Mutter vorlegte, waren offensichtlich vorbei. Ihr Liebling zeigte der Mutter die kalte Schulter, wenn es ihm paßte, und hilflos mußte sie mit ansehen, wie er sich (von Du Guast und Konsorten) so schlecht bedienen und übel raten ließ.
Bald zeigte sich überdies, daß auch ihr Jüngster sich die mütterlichen Ermahnungen nicht zu Herzen genommen hatte. Denn am 9. Januar 1576 erklärte Monsieur, der König, sein Bruder habe versucht, ihn vergiften zu lassen; was hieß, er mache alle ihm gegenüber eingegangenen Verpflichtungen rückgängig. Doch wie auch immer, Monsieur wäre, da die, mit denen er sich eingelassen hatte, machten, was sie wollten, beim besten Willen nicht imstande gewesen, den auf sieben Monate befristeten Waffenstillstand, den er garantiert hatte, zu halten. Jedenfalls fielen am 9. Februar 1576 Condé und der Kurfürst Johann Kasimir mit einem starken Heer in Frankreich ein. Da der König ihnen keinerlei Widerstand leisten konnte, lagen die Eindringlinge Ende Februar schon im Bourbonnais, und es war zu erwarten, daß sie zu Beginn des Frühlings nach Süden weiterziehen würden, um sich mit Damvilles Heer zu vereinigen.

»Guast war tot«, sollte Margot bei der Niederschrift ihrer Memoiren, als sie der nun folgenden Zeit gedachte, das Vergnügen haben, sich in Erinnerung zu rufen. »Gottes Gericht hatte ihn getötet, da er eben seine Schweißkur brauchte; von allen Lastern verdorben, war sein Leib lange vor seinem Tode schon der Fäulnis sowie seine Seele den Teufeln überlassen, denen er durch Zauberei und alle Bosheiten ergeben war.«

Getötet hatte Gott (und der Teufel geholt) den vertrautesten Gefolgsmann Heinrichs III. am 30. Oktober 1575, als er, wie Margot sagt, eben in einem Schwitzbad Linderung der Leiden suchte, die ihm die sogenannte Franzosenkrankheit verursachten, in Gestalt des Barons von Vitteaux, eines berühmten Duellisten, Raufbolds, Messerstechers und (bei Gelegenheit) Meuchelmörders. Soviel darf wohl als sicher gelten. Erzählt wurde weiter, daß der Baron sich bei dieser Gelegenheit als Handlanger Gottes oder des Teufels oder beider auf ausdrücklichen Wunsch der Königin von Navarra betätigte, die ihn für den ihr damit erwiesenen Liebesdienst im voraus auf dem Steinplattenpflaster der Kapelle des Klosters der Grands Augustins, wo die Mordtat verabredet worden sei, mit Liebesgenuß entschädigt hätte. Und Heinrich III., untröstlich über den Verlust des ihm vielleicht teuersten seiner Lieblinge, war zumindest überzeugt davon, daß diesen seine Schwester hatte umbringen lassen. Obgleich aber Margot das Ereignis (ob sie es nun angeordnet hatte oder nicht) ganz zweifellos freute, war es doch andererseits keineswegs geeignet, das am Hofe ihres Bruders herrschende Klima zu verbessern. Und wenn der Haß Heinrichs III. auf die Schwester nach der Ermordung Du Guasts noch einer Steigerung fähig war, schwang er sich dazu sicherlich auf, als am 4. Februar 1576 auch ihr Gemahl, Heinrich von Navarra, sich dem ungesunden Klima des Pariser Hofes durch die Flucht entzog.

Während einer Hetzjagd im Forst von Senlis sonderte nämlich Margots Gemahl sich von den übrigen Jägern ab und ritt durch den Wald davon, ohne seinem Pferd eine Rast zu gönnen, ehe er Alençon erreichte (die Stadt), wo er hugenottische Freunde hatte.

Nun, da er seine Freiheit wieder hatte, war zu überlegen, welchen Gebrauch er davon machen sollte. Als erster Prinz von Geblüt stand ihm die Stellung zu, die gegenwärtig sein Vetter Condé innehatte, die des Anführers der Reformierten Frankreichs und Oberhaupt jener im Süden gegründeten hugenottischen und »politischen« Republik. Dazu disqualifizierte ihn höchstens die Tatsache, daß er nach der Bartholomäusnacht dem Glauben seiner Mutter abgeschworen hatte. Merkwürdigerweise beeilte er sich, nun in Freiheit, keineswegs, zu diesem Glauben zurückzukehren. Woran dachte er? Er war erst dreiundzwanzig Jahre alt, aber es scheint, daß er schon für eine Zukunft plante, von der das Haus Valois ausgeschlossen sein würde, eine Zukunft, die ihm, dem Bourbonen, gehören würde. Nach reiflicher Überlegung kehrte er zum Calvinismus zurück. Dies tat er aber ohne viel Spektakel, fast unauffällig, indem er der Taufe eines kleinen Hugenotten beiwohnte. Und anstatt sich dann, wie man es allgemein von ihm erwartete, an die Spitze des Heeres der Aufständischen zu setzen, begab er sich weise in sein Königreich Navarra, kümmerte sich um dessen Verwaltung und führte namentlich die Toleranz dort ein, die seiner Mutter verhaßt gewesen war. Verständlicherweise machten ihm dabei die größten Schwierigkeiten die eigenen Glaubens- und Parteigenossen. Er hatte es ebenso schwer, sich gegen die fanatischen Hugenotten durchzusetzen wie Katharina gegen die fanatischen Katholiken. Seine Zurückhaltung ist um so achtenswerter, als seine Verbündeten, die ihn zum Krieg drängten, dem König damals unzweifelhaft überlegen waren. Monsieur verfügte über ein gut gerüstetes Heer von 30000 Mann. Als dagegen der König eine Staatsanleihe aufnehmen wollte, um seinerseits ein Heer aufstellen zu können, kamen ihm weder das Parlament noch die wohlhabenden Bürger zu Hilfe. Der schwärmerisch katholische König war bei den katholischen und royalistischen Parisern entschieden unbeliebt. »Statt die Zügellosigkeit des Hofes abzuschaffen, um seiner selbst und um der Religion willen«, liest man, »stiftete er Bruderschaften und stellte sich selbst öffentlich bei unanständigen Prozessionen zur Schau. Das Volk ließ sich davon nicht blenden, seine Andacht ward allgemein für eine Mummerei gehalten. Man verbreitete sogar folgende Schrift: ›Heinrich, durch seiner Mutter Gnaden träger König von Frankreich und in der Einbildung von Polen; Aufseher des Louvre; Küster von Saint-Germain; Hansens Schwiegersohn; Halskrausenfältler und Haarkräusler seiner Frau; Krämer am Gerichtshof; Besichtiger der Badestuben; Guardian der vier Bettelmönchorden und Protektor der Weißmäntel‹.«

Heinrich III. war nicht nur unbeliebt – wie der zitierte Titel verrät, nahm man ihn nicht einmal ernst. Um so erbitterter waren aber die wohlhabenden Bürger, als ausgerechnet dieser König es sich einfallen ließ, eine allgemeine Kapital- und Einkommenssteuer einzuführen. Seine Mutter hatte sich, wenn sie Geld brauchte, wie wir sahen, gewöhnlich an die Geistlichkeit gehalten. Heinrichs zukunftsweisende Neuerung erschloß der Krone eine Geldquelle beim wohlhabenden Bürgertum –, denn der Adel genoß prinzipiell Steuerfreiheit, und das Volk hatte weder besteuerbare Güter noch Einkommen aus diesen. Doch brachte verständlicherweise diese Neuerung eben dieses wohlhabende Bürgertum auch gegen den König auf. Das hätte diesem vielleicht gleichgültig sein können, wenn er nicht immer wieder auf den guten Willen seiner reichen Untertanen angewiesen gewesen wäre, genötigt, wie bei der hier in Rede stehenden Gelegenheit, von ihnen zu borgen. Denn daß sie nun nicht mehr sehr geneigt waren, dem König Kredit zu geben, war schlimm.

So erfuhr Heinrich III. eine Demütigung nach der anderen. Gern hätte er sich wenigstens an seiner Schwester gerächt, der er die Schuld an der Ermordung Du Guasts, an der Flucht Heinrichs von Navarra und derjenigen Alençons gab.

»Er war rasend zornig auf mich«, erinnerte sich in ihrem Bericht die Königin Margot. »Ohne die Königinmutter, die ihn zurückhielt, hätte er in seinem Grimm mein Leben nicht verschont.« Widerwillig wird sich der König, ihr Bruder, der Einsicht ergeben haben, daß er die Schwester als Geisel brauchte. Nach der Flucht des Königs, ihres Gemahls, ließ er Margot einsperren. »Mein Bruder erfuhr meine Verhaftung einige Tage nachher«, liest man in deren Memoiren. »Er würde, aus Verdruß darüber, sicher einen schrecklichen Krieg angefangen haben, zu dem er alle Mittel besaß, denn er hatte damals eine schöne Armee, und die Völker hätten die Leiden ihrer Fürsten tragen müssen, wenn die Liebe zu seinem Vaterlande meinen Bruder nicht zurückgehalten hätte. Er schrieb an die Königinmutter, man würde ihn zur Verzweiflung treiben, wenn man fortführe, mich so zu behandeln. Sie, aus Furcht, der Krieg würde so erbittert werden, daß ihr kein Mittel bleiben würde, wieder Frieden zu stiften, zeigte dem König die Wichtigkeit dieses Krieges, und sie fand ihn aufgelegt, ihren Gründen Gehör zu geben; sein Zorn wurde etwas gedämpft, da er erfuhr, in welcher Gefahr er sich befände ...« Dennoch wollte er zunächst nichts davon hören, daß Margot die Königinmutter auf der Reise in das Lager Alençons zur Erneuerung der Friedensverhandlungen begleitete, wie Katharina vorschlug. Katharina reiste also allein. Wenn man Margot glauben darf, erklärte ihr Alençon, nie etwas von Frieden hören zu wollen, bis die Schwester nicht Genugtuung erhalten hätte, und er sie frei und vergnügt sähe. Dies berichtete, unverrichteter Dinge zurückkehrend, Katharina dem König, der daraufhin ein Einsehen hatte. »Sie schickte sogleich nach mir«, erzählt Margot, »ließ mich holen und sagte: ›Sie hätte es so weit gebracht, daß man sich zum Frieden neige; der Frieden wäre das Wohl des Staates, nach dem ich sowohl als mein Bruder immer gestrebt hätten; jetzt könnte ein für meinen Bruder vorteilhafter Frieden geschlossen werden, daß er zufrieden sein ... würde. Sie selber würde ich außerdem von einem tödlichen Verdruß befreien, wenn ich etwas beitragen wollte, den König und meinen Bruder auszusöhnen; sie wäre in der schmerzlichen Verlegenheit, daß jeder Sieg einer ihrer Söhne über den anderen ihr tödliche Angst verursache; sie bat mich flehentlich, ich möchte mehr den Frieden sichern als nach Rache streben ...‹«

Auch Margot hatte ein Einsehen. Jedenfalls begleitete sie die Mutter zu den Friedensverhandlungen nach Sens.

»Einige Tage wurden mit den Friedensverhandlungen zugebracht, weil es über verschiedene Artikel Streit gab, vorzüglich wegen der Protestanten, denen man vorteilhaftere Bedingungen einräumte, als man ihnen zu halten willens war, wie man nachher wohl einsah; die Königinmutter tat alles, um den Frieden zu haben, die Reiter zurückzuschicken und meinen Bruder von den Leuten losmachen zu können, von denen er selbst nicht wenig Lust hatte, sich zu trennen, weil er immer ein sehr guter Katholik gewesen und sich der Hugenotten bloß in der Not bedient hatte. Bei diesem Friedensschluß erhielt mein Bruder seinen Anteil nach seinem Stande ...«

Die den Protestanten eingeräumten vorteilhaften Bedingungen des am 7. Mai 1576 durch das Edikt von Beaulieux-les-Loches bestätigten Friedens von Etigny (bei Sens) waren im wesentlichen die folgenden: Fortan sollte nicht nur jedem sein Bekenntnis freistehen, sondern auch »allerorten in unserem Königreiche« – ausgenommen nur Paris und jeweils der Aufenthaltsort des Hofes – den

Reformierten freie Religionsausübung gestattet sein. Fortan durften diesem Vertrag zufolge die Hugenotten eigene Friedhöfe anlegen, eigene Gotteshäuser bauen, sollten freien Zugang zu den hohen Schulen haben. Die Gerichte sollten zukünftig je zur Hälfte mit Richtern des einen und des anderen Bekenntnisses besetzt werden. Die Ehen von Priestern und Nonnen sowie die Legitimität der Kinder aus solchen Ehen wurden anerkannt.

Sodann hatte der König durch seine Unterschrift unter diesen Vertrag zu bestätigen, daß *»les désordres et exès«*, die Ordnungswidrigkeiten und Ausschreitungen, die »am Sankt Bartholomäustage in Paris und an den folgenden in anderen Städten und Orten unseres Königreiches« vorgekommen, aufs höchste zu mißbilligen seien. Niemandem sollte zukünftig das Bekenntnis zu der neuen Religion mehr zum Nachteil gereichen. Alle seit dem Tode Heinrichs II. wegen ihrer Religionszugehörigkeit von den Gerichten Verurteilten waren zu rehabilitieren. Die Witwen und Waisen der Hugenotten ebenso wie die der Opfer der beklagten Ausschreitungen wurden von den Steuern befreit. Auch der Admiral Coligny sowie Montgomery, ja sogar die Herren La Molle und Coconas wurden posthum von den gegen sie erhobenen Anklagen freigesprochen, durch die Unterschrift, mit welcher der König das zu bestätigen hatte, versprach er überdies die Erstattung von deren beschlagnahmtem Eigentum. Und das war noch längst nicht alles, was zu versprechen er sich bequemen mußte. Condé, Damville und die übrigen im Text als dessen »wohlaffektionierte Freunde« bezeichneten Rebellen lasen in diesem Vertrag weiter, daß der König ihnen gewähre, was sie sich während der vergangenen Mißhelligkeiten angeeignet hatten. Heinrich von Navarra wurde mit der Statthalterschaft in Guyenne für seine gelungene Flucht vom Pariser Hof belohnt und herrschte von den Pyrenäen bis zum Angoumois. Damville wurde als Statthalter im Languedoc bestätigt. Derart war nun der ganze Süden des Reiches von der Rhône bis zur Gironde in der Hand der Rebellen. Condé erhielt außer Mézières noch die Festung Péronne, die die Straße aus den Niederlanden in die Picardie und nach Paris beherrschte. Der Kurfürst der Pfalz, Johann Kasimir, der Condé, auf daß er seine Forderungen mit dem erforderlichen Nachdruck anmelden könne, deutsche Reiter zur Verfügung gestellt hatte, sollte dafür (anstatt der drei Bistümer, die Condé ihm versprochen hatte) die Summe von

3388549 Dukaten erhalten (die freilich damals auch beim besten Willen in Frankreich nicht aufzutreiben gewesen wären, denn die Wirtschaft lag darnieder, der größte Teil des Volkes hungerte: 300000 Livres mußten dann trotzdem bezahlt werden, da der Kurfürst eher seine Ritter nicht abzuziehen gewillt war).
Schließlich erhielt auch, wie sie bemerkt, Margots Bruder »seinen Anteil nach seinem Stande«, nämlich den Löwenanteil. Deshalb ist denn auch dieser Frieden, der Katharinas Jüngsten in die glückliche Lage versetzte, die Bedingungen dafür diktieren zu können, als *la Paix de Monsieur*, sein ganz spezieller Frieden, in die Geschichte eingegangen. Er erhielt Anjou, als dessen Herzog er nun seinem Bruder, dem König, nachfolgte, die Touraine und das Berry und war damit praktisch König eines eigenen Reichs mitten im Reiche Heinrichs III.
Kein Wunder, daß Heinrich III. sich zunächst sträubte, den für ihn so demütigenden Vertrag zu unterzeichnen – Heinrich von Guise bestärkte den König in seiner Weigerung. (Die Guisen waren bei der Verteilung der Beute an die großen Feudalherren, die entweder Hugenotten waren oder mit diesen gemeinsame Sache gemacht hatten, als treue Diener der Krone leer ausgegangen.) Doch Katharina redete ihrem Liebling zu, um des lieben Friedens willen dem Feind ruhig alles zu bewilligen, was er wollte, da doch dies schließlich nur fürs erste und nur auf dem Papier zu geschehen habe. »Nehmen Sie an, mein Sohn, nehmen Sie an! Diese Artikel, die zu bestätigen ich Sie bitte, werden sich selbst hinfällig machen, Frankreich wird sich gegen die Anmaßungen dieser Häretiker erheben. Der Krieg wird von neuem anfangen, aber das nächste Mal wird Ihr Bruder nicht auf ihrer Seite sein, und werden wir einen wahren Frieden diktieren können.« Demnach wäre der Frieden von Etigny auch insofern ganz treffend als *La Paix de Monsieur* bezeichnet, weil Katharina sich ihn aufnötigen ließ, um nur ja Frieden mit *Monsieur*, ihrem Jüngsten, zu schließen, und denselben (wie seine Schwester sagt) »von den Leuten los« zu machen, mit denen sie bei besserer Gelegenheit noch gesondert abrechnen wollte.
Hatte sie aber wirklich, wie ihre Tochter durch den Fortgang der Geschichte bewiesen sah, auch die sehr weitgehende Tolerierung ihrer Religion den Hugenotten nur versprochen, weil ihr im Augenblick nichts anders übrig blieb – mit dem Vorsatz, auf die Dauer nichts zu dulden, was abzuschaffen je in ihrer Macht stehen wür-

de? Das wird man nicht annehmen müssen, da sie ja schon in der Vergangenheit immer wieder zu erkennen gegeben hatte, daß sie die friedliche Koexistenz der Konfessionen für die einzig vernünftige Lösung des durch die Glaubensspaltung verursachten Konflikts hielt. Wenn also auch die in dieser Hinsicht den Hugenotten in Etigny gemachten und zu Beaulieu-lès-Loches bestätigten Zusagen nicht eingehalten wurden, so beweist das keineswegs, daß Katharina sie ihnen nicht gern gehalten hätte –, sondern nur, daß die Zeit für das Edikt von Nantes noch nicht reif war.
Jedenfalls soll Heinrich III. bittere Tränen geweint haben, als er den Frieden von Etigny am 7. Mai 1576 zu Beaulieu bestätigte. Beleidigt hat ihn allerdings auch, daß die Polen, die es müde waren, auf einen Erben ihres entflohenen Königs zu warten (zumal sich inzwischen herumgesprochen hatte, daß man da wohl lange würde warten können), so unverschämt gewesen waren, sich einen neuen König zu wählen. Heinrich III. beschwerte sich deswegen beim Papst und verlangte die Wiedererstattung seines Königreiches. Die Forderung war natürlich lächerlich und wurde auch so behandelt. Daß ihr König sich lächerlich machte, aber nahmen die Franzosen nicht nur diesem übel, sondern fast noch übler seiner Mutter. Katharina war nie beliebt gewesen, doch seitdem ihr Liebling zur Herrschaft gelangt war, war sie dessen Untertanen geradezu verhaßt geworden.

Die heilige Liga

Johann Kasimir kehrte im Triumph nach Heidelberg zurück, in Frankreich sah es schlimm aus. Unter den zur Finanzierung der unabweisbaren Verbindlichkeiten ergriffenen Maßnahmen sei hier nur erwähnt der Verkauf von tausend Adelstiteln zum Preis von anderthalb Millionen Livres an einen Geschäftsmann, der diese dann mit beträchtlichem Gewinn an die Endverbraucher einzeln weiter veräußerte. Das Glück begünstigte den unglücklichen König und seine unglücklichere Mutter (von dem noch unglücklicheren Volk ganz zu schweigen) nur, insofern an den Grenzen Ruhe herrschte. Wenn es Philipp II. eingefallen wäre, seine Truppen irgendwo in Frankreich einmarschieren zu lassen, Heinrich III.

hätte ihn nicht daran hindern können. Allerdings wäre es diesem auch nicht leichtgefallen, einen solchen Einfall in die Tat umzusetzen, zwar nicht, weil er den König von Frankreich zu fürchten gehabt hätte, sondern weil er selbst in schlimmen finanziellen Schwierigkeiten steckte: Ein Jahr zuvor hatte er Bankrott gemacht. Antwerpen war von spanischen Truppen gebrandschatzt worden, die sich für ausstehenden Sold wenigstens irgendwie schadlos halten wollten.

Wie schon angedeutet, mußten in Frankreich die Hugenotten erleben, daß sie sich für die ihnen mit dem Edikt von Beaulieu bestätigten Versprechungen weniger kaufen konnten, als sie vielleicht gehofft hatten. Denn die Katholiken waren durchweg der Meinung, daß der König den hugenottischen Mitbürgern mehr versprochen hätte, als recht und billig war. Monsieur d'Humières, der königliche Statthalter in Péronne, weigerte sich, die Stadt an Condé und dessen calvinistische Truppen zu übergeben. Der Adel und die ganze Bevölkerung der Stadt unterstützten ihn in dieser Weigerung. Katharina mußte schließlich klein beigeben. Sie bot Condé zur Entschädigung die calvinistisch gesinnte Stadt Saint-Jean-d'Angély an. Condé willigte in den Tausch ein, aber widerwillig und nicht geneigt, der Königinmutter die Beleidigung zu vergessen.

Der Widerstand d'Humières' in Péronne – und die Unterstützung, die ihm dabei seitens der Bevölkerung zuteil wurde – offenbarte das Mißvergnügen der katholischen schweigenden Mehrheit der Franzosen an der zunehmenden Macht der hugenottischen Minderheit. Dieses Mißvergnügen war schon seit einigen Jahren verbreitet, aber bisher ziemlich unartikuliert geblieben. Jetzt artikulierte es sich in der Liga, die diesen Namen annahm, weil sie als Verbindung verschiedener, unabhängig voneinander gebildeter Gruppen um die Zukunft des Königreichs und der Kirche besorgter Katholiken Gestalt annahm.

Häufig wird die Stiftung dieser Liga den Guisen zugeschrieben, zu Unrecht. Denn Vereinigungen militanter Katholiken gab es in mehreren Provinzen schon zehn Jahre, ehe dann Heinrich von Guise deren Führung übernahm. Und selbst dann wurde er dazu von den Ligisten genötigt und gebrauchte anfänglich die ihm angetragene Autorität nur sehr zögernd, zumal er anfänglich die Bewegung eine Spur zu volkstümlich (um nicht zu sagen pöbelhaft)

fand, als daß ein Fürst seines Ranges mit gutem Gewissen deren Führung übernehmen könnte. Diese Skrupel verflogen allerdings, sobald er erkannte, daß die Liga unter seiner Führung imstande sein würde, eine beträchtliche politische und militärische Macht zu entfalten. Von nun an sollte dem König neben seinem eigenen Heer das der Liga zu seinem Schutz zur Verfügung stehen.
Dem König machten diese neuen Beschützer von Anfang an angst, weil er ahnte, daß sie sich von ihm nicht sagen lassen würden, was zu seinem Schutze sowie zum Schutz der Monarchie und der allein selig machenden Kirche dienlich sei. Die Tatsache, daß der von ihm so gehaßte und beneidete Herzog von Guise die Führung dieser heiligen Liga übernahm, machte die Ahnung zur Gewißheit und schien hinsichtlich der von dieser Bewegung verfolgten wahren Ziele jedes Mißtrauen zu rechtfertigen. Die Guisen betrachteten sich als Nachkommen Karls des Großen. Die Schwester des gegenwärtigen Herzogs, die Herzogin von Montpensier, ging so weit, zu behaupten, daß ihr Geschlecht von Karl dem Großen nicht nur abstamme, sondern auch berufen sei, dereinst dessen Erbe anzutreten. Zumindest erzählte man in Paris, daß sie immer eine goldene Schere am Gürtel trüge, mit der sie sich geschworen habe, dereinst, nach dessen Absetzung, Heinrich III. das Haar abzuschneiden, um ihn dann für den Rest seiner Tage ins Kloster zu schicken. Die Pariser hörten solche Geschichten gern, wie sie auch gerne sagen hörten, daß, wenn erst das Geschlecht Karls des Großen die Herrschaft wieder übernommen hätte, die von den ersten Kapetingern eingeführten Steuern wieder abgeschafft werden sollten.
Die Ligisten irrten sich allerdings, wenn sie glaubten, durch solche Gerüchte einen Staatstreich zugunsten der Guisen vorbereiten zu können, nicht weil ihre Geringschätzung der letzten Valois nicht ganz berechtigt gewesen wäre, sondern weil sie vergaßen, daß auch die Bourbonen Kapetinger waren: und also mit Heinrich von Navarra nicht rechneten.
Bisher hatten die Katholiken, deren Sache der König gegen die Anmaßungen der Hugenotten prinzipiell verteidigen mußte, keine derjenigen der Protestanten vergleichbare Organisation gehabt. Jetzt formierten auch sie sich zu einer Partei, die nicht mehr prinzipiell auf Loyalität zum König festgelegt und zur Anerkennung der Zugeständnisse verpflichtet war, die dieser ihren Feinden hätte

womöglich machen müssen. Bisher hatten zur Durchsetzung ihrer Interessen nur die Hugenotten im Ausland Hilfe gesucht. Würden jetzt die Katholiken ihrem Beispiel folgen und, wenn sie es für geraten hielten, ebenfalls, auch gegen den Willen des Königs, ausländische Truppen ins Land rufen (diejenigen des Königs von Spanien etwa)? Solche zukünftigen Möglichkeiten zeichneten sich schon ab, als die Generalstände eröffnet wurden, zu deren Einberufung sich Heinrich III. bei Abschluß der *Paix de Monsieur* ebenfalls hatte verpflichten müssen.

Die Generalstände wollen Krieg gegen die Hugenotten, nur weigern sie sich, Geld dafür aufzubringen

Bei Abschluß des Friedens von Etigny hatte Heinrich III. sich verpflichten müssen, vor Ablauf eines halben Jahres die Generalstände einzuberufen. Anstatt wie angekündigt am 16. November traten die Stände schließlich am 6. Dezember 1576 in Blois zusammen (verspätet, weil es den Sitzungssaal nicht rechtzeitig herzurichten gelang, angeblich). Stehend erwarteten die Abgeordneten der drei Stände den Einzug des Königs. Stabträger in mit Lilien bestickten Roben gingen voran. Ihnen folgten die Kämmerer, die Oberstallmeister und der Kanzler. Endlich erschien, unter einem goldenen Baldachin, der König selbst, in weiße Seide gekleidet, einen schweren, mit Lilien bestickten violetten Mantel auf den Schultern. Dem König folgten die Königinnen, Luise, Katharina und Margarete von Navarra, diesen Monsieur und die Prinzen von Geblüt. Einer schon von Ludwig dem Heiligen festgesetzten Ordnung entsprechend nahm jeder Platz. Der König auf der höchsten Bühne, die Königinmutter und Monsieur zu seiner Rechten, die Königin Luise zu seiner Linken. Auf einer etwas niedrigeren Bühne saßen der Kanzler und die Räte, die geistlichen und weltlichen Pairs des Reiches, zu ebener Erde, am Fuße dieser Bühne, die Deputierten des Adels und der Geistlichkeit in ihren farbenprächtigen Trachten. Die Abgeordneten des Dritten Standes in ihren dunklen Wämsen gaben für dieses bunte Spektakel so etwas wie ein stumm bewunderndes Publikum ab. Wie sich aber zeigen sollte, täuschte dieser Eindruck, jedenfalls insofern sich dieses

Publikum nicht nehmen ließ, bei dem, was da gespielt wurde, ein gewichtiges Wort mitzureden.

Wie gesagt, hatten auf der Einberufung der Generalstände in Etigny die Protestanten bestanden. Ihre damaligen Hoffnungen, bei dieser Ständeversammlung dem König weitere Vorteile abtrotzen zu können, waren aber in der Zwischenzeit geschwunden. Schon machten sich die Erfolge der ligistischen Propaganda bemerkbar. Bei der Ständeversammlung, die am 6. Dezember 1576 in Blois eröffnet wurde, waren nicht nur die Hugenotten in der Minderheit – die katholische Mehrheit war auch entschlossen, diese Minderheit in ihre Schranken zu weisen.

Heinrich III., von dessen schwärmerischem und abergläubisch angekränkeltem Katholizismus wir schon zu reden Gelegenheit hatten, der zudem den Hugenotten die Demütigung nachtrug, die sie ihm beigebracht hatten, da sie ihm die Bedingungen des Friedens von Etigny aufzwangen, ergriff in Blois die Partei der katholischen Mehrheit. Er wollte sich als Haupt der aus der schweigenden Mehrheit seiner Untertanen so erfreulich artikuliert hervorgetretenen Liga angesehen wissen. Seine Mutter machte gute Miene zum bösen Spiel, aber ihren Vertrauten gegenüber machte sie aus ihrem Bedauern kein Geheimnis: Am 14. Januar des folgenden Jahres sagte sie zu Nevers und Villequier, »niemals hätte er sich so festlegen dürfen«. Denn indem er für die Liga Partei nahm, verriet ihr Liebling allerdings das von ihr zeitlebens verteidigte Prinzip der kapetingischen Monarchie, dem zufolge der König stets über den Parteien zu stehen, König aller seiner Untertanen zu sein hatte. Während der Sitzung der Generalstände in Blois sprach ihr Jean Bodin aus dem Herzen, ein Abgeordneter des Dritten Standes, Jurist, der dafür hielt, es gelte einen friedlichen *Modus Vivendi* der Katholiken und Hugenotten miteinander zu finden. Jean Bodin war Katholik, allerdings ging 1596 bei seinem Tode das Gerücht, er sei als Jude, wenn nicht gar Atheist und Materialist gestorben. 1576 in Blois ging das Mißtrauen seiner Religionsgenossen gegen ihn so weit noch nicht, aber gleichwohl war die Stimmung der Generalstände für seine Vorschläge zur Güte nicht empfänglich.

Die Mehrheit der Abgeordneten stimmte gegen die Annahme der Bedingungen, die der König sich hatte in Etigny aufzwingen lassen, und kündigte mithin den dort geschlossenen Frieden. Die Unterdrückung der Häresie im Königreich und die Verbannung

der häretischen Prediger wurden beschlossen. Damit war den Hugenotten der Krieg erklärt und der sechste Bürgerkrieg vom Zaun gebrochen.
Andererseits jedoch dachten die Abgeordneten nicht daran, dem König, der erklärt hatte, sich an die Spitze des von ihrer Mehrheit gewünschten Kreuzzuges gegen die Hugenotten setzen zu wollen, das Geld zu bewilligen, das er gebraucht hätte, die Kosten dieses Kreuzzuges zu bestreiten. Statt dessen rechneten die Vertreter des Dritten Standes dem Monarchen vor, daß in den letzten fünfzehn Jahren die Staatsverschuldung sich verdreifacht hätte. Sie widersetzten sich der Einführung der von Heinrich III. geforderten einfachen Steuer und forderten eine Senkung der Ausgaben des Hofes.
Nichtsdestoweniger beschlossen die Stände am 1. Januar 1577, daß es zukünftig nur noch eine Religion im Staate geben sollte, die römisch-katholische. Angesichts der schlimmen Folgen, die dieser Beschluß unvermeidlich nach sich ziehen mußte – zumal man dem König nicht einmal die Mittel bewilligte, den derart erklärten Krieg gegen die Hugenotten zu führen – hatte schließlich Katharina selbst sich an die Versammlung gewandt und zur Vorsicht gemahnt. Sie selbst sei Katholikin und habe zu Zeiten Karls IX. sich nicht gescheut, den Hugenotten Widerstand zu leisten, wolle das, wenn nötig, auch in Zukunft tun, hatte sie erklärt. Sie sei achtundfünfzig Jahre alt, auf den Tod gefaßt und hoffe, wohl ins Paradies zu kommen. Dennoch sagte sie: »Ich will mir jetzt nicht von den Katholiken das Recht geben lassen, dieses Königreich zu zerstören. Wenn es andere gibt, die der Untergang des Staates nicht kümmert, wofern sie nur sagen können: ich habe nach Kräften die katholische Religion unterstützt; oder die bei dessen Ruin ihren Gewinn zu machen hoffen, habe ich dazu nichts zu sagen. Außer, daß ich jenen nicht gleichen will.«
Doch ließ man sich, wie gesagt, nicht zur Vorsicht raten.
Sehr gelegen kam freilich auch den Hugenotten die nach dem Beschluß der Generalstände in Blois unvermeidlich gewordene Erneuerung des Krieges nicht. Heinrich von Navarra schien eben auf dem besten Wege, mit seiner Schwiegermutter zu einer Verständigung über den von Jean Bodin geforderten *modus vivendi* zu kommen, wofür er von den Calvinisten ebenso angefeindet wurde wie Katharina von den Katholiken. La Rochelle machte Miene, sich

aus dem erneut ausgebrochenen Krieg soweit wie möglich herauszuhalten, sich also auf die Verteidigung zu beschränken. Condé intrigierte in Deutschland, und da er auf seinen Vetter, den König von Navarra, so eifersüchtig war wie Monsieur auf seinen Bruder, den König von Frankreich, waren die beiden potentiellen Führer der Hugenotten wenig geneigt, einander zu unterstützen. Schließlich aber konnten die Hugenotten beim nächsten Waffengang nicht wieder damit rechnen, das Prestige des Dauphins für sich in Anspruch nehmen zu können. Denn zumindest insofern waren die Hoffnungen, die Katharina in den Frieden von Etigny gesetzt hatte, aufgegangen: Monsieur hatte Frieden gegeben, gab sich, nach Befriedigung seiner in Etigny gestellten Ansprüche, königstreu.

Bei seiner ersten Auseinandersetzung mit den Hugenotten nach dem Wiederausbruch der Feindseligkeiten mußte Heinrich III. klein beigeben. Er hatte nämlich eine Truppe italienischer Komödianten nach Blois bestellt, die *Gelosi*, die sollten ihm die Zeit, die er wegen der Generalstände dort zubringen mußte, möglichst angenehm vertreiben. Die Komödianten fielen unterwegs den Hugenotten in die Hände und standen dem König erst dann zu Diensten, als dieser seinen Feinden ein beträchtliches Lösegeld gezahlt hatte.

Heinrich ließ sich das nicht verdrießen, wie er denn überhaupt der Politik nicht gestattete, ihm den Spaß zu verderben. Im Schloß zu Blois gab er einen Ball, als dessen Königin kein anderer als er selbst, der König, glänzte, zehn Schnüre köstlicher Perlen schmückten das große Dekolleté, mit Diamanten besetzte Aigretten die Mütze, die das von den Locken einer Perücke umwallte, gepuderte und geschminkte Gesichtchen krönte. Unstreitig war Heinrich die Schönste im ganzen Land, zumal das eiternde Geschwür in der Achselhöhle dem Publikum verborgen blieb.

Unterdessen bemühte sich Katharina nach Kräften, die Feinde der Krone weiter zu entzweien, nämlich Damville von der Koalition aus den Hugenotten und Mißvergnügten abzuspalten und diesen intelligentesten, geschicktesten und einflußreichsten ihrer Gegner unter den sogenannten »Politikern« zu überreden, die Seiten zu wechseln. Wenn ihr das gelang, konnte sie hoffen, die ganze Partei der mit der königlichen Politik unzufriedenen Katholiken für das königliche Lager zurückzugewinnen.

Es gelang ihr, Damville davon zu überzeugen, daß er bei seinem Bündnis mit den Hugenotten nicht in der richtigen Gesellschaft sei. Behilflich war ihr dabei Damvilles Frau, die Prinzessin Antoinette de la Marck, der die Häretiker ein Greuel waren, und die sich danach sehnte, aus der langweiligen Provinz nach Paris an den Hof zurückzukehren. In diesem Wunsch bestärkte sie außer Katharina auch die sehr mit der Königinmutter befreundete Herzogin von Uzès, deren vordem glühender Calvinismus sich in letzter Zeit merklich abgekühlt hatte. Wenn aber so die eigene Gemahlin den Statthalter des Languedoc drängte, seinen Frieden mit dem König zu machen, hatte andererseits Katharina auch dafür gesorgt, daß der König dem in so wünschenswerte Richtung gedrängten Mann mit der gnädigsten Herablassung entgegenkam. Wiewohl er seinerseits dazu nicht die mindeste Lust hatte, bot also Heinrich III. seinem Statthalter im Languedoc das Marquisat Saluzzo an. Der Herzog von Savoyen betätigte sich als Vermittler bei diesem Geschäft, das denn auch abgeschlossen wurde: Damville versprach, das Languedoc dem König botmäßig zu machen, soweit erforderlich, mit Waffengewalt.
Waffengewalt wurde verfügbar, obwohl ja die Generalstände dem König kein Geld bewilligt hatten. Katharina hatte deshalb im Ausland Unterstützung des vom König und den Generalständen in schönstem Einvernehmen beschlossenen Kreuzzuges gegen die Ketzer gesucht. Zwar hatte ihr der König von Marokko – obwohl er, wie es hieß, irgendwo in seinem Reich einen goldenen Berg besaß – die erbetenen zwei Millionen Golddukaten nicht vorgestreckt, zurückhaltend sicherlich weniger aus Sympathie für Katharinas Gegner (die aus seiner Sicht ja ebenso ungläubig waren wie die Königinmutter selbst), als vielmehr wegen begründeter Zweifel an der Kreditwürdigkeit des französischen Königs. Aber der Papst und die italienischen Fürsten, die der Auseinandersetzung des französischen Königs mit den Hugenotten nicht ganz so gleichgültig zusehen konnten, wie der vom Teufel für sein Bekenntnis zum falschen Propheten mit goldenen Bergen belohnte Mohr, hatten immerhin so viel gegeben, daß dreitausend Schweizer angeworben und viertausend Franzosen bewaffnet werden konnten. Und damit hatte der König von Frankreich endlich wieder ein Heer.
Das Oberkommando über dieses Heer erhielt der dadurch noch nachdrücklicher auf die Sache seines Bruders, des Königs, ver-

pflichtete Monsieur. Obwohl die Leitung der Operation tatsächlich in den Händen des Herzogs von Nevers lag, der im Gegensatz zu seinem Vorgesetzten ein erfahrener und tüchtiger Soldat war, konnte dennoch Katharinas Jüngster derart auch seinem militärischen Ehrgeiz frönen.
Gleich zu Beginn der Operationen, am 1. Mai 1577, hatte er das Vergnügen, La Charité zu erobern, einen der festen Plätze der Hugenotten, mit denen er noch kürzlich verbündet gewesen war. Wenn aber irgend etwas sein Vergnügen an diesem Sieg schmälerte, dann wohl die Anwesenheit des Herzogs von Guise, der ihn nämlich daran hinderte, die ketzerische Bevölkerung des Orts zu massakrieren. Er hätte sich gesagt sein lassen sollen, daß er sich mit Maßnahmen wie der, vor der ihn diesmal der Herzog von Guise eben noch bewahrt hatte, auf einen Schlag um das bißchen Kredit bei einem Teil der Franzosen brachte, das er seinem so gründlich unbeliebten königlichen Bruder noch voraus hatte – aber er ließ sich nichts gesagt sein, und als im Juni Issoire eingenommen wurde, war der Herzog von Guise nicht zur Stelle, den siegestrunkenen Dauphin zu mäßigen. Dreitausend Männer, Frauen und Kinder wurden unter dessen Augen niedergemetzelt.
Am 15. Mai gab Heinrich III. zu Ehren seines jüngsten Bruders, des Siegers von La Charité, in Plessis-lès-Tours ein Fest, bei dem er ganz den eigenen Geschmack befriedigte, da den Geladenen vorgeschrieben war, das Geschlecht zu wechseln. Die Damen sollten als Herren, die Herren als Damen erscheinen, dasselbe übrigens in Grün (Grün war zu Lebzeiten ihres Gemahls die Farbe der Königinmutter gewesen und wurde sonst als Farbe der fröhlichen Narrheit und erneuerten Hoffnung angesehen). Katharina sah mit Wohlgefallen, daß ihr Liebling dem jüngeren Bruder ein so schönes Fest gab, schien dies doch zu beweisen, daß nun die noch kürzlich auf den Tod verfeindeten Söhne in der Tat ganz miteinander versöhnt waren. Und sie demonstrierte ihre erneuerte Hoffnung mit einem Fest, das sie am 9. Juni 1577 zu Chenonceaux den so glücklich miteinander versöhnten Söhnen gab. Wie wir schon wissen, verstand sie sich auf die Ausrichtung von Festen, und bei dieser Gelegenheit soll sie sich selbst übertroffen haben. Am Tische Seiner Majestät auf der Terrasse des Schlosses sah man den König im Schein von tausend Fackeln, das mit Perlenschnüren durchwundene Haar violett gepudert, das Gesicht maskenhaft ge-

schminkt, Diamanten am Halse und an den Händen funkeln und glitzern wie einen eben entdeckten Schatz. Ihm zu Seiten einerseits die Königin Luise, ein Muster anmutiger Einfachheit, andererseits Monsieur, ein in Goldbrokat gewandeter Affe, wie wenigstens seine Feinde fanden, denn Katharinas Jüngster war ziemlich kleinwüchsig, und nur seine Freunde scheinen seine Züge ansprechend gefunden zu haben, sicherlich die an jenem Abend auch bei der Tafelrunde anwesende Margarete, der sogar ihre Feinde die blendende Schönheit nicht bestritten. Sie war so schön, sagt Brantôme, »daß selbst Türken, die als Gesandte an unseren Hof kamen, wie sehr sie auch Barbaren waren, sich ganz in ihr Anschauen verloren und sagten: ›Die Pracht ihres Großherrn, wenn er zur Moschee gehe oder mit seinem Heer ausziehe, sei lange nicht so schön anzusehen als die Schönheit dieser Königin‹.«

Am Abend jenes Fests auf der Terrasse von Schloß Chenonceaux genoß Katharina ihrerseits, wie gewöhnlich in ihre schwarzen Witwenschleier gehüllt, das Glück, ihre Kinder einträchtig um sich zu haben. Und von den rings um den Tisch Seiner Majestät angeordneten Tafeln konnten ihre Gäste dieses Glück mit ansehen. Es war sehenswert, zumal hundert ausgesucht schöne, auch sehr transparent und leicht geschürzte Nymphen, »halb nackt und mit offenem Haar wie Neuvermählte« (nach Vernehmen des unermüdlichen Sammlers der jeweils neuesten Nachrichten und Gerüchte, Pierre de L'Estoile) bei Tisch bedienten. Den Rest mag man sich denken, wenn man liest, daß Katharina sich das Fest an die hunderttausend, nach anderen zweihunderttausend Livres kosten ließ – mehr, als sie dem Papst zur Anwerbung von Soldaten für den Kreuzzug gegen die Ketzer hatte abschwatzen können. Indessen ging dieser Kreuzzug gut voran. Drei Tage nach der glänzenden Nacht von Chenonceaux nahm, wie berichtet, Monsieur die Stadt Issoire im Sturm.

Katharina stiftet einen Frieden, den viele nicht wollen, und man betrachtet sie fast als übermenschliches Wesen

Überall waren die Heere des Königs siegreich. Damville hatte ihm das Languedoc zurückerobert, nicht ganz mühelos, denn ein Sohn des ermordeten Admirals Coligny hatte ihm tapfer Widerstand geleistet. Katharina hielt das für den rechten Augenblick, den Krieg zu beenden. Heinrich von Navarra war ebenfalls dieser Meinung, denn er wußte, daß bei einer Fortsetzung des Krieges unter den gegebenen Bedingungen seine Partei mehr zu verlieren als zu gewinnen hatte. Die Guisen andererseits, die Liga, Philipp II. und der Papst verstanden nicht, weshalb der König, da das Kriegsglück ihn doch begünstigte, nicht bis zur völligen Vernichtung des Gegners weiterkämpfte. Katharina indessen ließ sich nicht beirren und handelte mit ihrem béarnesischen Schwiegersohn einen Frieden aus, der am 17. September 1577 in Bergerac unterzeichnet wurde. Der Frieden von Bergerac bestätigte im wesentlichen die den Hugenotten in Etigny gemachten Konzessionen, bis auf diejenigen, die auf Kosten der Autorität des Königs gegangen waren (etwa dessen Verpflichtung, die Gerichte zur Hälfte mit Hugenotten zu besetzen). Allerdings wurde die Wirksamkeit der den Hugenotten zu Etigny bewilligten Erleichterungen in mancher Hinsicht eingeschränkt. So bestätigte man ihnen in Bergerac das Recht auf freie Religionsausübung, beschränkte aber dessen Geltung auf bestimmte Orte des Königreichs. Während andererseits nun die Hugenotten verpflichtet wurden, auch in ihrem Machtbereich den verbotenen katholischen Kultus wieder zuzulassen.

Verständlicherweise stellte dieser Frieden die Fanatiker weder der einen noch der anderen Seite zufrieden. Nichtsdestoweniger scheint zu dieser Zeit ein Teil der Untertanen Heinrichs III. begriffen zu haben, was Frankreich an der Königinmutter hatte, wenigstens legt ein Bericht des Sekretärs des venezianischen Gesandten Girolamo Lippomano diese Vermutung nahe. Da liest man nämlich: »Die Königinmutter, obwohl schon hoch bei Jahren (Katharina war 1577 achtundfünfzig), bewahrt dennoch eine gewisse Frische. Sie hat fast keine Falten im Gesicht, welches rund und voll ist. Ihre Unterlippe hängt, wie man das auch bei allen ihren Kindern sieht. Sie trägt stets Trauerkleidung und einen schwarzen Schleier, der ihr auf die Schultern fällt, die Stirn jedoch nicht bedeckt. Wenn sie ausgeht, setzt sie einen wollenen Hut darüber. Die Franzosen wollten ihren Geist und ihre Besonnenheit anfänglich nicht anerkennen; gegenwärtig betrachtet man sie aber fast als übermenschliches Wesen . . . Während der jüngsten Unruhen hat sie immer ihre Vermittlung durchgesetzt: Dies versichert man, und es ist glaubwürdig, der Neigung des Königs wegen. Zu Zeiten Franz' II. und Karls IX. beklagte man sich über ihre Machtlüsternheit . . . Da der gegenwärtige König aber an den Staatsgeschäften wenig Geschmack hat und sich dabei auf die Königin verläßt, trachtet diese, da sie nunmehr keine Ursache mehr hat, die Parteien anzustacheln, jetzt dieselben zu beruhigen, damit man ihre Geschicklichkeit und Klugheit anerkenne . . . Diese große Fürstin ist mit Geisteskräften ebenso reichlich ausgestattet wie mit Leibeskräften. Beim Ankleiden, beim Essen, ja ich möchte fast sagen, noch im Schlaf gibt sie Audienzen. Sie hört jeden an und stets mit fröhlicher Miene . . . Eine freigiebige, großmütige und starke Frau, sieht sie aus, als wollte sie noch lange Jahre leben; was sehr zu wünschen wäre für das Wohl Frankreichs ebenso wie aller anderen Nationen der Christenheit.«

Doch wenngleich sicherlich mancher Franzose diesen frommen Wunsch für die Zukunft Katharinas teilte, so gab es jedoch leider in Frankreich auch genug Leute, die ihr wegen des Friedens von Bergerac die Pest an den Hals wünschten. Heinrich III. ließ ja bekanntlich bei politischen Entscheidungen seiner tüchtigen Mutter keineswegs so freie Hand, wie es zu Zeiten – seiner Unbeständigkeit in allen Dingen wegen – den Anschein haben mochte. Wenngleich sie also wohl jeden, der zu ihr kam, mit fröhlicher Miene anhörte, wird ihr vieles, das sie in jenen Tagen hören mußte, übel gefallen haben.

Monsieur will den Sieger von Lepanto aus den Niederlanden vertreiben

In mehreren Provinzen schien es unmöglich, die gemäßigten und konzilianten Vereinbarungen des Friedens von Bergerac durchzusetzen. Und die Versöhnung ihrer Söhne, über die Katharina sich auf dem Fest in Chenonceaux so mütterlich und mit so prächtigem Aufwand gefreut hatte, war leider nicht von langer Dauer gewesen.

Als Margarete nach Abschluß des Friedens von Bergerac, den man dem König zu Ehren den Frieden des Königs nannte (obwohl dessen Mutter ihn ohne sein Zutun ausgehandelt hatte), aus den

Bädern zu Spa in Flandern zurückkehrte, überbrachte ihr an der Grenze ein Kurier ein Schreiben Monsieurs: »Er schrieb mir, der Frieden wäre gemacht und der König auf dem Wege nach Paris. Was ihn selber beträfe, so würde seine Lage immer unangenehmer, es gäbe keine Art von Mißhandlung und Beleidigung, die er und die Seinigen nicht zu erdulden hätten, und täglich erregte man neue Zänkereien gegen Bussy und seine Leute.«

Margarete war während des Krieges nach Spa gereist, nicht allein um aus den dortigen heilenden Brunnen zu trinken, sondern aus noch einer Reihe anderer Gründe. So auch, weil Monsieur, ihr Bruder, sie gebeten hatte, die politische Lage in den Niederlanden für ihn zu sondieren. 1576 hatten sich nämlich die Niederländer von neuem gegen die spanische Herrschaft erhoben. Ein Agent des Königs von Frankreich hatte, sagte Margarete in ihren Memoiren, »dem König vorgestellt, wie die Flamländer mit Unwillen die Usurpation des Spaniers gegen die Gesetze von Flandern . . . litten; wie verschiedene Herren und Bürgerschaften ihm zu verstehen gegeben haben, daß sie im Herzen gut französisch seien und daß alles die Hände nach dem König von Frankreich ausstreckte«. Da nun aber Mondoucet (so hieß der französische Agent) »sah, daß der König seinen Wink nicht achtete, weil er nichts im Kopf hatte als die Hugenotten, die er es fühlen lassen wollte, daß sie ihn beleidigt, indem sie meinem Bruder gegen ihn beistanden, sprach er nicht weiter davon mit ihm und wandte sich zu meinem Bruder, der mit einem wahrhaft fürstlichen Sinn keine anderen als kühne, gefahrvolle Unternehmungen liebte, der mehr zum Erobern als zum Erhalten geschaffen war«.

Die zweifellos kluge Margarete scheint nicht eingesehen zu haben, daß die Aussichten ihres jüngeren Bruders, in den Niederlanden aus der Haut des *abiectus puer*, des gemeinen oder auch verächtlichen Knaben, zu schlüpfen, durchaus illusionär waren. In Flandern hatte es ihr sehr gefallen. »Es war aber, wie denn die Spanier darin wirklich Meister sind, in Namur alles so schön angeordnet und die Stadt so erleuchtet, daß man von dem Schein der vielen Lichter in den Fenstern und in den Läden einen neuen Tag leuchten zu sehen glaubte.« Die Gemächer, in denen Don Juan d' Austria, der Sieger von Lepanto, sie beherbergt hatte, waren prachtvoll ausgestattet. Bettvorhänge und Tapeten zeigten in Stickerei dessen glorreichen Sieg über die Türken in der Schlacht bei Le-

panto. Die goldenen und silbernen Stoffe dazu hatte dem Prinzen ein Pascha des Großsultans übersandt als Dank dafür, daß jener ihm seine bei Lepanto in Gefangenschaft geratenen Kinder, ohne Lösegeld zu fordern, wiedergeschickt hatte. Dies hatte Margarete von dem Herzog von Arscot erfahren, der zwar einer der allergalantesten Hofleute am Hofe König Philipps gewesen war (als dieser noch in Brüssel weilte), nunmehr aber ebenfalls zu jener flandrischen Partei gehörte, deren Unzufriedenheit mit dem spanischen Joch allerdings, wie auch sie fand, ihrem Bruder eine glänzende Zukunft in dem so schön angeordneten Land eröffnete.
Nur leider wollte ihr anderer Bruder, der französische König, davon nichts hören: Monsieur (berichtet Margarete) »stellte dem Könige vor, wie es zum Ruhm und zur Vergrößerung Frankreichs geschähe, wie es ein vortreffliches Mittel sei, den inneren Krieg zu verhindern, wenn man allen unruhigen und Neuerungen liebenden Köpfen einen Weg nach Flandern öffne, wo sie ihren Rausch verdampfen und des Kriegs überdrüssig werden könnten; so auch, daß diese Unternehmung, ebenso wie Piemont, eine Schule in den Waffen für den französischen Adel werden und wieder Monlucs und Brissons, Ternes und Bellegards erwecken könnte, die dann, so wie diese großen Feldherrn, die sich in den piemontesischen Kriegen gebildet, einst dem Könige und dem Vaterlande glorreich dienen würden. Alle diese Vorstellungen waren schön und wahr, aber sie hatten nicht genug Gewicht, um den Neid aufzuwiegen, der sich der Vergrößerung meines Bruders entgegensetzte.«
Wie man sieht, hielt die kluge und schöne Margot ihrem kleinen Bruder auch im Rückblick noch die Stange (sie schrieb ihre Memoiren nach dessen Tod), denn wie schön und wahr diese Vorstellungen auch gewesen sein mochten, es sprach mehr dagegen als der Neid ihres Bruders, des Königs.
Elisabeth von England versprach den Niederländern ihre Unterstützung unter der Bedingung, daß sie sich nicht mit dem Herzog von Anjou, Monsieur also, einließen. Katharina andererseits machte ihrem Jüngsten klar, daß die Königin von England seine Werbung schließlich bisher nicht abschlägig beschieden habe, er also immer noch hoffen könne, König von England zu werden. Wirklich scheint sie an diese Möglichkeit noch geglaubt zu haben. Aber zweifellos wollte sie durch die Großmannssucht ihres Jüngsten Frankreich nicht in einen Krieg mit Spanien verwickelt sehen.

Sie ließ sich also einfallen, was ihr nur einfallen wollte, diesen von seinen flandrischen Plänen abzubringen.
Er ließ sich aber nicht davon abbringen, um so weniger als man ihm anscheinend wirklich das Leben bei Hof ziemlich schwermachte. Bei jeder Gelegenheit suchten die Mignons seines Bruders Händel mit seinen Getreuen und scheuten sich, im Vertrauen auf das Einverständnis des Königs und Herrn, nicht einmal, auch ihn selbst direkt und persönlich zu beleidigen. »Obgleich nun mein Bruder sehr vorsichtig und geduldig von Natur war und auch entschlossen, alles zu dulden, um nur seine flandrische Unternehmung zustande zu bringen, weil er dadurch hoffte, allem dem auf einmal zu entgehen und dergleichen nie wieder unterworfen zu sein, so waren ihm diese Verfolgungen und Mißhandlungen dennoch äußerst verdrießlich«, sagt Margarete.
Er wollte sich deshalb denn eigentlich auch auf der Hochzeit Saint-Lucs, eines der Günstlinge des Königs, gar nicht zeigen. Als er es auf Bitten seiner Mutter dennoch tat, versäumten die Mignons nicht die Gelegenheit, ihn ihre Verachtung fühlen zu lassen. Sie führten, sagt Margarete, »solche Stachelreden gegen ihn, daß wohl ein Geringerer als er darüber in Zorn geraten wäre. Unter anderen: er habe sich vergeblich bemüht, sich umzukleiden, kein Mensch habe den Nachmittag etwas an ihm auszusetzen gefunden; er wäre bei Nacht gekommen, weil er im Finstern am besten aussähe und mehr dergleichen, mit denen sie seine Häßlichkeit und seinen kleinen Wuchs verspotteten. Man richtete nämlich alle diese Reden ganz laut an die Braut, die neben ihm saß, so daß er jedes Wort hören mußte. Mein Bruder, der es nicht vergaß, daß man ihn nur dahin bringen wollte, zu antworten, um ihn dann mit dem Könige zu entzweien, stand auf und ging fort, ohne ein Wort zu sagen, aber ganz außer sich vor Zorn und Verdruß.«
Den Erinnerungen seiner Schwester zufolge beschloß er, sich auf einige Tage vom Hof zu entfernen, auf Jagd zu gehen, »um durch seine Abwesenheit den Haß der jungen Leute abkühlen zu lassen, damit er nur vom Könige erlange, was er brauche zu seinem Zuge nach Flandern«. Die Königinmuter habe diesen Plan gebilligt, der Herzog von Anjou sich also zur Ruhe begeben in der Absicht, am nächsten Morgen in aller Frühe aufzubrechen, nachdem er den Herrn von Villequier gebeten, auch beim Könige für ihn Urlaub zu erbitten. Diesem aber hätten dann seine Günstlinge vorgestellt,

daß Monsieur statt eines Jagdausflugs zweifellos irgendeinen schlimmen Anschlag vorhabe, und ihm damit solche Angst gemacht, daß er alsbald zur Mutter eilte, mitten in der Nacht, und rief: »Wie, gnädige Frau, woran denken Sie, daß Sie begehren, ich solle meinen Bruder gehen lassen? Sehen Sie denn die Gefahr, die der Staat dabei läuft, nicht ein? Unter dieser Jagdpartie steckt ganz gewiß irgendein gefährliches Unternehmen. Er und alle seine Leute sollen festgenommen werden, und ich will alle seine Schränke durchsuchen lassen; sicher entdecken wir große Dinge, ich bin ganz gewiß.«

Katharina, die angesichts der Wut ihres Lieblings für das Leben ihres Jüngsten fürchtete, bat, bei der Verhaftung und Durchsuchung anwesend sein zu dürfen. Bei der Durchsuchung wurden große Dinge nicht gefunden, der Brief, den der Beschuldigte dem König auszuhändigen sich so hartnäckig weigerte, erwies sich als ein Billet doux der berühmten Frau von Sauves. Deshalb aber nur um so wütender, ließ Heinrich III. gleichwohl seinen Bruder und dessen Leute einsperren.

Am nächsten Tag bewerkstelligte Katharina die in jeder Hinsicht so wünschenswerte Versöhnung ihrer Söhne. Sie umarmten sich. Der König befahl überdies die Versöhnung Bussys (des inzwischen wieder an den Hof zurückgekehrten Haudegens seines Bruders) mit seinem Liebling Quélus (der auch ein Haudegen war): »Ich verlange«, sagte er zu Bussy, der zu diesem Zweck aus der Haft vorgeführt worden war, »daß Sie sich sogleich mit Quélus aussöhnen, und daß von diesem Streite nicht wieder die Rede sei«, und befahl ihm (wie Margarete erzählt), Quélus zu umarmen. »Sire, wenn Sie es befehlen, ich bin ganz bereit, ihn zu küssen«, und mit diesen Worten umarmte er ihn mit einem komischen Gestus à la Pantalone, worüber die ganze Versammlung, obgleich sie noch von der vorhergehenden Szene bewegt und erschreckt war, sich des Lachens nicht erwehren konnte.

Einige Tage später, spätabends Freitag, den 14. Februar 1578, entflohen mit Hilfe Margaretes der Herzog von Anjou, Bussy und einige andere Getreue aus dem Louvre. In seiner eigenen Provinz angelangt, begann Anjou sein flandrisches Unternehmen von dort aus auf eigene Faust zu betreiben: Obwohl, nachdem Don Juan am 31. Januar die Niederländer bei Gembloux schwer geschlagen hatte, der flandrische Aufstand wieder einmal in den letzten Zügen zu liegen schien. Katharina, *»de peur qu'il fist encore le fou«*, aus Furcht, daß er wieder verrückt spielen würde, hatte ihren Jüngsten schon im März in Angers, der Hauptstadt seiner Provinz, besucht, und er hatte ihr versichert (wie sie am 20. des Monats beruhigt an die Herzogin von Nemours schrieb), er habe nichts vor *»qui puise desplayre au Roy son frere et alterer le repos de cet royaume«*, das dem König, seinem Bruder, mißfallen und die Ruhe dieses Reiches stören könne. Er sprach die Wahrheit, insofern er nicht der Meinung war, mit seinem flandrischen Unternehmen anderes zu verdienen als den Beifall des Königs und den Dank des Vaterlands. Inzwischen warb er für die geplante niederländische Reise Truppen an. In Paris ließ der spanische Botschafter wissen, daß, wenn die Franzosen sich's einfallen ließen, in Flandern einzufallen, sein Heer unfehlbar in Frankreich einfallen würde. So suchte Anfang Mai die besorgte Königinmutter ihren Jüngsten noch einmal auf (diesmal traf sie ihn in Bourgueil) und suchte ihn davon zu überzeugen, daß sein flandrisches Vorhaben dem König, seinem Bruder, durchaus mißfallen müsse und unfehlbar die Ruhe des Reiches stören würde; vornehmlich aber davon, daß auch er selbst dabei nichts zu gewinnen hätte. Für den Fall, daß es ihm wirklich gelänge, im Verein mit dem Prinzen von Oranien die Spanier aus den Niederlanden zu vertreiben, sei ihm doch die Herrschaft dort noch keineswegs sicher. Ob ihm denn die Aufständischen auch nur versprochen hätten, ihn in dem Fall als ihren Fürsten und Herrn anzunehmen? Tatsächlich war dem ehrgeizigen Herzog von Anjou das nicht einmal versprochen worden. Er versprach seiner Mutter, nicht in Flandern zu intervenieren, ehe man ihm nicht ausdrücklich die Herrschaft dort anböte: Um inzwischen seinen Ehrgeiz zu beschäftigen, stellte seine Mutter ihm verschiedene glänzende Partien in Aussicht (außer der Königin von England, die, wie erwähnt, ebenfalls noch im Gespräch war). Der Herzog bekundete Interesse an diesen Vorschlägen.

Katharina war kaum nach Paris zurückgekehrt, als der Herzog von Anjou dem König ein Ultimatum stellte: Wenn dieser ihn nicht zum Generalstatthalter in Frankreich ernennen wolle, werde er sein Glück in Flandern machen müssen. Er hatte zu diesem Zweck 20000 Mann unter Waffen. Der König wollte den kleinen Bruder nicht zum Generalstatthalter machen. Was er ihm zum Trotz statt dessen anbot, hätte diesen, der so gerne ein großer

Mann geworden wäre, von der erklärten Absicht kaum zurückstehen lassen, denn tatsächlich war er, ohne des Königs Antwort abzuwarten, schon am 11. Juli 1578 mit seinen Truppen in Mons einmarschiert.
Man ersuchte den Papst, Philipp II. zu besänftigen und ihn davon zu überzeugen, daß der Herzog von Anjou gegen den erklärten Willen Heinrichs III. gehandelt hätte. Man ersuchte Monsieur, mit seinem Heer nach Frankreich zurückzukehren. Vergeblich. Schließlich, und zumal die Spanier nicht, wie angedroht, in Frankreich einmarschierten, scheint Heinrich III. es ganz zufrieden gewesen zu sein, daß sein kleiner Bruder ein großer Mann diesmal im Ausland zu werden versuchte, anstatt einen neuen Bürgerkrieg in Frankreich anzufangen. Denn schließlich schickte er ihm sogar Geld für seine Kriegskasse nach Flandern.

Im Rampenlicht die jungen Freunde des Königs, die Königinmutter hinter den Kulissen

Die Rolle, die Katharina nach der Thronbesteigung ihres Lieblings beschieden war, unterschied sich wesentlich von der, die Karl IX. ihr zugestanden hatte. Die vormals mit unbeschränkter Vollmacht ausgestattete Regentin ließ Heinrich III. zwar regieren, insofern ihn das Regieren langweilte, doch behielt er sich prinzipiell vor, selbst zu regieren, insofern ihn das Regieren interessierte; und da die Mutter zwar das Vertrauen des Königs genoß, aber nicht unbeschränkt, da Heinrich III. neben ihr andere Vertraute hatte, deren Interessen mit ihren keineswegs identisch waren.
Einen Anhang von Günstlingen, jungen Edelleuten, die sein besonderes Vertrauen genossen, die sich seine Neigungen und Abneigungen zu eigen machten und hofften, durch seine Huld ihr Glück zu machen, hatte wie Heinrich III. auch Monsieur. Aber die Mignons des Königs, die sich nicht scheuten, sogar dessen Bruder zu beleidigen, standen zu ihrem Herrn in Beziehungen, die verwickelter und enger waren als diejenigen Monsieurs zu den Gefährten seiner Vergnügungen und Vertrauten seiner Pläne. Ganz abgesehen davon also, daß natürlich die Günstlinge des Königs als solche schon größere Privilegien hatten als die irgendeines anderen

Herrn im Reiche, erwuchs den Mignons Heinrichs III. auch aus der besonderen Natur ihrer Beziehungen zu diesem König eine Macht, die zwangsläufig Katharinas Besorgnis erregen mußte. Das Gebaren dieser hochmütigen jungen Leute forderte überdies den Zorn und Abscheu der Untertanen Heinrichs III. heraus.

»Diese süßen Jungens schminken sich die Gesichter und tragen das Haar lang, künstlich gekräuselt und abergekräuselt und gerade über ihren kleinen Hütchen wie die Huren im Bordell. Ihre Halskrausen sind gut einen halben Fuß breit, und liegt ihr Kopf darauf gleich wie das Haupt Johannes des Täufers auf Salomes Teller. Sie kleiden sich alle nach der gleichen Manier in vielen Farben und pudern sich mit Veilchenpuder und anderen duftenden Essenzen, welche Straßen, Plätze und Häuser, wo sie ein und aus gehen, parfümieren.«

Die süßen Jungens machten sich mit diesem Staat die Neigungen ihres Herrn zu eigen, dessen Putzsucht und Lust an Verkleidungen in Paris Stadtgespräch war, wie dem Tagebuch Pierre de L'Estoiles zu entnehmen ist, wo man unter dem Datum des 24. Februar 1577 bemerkt findet, daß bei Turnieren, Balletts und Maskeraden der König meist in Frauenkleidern auftrat, »mit offenem Wams und entblößter Brust, auf welcher er Perlenketten trug, dazu drei Leinenkrägen, zwei gefältelte und einen hochgeschlagenen, ebensolche wie die Damen seines Hofes tragen«.

Wer ihn in diesem Aufzug sah, durfte wohl zweifeln

s'il voyoit un Roy femme ou bien un homme Reyne

– wie der Dichter Agrippa d'Aubigné sagt –

ob er eine Frau als König oder einen Mann als Königin sah.

Doch sollte man sich die Günstlinge des Monarchen, der sich in solchen Zweideutigkeiten gefiel, nicht als weibische Lustknaben vorstellen. Vielmehr waren sie junge Edelleute, die durch ihre Schönheit, ihren Witz, ihre Verwegenheit das Wohlgefallen des Königs erregt hatten. Bussy d'Amboise war einer von ihnen, ehe er zu Monsieur überging. Du Guast habe dem König leicht weismachen können, daß sie zu Bussy ein ehebrecherisches Verhältnis unterhielte, sagt Margarete in ihren Memoiren, »teils, weil er meinem Bruder und mir nicht wohl wollte – unsere Einigkeit war ihm verdächtig und verhaßt –, teils, weil er Bussy haßte, der zuerst ihm gehörte und ihn verlassen hatte, um meinem Bruder zu dienen. Diese Eroberung Bussys vergrößerte sowohl den Ruhm meines Bruders als auch den Neid unserer Feinde, denn Bussy war der Erste seiner Zeit an Ruhm, an Tapferkeit, an Verstand und Anmut«.

Mit gewissem Recht konnte wohl jeder der in der Schar des Königs verbliebenen Männer – Saint Mégrin, d'O, d'Arques, Gramont, La Valette, Saint-Luc, Maugiron, Quélus – für sich beanspruchen, als Erster seiner Zeit an Ruhm, an Tapferkeit, an Verstand und Anmut zu gelten; jedenfalls ließ das Betragen der Mignons Heinrichs III. keinen Zweifel daran, daß jeder von ihnen glaubte, diesen Anspruch durchsetzen zu können. Alle durch die Bank befleißigten sich diese jungen Herren erhabener Unverschämtheit.

Nachdem Monsieur und dessen Anhang aus dem Louvre geflohen waren, um Monsieurs flandrisches Unternehmen in Gang zu bringen, suchten die derart um das vornehmste Ziel ihrer Frechheit gebrachten Mignons des Königs Streit mit den Leuten Heinrichs von Guise. Sehr zum Leidwesen Katharinas, die unter den gegebenen Umständen eine Versöhnung des Königs mit dem Führer der katholischen Liga im Interesse des Staates für geboten hielt, wie verdächtig auch immer ihr selbst der Ehrgeiz und Geltungsdrang der Guisen sein mochten.

Eines Sonntagmorgens, am 27. April 1578 um fünf Uhr früh, fochten drei der Mignons des Königs – Quélus, Maugiron und Livarot – ein Duell mit drei Edelleuten der lothringischen Partei – Entraguet, Ribérac und Schomberg –, über dessen Verlauf und Ausgang Pierre de L'Estoile berichtet: »Sie kämpften so wütend, daß der schöne Maugiron und der junge Schomberg tot auf dem Platze blieben. Ribérac erlag am folgenden Mittag den erlittenen Verletzungen. Livarot, der einen großen Hieb über den Schädel gekriegt hatte, lag sechs Wochen auf den Tod und kam endlich mit dem Leben davon. Entraguet blieb fast unverletzt, denn die Wunde an seinem Arm war nur ein Kratzer. Quélus aber, der Anstifter des Streits, lag von den neunzehn Hieben, die er erhielt, dreiunddreißig Tage im Sterben und starb am Donnerstag, dem 29. Mai.« L'Estoile berichtet weiter, daß der König während dieser dreiunddreißig Tage sozusagen nicht vom Lager des schönen Verwundeten wich. Und daß dieser aus dem Leben schied, ohne Gottes oder seiner Mutter zu gedenken: *»Ah! mon roi!«* seien seine letzten

Worte gewesen, »Ach, mein König!« Dieser habe den Toten geküßt und ihm – wie schon zuvor dem toten Maugiron – das blonde Haar abschneiden lassen, um die Locken des Geliebten als Reliquien zu verwahren. »Dem jungen Quélus nahm er auch die Ohrringe ab, die er ihm einst geschenkt und mit eigener Hand angelegt hatte«, wenn man glauben darf, was dem Chronisten der Pariser laufenden Ereignisse zu Ohren gekommen war.
Heinrichs III. Mignons waren keineswegs sämtlich von Natur aus zu den widernatürlichen Praktiken geneigt, die ihr königlicher Liebhaber ihnen zumutete. Von jenem Saint-Luc, bei dessen Hochzeit die Mignons Monsieur so tödlich beleidigten, daß jener beschloß, den Hof zu verlassen, erzählt Agrippa d'Aubigné in der *Confession du Sieur de Sancy*: »Rochepot hat ihm Unrecht getan mit jenem Anagramm auf seinen Namen *Cats in cul* (welches aus dem heiligen Lukas einen »Schwanz im Arsch« macht, wie hier der Übersetzer anmerken muß). Denn dem armen Jungen war diese Gemeinheit ein Greuel und wurde er das erste Mal dazu gezwungen, da der König ihn anwies, ihm ein Buch zu holen aus einer Truhe, deren Deckel ihm dann der »Großprior« (nämlich des Königs Halbbruder, Heinrich von Valois, den Heinrich II. mit jener Lady Fleming zeugte, gegen die Katharina und Diana gemeinsame Sache gemacht hatten) »und Camille auf die Lenden drückten, was sie unter sich nannten ›den Hasen beim Kragen kriegen‹.« Den zeitgenössischen Historikern zufolge (denn die folgende Geschichte erzählt nicht nur der Protestant Agrippa d'Aubigné in seiner *Histoire Universelle* – man findet sie im wesentlichen gleich bei dem Katholiken De Thou) hat sich auch später Saint-Luc an den *cats in cul* nie recht gewöhnen können. »Da dieses Leben einem edlen Mut wie dem Saint-Lucs verhaßt war, zog dieser eines Tages Arques, den späteren Joyeuse, beiseite, und sie unternahmen es mit dem Rat der Frau von Retz, ein Kabinett zu durchbohren und zwischen Wand und Bettvorhang eine stählerne Röhre durchzuführen, mittels welcher sie einen Engel vortäuschen und dem Ohr des Königs die Drohungen des Himmels sowie einigen Schrecken vor seiner Sünde einflößen wollten . . . Arques jedoch, da er den Geist des Fürsten durch diese Erfindung verstört sah und diesen in Gefahr, den Verstand zu verlieren oder sich ein Leid anzutun, fürchtete den Ruin seines Glücks und klärte seinen Herrn auf.« Nach De Thou war nicht Arques, sondern d'O der Verräter

dieses Versuchs, den König mit geborgter Autorität zur Besserung seiner Sitten zu überreden. Sicher scheint zu sein, daß der in Ungnade gefallene Saint-Luc aufs Land entfloh, und daß Arques sein Glück machte. Denn ihn erhob der König zum Herzog von Joyeuse. Zu einem Herzogstitel brachte es auch ein anderer der Mignons Heinrichs III., La Valette: Ihn machte der König zum Herzog von Epernon. Epernon machte sich durch seinen Hochmut und seine Unverschämtheit bei Hof allgemein verhaßt.
Die Besorgnis Katharinas erregten die jungen Freunde ihres Lieblings vornehmlich durch ihren unheilvollen Einfluß auf dessen politische Entscheidungen. Insbesondere Epernon schürte den Haß seines Herren gegen Heinrich von Guise und die Lothringer insgemein. Katharina glaubte, den König warnen zu sollen, seine Günstlinge allzu hoch zu erheben. Wütend schrie er sie an: »Potzblitz! Madame, ich werde sie so hoch erheben, daß, wenn ich sterbe, nicht einmal Sie selbst imstande sein sollen, sie zu erniedrigen.« Er bezeichnete die Gefährten seiner Ausschweifungen als seine lieben Söhne. Katharina vertraute ihrem Arzt Cavriana, einem Florentiner, die Sorgen an, die ihr der Einfluß Epernons beim König verursachte. »Sie sagen, daß Epernon der Versöhnung des Königs mit Herrn von Guise im Wege steht. Aber Madame, Sie wissen ja doch wohl, daß, wenn Epernon morgen stürbe, ein anderer und nach diesem wieder ein anderer Epernon an seine Stelle treten würde.« Katharina ließ sich gesagt sein, daß deshalb der Versuch, Epernon zu beseitigen, die Mühe nicht lohnen würde.
Die Treue, die der König seinen Mignons hielt, ist um so bemerkenswerter, als was man sonst von ihm liest, Heinrich III. als einen der launenhaftesten, schillerndsten Charaktere zeigt, denen es je gegeben war, in so großem Rahmen ihren Launen zu frönen. Und von einer Fron darf man in Hinsicht auf sein Treiben, zumindest insofern er sich dabei aufrieb, ganz wörtlich sprechen. Mit siebenundzwanzig hatte er schon greisenhafte Züge. Das Haar war ihm ausgefallen, er trug eine Perücke und über dieser ein Samtbarett, das er nie abnahm. Auch eigene Zähne hatte er schon in so jungen Jahren nicht mehr. Er war so ausgezehrt und schwach, daß er kaum noch zu Pferde steigen konnte und es nie lange im Sattel aushielt. Anstatt, wie das die Franzosen von ihrem König erwarteten, auf die Jagd zu reiten, ließ er sich in einer großen verglasten Sänfte, in welcher außer seinen Schoßhündchen noch fünf Personen ihm

Gesellschaft leisten konnten, durch Paris spazieren tragen. Es wurde ihm sehr übel genommen, wie er sich da, seine Schoßhündchen liebkosend, zur Schau stellte, sein weibisches Betragen hat seinem Ruf womöglich mehr geschadet als seine Mitverantwortlichkeit an den Massenmorden der Bartholomäusnacht. Dabei kam es sehr wohl vor, daß der König, während er sich derart von seinen Schoßhündchen und einigen seiner Räte begleitet in jener großen Sänfte spazieren tragen ließ, sehr ernsthaft mit Staatsangelegenheiten befaßt war. Denn wenn ihm der Sinn danach stand, konnte er die Regierungsgeschäfte sehr ernst nehmen, und dann bewies er, daß er sich aufs Regieren eigentlich ausgezeichnet verstand, obgleich ihm das von den Zeitgenossen niemand glauben mochte. Verständlicherweise, weil ihm zum Regieren, wie zu allem, das er tat, leider die Ausdauer fehlte. Doch nichtsdestoweniger schloß er sich manchmal wochenlang mit seinen Legisten ein, um an Reformen der Verwaltung seines Reichs sehr ernsthaft zu arbeiten, und was bei diesen Sitzungen geleistet wurde, ist keineswegs gering zu schätzen. Doch augenfälliger war es natürlich, wenn er dann wieder in Sack und Asche den Büßerprozessionen folgte, sich an gewissen Tagen geißelte, auch wie ein Kartäuser Stillschweigen einhielt und, nachdem er dies eine Zeitlang getan, dann plötzlich wieder reich geputzt den Damen aufwartete, prächtige Feste gab, sich der größten Ausgelassenheit und allen ersinnlichen Ausschweifungen überließ.
Übrigens soll den letzteren in der Zeit, von der wir hier reden, schon die Erschöpfung gewisse Grenzen gesetzt haben. Von einigen wird sogar bezweifelt, daß er zu Streichen, wie dem angeblich einst den jungen Saint-Luc gespielten, 1578, im Alter von siebenundzwanzig Jahren, noch imstande gewesen wäre. Sie behaupten, daß die Liebe zu seinen sogenannten lieben Söhnen zu jener Zeit nur noch (in dem heutzutage gebräuchlichen Sinne der Bezeichnung) eine rein platonische gewesen sei.
Auch die Königin hat er wohl nur platonisch geliebt, doch scheint diese das ganz zufrieden gewesen zu sein, denn an achtungsvoller Aufmerksamkeit für sie ließ er es nie fehlen, und ihr gegenüber hielten auch die Mignons des Königs ihre fast überall sonst frei schweifende Unverschämtheit ehrerbietig im Zaum.
Und die Mutter? Zweifellos liebte Heinrich III. auch die Mutter. Aber in seinem Umgang mit ihr war er ebenso launisch wie in jeder

anderen Hinsicht. Ihren Rat wußte er zu schätzen und nahm ihn an, wenn er ihm paßte. Einmal schmeichelte er der Mutter, dann wieder zeigte er ihr die kalte Schulter. Ja, nicht selten richtete er's ein, Anordnungen, die sie getroffen hatte, zu sabotieren, Männer, die sie zu fördern gedachte, zu behindern. Dies allerdings niemals offen oder amtlich, sondern durch heimtückische Machenschaften, für die er nie die Verantwortung übernahm. Katharina freilich wußte, wem sie diese Behinderungen und Störungen ihrer Maßnahmen zu danken hatte, und natürlich litt sie unter diesem Wissen. Aber wie jedem ungünstigen Geschick bisher hielt sie auch der halben Ungnade, in der sie sich bei ihrem Liebling sah, mit bewunderungswürdiger Fassung stand. Sie beklagte sich nicht, sondern bediente sich der ihr verbliebenen Macht so geschickt, daß sie schließlich auch unter Heinrich III. unentbehrlich blieb. Sie verehrte in dem geliebten Sohn den Inhaber der Autorität des Königs, deren Geltungsanspruch ihres Erachtens durch die launische Manier, in der Heinrich III. von ihr Gebrauch machte, nicht im geringsten geschmälert werden konnte. Sie hielt es deshalb für ihre selbstverständliche Pflicht, sich dem König zu fügen. Andererseits wußte sie, daß sie ebenfalls die Pflicht hatte, den König und das Reich vor den schlimmen Folgen seiner launenhaften Regierung zu bewahren. Und so sollte sie bald wieder eine lange, beschwerliche Reise antreten, in dem Bemühen zu verhüten, was erwartet werden mußte, in einem Staate, dessen König durch seine Irrtümer und seine Schwächen unfähig war, von der ihm durch Gottes Gnade verliehenen Autorität den rechten Gebrauch zu machen.

Abermals geht Katharina auf Reisen und befördert geschickt die Sache des Königs

Wie schon gesagt, herrschte nach Abschluß des Friedens von Bergerac im Lande keineswegs Frieden. Die südlichen Provinzen drohten, sich binnen kurzem von neuem zu erheben. Im Languedoc stand man unter Waffen, den Oberbefehl dort führte jetzt der Sohn Colignys, der es Damville sehr übel nahm, daß jener (wie es aus seiner Sicht scheinen mußte) die hugenottische Sache verraten hatte. In der Gascogne gärte es ebenfalls. Katharina beschloß, dort nach dem Rechten zu sehen und zu diesem Zweck ihren Schwiegersohn Heinrich von Navarra zu besuchen. Bei dieser Gelegenheit konnte sie ihm auch die seit seiner Flucht vom Hofe Heinrichs III. vorenthaltene Gattin wieder zuführen.

Sie trat selbstverständlich diese Reise im Einvernehmen mit dem König, ihrem Sohn, an. Während ihrer Abwesenheit bat sie den treuen Bellièvre, ein Auge auf Heinrich III. zu haben und ihr vertraulich über die Vorgänge in seiner Umgebung zu berichten. Viele ihrer treuesten Diener und ältesten Räte begleiteten sie, so die Gesandten Monluc und Saint-Sulpice, der Kardinal von Bourbon und der Herzog von Montpensier – katholische Bourbonen – sowie der Rat Pinart. Von den Damen ihres Gefolges gingen ihre Freundinnen Madame d'Uzès und Madame de Montpensier sowie die dem König von Navarra ebenso wie Monsieur sehr liebe Madame de Sauves sowie einige neu für ihre »fliegende Schwadron« von gehorsamen Schönheiten rekrutierte Ehrenjungfern mit auf die Reise. Freilich war diese Reisegesellschaft bescheidener ausgestattet als diejenige, welche zu Zeiten Karls IX. die große Rundreise durchs Land unternommen hatte, aber seitdem hatten sich ja nicht nur die Zeiten überhaupt verschlechtert – auch die Macht der Königinmutter war seither ja leider gesunken.

Am 2. August 1578 reiste sie aus Paris ab und traf am 18. September in Bordeaux ein. Der Empfang in dieser Stadt enttäuschte sie. Nicht weil ihr Einzug nicht mit dem Pomp vonstatten gegangen wäre, auf den sie bekanntlich so großen Wert legte – sie wurde festlich genug willkommen geheißen –, sondern weil sich zu diesem Empfang ihr Schwiegersohn Heinrich von Navarra nicht eingefunden hatte. Denn als königlicher Statthalter in Guyenne hätte er eigentlich die Pflicht gehabt, ihr in der Hauptstadt dieser Provinz seine Reverenz zu machen. Seine Abwesenheit stimmte deshalb die Königinmutter nicht eben zuversichtlich. Noch am Abend ihrer Ankunft schrieb sie erbittert an Bellièvre: »Ich würde es zutiefst bedauern, wenn ich mich umsonst hierher bemüht hätte und wie ein havariertes Schiff zurückkehren müßte.« Aber da sie nicht leicht die Flinte ins Korn warf, schrieb sie weiter: »Wenn Gott mir aber die Gnade zuteil werden läßt, zu tun, was ich wünsche, hoffe ich, daß dieses Königreich von meiner Arbeit einigen Nutzen haben und die Ruhe dort andauern wird . . .«

Ihren Schwiegersohn zu dieser Arbeit anzustellen, war ihr wohl nicht nur insofern wichtig, als der König von Navarra, seitdem er zum Glauben seiner Mutter zurückgekehrt, das Haupt der protestantischen Partei war, sondern auch, weil ihre Astrologen ihr weisgemacht oder ihr geweissagt hatten, daß nach dem frühen Tod ihrer Söhne der König von Navarra den Thron von Frankreich erben würde. Als Motiv ihrer Politik hatte dieses Wissen um die Zukunft der venezianische Gesandte Jean Michel schon in seinem Bericht für das Jahr 1575 vorausgesetzt: Sie wisse von ihren Astrologen, daß Heinrich III. nicht lange regieren werde, hatte dieser geschrieben, und deshalb sei sie sehr bemüht, sich ihren Einfluß auf Monsieur zu wahren (die Astrologen, deren Vorhersagen dem venezianischen Gesandten zu Ohren gekommen waren, hatten die Sterne falsch gelesen, wenn sie Katharina empfohlen hatten, sich auf eine Regierungszeit Monsieurs gefaßt zu machen). »Doch will ich das ganze Ausmaß ihrer Klugheit zeigen«, war dann aber der venezianische Gesandte fortgefahren. »Da die Weissagungen der Astrologen auch für Monsieur nur ein kurzes Leben ohne Nachkommen prognostizieren und da in diesem Fall die Krone ihrem Schwiegersohn, dem König von Navarra, zufiele, bedient sie sich ihrer Tochter, welche die Frau dieses Königs ist, um diesen zu gewinnen, und sie meint, das sei ihr bereits gelungen.«

Inzwischen war sie sich dessen nicht mehr so sicher. Aber daß zu den Dingen, die Gott für sie bewerkstelligen sollte, die Eintracht zwischen ihr und ihrem Schwiegersohn gehörte, auch jetzt, drei Jahre später noch, ist nicht zu bezweifeln. Und daß sie hoffte, auch den König von Navarra, wenn er denn einst König von Frankreich werden sollte, irgendwie für das einzusetzen, was sie in dem zitierten Brief aus Bordeaux *»mon traval«* nannte (*»J'espere que cet royaume cet santiré de mon traval«*, hatte sie wörtlich geschrieben), ihre Arbeit, darf wohl ebenfalls als sicher angenommen werden. Denn von ihrer Überzeugung, daß die Macht nur bei ihr wirklich gut aufgehoben sei – weshalb sie es ihr schulde, sie auch, wenn einst alle ihre Söhne sie verlassen hätten, zu bewahren –, haben wir hinreichende Beweise.

Fürs erste wurden die durch Heinrichs Abwesenheit bei ihrem Einzug in Bordeaux geweckten Befürchtungen nicht bestätigt. Der königliche Statthalter in Guyenne und König von Navarra kam ihr

immerhin bis zu einem kleinen Ort kurz vor La Réole im Tal der Garonne entgegen, einem Städtchen namens Casteras. Das Treffen ereignete sich ohne großen Pomp, aber war für Katharina gleichwohl sehr befriedigend. Heinrich erklärte ihr, zu ihrem Empfang in Bordeaux erschienen sei er nur deshalb nicht, weil sein Stellvertreter im Amt, der sehr große, der allzu große Herr Biron, sich dort festgesetzt und es ihm, dem eigentlichen Inhaber, nicht habe räumen wollen. Das fand Katharina ungemein beruhigend. Biron wurde durch Geld und gute Worte bewogen, die Statthalterschaft von Guyenne an den zu diesem Amt ernannten König von Navarra abzugeben, der die Provinz in Zukunft ungehindert regieren und wissen würde, dieses seiner Schwiegermutter zu danken. Margot half ihrer Mutter bei den hierzu erforderlichen Manövern, und Katharina wird es gefreut haben, Tochter und Schwiegersohn nach der langen Trennung wieder in was wie eheliche Harmonie aussah vereint zu sehen. Die Königinmutter und ihr Schwiegersohn waren sich einig, daß die Bedingungen des Friedens von Bergerac in der ganzen Gascogne sowohl von Katholiken als auch von Protestanten respektiert werden sollten.
Mit diesem vielversprechenden Anfang sehr zufrieden, setzte Katharina ihre Reise durch die südlichen Provinzen fort. In Agen versammelte sie den Adel der Gegend (die Stadt war katholisch) im großen Saal des Bischofssitzes und rühmte in einer bewegenden Rede die kriegerischen und königlichen Tugenden ihres Sohnes, des Königs (dessen Bild sie im Saale hatte aufhängen lassen), ohne deshalb zu versäumen, auch des Königs von Navarra und seiner Gattin, ihrer Tochter, Verdienste um die Wohlfahrt des Staates gebührend zu würdigen (von Margots Reizen konnten sich die versammelten Herren unmittelbar überzeugen, denn diese war leibhaftig anwesend). Katharina äußerte die Zuversicht, daß alle Anwesenden wie der König von Frankreich, wie der König und die Königin von Navarra, wie sie selbst schließlich, das Ihre tun würden, für die Dauer des jüngst geschlossenen Friedens zu sorgen. »Ich bin entschlossen, jedes mir irgend zu Gebote stehende Mittel einzusetzen und das eigene Leben dranzugeben, wenn nötig, denn wahrlich, ich würde mich glücklich schätzen, es an ein so gutes und dem Königreiche so nötiges Werk zu wenden«, sagte sie. Und ihre Begeisterung schien die adligen Herren von Anjou mitzureißen.

In Agen schien sich alles nach Wunsch gestalten zu wollen. Margot versicherte der Mutter, daß ihr Gemahl ihre Politik der nationalen Einheit und des Friedens von Herzen unterstütze. Auf den folgenden Etappen ihrer Reise traf Katharina es oft weniger glücklich. Sie begegnete hartnäckigem Widerstand. Städte schlossen ihre Tore bei der Annäherung der Königinmutter, Schloßherren ließen die Zugbrücken aufziehen. Sie mußte deshalb manchmal auf den Dörfern mit mehr oder weniger elender Unterkunft vorliebnehmen. Sie nützte die Gelegenheit, sich auch über die Verhältnisse auf dem Lande zu unterrichten und auch dem Volk die Treue zu seinem Souverän, der allein eine Besserung der fraglichen Verhältnisse veranlassen könne, in warmen Worten zu empfehlen. Regelmäßig schrieb sie an ihren Sohn, den König, und ließ ihn unter anderem wissen, daß sie gute Argumente habe, seine Untertanen zur Friedfertigkeit zu bewegen, wenn ihr auch das Beste leider fehle, Geld nämlich. Sie bedauerte, daß der Staatsschatz ihr nicht Gelder zur Verfügung stellte, die, am richtigen Ort, im richtigen Augenblick verteilt, dem Ansehen des Königs großen Nutzen bringen würden. In diesen Briefen redete sie weniger den geliebten Sohn als vielmehr den König, ihren Herrn, an, um Rechenschaft von der unterwegs geleisteten Arbeit zu geben. Freilich enthielt sie auch ihren guten Rat dem Monarchen nicht vor. Hinsichtlich der Lage in den Provinzen, durch die sie reiste, machte sie sich keine Illusionen. Überall schwellten noch die Scheiterhaufen des Bürgerkriegs, und man spürte, daß es nur eines Lufthauchs bedurfte, dessen Flammen wieder lichterloh auflodern zu lassen. Sie hoffte aber, einen neuerlichen Ausbruch zerstörerischer Gewalt zumindest fürs erste verhindern zu können, wenn es ihr gelang, wie in Agen, auch anderswo im Süden die Herzen des Adels für den König zu gewinnen. Hätte sie die Werbereise durch die Gascogne nicht unternommen, schrieb sie an den König, ihren Sohn, »wären Sachen gemacht worden, die nach meiner festen Überzeugung verschiedenen Leuten vorschweben und die uns dem Ruin Ihres Staats gefährlich nahegebracht hätten«.

Was trieb aber der König, während die Königinmutter auf schlechten Straßen über die Dörfer reiste und seine Feinde bei sich zu Hause besuchte, um ihm sein Reich zu bewahren? Spielte er mit seinen Hündchen, ging er in Sack und Asche mit den Büßerbruderschaften oder in Samt und Seide mit seinen Mignons seinem

Vergnügen nach? Anscheinend betätigte er sich gerade zu dieser Zeit sehr ernsthaft als Gesetzgeber.
Die Königinmutter begab sich nach Toulouse, wo sie hoffte, den König von Navarra als Haupt der reformierten Partei in Frankreich für einen Vertrag gewinnen zu können, der diese Partei ans Reich band. Um nicht gebunden zu werden, kam indessen Katharinas kluger Schwiegersohn gar nicht erst nach Toulouse. Er kannte seine Schwiegermutter gut genug, um zu wissen, was von deren Versprechungen zu halten war. Tatsächlich sah er sich, während er einerseits Miene machte, mit dem König von Frankreich gemeinsame Sache zu machen, andererseits nach Verbündeten gegen diesen im Ausland um. Erstaunlicherweise hatte das Haupt der französischen Ketzerei diesbezüglich sogar in Spanien angefragt. Um sich also nicht nötigen zu lassen, vorzeitig Farbe zu bekennen, indem er die Unterschrift unter dem ihm angetragenen Vertrag entweder leistete oder verweigerte, ließ er sich wegen eines Furunkels am Hintern in Toulouse entschuldigen. Katharina ließ sich die Entschuldigung nicht gefallen, und den Vicomte de Turenne, den ihr Heinrich von Navarra als seinen Stellvertreter geschickt hatte, um im Gespräch mit der Schwiegermutter zu bleiben, ohne was sagen zu müssen, ließ sie stehen, ließ anspannen und reiste weiter nach Auch, wo sie der Residenz des Königs von Navarra näher war. Dort suchte dieser sie denn schließlich auch auf. Sie ließ ihn feiern, wie nur sie liebe Gäste feiern zu lassen wußte, um ihnen den Aufenthalt in ihrer Nähe recht paradiesisch angenehm zu machen. Insbesondere eine der Ehrenjungfern seiner Schwiegermutter, eine Griechin namens Doyell, wußte den König von Navarra zu entzücken. Und nachdem er sich in deren Gesellschaft insbesondere und überhaupt auf Gastereien und Bällen in heiterer Gesellschaft eine Zeitlang entspannt hatte, schien er willens, den ihm von Katharina vorgeschlagenen Vertrag zu unterschreiben, als man ihn bei einer heiteren Abendunterhaltung am 22. November heimlich benachrichtigte, daß katholische Truppen die protestantische Stadt La Réolle besetzt hatten. Mit einem Schlag verflog die Bezauberung und wich tiefer Erbitterung. Heinrich verließ Auch, sammelte Truppen und bemächtigte sich als Vergeltung für den Handstreich der Katholiken gegen La Réolle der Auch benachbarten katholischen Stadt Fleurance. Daß er sich zu dieser Repressalie provozieren ließ, betrübte seine Schweigermutter um so mehr, als

sie selbst an der Provokation, der Besetzung von La Réolle, ganz unschuldig war. Diesen Handstreich hatte eine Handvoll Katholiken ganz auf eigene Faust, ohne Wissen und gegen den Willen der Königinmutter, unternommen und ausgeführt. Das war nur leider dem König von Navarra nicht leicht einzureden. Katharina mißbilligte öffentlich das Vorgehen der Unruhestifter und gab die von Katholiken besetzte Stadt schon am 4. Dezember 1578 durch ein Dekret den Protestanten zurück. Und so konnte der Prozeß der Entspannung von neuem beginnen.

Da in Auch die Erinnerung an die genannten Vorfälle noch zu frisch war, beschloß man, die Verhandlungen in Nérac fortzusetzen, einer kleinen Residenz Heinrichs von Navarra in der Gascogne. Margot spielte dort die Rolle der Landesfürstin – wozu sie bisher noch nie recht Gelegenheit gehabt hatte –, während man die Ankunft der geladenen protestantischen Delegierten erwartete. Die Protestanten ließen auf sich warten, erst am 3. Februar 1579 konnten die Verhandlungen beginnen. Katharina mußte bald erkennen, daß sie mit ihren bewährten verführerischen Manieren bei diesen hugenottischen Pastoren nichts ausrichtete. Die Leute wollten nicht Schmeicheleien hören, sondern angehört werden. Katharina gab zu erkennen, daß sie wohl zu bedenken gewillt sei, was sie ihr zu sagen hätten. Und so redeten die Hugenotten, wohlbegründet, umständlich, unermüdlich. Nur Katharinas Ausdauer erwies sich als der ihren ebenbürtig – Katharinas Berater kamen während dieser Debatten einer nach dem anderen außer Atem. Monluc, der Bischof von Valence, einer der hervorragendsten Diplomaten seiner Zeit – er war es ja, der die Wahl Heinrichs von Anjou zum König von Polen auf dem polnischen Reichstag durchzusetzen vermocht hatte –, fiel während der endlosen Darlegungen eines der hugenottischen Delegierten in Ohnmacht. Verschiedene andere sanken nach mehreren Sitzungen mit diesen zähen Verhandlungspartnern am Ende ihrer Kräfte aufs Krankenlager. Der Calvinismus gewann Schritt für Schritt an Boden. Dennoch weigerte sich Katharina, den Hugenotten alle Städte auszuliefern, die sie forderten. Sie beharrten auf ihren Forderungen. Katharina auf ihrer Weigerung. Die Pastoren wiederholten die Forderungen. Katharina warf ihnen vor, den Frieden verhindern zu wollen. »Sie, die Sie nicht in den Krieg ziehen und die Sie doch schuld am Tod des Adels von Frankreich sind, man sollte Sie zwingen, selbst daran teilzunehmen und Sie ins erste Glied stellen, wie die Schweizer. Die Edelleute sind sehr schlecht beraten, Ihnen zu glauben. Wenn Sie meinen, sich auf diese Weise vergrößern zu können, werden Sie schließlich zwischen zwei Sätteln mit dem Hintern auf dem Boden sitzen.« So Katharina, die, obgleich als Verführerin und Vorspieglerin zu Recht berühmt, wenn nötig auch ein deutliches Wort sprechen konnte. Aber die Pastoren ließen sich auch durch deutliche Worte nicht abweisen. Bis an die Abendtafel verfolgten sie die Königinmutter mit ihren Forderungen. Das endlich ging Katharina über die Hutschnur. Sie erklärte den Herren, sie werde sie sämtlich aufhängen lassen, in so überzeugendem Ton, daß diese, da sie rückwärts aus dem Saal wichen, den Galgenstrick schon am Halse spürten. Margarete – die als Königin von Navarra in Nerac ja Landesfürstin war – legte sich für die armen Leute ins Mittel, fiel nämlich der Mutter zu Füßen und bat um Gnade für die Verurteilten. Katharinas Todesdrohung und Margots Tränen waren natürlich Theater, aber die Gereiztheit, die Katharinas Zornesausbruch verursacht hatte, war echt.

Dennoch gingen die Verhandlungen weiter, beide Seiten machten Zugeständnisse, und schließlich unterzeichnete Heinrich von Navarra das Versöhnungsabkommen am 28. Februar 1579. Sachlich enthielt das Abkommen wenig Neues, aber es versprach doch, des unsicheren Friedens eine Festigung, und mehr verlangte Katharina nicht.

Sie nahm die Gelegenheit wahr, ihren Schwiegersohn und neuerdings wieder Verbündeten zu bitten, seine Autorität geltend zu machen, um die Söhne Colignys zu veranlassen, zukünftig Damville in Frieden zu lassen und das Languedoc nicht weiter aufzuwiegeln. Sie selbst reiste dorthin ab, um auch ihrerseits auf eine Verständigung der feindlichen Parteien hinzuwirken. Obwohl sie sich diesbezüglich nicht allzu große Hoffnungen machte – ihre bisherigen Erfahrungen in dieser Provinz sprachen dagegen –, waren doch an dem ersten Platz, den sie dort besuchte, in Castelnaudary, ihre Bemühungen erfreulich erfolgreich. Ein hartnäckiger Katarrh und höchst schmerzhafte Verdauungsstörungen verboten ihr aber dort fürs erste die Weiterreise. Die Beschwerden der Reise, häufiger Klimawechsel, ihre eigene Unvorsichtigkeit – da sie auch unter diesen Umständen nicht daran dachte, ihren bekanntlich enormen Appetit zu zügeln – verdarben ihr das Konzept. Sie hielt es deshalb für das Beste, nach Paris in ein geregeltes Leben zurückzukehren. Ganz abgesehen davon, daß sie aus Paris ziemlich beunruhigende Nachrichten erhielt, die auch im Interesse der Gesundheit des Staates ihre Anwesenheit dort erforderten. Monsieur, der Herzog von Anjou, hatte in den Niederlanden sehr viel weniger Glück, als er sich versprochen hatte. Sie wäre ihm nur allzu gern behilflich gewesen, aus dem Wespennest, in das er sich da gesetzt hatte, herauszukommen. Aber die Gefahren, die dem Staat in den südlichen Provinzen des Reiches drohten, schienen schließlich doch noch gebieterischer für ihr Verbleiben dort zu sprechen. Und so entschloß sie sich, ihre Inspektionsreise durch das Languedoc und die Provence allen Widerwärtigkeiten zum Trotz fortzusetzen. Die Widerwärtigkeiten waren größer als die im Süden gegebenen Verhältnisse und Katharinas schlechte körperliche Verfassung wie auch der Geiz der Staatskasse, aus welcher ihr und ihrer Gesellschaft allmonatlich nur sehr spärliche Mittel bewilligt wurden, machten das Reisen alles andere als angenehm. Ein einziger Ball in den Tuilerien zu ihrer Glanzzeit hatte mehr Geld verschlungen als die Königinmutter und ihr Hof, so wie ihnen jetzt die Spesen berechnet wurden, in zehn Jahren auf der Landstraße hätten ausgeben dürfen. Jeder Mignon des Königs konnte sich einen erheblich höheren Lebensstandard leisten als die Königinmutter, die um des lieben Friedens willen, durch die Lande ziehend, in diesem Frühjahr 1579 nicht selten auf freiem Feld im Zelt übernachtete. Dabei mußte sie oft fürchten, nicht nur ihr Ziel, den Frieden, zu verfehlen, sondern auch selbst Opfer des Krieges zu werden. Aus Béziers schrieb sie an die Herzogin von Uzès, ihre gute Freundin, sie sei keineswegs sicher, ob sie schließlich die Rhône erreichen könne, sie müsse nämlich den Weg dahin »durch die Pest, übers Meer oder über die Cevennen nehmen, da es Raubvögel gibt wie die, welche Ihnen die Pferde geraubt haben«. Die Raubvögel, die der Herzogin – nachdem diese sich vom Calvinismus losgesagt hatte, die Pferde raubten, und die Katharina fürchtete, waren, wie man sich denken kann, Hugenotten. Doch auch angesichts dieser Raubvögel (die sie bei anderer Gelegenheit Unheilsvögel nannte) ließ Katharina den Mut nicht sinken: »Ich vertraue auf Gott«, schrieb sie, »der mir stets, scheint mir, aus allen Gefahren heraushelfen wird.« Schließlich hatte sie ja in jüngster Vergangenheit doch auch einige schöne Erfolge erzielt. Sie hatte dem König von

Navarra die Frau zurückgegeben, und dieser hatte dieselbe dankbar angenommen, »die beste Ehe, die man sich denken kann«, führten die beiden jetzt, wenn die Herzogin von Uzès ihrer Versicherung glauben durfte. Und so endete Katharina ihren Brief an diese in der Hoffnung, es möge Gott gefallen, ihr die Freundin bis zum Alter von hundertundvierzig Jahren zu erhalten, »daß wir dann gemeinsam in den Tuilerien speisen möchten ohne Hüte oder Hauben«. Ohne alle Förmlichkeit, in hemdsärmeliger Zwanglosigkeit sozusagen, hoffte sie also dereinst, in vielleicht noch ferner Zukunft, noch einmal die Gesellschaft der Freundin und die Freuden der Tafel zu genießen. Wie man sieht, war sie von der eigenen Unverwüstlichkeit im Grunde ihres Herzens noch immer überzeugt. Sie brauchte diese Überzeugung, als sie bald darauf mit ihrer schwachen Eskorte durch ein Spalier von hugenottischen Arkebusieren in das feindselige Montpellier einzog. Sie ließ sich nicht einschüchtern und bedachte die Bewaffneten, die sie da eigentlich Spießruten laufen lassen wollten, mit dem huldvollsten Lächeln der allmächtigen Fürstin. Daß sie sich nicht einschüchtern ließ, machte so viel Eindruck auf die Hugenotten von Montpellier, daß sie einwilligten, den katholischen Gottesdienst in ihrer Stadt – in der nur eine einzige Kirche noch unzerstört war – wieder zuzulassen.

Schlimm sah es in der Provence aus. Katholische und protestantische Bauern im Verein hatten sich gegen gewisse habgierige, ungerechte und grausame Grundherren erhoben. Diese hatten korsische, italienische und albanische Söldner ins Land gerufen, die mit furchtbaren Gemetzeln den Aufstand zu unterdrücken versuchten. Die furchtbaren Vergeltungsmaßnahmen gegen die Aufständischen schienen, nachdem diese den früheren Generalstatthalter der Provence und dessen Familie massakriert hatten, nicht mehr als recht und billig zu sein. Aber Katharina wußte, daß jene einheimischen Tyrannen, die den Aufstand der *Razats* (wie die rebellischen Bauern genannt wurden) jetzt im Blut zu ertränken suchten, zuvor die Geduld des Volkes über alles Maß strapaziert hatten. Sie ließ den Prior von Angoulême (der ja einst dem jetzt regierenden König geholfen hatte, den spröden Saint-Luc gefügig zu machen) an Stelle des gegenwärtig amtierenden zum neuen Generalleutnant der Provinz ernennen – mit der Aufgabe, den Adel, der die Unruhen provoziert hatte, an die Kandare zu nehmen. Denn die unmittelbare Ursache der Übergriffe jener tyrannischen Grundherren war schließlich die Schwäche oder gar Abwesenheit der königlichen Autorität gewesen. Jetzt wurde deshalb, auf ihre Fürsprache, das Waffentragen allgemein verboten. Desgleichen verbot auf ihren Wunsch das Parlament von Aix alle Vereine und Bünde. Katharina empfing die Edelleute und rief ihnen ihre Pflichten gegen die Krone in Erinnerung. Auch die Abgeordneten der *Razats* empfing sie. Diese versprachen ihr, die Waffen niederzulegen unter der Bedingung, daß ihnen Schutz gegen die Übergriffe des Adels gewährt würde. Sie versprach ihnen, daß in Zukunft nur der neue Gouverneur, der Prior von Angoulême, ein Heer zur Verfügung haben und dieses zu ihrem Schutz gegen weitere Unterdrückung einsetzen sollte. Und damit schien der Frieden in der Provence wiederhergestellt. Auch meinte in dem Halbbruder ihres Lieblings, eben dem Prior von Angoulême, Katharina den richtigen Mann gefunden zu haben, den Frieden dort auch in Zukunft zu erhalten.

Heinrich III., der zu eben dieser Zeit die Rolle des Königs mit einiger Hingabe spielte, wußte zu schätzen, was die Mutter für ihn tat. Er rühmte öffentlich ihre Leistungen bei der Befriedung der Provence und sprach ihr in seinen, allerdings nicht sehr häufigen, Briefen seine Bewunderung und seine Dankbarkeit aus. Leider wurde er das staatsmännische Gebaren schon bald wieder leid. Da zogen denn die Eifersüchteleien und Intrigen seiner Lieben sein Interesse von den Belangen des Staates wieder ab und gaben ihm für seine Entscheidungen Kriterien an die Hand, die mit denjenigen des öffentlichen Wohls nichts gemein hatten. Da paßte ihm denn die Ernennung des Priors von Angoulême zum Statthalter in der Provence nicht. Seine Getreuen machten ihm weis, daß die Königinmutter dem Vorgänger des Priors, dem Grafen von La Suze, Unrecht getan hätte, ihm den Posten zu nehmen. Katharina hatte ihm den Posten genommen, weil er sich als unfähig erwiesen hatte, die Provence zu befrieden. La Suze hatte den Adel bei seinen blutigen Vergeltungsmaßnahmen gegen die Aufständischen unterstützt. In Paris, bei Hof, fragte man nach dergleichen nicht. War nicht der Comte de la Suze ein Protégé von Retz? Doch Katharina blieb bei ihrer Entscheidung, der Prior in seiner neuen Stellung. Retz und La Suze wurden mit Titeln und Geld entschädigt. Und so setzte sich bei dieser Gelegenheit doch die staatsmännische Erwägung der

Mutter gegen die Günstlingswirtschaft des Sohnes durch. Mahnend ließ sie diesen wissen: »Diese Privatleidenschaften, die von Ihrem Hof ausgehen, ruinieren Ihnen alle Geschäfte. Ich liebe alle Welt, aber ich liebe nichts, was unsere Geschäfte stört.« Ihre Prinzipientreue bei dieser Gelegenheit war um so verdrießlicher, als ja Retz, ihr lieber Gondi und florentinischer Landsmann, sonst einer ihrer Getreuesten war: Nicht einmal ihm zuliebe war sie aber willens, eine Personalentscheidung zu billigen, die sie nicht für richtig hielt.
Schlimm sah es leider auch im Delphinat aus. Wie in der Provence hatte sich hier das Volk gegen die königliche Verwaltung erhoben, doch war hier der Adel dem König treu geblieben. Katharina stützte sich deshalb im Delphinat auf den Adel in dem Bemühen, die Kanaille zur Raison zu bringen. In diesem Stil redete sie freilich nur in ihren Briefen von den Aufständischen, in den öffentlichen Ansprachen, die sie an Ort und Stelle hielt, war dagegen viel von der Sorge des Königs um das Wohl seiner lieben Untertanen die Rede. Diesen würde es zutiefst betrüben, im Falle sie nicht Frieden gäben, hart gegen sie durchgreifen zu müssen.
Die süßen Worte wären überzeugender gewesen, hätten die Hörer nicht gewußt, daß dem König zu hartem Durchgreifen die Kräfte fehlten. Doch wenn es Katharina nicht gelang, das Delphinat zum Frieden zu überreden, dann wohl vor allem deshalb, weil sie es hier mit einem keiner Überredung zugänglichen hugenottischen großen Herrn zu tun hatte, der in seinem Starrsinn noch zudem von einem ehemaligen Favoriten des Königs, dem Marschall von Bellegarde, bestärkt wurde. Katharina war der Meinung, womöglich könne bei diesen beiden aber der König selbst etwas ausrichten. Sie rief diesen also zu Hilfe. Heinrich III. hatte nicht die geringste Neigung, sich beschwerliche Reisen und Diskussionen mit aufsässigen Vasallen zuzumuten, fühlte auch, daß dergleichen über seine Kräfte ging. Weder seine Schoßhündchen noch seine Mignons im Louvre widersprachen ihm jemals. Katharina insistierte aber derart, daß er schließlich einwilligte. »Wir müssen uns also entschließen, nach Lyon zu reisen, die gute Frau will es«, schrieb er. Indessen rührte er sich nicht vom Fleck. Wenig später schrieb er der Mutter, er sei bettlägerig und »übermüdet vom Schlagballspiel«.
Leider war die Übermüdung vom Schlagballspiel nicht alles, was ihn plagte. Am 19. September erkrankte er an der gleichen eitrigen

Ohrenentzündung, an der sein Bruder Franz II. gestorben war. Die Nachricht stürzte seine Mutter in Verzweiflung. Sie glaubte nun, auch ihren Liebling verlieren zu sollen. »Glauben Sie, daß es ein höchster Schmerz ist, dem fern zu sein, den man liebt, wie ich ihn liebe und ihn krank zu wissen, man stirbt bei kleinem Feuer«, schrieb sie ihm. Glücklicherweise verschonte der Tod den König bei dieser Gelegenheit noch. Sein Leibarzt Miron konnte ihn kurieren.

Das Vergnügen, den Sohn in Lyon willkommen zu heißen, war ihr unter diesen Umständen aber doch nicht vergönnt. Immerhin konnte dieser den Herzog von Savoyen, der mit Bellegarde auf sehr vertrautem Fuße stand, dazu bewegen, den letzteren zu überreden, sich gegen eine sehr ansehnliche Entschädigung zu unterwerfen. Die beiden alten Komplizen verständigten sich über die Modalitäten, und Bellegarde unterwarf sich in aller Form: Am 17. Oktober 1579 kniete er vor der Königinmutter als Stellvertreterin des Königs nieder und schwor diesem Gehorsam und Treue. Dann erhielt er seine Belohnung: das in letzter Zeit schon häufig an andere vergebene Marquisat Saluzzo nämlich. Schwierigkeiten aus dieser Verleihung ergaben sich indessen glücklicherweise für niemand, denn der neue Marquis starb einige Wochen später, anscheinend an einem Gallenstein. Selbstverständlich wurde das Gerücht verbreitet, Katharina habe ihn vergiften lassen. Doch in der näheren Umgebung des Marschalls war seit langem bekannt, daß er krank war, sein Freund, der Herzog von Savoyen, wußte, daß er nicht mehr lange zu leben hatte, seinem Botschafter in Paris hatte er schon einen Monat zuvor geschrieben, daß man mit dem baldigen Tod des Marschalls rechne.

Inzwischen hatte Lesdiguières, der spürte, daß der Wind drehte, die Waffen niedergelegt. Obwohl sie selbst sich jetzt am Ende ihrer Kräfte fühlte, gelang es Katharina, dem trotzigen großen Herrn ein feierliches Versprechen, in Zukunft Frieden zu halten, abzunötigen. Und damit war sie am Ziel ihrer Reise.

Schon in Orléans sah sie Heinrich III. wieder. Sie wußte die Ehre zu schätzen, daß er die Mühe nicht gescheut hatte, ihr so weit entgegenzukommen. Sie vergaß ihren Kummer und selbst die unleugbaren Beweise früherer Undankbarkeit ihres Angebeteten, als dieser nun schriftlich zu bestätigen geruhte, wie sehr er »besagter

Dame« verpflichtet sei »für das Gute, das sie überall, wo sie vorübergekommen, gesät hat«.
Achtzehn Monate lang war sie unterwegs gewesen, jetzt war aber der ganze Süden Frankreichs befriedet. Diesmal wußten auch die Pariser zu schätzen, was die Königinmutter ohne Waffen, ohne Drohgebärden, ohne Blutvergießen, allein kraft der königlichen Autorität, die sie glaubwürdiger als der König selbst vertrat, allein dank der Überzeugungsgabe, die ihr die Liebe zu ihrem Königreich, zu ihrem Volk, zum Frieden verliehen, für das Königreich, das Volk, den Frieden geleistet hatte. Paris bereitete ihr einen triumphalen Empfang, und in diesem Empfang konnte sie wohl den größten Sieg ihrer langen Regentschaft sehen. Denn nun hatte sie endlich die Stadt erobert, der sie von Anfang an verhaßt gewesen war. Am 14. November 1579 zogen die Notabeln und das Volk von Paris ihr eine Meile weit auf der Landstraße nach Orléans entgegen. Der venezianische Gesandte schrieb: »Die Pariser bedauern jetzt, daß sie sie nicht früher zu schätzen gelernt haben.«

Katharina bemüht sich, ihren Jüngsten unter die Haube zu bringen; dieser liefert seinen ältesten Freund ans Messer

Wie schon angedeutet, hatte bei seinem niederländischen Abenteuer Monsieur nicht den Erfolg, den er sich davon versprochen hatte. Das ließ natürlich die Eskapade aus der Sicht der für die Sicherheit des Königreichs Frankreich Verantwortlichen noch beklagenswerter erscheinen, als sie sich schon von Anfang an dargestellt hatte. Denn je weniger Erfolg die Aufständischen in Flandern hatten, desto mehr war zu befürchten, daß Philipp II. versuchen würde, Frankreich die Beteiligung des französischen Thronfolgers an der Affäre büßen zu lassen. Katharina war der Meinung, daß der unbefriedigte und besorgniserregende Ehrgeiz ihres Jüngsten mit einem Thron beruhigt werden mußte, wenn er sie, Frankreich und die Welt in Frieden lassen sollte. Aus ihren Versuchen, ihn zu diesem Zweck nach Portugal, nach Italien und selbst in die Niederlande zu verheiraten, war nichts geworden. Die mit der Königin von England angeknüpften Eheverhandlungen aber ruhten zwar schon seit einiger Zeit, waren jedoch nie endgültig gescheitert. Und so kam Katharina jetzt auf das Projekt zurück, ihren Jüngsten mit Elisabeth von England zu verheiraten, um ihn davor zu bewahren, sich und womöglich Frankreich vollends zu ruinieren. Sie tat das so ernstlich, daß sie sogar plante, sich zum Abschluß des Geschäfts persönlich nach London zu bemühen.

»Ma comère encore que notre heage soict plus pour set repouser que pour faire voyage, si ese qu'yl en fault encore faire un en Engletère«, schrieb sie an Madame d'Uzès (wir haben die Stelle als Exempel ihrer eigenwilligen Orthographie in der ursprünglichen Fassung zitiert): »Meine Gevatterin, wenn schon unser Alter eher danach ist, der Ruhe zu pflegen als auf Reisen zu gehen, muß ich doch noch eine machen, nach England.«

Leider blieb es bei dem Plan und begegneten sich derart die beiden großen Königinnen ihres Jahrhunderts nicht von Angesicht zu Angesicht, wie sie denn auch nicht als Schwiegermutter und Schwiegertochter in verwandtschaftliche Beziehungen traten.

Monsieur inzwischen schien der Mutter die nimmermüde Fürsorge für die große Zukunft, nach der es ihn dürstete, wenig zu danken. Er war ihr, als sie von ihrer Reise durch die südlichen Provinzen zurückkehrte, nicht einmal wie sein Bruder, der König, bis nach Orléans entgegengekommen. So mußte schließlich Katharina ihn besuchen, um ihm die Pläne, die sie für ihn machte, vorzulegen und sich zu vergewissern, daß er nicht schon wieder neue »Narrheiten« im Schilde führte. In der letzten Hinsicht beruhigte er sie, insoweit er ihr versprach, nicht abermals an die Spitze einer neuen Erhebung der verbündeten »Politiker« und Protestanten gegen den König treten zu wollen. Er hatte auch eine Entschuldigung für sein Fehlen in Orléans: einen Darmkatarrh. Katharina ließ sich die Entschuldigung gefallen, wenn sie auch wohl gewußt haben wird, daß Monsieur in Wahrheit nur deshalb nicht gekommen war, um nicht in Orléans die Luft der gleichen Stadt mit seinem Bruder, dem König, teilen zu müssen. Denn das Verhältnis der beiden war wieder denkbar schlecht.

Dabei hatte es inzwischen eine kurzfristige Annäherung der feindlichen Brüder gegeben. Politisch war diese zwar ohne irgendwie bemerkenswerte Folgen geblieben, aber den ehemaligen Günstling Heinrichs III. und nachmaligen Vertrauten Monsieurs, den, nach Margots Meinung »Ersten seiner Zeit an Ruhm, an Tapferkeit, an

Verstand und Anmut«, kam dieses kurzfristige Einvernehmen der beiden Herren teuer zu stehen. Denn es kann als ziemlich sicher gelten, daß Heinrich III. und Monsieur im Verein den berühmten Bussy d'Amboise ans Messer lieferten.

Heinrich III. haßte ja den ehemals Vertrauten. Bussy seinerseits scheute sich nicht, diesen Haß noch zu reizen. Am Dreikönigstag des Jahres 1578 erschien er bei Hof, gefolgt von zwölf Pagen, die prächtig in Goldbrokat gekleidet waren. Er selbst trug einen grauen Kittel wie ein Krämer. Da man sich deswegen, wie er's beabsichtigt hatte, wunderte, sagte er: »Wenn die Dienstboten sich wie Edelleute kleiden, bleibt dem Edelmann nichts anderes übrig, als sich wie ein Dienstbote anzuziehen.« Jeder verstand, daß die Bemerkung auf die Mignons des Königs zielte.

Bei einer anderen Gelegenheit erschien er vor den Toren des Louvre mit einem Gefolge von fünfzig bewaffneten Edelleuten, wie es nur Prinzen von Geblüt zustand. Heinrich III. soll angesichts dieses Auftritts gesagt haben: »Das ist zuviel für einen Bussy.«

Monsieur andererseits liebte Bussy. Bei dem Einfall in die Niederlande diente Bussy ihm als Heerführer. Leider nicht sehr zweckdienlich. Denn einerseits ließ er sich von den Spaniern schlagen, andererseits verübte er gegen die Flamen, die zu befreien und schließlich dann auch zu beherrschen Monsieur ja angeblich im Lande war, so viele Grausamkeiten, daß man ihn in Flandern bald ebenso sehr, wenn nicht noch mehr, haßte wie die Spanier. Als letzten Endes auch noch seine und Monsieurs Truppen meuterten, kündigte ihm Monsieur die Freundschaft.

Zur gleichen Zeit nun erfuhr Monsieur, daß sein Bruder seinen Heiratsantrag an die Königin von England unterstütze. Monsieur glaubte, Aussicht zu haben, jenseits des Kanals sein Glück zu machen.

Bussy hielt inzwischen das Zerwürfnis mit Monsieur keineswegs für irreparabel, glaubte nicht, daß dieser ihn entbehren könne, und schrieb ihm in alter Freundschaft, wobei er, heißt es, sich mit seiner neuesten Eroberung brüstete, der Gattin des Herrn von Monsoreau. Monsieur nun, der ihm nicht nur wegen seiner militärischen Mißerfolge gram gewesen sein soll, sondern auch, weil Bussy einst die Verwegenheit gehabt hatte, ihn wegen seiner häßlichen Gestalt zu necken, nahm den Brief mit, als er seinen Bruder besuchte, um ihm für seine guten Dienste bei der Werbung um Elisabeth von

England zu danken; und während er den Bruder dankbar und brüderlich umarmte, ließ er wie zufällig den verräterischen Brief fallen. Heinrich III., der sogleich begriff, daß das Schreiben ihn interessieren sollte, las es, erfuhr so von Bussys ehebrecherischem Verhältnis, versäumte nicht, den Grafen von Monsoreau zu verständigen. Und der beleidigte Ehemann sorgte für den Rest. Auf dem Weg zu seinem nächsten Stelldichein mit der Geliebten wurde Bussy von gedungenen Mördern erwartet und fiel, von mehreren Klingen durchbohrt.
Leider aber, wie gesagt, zeitigte die kurzfristige Eintracht der beiden noch überlebenden Söhne Katharinas nur dies als positives Ergebnis.

Der nicht sehr zutreffend bezeichnete »Krieg der Verliebten«, 1580

Heinrich III. hatte während der Abwesenheit seiner Mutter nützliche gesetzgeberische Arbeit geleistet. Abgesehen davon, daß er sich den Herzenswunsch erfüllt hatte, einen neuen Ritterorden zu stiften (den Orden des Heiligen Geists, dessen Exklusivität den größten und vornehmsten Herren des Reiches – nur dreihundert empfingen die Investitur – hinreichend schmeichelte, um sie dem Stifter zur Loyalität zu verpflichten), hatte der König auch zusammen mit seinen Legisten Verordnungen zur ersprießlichen Regelung so prosaischer Angelegenheiten wie des Getreidehandels oder der Höhe des den Handwerksmeistern zu entrichtenden Lehrgelds erlassen. Leider aber fehlte ihm nicht nur die Energie, die auf dem Papier sehr weitblickend durchgeführte Reform der Staatsverwaltung in der Praxis durchzusetzen – die gegebenen Verhältnisse hätten das wahrscheinlich auch nicht zugelassen, wenn er ausdauernder und energischer gewesen wäre.
Katharina hatte Gelegenheit, sich mit eigenen Augen davon zu überzeugen, daß nicht nur im Süden des Reiches die gegebenen Verhältnisse beklagenswert waren, als sie schon nach der Rückkehr von ihrer großen Reise sich von neuem auf den Weg machen mußte, diesmal nach Nordosten. Der Prinz von Condé hatte sich der Stadt La Fère bemächtigt. Mit Gewalt hätte ihn der König nicht

daraus vertreiben können, ihm fehlten dazu die Truppen. Katharina unternahm es also, ihn zu überreden, im Guten nachzugeben. Das Elend der Städte und Dörfer, die sie unterwegs besuchte, schrie zum Himmel. Leider hörte sie, daß die Zustände anderswo aber noch schlimmer waren. In der Normandie, die bisher vom Bürgerkrieg verschont geblieben war, drohte ein Volksaufstand gegen die Steuerlasten und das harte Regiment der königlichen Beamten. Katharina schrieb dem König, es sei höchste Zeit, geeignete Maßnahmen zur Linderung dieses Elends zu ergreifen. »Treten Sie nicht ferner Ihr Volk mit Füßen«, schrieb sie, »denn ein allgemeiner Aufstand droht, wer Ihnen aber das Gegenteil versichert, sagt nicht die Wahrheit.« Leider verließ sich der König ja, ohne je den Louvre zu verlassen, hinsichtlich der Zustände in seinem Reich nur allzu gern auf das Bild, das ihm seine Günstlinge davon malten. Den Prinzen von Condé fand sie wenig geneigt, ihren vernünftigen Rat zu hören oder sich durch ihre Bitten erweichen zu lassen. Er dachte nicht daran, sich aus La Fère zurückzuziehen und den Vereinbarungen des Friedens von Bergerac zu genügen. Sie bat ihn vergebens, statt der gewaltsam besetzten Stadt diejenige in Besitz zu nehmen, die der König ihm zugebilligt hatte, Saint-Jean-d'-Angely. Saint-Jean-d'-Angely interessierte ihn nicht, er brauchte einen festen Platz in der Nähe der Grenze, aus dem er leicht nach Deutschland ausweichen und wo er von dort kommende Verstärkungen aufnehmen konnte. Als schließlich Katharinas Geduld erschöpft war, und sie ihm mit Waffengewalt drohte, lachte er sie aus und fragte sie, wo der König die denn hernehmen wolle. Diesmal scheiterten Katharinas Bemühungen, Frieden zu stiften, vollkommen. Der Prinz von Condé begab sich nach ihrer Abreise alsbald an den Hof seines Freundes Johann Kasimir, des Kurfürsten von der Pfalz, der schon bei früheren Gelegenheiten die protestantischen Heere mit Reiterei versorgt hatte. Der Kurfürst konnte den Ausbruch des nächsten Bürgerkriegs in Frankreich kaum erwarten. Denn Frieden war schlecht für sein Geschäft, handelte er doch mit Soldaten. Zwar war er Protestant und begünstigte nach Möglichkeit die Protestanten. Doch wenn er bei denen keine Abnehmer für seine Ware fand, verkaufte er auch an Katharina. Philipp II. hatte in den Niederlanden von ihm gelieferte Truppen zur Niederschlagung des Aufstands der Calvinisten eingesetzt.

Die Nachrichten, die unterdessen aus dem Süden eintrafen, waren nicht ermutigender als was sie im Nordosten gesehen und gehört hatte. Auch dort wurden die so mühevoll von ihr ausgehandelten Bedingungen des Friedens, den sie mit dem König von Navarra geschlossen, nicht eingehalten. Nicht nur weigerten sich die Hugenotten, die von ihnen widerrechtlich besetzten Städte zu räumen, sie hatten auch neuerdings weitere in Besitz genommen, namentlich Mende, eine Stadt des Königs. Der Vertragsbruch war unleugbar, Heinrich von Navarra drückte denn auch sein Bedauern aus, erklärte, für diese Provokation nicht verantwortlich zu sein ... und so fort. In Wirklichkeit aber behielt er, was er nach den Vereinbarungen des Vertrages von Nerac hatte herausgeben sollen, und dazu, was seine Truppen seit Abschluß des Vertrages noch besetzt hatten. Als der König wegen dieser Angelegenheit Gesandte zu ihm schickte, unter diesen Montmorency, erklärte Heinrich von Navarra rundheraus, daß er nichts aufzugeben beabsichtige. Schon hatte also praktisch der Bürgerkrieg von neuem begonnen, und diesmal waren allein die protestantischen Fürsten und die fanatischsten der calvinistischen Pastoren dafür verantwortlich.

Die gasconischen Hugenotten waren es, die Heinrich von Navarra dazu drängten, abermals zu den Waffen zu greifen. Diesen hitzköpfigen Edelleuten bekam der Frieden nicht. Wenn das Waffenhandwerk ruhte, langweilten sie sich, ganz abgesehen davon, daß der Krieg mit den Gelegenheiten, Beute zu machen, die er mit sich brachte, ihre meist sehr bescheidenen Einkünfte zu verbessern versprach. Wie es sich traf, ließ Heinrich von Navarra sich gerne drängen. Die Ursache oder besser der Anlaß oder Vorwand, unter denen dieser siebte Religionskrieg angefangen wurde, ist insofern bemerkenswert, als man dabei weder religiöse Anliegen noch strenggenommen politische zur Geltung brachte. Eigentlich war er nur ein siebenter Waffengang des Krieges, der seit 1562 das Land verheerte und erst 1598, als Heinrich, inzwischen der Vierte von Frankreich, zu Vervins Frieden mit Spanien schloß, ein Ende nehmen sollte.

Die gasconischen Edelleute meinten, die Ehre des Königs von Navarra rächen zu müssen, die durch die üble Nachrede der Mignons des französischen Königs verletzt worden war. Die fragliche üble Nachrede betraf hauptsächlich Liebesabenteuer der Königin von Navarra und hätte so gewichtige Folgen schon deshalb nicht haben sollen, weil Margot selbst aus diesen Abenteuern kein sonderliches Geheimnis machte und ihr Gemahl sie ihr gern zu gönnen schien (sein eigenes Liebesleben war mindestens so vielseitig wie das seiner Frau). Nichtsdestoweniger ist dann dieser siebente Waffengang des französischen Bürgerkriegs als der »Krieg der Verliebten« in die Geschichte eingegangen.

Die Nachricht vom Wiederausbruch der Feindseligkeiten erbitterte Katharina zutiefst. Niemals hätte sie geglaubt, schrieb sie am 21. April 1580 aus Chenonceaux an ihren Schwiegersohn, daß er, ein Mann aus so edlem Geschlecht, Gefallen daran finden könnte, »Hauptmann und General der Räuber, Diebe und Übeltäter des Königreichs zu werden«. Doch noch im gleichen Federzug, sozusagen, hoffte sie, daß er sich nur versehentlich mit diesen Leuten eingelassen hätte und sich eilends eines Besseren besinnen würde. »Diese Fehler sind keine Sünden, wenn man sie umgehend bereut . . .«, schrieb sie. »Ich bitte Sie, mir zu glauben und alles wieder so in Ordnung zu bringen, wie die Vernunft es will.«

Heinrich von Navarra tat nicht, was Katharina und die Vernunft wollten. Er war damals siebenundzwanzig Jahre alt, und sein Geschmack war von dem seiner kampflustigen Edelleute im Grunde nicht sehr verschieden. Der Krieg machte ihm Spaß, noch mehr sogar als die Liebe, die ihm entschieden Spaß machte. Und es war nicht die Weisheit des späteren vierten Heinrichs, die bei dieser Gelegenheit Frankreich vor einem allgemeinen Bürgerkrieg bewahrte, sondern die Tatsache, daß die Mehrheit der Hugenotten ihm die Gefolgschaft verweigerten. Selbst die Pastoren von La Rochelle hielten es unter den gegebenen Umständen nicht für angebracht, den heiligen Krieg zu predigen. So kostete glücklicherweise Heinrich von Navarras Vergnügen die Nation weniger, als man hätte befürchten können. Nichtsdestoweniger hatte er sein Vergnügen, und kein billiges. Nach einer Belagerung von nur vier Tagen nahm er die katholische Stadt Cahors auf eine Weise ein, mit der er sich die Bewunderung aller Sachverständigen verdiente. Der König von Navarra bewies sich bei dieser Gelegenheit als großer Feldherr. Freilich blieb das nur ein persönlicher Triumph, denn die Mehrzahl der Calvinisten hielt weiterhin Frieden. Frieden bot auch Katharina dem König von Navarra gleich nach dessen Eroberung von Cahors wieder an. Mit dem Abschluß dieses Friedens wurde auf ihren Wunsch Monsieur beauftragt. Ihr schien hier

Gelegenheit, zugleich seiner Eitelkeit zu schmeicheln und ihn an den König zu binden. Monsieur begab sich also nach Guyenne, allerdings in Begleitung zweier Vertrauter seiner Mutter und tatsächlich wurde ein Friedensvertrag unterzeichnet, in Fleix bei Bergerac, am 26. November 1580. Dieser Frieden gestand den Protestanten alles zu, was sie schon hatten. Der König enthielt sich jeglichen Tadels der Rebellion, die zu beenden der Frieden geschlossen wurde. Heinrich von Navarra ging aus dem sogenannten Krieg der Verliebten ruhmgekrönt hervor. Abgesehen davon hatte sich dieser Waffengang nicht gelohnt, für niemanden. Immerhin hatte er nicht lange gedauert, und nun war der Frieden wiederhergestellt. Wenngleich dieser nicht eben fester stand als vor seiner letzten Zerstörung.

Wie auch im Jahre 1580 ein Unglück selten allein kam

Das derart einigermaßen glücklich endende Jahr 1580 hatte, auch abgesehen von der *Guerre des Amoureux,* dem Königshaus und dem Königreich viel Verdruß und Kummer gebracht. Im Januar und Februar war Katharina krank gewesen. Sie ließ sich von der Krankheit nicht hindern, die Staatsgeschäfte zu besorgen, mußte das aber von ihrem Bett aus schriftlich tun, anstatt, wie sie es gewohnt war, die Sachen, auf die es ankam, selbst in Augenschein zu nehmen und sich die Leute, mit denen sie es dabei zu tun hatte, persönlich vorzunehmen. Auf Anordnung des Königs organisierte sie so, von ihrem Krankenbett aus, auch die Festlichkeiten des Karnevals dieses Jahres und namentlich den Ball, den Heinrich III. zu Ehren der Kardinäle gab, die er zu Rittern des Heiligen Geists gemacht hatte. Es hätte nicht viel gefehlt, und er hätte die Kirchenfürsten genötigt, unter den Augen des entrüsteten Nuntius das Tanzbein zu schwingen, aber diese Prüfung blieb den Herren dann doch erspart. Der König selbst tanzte, aber leider sichtlich ohne sonderlichen Schwung. Sein Gesundheitszustand beunruhigte Katharina nicht wenig, und in dieser Sorge hat man wohl einen der Beweggründe ihrer Bemühungen, Monsieur dem Thron anzunähern, in die Staatsgeschäfte einzuweihen. War doch Monsieur der

Thronerbe. Die unselige eitrige Ohrenentzündung und seine anderen Geschwüre schwächten den König sehr. Seine Mutter ersuchte den Papst um eine Dispens, der in diesem Jahr ihren Liebling von dem strengen Fastengebot entbinden würde. Es kam zu einer Regelung, die ganz nach ihrem konzilianten Herzen war. In der Öffentlichkeit kam Fisch auf den Tisch, den zu essen der König sich den Anschein gab. Doch ohne Zeugen stärkte er sich mit Fleischspeisen.

Um die Gesundheit des Volkes war es in diesem unglücklichen Jahr 1580 nicht besser bestellt als um die des Königs, alles in allem eher schlechter. Seuchen verheerten die Hauptstadt und das ganze Land. Paris wurde während des Karnevals heimgesucht. Man sprach von einem »Katarrh«. Das begann mit Rücken- und Brustschmerzen, dann setzte Fieber ein, und nach fünf bis sechs Tagen starb die Mehrzahl der Erkrankten. Da die Ärzte das Leiden, wie die meisten anderen auch, mit Aderlässen und Purgationen behandelten, muß befürchtet werden, daß sie vielen den Rest gaben, die anders vielleicht überlebt hätten. Der Verdacht kam schon den Zeitgenossen, die beobachteten, daß die meisten, die die Krankheit überstanden, sich warmgehalten, wenig gegessen und das Beste gehofft hatten. Indessen überlebten auch sie diesen Katarrh oder Keuchhusten (wie man die Krankheit schließlich nannte) sehr geschwächt – und in Paris allein starben Tausende daran.

Einen Monat später hielt wieder einmal die Pest Einzug in der Hauptstadt, mit ihr furchtbares Elend. Die Hospitäler waren überfüllt, die Sterbenden lagen auf den Straßen und in den Kirchen, was die weitere Verbreitung der Seuche sehr beförderte. Wer irgend konnte, floh aus der Stadt, die Reichen auf ihre Landgüter, die übrigen auf die Dörfer und Weiler, in denen sie vielleicht Verwandte hatten. Nur die Elendsten blieben in Paris zurück. Bald verweigerte man auf dem Lande den Flüchtlingen aus der kranken Stadt die Aufnahme. Der König begab sich nach Fontainebleau, Katharina nahm in Saint-Maur Aufenthalt. In Paris ruhten Handel und Wandel und die dringendsten Staatsgeschäfte blieben unerledigt.

Unerhörter, wenn auch unmittelbar weniger verderblich, und schrecklicher als die Pest war ein Erdbeben, das dann einen Teil der Champagne, der Picardie und der Normandie erschütterte. In Château-Thierry in Calais, Rouen und Beauvais stürzten einige alte Gemäuer ein, Gegenstände fielen von den Regalen, der angerichtete Schaden war eigentlich nicht sehr groß. Aber jeder wußte, daß Erdbeben (im Verein mit Seuchen und Kriegen, wie man sie ja ebenfalls hatte) den Jüngsten Tag ankündigten, und so wurde denn dieser eine Zeitlang angstvoll erwartet. Inzwischen erwies sich dann im Süden, wie berichtet, Heinrich von Navarra als Kriegsheld, was natürlich für viele Zeugen dieser Demonstration auch kein reines Vergnügen war. Unterdessen frönte der König einem harmlosen Vergnügen, das jedoch dem Bischof, der für die Aufsicht über die Nonnenklöster in der Umgebung des königlichen Lustschlößchens Olainville verantwortlich war, auch einige Sorgen verursacht haben soll. Heinrich stattete diesen Klöstern nämlich häufige Besuche ab und pflegte dort sehr ausgedehnte Unterhaltungen unter vier Augen mit gewissen Nonnen. War das statthaft? Es soll diesbezüglich eine diskrete Untersuchung angestellt worden sein, in deren Verlauf angeblich sogar der Schleier des Beichtgeheimnisses gelüftet wurde. Das Ergebnis soll aber beruhigend gewesen sein: Bei diesen Unterhaltungen kamen tatsächlich nur geistliche Gegenstände zur Sprache und dies auf eine Weise, die von der Rechtgläubigkeit des Monarchen das erfreulichste Zeugnis ablegte.

Draußen im Lande kam unterdessen weiter Unerfreuliches zuhauf. Es gab schreckliche Überschwemmungen. Ernten, Vieh und Bauersleute wurden in verschiedenen Provinzen von wütend aus ihren Ufern tretenden Flüssen ersäuft. Und sagten wir, daß mit dem zum Jahresende abgeschlossenen Frieden von Fleix das Jahr 1580 noch einigermaßen glücklich endete? Wir vergaßen den Kometen, der im November in Erscheinung getreten war – und für das nächste Jahr das Schlimmste befürchten ließ.

Einstweilen freilich ging für die Überlebenden der Plagen des verflossenen Jahres das Leben weiter. Und natürlich hoffte man nach Abschluß des Friedens von Fleix, aller bösen Vorzeichen ungeachtet, das Beste.

Monsieur ist weder zur Vernunft zu bringen noch zu verheiraten

Der Ehrgeiz ihres Jüngsten, in den Niederlanden auf Kosten der Spanier einen Thron für sich zu erobern, sollte auch im folgenden Jahr 1581 Katharina noch erheblich beunruhigen, soviel war Ende 1580 schon vorauszusehen. Hatte nicht noch vor der Unterzeichnung des Friedensvertrages von Fleix, schon am 19. September 1580, Monsieur in Plessis-lès-Tours einen Vertrag mit den aufständischen Niederländern unterzeichnet? Die Generalstaaten der Niederlande hatten ihm angeboten, ihn in Erkenntlichkeit der Unterstützung ihres Freiheitskampfes durch Frankreich als ihren Souverän anzuerkennen. Monsieur hatte um dieser Aufstiegschance willen nicht gezögert, Frankreich in einer Angelegenheit zu kompromittieren, die Heinrich III. leicht einen Krieg mit Philipp II. einbringen konnte. Katharina meinte, es sollte ihm doch klarzumachen sein, daß ein Krieg mit Spanien gegenwärtig so ziemlich das Schlimmste war, was Frankreich passieren konnte. Heinrich III. hätte sein Reich kaum verteidigen können. Das französische Heer hielt keinen Vergleich mit dem spanischen aus. Zudem hatte Spanien mächtige Verbündete in Frankreich, die Häupter der katholischen Liga nämlich, die Guisen, die der Mißgunst und der Schwäche Heinrichs III. überdrüssig, in dem König von Spanien inzwischen einen besseren Sachwalter ihrer Interessen zu finden meinten als in dem von Frankreich. Katharina meinte, daß doch auch dem ehrgeizigen Herzog von Anjou einleuchten sollte, wie unvernünftig es unter diesen Umständen war, den Zorn des spanischen Königs herauszufordern. In diesem Sinne schrieb sie ihm am 23. Dezember 1580 aus Blois, er solle sich ja nicht einreden lassen, daß auswärtige kriegerische Unternehmungen die Franzosen jedenfalls von ihren inneren Zwistigkeiten abzubringen geeignet und schon insofern wünschenswert seien. Selbst wenn sich's so verhielte, schrieb Katharina ihrem Jüngsten jetzt, wäre doch mit einem auswärtigen Krieg, der nur schlecht ausgehen könne, nichts gewonnen. Und tatsächlich würde dieser auswärtige Krieg die Gegensätze im Inneren keineswegs versöhnen, sondern im Gegenteil nur die Feinde der Krone begünstigen, »da diesen Unruhestiftern dadurch nur größere Mittel zu schaden und ihre Anschläge durchzuführen geliefert werden würden, wäre tatsächlich nichts schädlicher für die Sache des Königs«. Die Unruhestifter, an die sie dabei vor allem dachte, waren die Guisen, denen sie sehr wohl zutraute, im Falle eines Krieges Heinrichs III. mit dem spanischen König gemeinsame Sache mit letzterem zu machen. Er könne unter diesen Umständen für die Niederländer gar nicht leisten, was sie von ihm erwarteten, schrieb sie weiter, und riskiere schließlich, von diesen selbst mit Schimpf und Schande davongejagt zu werden: »Was können Sie denn tun für die Generalstaaten der Niederlande, die Sie angerufen haben? Da dieser Staat (nämlich Frankreich) ruiniert ist und der König mittellos, Ihnen also nicht helfen kann, würden Sie jenen nur Kosten und Ausgaben verursachen und wären in Gefahr, mit mehr Schimpf und Schande verabschiedet und fortgeschickt zu werden, als sie jetzt bemüht sind, Sie mit Ehren zu rufen.«

Das alles sah Katharina ganz richtig, und auch Monsieur hätte es so sehen können, wenn er gewollt hätte, aber er wollte es nun mal nicht, und des Menschen Wille ist bekanntlich sein Himmelreich. Seine Mutter hoffte immer noch, ihn mit Elisabeth von England zu verheiraten, nicht zuletzt, um ihn von seiner für Frankreich so bedrohlichen eigenwilligen Außenpolitik abzubringen. Darüber hinaus würde ihr diese Verbindung, so meinte sie, glänzende außenpolitische Perspektiven eröffnen: Denn im Verein und Einvernehmen mit England würde man bei einer Auseinandersetzung mit Spanien ganz anders dastehen als gegenwärtig. Sie drängte ihren Jüngsten also, zunächst und vor allem anderen diese Ehe anzustreben.

Auch Monsieur wollte Elisabeth von England heiraten und schmeichelte sich sogar, ihr gefallen zu haben, als er deswegen im August 1579 persönlich bei ihr vorstellig geworden war. Das hätte seine Mutter beruhigen sollen. Zeitweilig beruhigte die trügerische Gewißheit, daß derart alles bestens eingefädelt sei, sie auch wirklich: »Diese Heirat wird zustandekommen«, schrieb sie in dieser Stimmung am 19. Februar 1581 an ihre Räte Villeroy und Bellièvre, »und wird nicht allein diesem Königreiche und demjenigen von England, sondern der ganzen Christenheit zum Heil gereichen.«

Doch bald mußte sie einsehen, daß ihr Jüngster die Prioritäten anders setzte als sie. Er wollte nicht erst die bejahrte Braut heimführen und dann womöglich von England aus mit ihrer Hilfe in die

niederländische Politik eingreifen, sondern zunächst auf eigene Faust Herzog von Flandern werden: dann erst heiraten.
Im April 1581 machte er sich auf den Weg, Cambrai zurückzuerobern und anzufangen, sein zukünftiges Herzogtum den Spaniern zu entreißen. Katharina reiste ihm nach Alençon nach und beschwor ihn, nichts zu überstürzen. Annähernd vier Tage lang, vom 12. bis zum 15. Mai 1581, redete sie ihm in diesem Sinne gut zu, aber, obwohl zweifellos mit Engelszungen, vergeblich. Monsieur wollte sich sein Unternehmen, wiewohl er dabei doch bisher wenig Glück gehabt hatte, nicht ausreden lassen. Noch zweimal besuchte sie ihn im Laufe des Sommers, im Juli in Nantes, am 7. August in La Fère, doch ihre Hoffnung, ihn schließlich doch noch zur Vernunft bringen zu können, wurden enttäuscht. Der König, der einerseits nicht imstande war, seinen Bruder von dem geplanten Abenteuer abzuhalten, andererseits den König von Spanien zu fürchten hatte, erklärte, daß er seinerseits für Monsieurs Einmischung in Flandern nicht verantwortlich sei, diese vielmehr zutiefst mißbillige – und dann ließ er den Bruder gewähren, unterstützte ihn schließlich sogar, unter der Hand natürlich.
Am 18. August 1581, neun Tage, nachdem die Mutter zuletzt versucht hatte, ihm die Sache auszureden, besetzte Monsieur Cambrai. Am 7. September nahm er Cateau-Cambrésis. Dies scheint, ihrer prinzipiellen, vernünftigen Mißbilligung der flandrischen Unternehmung ihres Jüngsten zum Trotz, Katharina doch nicht ganz ohne mütterlichen Stolz zur Kenntnis genommen zu haben. Es scheint sie befriedigt zu haben, durch den Sohn die Spanier aus der Stadt vertrieben zu sehen, wo ihr Gemahl, König Heinrich II., seinen letzten, alles in allem für Frankreich ziemlich demütigenden Frieden geschlossen hatte. Obwohl natürlich diese Befriedigung sie der Sorgen hinsichtlich der möglichen Konsequenzen des Handstreichs nicht entledigte.
Immerhin glaubte sie, in Anbetracht der gegenwärtigen politischen Lage noch Zeit zu haben, diesen Konsequenzen vorzubeugen. Philipp II. war eben damit beschäftigt, das Königreich Portugal seinem Weltreich einzuverleiben, konnte sich deshalb um die flandrischen Angelegenheiten nicht sehr nachdrücklich kümmern. Auf weitere Sicht würde natürlich die Annexion Portugals die spanische Macht bedeutend vermehren, zumal mit dem Reich auch dessen überseeische Besitzungen in Asien, Afrika und der Neuen

Welt – Brasilien – dem König von Spanien zufallen würden. Diese Aussicht war aber für England kaum weniger beunruhigend als für Frankreich. Deshalb mußte der Königin von England ein gegen die hegemonialen Bestrebungen Spaniens gerichtetes Bündnis mit Frankreich ebenso geraten scheinen, wie Katharina zum gleichen Zweck ein Bündnis mit England wünschte. Der Königinmutter schien daher die Gelegenheit günstig, die so wünschenswerte Annäherung der beiden Reiche durch die schon des längeren angebahnte Verehelichung ihres Jüngsten mit der Königin von England nun zu verwirklichen. Zwar stand dieser Verehelichung weiterhin der Meinungsunterschied zwischen der englischen Regierung und dem Freier der Königin in Sachen Flandern entgegen – Elisabeth wollte den kleinen »Frosch« (wie sie Monsieur nannte) zwar gerne heiraten, verlangte aber, daß er zuvor auf seine flandrischen Ambitionen verzichtete, während er, wie gesagt, sich der Braut durch die Eroberung Flanderns würdig erweisen wollte. Katharina hoffte jedoch, daß bei einer neuerlichen persönlichen Begegnung der Brautleute diese Meinungsverschiedenheit auszuräumen wäre. Monsieur reiste also im November 1581 nach London und blieb bis in den Februar des folgenden Jahres dort. Elisabeth soll ihren jugendlichen Freier zwar mit Küssen und sogar Tränen verabschiedet, sich auf eine gemeinsame Zukunft jedoch weder mit Katharinas Jüngstem noch mit Frankreich verbindlich festgelegt haben. Tatsächlich waren das Parlament und das Volk entschieden gegen die Heirat ihrer Königin mit einem Franzosen, der noch dazu Papist war, und die britische Flotte, mit der Monsieur im Februar 1582 nach Flandern zurückkehrte, hatte den Auftrag, den dortigen Aufständischen gegen ausländische Intervention, gleichviel von welcher Seite – im gegebenen Fall also auch von seiten Frankreichs –, bewaffneten Beistand zu leisten. Als Monsieur aus England nach Flandern zurückkehrte, konnte man sich deshalb kaum verhehlen, daß sich seine Aussichten, es zu was Großem zu bringen, verschlechtert hatten, nicht nur in England, sondern auch in Flandern.

Katharina macht sich Illusionen und erhebt Anspruch auf den Thron von Portugal

Katharina ließ die Hoffnung auf die englische Heirat fahren. Da aber eine politisch wertvolle Braut für den Jüngsten des Hauses Valois dringend gefunden werden mußte, kam sie alsbald auf ihren schon wiederholt gescheiterten Plan zurück, Monsieur mit einer Infantin von Spanien zu verheiraten. Wie hoffte sie, den Widerstand Philipps II., der frühere Bemühungen seiner Schwiegermutter in dieser Richtung hatte scheitern lassen, diesmal zu überwinden? Der seltsame Umweg, auf dem sie jetzt ihr Ziel zu erreichen suchte, offenbart eine der wichtigsten und bestverheimlichten Sorgen unserer Heldin. Es lohnt, sie bei dieser Gelegenheit in Augenschein zu nehmen, weil Katharina sie bei ihrem Handeln zweifellos zeitlebens hat berücksichtigen müssen.

Wenn man angesichts der Machtfülle, die die Königinmutter genoß, die Demütigungen vergißt, die sie als junge Frau des Prinzen, später des Dauphins, ja noch des als zweiter seines Namens gekrönten Königs Heinrich am französischen Hofe ihrer geringen Geburt wegen hatte erdulden müssen, läßt man diese Sorge, die Katharinas Handlungsweise zeitlebens mitbestimmte, außer acht. Denn sie hat diese Demütigungen nie vergessen und war stets bemüht, die verächtliche Charakterisierung als bloße »florentinische Krämerstochter« abzuschütteln und Lügen zu strafen. In dem Palast, den sie während ihrer letzten Lebensjahre bewohnte, nahmen genealogische Archive großen Raum ein, und es wird, nach dem Gesagten, niemanden überraschen, zu lesen, daß die Ahnen, deren sie sich da mit Brief und Siegel versicherte, nicht die glorreichen Mediceer waren, deren Verdienste die Großen Frankreichs so gering veranschlagten, sondern Katharinas Ahnen mütterlicherseits. Denn stammte sie nicht durch ihre Mutter Magdalena von la Tour d'Auvergne über eine bourbonische Großmutter von den Grafen von Boulogne ab? In der Angelegenheit der portugiesischen Erbfolge glaubte sie diese Abstammung zur Beschämung der Hochmütigen in ihrer Umgebung und einigem ferneren politischen Nutzen zugleich geltend machen zu können. Denn wenngleich die Angelegenheit der portugiesischen Erbfolge und Katharinas erneuerter Wunsch, ihren Jüngsten mit einer spanischen Infantin zu verheiraten, nur ganz zufällig in die gleiche Zeit fielen und zu-

nächst in keiner Beziehung miteinander standen, wußte doch Katharina diese Beziehung herzustellen.
Wie schon erwähnt, war im Sommer 1581, als Monsieur abermals in Flandern einmarschierte, Philipp II. eben damit beschäftigt, Portugal seinem Reich einzuverleiben.
Die Gelegenheit dazu hatte sich ergeben, als am 4. August 1578 in der für die Portugiesen so unglücklichen Schlacht von Ksar-el-Kebir mit der Blüte des portugiesischen Adels auch der König fiel. König Sebastian hinterließ keinen Erben. Auf den Thron folgte ihm Heinrich, ein schon betagter Mann der Kirche, Kardinal. Spätestens bei dessen Tod würde die Thronfolge von neuem zur Disposition stehen. Philipp II. glaubte Rechte darauf geltend machen zu können. Als am 31. Januar 1580 der Kardinal starb, war es Philipp II. ein leichtes, die beiden anderen Prätendenten von der besseren Fundierung seiner Ansprüche zu überzeugen. Ganz abgesehen davon, daß er in der Tat Sohn einer Infantin von Portugal war, hatte er auch unvergleichlich mehr Macht, seine Ansprüche durchzusetzen als seine Nebenbuhler – und obwohl die Portugiesen es unternahmen, der spanischen Usurpation bewaffneten Widerstand zu leisten, setzte an der Spitze eines spanischen Heeres der Herzog von Alba diese Ansprüche denn auch durch.
Nun aber erlaubte sich Katharina, ihm die Erbfolge streitig zu machen, nicht mit Waffengewalt freilich, sondern mit Rechtstiteln. Sie hatte nämlich ermittelt, daß eine Ahnfrau ihrer Mutter, Mahaut, Gräfin von Boulogne, 1235 den Ehebund mit König Alfons von Portugal geschlossen hatte. Welche Rechtstitel auf die Thronfolge konnte Katharina aus diesem Faktum ableiten? Mahaut hatte ihrem Gemahl, soweit man wußte, keine Kinder geboren und war von diesem verstoßen worden. Die Nachfolge Alfons' hatten die Kinder von dessen zweiter Gemahlin, einer natürlichen Tochter eines Königs von Kastilien, angetreten. Katharina hätte also aus der anscheinend unfruchtbaren Ehe jener Ahnfrau keinerlei Rechtstitel ableiten können, wenn sie nicht hätte beweisen oder glaubhaft machen können, daß Mahaut nicht wirklich kinderlos von ihrem Gemahl verstoßen worden war. Auf dieser Behauptung beharrte sie, wenngleich sie den erforderlichen Beweis dafür nicht beibringen konnte und also mit ihrer Meinung, es sei höchste Zeit, daß der seit den Tagen jenes Alfons unrechtmäßig vererbte Thron von Portugal endlich an einen rechtmäßigen Erben käme, nämlich aus der

Nachkommenschaft der zu Unrecht verstoßenen Mahaut, niemanden überzeugte. Es scheint freilich nicht, daß sie selbst ernstlich beabsichtigt hätte, statt des Königs von Spanien das portugiesische Erbe anzutreten – sie machte vielmehr wohl nur Anspruch auf diese Erbschaft, um den portugiesischen Thron dann dem König von Spanien möglichst teuer zu verkaufen, zumindest um den Preis einer spanischen Infantin als Braut für ihren Jüngsten.
Philipp II., der Katharinas unleugbar ziemlich windig begründeten Anspruch auf den Thron von Portugal keiner Antwort würdigte, ließ damit immerhin wissen, daß er nicht daran dachte, sich auf den ihm zugemuteten Handel einzulassen. Katharina erhielt ihren Anspruch aufrecht und unterstützte zugleich Don Antonio, den Prior von Crato, natürlichen Sohn eines Bruders des Kardinals Heinrich, den das Volk als dessen Erben anerkannt hatte, der aber vor dem Herzog von Alba und dessen Truppen ins Ausland – nach England zunächst – geflohen war. Man hörte aber, daß auch nachdem das Reich sich dem König von Spanien ergeben hatte, die Insel Terceira, eine der Azoren, weiter zu diesem Don Antonio hielt. Und so ließ sich zuletzt Katharina dazu reizen, in der Hoffnung, ihrem Anspruch derart Nachdruck zu verleihen, wider alle Vernunft und ihre stets friedlichen Neigungen, mit Don Antonio fürs erste gemeinsame Sache zu machen (wobei sie sich natürlich hütete, dessen Anspruch auf den Thron ausdrücklich anzuerkennen) und zur Beförderung dieser Sache Gewalt anzuwenden. Sie ließ nämlich eine Flotte ausrüsten, die nicht nur die Azoren, sondern auch Madeira und die Kapverdischen Inseln, zuletzt sogar die portugiesischen Siedlungen in Brasilien für sie in Besitz nehmen sollte. Aus unterschiedlichen Gründen lief dann freilich diese Flotte die längste Zeit nicht aus. Die Leitung der geplanten kolossalen Kaperfahrt hatte Katharina ihrem Cousin Strozzi anvertraut, auf dessen Treue und Tapferkeit allerdings Verlaß war, wenngleich er weder von Seekrieg noch auch nur von Seefahrt irgend etwas verstand.
Strozzi war für die neue Aufgabe dankbar, denn die Stellung des Generalobersten der Infanterie hatte er einem Mignon des Königs, dem Herzog von Epernon, räumen müssen. Wenn nämlich die inzwischen gestorbenen und verdorbenen Mignons früherer Jahre ihre Talente und Kräfte größtenteils an Ausschweifungen, Putz, Ehrenhändel und dergleichen verschwendet hatten, waren die überlebenden Lieblinge Heinrichs III. berechnende Leute, die Be-

sitzungen konsolidieren wollten und zu diesem Zweck politische Ziele verfolgten. Katharina litt sehr unter den Behinderungen, denen ihre Politik in den ehrgeizigen und habgierigen Bestrebungen dieser Herren begegnete. Diese wußten den König gegen die Königinmutter einzunehmen, indem sie ihn bei der Eifersucht auf den jüngeren Bruder packten. Begünstigte nicht die Königinmutter bei jeder Gelegenheit Monsieur, gaben sie zu bedenken. Ja, unterstützte sie nicht dessen Intrigen gegen den König?
Der König ließ es sich daraufhin angelegen sein, die Mutter seinerseits zu brüskieren. Seinem Mignon Arques, den er zum Herzog von Joyeuse gemacht hatte, gab er eine Schwester der Königin zur Frau und verschwägerte sich derart mit dem Liebling. Montpensier, den Statthalter in der Bretagne, einen Getreuen Katharinas, setzte er ab, um dessen Amt einem Bruder seiner Frau, dem Herzog von Mercœur zu geben. Joyeuse erhielt die Statthalterschaft in der Normandie. Epernon wurde in den drei Bistümern etabliert – jener Provinz, die als östliche Pforte des Königreichs gelten konnte – und erhielt zusätzlich das Gouvernement des Marquisats Saluzzo. In den Händen dieser Leute lag damals die Macht, und die Königinmutter wußte, daß Maßnahmen, die sie für richtig hielt, nur ergriffen wurden, wenn sie die Zustimmung der Mignons ihres Lieblings fanden. Man kann sich denken, wie der Stolz unserer Heldin durch diese Entdeckung verletzt wurde.
Unter diesen Umständen kam ihr die Gelegenheit zu der erwähnten kolossalen Kaperfahrt – an deren Vorbereitungen der König nicht beteiligt war – vermutlich auch noch aus psychologischeren als den bereits erwähnten Gründen eben recht.
Am 16. Juni 1582 endlich war es soweit: Die fünfundfünfzig Schiffe starke Flotte unserer Heldin segelte aus dem Hafen von Belle-Isle zur Eroberung der portugiesischen Inseln und Brasiliens. Heinrich III. legte Wert auf die Feststellung, daß er selbst an dem Unternehmen in keiner Weise beteiligt sei, Katharina ihrerseits kompromittierte sich damit nicht als Königinmutter, sondern handelte nur als Erbin Mahauts und Prätendentin auf den von Philipp II. usurpierten Thron von Portugal. Man hoffte, diese Auffassung auch dem Gegner beizubringen. Was man natürlich nicht gewünscht – aber in Anbetracht der langwierigen Vorbereitungen und des ausgezeichneten Nachrichtendienstes, über den der König von Spanien in Frankreich verfügte, nicht hatte vermeiden können, war, daß

die Spanier auf die geplante Invasion der überseeischen portugiesischen Besitzungen bestens vorbereitet waren. Als einen Monat, nachdem sie ausgelaufen, Strozzis Flotte die Azoren erreichte und die Insel São Miguel angriff, erwartete sie dort eine spanische Flotte, die von keinem Geringeren als dem Marqués de Santa Cruz, einem der Sieger von Lepanto, befehligt wurde. Der Marqués von Santa Cruz war im Gegensatz zu Katharinas tapferem Vetter ein Seemann, der sich auf Seeschlachten, Landungsoperationen, alles zur Seekriegskunst Gehörige verstand wie wenige. Er hatte vierzig Schiffe mit 47000 Mann. Am 26. Juli kam es zur Schlacht, an der indessen ein beträchtlicher Teil der französischen Flotte, der sicherheitshalber das Weite gesucht hatte, nicht teilnahm. Strozzi fiel im Kampf. Da die Franzosen in einem nicht erklärten Krieg angegriffen hatten, behandelten die Spanier diejenigen, die die Schlacht überlebten, als Piraten: Die Edelleute wurden geköpft, die Seeleute und Soldaten gehängt.
Die Spanier versäumten nicht, sich dieses Sieges zu rühmen. Heinrich III. – obwohl, wie gesagt, das Unternehmen seiner Mutter die Außenpolitik des Königreichs angeblich nicht tangierte – fühlte sich beleidigt und entsandte im folgenden Jahr seinerseits eine Flotte in den Atlantik, der die Spanier das gleiche Schicksal wie der ersten bereiteten. Selbstverständlich wurde denn auch bei dieser Wiederholung der Übung deren Zweck verfehlt: Philipp II. blieb weiterhin ungeneigt, unserer Heldin den Verzicht auf ihre portugiesischen Prätentionen durch die Bewilligung einer spanischen Infantin für ihren Jüngsten abzuhandeln.

Nach Enttäuschungen auf dem hohen Meer Enttäuschungen in den Niederlanden

Da Katharina nun den Versuch, Monsieur die Niederlande als Mitgift einer spanischen Infantin (denn selbstverständlich erwartete sie, daß der König von Spanien seine Tochter nicht wie seinerzeit ihr päpstlicher Onkel sie selbst »ganz nackt« verheiraten würde) auf dem Umweg über die Azoren zu verschaffen, als gescheitert ansehen mußte, änderte sie hinsichtlich der flandrischen Unternehmung ihres Jüngsten ihre bisherige Meinung. Und nachdem

die Spanier ihn im Atlantik gedemütigt hatten, unterstützte jetzt auch Heinrich III. die Ambitionen seines ungeliebten Bruders in den Niederlanden unverhohlen.
Die Partie, auf die sie sich derart einließen, war zumindest äußerst riskant. Denn der derzeitige spanische Statthalter in den Niederlanden, Alessandro Farnese, war nicht nur ein bedeutender Staatsmann, sondern überdies ein hervorragender Heerführer. Auch mit der Unterstützung der flandrischen Rebellen konnten Monsieur, seine Mutter und sein königlicher Bruder kaum hoffen, die von einem solchen Mann geführte sieggewohnte spanische Armee zu schlagen.
Während sie jedoch Truppen für Monsieurs geplanten neuerlichen Einfall in Flandern anwerben ließ, wollte sie noch immer die Möglichkeit nicht ganz ausschließen, zu erheiraten, was man auf dem Schlachtfeld zu erstreiten im Begriffe war. Der Herr von Longlée, ihr Botschafter in Madrid, hatte Anweisung, ihr jede Andeutung eines diesbezüglichen Entgegenkommens des spanischen Königs auf dem schnellsten Wege zu melden, da sie, sollte sich die Möglichkeit einer spanischen Heirat Monsieurs doch noch eröffnen, die bewaffnete Intervention in den Niederlanden gern zurückstellen wolle.
Philipp II. aber zeigte sich, wie zu erwarten – obwohl unsere Heldin es nicht erwartet zu haben scheint –, zu dem Katharina so erwünschten Entgegenkommen nicht bereit; und die militärischen und politischen Erfolge der Franzosen in den Niederlanden gaben ihm dann auch keinen Anlaß, seine Weigerung zu überprüfen, da denn den Franzosen in den Niederlanden alles nicht weniger schiefging, als es ihnen im Atlantik gegangen war. Auch damit hatte er eigentlich rechnen können. Das unglückliche Frankreich war derzeit zu auswärtigen Eroberungen nicht gerüstet. Von Bürgerkriegen verwüstet und seitdem, Verwaltung und Finanzen in den Händen von habgierigen, nur um die eigene Stellung fürchtenden Günstlingen lagen, womöglich noch weiter heruntergekommen, war das Land vielmehr so entkräftet, daß es selbst einem fremden Eroberer kaum hätte nennenswerten Widerstand leisten können. Die königliche Autorität galt wenig. Die einzige, einigermaßen zusammenhängende Machtstruktur im Lande war die der Liga, und die Liga war gegen den König. Katharina, die vielleicht hätte bewahren können, was von der Autorität des Königs noch

übrig war, verscherzte diese Möglichkeit, indem sie sich selbst mit auf dieses Abenteuer einließ. Und das ausgerechnet unter Umständen, die sie noch in ihrer früheren Weigerung, Monsieurs flandrisches Abenteuer zu billigen, hätten bestärken sollen.

Der neueste flandrische Feldzug des diesmal mit des Königs und der Königinmutter Segen ziehenden Monsieur ließ sich gut an. Er eroberte verschiedene Städte und glaubte – leider ebenso seine Mutter – das Spiel schon gewonnen. Doch da irrte er sich. Da er sich darin gefiel, die Flamen wie unterworfene Feinde zu behandeln, machte er sich bald beim Volke verhaßt. Er schien vergessen zu haben, daß die Flamen ihn selbst ins Land gerufen hatten, nicht, um ihm zu gehorchen, sondern damit er ihnen dabei behilflich sei, ihre spanischen Herren zu verjagen. Und er scheint nicht bedacht zu haben, daß die flandrischen Protestanten zwar gewillt sein mochten, ihre Bemühungen, die papistischen Spanier zu verjagen, durch einen papistischen französischen Fürsten unterstützen zu lassen – aber weit weniger gewillt, diesen nachher als neuen Herrn anzuerkennen. Jedenfalls erbitterte ihn die Entdeckung dann, als hätte er sich solchen Undank niemals träumen lassen. Nicht weniger erbitternd war der Umstand, daß ihm schon bald das Geld ausging. Und da er sich auf diese Weise in seiner Neigung, als Eroberer aufzutreten, bestärkt fand, behandelte er die Flamen wie unterworfene Feinde und war dem Volk bald ebenso verhaßt wie die Spanier.

Schließlich erschien es ihm erforderlich, unmißverständlich klarzustellen, daß er der neue Herr im Hause sei. Er führte ein Heer unter die Mauern Antwerpens. Die Bürger, die diesen Befreiern nicht trauten, verschlossen dem Militär die Tore. Monsieur und sein Gefolge allerdings hatten Zutritt zur Stadt. Eines Tages – am Sankt-Antons-Tag, dem 17. Januar des Jahres 1583 – profitierte er verräterisch von der ihm gewährten Gastfreundschaft, und als man ihm das Tor öffnete, drängten hinter ihm seine Soldaten in die Stadt: Offensichtlich sollte diese im Handstreich besetzt und den Wünschen Monsieurs mit Gewalt gefügig gemacht werden. Das Unternehmen scheiterte jedoch. Es gelang den Bürgern, ihre Stadt hinter der ersten Welle der Eindringlinge wieder zu verschließen und die derart Eingeschlossenen zu überwältigen. Ein Teil von diesen wurde totgeschlagen, der Rest gefangengenommen. Daß es sich bei diesem Überfall nicht um einen eigenmächtigen Versuch

meuternder Soldateska, sondern um eine von langer Hand vorbereitete Operation, die nur Monsieur selbst angeordnet haben konnte, gehandelt hatte, zeigte alsbald der Umstand, daß solche Anschläge gleichzeitig in mehreren flämischen Städten versucht worden waren. Zwar fielen nur Dünkirchen und Dixmuide dabei Monsieurs Truppen in die Hände, doch das machte den Skandal für ihn womöglich noch schlimmer. Denn nun konnte man ihm nicht nur nachsagen, daß er am Sankt-Antons-Tage zu wiederholen versucht hätte, was ihm Mutter und Bruder in einer Bartholomäusnacht vorgemacht hatten – sondern überdies auch noch, daß er's wie ein hoffnungsloser Stümper angefangen hätte.
Wußte Katharina von diesem Plan? Billigte sie ihn? Man kann das nicht beweisen, darf es aber vielleicht vermuten. Wenn sich Monsieur mit einem derartigen Handstreich in Besitz der wichtigsten Plätze in den Niederlanden hätte bringen können, hätte sich Philipp II. vielleicht zu den Verhandlungen über die Verehelichung einer seiner Töchter mit Monsieur bequemt, die Katharina lieber heute als morgen in Angriff genommen hätte. Doch tatsächlich erhielt er dazu ja dann keine Veranlassung.
Katharina hatte sich auch nach ihren jüngsten politischen Verirrungen noch hinreichend Verstand bewahrt, um jetzt einzusehen, daß der mit dem jüngsten Mißerfolg Monsieurs angerichtete Schaden nicht mit weiteren militärischen Kraftanstrengungen wettzumachen, sondern nur durch schleunigen Rückzug zu begrenzen war.
Mit der Aushandlung der Bedingungen dieses Rückzugs wurde der treue Bellièvre beauftragt. Alles, was dieser bei seinen Verhandlungen mit den aufgebrachten Bürgern Flanderns erreichte, war deren Einwilligung in den Verbleib einer französischen Besatzung in Dünkirchen und die Herausgabe der französischen Kriegsgefangenen. Monsieur mußte aus allen übrigen von ihm besetzten Städten seine Truppen abziehen und diese entlassen. Der diesbezügliche Vertrag mit den Generalstaaten wurde am 18. März 1583 unterzeichnet. Als sei er durch die Bedingungen dieses Vertrages noch nicht hinreichend gedemütigt, mußte er dann noch erleben, daß sich Dünkirchen, die einzige ihm belassene Stadt, kaum daß er ihr am 15. Juni 1583 den Rücken gekehrt hatte, den Spaniern ergab. Augenscheinlich erblickten also die Bewohner Dünkirchens in der Herrschaft der Spanier, gegen die man ihn zunächst zu Hilfe ge-

rufen hatte, nachdem sie seine erfahren hatten, noch das geringere Übel.

Von den Erfahrungen der Niederländer einmal abgesehen, waren auch für die Franzosen die Kosten ihrer Beteiligung an deren Freiheitskampf ziemlich hoch. Mehr als zweitausend Mann ließen bei diesem kläglichen Feldzug das Leben, darunter Söhne der größten Familien des Landes, ein Sohn des Marschalls Biron, einer des Herzogs von Saint-Aignan, einer des Grafen von Châteauroux, der Neffe des Kardinals von Rambouillet und viele andere.

Bei seiner Rückkehr nach Frankreich machte Monsieur eine bedauernswerte Figur. Ein spanischer Spion sah ihn in Abbéville und fand ihn so schwach, »daß er sich nur mit Mühe auf den Füßen halten zu können schien«. Tatsächlich war er schwerkrank. Katharina aber scheint jetzt für die Krankheit ihres Jüngsten so blind gewesen zu sein, wie sie es überhaupt für die Schwächen ihrer Kinder war. Auch nach dem ziemlich schmählichen Rückzug aus den Niederlanden wollte Katharina, nun, da sie sich Monsieurs ehrgeiziger Ziele einmal angenommen hatte, das Geplante dort eines Tages doch noch erreichen. Weiteren Veranstaltungen zu diesem Zweck beugte nun aber der König vor. Er befahl dem Bruder, auf weitere militärische Abenteuer in den Niederlanden oder anderswo zu verzichten, untersagte ihm, von neuem Soldaten anzuwerben, die »seinem Volke Lasten auferlegen« würden, und verlangte, Monsieur möge in seine Nähe, das heißt, an den königlichen Hof zurückkehren, um »dort die Stellung einzunehmen, die ihm zusteht, und in Frieden mit seinen Nachbarn zu leben«. Katharina fügte sich der königlichen Anordnung. Nachdem sie Monsieur am 22. Juli 1583 in Chaulnes aufgesucht hatte, schrieb sie an Heinrich III.: »Ich habe ihn ermahnt, sich von seinen Unternehmungen, welche Frankreich ruinieren, zurückzuziehen.«

Dennoch nahm sie nun ihre Bemühungen, den Unglücksraben mit einer Infantin von Spanien zu verheiraten, auch unter diesen Umständen wieder auf. Der Königin Elisabeth von England ließ sie mitteilen, daß der Herzog von Anjou von seinem Verlöbnis mit ihr (das freilich niemals verbindlich stattgefunden hatte) mit großem Bedauern zurücktrete, da es, weil Heinrich III. keine Erben habe, unbedingt erforderlich sei, daß die Ehe des Herzogs von Anjou fruchtbar sei: Was man aber von der Ehe mit einer Frau des Alters der Königin von England leider ja kaum hoffen könne.

Und nachdem sie derart ihre Hoffnungen auf eine englische Verbindung endgültig verabschiedet hatte, widmete sie sich, wie gesagt, von neuem der Anbahnung einer spanischen. Philipp II. erwies sich freilich auch diesmal unzugänglich für die Vorstellungen ihres Botschafters, der angewiesen war, dem spanischen König darzulegen, wie die Heirat alle Zwistigkeiten zwischen den beiden Königreichen beseitigen und den Frieden für die ganze Christenheit sichern würde.
Inzwischen hatte ein anderes Paar mit dem Ehebund die Beziehungen zwischen den französischen Hugenotten, den Reformierten der Niederlande und den lutherischen deutschen Fürsten enger geknüpft. Es hatte nämlich am 12. April 1583 der Herzog von Nassau, Prinz von Oranien, die Tochter Colignys und Witwe des in der gleichen Nacht wie dieser ermordeten Téligny geheiratet. Dieses Ehebündnis, das der König von Navarra mit lebhafter Befriedigung begrüßt hatte, verhieß wegen der außenpolitischen Konsequenzen, die es implizierte, für den inneren Frieden Frankreichs leider wenig Gutes.
Zumal auch Deutschland damals wieder in Gärung war. Der Erzbischof von Köln hatte sich zur lutherischen Lehre bekehrt und hatte die Gräfin von Mansfeld geheiratet. Der Abfall des Erzbischofs von Köln bestürzte die deutschen Katholiken um so mehr, als sie damit die Mehrheit im Reichstag verloren. Unter diesen Umständen konnte demnächst sehr wohl ein Ketzer als Kaiser gewählt werden. Damit wäre das labile Gleichgewicht zwischen den Kräften der Kirche und denen der Protestanten im westlichen Europa empfindlich gestört.
Auch im Languedoc waren nun von neuem Unruhen ausgebrochen. Heinrich von Navarra handelte zunehmend selbständig als Haupt der französischen reformierten Partei, ohne sich um die Autorität des französischen Königs noch groß zu kümmern. Im Verein mit Oranien und den lutherischen deutschen Fürsten bildete er eine protestantische Liga gegen Heinrich III. und war nun dabei, auch die Königin von England zu bitten, diesem Bund beizutreten. Der französische König drohte deshalb von gleich zwei feindlichen Mächten umzingelt zu werden, den Spaniern einerseits und den Protestanten andererseits. Wenn Katharina dem mit ihren Heiratsplänen für Monsieur irgend zuvorkommen wollte, mußte sie sich allerdings beeilen.

Katharina belehrt Heinrich von Navarra, ihren Schwiegersohn, über eheliche Pflichten

Am Hof von Frankreich hatte Katharina jetzt bei der Durchsetzung ihrer Absichten nicht geringe Schwierigkeiten, weil die Mignons des Königs, ihres Sohns, alles behinderten, was nicht deutlich ihren Privatinteressen diente. Angesichts der erneuten Rebellion im Languedoc bat sie den dortigen Statthalter Montmorency – Montmorency-Damville war 1579 beim Tode seines Vaters Familienoberhaupt und damit Montmorency geworden –, nichts unversucht zu lassen, die von den Hugenotten besetzten Städte zurückzuerobern. Wenn ihm das nicht gelänge, sagte sie, würde der König ihn nämlich zweifellos seines Amtes entheben, um die Statthalterschaft dem Vater des Herzogs von Epernon zu übergeben. Einen Herzog von Montmorency vor eine derartige Alternative zu stellen, war reichlich ungeschickt. Montmorency wußte, daß Heinrich III. ihn verabscheute, daß er vom König nichts Gutes zu erwarten hatte. Wenn man einem solchen Mann unter den gegebenen Umständen mit der Amtsenthebung drohte, legte man ihm eigentlich nur nahe, sich eilends mit den hugenottischen Feinden des Throns zu verständigen. Epernon, zu jener Zeit neben dem Herzog von Joyeuse meistbegünstigter Mignon Heinrichs III., wollte aber nicht nur seinen Vater anständig versorgt wissen, und der König, der dafür Verständnis hatte, hatte ihm schon Christine von Lothringen, die Lieblingsenkelin seiner Mutter, zur Frau und die Statthalterschaft Guyenne dazu versprochen. Aus Guyenne mußte dazu freilich erst Heinrich von Navarra vertrieben werden, was zweifellos nicht ohne Widerstand geschehen würde.

Angesichts der auch im Inneren nun wieder sehr angespannten Lage bemühte sich Katharina, Heinrich von Navarra zur Rückkehr an den Hof zu bewegen. Denn, meinte sie zuversichtlich, solange sie ihn dort in ihrer Nähe hätte, sollte es doch möglich sein, sich mit ihm zu verständigen, ihn vor überstürzten Entscheidungen zu bewahren, Mißverständnissen vorzubeugen.

Heinrich von Navarra hatte es nicht sonderlich eilig, ihrer Einladung nachzukommen. Heinrich III. aber, dem viel daran gelegen war, ihn zum freiwilligen Rücktritt von der Statthalterschaft in Guyenne zu bewegen – um diese seinem Liebling Epernon geben

zu können – bat auch seinerseits den Schwager aufs dringlichste, ihm mit seinem Besuch gefällig zu sein, und ließ es an Gnaden für seine Schwester nicht fehlen, damit diese den Wunsch ihres Bruders bei ihrem Gemahl unterstütze. Das heißt, er schickte seiner Schwester das Reisegeld – und zwar so reichliches, daß der Haushalt des Königs von Navarra die Reise an den Hof des Königs von Frankreich in wahrhaft königlichem Staat antreten könnte –, und das geschah schließlich auch. Außer der Gattin begleitete den König von Navarra auch die Fosseuse, wie sie genannt wurde, Mademoiselle de Montmorency, eine entzückende junge Dame, in die Heinrich damals sehr verliebt war. Margot hatte kurz zuvor der Fosseuse sogar bei der Geburt einer Frucht dieses ehebrecherischen Verhältnisses beigestanden (»Gott gab, daß sie nur eine Tochter gebar, die auch nicht lebte«, sagt sie in ihren Memoiren darüber).
Katharina, überglücklich, reiste der Gesellschaft bis nach La Mothe-Saint-Heray im Poitou entgegen. Die frohe Wiedersehensstimmung dort wurde leider alsbald getrübt durch die Weigerung Heinrichs von Navarra, die Reise fortzusetzen. Was war geschehen? Was hatte man ihm gemeldet? Man kennt den Anlaß seines Mißtrauens nicht, zu dem freilich die Erinnerungen der Ereignisse der Bartholomäusnacht 1572 und seine Pariser Gefangenschaft ihm gute Gründe lieferten. Katharina mußte deshalb ohne ihren Schwiegersohn nach Paris zurückkehren, begleitet nur von ihrer Tochter – und, ja allerdings, der Fosseuse. »Ich nahm sie mit und dachte, wenn er sie nicht mehr sähe, würde er sich vielleicht mit einer anderen einlassen, die weniger feindlich gegen mich gesinnt wäre«, reminiszierte Margot später. »Aber«, sagt in ihren Memoiren Margarete weiter, »mein Unglück zog mich also hin, trotzdem ich damals höchst ungern reiste, weil der König, mein Gemahl, eben anfing, mir freundlicher zu begegnen.« Und damit enden leider die Memoiren der Margarete von Valois, damals Gattin König Heinrichs von Navarra.
Doch wissen wir aus anderen Quellen, daß Katharina sehr mißvergnügt, mit ihrem Schwiegersohn höchst unzufrieden, nach Paris zurückkehrte und nichts Eiligeres zu tun hatte, als der Fosseuse den Laufpaß zu geben. Das war zweifellos sehr unklug, und noch einige Jahre zuvor hätte sie sich zu einer derartigen Brüskierung einer Person, mit der sie – wie jetzt mit ihrem Schwiegersohn –

doch dringend ins Gespräch zu kommen wünschte, niemals hinreißen lassen. Kaum hatte Heinrich erfahren, daß man seine Geliebte vom Hof gejagt hatte wie eine nichtswürdige Landstreicherin, schickte er einen wortgewandten und unverschämten gasconischen Edelmann nach Paris, der Margot aufs gröblichste beleidigte – wie sein Herr es ihm geboten hatte, denn Heinrich nahm an, daß für die beleidigende Verbannung der Fosseuse seine Gattin verantwortlich sei. Der Königinmutter aber ließ Heinrich durch diesen Abgesandten sagen, daß er sich gewiß nie wieder bei Hof sehen lassen würde. So hatte sich also Katharina eine Kriegserklärung eingehandelt.
Sie schrieb dem Schwiegersohn entrüstet, daß sein Betragen königliche Würde vermissen lasse. »Sie sind nicht der erste junge Gatte, der in Beziehung auf schöne Sachen etwas leichtsinnig ist, doch sind Sie meines Wissens der erste und der einzige, der, nachdem so etwas passiert ist, derart mit seiner Frau redet.« Der selige Heinrich, ihr Gemahl, sei in der fraglichen Beziehung auch bei Gelegenheit etwas leichtsinnig gewesen, schrieb sie ihm. Aber: »Als Madame de Fleming schwanger wurde, war er es sehr zufrieden, daß man sie wegschickte, und hat mir das niemals verdacht, mich deshalb weder schlechter angesehen noch mit häßlichen Worten beleidigt.« Und dabei war Heinrich II. der König von Frankreich, während Heinrich von Navarra schließlich doch Untertan Heinrichs III. war, vermählt mit einer Schwester seines Königs, weshalb er noch bessere Gründe als seinerzeit Katharinas seliger Heinrich hatte, seiner Frau die schuldige Achtung zu erweisen. *»Ce n'est pas la façon de traiter les femmes de bien et de telle maison de les injurier à l'appétit d'une putaine publique«*, schreib sie. »Es ist nicht die Manier, anständige Frauen und aus solchem Hause zu behandeln, sie derart nach Lust und Laune einer öffentlichen Hure zu beleidigen.« Im übrigen habe nicht Margot, sondern sie selbst die Anordnung gegeben, *»ceste belle beste«*, dieses schöne Biest wegzuschicken. Und also hoffe sie, daß auch Heinrich von Navarra nun bedaure, deswegen seine Frau beleidigt zu haben – und einsehe, daß, was seine Schwiegermutter angeordnet habe, für alle Beteiligten das beste gewesen sei. Denn sie schreibe ihm, schrieb sie *»comme mère qui vous aime et désire votre contentement«*, als Mutter, die ihn liebe und seine Zufriedenheit wünsche.

Doch fürs erste hatte sie, wenn sie diesen Brief auch, wie es ihre Art war, auf einer versöhnlichen Note enden ließ, den König von Navarra verärgert und das eigentlich grundlos; was zweifellos ein Fehler, ein bemerkenswert schwerer Fehler war, nicht zuletzt, weil dergleichen Katharina selten unterlief.

Katharina stirbt nicht vor Mißvergnügen und Ärger, obwohl sie von beidem mehr als genug hat

Im Laufe des Jahres 1583 verschlechterte sich das Befinden des Königs so sehr, daß der Hof für sein Leben zu fürchten begann. Katharina bemerkte, daß sein Leiden die Ärzte an ihrer Kunst zweifeln ließ, weil es eigentlich in der Seele des Königs steckte, weil, was er litt, tiefe *mélancholye* war. Die Umstände, unter denen Heinrich III. damals hätte regieren sollen, kamen melancholischer Betrachtung allerdings auch unleugbar entgegen. Der Staatsschatz war wieder einmal leer, was man freilich hatte kommen sehen. Denn einerseits stockte der Fluß der Staatseinnahmen – Gelder, auf die man rechnete, waren keineswegs immer pünktlich einzutreiben – andererseits verschwendete Heinrich III. Unsummen für seine Mignons. Beispielsweise sei hier nur erwähnt, daß der Ball, den der König zur Hochzeit des Herzogs von Joyeuse gab, eine Million zweihunderttausend Taler oder drei Millionen sechshunderttausend Livres kostete. Damit hätte man schon ein gutes Stück eines Feldzuges finanzieren können. Als ihm die Rechnung präsentiert wurde, soll es dem König selbst angst geworden sein, er soll sich bei der Gelegenheit gelobt haben, dergleichen nicht zu wiederholen. Zehn Jahre später erst waren diese Schulden abgetragen, und inzwischen brauchte man dringend sechshunderttausend Taler, um die Fortsetzung des Bündnisses mit den Schweizer Kantonen zu finanzieren, das unverzichtbar war, weil die Schweizer der königlichen Armee die Infanterie stellten.
Katharina profitierte von der schwermütigen Lethargie ihres Lieblings insofern, als sie Gelegenheit erhielt, die von diesem vernachlässigten Regierungsgeschäfte selbst in die Hand zu nehmen. Wie schon erwähnt, hatte sie auch nach dem Abzug Monsieurs aus den Niederlanden dessen Sache dort nicht verloren geben wollen.

Cambrai war noch in französischer Hand, und sie meinte, daß von diesem Platz an der französischen Grenze aus das Verlorene binnen kurzem zurückzugewinnen sein sollte. Sie widmete sich deshalb der Aufstellung einer neuen königlichen Armee. Zugleich unternahm sie eine Reorganisation ihres Nachrichtendienstes, denn während der jüngsten französischen Unternehmungen im Atlantik und in Flandern hatte sich gezeigt, daß die spanische Spionage der französischen Spionageabwehr in sehr bedenklicher Weise überlegen war.

Immerhin war es glücklicherweise gelungen, einen Doppelagenten zu enttarnen, einen gewissen Salcedo, der nach seiner Verhaftung in Brügge auf der Folter gestand, eine Verschwörung organisiert zu haben, die mit der Ermordung des damals gerade zum Herzog von Brabant ernannten Monsieur und Wilhelms von Oranien nur erst den Anfang ihres Programms absolviert hätte, wenn sie zum Zuge gekommen wäre. Auftraggeber dieses Agenten waren angeblich neben dem König von Spanien auch die Guisen. Seinem Geständnis zufolge hätten die Guisen im Verein mit den Spaniern die Königlichen von Norden bedrängen sollen, während gleichzeitig der Herzog von Savoyen in das Delphinat, die Spanier in die südwestlichen Provinzen des Reiches eingefallen wären. Der Mann widerrief zwar später das auf der Folter gemachte Geständnis, was ihm aber nichts nützte. Heinrich III. und seine Mutter wohnten seiner Vierteilung bei und ließen sich gesagt sein, daß sie alle Ursache hatten, den Guisen zu mißtrauen.

Heinrich III. erholte sich von seiner melancholischen Lähmung und nahm alsbald mit Eifer die liegengebliebene Reform der Verwaltung und Staatsfinanzen abermals in Angriff. Unglücklicherweise stand er mit seinem hierbei erwachten Eifer ziemlich allein, und sollte diese Reform je wirksam werden, bedurfte sie der Zustimmung und der Unterstützung seitens aller Stände. Zu diesem Zweck berief er die Fürsten, großen Herren, Inhaber hoher Staatsämter, Vertreter aller Stände nach Saint-Germain-en-Laye ein. Am 18. November 1583, dem Tag, an dem diese Versammlung zusammentrat, war Katharina in La Fère, um ihren betrübten Jüngsten womöglich aufzumuntern. Eigentlich hatte sie ihn dazu überreden wollen, bei der Versammlung zu erscheinen, denn sagte sie, der König, sein Bruder, wünschte seine Anwesenheit, da eine gänzliche Erneuerung des Staates beschlossen werden solle. Doch

Monsieur hatte sich geweigert, da er schon zu wissen meinte, daß die vom König beabsichtigten Neuerungen hauptsächlich dem Zweck dienen sollten, ihm zu schaden.
Während also der König ohne Mutter und Bruder in Saint-Germain den Ständen seine Verwaltungsreform zumutete, war Katharina bemüht, ihren Jüngsten zu ermutigen, in dem vor längst gegen ihren Willen begonnenen flandrischen Unternehmen fortzufahren. Cambrai, sagte sie, müsse als Ausgangspunkt der nächsten Kampagne unbedingt gehalten werden. Monsieur gehorchte bei dieser Gelegenheit der Mutter und begab sich nach Cambrai. Doch hielt er es nur einen Monat lang dort aus. Dann zog er sich nach Château-Thierry zurück, um dort, am Ende seiner Kräfte, das Bett zu hüten. Katharina besuchte ihn. Sie war so versessen auf ihren Wunsch, dem Jüngsten eine spanische Infantin als Frau und Flandern (nach vorheriger militärischer Eroberung, wenn nicht anders möglich) als Mitgift zu erjagen, daß sie anscheinend gar nicht merkte, daß der arme Kerl schon unverkennbar auf dem letzten Loch pfiff. Sie sah nicht, daß die Schwindsucht ihren Jüngsten zu nichts außer einem frühen Grab mehr kommen lassen würde. Statt dessen machte ihr Sorgen, daß Monsieur sich wieder einmal sträuben könnte, die ihm in ihren Plänen zugedachte Rolle zu spielen – obwohl sich's doch bei diesen Plänen eigentlich um seine eigenen handelte. Ob es wahr sei, was ihre Spione ihr gemeldet hätten, daß er beabsichtige, Cambrai an die Spanier zu verkaufen, fragte sie ihn. Anscheinend verhielt sich's wirklich so, und dieser Verrat scheint sie mehr bestürzt zu haben, als ihren Jüngsten so offensichtlich schwerkrank zu finden. »Ich sterbe vor Mißvergnügen und Ärger, wenn ich nur daran denke«, schrieb sie. Ihr Mißvergnügen war verständlich auch in realpolitischer Hinsicht. Denn früher oder später konnte es dem spanischen König einfallen, Revanche zu nehmen für die französischen Einfälle in Flandern. Und der feste Platz an der Grenze, von dem aus man günstigstenfalls nach Flandern einfallen konnte, wäre schlimmstenfalls noch immer ein Riegel, den man einem spanischen Einfall nach Frankreich vorschieben konnte.

Wie Heinrich von Navarra davon profitierte, daß Heinrich III. die Königin von Navarra eine Hure schimpfte

Die Sorge angesichts drohender spanischer Vergeltungsmaßnahmen ließ es Katharina dringend geraten scheinen, sich des guten Willens des Königs von Navarra zu versichern. Im Falle eines spanischen Angriffs bedurfte nämlich Heinrich III. nicht nur der Unterstützung seiner hugenottischen Untertanen, sondern womöglich auch des protestantischen Englands. England hatte zwar großes politisches Interesse, eine Ausweitung des spanischen Machtbereichs zu verhindern, würde aber dem französischen König noch mal so gern beistehen, wenn dieser mit dem protestantischen König von Navarra einig wäre.

Katharina schickte also, da ihr Schwiegersohn seit dem bedauerlichen Zwischenfall mit der erwähnten *»belle beste«* noch weniger als zuvor geneigt war, nach Paris zu kommen, Gesandte nach Navarra: den treuen Bellièvre und zu dessen Unterstützung den sehr geschickten und intelligenten La Mauvissière.

Unglücklicherweise wählte Heinrich III. gerade diesen Augenblick, da seine Mutter bemüht war, sich mit ihrem Schwiegersohn zum Wohle des Vaterlands zu versöhnen, um die Königin von Navarra, seine Schwester, und mit ihr unvermeidlich auch deren Gemahl, den König von Navarra, auf den Tod und öffentlich zu beleidigen. Die Nachricht davon verbreitete sich natürlich mit Windeseile und fachte den schwelenden Unmut Heinrichs von Navarra alsbald von neuem zu lichterlohem Zorn gegen den Bruder und die Mutter seiner Frau an.

Die Mutter war an diesem neuesten Skandal allerdings nur insofern schuld, als sie aus irregeleiteter Mutterliebe darauf bestand, ihre Kinder unter einem Dach zu haben – obwohl Heinrich III. und seine einst so sehr geliebte kleine Schwester einander verabscheuten.

Heinrich III. verübelte der Schwester ihre zahlreichen Liebhaber, namentlich aber die Vorliebe, mit der sie seit Jahren Monsieur auszeichnete, dessen Partei gegen den älteren Bruder sie bei jeder Auseinandersetzung ergriff. Margot ihrerseits verabscheute die Mignons ihres Bruders, des Königs, und machte daraus keinen Hehl, was natürlich den König ebenfalls bis aufs Blut reizte. Die

Mignons ihrerseits trugen ihrem Herrn mit Freuden alles zu, was sie irgend aufschnappen konnten, die Königin von Navarra in Verruf zu bringen. Die Spürnasen brauchten sie dazu nicht sonderlich anzustrengen, denn die Abenteuer der Königin von Navarra pfiffen die Spatzen von allen Dächern. Wie gut unterrichtet waren allerdings die Spatzen? Stimmte es, daß Margot ihrem neuesten Liebhaber, dem schönen Herrn Champvallon, der bei Monsieur die Nachfolge des auf dem Feld der ehebrecherischen Liebe gefallenen Bussy angetreten, in aller Heimlichkeit schon ein Kind geboren hatte?

Angeblich erzählte König Heinrich III. derartigen, seine Schwester, die Königin von Navarra, betreffenden Tratsch brühwarm in einem zwei Seiten langen Handschreiben seinem damals in Italien weilenden Busenfreund, dem Herzog von Joyeuse. Ein Kurier Heinrichs III. an Joyeuse scheint unterwegs überfallen, beraubt und getötet worden zu sein. Jedenfalls gab der König zu glauben, seine Schwester habe diesen Postboten kaltmachen lassen, um sich eines Schreibens zu bemächtigen, in dem Einzelheiten ihres schändlichen Lebenswandels verzeichnet waren. Während eines Balls am Abend des 7. August 1583, bei dem – da Königin Luise einer Brunnenkur wegen vom Hofe abwesend war – Margot an der Seite des Königs, ihres Bruders, die Gäste bewirtete, soll dieser sie in aller Öffentlichkeit der skandalösesten Aufführung beschuldigt und sie nach dem Bastard gefragt haben, den sie, wie er wisse, dem Champvallon geboren habe. Eben das berichtete seinerzeit der kaiserliche Gesandte in Paris, Busbeq, nach Wien, ein sehr zuverlässiger Zeuge, der in diesem Falle allerdings, da er bei der Szene nicht zugegen war, nur bezeugen konnte, was er davon hatte erzählen hören. Neuerdings haben die Historiker Zweifel an der angeblichen Bühne des Auftritts begründet. Ein großer Hofball könne zu der fraglichen Zeit kaum stattgefunden haben, da dergleichen niemals stattgefunden hätten, wenn nicht der König selbst bei Hof war. Heinrich III. aber habe sich zu der fraglichen Zeit aus der Welt in den Bois de Boulogne zurückgezogen, seiner Bußübungen wegen. Da man von Katharina einen am 8. August 1583 aus Passy datierten Brief habe, sei wahrscheinlich, daß die Königinmutter ihn begleitet habe. Mutmaßlich werde sich also der Busbeq zu Ohren gekommene Krach in der vergleichsweisen Abgeschiedenheit des Bois de Boulogne ereignet haben.

Unbestreitbar aber verbreitete sich der fragliche Krach, gleichviel wo nun seine Quelle war, mit annähernder Schallgeschwindigkeit durch Paris und die Welt. Und seine Folgen waren für Margarete alles andere als angenehm: Ihr wurde befohlen, Paris sofort zu verlassen und den Hof von ihrer ansteckenden Gegenwart zu entledigen. Sie machte sich also auf zu den südlichen Provinzen, zu ihrem Gemahl, indem sie fortwährend rief: »Keine unglücklicheren Fürstinnen hat es je gegeben als die Königin Maria Stuart und mich!«

Margots Unglück reichte schließlich doch nicht an das der Königin Maria Stuart heran (welcher dann ja, nachdem sie fast die Hälfte ihres Lebens im Kerker hatte zubringen müssen, am 8. Februar 1587 der Kopf abgeschlagen wurde).

Inzwischen weigerte sich der König, seine entehrte Gattin in Empfang zu nehmen und forderte vom französischen König Beweise für die gegen sie erhobenen Vorwürfe. Er erklärte aber zugleich, daß, falls Heinrich III. diese Beschuldigungen nicht in aller Öffentlichkeit von der Höhe des Throns widerrufe oder Lügen strafe, er jedenfalls seine Frau zu verstoßen gedenke. Eine solche Verstoßung wäre, wie auch Heinrich III. sich zweifellos eingestehen mußte, eine politische Katastrophe ersten Ranges gewesen, eine schlimme Demütigung des ganzen Hauses Valois. Dem mußte also nach Möglichkeit vorgebeugt werden. Aber wie?

Katharina wurde krank. Die Krankheit raubte ihr nicht alle Kräfte, aber lähmte sie doch während mehrerer Monate. Heinrich III., der zwar einsah, daß er sich von dem Haß gegen die Schwester zu einem beklagenswerten politischen Fauxpas hatte hinreißen lassen, weigerte sich nichtsdestoweniger, dem Ultimatum seines navarresischen Schwagers zu weichen. Dieser freilich hatte glücklicherweise darauf verzichtet, die Sache übers Knie zu brechen und einen seiner Berater, einen Hugenotten, den höchst bemerkenswerten Staatsmann Duplessis-Mornay, an den französischen Hof geschickt mit dem Auftrag, Heinrich III. womöglich zur Vernunft zu bringen. Duplessis-Mornay, dessen Weisheit und Mäßigung mit den Jahren so gewachsen waren, wie es jedem Staatsmann nur zu wünschen wäre, suchte die ihm gestellte Aufgabe mit Geschick und Geduld zu erfüllen, blieb dem König auf den Fersen, auch als dieser in die Bäder von Bourbon-Lancy und später nach Lyon reiste. Er erhielt jedoch keinerlei Zusicherung. Dennoch brach er die

Verhandlungen nicht ab. Katharina ihrerseits hatte, wie schon berichtet, Bellièvre nach Navarra geschickt, um den Schwiegersohn für ein Verteidigungsbündnis gegen Spanien zu gewinnen, ehe der von Heinrich III. provozierte Skandal diesen neuerdings gegen Frankreich aufgebracht hatte. Nun richtete natürlich Bellièvre nichts aus. Während Heinrich III. zögerte, die geforderte Ehrenerklärung für die Königin von Navarra abzugeben, schlug Heinrich von Navarra aus seiner verletzten Ehre politisches Kapital. Wenn ihm nicht Genugtuung geschähe, werde er nicht zögern, sie sich mit Hilfe der Königin Elisabeth von England und der deutschen lutherischen Fürsten im Felde selbst zu verschaffen, gab er zu verstehen. Um ihn zu beschwichtigen, ließ Katharina zu, daß er Mont-de-Marsan besetzte. Man tat ihm sogar den Gefallen, alle in der Gegend kantonierten königlichen Truppen abzuziehen. Schließlich mußte sich dann auch Heinrich III. bequemen, die geforderte Ehrenerklärung für die Königin von Navarra abzugeben.

Und so geruhte denn der König von Navarra in Porte-Sainte-Marie am Ufer der Garonne am 13. April 1584, die von allen Vorwürfen reingewaschene Gattin wieder in Empfang zu nehmen. Selbstverständlich blieben Mont-de-Marsan und verschiedene andere Vorteile, die ihm der somit bereinigte Ehrenhandel eingebracht hatte, in seinem Besitz. Wie man sieht, kamen Frankreich die Zornesausbrüche des Königs nicht weniger teuer zu stehen als seine Lustbarkeiten.

Mütterliche Nachsicht, mütterliche Vorschriften

Während der durch den gegenseitigen Haß ihres Sohnes Heinrich und ihrer Tochter Margot verursachten Turbulenzen hatte Katharina sich gehütet, dem König, der sich von diesem Haß so unklug hatte hinreißen lassen, irgendwelche Vorwürfe zu machen. In einem Brief an ihren Gesandten Bellièvre nahm sie am 21. Januar 1584 ihren Liebling gegen diese naheliegenden, aber unausgesprochenen Vorwürfe mit der Bemerkung in Schutz: jener kenne ja das Temperament des Königs, *»son naturel qui est si franc et libre qu'il ne peult dissimuller le mescontentement qu'il recoipt«* – welches eben so frank und frei sei, daß derselbe seine Verärgerung nie verbergen könne. Nachdem der Frieden wenigstens in der Ehe ihrer Tochter wiederhergestellt schien, Heinrich von Navarra geruht hatte, die Gattin wieder aufzunehmen, beauftragte Katharina ihren Diplomaten, der Königin von Navarra für die Zukunft gewisse Verhaltensmaßregeln zu empfehlen, die sich höchstwahrscheinlich Margot aber, auch wenn die Mutter sie ihr persönlich empfohlen, nicht zu Herzen genommen hätte. Sie solle sich befleißigen, in Zukunft dem König von Navarra eine wirklich untadelige Gattin zu sein und diesem gehorsam, *»en cet que la reyson veult et que les fammes de byen doivet à lor mary en ses aultres chauses«*, in dem, was die Vernunft gebietet, und was anständige Frauen ihrem Gemahl in seinen anderen Sachen schulden. So las der mit der heiklen Aufgabe, diese Empfehlungen auszusprechen betraute Bellièvre in dem am 25. April 1584 datierten Schreiben der Königinmutter. Und weiter: Andererseits solle die Königin von Navarra aber in Zukunft nicht wie bisher dem Gatten alle seine Verfehlungen gegen die eheliche Treue nachsehen, ohne mit der Wimper zu zucken – schon um nicht den Eindruck zu erwecken, sie sei es ganz zufrieden, *»qu'il ayme autre chause afin qu'ele en puyse fayre de mesme«*, daß er was anderes liebe, damit sie es ebenso machen könne. Sie solle also zukünftig *»celes à qui yl feyra l'amour«*, die Liebchen ihres Gemahls nicht mehr an ihrem Hofe dulden. Duldsamkeit in diesem Punkte sei entschuldbar nur (und hier dachte Katharina zweifellos an Diana von Poitiers), wenn die Geliebten *»sont fammes sur quy l'on n'a puysance«*, Frauen seien, über die man keine Gewalt habe. Als Tochter des französischen Königs sei aber Margarete in der glücklichen Lage, jede Frau, die es an der schuldigen Ehrerbietung gegen sie fehlen lasse (indem sie mit ihrem Mann schlafe), unverzüglich aus ihrer Nähe verbannen zu können. Und das solle sie zukünftig tun. Der König, ihr Gemahl, *»ne le saret que trouver tres bon et aystymer et aymer d'avantage«*, werde das nur recht und billig finden können und sie darum nur desto mehr schätzen und lieben.

Heinrich von Navarra widersteht den Verführungskünsten Spaniens und wird ermahnt, seine Liebe nicht an hübsche Gesichter zu verschwenden, sondern der französischen Nation zuzuwenden

Unterdessen erfuhr man in Paris, daß eine Person ihre Verführungskünste an dem König von Navarra versucht hatte, über die, wenn sie Erfolg gehabt, Katharinas Tochter auch bei Beherzigung aller Empfehlungen der Mutter, keine Gewalt gehabt hätte. Diese Person war der König von Spanien.

Das mag verwundern, denn als Haupt der französischen Ketzer, Verbündeter der aufständischen Niederländer, konnte Heinrich von Navarra dem katholischen König von Spanien eigentlich nur zuwider sein. Doch auch im Zeitalter der Religionskriege wurde Realpolitik gemacht. Philipp II. wußte sehr wohl, daß der Herzog von Anjou in Château-Thierry im Sterben lag, und daß die Königin Luise niemals Kinder haben, aller Wahrscheinlichkeit nach mithin der König von Navarra dereinst den Thron von Frankreich besteigen würde. Der Versuch, den König von Navarra zur Schwächung des Königreichs Frankreich zu verführen, solange dazu noch an partikulare Interessen dieses Fürsten appelliert werden konnte, mochte deshalb dem spanischen König sehr wohl durch seine machtpolitischen Interessen geboten scheinen.

Philipp II. regte also folgendes an: Der König von Navarra sollte eine Erhebung der Protestanten des südlichen Frankreich gegen Heinrich III. anführen. Der spanische König erbot sich, diese Erhebung zu finanzieren. Bei ihrem Erfolg sollten das Languedoc und die südwestlichen Provinzen mit den Ländern des Königs von Navarra vereinigt werden, so daß dieser zukünftig den größten Teil Südfrankreichs als unabhängiges Königreich beherrschen würde.

Heinrich von Navarra, der nicht der einfältige Bauernbub war, als der er sich mit Vorliebe gab, ließ sich nicht verführen. Sein Gesandter Duplessis-Mornay unterrichtete Heinrich III. von den Angeboten Philipps II.

Heinrich III. war gebührend beeindruckt, auch von der Loyalität des Schwagers, der auf die Anträge des Verführers nicht eingegangen war. Er machte Miene, diese Loyalität mit hunderttausend Talern zu honorieren. Doch zu seinem Erstaunen lehnte Duplessis

die Belohnung ab: Sein Herr und er selbst begehrten keinerlei Belohnung, sagte jener wackere Mann, sie hätten vielmehr nur beweisen wollen, daß man sehr wohl zugleich guter Hugenotte und guter Franzose sein könne.
Duplessis-Mornay ermahnte andererseits seinen Herrn, eben das auch in Zukunft stets zu beweisen.
»Bedenken Sie, daß von diesem Augenblick an die Augen ganz Frankreichs und selbst Europas auf Ihre Majestät gerichtet sein werden«, schrieb er ihm. »Es ist nun an Ihnen, Sire, Ihr Leben und Ihre Taten dergestalt einzurichten, daß die Öffentlichkeit daran nicht allein nichts tadelnswert, sondern überdies alles lobenswert finden möge. Ich meine damit, Sire, daß der König darin Ehrerbietung gegen sich erkennen möge; der Adel, Großmut; das Volk, Sorge um sein Wohl; Ihre Feinde, Milde und Verträglichkeit; alle insgemein, ein gutmütiges Wesen, fern aller Hinterlist, Tücke, Rachsucht und Gehässigkeit, Tugenden, die Sie nicht erkauft, sondern von Natur haben . . . Es geziemt sich jetzt, daß Sie Frankreich Ihre Liebe fühlen lassen.«
Man wird zugeben müssen, daß der König von Navarra gute Ratgeber hatte, der kurzgefaßte Fürstenspiegel, den Duplessis-Mornay ihm da vorhielt, hätte einen schlechteren als ihn zumindest beschämen sollen. Und einen Fürsten, der Heinrichs »gutmütiges Wesen, fern aller Hinterlist, Tücke, Rachsucht . . .« und so weiter wirklich »von Natur aus« hatte, mußte dieses Bild dessen, das von ihm erwartet wurde, eigentlich notwendig begeistern. Zumal der Satz, der es zuletzt zusammenfaßt: *»Il convient maintenant que vous fassiez l'amour à la France«* – konnte seine Wirkung auf einen Mann, der seine Liebe so gern fühlen ließ wie Margots Gemahl, kaum verfehlen.
Es spricht freilich für den König von Navarra, daß er gute Ratgeber hatte – mindestens einen auch, der sich nicht scheute, ihn wegen seiner weniger patriotischen Liebesaffären zu tadeln. Um die Zeit, von der hier die Rede ist, stand schon seit einigen Jahren die Gräfin von Guiche in seiner besonderen Gunst. Und da mußte denn Heinrich eines Tages hören, erzählt der Dichter Agrippa d'Aubigné, »daß ich öffentlich die Gräfin von Guiche eine Hexe heiße, sie beschuldige, des Königs Sinn vergiftet zu haben, ihr abscheuliches Gesicht gegen die merkwürdige Liebschaft halte, die es ihr gelungen, anzuspinnen« und mehr dergleichen. Als Agrippa d'Aubigné

wenig später von einer Reise an den Hof zurückkehrte, riet man ihm, spornstreichs wieder zu verschwinden, sein Tod sei der Gräfin versprochen. »Ich aber«, sagte er, »der ich mir wider meine Gewohnheit einen Dolche in den Gürtel gesteckt, führte meinen Plan aus und überraschte, durch die Geheimtüren, den König mit der Gräfin allein in dem Kabinett Madames. Der König stutzte und schwankte, wie er mich empfangen solle. Ich, mit eiserner Stirne, gebrauchte meine ganze Vertrautheit und redete ihn an: ›Was ist Ihnen, mein Herr und Gebieter? Wie kann ein so tapferer Fürst sich so viel Zweifeln und Zögern hingeben? Ich bin gekommen zu sehen, ob ich etwas verbrochen, und ob Sie meine Dienste als ein wackerer Fürst oder als ein Tyrann zu lohnen gesonnen sind!‹«
Später widersetzte er sich auch dem Plan seines Fürsten, diese Geliebte zu heiraten. Jener habe jetzt wahrhaft Wichtigeres zu tun, sagte er und riet ihm, seine Liebe zu sublimieren, was er freilich so nicht sagte. Auch daß Heinrich statt der Gräfin Frankreich zu seiner Geliebten machen solle, sagte er nicht, wohl aber: »Möge Ihre Liebe Ihnen als Stachel dienen, um mit Kraft Ihre Angelegenheiten in die Hände zu nehmen, suchen Sie die Beratungen auf, die Sie fliehen, verwenden Sie die beste Zeit auf die notwendigen Geschäfte ... Des Königs Bruder ist tot, Sie haben nur noch eine Stufe zu überschreiten, so sind Sie auf Frankreichs Thron ...«
Bemerkenswert ist immerhin, daß der mahnende Dichter mit keinem Wort der ehelichen Pflichten des Königs von Navarra gegen die Königin von Navarra gedachte. Denn nach dem Gesetz bestanden diese noch, als Heinrich nur noch eine Stufe zu überschreiten hatte, um auf Frankreichs Thron zu gelangen. Aber Margarete an seiner Seite Königin von Frankreich werden zu sehen, erwartete niemand mehr. Nach dem Tod des Herzogs von Anjou, Monsieurs, des kleinen Scheusals, war offenbar, daß die Valois ihre Rolle in der Geschichte ausgespielt hatten. Oder doch fast. Denn leider sollte noch eine Menge Blut fließen, ehe Heinrich von Navarra der Nation angedeihen lassen konnte, was sie von einem guten König erwartete.

Monsieur stirbt und wird begraben: Katharina hofft für die ihr noch verbliebenen beiden Kinder – und für Frankreich – das Beste

Aber noch war die Zukunft, in welcher der König von Navarra spanischen Verführungskünsten zu widerstehen hatte, noch nicht eingetroffen, noch machte des französischen Königs Bruder, Monsieur, Katharinas Jüngster, der Mutter Sorgen. Heinrich III. wollte diesen aller seiner Güter berauben und ihn für die Zukunft unter strenge Aufsicht stellen, entweder in irgendeinem königlichen Schloß außerhalb der Hauptstadt oder gar in seiner unmittelbaren Nähe, im Louvre. Katharina konnte ihn dazu überreden, diese unbrüderliche Maßnahme fürs erste wenigstens noch zurückzustellen, und es gelang ihr, den Herzog von Anjou zu bewegen, den Bruder freiwillig im Louvre aufzusuchen. Sollte nicht weiteres Ungemach (noch immer war ja zu befürchten, daß Monsieur Cambrai an die Spanier verkaufte) am ehesten durch eine gütliche Einigung der Brüder abzuwenden sein?

Sie war noch krank, als Monsieur aus Château-Thierry abreiste, um den König im Louvre zu besuchen. In Paris eingetroffen, weigerte sich zwar Katharinas Jüngster, im Louvre Wohnung zu nehmen und ließ sich statt dessen im Stadtpalast seiner Mutter beherbergen. Die Begegnung mit dem König fand jedoch statt, und die Brüder versöhnten sich miteinander, wobei sie es zum Entzücken ihrer dabei anwesenden Mutter weder an Umarmungen noch an honigsüßen Worten fehlen ließen. »Ich werde Ihnen die Lust nicht sagen, die ich hatte, da ich meinen Sohn in des Königs Armen sah«, schrieb sie an ihren getreuen Bellièvre. »Wenn Sie gesehen hätten, wie alle beide sich da betrugen, wie ich hätten Sie vor Freude geweint.« Es scheint ihr nicht eingefallen zu sein, sich zu erinnern, wie oft sie schon die durch ähnliche Szenen geweckte Hoffnungen getrogen hatten. Und als unmittelbar nach dem Besuch beim Bruder der Herzog von Anjou nach Château-Thierry zurückreiste, scheint sie das nicht beunruhigt zu haben. Selbst als sie bald darauf erfuhr, daß er dort das Bett hüten müsse, wollte sie sich deswegen keine Sorgen machen. »Er ist nach Château-Thierry zurückgekehrt, wo ihn wieder das Tertianfieber gepackt hat, welches aber eine hier oben allgemeine Krankheit ist, an der – Gott sei Dank – niemand stirbt.«

Acht Tage später ließ man sie wissen, daß mit dem baldigen Tod des Herzogs von Anjou gerechnet werden müsse, daß ihr Jüngster im Sterben liege. Als sie aber an seinem Bett eintraf, schien er ihr auf dem Wege der Besserung, und so reiste sie bald wieder ab, zunächst nach Monceau – wo sie ein kleines Schloß hatte –, dann nach Saint-Maur. Sie selbst war sehr erschöpft. Doch beglückte sie in Saint-Maur die Nachricht, daß der König von Navarra seine Gemahlin nicht nur in Gnaden wieder aufgenommen, sondern sich auch vollkommen mit ihr ausgesöhnt habe. War nun, da alle ihre Kinder sich so glücklich miteinander ausgesöhnt hatten, auch für die Zukunft des Landes nicht das Beste zu hoffen?
Noch ehe sie, was den ehelichen Frieden im Hause des Königs von Navarra anging, eines Besseren belehrt wurde, mußte sie einsehen, daß es um den Herzog von Anjou schlechter stand, als sie hatte wahrhaben wollen. Nicht, daß sie sich nicht bis zum letzten Augenblick gegen diese Einsicht gesträubt hätte. Ende Mai an das Bett des Kranken in Château-Thierry zurückgekehrt, schrieb sie an Bellièvre: »Er wird wieder gesund werden, Gott wird Mitleid mit mir haben, die ich schon so viele Kinder verloren habe, und nicht wollen, daß ich noch mehr sterben sehe.« Dann, am 10. Juni 1584, starb der Herzog von Anjou, dreißig Jahre alt. »Ich sehe alles vor mir sterben«, schrieb sie an Bellièvre. »Doch muß man sich in Gottes Willen schicken, denn alles ist sein, und die Kinder, die er uns gibt, sind uns nur geliehen, solange es ihm gefällt.«
Und sie tröstete sich bei dem Gedanken an ihren, bisher glücklicherweise von dem allmächtigen Leihgeber noch nicht wieder eingeforderten Liebling. »Nun habe ich alle verloren bis auf den einen, der mir bleibt«, schrieb sie, »wenngleich dieser auch, Gott sei Dank, sehr gesund ist. Hätte er Kinder, wie ich zu Gott hoffe, daß er sie erhält, wäre es mir ein großer Trost und für dieses ganze Königreich desgleichen, denn außer meinem Leid fühle ich auch dieses noch, das kommen möchte, wenn etwa dieses Geschlecht endete, wegen der Pflicht, die ich habe, und da mir kein großer Trost mehr bleibt, als was noch übrig ist von dem König, meinem Gebieter, in gutem Einvernehmen zu sehen, da deren nun nur noch zwei sind.«
Denn zwar hatte sie jetzt nur noch einen Sohn, aber noch zwei Kinder aus dem Blute der Valois, dem Geschlecht des Königs, ihres Königs. Und konnte nicht deren gutes Einvernehmen helfen,

die Spaltung der Nation zu heilen, aus der schon so viel Blut geflossen war? Katharina ermahnte ihre Tochter Margot, nach Kräften auf eine Verständigung ihres Gemahls, des Königs von Navarra, mit ihrem Bruder, dem König von Frankreich, hinzuwirken. Ihr war – trotz ihres instinktiven Widerwillens gegen Heinrich von Navarra, dem sie zufallen sah, was ihren Kindern zu entgehen drohte – inzwischen klar, daß um der Zukunft des Reiches willen gutes Einvernehmen des Königs von Frankreich mit dem König von Navarra dringend erforderlich war. Es gelang ihr, von dieser Notwendigkeit auch Heinrich III. zu überzeugen. Und so schickte dieser seinen Günstling Epernon nach Navarra in dem Bemühen, dieses Einvernehmen mit dem Fürsten, der seit dem Tod des Herzogs von Anjou erster Anwärter auf den Thron von Frankreich war, nach Möglichkeit herzustellen.

Zunächst aber war der Herzog von Anjou zu beerdigen, und der noch regierende König von Frankreich ließ sich die Gelegenheit zu einem großen Auftritt nicht entgehen.

Am 21. Juni 1584 wurde die Leiche nach Paris gebracht und im Faubourg Saint-Jacques in einer Kapelle aufgebahrt. Die Königinmutter und der König besprengten sie dort mit Weihwasser. Katharina war in ihre gewöhnlichen schwarzen Schleier gehüllt, doch der König trug einen violetten Mantel mit sechs Meter langer Schleppe, deren Gewicht ihn gelähmt hätte, hätten nicht acht gutgewachsene Edelleute, in der gleichen Farbe gekleidet wie er, ihm dieselbe getragen. Den Schleppenträgern folgten Hellebardiere und Armbrustschützen in großer Trauer. Die Schweizer der königlichen Garde begleiteten den Zug mit dumpfem Trommelschlag. Hinter ihnen folgten die großen Herren des Hofes und die Prälaten, ebenfalls in violetten Gewändern. Die Damen, tiefverschleiert, verließen ihre Kutschen nicht. Aus dem Faubourg Saint-Jacques begleitete dieser Trauerzug den Toten in die Kathedrale Notre-Dame – so langsam, daß er erst am Abend dort eintraf. In den Schiffen der Kathedrale drängten sich Vertreter der Stände und der Korporationen, Ritter der Königlichen Orden, Schöffen und so fort – streng hierarchisch geordnet waren da die Untertanen des Königs von Frankreich. Auch die Gesandten der auswärtigen Mächte am französischen Hof waren versammelt, des Königs verstorbenen Bruder zu verabschieden.

Galt dieser prächtige Abschied nur dem Herzog von Anjou? Die ausländischen Gesandten, die der Leichenmesse in der Kathedrale beiwohnten, wie das Volk von Paris, das an den Straßen stand, als einige Tage später der Sarg nach Saint-Denis überführt wurde, alle Zeugen wußten oder ahnten, daß mit dieser Leichenfeier nicht nur das Ende der Lebensbahn eines Prinzen begangen wurde, der alles in allem nichts irgendwie Bemerkenswertes erreicht hatte.

Wer wird nun, da Monsieur tot ist, dem regierenden König nachfolgen, fragte man sich in den Palästen der Gesandten auswärtiger Mächte wie in den Stuben der Pariser Handwerker. Navarra? Nach dem salischen Gesetz kam kein anderer in Frage. Aber kam für den Thron von Frankreich ein Ketzer in Frage? Niemals, sagten die guten Leute von Paris, die, wie wir wissen, auch gut katholisch waren. Niemals lassen wir uns einen König gefallen, der uns die Kirchen zuschließt – wie es der König von England und in Deutschland die ketzerischen Fürsten gemacht haben. Niemals.

Katharina und Heinrich III. wußten das, als sie dem Herzog von Epernon die Anweisung gaben, dem König von Navarra so dringend wie möglich einen abermaligen Wechsel des Bekenntnisses zu empfehlen. Heinrich von Navarra wußte es ebensogut und wird um des lieben Friedens willen vielleicht schon damals bereit gewesen sein, den Wünschen der guten Leute von Paris – mit denen schließlich die Mehrzahl der Franzosen übereinstimmte, in diesem Punkt entgegenzukommen. Aber noch regierte Heinrich III. Und konnte der König von Navarra es sich unter diesen Umständen leisten, die Entrüstung seiner hugenottischen Getreuen herauszufordern? Einer der Gründe, aus denen Agrippa d'Aubigné die Liebschaft seines Herrn mit der Gräfin von Guiche so entschieden mißbilligte, war deren Bekenntnis. Denn der Herr von Ségur, der den König von Navarra wissen ließ, »ein Fürst bei den Hugenotten habe ebensoviel Aufseher als Diener«, erzählte des weiteren, wie eines Tages Herr von Bellièvre, welcher der Gräfin gegenüber wohnte und sie zur Messe gehen sah, von niemand als einem Kuppler, einem Hofnarren, einem Mohren, einem Bedienten, einem Affen und einem Pudel begleitet, sich an Aubigné gewandt, ihm von den Ehrenbezeugungen gesprochen, die man am Pariser Hof den Freundinnen des Königs erweise, und ihn gefragt habe, warum die Höflinge von Navarra sich nicht höflicher betrügen und diese Dame mit so schlechtem Gefolge gehen ließen;

worauf Aubigné mit böser Zunge geantwortet hätte: »Wohl haben wir hier am Hofe einen Adel voll Ehre und Edelmut, allein von Kupplern, Narren, Bedienten, Affen und Pudelhunden haben wir nur, was Sie vor sich sehen.« Und so blieb Heinrich von Navarra (abgesehen davon, daß er schließlich weder die Gräfin von Guiche noch deren Nachfolgerin in seinem Herzen, die schöne Gabrielle d'Estrées heiratete) noch auf einige Jahre der neuen Religion treu.
Denn einige Jahre noch sollte Katharinas Liebling in Paris regieren. Während man Monsieur zu Grabe trug und der Herzog von Epernon sich mit aller Macht bemühte »die beiden Könige auszusöhnen, und die Papisten, die am Hofe des Königs von Navarra lebten, allerhand Listen ins Werk setzten, ihn zu einer Reise an den Pariser Hof zu veranlassen« – setzten die von Heinrich III. einberufenen Notabeln unter Anleitung der königlichen Legisten ihre Beratungen zu der vom König gewünschten umfassenden Reform der Staatsverwaltung fort. Nichts beweist überzeugender als die von jener Versammlung gefaßten und von ihm gebilligten Beschlüsse, daß Heinrich III. regieren konnte, wenn er wollte. Unglücklich traf sich's nur, daß, während zum Regieren ein stetiger Wille gehört, Katharinas hochbegabter Sohn nur von Zeit zu Zeit Interesse an Regierungsgeschäften aufbrachte. Doch wenngleich die Unstetigkeit des Königs – und natürlich in womöglich noch stärkerem Maße die unsicheren Verhältnisse im Reich – den unmittelbaren praktischen Nutzen der beschlossenen Reformen erheblich minderten, ist doch nicht zu leugnen, daß mit ihnen der zu phantastischen Ausschweifungen neigende letzte König aus dem Hause Valois der Zukunft vorgearbeitet hat. Erwähnt sei hier nur ein Gesetzesvorschlag, der letztlich am Widerstand der Vertreter der Geistlichkeit in der Versammlung scheiterte – doch von den Legisten des Königs schon damals eingebracht wurde: Es handelte sich dabei um nichts weniger als den Vorschlag, die großen Besitzungen der Kirche nicht nur, wie bisher schon üblich, gelegentlich durch die oder jene Maßnahme anzuzapfen – sondern ein für allemal zu verstaatlichen. Erst am 2. November 1789 wurde dieser Vorschlag in der Constituante vorgebracht und bei dieser Gelegenheit, zweihundert Jahre nach dem Tode Heinrichs III., angenommen.
Inzwischen verteidigte Katharina das von ihrem Jüngsten für Frankreich gewonnene und bei seinem Tode glücklicherweise

noch nicht wieder veräußerte Cambrai. Der spanische Statthalter in den Niederlanden, Alessandro Farnese, forderte die Stadt als Besitzung des spanischen Königs zurück. Katharina schickte ihm einen Botschafter und erbot sich – um ihren guten Willen zu zeigen –, alle spanischen Kriegsgefangenen zu entlassen. Wirklich erhielten dann diese die Freiheit, Cambrai aber hielt Katharina fest. Sie versprach dem spanischen Statthalter allerdings, daß die aufständischen Niederländer sich in Zukunft mit der Bitte um Unterstützung vergeblich an Frankreich wenden sollten. Und so blieb Cambrai schließlich in französischem Besitz, nicht zuletzt, weil die Bürger der Stadt mit der Verwaltung, für die Katharina sorgte, ebenso zufrieden waren, wie sie unter der Willkür des Herzogs von Anjou geseufzt hatten.
Die spanische Infantin, die Katharina für diesen begehrt hatte, wurde jetzt dem Herzog von Savoyen vermählt, was die Königinmutter sehr wohl hätte betrüben können. Denn einerseits mußte diese Hochzeit sie ja an die enttäuschten Hoffnungen erinnern, die sie sich für ihren Jüngsten gemacht hatte, andererseits machte diese Hochzeit Hoffnungen zunichte für ihre Enkelin Christine von Lothringen, der sie den Herzog von Savoyen als Gemahl zugedacht hatte. Doch Katharina ließ sich nicht betrüben. Sie versprach sich vielmehr, die neue Herzogin von Savoyen zu besuchen, und freute sich darauf, eine ihrer spanischen Enkelinnen nun auch von Angesicht kennenzulernen – am besten bei der Geburt ihres ersten savoyardischen Urenkels. Inzwischen wünschte sie dem Herzog von Savoyen: »Mögen Ihnen schöne Kinder vergönnt sein und wolle Gott, daß ich dieselben vor meinem Tode noch sehen könnte.«

Die katholische Liga widersetzt sich der Verständigung des katholischen Königs von Frankreich mit dem häretischen König von Navarra

Daß Heinrich III. eine Verständigung mit Heinrich von Navarra anstrebte, wurde nicht nur von den Hugenotten in Navarra, sondern auch vom katholischen Volk, insbesondere der Hauptstadt und einiger anderer großer Städte, mit tiefem Mißtrauen beobachtet. Hugenotten und Katholiken verdächtigten ihre Fürsten glei-

chermaßen, bei einer derartigen Annäherung um politischer Vorteile willen die wahre Religion zu verraten.
Der Widerstand der katholischen Liga gegen jede etwaige Bereitschaft Heinrichs III., den Hugenotten Konzessionen zu machen, war keine Veranstaltung der Guisen. Vielmehr wurde diesen die unnachgiebige Haltung von ihrem fanatischen Anhang gewissermaßen aufgezwungen.
Die Ligisten stellten Forderungen, denen nach geltendem Recht der König beim besten Willen nicht genügen konnte. Nicht allein, daß sie dem König verbieten wollten, Navarra auch nur die geringste Konzession zu machen, verlangten sie überdies dessen Ausschluß von der Thronfolge. Da aber die Rechte Heinrichs von Bourbon, des Königs von Navarra, nach dem salischen Gesetz, das seit 1316 die Thronfolge regelte, unanfechtbar waren, hatte man es schon bei dieser Forderung im Grunde mit einer Rebellion gegen die königliche Autorität zu tun, nun zum erstenmal von katholischer Seite.
Konsequenterweise erklärten denn auch im Januar 1585 die Häupter der katholischen Liga in Paris, daß gegen einen häretischen König der bewaffnete Aufstand legitim sei. Von der in der Stadt herrschenden Erregung kann man sich einen Begriff machen, wenn man liest, daß Gerüchte umliefen, denen zufolge Heinrich III. im Verein mit Heinrich von Navarra schon Vorbereitungen zu einem Blutbad wie dem in der Bartholomäusnacht des Jahres 1572 getroffen hatte. Diesmal aber solle das katholische Volk ersäuft und dessen Widerspruch gegen die unsittlichen Geschäfte der Fürsten zum Schweigen gebracht werden.
In Paris wurde, um derartigen Eventualitäten vorzubeugen, die katholische Liga militärisch organisiert, eine Art Bürgerwehr gebildet. Wie man weiß, verstanden sich die Guisen auf militärische Organisation. So handelte es sich denn bei dieser Bürgerwehr auch keineswegs um enthusiastische Pöbelhaufen, sondern um disziplinierte Einheiten nicht vornehmlich kleiner Leute: Handwerker, Geschäftsleute, Universitäts- und Gerichtsangestellte, gute und gesetzte Leute waren es, die sich da zusammenschlossen, die katholische Religion und die katholische Monarchie mit der Waffe in der Hand zu verteidigen.
Die Anführer waren bunter zusammengewürfelt. An der Spitze freilich standen die lothringischen Fürsten, ganz obenan der Her-

zog Heinrich von Guise. Doch zum Generalstab gehörten Leute wie jener Hotman, der ein Vetter des berüchtigten gleichnamigen hugenottischen Pamphletisten war. Im Gegensatz zu diesem aber war er nach einem Versuch mit dem Calvinismus reumütig und nun um so überzeugter zum katholischen Glauben zurückgekehrt. Dergleichen doppelte Apostaten gab es unter den Führern der Liga mehrere. So auch einen sehr gelehrten ehemaligen reformierten Pastor aus Genf namens Launay, der außer seiner Religion und seiner Stadt auch seiner Frau den Rücken gekehrt hatte, als er seines Irrtums innegeworden war.

Die so ausgezeichnete Pariser Liga gab das Beispiel, dem die Gesinnungsgenossen in den übrigen katholischen Städten Frankreichs folgen konnten. Bald verfügte also der Herzog von Guise über eine im ganzen Land verbreitete, disziplinierte Gefolgschaft.

Heinrich III. und seine Mutter waren keineswegs blind für die Gefahr, die der königlichen Autorität durch dieses Aufkommen gewissermaßen eines zweiten Staates im Staate drohte. Heinrich III. ergriff verschiedene Maßnahmen, um dieser Gefahr vorzubeugen. Sie verfehlten aber ihren Zweck, weil der Widerwille gegen ihn viel verbreiteter war, als er ahnte oder jedenfalls, als er wahrhaben wollte. Denn was sollte es ihm nützen, daß er ihm verdächtige Hauptleute der Scharwache auswechseln und Stadttore verriegeln ließ, wenn das gesamte Volk von Paris mit seinen Feinden zumindest sympathisierte? Wenn sich die Prediger nicht scheuten, die so theatralisch zur Schau gestellte Frömmigkeit des Königs von der Kanzel aus in Zweifel zu ziehen, durfte es nicht wundernehmen, wenn die Dienstboten in den Kellern des Louvre die Bußübungen ihres Herrn und seiner Mignons spottend nachäfften.

Der Widerstand der Katholiken gegen Fürsten, die entweder tatsächlich die neue Religion durchzusetzen versuchten oder verdächtigt wurden, das vorzuhaben, regte sich damals mehr oder weniger heftig überall in Europa. Im Februar 1584 entging Elisabeth von England nur knapp einem Mordanschlag: Der Attentäter Parry handelte im Auftrag der in Reims exilierten englischen Katholiken. Am 10. Juli wurde in Delft Wilhelm von Oranien ermordet, der Anführer der niederländischen Protestanten und Verbündete Heinrichs von Navarra. Die Antwort auf die Frage, *cui bono*, mußte unvermeidlich den spanischen König verdächtig machen, hinter diesen Verbrechen zu stecken, denn die Beseitigung des

Prinzen von Oranien war ganz in dessen Sinn. Den protestantischen Fürsten Europas entging nicht, daß letztlich auch ihnen mit der katholischen Liga in Frankreich eine neue Gefahr heranwuchs. Sie rüsteten sich, bei dem drohenden nächsten französischen Bürgerkrieg ihre französischen Religionsgenossen nach Kräften zu unterstützen. Die katholische Liga ihrerseits wußte, daß sie auf spanische militärische Unterstützung rechnen konnte.

Heinrich von Guise und Heinrich von Navarra finden, der eine hier, der andere da, Freunde im Ausland. Heinrich III. allein hat keine Freunde

Heinrich III. spürte, daß er gegenwärtig von der Liga mehr zu fürchten hatte als von den Protestanten. Und er meinte sogar, die letzteren in ihrer Friedfertigkeit bekräftigen zu können, wenn es ihm gelänge, die Liga zu entwaffnen. So dekretierte er am 11. November 1584, daß fortan die Anwerbung neuer Rekruten für die Liga als Majestätsbeleidigung verfolgt und mit der Strafe der Vierteilung bedroht sein sollte. Doch konnte Heinrich III. nicht durchsetzen, was er da anordnete. Denn Heinrich von Guise dachte nicht einmal daran, ein Geheimnis aus dem Bündnisvertrag zu machen, den er am 31. Dezember 1584 auf seinem Schloß Joinville mit den Abgesandten des spanischen Königs unterzeichnete. Vierzehn Tage später machte er die Bedingungen dieses Vertrages den in Joinville versammelten Häuptern der Liga bekannt – wie auch den Gegenstand der Vereinbarung: die restlose Ausrottung der Häresie in Frankreich und in den Niederlanden. Der Vertrag war bemerkenswert und für den König höchst anstößig, nicht so sehr wegen dieser Zielsetzung als vielmehr, weil sich darin als Partner ein Herzog von Guise dem spanischen König angeboten hatte. Der König von Spanien war rechtmäßiger Souverän der Niederlande, mochte also wohl die Ausrottung der Häresie dort selbst unternehmen. Aber wer war der Herzog von Guise? Nicht König von Frankreich jedenfalls. Doch mit der Unterzeichnung jenes Vertrages handelte er, ganz unzweifelhaft so, als sei der Thron vakant. Im übrigen hatten er und seine Vertragspartner sich schon über die Person des Thronrolgers verständigt: Anstatt des häretischen

Heinrich von Navarra sollte nach dem Tode Heinrichs III. dessen Onkel, der Kardinal von Bourbon, den Thron besteigen.
Der Papst fand, kaum verwunderlich, die zu Joinville gefaßten Beschlüsse insgesamt höchst lobenswert, bat aber, man möchte davon Abstand nehmen, Heinrich III. gewaltsam zu beseitigen. Zwar stand nirgends geschrieben, daß man etwa beabsichtigt hätte, sich des unfähigen und unvertrauenswürdigen noch regierenden Königs durch das Messer eines Mörders zu entledigen, doch hat man in der Bitte des Heiligen Vaters wohl den Beweis, daß zwischen den Zeilen des Vertrages auch diese Möglichkeit ins Auge gefaßt wurde. Und daß die Liga, unbekümmert um königliche Verbote, ihre Aufrüstung fortsetzte, zeigte sich, als auf der Seine in Paris die neue Miliz des Königs eine für die Liga bestimmte Schiffsladung von Rüstungen und Arkebusen beschlagnahmte.
Inzwischen machte sich Heinrich von Navarra hinsichtlich seiner eigenen Möglichkeiten als Nachfolger Heinrichs III. anfangs wohl zumindest insofern Illusionen, als er glaubte, auch als Calvinist König der katholischen Franzosen werden zu können. Denn wenngleich heutzutage die Religion eines Staatsoberhaupts dessen Privatsache sein mag, so galt doch zu der Zeit, von der hier die Rede ist, der Satz *cuius regio, eius religio:* Also daß unter der Regierung eines calvinistischen Königs die katholischen Franzosen ganz zu Recht fürchteten, ihre Religion verboten, unterdrückt und verfolgt zu sehen – wie das in von protestantischen Fürsten regierten Ländern schon der Fall war. Der König von Navarra mochte zwar Katholiken sogar an seinem Hofe dulden und für die Zukunft, da er zum König von Frankreich gekrönt wäre, allen Franzosen vollkommene Religionsfreiheit versprechen. Aber daß auf solche Versprechungen niemand etwas gab, hätte ihn nicht überraschen dürfen. Schließlich hätte er sich noch daran erinnern müssen, wie seine eigene Mutter, Johanna von Albret, mit ihren katholischen Untertanen verfahren war.
Heinrich von Navarra meinte also, es müsse ihn auch für die katholischen Untertanen des regierenden Königs als dessen Nachfolger hinreichend legitimieren, wenn er, obgleich Calvinist, diesem die Loyalität bewiese, die er ihm als sein erster Untertan nach dem Gesetz schuldete. Doch war er mit dieser Meinung natürlich im Irrtum, inzwischen genoß ja nicht einmal mehr der katholische Heinrich III. das Vertrauen seiner katholischen Untertanen.

Katharina wies den König von Navarra denn auch darauf hin, daß er nur unter der Bedingung seiner Rückkehr zum katholischen Bekenntnis hoffen könne, eines Tages auf den französischen Thron zu gelangen.
Anstatt dem wohlgemeinten Rat aus Paris zu folgen und zur Religion seiner Väter wie noch gegenwärtig der Mehrzahl der Franzosen zurückzukehren, sah sich Heinrich von Navarra im protestantischen Ausland nach Verbündeten um. Katharinas Botschafter in England, Castelnau de la Mauvissière, ließ dem Abgesandten Heinrichs von Navarra, dem Gascogner Ségur-Pardaillan, in London, dann auch an verschiedenen deutschen Höfen nachspionieren und konnte die Königinmutter davon in Kenntnis setzen, daß ihr Schwiegersohn in Deutschland Söldner anwerben ließ. Was Katharina ermittelte, blieb natürlich auch den Guisen nicht verborgen, die über die Machenschaften des Königs von Navarra durch den ausgezeichneten spanischen Nachrichtendienst informiert wurden.
Selbst Katharina schrieb am 28. Juni 1584 an ihren Gesandten in Kopenhagen, Ségur-Pardaillan sei in Deutschland bemüht, eine Liga der Lutheraner und Calvinisten zustandezubringen, offensichtlich zu dem Zweck, »die Christenheit zu beunruhigen und, wenn möglich, in diesem Königreiche das gelöschte Feuer wieder anzufachen«. Die Häupter der katholischen Liga veröffentlichten nun ihre Entdeckungen und beschuldigten mehr oder weniger offen den König und die Königinmutter der Komplizität mit dem derart den Umsturz vorbereitenden König von Navarra. Tatsächlich hatte er ausländische Verbündete vielleicht nur für den Fall gesucht, daß die Liga mit der Drohung ernst machte, die Ketzerei in Frankreich mit Stumpf und Stiel und ein für allemal auszurotten.

Hinweise auf gewisse neue Umtriebe aus der Umgebung Heinrichs von Guises betrüben und bestürzen Katharina

Obgleich, wie der zitierte Brief an den Gesandten in Kopenhagen verrät, auch Katharina geneigt war, den Absichten ihres Schwiegersohns zu mißtrauen, schien ihr ebenso wie ihrem Sohn, dem

König, daß man gegenwärtig Heinrich von Guise und die katholische Liga mehr zu fürchten habe als Heinrich von Navarra und dieser vermutlich von diesem geschaffene protestantische Liga. Nichts empörte den König mehr als die in den Versammlungen der Liga häufig wiederholte Behauptung, daß die Guisen – da sie Erben Karls des Großen seien – von allen Prätendenten eigentlich die besten Rechte auf den französischen Thron hätten. Und er war in großer Sorge, Heinrich von Guise könnte nicht bis zum natürlichen Tod des regierenden Königs auf Gelegenheit warten wollen, seinen Anhängern recht zu geben. Um sich deshalb vor etwaigen Mordanschlägen nach Möglichkeit zu schützen, umgab sich Heinrich III. mit einer neuen Leibwache, den sogenannten Fünfundvierzig. Diese Fünfundvierzig waren keine streitlustigen Edelleute nach Art der gefallenen Mignons der jüngeren Jahre des Monarchen, sondern Sicherheitsbeamte, die keine Skrupel hatten, mit Verdächtigen kurzen Prozeß zu machen und die erforderlichen Fähigkeiten dazu besaßen. Diese Leibwache offenbart nur die Schwäche und Unfähigkeit des Königs. Heinrich III. hatte kein Heer, von zwei miteinander um die Macht im Staate rivalisierenden Parteien bedrängt, hoffte er aber, sich mit Hilfe dieser professionellen Halsabschneider auf dem Thron zu halten. Freilich, fünfundvierzig professionelle Halsabschneider waren eher aufzutreiben und zu unterhalten als ein loyales Heer, und auf wen außer auf seine Leibwache hätte er sich verlassen können? Guise herrschte in der Champagne, in der Picardie, in der Normandie, in der Bretagne, in Burgund, in Lyon – und selbst in Paris, in der Hauptstadt. Andererseits herrschte Navarra in Béarn, in der Gascogne, in Guyenne, im Languedoc, Poitou, einem Teil der Auvergne und des Delphinats.

Heinrich von Guise wäre unschlagbar gewesen, hätte er nur ein einziges Ziel mit all seinen Kräften angestrebt. Aber sein Ehrgeiz wurde aus vielen Richtungen gereizt. Namentlich träumte er auch davon, der noch immer in einem englischen Kerker schmachtenden Maria Stuart ihr Königreich Schottland wiederzugewinnen. Aber eine Landung in England, Nachahmung des Unternehmens Wilhelms des Eroberers, wäre natürlich über seine Kräfte gegangen. Diese Aufgabe wollte denn ja auch sein Verbündeter übernehmen, der spanische König. Und dieser Verbündete befahl ihm, sich auf die Ausrottung der Häresie in Frankreich, die Absetzung Hein-

richs III. und die Beseitigung des Königs von Navarra zu beschränken. Denn in Anbetracht des zwischen den Verbündeten bestehenden Kräfteverhältnisses mußte Heinrich wohl oder übel den König von Spanien als seinen Herrn und Meister anerkennen. Zumal er sich auch von diesem bezahlen ließ. Philipp II. zahlte der Liga beträchtliche Summen und durfte sich schließlich schmeicheln, den Herzog von Guise gekauft zu haben: und mit diesem einen Anspruch auf Herrschaft in Frankreich. Rechnete er mit der Möglichkeit, eines Tages den Herzog von Guise als seinen Statthalter in Frankreich herrschen zu sehen, wie gegenwärtig Alessandro Farnese die Niederlande für ihn regierte?
Katharina sah kommen, was sich da anbahnte, ohne es aufhalten zu können, wenn sie auch nach Kräften versuchte, es abzuwenden. Sie mußte mit ansehen, wie der Kardinal von Bourbon, für den die Liga Anspruch auf den französischen Thron erhob, den Hof verließ und sich auf sein Erzbistum Rouen zurückzog, um dort die weitere Entwicklung in Ruhe abzuwarten. Es hieß, daß er auf seinem Schloß Gaillon schon als zukünftiger König von Frankreich posierte. Das wäre lächerlich gewesen, wenn es nicht so beängstigend gewesen wäre. Beängstigend deshalb, weil Heinrich von Guise Miene machte, den Anspruch des Kardinals mit Waffengewalt zu unterstützen, abermals also der Bürgerkrieg drohte. Heinrich von Guise befestigte die Städte der Champagne, und in diesen Festungen lagen starke Garnisonen, die jederzeit nach Paris in Marsch gesetzt werden konnten. Paris aber würde den Truppen seines Helden die Tore öffnen und ihnen zujubeln, dessen konnte man sicher sein.
Katharina war von keinerlei persönlichem Haß gegen Heinrich von Guise beseelt. In der Vergangenheit hatte sie ihn, der jeweils gegebenen Lage entsprechend, mal als Verbündeten willkommen geheißen, mal als Gegner bekämpft. Aber sie hatte seine Mutter getröstet, damals, als die Kugel eines Mörders dieser den Gemahl, ihm den Vater entrissen hatte, und hegte für den Sohn – der ebenso alt war wie ihr eigener Sohn Karl – noch jetzt wohl eine gewisse mütterliche Neigung. So schrieb sie ihm am 16. März 1585 vermutlich ganz aufrichtig: »Mein Neffe, ich bin ebenso betrübt wie bestürzt durch die umlaufenden Gerüchte und die Hinweise auf gewisse neue Umtriebe, deren Ursache man Ihnen zuschreiben will.« Tatsächlich war sie sehr viel präziser informiert, als sie da

durchblicken ließ. Sie tat so, als wollte sie ihren Informationen nicht glauben, in der Hoffnung, den Herzog zu beschämen, ihn mit dieser zutraulichen Klage zu ermuntern, sich eines Besseren zu besinnen, zumal sie wußte, daß sie mit zornigen Anklagen nichts ausrichten würde.

Von jeher hatte die Königinmutter versucht, das Reich zu regieren wie eine Familie, den Staat zu führen wie einen Haushalt und ließ sich jetzt, auf ihre alten Tage, nicht davon abbringen, bei Verhandlungen mit politischen Gegnern diese an familiäre Neigungen, Bindungen und Verpflichtungen zu erinnern. Dies fiel ihr natürlich um so leichter, als sie ja wirklich den meisten politisch bedeutsamen Zeitgenossen irgendwie verwandt war. Doch trotz ihren stetigen Bemühungen, aus den in dieser Verwandtschaft wurzelnden Gefühlen gegenseitiger Neigung und Verpflichtung politischen Nutzen zu ziehen, würde man wohl irren, wenn man annähme, daß sie diese Gefühle nur machiavellistisch zu manipulieren bestrebt war, ohne selbst von ihnen bewegt zu sein. Wie man für manche ihrer Handlungen die Erklärung nur in der Liebe zu ihren Kindern findet, darf man auch an der Echtheit der Zuneigung etwa für ihren Schwiegersohn, den Herzog von Lothringen, nicht zweifeln. Im Gegensatz zu ihrem Liebling, Heinrich III., der, von seinen Lieblingen abgesehen, niemanden liebte, sondern die Menschen in seiner Umgebung und insbesondere seine Verwandten mit gehässigem Mißtrauen belauerte, war Katharina im Grunde gutmütig und wohlwollend. Gewiß konnte sie hart, mitleidlos, ja sogar skrupellos verfahren – wenn ihr die Staatsraison das empfahl. Doch scheint uns, daß die parteiischen Historiker, die ihr eine angeborene Neigung zu solchen Verfahren zuschrieben und in den Witwenschleiern der »schwarzen Königin« deren Seele Farbe bekennen sahen, die eigentlich zu Sanftheit und Zärtlichkeit geneigte Natur unserer Heldin verkannt haben.

Sie war jetzt sechsundsechzig Jahre alt, die Last des Alters und die Schicksalsschläge, die ihre Familie so schrecklich gelichtet hatten, ließen sie das Bedürfnis nach Harmonie nur um so heftiger empfinden. Sie bedauerte, ihre spanischen Enkelinnen, die Töchter Elisabeths, nicht zu kennen. Ihre lothringischen Enkelinnen dagegen waren unter ihren Augen aufgewachsen. Sie liebte sie innig. Wenn sie also jetzt erfuhr, daß der Herzog von Lothringen, deren Vater, mit Heinrich von Guise gemeinsame Sache machte bei der Veranstaltung der ominösen »Umtriebe« – was war da natürlicher als die Hoffnung, daß es doch möglich sein sollte, die aufziehenden politischen Mißhelligkeiten unter Verwandten und alten Freunden gütlich beizulegen? So war sie also jetzt vielleicht wirklich versucht, an den Verrat Heinrichs von Guise nicht zu glauben. In dem Fall wäre zu sagen, daß sie damit als Politikerin auf dem Holzweg war – doch würde uns ihr Versuch, den Anführer der Liga gegen ihren Sohn, den König, durch jenen Appell an alte Vertrautheit umzustimmen, beweisen, daß sie, schwarz verschleiert, wie sie in die Geschichte eingegangen ist, gleichwohl das Herz auf dem rechten Fleck hatte.

Wieder einmal hofft Katharina, durch gutes Zureden noch alles zum Guten zu wenden

Heinrich III. zögerte in der bedrängten Lage, in die er sich durch die konkurrierenden Religionsparteien gebracht sah, nicht, die Mutter, die er zeitweilig ganz von der Politik fernhalten wollte, um Hilfe anzurufen. Ausdrücklich bat er sie, mit dem Anführer der Liga einen Modus vivendi auszuhandeln. »Ich verspreche mir, daß Sie die Angelegenheit so sehr zu meiner Ehre, wie Ihnen möglich, zu führen wissen werden, worum ich Sie mit herzlicher Liebe bitte, da ich Ihnen schon sehr zu Dankbarkeit verpflichtet bin für viele Vorteile, die ich erlangt habe, und viele Nachteile und böse Zufälle, die Sie glücklich von diesem armen Königreich abgewendet haben.«

So schrieb Heinrich III. der Königinmutter. Diese erhob sich augenblicklich von ihrem Krankenlager und reiste ab nach Lothringen, »um die Wurzeln der noch gefährlicheren und schädlicheren als alle vorhergegangenen Miseren und Kalamitäten, in welche zu fallen wir in Gefahr sind, durch eine gute Friedensstiftung abzuschneiden«.

Sie kam nach Epernay, noch krank zwar, doch zuversichtlich, den so wünschenswerten Frieden stiften zu können. Zu ihrer Enttäuschung traf sie den Herzog von Guise in Epernay aber nicht an. Er musterte in der Nähe seine Truppen. Sie wartete also. Inzwischen ließ am 31. März 1585 der Kardinal von Bourbon eine Botschaft veröffentlichen, in welcher er Anspruch auf die Thronfolge erhob.

Der Kardinal machte aus seiner Verachtung für den regierenden König keinen Hehl, huldigte aber ausdrücklich der Königinmutter, »Unserer sehr verehrten Frau, ohne deren Weisheit und Vorsicht das Königreich schon längst zerstückelt und verloren wäre«. Sodann erinnerte er an die von ihm der Monarchie in der Vergangenheit geleisteten Dienste, »wie wir derselben stets die schuldige Ehre erwiesen und ihr in ihren großen Geschäften gedient und geholfen, ohne unser Leben, unsere Güter, Freunde und Verwandten zu schonen, um auch die katholische Religion zu stärken«. Das entsprach der Wahrheit, und die Erinnerung wird ihren Eindruck auf die Königinmutter nicht verfehlt haben. Leider wollte zukünftig der Kardinal aber dem König nicht länger dienen, sondern diesen jetzt nach Möglichkeit absetzen, um ihn zu ersetzen. Die so schmeichelhaft von ihm angeredete Königinmutter wurde sogar eingeladen, dabei mitzuwirken.

Ganz abgesehen davon, daß es natürlich ganz unsinnig war, sie einzuladen, gegen den eigenen Sohn Partei zu ergreifen, hätte sie auch als dessen Nachfolger nicht den Kardinal von Bourbon begünstigt. Insgeheim hoffte sie noch immer, daß binnen kurzem ihr Schwiegersohn Vernunft und die katholische Religion annehmen würde – und inzwischen wußten die Guisen und die ganze Liga, daß sie nur darauf wartete, um sich offen für den König von Navarra zu erklären.

Es war auch kein Geheimnis, daß der Herzog von Guise soeben Dijon besetzt hatte und über Parteigänger in ganz Frankreich gebot, während der König kein Geld hatte, Soldaten anzuwerben, und, wollte er die Krone vor dem Zugriff der Liga retten, auf ein Bündnis mit Heinrich von Navarra fast unausweichlich angewiesen war. Noch zögerte er vor diesem Schritt. Nach dem Muster seiner Mutter suchte er Zeit zu gewinnen. Zu diesem Zweck schickte er einen Unterhändler zu dem Kardinal mit dem Auftrag, dessen Befürchtungen um die Zukunft der katholischen Religion zu beschwichtigen und ihn nach Möglichkeit – und sei es nur vorübergehend – der Liga und deren Zielen zu entfremden. Seine Mutter übrigens fand den Spielraum, den ihr Sohn ihr mit dem Schreiben, in dem er sie bat, den Herzog von Guise zur Vernunft und schuldigen Loyalität zu bringen, erst kürzlich wieder hatte eröffnen wollen, keineswegs so groß, wie sie ihn gebraucht hätte, um vielleicht etwas Nützliches auszurichten. Bekümmert mußte sie einsehen, daß sie nur noch den Schatten des Vertrauens genoß, das ihr der Sohn noch vor wenigen Jahren entgegengebracht hatte, daß dessen Mignons sich nicht nur des Staatsschatzes, sondern auch der Seele des Königs bemächtigt hatten. Von seiten dieser hochmütigen Herren, insbesondere von Epernon, mußte sie Demütigungen erdulden, die geeignet waren, ihr diejenigen in Erinnerung zu rufen, die sie in ihrer Jugend als gering Geborene und zudem noch unfruchtbare Gattin des Herzogs von Orléans hatte erleiden müssen. Nun ließ Guise sie aus Epernay, wo sie vergebens auf ihn gewartet hatte, nach Château-Thierry kommen – hatte aber diesen Ort schon wieder verlassen, als sie dort eintraf: Obwohl er ihr hatte sagen lassen, daß er sie dort erwarten würde. Sie ließ sich's nicht verdrießen, kehrt nach Epernay zurück und schrieb ihm: »Seine gute Tante« würde ihn dort erwarten in der Hoffnung, daß er so wohlaffektioniert, wie sich's gehöre, bei ihr zu erscheinen gedenke. In ihrer Jugend hatte ihr dieser einschmeichelnde Ton den Weg geebnet. Jetzt richtete der einschmeichelnde Ton nichts mehr aus, sie war am Ende ihres Weges.

Immerhin geruhte Heinrich von Guise dann doch, bei ihr zu erscheinen. Die beiden trafen sich am 9. April, auf den in jenem Jahr 1585 Ostern fiel. Aber es gelang der guten Tante nicht, wie man dem Bericht an ihren Sohn, den König, entnimmt, den sie gleich nach ihrer Unterredung mit dem Führer der Liga diktierte, diesen zu dem mindesten Zugeständnis zu bewegen. Das war um so beunruhigender, als den Neffen diese Hartnäckigkeit selbst nicht wenig zu bekümmern schien. »Gleich zu Beginn unserer Unterredung vergoß er Tränen und zeigte sich sehr bekümmert«, liest man in Katharinas Bericht. Dennoch fand sie ihn dann außerstande, auf die Vorstellungen, die sie ihm machte, einzugehen, ja so verstockt, daß sie nicht einmal eine Erklärung der Gründe seiner aufrührerischen Aktivität von ihm erhalten konnte. Falls er meine, damit der Sache der katholischen Religion zu dienen, hatte sie ihm erklärt, werde er dieser Religion damit eher schaden als die Ketzerei ausrotten. Habe man doch die Erfahrung gemacht, daß der Frieden die Hugenotten mehr vermindere und schwäche als der Krieg. Im übrigen hatte sie ihn dringend zu bedenken ermahnt, welches Elend er zwangsläufig über das ganze Vaterland bringen würde, wenn er von neuem Krieg anfinge: »Sofort wäre dies Königreich voller Ausländer, und wir wären in Gefahr, alle miteinander fortgejagt zu werden.« Aber alle ihre so vernünftigen Ermahnungen hatten nichts gefruchtet. In einem eigenhändigen Postskriptum hatte die Königinmutter noch die Bemerkung hinzugefügt: »Kann angeblich nichts alleine entscheiden.«

Der Herzog von Guise hatte sich offenbar schon so weit mit dem König von Spanien kompromittiert, daß er den Ermahnungen seiner guten Tante beim besten Willen nicht mehr hätte folgen können. Diese riet denn auch dem König, ihrem Sohn, er möge jetzt »fleißig seine Kräfte sammeln und Vorsorge treffen für Geld und alle anderen Sachen, die man zum Kriege braucht«.

Heinrich III. erwiderte die Herausforderung, die mit dem in Péronne veröffentlichten Manifest der Kardinal von Bourbon an ihn gerichtet hatte, ohne sich Zorn anmerken zu lassen. In dieser Erwiderung machte er eine Reihe von durchaus vernünftigen Einwendungen gegen die Unterstellungen des Kardinals, die überzeugt hätten, wenn nicht leider er sie gemacht hätte. Er beteuerte die Unerschütterlichkeit seiner Treue zur katholischen Kirche und erklärte, ernsthaft bemüht zu sein, der weiteren Ausbreitung der Häresie Einhalt zu gebieten: Leider nur hätten ihm die Generalstände die zur Bekämpfung der Ketzerei erforderlichen Gelder nicht bewilligt. Schließlich gab er zu verstehen, daß zu Spekulationen hinsichtlich der Thronfolge gegenwärtig überhaupt kein Anlaß bestehe: Er stehe im besten Mannesalter, sei bei blühender Gesundheit ebenso wie die Königin, seine Frau, von der er sich zur gegebenen Zeit noch zahlreiche Erben erhoffe. Weshalb die Frage nach der Identität des Thronfolgers sich erübrige und die Liga nichts Besseres tun könne, als die Waffen niederzulegen. Doch glaubten ihm seine mißtrauischen Untertanen inzwischen nicht einmal mehr die behauptete eigene Zuversicht, geschweige denn, daß sie dieselbe geteilt hätten. Und die Ligisten dachten jedenfalls nicht daran, die Waffen niederzulegen.

Katharina war inzwischen schwer krank. Sie hatte Brustschmerzen, hustete und spuckte viel, Miron wich nicht von ihrem Bett, Stockung der Säfte, Blutandrang zur Lunge hatte er diagnostiziert. Die Klarheit ihres Geistes beeinträchtigte diese Stockung der Säfte nicht, und sie ließ sich hinsichtlich der Schritte des Herzogs von Guise auf dem laufenden halten, während Miron sie durch reichliche Aderlässe von dem lästigen andringenden Blut zu erleichtern

und einer (wie er dem König schrieb) gefährlichen Erhitzung der Lungen vorzubeugen suchte.
Sie war nun überzeugt, daß Krieg zu verhüten sei, wenn es gelänge, den König von Navarra zur Rückkehr zur katholischen Kirche und zu einem Bündnis mit dem König, ihrem Sohn, zu veranlassen. Da außer besagtem Blutandrang zur Lunge auch rheumatische Schmerzen insbesondere der linken Seite des Kopfes sie quälten, war sie außerstande, sich aus dem Bett zu erheben, doch hielt all das sie nicht davon ab, ihre Sekretäre mit einer allseitigen politischen Korrespondenz zu beschäftigen. Denn sie wußte, daß die von dem König, ihrem Sohn, nur gelegentlich wahrgenommenen Regierungsgeschäfte jetzt vielleicht dringender als je zuvor ihrer vollkommenen Aufmerksamkeit bedurften. So erfuhr sie, daß die Liga sich anschickte, den Kardinal von Bourbon in Reims zu empfangen. Dieses Treffen schien ihr höchst verdächtig, und so ordnete sie sicherheitshalber den Abtransport der dort gesammelten Steuereinnahmen aus Reims an. Die Geldsäcke – denn es waren da immerhin 600000 Livres wegzuschaffen – sollten von Maultieren nach Paris getragen werden, unter starkem militärischem Schutz, versteht sich, denn »auf den Straßen wimmelt es von Gesindel, das schon wieder fest zu rauben anfängt«.
Neue Sorgen machte ihr gerade jetzt auch Margots Ehe wieder, denn nun erfuhr sie, daß die eheliche Eintracht im Hause des Königs von Navarra mit der Heimkehr der Königin nicht so vollkommen und so gründlich wiederhergestellt worden war, wie sie hatte glauben wollen. Denn wie hätte sonst die angeblich sehr hübsche und reizende Witwe des Grafen Guiche de Gramont sich in den Kopf setzen können, daß es ihr gelingen könnte, den König von Navarra zu überreden, seine Frau zu verstoßen und statt der Tochter König Heinrichs II. sie selbst zur Königin zu machen? Unterdessen wurde Margot von ihrem Gemahl und dessen ganzem Hof so verächtlich behandelt, daß sie kaum genug zu essen kriegte. Katharina wies ihre Gesandten an, wenigstens diesem üblen Zustand abzuhelfen und der Königin von Navarra gewisse Gelder zuzustecken.
Margot ihrerseits war nicht die Frau, sich die demütigende Behandlung, die ihr in Navarra zuteil wurde, demütig gefallen zu lassen. Sie soll versucht haben, den ihr so ungewogenen Eheherrn aus der Welt schaffen zu lassen, erst durch Gift und, als das die gewünschte

Wirkung nicht zeitigte, durch Kugeln, die aber freilich auch ihr Ziel verfehlt hätten, denn, wie man weiß, hatte Heinrich von Navarra damals ja noch Zukunft. Sicher ist, daß Margot sich am 19. März 1585 aus der Nähe ihres Mannes nach Agen zurückzog, das zu ihrer Apanage gehörte – und daß sie wenig später von dort aus gegen ihren Mann zu Felde zog, nicht in irgendeinem übertragenen Sinne, sondern an der Spitze katholischer Truppen, denn der Bürgerkrieg, von dessen neuerlichem Ausbruch gleich zu reden sein wird, gab ihr Gelegenheit zu diesem Versuch, sich in großem Stil zu rächen.

Die Zeit, sich deswegen Sorgen zu machen, war freilich jetzt noch nicht gekommen. Einigermaßen von ihrer Krankheit genesen, begab sich Katharina im April nach Epernay, um die Aktivitäten der Liga, deren Zentrum in der Champagne lag, aus nächster Nähe verfolgen zu können. Am 29. April 1585 traf sie dort den Kardinal von Bourbon, den leider zum Feinde übergegangenen alten Freund, der aber auch jetzt wieder diese alte Freundschaft geltend machte, um zu erlangen, daß sie dem König nahelege, alle Forderungen der Guisen zu erfüllen. Da sie spürte, wie sehr er sie noch immer schätzte, hoffte Katharina, ihn ihrerseits beeinflussen zu können, und der Anfang ihrer Gespräche schien diese Hoffnung auch zu bestätigen. Doch war zu diesem Stelldichein der Kardinal von Bourbon nicht allein erschienen, sondern in Begleitung des Herzogs und des Kardinals von Guise. Und wenn der Herzog von Guise das Schwert der Liga war, so mag man den Kardinal von Guise wohl deren Kopf nennen: Miteinander wußten die beiden ihren Prätendenten bei der Stange zu halten, obwohl der Kardinal von Bourbon der alten Freundin in einem unbeobachteten Augenblick weinend gestand, wie sehr er bedaure, »sich auf diese Sache eingelassen zu haben«, nämlich Partei gegen seinen König zu ergreifen und als Thronerbe aufzutreten.

Katharina spürte, daß sie nichts ausrichten würde, wenn es ihr nicht gelänge, die Guisen davon zu überzeugen, daß sie mit ihrer gegenwärtigen Politik in die Irre gingen. Sie beschuldigte den Herzog, sich widerrechtlich verschiedener fester Plätze des Königs bemächtigt zu haben, namentlich auch Verduns. Das sei zur Verteidigung der katholischen Religion erforderlich gewesen, erwiderte der Herzog. Tatsächlich gestattete der Besitz aller festen Plätze im Osten des Reichs der Liga, den deutschen Verbündeten des Königs

von Navarra die Grenze zu sperren. Nachdem er darauf hingewiesen hatte, zeigte sich der Herzog zu einem gewissen Entgegenkommen bereit. Denn er bot seiner guten Tante eine Waffenruhe an, während welcher er alle Häupter der Liga versammeln wolle. Und er lud sie ein, mit dieser Versammlung zu verhandeln. Ein dauerhafter Frieden sollte da zu schließen sein, meinte er, Voraussetzung dafür sei freilich, daß der König feierlich die Absicht erkläre, im ganzen Reich die Häresie auszurotten. Um von der Ernsthaftigkeit dieser Absicht zu überzeugen, müsse er des weiteren den Hugenotten die ihnen überlassenen festen Plätze umgehend wieder entziehen und desgleichen die diesen gewährte Gewissens- und Religionsfreiheit zurücknehmen. Man habe, sagte der Herzog, inzwischen gesehen, wohin diese Toleranz das Reich führe: Zur Rebellion der Protestanten habe sie geführt und der wahren Religion geschadet. Der Herzog bewilligte dem König vierzehn Tage, eine Frist, in welcher er dem König von Navarra besagtes Ultimatum stellen müsse. Sei das geschehen, sagte er, werde die Liga die Waffen niederlegen, nicht eher. Er sprach gebieterisch. Katharina hörte ihn an, versprach, sich beim König in seinem Sinne zu verwenden und gewann so vierzehn Tage Zeit, was nicht viel, aber doch besser als gar nichts war.
Nun mußte sie ihren Sohn davon überzeugen, daß es für ihn nicht weniger gefährlich wäre, sich mit dem König von Navarra gegen die Liga zu verbünden, als an der Stelle der Liga gegen diesen Stellung zu nehmen, da in letzterem Fall die Liga ihn unfehlbar bevormunden und schließlich absetzen würde.
Aber hatte der König denn auch nur die geringste Aussicht, sich zwischen den Heeren der Hugenotten einerseits, andererseits denen der Liga aus eigener Kraft zu behaupten? Immerhin hatte er sich inzwischen, dem Drängen seiner Mutter nachgebend, wenigstens wieder eigenes Militär angeschafft, in der Hauptsache katholische Schweizer. Diese neue königliche Armee war zwar nicht annähernd so stark wie die der Liga, doch stark genug, die Bewegungsfreiheit des Herzogs von Guise einzuschränken. Heinrich von Navarra andererseits hatte zwar, wie erwähnt, in Deutschland und der evangelischen Schweiz Soldaten geworben, doch da die Heere der Liga diesen Truppen die lothringische Grenze versperrten, standen dieselben dem Haupt der hugenottischen Partei nicht da zur Verfügung, wo sie gebraucht worden wären.

In Anbetracht dieser Lage empfahl Katharina dem König, vor dem Pariser Parlament eine feierliche Erklärung abzugeben, die einerseits den Ansprüchen der Guisen genügen, andererseits dem König von Navarra nicht direkt den Krieg erklären sollte. Der König solle sich darauf beschränken, die neue Religion in seinem Reich für ungesetzlich zu erklären und deren Ausübung zu verbieten. Das Parlament und das Volk von Paris würden eine solche Erklärung mit lebhaftem Beifall aufnehmen. Käme es daraufhin (wie zu erwarten) zum Krieg, könnte der König die katholischen Heere unter seinem Oberbefehl vereinigen, denn zöge auch der König gegen die Protestanten, würden ja die Gründe der Liga hinfällig, eigene Streitkräfte zu unterhalten. Der Sieg über die Protestanten sollte bei der gegenwärtigen Übermacht der Liga leicht zu erfechten sein, meinte Katharina weiter. Sei er aber erst erfochten, würde sich eine Gelegenheit, die Häupter der Liga abzuschlagen, schon noch finden. Und sei dann diese kleine Schar von Unruhestiftern glücklich ausgemerzt, werde endlich der König einen dauerhaften Frieden haben.
Ihr muß freilich klar gewesen sein, daß diese *combinazione* nicht so leicht abzuwickeln sein würde, wie man sie von seinen frommen Wünschen beraten spinnen konnte. Immerhin gab der König fürs erste die Erklärung ab, die die Guisen ja von ihm erwarteten: Jeder Gottesdienst außer dem römisch-katholischen wurde verboten. Die Guisen vermißten bei der Erklärung aber die ausdrückliche Feststellung, daß der König als Thronfolger nur einen katholischen Fürsten anzuerkennen gedenke. Diese Feststellung hatte Heinrich III. sehr absichtsvoll vermieden. Indem er sie nicht ausdrücklich abgab, hielt er gewissermaßen dem König von Navarra die Tür zu einer späteren Verständigung offen. Denn er hoffte eines nicht allzu fernen Tages Gelegenheit zu erhalten, sich an den Guisen zu rächen, und dabei konnte ihm der König von Navarra behilflich sein.
Katharina wies in Epernay ihre Verhandlungspartner, die Guisen und den Kardinal von Bourbon, triumphierend auf den Erfolg ihrer Vermittlung hin. Der König hatte die verlangte Erklärung abgegeben, die katholische Religion zur einzig legitimen erklärt. Der gutmütige Kardinal von Bourbon hätte sich damit gern zufrieden gegeben, doch der Herzog von Guise sagte, das sei schön und gut, jetzt käme es jedoch darauf an, daß die Protestanten umgehend alle

von ihnen besetzten Plätze übergäben. Katharina war derart zu der Einsicht genötigt, daß sie weniger als sie meinte, eigentlich nichts erreicht hatte, als sie den König von Navarra von der Notwendigkeit jener Erklärung überzeugte. Absichtserklärungen und leere Versprechungen, die bestehende Konflikte nur verschleierten, dienten ja dem Frieden, den sie erhalten wollte nur, solange niemand auf deren prompter Erfüllung bestand. Oft genug hatte sie in der Vergangenheit mit solchen Verschleierungsmanövern Zeit gewonnen. Zeit, in der, wenngleich sie nicht alles heilt, das meiste sich doch schließlich erledigt. Aber die Guisen hatten es eilig: Sie wollten die festen Plätze der Protestanten für sich selbst.
Katharina gab sich auch angesichts der unnachgiebigen Haltung ihres teuren Neffen nicht geschlagen, sondern richtete sich in einem Dorf namens Sarry, wo sie mit elendem Quartier vorliebnehmen mußte, dessen Bequemlichkeit durch ihre Bronchitis und Verdauungsstörungen nicht eben vermehrt wurde, auf eine hartnäckige Fortsetzung ihrer Vermittlungsbemühungen ein.
Ihre Gegner verlangten ein weiteres königliches Edikt, mit dem all ihren Forderungen ausdrücklich Rechnung getragen würde. Verfügt werden sollte die Ausweisung aller häretischen Geistlichen; die Absetzung aller sich zur sogenannten reformierten Religion bekennenden königlichen Beamten sowie die Beschlagnahme des Besitzes solcher Beamter; endlich sollte allen gegenwärtig der sogenannten reformierten Religion anhängenden Untertanen des französischen Königs eine Frist von drei Jahren gesetzt werden, binnen welcher sie zur katholischen Kirche zurückkehren mußten, wollten sie nicht alle Rechte verlieren. Natürlich, sagten Katharinas Verhandlungspartner, war nicht damit zu rechnen, daß sich die Protestanten diesen Forderungen widerstandslos beugten. Man würde sie jedoch mit Waffengewalt dazu zu zwingen wissen. Die Liga sei sehr wohl imstande, sich dieser Aufgabe anzunehmen, ja sogar fürs erste die Kosten der erforderlichen Maßnahmen vorzustrecken. Der Staatsschatz könne den Kirchengütern, die zu diesem Zweck in Anspruch genommen würden, die verauslagten Summen nach der Wiederherstellung des Friedens erstatten. Die Verwaltung der wichtigsten Städte und festen Plätze des Landes würden inzwischen der Herzog von Guise und einige seiner Verwandten übernehmen, die Herzöge von Elbœuf, Mayenne und Aumale . . .

Katharina versuchte vergeblich, den Herzog von Guise von diesen Forderungen abzubringen. Schließlich kehrte sie zu Tode erschöpft nach Epernay zurück. Ehe sie sich aber dort zu Bett begab, berichtete sie dem König, ihrem Sohn, ausführlich den enttäuschenden Verlauf, den die Verhandlungen genommen hatten, und bedeutete ihm, wie weit er den Forderungen der Guisen mindestens entsprechen müsse, um Zeit für weitere Verhandlungen zu gewinnen. Nachdem auch der kluge Villequier dem König die Instruktionen seiner Mutter noch mündlich erläutert hatte, verfuhr denn Heinrich III. ganz in Katharinas Sinn. Er verweigerte den Guisen und ihrem Anhang nur einige feste Plätze, die er für sich selbst behalten wolle, wie er wissen ließ, und ohne Einwände gegen die übrigen Forderungen der Guisen zu machen, erwiderte er deren Ultimatum so, als sei er überzeugt, sie durch das damit bewiesene Entgegenkommen vollkommen zufriedengestellt zu haben.
Die Guisen, inzwischen mit Katharinas Verzögerungstaktik bestens vertraut, taten bei Erhalt dieser Antwort unmißverständlich kund, daß sie durch dergleichen Gerede nicht zufriedenzustellen waren. Selbst der gutmütige Kardinal von Bourbon schlug mit den Fäusten auf den Tisch. Unverzüglich verlangten sie die Erfüllung aller von ihnen gestellten Bedingungen. Katharina bat um eine Frist von vierundzwanzig Stunden, während derer beide Seiten Gelegenheit haben sollten, ihren Standpunkt in der Kontroverse noch einmal zu überdenken. Am nächsten Tag fand sie aber, daß ihre Verhandlungspartner nicht daran dachten, von dem Standpunkt abzurücken, auf dem sie ihr zu Beginn der Verhandlungen entgegengetreten war. Und sie begriff endlich, daß die Guisen die Konferenz keineswegs so wie sie in die Länge gezogen hatten, um sich Konzessionen, zu denen sie prinzipiell bereit gewesen wären, so teuer wie möglich abkaufen zu lassen – sondern aus dem gleichen Grunde, aus dem sie selbst Verhandlungen führte, die ihres Erachtens zu keiner Einigung führen konnten –, um Zeit zu gewinnen nämlich. Unleugbar hatten Katharinas Gegner die gewonnene Zeit auch klug zu nutzen gewußt: Inzwischen waren die katholischen Schweizer in ihre Garnisonen eingerückt, neue feste Plätze gewonnen, die Autorität der Guisen im Lande hatte merklich zugenommen.
Katharina hoffte, von Gott gerächt zu werden dafür, daß jene sie »so lange hingehalten und getäuscht« hatten, anscheinend ohne zu

bedenken, wie oft sie selbst schon anderen Gelegenheit gegeben hatte, das gleiche zu vermuten. Und so begab sie sich von Epernay nach Nemours, wo sie für den König den von jener Stadt am 7. Juli 1585 datierten Vertrag unterzeichnete. Damit trat der König seine Macht an die Liga ab, und Katharina gab das politische Prinzip preis, dem sie zeitlebens gedient hatte. Zeitlebens war sie bemüht gewesen, der Monarchie die Stellung über den streitenden Parteien zu erhalten, die jeweils stärkere zu mäßigen, die jeweils schwächere in Schutz zu nehmen, wenn nötig. Zu ihrer Zeit ist sie deshalb oft genug beschuldigt worden, für die Reformierten Partei zu nehmen. Die Historiker des 19. Jahrhunderts warfen ihr aus dem gleichen Grund vor, die Unterdrückung und Ausrottung der Hugenotten versucht zu haben. Gerechterweise muß ihr aber zugestanden werden, daß sie, wo sie irgend konnte, die königliche Macht im Interesse eines Ausgleichs der Gegensätze einsetzte. In Nemours war sie dazu nicht imstande, weil dem König nicht mehr die Macht zu Gebote stand, seine Stellung über den Parteien zu behaupten. Die Schuld daran trifft nicht sie, wohl aber den König. Hätte Heinrich III. sich dazu herbeigelassen, den Regierungsgeschäften seine ungeteilte Aufmerksamkeit zu widmen, oder hätte er wenigstens an seiner Statt die Königinmutter ungestört regieren lassen – es hätte wohl nicht so weit zu kommen brauchen, daß Katharinas Liebling, wie es jetzt geschah, zugunsten der Liga praktisch abdanken mußte. Übel genommen wurde dem König das nicht nur von denjenigen seiner Untertanen, deren Ausrottung erklärtes Ziel der Liga war, sondern auch von unzähligen Katholiken, die den Fanatismus der Ligisten nicht teilten. »Das schlimmste an alledem ist«, schrieb der Pariser Chronist Pierre de L'Estoile, »daß der König zu Fuß ging und die Liga auf dem hohen Roß saß und daß das Büßerhemd, das er trug, nicht so haltbar war wie der Harnisch, den sie auf dem Buckel hatten.« Die da auf dem hohen Roß saßen, waren nun aber unbestreitbar die lothringischen Nachfahren Karls des Großen, Katharina hatte bei der Unterzeichnung des demütigenden Vertrages von Nemours Gelegenheit, sich davon zu überzeugen. Für die Gegenseite unterzeichnete diesen Vertrag nämlich der Kardinal von Bourbon, der Herzog von Guise, dessen Bruder, der Kardinal von Guise – und schließlich auch der Herzog von Lothringen, denn für seine Sippe ergriff auch Katharinas geliebter Schwiegersohn gegen ihren Sohn Partei.

Dem Pariser Parlament schienen die Konzessionen, die der König der Liga im Vertrag von Nemours gemacht hatte, so gefährlich, daß Heinrich III. genötigt war, die Richter zu zwingen, den von ihnen mißbilligten Vertrag für rechtskräftig zu erklären. Selbst der Papst fand das Streben der Guisen nach dem Thron von Frankreich – das von Rom aus deutlicher zu erkennen war, als ihr Eifer für die Sache der katholischen Religion – zumindest beunruhigend.

Der Vertrag schloß Heinrich von Navarra als Häretiker von der Thronfolge aus. Doch stand es dem König zu, das salische Gesetz abzuschaffen, demzufolge eben dieser Fürst der legitime Thronerbe war? »Ich habe die Pflicht, mich mit ganzer Macht dem Untergang der Krone und des Hauses Frankreichs zu widersetzen gegen jene, die diesen etwa herbeiführen wollten«, schrieb Heinrich von Navarra. Er schien zu wissen, daß der Thron von Frankreich auf ihn wartete.

Heinrich III. war nach dem Vertrag verpflichtet, die Hugenotten mit Waffengewalt zur Erfüllung der Forderungen der Liga zu zwingen. Paris bewilligte ihm Kredite zur Verstärkung seiner Armee. Er war keineswegs davon überzeugt, daß die Liga, mit der er gemeinsame Sache machen mußte, bei dem Unternehmen, die Häresie aus Frankreich zu vertreiben, auf Erfolg rechnen konnte. »Ich fürchte, daß wir bei dem Versuch, die Predigt abzuschaffen, statt dessen vielleicht die Messe in Gefahr bringen«, soll er gesagt haben.

Inzwischen wurde durch eine päpstliche Bulle vom 9. September 1585 Heinrich von Navarra exkommuniziert. Katharina reagierte auf diese Maßnahme seitens Sixtus V. sehr verärgert. In der Meinung, daß der Heilige Vater sich derart auf unzulässige Weise in die französische Innenpolitik einmische, stand sie keineswegs allein. Katholiken aller Stände fanden, daß es nicht Sache des Bischofs von Rom sei, einen Fürsten, den das salische Gesetz als Thronfolger designierte, durch dessen Exkommunikation von der Thronfolge auszuschließen. Der Liga freilich war die Maßnahme des Papstes eben recht und bei der gegenwärtigen Schwäche des Königs sah sich Katharina zu ihrem Verdruß außerstande, irgendwelche Schritte dagegen zu unternehmen.

Heinrich von Navarra andererseits deutete Verhandlungsbereitschaft an, ließ wissen, daß er, vielleicht nicht hinreichend unterrichtet, bei besserer Einsicht, zu welcher etwa die Erörterungen eines neu einzuberufenden Konzils ihm verhelfen könnten, seine Rückkehr in den Schoß der katholischen Kirche sehr wohl für möglich halte. Tatsächlich motivierten ihn zu diesem Entgegenkommen wohl nicht die vorgeschobenen theologischen Zweifel, sondern die Gewißheit, daß Heinrich III. die Guisen und die Liga, die ihn in die Pflicht genommen hatte, haßte wie die Pest und daß Katharina nur allzu willens war, ihm entgegenzukommen, wenn sie auf diesem Wege den Guisen entkam. Hatte sie nicht nach Unterzeichnung des Vertrages von Nemours ganz vernehmlich gesagt: »Jetzt gibt es nur noch den einen Ausweg, daß der König von Navarra konvertiert.« Hätte er sich zu dieser abermaligen Konversion bereitgefunden, die Königinmutter und der König hätten ihn mit offenen Armen aufgenommen, das wußte er. Und so versicherte er sich einstweilen des ferneren wohlwollenden Interesses seiner Schwiegermutter, indem er wenigstens die Möglichkeit dieser Konversion in Aussicht stellte.

Unterdessen ließ Heinrich die angespannten Verhältnisse in seinem Staat auf sich beruhen, kehrte der schmutzigen Politik und der schnöden Welt den Rücken, um sich denselben in Gesellschaft einiger Mönche und Getreuer in einer mit schwarzen Schleiern verhangenen und mit Todenschädeln und Gebeinen ausgeschmückten Kapelle bis aufs Blut zu geißeln. Der Nuntius, dem diese schwärmerischen Devotionen verdächtig waren, bat den Heiligen Vater, dazu ein Machtwort zu sprechen. Papst Sixtus V. entsprach dieser Bitte und ermahnte den Beichtvater des Königs, Pater Auger, den Büßer zur Ordnung zu rufen, ihm zu erklären, daß er andere Pflichten habe, die er um Gottes willen nicht versäumen dürfe.

Katharina ihrerseits ließ im Dezember, des Ärgers ungeachtet, den dieser ihr mit der Exkommunikation Heinrichs von Navarra erst kürzlich verursacht hatte, den Heiligen Vater durch den ihr treu ergebenen Gondi (der seit einiger Zeit das Amt des Bischofs von Paris innehatte) ihrer unerschütterlichen Treue und demütigen Ergebenheit versichern; sie benötigte nämlich Geld und hoffte, es vom Papst zu erhalten.

Sie versuchte, die Häupter der Liga gegeneinander auszuspielen, doch war der Familiensinn der Lothringer ihren diplomatischen

Künsten gewachsen. Immerhin wird es sie gefreut haben zu erfahren, daß ihr Schwiegersohn, Karl III. von Lothringen, den Vertrag von Nemours nicht etwa, weil er Heinrich III. übel gewollt hätte, mit unterzeichnet hatte, sondern weil er hoffte, sein Herzogtum so vor den Verwüstungen zu bewahren, die andernfalls die aus Deutschland einfallenden Söldner der Liga dort angerichtet hätten. Schließlich blieben seinem unglücklichen Herzogtum die Verwüstungen trotzdem nicht erspart, da nämlich auch Heinrich von Navarra sich Söldner aus Deutschland kommen ließ.

Im Südwesten, im Périgord, im Limousin und Quercy tobte schon der Krieg. Navarra war wütend, noch verhandelte er mit den »Politikern« und den nicht der Liga beigetretenen Katholiken. Es gab deren beim Adel und sogar bei der Geistlichkeit nicht wenige. Doch von den Ligisten, die seinen Untergang beschlossen hatten, sagte Heinrich von Navarra: »Die glauben, daß man mich mit dem Netz fangen kann, ich werde ihnen aber in die Quere kommen und in den Bauch stoßen.«

Die königlichen Streitkräfte im Delphinat wurden von d'Epernon befehligt, diejenigen im Poitou und im Südwesten von Joyeuse. Heinrich III. zeigte am Tun und Treiben weder der Befehlshaber noch der Streitkräfte Interesse, sondern ließ die Zuwendung, derer er fähig war, seinem Schoßhündchen zukommen. Auch ergötzte es ihn, Miniaturen aus alten Handschriften zu schneiden und diese an die Wände zu kleben.

Katharina beschloß, den wieder aufflackernden Krieg, ehe er zum alles verzehrenden Brande aufloderte, womöglich auf eigene Faust zu ersticken und zu diesem Zweck reiste sie in das Poitou. Im persönlichen Gespräch mit ihrem Schwiegersohn sollte es, meinte sie, doch möglich sein, irgendeine Einigung zu erzielen, um das Schlimmste zu verhüten. Heinrich III. nahm an dieser Reise seiner Mutter immerhin Interesse genug, in einem Schreiben an einen Gesandten zu behaupten, er habe sie ihr befohlen. Katharina beauftragte mit der Vorbereitung des Treffens – so, wie mit Bellièvre, Birague und Villeroy abgesprochen – einen italienischen Abbé namens Gadaigne. Sobald sie die Zusicherung hatte, daß Navarra geruhen werde, sie zu empfangen, reiste sie von Chenonceaux nach Saint-Maxent, wo ihr endlich mitgeteilt wurde, daß ihr Schwiegersohn sie in dem zwischen Cognac und Jarnac gelegenen Schloß Saint-Bri erwartete. Sie traf ihn dort am 13. Dezember

1586. Sie warf ihm vor, wie er sie nun schon seit sechs Monaten in Atem halte, ihr keine Ruhe gönne, sie gezwungen habe, tausend Unbequemlichkeiten in Kauf zu nehmen, um ihn endlich hier zu sehen. Er erwiderte ihr, nicht er, jedenfalls, habe sie aus dem Bett geholt, sie aber hindere ihn schon seit sechs Monaten, in seinem eigenen zu schlafen. Was aber die Unbequemlichkeiten anginge, über die sie sich beklagte, sagte er: »Diese Unbequemlichkeiten sind Ihnen eben recht. Wenn Sie Ruhe hätten, würden Sie das Leben bald leid sein.«

Die beiden kannten einander und waren als Verhandlungspartner einander gewachsen, einer so listig, konziliant und hartnäckig wie der andere. Das Gespräch wurde bald hitzig und beide merkten, daß, wenn es so weiter ginge, schließlich nichts als ein offener Bruch dabei herauskommen würde. Da diesen Bruch auch Heinrich nicht wollte, verabredeten sie die Fortsetzung am 17. Dezember. Bei diesem neuerlichen Treffen schlug sie ihm vor, einem Waffenstillstand bis zum Zusammentreten der Generalstände zuzustimmen. Voraussetzung für diesen sei nur die Einstellung der reformierten Religionsausübung während der fraglichen Frist – in Erwartung des Urteils der Generalstände. Im übrigen sei freilich seine Rückkehr in den Schoß der katholischen Kirche um der fernen Sicherung des Friedens willen sehr zu wünschen. Der König von Navarra nahm weder ihre Bedingungen an noch erhörte er ihre Wünsche. Der Bruch – und also der Krieg – schien unvermeidlich.

Während in Paris Heinrich III. die Bemühungen seiner Mutter um die Bekehrung des Königs von Navarra rühmend bekannt gab, setzte letzterer seine Kriegsrüstungen fort. Am 11. Januar 1587 unterzeichnete sein Werber Ségur-Pardaillon in Friedelsheim eine Vereinbarung mit dem König von Dänemark über die Entsendung schweizerischer und deutscher Söldner, die im Verein mit den von Johann Kasimir von der Pfalz gestellten Soldaten nach Lothringen und in die Champagne einfallen sollten. Diesen Beistand aus dem Ausland glaubte Heinrich von Navarra zu brauchen, schon um den spanischen Truppen standhalten zu können, die der Liga aus den Niederlanden zu Hilfe geschickt wurden.

Heinrich III. und Katharina waren jetzt Gefangene der zu Nemours gemachten Versprechungen. Gern hätten sie diese widerrufen, aber in Paris hatten sie nichts mehr zu sagen, regierten sie nach

Vorschrift und unter Aufsicht der Liga. Der König von Paris war der Herzog von Guise, wie im Süden der König von Navarra herrschte. Wer von diesen beiden in dem jetzt ausbrechenden Krieg den Sieg davontrug, würde zuletzt den machtlosen König absetzen und selbst König von Frankreich werden.

Obwohl dieser ihren letzten Annäherungsversuch so enttäuschend zurückgewiesen hatte, war Katharina im Grunde ihres Herzens für »das Blut von Frankreich«, wie man den legitimen Erben der Kapetinger nannte. Noch einmal versuchte sie, ihn zu treffen, um sich vielleicht doch noch auf irgend etwas Ersprießliches mit ihm zu einigen. Immerhin erlangte sie seine Einwilligung in ein abermaliges Treffen zu Fontenay-le-Comte. Doch die Reise dahin machte sie vergebens. Zu dem dort für den letzten Tag des Monats Februar verabredeten Stelldichein erschien Heinrich von Navarra nicht. Angeblich weil er fürchtete, entführt zu werden. In Wirklichkeit wollte er jetzt den Krieg, um die Frage der Thronfolge durch den Sieg über die Liga und den König aus der Welt zu schaffen. Just zu dieser Zeit – am 18. Februar – ließ Elisabeth von England Maria Stuart enthaupten. Wenn der gegenwärtige König von Frankreich so stark gewesen wäre wie Franz I., hätte diese Hinrichtung vermutlich nicht stattgefunden, denn in dem Fall hätte die Königin von England wegen der französischen Interessen an Schottland mit Repressalien rechnen müssen. Doch wußte sie natürlich, daß sie in dieser Hinsicht vor Heinrich III. keine Angst zu haben brauchte. Katharina verstand das und war dementsprechend entrüstet, als ihr die Enthauptung ihrer freilich nie sehr geliebten Schwiegertochter gemeldet wurde. »Da haben wir also, was unsere unseligen Wirren mit sich bringen«, schrieb sie an ihren Gesandten.

Am 13. März traf sie, aus Fontenay kommend, in Chenonceaux wieder ein. »Es kann nur noch Unheil und Elend über dieses arme Königreich kommen«, schrieb sie. Sie hatte noch selten, wenn überhaupt je, so schwarz gesehen; denn sie neigte ja bekanntlich mehr als der gewöhnliche Sterbliche von Natur aus dazu, immer das Beste zu hoffen. Trotz ihrer Niedergeschlagenheit rastete sie jedoch in Chenonceaux nur einen Tag und war anderntags schon wieder unterwegs nach Paris. Ihr Mißerfolg bei dem Schwiegersohn schien ihr auch den Mut genommen zu haben, den Guisen weiter Widerstand zu leisten. Ihren Sohn, den König, fand sie

gänzlich verzagt. Aus Liebe zu ihm – und natürlich um des lieben Friedens willen – raffte sie sich aus ihrer Verzweiflung auf und besuchte im Juni 1587 die Guisen in ihrem Lager zu Reims. Doch wie zuvor der König von Navarra weigerten sich jetzt auch die Guisen, einem Waffenstillstand unter für die Gegenseite akzeptablen Bedingungen zuzustimmen. Beide Parteien wollten den Krieg, den sie zu verhindern suchte. Im übrigen verdächtigten die Lothringer die Königinmutter, den in Deutschland angeworbenen Söldnern des Königs von Navarra den Zug durch Frankreich erleichtern zu wollen, den Häretiker also gegen die Liga zu begünstigen, was ihnen Katharinas Vorschläge natürlich nicht empfahl.
Unverrichteter Dinge nach Paris zurückgekehrt, sah Katharina, daß sie nun eilends rüsten mußte für den Krieg, den zu verhindern sie gehofft hatte. Wie man sich erinnern wird, hatte sie erste kriegerische Erfahrungen gesammelt, als sie es 1552 unternahm, den Nachschub für das Heer ihres Gemahls, Heinrich II., zu organisieren. Jetzt fing sie an, die Versorgung der Hauptstadt für den Fall einer Belagerung zu gewährleisten. In Erinnerung an die seinerzeit von Montmorency in der Provence angewandte Strategie, befahl sie im übrigen die Speicherung aller Lebensmittelvorräte in einigen wenigen Festungen sowie die Vernichtung der reifenden Ernten, Demontage der Mühlen (Mühlsteine sollten in die Flüsse geworfen werden), mit einem Wort: verbrannte Erde. Die fremden Heere sollten eine Wüste vorfinden. Man gab zu bedenken, daß es für dergleichen einschneidende Maßnahmen vielleicht doch noch etwas zu früh sei, da inzwischen nur ihre armen Untertanen darunter leiden würden, was ihr hinreichend einleuchtete und sie zu vorläufigem Widerruf der Anordnungen bestimmte.
Heinrich III. erwachte für einen Augenblick aus seiner Lethargie und sprach davon, persönlich an die Spitze seines Heeres zu treten. Katharina ließ sich blenden, sah den Liebling die einst bei Jarnac und Moncontour erfochtenen Siege durch neue Taten in den Schatten stellen. Für die im strengen Sinne kriegerischen Aspekte des Krieges hatte sie ja nie viel Verständnis gehabt. Auf die geschäftliche Seite verstand sie sich besser. So entging ihr auch nicht, daß sich einige ihrer florentinischen Freunde als Heereslieferanten skandalös, nämlich durch ziemlich unsaubere Machenschaften, bereicherten. Sie unterband diese Machenschaften, ohne die Ver-

antwortlichen sonderlich hart zu belangen: Für dergleichen hatte sie Verständnis.
Am 20. Oktober 1587 stieß die königliche Armee bei Coutras auf das Heer des Königs von Navarra. Joyeuse, Liebling und neuerdings auch Schwager des Königs, Herzog von dessen Gnaden, ein charmanter Mann, eine Zierde des Hofes, war ein Feldherr nur insofern Heinrich III. ihm 2500 Mann Reiterei und 5000 Mann Fußvolk zum Spielen gegeben hatte, aber von den Regeln des Spieles das im Felde zu spielen war, hatte er keinen blassen Schimmer. Immerhin ließ er sich mit seinem Spielzeug auch selbst in Stücke hauen. Heinrich von Navarra, der bei dieser Gelegenheit nur vierzig Mann verlor, hätte Reiterei und Fußvolk des Herzogs von Joyeuse bis auf den letzten Mann massakrieren lassen können, doch gebot er schließlich der Schlächterei Einhalt und ließ die Überlebenden entkommen. Was mag den zukünftigen König von Frankreich zu dieser Schonung der Geschlagenen bewegt haben? Rechnete er schon damit, daß die Überlebenden bald unter seinen Fahnen dienen würden?
Als kaum mindere Niederlagen des Königs erscheinen zwei von den Guisen erfochtene Siege über die Söldner des Königs von Navarra, die aus Deutschland nach Süden zogen. Am 26. Oktober bei Vimory und abermals am 24. November 1587 bei Auneau geschlagen, mußten diese Truppen kehrtmachen und das Heil in der Flucht suchen – soweit sie dazu noch imstande waren. Wenn in der Schlacht von Coutras der Herzog von Guise die königlichen Truppen befehligt hätte, der Sieg wäre wohl dem König zugefallen. Aber Heinrich III. vertraute seine Truppen, seinen Schatz, seine schönsten Provinzen Joyeuse und Epernon an. Und mußte derart mit ansehen, daß der Krieg nirgends nach Wunsch lief, denn seine Eifersucht und sein Haß gegen den Herzog von Guise war so groß, daß ihm dessen Sieg über die deutschen Söldner des Königs von Navarra kaum weniger unangenehm gewesen sein mag als der Sieg des letzteren über seinen Günstling Joyeuse.
Katharina empfand patriotischer. Sie freute sich des Sieges der Guisen über die Eindringlinge. »Ein Wunder«, schrieb sie, »eine Armee von dreißigtausend Mann geschlagen und keine eigenen Verluste.« Das stimmte, das Heer der Liga war aus den beiden Schlachten nicht nur siegreich, sondern auch unbeschädigt hervorgegangen. In Paris jubelte alles – mit Ausnahme Epernons. Diesen

trieb der verbrecherische Neid zu einem schier unglaublichen Unternehmen. Er versuchte, die Reiterei vom Heer der Guisen abzuteilen und aus dieser und den Resten des geschlagenen Heeres eine neue Armee aufzustellen, um mit ihr den Krieg in der Champagne wiederaufzunehmen. Das war der Mann, dem Heinrich III. alle Vollmachten gab. In Paris zirkulierte damals ein Büchlein, dessen Titel mit großen Lettern »Heroische Kriegs-Taten D'Epernons« ankündigte. Schlug man das Büchlein auf, fand man auf leerer Seite nur das Wort »Nichts«.

Heinrich III. hätte natürlich Epernon bei dem Versuch, die Schlagkraft der Armee des Herzogs von Guise zu lähmen, wohl kaum gewähren lassen, wenn er nicht selbst den Guisen so gehaßt hätte. Er schien nicht zu bemerken, daß er nach der Vernichtung der königlichen Armee bei Coutras ganz auf den Schutz der Liga angewiesen war. Katharina, die das natürlich sah, war entsetzt darüber, daß ihr Liebling meinte, sich für die von dem hochmütigen Retter seines Reiches empfangenen Demütigungen durch verleumderische Beschuldigungen rächen zu sollen, die er öffentlich gegen den Herzog von Guise erhob. Beim Volk, und namentlich dem von Paris, kam denn der König mit diesen Beschuldigungen auch übel an. So hitzig, wie dieses nämlich in dem Herzog von Guise seinen Helden verehrte, verabscheute es nun den schon zuvor verachteten König, der sich erdreistete, ihm diesen Helden madig machen zu wollen. Katharinas Sorgen angesichts dieser ziemlich unverhohlenen Volkswut waren nicht unbegründet. Denn hier war der Nährboden, auf dem die Verschwörung ausgeheckt wurde, die am 24. April 1588 einen Staatsstreich versuchen wollte: Die Verschwörer hatten vor, den Louvre zu besetzen, Epernon zu verhaften und vor Gericht zu stellen, den König in Haft zu nehmen und die Königinmutter mit der Regentschaft zu betrauen, die sie im Verein mit dem zum Generalstatthalter des Reiches ernannten Heinrich von Guise ausüben sollte. Ein Geheimagent des Königs bei der Liga verriet die Verschwörer, ehe sie handeln konnten. Es handelte sich bei diesen um einige Anführer der Liga von Paris. Heinrich von Guise war an der Verschwörung nicht beteiligt gewesen, wußte nicht einmal davon. Da die Verschwörer ihn aber zum Generalstatthalter des Reiches hatten machen wollen, war der König gleichwohl überzeugt, daß der Guise sie angestiftet hatte.

Im Augenblick der Entdeckung dieser Verschwörung forderte die Liga vom König die genaue Erfüllung aller Bedingungen des Vertrages von Nemours, die Verbannung Epernons, die Beachtung aller Dekrete des Konzils von Trient durch die Kirche von Frankreich, die Einführung der Inquisition. (Katharina hatte sich, trotzdem Drängen des Papstes und des spanischen Königs stets geweigert, diese einzuführen, was ihr leider nicht einmal die von dieser Weigerung profitierenden Reformierten dankten) – endlich die Ächtung aller häretischen Untertanen einschließlich des Königs von Navarra.
Heinrich III. ließ sich leider dazu hinreißen, seinen ohnmächtigen Zorn an der Mutter auszulassen. Der Elende unterstand sich, für das Scheitern aller Verhandlungen sie verantwortlich machen zu wollen. Und Katharina ließ sich die ungerechten Vorwürfe ihres Lieblings gefallen, weil sie ihn trotz allem liebte und trotz allem in ihm den König achten wollte.
Heinrich III. ließ sich leider weiter dazu hinreißen, sich auch bei der Liga, nach deren Pfeife er tanzen mußte, Achtung mit Gewalt verschaffen zu wollen. Er verbot dem Herzog von Guise die Stadt Paris. Selbstverständlich dachte Paris nicht daran, sich seinen Helden verbieten zu lassen, der sich seinerseits natürlich auch nicht von der königlichen Anordnung einschüchtern ließ. Als er am 9. Mai 1588 in Paris einzog, jubelte das Volk dem Herzog von Guise zu, so sehr und so herausfordernd, daß es diesem selbst angst und bange dabei wurde. Denn diese Leidenschaft drohte schließlich nicht nur die Sache des Königs, sondern auch seine eigene zu gefährden. »Das reicht, Messieurs, das ist zuviel!« rief er. »Lassen Sie vielmehr den König hochleben.« Aber niemand dachte daran, den verabscheuten König hochleben zu lassen. Der Herzog von Guise selbst natürlich auch nicht, doch war ihm wohl der Feuereifer, mit dem das Volk statt dessen ihn hochleben ließ, wirklich zutiefst unbehaglich. Denn zwar wollte auch er den König abgesetzt sehen, meinte aber, daß das nicht auf Druck der Straße geschehen, sondern vom Adel, der hohen Geistlichkeit und den Parlamenten beschlossen werden sollte. Der Volksheld mißtraute dem Pöbel.
Man erinnere sich seines Geständnisses in Epernay: »Ich kann nichts allein entscheiden.« Der König von Spanien aber, der bei den Entscheidungen des Herzogs von Guise ein gewichtiges Wort mitzureden hatte, wünschte gegenwärtig keine Umwälzungen in

Frankreich. Er war anderweitig beschäftigt. Bald sollte die große Armada auslaufen, mit der er die häretische Königin von England zu schlagen und Maria Stuart zu rächen, das Königreich Schottland wiederaufzurichten und überall auf den britischen Inseln die katholische Kirche wiederherzustellen hoffte. War das alles aber erst vollbracht, dachte er, mit Leichtigkeit auch in dem von der Ketzerei angekränkelten benachbarten Reich Ordnung zu schaffen. Bis dahin sollte Guise nur Zeit gewinnen: Ein Volksaufstand in Paris, ein Bruch der Liga mit der Krone waren einstweilen also nach Möglichkeit zu vermeiden.

Nach seinem Einzug in Paris begab sich deshalb der Herzog nicht in den dortigen Palast seiner Familie, sondern suchte vielmehr unverzüglich die Königinmutter in ihrem Stadtschloß auf, denn er wußte, daß, was an königlicher Autorität noch erhalten war, in ihren Händen lag.

Katharina war noch immer leidend, die Bronchitis plagte sie, schon seit längerer Zeit mußte sie das Zimmer hüten. Zwar ließ sie sich natürlich dennoch auf dem laufenden halten, doch von der Rückkehr Heinrichs von Guise nach Paris war sie noch nicht unterrichtet, als dieser bei ihr erschien. Sie wußte, daß der König ihm das Betreten der Hauptstadt bei Todesstrafe verboten hatte, und war dementsprechend ziemlich überrascht, als einer ihrer Zwerge, der eben aus dem Fenster sah, ihre Unterhaltung mit ihrer Patentochter Katharina, der Schwester Heinrichs von Guise, Madame de Montpensier, unterbrach: da unten steige gerade der Herzog von Guise aus dem Sattel. Katharina, die Königinmutter, wollte erst an einen schlechten Scherz ihres Spaßmachers glauben, denn bei dem Haß des Königs und Epernons riskierte Heinrich von Guise allerdings, indem er so gegen das Verbot verstieß, den Kopf. Als aber dieser gleich darauf das Zimmer betrat, konnten sich die beiden Katherinen mit eigenen Augen davon überzeugen, daß er offenbar der Meinung war, dieses Risiko eingehen zu können. Die Königinmutter sagte: »Ich begrüße Sie von ganzem Herzen, doch wäre meine Freude noch größer, wenn Sie überhaupt nicht gekommen wären und das Verbot des Königs nicht übertreten hätten.«

Als ihrem Sohn die Ankunft des Herzogs von Guise in der Hauptstadt gemeldet wurde, schrie er: »Bei Gott, dafür soll er sterben!« »Ich habe ein Schwert, um mich zu verteidigen«, hatte der Herzog zu der Königinmutter gesagt, als diese ihm die Gefahr vor Augen führte, in die er sich mit seiner Herausforderung des königlichen Zorns begab. Daß der König versucht sein könne, ihn hinterlistig ermorden zu lassen, scheint er bei dieser stolzen Erwiderung nicht bedacht zu haben. Tatsächlich gab der König unverzüglich entsprechende Anordnungen. Die Mörder sollten sich in einem Gelaß neben dem Zimmer, in welchem Heinrich III. den Herzog von Guise zu empfangen gedachte, wenn dieser ihm im Louvre seine Aufwartung machte, verborgen halten. Wenn sie den König sagen hörten, »Sie sind ein toter Mann, Herr von Guise«, sollten sie sich auf ihn stürzen und dafür sorgen, daß ihr König die Wahrheit gesagt hatte.

Heinrich III. hatte diese Anordnungen eben gegeben, als ein Bote seiner Mutter bei ihm erschien. Katharina, die stets mit allem rechnete, hatte auch mit derartigen Anordnungen ihres Lieblings gerechnet, und anstatt ihm Guise ans Messer zu liefern, ließ sie ihn deshalb bitten, sie zu besuchen und den Herzog bei ihr zu treffen. Die Zumutung erboste den König zuhöchst, denn unter keinen Umständen hätte ein Guise erwarten dürfen, daß der König sich seinetwegen irgendwohin bemühe. Katharinas Bote machte geltend, nicht der Herzog, sondern die Königinmutter bitte um diese Gunst, da sie, seit drei Wochen bettlägerig, nicht imstande sei, ihm im Louvre aufzuwarten. Der Sohn erklärte, sie möge nur ruhig im Bette bleiben, ihre Anwesenheit bei der Audienz, die er dem Herzog zu gewähren gedenke, sei keineswegs erforderlich.

Diese Antwort bestätigte Katharinas Befürchtungen. Sie beschloß deshalb, den Herzog in den Louvre zu begleiten. Sie ließ sich in ihrer Sänfte tragen, der Herzog ging neben ihr, zu Fuß, den Hut in der Hand. In der Umgebung des Schlosses war lebhaftes Treiben. Schweizer, Schotten und französische Garden des Königs hielten alle Eingänge besetzt. Katharina, der auch diese ungewöhnliche Truppenpräsenz nichts Gutes verhieß, gab dem Herzog den Rat, sofort, nachdem er den König begrüßt hätte, den Louvre wieder zu verlassen.

Heinrich III. erwiderte nicht einmal den Gruß des Herzogs von Guise, sondern fragte ihn nur scharf, weshalb er trotz seines ausdrücklichen Verbots in die Hauptstadt gekommen sei. Guise, wie gewöhnlich Herr der Lage, erwiderte: Weil man ihn unterrichtet habe, daß Seine Majestät auf Anraten des Herzogs von Epernon

(eine Spitze) beschlossen habe, die Katholiken der Hauptstadt massakrieren zu lassen. »Da mein Glauben mir aber teurer ist als mein Leben, bin ich gekommen, mit ihnen zu sterben.« Diesbezüglich war Guise recht unterrichtet. Epernon plante wirklich, alle Häupter der Liga und so viele von deren Anhängern wie möglich umbringen zu lassen. Natürlich leugnete der König das aber jetzt und beschuldigte seinerseits den Besucher des Majestätsverbrechens, für sich selbst nach der Krone von Frankreich zu trachten. Dabei wurde er immer wütender, begann zu schreien – lange konnte es nicht mehr dauern, bis das Stichwort für die im Nebenzimmer verborgenen Mörder fiel. Katharina, die zwar die Einzelheiten der von ihrem Liebling getroffenen Anordnungen nicht kannte, aber spürte, was in der Luft lag, zog ihren Sohn beiseite und fragte ihn, ob er sich nicht vielleicht doch von der Erregung gefährlich den Verstand vernebeln lasse? Heinrich III. erklärte ihr, nie sei er bei klarerem Verstand gewesen als eben jetzt, da er im Begriff stehe, sich der Gelegenheit zu bedienen, die ihm sein Feind, da er sich ohne Begleitung in seine Gewalt begeben, selbst gegeben habe. Katharina zog ihn an ein Fenster und zeigte ihm die Menge, die da unten auf der Straße nach dem Herzog, ihrem Helden, rief, erwartete, daß er sich ihr an einem der Fenster des Schlosses zeigte. Und sagte ihm ungefähr das Folgende: »Wenn Sie wirklich bei Verstand sind, werden Sie wissen, daß der Herzog von Guise sich keineswegs ohne Begleitung in Ihre Gewalt begeben hat. Sehen Sie sich nur die Leute da unten an. Wenn Monsieur de Guise hier nicht lebend wieder rauskommt, werden die Pariser dafür sorgen, daß auch Sie und ich nicht mehr lange leben.«
Heinrich III. glaubte ihr, überzeugr, scheint es, weniger vom Augenschein, als weil er wie seine Schwester Margot wußte, daß man sich auf gewisse Prognosen seiner von höheren Mächten informierten Frau Mutter verlassen konnte. »Aber wie kann ich König von Frankreich bleiben, wenn er König von Paris sein wird?« soll er gleichwohl gefragt haben. Katharina suchte ihn deswegen zu beruhigen. Guise habe keineswegs die Absicht, etwas gegen den König zu unternehmen, wolle ihm im Gegenteil dabei behilflich sein, die Ruhe in Paris wiederherzustellen.
Guise schlug vor, Herrn von Espinac, den Erzbischof von Lyon, nach Paris zu rufen, dieser, zwar Anhänger der Liga, doch ein sehr verständiger und auf Ausgleich bedachter Mann, könne, erklärte

Katharina dem König, die Vermittlung zwischen den Guisen und ihm übernehmen, denn an der Königstreue des Mannes sei nicht zu zweifeln. Heinrich III. akzeptierte Espinac, doch ließ er umgehend den Herzog von Epernon in die Hauptstadt kommen. Katharina witterte dabei Gefahr. In dem hochmütigen Günstling ihres Lieblings sah sie jetzt einen Verbündeten Navarras. Diesen unter den gegebenen Umständen zu unterstützen, hielt sie selbst aber nicht für opportun. Im Augenblick schien ihr die Liga weniger als er den Thron Heinrichs III. zu bedrohen.
Am 10. Mai 1588, einen Tag nach der Ankunft des Herzogs von Guise in Paris, kam es zu einer zweiten Begegnung des Anführers der Liga mit dem König im Palast der Königinmutter. Der König tat dabei freilich, als sähe er den Herzog nicht. Dennoch erklärte dieser, wie es die Königinmutter, die um jeden Preis eine Versöhnung der beiden bewerkstelligen wollte, wünschte, er werde die Ruhe in Paris wiederherstellen und sei auch willens, mit Epernon Freundschaft zu schließen. Als er danach den Raum verließ, soll er allerdings das letzte Versprechen noch mit der Bemerkung erläutert haben: aus Achtung für den Herrn wolle er auch den Hund lieben. Wer konnte danach noch auf Frieden zwischen dem König und Guise hoffen? Tatsächlich hatte Heinrich III. seinen Plan, den Rivalen ermorden zu lassen, zwar zurückgestellt, aber keineswegs fallengelassen. Er ließ sich von seiner Angst raten. Und dem Rat der Angst, jener schlechtesten Ratgeberin, folgend, ließ er während der Nacht vom 11. auf den 12. Mai die französischen Garden und 4000 ihm von Navarra überlassene Schweizer, insgesamt 6000 Mann, die einzigen Truppen, auf die er glaubte, sich noch verlassen zu können, in die Hauptstadt einrücken.
Es ist wohl möglich, daß er hoffte, wie man ihm wohlmeinend unterstellt hat, auf diese Weise dem Aufruhr und dem dann unvermeidlichen Blutvergießen vorzubeugen. Er machte aber zumindest den unverzeihlichen Fehler, sich mit dieser Besetzung der Stadt durch königliche Truppen über verbrieftes Recht der Stadt hinwegzusetzen und derart die Gemüter, die es doch zu beruhigen galt, noch weiter zu erregen. Denn von altersher hatte die Stadt Paris das Recht, ihre Verteidigung aus eigener Autorität und aus eigenen Mitteln zu besorgen. Als die Pariser deshalb am Morgen des 12. Mai die Söldner des Königs in der Stadt sahen, fanden sie nicht nur ihre alte Freiheit aufs unverschämteste vergewaltigt, sie fühlten

sich auch bedroht. Denn gegen wen hatte der König die Landsknechte gerufen, wenn nicht gegen sie? Man erinnere sich der Rolle, die das Heer des Königs von Navarra am Vorabend der Bartholomäusnacht gespielt hatte. Wie damals der Anblick der Soldaten des Königs von Navarra die Wut des Volkes gegen alle Religionsgenossen des Häretikers gereizt hatte, so jetzt der Anblick der Soldaten des Königs gegen diesen und Epernon, die ganze verrottete Gesellschaft der königlichen Lieblinge, Günstlinge und Parasiten. Und so provozierte die Maßnahme, mit der Heinrich III. vielleicht dem Aufruhr vorbeugen wollte, den Aufruhr: Das Volk ging auf die Barrikaden. Katharina befürchtete nun das Schlimmste. Sie bat Guise zu tun, was irgend in seiner Macht stünde, ein allgemeines Gemetzel zu verhüten. Sie hatte ja schon erlebt, wie leicht es dazu kommen konnte. Guise versicherte sie seiner Treue zum König. Aber hatte er die Macht, die erregte Masse zu bändigen? Hatte irgend jemand diese Macht?

Alle hatten jetzt Angst. Der König verbot den Garden unter Todesstrafe, »die Schwerter auch nur halb zu ziehen«, wie Pierre de l'Estoile in seinem Tagebuch verzeichnete, »denn er hoffte, daß solches Zaudern, Sanftheit und gute Worte die Raserei der Aufrührer dämpfen und dies blöde Volk allgemach entwaffnen würden«.

Leider hatte unterdessen dies blöde Volk, dem die vielleicht beabsichtigten guten Worte noch nicht zu Ohren gekommen waren, schon angefangen, die Schweizer des Königs zu massakrieren. Guise persönlich unternahm es, diesen Greueln Einhalt zu gebieten. Und Katharina erhob sich von ihrem Krankenlager, bestieg ihre Sänfte, ließ sich hier- und dorthin tragen, gehetzt von der Sorge, ihrem Liebling das Leben zu retten. Sie beschwor den Herzog von Guise, den Aufruhr zu stillen. Nichts lieber als das, erwiderte dieser, doch könne leider auch er von den Aufrührern nicht mehr Gehorsam erwarten als von brünstigen Bullen.

Wie ein Weberschiffchen sah man die Sänfte der Königinmutter zwischen dem Stadtpalast des Herzogs von Guise und dem Louvre hin und her eilen. Das »blöde Volk« belästigte die »schwarze Königin« nicht, sondern gewährte ihrer Sänfte höflich Durchlaß durch die überall aufgeworfenen Barrikaden aus Fässern, Sandsäken und dergleichen. Die Leute schienen den Mut, die Seelenruhe der Königinmutter bewundert zu haben, die ihnen aus ihrer Sänfte angeblich bei Gelegenheit sogar huldvoll zulächelte. Was sie eigentlich mit diesem Hin und Her bezweckte, erfuhr man erst, als dieser Zweck erfüllt war. Wie fast alle ihre Bemühungen waren auch diese bestimmt, Zeit zu gewinnen. Denn während das Volk die Straßen besetzte, Barrikaden baute, den Louvre umzingelte und neugierig dem Hin und Her der Königinmutter zusah, der Herzog von Guise aber, von der Königinmutter gedrängt, versuchte, die »brünstigen Bullen«, die ihn vergötterten, zur Raison zu bringen, organisierte Katharina die Flucht ihres Lieblings. Erfolgreich. Der königliche Transvestit verkleidete sich diesmal zu dem guten Zweck, sein Leben zu retten, und entkam, begleitet von einigen Getreuen, unter ihnen Bellièvre, Sillery und Villeroy, durch die Tuileriengärten aus dem Louvre und aus der Hauptstadt und rettete dann den kläglichen Rest seiner königlichen Macht in gestrecktem Galopp nach Chartres. Immerhin war er auch mit diesem kläglichen Rest noch König von Frankreich. Paris freilich sollte er nach dieser Flucht, die ihm am 13. Mai 1588 – der, wie das Leben so spielt, auf einen Freitag fiel – mit so knapper Not gelang, nie wieder betreten.

Als man Guise von dieser Flucht unterrichtete, rief er aus: »Madame, das ist mein Tod! Während Ihre Majestät mich hier beschäftigt, geht der König, mich zu verderben!« Und er hatte recht. Die Flucht des Königs war sein Verderben.

Das sogenannte Unionsabkommen

Die schändliche Flucht konnte den König nicht mehr entehren, seine Ehre war schon längst hin. Eigentlich hätte sie das Prestige und die Autorität des Herzogs von Guise vermehren sollen. In Wirklichkeit brachte sie ihn, wie er sofort erkannte, in eine sehr unbequeme Lage. Die Liga brauchte einen König, dem sie ihren Willen aufzwingen konnte. Ohne König war sie machtlos. Denn die Flucht des Königs nahm der Macht des Herzogs von Guise und der Liga die Legitimität. Ohne den König, der ihn in dieser Stellung – und sei es noch so sehr wider Willen – legitimierte, war der »König von Paris« nicht mehr als ein Majestätsverbrecher. Das Mißtrauen, mit dem weite Kreise den Ehrgeiz des Herzogs schon seit langem beobachteten, fand durch Heinrichs III. Flucht vollkommene Bestätigung. Er trachtet also wirklich für sich selbst nach der Krone, sagte man. Und binnen kurzem würde man sagen, daß er den Pöbel aufgehetzt hätte, den König zu ermorden. Die Flucht des Königs, der selbst keine Ehre mehr zu verlieren hatte, entehrte letztlich den Herzog von Guise.

Dieser begriff das, wie gesagt, sofort. Und er tat, was er konnte, dem Mißtrauen gegen sich, dem Verdacht, er wolle sich vom Pöbel an die Macht bringen lassen, entgegenzuwirken. Tatsächlich war ihm schon nach der Bartholomäusnacht der Jubel des Volkes unheimlich und alles in allem unwillkommen gewesen. Jetzt veröffentlichte er deshalb eine Proklamation, mit der er die Wiederherstellung der öffentlichen Ordnung – und zwar im Namen des Königs – befahl. Jede Verantwortung für die Flucht des Königs wies er darin von sich und erklärte, diesem mit Freuden zu Diensten sein zu wollen, sobald er geruhe, in die Hauptstadt zurückzukehren. »Daß es dem König nicht gefallen habe, seine Achtung und treuen Gehorsam anzunehmen«, bedauerte er ausdrücklich zutiefst. »Ich habe die Bastille, das Arsenal und die übrigen wichtigen Plätze besetzen lassen, ebenso auch die Truhen des Staatsschatzes versiegeln, um dieselben in die Hände Seiner Majestät zurückgeben zu können, sobald dieselbe friedlich gesonnen sein möchte, was wir zu tun in Stand gesetzt zu werden hoffen durch unsere Gebete zu Gott und durch die Fürsprache des Heiligen Vaters sowie aller christlichen Fürsten.« Tatsächlich rettete er den Besitz der Krone vor den Plünderern, wie er die Schweizer des Königs gegen den wütenden Pöbel in Schutz genommen hatte.

Freilich dachte nach der Flucht des Königs niemand mehr daran, den Lourve, das Arsenal oder den Staatsschatz zu stürmen, Paris gehorchte seinem Helden aufs Wort, und binnen kurzem herrschte dort wieder Frieden. Aber leider ein falscher Frieden, der keine Zukunft hatte. Denn Paris war auf den König angewiesen, dieser auf Paris. Ehe nicht in Paris wieder der König regierte, würde in Frankreich kein Frieden herrschen. Und so sollte noch viel Blut fließen, bis Heinrich IV. im Jahre 1594 Paris und den Frieden gewann.

Katharina allerdings dachte damals beim Tode ihres Lieblings die Krone von Frankreich nicht länger ihrem Schwiegersohn Navarra zu, da derselbe als exkommunizierter Häretiker für die Thronfolge offenbar disqualifiziert war. Sie meinte, einen ihr viel passenderen Anwärter darauf in ihrer näheren Verwandtschaft gefunden zu haben, nämlich den Marquis von Pont-à-Mousson, der als Sohn Karls III. von Lothringen und der verstorbenen Prinzessin Claudia ein Enkel Katharinas und König Heinrichs II. war. Eigentlich hätte sie wissen müssen, daß dieses Kind als Anwärter auf den französischen Thron nicht in Frage kam, da das salische Gesetz Töchterkinder von der Thronfolge ausschließt. Verschiedene Historiker haben deshalb nicht glauben wollen, daß sie sich der Illusion, diesem Enkel den Thron von Frankreich freihalten zu können, wirklich hingegeben hat. Doch sind die Zeugnisse, die dafür sprechen, kaum anzuzweifeln. Auch, daß sie mitunter die unwahrscheinlichsten, ja offenkundig unmöglichen Gestaltungen der Zukunft mit der sorglosesten Zuversicht voraussetzte, scheint uns ein bezeichnender Zug im eigentümlichen Wesen unserer Heldin zu sein. Doch trübten die Träume, denen sie so mitunter nachhing, selten ihren Blick für die unmittelbar gegebenen Realitäten. Nach der Flucht des Königs übernahm sie die ihr als Regentin hinterlassenen Pflichten, machte an des Königs Statt die Rechte der Krone geltend. Ihre Schwiegertochter, Luise von Vaudémont, unterstützte sie dabei. Luise handelte weder, noch verhandelte sie, sie betete und lächelte, aber ihre bloße Gegenwart unterstützte Katharina bei ihren Bemühungen, den Frieden zu wahren, ganz erheblich. Denn die Königin war als lothringische Prinzessin und Cousine der Guisen in Paris beliebt. Andererseits war der Königinmutter auch die Anwesenheit des Kardinals von Bourbon in Paris nützlich. Der Kandidat der Liga für die Thronfolge hatte sich, um ernstlich als Prätendent auftreten zu können, inzwischen säkularisieren lassen. Dennoch blieb, da regierender König noch immer Heinrich III. war, dessen Versöhnung mit dem Herzog von Guise für diesen selbst und alle Anhänger der Liga so wünschenswert, wie sie natürlich der Königinmutter sein mußte. Obwohl sie nach wie vor krank war, hielt es sie nicht im Bett, sie mußte um jeden Preis diese Versöhnung ins Werk setzen. »Niemals habe ich in schwärzerem Unglück gesteckt, noch weniger Licht gehabt, den Weg hinaus zu finden«, schrieb sie. Dennoch fand sie auch diesmal schließlich einen Weg. Es gelang ihr, die beiden Gegner einander anzunähern. Da die Liga in Paris unangefochten an der Macht war, war nicht daran zu denken, dieser ihre Stellung streitig zu machen. Daß

Heinrich III. sich zumindest fürs erste der Liga fügen mußte, um sich die Krone, ja, das Leben zu retten, daran zweifelte seine Mutter keinen Augenblick. Andererseits war seitens der Liga mit einer gewissen Rücksichtnahme auf die Wünsche des Königs zu rechnen, weil sie ja der Legitimierung durch den König bedurfte.
Und so begleitete der Herzog von Guise die Königinmutter nach Chartres, wo Heinrich III. sein ferneres Schicksal abwartete. Daß ihm die Macht des Königs von Frankreich schon größtenteils entglitten war, mußte er sich längst eingestehen. Und so beschäftigte ihn jetzt die bange Frage, wie lange er, entmachtet, noch König bleiben könne. König bleiben aber wollte er unbedingt und war deshalb wie seine Mutter zu jedem Zugeständnis bereit, das erforderlich sein mochte, sich dessen zu versichern. Im beiderseitigen Interesse versöhnten sich also Heinrich III. und Heinrich von Guise und unterzeichneten am 1. Juli 1588 das von Katharina für sie vorbereitete sogenannte Unionsabkommen. Mit diesem Abkommen bevollmächtigte der König den Herzog von Guise so umfassend, daß ihm selbst kaum mehr als der Name des Königs blieb. Sehr zufrieden war er denn mit dieser Union auch nicht. Dem Tedeum, das zur Feier des Abkommens in der Kathedrale Notre-Dame gesungen wurde, wohnte er nicht bei. Paris und der Louvre waren ihm jetzt verhaßt, er weigerte sich, dorthin zurückzukehren.
Dieses Unionsabkommen war Katharinas letzte politische Leistung. Viel wert war es nicht, und sie selbst hatte nur in der Absicht darauf hingearbeitet, dem Sohn seinen Platz auf dem französischen Thron zu erhalten. Heinrich III. berief für den 15. September 1588 die Generalstände nach Blois. Der Herzog von Guise war jetzt Generalstatthalter des Königreichs, Navarra endgültig von der Thronfolge ausgeschlossen, Epernon in Ungnade und seiner Ämter enthoben. Und den Parisern waren ihre Barrikaden verziehen. Heinrich III. hat sich all das gefallen lassen, allerdings mit einem inneren Vorbehalt, der diesen Zugeständnissen allen Wert nahm. Einstweilen wußte er diesen Vorbehalt freilich zu verheimlichen, denn obgleich seine Mutter das nicht wahrhaben wollte, war die Fähigkeit, Haß, Eifersucht und dergleichen zu verbergen, bis er sie zum Zuge kommen lassen konnte, eine seiner wenigen Stärken. Der Vorbehalt, unter denen er die Bedingungen des Unionsabkommens akzeptierte, aber war dieser: Der Vorsatz,

bei der ersten Gelegenheit der Mutter heimzuzahlen, was sie ihm seines Erachtens mit der Nötigung angetan hatte, in dieses Abkommen einzuwilligen. Tatsächlich verdankte er zwar nur den Bemühungen seiner Mutter, daß er immerhin noch den Namen des Königs von Frankreich bewahrte. Aber das einzusehen, war er nicht imstande. Er schwor sich, sobald er selbst wieder einige Macht hätte, seine Mutter ein für alle Mal von der Macht auszuschließen. Dem Herzog von Guise aber schwor er den Tod.

Während den König diese Sorgen bewegten, gab denjenigen, denen es um das Wohl des Königreichs zu tun war, auch die außenpolitische Lage Anlaß zu einiger Besorgnis. Große Ereignisse standen augenscheinlich bevor. Die spanische Armada war unterwegs nach England. Die Übermacht Philipps II. schien unaufhaltsam zu wachsen. Der Herzog von Parma, sein Statthalter in den Niederlanden, hatte dort die Ruhe wiederhergestellt. Frankreich war durch die Liga neutralisiert, die seinen Anweisungen folgte. Katharina war in Anbetracht der Kräfte, die dem König von Spanien zur Verfügung standen, überzeugt, daß in dem bevorstehenden Kampf mit England der Sieg ihm zufallen würde; deshalb mußte dem französischen König ihres Erachtens am Wohlwollen der Liga gelegen sein. Der französische König seinerseits erwartete ebenso zuversichtlich den Untergang der Armada wie seine Mutter deren Sieg. Daß die Tatsachen der Geschichte seiner Zuversicht recht geben sollten, sollte uns aber nicht darüber täuschen, daß die Hoffnung seiner Mutter die Wahrscheinlichkeit für sich hatte und besser begründet war. Denn den Untergang der Armada erwartete Heinrich III. nur, weil er ihn sehnlich wünschte. Allerdings bestärkte ihn in seiner Zuversicht der englische Gesandte, der ihm nach Chartres gefolgt war und dort nicht von seiner Seite wich. Dieser versicherte ihm, man werde die spanische Flotte, noch ehe sie zu landen Gelegenheit hätte, unfehlbar vernichten und fortan werde das durch diese unvermeidliche Niederlage geschwächte Spanien der Liga und überhaupt seinen katholischen Verbündeten nicht mehr viel nützen können. Genau das wollte Heinrich III. hören und glauben. Denn damit rückte für ihn die Gelegenheit, der Mutter und der Liga die erlittenen Demütigungen heimzuzahlen, in greifbare Nähe. Als er deshalb am 15. Juli 1588 in Rouen einen Vertrag unterzeichnete, der die Macht des Herzogs von Guise auf

Kosten seiner eigenen Rechte noch weiter vermehrte, tat er es in dem Bewußtsein, sich dessen Bedingungen nicht lange fügen zu müssen.
Das war, wie gesagt, reines Wunschdenken. Den Sturm, der letztlich der spanischen Armada den Untergang brachte, hatte er sowenig wie der englische Gesandte voraussehen können. Zwar zeigte sich, schon als die spanische Flotte vor der englischen Küste erschien, daß sie gegen die kleinen beweglichen Einheiten der Verteidiger keineswegs leichtes Spiel haben würden, doch ihren Triumph über die seitdem höhnisch »die unbesiegliche« genannte Armada verdankten die Engländer ihrem seitdem bevorzugten Thema, dem Wetter. Und so war am 8. August 1588 die Schlacht um England, ehe sie eigentlich begonnen hatte, für Spanien verloren. Die Tatsachen waren den Wünschen Heinrichs III. entgegengekommen. Und die Zukunft, in der Heinrich von Guise ein toter Mann sein würde, konnte beginnen.

Jetzt kommt der Tag des Dolches

In Chartes hatte Heinrich III. fast alle Welt getäuscht, einschließlich seine Mutter, die eigentlich hätte imstande sein sollen, die von ihrem Liebling gespielte Versöhnungsszene zu durchschauen. Doch als der König sein Glas erhoben und auf die Gesundheit des Herzogs getrunken hatte, hatte sie ihren gegenwärtig liebsten Wunsch erfüllt gesehen und es damit bewenden lassen.
Wie schon erwähnt, weigerte sich bei aller Freundschaft Heinrich III. nach Paris zurückzukehren. Er gab vor, daß seine Anwesenheit in Blois erforderlich sei, wohin er die Generalstände einberufen hatte. Und so folgten ihm Madame Catherine, der Herzog von Guise, dessen Bruder und kluger Ratgeber, der Kardinal von Guise sowie schließlich auch der Kardinal von Bourbon getreulich nach Blois.
Heinrich von Guise hatte, kaum daß die Einberufung der Generalstände beschlossen war, Anweisung gegeben, möglichst viele Vertreter der Liga dorthin zu entsenden. Tatsächlich hatten dann auch bei den Generalständen in Blois 1588 die Vertreter der Liga eine starke Mehrheit.

Nichtsdestoweniger veränderte sich zwischen der Einberufung der Generalstände im Juli und deren Eröffnung im Oktober 1588 das Kräfteverhältnis zwischen Heinrich III. und der Liga auf nicht leicht wägbare Weise zugunsten des Königs: Philipp II. war nämlich vor England gescheitert.

Und so zeigte sich schon vor der Eröffnung der Ständeversammlung in Blois, daß Epernon nur auf dem Papier in Ungnade gefallen war und sich nicht nur alle seine Güter und Titel, sondern auch den Einfluß auf die Politik des Königs zu bewahren gewußt hatte.

Bei der Sitzung des königlichen Rats im Schloß Blois am 8. September 1588 entließ nämlich Heinrich III. acht Räte, die sämtlich seiner Mutter treu ergeben waren und stets deren Politik unterstützt hatten, um sie durch Männer zu ersetzen, die zwar in Staatsgeschäften nicht sehr erfahren, dafür aber sämtlich ihm so treu ergeben waren wie seine fünfundvierzig Halsabschneider. Ausgesucht hatte ihm diese neuen Räte kein anderer als Epernon, dessen Anweisungen zu folgen sie übrigens verpflichtet blieben. Den ganzen Hof verblüffte dieser brutale Bruch des Königs mit der Politik seiner Mutter. Oder war dieser Bruch, wie er selbst angab, nur nach außen hin geschehen? Immerhin befand sich unter den neu ernannten Räten auch jener Erzbischof von Lyon, Pierre d'Espinac, den Heinrich von Guise dem König als Mann seines Vertrauens genannt hatte. Der König wies darauf hin und gab zu verstehen, er habe mit der Absetzung jener acht Räte keineswegs seine Mutter desavouieren wollen, dieselben vielmehr nur aus seinem Rat ausgeschlossen, weil er gute Gründe habe, sie zu verdächtigen, Parteigänger des Königs von Navarra zu sein. Insoweit sie ihm das glaubten, täuschte Heinrich III. seine Zuschauer. In Wirklichkeit waren nämlich – mit Ausnahme des Erzbischofs von Lyon – die neuen Räte sämtlich geschworene Feinde der Guisen und für ein Bündnis mit Navarra. Alle Zeugen des Vorgangs allerdings täuschte er nicht. Katharinas Leibarzt Cavriana (offenbar ein guter Diagnostiker, der zugleich als Beobachter des Großherzogs der Toskana am französischen Hof praktizierte) hatte schon am 1. Juli nach Florenz berichtet: »Jetzt kommt der Tag des Dolches.« Er war nicht der einzige, der diesen Tag kommen sah. Am 9. August hatte der spanische Gesandte Bernardo de Mendoza an Philipp II. geschrieben: »Die einzige und wahre Gefahr, die dem Herzog von Guise drohte, ist die, im Gemach des Königs angegriffen und

ermordet zu werden.« Daß schon am Tag zuvor die spanische Invasion in England gescheitert war, konnte man am 9. August 1588 in Frankreich noch nicht wissen. Aber daß binnen kurzem dem Herzog von Guise vom König gedungene Mörder auflauern würden, war dort für Leute, die einigermaßen Bescheid wußten und nicht Katharinas Gründe hatten, sich täuschen zu lassen, schon am Tage der Unterzeichnung des Unionsabkommens offenbar.
In Blois täuschte Heinrich III. auch seine Mutter nicht mehr. Es kann freilich sein, daß er sie dort auch nicht mehr täuschen wollte, wenn er behauptete, nichts habe ihm bei der Reorganisation seines Rats ferner gelegen als die Absicht, die Königinmutter zu desavouieren. Und Katharina verbarg ihre Enttäuschung nicht. »Sie ist außer sich, weil eine derartige Maßnahme getroffen werden konnte, ohne daß sie deswegen auch nur befragt worden wäre«, berichtete der venezianische Gesandte. Der Legat Morosini erlaubte sich, Seine Majestät darauf anzusprechen. Heinrich III. erwiderte ihm trocken, er sei jetzt siebenunddreißig Jahre alt und wollte in Zukunft allein regieren, um so vielleicht ein besseres Resultat zu erzielen.

Der Tag des Dolches

Als bei der Eröffnung der Ständeversammlung in Blois am 16. Oktober 1588 Heinrich III. das Wort ergriff, lernte auch die Öffentlichkeit einen König kennen, der als Herr der Lage in Zukunft selbst zu herrschen gedachte. Wie schon erwähnt, war Heinrich III. ein ausgezeichneter Redner, und so beeindruckte er auch bei dieser Gelegenheit sein Publikum, zumal durch die würdige Bescheidenheit, mit welcher er eingangs seiner Frau Mutter für die zahlreichen guten Dienste, die sie in der Vergangenheit ihm und dem Königreich geleistet, in bewegten und bewegenden Worten dankte.
»Ich kann nicht wohl die unendlichen Mühen mit Schweigen übergehen, welche die Königin, meine Mutter, auf sich genommen hat, den Übeln zu begegnen, die das Königreich bedrängen, und ich denke, es ist gut, daß ihr bei Gelegenheit dieser illustren Versammlung in meinem eigenen Namen und demjenigen der Nation

öffentlich Dank gesagt wird. Wenn ich etwelche Erfahrung, wenn ich gute Prinzipien erhalten habe, was immer ich an Frömmigkeit besitze und vor allem den Eifer, mit welchem ich den katholischen Glauben hochhalte, und die Reform des Königreichs, all das schulde ich ihr.
Was hat sie nicht alles unternommen, die Unruhen zu stillen und überall den wahrhaften Gottesdienst und den öffentlichen Frieden wiederherzustellen? Hat sie nicht zu diesem Ende ihre Gesundheit geopfert? Ihr Beispiel und ihr Unterricht haben mich die Sorgen gelehrt, die mit jeder Regierung verbunden sind. Ich habe die Generalstände einberufen als das gewisseste und gesündeste Heilmittel für die Übel, die mein Volk quälen und meine Mutter hat mich in diesem Beschluß bestärkt.«
Katharina wird nach der im September bei jener Staatsratssitzung gemachten Erfahrung gewußt haben, was sie von dem Dank des Vaterlandes, den ihr Liebling ihr da spendete, zu halten hatte. Der König kündigte nun für die Zukunft energische Maßnahmen an. Die Ketzerei in Frankreich sollte, sagte er, nunmehr mit Stumpf und Stiel ausgerottet werden, denn, sagte er wörtlich: »Es gibt kein erhabeneres Monument als dasjenige, welches sich auf den Ruinen der Häresie erhebt.« Ohne Zweifel war diese Ankündigung der illustren Versammlung, in der ja die Vertreter der Liga eine starke Mehrheit hatten, doch willkommen. Um so mehr wird sie befremdet haben, als der König dann mit der Erklärung schloß: »Unnachsichtig werde ich aber alle Bünde strafen, welche sich unterstehen, Männer und Geld anders als unter meiner Hoheit zu sammeln und erkläre deshalb schon jetzt für alle Zukunft des Staats- und Majestätsverbrechens überführt alle, die dergleichen ohne meine Einwilligung unternehmen.«
Staunend vernahmen die Anhänger der Liga, wie der König, nachdem er ihnen anfänglich eingehend nach dem Munde geredet hatte, mit einer gegen sie gerichteten Drohung schloß.
Nach Ende der Sitzung begab sich der Herzog von Guise geradewegs zum Kardinal von Bourbon. Der gute Mann war leidend – weniger als Katharina, doch er schonte sich und hatte sich so die Anstrengung der Teilnahme an der Eröffnung der Ständeversammlung erspart. Guise berichtete ihm von der Drohung des Königs gegen den Bund der Katholiken. Der Thronanwärter der Liga erklärte sich außerstande, dem Herzog zu raten und empfahl ihm,

lieber den Rat der Königinmutter einzuholen. Doch gab sich diesmal Katharina ungewöhnlich zurückhaltend. »Ich habe keineswegs den Einfluß, den mein Sohn mir in seiner Rede nachgesagt hat«, sagte sie. Immerhin riet sie dem Herzog, die Möglichkeit in Betracht zu ziehen, daß der König wie seine Minister vielleicht auch ihn getäuscht haben könnte. Der Herzog fand sich durch diesen Hinweis in den Befürchtungen bestätigt, die ihn zu ihr geführt hatten. Katharina fragte ihn, ob die Rede des Königs schon gedruckt sei. Der Herzog wußte es nicht. »Nun, man wird sehen . . .«, soll die Königinmutter geheimnisvoll lächelnd bemerkt haben; ganz, als sähe sie schon, was zu dieser Stunde noch in einer freilich nicht mehr sehr fernen Zukunft lag.
Denn daß es mit der Macht, die der König in seiner Rede vor der Ständeversammlung so hochmütig für sich in Anspruch genommen hatte, nicht allzuweit her war, zeigte sich spätestens, als die Drucker sich weigerten, die königliche Rede zu drucken. Heinrich III. tat, was er nie wieder nötig zu haben gemeint hatte, er ging seine Mutter um Rat an. Katharina riet ihm, nachzugeben und gewisse Partien der Rede, jene Drohungen gegen die Liga, welche die Drucker (die Pariser waren, Katholiken und Anhänger der Liga) zu setzen sich geweigert hatten, zu unterdrücken. Alles Übrige würde wohl kaum Anstoß erregen, wie sie jedenfalls hoffen wolle, denn sie schrieb ihm: »Ich wäre nämlich untröstlich, wenn Ihr mich betreffendes Zeugnis der Nachwelt verlorengehen sollte.«
Mehr Freude als die heuchlerische Würdigung ihrer Verdienste durch den undankbaren Sohn bei der Eröffnung der Generalstände am 16. Oktober werden ihr am 24. die Unterschriften gemacht haben, mit denen ihre Enkelin Christine von Lothringen und der junge Ferdinand de Medici, Großherzog der Toskana, einander versprochen wurden; und sehr wahrscheinlich hat sie auch zu der Zukunft, die dieser Ehevertrag ihrer Enkelin versprach, mehr Vertrauen gehabt als zu derjenigen, die acht Tage zuvor König Heinrich III. den Vertretern der Stände vorgespiegelt hatte. Sie vermachte Christine ihren gesamten persönlichen Besitz in der Toskana, so daß diese neue Mediceerin das Erbe Lorenzos des Prächtigen würde antreten können und in dessen Palast in der Via Larga wohnen sollte. Überdies gab Katharina der Enkelin noch zweihunderttausend Goldtaler mit und die wunderbare Serie von Tapisserien, auf denen man die Pracht der Feste am Hofe der

Valois zu Zeiten Katharinas von Medici in Florenz noch heute bewundern kann. »Sie haben Glück, jetzt abzureisen in ein Land, wo Frieden herrscht«, sagte Katharina zu ihrer Enkelin. »Wenn Sie hier blieben, müßten Sie den Ruin meines armen Königreichs mit ansehen.« Zur Feier der Unterzeichnung des Ehevertrages gab die Königinmutter einen Ball auf Schloß Blois. Die Hochzeit ihrer Enkelin mitzufeiern, war Katharina allerdings nicht vergönnt. Denn die Hochzeit wurde in Florenz gefeiert – und erst im folgenden Jahr . . .

Nach dem Ball zur Feier der Unterzeichnung des Ehevertrages erkrankte Katharina von neuem an einer Erkältung. Seit Monaten war sie fast dauernd erkältet: In Epernay, in Nemours, in Reims, in Paris, nirgends hatte es an Gelegenheiten, sich erneut zu erkälten, gefehlt. In Blois hatte sie schon das Bett hüten müssen, da auch Verdauungsbeschwerden und Gliederschmerzen sich verbanden, ihr das Leben lästig zu machen.
Zehn Tage vor Weihnachten war sie das letzte Mal auf den Beinen. Der Nuntius des Papstes besuchte sie in ihrem Krankenzimmer. In seinem Bericht nennt er, eine nach der anderen, die zahlreichen Beschwerden der Königinmutter und zuletzt, »zu alledem ihre siebzig Jahre«. Schließlich waren diese Jahre ihre ernsteste Krankheit.
Heinrich III., obwohl er Wert darauf legte, sie wissen zu lassen, daß ihr guter Rat ihm nicht mehr erwünscht sei, besuchte sie an ihrem Bett nichtsdestoweniger vor allem, um ihr sein Leid zu klagen. Die von der Liga beherrschten Generalstände forderten vom König die Vernichtung der Häretiker, weigerten sich aber, ihm zu diesem Zweck Geld zu bewilligen. Wenn er schließlich doch eine Kleinigkeit erhielt, hatte er das dem Herzog von Guise zu danken, der zu bedenken gab, daß, falls die Liga diesen überhaupt nicht unterstütze, zu fürchten sei, der König könnte sich mit Navarra und den Protestanten gegen sie verbinden. Heinrich III. wußte das sehr wohl, und dieses Wissen war nicht geeignet, seinen Haß gegen den Mann, ohne dessen Einwilligung er keinen Schritt machen konnte, zu mindern oder zu besänftigen. Katharina, obwohl nicht um ihren Rat gebeten, bat ihn, die Möglichkeit zu erwägen, die ganz von den Guisen beherrschte Ständeversammlung in Blois sitzenzulassen und sich nach Lyon zurückzuziehen. Auch meinte

sie, die Liga sei vielleicht einzuschüchtern, wenn ihr Anführer verhaftet und eine Zeitlang gefangen gehalten werden könnte. Sie hoffte wohl mit dieser Empfehlung, den König von den weitergehenden Plänen ablenken zu können, von denen in Blois bei Hof schon seit einer Weile gemunkelt wurde. Wenn so dem Herzog vor Augen die Realität der königlichen Macht einmal empfindlich zu Gemüte geführt worden wäre, wäre für die Zukunft die Möglichkeit seiner sehr ersprießlichen Mitarbeit an den Staatsgeschäften zweifellos gegeben. Anscheinend setzte sie ihre Hoffnungen in eine neuerliche und diesmal echtere, wenn nicht gar dauerhafte Versöhnung des Königs mit dem Herzog. Und anscheinend gefiel es dem König, dessen Pläne bei dieser Unterredung schon fertig waren, seine alte Mutter glauben zu machen, daß er persönlich nichts lieber hätte als eine dauerhafte Versöhnung mit dem Herzog von Guise. Er soll dabei so weit gegangen sein, auf den Leib Christi, die Hostie der Monstranz auf dem Altar im Krankenzimmer seiner Mutter, zu schwören, daß er sich um diese Versöhnung und vollkommene Freundschaft mit dem Herzog nach Kräften bemühen und alle vergangenen Streitigkeiten vergessen wolle. Dies nicht zuletzt, um die Regierungsgeschäfte ganz an diesen und die Königin, seine Mutter, abgeben und sich selbst nun ausschließlich dem Gebet widmen zu können.

Katharina war zwar die Unbeständigkeit und Launenhaftigkeit ihres Lieblings seit langem gewöhnt und hatte schon manchen überraschenden Sinneswandel des Königs mit angesehen, doch wird ihr die Sorge, daß er sich bei seinem Schwur jetzt eines Meineids auf den Leib des Herrn schuldig gemacht haben könnte, kaum erspart geblieben sein. Denn war ein solcher Sinneswandel zu glauben?

Seinen Andachtsübungen allerdings ging der König inzwischen wirklich mit großem Eifer nach. Unter dem Dach des Schlosses ließ er eine Reihe von Zellen ausbauen, wo er sich, sagte er, mit einigen Kapuzinern von der Welt zurückzuziehen plane. Was er vielleicht wirklich plante, wenn er zwischenzeitlich auch die fünfundvierzig professionellen Halsabschneider seiner Leibwache dort unterbrachte, denen er in Kürze ein ihm sehr am Herzen liegendes Stück Arbeit zugedacht hatte.

Es liefen deswegen, wie erwähnt, bei Hofe schon Gerüchte um. Der Herzog von Guise wurde durch einen anonymen Brief vor einem Mordanschlag des Königs gewarnt. Seine Schwester, die Herzogin von Montpensier, flehte ihn an, die Warnung nicht in den Wind zu schlagen, sich in acht zu nehmen. Er erwiderte der Schwester: »Da ich bin, wer ich bin, werden Sie wissen, daß ich, wenn ich den Tod zur Tür hereinkommen sehe, nicht versuchen werde, ihm durchs Fenster zu entkommen.« Er setzte noch hinzu, daß der König ihm den Besuch jedenfalls nicht schicken werde – dazu sei Seine Majestät viel zu feige. Da er selbst nicht feige war, wußte er offenbar nicht abzuschätzen, was Feiglingen zuzutrauen ist und was nicht. Seine besorgte Schwester suchte die Königinmutter auf und bat sie, den Bruder vor dem drohenden Anschlag zu bewahren. »Solange ich da bin, brauchen Sie für Ihren Bruder nichts zu fürchten«, sagte Katharina, ohne anscheinend zu bedenken, daß sie in ihrer gegenwärtigen Lage nicht mehr die Macht hatte, irgend etwas zu verhindern.

Schon Mitte Dezember schien es zu Ende zu gehen mit ihr, eine heftige Lungenentzündung ließ die Ärzte das Schlimmste fürchten. Ihrem Liebling wäre das eben recht gewesen, wie man jedenfalls auf Grund der uns darüber vorliegenden Zeugnisse annehmen muß. Denn war sie erst hin, konnte sie ihn bei der Ausführung des Plans, den er verfolgte, nicht mehr hindern; solange sie aber noch lebte, mußte er fürchten, daß sie ihm dahinter käme und ihm das Spiel verdürbe.

Er hätte sich deshalb keine Sorgen zu machen brauchen. Denn zwar erholte sich Katharina von dieser Lungenentzündung noch einmal, aber dazu, ihm das Spiel zu verderben, kam sie nicht mehr.

Vor den Generalständen empfahl Guise, den Herzog von Epernon und dessen Bruder La Valette als Hugenotten zu ächten. Die Stände folgten zwar dieser Empfehlung nicht, aber Heinrich III. fand, nun werde es wirklich höchste Zeit, sich dieses Feindes seiner selbst und seiner Freunde ein für alle Mal zu entledigen. Am 18. Dezember beriet er sich deswegen mit einigen vertrauten Freunden. Am folgenden Tag wurde im gleichen Kreise – dem unter anderem der Marschall von Aumont und der Herr von Rambouillet angehörten – die Ermordung des Herzogs von Guise beschlossen sowie die Einkerkerung der Kardinäle von Guise und von Bourbon und verschiedener anderer Angehöriger der Familie, Nemours', d'Elbœuf's und anderer mehr. Der Legat Morosini wurde noch am gleichen Tag beim König vorstellig, ohne aber etwas auszurichten. Er wandte sich an Katharina. Sie war jedoch so schwach, daß sie, obgleich sie die Besorgnis des Legaten teilte, nichts unternehmen konnte. Die Zeugnisse hinsichtlich der Ereignisse des 22. Dezember sind widersprüchlich. Man liest von einem heftigen Streit zwischen dem König und dem Herzog von Guise. Andererseits liest man von einem Plan der Guisen, den König zu verhaften und zu entführen. Schließlich liest man aber auch – in einem 1589 in Châlons-sur-Marne gedruckten Bericht über »Denkwürdige Einzelheiten betreffend die Ermordung und Niedermetzelung des Herzogs von Guise und des Kardinals, seines Bruders« –, daß am Morgen dieses Tages der König den Herzog am Bett der Königinmutter empfangen und ihn seiner herzlichen Freundschaft versichert habe.

»Der König machte besagtem Fürsten die größten Bezeugungen seines Wohlwollens und Vertrauens durch kleine Scherzreden und bot ihm Konfekt aus seiner Büchse an, aß auch von jenem, das der Fürst bei sich führte.«

Die Freunde und Parteigänger des Herzogs ahnten nichtsdestoweniger Böses. Er speiste mit Madame de Sauves zu Abend. Diese erbot sich, bei der Königinmutter nach den neuesten Gerüchten hinsichtlich der geheimen Pläne des Königs zu fragen. Die schöne Charlotte hätte eigentlich wissen müssen, daß die Königinmutter nicht mehr auf dem laufenden gehalten wurde. Und so wurde, während seine Freunde sich noch besorgt nach dem zu Gewärtigenden erkundigten, der Herzog, der es stolz verschmähte, sich sonderlich in acht zu nehmen, von den Ereignissen überholt.

Am folgenden Morgen nämlich wurde er zu einer Sitzung des kleinen Rats bestellt, die pünktlich um acht in den Gemächern des Königs stattfinden sollte. Guise erschien ohne Begleitung, nur von einem Pagen gefolgt. An der Tür der Gemächer des Königs sagte man ihm, nicht im Zimmer des Königs solle die Sitzung stattfinden, sondern in dem sogenannten Alten Kabinett. Dieses war durch einen dunklen Gang zu erreichen. Dort lauerten die Mörder dem Herzog auf. Einer packte ihn am Bein und brachte ihn zu Fall. Ein anderer warf seinen Mantel über das Schwert des Herzogs, um ihn zu hindern, es zu ziehen. Alle durchbohrten den Gestürzten mit ihren Klingen. Dennoch gelang's Heinrich von Guise, an sein Schwert zu kommen, er kam sogar noch einmal auf die Beine, aber er war zu schwer verletzt, um noch viel auszurichten. Einem der Mörder brach er mit der Konfektbüchse, aus der am Vortag angeblich der König nach genascht hatte, das Nasenbein, stieß mit letzter Kraft die Tür des Alten Kabinetts auf und taumelte über die Schwelle. »Mein Gott, haben Sie Erbarmen mit mir«, soll er gemurmelt haben, ehe ihn die Sinne verließen. Heinrich III. hatte das Vergnügen, den stolzen Guisen vor seinen Füßen zu sehen. »Miserere mei, Deus«, soll jener da noch gesagt haben und gestorben sein.

»Ich wußte nicht, daß er so groß ist«, soll Heinrich III., den so erfreulich zur Strecke Gebrachten mit den Blicken messend, gesagt haben; dann habe er sich putzen, schminken und frisieren lassen und sei zur Messe gegangen. Unterwegs sah er bei seiner Mutter herein, deren Gemächer gerade unter seinen gelegen waren. Sie fragte ihn nach dem Lärm, den sie oben gehört habe, sagte, ihr sei gar nicht wohl, schlechter als gestern, die Atemnot werde immer schlimmer. Heinrich ließ sie ausreden und sagte dann: »Ich bin endlich König von Frankreich, gerade habe ich nämlich Herrn von Guise getötet. Gott hat mir dazu geraten, und jetzt gehe ich in die Kirche, ihm dafür feierlich Dank zu sagen.« Katharina scheint diese Eröffnung sprachlos gemacht, jedenfalls soll sie, nach dem Bericht ihres Arztes, des florentinischen Agenten Cavriana, der bei ihr war, als der König eintrat, kein Wort darauf erwidert haben. »Ich habe den König von Paris getötet, und so bin ich endlich König von Frankreich«, habe der König wiederholt. Darauf soll schließlich seine Mutter gesagt haben: »Wolle Gott, daß es sei, wie Sie hoffen und daß man nicht sie selbst den König von Nichts nenne.« Den König soll indessen diese hellsichtige Ahnung seiner Mutter, der an der Schwelle des Todes die Enttäuschung die Augen geöffnet hatte für die Nichtswürdigkeit ihres Lieblings, nicht im geringsten angefochten haben. Wenigstens beobachtete das Cavriana an diesem »Tag des Dolches«, den er schon am Tage der Unterzeichnung des Unionsabkommens hatte kommen sehen. »Der König ging und schien nicht im mindesten beunruhigt, weder in seinen Mienen noch im Geiste, was mir, der ich dabei zugegen war, wahrhaft wunderbar vorkam. Und so ging ich in tiefem Sinnen und bedachte die Süßigkeit, die die Rache haben muß, da sie einen Geist derart beleben und eine Miene derart erhellen kann.« Auch hier scheint uns der Arzt mit knappen Worten die

Gemütsverfassung seines Patienten treffend charakterisiert zu haben. Vom quälenden Druck der so lange unbefriedigten Rachsucht endlich befreit, mochte Heinrich III. sich wohl aller Sorgen ledig fühlen – wenn auch diese Täuschung nach Lage der Dinge ihn nicht lange beglücken würde.

»Ach! Der Elende! Was hat er getan?« soll seine Mutter zwei Tage nach der Tat, am Weihnachtsfest des Jahres 1588, zu dem italienischen Kapuziner Bernardo d'Osimo gesagt haben. »Beten Sie für ihn, der dessen jetzt mehr bedarf als je zuvor, denn ich sehe, wie er sich zugrunde richtet und fürchte sehr, daß er Leib, Seele und Reich, alles miteinander, verliert.«

Sie war, vielleicht zum ersten Mal in ihrem Leben, ratlos. »Sie weiß indessen nicht, wie den mannigfachen gegenwärtigen Übeln abzuhelfen sein möchte, noch erst recht nicht den zukünftigen«, beobachtete Cavriana.

Dies obwohl sie auf die gegenwärtigen Übel hätte gefaßt sein müssen, jedenfalls las man *post factum* in einer der prophetischen *Centurien* des von ihr so hochgeschätzten Nostradamus ganz klar die Ereignisse des Jahres 1588:

Paris conjure un grand meurtre commettre
Blois lui fera sortir son plein effet –

Paris verschwört großen Mord zu begehen
sich Blois wird ihm seine ganze Wirkung herausbringen.

Der erste Vers schien sich ja ganz deutlich auf den von Katharina vereitelten Versuch, den Herzog im Louvre ermorden zu lassen, zu beziehen. Der zweite auf das schließliche Gelingen des Plans in Blois.

So verderbe das Geschlecht der Valois!

Als Katharina den italienischen Mönch bat, für ihren Sohn zu beten, wußte sie schon, daß der *»plein effet«*, die ganze Wirkung des in Paris Geplanten und in Blois Vollzogenen, sich nicht in der Ermordung des Herzogs von Guise erschöpfte. Noch am Heiligabend erfuhr sie, daß unter Führung eines der Leibwächter ihres

Lieblings zehn Soldaten den Bruder des Herzogs, den Kardinal von Guise, mit Hellebarden in Stücke gehackt hatten. Man hörte auch, daß der König die zerstückelten Leichen der Brüder in einem Kamin des Schlosses habe verbrennen lassen, um ihnen noch die Ruhe des Grabes und womöglich die Auferstehung vorzuenthalten (abergläubisch wie er war, mag er geglaubt haben, daß verstreute Asche auch am Jüngsten Tage nicht wieder zusammenfinden würde). Das vergossene Blut der beiden stillte also anscheinend seinen Rachedurst nicht auf die Dauer, und es ist zu vermuten, daß ihn der Neid auf das Andenken seiner Opfer noch heimsuchte, auch nachdem er deren Asche verstreut hatte.

Der Kardinal von Bourbon, den die Guisen ihm als Nachfolger zuzumuten die Frechheit gehabt hatten, mußte unter diesen Umständen allerdings sehr für sein Leben fürchten. Einstweilen hatte Heinrich III. ihn gefangensetzen lassen. Katharina unternahm es, wenigstens das Leben dieses alten Mannes zu retten. Obwohl die Ärzte ihr dringend davon abrieten, verließ sie am Neujahrstag des Jahres 1589 ihr Bett und Krankenzimmer, um den Kardinal von Bourbon zu besuchen, mit dem sie von jeher eine gewisse gegenseitige Wertschätzung verband. Die beiden fielen einander weinend in die Arme. Doch dann machte der Kardinal der Königinmutter, die doch gekommen war, ihn aufzumuntern, ihn ihrer Unterstützung zu versichern, die bittersten Vorwürfe. Daß es so weit gekommen sei, habe man letztlich, sagte er, vor allem ihren schönen Worten zu danken, den tausend falschen Versicherungen, durch die man sich von ihr habe täuschen lassen. Katharina beteuerte, von den Absichten des Königs nichts geahnt zu haben, aber der Kardinal wollte sich nicht noch einmal täuschen lassen. Er wiederholte nur ein über das andere Mal: »Sie haben uns getäuscht! Sie haben uns getötet!« Schließlich konnte sie es nicht länger ertragen, und so ließ sie sich in ihr Krankenzimmer und in ihr Bett zurücktragen.

Die schreckliche Szene schien ihre Widerstandskraft gebrochen zu haben. Am folgenden Tag verschlimmerte sich ihr Leiden. Unterdessen verödete ihre Umgebung. Die Freunde der Guisen suchten das Weite. Der päpstliche Legat Morosini hatte dem König zu verstehen gegeben, daß er als Verantwortlicher für die Ermordung des Kardinals von Guise mit der Exkommunikation rechnen müsse. Schon hatten die Priester das Schloß verlassen.

Schlimm war auch, was man aus Paris hörte. Die ganze Stadt trauerte um die Ermordeten. Trotz der schneidenden Kälte pilgerten die Menschen betend und singend in langen Zügen barfüßig von einer Kirche zur anderen. Immer wieder schlugen Andacht und Trauer in Zorn um, die Büßer warfen ihre Kerzen in den Schnee, trampelten ihre Fackeln aus und schrien außer sich: »So verderbe das Geschlecht der Valois!«

Am Tage nach dem Besuch bei dem Kardinal hatte sich, wie gesagt, Katharinas Leiden merklich verschlimmert. Dennoch ließ sie sich, die Warnungen ihrer Ärzte beiseite schiebend, zur Messe in die Kirche tragen. Es ging ihr noch schlechter, als man sie zurückbrachte. Jetzt waren nur noch einige treue Italiener um sie, nicht ein Franzose diente der Königinmutter während ihrer letzten Tage. Ihre Getreuen waren teils verjagt worden und bangten in einiger Entfernung vom Hof um die eigene Sicherheit, teils huldigten sie dem blutigen Weihnachtsmann, ihrem Sohn. Katharina schien den Kampf aufgegeben zu haben. Bei keiner der zahllosen Niederlagen, die sie zeitlebens immer wieder hatte hinnehmen müssen, hatte sie die Hoffnung, sich wieder zu erheben, verloren. Die Umstände, unter denen sie jetzt ihre letzte Niederlage ins Auge fassen mußte, hätten trostloser kaum sein können. Ihr Lebenswerk war in Trümmern. Was war aus der Würde und Erhabenheit der Krone geworden, was aus der Einheit des Reiches, die ihr Gemahl sterbend der Mutter seiner unmündigen Söhne anvertraut hatte? Und was sollte aus ihrem elenden letzten noch überlebenden Sohn werden, diesem nichtswürdigen König von Nichts und wieder Nichts? Der Wahnsinnige glaubte, es mit Paris, mit den Katholiken, mit den Protestanten, mit dem Papst, mit dem König von Spanien, mit allen zugleich aufnehmen zu können, allein auf seinem Sockel von Leichen, beraten nur von seinem bösen Geist Epernon.

Am 4. Januar ging der Atem der Königinmutter sehr schwach. Ihr Geist war offensichtlich noch durchaus klar, doch die Atemnot schnitt ihr jedes Wort ab.

Am Morgen des 5. Januar machte sie ihr Testament, diktierte mit schwacher Stimme und großer Mühe, in Anwesenheit des Königs, ihres Sohns, der den Notaren mit vernehmlicher Stimme wiederholt haben soll, was sie ihm bedeutete, ihren letzten Willen. Bestattet werden wollte sie an der Seite ihres Gemahls in Saint-Denis.

Die Anordnung der Einzelheiten der Trauerfeier überließ sie dem König, ihrem Sohn. Dann bedachte sie, wie es üblich war, freilich mit der ihr eigentümlichen Freigiebigkeit, ihre zahlreichen Bedienten, ihre Berater, Kammerherren, Kapläne und so fort – ohne das Küchenpersonal und ihre Zwerge zu vergessen. Auch verschiedenen wohltätigen Stiftungen sollte Verschiedenes zukommen. Unglücklicherweise hinterließ sie ungeheure Schulden, unter anderem auch für die Grabmäler in Saint-Denis, wenn auch leider die Witwe des Bildhauers Germain Pilon keineswegs die einzige war, die hohe Forderungen an ihren Nachlaß hatte.
Als Haupterbin setzte sie ihre Enkelin Christine ein, die dem Großherzog der Toskana verlobt war. Das Schloß Chenonceaux vermachte sie der Königin Luise von Vaudémont. Ihren sehr umfangreichen persönlichen Besitz, das Erbe ihrer Mutter Magdalena von la Tour d'Auvergne, sollte ihr Enkel Karl Valois erhalten, der Bastard Karls IX., dem so als Graf von Auvergne außer der Grafschaft Auvergne auch diejenige von Clermont und Lanraguais sowie die Baronien von La Tour und La Chaise zuteil wurden.
Nicht bedacht in diesem Testament wurden Margot und deren Gemahl Heinrich von Navarra. In diesem Punkt änderte sie ihren letzten Willen auch nicht, nachdem sie das von den Notaren aufgesetzte Dokument gelesen hatte, denn sie billigte es mit einer Kopfbewegung: Es selbst zu unterzeichnen, war sie zu schwach. Der König, ihr Sohn, die Königin Luise und mehrere andere Zeugen bestätigten es durch ihre Unterschriften, ehe es versiegelt wurde.
Dann verlangte die Königinmutter ihren Beichtvater. Dieser hatte wie so viele andere nach den Mordtaten des Königs das Weite gesucht. Schließlich brachte man ihr einen Priester, den sie nicht kannte. Dieser hörte ihre Beichte und erteilte ihr die Absolution. Dann fragte sie ihn, wer er sei. Er nannte ihr seinen Namen: Julien von Saint-Germain. »Ach, ich bin verloren«, soll sie gemurmelt haben, als sie diesen Namen hörte. Hatte nicht der Astrologe Ruggieri der Königinmutter prophezeit, sie werde »bei Saint-Germain« sterben.
Die Ärzte gaben ihr trotz ihres geschwächten Zustandes noch einige Tage zu leben. Aber sie irrten sich. Um zwei Uhr nachmittags starb sie. Der König, ihr Sohn, war bei ihr. Kaum hatte ihr Herz aufgehört zu schlagen, nahm er ihr den berühmten Talisman ab, den sie stets bei sich trug, und hing ihn sich selbst um den Hals.

Glaubte er, sich damit des zweiten Gesichts zu versichern, mit dem nicht nur nach Meinung ihrer enterbten Tochter Margot Katharina begabt gewesen war?

Ein Blick in die Zukunft des Königs von Nichts

Werfen wir einen Blick in die Zukunft, die dieses zweite Gesicht ihm offenbart hätte: Sieben Monate später, am Morgen des 30. Juli 1589, standen Heinrich III. und Heinrich von Navarra, inzwischen miteinander gegen die Liga verbündet, auf der Terrasse von Saint-Cloud. Die beiden belagerten Paris mit einem Heer deutscher Söldner, einem Heer, mit dem vergleichbar, das im Mai 1527 Rom gebrandschatzt hatte. Lebenslänglich hatte Katharina sich bemüht, das Schicksal, das damals über Rom gekommen war, von dem Reich abzuwenden, zu dessen Königin das Schicksal sie gemacht hatte. Immer wieder hatte sie dieses Schicksal kommen sehen, mit den Truppen, die der Kurfürst Johann Kasimir und andere den ehrgeizigen protestantischen großen Herren verkauften, die sich gegen den französischen König mit Macht verschaffen wollten, was sie für ihr Recht hielten. Hatte sie es auch nicht immer gänzlich abwenden können – war ihr doch immerhin gelungen, seinen Lauf zu hemmen und jedenfalls Paris vor ihm zu bewahren. Jetzt aber sollte es die Hauptstadt treffen, nach dem Willen des gegenwärtigen Königs, ihres Sohnes, wie dem des zukünftigen, ihres Schwiegersohnes.
Von der Terrasse von Saint-Cloud sahen an dem fraglichen schönen Sommermorgen die beiden Könige Paris in seiner ganzen Pracht zu ihren Füßen ausgebreitet, die reichste Stadt der Christenheit, noch unversehrt im Schutze ihrer Mauern, überragt von den Dächern ihrer Paläste und den Türmen ihrer vielen Kirchen, die riesige Kathedrale auf der Insel in der Mitte. »Es ist fast ein Verbrechen«, soll Heinrich III. zu Heinrich von Navarra gewandt, bei diesem Anblick bemerkt haben, »eine so schöne Stadt zu zerstören und zu verwüsten. Aber es muß sein, da auf andere Weise die Liga nicht zum Gehorsam zu bringen ist.«
Navarra konnte ihm nur beipflichten. Paris mußte zum Gehorsam gebracht werden. Wie wir wissen, gelang ihm das schließlich –

nachdem er selbst dem Rat Katharinas gehorcht hatte und, als König von Frankreich, zur Religion der großen Mehrheit seiner Untertanen zurückgekehrt war. Aber es gelang nicht mit Gewalt – weder später noch jetzt, im Juli 1589, sieben Monate nach Katharinas Tod. Und dem König, ihrem Sohn, Heinrich III., sollte es nicht gelingen.
Ein Mönch ließ sich melden und bat den König um eine Unterredung. Heinrich III. empfing ihn. Und der Mönch stieß ihm ein langes Messer in den Leib. So wehrte sich Paris. Die Belagerung wurde aufgehoben. Das Geschlecht der Valois war endgültig aus der ferneren Geschichte ausgeschlossen.

Tröstlicher Aspekt

Ob die Königinmutter, welche die ihr zugeschriebene Hellsichtigkeit vielleicht nicht dem Talisman verdankte, den der Sohn ihr nach dem Tode abnahm, diese Zukunft, dieses nahe Ende all ihrer mütterlichen Hoffnungen auf dem Sterbebett vorausgesehen hat? Dann wird sie auch vorausgesehen haben, daß schließlich Heinrich von Navarra die Einheit des Reiches wiederherstellen sollte, dessen Zerstückelung und Zerstörung zu verhindern sie sich zeitlebens bemüht hatte. Daß sie also als Königin den Erben finden sollte, der ihr als Mutter versagt blieb – eine trotz allem tröstliche Voraussicht.

Die Königin, die hier liegt . . .

Daß Heinrich III. seinerseits in der Zukunft nur Entsetzliches hätte erkennen können, muß man leider annehmen, und so wäre es für ihn sicherlich eine Höllenstrafe schon zu Lebzeiten gewesen, wenn der Talisman seiner Mutter ihm deren mutmaßliches zweites Gesicht mitgeteilt hätte. Wie sich's damit aber nun wirklich verhielt, wissen wir allerdings nicht. Wir lesen nur, daß er beim Tode derjenigen, der er das Leben zuletzt so schwer gemacht hatte, untröstlich war. Freilich gestattete ihm die öffentliche Trauerarbeit seine schauspielerischen Talente zu entfalten, wozu ihm bekanntlich jede Gelegenheit willkommen war. Dennoch darf man ihm wohl zugute halten, daß er in der Rolle des trauernden Sohnes hinreichend aufging, seinem Publikum ein Schauspiel täuschend echter Trauer zu bieten. Er war im übrigen auch intelligent genug zu wissen, was er an ihr verloren hatte. »Dieser Schlag hatte diesem unglücklichen Königreich nur noch gefehlt, sein Unglück vollkommen zu machen«, schrieb der päpstliche Nuntius – und viele fühlten wie er.

Da andererseits das Gerücht, sie sei vergiftet worden, schon laut wurde, ehe ihre Leiche kalt war, befahl der König dieselbe zu öffnen. Als Todesursachen wurden bei dieser Autopsie eine Lungenentzündung und ein Abszeß im Gehirn festgestellt. Der Blutandrang zum Gehirn hatte anscheinend den Schlaganfall herbeigeführt, an dem sie schließlich gestorben war. Die übrigen Organe fanden die Ärzte gesund und meinten, hätten nicht die genannten Ursachen ihren Tod bewirkt, sie hätte noch viele Jahre leben können.

Dem Bericht, dem wir diese Informationen verdanken, ist weiter zu entnehmen, daß die Leiche nach der Obduktion einbalsamiert und in einen Bleisarg gelegt, dieser aber in einen hölzernen eingeschlossen wurde. »Um dem Volke Genüge zu tun, das von weither zuhauf lief, die Königin zu sehen, brachte man die Leiche aus dem gewöhnlichen Zimmer in den Audienzsaal, geputzt mit den schönsten Goldbrokatkleidern, die sich im Schlosse fanden.« In Wirklichkeit scheinen freilich die Leute nicht die tote Königin selbst zu Gesicht bekommen zu haben, sondern nur den hölzernen Sarg, in dem der bleierne stand, in dem sie lag. Und was die Leute mit den schönsten Goldbrokatkleidern, die sich im Schlosse fanden, aufgeputzt sahen, war eine Puppe mit wächsernem Gesicht, die auf dem hölzernen Sarg ausgestreckt lag. Von den Kleidern versichert übrigens Brantôme, daß diese schon bei der Leiche der Königin Anna von Bretagne (der am 9. Januar 1514 verstorbenen Witwe Karls VIII. und Gattin Ludwigs XII.) Verwendung gefunden hätten, was, wenn es der Wahrheit entsprach, als Beweis plötzlich erwachter königlicher Sparsamkeit bemerkt zu werden verdiente.

Katharinas Leiche wurde nicht, wie sie letztwillig bestimmt hatte, in der Abteikirche von Saint-Denis beigesetzt, jedenfalls vorerst nicht, denn das war unter den gegebenen Umständen unmöglich. Der König durfte sich in Paris nicht zeigen, und seine Mutter hielten die Pariser für mitschuldig an seinen Verbrechen. In Paris hätten viele die Leiche der Königinmutter am liebsten auf dem Schindanger gesehen. Gewiß, es wurden auch in Paris in einigen Kirchen Messen für ihre Seele gelesen, aber wenn dort ein Prediger bei den Gläubigen ein gutes Wort für sie einlegte, hörte sich das an wie folgt:

»Die Königinmutter ist gestorben, sie hat in ihrem Leben viel Gutes und viel Böses getan, und man glaubt von dem Letzteren noch mehr als von dem Ersten. Ich zweifle daran nicht. Die ganze Frage ist, zu wissen, ob die katholische Kirche für sie beten wird, denn sie ist oft genug auf seiten der Häresie gewesen, doch zuletzt soll sie unsere heilige Liga unterstützt und in den Tod des guten Herzogs nicht eingewilligt haben. Ich werde euch deshalb sagen, daß ihr wohl, wenn ihr wollt, einige Pater und einige Ave für sie sagen mögt, das wird ihr nützen, was es kann; wenn nicht, schadet's auch nichts, und lasse ich euch dabei nach Gutdünken verfahren.«

Und so wurde Katharina am 4. Februar 1589 in Saint-Sauveur, der Erlöser-Kirche, in Blois zur letzten Ruhe bestattet, mit königlichem Prunk, wenngleich später erzählt wurde, der König habe an der Versammlung nicht das Interesse genommen, das man von ihm erwarten durfte. An der Leichenrede aber, die ihr der Erzbischof von Bourges, Regnault de Beaune hielt, hat wohl keiner ihrer Freunde und Bewunderer etwas auszusetzen gefunden.

»Gestorben ist die in aller Art Tugenden größte Königin, die je in Frankreich erschien«, hob der Prediger an und rühmte dann im einzelnen die Tugenden, die sie ausgezeichnet hatten, ihre Keuschheit, ihre Standfestigkeit und Geduld. Doch rühmte er die Verstorbene nicht nur, wie es unter den Umständen von ihm erwartet werden durfte, er suchte ihr auch gerecht zu werden. »Sie hat stets ihre Person, ihre Mittel und ihren ganzen Verstand dafür eingesetzt, die Streithändel zu schlichten und zu befrieden, auch mehrere weite Reisen durch dieses Königreich zu diesem Ende unter Gefahr ihres Lebens gemacht. Und noch in dem unlängst über das Königreich gekommenen Aufruhr hat sie sich auf eine Weise verwendet, daß es an ihr nicht gelegen hat, wenn nicht alle Händel schon zum guten Ende geführt sind.«

Wenn Tote noch Geduld brauchten, hätte Katharina dieser Tugend auch nach dem Tode in höherem Maße bedurft als gewöhnliche Sterbliche. Der hölzerne Sarg, der den Bleisarg enthielt, der ihre einbalsamierte Leiche enthielt, wurde in der Kirche Saint-Sauveur in Blois – bis sich die Gelegenheit ergäbe, ihn nach Saint-Denis zu überführen – in einer Gruft neben dem Hochaltar beigesetzt. Bald zeigte sich jedoch, daß man die bei der Einbalsamierung bezweckte Wirkung nicht oder jedenfalls nur unvollkommen erzielt hatte, wohl weil, wie der gelehrte Beamte Pasquier, dem wir den Bericht darüber verdanken, meinte, »die Stadt Blois mit den zu diesem Ende erforderlichen Drogen und Spezereien nicht versehen« war. Denn einige Tage nach der Beisetzung begann sich ein übler Geruch in der Kirche zu verbreiten. Also daß man, laut Pasquier »einige Tage nach Beginn des üblen Geruchs genötigt war, sie mitten in der Nacht und in die Erde zu begraben wie den Geringsten von uns und sogar an einem Ort in der Kirche, wo nichts darauf hinweist, daß sie da liegt«.
Und da lag dann, was von Katharina sterblich war, an die zwanzig Jahre lang unbeachtet.
Pierre de L'Estoile, Bürger von Paris, widmete ihr in seinem Tagebuch den folgenden Nachruf: »Am Sonnabend, dem 7. Januar traf in Paris die Nachricht vom Tode der Königin, Mutter des Königs, ein . . . Sie war einundsiebzig Jahre alt und trug das Alter gut für eine Frau ihrer Beleibtheit und Korpulenz. Sie aß gut und nährte sich gut und fürchtete sich nicht sehr vor Geschäften, wiewohl sie deren, während der dreißig Jahre seit dem Tode ihres Gemahls, so große und so wichtige zu besorgen hatte wie nur je eine Königin in der Welt. Sie starb verschuldet mit achthunderttausend Talern, denn sie war verschwenderisch und deshalb freigiebig, mehr als irgendein Fürst oder Fürstin der Christenheit. Das aber hatte sie von ihrer Familie . . .« Weiter bemerkte der Pariser Chronist der laufenden Ereignisse, daß auch mit ihrem Todesdatum die Königinmutter eine Familientradition fortgesetzt hatte: ». . . sie starb«, sagte er, »am 5. Januar 1589, welches der Vorabend des Drei-Königs-Festes war, ein Unglückstag für ihre Familie, denn Alexander von Medici wurde an dem Tag ermordet und Lorenzo von Medici und andere, deren die Geschichte von Florenz gedenkt.«
Pierre de L'Estoile war gewiß keiner von den Fanatikern, die den Leichnam der Königinmutter auf den Schindanger geworfen hät-

ten, wäre er schon damals nach Saint-Denis gebracht worden. Er beschränkt sich in seinem Tagebuch darauf, das Volksgefühl zu reflektieren – und fährt dann fort: »In Blois aber, wo sie vergöttert und verehrt worden war als die Juno des Hofes, hatte sie nicht sobald den letzten Seufzer getan, als man schon nicht mehr Aufhebens von ihr machte als von einer toten Ziege.«
Sic transit gloria mundi.
Am 25. Juni 1593 gab in der Kirche Saint-Denis zu Füßen des Erzbischofs von Bourges – des Priesters, der die Leichenrede auf Katharina von Medici gehalten hatte – Heinrich von Navarra die feierliche Erklärung ab, daß er in der römischen, apostolischen, katholischen Kirche leben und sterben, dieselbe schützen und verteidigen wolle. Am 27. Februar 1594 wurde er in Chartres als Vierter seines Namens zum König von Frankreich gekrönt. Und hielt am 22. März desselben Jahres unter dem Jubel des Volkes seinen feierlichen Einzug in Paris. Gelegentlich soll er einige seiner Höflinge, die ihm mit Schmähungen seiner Schwiegermutter gefällig zu sein glaubten, ermahnt haben, der Verstorbenen Gerechtigkeit widerfahren zu lassen. »Aber ich bitte Sie, was konnte die arme Frau denn machen, die nach dem Tode ihres Mannes vier kleine Kinder am Hals hatte und zwei Familien – uns und die Guisen –, die beide nach der Krone trachteten? War es nicht nötig, daß sie seltsame Rollen spielte, um die einen wie die anderen zu täuschen und dennoch, wie sie es getan hat, ihre Kinder zu behüten, die einer nach dem anderen regiert haben, durch die Klugheit einer so verständigen Frau? Ich staune, daß sie nicht noch Schlimmeres getan hat.«
Heinrich IV. beurteilte die Politikerin als eminent Sachverständiger. Freilich ohne Pietät. Er unternahm es auch nicht, der verstorbenen Schwiegermutter jenen letzten Willen zu tun, ihre sterblichen Überreste neben denen ihres Gemahls in Saint-Denis beizusetzen. Einerseits hatte sie in ihrem letzten Willen ihn mit nichts bedacht, andererseits hatte er in den Jahren, die er nach seiner Krönung noch zu leben hatte, ja wirklich eine Menge anderes zu tun.
Bedacht war in Katharinas Testament auch das älteste Kind ihres geliebten Gemahls nicht. Nur die Mutter von Heinrichs erstem Kind, jene Filippa Ducci, die der damalige Dauphin 1538 in Piemont genotzüchtigt hatte, war ins Kloster geschickt worden. Das Kind selbst, eine Tochter, hatte Heinrich bekanntlich als Diana

von Frankreich legitimiert. Beim Tode Katharinas war Madame Diana, Witwe des Marschalls Franz von Montmorency, Herzogin von Angoulême und Châtellerault, fünfzig Jahre alt. Sie setzte – soweit ihr die Möglichkeiten dazu gegeben waren – Katharinas politische Bemühungen fort. Sie soll geholfen haben, das Bündnis zwischen Heinrich III., ihrem Halbbruder, und Heinrich von Navarra zustande zu bringen. Offensichtlich hat sie's der Witwe ihres Vaters nicht verübelt, daß jene auf dem Sterbebett ihrer nicht gedacht hatte. Denn nachdem 1610 auch Heinrich IV. ermordet worden war, sorgte sie dafür, daß Katharinas Leichnam, so wie die Verstorbene es gewünscht hatte, endlich nach Saint-Denis überführt und neben demjenigen Heinrichs II. beigesetzt wurde. Und da ruhten denn beider Gebeine, bis 1793 die Königsgräber von den Revolutionären geschändet und die Überreste der darin bestatteten Tyrannen in ein Massengrab verscharrt wurden. Ein dabei anwesender Beamter namens Bruley soll indessen eins der Beine Katharinas als Reliquie oder Andenken mit nach Hause genommen haben. Ein Bein, das man als das fragliche bezeichnet, wird noch heute in einem Museum zu Pontoise gezeigt. Wer es dort besichtigt, mag sich den folgenden knappen Nachruf in Erinnerung rufen, der kurz nach ihrem Tode in Paris umlief und uns in Pierre de L'Estoiles Tagebuch überliefert ist: Denn mag sie auch nicht die *Vox Dei* sein, hat doch über Könige und Königinnen die *Vox populi* einmal das letzte Wort –

La reine qu ci-gît fut un diable et un ange
Toute pleine de blâme et pleine de louange
Elle soutint l'Etat et l'Etat mit à bas;
Elle fit maints accords et pas moins de débats;
Elle enfanta trois rois et cinq guerres civiles;
Fit bâtir des châteaux et ruiner des villes
Fit bien de bonnes lois et de mauvais édits
Souhaite-lui, passant, Enfer et Paradis.

Was soviel heißt, wie:

Die Königin, die hier liegt, war ein Teufel und ein Engel
Der Schande voll und voll des Lobes
Sie stützte den Staat und der Staat stürzte sie
Sie machte viel Vereinbarungen und nicht weniger Streitgespräch'

Sie gebar drei Könige und fünf Bürgerkriege
Ließ Schlösser bau'n und Städte ruinieren
Macht' viele gute Gesetze und schlechte Verordnungen
Wünsch ihr, Wanderer, die Hölle und das Paradies.

Nachwort

Das Leben der Katharina von Medici ist, wie wir sahen, nicht allein das einer bedeutenden Persönlichkeit der Geschichte Frankreichs, sondern steht zugleich für einen entscheidenden Umschwung in der geschichtlichen Entwicklung Europas. Aus diesem Grunde mußten wir sehr ausführlich auf die weitere Umgebung dieses Lebens eingehen: Auf die italienische Gesellschaft, in der diese spätere Königin von Frankreich herangewachsen ist, auf die französische, in der sie gelebt und zu deren Umbildung sie später beigetragen hat – auf ihre sehr persönliche Weise.

Katharina von Medici war die Königin dreier Könige, ihrer drei Söhne – dreißig Jahre lang. Die Zeit, die sie in ihrer Geburtsstadt Florenz und in Rom von 1519 bis 1533 verbrachte, hat sie zwar entscheidend geprägt, doch nachdem sie durch ihre Heirat mit Heinrich von Orléans, dem zweiten Sohn Franz' I., an den französischen Hof versetzt worden war, mußte sie sich neu orientieren und sich den neuen Verhältnissen anpassen. Ihre rätselhafte Persönlichkeit bleibt unverständlich, wenn man die Umstände ihrer Herkunft nicht in Betracht zieht. Beeinflußt wurde ihr Beiname »schwarze Königin« durch ihren angeborenen Charakter, ihre Erziehung in Florenz und Rom sowie nach ihrer Heirat durch das brutale Vorgehen des französischen Hofs und der französischen Gesellschaft. Sie war erst vierzehn Jahre alt und beherrschte auf erschreckende Weise die Kunst der Verstellung und der Politik.
Ihr Name ist unlösbar mit dem Hof der Valois, dem Jahrhundert der Renaissance und der Religionskriege verbunden: All das ist in ihr verkörpert. Aus ihrer Heimat Florenz kam sie in ein fremdes Land, an einen Hof, der ihr ziemlich feindselig begegnete. Im Bett ihres jungen Gemahls aber fand sie die Liebe, die große und einzige Liebe ihres Lebens. Bei Hof und im Lande selbst allerdings war ihr viel Unglück beschieden, von Anfang an. Sie nahm es hin, ertrug es, wußte sich auf die Verhältnisse, die sie in Frankreich vorfand, einzustellen. Wie sie sich in Frankreich einlebte – das verrät schon viel von ihrem innersten Wesen; es ist aber bezeichnend auch für

den damaligen Zustand der französischen Gesellschaft. Sie sollte französisches Wesen annehmen, zu einer Zeit, als der französische Hof Italien nachzuahmen begann. Das hätte ihr die Anpassung eigentlich erleichtern sollen. Doch hielt man ihr die italienische Geburt nicht zugute. Im Gegenteil, der Adel und sogar das Volk hegten nur Geringschätzung für diese Ausländerin, die überdies nicht einmal aus königlichem Geschlecht stammte. Um die langwierige und demütigende Einbürgerung Katharinas einigermaßen anschaulich zu schildern, eine Einbürgerung, die sich im Schatten ihres Mannes vollzog, den sie abgöttisch liebte, der aber ihr Bett nur auf ihr Geheiß aufsuchte, so dürfen einige wichtige Personen aus ihrer Umgebung bei ihrem Porträt nicht fehlen: Der König natürlich, die Mätressen, die königliche Familie, die Großen des Reiches. Auch die Gerüchte, die im Volk über sie kursierten, sind recht aufschlußreich. All diese Elemente erklären, weshalb sich Katharina auf ihre Weise in Frankreich Anerkennung verschaffte: zunächst durch ihre Unterordnung ihrer Umgebung gegenüber, durch den Anschein von Harmlosigkeit und später durch ihre Autorität, die sie nachdrücklicher als einer ihrer gekrönten Söhne es je vermocht hat, im Namen des Königs zur Verteidigung Frankreichs und der Monarchie geltend machte.

Dabei kam ihr nichts so sehr zustatten wie ihre außergewöhnliche Intelligenz. Denn diese verachtete Ausländerin wurde schließlich durch die Umstände dazu gedrängt, ein Reich zu regieren, das eine beispiellose Revolution bis in die Grundfesten erschütterte. Diese Revolution war zwar nicht von vornherein politisch und sozial, ließ vorerst den institutionellen Rahmen der Gesellschaft unangetastet – nach außen hin jedenfalls. Die Renaissance war vielmehr eine Revolution, die Geist und Herz erfaßt hat. Zu viele Neuerungen hatten innerhalb kurzer Zeit die althergebrachten Wahrheiten Lügen gestraft, als daß die Menschen dieses Jahrhunderts in ihrer Blendung und Verwirrung hätten fürchten müssen, den Boden unter den Füßen zu verlieren. Jenseits des Ozeans war man auf eine Menschheit gestoßen, die von Gott keine Kenntnis hatte und von der die heiligen Schriften nichts sagten. Und dann? Kopernikus hatte einen neuen Himmel entdeckt: Plötzlich war die Erde nicht mehr Mittelpunkt des Universums, sondern nur mehr eine Kugel unter anderen ähnlichen Kugeln, die auf verschiedenen Bahnen im

grenzenlosen Raum ihre Kreise zogen. Wie war das zu verstehen? Hatte Gott denn nicht für alle Zeiten die Erde in der Mitte des Himmels plaziert und den nach seinem Bilde geformten Menschen zum Mittelpunkt der Schöpfung gemacht, wie es die Kirche und die Weisen des Altertums lehrten? Alles fand sich in Frage gestellt: die Lehren der Kirche, die Institution Kirche und das Papsttum. Man zog neue Erkenntnisse aus den Werken der griechischen und römischen Philosophen, fing an, Gedankenfreiheit zu propagieren, Kritikbewußtsein zu entwickeln.
Katharina erbte mit der Krone ihres Gemahls den längsten, verhängnisvollsten und blutigsten Bürgerkrieg der ganzen französischen Geschichte: Die sogenannten Religionskriege.
Mit Streitschriften hatten sie begonnen, und sie endeten mit Blutbädern. Katharina begriff schon bald, daß mit den Ketzern oder Protestanten auch die Feinde der Monarchie und der Reichseinheit an Macht gewannen. An sich hatte sie gegen den Calvinismus so wenig wie ihr Schwiegervater Franz I. und die königliche Familie überhaupt. Haß empfand sie erst, als die Calvinisten die Krone und die Dynastie der Valois angriffen. Doch von wem ging dieser Angriff aus? Von den ehrlichen und tugendhaften Reformierten, die die reine Lehre des Evangeliums wieder zur Geltung gebracht sehen wollten? Keineswegs, sie waren größtenteils friedliebende Menschen. Doch empörten sich gegen Katharina der erste Prinz von Geblüt, Bourbon, König von Navarra; dessen Vettern, die Prinzen von Condé, und im Verein mit diesen Fürsten der vornehmste, mächtigste und rebellischste Feudaladel: Mehrere Montmorencys, deren Neffen, die Châtillon-Colignys, die Rohans, die La Rochefoucaulds, die Durforts, die Montgomerys, Turennes, Uzès' und Lesdiguières . . ., um nur einige dieser großen Familien zu nennen. Was aber heißt das? Daß die Religionskriege geführt wurden von Kriegsleuten, die sich ausgezeichnet auf ihr Handwerk verstanden; und daß diese Bürgerkriege im Namen der Religion, wie sich im historischen Rückblick zeigt, in Wirklichkeit nichts anderes waren als die letzte und blutigste Empörung des hohen Feudaladels gegen die königliche Macht, die schon seit den ersten Kapetingern darauf hingearbeitet hatte, den Feudaladel zu entmachten und zu unterwerfen. Tocqueville hat das in der Einleitung zu seinem Buch über die Demokratie in Amerika sehr treffend charakterisiert: »In Frankreich sind von jeher die Könige die

tätigsten und ausdauerndsten Gleichmacher gewesen. Waren sie ehrgeizig und stark, haben sie sich bemüht, das Volk auf das Niveau des Adels zu heben« (wie Ludwig XI. und Franz I.) ». . .Geht man unsere Geschichte durch, so findet man, daß während der letzten siebenhundert Jahre kaum ein großes Ereignis nicht irgendwie zum Nutzen der Gleichheit ausgeschlagen ist. Untersucht man die Veränderungen, die in Frankreich seit dem 11. Jahrhundert in Zeitabschnitten von je fünfzig Jahren stattgefunden haben, kann man nicht umhin zu bemerken, daß am Ende jeder dieser Perioden eine doppelte Umwälzung den Zustand der Gesellschaft verändert hat. Der Adelige ist die soziale Leiter ein Stück weiter herabgestiegen, der Bürgerliche ein Stück weiter hinauf: Der eine kommt herunter, der andere steigt empor.«

Eben weil sie diese von den Kapetingern begründete Tradition fortsetzen wollte, kam es zu der furchtbaren Verschwörung gegen Katharina, das heißt gegen den Thron, wurden die sogenannten »Religionskriege« ausgelöst. Die Empörer hatten die Gunst der Stunde genutzt: Die anarchischen Zustände im Reich, die (mutmaßliche) Schwäche einer Frau, noch dazu Ausländerin, die (unleugbare) Schwäche ihrer Söhne schienen der Rebellion Erfolg zu versprechen – und die Korruption der Kirche diente ihnen als Rechtfertigungsgrund. Die religiöse Reform war den Rebellen also ein willkommener Vorwand. Indem sie feierlich die Realpräsenz in der Eucharistie bestritten, machten die Großen des Reichs dem König das Recht streitig, das Reich zu einigen und alle seine Untertanen, vom höchsten bis zum niedrigsten, unter königliches Gesetz zu stellen. Sie begannen das von den Nachfolgern Hugo Capets und Ludwigs des Heiligen so schön geeinte Reichsgebiet von neuem zu zerstückeln und unter sich aufzuteilen. Das war ihnen einen Bürgerkrieg wert! Über vierzig Jahre lang hat diese grausame Auseinandersetzung Frankreich verwüstet. Katharina hat sie nicht gewollt. Sie hat vielmehr was in ihren Kräften stand getan, den Krieg zu verhindern.

Ein großer Teil des Volkes hat geglaubt, man wolle ihm nicht nur die Altäre und Heiligenbilder, sondern den Glauben selbst zerschlagen. Drohte den Ketzern nicht ewige Verdammnis? Die französische Bevölkerung war in ihrer großen Mehrheit dem althergebrachten Glauben treu geblieben. Nur ungefähr fünf oder sechs von hundert Franzosen bekannten sich zum reformierten Glauben. Eine Minderheit. Eine sehr militante und zudem kriegserfahrene Minderheit allerdings! Weder Katharina noch ihre Söhne hatten Sinn fürs Militär. Das königliche Heer konnte, was Organisation, Ausbildung und Führung anging, dem der Reformierten nicht standhalten. Um der Wahrheit die Ehre zu geben, war auch immer Ebbe in der königlichen Kriegskasse, wenn es zur Schlacht kam. Warum? Weil damals wie heute jede französische Regierung von einem geradezu chronischen Defizit geplagt wurde. Was nun Katharina angeht, so hatte sie kaum Kriegsvorbereitungen getroffen, weil sie bewaffnete Auseinandersetzungen immer zu vermeiden suchte. Sie widerstrebten ihr zutiefst und sie glaubte nicht, daß politische Lösungen mit Waffengewalt zu erzwingen seien. *»Bella geri placuit nullos habitura triumphos«* – diese humanistische Devise hätte ihr Wahlspruch sein können: Im Kriege kann es keine Triumphe geben. Mit dieser Haltung schien sie sich ihren streitlustigen und bis an die Zähne bewaffneten Gegnern häufig fast wehrlos auszuliefern. Ihre Stärken lagen anderswo, und in diese hatte sie absolutes Vertrauen. In die Kunst, bewaffnete Konflikte durch Verhandlungen und Kompromisse zu vermeiden oder doch hinauszuschieben. Wiederholt ist es ihr auf diese Weise gelungen, den Krieg vorerst zu verhindern.

Wie wir sahen hatte Madame Catherine sich ihre sehr ungewöhnliche Haltung in Konflikten zweifellos schon in früher Kindheit angeeignet. Jedem der vielen Schicksalsschläge, die sie im Lauf ihres Lebens trafen, hielt sie stand, weil sie wußte, daß die Sterne sie zu einer hohen Stellung und zu großen Aufgaben bestimmt hatten. Man hat sie oft als hartherzige Königin geschildert. Zu Unrecht! Tapfer war sie und intelligent. Jedem Schicksalsschlag suchte sie standzuhalten. War das Unglück geschehen, stellte sie sich darauf ein, kam ihm entgegen wie einem siegreichen Feind: verstand es, zu besänftigen und zu entwaffnen. Sie war eine Meisterin der Kunst, sich Unglück und siegreiche Feinde fürs erste vom Leib zu halten. Diese Manöver klärten natürlich niemals irgend etwas ein für allemal, konnten, was sie bedrängte, nicht aus der Welt schaffen – aber sie verschaffte sich damit Ruhe, bis der Kampf von neuem ausbrach. Katharina war politisches Talent angeboren, ihr Landsmann Machiavelli – von dessen Einsichten sie sich gelegentlich leiten ließ – konnte ihr nichts raten, was ihr nicht schon der seit frühester Kindheit geübte Instinkt gesagt hätte. In

Florenz und in Rom hatte sie weiß Gott reichlich Gelegenheit gehabt, aus nächster Nähe zu beobachten, wie Politik gemacht wird. Skrupellos scheute sie kaum ein zweckdienliches Mittel, ihre Ziele zu erreichen. Allerdings, Gebrauch von Gift und Dolch scheint sie dabei nie gemacht zu haben – das haben ihr nur gewisse Historiker des 19. Jahrhunderts nachgesagt. Aber nicht selten wußte sie durch falsche Versprechungen, durch Geldspenden oder andere Gefälligkeiten zu erreichen, was sie wollte. Und da sie den Hang der Franzosen zur Galanterie kannte, setzte sie gelegentlich auch ihre »galanten Damen« als politische Agenten ein.

Ein Indiz der Tapferkeit dieser hochintelligenten Politikerin war ihr unverwüstlicher Optimismus. Auch als die Schicksalsschläge nur so auf sie niederhagelten, als ringsum die Ihren von Mörderhand fielen, in der Schlacht geschlagen wurden oder als Verräter zum Feind übergingen, gab sie in Erwartung besserer Zeiten nicht auf. Was flößte ihr die Kraft zu dieser Standhaftigkeit ein? Zum einen wohl schon der erwähnte Glaube an ihren Stern. Zum anderen zweifellos die Liebe. Denn diese oft als kaltherzig bezeichnete Frau war eine große Liebende. Sie liebte ihren königlichen Gemahl, und sie liebte ihre Kinder – zumal diese auch Kinder ihres Geliebten waren und also selbst jenes königliche Geblüt besaßen, dessen sich die Mutter nicht rühmen konnte. Sie hat nicht wenig darunter gelitten, sie jedoch in ihrer Liebe – namentlich in der unseligen Leidenschaft für ihren Liebling, Heinrich III. – nur noch bestärkt. Diese edle Tapferkeit in Unglück und Gefahr zu beweisen, hatte sie schon als kleines Kind Gelegenheit. Während der von Savonarola angestifteten Revolution in Florenz wollte das von den Honoratioren aufgehetzte Volk der kleinen Erbin des Geschlechts der Medici ans Leben und machte sie schließlich in dem Frauenkloster, in das sie geflohen war, ausfindig. Da schützten nur mehr die Klosterpforte und die Gebete der Nonnen das Mädchen vor dem wütenden Pöbel. Katharina verlor nicht den Kopf, bewahrte angesichts des drohenden, schrecklichen Todes die Ruhe. Eine innere Stimme sagte ihr, daß die Rasenden ihr nichts anhaben konnten. Und zeitlebens hat sie sich jener schrecklichen Tage bei den *Murate*, den Klosterfrauen, die ihr Zuflucht gewährt hatten, als einer glücklichen Zeit erinnert. Gefahr schüchterte sie niemals ein. Nüchtern überlegte sie vielmehr, wenn Gefahr drohte, wie sie die-

se von ihren Kindern und dem Reich, für das sie verantwortlich war, abwenden konnte.
Weshalb setzte sie so großes Vertrauen in ihren Stern? Weil die wahre Religion dieser Königin nicht die römisch-katholische war, der sie freilich, wie sich das für eine Medici und Königin von Frankreich von selbst verstand, ein Leben lang treu blieb. In Wirklichkeit hing sie, wie alle großen Medici, einem im wesentlichen heidnischen Schicksalsglauben an. Die Theologie, auf die sie sich insgeheim verließ, war die Astrologie. Der Hohepriester ihrer wahren Religion war Nostradamus, ihr geistlicher Rat Ruggieri, ihr Leibastrologe. Das erklärt ihre Toleranz gegenüber den Lehren der Calvinisten. Sie war geneigt, jeden nach seiner Fasson selig werden zu lassen, solange er damit die Einheit des Reichs und die Autorität des Königs nicht gefährdete. Niemals gab sie dem Druck des spanischen Königs nach, niemals nahm sie die von ihm angebotene Waffenhilfe gegen die Reformierten in Frankreich an; auch das Angebot, die Inquisition in Frankreich einzuführen, hat sie selbst in verzweifelten Augenblicken immer wieder abgelehnt. Diese Ausländerin verteidigte das Reich Ludwigs des Heiligen, als sei es ihr Vaterland!
Momente der Verzweiflung gab es viele in ihrem Leben, Mordanschläge, Massaker, blutige Schlachten, Intrigen, die Skandale ihrer Tochter Margot, die Wahnsinnstaten ihres Sohnes Heinrichs III., die Verbrechen ihres letzten Sprößlings Alençon.
Katharina von Medici war umgeben von einem prächtigen Dekor aus Tragödien, Schauerdramen und Skandalen. Die Blüte der Kunst und Lebenskunst während der Zeit der Religionskriege in Frankreich verdankt einen guten Teil ihres Glanzes der Italienerin; beides war ihr ein persönliches Anliegen. Sie war ja selbst eine hervorragende Baumeisterin und zog geniale Architekten und Bildhauer an ihren Hof. Die Tuilerien sind ihr Werk. Sie brachte den Franzosen bei, Feste zu organisieren, sie führte das Ballett ein, sie lehrte sie, ein Bankett vorzubereiten, den guten Ton zu achten, sie erneuerte die französische Küche und sogar die Reitkunst. Die Leidenschaft für das Theater vererbte sie ihren Söhnen – zumal Heinrich III. Sie bewunderte das theatralische Talent ihres Lieblings, und es störte sie nicht, daß er es bei Ausschweifungen entfaltete, wie sie Europa seit dem Untergang des alten Roms nicht mehr erlebt hatte. Selbst der Mord wurde seinerzeit als Kunstwerk prakti-

ziert: Die Ermordung des Herzogs von Guise zum Beispiel war schauerlich-schön in Szene gesetzt.

Wollen wir die Persönlichkeit und das Leben der Katharina von Medici verstehen, so müssen wir uns von Vorurteilen (oder ideologischen Voraussetzungen) unserer eigenen Zeit freimachen. Andere Zeiten, andere Sitten. Wenn heute Katharina, Calvin oder der Herzog von Guise aus dem Grabe stiegen, um den Zustand unserer Gesellschaft zu beurteilen, die Haare würden ihnen zu Berge stehen. Wir können manche Gefühle, Überzeugungen und Verhaltensmuster des 16. Jahrhunderts heute kaum noch begreifen – sollten aber nicht vergessen, daß Katharina und ihre Zeitgenossen mit ihnen ebenso selbstverständlich lebten wie wir mit den unseren.

Die Frau, die wir hier entdeckt haben, gleicht nicht ganz dem Bild, das uns Historiker und Verfasser historischer Romane im vergangenen Jahrhundert von ihr gezeichnet haben. Die Schriftsteller des 19. Jahrhunderts haben die »Schwarze Königin« gerne schwärzer gemalt, als sie war. Ihre Darstellungen jener Zeit lesen sich wie romantische Dramen, sehr fesselnd, aber dem Geist der Vergangenheit, die sie behandeln, werden sie nicht gerecht. Wir sind ja über die Vergangenheit umfassender informiert als unsere Vorfahren. Das ist zweifellos ein Verdienst der Historiker unseres Jahrhunderts. Die Erneuerung der Geschichtsschreibung zu unserer Zeit war möglich dank einer unerhörten Erweiterung unserer Kenntnisse, durch die Entdeckung neuer Archive und Erschließung neuer Quellen, aber mehr noch durch eine neue, vorurteilslose Würdigung der Vergangenheit in ihrer Besonderheit, eine vermehrte Toleranz auf seiten der Historiker.

Dennoch muß ich unter denen, die mir den Weg gewiesen haben, an erster Stelle einen Autor des 19. Jahrhunderts nennen, nämlich Balzac. Man mag einwenden, Balzac sei gar kein Historiker gewesen. Richtig, Balzac war Romancier, ein Dichter. Kein Leser der *»Menschlichen Komödie«* wird jedoch bestreiten, daß dieser Dichter eine geniale Begabung für die Geschichtsschreibung besaß. Im übrigen beweist sein Essay über Katharina von Medici, daß er die seinerzeit zugänglichen Quellen ebensogut kannte wie die zeitgenössischen Historiker. Er wußte nicht weniger als sie. Doch verstand er besser als sie, was er wußte. Und so schildert er Katharina

von Medici als »Politikerin«, was niemand vor ihm je gewagt hatte. Moderne historische Untersuchungen haben bestätigt, was Balzac 1840 intuitiv erfaßt hatte.
Zu den zahlreichen anderen Autoren, denen ich besonderen Dank schulde, gehören J.H. Mariejol, Hugo Ross Williamson und J. Héritier, deren Monographien über Katharina von Medici viel neues Licht auf die Gestalt und Umgebung der Königin werfen. Über Diana von Poitiers und Heinrich III. unterrichten detailliert die ausgezeichneten Arbeiten von Philippe Erlanger, über die Guisen das Buch von Marie Constant, über die Religionskriege die Untersuchung von Pierre Miquel. Außer Balzac, neben dessen oben erwähntem Essay über Katharina von Medici auch seine *Études philosophiques* und *Études analytiques* im hier behandelten Zusammenhang höchst lesenwert sind, muß ich noch einen anderen Autor des 19. Jahrhunderts erwähnen: Prosper Mérimée, dessen *Chronique du règne de Charles IX.* ebenso wie sein Vorwort dazu eine für die Zeit ungewöhnliche Einsicht verraten. Die neuesten, umfassendsten und detailliertesten Darstellungen der Medici liefern schließlich die Arbeiten von Ivan Cloulas. In seinen Monographien über Katharina von Medici und Lorenzo den Prächtigen hat dieser Historiker meisterhaft all das zusammengefaßt, was der Geschichtswissenschaft über beide Persönlichkeiten und ihre Zeit im Augenblick zugänglich ist.
Die Fülle der in diesen Arbeiten der Vergessenheit entrissenen Geschichten grenzt ans Wunderbare, denn diese Geschichten, die das Leben schrieb, sind origineller, großartiger und schöner als alle epischen Gedichte und Romane zusammengenommen. Aus ihnen trat Katharina von Medici vor mich hin, unverfälscht, in den Farben des Lebens, eine Frau so erstaunlich wie ihr Jahrhundert. Die Dramen, in die sie zeitlebens verwickelt war, beweisen, wenn es dieses Beweises bedürfte, daß auch die maßlosen Gestalten Shakespeares nur dem Leben nachgeahmt sind. Die düsteren Geschichten Katharinas und ihrer Kinder erinnern stark an einige von denen, die der geniale Engländer auf die Bühne brachte. Und sie ereigneten sich nicht auf der Theaterbühne, sondern auf der Bühne des Lebens, auf den Stufen des Thrones der letzten Könige aus dem Hause Valois. Die Intrigen spannen sich unter den Augen jener »Schwarzen Königin«, die alles wußte, alles verstand, was die Protagonisten des Dramas insgeheim bewegte. Und auf Einigung oder

Entzweiung hinwirkte, bald guter Engel, bald böser Geist, aber immer über die Streitenden erhaben.
Erhaben blieb sie bis zu ihrem vorletzten Tag. Der letzte Tag entzog sich ihr. Der abgöttisch geliebte Sohn hatte sie entehrt. Sie starb in absoluter Verzweiflung. Ihr Tod war zwar so düster wie der Schleier, den sie seit dem frühen Tod ihres Gemahls ständig trug, aber es war doch unverkennbar der Tod eines »Großen Königs«. Das Reich blieb unangetastet. Ihr Werk war vollbracht.

Jean Orieux

Auswahlbibliographie

Aubigné, Théodore Agrippa D', Mémoires, Paris 1854
Brantôme, Pierre de Bourdeilles, sgr de, Œuvres complètes, Paris 1864–1887
L'Estoile, Pierre de, Mémoires-journaux, Paris 1875–1896
Jean Marie Constand, Les Guises, Paris o.J.
F. de Crue, La Cour de France et la société au XVIe siècle, Paris 1888
Derselbe, Le Parti des Politiques au lendemain de la Saint-Barthélémy, La Molle et Coconas, Paris 1892
Darmsteter und A. Hatzfeld, Le XVIe en France, o.O., o.J.
Eugène Defrance, Catherine de Médicis: ses astrologues et ses magiciens envoûteurs: documents inedits sur la diplomatie et les sciences occultes du XVIe siècle, Paris 1911
Jules Delaborde, Gaspard de Coligny, amiral de France, Paris 1879–1881
Gaston Dudo, Le Drame conjugal de Catherine de Médicis, in: Revue des études historiques, Paris 1930
Henri Estienne (?), Discours merveilleux de la vie, actions et déportements de Catherine de Médicis, o.O., 1575
Philippe Erlanger, Diane de Poitiers, Paris 1955
Derselbe, Le Massacre de la Saint-Barthélémy, Paris 1960
Derselbe, Henri III. 2. verbesserte und erweiterte Auflage, Paris 1971
Derselbe, La Monarchie française de 1515 à 1715, du roi chevallier au Roi-Soleil, Paris 1971
Henri-Robert, Catherine de Médicis, reine de France, in: Historia, Nr. 97, Paris 1954
Jean Héritier, Catherine de Médicis, Paris 1959
René Héron de Villefosse, Construction de Paris. L'italianisme vainqueur, Paris 1938–1939
Bernard-Mercier de Lacombe, Les Débuts des guerres de religion (1559–1564): Catherine de Médicis entre Guise et Condé, Paris 1889

Hector de La Ferrière, Les Projets de mariage de la reine Elisabeth, Paris 1882
Derselbe, Trois amoureuses au XVIe siécle: François de Rohan, Isabelle de Limeuil, La reine Margot, Paris 1885
Derselbe, Catherine de Médicis et les politiques, in: Revue des questions historiques, Bd 56 (1894) pp 404–439
Ernest Lavisse, Histoire de France, Bde 5 und 6, Paris
A. Lefranc, La vie quotidienne au temps de la Renaissance, Paris 1938
Emile G. Léonard, Histoire générale du protestantisme, Paris 1961
H. Léonardon, Essai sur la politique française et l'intervention de Catherine de Médicis dans la question de la succession du Portugal, Diss. Ecole nationale des Chartes, Paris 1889
Levis Mirepoix, François Ier, Paris 1931
Maricourt, Les Valois, Paris 1939
Jean Hippolyte Mariéjol, Catherine de Médicis, Paris 1920
Derselbe, Vie de Marguerite de Valois, reine de Navarre et de France, Paris 1928
H. Martin, Observations sur l'entrevue de Bayonne, in: Revue de questions historiques, Bd 117, S. 137 ff.
Prosper Mérimée, Chronique du règne de Charles IX
C. Merki, Catherine de Médicis. La cour, la vie et les mœurs, in: Revue d'histoire ecclésiastique, 1904
Pierre Miquel, Les Guerres de religion, Paris 1980
Emile Picot, Les Italiens en France au XVIe siècle, Bordeaux 1901–1918

Register

Inhaltsverzeichnis